매튜 헨리 주석 전집 04

매튜 헨리 주석

정충하 옮김

여호수아·사사기·룻기

Matthew Henry

크리스챤 다이제스트

여호수아

역사서 서문

본서는 성경 주석 시리즈의 두 번째 책으로서, 첫 번째 책인 모세오경 주석과 똑같이 간소하고 소박한 옷을 입은 채 두려움과 떨림으로 이제 세상에 내보내고자 한다(매튜 헨리 주석 시리즈 원서는 모세오경 전체가 한 권으로 되어 있으며, 두 번째 책은 여호수아부터 느헤미야까지를 다룬다). 성경의 주제는 화려한 장식을 요구하지 않는다. 다만 중요한 것은 그것을 깨닫고 이해하는 것이다. 그러나 만일 어떤 사람이 마음과 생활을 바로잡기 위해 성경의 지식을 증진시키고자 한다면, 나는 그것 역시 동일하게 정직한 계획으로부터 나온 것이라고 믿는다. 만일 이 책이 독자들로 하여금 하나님의 말씀과 율법을 더욱 사랑하는 가운데 좀 더 지혜롭고 선하게 되며, 죄에 대해 경계하며, 하나님과 사람에 대한 의무를 잘 이행하도록 하는 일에 도구가 된다면, 내가 이 책을 저술하는 목적은 다 이루어지는 것이다. 심는 자에게 씨를 주시는 이가 뿌려진 씨를 풍성하게 하시고 우리의 의의 열매를 더하게 하시기를 원하노라(고후 9:10). 본서는 여호수아부터 느헤미야까지를 다룬다. 그러니까 애굽에서의 430년 간의 노예생활과 광야 40년의 방랑 이후 약속의 땅에 첫 번째 정착한 때로부터 70년 간의 바벨론 포로 후 그 곳에 두 번째 정착할 때까지의 유대 나라와 교회의 역사를 다루고 있는 것이다. 모세오경은 주로 이스라엘의 율법과 규례와 법도를 다룬다. 반면 여호수아부터 느헤미야까지는 대체로 역사(歷史)를 다루는데, 이러한 역사로부터 엄청난 가치를 가진 지혜와 교훈이 세대를 거쳐 전해져 왔다. 이 역사(여호수아부터 느헤미야까지의 역사)에 대한 연대기적 연구, 다시 말해서 각각의 사건들이 발생한 시대를 조사하고 확인함으로써, 우리는 그 역사를 더욱 밝고 분명하게 이해할 수 있게 된다. 그러므로 예전의 호기심 많은 뛰어난 학자들이 연구한 것을 검토하는 것은 매우 유용한 작업이 되는데, 그렇게 함으로써 우리는 큰 소득과 즐거움을 얻게 될 것이다. 나 자신 이러한 사건들이 발생한 시대와 연대를 계산하고 연구함을 통해 큰 소득과 즐거움을 얻었음을 기꺼이 고백한다. 그러나 나처럼 일천한 지식을 가진 사람이 위대한 학자들에 의해 연구된 것에 무엇을 더하거나 혹은 수정하는 것, 더구나 오랫동안 논쟁의 대상이 되어온 것을 확정짓는 일 같은 것은 감히 할 수 없는 일이라고 생각한다. 나는 「보편 역사의 관점」(*View of Universal History*)의 저자이며 나의 존경하는 친구인 탈렌츠(Tallents)에게 자문을 구하면서, 이 역사(여호수아부터 느헤미야까지의 역사)의 순서를 나열하는 작업에 있어 어느 정도 도움과 충고를 구하고자 하였다. 그러나 내가 본서의 마지막 부분을 저술하고 있던 바로 그 주(週)에 하나님은 89세를 일기로 그를 영원한 안식으로 부르시기를 기뻐하셨다. 따라서 나의 계획은 무산될 수밖에 없었으나, 그가 공들여 저술한 「연대표」(*Chronological Tables*)가 이 일을 하는데 큰 빛을 던져주었다. 이와 함께 독자들은 라이트푸트 박사(Dr. Lightfoot)의 「구약의 연대기」(*Chronology of the Old Testament*)와 크래독(Cradock)의 「연대기적 구약사」(*History of the Old Testament Methodized*)에서 많은 도움을 얻을 수 있을 것이다.

이 역사(여호수아부터 느헤미야까지의 역사) 속에 나타나는 특별한 연대기적 난제(難題)들에 대하여 나는 결코 관대할 수 없었다. 그와 같은 난제들에 대해 나 자신이 만족할 수 없는데, 어떻게 내가 독자들을 만족시킬 수 있겠는가? 실제로 나는 도저히 해결할 수 없는 난제는 만나보지 못했다. 어떤 경우에서도 나는 무신론자와 성경의 권위를 부인하는 자들을 침묵시키고 또 성경 속에 수많은 모순과 불일치가 있다는 비난을 잠재우기에 충분할 정도의 해결책을 찾을 수 있었다. 어떤 것이 모순되는 것처럼 보일 때, 우리가 그것을 다른 방식으로 조화시킬 수 있음을 보일 수도 있을 것이고, 때로는 잘 알지 못하는 것으로서 미해결의 상태로 남겨둘 수도 있을 것이다. 그럼에도 불구하고 우리의 구원과 관련되는 것은 충분히 명백하다. 그러므로 우리는 연대기나 족보나 지리(地理) 등과 관련한 다소의 불명확성으로 인해 당황해할 필요가 없다. 최소한 본서는 독자들을 그와 같은 미궁 속으로 끌고 가지는 않는다. 교훈과 책망과 바르게 함과 의로 교육하기에 유익한 것이 바로 내가 추구하고자 한 것이었다. 그리고 오직 그렇게 하기 위해 나는 다소 이해하기 어렵고 어두운 부분까지도 활짝 열어제치고자 노력했다.

성경의 저자들은 어떤 정형적인 체계를 남기지 않은 것처럼 또한 어떤 정형적인 연대표를 남기지 않았다. 다만 그들은 우리로 하여금 마땅히 나아갈 길을 지시하기에 적합한 이야기들을 남겼을 뿐이며, 이것이야말로 그러한 목적을 이루는데 가장 적합하고 즐거운 역사들인 것이다. 옛사람 가운데 한 사람이 표현한 것처럼 하나님의 말씀은 가장 비천한 사람들에게 영원한 생명을 공급할 만큼 충분히 쉬우며, 또한 가장 위대한 학자들에게 겸손과 부지런함을 요구할 만큼 충분히 어렵다(아우구스티누스). 우리가 성경의 이러한 부분(여호수아부터 느헤미야까지)을 부지런히 그리고 계속해서 연구해야 할 몇 가지 이유가 있다.

Ⅰ. 그것은 역사이기 때문이다. 그러므로 그것은 재미있고 흥미진진할 뿐만 아니라 인간의 삶과 행동에 매우 교훈적이며 실용적이다. 그것은 다른 방법으로는 결코 찾을 수 없는 지식으로 호기심 많은 사람들을 만족시켜준다. 묵상을 통해 우리 자신의 내면으로 침잠해 들어가거나 혹은 우리를 둘러싸고 있는 것들을 진지하게 숙고하고 추론함을 통해 우리는 다른 사람들의 도움 없이도 위대한 진리들을 찾거나 발전시킬 수 있을 것이다. 그러나 과거의 사건들에 대한 지식에 있어 우리는 다른 사람들의 보고와 기록에 전적으로 빚을 지고 있다(그리고 마땅히 그래야 한다). 인간의 본성에 대한 관념이나 가설은 인간을 지혜롭고 이성적인 존재로 보게 할 수 있지만, 그러나 인간의 역사는 우리로 하여금 인간이 악하며 거짓된 존재라는 비난을 부인하기 어렵게 만든다. 그렇게 볼 때 우리는 성경의 신적 지혜와 선함에 얼마나 많은 빚을 졌는가? 역사는 참으로 교훈적이다. 그리고 선과 악에 대해 가르침에 있어 역사만으로는 충분하지 않으므로, 그것의 부족분을 보충하기 위해 잠언과 교훈집이 만들어졌다. 다른 역사에 대해서는 어떻게 말하든지 간에, 우리는 이 역사(여호수아부터 느헤미야까지의 역사)에 '사실성(事實性)의 문제' 는 존재하지 않으며 다만 하나님의 섭리를 설명해주고 인간의 발걸음을 인도하는 데 얼마나 유용하며 도움이 되는가 하는 문제만이 있을 뿐임을 우리는 확신한다.

Ⅱ. 그것은 참된 역사이기 때문이다. 우리는 그것을 믿을 수 있으며 속는 것을 두려워할 필요가 없다. 이교도들이 전혀 알 수 없는 것과 전적으로 전설적이며 황당무계한 이야기로 보는 것이 우리에게는 최고로 진정성 있는 이야기이다. 그리스의 가장 유명한 역사가들과, 학문과 통치영역에 있어 그들의 후계자인 로마의 역사가들은 자신들의 역사를 기록한 저작물들의 역사적 신빙성을 낮게 평가했다. 그 모든 거짓된 것들을 그리스인들은 대담하게 기록했다(Juv. *Sat.* 10). 그러나 우리 앞에 놓여있는 역사는 명백한 확실성을 가지고 있으며, 교묘하게 꾸며진 우화가 결코 아니다.

Ⅲ. 그것은 고대의 역사이기 때문이다. 그것은 대부분의 사실성 없는 이교 역사가들의 저작물보다도 훨씬 더 오래 전의 역사이다. 현존하는 가장 오래된 이교 저술가인 호메로스는 올림피아 시대 초기에 살았던 것으로 추측되는데, 그 때는 로물루스에 의해 로마가 세워진 때와 비슷하며 또한 유다의 히스기야 왕의 통치시대와 가깝다. 호메로스의 작품들은 역사적인 것처럼 꾸미려고 하지 않고 전체가 시적인 허구로 채워진다. 그것들은 전형적인 이교적 서사시이다. 현존하는 가장 오래된 진정성 있는 역사가는 헤로도토스와 투키디데스인데, 그들은 에스라와 느헤미야와 동시대인들로서 자신들의 시대보다 훨씬 이전에 일어난 사건들을 확실성 있게 쓸 수 없었다. 성경을 제외한 모든 고대 역사의 모호함과 불충분함과 불확실함은 스틸링플릿(Stillingfleet)이 그의 유용한 책 「신성한 기원」에서 잘 지적했다. 이 역사(여호수아에서 느헤미야까지의 역사)의 고대성(古代性, 오래됨)은 호기심 많은 사람들을 자극하기도 하지만, 또한 그것은 선한 옛적 길로서의 올바른 신앙의 길, 곧 우리의 영혼을 안식으로 인도하는 길로 우리를 이끌어 간다(렘 6:16, 여호와께서 이와 같이 말씀하시되 너희는 길에 서서 보며 옛적 길 곧 선한 길이 어디인지 알아보고 그리로 가라).

Ⅳ. 그것은 교회의 역사이기 때문이다. 그것은 거룩한 신앙 공동체이며 하나님의 신탁과 규례를 간직하고 있는 유대 교회의 역사로서, 하늘의 인이 찍혀 있는, 그리고 이적들에 의해 확증된 언약을 가지고 있는 역사이다. 그 시대에 세상에는 지혜와 학문과 뛰어난 인물들로 유명한 '위대하고 강한 나라들'이 많이 있었다. 그러나 그러한 나라들에 관한 모든 기록은 다 사라졌다(침묵 속으로든 혹은 서사시 등의 꾸며진 이야기 속으로든). 반면 작고 보잘것없는 유대 나라만이 살아남았고, 여러 민족들 가운데 하나로 여겨지지 않았으며(민 23:9), 모든 역사들 가운데 가장 잘 알려지고 오래되었으며 영속하는 역사가 되었다. 그리고 다른 나라들의 이야기는 오직 유대 나라와 관련된 것 외에는 아무런 주의도 기울여지지 않았다. 왜냐하면 여호와의 분깃은 자기 백성이요 야곱은 그의 택하신 기업이기 때문이다(신 32:8). 하나님은 모든 세대의 교회에 그러한 관심을 기울이시므로, 우리는 사랑받는 자녀로서 즐거이 그분을 따르는 자가 될 수 있는 것이다.

Ⅴ. 그것은 하나님의 역사이기 때문이다. 그것은 하나님의 영감(靈感)으로 기록된 역사로서, 우리의 믿음과 행실의 영원한 규범인 성경의 일부이다. 우리

는 이것을 마치 우리가 그것을 읽든지 읽지 않든지 별 차이 없는 것으로 여기면서 그냥 지나칠 수 있는 것으로 생각해서는 안 된다. 오직 우리는 그것을 우리를 위해 보존된 거룩한 기록으로 읽어야 한다.

1. 이 역사(여호수아부터 느헤미야까지의 역사)는 구약의 여러 부분들을 이해하는데 대단히 유용하다. 우리가 여기에서 보게 되는 다윗의 생애와 통치, 그리고 특별히 그의 고난에 관한 이야기는 그의 많은 시편들을 이해하는 열쇠가 된다. 그리고 대부분의 예언들이 이 역사의 배경 위에서 주어진 것이므로, 그에 대한 이해 없이 예언들을 이해하는 것은 불가능한 일이다.

2. 비록 여기에서 모세의 역사와 율법에서와 같이 많은 그리스도의 모형들을 볼 수 있는 것은 아니라 할지라도, 그럼에도 불구하고 우리는 여기에서 장차 오실 자의 모형을 많이 만나게 된다. 우리는 그러한 예로서 여호수아, 삼손, 솔로몬, 고레스, 그리고 특별히 다윗을 들 수 있는데, 다윗의 왕국은 메시야 왕국의 모형이었으며, 그와 맺은 왕의 언약은 영원한 말씀과 맺은 구속의 언약의 희미한 그림자였다. 또한 만일 우리가 '이 역사' 를 알지 못한다면, 왜 그리스도를 다윗의 아들로 부르는지, 그리고 왜 세례 요한이 오리라 한 엘리야로 선언되는지 우리는 알 수 없게 될 것이다(마 11:14).

3. 여기에서 우리 앞에 놓여 있는 유대 교회는 복음 교회 곧 메시야 시대의 교회를 예표하는 것이었다. 그리고 유대 교회와 관련된 예언들이 마지막 때를 바라보았던 것처럼, 그 역사(歷史) 또한 마찬가지로서 이러한 것들은 후대를 위한 본보기가 되는 것이다(고전 10:11, **저희에게 당한 이런 일이 거울이 되고 또한 말세를 만난 우리의 경계로 기록하였느니라**). '이 역사' 로부터 우리는 교회와 관련한 다음과 같은 세 가지 사실을 이해하게 된다(**왜냐하면 이미 있었던 일과 장차 있을 일이 동일하기 때문이다.** 전 1:9).

(1) 이 세상에서 교회의 완전한 순결과 일치를 기대해서는 안 된다는 사실. 그러므로 교회의 타락과 혼란과 분열로 인해 슬퍼할 수는 있지만 그러나 그것으로 인해 실족해서는 안 된다. 또한 우리는 그러한 것들과 관련하여 마치 이상한 일이라도 일어난 것처럼 괴이하게 생각해서는 안 된다. 유대 교회에서 나타나는 우상 숭배와 불신앙과 불경건은 얼마나 야비하기 짝이 없으며, 유다와 에브라임 사이에는 얼마나 끔찍한 불화가 있었던가! 그러나 하나님은 그러한 모든 허물에도 불구하고 그들을 받으셨으며, 그들이 메시야를 배척할 때까지

그들을 완전히 배척하지 않으셨다. 그 땅에 이스라엘의 거룩한 자를 대적하는 죄가 가득 찼음에도 불구하고, 이스라엘과 유다는 하나님으로부터 버림을 당하지 않았다(렘 51:5).

(2) 이 세상에서 교회의 영속적인 평안과 형통을 기대해서는 안 된다는 사실. 초창기부터 교회는 종종 압제와 고통 가운데 떨어지기도 하고, 노예상태에 빠진 때도 있었으며, 때때로 어둠과 쇠퇴와 궁핍에 빠지기도 했다. 그러나 하나님은 거룩한 씨요 그루터기인 남은 자를 붙잡고 계셨다(사 6:13). 그러므로 복음 교회가 때때로 퇴락 가운데 빠지거나 광야로 쫓겨나거나 심지어 지옥의 문이 교회를 이기는 것을 볼지라도 놀라지 말자.

(3) 그러나 교회의 완전한 멸망을 두려워할 필요는 없다는 사실. 복음 교회는 **하나님의 이스라엘**(갈 6:16), **위에 있는 예루살렘**(갈 4:26), **하늘의 예루살렘** 등으로 불린다. 육신의 이스라엘과 예루살렘이 신적 섭리의 오묘한 돌보심으로 인해 자신들을 위협하며 흔드는 모든 폭풍을 잘 헤쳐 나가고 또 그 모든 영광을 복음 교회에 넘겨줄 때까지 계속 존재해 나갔던 것처럼, 복음 교회 또한 하나님의 비밀이 끝나고 은혜의 나라가 영광의 나라 가운데 완성될 때까지 모든 요동(搖動)에도 불구하고 계속해서 보존될 것이다.

4. 이 역사(여호수아부터 느헤미야까지의 역사)는 우리로 하여금 마땅히 나아갈 길로 인도하는데 매우 유용하다. 이 역사는 우리를 교훈하기 위해 기록되었다. 우리는 여기에서 우리가 경계를 받고 또 피해야만 하는 악과 우리가 속히 행해야 하는 선을 볼 수 있다. 여기에 기록된 인물들은 대체로 사사나 왕과 같이 특별하고 위대한 인물들이다. 그런데 우리는 이들 가운데에도 죄의 결함과 성결의 아름다움이 동시에 나타나는 것을 보게 된다. 위대한 인물일수록 이것이 더욱 명백하다. 만일 어떤 위대한 인물이 선하다면, 그러한 선함이 그들의 위대함을 더욱 영광스럽게 만들어 준다. 또 만일 그들이 악하다면, 그들의 위대함으로 인해 그러한 악함은 더욱 두드러지고 수치스러워지게 된다. 또한 여기에는 우리로 하여금 선 줄로 생각하는 자는 넘어질까 조심하도록 경계하기 위해, 그리고 넘어진 자는 절망하지 말고 회개함으로 용서를 받고 다시 회복되도록 하기 위해, 선한 자들의 타락까지도 기록되었다.

5. 이 역사는 하나님이 우리에게 무엇을 요구하시는지를 보여줌과 함께, 특별히 나라들과 관련하여 우리가 하나님의 섭리로부터 무엇을 기대할 수 있는

지를 또한 보여준다. 하나님이 유다 나라를 다루신 것을 통해, 우리는 통치자와 백성들이 하나님 나라의 이익을 위해 봉사하는 동안에는 그들은 안전하고 그들의 이익이 증진될 것이지만 반면 하나님께 대항하며 그분의 통치를 거절하면 심판 외에는 아무것도 기대할 것이 없다는 사실을 보게 된다. 우리는 이스라엘 역사 전체를 통해 이와 같은 사실을 확인할 수 있다. 그들이 하나님을 가까이 하는 동안에는 모든 길이 형통했다. 그러나 하나님을 버렸을 때 모든 것이 엇나갔다. 대주교 틸로트슨(archbishop Tillotson)은 비록 특정한 사람들에 대하여는 하나님의 섭리가 이 세상에서 불규칙하게 시행된다 할지라도(왜냐하면 완전한 상급과 징벌이 시행되는 다른 세계가 있기 때문에), 그러나 국가에 대하여는 그렇지 않다고 하면서 공적인 조직체와 공동체는 오직 이 세상에서만 상급을 받거나 혹은 징벌을 받을 수 있을 뿐이며 다음 세상에서는 모두 없어질 것이기 때문에 '국가의 덕' 은 통상적으로 현세적인 축복으로 상급을 받고 '국가의 죄' 역시 현세적인 심판으로 징벌을 받는다고 말한다. 이와 같이 하나님께서 국가를 다루시는 방법은 너무나 분명하기 때문에, 나는 그리스도인 정치가들이 이에 대해 설교자만큼이나 잘 알 것이라고 생각한다. 그들은 국가를 운영하는 각양 지혜와 방법들을 그리스와 로마의 최고의 역사가들로부터 찾을 수 있는 것처럼 또한 이것(여호수아부터 느헤미야까지의 역사)으로부터도 찾을 수 있을 것이다. 구약의 유대인들과 마찬가지로 우리 역시도 신적 계시의 축복과 함께 국가적으로 신앙을 고백하고 하나님과 관계를 맺는 축복을 받았다. 그러므로 우리는 특별한 방식으로 신적 통치 아래 있는 것이며, 그들에게 일어난 일들은 오늘날 우리를 위한 경계로 계획되고 기록된 것이다.

나는 대단한 책을 쓰고 있다고 감히 자처할 수 없다. 그러나 만일 이 책이 독자들에게 기쁨이 되고 또 성경의 역사를 이해하고 말씀의 다스림을 받는데 도움이 된다면, 그 모든 영광은 하나님께 돌려져야 한다. 내가 지금까지 한 것을 돌아볼 때 나는 자랑할 것은 아무것도 없고 다만 부끄러운 것뿐임을 고백한다. 또 앞으로 해야 할 것을 바라볼 때, 내 자신 안에는 신뢰할 만한 것이 아무것도 없음을 발견한다. 나 자신만으로는 충분하지 않다. 그러나 나의 나 된 것은 하나님의 은혜로 된 것이며, 그 은혜가 나로 하여금 충족하게 할 것임을 나는 믿는다. 분명히 나의 의와 강함은 주 안에 있다. 우리는 바울 사도가 말한 예수 그리스도의 성령의 도우심(빌 1:19)을 믿음으로 구할 수 있으며, 또한 그것이 모든 선한 말과 행실을 위해 계속해서 공급될 줄 믿는다. 나로 하여금 이 책을 쓰도록 이끈 것은 연구의 즐거움이었다. 그리고 모세오경에 대한 나의 보잘것없는 수고를 즐겁게 받아 준 나의 친구들이 나로 하여금 본서를 출판하도록 격려해 주었다. 나는 모세오경 주석과 동일한 방법과 형식을 따라 나름대로 최선을 다해 본서를 저술했다. 나는 가능한 본서를 평이하게 저술함으로써 보통 사람들도 쉽게 읽을 수 있기를 바랐다. 그러나 본서가 하나님의 양 떼들의 유익을 위해 내가 소원한 만큼 그렇게 간결하고 명백한지 여부는 의문이다. 간결하고자 노력하다가 나는 모호함 속에 빠져버리고 말았다. 하나님의 섭리에 대한 겸손한 순종과 그분의 은혜에 대한 겸손한 신뢰와 함께, 나는 시간이 허락하는 한 이 작업을 계속 진행시키고자 한다. 구약을 모두 해설하기 위해서는 두 권의 책이 더 필요할 것이다. 그리고 하나님이 허락하시면 이 일을 감당할 수 있을 것이라 믿는다. 만일 친구들이 계속해서 격려해주고 또 하나님이 붙잡아 주사 감당할 수 있도록 능력을 주신다면, 나는 계속해서 신약으로 나아가고자 한다. 왜냐하면 비록 우리 앞에 있는 성경을 해설하기 위해 손을 댄 사람들이 많이 있고(눅 1:1) 또 그들의 작품이 참으로 위대하며 내 책보다 더 오래 지속될 것이라 할지라도, 그 주제가 너무나 풍부하고 다양하기 때문에 그리고 여러 종류의 책들이 서로 보충하고 보완하여 결국 그리스도의 나라의 공통적인 유익과 성도들에게 전하여진 공통적인 신앙과 고귀한 영혼들의 공통적인 구원을 위해 합력하기 때문에(딛 1:4. 유 3), 그토록 많은 종류의 책들이 있다는 사실이 내게 아무런 거리낌도 되지 않기 때문이다. 내가 성경 주석을 계속해서 저술해 나가겠다는 계획을 이렇게 공개적으로 담대하게 언급할 수 있는 것은 친구들의 충고와 기도가 있을 것을 그리고 무엇보다도 주 예수 그리스도의 자비가 함께 하실 것을 믿기 때문이다. 예수께서는 자신을 주로 부르는 모든 자들 가운데 가장 작은 자보다도 더 작은 나를 자신의 충성된 종으로 부르시기를 기뻐하셨다.

1708년 6월 2일, 체스터에서 매튜 헨리

여호수아 서론

I. 여호수아로부터 에스더까지는 유대 나라의 역사를 다루는 부분이다. 유대 작가들은 구약의 책들을 율법과 선지서, 그리고 성문서로 분류하면서(눅 24:44), 여호수아부터 열왕기까지를 전선지서(the first book of the prophets)로, 그리고 나머지 부분 즉 역대기, 에스라, 느헤미야, 에스더를 성문서의 일부로 분류한다. 이렇게 한 것은 비록 이 책들의 주제가 역사를 다루는 것이지만, 선지자들이 이것들을 기록한 것으로 생각했기 때문이다. 이사야나 예레미야 같은 순수한 선지서에는 서두에 선지자의 이름이 표기된다. 그것은 예언의 신뢰성이 선지자들 자신에 크게 의존하기 때문이었다. 반면 역사를 다루는 책들은 유대 나라의 권위 있는 기록들을 모은 모음집(collections)으로 보이는데, 몇몇 선지자들이 하나님의 인도하심을 따라 세상 끝날까지 교회의 예배를 위해 그렇게 한 것이었다. 비록 몇몇 역사자료들이 그 사건의 기억이 생생할 때, 그리고 하나님의 인도하심 아래 기록되었다 할지라도, 그러나 동일한 하나님의 인도하심 아래 그것들은 어떤 '다른 손'에 의해 우리가 지금 가지고 있는 형태를 갖게 되었을 것으로 보인다. 이러한 추측의 근거는 다음과 같다.

1. 이전의 저작물들, 예컨대 야살의 책(수 10:13; 삼하 1:18), 이스라엘과 유다 왕의 연대기, 갓의 책, 나단의 책, 잇도의 책 등이 종종 언급된다.

2. 어떤 것들이 행해졌던 때가 종종 아주 오래 전의 일로 언급된다. 예컨대 사무엘하 9:9에는 이런 말씀이 기록되어 있다. "지금 선지자라 하는 자를 옛적에는 선견자라 일컬었더라."

3. 오늘날까지 남아 있는 것들이 종종 언급된다. 돌(수 4:9; 7:26; 8:29; 10:27; 삼상 6:18), 어떤 장소의 이름(수 5:9; 7:26; 삿 1:26; 15:19; 18:12; 왕하 14:7), 권리와 소유(삿 1:21; 삼상 27:6), 관습과 관행(삼상 5:5; 왕하 17:41) 등등. 이러한 것들은 영감 받은 편집자들(inspired collectors)이 동시대 사람들의 믿음을 확고히 하기 위해 그리고 어떤 것들을 증명하기 위한 예로써 덧붙인 것이다. 추측컨대 여호수아에서 열왕기에 이르기까지 역사를 다루는 책들은 포로 직전에 선지자 예레미야가 모은 것으로 보인다. 우리는 이에 대한 근거를 사무엘상

27:6의 시글락에 대한 언급에서 찾을 수 있는데, 거기에 보면 "아기스가 그 날에 시글락을 그에게 주었으므로 시글락이 오늘까지 유다 왕에게 속하니라"고 되어 있다. 여기에 유다 왕(kings of Judah)이란 표현이 나오는데, 이러한 문체는 솔로몬 이후에 시작되어 포로 때에 끝난 것이다. 그리고 열왕기 뒤에 이어지는 책들(역대기, 에스라, 느헤미야, 에스더)은 포로 이후 어느 때에 서기관 에스라가 모은 것으로 보인다. 우리가 비록 이러한 책들의 저자에 관하여는 어둠 가운데 있지만, 그러나 그것들의 권위에 대하여는 의심의 여지가 없다. 그것들은 하나님의 말씀의 한 부분으로서 유대인들에게 맡겨진 것이며, 우리 구주와 사도들에 의해 수용(受容)되었고 또한 언급되었다.

모세오경에는 구약 교회의 성립과 발전, 그리고 그것의 기본 틀에 관한 충분한 설명이 언급되어 있다. 구약 교회는 한 가족으로부터 성립되었으며 하나님의 약속이 대헌장이 되었고 이적(異蹟)들에 의해 세워졌으며 율법과 규례에 의해 통치되었는데, 그것은 우리가 일반 역사에서 발견하는 것과는 전혀 다른 성격의 나라였다. 그토록 공의로운 율법을 가진 나라는 매우 성결했을 것으로 사람들은 생각할 것이다. 또 그토록 부요한 약속을 가진 나라는 매우 행복했어야 했을 것이다. 그러나 슬프게도 그들의 역사의 많은 부분은 죄와 고통으로 얼룩져 있었다. 율법은 아무것도 온전케 하지 못했던 것이다. 그러나 그것은 더 좋은 소망으로 이끌었다. 만일 우리가 기독교회의 역사를 살핀다면 그 또한 이와 매우 비슷하다는 사실을 발견하게 될 것이다. 기독교회 역사의 많은 부분도 역시 오류와 부패로 얼룩져 있다. 복음은 '이 세상에서' 어떤 것도 완전하게 하지 않는다. 다만 우리를 장래의 더 나은 소망에 대한 기대 속에 남겨둘 뿐이다.

II. 이제 우리 앞에 여호수아서가 놓여 있다. 이 책이 이와 같은 이름으로 불려지는 것은 그에 의해 기록되었기 때문은 아니다. 누가 기록했는지는 확실하지 않다. 라이트푸트(Dr. Lightfoot)는 비느하스가 이 책을 기록했다고 생각한다. 패트릭 주교(bishop Patrick)는 여호수아 자신이 기록했다고 확신한다. 어찌됐든 간에 이 책은 '그에 관해' 기록된 것이다. 그리고 만일 다른 사람이 기록했다면, 이것은 그의 전기 혹은 회고록들로부터 모아진 것일 것이다. 이 책은 여호수아의 통치 하에 있었던 이스라엘의 역사를 다루고 있다. 그는 장군으로서 이스라엘 군대를 통솔하였다.

1. 가나안으로 들어가는 입구에서(1-5장).

2. 가나안을 정복하는 가운데(6-12장).

3. 가나안 땅을 각 지파들에게 분배하는 가운데(13-24장).

이 모든 일에, 여호수아는 공적인 위치에 있는 모든 사람들에게 지혜와 용기와 충성과 경건의 위대한 실례(實例)가 된다. 그러나 이것이 이러한 역사(歷史)가 가르쳐주는 교훈의 전부는 아니다. 우리는 그 안에서 다음의 것들을 볼 수 있다.

1. 하나님과 그분의 섭리—자연까지도 다스리는 능력, 죄의 분량이 채워졌을 때 가나안인들을 징벌하는 공의, 족장들과 맺은 언약에 대한 신실함, 그리고 이스라엘 백성들을 향한 사랑. 그는 전쟁의 승패를 결정하는 만군의 여호와로 나타나며 또한 사람들의 거주의 경계를 결정하는 제비뽑기의 주관자(director of the lot)로 나타난다.

2. 그리스도와 그의 은혜. 비록 여호수아가 그리스도의 모형으로서 신약에서 명시적으로 언급되지는 않는다 할지라도, 그가 그리스도의 두드러진 모형이라는 점에 모든 사람이 동의한다. 예수 그리스도의 또 다른 모형인 대제사장 여호수아가 그랬던 것처럼(슥 6:11-12), 그는 우리 주님과 동일한 이름을 가졌다. 70인역은 여호수아의 이름을 헬라어로 표기하는 가운데 '예수스'(예수)라 부르는데, 이것이 사도행전 7:45과 히브리서 4:8에 그대로 나타난다. 초기 기독교 저술가 중 한 사람인 순교자 유스티누스(Justin Martyr)는 출애굽기 23:20의 약속("내가 사자를 네 앞서 보내어 길에서 너를 보호하여 너를 내가 예비한 곳에 이르게 하리니")을 여호수아를 가리키는 것으로, 그리고 "내 이름이 그 안에 있느니라"는 구절을 그의 이름이 메시야의 이름과 동일해야 함을 언급하는 것으로 해석한다. 여호수아란 이름은 "그가 구원하실 것"이라는 의미이다. 여호수아는 하나님의 백성들을 가나안인들로부터 구원한다. 반면 우리 주 예수는 백성들을 죄로부터 구원한다. 그리스도는 여호수아처럼 우리 구원의 대장이시요, 백성들의 지도자와 명령자가 되신다. 그는 사탄을 자기 발 아래 밟고, 백성들로 하여금 하늘의 가나안을 소유하도록 하신다. 그렇게 하심으로써 예수 그리스도는 백성들에게 안식을 주는데, 이것은 여호수아가 하지 못한 일이었다(히 4:8).

제 1 장

개요

본서는 역사(歷史)와 함께 시작되는데, 그것은 여호수아의 생애(모세오경의 여러 구절들에서 이미 언급됨)의 역사가 아니라 그의 통치와 지배권의 역사이다. 본 장의 주요 내용은 다음과 같다. I. 하나님께서 모세를 대신하여 여호수아에게 통치권을 부여하시면서, 그에게 광범위한 위임과 온전한 교훈과 큰 격려를 주심(1-9절). II. 여호수아가 통치권을 받고 즉각 그 일에 착수함. 백성의 지도자들(10, 11절)에게와 특별히 두 지파와 반 지파(12-15절)에게 명령을 하달함. III. 백성들이 이에 동의하고 여호수아에게 충성을 맹세함(16-18절). 이와 같이 '하나님께로 말미암은' 통치권은 통치자에게는 영예로운 것이요, 피지배자들에게는 만족스러운 것일 수밖에 없었다. 이렇게 하여 모세의 마지막 말이 또다시 증명된다. 이스라엘이여 너는 행복한 사람이로다 여호와의 구원을 너같이 얻은 백성이 누구냐? (신 33:29).

1여호와의 종 모세가 죽은 후에 여호와께서 모세의 수종자 눈의 아들 여호수아에게
말씀하여 이르시되 2내 종 모세가 죽었으니 이제 너는 이 모든 백성과 더불어 일어
나 이 요단을 건너 내가 그들 곧 이스라엘 자손에게 주는 그 땅으로 가라 3내가 모
세에게 말한 바와 같이 너희 발바닥으로 밟는 곳은 모두 내가 너희에게 주었노니 4
곧 광야와 이 레바논에서부터 큰 강 곧 유브라데 강까지 헷 족속의 온 땅과 또 해
지는 쪽 대해까지 너희의 영토가 되리라 5네 평생에 너를 능히 대적할 자가 없으리
니 내가 모세와 함께 있었던 것 같이 너와 함께 있을 것임이니라 내가 너를 떠나지
아니하며 버리지 아니하리니 6강하고 담대하라 너는 내가 그들의 조상에게 맹세하
여 그들에게 주리라 한 땅을 이 백성에게 차지하게 하리라 7오직 강하고 극히 담대
하여 나의 종 모세가 네게 명령한 그 율법을 다 지켜 행하고 우로나 좌로나 치우치
지 말라 그리하면 어디로 가든지 형통하리니 8이 율법책을 네 입에서 떠나지 말게
하며 주야로 그것을 묵상하여 그 안에 기록된 대로 다 지켜 행하라 그리하면 네 길
이 평탄하게 될 것이며 네가 형통하리라 9내가 네게 명령한 것이 아니냐 강하고 담

대하라 두려워하지 말며 놀라지 말라 네가 어디로 가든지 네 하나님 여호와가 너와 함께 하느니라 하시니라

여호수아가 존귀케 되고, 큰 권능이 그에게 위임된다. 무한한 지혜자께서 그에게 교훈을 주시고 모든 위로의 하나님께서 격려해 주신다. 이전에 하나님께서 그에 대해 말씀하실 때는 모세에게 말씀하심을 통해 그렇게 하셨다(민 27:18). 그러나 지금은 그에게 직접 말씀하신다(1절) ― 마치 하나님이 회막으로부터 모세에게 말씀하실 때와 마찬가지로(레 1:1). 회막은 여호수아가 모세와 함께 하나님께 나아가(신 31:14) '수종들며 섬기는 법도'를 배우던 곳이었다. 비록 엘르아살이 판결의 흉패를 갖고 있었다 할지라도 ― 그리고 여호수아도 그것에 묻도록 되어 있었지만(민 27:21) ― 그러나 여기에서 하나님은 여호수아에게 더 큰 격려를 주시기 위해 직접적으로 말씀하신다. 어떤 사람들은 하나님이 꿈이나 이상(vision)을 통해 말씀하신다고 생각하지만(욥 33:15처럼) 꼭 그런 것은 아니다. 왜냐하면 비록 하나님이 우리를 어떤 법칙들에 묶으신다 할지라도, 그분은 그러한 법칙들에 묶이지 않으시기 때문이다. 하나님은 꿈이나 이상 같은 것들 없이도 자신을 사람들에게 알게 할 수 있으시며, 사람들의 마음이나 때로는 귀에다가 말씀하실 수 있으시다. 여호수아에게 통치권을 부여하심과 관련하여 다음과 같은 것들을 주목하라.

I. 그에게 통치권이 주어진 때. "모세가 죽은 후에." 모세가 죽자마자 여호수아가 그의 통치권을 계승하였는데, 그것은 모세가 살아있는 동안 그로부터 엄숙한 안수(ordination)를 받음으로써 그렇게 된 것이었다. 통치의 공백기간은 종종 좋지 않은 결과를 가져올 수 있지만 ― 단지 며칠에 불과하다 할지라도 ― 그러나 하나님은 모세가 죽은 후 30일간의 애도기간이 끝날 때까지는 여호수아에게 가나안 땅으로 들어가라고 말씀하지 않으셨다. 그것은 유대인들이 말하는 것처럼 여호수아가 그 기간 동안 슬픔으로 인해 하나님과 교제할 수 없었기 때문이 아니라(그는 소망 없는 자 같이 슬퍼하지 않았다), 한 달간의 공백기간 동안 모세를 영예롭게 추모하도록 하고 백성들에게 그를 잃은 슬픔을 애도하도록 할 뿐만 아니라 그가 인도하던 40년 동안 그에게 행한 온갖 과오들을 회개하도록 하기 위함이었다.

II. 이전의 여호수아의 위치. 그는 모세의 시종(minister), 즉 항상 그를 수행하며 그의 일을 돕는 사람이었다. 70인역(Septuagint)은 그것을 휘푸르고스 즉 모세의 지시와 명령 아래 있는 일꾼으로 번역한다. 이와 관련하여 다음 몇 가지를 주목하라.

1. 지금 영예로운 위치로 부름 받고 있는 그는 오랜 동안 수종드는 자로 훈련 받아왔다는 사실이다. 우리 주 예수께서도 스스로 종의 형체를 취하셨고 그리하여 하나님께서 그를 지극히 높이셨다.

2. 그는 종속적인 위치에서 그리고 명령 아래에서 훈련받았다. 이러한 것들은 순종을 배우는 데 있어 가장 적합한 것들이다.

3. 모세를 계승한 여호수아는 모세와 가장 가깝고도 친밀한 관계였다. 그래서 그는 모세의 교훈과 삶의 방식, 그의 목적과 인내(딤후 3:10)를 충분히 알 수 있었으며, 그리하여 동일한 일을 수행함에 있어 동일한 방법을 취하고 동일한 정신을 가지며, 동일한 발자취를 따라갈 수 있었다.

4. 여기에서 여호수아는 그리스도의 모형이 된다. 그는 모세의 시종으로서 율법 아래 있었으며 율법의 모든 의를 이루었기 때문이다.

Ⅲ. 하나님이 그에게 주신 소명은 대단히 충만한(full) 것이었다.

1. 그가 통치권으로 부름받은 사실에 대한 고찰: "내 종 모세가 죽었으니"(2절). 모든 선한 사람들은 하나님의 종이다. 여기에서 종이란 표현은 경멸의 의미가 아니라 영예의 의미로서, 사람이 가질 수 있는 가장 위대한 것이다. 천사들도 하나님의 사역자들이다. 모세는 특별한 일에 부름받았는데, 그것은 하나님의 집에 청지기(steward)가 되는 것이었다. 그는 자신에게 부여된 사명을 수행함에 있어 스스로에게 봉사한 것이 아니라 자신을 불러 일을 맡기신 하나님을 위해 봉사하였다. 그는 충성된 종이었으며, 히브리서 3:5에 암시된 것처럼 그의 눈은 '아들'(the Son)에게로 향하고 있었다. 히브리서 3:5은 모세가 한 일을 "장래에 말할 것을 증언"하는 것이었다고 말씀한다. 하나님은 자기 종들을 영원히 자신의 것으로 삼으시며, 큰 날에 그들을 위해 증언하실 것이다. 그러나 하나님의 종이었음에도 불구하고 모세는 죽었다. 하나님은 당신이 사용하는 도구가 어떤 것이든 간에 그것에 매이지 않음을 보이시기 위해 그것(도구)을 바꾸신다. 종으로서의 일을 마쳤을 때, 모세는 죽고 모든 일로부터 안식에 들어가며 주의 기쁨에 참여한다. 하나님은 자기 종들의 죽음을 주목하신다. 그것은 하나님 보시기에 귀한 것이다. 그의 경건한 자들의 죽음은 여호와께서 보시기에 귀중한

것이로다(시 116:15).

2. 부르심 그 자체: "그러므로 이제 일어나라."

(1) 모세가 죽었음에도 불구하고 일은 계속되어야 한다: 그러므로 일어나서 전진하라. 슬픔으로 눈물 흘리는 것이 씨 뿌리는 일을 방해해서는 안 된다. 왜냐하면 하나님은 해야 할 일이 있을 때 그 일에 적합한 도구를 발견하거나 혹은 만들 것이기 때문이다. 종인 모세는 죽었다. 그러나 주인이신 하나님은 죽지 않으셨다. 그는 영원히 살아계신다.

(2) "모세가 죽었기 때문에 그 일은 그의 후계자인 네게 맡겨진다. 이는 네가 세움을 받았기 때문이다. 그러므로 네가 그의 자리를 채워야 한다. 일어나라, 그리고 그 일을 하라." 다음을 주목하라. [1] 유용한 인물들의 죽음은 살아있는 사람들로 하여금 선을 행하는 데 더욱 분발하도록 자극시킨다. 그들도 죽었다. 그리고 우리도 곧 죽을 것이다. 그러므로 아직 낮일 동안 열심히 일하자. [2] 유용한 인물들이 데려감을 받을 때 다른 사람들이 그들 대신 일어나서 그들이 중단한 일을 계속하는 것은 큰 은혜이다. 여호수아는 일어나서 모세가 시작한 일을 마무리해야 한다. 이렇게 하여 나중 세대는 이전 세대의 일 한가운데로 들어간다. 우리의 여호수아인 그리스도께서도 우리를 위하여 '모세의 율법이 결코 할 수 없는 것들'을 하셨다 — 의롭게 하는 일(행 13:39)과 거룩하게 하는 일(롬 8:3). 모세의 생애는 여호수아를 위하여 길을 예비하는 생애였고 사람들을 준비시키는 생애였다. 이와 같이 율법은 우리를 그리스도께로 인도하는 몽학선생이다. 모세는 죽음과 함께 여호수아에게 길을 내주었다. 이와 같이 우리도 첫 남편인 율법에 대하여 죽음으로써 그리스도와 결혼할 수 있게 되었다(롬 7:4).

3. 여호수아에게 임한 특별한 명령: "일어나서 요단을 건너라." 지금 이스라엘은 요단 언덕에 진을 치고 그 강을 바라보고 있다. 이것은 여호수아의 믿음에 대한 시험이었다. 강을 건널 아무런 가시적인 방법이 없는 상황에서, 그리고 지금 모든 강 언덕이 물로 차고 넘치는(3:15) 상황에서 강을 건널 준비를 하라는 명령을 내릴 것인가? 그는 백성들을 건네 줄 거룻배나 부교(浮橋)조차도 가지고 있지 않았다. 그러나 여호수아는 그들에게 건너라고 명령하신 하나님께서 그들을 위하여 길을 여실 것을 믿어야 했다. 요단을 건너는 것은 곧 가나안 땅으로 들어가는 것이다. 이 일은 모세가 하지 못했던 일이고 할 수도 없었던 일이다

(신 31:2). 이렇게 하여 많은 아들들을 영광으로 이끌어간 영예는 우리의 구원의 창시자이신 그리스도께 돌려진다(그러므로 만물이 그를 위하고 또한 그로 말미암은 이가 많은 아들들을 영광에 들어가게 하시는 일에 그들의 구원의 창시자를 고난을 통하여 온전하게 하심이 합당하도다, 히 2:10).

4. 가나안 땅을 이스라엘의 자녀에게 주신 것이 여기에서 반복된다(2-4절): 내가 그 땅을 그들에게 주노라. 하나님은 족장들에게 약속하셨다. "내가 그 땅을 주리라." 이제 넷째 세대가 지나갔고, 아모리 족속의 죄가 찼으며, 약속이 이루어질 때가 왔다(창 15:16, 네 자손은 사대만에 이 땅으로 돌아오리니 이는 아모리 족속의 죄악이 아직 가득 차지 아니함이니라 하시더니). 그 땅이 실제로 이스라엘에게 넘겨지게 되며, 그들이 그토록 오랫동안 기대했던 것을 이제 소유하게 된다: "내가 그것을 주노라. 그리로 들어가라. 그것이 모두 너희 것이니라. 아니(3절), 그것이 아직 정복되지 않았다 할지라도 내가 이미 그것을 주었노라. 그것은 그 땅이 마치 너희 손 안에 있는 것처럼 확실한 일이니라." 다음을 관찰하라.

(1) 땅을 차지하는 사람들: 그들 곧 이스라엘 자손에게(2절). 그것은 이들이 이 약속이 세워질 때 이스라엘이라 불리었던(창 35:10, 12) 야곱의 씨이기 때문이다. 비록 불평 많은 백성이었지만, 이스라엘 자손은 그들의 조상들로 인하여 유산을 상속받았다. 그리고 가나안에 들어간 것은 불평하던 자들의 자녀들이었다(민 14:31).

(2) 차지하게 된 땅: 동쪽으로 유브라데 강으로부터 서쪽으로 지중해(대해)까지(4절). 그들의 죄로 인하여 이러한 광대한 영역이 축소되고 또 여기에 언급된 모든 지경을 다 차지하지는 못했지만, 만일 그들이 순종하였다면 하나님은 여기에 언급된 것과 그 이상의 것을 그들에게 주셨을 것이다. 사도행전 2:5 등에 나타나는 것처럼, 여기에 언급된 지역들과 다른 여러 나라들로부터 유대교로 개종한 많은 사람들이 있었다. 비록 나라가 확장되지 못했다 할지라도 그들의 교회가 팽창되었다면 그 약속이 아무런 의미가 없다고 말할 수는 없는 것이다. 우리는 이 약속을 문자적으로만 받아들일 필요가 없다. 우리는 이 약속이 문자 이상의 의미를 갖는 것으로 추론할 수 있다. 그것은 은혜와 영광의 메시야 왕국에서 성취되는 것이다.

(3) 여기에 '땅을 허락하는 조건' 이 함축되어 있다. "내가 모세에게 말한 바와 같이" 즉 모세가 여러 차례 너희에게 말한 조건 위에서. 곧 "너희가 나의 훈계를

지키면 너희는 그 땅에 들어가 그것을 소유하게 될 것이다. 이와 같은 조건 하에서 그 땅을 취하라." 훈계와 약속은 서로 분리되어서는 안 된다.

(4) 가나안땅을 소유하는 것이 얼마나 쉽게 이루어질 것인가 하는 것이 암시되어 있다. "너희 발바닥으로 밟는 곳은 모두 너희의 소유가 될 것이니." 단지 너희의 발을 그 땅 위에 올려놓으라. 그러면 너희는 그것을 취하게 될 것이다.

5. 여기에서 하나님이 여호수아를 격려하기 위해 주신 약속들.

(1) 부름받은 이 위대한 사역에 하나님이 함께 하심을 확증하심(5절): "**내가 모세와 함께 있었던 것 같이**, 즉 내가 모세를 이끌어 강하게 했으며 그를 내 것으로 삼아 영화롭게 하고 이스라엘을 애굽으로부터 나오게 하는 일과 그들을 광야생활 동안 인도하는 일에 성공하게 한 것처럼, 내가 너와 함께 하여 너로 하여금 이 백성을 가나안 땅에 정착하게 하는 일을 이루도록 할 것이다." 여호수아는 모세에 비해 지혜와 은혜에 있어 얼마나 부족한가 하는 것을 잘 알고 있었다. 그러나 모세가 행한 것은 하나님이 함께 하심으로 말미암아 이루어진 것이었다. 그러므로 여호수아가 항상 하나님의 함께 하심 가운데 있다면 그 역시도 충분하게 해낼 것이다. 이러한 사실은 새롭게 떠오르는 세대의 사역자나 그리스도인들에게 큰 위로가 된다. 이전 세대에 충족하게 주어졌던 은혜가 새로운 세대에게도 동일하게 주어질 것이기 때문이다. 그것이 여기에서 다시금 반복되고 있다(9절). "너의 하나님 여호와가 너와 함께 하시나니, 그는 권능의 하나님으로서 네가 어디로 가든지 그 권능이 너와 함께 할 것이다." 하나님이 보내시는 곳으로 가는 자들은 어디로 가든지 하나님이 함께 하신다. 그러므로 그들은 더 이상 쉬운 길만을 추구할 필요가 없다.

(2) 하나님의 함께 하심이 결코 철회되지 않을 것임: **내가 너를 떠나지 아니하며 버리지 아니하리니**(5절). 모세는 여호수아에게 이미 이 사실 곧 하나님이 결코 떠나지 아니하실 것을 확언했다(신 31:8). 그리고 여기에서 하나님 자신이 당신의 종 모세의 말을 재확인하시고(사 44:26), 결코 떠나지 않겠다고 약속하신다. 우리는 하나님의 함께 하심을 필요로 하는 데, 그것은 어떤 일을 시작할 때뿐만 아니라 그 일을 계속 진행시켜 나가는 데에도 마찬가지이다. 거기에도 역시 하나님의 지속적인 도움이 필요하다. 만일 언제라도 하나님의 함께 하심이 떠난다면 우리는 실패하게 된다: **우리가 그와 함께 할 때 그분이 우리와 함께 하신다**는 사실을 기억하라. 여기에서 여호수아에게 주신 이러한 약속은 모든 신

자들에게 적용된다. 우리는 이러한 약속이 히브리서 13:5에서 탐욕에 대하여 경고하는 가운데 언급되고 있는 것을 발견하게 된다. **돈을 사랑하지 말고 있는 바를 족한 줄로 알라 그가 친히 말씀하시기를 내가 결코 너희를 버리지 아니하고 너희를 떠나지 아니하리라 하셨느니라.**

(3) 그가 이스라엘의 모든 원수들로부터 승리를 거둘 것임(5절): **네 평생에 너를 능히 대적할 자가 없으리니.** 하나님을 자기편으로 삼고 있는 사람을 대적할 자가 없다는 사실을 주목하라. **그가 우리를 위하시면 누가 대적하리요?** 하나님은 여호수아에게 그의 모든 사는 날 동안 확실한 승리를 약속하신다 — 어떤 원수도 그의 앞길을 가로막지 못할 것이다. 여호수아 자신이 오래 전 백성들을 격려한 것을(민 14:9), 여기에서 하나님이 그를 격려하고 계신다.

(4) 그가 백성들에게 가나안땅을 분배하게 될 것임(6절). 이 일을 시작함에 있어 여호수아가 그 일이 끝맺음되는 것을 보게 될 것이며, 그럼으로써 그 일이 허사(虛事)가 되지 않을 것을 확증한 것은 그에게 큰 격려였다. 그가 확고한 결의와 용기로서 스스로를 무장해야 했던 것은 백성들의 악한 성품 때문이었다. 그는 백성들이 얼마나 마음이 완악하며 감사할 줄 모르는가 하는 것과 전임자(모세)의 시대에 그들을 얼마나 통제하기 어려웠었던가 하는 것을 잘 알고 있었다. 그러므로 이와 같은 확증은 그에게 큰 용기를 주는 것이었다.

6. 하나님이 여호수아에게 주신 명령

(1) 모든 일에 하나님의 율법에 순종하며 이렇게 하는 것을 자신의 규례로 삼을 것(7-8절). 하나님은 여호수아의 손에 율법책을 두신다—마치 요아스가 왕관을 쓸 때처럼(왕하 11:12). **"여호야다가 왕자를 인도하여 내어 왕관을 씌우며 율법책을 주고 기름을 부어 왕으로 삼으매 무리가 박수하며 왕의 만세를 부르니라."** 이 책에 관하여 하나님은 다음과 같이 명령하신다.

[1] **주야로 묵상하라.** 그럼으로써 그는 그것을 이해하고 모든 상황에 적용할 수 있게 될 것이다. 만일 어떤 사람이 자신의 일로 인해 말씀을 묵상하는 것이나 다른 영적 행위를 게을리한다면, 그는 여기에서 여호수아의 능력의 근원이 어디에 있었나 하는 것을 생각해 보아야만 한다. 그의 손에 놓여진 것은 위대한 의무였다. 아무리 바쁘더라도 그는 묵상을 위한 시간과 마음의 여유를 가져야만 했다. 우리가 신경 써야 하는 일이 아무리 많다 하더라도 우리는 이 한 가지 일을 결코 게을리해서는 안 된다.

[2] 율법이 그의 입에서 떨어져서는 안 된다. 그가 백성에게 명령을 내릴 때나 자신에게 호소하러 온 사람들에게 판결을 내릴 때 항상 하나님의 율법에 합치되게 해야 한다. 모든 경우에 그는 율법의 규례에 따라 말해야만 한다(사 8:20). 여호수아는 모세가 시작한 일을 계속 이어나가야만 했다. 그러므로 여호수아는 모세가 백성들을 위해 행했던 구원을 완성시킬 뿐만 아니라 그가 세운 거룩한 종교를 굳건하게 해야만 했다. 새로운 율법을 만들 일은 없었다. 그에게 맡겨진 일은 그 율법을 주의 깊게 그리고 신실하게 지키는 일이었다(딤후 1:14).

[3] 그는 이 모든 율법을 지켜 행해야 한다. 이를 위하여 그는 계속해서 묵상해야 하는데, 이는 묵상 자체를 위한 것도 아니고 자신의 머리를 관념화시키기 위함도 아니며 제사장들을 곤혹스럽게 만드는 어떤 것들을 발견하기 위함도 아니었다. 오로지 거기에 기록된 것들을 준행하기 위함이었다. 그리고 거기에는 자신에게 맡겨진 일과 관련하여 중요한 의미를 갖는 몇 가지 특별한 것들이 기록되어 있는데, 예를 들면 전쟁에 관한 율법들이나 가나안 백성들을 멸하는 일 또는 가나안 땅을 분배하는 일 등이었다. 그는 이러한 것들을 종교적으로(religiously) 준행해야만 한다. 여호수아는 큰 능력과 권위를 가진 사람이었다. 그러나 그는 스스로를 '명령 아래에' 두어야만 했다. 어떤 사람이 아무리 대단한 위엄이나 통치권을 가지고 있다 하더라도, 하나님의 율법보다 더 위에 있을 수는 없다. 여호수아는 율법에 따라 통치해야 하며, 또한 백성들로 하여금 율법을 준수하도록 해야 하고, 또한 그 스스로 율법을 지켜야만 한다. 그리고 그 자신의 모범을 통하여 율법의 존귀함과 권능이 유지될 것이다. 첫째로, 그는 기록된 것들을 행해야 한다. 말씀을 듣고 읽는 것, 찬탄하고 열망하는 것, 알고 기억하는 것, 또 그것에 대해 토론하고 강의하는 것만으로는 충분하지 않다. 오직 우리는 그것을 행해야만 한다. 둘째로, 그는 기록된 것들을 따라 행해야 한다. 율법을 기록된 그대로 정확하게 준수하고 거기에 요구된 것뿐만 아니라 모든 상황 속에서 그 명령을 따라 행해야 한다. 셋째로, 그는 기록된 모든 것을 따라 행해야 한다. 어떤 예외나 유보도 없이, 하나님의 모든 명령에 대하여 존경심을 가지고, 그리고 심지어 혈과 육을 기쁘게 하지 않는 것들에게조차 그렇게 해야 한다. 넷째로, 그는 준행하되 양심의 견제와 하나님의 섭리를 잘 관찰해야 한다. 주의 깊은 관찰은 전반적인 순종에 꼭 필요하다. 다섯째로, 그는 자신의 행동에

서나 혹은 어떤 통치행위에서든지 좌로나 우로나 치우쳐서는 안 된다. 한쪽으로 치우친 것에는 오류가 있기 마련이기 때문이다. **여섯째로, 그는 강하고 담대해야 한다.** 그럼으로써 그는 율법을 따라 행할 수 있다. 자신의 사명을 수행함에 있어 낙담케 하는 일들이 많이 있을 것이다. 그러나 인내하면서 계속 전진해 나아가기 위해서는 반드시 불굴의 결의를 가져야 한다. **마지막으로, 여호수아가 그렇게 할 때 하나님은 그가 지혜롭게 행하게 될 것이며 그의 길이 형통하게 될 것이라고** 확언하신다(7-8절). 이는 그의 순종을 격려하는 말씀이다. 하나님의 말씀을 자신의 규례로 삼고 그 규례를 따라 성실하게 행하는 자들은 잘 될 것이요 번성하게 될 것이다. 그것이 그들에게 최고의 교훈을 줄 것이요 이로써 범사에 지혜롭게 행하게 될 것이고(시 111:10), 또한 최고의 축복이 될 것이다. 하나님께서 그들에게 마음의 열망을 주실 것이다.

(2) 하나님의 약속과 함께 하심으로 스스로를 격려하고 이것을 자신의 버팀줄로 만들 것(6절): **강하고 담대하라.** 이 말씀이 7절에서 다시 한 번 반복된다. **오직 강하고 극히 담대하라.** 이는 마치 이것이 꼭 필요한 단 한 가지 일이라고 말씀하는 것처럼 들린다. 그리고 하나님은 이렇게 결말을 맺으신다(9절): **"강하고 담대하라 두려워하지 말며 놀라지 말라."** 여호수아는 아말렉과의 전쟁이나 악한 정탐꾼의 보고에 대한 반론에서 나타나는 것처럼, 오래 전부터 용맹함으로 이름 높은 사람이었다. 그러나 하나님은 여기에서 다시금 그에게 이러한 교훈을 심어주길 원하셨다. 은혜를 받은 사람은 그 은혜 안에 거하며 또 그 안에서 성장하기 위하여 반복적으로 은혜의 부르심을 받을 필요가 있다. 여호수아는 겸손한 사람이었다. 그는 하나님과 그분의 권능, 그리고 그분의 약속에 대하여는 분명한 믿음을 가지고 있었지만, 반면 자기 자신과 자신의 지혜와 힘 그리고 특별히 모세와 같은 위대한 지도자를 계승하여 사명을 감당함에 있어서는 그렇지 못했다. 그러므로 하나님은 이 말씀을 여러 번 반복하신 것이다: **"강하고 담대하라."** 너의 약함이 네 마음을 나약하게 만들지 못하게 하라. 하나님은 완전히 충족하시다(God is all-sufficient). **내가 네게 명령한 것이 아니냐?**

[1] 내가 그 일을 하라고 명령했다. 그러므로 네 앞에 놓여 있는 어려움들이 아무리 극복할 수 없는 엄청난 것처럼 보인다 할지라도 그 일은 반드시 이루어질 것이다.

[2] 내가 네게 그 일을 하도록 명령했고 불렀으며 사명을 주었다. 그러므로

내가 너를 내 것으로 삼고 강하게 하며 도울 것이다.

우리에게 주어진 사명을 수행할 때 우리는 강하고 담대할 이유를 가지고 있다는 사실을 기억하라. 우리가 우리의 눈을 거룩한 권능에 고정시킨다면 우리는 담대하고 활기차게 사명을 감당할 수 있게 된다. 하나님께서 말씀하시는 것을 들어라: "내가 네게 명령한 것이 아니냐? 그러므로 내가 너를 도울 것이요 성공케 할 것이며 너를 영접하고 네게 상을 줄 것이다." 우리 주 예수께서도 여기에서의 여호수아처럼 하나님의 뜻에 따라, 그리고 아버지께로부터 받은 명령을 따라 고난을 받으셨다(요 10:18).

[10]이에 여호수아가 그 백성의 관리들에게 명령하여 이르되 [11]진중에 두루 다니며 그 백성에게 명령하여 이르기를 양식을 준비하라 사흘 안에 너희가 이 요단을 건너 너희의 하나님 여호와께서 너희에게 주사 차지하게 하시는 땅을 차지하기 위하여 들어갈 것임이니라 하라 [12]여호수아가 또 르우벤 지파와 갓 지파와 므낫세 반 지파에게 말하여 이르되 [13]여호와의 종 모세가 너희에게 명령하여 이르기를 너희의 하나님 여호와께서 너희에게 안식을 주시며 이 땅을 너희에게 주시리라 하였나니 너희는 그 말을 기억하라 [14]너희의 처자와 가축은 모세가 너희에게 준 요단 이쪽 땅에 머무르려니와 너희 모든 용사들은 무장하고 너희의 형제보다 앞서 건너가서 그들을 돕되 [15]여호와께서 너희를 안식하게 하신 것 같이 너희의 형제도 안식하며 그들도 너희의 하나님 여호와께서 주시는 그 땅을 차지하기까지 하라 그리고 너희는 너희 소유지 곧 여호와의 종 모세가 너희에게 준 요단 이쪽 해 돋는 곳으로 돌아와서 그것을 차지할지니라

통치권을 부여받은 여호수아는 즉시로 자신의 사역에 착수한다. 그는 자신의 지위를 확고히 하거나 자신의 기쁨을 위하여가 아니라 백성들 가운데에서 하나님의 일을 진행시키기 위해 그렇게 한다. 감독의 직분을 사모하는 것처럼 그는 통치자의 직분을 바랐는데, 이것은 선한 일을 사모하는 것이었다(딤전 3:1).

I. 여호수아는 백성들에게 행군을 위하여 준비할 것을 명령한다. 백성들은 현 위치에서 오랫동안 진을 치고 있었기 때문에 진을 거두는 것은 어느 정도 어려움이 따르는 일이었다. 각 지파와 종족에서 여호수아의 명령을 받은 관리

(官吏)들은 그의 명령을 청종하고 그것을 백성들에게 전달해야 했다. 하급 통치자들은 공공의 선을 이룸에 있어 상급 통치자들과 마찬가지로 각각의 위치에서 꼭 필요하다. 이들 관리들이 없이 여호수아가 무슨 일을 할 수 있겠는가? 그러므로 우리는 왕에게 뿐 아니라 그가 보낸 총독들에게 복종할 것을 요구받는다(벧전 2:13-14). 이러한 관리들에 의하여,

1. 여호수아는 이스라엘이 사흘 안에 요단을 건널 것이라고 공적으로 통지한다. 이러한 명령은 생각건대 여리고로 보낸 정탐꾼들이 돌아오기까지는 내려지지 않았을 것이다 — 비록 여리고 사건과 관련한 이야기가 2장에 언급되고 있다 할지라도. 그리고 아마도 이것은 여호수아의 빈틈없는 경계심과 과도할 만큼의 신중함의 예(例)였는데, 그랬기 때문에 그에게 "강하고 담대하라"는 말씀이 그토록 반복적으로 주어질 필요가 있었던 것이다. 하나님이 여호수아에게 이미 "너희가 요단을 건너 그 땅을 차지할 것"이라고 말씀하셨기 때문에 여호수아는 백성들에게 확고한 어조로 말하고 있는 것이다.

2. 여호수아는 백성들에게 수송선이 아니라 양식을 준비하라고 지시한다. 독수리 날개로 업어 애굽에서 데리고 나온 그분이 똑같은 방법으로 그들을 가나안으로 데리고 가실 것이다(출 19:4). 그러나 만나 외에 다른 양식들이 요구되었기 때문에 백성들은 지정된 시간까지 그것을 준비해야만 했다. 이스라엘이 가나안에 들어갈 때까지(5:12), 그리고 기업으로 얻은 땅에 들어가 다른 양식들로 공급받을 때까지(출 16:35) 만나가 완전히 끊어지지 않았다 할지라도, 지금 만나는 풍족하게 내리지 않았고 또 광야에서 처음 주어질 때만큼 많이 거두지도 못했다. 만나는 점진적으로 줄어들었으며, 그래서 백성들은 행군에 필요한 것들과 함께 다른 양식들을 준비하라는 명령을 받은 것이다. 만나가 있었기 때문에 다른 양식들을 준비할 필요가 전혀 없다고 생각하는 어떤 유대 작가들은 이것을 상징적으로 이해한다. 즉 그들은, 백성들이 죄를 회개해야 하며 하나님과 화평을 이루고 새로운 삶을 살기로 결단함으로써 하나님의 큰 호의를 받을 준비를 해야 한다는 것으로 해석한다. 출애굽기 19:10-11을 보라.

Ⅱ. 여호수아는 두 지파와 반 지파에게 그들의 의무를 상기시킨다. 그들은 — 비록 소유와 가족들은 요단 이쪽에 남겨둔다 할지라도 — 다른 지파들과 함께 요단을 건너야 했다. 그들이 요단을 건너지 않고 기업의 땅을 얻는 것은 다른 지파들에게 있어 자기 부정(self-denial)을 요구하는 행동이었으며 내키지 않는

일이었다. 그러므로 모세가 다른 형제들보다 앞서서 그들에게 기업을 줄 때 그들이 모세에게 약속했던 것에 대해 다시 한 번 재확인하는 것이 필요했다(13절): **모세가 너희에게 명령한 말씀을 기억하라**. 아마도 그들 가운데 일부는, 그들이 생각하기에 이 문제에 대해 지나치게 강경했던 모세가 죽었으니, 그와 같은 의무에게 벗어날 수 있을 것이라고 생각했을 것이다. 그러나 여호수아는 비록 모세가 죽었다 할지라도 그의 명령과 그들의 약속은 여전히 유효함을 분명히 한다. 여호수아는 그들에게 상기시키기를,

1. 그들이 먼저 기업의 땅에 정착한 것의 유익: "**너희 하나님 여호와께서 너희에게 안식을 주셨다**. 하나님께서 너희 마음에 안식을 주셨다. 또한 너희는 먼저 전쟁을 치르고 그 다음에 제비뽑기를 기다려야 하는 다른 지파들과 같지 않다. 하나님은 너희 가족 즉 너희 아내들과 자녀들에게 안식을 주셨다. 그는 너희에게 이 땅, 이 좋은 땅을 주심으로써 안식을 주셨고, 너희는 평안히 이 땅을 소유로 삼게 되었다." 하나님께서 당신의 섭리 가운데 우리에게 안식을 주실 때, 우리는 어떻게 그분을 영화롭게 할 수 있는지, 그리고 아직 정착하지 못한 우리 형제들에게 어떻게 섬김을 실천해야 하는지 생각해야 한다 — 하나님께서 다윗에게 안식을 주셨을 때처럼(삼하 7:1). 법궤가 정착할 때까지 다윗은 결코 쉴(안식할) 수 없었다(시 132:4-5). 하나님께서 우리에게 안식을 주실 때 우리는 게으름을 주의해야 하며 또한 그늘진 곳에 대해 관심을 기울여야 한다.

2. 여호수아는 그들에게 하나님께서 동일한 방식으로 형제들에게 안식을 주실 때까지 정복전쟁 동안 형제들을 돕기로 한 약속을 상기시킨다(14-15절). (1) 이것은 그 자체로 합리적이었다. 모든 지파들은 서로 긴밀하게 연결되어 있었으므로 피차 지체와 같이 서로서로 돌아볼 필요가 있었다. (2) 이것은 여호와의 종 모세가 그들에게 명한 것이었다. 모세는 그들에게 이것을 행할 것을 명령하였고, 그의 후계자 여호수아는 이러한 명령이 지켜지는 것을 보고자 했다. (3) 이것은 그들이 요단 동편에 정착함에 있어서의 죄책으로부터 스스로를 구원할 수 있는 유일한 방편이었다(민 32:23). (4) 이것은 모세가 그들에게 그 땅을 허락하는 조건이었다. 그러므로 그들이 이와 같은 조건을 지키지 않는다면 그 땅을 즐거이 향유할 수 없었다(15절). (5) 그들은 다시금 언약하고 동의했다(민 32:25): **주의 종들인 우리는 우리 주의 명령대로 행할 것이라**. 이렇게 하여 우리 모두는 서로의 손을 강하게 하고 우리 자신의 유익만을 구하는 것이 아니라 피차

의 유익을 구하는 의무 아래 놓여 있나이다.

[16]그들이 여호수아에게 대답하여 이르되 당신이 우리에게 명령하신 것은 우리가 다
행할 것이요 당신이 우리를 보내시는 곳에는 우리가 가리이다 [17]우리는 범사에 모
세에게 순종한 것 같이 당신에게 순종하려니와 오직 당신의 하나님 여호와께서 모
세와 함께 계시던 것 같이 당신과 함께 계시기를 원하나이다 [18]누구든지 당신의 명
령을 거역하며 당신의 말씀을 순종하지 아니하는 자는 죽임을 당하리니 오직 강하
고 담대하소서

이러한 대답은 두 지파와 반 지파만이 아니라 모든 백성의 관리들까지도 일치된 마음으로 하였다(10절). 이들은 하나님이 세우신 자들로서 백성들을 대표하는 위치에 있었다. 그들은 진심으로, 즐거이 그리고 분명한 결의를 가지고 대답했다.

I. 백성들은 여호수아에게 "통치자에 대한 피지배자"로서 뿐 아니라 "장군에 대한 병사"로서 순종을 약속한다(16절). 여호수아의 어떠한 명령에 대하여도 그들은 기꺼이 순종할 것이다. 자기 아래 병사들을 거느리고 있는 자는 "이 사람더러 가라 하면 가고 저 사람더러 오라 하면 온다"(마 8:9). 이와 같이 여호수아의 백성들은 말한다. "당신이 우리에게 명한 모든 것을 우리는 어떤 불평도 없이 그대로 행할 것이요, 당신이 보내시는 곳에 비록 그 곳이 가장 위험하고 어려운 곳이라 할지라도 우리는 갈 것입니다." 이와 같이 우리는 우리의 구원의 대장이신 예수 그리스도께 충성을 맹세해야 하며, 또한 그가 말씀을 통해 명령하신 것을 행하는 데 집중해야 한다. 그리고 그가 자신의 뜻에 따라 보내시는 곳에 우리는 기꺼이 가야 한다. 여호수아는 겸손한 사람이었기 때문에 자신이 모세에 비해 매우 부족하다고 생각하고 있었다. 그리하여 여호수아는 모세가 가졌던 영향력을 갖지 못하는 것에 대해 두려워하고 있었는데, 여기에서 백성들은 모세에게 그랬던 것 같이 그에게도 또한 순종할 것을 약속하고 있는 것이다(17절).

진실을 말하자면, 이스라엘 백성들은 자신들이 모세에게 그토록 순종적이었다고 자랑할 것이 없었다. 모세는 그들을 목이 곧은 백성이라고 불렀다(신 9:24): 내가 너희를 알던 날부터 너희가 항상 여호와를 거역하여 왔느니라. 여기에서

그들이 말하고자 했던 것은, 그들이 모세에게 대하여 마땅히 순종해야 했던 것처럼 그렇게 여호수아에게 순종하겠다는 것이었다. 우리는 지나간 사람에 대하여, 그의 직위나 사역이 아무리 대단했다 할지라도, 그를 계승한 자에게 돌려져야 할 영예가 메마를 정도로 지나치게 과장하여 찬미해서는 안 된다. 순종은 계속되어야 한다 — 비록 전능자가, 다스리고 통치하는 손을 바꾼다 할지라도.

Ⅱ. 백성들은 하나님이 여호수아와 함께 하실 것을 기원한다(17절). "오직 당신의 하나님 여호와께서 모세와 함께 계셨던 것처럼 당신과 함께 계시기를 원하나이다. 당신을 축복하시고 번성케 하시며 성공을 주시기를 원하나이다." 우리는 모든 권세자들을 위해 기도와 간구를 드려야 한다(딤전 2:1-2). 그리고 우리가 지도자들을 위해 간구할 수 있는 가장 좋은 것은 하나님의 함께 하심을 구하는 것이다. 이렇게 함으로써 그들이 우리를 위한 축복이 될 것이다. 여기에 왜 백성들이 모세에게 순종한 것 같이 여호수아에게도 순종하고자 했는가에 대한 이유가 암시되어 있다. 왜냐하면 그들은 하나님의 함께 하심이 모세에게 있었던 것처럼 여호수아에게도 있을 것을 믿었기(그리고 믿음으로 간구했기) 때문이었다. 하나님의 은혜를 받은 자들은 존경과 영예를 얻는다. 어떤 사람들은 이것을 그들이 받을 순종의 한계로 이해한다: "우리는 주께서 당신과 함께 하심을 우리가 인식하는 만큼만 순종할 것입니다. 그 이상은 아닙니다. 당신이 하나님과 가까이하는 동안 우리는 당신과 가까이 할 것이며 그만큼 당신에게 순종할 것입니다." 그러나 백성들은 이러한 단서가 필요할 만큼 여호수아가 하나님의 법도로부터 이탈하는 것에 대한 어떤 의심도 가질 수 없었다.

Ⅲ. 백성들은 여호수아의 명령에 불순종하는 혹은 명령에 반역하는 사람에 대하여 죽음에 처하는 법령을 통과시킨다(18절). 만일 이와 같은 법이 모세의 때에 만들어졌다면 그의 시대에 행해졌던 수많은 반란들을 아마도 막을 수 있었을 것이다. 왜냐하면 대부분의 사람들은 하나님의 공의보다 권세자들의 칼을 더 두려워하기 때문이다. 그러나 지금 이와 같은 법을 만든 데에는 특별한 이유가 있었는데, 그것은 그들이 이제 가나안 정복전쟁에 돌입하고 있었기 때문이었다. 전시(戰時)에는 평시에 비해 더 가혹한 법이 필요하다. 어떤 사람들은 이 법령에서, 하나님이 모세와 같은 선지자를 세울 것이며 누구든지 그의 말을 듣지 않는 자는 백성 중에서 끊쳐질 것이라는 말씀을 떠올린다. 비록 이것이 대체로 그리스도를 언급하는 것이기는 하지만, 여호수아가 그리스도의

모형으로 이해될 수 있음을 감안한 것이다. 신명기 18:19, 누구든지 내 이름으로 전하는 내 말을 듣지 아니하는 자는 내게 벌을 받을 것이요.

Ⅳ. 백성들은 여호수아로 하여금 하나님께서 부르신 사역에 즐거이 정진할 수 있도록 격려한다. 여호수아에게 강하고 담대할 것을 기원하는 가운데 그들은 자신들이 할 수 있는 모든 것 — 정확히 말해서 그의 모든 명령에 대한 과감한 순종 — 을 기꺼이 행하겠다고 실제적으로 약속하고 있는 것이다. 선한 사역을 이끄는 지도자에게 있어 선한 의지를 갖고 뒤따르는 자들을 보는 것은 대단히 고무적인 일이다. 여호수아는 비록 용맹함에 있어 검증된 자였다 할지라도, 강하고 담대하라는 백성들의 말을 모욕적인 언사로 받아들이지 않고 커다란 호의로 받아들인다.

제 — 2 — 장

개요

본 장에는 여리고 성의 정세를 살피기 위해 파송된 정탐꾼들의 이야기가 기술되어 있다. 여기에서 다음을 관찰하라. I. 여호수아가 어떻게 그들을 보냈나?(1절) II. 라합이 어떻게 그들을 영접하였고 보호하였으며, 그들로 하여금 적의 수중에 빠지지 않기 위해 거짓말을 했는가?(2-7절) III. 라합이 그들에게 여리고의 현 상태와 이스라엘이 다가옴으로 인해 야기된 공황적 공포(panic-fear)에 대해 이야기함(8-11절). IV. 라합이 여리고 성이 멸망할 때 자신과 자신의 친척들의 안전에 관하여 정탐꾼들과 맺은 약속(12-21절). V. 정탐꾼들의 무사귀환과 정탐활동에 대한 보고(22-24절). 이 이야기에서 가장 두드러지게 등장하는 인물은 바로 라합이다. 그녀는 신약에서 두 번 언급되는데, 한 번은 히브리서 11장의 믿음의 영웅들의 이야기(31절)에서, 그리고 또 한 번은 믿음은 선행으로 증명됨을 가르치는 야고보서 2:25에서이다.

1 눈의 아들 여호수아가 싯딤에서 두 사람을 정탐꾼으로 보내며 이르되 가서 그 땅
과 여리고를 엿보라 하매 그들이 가서 라합이라 하는 기생의 집에 들어가 거기서
유숙하더니 2 어떤 사람이 여리고 왕에게 말하여 이르되 보소서 이 밤에 이스라엘
자손 중의 몇 사람이 이 땅을 정탐하러 이리로 들어왔나이다 3 여리고 왕이 라합에
게 사람을 보내어 이르되 네게로 와서 네 집에 들어간 그 사람들을 끌어내라 그들
은 이 온 땅을 정탐하러 왔느니라 4 그 여인이 그 두 사람을 이미 숨긴지라 이르되
과연 그 사람들이 내게 왔었으나 그들이 어디에서 왔는지 나는 알지 못하였고 5 그
사람들이 어두워 성문을 닫을 때쯤 되어 나갔으니 어디로 갔는지 내가 알지 못하
나 급히 따라가라 그리하면 그들을 따라잡으리라 하였으나 6 그가 이미 그들을 이끌
고 지붕에 올라가서 그 지붕에 벌여 놓은 삼대에 숨겼더라 7 그 사람들은 요단 나루
터까지 그들을 쫓아갔고 그들을 뒤쫓는 자들이 나가자 곧 성문을 닫았더라

여기에 라합과 두 명의 정탐꾼이 등장한다.

I. 중요한 요충지를 정찰하기 위해 정탐꾼을 파송한 여호수아의 신중함(1절). 가서 그 땅과 여리고를 엿보라. 예전에 모세가 정탐꾼들을 보낸 적이 있었다(민 13장). 여호수아 자신이 그들 가운데 한 사람이었는데, 그 일은 좋지 않은 결과를 가져왔다. 그러나 지금 여호수아는 예전에 그랬던 것처럼 그 땅 전체를 정찰하기 위함이 아니라 오직 여리고만을 정찰하기 위해 정탐꾼을 보낸다. 또한 여호수아는 모든 회중에게 보고하도록 하지 않고 오직 자신에게만 보고하도록 한다. 마치 주도면밀한 장군처럼 그는 전체의 유익을 도모하고 있었으며 특별히 첫걸음을 주의함으로써 자칫 문지방에 걸려 넘어지지 않도록 조심하고 있었다. 여호수아 자신이 변장을 하고 요단 일대를 정탐하는 것은 적절치 못한 일이다. 그렇게 하는 대신 그는 두 사람(70인역에는 두 젊은이)을 보내 그 땅을 엿보도록 하고 그들의 보고로부터 여리고를 공격할 방법을 찾고자 했다. 다음을 주목하라.

1. 위대한 인물들이라 할지라도 일반 사람들이 보는 것과 같은 것을 볼 수밖에 없다. 그러므로 그들은 이런 일에 누구를 보낼지 신중하게 선택해야 하는데, 그것은 대체로 일의 성패(成敗)가 선택받은 자들의 충성심에 달려 있기 때문이다.

2. '하나님의 약속에 대한 믿음' 이 '적절한 수단을 사용하는 것' 을 가로막지 않는다. 오히려 그렇게 하는 것을 권장하고 격려한다. 여호수아는 하나님이 자신과 함께 계심을 확신하고 있었다. 그러나 그는 정탐꾼들을 보낸다. 만일 하나님의 함께 하심에 대한 우리의 기대가 '마땅히 기울여야 할 노력' 을 약화시킨다면, 그것은 우리가 하나님을 신뢰하고 있는 것이 아니라 시험하고 있는 것이다.

3. 두 정탐꾼이 자신들에게 주어진 위험한 임무에 대해 얼마나 열성적이었는지 주목하라. 위험한 상황에 처해질 수 있음에도 불구하고 그들은 이스라엘을 위한 열정으로, 그리고 하나님의 능력에 의지하여 여호수아의 명령에 순종하여 그 땅에 잠입했다. 이스라엘을 지키시는 자이신 하나님은 또한 받은 사명을 수행하고 있는 개개 이스라엘 백성들의 보호자가 되신다.

II. 정탐꾼들을 라합의 집으로 인도하신 하나님의 섭리. 그들이 어떻게 요단을 건넜는지에 대하여는 아무 기록이 없다. 어쨌든 그들은 요단 강에서 12km 정도 떨어진 여리고로 들어왔고, 그 곳에서 유숙할 여관을 찾는 중에 라합의 집으로 들어오게 되었다. 그녀에게는 기생(harlot)이란 이름이 붙여졌는데, 이것은 — 비록 나중에 회개하고 새로워졌다 할지라도 — 부끄럽고 불명예스러운 이름이었다. 문둥이 시몬(마 26:6)이 나중에 문둥병으로부터 깨끗하게 되었다 할지라도 살아있는 동안 이 이름으로 인한 불명예를 가지고 있었던 것처럼, 기생 라합이란 이름 역시 마찬가지였다. 믿음과 선행으로 칭찬받고 있는 신약에서도 그녀는 그러한 이름으로 불려지고 있는데, 이것은 우리에게 다음과 같은 교훈을 가르쳐준다.

1. 큰 죄도 참으로 회개하기만 하면 사죄의 은총을 가로막는 장애물이 되지 못한다는 사실. 우리는 성경에서 세리와 창녀(harlot, 기생)가 메시야 왕국에 들어가는 것과 또 특별한 사람들보다 우선적으로 환영받을 것이란 말씀을 읽는다(마 21:31, 예수께서 그들에게 이르시되 내가 진실로 너희에게 이르노니 세리들과 창녀들이 너희보다 먼저 하나님의 나라에 들어가리라).

2. 회심 이전에는 악하고 타락했던 사람들이 회심 이후 믿음과 성결에 있어 유명하게 된 사람들이 많이 있다는 사실.

3. 은혜로 말미암아 젊은 시절의 죄를 회개한 자들조차도 그러한 죄로 인한 불명예를 감수할 준비를 해야 한다는 사실. 그들이 예전의 허물에 대하여 들을 때 그들은 자신들의 회개를 새롭게 해야 하며 그 증거로서 그러한 말들을 참을성 있게 받아들여야 한다.

하나님의 이스라엘에게는 온 여리고를 통틀어 오직 한 사람의 친구만이 있었을 뿐인데, 그가 바로 기생 라합이었다. 종종 하나님은 자신의 목적과 교회의 유익을 위해 다른 도덕(morals)을 가진 사람들을 사용하신다. 만일 정탐꾼들이 다른 집에 들어갔다면 틀림없이 체포되고 무자비하게 죽임을 당했을 것이다. 그러나 하나님은 그들을 도울 수 있는 친구가 있는 곳을 알고 계셨고, 바로 그곳으로 인도하셨다. 이와 같이 우리에게 대단히 우연적이고 우발적인 것으로 보이는 것들이 종종 하나님의 섭리에 따라 일어난다. 그리고 인생길에서 신실한 마음으로 하나님을 인정하는 자들을 하나님은 "자기 눈동자처럼" 인도하실 것이다. 예레미야 36장 19절과 26절을 보라.

Ⅲ. 정탐꾼들을 영접하고 보호하는 라합의 믿음.

여관을 경영하는 사람들은 자기 집에 들어오는 모든 사람들을 환대(歡待)한다. 또한 그들은 모든 손님들에 대하여 친절해야 할 의무가 있다고 생각한다.

그러나 라합은 정탐꾼들에 대하여 일반적인 친절 이상의 것을 보여주었다. 자신의 나라가 전쟁을 예고하고 있음에도 불구하고 그들을 평안히 영접한 것은 그녀의 믿음으로 인한 것이었다(히 11:31).

1. 라합은 정탐꾼들을 자기 집으로 영접했다. 그들이 어디로부터 왔으며 또 임무가 무엇인지 알았음에도 불구하고(9절), 그녀는 정탐꾼들을 자기 집에 유숙시켰다.

2. 정탐꾼들이 여리고 성에 들어오는 것이 포착되었고 그리하여 그들에 대한 적개심이 불붙은 것을 알면서도, 라합은 그들을 자기 집의 평평한 지붕 위에 숨기고 삼대(삼나무 줄기)로 덮었다(6절). 그리하여 그들은 발견되지 않은 채 거기 숨어있을 수 있었다. 햇볕에 말리기 위해 지붕 위에 널어놓은 삼대들을 미루어 볼 때, 그녀는 덕행 있는 여자의 좋은 품성 가운데 한 가지는 가지고 있었던 것으로 보인다 — 비록 다른 품성들은 결함이 있었다 할지라도. 그는 양털과 삼을 구하여 부지런히 손으로 일하며(잠 31:13). 이러한 사실로 미루어 볼 때, 우리는 그녀가 예전에는 기생이었을지라도 지금은 더 이상 그렇지 않다고 생각할 수 있는 여지를 갖게 된다.

3. 정탐꾼들에 관하여 질문을 받을 때, 라합은 그들이 자기 집에 있음을 부인함으로써 사자들을 따돌리고 그들을 안전하게 지켜준다. 여리고의 왕이 정탐꾼들에 대해 묻기 위하여 라합의 집에 사자들을 보낸 것은 전혀 놀라운 일이 아니다(2-3절). 원수들이 문 앞에 다가왔을 때 왕은 두려움을 가졌고, 그러한 두려움으로 인해 그는 모든 여행객들에 대하여 의심을 갖고 경계하였다. 왕은 라합에게 대하여 정탐꾼들을 내어놓도록 요구할 이유를 가지고 있었다. 그러나 라합은 그들이 어디 있는지 알지 못한다고 말할 뿐만 아니라 한 걸음 더 나아가 뒤쫓는 자들에게 급히 따라가면 붙잡을 수 있을 것이라고 말함으로써 가택 수색을 중단하도록 만든다(4-5절).

(1) 이것이 선한 행동임은 확실한 사실이다. 이 일은 사도에 의해 정경(正經)에 기록되었다(약 2:25, 또 이와 같이 기생 라합이 사자들을 접대하여 다른 길로 나가게 할 때에 행함으로 의롭다 하심을 받은 것이 아니냐). 여기에서 라합은 행함으로 의롭다하심을 받았다고 언급되는데, 그것은 그녀가 사자들을 영접하여 다른 길로 나가게 한 것이라고 특별히 명기(明記)한다. 라합은 믿음으로 이 일을 행하였다. 그리고 그 믿음은 그녀로 하여금 사람을 두려워하지 않도록, 심지어 왕의

노여움조차도 두려워하지 않도록 하였다. 라합은 하나님께서 이스라엘을 위해 행하신 기사(奇事)들을 듣고 이스라엘의 하나님이 유일하신 참 하나님이며, 가나안땅에 대한 그분의 계획이 의심의 여지 없이 이루어질 것임을 분명하게 믿었다. 그리고 이러한 믿음으로 라합은 정탐꾼들과 함께 하였고 그들을 보호하였으며, 그들에게 호의를 베풀어주길 호소하였다. 만일 라합이 "나는 하나님이 당신들과 함께 하시며 또 이 땅이 당신들의 것이 될 것임을 믿습니다. 그러나 나는 당신들에게 어떤 은혜도 베풀어줄 수 없습니다"라고 말한다면, 그녀의 믿음은 죽은 믿음이며 그녀를 의롭게 하지 못할 것이다. 그러나 라합이 자신의 믿음에 따라 스스로를 '극도의 위험'(생명의 위험) 위에 세운 것은 그녀의 믿음이 살아 움직이는 믿음임을 보여준다. 하나님을 위해 모험을 할 수 있는 사람만이 참된 믿음의 사람이다. 믿음으로 여호와를 자신의 하나님으로 영접한 자들은 또한 그분의 백성을 자신의 백성으로 영접하며 그들과 운명을 함께한다. 하나님을 자신의 피난처로 삼은 자들은 그의 백성들에게 피난처를 제공함으로써 자신의 믿음을 증명해야 한다. **나의 쫓겨난 자들이 너와 함께 있게 하라**(사 16:3-4). 우리는 "교회와 하나님 나라를 위한 모험적인 섬김"을 통하여 하나님께 대한 열심과 진정성을 증명할 기회를 갖는 것을 기뻐해야 한다. 그러나,

(2) 여기에 정당화되기 쉽지 않은 부분이 있다. 우리는 이 문제를 반드시 짚어야만 하는데, 그렇게 하지 않는다면 그녀의 행동이 자칫 선한 행동으로 정당화되지 못할 위험이 있기 때문이다.

[1] 라합이 정탐꾼들을 숨겨주고 도와준 것은 분명히 자기 나라를 배신한 것이다. 그들은 여리고를 멸망시키기 위한 목적을 가지고 있었다. 라합의 행동은 자신이 속한 공동체에 대한 사랑과 의무, 그리고 왕에 대한 충성과 결코 양립될 수 없는 것이었다. 그러나 라합은 "**여호와가 이 땅을 이스라엘에게 주셨음**"을 알았고(9절), 바로 이 사실이 그녀의 행동을 정당화시키고 있는 것이다. 라합은 하나님께서 이스라엘을 위해 행하신 명백한 이적들을 통해 이 사실을 알았는데, 그녀에게 있어 하나님을 향한 의무가 여타 다른 것에 대한 의무보다 우선적이었던 것이다. 만일 라합이 하나님께서 이 땅을 이스라엘에게 주셨음을 알았다면, 그녀에게 있어 이 일을 훼방하는 자들과 함께 하는 것은 죄가 될 것이다. 그러나 오늘날 하나님께서 특정한 백성에게 특정한 땅을 허락하신다고 하는 것이 명백하게 입증될 수 없기 때문에, 공공의 유익에 반하는 이와 같은 배

신행위는 결코 정당화될 수 없다.

[2] 라합이 자기 집을 수색하는 사자들을 거짓으로 속인 것 또한 분명한 사실이다. 그녀는 그들이 어디로부터 왔는지 알지 못하며, 이미 가버렸고, 또 어디로 갔는지도 알지 못한다고 말했다. 우리는 이에 대해 어떻게 말해야 할까? 만일 라합이 진실을 말하거나 침묵한다면, 이것은 정탐꾼들을 배신하는 것이 되며 또한 하나님께 대하여 큰 죄가 될 것이다. 사자들을 다른 길로 추격하게 함으로써 정탐꾼들을 보호하는 것 외에 다른 방법은 없었다. 누구도 스스로 미덕(美德)이라고 여기는 일에 대해 스스로를 참소할 필요는 없다. 라합의 경우는 특수하고 예외적인 경우였다. 그러므로 이 일은 하나의 전범(典範)이 되어서는 안 된다. 그것은 일반적인 경우에는 결코 정당한 일이 될 수 없지만 여기에서는 정당화될 수 있는 것이다. 요단 건너편에서 일어났던 일들을 통해 라합은 가나안 백성들에게 어떤 자비도 허용되지 않음을 알고 있었다. 그러므로 라합은 그들에게 어떤 자비도 허용되지 않는다면 여기에서 진실을 말하는 것은 결코 옳은 일이 아니라고 추론했다.

대체적으로 신학자들은, 비록 그녀가 가나안 여인으로서 거짓말의 죄성(罪性)을 충분히 배우지 못한 정상(情狀)을 참작할 수 있다 하더라도 이것을 죄라고 받아들이면서, 그러나 하나님은 그녀의 믿음을 받으셨으며 그녀의 허물을 용서하셨다고 생각한다. 이 경우에는 그렇다 치더라도, 우리는 모든 사람이 이웃에 대하여 진실을 말하는 것, 거짓말을 혐오하고 두려워하는 것, 그리고 결코 악을 행하지 않는 것 — 비록 선이 뒤따른다 할지라도(롬 3:8) — 이 우리의 의무라고 확신한다. 그러나 하나님은 성실하고 정직하게 의도한 것은 받으신다 — 비록 그 안에 결함과 어리석음이 섞여 있다 할지라도. 하나님은 우리가 실수한 것을 극단까지 끌고 가지 않으신다. 어떤 학자들은 라합의 경우가 다른 사람들에게도 적용될 수 있다고 생각한다.

[8]또 그들이 눕기 전에 라합이 지붕에 올라가서 그들에게 이르러 [9]말하되 여호와께서 이 땅을 너희에게 주신 줄을 내가 아노라 우리가 너희를 심히 두려워하고 이 땅 주민들이 다 너희 앞에서 간담이 녹나니 [10]이는 너희가 애굽에서 나올 때에 여호와께서 너희 앞에서 홍해 물을 마르게 하신 일과 너희가 요단 저쪽에 있는 아모리 사람의 두 왕 시혼과 옥에게 행한 일 곧 그들을 전멸시킨 일을 우리가 들었음이니라

11우리가 듣자 곧 마음이 녹았고 너희로 말미암아 사람이 정신을 잃었나니 너희의
하나님 여호와는 위로는 하늘에서도 아래로는 땅에서도 하나님이시니라 12그러므
로 이제 청하노니 내가 너희를 선대하였은즉 너희도 내 아버지의 집을 선대하도록
여호와의 이름으로 내게 맹세하고 내게 증표를 내라 13그리고 나의 부모와 나의 남
녀 형제와 그들에게 속한 모든 사람을 살려 주어 우리 목숨을 죽음에서 건져내라 14
그 사람들이 그에게 이르되 네가 우리의 이 일을 누설하지 아니하면 우리의 목숨
으로 너희를 대신할 것이요 여호와께서 우리에게 이 땅을 주실 때에는 인자하고
진실하게 너를 대우하리라 15라합이 그들을 창문에서 줄로 달아 내리니 그의 집이
성벽 위에 있으므로 그가 성벽 위에 거주하였음이라 16라합이 그들에게 이르되 두
렵건대 뒤쫓는 사람들이 너희와 마주칠까 하노니 너희는 산으로 가서 거기서 사흘
동안 숨어 있다가 뒤쫓는 자들이 돌아간 후에 너희의 길을 갈지니라 17그 사람들이
그에게 이르되 네가 우리에게 서약하게 한 이 맹세에 대하여 우리가 허물이 없게
하리니 18우리가 이 땅에 들어올 때에 우리를 달아 내린 창문에 이 붉은 줄을 매고
네 부모와 형제와 네 아버지의 가족을 다 네 집에 모으라 19누구든지 네 집 문을 나
가서 거리로 가면 그의 피가 그의 머리로 돌아갈 것이요 우리는 허물이 없으리라
그러나 누구든지 너와 함께 집에 있는 자에게 손을 대면 그의 피는 우리의 머리로
돌아오려니와 20네가 우리의 이 일을 누설하면 네가 우리에게 서약하게 한 맹세에
대하여 우리에게 허물이 없으리라 하니 21라합이 이르되 너희의 말대로 할 것이라
하고 그들을 보내어 가게 하고 붉은 줄을 창문에 매니라

라합과 정탐꾼 사이에 합의가 도출되는데, 그것은 그녀가 지금 그들을 위해 베푸는 은혜와 나중에 그들이 그녀를 위해 베풀 호의와 관련한 것이다. 라합은 그들이 자신을 보호해야 한다는 조건으로 그들을 보호한다.

I. 라합은 정탐꾼들에게 그리고 그들을 통해 여호수아와 이스라엘에게 격려를 보내는데, 그것은 가나안에 침입함에 있어 대단히 중요한 것이었다. 바로 이것이 정탐꾼들이 이 땅에 온 목적이었으며 그럴만한 가치가 있는 것이었다. 사자들을 돌려보내고 난 후 라합은 정탐꾼들이 숨어있는 지붕으로 올라온다. 그들은 자신들이 직면한 위험으로 인해 공포에 질려 있었을 것이다. 라합은 그들에게 큰 만족을 주는 말을 한다.

1. 라합은 정탐꾼들에게 하나님께서 이스라엘을 위해 행하신 위대한 일들이

이미 여리고에 알려졌음을 말한다(10절). 강 건너편에 이웃한 아모리인들에 대하여 얻은 최근의 승리뿐만 아니라 40년 전에 행해진 애굽으로부터의 기적적인 구원과 홍해를 건넌 일 등이 여리고에 알려졌고 모든 사람을 놀라게 하였다. 이리하여 '이' 여호수아와 그를 따르는 자들은 '놀라움의 사람들'이었던 것이다(슥 3:8). 어떻게 하나님께서 그의 놀라운 일들이 기억되게 하는지(시 111:4), 그리고 그럼으로써 사람들이 그의 놀라운 행동의 권능에 대해 말하게 될 것인지 보라(시 145:6).

2. 라합은 이러한 일들이 가나안 사람들에게 어떤 인상(印象)을 주었는지에 대하여 말한다: "우리가 너희를 심히 두려워하고(9절), 우리의 마음이 녹았고(11절)." 만일 라합이 여관을 경영했다면, 여러 부류의 무리들과 여행자들로부터 다양한 소문을 접할 기회를 가질 수 있었을 것이다. 그러므로 정탐꾼들은 라합으로부터의 정보보다 더 좋은 정보를 가질 수는 없었을 것이다. 그리고 이러한 사실들을 아는 것은 여호수아와 이스라엘에게 있어 매우 중요한 일이었다. 적들이 낙담해 있는 것을 듣는 것은 가장 심약한 사람에게조차 용기를 주는 일이었을 것이다. 지금 자신들 앞에 사기가 꺾여 있는 자들이 필경 자신들 앞에서 무너질 것이라는 것은 명약관화한 사실이었다. 그것이 특별히 그러한 것은, 바로 그것이 하나님께서 그들에게 약속하신 것이었기 때문이다(신 11:25). 그리고 그것은 하나님께서 그들에게 주신 다른 약속들이 이루어지는 것에 대한 보증이 될 것이다. 용맹한 자는 자신의 용기를 자랑하지 말며, 강한 자는 자신의 힘을 자랑하지 말아야 한다. 왜냐하면 하나님이 마음과 몸을 약하게 하실 수 있기 때문이다. 하나님의 백성 이스라엘은 가장 강한 원수라 할지라도 두려워해서는 안 된다. 왜냐하면 그들의 하나님이 가장 강한 원수들조차도 그들을 두려워하게 만들 수 있기 때문이다. 하나님에 대하여 마음을 완악하게 하고 잘되기를 바라서는 안 된다. 왜냐하면 사람의 영혼을 만든 이가 언제라도 두려움의 칼이 그 영혼을 향하도록 만들 수 있기 때문이다.

3. 라합은 여기에서 하나님과 그분의 약속에 대한 믿음을 고백한다. 우리는 이와 같은 위대한 믿음을 다른 어디에서도 심지어 이스라엘에서조차 발견할 수 없을 것이다.

(1) 라합은 온 세상에 대한 하나님의 능력과 통치를 믿는다(11절): "너희가 섬기는 너희 하나님 여호와는 모든 신들 위에 뛰어나신 이요 유일하신 참 하나님이시

라. 이는 너희의 하나님 여호와는 위로는 하늘에서도 아래로는 땅에서도 하나님이시기 때문이라. 하늘과 땅의 만군이 섬길 것이라." 하늘과 땅 사이에는 거대한 간극(間隙)이 있지만, 양자는 공히 위대하신 여호와의 감시와 통치 아래 있다. 하늘이 하나님의 능력 위에 있지 않으며, 땅이 그의 관할 밖에 있지 않다.

(2) 라합은 이스라엘에 대한 하나님의 약속을 믿는다(9절): 여호와께서 이 땅을 너희에게 주신 줄을 내가 아노라. 여리고의 왕도 하나님께서 이스라엘을 위하여 행하신 위대한 일들에 대하여 라합만큼이나 많이 들었을 것이다. 그러나 그는 하나님이 이 땅을 이스라엘에게 주셨음을 받아들이지 않고, 이스라엘에 대하여 마지막까지 대항할 것을 결심한다. 가장 강력한 확신조차도 하나님의 은혜 없이 스스로 목적을 이룰 수는 없다. 그러나 은혜로 말미암아 기생 라합은 하나님이 행하신 기사(奇事)들을 듣고 이스라엘의 조상들에게 주신 약속이 진실된 것이었음을 확신을 가지고 말한다. 라합의 믿음은 그러한 기사들을 직접 목격한 이스라엘의 장로들의 믿음보다도 더 큰 것이었다. 왜냐하면 이스라엘의 장로들 가운데 상당수가 이 약속에 대한 불신앙으로 인해 멸망을 당했기 때문이다. "보지 못하고 믿는 자들이 복이 있도다" 한 것처럼 라합이 꼭 이와 같았다. 여자여, 네 믿음이 크도다!

Ⅱ. 라합은 정탐꾼들에게 자신과 친척들을 보호해 달라고, 그래서 여리고가 멸망을 당할 때 죽음을 당하지 않도록 해 달라고 청원한다(12-13절).

1. 자기 나라에 다가오는 변란과 관련하여 라합이 그토록 간절히 호의를 간구하는 것은 그녀의 믿음이 참되고 진실하다는 사실을 증명한다. 라합은 자기 나라가 정복당하는 것을 내다보고 있었다. 그리고 그것을 믿는 믿음 위에서, 그녀는 정복자들로 하여금 그 때에 호의를 베풀어줄 것을 간구하고 있었던 것이다. 믿음으로 노아는 아직 보이지 않는 일에 경고하심을 받아 경외함으로 방주를 준비하여 그 집을 구원하였으니 이로 말미암아 세상을 정죄하고 믿음을 따르는 의의 상속자가 되었느니라(히 11:7). 죄인의 멸망에 관한 하나님의 계시와 하나님의 백성 이스라엘에게 '하늘의 땅'(heavenly land)이 허락되었음을 진실로 믿는 자들은 다가오는 진노로부터 피하는 일에 최선을 다할 것이다. 또한 그들은 하나님과 그리고 그의 백성들과 함께 함으로써 영원한 생명을 붙잡는 일에 최선을 다할 것이다.

2. 라합이 자신뿐 아니라 친척들의 안전까지 간청한 것은 '자연적인 사랑'에

대한 칭찬할 만한 사례이다. 우리도 똑같은 방법으로 우리 자신뿐 아니라 우리에게 소중한 사람들의 영혼 구원을 위해, 그리고 가능하다면 그들을 언약의 울타리 안으로 데려가도록 우리가 할 수 있는 모든 일을 해야 한다. 남편이나 자녀에 대한 언급은 없이 오직 부모와 형제들만이 언급되어 있는데, 라합이 그들의 안전을 걱정한 것은 지극히 당연한 일이었다.

3. 라합이 정탐꾼들로 하여금 여호와의 이름으로 맹세하도록 요청한 것은 그녀가 유일하신 참 하나님을 잘 알고 있었다는 사실과 그분에 대한 믿음, 그리고 그분을 향한 헌신을 증명한다. 여호와의 이름으로 맹세하는 것은 신앙적인 행위이다.

4. 라합의 간청은 대단히 정당하고 합리적인 것이다. 그녀가 정탐꾼들을 보호해 주었기 때문에 그들도 그녀를 보호해 주어야 한다. 정탐꾼들에 대한 라합의 호의가 그들의 백성에게까지 확장되었기 때문에 그녀에 대한 그들의 호의 역시 그녀의 모든 친척들에게까지 확장되어야 한다. 그렇게 하는 것은 위험을 무릅쓰고 생명을 구해준 자에게 당연히 해줘야 하는 것이다. 자비를 베푼 사람은 자비를 기대할 권리가 있다. 정탐꾼들이 라합의 호의에 절대적으로 의존하고 있었기 때문에 그녀는 어떤 특별한 조건을 내세울 수도 있었다. 그러나 라합은 그들에게 베푼 호의에 대한 보답으로 어떤 고위직(高位職)도 요구하지 않는다. 다만 자신과 친척들의 생명을 보호해 줄 것을 요청할 뿐이었다. 이와 같이 하나님은 에벳멜렉에게 "재난의 날에 노략물로서 자신의 생명을 보존하게 될 것"을 약속하시는데, 이는 그가 예레미야에게 호의를 베푼 것에 대한 보답이었다(렘 39:18, **내가 반드시 너를 구원할 것인즉 네가 칼에 죽지 아니하고 네가 노략물 같이 네 목숨을 얻을 것이니**).

라합은 후에 이스라엘에서 왕가의 혈통을 잇는 여자가 된다. 그녀는 살몬의 아내가 되어 그리스도의 조상들 가운데 한 사람이 된다(마 1:5). 그리스도는 자신을 충성되이 섬기며 자신을 위해 고난을 당하는 자들을 보호해 주실 뿐만 아니라, 그들이 요청하거나 생각할 수 있는 것 이상을 그들을 위해 해주신다.

Ⅲ. 정탐꾼들은 성이 함락될 때 그녀를 보호할 것을 엄숙하게 약속한다(14절). "**우리의 목숨으로 너희를 대신할 것이요**, 우리는 당신들의 생명을 우리 생명처럼 보호하겠다. 당신들의 생명이 해함을 당하게 하느니 차라리 우리의 생명이 해함을 당하도록 하겠다." 그들은 이렇게 말하고 있는 것이다. "만일 우리가

당신과의 약속을 위반한다면 하나님의 심판이 우리 위에 임하기를 기원합니다." 라합은 정탐꾼들의 생명을 위하여 자신의 생명을 걸었다. 그리고 지금 정탐꾼들은 그에 대한 보답으로 그녀의 생명을 위해 자신들의 생명을 걸고 있다. 그리고 정탐꾼들은 자신들의 생명과 함께 자기 나라의 공적 믿음과 신용을 건다. 지금 그들은 다음의 말로써 모든 이스라엘을 그 약속 속으로 끌어들이고 있는 것이다. "여호와께서 우리에게 이 땅을 주실 때에." 이 말은 그들만을 의미하는 것이 아니라 모든 백성까지 포함한다. 그들은 자신들이 이 문제와 관련하여 라합과 교섭할 충분한 권세를 가지고 있음을 알고 있었음은 의심의 여지가 없다. 그리고 그들은 이것을 여호수아가 추인(追認)해 줄 것을 확신하고 있었다. 가나안 족속들과 언약을 세워서는 안 된다는 일반적인 율법(신 7:2)이 진심으로 자신들과 함께 하며 또 진심 어린 호의를 베풀어준 특정한 사람을 보호해서는 안 됨을 의미하는 것은 아니다. 은혜에 보답하는 법칙은 자연법(laws of nature) 가운데 하나이다. 여기에서 다음을 주목하라.

1. 정탐꾼들이 라합에게 준 약속. 일반적인 약속 : **우리가 인자하고 진실하게 너를 대우하리라**(14절). 우리는 지금 약속함에 있어서만 인자할 것이 아니라, 약속한 것을 나중에 실행할 때에도 진실할 것이다. 그리고 진실로써 약속한 것을 실행할 뿐 아니라, 인자로써 네가 요구하고 기대하는 것 이상을 실행할 것이다. 하나님의 선하심은 종종 그분의 인자(kindness)와 진실(truth)로서 표현된다(시 117:2). 그리고 우리는 이 두 가지에 있어 그분을 본받는 자가 되어야 한다. 특별한 약속 : **누구든지 너와 함께 집에 있는 자에게 손을 대면 그의 피는 우리의 머리로 돌아올 것이다**(19절). 만일 우리가 보호할 의무를 지고 있는 자들에게 우리의 부주의로 인해 해가 오면 그로 인한 죗값을 우리가 담당할 것이며 그 피는 무거운 짐이 될 것이다.

2. 그 약속의 조건과 한계. 정탐꾼들이 매우 위급한 상황 속에 있었다 할지라도 우리는 그들이 이러한 약정을 체결함에 있어 대단히 신중했다는 사실을 발견한다. 그들은 자신들이 실행할 수 있는 것 이상을 말함으로써 스스로를 결박하지 않았다. 언약은 주의 깊게 세워져야 한다. 그리고 우리는 분별력을 가지고 맹세해야 한다. 그렇게 하지 않는다면 우리는 그것으로 인해 꼼짝할 수 없는 당혹스런 상황에 빠지게 될 것이다. 성실하게 약속을 지키고자 하는 사람들은 약속을 함에 있어 신중해야 한다. 그리고 경우에 따라서는 특별한 조건들을 삽

입할 필요가 있다. 여기에서 정탐꾼들이 라합에게 준 약속에는 세 가지 조건이 따랐는데, 그것들은 모두 필요한 것들이었다. 그들은 다음과 같은 조건 하에서 라합과 그녀의 친척들을 보호할 것이다.

(1) 지금 정탐꾼들을 달아 내린 창문에 붉은 줄을 맬 것(18절). 이것은 정탐꾼들이 이스라엘 진영에 신호를 보내기 위한 표지(標識)가 될 것이다. 그럼으로써 아무리 전쟁이 맹렬하게 펼쳐진다 할지라도 어떤 군사도 이와 같은 방식으로 식별되는 집에 대하여 폭력을 행사하지 못하게 될 것이다. 이것은 마치 죽음의 천사로부터 장자들이 구원을 받기 위해 문설주에 뿌려진 '유월절 어린 양의 피'와 같다. 또한 여기에서 우리는 '양심에 뿌려진 그리스도의 피'로 인해 믿는 자들이 안전케 되었음이 암시되어 있음을 발견한다. 라합이 정탐꾼들을 살려주기 위해 사용한 것과 동일한 줄이 그녀 자신의 보호를 위해 사용되어야 했다. 우리가 어떤 것을 가지고 하나님께 봉사하며 그분을 영화롭게 할 때, 우리는 그분이 바로 그것으로 우리를 축복하고 평안케 할 것임을 기대해도 좋다.

(2) 라합과 함께 보호받을 자들은 그녀와 함께 그 집에 머물러 있을 것, 그리고 여리고 성이 멸망을 당할 때 문 밖으로 나가지 말 것(18-19절). 이것은 필수적인(necessary) 조건이었다. 라합의 친척들은 '그 구별된 집'에 머물러 있는 것 외에 다른 어떤 식별방법도 없었다. 만일 그들이 다른 사람들과 섞여 있게 된다면, 칼이 다른 사람들과 함께 그들을 삼켜버릴 도리밖에 없었다. 이것은 합리적인(reasonable) 조건이었다. 그들은 순전히 라합으로 인해 구원받았다. 라합의 집은 그들을 위한 요새로서 영예로운 이름이 되어야 한다. 만일 그들이 믿지 않는 자들과 함께 멸망당하지 않고자 하면, 그들은 그 도성에 임박한 멸망의 확실성과 심각성을 '안전이 약속된 장소에 기꺼이 들어갈 정도로' 확실하게 믿어야 한다. 그것은 마치 노아가 방주에 들어가는 것과 같고, 롯이 소알에 들어가는 것과 같은 것이다. 그들은 믿지 않는 자들과 분리됨으로써 패역한 세대로부터 스스로를 구원해야 했다. 이것은 중대한(significant) 조건이었다. 이것은 우리에게 다음과 같은 사실, 즉 "구원받아 교회에 더하여진 자들은 신실한 자들의 무리와 가까이 해야 하며, 정욕을 따라 이 세대의 패역한 풍조를 피하면서, 그 속에 다시 빠져 들어가지 않도록 주의해야 한다는 사실"을 암시한다.

(3) 비밀을 지킬 것(14, 20절). **네가 우리의 이 일을 누설하면, 즉 우리가 갈 때**

에 네가 우리를 배반하면 혹은 네가 이 약속을 떠벌리고 다님으로써 다른 사람들이 자기 창문에 붉은 줄을 매게 되고 그래서 우리가 혼동에 빠지게 된다면, 우리는 이 맹세에 대하여 책임이 없게 될 것이다.

Ⅳ. 라합은 정탐꾼들을 안전하게 보호하고 이어 다른 길로 보낸다(약 2:25). 정탐꾼들과 맺은 협정을 충분히 이해하고 동의한 후에(21절), 라합은 이제 성벽 위에서 줄을 내림으로써 그들을 내려가게 했다(15절). 라합의 집은 성벽 위에 위치해 있었고, 이것이 정탐꾼들에게 큰 도움이 되었다. 후에 바울도 다메섹에서 피신할 때 비슷한 방법을 사용했다(고후 11:33, 나는 광주리를 타고 들창문으로 성벽을 내려가 그 손에서 벗어났노라). 라합은 또한 정탐꾼들이 안전하게 도망갈 수 있는 길을 지시한다(16절). 라합은 추격자들이 돌아갈 때까지 산으로 도망갈 것을 지시한다. 그 때까지는 정탐꾼들이 안전하게 요단을 건널 수 없을 것이었다. 하나님의 길을 걷는 자들은 주께서 보호해 주실 것을 기대해도 좋다. 그러나 이것이 "자신의 안전을 위해 취할 수 있는 지혜로운 방법들"을 모색하는 것을 면제하지는 않는다. 하나님은 우리를 지키실 것이다. 그러나 우리는 고의적으로 스스로를 노출(露出)시켜서는 안 된다. 우리는 하나님을 신뢰해야 한다. 그러나 하나님을 시험해서는 안 된다. 칼빈은 정탐꾼들이 라합에게 이 일을 비밀에 붙이라고 당부한 것은 그녀의 안전을 위한 것이었다고 생각한다. 만일 라합이 이스라엘의 칼로부터 안전을 약속받은 것을 자랑하고 다닌다면, 그녀는 이스라엘 군대가 보호하러 오기 전에 여리고 왕의 손에 넘겨져 반역죄로 처형될 것이다. 라합이 정탐꾼들의 안전을 위해 세심하게 배려하고 충고해 준 것처럼, 그들 또한 그녀의 안전을 위해 현명하게 충고해 주고 있다. "스스로를 살피라"는 충고는 우리가 어느 때든지 감사해야 하는 좋은 충고이다.

[22]그들이 가서 산에 이르러 뒤쫓는 자들이 돌아가기까지 사흘을 거기 머물매 뒤쫓는 자들이 그들을 길에서 두루 찾다가 찾지 못하니라 [23]그 두 사람이 돌이켜 산에서 내려와 강을 건너 눈의 아들 여호수아에게 나아가서 그들이 겪은 모든 일을 고하고 [24]또 여호수아에게 이르되 진실로 여호와께서 그 온 땅을 우리 손에 주셨으므로 그 땅의 모든 주민이 우리 앞에서 간담이 녹더이다 하더라

우리는 여기에서 여호수아에 의해 보냄 받은 정탐꾼들의 무사귀환과

이스라엘이 가나안 땅에 들어감에 있어 그들이 큰 용기를 불러일으키고 있는 것을 보게 된다. 만일 그들이 모세가 보냈던 악한 정탐꾼들처럼 백성들의 사기를 떨어뜨릴 생각을 가지고 있었다면, 그들은 여리고 성벽의 높이와 견고함에 대해, 또한 여리고 왕의 철통 같은 경계망(警戒網)에 대해, 그리고 그들이 얼마나 힘겹게 그의 손에서 빠져나올 수 있었는지에 대해 말할 수 있었을 것이다. 그러나 그들은 예전의 정탐꾼들과는 다른 정신을 가진 사람들이었다. 그들은 하나님의 약속을 신뢰하는 가운데 여호수아에게 다음과 같이 용기를 불어넣어 주었다.

1. 자신들의 무사귀환 자체가 여호수아에게 용기를 불어넣어 주는 것이었고, 좋은 일의 증표였다. 하나님은 그들을 위해 적국에서 라합과 같은 좋은 친구를 붙여주셨고, 여리고 왕의 격노(激怒)와 추격자들의 열심에도 불구하고 평안히 돌아오게 하셨다. 이것은 이스라엘을 위한 하나님의 위대한 돌봄의 한 실례이며, 백성들로 하여금 하나님의 인도하심과 돌보심을 확신하게 할 수 있었다. 이것은 의심의 여지 없이 이스라엘 군대의 행진을 영화롭게 할 것이었다. 그토록 놀라운 방법으로 정탐꾼들을 지켜주신 하나님은 이스라엘 군대를 보호해 주실 것이며, 전쟁의 날에 그들의 머리를 덮어주실 것이다.

2. 정탐꾼들의 보고는 더 큰 용기를 불어넣어 주는 것이었다(24절). 그 땅의 모든 주민이 우리 앞에서 간담이 녹더이다. 그들은 항복할 지혜도 없고 싸울 용기도 없습니다. 그들은 이렇게 결론짓는다. "진실로 여호와께서 그 온 땅을 우리 손에 주셨으므로 그것은 우리의 것이니이다. 우리는 가서 취할 것밖에 없나이다." 죄인들의 멸망의 전조(前兆)는 바로 그들이 갖는 두려움이다. 만일 우리가 우리의 영적 원수들을 대적한다면 그들은 우리 앞에서 도망할 것이다.

제 — 3 — 장

개요

본 장과 이어지는 장들에서 우리는 이스라엘이 요단을 건너 가나안으로 들어가는 역사(歷史)를 보게 되는데, 이것은 대단히 기념비적인 역사이다. 나중에 그들은 하나님께서 싯딤(진을 거두었던 곳, 1절)과 길갈(다음으로 진을 친 곳, 4:19; 미 6:5) 사이에서 그들을 위해 행하신 일을 기억하라는 말씀을 듣는다. 여호수아의 명령에 따라 그들은 요단 인근으로 행군하였고(1절), 전능자께서 요단을 건너도록 인도하셨다. 40년 전 이스라엘은 '예기치 않게' 홍해를 건넜다. 그러나 지금 요단을 건널 때는 그에 대한 통지가 미리 있었고 그들은 기대감을 가지고 있었다. I. 백성들에게 언약궤를 따라 갈 것을 지시함(2-4절). II. 백성들에게 스스로를 성결케 할 것을 명령함(5절). III. 언약궤를 멘 제사장들이 앞서 행군할 것을 명령받음(6절). IV. 여호수아가 존귀케 되고 최고 명령권자가 됨(7-8절). V. 하나님께서 그들을 위해 행하실 일이 공적으로 통지됨(9-13절). VI. 요단이 갈라지고 백성들은 안전하게 건너감(14-17절). 이것은 주께서 하신 일이요 우리 눈에 기이하도다.

1또 여호수아가 아침에 일찍이 일어나서 그와 모든 이스라엘 자손들과 더불어 싯딤
에서 떠나 요단에 이르러 건너가기 전에 거기서 유숙하니라 2사흘 후에 관리들이
진중으로 두루 다니며 3백성에게 명령하여 이르되 너희는 레위 사람 제사장들이 너
희 하나님 여호와의 언약궤 메는 것을 보거든 너희가 있는 곳을 떠나 그 뒤를 따르
라 4그러나 너희와 그 사이 거리가 이천 규빗쯤 되게 하고 그것에 가까이 하지는 말
라 그리하면 너희가 행할 길을 알리니 너희가 이전에 이 길을 지나보지 못하였음
이니라 하니라 5여호수아가 또 백성에게 이르되 너희는 자신을 성결하게 하라 여호
와께서 내일 너희 가운데에 기이한 일들을 행하시리라 6여호수아가 또 제사장들에
게 말하여 이르되 언약궤를 메고 백성에 앞서 건너라 하매 곧 언약궤를 메고 백성
에 앞서 나아가니라

라합이 정탐꾼들에게 홍해가 마른 것을 언급하는 말(2:10) 속에 — 이

것은 다른 어떤 것보다도 가나안 백성들을 더 공포에 떨게 만들었다 — 가나안의 중요한 방어선인 요단도 비슷한 방식으로 이스라엘 백성에게 길을 내줄 것이 암시되어 있다. 이스라엘 백성들이 그것을 기대했는지 여부는 확실치 않다. 때때로 하나님은 **사람들이 생각하지 못한 일을 행하신다**(사 64:3). 여기에서 우리는 다음과 같은 내용을 발견한다.

I. 이스라엘은 요단 강가로 왔고 거기에 유숙한다(1절). 그들이 어떻게 강을 건너야 할 것인지에 대해 아직 아무것도 듣지 못했고 또 통상적인 방식으로 강을 건넘에 있어 필요한 장비들이 전혀 준비되지 못했음에도 불구하고, 그들은 믿음으로 나아왔다. 우리는 — 비록 난관이 예상된다 할지라도 — 도우시는 하나님을 의지하고 사명의 길을 계속 전진해야 한다. 우리가 할 수 있는 데까지 전진하자. 그리고 우리가 스스로 충족케 하지 못하는 것에 대해 하나님의 충족케 하심을 신뢰하자. 모든 행군을 이끈 사람은 여호수아였다. 그가 아침에 일찍이 일어났다고 언급되고 있는데, 이러한 언급은 나중에도 몇 번 반복된다(6:12; 7:16; 8:10). 이러한 사실은 그가 안일함을 가까이하지 않았으며, 자신의 일을 매우 사랑하였고, 또 어떤 걱정거리나 고통까지도 기꺼이 담당하고자 했음을 보여준다. 위대한 일을 이루고자 하는 사람은 일찍 일어나야 한다. **잠을 사랑하지 말라. 그렇지 않으면 가난이 도둑처럼 다가올 것이다.** 여기에서 여호수아는 자기 휘하에 있는 관리들에게 좋은 모범을 보여주었다. 여호수아는 공적인 위치에 있는 자들, 특별히 자신에게 맡겨진 책무를 기꺼이 감당하고자 하는 자는 일찍 일어나야 함을 가르쳐 주었다.

II. 백성들에게 법궤를 뒤따르라는 지시가 내려진다. 진중(陣中)에 두루 다니며 이러한 지시를 전달하도록 관리들이 임명되었다(2절). 이렇게 하여 모든 이스라엘 백성들은 "무엇을 해야 할지" 그리고 "무엇을 의지해야 할지"에 대해 알 수 있었다.

1. 이스라엘 백성들은 자신들을 이끌고 있는 법궤를 의지해야 했다. 이것은 하나님 자신을 의지하는 것이었는데, 법궤는 하나님의 임재의 표지(sign)이면서 동시에 증표(token)였다. 지금 구름 기둥과 불 기둥은 사라진 것으로 보인다. 이제 이스라엘을 인도하는 영예는 법궤에 돌려진다. 여기에서 법궤는 **"그들의 하나님 여호와의 언약궤"**로 불려진다. 여호와께서 그들의 하나님이요 그들과 언약을 맺은 하나님이란 사실보다 더 큰 용기를 불러일으키는 것이 어디에 있

겠는가? 여기에 언약궤가 있다: 만일 하나님이 우리 편이라면 우리는 어떤 악도 두려워할 필요가 없다. 하나님은 그들과 가까이 계시고, 함께 계시며, 그들 앞에 행하신다. 하나님이 인도하시고 지키시는 자들에게 잘못될 일이 무엇이겠는가? 전에는 법궤가 이스라엘 진영 중간에 있었다. 그러나 지금 법궤는 그들이 쉴 곳을 찾기 위해(민 10:33), 약속의 땅을 점령케 하기 위해, 그리고 그 땅을 소유케 하기 위해 그들 앞에 행하고 있다. 법궤 안에는 율법을 기록한 돌판이 있었으며, 그 위에는 '속죄소'(施恩座, mercy-seat)가 있었다. 하나님의 율법과 은혜는 그분의 임재와 사랑에 대한 가장 확실한 보증이다. 하늘의 가나안으로 인도함을 받는 자들은 하나님의 율법을 자신의 인도자로 삼아야 하며(**너희가 생명에 들어가고자 하면 계명들을 지켜라**), 또한 영생으로 인도하는 우리 주 예수 그리스도의 속죄의 은혜를 받아야 한다.

2. 백성들은 제사장과 레위인들을 의지해야 했다. 이들은 백성들 앞에서 법궤를 옮기는 일을 위해 임명된 사람들이었다. 사역자들의 일은 생명의 말씀을 전하는 것과, 하나님의 함께 하심의 표지요 그분의 권능과 은혜의 도구인 성례를 집행하는 것이다. 그리고 그들은 하늘나라를 향한 모든 여정에서 하나님의 백성들 앞에서 나아가야 한다.

3. 백성들은 언약궤를 따라가야만 했다. "**너희가 있는 곳을 떠나 그 뒤를 따르라**"(3절). (1) 결코 언약궤를 버리지 않겠다고 결심한 사람들처럼. 어디에 하나님의 언약궤가 있든지 우리도 그 곳에 있어야 한다. 그것이 떠오르면, 우리는 장막을 거두고 그 뒤를 따라가야만 한다. (2) 언약궤의 인도에 전적으로 만족한 사람들처럼. 언약궤는 최선의 길로 또 최선의 결과로 인도할 것이다. "**여호와여 어디로 가시든지 내가 주를 따르리이다.**" 그들은 언약궤의 움직임을 살피고 절대적인 믿음으로 그것을 따라가야 한다. 이와 같이 우리는 모든 일에 있어 말씀의 법도와 성령의 인도하심을 따라 걸어가야 한다. 그렇게 함으로써 이스라엘에 대하여 그랬던 것처럼 **우리에게 평강이 있을 것이다**. 그들은 제사장들을 따라야만 한다 — 그들이 언약궤를 운반하고 있는 한. 마찬가지로 우리는 우리의 사역자들을 따라야만 한다 — 그들이 그리스도를 따르고 있는 한.

4. 법궤를 따라감에 있어 그들은 일정한 거리를 유지해야만 했다(4절). 어느 누구도 법궤로부터 2천 규빗(약 900미터) 이내로 들어오면 안 된다.

(1) 이렇게 함으로써 그들은 '하나님의 임재의 상징'에 대하여 경건한 경외

심을 표현해야만 했다. 그것에 대하여 지나치게 허물없이 대하다가 자칫 경홀히 여기는 우(愚)를 범할 수 있는 것이다. 가까이 다가오지 말라는 이러한 명령은 구약시대라고 하는 어둠과 멍에와 두려움의 시대와 부합한다. 그러나 지금 우리는 그리스도를 통하여 담대하게 나아갈 수 있다.

(2) 법궤는 스스로 보호될 수 있었다. 그것은 사람들에 의해 보호될 필요가 없었다. 오히려 그것이 사람들을 보호하는 보호자였다. 모든 무리를 900미터나 뒤로 한 채 무장하지 않은 제사장들에 의해 안전하게 운반되고 있는 법궤의 모습은 적들이 보기에 얼마나 도전적인 것이었겠는가!

(3) 이렇게 함으로써 뒤따르는 자들이 법궤를 더 잘 볼 수 있었다. "너희가 가야만 하는 그 길을 너희가 알리라." 만일 그들에게 가까이 다가가는 것이 허용되었다면, 그들은 법궤를 둘러싸게 되었을 것이다. 그랬다면 가까이 다가가 있던 일부의 사람 외에는 어느 누구도 그것을 볼 수 없게 되었을 것이다. 그러나 그들과 법궤 사이에 일정한 거리가 유지되었기 때문에 그들 모두는 만족스럽게 언약궤를 볼 수 있었고 또 그에 따라 움직일 수 있었다.

이러한 명령은 백성들의 용기를 북돋아 주기 위한 것이었는데, 여기에는 중요한 이유가 있었다: "너희가 이전에 이 길을 지나보지 못하였음이니라." 이것은 광야 여행길 전체의 특성이었다. 그 길은 한 번도 밟아보지 못한 길이었다. 요단을 건너는 일은 특별히 그러했다. 전에 지나보지 못한 길을 통과하기 위해서는, 우리는 특이한 일들을 예상하고 준비해야 한다. 사망의 음침한 골짜기를 통과하는 우리의 길이 전에 가보지 못한 길이라면, 우리는 더 큰 두려움을 갖게 될 것이다. 그러나 우리가 하나님의 함께 하심을 확신한다면, 우리는 두려워할 필요가 없다. 그러한 확신으로 인해 우리는 예전에 결코 가져보지 못했던 강한 힘을 갖게 될 것이다.

Ⅲ. 백성들은 법궤를 따라 갈 수 있도록 자신들을 성결하게 하라는 명령을 받는다. 그리고 거기에는 중요한 이유가 있었다: 여호와께서 내일 너희 가운데에 기이한 일들을 행하시리라(5절). 여호수아가 하나님의 일들에 대하여 얼마나 엄숙하게 말하고 있는지 주목하라. 그가 기이한 일들을 행하시리라. 그러므로 그는 경배 받으시고 찬미 받으셔야 한다. 여호수아가 하나님의 계획에 대해 얼마나 잘 알고 있었는지 보라. 그는 하나님께서 하실 일을 미리 말할 수 있었다. 하나님의 영광을 발견하고 그분의 은혜를 받기 위해 우리는 무슨 준비를 해야 하는

가? 우리는 스스로를 성결케 해야 한다. 우리가 법궤를 따라 가고자 할 때 우리는 이렇게 해야 한다. 그리고 그렇게 할 때 하나님은 우리 가운데 기이한 일들을 행하실 것이다. 우리는 우리 자신을 모든 근심으로부터 분리해야 하며, 하나님의 영광을 위해 헌신하고, 영과 육의 모든 부정한 것들로부터 깨끗하게 해야 한다. 지금 이스라엘 백성들은 거룩한 땅에 들어가고 있었고, 따라서 스스로를 성결케 해야만 했다. 하나님은 그들에게 특별한 호의를 베풀어 주실 것이다. 그러므로 그들은 기도와 묵상을 통하여 자신들의 마음을 세밀하게 살펴야 한다. 이렇게 함으로써 이스라엘 백성들은 하나님께 영광을 돌리고 평안을 얻게 될 것이다.

Ⅳ. 제사장들은 법궤를 메고 백성들에 앞서 나아가라고 명령받는다(6절). 법궤를 운반하는 것은 통상적으로 레위인의 일이었다(민 4:15). 그러나 여기에서는 제사장들에게 이 일이 맡겨진다. 그리고 그들은 명령받은 대로 실행한다. 제사장들은 언약궤를 메되 부끄럽게 여기지 않았다. 또 백성에 앞서 나아가되 스스로를 무방비 상태로 여기며 두려워하지 않았다. 그들이 메고 있는 언약궤가 그들에게 영예로운 것이요 그들의 방어물(防禦物)이었다. 여기에서 우리는 언약궤가 앞서 갈 때 모세가 했던 기도를 떠올릴 수 있다. 여호와여 일어나사 주의 대적들을 흩으시고 주를 미워하는 자가 주 앞에서 도망하게 하소서(민 10:35). 통치자들은 사역자들을 움직여 그들에게 맡겨진 일을 행하도록 해야 하며, 종교의 발전을 위해 자신들의 권위를 사용해야 한다. 마찬가지로 사역자들은 하나님의 길을 행함에 있어 앞서 나아가는 것을 배워야 하며, 위험이 다가올 때 움츠리거나 돌이켜서는 안 된다. 그들은 최악의 어려움까지도 예상해야 한다. 하지만 그들은 자신들이 믿는 분을 잘 알고 있고, 따라서 계속 믿음으로 전진해야 한다.

7여호와께서 여호수아에게 이르시되 내가 오늘부터 시작하여 너를 온 이스라엘의
목전에서 크게 하여 내가 모세와 함께 있었던 것 같이 너와 함께 있는 것을 그들이
알게 하리라 8너는 언약궤를 멘 제사장들에게 명령하여 이르기를 너희가 요단 물
가에 이르거든 요단에 들어서라 하라 9여호수아가 이스라엘 자손에게 이르되 이리
와서 너희의 하나님 여호와의 말씀을 들으라 하고 10또 말하되 살아 계신 하나님이
너희 가운데에 계시사 가나안 족속과 헷 족속과 히위 족속과 브리스 족속과 기르

가스 족속과 아모리 족속과 여부스 족속을 너희 앞에서 반드시 쫓아내실 줄을 이
것으로서 너희가 알리라 [11]보라 온 땅의 주의 언약궤가 너희 앞에서 요단을 건너가
나니 [12]이제 이스라엘 지파 중에서 각 지파에 한 사람씩 열두 명을 택하라 [13]온 땅의
주 여호와의 궤를 멘 제사장들의 발바닥이 요단 물을 밟고 멈추면 요단 물 곧 위에
서부터 흘러내리던 물이 끊어지고 한 곳에 쌓여 서리라

여기에서 우리는 하나님께서 여호수아를 존귀케 하고 계심을 발견한다. 그리고 이러한 놀라운 일을 통하여 하나님은 이스라엘로 하여금 "여호수아가 그들의 통치자이며, 그가 어떻게 하나님을 존귀케 했으며, 또 여호와가 그들의 하나님임을 알게 하는 데 얼마나 열심이었는지"를 알게 하신다. 이와 같이 하나님을 존귀케 하는 자들을 하나님은 존귀케 하신다. 또한 하나님의 이끄심을 받는 자들은 자기 위치에서 "그분을 존귀케 하기 위해 할 수 있는 모든 것"을 다 해야 한다.

I. 하나님께서 여호수아를 존귀케 하시겠다고 말씀하신다(7-8절).

1. 하나님께서 속죄소에서 모세에게 하셨던 것처럼 지금 여호수아에게 말씀하시는 것은 그에게 큰 영예였다. 하나님께서 여호수아와 더불어 그토록 친밀하게 말씀하셨다는 사실은 그를 안심케 하였으며, 또 백성들 가운데 그를 존귀케 하였다.

2. 하나님은 모든 이스라엘 목전에서 여호수아가 크게 되는 것을 계획하신다. 전에도 하나님은 그와 함께 하실 것이라고 말씀하셨고(1:5), 이로 인하여 여호수아는 담대함을 가질 수 있었다. 그러나 지금은 모든 이스라엘이 그것을 보게 될 것이고 이것이 그를 크게 할 것이다. 하나님이 함께 하시며 당신의 일을 위해 쓰시는 자는 진실로 크다. 하나님께서 여호수아를 존귀케 하신 것은 그가 백성들로 하여금 하나님을 존귀케 하도록 했기 때문이다. 경건한 통치자들은 공적 축복으로서 존귀케 되고 존중되어야 한다. 그리고 하나님이 그들과 함께 하심이 많으면 많을수록 그만큼 더 존귀하게 여겨야 한다. 홍해를 가르는 것을 통해, 이스라엘 백성들은 하나님이 자신들을 애굽으로부터 건져내심에 있어 모세와 함께 계심을 확신했다. 그러므로 그들은 "모세에게 속하여 구름과 바다에서 세례를 받았다"고 언급된다(고전 10:2). 그리고 그 사건을 통하여 그들은 "모세를 믿었다"(출 14:31). 그리고 지금 요단의 갈라짐을 통해 그들은 하나님께서

자신들을 가나안으로 데리고 들어가심에 있어 비슷한 방식으로 여호수아와 함께 계심을 확신하게 될 것이다. 이전에 하나님은 몇몇 사건을 통해 여호수아를 크게 하셨다. 그러나 지금 하나님은 모세의 후계자로서 그를 크게 하기 시작하신다. 어떤 이들은 하나님께서 여호수아를 크게 만들기 시작하신 곳이 요단 기슭이었음을 주목하면서, 동일한 장소에서 하나님이 우리 주 예수 그리스도를 중보자로서 크게 만들기 시작하셨음을 지적한다. 요한이 '통행의 집' (the house of passage)인 베다니에서 세례를 주었고, 거기에서 우리 주님이 세례를 받으실 때 "이는 내 사랑하는 아들"이라고 선포되었기 때문이다.

3. 하나님은 여호수아를 통해 제사장들에게 — 비록 이들이 하나님의 직속시종(直屬侍從)들이었다 할지라도 — 명령을 내리신다(8절). "너는 제사장들에게 명령하라." 이것은 다음과 같은 의미이다. "너는 그들에게 이 일에 관한 하나님의 명령을 알게 하고, 그들로 하여금 물이 갈라지는 동안 요단 물가에 서서 그것을 보게 하라." 하나님은 제사장들이 없이도 요단 강을 가르실 수 있으셨다. 그러나 제사장들은 하나님 없이 아무것도 할 수 없었다. 여기에서 제사장들은 백성들에게 좋은 모범을 보여주면서, 백성들로 하여금 하나님을 섬김에 있어 최선을 다하고 필요할 때에 도움을 의지할 것을 가르친다.

Ⅱ. 여호수아가 백성들에게 말하는 가운데 하나님을 존귀케 하다.

1. 여호수아는 주의를 환기시킨다(9절). "이리 오라. 내게 가까이 와서 들으라. 너희가 그 일을 보기 전에 너희 하나님 여호와의 말씀을 들으라. 그러면 너희는 그것들을 서로 비교해 보고 밝히 알게 되리라." 여호수아는 백성들에게 스스로를 성결케 하라고 명령하면서, 하나님의 말씀을 들으라고 촉구한다. 하나님의 말씀을 듣는 것은 자신을 성결케 하는 통상적인 방편이다(요 17:17, 그들을 진리로 거룩하게 하옵소서 아버지의 말씀은 진리니이다).

2. 이제 여호수아는 백성들에게 "요단 물의 흐름이 끊어질 것에 대하여" 상세하게 이야기한다(13절): 요단 물이 끊어지리라. 하나님은 갑작스럽고 기적적인 결빙(結氷)에 의해 물의 표면을 얼게 하고 그럼으로써 그들로 하여금 얼음 위를 지나가게 하실 수도 있었다. 그러나 그런 일은 통상적인 자연의 힘에 의해서도 때때로 일어나는 일이었으므로(욥 38:30), 그것은 이스라엘의 하나님께도 영광이 되지 못할 뿐만 아니라 이스라엘의 원수들에게도 두려움이 되지 못할 것이다. 그러므로 요단을 건너는 일은 홍해를 가르는 것과 같은 특별하고도 전

례가 없는 방식으로 되어져야 한다. 여기에서 홍해를 가르는 것과 같은 이적이 되풀이되는데, 그것은 하나님이 "당신께서 시작하신 구원의 일을 끝마침에 있어서도 동일한 권능을 가지셨음"을 보이기 위한 것이었다. 하나님은 알파와 오메가가 되시기 때문이다. 여호와의 말씀, 곧 본질적이고 영원하신 말씀은 모세에게 그러했던 것처럼 여호수아에게도 참된 것이었다. 물과 물을 갈라 마른 땅이 나타나게 하심을 통하여, 하나님은 백성들에게 "모세가 계시를 통하여 창조사역에 대해 가르쳤던 것"을 일깨워주신다(창 1:6, 9). 하나님의 창조사역에 대한 그들의 믿음은 '지금 보고 있는 것'을 통해 한층 더 공고해질 수 있었다. 또 그들은 자신들이 경배하는 하나님이 세상을 만드신 '바로 그 동일한 하나님'임을 알 수 있었다.

3. 백성들은 법궤가 그들 앞에서 요단을 건너갈 것이란 말씀을 듣는다(11절). 다음을 주목하라.

(1) 법궤가 그들의 인도자가 되어야만 한다. 모세가 통치하는 동안에는 구름이 그들의 인도자였다. 그러나 지금 여호수아 때에는 그들을 인도하는 것은 법궤이다. 양자(구름과 법궤)는 하나님의 임재와 인도하심의 가시적 표지였다. 그러나 모세 시대(Mosaic dispensation, 율법 시대)에 하나님의 은혜는 구름 속에 싸여 있었으며 덮개로 덮여 있었다. 반면 우리의 여호수아이신 그리스도에 의해 그것(하나님의 은혜)은 덮개가 벗겨진 법궤 안에서 온전히 드러나게 되었다.

(2) 법궤는 '온 땅의 주의 언약궤'로 불려진다. "너희와 언약을 세우신 너희 하나님(9절)은 온 땅의 주인이시며, 모든 나라와 피조물에 대하여 명령하시고 감독하시며 사용하실 권리와 권능을 가지고 계신다. 하나님은 온 땅의 주인이시다. 그러므로 하나님은 너희를 필요로 하지 않으시며, 너희로 인해 어떤 유익을 얻으시는 것도 아니다. 그러므로 너희가 그분과 언약을 맺고 있는 것은 너희의 영예요 너희의 행복이다. 만일 하나님이 너희와 함께 계시다면 모든 피조물이 너희를 섬기기 위해 있으며 그가 기뻐하실 때 그것들은 너희를 위해 사용될 것이다." 우리가 하나님을 이스라엘의 하나님으로 그리고 그리스도를 통하여 우리의 하나님으로 찬미하며 예배할 때, 우리는 그분이 온 땅의 주인임을 기억해야 하며 따라서 그분을 공경하고 신뢰해야 한다. 어떤 이들은 원문(原文)에 강세가 있는 것을 주목하면서 좀 더 강조적으로 번역한다. "보라 언약의 궤, 심지어

주의 궤(혹은, 심지어 온 땅의 주의 언약의 궤)로다."

(3) 백성들은 언약궤가 자신들에 앞서 요단을 건너갈 것이란 말씀을 듣는다. 하나님은 백성들에게 아무데로나 가라고 명령하신 것이 아니라, 그 자신이 백성들 앞에서 그리고 백성들과 함께 가는 곳으로 가라고 명하신다. 그러므로 언약궤가 이스라엘 백성들을 이끌고 있는 한, 그들은 비록 요단 강일지라도 안전하게 모험할 수 있었다. 우리가 하나님의 법을 우리의 법으로, 그의 약속을 우리의 지지대(支持臺)로, 그의 섭리를 우리의 인도자로 삼는 동안에는 가장 큰 난관조차도 두려워할 필요가 없다. 이사야 43:2의 약속은 모든 이스라엘 자녀에게 확실한 약속이다. "네가 물 가운데로 지날 때에 내가 너와 함께 할 것이라 강을 건널 때에 물이 너를 침몰하지 못할 것이며."

4. 지금 하나님께서 백성들을 위하여 하시려고 하는 일로부터, 여호수아는 그분이 앞으로 계속해서 하실 일의 확실함을 추론한다. 여호수아는 먼저 이것을 언급하는데, 그것은 그의 마음이 바로 여기에 집중되어 있었기 때문이다(10절): "이것으로서 너희가 살아 계신 하나님(참되신 하나님, 그리고 이방의 죽은 신들 가운데 하나가 아닌 권능의 하나님)이 너희 가운데 계심을 알리라. 비록 너희가 그분을 보지 못하고 어떤 형상도 갖지 못하지만 그분이 너희 가운데 계셔서 너희에게 율법을 주시고 너희를 복되게 하며 너희가 드리는 경배를 받으신다. 지금 그분이 너희 앞에서 이 큰 일을 행하실 것이다. 그러므로 너희가, 아니 그분 자신이 너희 앞에서 가나안 족속들을 반드시 쫓아내실 것이다."

(1) 하나님이 이스라엘 백성들과 함께 계심에 대한 확실한 증표. 그들의 불신앙이 ― 자기들 앞에서 홍해가 갈라지는 확실한 증거를 보고서도 "여호와께서 우리 가운데 계신가 안 계신가?" 라고 물었던(출 17:7) ― 자기 조상들만큼 완강하지 않는 한, 그들은 하나님이 자신들 가운데 계심을 알 수밖에 없었다.

(2) 가나안 정복에 대한 확실한 보증. "만일 살아계신 하나님이 너희 가운데 계시다면 그는 너희 앞에서 가나안 족속들을 쫓아내실 것이다." 하나님은 이 일을 확실하게 그리고 효과적으로 행하실 것이다. 무엇이 하나님을 막겠는가? 강들을 갈라지게 하고 마르게 하는 자를 누가 가로막을 수 있는가? 방어선을 허무는 것(요단 渡河)은 가나안 백성 모두의 파멸에 대한 확실한 전조(前兆)였다. 요단이 허물어지는데 그들이 어떻게 설 수 있겠는가? 요단을 건너는 것을 저지할 용기를 갖지 못한 채 야곱의 전능하신 하나님(시 114:7)의 접근 앞에 두

려워 떨기만 하는데, 이 일 후에 오는 일에 대하여 어떻게 저항할 수 있겠는가? 여호수아가 지금 백성들에게 주는 보증은 너무나 확고한 것이어서, 이것은 한 사람이 천 명을 뒤쫓고 두 사람이 만 명을 도망하게 할 수 있는 것이었다. 40년 전의 모세의 노래는 이들에게 큰 용기를 불러일으켜 주었을 것이다. 그 노래는 요단이 갈라질 것과 이 일이 가나안 족속들을 쫓아내는 일에 큰 영향을 미칠 것을 분명하게 예언한다(출 15:15-17). "가나안 주민이 다 낙담할 것이고 그럼으로써 효과적으로 쫓겨날 것이다. 네 백성이 지나갈 때까지 그들은 돌처럼 잠잠히 있을 것이다. 너는 그들을 데리고 들어가 그 곳에 심게 될 것이다." 교회와 백성들을 위한 하나님의 영광스러운 임재는 우리 믿음을 고취시키고 미래에 대한 소망을 증진시킨다. 하나님께서 하시는 일은 완전하다. 만일 요단의 물결이 그들을 막을 수 없었다면, 가나안의 세력 또한 그들을 막을 수 없는 것이다.

5. 여호수아는 매 지파에 한 사람씩 12명을 준비시킨다(12절). 이들은 항상 여호수아가 내릴 명령을 받을 위치에 있어야 했다. 어떤 이들이 생각하는 것처럼, 이들이 제사장들을 뒤따랐고 그래서 그들이 언약궤를 운반할 때 그들과 함께 있으므로 이적(異蹟)들을 즉각적으로 볼 수 있는 위치에 있었던 것 같지는 않다. 오히려 이들은 부름 받은 일에 봉사하기 위하여 여호수아와 가까이 있어야 했다(4:4).

14백성이 요단을 건너려고 자기들의 장막을 떠날 때에 제사장들은 언약궤를 메고
백성 앞에서 나아가니라 15요단이 곡식 거두는 시기에는 항상 언덕에 넘치더라 궤
를 멘 자들이 요단에 이르며 궤를 멘 제사장들의 발이 물 가에 잠기자 16곧 위에서
부터 흘러내리던 물이 그쳐서 사르단에 가까운 매우 멀리 있는 아담 성읍 변두리
에 일어나 한 곳에 쌓이고 아라바의 바다 염해로 향하여 흘러가는 물은 온전히 끊
어지매 백성이 여리고 앞으로 바로 건널새 17여호와의 언약궤를 멘 제사장들은 요
단 가운데 마른 땅에 굳게 섰고 그 모든 백성이 요단을 건너기를 마칠 때까지 모든
이스라엘은 그 마른 땅으로 건너갔더라

여기에 요단 강이 갈라지는 것과 이스라엘 자녀들이 그 곳을 통과한 이야기가 짤막하고도 단순하게 언급된다. 이 이야기는 화려한 수사(修辭)로 꾸

며지지 않고 다만 사실만을 축약하여 간단히 언급할 뿐이다. 황금은 도색될 필요가 없다.

I. 지금 요단은 다른 어느 때보다 더 넓고 깊었다(15절). 요단 강이 발원하고 있는 레바논 산맥의 눈은 보리를 추수하는 봄에 녹아 내렸고, 이 때 요단의 물은 언덕에 넘치게 된다. 이러한 물의 넘침은 하나님의 능력과 이스라엘에 대한 그분의 사랑을 더욱 선명하게 보여준다. 만일 강물이 많지 않은 다른 시기에 강을 건너라는 명령을 내렸다면, 하나님의 섭리와 능력이 그토록 분명하게 드러나지는 않았을 것이다. 하나님의 백성들을 구원하는 일에 어떤 장애물이 가로막을 수 있지만, 그것도 결국은 합력하여 선을 이루게 된다. 요단의 언덕까지 물이 가득 차게 하라. 전능자에게 있어 그것을 나누고 마르게 하는 것은 물이 많을 때나 적을 때나 아무 차이 없이 아주 쉬운 일이다.

II. 제사장들의 발이 물가에 잠기자마자 마치 수문(水門)이 닫힌 것처럼 즉시로 물의 흐름이 멈추었다(15-16절). 그럼으로써 위에서 흘러 내려오는 물은 차올랐고, 불어났으며, 되돌아 흐르게 되었다. 그러나 그 물은 멀리 퍼지지 않고 모여 있었다. 강 상류에 살고 있던 사람들이 이러한 설명할 수 없는 '물의 불어남'을 놀람과 함께 목격하였으며, 이에 대한 기억이 그들 사이에 오랜 후까지 남아 있었다. 반대쪽은 이 '보이지 않는 댐'이 가로막으므로 강바닥이 멀리까지 드러나게 되었다. 이스라엘 백성이 홍해를 건널 때에는 물이 양쪽에 벽처럼 되었었다. 그러나 지금 요단 강에서는 한 쪽에서만 벽이 되었다. 자연의 하나님(God of nature)은 당신이 기뻐하실 때 자연의 흐름과 물질의 속성(屬性)을 바꾸실 수 있다. 하나님은 당신의 목적을 위해 액체를 고체로, 물을 서 있는 바위로, 반대로 바위를 서 있는 물로 바꾸실 수 있다(시 114:5, 8을 보라). 하나님이 하실 수 없는 일이 무엇이겠는가? 그가 자기 백성의 구원을 완성하기 위해 하지 않으실 일이 무엇이 있겠는가? 때로 하나님은 강으로 땅을 쪼개신다(합 3:9). 또 어떤 때는 — 여기의 경우처럼 — 땅이 없이도 강을 쪼개신다.

강의 힘차고 빠른 흐름이 갑자기 멈췄을 때 얼마나 물이 소용돌이치며 노호(怒號)했었을지, 그럼으로써 산들이 흔들리는 것처럼 보였음을 상상하는 것은 어려운 일이 아니다(시 46:3). 여호와여 큰물이 소리를 높였고 큰물이 그 소리를 높였으니 큰물이 그 물결을 높이나이다 높이 계신 여호와의 능력은 많은 물소리와 바다의 큰 파도보다 크니이다(시 93:3-4). 이와 관련하여 하박국 선지자는 이렇게 질문한다. "여호와여 주께서 강들을 분히 여기심이니이까 강들을 노여워하심이니이까?"(3:8). 이러한 질문에 대해 그는 스스로 대답한다. "아닙니다. 주께서 주의 백성을 구원하시려고 나오셨나이다"(13절). 이와 관련하여, 하나님께서 훗날 교회를 위해 하실 큰일들 가운데 "큰 강 유브라데가 마를 것이요 그럼으로써 동방에서 오는 왕들의 길이 예비될 것"이 예언된다(계 16:12). 이스라엘이 약속의 땅에 들어갈 때가 왔을 때, 모든 어려움들이 정복될 것이며 산들이 평지가 될 것이고(슥 4:7) 강들은 마를 것이다 — 주의 구속받은 자들이 지나가기 위해. 우리가 이 세상의 '광야를 지나는 순례여행'을 끝마칠 때, 죽음은 우리와 하늘의 가나안 사이에서 여기의 요단 강처럼 될 것이며, 언약궤가 우리를 위해 길을 예비할 것이다. 죽음은 멸망될 마지막 원수이다.

Ⅲ. 백성들은 여리고 쪽으로 똑바로 건너갔다.

1. 이것은 이스라엘 백성들의 담대함과 원수들에 대한 고귀한 도전을 보여준다. 여리고는 가장 강한 성읍들 가운데 하나였지만, 이스라엘 백성들은 첫 관문에서 담대히 그들과 직면하였다.

2. 요단을 건너는 모험은 백성들에게 용기를 북돋아 주었다. 왜냐하면 여리고는 훌륭한 성읍이었으며, 그 일대 지역은 매우 멋진 곳이었기 때문이다. 그러한 광경을 바라보고 있는 이스라엘 백성들에게 어떤 어려움이 용기를 꺾을 수 있겠는가?

3. 이것은 이스라엘의 원수들에게 혼란과 두려움을 증진시켰다. 그들은 의심의 여지 없이 이스라엘 백성들의 움직임을 지켜보았을 것이다. 그리고 이러한 기사(奇事)를 놀람과 함께 바라보았다.

Ⅳ. 제사장들은 모든 백성들이 지나가는 동안 요단 가운데 가만히 서 있었다 (17절). 언약궤는 물을 갈라놓은 것과 동일한 힘이 그들이 건너가는 동안 계속 그 물을 붙잡고 있음을 보여주는 역할을 하였다. 만일 하나님의 임재하심(그 증표가 바로 언약궤였음)이 그들을 안전케 하지 않았다면, 즉시로 물이 되돌아와 그들을 덮었을 것이다. 제사장들은 바로 거기에 가만히 서 있으라는 명령을 받았다.

1. 이것은 제사장들의 믿음을 시험하는 것이었다. 그들은 엄청난 물이 머리 위에 출렁거리는 가운데 하나님께서 지정해주신 자기 위치를 지키는 모험을 할 수 있을 것인가? 그들이 요단 강 속으로 담대하게 첫 발자국을 들여놓았던

것처럼, 이제 그들은 요단 강 한가운데서 오랫동안 서 있어야 한다. 사역자들은 위기의 때에 하나님의 선하심 가운데 용기와 믿음의 본이 되어야 한다.

2. 이것은 백성들의 믿음을 격려하기 위한 것이었다. 이스라엘 백성들은 하나님의 임재를 확신하면서 승리의 깃발을 휘날리며 가나안 땅에 들어갈 수 있었다. 그들은 어떤 악의 세력도 두려워할 필요가 없었으며, 사망의 음침한 골짜기(갈라진 요단 강이 이와 같았다)조차도 겁낼 필요가 없었다. 이와 같이 성도들은 가장 큰 위험 가운데서도 그의 지팡이와 막대기로 인해 안위함을 받는다(시 23:4).

제 4 장

개요

본 장은 계속해서 '이스라엘의 기적적인 요단 도하(渡河) 이야기' 를 다룬다. I. 이를 기념하기 위해 취해진 조치. 요단으로부터 12개의 돌을 취할 것(1-8절), 그리고 또 다른 돌 12개를 요단에다 놓을 것(9절). II. 요단을 지나는 백성들의 행진. 처음에 두 지파와 반 지파, 이어서 나머지 백성들, 그리고 마지막으로 언약궤를 멘 제사장들(10-14절). III. 제사장들이 언약궤와 함께 올라오자마자 물이 다시 채워짐(15-19절). IV. 이러한 기사(奇事)를 기념하고 후세에 전하기 위해 길갈에 기념비를 세움(20-24절).

1그 모든 백성이 요단을 건너가기를 마치매 여호와께서 여호수아에게 말씀하여 이
르시되 2백성의 각 지파에 한 사람씩 열두 사람을 택하고 3그들에게 명령하여 이르
기를 요단 가운데 제사장들의 발이 굳게 선 그 곳에서 돌 열둘을 택하여 그것을 가
져다가 오늘밤 너희가 유숙할 그 곳에 두게 하라 하시니라 4여호수아가 이스라엘
자손 중에서 각 지파에 한 사람씩 준비한 그 열두 사람을 불러 5그들에게 이르되 요
단 가운데로 들어가 너희 하나님 여호와의 궤 앞으로 가서 이스라엘 자손들의 지
파 수대로 각기 돌 한 개씩 가져다가 어깨에 메라 6이것이 너희 중에 표징이 되리라
후일에 너희의 자손들이 물어 이르되 이 돌들은 무슨 뜻이냐 하거든 7그들에게 이
르기를 요단 물이 여호와의 언약궤 앞에서 끊어졌나니 곧 언약궤가 요단을 건널
때에 요단 물이 끊어졌으므로 이 돌들이 이스라엘 자손에게 영원히 기념이 되리라
하라 하니라 8이스라엘 자손들이 여호수아가 명령한 대로 행하되 여호와께서 여호
수아에게 이르신 대로 이스라엘 자손들의 지파의 수를 따라 요단 가운데에서 돌
열둘을 택하여 자기들이 유숙할 곳으로 가져다가 거기에 두었더라 9여호수아가 또
요단 가운데 곧 언약궤를 멘 제사장들의 발이 선 곳에 돌 열둘을 세웠더니 오늘까
지 거기에 있더라

우리는 여호수아와 모든 전사(戰士)들이 요단을 지나는 동안 얼마나

분주했겠는가 하는 것을 쉽게 상상할 수 있다. 그들은 여러 가지를 생각하지 않을 수 없었다. 그들에게는 아내와 자녀들, 가족과 가축, 장막과 개인적인 물품들, 그리고 가방과 각종 짐 꾸러미 등이 있었다. 요단을 지나는 길은 진흙밭길이거나 아니면 돌로 가득한 길이었을 것이다. 나약하고 소심하며 겁이 많은 사람들에게 강바닥으로 내려갔다가 다시 가파른 비탈로 올라오는 것은 매우 힘든 일이었을 것이다. 그래서 모든 사람은 — 특히 여호수아는 누구보다도 더욱 그러했을 것이다 — 돌봐야 할 것이 너무나 많았을 것이고 대단히 분주했을 것이다. 그러나 그 모든 황급함에도 불구하고, 하나님의 이러한 '기이한 일'(奇事)을 영원히 기념하는 것이 가장 중요한 일이었다. 이 일은 한가할 때까지 연기될 수 없었다. 우리가 자신과 가족들을 위해 해야 할 일이 아무리 많다 하더라도, 우리는 하나님의 영광을 위해 해야 할 일을 게을리하거나 빠뜨려서는 안 된다. 왜냐하면 바로 이것이 우리에게 있어 최고의 일이기 때문이다.

I. 하나님께서 이 일을 기념할 것을 명령하신다. 만일 여호수아가 하나님의 지시 없이 이 일을 행했다면, 그것은 그 자신의 이름과 영예를 영원히 기념하도록 하기 위한 목적으로 보였을 것이다. 또한 그것은 지금 하나님께서 명령하신 것처럼 그렇게 거룩하고 숭고한 명령이 되지 못했을 것이다. 하나님의 기사(奇事)는 영원히 기억되어야 하며, 영원히 기념되기 위한 방법이 강구되어져야 한다. 요단을 건넜던 이스라엘 백성 가운데 일부는, 아마도 너무나 어리석어서 자신들을 향한 하나님의 이 큰 호의에 대해 거의 영향을 받지 못한 채 이 일이 기념되어야 할 필요를 느끼지 못했을 것이다. 반면 또 어떤 사람들은 이 일에 너무나 큰 영향을 받고 또 깊은 인상을 받은 나머지 여기에 어떤 기념비도 세울 필요가 없고 다만 모든 이스라엘 백성들의 마음과 입이 모든 세대에 걸쳐 '살아있는 영원한 기념비'가 될 것이라고 생각했을 것이다.

그러나 인생의 생김새를 아시며 또 인생이 얼마나 쉽게 잊어버리기를 잘하는지를 아시는 하나님은 모든 세대에 이를 기억하도록 하기 위한 적절한 조치를 명하셨다. 그럼으로써 후대의 역사 속에서 이 일에 관한 기록을 읽을 수 없거나 읽으려고 하지 않는 사람들까지도 여기에 세워진 기념비를 보고 알 수 있도록 하셨다. 이스라엘 나라에 있어 어떤 사건이나 기억을 전승(傳承)하는 일반적인 방법은 이야기로 설명하는 것이었다. 그러므로 기념비는 그 사건의 사실성(事實性)을 입증하는 증거가 될 것이다. 그래서 후세에 이 일의 사실성에 대하여 의문을 품는 자들에게 '서 있는 증거'(standing evidence)가 될 것이다. 그러므로 기념비는 세워져야 했다.

1. 여호수아는 최고 지도자로서 이에 대한 지시를 내려야 한다(1절). "**그 모든 백성이 요단을 건너가기를 마치매.**" 가장 뒤에 처져 있던 노약자들까지도 다 건너고 나서, 그러니까 하나님이 이 일을 완전하게 행하심으로 이스라엘 백성들이 가나안 땅에 안전하게 도달하고 난 후, 하나님은 여호수아에게 기념비를 세울 재료를 준비하도록 말씀하셨다. 주교(bishop)이면서 뛰어난 학자인 패트릭(Patrick)은 여호수아가 하나님의 이러한 놀라운 은혜에 즉각적으로 감사하기 위해 어떤 한적한 곳으로 갔고, 그 곳에서 하나님이 그를 만나셔서 그와 같이 말씀하셨다고 추측한다. 혹자는 하나님께서 여호수아에게 이러한 지시를 내린 것은 제사장 엘르아살을 통해서였을 것이라고 생각한다. 비록 엘르아살의 이름이 여기에서 언급되고 있지 않다 할지라도, 여호수아가 지도자로서의 큰 사명을 위임받을 때 하나님이 이렇게 말씀하셨기 때문이다. "**그는 제사장 엘르아살 앞에 설 것이요 엘르아살은 그를 위하여 우림의 판결로써 여호와 앞에 물을 것이며 그와 온 이스라엘 자손 곧 온 회중은 엘르아살의 말을 따라 나가며 들어올 것이니라**"(민 27:21).

2. 각 지파에서 한 명씩 열둘을 택하고, 이들이 기념비를 위한 재료를 준비해야 한다: **각 지파에 한 사람씩**(2, 4절). 그렇게 함으로써 모든 지파는 자기 지파의 사람에게서 이야기를 들을 수 있었고, 또 하나님의 영광을 위해 무엇인가 기여할 수 있었다. 레위인만이 아니라 모든 이스라엘 백성이 자기 위치에서 **하나님의 능하신 일을 자녀들에게 알게** 해야 한다(시 145:12). 두 지파와 반 지파도 — 이미 자기 소유의 땅에 정착했다 할지라도 — 이 일을 기념하는 데 협력해야만 한다.

3. 기념비로 쓰일 돌들은 강의 갈라진 길에서 취하도록(아마도 그 곳에는 큰 돌들이 많이 있었을 것이다), 그리고 '언약궤를 멘 제사장들이 서 있었던 자리'에서 가장 가까운 곳에서 취하라는 지시가 내려진다(3, 5절). 특별한 목적을 가진 이와 같은 기념비는 최고로 우아하고 정교하게 다듬어진 돌로 만들어질 만하다. 그러나 강바닥으로부터 취하여진 이러한 돌들은 후손들에게 요단 강이 물러갔던 기적을 알게 하는 데 좀 더 자연적이고 적절한 표지가 될 수 있었다. 왜냐하면 그 돌들은 '그 때 바로 그 곳으로부터' 가지고 나온 '바로 그 돌들'

이기 때문이다. 하나님은 항상 으리으리하고 정교한 것보다는 가장 적합하고 의미 있는 것을 선택하신다: **하나님께서 세상의 미련한 것들을 택하사**(고전 1:27). 이 열두 명은 요단을 지나온 후 언약궤가 서 있던 자리로 돌아가야 했다. 그들은 이 일을 위하여 언약궤에 가까이 다가가는 것이 허락되었다(다른 사람들은 그렇게 할 수 없었다): "**여호와의 궤 앞으로 가서**(5절), 다시 말해서 지금 요단 한가운데 서 있는 언약궤 앞으로 가서 돌들을 취하라."

4. 이 돌들의 용도가 여기에서 표징(6절)으로 그리고 기념(7절)으로 언급된다. 이 돌들은, 훗날 자녀들이 부모들에게 "어떻게 해서 이 돌들이 여기에 있나요?" 라는 질문을 하도록 유발할 것이다(아마도 가나안 땅엔 돌들이 그다지 많지 않았을 것이다). 그 때 부모들은 그들이 들은 대로 자녀들에게 이야기해 주어야 한다: "이스라엘로 하여금 가나안 땅에 들어가게 하기 위해, 바로 이 자리에서 전능하신 하나님의 능력에 의해 요단 강이 갈라졌단다"(22절).

Ⅱ. 모든 일은 명령에 따라 이루어졌다.

1. 요단으로부터 12개의 돌이 취하여졌다. 그리고 그 돌들은 백성들이 보는 앞에서 그 날 밤 지파 별로 본영(本營)이 설치된 곳에 옮겨졌다(8절). 그들이 취한 돌들은 그들이 옮길 수 있을 정도의 무게였을 것이고, 그 모양과 크기가 서로 엇비슷했을 것으로 보인다. 그러나 그들이 즉시로 그 돌들을 정해진 위치로 옮겼는지, 아니면 언약궤 옆에 머물면서 성공적인 가나안 입성을 빛내기 위한 언약궤의 장엄한 행진과 보조를 같이 했는지 하는 것은 확실치 않다. 이 돌들에 의해, 하나님은 이를테면 '이 아름다운 땅의 점유권' 을 이스라엘에게 주신 것이다. 이 땅은 모두 이스라엘의 것이다. 들어가 소유로 취하라. 그러므로 이스라엘의 자녀들은 이 열두 명이 행한 것을 행하라는 명령을 받는다(8절). 그들은 각각 자기 지파의 대표였기 때문이다. 이와 관련하여, 우리는 우리의 여호수아이신 우리 주 예수 그리스도께서 모든 신자들에게 하늘나라를 여셨을 때 이스라엘의 12지파를 따라 세워진 열두 사도들에게 복음의 기념비를 땅끝까지, 그리고 미래 세대에까지 전할 것을 명령하신 사실을 기억할 필요가 있다.

2. 또 다른 12개의 돌이 요단 강 한가운데 세워졌다(9절). 수위(水位)가 낮을 때 그 꼭대기가 보일 수 있도록 혹은 물이 맑을 때 보이도록 혹은 최소한 그것과 부딪쳐 발생하는 소용돌이를 볼 수 있음으로써 배를 젓는 사람들이 피할 수 있도록, 그것들은 기둥처럼 높이 세워졌다. 어떻든 간에 그것은 언약궤가 서 있

던 위치를 알려주는 것이었고, 길갈의 마른 땅에 세워진 다른 기념비와 쌍을 이룸으로써 그 증거를 확인하고 전승(傳承)을 보존하기 위한 것이었다. 표지(sign)는 이중적이었고, 그 일의 사실성(事實性)은 의심의 여지가 없었다.

10또 여호와께서 여호수아에게 명령하사 백성에게 말하게 하신 일 곧 모세가 여호
수아에게 명령한 일이 다 마치기까지 궤를 멘 제사장들이 요단 가운데에 서 있고
백성은 속히 건넜으며 11모든 백성이 건너기를 마친 후에 여호와의 궤와 제사장들
이 백성의 목전에서 건넜으며 12르우벤 자손과 갓 자손과 므낫세 반 지파는 모세가
그들에게 이른 것 같이 무장하고 이스라엘 자손들보다 앞서 건너갔으니 13무장한
사만 명 가량이 여호와 앞에서 건너가 싸우려고 여리고 평지에 이르니라 14그 날에
여호와께서 모든 이스라엘의 목전에서 여호수아를 크게 하시매 그가 생존한 날 동
안에 백성이 그를 두려워하기를 모세를 두려워하던 것 같이 하였더라 15여호와께서
여호수아에게 말씀하여 이르시되 16증거궤를 멘 제사장들에게 명령하여 요단에서
올라오게 하라 하신지라 17여호수아가 제사장들에게 명령하여 이르기를 요단에서
올라오라 하매 18여호와의 언약궤를 멘 제사장들이 요단 가운데에서 나오며 그 발
바닥으로 육지를 밟는 동시에 요단 물이 본 곳으로 도로 흘러서 전과 같이 언덕에
넘쳤더라 19첫째 달 십일에 백성이 요단에서 올라와 여리고 동쪽 경계 길갈에 진 치
매

성령의 영감을 받은 역사가(여호수아 저자)는 여기의 이 주제에 대해 너무나 매료된 나머지 끝맺기를 주저하고 있는 것처럼 보인다. 여호수아는 여호와께서 자신에게 명령하신 모든 것을 마쳤는데, 이것이 또한 '모세가 명령한 것'으로 재차 언급된다(10절). 우리는 이 일과 관련하여 모세가 여호수아에게 어떤 특별한 명령을 내렸는지 여부에 대하여 전혀 들은 적이 없다. 이 일은 여호수아에게 있어 새로운 일이었다. 그러므로 이것은 모세가 그에게 "하나님의 지시를 따르며, 주께로부터 받은 지시를 백성들에게 전달하며, 백성들에게 하나님께 대한 책무를 일깨워주라"고 가르쳤던 일반적인 교훈으로 이해되어야 한다. 과거에 모세가 여호수아에게 말했던 이것을 여호수아는 이 때에 마음에 두고 있었고, 그에 따라 행했다. 우리에게 어떤 일이 생겼을 때 그에 관한 유익한 교훈이 이미 주어져 있다면 그것은 우리에게 매우 좋은 일이 될 것이다.

I. 백성들은 속히 건넜다(10절). 어떤 이들은 이것을 돌을 날랐던 열두 명으로 이해한다. 그러나 백성 전체로 보는 것이 더 합당할 것으로 보인다. 백성 전체가 건넌 이야기가 1절이 이미 언급되어 있기는 하지만, 여기서 그것이 다시 반복되고 있는 것은 그들이 급히(서둘러) 건넌 상황을 설명하기 위함이다. 그것은 여호수아가 백성들에게 관리들을 통하여 서두를 것을 명령했기 때문이거나(이 일을 당일에 끝내고 발자취를 남기지 않기 위해), 아니면 그들을 서두르게 한 것은 그들이 처한 상황 때문이었을 것이다.

1. 어떤 사람들은 하나님을 신뢰하지 않았기 때문에 서둘렀을 것이다. 그들은 죄의식 가운데 또 하나님의 권능과 선하심에 대해 확신하지 못하면서 물이 되돌아 덮치지 않을까 두려워하였다.

2. 어떤 사람들은 필요 이상으로 기적을 오래 지속시킴으로써 하나님을 시험코자 하지 않으려고, 또 너무 오랜 동안 지체함으로써 언약궤를 멘 제사장들의 인내심이 고갈될까 염려하여 서둘렀을 것이다.

3. 어떤 사람들은 가나안 땅에 빨리 도달하고 싶은 열심에, 그래서 얼마나 그 땅을 갈망하고 있는지 보여주기 위해 서둘렀을 것이다.

4. 아마도 아주 적은 수의 사람들만 그랬을 것으로 생각하지만, 다른 사람들이 서두르니까 덩달아 서두르는 사람들도 있었을 것이다.

믿음의 사람은 하나님의 계획을 앞지르기 위해서 서두르지 않는다. 다만 하나님의 계획을 수행하기 위해 서두른다(사 28:16, **보라 내가 한 돌을 시온에 두어 기초를 삼았노니 곧 시험한 돌이요 귀하고 견고한 기촛돌이라 그것을 믿는 이는 다급하게 되지 아니하리로다**).

II. 두 지파와 반 지파가 선봉에 섰다(12, 13절). 이들은 이미 그와 같은 약속을 한 바 있는데, 그것은 요단 반대편에서 자신들의 분깃을 얻게 되었을 때였다(민 32:27, **종들은 우리 주의 말씀대로 무장하고 여호와 앞에서 다 건너가서 싸우리이다**). 그리고 여호수아가 얼마 전에 그들의 약속을 일깨워 주었다(1:12-15). 첫 번째로 정착한 자들이 장애물과 부딪힘에 있어 첫 번째가 되어야 한다는 것은 대단히 적절한 것이었다. 이들은 다른 지파의 경우와는 달리 가족이라는 거추장스러운 짐을 가지고 있지 않았다. 이들은 모두 선택된 자들로서 준비된 전사(戰士)들이었고, 임무를 수행하기에 적합했다. 이토록 준비된 전사들이 선봉에 선다는 것은 나머지 백성들에게 있어 고무적인 일이었고, 용기를 북돋아 주기에 충분했다. 그리고 두 지파와 반 지파는 불평할 이유가 없었다. 위험이 따르는 자리는 또한 영예가 따르는 자리이기 때문이다.

Ⅲ. 모든 백성이 다 지나갔을 때 언약궤를 멘 제사장들이 요단으로부터 올라왔다. 사람들은 이것을 당연한 일로 생각할 것이다. 그들의 이성(理性)은 그들에게 이제 더 이상 그 곳에 머물러 있을 이유가 없다고 말했을 것이다. 그러나 그들은 여호수아가 명령하기까지는 한 걸음도 움직이지 않았으며, 여호수아는 하나님께서 지시하시기까지는 그들에게 요단으로부터 나오라는 명령을 내리지 않았다(15-17절). 그들은 여호수아를 지켜보며 그의 명령을 기다렸고, 여호수아는 하나님을 바라보며 그분의 지시를 기다렸다. 이스라엘이 이토록 훌륭한 지시체계(指示體系) 아래 있었다고 하는 사실은 그들의 행복이었으며, 칭찬할 만한 일이었다. 아무리 열악한 상태에서라도 하나님은 당신의 제사장들이나 백성들을 아무 때라도 불러내실 수 있다. 그러므로 그들은 하나님의 섭리에 의해 그분이 그 곳으로부터 불러내실 때까지 참을성 있게 기다려야 한다. 마치 여기의 제사장들이 요단으로부터 나오도록 부름을 받은 것처럼. 그리고 그들이 하나님의 임재의 증표인 언약궤를 가지고 있는 한, 그들은 역경의 깊음 속에서 기다리는 것에 대해 어떤 염려도 할 필요가 없다.

Ⅳ. 언약궤를 멘 제사장들이 요단으로부터 올라오자마자, 무더기를 이루었던 강은 그 본래의 성질대로 흘러내렸고 이내 강을 다시 채웠다(18절). 이것은 '지금 강에서 일어났던 일'이 어떤 미지(未知)의 자연적 원인에 의한 것이 아니라 전적으로 이스라엘을 위한 하나님의 권능으로 인한 것임을 분명하게 보여준다. 이스라엘이 다 지나가고 하나님의 임재의 증표(언약궤)가 사라지자, 물은 즉시로 예전의 상태로 돌아갔다. "요단이여 네가 물러났으니 이는 어찜이뇨" 란 질문에 우리는 이렇게 대답해야 한다. "그것은 온전히 이스라엘의 하나님께 순종함으로 인한 것이로다." 그러므로 여수룬의 하나님과 같은 이는 아무도 없다: "오 이스라엘이여 너와 같은 백성이 누구인가?" 어떤 이들은 여기에 다음과 같은 사실이 암시되어 있음을 관찰한다 — 언약궤와 이를 멘 제사장들이 어떤 장소에서 떠날 때, 수문(水門)이 들려지고 방어벽(防禦壁)이 치워지며 즉시로 심판의 홍수가 몰려온다. 교회에 속하지 않은 자들은 곧 망하게 될 것이다. 언약궤가 옮겨질 때 영광은 떠나는 것이다.

Ⅴ. 이 모든 일로 인해 여호수아가 크게 된다(14절). 그 날에 여호와께서 모든

이스라엘의 목전에서 여호수아를 크게 하시매. 하나님께서 여호수아를 크게 하신 것은 대체로 두 가지 방법을 통해서였다. 한 가지는 하나님께서 그와 교통하심(fellowship)을 통하여, 즉 모든 경우에 그에게 말씀하시고 또 그로 하여금 하나님과 의논하도록 하심을 통하여 그렇게 하신 것이고, 또 한 가지는 하나님께서 그에게 확립해 주신 권위(authority), 즉 그의 권위를 제사장과 백성들 위에 두심으로써 그렇게 하신 것이다. 하나님을 존귀케 하는 자들을 하나님은 존귀케 하신다. 그가 어떤 사람을 존귀케 하실 때 — 그가 여호수아를 크게 하시겠다고 말씀하시는 것처럼(3:7) — 하나님은 이 일을 매우 효과적으로 하실 것이다. 그러나 여기에서 여호수아가 크고 존귀하게 되는 것은 단지 여호수아 자신만을 위한 것은 아니었다. 그것은 또한 그로 하여금 이스라엘에 대한 봉사의 용량을 더 크게 하기 위함이었다.

백성들은 여호수아를 두려워하기를 모세를 두려워함 같이 하였다. 아랫사람으로부터 존경과 경의와 순종을 받는 가장 확실하고 좋은 방법은 고함을 지르고 위협을 가하는 고압적인 태도가 아니라, 성결함과 사랑 그리고 그들의 복리(福利)와 하나님의 뜻과 존귀를 위한 지속적인 관심과 이를 위한 모든 가능한 조치를 행하는 것이다. 하나님이 자신과 함께 계심을 나타내는 자들은 최선의 방법과 목적으로 다른 사람들로부터 두려움의 대상이 된다. 자신을 성결케 하는 자들은 진실로 크게 되고, 갑절의 존귀를 받을 자격이 있다. 우리는 하늘을 사모하는 자들을 두려움으로 바라봐야 한다.

VI. 이 위대한 사건이 일어난 때가 언급된다(19절). 첫째 달 십일에. 이 날은 그들이 애굽에서 나온 지 꼭 40년에서 5일이 모자란 날이었다. 하나님은 진노 가운데 그들이 광야에서 40년을 방랑하게 될 것이라고 말씀하셨다. 40년을 계산함에 있어, 우리는 '그 때 이미 지나간 첫 해'는 애굽으로부터 나온 승리의 해였으며 '지금의 마지막 해' 역시 비슷하게 요단 건너편에서의 승리의 해였다는 사실을 고려해야 한다. 그러므로 40년 전체가 슬픔의 때는 아니었던 것이다. 그리고 마침내 하나님은 40년이 차기 5일 전에 그들을 가나안 땅으로 들어가게 하셨는데, 이는 징계하시는 것을 즐거워하지 않으시고 자비를 베푸는 일을 속히 하시며 그럼으로써 택하신 자들을 위하여 고통의 날을 단축시키심을 보이기 위함이었다(마 24:22). 결국 그들은 유월절 축제 4일 전에 가나안 땅에 들어갔는데, 바로 이 날은 유월절을 위한 준비가 시작되는 날이었다(출 12:3).

하나님은 이스라엘 백성들의 가나안 입성을 그와 같은 종교적 축제(유월절)로 빛내주시고 성별해 주신 것이다. 그리고 백성들로 하여금 유월절과 가나안 입성을 서로 비교함으로써 애굽에서 나온 것을 되돌아보도록 하시고, 그럼으로써 하나님이 그들의 축복의 알파와 오메가로서 영광을 받으시기 위함이었다.

[20]여호수아가 요단에서 가져온 그 열두 돌을 길갈에 세우고 [21]이스라엘 자손들에게
말하여 이르되 후일에 너희의 자손들이 그들의 아버지에게 묻기를 이 돌들은 무슨
뜻이니이까 하거든 [22]너희는 너희의 자손들에게 알게 하여 이르기를 이스라엘이 마
른 땅을 밟고 이 요단을 건넜음이라 [23]너희의 하나님 여호와께서 요단 물을 너희 앞
에서 마르게 하사 너희를 건너게 하신 것이 너희의 하나님 여호와께서 우리 앞에
홍해를 말리시고 우리를 건너게 하심과 같았나니 [24]이는 땅의 모든 백성에게 여호
와의 손이 강하신 것을 알게 하며 너희가 너희의 하나님 여호와를 항상 경외하게
하려 하심이라 하라

길갈에 세운 열두 돌(8절)은 분명하게 셀 수 있도록 한 개씩 쌓아 올려졌거나 아니면 열을 지어 서 있었을 것이다. 왜냐하면 세워지고 난 후 그것은 돌무더기라고 불려지지 않고 단순히 '이 돌들'로 불려지기 때문이다.

I. 장차 후손들은 '이것이 뭔가를 기념하기 위해 의도된 것' 이라고 생각하면서 그것의 의미에 대해 물을 것이다. 너희의 자손들이 그들의 아버지에게 묻기를 이 돌들은 무슨 뜻이니이까? 나이가 들어 지혜로운 자가 될 사람들은 어렸을 때 호기심이 많아야 한다. 우리 주 예수께서도 — 비록 자신 안에 지식의 충만을 가지고 계셨다 할지라도 — 랍비들에게 듣기도 하고 묻기도 하셨다(눅 2:46, 사흘 후에 성전에서 만난즉 그가 선생들 중에 앉으사 그들에게 듣기도 하시며 묻기도 하시니). 예수 그리스도는 아이들과 젊은이들에게 듣고 질문하는 것의 중요성을 자신의 모범을 통해 가르친 것이다. 아마도 세례 요한이 요단 인근의 베다니(통행의 집, 사람들이 이리로 통행했다)에서 세례를 베풀고 있었을 때, 그는 바로 이 돌들을 가리키면서 "하나님이 능히 이 돌들(처음에 열두 지파에 의해 놓여진)로도 아브라함의 자손이 되게 하시리라"(마 3:9)라고 말했을 것이다. 그 돌들은 요단 도하(渡河)의 기적을 기념하는 것으로서, 훼손되지 않도록 잘 유지되고 관리되어야 했을 것이다. 한편 우리 구주께서는 "만일 이 사람들이 침묵하면

그 돌들이 소리 지르리라"(눅 19:40)라고 말씀하셨다. 주님은 당신의 기이한 일들로 인하여 여러 가지 방법으로 영광을 받으신다.

Ⅱ. 그와 같은 질문에 부모들이 어떻게 대답해야 할 것인가에 대한 지침이 제시된다(22절). "너희가 기록된 말씀으로부터 그리고 너희 부모로부터 배운 것을 자녀들로 알게 하라." 자녀들에게 하나님의 말씀과 그분이 하신 일들을 가르치고, 그럼으로써 마땅히 행할 길을 배우도록 하는 것은 부모의 책임이다.

1. 그들은 자녀들에게, 요단 강이 이스라엘 앞에서 물러갔으며 이스라엘은 마른 땅 위로 통과했고 바로 여기가 조상들이 지나갔던 바로 그 자리임을 알게 해야 한다. 그들은 지금 요단 강이 얼마나 깊고 물살이 급한지를 보고 있다. 그러나 하나님은 당신의 권능으로 모든 강둑에 물이 넘칠 때조차도 강의 물결을 막으셨다 — "그리고 이것은 오랜 후에 살고 있는 너희를 위한 것이다." 우리 조상들에게 대한 하나님의 자비는 우리들에 대한 자비임을 주목하라. 우리는 예전에 하나님께서 우리 조상들을 위해 행하신 위대한 일들을 기억하고 기념하며 재생시키는 일에 최선을 다해야 한다. 여기에 돌들로 표시된 장소는 그들로 하여금 '이스라엘이 바로 이 곳으로 넘어 왔다'는 사실을 잊지 않도록 해주는 비망록(memorandum)이 될 것이다. 그들에게는 공간적인 기념물이 필요했다. 그것을 봄으로써 그들은 그 곳에서 일어났던 일을 상기(想起)하게 될 것이다. 그리고 이스라엘의 거민(居民)뿐 아니라 이방인과 여행자들까지도 이 돌들을 보고 가르침을 받게 될 것이다. 많은 사람들이 이 돌들을 보고서는, 성경을 펼치고 거기에 기록된 놀라운 일의 역사(歷史)를 읽게 될 것이다. 그리고 아마도 어떤 사람들은 성경에 기록된 역사(歷史)를 읽고, 호기심을 가지고 그 곳에 와서 그 돌들을 보게 될 것이다.

2. 그들은 자녀들에게 이 일과 함께 40년 전 홍해가 마른 사건을 이야기해 주어야 한다: "너희의 하나님 여호와께서 우리 앞에 홍해를 말리시고 우리를 건너게 하심과 같았나니." 다음을 주목하라. (1) 나중의 은혜를 이전의 은혜와 비교하는 것은 나중의 은혜를 더욱 크고 영광스러운 것으로 만든다. 왜냐하면 그와 같은 비교를 통하여, 하나님은 어제나 오늘이나 영원토록 동일하신 분이심이 분명해지기 때문이다. (2) 나중의 은혜를 통하여 우리는 이전의 은혜를 상기해야 하며 그로 인한 감사를 되살려야 한다.

3. 그들은 이러한 기사(奇事)를 잘 활용하여 사람들에게 다음과 같은 지식이

올바로 전달되도록 하여야 한다(24절). (1) 이로써 하나님의 권능이 크게 드러나게 되었다. 온 세계는 여호와의 손이 강하시며 하나님께서 하실 수 없는 일은 아무것도 없다는 사실을 알게 혹은 알 수 있게 되었다. 어떤 힘도 심지어 자연 자체의 힘조차도 하나님이 하시고자 하는 일을 막을 수 없다. 하나님의 백성의 구원은 모든 백성에 대한 교훈이며, 전능자와 다투지 말라는 분명한 경고이다. (2) 하나님의 백성들에게 "너희 하나님 여호와를 경외하고 그분에 대한 의무를 다하며 영원히 이를 행하라"는 격려가 주어진다. 이 놀라운 일에 대한 기억은 그들로 하여금 다른 신들을 섬기는 것을 효과적으로 저지할 것이며, 그들의 하나님을 섬기는 가운데 거하도록 이끌 것이다. 부모가 자녀에게 주는 모든 교훈과 가르침 가운데 가장 중요한 것은 그들로 하여금 하나님을 영원히 경외하도록 가르치는 것이다. 진지한 경건이야말로 최고의 가르침이다.

제 — 5 — 장

개요

이제 이스라엘은 요단 강을 건넜고, 그들로 하여금 앞으로 진행할 수 있도록 갈라졌던 물은 그들이 다시 되돌아가지 못하도록 제자리로 돌아왔다. 드디어 이스라엘은 가나안에 첫 발을 내딛게 되었으며, 그 땅을 정복하는 일을 시작해야 했다. 본 장에는 다음과 같은 내용이 기록되어 있다. I. 적들이 어떻게 낙담하게 되었는가?(1절) II. 그들이 첫 발을 딛을 때 그들을 돕고 격려하기 위해 어떤 일이 일어났는가? 1. 할례의 언약이 갱신됨(2-9절). 2. 유월절을 기념하여 지킴(10절). 3. 그 땅의 소산물을 먹자 만나가 그침(11-12절). 4. 여호와의 군대대장이 여호수아에게 나타남(13-15절).

[1]요단 서쪽의 아모리 사람의 모든 왕들과 해변의 가나안 사람의 모든 왕들이 여호
와께서 요단 물을 이스라엘 자손들 앞에서 말리시고 우리를 건너게 하셨음을 듣고
마음이 녹았고 이스라엘 자손들 때문에 정신을 잃었더라 [2]그 때에 여호와께서 여호
수아에게 이르시되 너는 부싯돌로 칼을 만들어 이스라엘 자손들에게 다시 할례를
행하라 하시매 [3]여호수아가 부싯돌로 칼을 만들어 할례 산에서 이스라엘 자손들에
게 할례를 행하니라 [4]여호수아가 할례를 시행한 까닭은 이것이니 애굽에서 나온 모
든 백성 중 남자 곧 모든 군사는 애굽에서 나온 후 광야 길에서 죽었는데 [5]그 나온
백성은 다 할례를 받았으나 다만 애굽에서 나온 후 광야 길에서 난 자는 할례를 받
지 못하였음이라 [6]이스라엘 자손들이 여호와의 음성을 청종하지 아니하므로 여호
와께서 그들에게 대하여 맹세하사 그들의 조상들에게 맹세하여 우리에게 주리라
고 하신 땅 곧 젖과 꿀이 흐르는 땅을 그들이 보지 못하게 하리라 하시매 애굽에서
나온 족속 곧 군사들이 다 멸절하기까지 사십 년 동안을 광야에서 헤매었더니 [7]그
들의 대를 잇게 하신 이 자손에게 여호수아가 할례를 행하였으니 길에서는 그들에
게 할례를 행하지 못하였으므로 할례 없는 자가 되었음이었더라 [8]또 그 모든 백성
에게 할례 행하기를 마치매 백성이 진중 각 처소에 머물며 낫기를 기다릴 때에 [9]여
호와께서 여호수아에게 이르시되 내가 오늘 애굽의 수치를 너희에게서 떠나가게

하였다 하셨으므로 그 곳 이름을 오늘까지 길갈이라 하느니라

여리고 평지에 장막을 친 이스라엘 수다(數多)한 진영(陣營)은 의심의 여지 없이 굉장한 장관이었을 것이다. 야곱의 티끌을 누가 능히 셀 수 있으랴(민 23:10). 오랜 동안 광야에 있던 교회가 이제 거친 광야에서 올라와 그의 사랑하는 자를 의지하고(아 8:5), 아침 빛 같이 뚜렷하고 달 같이 아름답고 해 같이 맑고 깃발을 세운 군대 같이 당당하도다(아 6:10). 우리는 여기에서 이스라엘이 원수들의 보기에 얼마나 당당하고 두려운 존재였는가 하는 것을 보게 된다(1절). 이스라엘은 애굽의 수치를 떨쳐버림을 통하여 그의 친구들의 보기에 얼마나 아름답고 맑은 존재가 되었는가? 우리는 이어지는 절(節)들에서 이에 관한 말씀들을 보게 된다.

I. 이스라엘이 요단 강을 기적적으로 통과하자 가나안 사람들은 극도의 두려움에 사로잡혔다(1절). 그 소식은 '불가사의한 일'로서 뿐만 아니라 '가나안의 모든 왕들과 나라들에 대한 경종(警鐘)'으로서 모든 지역에 즉각적으로 퍼졌다. 이는 마치 바벨론이 무너졌을 때, 그 놀라운 소식을 방방곡곡 구석구석까지 전하기 위해 "보발꾼은 보발꾼을 맞으려고 달리며 전령은 전령을 맞으려고 달려가는" 것과 같았다(렘 51:31). 또한 우리는 여기에서 이 사건이 이 땅의 왕들에게 어떤 인상을 주었는지에 대하여 보게 된다: "그들의 마음이 불 앞의 촛밀처럼 녹았고 이스라엘 자손들 때문에 정신을 잃었더라." 사실 백성들의 마음은 라합이 말한 것처럼 이미 두려움으로 공황상태에 있었다(2:9). 그러나 백성들은 그러했다할지라도, 1절 말씀은 아직까지 왕들이 자신들의 마음을 굳게 유지하고 있었음을 암시한다. 가나안의 왕들은 많은 인구(人口)와 든든한 성벽으로 인하여 침입자들에 대항하여 자신들의 나라를 굳게 지켜낼 수 있을 것이라고 스스로 다짐했을 것이다. 그러나 이스라엘이 요단 강을 건넘으로 자기 나라의 방어선이 무너졌을 뿐 아니라 이것이 하나님의 기적으로 말미암아 되어졌다는 사실을 들었을 때, 그들은 극도의 공포심으로 정신을 잃을 지경이 되고 말았다.

1. 왕들에게는 두려워할 만한 충분한 이유가 있었다. 이스라엘 자체가 무시무시한 몸(body)이었으며, 더욱이 전능하신 능력의 하나님이 그 몸의 머리(head)가 될 때에는 더욱 그러했다. 이스라엘 앞에 요단 강이 물러났다면, 무엇이 그들의 앞을 가로막을 수 있겠는가?

2. 출애굽기 23:27에서 약속하신 것처럼, 하나님이 그들에게 두려움을 각인(刻印)시켰으며 그들의 정신을 잃게 만들었다: **내가 그들 앞에 나의 두려움을 보내리라.** 하나님은 악인으로 하여금 두려움이 없는 곳에서 두려워하게 하실 수 있다(시 53:5). 하물며 여기의 경우처럼 두려워할 이유가 그토록 명백한 경우야 더 말해 무엇하겠는가? 영혼을 만드신 분은 당신의 기쁘신 뜻을 따라 자신의 검(劍)을 그 영혼에 보내실 수 있으며 또한 두려움으로 죽게 만드실 수 있다.

Ⅱ. 이것은 이스라엘 백성들로 하여금 할례 받지 못한 자들 가운데 할례 받는 기회가 되었다. 그 때에(2절), 즉 가나안이 거대한 공황상태에 빠져 있었을 때, 하나님은 이스라엘의 자녀들에게 할례를 행할 것을 명령하셨다. 왜냐하면 바로 그 때가, 비록 적국의 한 가운데에서라 할지라도, 안전하게 그 일을 시행할 수 있는 때였기 때문이다. 그들은 마음이 녹아 있었고 손들은 묶여 있었기 때문에 — 시므온과 레위가 세겜 사람들이 고통당할 때 그랬던 것처럼 — 이 기회를 활용할 수 없었다. 여호수아는 이에 대해 확실하게 알 수 없었다. 그러므로 만일 그가 이와 같은 전 국민적인 할례를 자기 머리로 생각해서 바로 이 때에 행하도록 명령했다면, 그는 경솔한 사람으로 비난받게 되었을 것이다. 왜냐하면 비록 그 일이 아무리 선한 일이라 할지라도, 이성(理性)적으로 생각할 때 그것은 시기적으로 적합하지 않은 일이었고, 따라서 대단히 위험한 결과를 초래할 수 있었기 때문이다. 그러나 하나님께서 여호수아에게 그렇게 할 것을 명령하셨을 때, 그는 '혈과 육' (flesh and blood)으로 더불어 의논해서는 안 된다. 이 일을 행하도록 명령하신 분이 그들을 지키시고 붙잡아 주실 것은 의심의 여지가 없는 일이다. 다음을 관찰하라.

1. 전 국민적인 할례의 이유

(1) 애굽으로부터 나온 사람들은 모두 할례를 받았다(5절). 그들이 애굽에서 편안하게 있었을 때에는, 틀림없이 율법에 따라 난 지 팔 일만에 자녀들에게 할례를 베풀었을 것이다. 그러나 그들이 억압을 받기 시작한 이후 특별히 사내아이들을 죽이라는 칙령이 발효되었을 때에는, 할례를 행하는 일이 중단되었을 것이다. 그러므로 할례 받지 못한 사람들이 많이 있었는데, 이들에게 이전에 일괄적인 할례가 행해진 것으로 보인다. 왜냐하면 2절에서 지금의 '전 국민적인 일괄적 할례' 가 '두 번째' (다시)로 불려지고 있기 때문이다. 라이트푸트(Dr. Lightfoot)는 흑암으로 덮여 있던 3일 동안 일괄적인 할례가 있었을 것으로 추

측하는 반면, 많은 사람들은 출애굽 일년 후 시내 산에서 두 번째 유월절을 먹기 직전에 시행된 것으로 추측한다. 한편 마시우스(Masius)는 아브라함의 가정에서 할례가 처음 제정될 때 시행되었던 일괄적인 할례를 언급하는 것으로 생각한다(창 17:23). 첫 번째 것은 가나안 땅에 대한 약속을 확증하는 것이었고, 두 번째 것은 그 약속이 성취된 것을 감사함으로 축하하는 것으로 생각하는 것이다.

(2) 이스라엘 백성들은 불순종으로 인하여 광야에서 방랑하게 되었고, 결국 이 동안 광야에서 태어난 모든 사람들은 하나님의 심판 선언 아래 있었다(6절). 하나님께서 진노하심으로 아무도 그의 안식에 들어가지 못할 것이라고 맹세하신 '그 운명적인 날' 이후 태어난 모든 사람은 할례를 받지 못했다. 그렇다면 우리는 이것을 어떻게 설명해야 할 것인가? 하나님은 아브라함에게 모든 사내아이들이 난 지 팔 일만에 할례를 받아야 한다고 명령하지 않으셨던가?(창 17:9-14) 할례는 영원한 언약을 인치는 것이 아니었던가? 이스라엘 백성들이 첫 유월절을 지내고 즉시로 애굽에서 나올 때 하나님께서 그토록 강조하셨던 것이 바로 이것이 아니었던가? 유월절을 영원한 규례로 지킬 것을 명령하는 말씀 속에도 할례에 대한 말씀이 들어있지 않았던가? 할례 받지 않은 사람은 유월절을 먹지 못하고 이방인으로 간주되어야 한다고 하지 않았던가? 그러므로 모세가 지도하던 38년 동안 광야에서 태어난 모든 자녀들이 할례 받지 않은 상태로 있었다는 사실을 도대체 어떻게 설명할 수 있단 말인가? 이와 같은 것은 하나님의 이끄심이 아니고는 설명될 수 없다.

[1] 어떤 사람들은 할례가 필요치 않았기 때문에 행하여지지 않았다고 생각한다. 할례는 이스라엘 백성과 이방 나라를 구분하는 표지(標識, mark)로 명령된 것이다. 그러므로 광야에서 그들은 모든 이방 나라들과 완전하게 분리되어 있었고 아무와도 섞이지 않았기 때문에 할례를 행할 필요가 없었다는 것이다.

[2] 또 어떤 사람들은 이스라엘이 가나안에 정착하기까지는 할례의 개념을 의무적인 것으로서 생각하지 않았다고 생각한다. 왜냐하면 시내 산에서 맺은 언약 가운데 할례에 관한 언급은 전혀 등장하지 않기 때문이다. 그것은 모세로 말미암은 것이 아니라 조상들로 말미암은 것이며(요 7:22), 가나안 땅을 주시겠다는 특별한 언급과 함께 주어진 것이다(창 17:8).

[3] 또 어떤 사람들은 하나님께서 광야 여행 동안 할례 행하는 것을 면제시켜

주셨다고 생각한다. 즉 하나님께서 그들의 비정착(非定着) 상태와 잦은 이동을 고려하셨다는 것이다. 할례를 받은 아기에게 얼마동안의 휴식은 필수적인 것이었다. 그런 아기들을 데리고 이동하는 것은 그들에게 위험한 일일 수 있었다. 그러므로 하나님께서 그들에게 자비를 베푸셨다고 보는 것이다. 이러한 이유는 대체로 동의할 만한 것으로 여겨진다. 그러나 내가 볼 때 그것은 그다지 만족스럽지 못하다. 왜냐하면 때때로 그들은 한 장소에 1년을 머무르기도 했기 때문이다(민 9:22). 또 그다지 먼 길이 아니라면, 할례 받은 갓난아기들은 비록 쓰라림이 있다 할지라도 이동 중에 담요에 포근하게 싸여 별 탈 없이 편안하게 데리고 다닐 수 있었을 것이다.

[4] 내가 볼 때 그것은 이스라엘 백성들의 불신앙과 불평에 대한 하나님의 진노의 '계속적인 증표' (continued token)로 여겨진다. 할례는 우리가 앞에서 살펴본 것처럼 본래 가나안 땅을 주시겠다는 약속을 인치는 것이었다. 족장들이 아이들에게 할례를 행한 것은 이 아름다운 땅에 대한 '믿음의 소망' 가운데에서였다. 그러나 하나님께서 진노 가운데 애굽에서 나온 자들이 가나안에 들어가지 못한 채 광야에서 죽을 것이요 그 땅을 보지도 못할 것이라고 맹세하셨을 때, 그러한 선언 아래 있던 모든 자들은 자녀들에게 할례를 행하는 것이 금지되었다. 이로써 그들은 할례의 약속에 내재되어 있는 효익(效益, benefit)을 가질 수 없었다. 이것은 이스라엘이 금송아지를 만듦으로써 언약을 깨뜨렸을 때 언약의 돌판을 깨뜨림으로써 하나님의 진노가 표현되었던 것과 같은 것이었다.

하나님이 이스라엘 백성들에게 약속의 땅에 들어가지 못할 것을 선언하는 이야기 속에 할례에 대한 법적 금지를 명시적으로 언급하는 부분이 없는 것은 분명한 사실이다. 그러나 우리는 민수기 14:33에 그것이 암시되어 있음을 볼 수 있다: "너희의 자녀들은 너희 반역한 죄를 질 것이요." 갈렙과 여호수아의 아이들은 할례를 받았을 것으로 보는 것은 가능성 있는 생각이다. 왜냐하면 이들은 그와 같은 선언으로부터 제외되었기 때문이다. 그리고 갈렙에게는 "그 땅을 내가 그와 그의 자손에게 주리라" (신 1:36)는 말씀이 특별히 주어졌는데, 이것은 할례가 인을 쳤던 바로 그 약속이었다. 그리고 여기에서 여호수아에게 할례를 행하라는 명령은 그 자신의 가족에 대하여가 아니라 백성들에게 대한 것이었음을 주목할 필요가 있다. 그 이유가 어떤 것이었든지 간에, 할례의 위대한 규례는 거의 40년 동안 이스라엘에서 행하여지지 않았던 것으로 보인다. 그리고 이러한 사실은 할례가 절대적인 필요성을 가진 것이 아니며 영구적인 의무도 아니었고 다만 **'때가 차면'** 폐하여질 것이었음을 분명히 보여준다.

2. 이러한 일괄적인 할례와 관련하여 여호수아가 받은 명령(2절). **이스라엘 자손들에게 다시(again) 할례를 행하라.** 왜 지금 이와 같은 명령이 내려졌는가? 이에 대한 답으로서 우리는 다음과 같은 것을 생각해 볼 수 있다.

(1) 이제 '인침'(seal)으로서의 할례의 약속이 성취되었기 때문이다. 이제 이스라엘의 씨는 가나안 땅에 안전하게 들어오게 되었다. "그러므로 이제 그들로 부모들이 믿지 않았던 약속의 진실됨을 알게 하라."

(2) 이제 40년의 기간이 지남으로써 하나님의 진노의 때가 끝났기 때문이다. 하나님의 진노로 인하여 38년 간 할례가 중단되었었다. 이제 **"그 노역의 때가 끝났고 그 죄악이 사함을 받았느니라"**(사 40:2). 그러므로 이제 '언약의 인'(the seal of the covenent)이 다시 시행되어야 한다.

그러나 왜 이토록 조급하게 시행되어야 하는가? 그들이 모압 평지에서 몇 달 쉬는 동안 시행하는 것은 어째서 안 되었는가? 모세의 죽음을 애곡(哀哭)했던 30일 동안은 왜 아니었나? 그들이 가나안 정복에 있어 어느 정도 성과를 올리고 정착지를 확보하기까지, 아니 적어도 그들이 수비망(守備網)을 구축해서 진(陣)을 견고하게 할 때까지, 왜 그 일을 좀 더 미루지 않는가? 어째서 이 일은 그들이 요단을 건넌 바로 다음 날 시행되어야만 했는가? 대답은 이것이다. 지혜로우신 하나님께서 보실 때, 40년이 끝나고 그들이 가나안에 들어온 바로 이 때가 가장 적합한 때였다는 사실이다. 이 사실 앞에 여타 인간의 지혜로 제시된 여러 가지 다른 이유들은 침묵되어야 한다.

[1] 하나님은 여기에서 이스라엘 진영(陣營)은 통상적인 전쟁 규칙들과 방법들에 의해 통치되는 것이 아니라 하나님으로부터의 직접적인 지시에 의해 통치된다는 사실을 보여주셨다. 이와 같이 그들을 노출시킴으로써, 하나님은 가장 위험한 순간에도 자기 백성을 보호하시는 당신의 권능을 온전히 드러내신다. 그들이 스스로 행동을 취할 수 없을 때 하나님께서 안전하게 지켜주신 것은 자기 백성의 안전을 위한 하나님의 돌보심을 선포하는 것이었으며, 또한 적들에게 대하여는 두려움을 더욱 증대시키는 것이었다. 그것은 적들의 정찰병들이 돌아가 그들에게, 일어난 일에 대해서 뿐만 아니라 그 일의 의미 즉 그것

이 하나님께서 이스라엘에게 이 땅을 주시겠다는 약속이 이루어지는 증표라고 말할 때 한층 더 두려움을 증가시킬 것이었다.

[2] 하나님은 여기에서 자기 백성 이스라엘과 맺은 언약을 확증하심으로써 그들을 격려하신다. 이것은 지금 그들이 직면하고 있는 난관들에도 불구하고 그들에게 승리와 성공, 그리고 약속의 땅을 온전히 소유할 것에 대한 분명한 확신을 주었다.

[3] 하나님은 여기에서 그들에게 또 그들과 함께 오늘의 우리들에게, 모든 위대한 일에 있어 우리 자신을 '산 제사'(할례의 피가 이것을 의미함)로 드림으로써 하나님과 함께 시작하는 것을 가르치고 계셨다. 그러면 우리는 우리가 행하는 모든 일에 있어 풍성한 성공을 기대할 수 있다.

[4] 오랫동안 중단되었던 할례가 다시 회복되는 것은 광야에서 지켜지지 않고 묵인되어 왔던 다른 규례들이 또한 다시 회복되는 것을 의미한다. 백성들에게 할례를 행하라는 이러한 명령은 모세가 그들에게 말했던 것(신 21:8), 곧 그들이 요단 강을 건너면 광야에서 행하던 것처럼 해서는 안 되며, 더 엄격하게 율법을 준수해야 한다고 말했던 것을 일깨워 주었다. 모세는 이스라엘 백성들이 장차 들어가게 될 '그 땅'에서 지켜야 할 많은 율법들에 대하여 이미 여러 차례 언급했다(신 6:1; 12:1).

[5] 이러한 '두 번째' 할례는 하나님의 이스라엘이 복음의 안식에 들어갈 때 받게 될 영적 할례를 상징하는 것이었다. 피어슨 주교(bishop Pierson)는 이 할례가 모세의 후계자인 여호수아의 지시 아래 행해진 사실에 주목한다. 이것은 진정한 할례자(circumciser, 할례를 행하는 자), 곧 율법을 따라 육체에 행한 할례가 아닌 또 하나의 할례의 창시자이신 예수 그리스도를 가리키는 것이다. 그것은 마음의 할례(롬 2:29)이며, 또 그리스도의 할례(골 2:11)로 불려진다.

3. 이러한 명령에 대한 백성들의 순종. 여호수아가 이스라엘 자손들에게 할례를 행하니라(3절). 여호수아가 자신의 손으로 할례를 행한 것은 아니었다. 그가 한 것은 명령을 내리고 또 명령대로 행하도록 감독하는 것이었다. 이 일은 신속하게 마칠 수 있었다. 왜냐하면 이 일은 꼭 제사장이나 레위인만이 행할 수 있는 것은 아니었기 때문이다. 누구라도 할례를 행할 수 있었다. 시내 산에서 계수(計數)할 때 20세 이하였던, 그래서 '그 운명적인 선고'(약속의 땅에 들어가지 못하고 광야에서 죽을 것이라는)에 해당되지 않았던 모든 자들은 이미 할례를 받

은 백성들이었다. 이들에 의해서 나머지 모든 사람들이 짧은 시간에 할례를 받을 수 있었다. 백성들은 모세에게 청종한 것처럼 여호수아에게 청종하겠다고 약속했다(1:17). 그리고 그들은 이러한 고통스러운 규례(할례)에 순종함으로써 그 약속을 충실하게 지켰다. 십보라는 할례로 인하여 모세를 '피 남편' (bloody husband)이라고 불렀지만, 지금 이스라엘 백성들은 이로 인하여 여호수아를 '피의 통치자' (bloody governor)로 부르지 않는다.

4. 이를 영원히 기념하기 위해 할례가 행해진 장소에 이름이 붙여졌다.

(1) 그 곳에 **'할례 산'** (包皮의 언덕, the hill of the foreskins)이란 이름이 붙여졌다(3절). 아마도 잘려진 포피(包皮)들이 무더기를 이루고 땅을 덮었을 것이며, 그것들이 작은 언덕을 이루었을 것이다.

(2) 그 곳에 **'길갈'** 이란 이름이 붙여졌는데, 이것은 '떠나가게 하다' (take away)를 의미하는 단어로서 하나님께서 여호수아에게 말씀하신 것으로부터 말미암은 것이다(9절). **"내가 오늘 애굽의 수치를 너희에게서 떠나가게 하였다."** 하나님은 당신의 백성들의 영예를 소중하게 여기신다. 하나님 자신의 영예가 그와 밀접한 관계를 맺고 있기 때문이다. 그들이 잠시 동안 어떤 수치 아래 있다 하더라도, 분명히 그것은 조만간 '떠나가게' 될 것이며 그들을 대적하여 벌렸던 모든 혀들은 정죄를 받게 될 것이다.

[1] 그들의 할례는 애굽의 수치를 '굴려버렸다' (rolled away). 이로써 그들은 하나님의 **'자유하는 자녀'** (free-born children)로 인정되었다. 그들은 자신의 육체에 언약의 인을 갖게 되었으며, 그럼으로써 애굽의 멍에 아래 있던 수치가 제거되었다. 그들은 애굽의 우상 숭배로 더럽혀졌으며, 이것이 그들의 수치였다. 그러나 이제 그들은 할례를 받았다. 이로써 그들은 하나님께 온전히 드려진 존재로 여겨질 수 있게 되었으며, 애굽의 수치는 굴려지게 되었다.

[2] 그들의 안전한 가나안 입성(入城)은 애굽의 수치를 굴려버렸다. 왜냐하면 그것은 **"그들이 그 땅에서 멀리 떠나 광야에 갇힌 바 되었다"** (출 14:3)라고 하는 애굽 사람들의 악의에 찬 조롱을 잠잠케 했기 때문이다. 이스라엘이 광야에서 그토록 오랜 기간을 방랑한 것은 그러한 비방을 확증하는 것이었다. 그러나 이제 그들은 승리 가운데 가나안에 입성했고, 그러한 비방은 치워졌다. 하나님이 자기 백성들의 구원을 완성하심으로 스스로를 영화롭게 하셨을 때, 그는 이스라엘의 원수들의 비방을 잠잠케 하셨을 뿐만 아니라 그 비방이 그들 위로 굴러가

게 하신 것이다.

10또 이스라엘 자손들이 길갈에 진 쳤고 그 달 십사일 저녁에는 여리고 평지에서 유
월절을 지켰으며 11유월절 이튿날에 그 땅의 소산물을 먹되 그 날에 무교병과 볶은
곡식을 먹었더라 12또 그 땅의 소산물을 먹은 다음 날에 만나가 그쳤으니 이스라엘
사람들이 다시는 만나를 얻지 못하였고 그 해에 가나안 땅의 소출을 먹었더라

가나안 백성들이 이스라엘의 움직임을 관찰할 때, 그들은 매우 이상하게 생각할 수밖에 없었을 것이고 또 대단히 놀라웠을 것이다. 군인이 전쟁터에 나가게 되면, 대체로 그들은 스스로를 종교적인 행위로부터는 면제되는 것으로 여기게 된다. 그러나 여호수아는 종교적인 행동들을 하나씩하나씩 진행시켜 나간다. 후에 '또 한 사람의 여호수아'에게 주어진 말씀은 실제로 이에 대한 것일 수 있다. **대제사장 여호수아야 너와 네 앞에 앉은 네 동료들은 내 말을 들을 것이니라**(슥 3:8). 실로 여호수아는 올바른 방법을 택했다. 하나님과 함께 시작한 것은 좋은 끝맺음으로 마무리될 것이다.

I. 율법에 의해 정해진 때 즉 '첫째 달 십사일'에 할례가 행해진 동일한 장소에서 유월절이 엄숙하게 지켜졌다(10절). 이스라엘이 광야에서 방랑하는 동안 그들은 유월절 규례의 유익과 위로를 누릴 수 없었는데, 이는 하나님의 싫어하심에 대한 또 하나의 증표였다. 그러나 이제, 그러한 진노의 선언이 지나갈 것을 구하는 모세의 기도(시 90:15)에 대한 응답으로, 하나님은 다시 그들을 위로하셨다. 그러므로 이제 그러한 즐거운 규례가 다시 회복되고 있는 것이다. 이제 그들은 가나안 땅에 들어왔다. 이것은 하나님의 능력의 기사(奇事)와 그분의 선하심을 기억하기에 매우 시의적절한 것이었다. 하나님의 은혜의 역사(役事)가 끝마무리될 때 우리는 그것이 시작된 때를 잊어서는 안 된다. 화창한 한낮에, 우리는 그토록 목마르게 새벽의 여명을 기다리던 때를 결코 잊어서는 안 된다.

엄숙한 할례에 이어 엄숙한 유월절이 뒤따랐다. 이와 마찬가지로, 믿음으로 하나님께 돌아온 자들이 세례를 받았을 때, 우리는 곧이어 그들이 서로 떡을 떼었음을 보게 된다(행 2:41, 42). 그들은 여리고 평지에서 유월절을 지켰는데, 이것은 그들을 둘러싸고 있던 가나안 사람들에 대한 도전이었다. 가나안 사람들

은 이스라엘 백성들에 대하여 분노하고 있었지만, 어떤 훼방도 할 수 없었다. 이렇게 함으로써 하나님은, 이스라엘 백성이 올라와 유월절을 지킬 때 그들의 땅은 신적 섭리의 특별한 보호 아래 놓여지게 될 것이라는 약속이 지켜지는 것을 분명하게 보여주셨다. 출애굽기 34:24은 이렇게 말씀한다: "아무도 네 땅을 탐내지 못하리라." 지금 하나님은 "그들의 원수의 목전에서 그들 앞에 상을 차려 주시고" 계셨다(시 23:5).

Ⅱ. 이스라엘이 그 땅의 소산을 먹자 만나가 끊어졌다(11, 12절). 만나는 그것이 필요한 동안에는 이스라엘에게 있어 놀라운 은혜였다. 그러나 그것은 광야 상태의 표지였다. 만나는 어린아이의 음식이었다. 비록 만나가 천사의 음식이었고 또 보잘것없는 양식이라고 불평해서는 안 되는 것이었다할지라도, 이스라엘에게 있어 그 땅의 소산을 먹는 것이 한층 더 바람직한 것이었다. 그리고 이제 그들은 가나안 땅의 소산을 먹게 된 것이다.

1. 여리고 성 밖에 살던 사람들은 창고와 들판, 그리고 그들에게 속한 모든 것을 버려두고 안전을 위해 성 안으로 들어갔는데, 이것이 이스라엘 군대에게 좋은 양식이 되었다. 이러한 양식 공급은 매우 시의적절한 것이었다.

(1) 유월절을 지키고 난 후 그들은 무교절을 지켜야 했다. 그러나 만나 외에는 아무것도 없는 상태에서는 무교절의 규례를 따라 행할 수가 없었다. 아마도 이것이 광야 기간 동안 무교절이 중단된 한 가지 이유였을 것이다. 그러나 이제 이스라엘은 가나안 사람들의 창고에서 무교절을 지키기에 충분한 많은 양의 묵은 곡식을 발견했다. 마치 잠언 13:22의 죄인의 재물은 의인을 위하여 쌓이느니라는 말씀처럼 된 것이다.

(2) '유월절-안식일' 다음 날, 그들은 첫 열매의 단을 여호와 앞에서 흔들어야 했다(레 23:10, 11). 그리고 이것은 그들이 하나님께서 주실 땅에 들어갈 때 행하도록 특별히 명령되었다. 그리고 이를 위해 그들은 그 해의 곡식, 즉 이제 막 익기 시작하고 있었던 그 땅의 소산으로 풍성하게 채워졌다(12절). 이렇게 하여 그들은 마태복음 13:52의 선한 집주인 같이 옛 곡식과 새 곡식으로 풍성하게 채워졌다. 이 아름다운 땅의 열매가 이스라엘의 손에 들어가자마자, 그들은 하나님께서 주신 규례를 따라 섬김으로써 하나님을 영화롭게 하는 기회를 만들었다. "보라, 모든 것이 깨끗하니라." 그리고 그들에게 모든 것이 만족스러웠다.

칼빈은, 비록 분명하게 언급되어 있지는 않다 할지라도, 이스라엘 백성들이 광야에서 방랑하는 동안 매년 제 때에 유월절을 지켰다고 생각한다. 이것은, 하나님이 비록 할례 받는 것은 면제시켜 주셨지만 그럼에도 불구하고 그들이 다른 희생을 드리는 것은 기꺼이 받으셨던 것과 마찬가지였다. 그러나 어떤 이들은 아모스 5:25로부터, '그 선고'(여호수아와 갈렙 외에 누구도 가나안 땅에 들어가지 못하고 광야에서 죽을 것이라는)가 선언된 이후로는 그들이 가나안에 들어갈 때까지 어떤 희생제사도 드려지지 않았고 그래서 결과적으로 어떤 유월절도 지켜지지 않았다고 추론한다(암 5:25, **이스라엘 족속아 너희가 사십 년 동안 광야에서 희생과 소제물을 내게 드렸느냐**). 그들은 민수기 14장의 선고 후에 이어지는 희생제사와 관련한 율법(15장)이 이렇게 시작되는 것에 주목한다: "**너희는 내가 주어 살게 할 땅에 들어갈 때**" 이러이러하게 행해야 한다.

2. 그 땅의 묵은 곡식을 먹자 만나가 끊어졌다.

(1) 이것은 우연히 혹은 눈이나 우박이 오는 것 같은 일반섭리를 따라 된 것이 아니라, 하나님의 지혜와 선하심을 따른 특별한 계획에 의한 것임을 보여준다. 만나는 이스라엘 백성들이 필요로 할 때 내렸고, 그들이 필요로 하는 동안 계속되었으며, 필요하지 않게 되었을 때 더 이상 내리지 않았다.

(2) 이것은 통상적인 방식으로 공급(供給)이 주어질 때 우리가 특별한 공급을 기대해서는 안 된다는 것을 가르쳐준다. 만일 하나님께서 이스라엘을 다루실 때 그들의 행위를 따라 다루셨다면, 만나는 그들이 그것을 '척박한 양식'이라고 불렀을 때 그쳤을 것이다. 그러나 하나님은 그들이 필요로 하는 한 그들의 경멸에도 불구하고 계속 내려주셨다. 하나님은 자녀들의 필요를 아시는 지혜로운 아버지시다. 하나님은 자신의 선물을 '자녀들의 기분'이 아니라 '자녀들 그 자체'에 맞추신다. 하나님의 말씀과 규례들은 '영적인 만나'인데, 하나님은 이것으로 이 세상의 광야에서 자기 백성들을 기르신다. 그리고 우리가 때로 그것을 빼앗긴다 할지라도, 우리가 이 땅에 있는 동안 그것은 계속된다. 그러나 우리가 하늘의 가나안에 이를 때 이러한 만나는 끊어질 것이다. 왜냐하면 우리는 그것을 더 이상 필요로 하지 않게 될 것이기 때문이다.

13 여호수아가 여리고에 가까이 이르렀을 때에 눈을 들어 본즉 한 사람이 칼을 빼어 손에 들고 마주 서 있는지라 여호수아가 나아가서 그에게 묻되 너는 우리를 위하

느냐 우리의 적들을 위하느냐 하니 [14]그가 이르되 아니라 나는 여호와의 군대 대장으로 지금 왔느니라 하는지라 여호수아가 얼굴을 땅에 대고 엎드려 절하고 그에게 이르되 내 주여 종에게 무슨 말씀을 하려 하시나이까 [15]여호와의 군대 대장이 여호수아에게 이르되 네 발에서 신을 벗으라 네가 선 곳은 거룩하니라 하니 여호수아가 그대로 행하니라

지금까지 우리는 하나님께서 종종 여호수아에게 말씀하셨음을 보았지만, 그러나 그에게 하나님의 영광이 나타났다는 말씀은 듣지 못했다. 이제 여호수아가 직면하는 어려움이 커짐과 함께 그에 비례해서 하나님의 격려도 또한 커지고 있는 것을 보게 된다. 다음을 관찰하라.

I. 여호수아가 이상(異像, vision)을 본 때. 그것은 여호수아가 할례를 행하고 유월절을 지킨 직후였다. 그 때 하나님은 여호수아에게 당신을 알리셨다. 우리가 우리에게 주어진 의무를 다하고 거룩한 규례들을 지키는데 부지런하고 진지할 때, 비로소 하나님의 은혜를 기대할 수 있다는 사실을 기억하라.

II. 여호수아가 이상을 본 장소. 그 곳은 '여리고 근방' (by Jericho)이었다. 그러나 문자대로 한다면 '여리고 안' (in Jericho)이다. 여기에는 믿음과 소망이 담겨 있다. 왜냐하면 아직 여호수아는 여리고 성을 포위하기 시작하지 않았기 때문이다. 여기에서 생각과 기대에 잠겨 있었을 것이다. 아니면 여리고 성에서 아주 가까운 여리고 들판이었을 것이다. 지금 여호수아는 혼자 있는 것으로 보인다. 그는 위험에 대한 두려움을 가지고 있지 않았다. 그것은 그가 하나님의 보호를 확신하고 있었기 때문이었다. 어떤 이들은 여호수아가 거기에서 묵상과 기도를 하고 있었다고 생각한다. 이렇게 몰두해 있는 사람들에게 하나님은 종종 자신을 나타내신다. 어쩌면 그는 거기에서 성벽을 면밀히 관찰하고 공격할 방법을 찾기 위해 그 도성을 바라보고 있었는지도 모른다. 아니면 하나님께서 오셔서 지시하실 때 어떻게 다가갈지에 대해 곰곰이 생각하고 있었을 수도 있다. 하나님은 스스로 돕는 자를 도우신다는 사실을 유념하라. 하나님이 총사령관으로서 자신을 나타내셨을 때, 여호수아는 장군으로서 자기 위치에 있었다.

III. 신적 현현(神的 顯顯) 그 자체. 여호수아는 깊은 상념에 사로잡힌 사람이 대개 그러하듯이 자세는 아래로 향해 있고 눈은 땅에 고정되어 있었던 것으

로 보인다. 그러다가 갑자기 그는 자기 앞에 조금 떨어진 곳에 한 사람이 서 있는 것을 보고 소스라치게 놀란다. 이 일로 여호수아는 눈을 들었고, 상념(想念)의 상태에서 각성(覺醒)의 상태로 전환되었다(13절). 여기에 등장한 존재는 여호수아에게 사람으로서, 그러나 주목할 만한 매우 특별한 사람으로서 나타났다.

1. 이 사람을 인간의 본질을 취하시기 이전에 종종 인간의 모양으로 나타나신 '영원한 말씀이신 하나님의 아들'로 보는 것에는 상당한 근거가 있다. 패트릭 주교(bishop Patrick) 역시 이렇게 생각하는데, 그것은 교부(敎父)들의 해석과도 일치하는 것이다. 여호수아는 그에게 신적인 존영(尊榮)을 돌렸고, 그는 기꺼이 받았다. 만일 그가 단지 피조된 천사에 불과했다면 그렇게 할 수 없었을 것이다. 그는 또 여호와로 불려진다(수 6:2)

2. 그는 여기에서 칼을 빼어 손에 들고 있는 한 사람의 군인으로 나타났다. 장막에 있던 아브라함에게는 여행자로 나타났으며, 전장(戰場)에 있던 여호수아에게는 전쟁의 사람으로 나타났다. 그리스도는 자기 백성들에게 그들의 믿음이 기대하고 열망하는 모양으로 나타날 것이다. 그리스도께서 칼을 뽑아 드셨는데, 그것은 (1) 여호수아가 이제 곧 돌입하게 될 전쟁을 정당화하고 그 전쟁이 하나님으로 말미암은 것임을 보이기 위한 것이었다. 그에게 살육을 명하신 분은 바로 하나님이셨다. 주권자가 칼을 뽑아 드셨다면, 이것은 전쟁을 선포하는 것이며 자기 수하(手下)에게 그 일을 수행할 권한을 부여하는 것이다. 이제 칼은 뽑혔다. 그리스도께서 자신을 경외하는 자들에게 깃발을 주시고 진리를 위하여 그것을 달게(시 60:4) 하신 것이다. (2) 여호수아를 격려하여 용감하게 전쟁을 수행하도록 하기 위한 것이었다. 그리스도의 손에 들려진 칼은, 그분이 자신을 힘입어 용맹하게 싸울 자기 백성들을 보호하고 구원하는 일에 얼마나 준비되어 있는가를 잘 보여준다. 그의 칼은 모든 방향으로 향한다.

Ⅳ. 여호수아가 다가가서 던진 대담한 질문. 그는 종을 보내지 않고 자신이 다가가서 물었다. 너는 우리를 위하느냐 우리의 적들을 위하느냐? 이것은 여호수아가, 그가 만일 이스라엘의 편이라면 기꺼이 환대(歡待)할 준비가 되어 있었으며, 반대로 이스라엘을 대적하는 존재라면 그와 더불어 단호히 싸울 준비가 되어 있었음을 보여준다. 이것이 보여주는 바는 다음과 같다.

1. 여호수아의 큰 용기와 결단. 여호수아는 그의 갑작스런 출현으로 인해 혼

란에 빠지지 않았으며, 그의 표정에 분명하게 나타났을 위엄과 용맹함으로 인해 기세가 꺾이지 않았다. 여호수아는 위대한 장군의 기백을 잃지 않고 그에게 이와 같은 단호한 질문을 던졌다. 하나님은 여호수아에게 강하고 담대할 것을 명령하셨는데, 이로써 그가 과연 그러했음이 드러났다. 하나님은 자기 백성에게 말씀으로 요구한 것을 은혜로 말미암아 그들 가운데 이루어 나가신다.

2. 이스라엘의 이해관계에 대한 여호수아의 큰 관심. 여호수아가 전심으로 이스라엘을 위한 일에 전념하고 있었기 때문에 누구도 사람의 얼굴로는 그와 맞설 수 없었다. 여호수아는 그가 친구인지 적인지 금방 알아낼 것이다. 여호수아는 그를 살아계신 하나님의 군대를 멸시하며 다가왔던 골리앗 같은 적으로 의심했던 것 같다. 이와 같이 우리도 종종 우리를 위하는 자를 대적하는 자로 오해하는 경우가 있다. 여호수아의 질문은 이스라엘과 가나안, 그리고 그리스도와 바알세불의 이해관계 사이에 중립지대가 존재하지 않는다는 사실을 분명하게 보여준다. **나와 함께 하지 아니하는 자는 나를 반대하는 자요 나와 함께 모으지 아니하는 자는 헤치는 자니라**(눅 11:23).

V. 그의 대답(14절). "아니다. 너희의 적이 아니다. 여호와의 군대 대장으로 지금 왔느니라. 내가 온 것은 너희를 위한 친구로서 뿐 아니라 네 위에 '최고 지휘자'로서니라." 창세기 32:2에 마하나임 즉 두 군대(hosts)가 언급되어 있다. 두 군대는 이제 가나안 족속들과 전쟁에 돌입하려고 하는 **이스라엘 백성의 군대**와 그들을 보호하는 천사들의 군대이다. 그는 양자(兩者)의 대장으로서 이스라엘 백성의 군대를 지휘하고 또 그들을 돕도록 천사들의 군대에게 명령을 내린다. 그리스도께서 **우리 구원의 대장**(히 2:10)으로 또 **백성의 인도자와 명령자**(사 55:4)로 불려지는 것은 아마도 이와 연관된 것일 것이다. 이러한 대장을 모시고 있는 자들은 승리할 수밖에 없다. 이제 그가 대장으로서 군대를 시찰(視察)하고 사기를 북돋우며 여리고 함락을 위해 필요한 명령을 하달하기 위해 오셨다.

VI. 여호수아가 그에게 큰 경의를 표함. 여호수아는 그의 말과 몇 가지 암시들을 통하여 그가 단지 한 사람에 불과한 것이 아니라 하나의 신적 인격(divine person)임을 인지했던 것 같다.

1. 여호수아는 그에게 신하의 예를 표한다: **여호수아가 얼굴을 땅에 대고 엎드려 절하고**. 여호수아 자신이 이스라엘 군대의 장군이었다. 그러나 여호수아는 지금 이 사람에 대하여 어떤 질투심 같은 것도 갖지 않는다. 이 사람은 이제 여

호수아 위에 서서 이스라엘 군대의 대장으로 명령을 내릴 것인데도 말이다. 여호수아는 그의 주장을 논박하려 하지 않는다. 다만 그를 자신의 상관으로 기꺼이 승복하며 받아들인다. 하나님께 대하여 겸손하고 공손한 태도를 갖는 것이야말로 가장 위대한 것이다.

2. 여호수아는 그로부터 명령과 지시를 구한다: **내 주여 종에게 무슨 말씀을 하려 하시나이까?** 앞의 질문(너는 우리를 위하느냐 우리의 적들을 위하느냐?)이 더 담대하고 군인다운 것이라면, 이 질문(내 주여 종에게 무슨 말씀을 하려 하시나이까?)은 좀 더 경건하고 성도다운 것이다. 여호수아가 하나님과 관련하여 이토록 겸비한 것으로 인해 그의 위대성이 결코 축소되지 않는다. 왕관을 쓴 머리조차도 **만왕의 왕**이신 주 예수의 보좌 앞에 무릎꿇지 않을 수 없다(시 2:10, 11; 72:10, 11; 계 19:16). 다음을 주목하라.

(1) 여호수아와 그리스도의 관계. 그리스도는 여호수아의 주이시며, 여호수아는 그리스도의 명령 아래 있는 종이다. 그리스도는 여호수아의 대장이시며, 여호수아는 그리스도 아래서 명령받은 대로 움직이는 군사다(마 8:9). 주께서 열납하실 만한 순종은 우리 자신을 우리 주 예수 그리스도의 종으로 진지하게 헌신하는 기초 위에 세워진다(시 16:2).

(2) 여호수아의 질문은 위와 같은 관계의 토대 위에 세워진 것이다: **내 주여 무엇을 말씀하려 하시나이까?** 이 질문에서 우리는 그리스도의 뜻을 알고자 하는 진지한 열망과 그것을 행하고자 하는 확고한 결의를 엿볼 수 있다. 여호수아는 스스로를 하위(下位)의 장군으로 여겼고 기꺼이 명령을 받고자 했다. 여호수아의 이러한 모습이야말로 그가 지금 서 있는 위치에 가장 합당한 자라는 사실을 분명하게 보여준다. 순종하는 법을 아는 자가 명령하는 법을 가장 잘 안다.

Ⅶ. 이 신적 존재가 여호수아에게 요구한 경의의 표현(15절). **네 발에서 신을 벗으라.** 이것은 경의와 존경의 증표였다(오늘날 우리들이 모자를 벗는 것과 비슷하다). 또한 이것은 신적 임재를 인정하는 것이었는데, 그것은 그 장소를 성별하고 존귀하게 하는 방식으로 행해졌다. 우리 역시도 대단히 큰 영향력을 가진 사람에 대하여 그가 밟은 땅을 소중하게 생각하곤 한다. 이와 같이 여호수아는 이러한 신적 존재에 대하여 경의를 보여야 했고, 그가 서 있는 땅을 자신의 더러운 신으로 밟아서는 안 되었다. **너는 하나님의 집에 들어갈 때에 네 발을 삼갈지어다**(전 5:1). 우리가 엄숙한 규례로 하나님께 나아갈 때마다 우리는 내

적인 경의, 즉 하나님께 대한 경건한 두려움을 외적으로 표현해야 한다.

패트릭(bishop Patrick)은 여기의 명령이 하나님께서 떨기나무에서 모세에게 주셨던 명령과 동일한 사실에 주목한다(출 3:5). 그 때 하나님은 이스라엘을 애굽으로부터 건져내게 하기 위해 모세를 부르고 계셨다. 여기에서 하나님은 얼마 전에 여호수아에게 준 약속, 즉 "내가 모세와 함께 있었던 것 같이 너와 함께 있으리라"는 약속을 다시 한 번 확증하고 계신다. 모세가 그와 같은 하나님의 임재를 인식했을 때 땅을 성별한 것처럼, 여호수아 또한 그렇게 하고 있는 것이다. 이렇게 하여 여호수아는 이 '신적 존재'로부터 여리고 함락과 관련한 지시를 받을 준비를 갖추었다. 이 '여호와의 군대 대장'은 이제 이스라엘에게 여리고를 소유로 줄 것이다.

제 6 장

개요

여호수아는 여리고를 포위하는 작전에 돌입한다. 여리고는 공격적으로 행동할 만큼 자기 백성들의 용기를 신뢰할 수 없었다. 다만 이스라엘이 그 땅에 들어와 진(陣)을 치는 것을 막는 데 역량을 집중할 수밖에 없었다. 그러나 여리고는 그들의 견고한 성벽에 대하여는 굳은 신뢰를 가졌다. 이제 우리는 여기에서 그 성벽이 무너지는 이야기를 보게 된다. I. 여호와의 군대 대장이 준 지시와 확신(1-5절). II. 6일간 도성을 도는 가운데 백성들의 인내와 순종을 시험함(6-14절). III. 일곱째 날 여리고가 이스라엘의 손에 넘겨짐(15-21, 24절). IV. 라합과 그 친척들을 보호함(6:22, 23, 25절). V. 여리고를 재건하는 자에게 저주가 선언됨(6:26, 27절). 우리는 히브리서 11장의 믿음의 영웅들의 이야기 가운데 이 이야기의 요지를 보게 된다(히 11:30). 여리고 성벽은 이스라엘 백성들이 7일간 둘러싼 후에 무너졌는데, 그것은 믿음으로 말미암은 것이었다.

[1]이스라엘 자손들로 말미암아 여리고는 굳게 닫혔고 출입하는 자가 없더라 [2]여호와
께서 여호수아에게 이르시되 보라 내가 여리고와 그 왕과 용사들을 네 손에 넘겨
주었으니 [3]너희 모든 군사는 그 성을 둘러 성 주위를 매일 한 번씩 돌되 엿새 동안
을 그리하라 [4]제사장 일곱은 일곱 양각 나팔을 잡고 언약궤 앞에서 나아갈 것이요
일곱째 날에는 그 성을 일곱 번 돌며 그 제사장들은 나팔을 불 것이며 [5]제사장들이
양각 나팔을 길게 불어 그 나팔 소리가 너희에게 들릴 때에는 백성은 다 큰 소리로
외쳐 부를 것이라 그리하면 그 성벽이 무너져 내리리니 백성은 각기 앞으로 올라
갈지니라 하시매

하나님과 여리고 사람들 사이에 승부가 벌어진다. 하나님은 여리고를 이스라엘의 손에 넘기기로 결의하셨고, 여리고 사람들은 결사적으로 그것을 막기로 결의하였다. 누구의 결의가 이길 것인지를 예상하는 것은 매우 쉬운 일이다.

I. 여리고는 이스라엘이 자기 주인이 되지 못하도록 결의했다(1절). 여리고는 이스라엘 자녀들로 인하여 굳게 닫혔다. 여리고는 굳게 닫았고 또 굳게 닫혔다(난외주에는 이렇게 되어 있음). 여리고는 기술적으로나 자연적으로 견고하게 요새화됨으로써 스스로를 굳게 닫았다. 또 여리고는 그 주민들의 강고한 결의로서 굳게 닫혔다. 그들은 결코 항복하지도 협상하지도 않기로 합의했다. 아무도 도망나오지 않았다. 또 누구도 강화협상(講和協商)을 추진하지 않았다. 이와 같이 그들은 무언가에 홀린 듯이 얼이 빠져 있었고, 그들의 마음은 스스로 멸망을 향하여 굳어져 있었다. 그들은 전능자에게 힘을 과시하는 비극적인 사례가 되었다(욥 15:25).

II. 하나님은 이스라엘이 그들의 주인이 될 것을 결정하셨다. 여기서 여호와의 군대 대장이 여호와로 불려지고 있는데, 그는 여리고가 대단히 요새화 되어 있으며 엄중하게 방비되고 있음을 주목하면서, 또 여호수아의 생각과 염려, 특히 문지방에서 걸려 넘어지지 않을까 하는 두려움을 내다보면서, 여기에서 그에게 승리에 대한 모든 확증을 주고 있다(2절). 보라 내가 여리고와 그 왕과 용사들을 네 손에 넘겨주었노라. 내가 그 일을 하리라. 아니, 내가 이미 그 일을 하였느니라. 그것은 모두 너의 것이다. 그것은 이미 네 소유가 된 것만큼이나 확실하다. 가나안의 첫 열매인 여리고는 전적으로 하나님께 봉헌될 것으로 작정되었다. 그러므로 여호수아를 포함하여 어떤 이스라엘 백성도 이 성읍에서 티끌만한 것도 취해서는 안 된다. 그럼에도 여기에서 "네 손에 넘겨주었다"고 언급되고 있는 것을 주목할 필요가 있다. 우리는 우리가 가진 모든 것으로 하나님을 영화롭게 하고 그분을 섬기는 일에 사용할 준비를 해야 한다.

1. 여호와의 군대 대장이 여리고를 무너뜨릴 방법을 지시한다. 참호(塹壕)를 파는 것도 아니었고, 포대(砲臺)를 설치하는 것도 아니었으며, 파성퇴(破城槌, 성을 부수는 도구)를 만들라는 것도 아니었다. 어떤 군사적 준비도 없었다. 단지 제사장들이 하나님의 법궤를 메고 6일 동안 하루에 한 바퀴씩 돌고 일곱째 날에는 일곱 바퀴를 돌라는 것이었다. 제사장 뒤를 군사들이 조용히 따르고, 제사장들은 성을 도는 동안 양각(羊角) 나팔을 불도록 하였다(3, 4절). 이것이 전부였다.

2. 여호와의 군대 대장은 일곱째 날 밤이 오기 전에 이스라엘이 이 성의 주인이 될 것이라고 확언한다. 신호에 따라 이스라엘은 모두 함성을 질러야 하며,

즉시로 성벽은 무너질 것이다. 이것으로 여리고의 주민들은 그대로 노출될 것이며, 혼비백산하여 아무런 저항도 하지 못할 것이다(5절), 하나님께서 이와 같은 방식을 명령하신 이유는 다음과 같다.

(1) 하나님 자신의 권능을 드러내기 위함. 그럼으로써 무력의 힘으로가 아니라 당신의 능력으로 높임을 받으시기 위함이다(시 21:13). 여기에서 하나님은 자신의 전능하신 팔을 드러내시는데, 이는 이스라엘을 격려하고 가나안을 공포와 혼란에 빠지게 하기 위함이었다.

(2) 하나님의 임재의 증표인 법궤를 존귀케 하기 위함. 그럼으로써 백성들이 하나님의 율법을 최고의 경의와 존경심으로 대하도록 하기 위함이었다. 사울 왕 때에 하나님의 명령 없이 법궤가 진에 옮겨진 적이 있었다. 이것은 법궤를 모독하는 것으로 간주되었고, 이에 대하여 혹독한 대가를 치러야 했다(삼상 4:3). 그러나 지금은 이 일이 하나님의 명령으로 행해지고 있고, 따라서 이 일은 하나님의 법궤를 존귀케 하는 일이며 이스라엘의 믿음을 견고케 하는 것이다.

(3) 제사장들을 영예롭게 하기 위함. 여기에서 제사장들은 법궤를 메고 나팔을 부는 임무를 부여받았다. 통상적으로 제사장은 전쟁에 나가는 것이 면제되었다. 그러나 이러한 특권에 대하여 사람들이 불만을 가져서는 안 된다. 여기에서 그들은 대단히 중요한 임무를 부여받았고, 이로써 백성들은 그들이 공공(公共)에 얼마나 큰 축복이 되며 그들에게 부여된 특권들을 가질 자격이 있는지를 알게 될 것이다.

(4) 백성들의 믿음과 순종 그리고 인내를 시험하기 위함. 이것은 인간적인 생각으로는 어리석어 보이는 일이었으며 인간적인 가능성으로 볼 때는 실현 불가능한 일이었다. 그들이 또한 적들의 조롱을 견디며 하나님의 구원을 기다릴 수 있는지 여부가 시험의 대상이 되었다. 이와 같이 믿음으로 — 힘으로가 아니라 — 여리고 성벽은 무너졌다.

(5) 이스라엘 앞에 남아 있는 난관들과 관련하여 그들의 소망을 격려하기 위함. 가나안은 그 성읍들의 성벽이 하늘에 닿아서(신 1:28) 결코 정복될 수 없다고 했던 악한 정탐꾼들의 보고는 이로써 영원히 잠잠해질 것이다. 가장 강하고 높은 성벽들조차도 전능자에 대항하여 설 수 없다. 그들은 싸울 필요가 없었다. 그러므로 두려워할 필요도 없었다. 왜냐하면 하나님이 그들을 위해 싸우셨기 때문이다.

6눈의 아들 여호수아가 제사장들을 불러 그들에게 이르되 너희는 언약궤를 메고 제
사장 일곱은 양각 나팔 일곱을 잡고 여호와의 궤 앞에서 나아가라 하고 7또 백성에
게 이르되 나아가서 그 성을 돌되 무장한 자들이 여호와의 궤 앞에서 나아갈지니
라 하니라 8여호수아가 백성에게 이르기를 마치매 제사장 일곱은 양각 나팔 일곱을
잡고 여호와 앞에서 나아가며 나팔을 불고 여호와의 언약궤는 그 뒤를 따르며 9그
무장한 자들은 나팔 부는 제사장들 앞에서 행진하며 후군은 궤 뒤를 따르고 제사
장들은 나팔을 불며 행진하더라 10여호수아가 백성에게 명령하여 이르되 너희는 외
치지 말며 너희 음성을 들리게 하지 말며 너희 입에서 아무 말도 내지 말라 그리하
다가 내가 너희에게 명령하여 외치라 하는 날에 외칠지니라 하고 11여호와의 궤가
그 성을 한 번 돌게 하고 그들이 진영으로 들어와서 진영에서 자니라 12또 여호수아
가 아침에 일찍이 일어나니 제사장들이 여호와의 궤를 메고 13제사장 일곱은 양각
나팔 일곱을 잡고 여호와의 궤 앞에서 계속 행진하며 나팔을 불고 무장한 자들은
그 앞에 행진하며 후군은 여호와의 궤 뒤를 따르고 제사장들은 나팔을 불며 행진
하니라 14그 둘째 날에도 그 성을 한 번 돌고 진영으로 돌아오니라 엿새 동안을 이
같이 행하니라 15일곱째 날 새벽에 그들이 일찍이 일어나서 전과 같은 방식으로 그
성을 일곱 번 도니 그 성을 일곱 번 돌기는 그 날뿐이었더라 16일곱 번째에 제사장
들이 나팔을 불 때에 여호수아가 백성에게 이르되 외치라 여호와께서 너희에게 이
성을 주셨느니라

여기에서 우리는 이스라엘이 여리고에 대하여 벌인 굉장한 퍼레이드 행렬(行列)의 이야기를 보게 된다. 이 명령은 여호수아가 하나님께로부터 받아 백성에게 내린 것이며 백성들은 이러한 명령을 정확하게 준수했다. 여기에서 여호수아가 백성들에게 하나님께서 자신에게 주셨던 분명한 확증 즉 하나님이 여리고를 자신들의 손에 넘겨주셨다는 확증을 주었는지 여부는 나타나지 않는다. 여호수아는 백성들이 '잘 될 것이라는 일반적인 믿음'으로 명령에 순종하는지 여부를 시험했다. 그리고 우리는 여기에서 백성들이 하나님과 여호수아에 대하여 온전히 순종했음을 보게 된다.

I. 법궤가 가는 대로 백성들은 따라 갔다(9절). 무장한 자들이 길을 열기 위해 법궤 앞에 서서 갔다. 이들이 전사(戰士)들이기는 했지만 자신들이 하나님의 법궤의 전위대(前衛隊)가 되는 것을 수치스럽게 생각하지 않았다. 도중에

어떤 장애물을 만나게 된다면 이들이 제거하게 될 것이고, 또 적들에 의해 어떤 저항 행위가 행해진다면 이들이 물리치게 될 것이다. 그럼으로써 법궤를 멘 제사장들의 행진이 용이하고 안전하게 이루어질 수 있을 것이다. 법궤에 대해 좋은 직무를 맡고 자기 나라의 종교적 유익을 위해 봉사하는 것은 대단히 영예로운 일이다. 또 후군이 법궤의 뒤를 따랐는데, 이들은 다른 무장부대이든지 혹은 광야를 지날 동안 제일 뒤에서 행군했던 단 지파든지 아니면 어떤 이들이 생각하는 것처럼 전쟁의 훈련을 받지 않은 비무장의 백성들을 가리키는 것일 것이다. 이들이 뒤에서 법궤를 따른 것은 법궤에 대한 존경심을 표현하고, 그 장엄한 의식을 빛내며 하나님께서 하시는 일의 증인이 되고자 함이었다. 신실하고 열심 있는 모든 이스라엘 백성들은 이와 동일한 수고를 기꺼이 감당하고자 할 것이며, 법궤를 멘 제사장들과 함께 동일한 모험에 동참하려고 할 것이다.

Ⅱ. 일곱 명의 제사장이 나팔을 손에 잡고 계속 불면서 법궤 바로 앞에 서서 갔다(4, 5, 9, 13절). 이러한 일곱 명의 제사장들은 하나님의 사역자들이었다. 이들은 하나님의 이름으로,

1. 가나안과 전쟁을 선포하고 그들에게 공포심을 안겨 주었다. 이러한 공포심으로 그들은 무너지고 정복될 것이다. 이와 같이 하나님의 사역자들은 인간의 모든 불경건과 불의에 대한 하나님의 진노를 선포하면서 시온에서 나팔을 불고 거룩한 산에서 경고를 발하여야 한다. 그럼으로써 죄인들이 듣고 두려워하게 될 것이다. 그들은 죄 가운데 행하고 있으면서도 스스로 평안이 있을 줄 여기는 모든 자들에게 전쟁을 선포하는 하나님의 사자(使者)들이다.

2. 하나님께서 이스라엘과 함께 하시며 그들에게 생명과 용기를 주셨음을 선포하였다. 이스라엘이 전쟁에 나갈 때 제사장들은 하나님께서 그들과 함께 하심을 확증함으로써 그들을 격려하도록 되어 있었다(신 20:2-4). 특별히 제사장이 나팔을 부는 것은 백성들에게 그들이 전쟁의 날에 그들의 하나님 여호와 앞에 잊어버린 바 되지 않았음을 보여주는 표지였다(민 10:9). 아비야도 이와 같은 방식으로 격려 받고 용기를 얻었다(대하 13:12). 이와 같이 하나님의 사역자들은 자유와 승리를 선포하는 희년(禧年)의 영원한 복음의 나팔을 붊으로써 예수 그리스도의 선한 군사들을 영적 전쟁에서 격려해야 한다.

Ⅲ. 그들이 사용한 나팔은 통상적으로 봉사할 때 사용하던 은(銀) 나팔이 아

니라 속을 파서 만든 양각(羊角) 나팔이었다. 이러한 양각 나팔은 저급한 재료로 만들어졌고, 소리도 분명치 않으며, 모양도 보잘것없는 것이었다. 그러나 탁월한 능력은 그런 외적인 것으로 말미암는 것이 아니라 하나님 자신으로부터 말미암는 것이다. 이와 같이 전도의 미련한 것을 통하여 마귀의 나라가 무너진다. 우리의 싸우는 무기는 어떤 견고한 진도 무너뜨리는 하나님의 능력이다(고후 10:4, 5). 여기에 사용된 단어는 '요벨의 나팔'인데, 이것은 제사장들이 희년과 동시에 부는 데 사용했던 나팔이었다. 많은 해석가들은 이것이 지금 이스라엘에게 부여되는 완전한 자유를 나타내는 것으로 해석한다. 지금 가나안이 그들의 손에 넘겨지고 있는 것이다.

Ⅳ. 모든 백성들에게 아무 말도 하지 말고 잠잠하라는 명령이 하달되었다(10절). 이렇게 함으로써 그들은, 지금 그들 가운데 계시는 하나님의 음성으로 간주되는 거룩한 나팔소리에 좀 더 주의를 기울이고 따를 수 있었다. 하나님께서 말씀하고 계실 때 우리는 잠잠해야 한다. 그것은 또한 이제 벌어질 일에 대한 경건한 기대를 암시한다. 모든 육체여 여호와 앞에서 잠잠할 것이니라(슥 2:13). 여호와께서 너희를 위하여 싸우시리니 너희는 가만히 있을지니라(출 14:14).

Ⅴ. 그들은 이 일을 6일 동안은 매일 한 번씩 그리고 일곱째 날에는 일곱 번 해야 했고, 실제로 그렇게 했다(14, 15절). 하나님은 첫 바퀴를 돌 때 여리고 성벽이 무너지게 하실 수 있으셨다. 그러나 이스라엘은 성벽이 무너지기까지 열세 바퀴를 돌아야만 했다. 그들에게 요구되었던 것은 하나님께 대하여 오래 참음으로 기다리는 것이었다. 이스라엘이 이제 막 가나안에 들어왔고 또 시간이 매우 아쉬운 상황이었다 할지라도(왜냐하면 그들 앞에 엄청난 분량의 일이 놓여 있었기 때문에), 그들은 여리고 주변에서 — 겉으로 보기에 아무 일도 하지 않으면서 또 그들의 일에 아무런 진전도 없는 채로 — 여러 날을 머물러야 했다. 가나안을 주시겠다는 약속은 하나님의 방식으로 이루어질 것이었고 이스라엘은 그렇게 기대해야 했다. 그러므로 그들은 하나님의 때를 기다려야 했다. 믿는 자는 결코 서두르지 않는 법이다. 희망의 징조가 나타나기까지 일곱 번을 다시 가라(왕상 18:43).

Ⅵ. 칠 일 중에 하루는 분명히 안식일이었을 것이다. 유대인들은 그것이 마지막 날이었다고 말하지만, 확실한 것은 아니다. 그러나 만일 안식일에 쉴 것을 명령하신 분이 이 날엔 걷도록 명령하셨다면, 그들이 이와 같이 하는 것은

충분히 정당화될 것이다. 하나님은 자신의 율법에 의해 결코 구속되지 않으신다. 하나님은 당신이 기뻐하실 때 그것을 면제하실 수 있다. 요한복음 5장에 나오는 38년된 병자는 이와 같은 원리 위에서 자리를 들고 걸어갔던 것이다. 그는 이렇게 주장한다. "나를 낫게 한 (그래서 신적 능력을 가진) 그가 자리를 들고 걸어가라 하더라"(요 5:11). 여기에 안식일의 영예와 존귀함이 나타나는 사실을 주목할 필요가 있다. 이 일에 꼭 7일이 소요되었으며, 일곱 명의 제사장들에게 나팔 부는 일이 맡겨졌다. 여기에서 일곱이란 숫자는 6일 간의 창조와 일곱째 날의 안식을 생각나게 해준다. 아울러 안식일의 율법은 우리로 하여금 세속적인 일을 금지한다. 그러나 여기에서 이스라엘 백성들이 행한 것은 종교적인 행동이었다. 안식의 일을 하는 것은 명백히 안식일의 율법을 위반하는 것이 아니다. 법궤를 뒤따르는 것보다 더한 안식의 일이 무엇이겠는가?

Ⅶ. 그들은 6일 동안 이와 같이 했고, 일곱째 날에는 일곱 바퀴를 돌았다. 비록 그들이 즉시 어떤 효과가 발생하는 것은 보지 못했지만, "이 묵시는 정한 때가 있나니 그 종말이 속히 이르겠고 결코 거짓되지 아니하리라"(합 2:3)는 사실을 믿고 그렇게 했다. 만일 우리가 주어진 일을 행하는 가운데 인내하면, 결국 그것으로부터 잃는 것은 아무것도 없게 될 것이다. 이스라엘이 성벽을 도는 중에 적들의 화살이 날아올 만한 거리나 혹은 그들이 비웃는 소리를 들을 만한 거리를 지날 때도 있었을 것이다. 우리는 포위된 여리고 사람들이 이 일의 기괴함으로 인해 처음에는 매우 당혹스럽게 여겼을 것이라고 상상할 수 있다. 그러나 일곱째 날 그들은 이스라엘의 행동으로부터 아무런 위해(危害)도 느끼지 않게 되었고 스스로 안전감에 도취되었을 것이다. 아마도 그들은 느헤미야 4:2에 언급된 자들처럼 조롱을 했을 것이다: "이 미약한 유다 사람들이 하는 일이 무엇인가?" 이들이 우리가 그토록 두려워하던 백성들이란 말인가? 그들이 공격하는 방법이 바로 이것인가? 그리하여 그들은 평안과 안전을 소리 높이 외치게 되었다. 이로써 그들에게 멸망이 가일층 두려운 것으로 다가오게 되었다. 홀 주교(bishop Hall)는 "하나님께서 심판을 준비하고 계실 때 악인들은 하나님을 희롱하고 가볍게 여긴다"고 말한다. 그러나 그들이 잘못을 깨닫게 될 때는 이미 너무 늦은 것이다.

Ⅷ. 마침내 그들은 함성을 지르라는 명령을 받았고, 그렇게 했으며, 그 순간 성벽이 무너졌다(16절). 이것은 정복을 위한 함성이었으며, 또한 승리의 함성

이었다: 왕을 부르는 소리가 그 중에 있도다(민 23:21). 그리고 이것은 믿음의 함성이었다. 그들은 여리고 성벽이 무너질 것을 믿었으며, 이 믿음으로 성벽은 무너져 내렸다. 또 그것은 기도의 함성이었으며, 하나님이 그들을 기억하실 것이라는 약속을 선포하는 나팔소리에 대한 메아리였다. 그들은 마치 한 사람처럼 하나의 일치된 함성으로 하늘을 향해 도우심을 부르짖었다. 그러자 하늘의 도우심이 임했다. 어떤 이들은 여기에 다음과 같은 사실이 암시되어 있음을 발견한다: "우리는 우리 자신의 부패성에 대하여 마지막 날까지 결코 완전한 승리를 기대해서는 안 된다." 그 날, 즉 우리의 온전함의 충만한 분량이 채워질 때 비로소 우리는 우리의 부패성에 대해 승리의 함성을 외치게 될 것이다. 선한 마음을 가진 사람은 자신의 연약함으로 인해 신음하면서, 그것에서 벗어나기 위해 기도하며 노력한다. 그러나 모든 것이 종말에 이를 때, 즉 일곱째 날이 끝날 때까지는 그렇게 되지 않는다. 그리고 마지막 때, 즉 우리 주께서 함성과 나팔소리와 함께 하늘로부터 강림하실 때 사탄의 나라는 완전히 파멸될 것이다. 그러나 그 때까지는 모든 대적하는 통치와 권세와 능력이 효과적으로 그리고 영원히 제압되지는 않을 것이다.

17이 성과 그 가운데에 있는 모든 것은 여호와께 온전히 바치되 기생 라합과 그 집
에 동거하는 자는 모두 살려 주라 이는 우리가 보낸 사자들을 그가 숨겨 주었음이
니라 18너희는 온전히 바치고 그 바친 것 중에서 어떤 것이든지 취하여 너희가 이스
라엘 진영으로 바치는 것이 되게 하여 고통을 당하게 되지 아니하도록 오직 너희
는 그 바친 물건에 손대지 말라 19은금과 동철 기구들은 다 여호와께 구별될 것이니
그것을 여호와의 곳간에 들일지니라 하니라 20이에 백성은 외치고 제사장들은 나팔
을 불매 백성이 나팔 소리를 들을 때에 크게 소리 질러 외치니 성벽이 무너져 내린
지라 백성이 각기 앞으로 나아가 그 성에 들어가서 그 성을 점령하고 21그 성 안에
있는 모든 것을 온전히 바치되 남녀 노소와 소와 양과 나귀를 칼날로 멸하니라 22여
호수아가 그 땅을 정탐한 두 사람에게 이르되 그 기생의 집에 들어가서 너희가 그
여인에게 맹세한 대로 그와 그에게 속한 모든 것을 이끌어 내라 하매 23정탐한 젊은
이들이 들어가서 라합과 그의 부모와 그의 형제와 그에게 속한 모든 것을 이끌어
내고 또 그의 친족도 다 이끌어 내어 그들을 이스라엘의 진영 밖에 두고 24무리가
그 성과 그 가운데에 있는 모든 것을 불로 사르고 은금과 동철 기구는 여호와의 집

곳간에 두었더라 [25]여호수아가 기생 라합과 그의 아버지의 가족과 그에게 속한 모
든 것을 살렸으므로 그가 오늘까지 이스라엘 중에 거주하였으니 이는 여호수아가
여리고를 정탐하려고 보낸 사자들을 숨겼음이었더라 [26]여호수아가 그 때에 맹세하
게 하여 이르되 누구든지 일어나서 이 여리고 성을 건축하는 자는 여호와 앞에서
저주를 받을 것이라 그 기초를 쌓을 때에 그의 맏아들을 잃을 것이요 그 문을 세울
때에 그의 막내아들을 잃으리라 하였더라 [27]여호와께서 여호수아와 함께 하시니 여
호수아의 소문이 그 온 땅에 퍼지니라

이스라엘 백성들은 여리고를 포위하는 것과 관련하여 받은 명령들을 충실하게 준수했다. 그리고 이제 마침내 여호수아가 말한다(16절): "여호와께서 너희에게 이 성을 주셨느니라 들어가 취하라." 여기에서 우리는 다음과 같은 내용을 보게 된다.

I. 이스라엘이 여리고를 취함에 있어 지켜야 할 규칙들. 하나님께서 이스라엘에게 여리고를 주셨다. 그러므로 하나님은 그것의 용도와 계획을 지정하실 수 있으며, 당신이 적합하게 여기시는 조건과 제한들을 두실 수 있다. 여리고는 하나님께 봉헌되기 위해 이스라엘에게 주어졌는데, 그것은 가나안의 성읍들 가운데 첫 번째 것이며 또한 아마도 최악의 것이었다.

1. 여리고는 불태워져야만 한다. 그리고 그 안에 있는 모든 생명들은 하나님의 공의에 따라 가차 없이 희생제물로 드려져야 한다. 이 모든 것이 17절 말씀에 나타난다. 여리고는 하나님께 '케렘' 즉 '봉헌된 것'이 될 것이다. 그 안에 있는 어떤 생명도 어떤 조건에 의해 속량될 수 없다. 그것들은 모두 죽임을 당해야 한다(레 27:29). 모든 생명을 부여하신 자가 죄인들에게 이와 같이 명령하고 계신 것이다. 이러한 하나님의 선고(宣告)에 대해 누가 논박할 수 있단 말인가? 이와 같이 명하시는 하나님이 불의한가? 하나님은 우리가 이와 같은 생각을 품는 것을 기뻐하지 않으신다! 가나안의 다른 성읍들에 비하여 특별히 여리고에 대해서 하나님은 더 많은 것을 원하셨다. 그러므로 여리고는 다른 성읍들에 비해 더 많은 것이 봉헌되어야 했던 것이다. 여리고에 대한 이와 같은 가혹한 행동으로 인해 나머지 성읍들은 더 큰 두려움에 떨게 되고 이스라엘 앞에 그 마음이 녹게 되었을 것이다. 오직 라합과 그의 친척들만 예외였다. "라합과 그 집에 동거하는 자는 모두 살려 주라." 라합은 이스라엘에 대하여 친절을 보임

으로써 다른 사람들과 구별되었다. 그러므로 그녀는 이스라엘이 베푸는 친절의 보답을 받게 될 것이다.

2. 여리고의 모든 보화와 돈과 그릇과 각종 값진 물건들은 성막 봉사에 쓰도록 성별되어야 했고, 그래서 봉헌물 곳간에 들여졌다. 이에 대하여 유대인들은 여리고가 안식일에 취하여졌기 때문이라고 말한다. 이와 같이 하나님은 당신의 성막을 아름답게 하고 풍부케 하심으로써 영광을 받으셨다. 이와 같은 것들은 성막 봉사를 위한 제반 경비로서 쓰일 것인데, 이스라엘 백성들은 이를 통해 세상의 재물에 마음을 두지 말고 자신을 위해 재물을 쌓아두지 말 것을 교훈 받았다. 하나님은 이스라엘에게 젖과 꿀이 흐르는 땅을 약속했지, 은과 금으로 가득한 땅을 약속한 것은 아니었다. 하나님은 이스라엘 백성들이 그 땅에서 즐거이 당신을 섬기며 평안 가운데 거하도록 하셨지, 멀리 떨어진 나라들과 장사를 하며 훗날을 위해 재물을 쌓아두는 따위의 탐욕을 좇아 살도록 하지 않으셨다. 하나님은 그들이, 하나님의 성막이 부요케 되는 것을 자신의 부요로 여기기를 원하셨다. 또한 그들로 하여금, 하나님의 집에 쌓여지는 것이 마치 자신의 집에 쌓여지는 것처럼 자신들의 영예와 부로 여기도록 바라셨다.

3. 이스라엘 백성들에게는 탈취물에 손대지 말라는 특별한 주의가 하달되었다. 만일 그들이 하나님께 드려진 것을 자기가 사용하기 위해 착복하려고 한다면, 그것이 오히려 그들에게 저주가 될 것이다. 그러므로 18절에서 이렇게 말씀한다: **오직 너희는 그 바친 물건에 손대지 말라.** 너희는 그것에 마음이 기울어지는 자신을 발견하게 될 것이다. 그러나 스스로 자신을 돌아보아 그와 같은 일에 끌려들어가지 않도록 조심하라. 여호수아는 마치 아간의 죄를 예견(豫見)하고 있는 것처럼 말한다. 우리는 이에 대한 이야기를 다음 장에서 보게 되는데, 여호수아는 주의해야 할 이유를 제시하면서 "너희가 이스라엘 진으로 저주와 고통이 되지 않도록"이라고 말한다. 이 말은 아간으로 인해 그대로 입증되었다.

Ⅱ. 여리고 성벽, 혹은 최소한 그들이 외친 지점의 성벽이 갑자기 무너짐으로 인해 성읍 안으로 들어갈 입구가 열렸다(20절). 성벽이 무너져 내린지라. 이 일로 많은 사람들, 예컨대 파수대 위에 서 있던 수비대 병사들이나, 성벽을 돌고 있었던 이스라엘 백성들을 구경하기 위해 모여 있던 무리들이 죽임을 당했을 것으로 보인다. 우리는 열왕기상 20:30에서 성벽이 무너짐으로써 수천 명이 죽임을 당한 이야기를 볼 수 있다. 안전한 요새라고 믿었던 것이 멸망의 자리가

된 것이다. 갑작스럽게 성벽이 무너짐으로 인해 여리고의 거민들은 극도로 황망(慌忙)하여 저항할 힘도 정신도 없었다. 그들은 이스라엘의 칼의 먹이가 되었으며, 여호와께서 선두에 서서 가시는(미 2:13) 백성들에 대항하여 성문을 닫는 것이 얼마나 부질없는 일인가 하는 것을 알게 되었다.

하늘의 하나님은 자신과 교회의 원수들의 모든 대적하는 권세를 쉽게 무너뜨릴 수 있고 또 분명히 그렇게 하실 것이다. 놋으로 만든 성문과 쇠로 만든 문빗장조차도 그들 앞에는 고작해야 갈대와 썩은 나무에 불과하다(사 45:1, 2). 누가 나를 이끌어 견고한 성에 들이겠나이까? 오 하나님 주가 아니시리이까?(시 60:9, 10). 이와 같이 사탄의 나라는 무너질 것이며, 또한 하나님을 향하여 마음을 완악하게 하는 자는 번성하지 못할 것이다.

Ⅲ. 여리고와 관련해 주어진 명령의 집행.

1. 숨쉬는 모든 것이 칼 아래 놓여졌다. 무장한 남자들뿐만 아니라 여자와 아이들과 노인들까지 포함되었다. 비록 그들이 자비를 애원하고 간절하게 생명을 구걸한다 할지라도, 동정의 여지는 없었다. 동정심은 잊혀져야 했다. 이스라엘은 모든 것을 완전하게 멸하였다(21절). 만일 이스라엘에게 하나님의 명령이 없었다면 이러한 일은 정당화될 수 없었을 것이다. 오늘날 이와 같은 일이 있다면 그것은 결코 정당화될 수 없다. 왜냐하면 오늘날 이와 같은 하나님의 명령은 결코 발하여지지 않기 때문이다. 그러나 하늘과 땅의 의로우신 재판장께서 그렇게 할 것을 명령하셨을 때, 이스라엘은 하나님의 공의를 시행하는 충성된 사역자로서 마땅히 갈채를 받아야 한다. 그 때 하나님을 위한 일은 '피의 일'(bloody work)이었다. 여호와의 일을 게을리 하는 자는 저주를 받을 것이요 자기 칼을 금하여 피를 흘리지 아니하는 자도 저주를 받을 것이로다(렘 48:10).

그러나 복음의 정신은 전혀 다르다. 왜냐하면 그리스도께서 오신 것은 생명을 멸하기 위함이 아니라 구원하기 위함이었기 때문이다(눅 9:56). 그리스도의 승리는 또 다른 성격의 것이었다. 동물들은 하나님의 공의에 대한 부가적인 희생으로서 주인과 함께 죽음에 처하여졌다. 이스라엘 백성의 짐승들은 제단에서 죽임을 당할 때 주인들을 '위한' 희생제물로 받아들여졌다. 그러나 지금 가나안의 짐승들은 주인들과 '함께' 죽음에 처하여져야 했다. 왜냐하면 가나안 족속들의 죄는 제사와 제물로 깨끗하게 되지 못하기 때문이었다. 이스라엘과 가나안 두 경우 모두 하나님의 영광을 위한 것이었다.

2. 여리고와 그 안에 있던 모든 것들이 불로 태워졌다(24절). 이스라엘 백성들이 여리고라는 크고 잘 지어진 성읍을 취하였을 때, 아마도 그들은 그 성읍을 자신들을 위한 본부로 삼고 싶었을는지 모른다. 그러나 하나님은 여전히 이스라엘이 장막에 거하는 것을 원하셨다. 그러므로 하나님은 이와 같은 보금자리를 불태워 버리신다. 그렇게 하심으로써 이스라엘로 하여금 그 안에 안주하지 못하게 하신 것이다.

3. 모든 은과 금 그리고 각종 그릇들이 불로 정화되어 하나님의 집의 곳간에 들여졌다. 하나님이 그것들을 필요로 해서가 아니라 그것들로 인해 영광을 받으시기 위함이었다. 만군의 여호와 특별히 '이스라엘 군대의 주' 로서 하나님은 그들에게 승리를 주셨고, 따라서 전체로든지 혹은 십분의 일이든지 그들로부터 전리품을 요구할 수 있으셨다(히 7:4).

Ⅳ. 기생 라합은 보호를 받았다. 라합은 믿지 않는 자들과 함께 멸망당하지 않았다(히 11:31). 그녀를 안전케 한 것은 두 정탐꾼 앞에서의 공적인 믿음(public faith, 혹은 '공개적인 믿음') 때문이었는데, 그 때 정탐꾼들은 공적인 사람(public persons)으로서 활동하고 있었다. 그러므로 여리고를 취하는 일이 대단히 급박하고 분주한 일이었음이 분명하지만, 여호수아는 라합을 보호하는 일에 특별한 배려를 아끼지 않았다. 라합이 지켜주었던 바로 그 사람들이 그녀를 지키는 일에 쓰임 받았다(22, 23절). 그들이야말로 그 일에 가장 적합한 사람들이었다. 왜냐하면 그들이 라합의 집을 가장 잘 알고 있었기 때문이었다. 라합이 이렇게 구별되어 생명을 보호받을 수 있었던 것은 그들에 대한 친절 때문이었다. 그리고 그녀의 모든 친척들이 그녀와 함께 구원을 받았다. 마치 노아와 같이, 라합은 자기 집까지 구원하는 믿음을 가졌다. 이와 같이 그리스도 안에 있는 믿음은 그 집에 이르기까지 구원을 가져다준다(행 16:31, 너와 네 '집' 이 구원을 얻으리라). 어떤 이들은, 성벽이 무너질 때 어떻게 성벽 위에 있었던(2:15) 라합의 집이 안전할 수 있었을까 하는 의문을 갖는다. 우리는 라합의 집이 무너지지 않았다고 확신한다. 왜냐하면 라합과 친척들이 그 안에서 안전했기 때문이다. 라합의 집이 성벽 '위' 라고 표현될 만큼 성벽에 인접해 있었든지, 혹은 성벽과 함께 무너지지 않을 만큼 떨어져 있었든지, 아니면 그녀의 집이 위치해 있었던 지점의 성벽은 무너지지 않고 무사했든지 했을 것이다. 멸망을 당하지 않고 생명을 보호받은 연후,

1. 라합은 이방의 미신적 행습으로부터 정화되기 위해 얼마 동안 진 밖에 머물러 있어야 했다. 이것은 라합이 이방 종교와 단절하고, 개종자로서 받아들여지기 위한 준비과정이었다.

2. 라합은 얼마 후 이스라엘 교회의 일원이 되었고, 그녀와 그녀의 자손들은 이스라엘에 거하게 되었다. 그리고 그녀의 가문은 놀랍도록 오래 이어진다. 우리는 마태복음 1:5에서 라합의 이름을 발견하는데, 거기에서 유다의 후손인 살몬의 아내로서 그리고 보아스의 어머니로서 언급된다. 또한 라합의 이름은 우리 구주 예수 그리스도의 조상들의 명단 가운데 거명된다. 이스라엘 백성의 이름으로 이스라엘 백성이 된 라합은 이스라엘 백성의 상급을 받았다. 피어슨 주교는 여호수아가 기생(harlot) 라합을 구원하여 이스라엘의 일원으로 받아들인 것을 그리스도께서 세리와 창녀(harlot)를 자신의 나라로 받아들인 것과 비교한다(마 21:31). 또한 우리는 이것을 이방인들의 개종과 비교할 수 있다.

V. 여리고는 영원한 폐허가 될 것이란 선고를 받는다. 그리고 이후로 어느 때든지 이 성읍을 재건하고자 꾀하는 자에게 저주가 선언된다(26절). 여호수아는 이스라엘의 장로들과 백성들에게 그들 자신이나 후손들이 결코 이 성읍을 재건해서는 안 된다는 엄명을 내렸는데, 이것은 그들의 동의에 의해서 뿐만 아니라 하나님의 명령에 의한 것이었다. 하나님 자신이 이 일을 금하시면서 여기에 엄중한 형벌을 부가하셨다.

1. 하나님은 여기에서 신적 저주(神的 詛呪)의 엄중함을 보여주셨다. 하나님의 저주가 임하는 곳에는 논쟁도 소용없고 피할 수도 없다. 오직 멸망만이 있을 뿐이다.

2. 하나님은 폐허 가운데 '가나안 족속들에 대한 진노' 와 '자기 백성들에 대한 자비' 의 기념비를 남기고자 하셨다. 가나안 족속들의 죄의 분량은 채워졌으며, 자기 백성들이 그 땅에 정착할 때가 찼다. 적들의 폐허는 이스라엘에 대한 하나님의 호의를 증거하는 증인이었다. 그리고 그것은 이스라엘에게 그토록 큰 일을 행하신 하나님께 대해 감사할 줄 모르는 것을 책망하는 것이었다.

여리고는 대단히 살기 좋은 곳이었다. 특별히 요단 강에 가까이 위치한 것은 그 성읍의 큰 이점이었을 것이다. 이러한 사실은 바로 그 자리에 성읍을 건설하고자 하는 유혹을 불러일으킬 수 있었다. 그러나 지금 이스라엘 백성들은 그것이 얼마나 위험한 일인가 하는 것에 대해 경고 받고 있다. 사람들은 후손을 위해 성읍을 건설한다. 그러나 여리고를 세우는 자는 자신이 세운 것을 향유할 후손을 갖지 못한다. 그의 맏아들은 그 일이 시작될 때 죽을 것이다. 만일 그가 맏아들이 죽는 경고를 받고도 중지하지 않고 계속한다면, 일이 다 끝나기 전에 막내아들이 죽을 것이다. 우리는 이것이 맏아들과 막내아들 사이에 있는 모든 아이들이 끊어지는 것을 의미하는 것으로 받아들여야 한다.

이러한 저주는 '근거 없는' (합당치 않은) 저주가 아니므로 먼 훗날 여리고를 재건한 자에게 그대로 임했다(왕상 16:34). 그러나 우리는 그 저주가 그 성읍이 건설될 때 그 장소를 더 나쁘게 만들었다거나, 혹은 그 곳에 거주하는 사람들에게 어떤 재앙을 끼쳤다고 생각해서는 안 된다(참조. 본서 p. 237-역주). 우리는 나중에 여리고가 위대한 두 선지자 엘리야와 엘리사뿐 아니라 우리 주님의 방문으로 빛나는 사실을 보게 된다(눅 18:35; 19:1; 마 20:29). 하나님께서 허물어뜨려야만 하셨던 것을 세우려고 시도하는 것은 위험한 일임을 기억하라. 말라기 1:4을 보라: 에돔은 말하기를 우리가 무너뜨림을 당하였으나 황폐된 곳을 다시 쌓으리라 하거니와 나 만군의 여호와는 이르노라 그들은 쌓을지라도 나는 헐리라.

VI. 이 모든 것으로 인해 여호수아가 존귀케 되었고 그의 명성이 높아졌다(27절). 이로 인해 여호수아는 이스라엘에 대하여는 위대한 지도자가 되고, 가나안에 대하여는 두려운 존재가 되었다. 그것은 진리의 하나님이 그와 함께 하심이 분명하게 드러났기 때문이었다. 모세와 함께했던 여호와의 말씀이 여호수아와 함께 있었다. 하나님이 함께하시는 증거를 갖는 것보다 더 사람의 명성을 높이고 참으로 위대하게 보이게 하는 것이 무엇이 있겠는가?

제 — 7 — 장

개요

이스라엘은 가장 행복한 상태에 있을 때, 그리고 가장 희망적인 상황 속에서 그만 죄 문제로 인해 혼란에 빠져 버리고, 잘 진행되던 일에 제동이 걸리고 마는 경우가 종종 있었다. 금송아지 사건, 가데스바네아에서의 불신앙, 그리고 브올의 죄 등은 그들의 계획을 망가뜨려 버리고 엄청난 혼란을 가져다주었다. 우리는 본 장에서 죄로 인하여 정복전쟁에 제동이 걸리고 마는 또 하나의 실례를 보게 된다. 그러나 이것은 단지 한 사람 혹은 한 가족의 죄에 불과하고 또 즉시로 속죄되었기 때문에, 위에 열거한 다른 죄들에 비해서 결과가 상대적으로 덜 심각했다. 반면 이 사건으로 인해 이스라엘 백성들은 선한 행실의 중요성을 깨닫게 되었다. 본 장에는 다음과 같은 내용이 담겨 있다. I. 온전히 바쳐진 물건을 횡령한 아간의 죄(1절). II. 그 결과 이스라엘이 아이에게 패함(2-5절). III. 여호수아의 애통과 기도(6-9절). IV. 하나님께서 그러한 죄책을 제거하기 위해 주신 지시(10-15절). V. 범인 색출, 재판, 유죄판결, 사형선고, 그리고 집행, 이로 인해 하나님의 진노가 그침(16-26절). 이 사건을 통해 우리는 율법(가나안 그 자체)은 아무것도 온전케 하지 못한다는 사실과 함께 하나님의 백성들에게 온전한 거룩과 평화는 오직 하늘의 가나안에서 이루어질 것이란 사실을 발견하게 된다.

1이스라엘 자손들이 온전히 바친 물건으로 말미암아 범죄하였으니 이는 유다 지파
세라의 증손 삽디의 손자 갈미의 아들 아간이 온전히 바친 물건을 가졌음이라 여
호와께서 이스라엘 자손들에게 진노하시니라 2여호수아가 여리고에서 사람을 벧
엘 동쪽 벧아웬 곁에 있는 아이로 보내며 그들에게 말하여 이르되 올라가서 그 땅
을 정탐하라 하매 그 사람들이 올라가서 아이를 정탐하고 3여호수아에게로 돌아와
그에게 이르되 백성을 다 올라가게 하지 말고 이삼천 명만 올라가서 아이를 치게
하소서 그들은 소수이니 모든 백성을 그리로 보내어 수고롭게 하지 마소서 하므로
4백성 중 삼천 명쯤 그리로 올라갔다가 아이 사람 앞에서 도망하니 5아이 사람이 그
들을 삼십육 명쯤 쳐죽이고 성문 앞에서부터 스바림까지 쫓아가 내려가는 비탈에

서 쳤으므로 백성의 마음이 녹아 물 같이 된지라

본 장의 이야기는 '그러나'로 시작된다(한글성경에는 생략되어 있음—역주). 하나님은 여호수아와 함께 하셨고, 그의 명성은 앞 장 끝에 언급된 것처럼 온 나라에 떨쳐졌다. 그러므로 여호수아가 자신이 시작한 정복사역을 계속 진행시켜 나갈 것이란 점에는 어떤 의심의 여지도 없었다. 여호수아는 자신의 일을 올바르게 수행했으며, 모든 일에 있어 하나님의 명령을 충실하게 준수했다. 그러나 이스라엘의 자녀들이 범죄를 저질렀으며, 이 일로 인해 하나님과의 충돌이 야기되었다. 그럼으로써 여호수아의 이름과 명성과 지혜와 용기조차도 아무 소용이 없게 되었다. 만일 우리가 하나님을 잃는다면 친구들도 또한 잃게 될 것이다. 하나님이 우리를 위하지 않으실 때, 친구들도 우리를 도울 수 없게 될 것이다. 다음을 주목하라.

Ⅰ. 아간이 죄를 범하다(1절). 여기에는 아간의 죄에 대한 일반적인 언급만이 나와 있다. 나중에 우리는 그의 입으로부터 좀 더 상세한 설명을 듣게 될 것이다. 여기에서 아간의 죄는 '온전히 바친 물건'을 취한 것으로 언급된다. 이것은 명령에 대한 불순종이며, 6장 18절의 경고(너희는 온전히 바치고 그 바친 것 중에서 어떤 것이든지 취하여 너희가 이스라엘 진영으로 바치는 것이 되게 하여 고통을 당하게 되지 아니하도록 오직 너희는 그 바친 물건에 손대지 말라)에 대한 도전이었다. 여리고를 정복할 때, 이스라엘은 어떤 생명도 아끼지 말며, 어떤 재물로 취하지 말라는 명령을 받았다. 전자(前者)의 명령은 지켜진 것으로 보이지만, 후자(後者)의 경우는 그렇지 못했다. 율법에 따라 동점심은 내려놓았지만, 탐욕은 그렇게 하지 못하고 도리어 거기에 빠지고 말았다. 세상을 사랑하는 것은 다른 어떤 것보다도 뿌리뽑기 힘든 쓴 뿌리다. 그러나 여기에서는 모든 이스라엘 백성 가운데 오직 아간만이 이 문제에 걸려 넘어진 것으로 나타난다. 만일 또 다른 죄가 있었다면, 여기에서 그것이 분명하게 언급되었을 것이다. 또 다른 죄가 없었다는 것이 오히려 이상할 정도다. 그 유혹은 강렬한 것이었다. '그토록 많은 귀중품들이 불태워지고 마는 것은 얼마나 안타까운 일인가? 도대체 무슨 목적으로 이렇게 허비한단 말인가?' 라고 생각하는 것은 아주 쉬운 일이었다. 도시를 약탈할 때 대부분의 사람들은 자신들이 손을 댈 수 있는 권리가 있다고 여긴다. 서로가 비밀을 지켜줌으로써 피차 처벌받지 않도록 약속하는 것은 얼

마나 쉬운 일인가? 그러나 할례나 유월절 같은 하나님의 규례와 섭리로 인해, 이스라엘 백성들은 하나님에 대하여 그리고 그분의 심판에 대하여 두려운 마음을 갖게 되고, 하나님께 대한 순종 가운데 스스로를 부인하는 마음을 갖게 되었다. 그러나 단 한 사람이 죄를 범했음에도 불구하고 이스라엘 자손들이 범죄했다고 언급된다. 이는 그 몸의 한 지체가 죄를 범했기 때문이다. 아간은 이스라엘로부터 분리된 것도 아니었으며 그들과 무관한 것도 아니었다. 이스라엘이 범죄했다. 다시 말해서, 아간이 범죄한 것으로 인해 죄책(罪責)이 전체 공동체에 생겨난 것이다. 이러한 사실은 우리로 하여금 죄에 대하여 더욱 주의할 것을 경고하는데, 즉 많은 사람들이 죄로 인하여 더럽혀지지 않도록(히 12:15), 또 죄인들과 교제하거나 결탁함으로써 그들의 죄책에 동참하지 않도록 주의할 것을 경고한다. 많은 상인들이 동업자로 인해 넘어지지 않았던가? 또한 그것은 죄를 막기 위해 피차 돌보며 감시할 것을 가르쳐 준다. 왜냐하면 다른 사람들의 죄가 우리에게 피해를 끼칠 수 있기 때문이다.

Ⅱ. 이스라엘 진(陣) 전체가 이 일로 고통을 당한다. 하나님의 진노가 이스라엘을 향하여 불붙었다. 이스라엘은 보지 못했을지라도 하나님은 그 죄를 보셨고, 백성들로 하여금 그것을 알도록 이끄셨다. 이렇게든 혹은 저렇게든 금방이든 혹은 오랜 후든, 감추어졌던 죄는 반드시 빛 가운데 드러나게 될 것이다. 사람들이 죄를 묻지 않는다면 하나님께서 물으실 것이다. 그리고 그와 함께 모든 죄가 드러나게 될 것이다. 어떤 사람이나 공동체가 죄와 진노 아래 있으면서도 불이 붙어서야 비로소 그것을 깨닫게 되는 때가 얼마나 많은가? 여기에서는 그것이 바로 드러났다.

1. 여호수아는 다음 성읍 '아이'를 공격하기 위해 먼저 정탐꾼들을 보냈다. 정탐꾼들이 여호수아에게 보고하기를 그 성읍은 보잘것없어서 함락시키기 위해 큰 군대가 필요치 않다고 하였고, 그래서 여호수아는 단지 3,000명의 군대만을 보냈다(2, 3절). 그토록 적은 무리를 원정대로 보낸 것은 아마도 어설픈 확신으로 말미암은 행동이었을 것이다. 백성들은 편안함만을 추구하는 방종에 빠진 것 같다. 왜냐하면 정탐꾼들이 백성들에게 '아이'를 정복하는 수고를 끼치고자 하지 않았기 때문이다. 백성들은 아이 원정에 대체로 소극적이었던 것 같은데, 어쩌면 그것은 여리고를 약탈하지 못하도록 한 것으로 인한 것이었는지 모른다. 정탐꾼들은 이러한 백성들의 마음에 영합하고자 했다.

여리고를 취할 때 — 하나님께서 당신의 능력으로 성벽을 허무셨다 할지라도 — 백성들은 그 곳에 가서 성벽을 도는 수고를 감당해야만 했다. 하나님의 백성 이스라엘이 자기들의 수고를 지나치게 크게 여기고 고통을 줄일 방법을 궁리하기 시작하는 것은 좋은 징조가 아니다. 우리는 우리의 구원을 위해 일해야만 한다. 비록 우리 안에서 일하시는 분은 하나님이시지만 말이다. 이처럼 적을 지나치게 경시하는 것은 종종 나쁜 결과를 가져오게 된다. 정탐꾼들은 그들이 소수라고 말했다. 그러나 아무리 소수였다할지라도 자만에 빠진 이스라엘에 대하여는 매우 큰 숫자였다. 이것은 정사와 권세와 더불어 씨름하는 우리의 영적 전쟁에 있어 우리가 좀 더 주의를 기울이고 또 게으르지 않아야 할 것을 일깨워 준다.

2. 여호수아가 보낸 군대는 첫 공격에서 여지없이 격퇴를 당하고 말았다(4, 5절). 그들은 아이 사람들 앞에서 혼비백산하여 도망쳤고, 적들은 그들이 예상한 것 이상으로 용맹하게 추격해 왔다. 퇴각하는 중에 이스라엘은 36명의 군사를 잃었다. 숫자로 볼 때는 그다지 큰 손실은 아니었지만, 어떤 공격에서도 분명하고 확실하며 손쉬운 승리 외엔 어떤 생각도 해본 적이 없는 그들에겐 무서울 만큼 경악스러운 일이었다. 이러한 불명예 아래 떨어진 자가 3,000명이었다는 것은 그나마 다행스러운 일이었다. 만일 주력부대가 거기 있었다면 그들도 마찬가지였을 것이다. 왜냐하면 그들은 죄책(罪責)과 이로 인한 하나님의 진노 아래 있었기 때문이다. 그랬다면 소수가 당한 패배보다 훨씬 더 고통스럽고 불명예스러운 일이었을 것이다. 그렇지만 이 일은 그 자체로 너무나 좋지 않은 일이었다. (1) 이 일로 이스라엘 백성들을 겸손을 배우게 되었다. 하나님의 백성들은 승리로 즐거워할 때도 두렵고 떨림이 있어야 한다. 갑옷을 입는 자는 그것을 벗는 자처럼 자랑하지 말라. (2) 이 일로 가나안 사람들은 더욱 완악한 마음을 갖게 되었다. 그들은 직면하고 있는 두려움에도 불구하고 스스로 더욱 안전하게 되었다고 여겼고, 이로써 파멸이 이를 때 한층 더 두려운 것이 될 것이다. (3) 이 일은 하나님이 이스라엘을 기뻐하지 않으시는 것에 대한 증거가 되었으며 또 묵은 누룩을 버리라는 부르심이 되었다. 바로 이것이 이스라엘의 패배에 대한 가장 중요한 하나님의 뜻이었다.

3. 이스라엘 진영(陣營)은 이러한 혼비백산한 퇴각으로 말미암아 경악과 혼돈에 빠지고 말았다. 백성들의 마음이 녹아 버렸는데, 그것은 얼마의 인원 손실

때문만이 아니라 실망 때문이었다. 여호수아는 백성들에게 "살아계신 하나님이 어떤 실패도 없이 가나안 족속을 그들 앞에서 쫓아내실 것"이라고 확언했다(3:10). 그러한 약속과 이번 사건은 도대체 어떻게 조화될 수 있단 말인가? 이스라엘 가운데 생각할 줄 아는 사람이라면 누가 보든지 이것은 하나님께서 기뻐하지 않으신 결과이며 앞으로 일어날 더 나쁜 일의 징조임이 분명했다. 그러므로 그들이 경악한 것은 전혀 놀라운 일이 아니다. 만일 하나님이 원수들의 편이 되셔서 이스라엘을 대적하신다면, 도대체 무슨 일이 일어날 것인가? 참된 이스라엘 백성들은 하나님이 진노하실 때 두려워 떤다.

6여호수아가 옷을 찢고 이스라엘 장로들과 함께 여호와의 궤 앞에서 땅에 엎드려
머리에 티끌을 뒤집어쓰고 저물도록 있다가 7이르되 슬프도소이다 주 여호와여 어
찌하여 이 백성을 인도하여 요단을 건너게 하시고 우리를 아모리 사람의 손에 넘
겨 멸망시키려 하셨나이까 우리가 요단 저쪽을 만족하게 여겨 거주하였더면 좋을
뻔하였나이다 8주여 이스라엘이 그의 원수들 앞에서 돌아섰으니 내가 무슨 말을 하
오리이까 9가나안 사람과 이 땅의 모든 사람들이 듣고 우리를 둘러싸고 우리 이름
을 세상에서 끊으리니 주의 크신 이름을 위하여 어떻게 하시려 하나이까 하니

이 같은 슬픈 상황 속에서 여호수아는 깊은 근심에 빠진다. 여호수아는 공인(公人)으로서 이 같은 공적 손실에 대해 누구보다도 자신을 더 많이 연관시켰다. 여기에서 여호수아는 방백들과 권세자들의 본이 되고 있는데, 그들로 하여금 백성들이 겪는 불행에 더 많이 마음을 쓸 것을 가르친다. 여호수아는 또한 그리스도의 모형인데, 그분에게 있어 자기 종들의 피는 너무나 소중한 것이었다(시 72:14, 그들의 생명을 압박과 강포에서 구원하리니 그들의 피가 그의 눈 앞에서 존귀히 여김을 받으리로다). 다음을 주목하라.

I. 여호수아는 어떻게 슬퍼했나. 그는 옷을 찢었다(6절). 이것은 국가적 재앙에 대한 큰 슬픔의 표현이었으며, 또한 특별히 이것의 원인(原因)이 된 '하나님의 싫어하심'에 대한 두려움의 증표였다. 이것이 만일 전쟁에서 흔히 있는 통상적인 일에 불과했다면(우리는 너무나 자주 이렇게 말하는 경향이 있다), 한 장군을 이토록 실의에 빠지게 하지는 않았을 것이다. 그러나 하나님이 진노하셨을 때 이와 같이 느끼는 것은 장군으로서 마땅한 바요 명예로운 일이다. 이

땅에 태어난 가장 용맹한 군사 가운데 한 사람이 하나님께 대한 두려움으로 떨고 있었다(시 119:120). 하나님의 전능하신 손 아래 있는 한 사람의 겸손한 사람으로서, 여호수아는 얼굴을 땅에 떨어뜨렸다. 그는 위대하신 하나님 앞에 이렇게 낮아지는 것에 대해 스스로를 부끄럽게 여기지 않았다. 또 여호수아는 자기 눈을 여호와의 궤로 향하게 함으로써 하나님께 대한 경외의 증표를 나타냈다. 이스라엘의 장로들도 여호수아의 본을 따라 그와 함께 엎드려 깊은 슬픔의 증표로서 머리에 티끌을 뒤집어썼는데, 그들이 그렇게 한 것은 애곡자(哀哭者)로서 뿐만 아니라 참회자로서였다. 하나님이 이렇게 그들과 다투신 것은 어떤 죄 때문임을 의심하지 않은 채(비록 어떤 죄로 인한 것인지는 알지 못했다 하더라도), 그들은 하나님 앞에 엎드려 진노를 거두어 주실 것을 간청했다. 그들은 저물기까지 이런 상태로 있었는데, 이것은 순간적인 감정으로 이렇게 하는 것이 아니라, 만일 하나님께서 그들을 떠나신다면 그들이 얼마나 비참해지고 위험해질 것인가에 대한 깊은 자각으로 말미암은 것임을 나타내는 것이었다. 여호수아는 적의 강함과 관련하여 잘못된 정보를 제공한 정탐꾼들을 비난하지도 않았고, 또 원정대 병사들의 겁약(怯弱)함을 비난하지도 않았다. 비록 그들이 비난받을 만하기는 했지만, 여호수아의 눈은 하나님께로 향했다: '이스라엘 진에 처리되지 않은 어떤 악이 있지 않은가?' 여호수아의 눈은 '하나님의 불쾌하심'에 맞추어져 있었는데, 바로 이것이 그를 괴롭히는 것이었다.

Ⅱ. 여호수아는 어떻게 기도했나. 이것은 기도라기보다 차라리 변론에 가까웠다. 여호수아는 비천한 모습으로 하나님께 사정을 간언(諫言)하고 있는데, 이것은 하나님이 웃사와 충돌하셨을 때 다윗이 가졌던 시무룩한 모습과는 다른 것이었다. 여호수아의 정신은 지금 어느 정도 당황하고 안정을 잃은 것처럼 보이지만, 그러나 기도의 틀을 벗어날 정도는 아니었다. 그는 이렇게 탄원한다.

1. 여호수아는 이스라엘이 요단 건너편의 두 지파와 반 지파의 분깃을 나누어 가졌더라면 좋았을 것이라고 말한다(7절). 그는 거기 거하며 모자라게 사는 것이 여기 와서 끊어지는 것보다 나을 것이라고 생각한다. 이것은 하나님께 대한 불신과 불평의 맛을 풍긴다. 공적인 위치에 있는 자의 경악과 실망이 너무나 컸음을 참작한다 하더라도, 이것은 결코 정당화될 수 없는 것이다. "어찌하여 이 백성을 인도하여 요단을 건너게 하시고 우리를 멸망시키려 하셨나이까?"와 같은 말은 광야 생활 동안 불평하는 자들의 입을 통하여 너무나 자주 듣던 말이

다(출 14:11, 12; 16:3; 17:3; 민 14:2, 3). 그러나 중심을 감찰하시는 자는 그것들이 서로 다른 영(spirit)으로부터 나왔음을 아셨고, 따라서 여호수아가 부적절하게 말한 것에 대해 극단적으로 오점을 찍지 않으셨다. 만일 여호수아가 이러한 혼란이 분명히 부적절한 그러나 쉽게 바로잡을 수 있는 어떤 일로 말미암았다고 생각했다면(모세의 때에 종종 그랬던 것처럼), 아모리 사람의 손에 넘겨져 멸망당하게 되었다는 식으로 말하지는 않았을 것이다. 하나님은 당신이 행하시는 일을 아신다 — 비록 우리는 알지 못한다 할지라도. 그러나 여기에서 우리는, 하나님이 우리에게 어떤 잘못된 일을 행하지도 않으셨을 뿐만 아니라 또 그렇게 하지도 않으실 것임을 확신할 수 있다.

2. 여호수아는 이 사건이 미칠 파장과 관련하여 애타는 마음으로 말하고 있다(8절). 주께서 자기 백성을 위해 그토록 큰 일을 행하셨고 또 이 땅을 차지하도록 약속해 주셨는데, 이런 은혜를 받은 이스라엘이 원수들 앞에서 등(문자대로 하면 '목')을 돌리고 도망칠 뿐 아니라 무너지고 또 그들의 먹이가 되었으니 내가 무슨 말을 하오리이까, 어떻게 이해해야 하오리이까? 하나님의 능력에 대해 우리가 어떻게 생각해야 합니까? 주의 손이 짧아지셨습니까? 하나님의 약속은 어떻게 되었습니까? 주의 말씀은 '예'도 되고 '아니오'도 되는 것입니까? 주께서 우리를 위해 행하신 일은 무엇입니까? 이제 다 헛되이 끝나고 만 것입니까? 하나님의 섭리는 종종 모호하고 이해하기 힘들 때가 있다. 그렇기 때문에 가장 현명하고 최고의 사람들조차도 어떻게 말해야 할지 모를 때가 있다. 그러나 이후에는 알리라(요 13:7).

3. 여호수아는 이스라엘이 지금 처한 위험을 변론한다. 그는 모든 것이 끝났다고 단념한다. 가나안 사람들이 우리의 보호자가 떠났다고 결론짓고 우리를 둘러싸리니, 우리가 전에는 두려운 존재였으나 이제는 경멸당하는 존재가 될 것이며 그들이 우리 이름을 땅에서 끊을 것입니다(9절). 이와 같이 선한 사람들조차 일이 조금 어그러질 때 최악을 상상하면서 사실 이상으로 과장되게 결론짓고 두려워하는 경우가 종종 있다. 그러나 여기에는 이러한 간청이 내포되어 있다: "주여, 당신께 그토록 사랑스럽고 세상에서 그토록 큰 이스라엘의 이름이 끊어지지 않게 하옵소서."

4. 여호수아는 이 일로 인해 하나님께 돌려질 불명예를 변론한다. 만일 이스라엘이 멸망을 당한다면 이 일로 인해 하나님의 영광이 가려질 것입니다. "그

들이 우리의 이름을 끊을 것입니다" — 여호수아는 마치 자기가 주장하는 것을 위하여 스스로를 타이르듯이 말한다. "우리의 작은 이름이 어떻게 되는 것은 큰 문제가 아닙니다. 그러나 주의 크신 이름을 위하여 어떻게 하시려나이까?" 여호수아는 이것을 더 큰 재앙으로 보면서 애통해하고 있는 것이다. 여호수아는 이 일로 하나님께 대하여 또 그의 지혜와 권능과 선하심과 신실하심에 대하여 나쁜 영향이 미치는 것을 두려워하고 있었다. "또 애굽 사람들이 뭐라고 말하겠습니까?" 은혜를 입은 영혼에게 있어 하나님의 이름에 불명예가 끼쳐지는 것보다 더 슬픈 것은 없다. 여호수아는 또한 자신의 두려움을 막아주실 것과 하나님의 호의가 회복되는 것을 위해 간청하고 있다. 여호수아의 간청은 "아버지여 주의 이름이 영광을 받으소서"란 간구와 같은 것인데, 그는 이와 같은 간청과 함께 말을 끝맺는다. 하나님의 이름은 모든 이름 위에 뛰어난 위대한 이름이다. 어떤 일이 일어난다 하더라도 우리는 하나님께서 당신 자신의 이름을 위해 일하실 것이고 그래서 그분의 이름이 결코 더럽혀지지 않을 것을 믿어야 하며, 또 그렇게 될 것을 기도해야 한다. 이것이 다른 어떤 것보다도 우리의 주된 관심이 되어야 한다. 마치 이것이 우리가 바라는 것의 최종 목적지인 것처럼 우리는 여기에다가 우리의 눈을 고정시켜야 하며, 또한 이것이 우리의 모든 소망의 기초인 것처럼 이것으로부터 용기를 회복해야 한다. "주여 주의 크신 이름을 위하여 어찌 하시려나이까?" — 우리가 드릴 수 있는 최고의 간구는 바로 이것이다. 하나님으로 하여금 모든 일에 영광을 받으시게 하자. 그러고 나서 그의 전체적인 뜻을 즐거이 받아들이자.

10여호와께서 여호수아에게 이르시되 일어나라 어찌하여 이렇게 엎드렸느냐 11이스
라엘이 범죄하여 내가 그들에게 명령한 나의 언약을 어겼으며 또한 그들이 온전히
바친 물건을 가져가고 도둑질하며 속이고 그것을 그들의 물건들 가운데에 두었느
니라 12그러므로 이스라엘 자손들이 그들의 원수 앞에 능히 맞서지 못하고 그 앞에
서 돌아섰나니 이는 그들도 온전히 바친 것이 됨이라 그 온전히 바친 물건을 너희
중에서 멸하지 아니하면 내가 다시는 너희와 함께 있지 아니하리라 13너는 일어나
서 백성을 거룩하게 하여 이르기를 너희는 내일을 위하여 스스로 거룩하게 하라
이스라엘의 하나님 여호와의 말씀에 이스라엘아 너희 가운데에 온전히 바친 물건
이 있나니 너희가 그 온전히 바친 물건을 너희 가운데에서 제하기까지는 네 원수

들 앞에 능히 맞서지 못하리라 [14]너희는 아침에 너희의 지파대로 가까이 나아오라 여호와께 뽑히는 그 지파는 그 족속대로 가까이 나아올 것이요 여호와께 뽑히는 족속은 그 가족대로 가까이 나아올 것이요 여호와께 뽑히는 그 가족은 그 남자들이 가까이 나아올 것이며 [15]온전히 바친 물건을 가진 자로 뽑힌 자를 불사르되 그와 그의 모든 소유를 그리하라 이는 여호와의 언약을 어기고 이스라엘 가운데에서 망령된 일을 행하였음이라 하셨다 하라

우리는 여기에서 여호수아의 간청에 대한 하나님의 응답을 보게 된다. 아마도 이러한 하나님의 응답은 여호수아가 엎드려 있었던 법궤와 관련한 신탁(神託, oracle)으로 말미암은 것일 것이다(6절). 하나님의 뜻을 알기를 갈망하는 사람은 분명한 신탁에 대한 갈망을 갖고 지혜가 가르치는 바를 위하여 지혜의 문 앞에 기다려야 한다(잠 8:34). 하나님의 싫어하심의 증표 아래 있는 사람들은 결코 하나님께 대하여 불평해서는 안 된다. 다만 그분에게 하소연하라. 그러면 평강의 응답을 받게 될 것이다. 여호수아에 대한 하나님의 응답은 마치 다니엘의 경우처럼(단 9:20) 그가 아직 말하고 있는 동안(사 65:24) 즉각적으로 내려왔다.

I. 하나님께서 격려하시면서 여호수아에게 용기를 불어넣어 주신다(10절). 여호수아는 지금 낙망 가운데 있으며, 또 이스라엘의 현 상태에 대하여 우울하고 비관적인 마음을 품고 있다. 일어나라. 그 같이 낙담하고 침통해 함으로써 네 영을 고통스럽게 하지 말아라. 어찌하여 이렇게 엎드렸느냐. 여호수아가 하나님 앞에 이토록 낮춘 것은 분명 훌륭한 일이다. 그는 '하나님의 싫어하심'의 증표 아래서 마치 자신이 그 일을 행한 것처럼 애통해했다. 이제 하나님은 여호수아에게 "됐다"고 말씀하신다. 하나님은 여호수아가 그와 같은 침울한 자세로 더 이상 계속 있는 것을 원치 않으셨다. 왜냐하면 하나님은, 참회자의 슬픔 가운데 있으면서 자신의 영혼을 괴롭게 하는 것보다 용서를 받고 평강을 회복하는 것을 더 기뻐하시기 때문이다. 애통의 날은 끝나야 한다. 일어날지어다, 너는 티끌을 털어 버릴지어다(사 52:2). 여호수아는 저물 때까지 계속해서 애통 가운데 있었기 때문에(6절), 이스라엘은 범인을 찾아내는 일을 그 날 밤에 수행할 수 없었고, 때문에 다음 날 아침으로 미룰 수밖에 없었다.

다니엘(단 9:21)과 에스라(스 9:5)는 저녁 제사를 드릴 때까지 애통하는 일을

계속했는데, 바로 이것이 그들을 다시 회복되게 했다. 그러나 여호수아는 그 시간을 지나서 계속했다. 그러자 하나님이 이렇게 말씀하셨다: "일어나라. 밤새도록 거기 엎드려 있지 말아라." 모세는 이스라엘을 중보하기 위해 여호와 앞에 40일을 엎드려 있었다(신 9:18). 그러나 여호수아는 일어나야 한다. 왜냐하면 거기 엎드려 있는 것보다 다른 일을 해야 하기 때문이다. 온전히 바친 물건을 찾아내서 처분해 버려야 했다. 빠르면 빠를수록 좋다. 여호수아는 바로 이 일을 해야 한다. 그러므로 지금은 여호수아가 애곡의 상복을 벗어버리고 재판장의 법복(法服)을 입을 때이다. 우는 것이 씨 뿌리는 것을 가로막아서는 안 된다. 한 가지 종교적 의무가 다른 의무를 밀쳐내서는 안 된다. 모든 것에는 때가 있는 법이다. 스가냐가 이와 비슷한 경우에 에스라에게 말할 때에 그는 아마도 이러한 시각을 가지고 있었던 것 같다. 에스라 10:2-4을 보라.

Ⅱ. 하나님은 여호수아에게 그 재앙에 대한 진정한 원인을 알려 주시면서 당신이 이스라엘과 다투신 이유를 보이신다(11절). 이스라엘이 범죄하였도다. 하나님의 마음이 변했다고 생각하지 말아라. 하나님의 팔이 짧아진 것도 아니고 그분의 약속이 실패로 끝날 것도 아니다. 절대 아니다. 이렇게 큰 화(禍)를 만들고, 하나님의 호의를 가로막으며 불화(不和)를 일으킨 것은 다름 아닌 죄, 바로 죄 때문이다. 죄가 언급되는 가운데에도 죄인은 거명되지 않는다. 다만 어떤 특정한 사람에게 고정될 때까지 그것은 이스라엘 전체의 행동으로 언급된다. 그 죄가 여기에서 얼마나 악한 것으로 나타나고 있는지 주목하라.

1. 그들이 나의 언약 즉 '형벌과 함께 제시한 분명한 경고'를 위반했다. 이것은 여리고의 모든 노략물이 하나님께 돌려져야 하고, 이스라엘은 가나안의 나머지 도시들의 노략물을 취해야 한다는 사실을 말하는 것이었다. 그러나 이스라엘은 하나님의 것을 탈취함으로써 이러한 언약을 위반했다.

2. 그들은 심지어 하나님께 온전히 바친 물건까지 취했다. 그들은 하나님의 소유물을 침범한 자에게 엄숙하게 선언된 저주를 멸시하면서까지 그렇게 했는데, 그것은 마치 그와 같은 저주가 아무것도 아닌 양 여기는 것과 같았다.

3. 그들은 도둑질했다. 그들은 마치 하나님의 전지(全知)하심으로부터 숨을 수 있다고 여기는 양 그 일을 은밀하게 행했다. 그들은 이렇게 말할 준비가 되어 있었다: "주께서 보지 않으실 거야, 혹은 주께서 그토록 작은 물건에 대하여는 개의치 않으실 거야." 이와 같이 너희는 나를 너희 중 하나와 같이 생각하였

느니라.

4. 그들은 또한 거짓으로 가장했다. 여리고를 노략하는 일이 끝났을 때, 아마도 여호수아는 모든 지파를 불러 노략물을 하나님의 명령에 따라 올바로 처리했는지, 그리고 혹시 어떤 위반사항을 알고 있다면 알릴 것을 명했을 것이다. 그러나 아간은 결백함을 공언하는 무리들 가운데 끼여 동참했으며 태연스러운 표정을 지었다. 이는 마치 잠언 30:20의 음녀와 같았다: 그가 먹고 그의 입을 씻음 같이 말하기를 내가 악을 행하지 아니하였다 하느니라.

5. 그들은 온전히 바친 물건을 자기 물건들 가운데 두었다. 마치 자신들이 그것을 취할 권리가 있는 양, 그리고 회계할 것을 생각지도 않고 또 돌려줄 생각도 계획도 없이 그렇게 했다. 비록 현명하고 주의 깊은 통치자였다 할지라도, 여호수아는 세상에 있는 모든 은밀한 악을 아시는 하나님께서 말씀하시기 전까지는 이 모든 것에 대해 아무것도 알지 못했다. 하나님은 누가 이 일을 했는지 여호수아에게 말씀해 주실 수 있었으나 그렇게 하지 않으셨다. 그 이유는 다음과 같다. (1) 여호수아와 이스라엘로 하여금 범인을 색출하는 일에 열의를 갖고 수행하도록 하기 위함이었다. (2) 죄인에게 회개하고 자백할 기회를 주기 위함이었다. 분명히 여호수아는 이와 같은 죄가 있음을 이스라엘 모든 진(陣)에 즉각 선포했을 것이다. 이에 대하여 만일 아간이 스스로 굴복하고 자신의 죄를 회개했다면, "성물에 대하여 부지중에 범죄한"(레 5:15, 16) 것에 대하여 속건제를 드리고 훔친 물건을 돌려줌으로써 사죄의 은총을 받게 되었을지 누가 알겠는가? 그러나 아간은 제비뽑기에 의해 드러날 때까지 계속해서 자기의 죄를 감추었다. 이것은 그의 마음이 완악했음을 증명하는 것이었다. 따라서 그에게 어떤 자비도 주어지지 않았다.

Ⅲ. 하나님은 여호수아에게 다음과 같이 말씀하심으로써 계속 조사할 것을 일깨워 주신다.

1. 이것이 하나님이 이스라엘과 다투는 유일한 문제이다. 이것 외에 다른 것은 없다. 그러므로 이 온전히 바친(저주받은, accursed) 물건과 관련된 죄가 제거된다면 모든 것이 잘 될 것이다. 이 한 가지 장애물이 치워질 때, 이스라엘의 성공의 물결은 예전처럼 힘차게 흐르게 될 것이다.

2. 만일 이 온전히 바친 물건이 제하여지지 않는다면 이스라엘은 하나님의 은혜로우신 임재를 기대할 수 없다. 간단히 말하면 이런 것이다: "너희가 저주

받은 것(accursed), 다시 말해서 저주받은 물건(accursed thing)으로 인해 저주받은 자(accursed person)를 제하지 않고는 내가 더 이상 예전처럼 너희와 함께하지 않을 것이다." 저주받은 것(온전히 바친 것)은 제하여져야 한다. 하나님께서 칼을 차도록 맡긴 사람들이 만일 이러한 하나님의 심판을 불러오는 죄에 대해 그 칼을 사용하지 않는다면 그들은 헛되이 칼을 차고 있는 것이다. 개인적인 회개와 변화를 통해 우리는 우리 마음속에 있는 '저주받은 것'을 파괴시켜야 한다. 만일 이와 같은 일을 하지 않는다면, 우리는 하나님의 호의를 기대하지 말아야 한다. 우리와 하나님 사이를 갈라놓는 것은 다름 아닌 죄이다. 그리고 만일 우리가 그 죄를 진지하게 회개하고 죄 사함을 받지 않는다면, 그 죄는 우리와 하나님 사이를 영원히 갈라놓을 것이다.

Ⅳ. 하나님은 어떤 방식으로 조사하고 형벌을 내릴 것인지 여호수아에게 지시하신다.

1. 여호수아는 백성들을 거룩하게 해야 한다. 다시 말해서 그는 백성들에게 스스로를 거룩하게 하도록 명령을 내려야 한다(13절). 지도자든 사역자든 성화(거룩하게 함)를 위해 무엇을 해야 하는가? 그들은 기꺼이 하나님 앞에 서야 하고 또 하나님의 조사에 순복해야 한다. 또 그들은 스스로를 조사해야 하는데, 그것은 지금 하나님께서 그들을 조사하기 위해 오고 계시기 때문이다. 그들은 그들의 하나님 만나는 것을 준비해야 한다. 그들은 하나님의 율법을 받을 때 스스로를 거룩하게 하라는 명령을 받았다(출 19장). 지금도 또한 동일한 명령을 받고 있는데, 그것은 지금 그들이 하나님의 심판 아래로 들어오고 있었기 때문이다. 두 경우에 모두 하나님께 최고의 경의가 돌려진다. 너희 가운데 저주받은(온전히 바친, accursed) 물건이 있다. 그러므로 너희 자신을 거룩하게 하라. 다시 말해서, 결백한 자들은 스스로를 정결케 하고 자신을 깨끗게 하는 데 더 주의를 기울여라. 다른 사람들의 죄는 우리의 성화의 계기가 될 수 있다. 마치 고린도 교회에서의 근친상간의 죄로 인해 그 교회가 새롭게 개혁되었던 것처럼(고후 7:11).

2. 여호수아는 모든 백성을 제비뽑기의 조사(調査) 아래 세워야 한다(14절). 제비뽑기에 의해서 범죄한 사람이 속한 지파가 먼저 드러날 것이고, 이어서 족속이, 그리고 가족이, 그리고 마지막으로 그 범죄자가 드러날 것이다. 이러한 과정 속에서 그 범죄자는 점차 후회하는 마음이 들 것이고, 앞으로 나아와 굴

복할 다소의 여지가 있었다. 왜냐하면 하나님은 아무도 멸망하지 아니하고 다 회개하기에 이르기를 원하시기 때문이다(벧후 3:9). 하나님께서 제비가 떨어지는 지파와 족속과 가족을 나아오도록 말씀하시는 것을 주목하라. 제비가 떨어지는 것은 하나님으로부터 말미암는 것이었다. 아무리 그것이 우연처럼 보일지라도 그것은 무한한 지혜와 공의에 의해 인도된 것이었으며, 그 안에서 하나님이 일하셨음을 보여주는 것이었다. 범인을 붙잡은 것은 하나님이었으며, 그것은 그분의 이름으로 된 것이었다. 하나님이 종들의 죄악을 찾아내셨으니(창 44:16). 의로우신 하나님이 심판을 행하시며 또 죄인과 결백한 사람을 구별하시는 사실 가운데 — 비록 잠깐 동안은 모두가 동일한 정죄(定罪)에 포함되는 것처럼 보였을지라도 — 하나님이 악한 자들로부터 선한 자들을 골라내실 것이라는 사실이 암시되어 있다. 비록 의인이 악인과 같은 지파와 족속과 가족에 속해 있다 할지라도, 그들은 결코 악한 자들처럼 취급당하지는 않을 것이다(창 18:25).

3. 범죄자는 어떤 자비도 없이(히 10:28), 그리고 모든 거룩한 증오의 표현과 함께 죽음에 처하여져야 한다(15절). 그와 그가 가진 모든 것이 불태워져야 한다. 그럼으로써 이스라엘 가운데 '저주받은 것'(온전히 바친 것)이 남아 있지 않아야 한다. 이러한 가혹한 형벌이 가해진 이유는 다음과 같다. (1) 그가 하나님을 크게 모독했기 때문이다. 그는 여호와의 언약을 어겼다. 하나님은 질투하는 하나님이신데, 특별히 거룩한 언약의 존귀함에 있어 그러하다. (2) 그가 하나님의 교회에 큰 상처를 입혔기 때문이다. 그는 이스라엘 가운데 어리석은 행동을 했으며, 주변 나라들로부터 지혜롭고 명철한 백성으로 여겨지는 나라를 부끄럽게 만들었다. 그는 또 하나님께 대하여 성별된 나라를 오염시켰으며, 하나님이 보호자가 되시는 나라를 괴롭게 만들었다. 그것은 본질상 가증한 범죄였고 치명적인 결과를 가져왔으며 이스라엘 가운데 나쁜 선례(先例)가 되었다. 그러므로 그에게 가해진 형벌은 — 다른 경우라면 지나치게 잔혹한 행위로 비난받을 수 있을지라도 — 필연적인 공의(公義)로서 갈채를 받아 마땅한 일인 것이다. 그것은 신성모독이었고, 하나님의 권리를 침해한 것이었으며, 하나님의 소유를 횡령한 것이었다. 또한 그것은 하나님의 영광을 위해 봉헌되고 또 성소의 예배에 쓰여져야 할 것을 개인 용도로 전환한 것이었다. 그토록 혹독한 형벌이 부과되었던 그 죄의 속성은 바로 이러한 것이었다. 그리고 그와 같은 형벌은 모

든 세대의 인생들로 하여금 하나님의 것을 도둑질하는 것을 조심하도록 경고하는 것이었다.

16이에 여호수아가 아침 일찍이 일어나서 이스라엘을 그의 지파대로 가까이 나아오
게 하였더니 유다 지파가 뽑혔고 17유다 족속을 가까이 나아오게 하였더니 세라 족
속이 뽑혔고 세라 족속의 각 남자를 가까이 나아오게 하였더니 삽디가 뽑혔고 18삽
디의 가족 각 남자를 가까이 나아오게 하였더니 유다 지파 세라의 증손이요 삽디
의 손자요 갈미의 아들인 아간이 뽑혔더라 19그러므로 여호수아가 아간에게 이르되
내 아들아 청하노니 이스라엘의 하나님 여호와께 영광을 돌려 그 앞에 자복하고
네가 행한 일을 내게 알게 하라 그 일을 내게 숨기지 말라 하니 20아간이 여호수아
에게 대답하여 이르되 참으로 나는 이스라엘의 하나님 여호와께 범죄하여 이러이
러하게 행하였나이다 21내가 노략한 물건 중에 시날 산의 아름다운 외투 한 벌과 은
이백 세겔과 그 무게가 오십 세겔 되는 금덩이 하나를 보고 탐내어 가졌나이다 보
소서 이제 그 물건들을 내 장막 가운데 땅 속에 감추었는데 은은 그 밑에 있나이다
하더라 22이에 여호수아가 사자들을 보내매 그의 장막에 달려가 본즉 물건이 그의
장막 안에 감추어져 있는데 은은 그 밑에 있는지라 23그들이 그것을 장막 가운데서
취하여 여호수아와 이스라엘 모든 자손에게 가지고 오매 그들이 그것을 여호와 앞
에 쏟아 놓으니라 24여호수아가 이스라엘 모든 사람과 더불어 세라의 아들 아간을
잡고 그 은과 그 외투와 그 금덩이와 그의 아들들과 그의 딸들과 그의 소들과 그의
나귀들과 그의 양들과 그의 장막과 그에게 속한 모든 것을 이끌고 아골 골짜기로
가서 25여호수아가 이르되 네가 어찌하여 우리를 괴롭게 하였느냐 여호와께서 오늘
너를 괴롭게 하시리라 하니 온 이스라엘이 그를 돌로 치고 물건들도 돌로 치고 불
사르고 26그 위에 돌 무더기를 크게 쌓았더니 오늘까지 있더라 여호와께서 그의 맹
렬한 진노를 그치시니 그러므로 그 곳 이름을 오늘까지 아골 골짜기라 부르더라

우리는 여기에서 다음과 같은 것들을 보게 된다.

I. 제비뽑기에 의해 아간이 적발되다. 비록 점진적으로 진행되었다 할지라도 그것은 완벽한 제비뽑기였다. 여호수아가 이스라엘의 질병의 원인과 치료방법을 알았을 때, 우리는 그가 편안하고 만족스럽게 잠을 푹 잤을 것이라고 상상할 수 있을 것이다. 그러나 그는 아침에 일찍이 일어났는데(16절), 그것은 여호

수아의 마음이 저주받은(온전히 바친) 물건을 제거하는 데 집중되어 있었음을 보여준다. 우리는 다른 경우에서도 여호수아가 아침에 일찍 일어나는 것을 보았다. 그러나 여기에서 일찍 일어난 것은 그가 '이스라엘이 하나님의 호의를 회복하는 것' 을 간절히 그리고 열렬하게 소망했음을 보여준다. 범인을 색출하는 일에서 다음을 주목하라.

1. 범죄한 지파는 유다 지파였다. 유다 지파는 모든 지파 가운데 가장 영예롭고 빛나는 지파였다. 이것은 유다 지파의 위엄에 섞여 있는 불순물이었으며 그들의 자존심에 상처를 입히는 것이었다. 유다의 영광이었던 사람들이 많이 있었지만, 지금 아간은 유다의 치욕이었다. 최고의 가문이라고 하여 이와 같은 일이 없으란 법은 없다. 그들 가운데 이런 사람이 있을 수 있으며 그들의 후손 가운데 그들의 슬픔과 부끄러움이 되는 사람이 있을 수 있다. 유다는 가나안에서 최초의 그리고 가장 큰 분깃을 가질 것이었다. 더욱 변명의 여지가 없는 것은 이 같이 축복 받은 지파 가운데 한 사람이 자신의 분깃을 기다리는 것으로 만족하지 않고 하나님의 소유물을 침탈했다는 사실이다. 유대 전승에 따르면, 유다 지파가 뽑혔을 때 유다의 용사들은 칼을 뽑아들고 맹세하기를 범인이 색출되어 처벌되고 자신들의 결백이 분명하게 드러날 때까지는 결코 칼집에 칼을 꽂지 않겠다고 공언했다고 한다.

2. 마침내 범죄한 자에게 초점이 모아지고, 제비를 통해 "네가 그 사람이라" 고 언명된다(18절). 자신의 죄를 알고 있는 아간이 제비가 점점 더 자신에게로 가까이 다가오는 것을 보면서도 피하지도 않고 또 죄를 자백함으로써 은혜를 간청하지도 않았던 사실은 참으로 이상한 일이다. 아간의 마음은 죄로 인하여 딱딱하게 굳어져 있었으며, 결국 이것이 그의 멸망이 되고 말았다. 우리는 그의 얼굴 표정이 어떻게 변했을지 충분히 상상하고도 남음이 있다. 그가 범죄자로 지정되고 이스라엘의 모든 눈이 그에게 쏠리며 모든 사람이 "오 우리의 원수여 우리가 너를 찾았는가?" 라고 말할 준비가 되었을 때, 그는 얼마나 두려웠겠으며 또 혼돈에 사로잡혔겠는가?

(1) 죄가 결코 드러나지 않을 것이라고 여기는 자들의 어리석음. 의로우신 하나님은 어둠에 감추어진 것들을 빛으로 드러나게 하심에 있어 많은 방법들을 갖고 계신다. 또 하나님은 그렇게 하심으로써 열매 없는 일을 계속하는 자들을 부끄러움과 멸망으로 이끄신다. 하나님은 공중의 새를 통해서도 은밀한

일을 드러나게 하실 수 있다. **심중에라도 왕을 저주하지 말며 침실에서라도 부자를 저주하지 말라 공중의 새가 그 소리를 전하고 날짐승이 그 일을 전파할 것임이니라**(전 10:20). 또한 시 94:7 등을 보라.

(2) 하나님이 우리와 다투실 때, 우리는 그 일의 원인이 무엇인지 또 아간의 경우와 같이 우리 진영에 고통을 가져다 준 특정한 죄가 무엇인지를 찾아내는 일에 최대의 관심을 기울여야 한다. 우리는 저주받은 것을 찾아내기 위해 자신을 살펴야 하며, 또 양심의 기록을 주의 깊게 관찰해야 한다. 그리고 이와 같은 거룩한 일과 함께 진지하게 기도해야 한다: "**여호와여 주께서 나와 다투심은 무슨 연고니이까?**" 배신자를 찾아내라. 그러면 그는 더 이상 숨지 못할 것이다.

Ⅱ. 여호수아의 심문(19절). 여호수아는 재판장의 자리에 앉는다. 비록 제비의 판결에 의해 아간의 죄가 온전히 드러났다 할지라도, 여호수아는 그에게 참회와 함께 죄를 고백하도록 이끈다. 그렇게 함으로써 아간으로 하여금 다른 세상에서나마 영혼이 구원을 받도록 하기 위함이었다 — 비록 여호수아가 그의 생명을 구원해 주겠다는 희망의 약속을 줄 수는 없었다 할지라도. 다음을 주목하라.

1. 여호수아는 모세의 제자답게 최고의 온유함과 부드러움으로 아간에게 말한다. 여호수아는 그를 "도둑놈, 반역자, 라가, 어리석은 놈"으로 부를 수 있었다. 그러나 그를 "내 아들아"라고 부른다. 또 여호수아는 마치 대제사장이 우리 주님께 그랬던 것처럼 죄를 자백하도록 엄명을 내리든지 혹은 고문을 가하여 억지로 자백을 강요할 수도 있었다. 그러나 그렇게 하는 대신 여호수아는 사랑으로 그에게 청했다: **네가 자복하기를 청하노라**. 이것은 곤경에 빠진 사람을 모욕해서는 안 됨을 가르치는 좋은 모범이 된다. 비록 자신의 악함으로 인해 그러한 곤경에 빠졌다고 할지라도 말이다. 우리는 심지어 범죄자라 할지라도 온유의 정신으로 다루어야 한다. 우리 자신도 만일 하나님께서 그냥 내버려두셨다면 그와 같은 일을 행했을지 어떻게 알겠는가? 이것은 또한 재판관들이 공의를 시행함에 있어 엄정하고 분별 있게 자신의 열정을 잘 다스려야 함을 교훈하는 좋은 모범이 된다. 재판관들은 사람들을 심문하는 가운데 설령 그들이 극도로 화나게 하는 말을 한다 할지라도 분위기에 동화되어 그들이 사용하는 추잡한 행동이나 언어를 사용해서는 안 된다. **사람이 성내는 것이 하나님의 의를 이루지 못함이라**(약 1:20). 그들로 하여금 심판은 하나님께 속한 것임을 기억하게 하

라. 여호수아처럼 온유함으로 말하는 것이 범죄자로 하여금 회개하게 하는 최선의 방법이 되는 것이다.

2. 여호수아가 원하는 것은 그가 사실을 자백하는 것이었다. 그는 모든 사실을 하나님께 자백해야 한다. 아간에게 있어 여호수아는 하나님의 대리자였다. 그러므로 그가 여호수아에게 자백하는 것은 곧 하나님께 자백하는 것이었다. 이로써 그는 여호수아와 온 회중을 만족시킬 것이었다. 그의 자백은 또한 회개의 증거가 되고 또 다른 사람들로 하여금 그와 유사한 죄를 범하지 않도록 조심할 것에 대한 경고가 될 것이었다.

그러나 여호수아가 여기에서 궁극적으로 목표하고 있는 것은 무한하신 지혜와 능력의 하나님 앞에 어떤 것도 감추어질 수 없음을 분명히 보임으로써 하나님께 영광을 돌리는 것이었다. 죄를 자백함으로써 그것이 자신에게는 부끄러운 일이 되지만 의로우신 하나님께는 영광이 돌려짐을 주목하라. 그것은 하나님이 우리를 기뻐하지 않는 것이 당연함을 고백하는 것이기 때문이다. 또 선하신 하나님은 우리의 고백을 우리를 대적하는 증거로 이용하지 않으실 것이다. 벌을 내리신다 할지라도 그분은 의로우시며 신실하심을 우리가 고백할 때, 그분은 진실로 의로우시며 신실하사 우리를 용서해 주신다. 죄를 범함으로 우리는 하나님의 영광에 상처를 입혔다. 그러나 그리스도는 자신의 죽음으로 그러한 상처를 대속하셨다. 그렇지만 우리는 회개로써 우리의 선한 의지를 보여야 하며 이로써 그분께 영광을 돌려야 한다. 패트릭 주교는 「사마리아 연대기」(*Samaritan chronicle*)를 인용하는데, 그 책은 여기에서 여호수아가 아간에게 이렇게 말하는 것으로 기록한다: "천지의 왕께 네 눈을 들라. 가장 은밀한 것까지도 아시는 분께 아무것도 감추어질 수 없음을 인정하라."

Ⅲ. 아간의 자백. 마침내 자신의 죄를 더 이상 숨길 수 없게 되자 아간은 솔직하게 자백한다(20, 21절). 여기에서 다음의 사실을 주목하라.

1. 자신의 잘못을 회개하며 인정함. "진실로 내가 범죄하였습니다. 내게 씌워진 혐의는 부인할 수 없는 사실이며, 도무지 변명할 수 없을 만큼 나쁜 일입니다. 내가 자인합니다. 슬퍼합니다. 주께서 의로우사 그 모든 죄를 드러내셨으니, 내가 진실로 범죄하였습니다." 바로 이것이 참회자의 언어이다. 그의 양심은 지금 죄의식에 눌려 고통하고 있다. "나는 누구도 비난할 수 없습니다. 오직 나 자신이 원망스러울 따름입니다. 저주받은(온전히 바친) 물건은 내가 취한 것입

니다. 의의 길을 굽게 한 자는 바로 나입니다. 그리고 그것은 내게 아무런 유익도 주지 못했습니다." 더욱 나쁜 것은 그 죄가 **이스라엘의 하나님 여호와께 대하여** 행해진 것이라는 사실이다. 아간 자신이 이스라엘 족속이었으며 그 고귀한 나라의 특권에 동참한 자였다. 그러므로 이스라엘의 하나님에게 범죄하는 것은 자기 하나님에게 범죄하는 것이었다. 따라서 그것은 가장 비열한 배신이요, 배은망덕의 죄가 되는 것이었다.

2. 범죄 사실의 진술: **이러이러하게 행하였나이다.** 하나님은 여호수아에게 봉헌된 물건 중 일부가 횡령되었다고 일반적인 말로 말씀하셨다. 그러나 이제 여호수아는 아간의 입으로부터 구체적인 이야기를 끌어낸다. 하나님은 "죄인들의 혀가 그들 위에 떨어지도록" 만드신다(시 64:8, **이러므로 그들이 엎드러지리니 그들의 혀가 그들을 해함이라**). 만일 하나님이 그들을 회개하도록 이끄신다면, 그들 스스로가 자신의 참소자가 되고 자기 양심이 천 명의 증인을 대신하게 될 것이다. 우리가 회개함으로 죄를 자백할 때에는 대단히 구체적이 된다는 사실을 주목하라. 단순히 "내가 죄를 지었나이다"가 아니라, "이러이러하게 죄에 이끌렸고, 이런 상황에서 악화되었으며, 그리하여 이렇게 죄를 지었나이다" 하면서 후회와 함께 구체적으로 자백하게 된다. **이러이러하게 행하였나이다.**

(1) 아간은 자기가 취한 물건에 대하여 자백한다. 여리고의 한 집을 노략하는 가운데 아간은 값비싼 바벨론산(產) 옷 한 벌을 발견했다. 여기에서 사용된 단어는 '긴 예복'을 의미하는 것인데, 귀족들이 자신의 신분을 나타내는 데 입는 옷과 같은 것이었다. 어쩌면 그것은 여리고 왕의 것이었는지도 모른다. 그것은 멀리 바벨론에서 수입된 것이었으며, 여러 색깔로 된 것이었다. 그 옷이 어떤 것이었든지 간에 아간이 보기에 그것은 너무나 아름답고 화려한 것이었다. 그 옷이 불태워져야 한다는 것은 (아간이 생각하기에) 너무나 아까운 일이었다. 그렇게 한다면 아무에게도 유익이 되지 않을 것 아닌가? 만일 내가 이 옷을 취한다면 두고두고 특별한 자리에 입고 갈 수 있을 것 아닌가? 이러한 구실로 아간은 대담하게도 그 옷을 불태우지 않아도 아무 문제 없다고 여기게 된다. 그러나 그의 손은 거기서 멈추지 않는다. 아간은 계속해서 200세겔(약 2.8kg)의 은과 50세겔(약 700g)의 금 덩어리를 취한다. 은과 금을 취함에 있어 그는 더 이상 이것들을 불에서 건져냈다고 변명할 수 없게 되었다. 왜냐하면 은과 금은 성소의 곳간에 두어야 했기 때문이다. 가벼운 구실을 갖다 붙이면서 한

가지 죄를 행하는 자는 그로 인해 마음이 완악해지게 되고, 다음에는 그와 같은 구실조차도 없이 새로운 죄를 감행하게 되는 것이다. 죄의 길은 내리막길과 같기 때문이다. 이와 같은 아간의 필사적인 모험의 대가는 얼마나 보잘것없는 것인가? 이와 같은 거래로 인해 그는 얼마나 엄청난 손실을 입었는가? 마태복음 16:26을 보라. **사람이 만일 온 천하를 얻고도 제 목숨을 잃으면 무엇이 유익하리요 사람이 무엇을 주고 제 목숨과 바꾸겠느냐.**

(2) 아간은 자신의 탐심에 대해 자백한다.

[1] 죄는 눈에서 시작되었다. 마치 하와가 금단의 열매를 보았던 것처럼 아간은 그 값진 물건들을 보았고, 이러한 봄(sight)으로 인해 그의 마음은 이상하리만치 무엇엔가 홀린 것 같이 되었다. 사람이 눈을 따라 행하게 되면 그 뒤에 마음의 고통이 따르게 된다. 우리는 자신의 눈과 더불어 언약을 맺을 필요가 있는데, 만일 우리 눈이 이리저리 왔다갔다하면 그 눈엔 반드시 눈물이 맺히게 될 것이다. "붉은 포도주는 보지도 말지어다. 아름다운 여인을 쳐다보지 말지어다. 이와 같이 너희를 실족케 하는 것들에 대해 오른 눈을 감아라. 그럼으로써 그것을 빼어 던져야 하는 상황에 빠지지 않도록 하라(마 5:28, 29)."

[2] 죄는 마음으로부터 생겼다. 아간은 "내가 그것들을 탐내었나이다"라고 인정한다. 이와 같이 욕심이 잉태하여 죄를 낳았다. 죄로부터 스스로를 지키고자 하는 자들은 자기 안에 있는 죄의 정욕을 감찰하고 억제해야 한다. 특히 세상의 재물에 대한 정욕이 그러한데, 우리는 특별히 그것을 **탐심**이라고 부른다. **돈을 사랑함이 일만 악의 뿌리가 되나니**(딤전 6:10). 만일 아간이 믿음의 눈으로 이러한 물건들을 보았다면, 그는 이것들이 저주받은(온전히 바친) 물건들임을 알았을 것이다. 그러나 단지 감각의 눈으로만 보았기 때문에, 아간에게 그것들은 값진 물건으로 보였고 그는 탐심에 빠지고 말았다. 그를 멸망케 한 것은 '보았다는 사실'이 아니라 욕심이었던 것이다.

[3] 그 물건들을 훔치고 나서 아간은 그것을 감추는 일에 대단히 주도면밀했다. 금지된 물건들을 취하고 난 후 혹시 발각될까 두려워한 나머지 아간은 자신이 취한 것들을 지키고 결코 빼앗기지 않겠다고 결심한 사람처럼 그것들을 땅 속에 감추었다. 이와 같이 그가 자백한 사건의 전말을 미루어 볼 때, 하나님께서 그에게 내리신 형벌은 지극히 정당한 것이었다. 여기에 나타나는 죄의 기만성을 주목해 보라. 죄를 행함에 있어서의 '단 것'이 되돌아보면 '쓴 것'이 되

고, 마침내 그것은 뱀처럼 물어 버린다. 특별히 불의하게 얻은 재물이 어떻게 되는지, 또 하나님의 것을 도둑질한 것이 어떻게 빼앗기게 되는지 살펴보라. 욥기 20:15, 그가 재물을 삼켰을지라도 토할 것은 하나님이 그의 배에서 도로 나오게 하심이니.

Ⅳ. 아간에 대한 유죄 판결. 하나님은 제비를 통해 그에게 유죄를 선고하셨으며, 그는 자백을 통해 스스로 유죄를 선고했다. 이제 더 이상 어떤 의문의 여지도 없었다. 그러나 여호수아는 아간의 죄를 더욱 분명히 하기 위해 그의 장막을 수색하도록 하는데, 거기에서 그가 고백한 대로 탈취한 물건들이 발견되었다. 장막을 수색하기 위해 보낸 사자(使者)들의 신속함을 특별히 주목하라: 사자들이 그의 장막에 달려가 본즉(22절). 그들이 신속하게 달려간 것은 여호수아의 명령에 즉각 순종함을 보여줄 뿐만 아니라 또한 이스라엘 진이 저주받은 물건으로부터 정결케 되고 그럼으로써 하나님의 호의를 회복하는 것에 대해 그들이 얼마나 마음을 쏟고 있었는지를 잘 보여준다. 스스로 진노 아래 있다고 느끼는 자는 죄를 털어 내는 일을 결코 미루지 않는다. 미루는 것은 위험한 일이다. 지금은 시간을 낭비하고 있을 때가 아니다. 사자들은 도둑질한 물건들을 가져와서 여호와 앞에 쏟아 놓았다(23절). 그렇게 함으로써 모든 이스라엘 백성들로 하여금 아간의 범죄의 증거가 얼마나 분명한가 하는 것을 보게 하고, 또 하나님의 심판의 엄격함을 깨닫게 하며, 그럼으로써 비슷한 죄를 범하는 것을 두려워하게 하기 위함이었다. 탈취한 물건들을 여호와 앞에 쏟아 놓음으로써 이스라엘은 그 물건들에 대한 하나님의 권리를 인정하고 그것들에 관한 하나님의 지시를 기다렸다. 하나님을 속이려고 생각하는 자들은 실상 자신을 속일 뿐이다. 하나님께로부터 탈취한 것을 하나님은 도로 되찾을 것이며(호 2:9), 결국 하나님은 어떤 사람으로부터도 손해를 입지 않으실 것이다.

Ⅴ. 아간에 대한 정죄. 여호수아는 그에게 선고(宣告)를 내린다. 네가 어찌하여 우리를 괴롭게 하였느냐. 여기에 선고의 근거가 있다. 어떤 사람들은 이것을 이렇게 읽는다: "오, 너는 얼마나 우리를 괴롭게 하였는가!" 여호수아는 저주받은(accursed, 온전히 바친) 물건에 손대지 말라는 경고를 내릴 때 말했던 것을 언급한다(6:18): 너희가 이스라엘 진영으로 바치는 것(curse, 저주받은 것)이 되게 하여 고통을 당하게 되지 아니하도록. 죄는 자신에게 뿐 아니라 주위의 모든 사람들에게 대단히 '괴롭게 하는 것' 임을 주목하라. 이익을 탐하는 자는 자기 집을 괴롭

게 할 뿐만 아니라(잠 15:27) 그가 속한 모든 공동체를 괴롭게 만든다. 이제 (여호수아가 말한다) 하나님께서 너를 괴롭게 하실 것이다. 아간은 왜 그토록 가혹하게 처벌되어야만 했는가? 그는 하나님의 것을 도둑질했을 뿐만 아니라 이스라엘을 괴롭게 했기 때문이었다. 아간의 머리 위에 이를테면 다음과 같은 죄패가 붙어 있었다: "아합처럼 이스라엘을 괴롭게 한 자 아간"(왕상 18:18). 그러므로 그에 대한 판결은 바로 이것이었다: "하나님께서 너를 괴롭게 하실 것이다." 의로우신 하나님은 자기 백성을 괴롭게 하는 자들에게 분명히 환난의 값을 치르게 하실 것이다(살후 1:6, 너희로 환난을 받게 하는 자들에게는 환난으로 갚으시고). 괴롭게 하는 자들은 괴롭게 함을 받을 것이다. 어떤 유대 학자들은 여기에 사용된 '오늘'(25절)이란 단어로부터 아간이 다음 세상에서는 괴롭게 되지 않을 것임을 추론한다. 육체를 멸함은 영이 구원 얻게 하기 위함이다. 만일 그렇다면, 아간에게 가해진 형벌은 실상은 그렇게 가혹한 것은 아니었던 것이다. 아간이란 이름, 혹은 역대상 2:7에 불려지는 대로 아갈이란 이름은 '괴로움'을 의미하는데, 우리는 그의 이름 속에서 그의 죄와 형벌이 언뜻 암시되어 있는 것을 발견한다. 아간의 운명은 기가 막힐 정도로 자기 이름의 의미와 일치되었다.

VI. 아간에 대한 형의 집행. 집행유예는 없었다. 썩은 지체는 즉각 도려내야 했다. 아간이 저주받은 자로, 그리고 이스라엘을 괴롭게 하는 자로 입증되었을 때, 우리는 모든 백성이 그를 향해 이렇게 소리쳤을 것이라고 상상할 수 있다: "없애 버려라, 없애 버려라! 돌로 쳐라, 돌로 쳐라!" 여기에서 다음을 주목하라.

1. 형이 집행된 장소. 백성들은 아간을 진 밖으로 데려갔는데, 이것은 "그 악한 사람을 그들 중에서 쫓아내는" 것을 의미한다(고전 5:13). 우리 주 예수 그리스도께서 우리를 위한 '저주'가 되셨을 때, 그는 우리의 치욕을 짊어지고 영문 밖에서 '저주받은 것'으로서 고난을 받으셨다(히 13:12, 13). 아간에 대한 형 집행은 진(陣)으로부터 어느 정도 떨어진 곳에서 이루어졌는데, 그렇게 한 것은 이스라엘 진이 그의 죽음으로 인해 더럽혀지지 않게 하기 위함이었다.

2. 형 집행에 참여한 사람들. 그것은 모든 이스라엘의 행위였다(24, 25절). 이스라엘 백성 모두가 이 일의 참관자였는데, 이는 그들로 보고 두려워하게 하기 위함이었다. 공적인(공개적인) 형 집행은 공적인 본보기가 된다. 그들은 모두 아간의 죽음에 동의했다. 그리고 가능한 많은 사람들이 이 일에 참여한 것은

아간의 신성모독 행위에 대한 보편적인 증오를 보여줌과 동시에 그들이 이스라엘에 대한 하나님의 싫어하심에 대해 얼마나 두려워하고 있었는가를 잘 나타내 주었다.

3. 아간과 함께 형벌을 받은 사람들. **그의 죄악으로 멸망한 자가 그 한 사람만이 아니었느니라**(22:20).

(1) 아간과 함께 그가 훔친 물건들이 파괴되고 옷은 불태워졌다. 그리고 은과 금은 다시는 절대 사용할 수 없도록 때려부수고 불에 녹이고 파손시켜 다른 물건들의 재와 함께 돌무더기 아래 묻었다.

(2) 아간의 다른 모든 물건들, 예컨대 장막과 가구들과 소와 나귀와 양까지 파괴되고 멸망을 당했는데, 이는 불의하게 얻은 물건은 그 자체로 아무런 유익이 되지 못할 뿐만 아니라 다른 소유물까지도 손상시키는 결과가 된다는 사실을 보여주기 위한 것이었다. 우화에 나오는 독수리는 제단으로부터 고깃덩어리를 훔쳤는데 그것과 함께 불붙은 석탄을 가지고 갔다가 그만 자기 둥지를 다 태워 버리고 말았다(히 2:9, 10; 슥 5:3, 4). 자기 몫 이상의 것을 움키는 자는 자기의 몫까지 잃어버리게 된다.

(3) 아간의 자녀들까지도 그와 함께 죽음에 처하여졌다. 어떤 사람들은 그들이 단지 아버지의 형벌의 참관자가 되기 위해 **이끌려 왔다**(24절)고 생각한다. 그러나 대부분의 학자들은 그들이 아버지와 함께 죽임을 당했다고 결론내리면서 이것이 25절과 합치된다고 본다. 25절은 백성들이 그들을 돌로 친 후에 그들을 **불살랐다**고 언급한다. 하나님은 율법을 통해 아버지로 인하여 자녀들을 죽여서는 안 된다고 분명하게 말씀하셨다. 그러나 하나님은 그러한 율법에 매이지 않으신다. 그리고 여기의 경우 하나님은 범죄자와 그에게 속한 모든 것을 불태우라고 분명하게 명령하셨다(15절). 아마도 그의 아들들과 딸들은 저주받은(온전히 바친) 물건을 횡령하는 것을 부추기고 또 도왔을는지 모른다. 그들이 그 물건을 숨기는 일을 도왔을 가능성은 대단히 높다. 왜냐하면 아간이 가족들조차 모르게 그것을 장막 가운데 숨길 수는 없었을 것이기 때문이다. 분명히 자녀들은 그 사실을 알았을 것이고 아버지의 계획에 동조했을 것이다. 그러므로 그들은 사후종범(事後從犯)이 되는 것이다. 설령 그들이 그 범죄에 있어 아주 작은 부분에서만 참여했다 할지라도 그것은 너무나 가증한 범죄였기 때문에 그들이 아버지와 함께 형벌을 받는 것은 정당한 일이었다. 어쨌든 그에게

집행된 심판은 대단히 두려운 것이었고, 이로써 하나님은 영광을 받으셨다.

4. 아간에게 가해진 형벌. 그는 돌에 맞아 죽었다(어떤 이들은 그의 범죄가 안식일에 행해졌다고 생각하면서 그가 안식일을 범한 자로서 이렇게 형을 받았다고 본다). 그리고 그의 시신은 불태워졌는데, 이는 어떤 잔여물(殘餘物)도 남아서는 안 되는 저주받은 물건으로 간주되었기 때문이었다. 그를 벌하는 일에 모든 백성이 함께 한 것은 악과 신성모독을 제거하는 일에 모든 사람이 각자의 위치에서 다같이 동참하는 것이 얼마나 중요한가 하는 것을 가르쳐 준다. 죄는 모든 백성에게 치욕이다. 그러므로 모든 이스라엘 백성들은 그것에 대해 던질 돌을 가져야 한다.

5. 하나님의 진노가 그침(26절): 여호와께서 그의 맹렬한 진노를 그치시니. 진정한 회개와 개혁을 통해 죄를 제거하는 것은 하나님의 호의를 회복함에 있어 가장 확실하고 효과적인 길이다. 원인을 제거하라. 그러면 결과도 끝날 것이다.

Ⅶ. 아간의 죄와 형벌에 대한 증거. 후손들에게 경고와 교훈이 되게 하기 위해 이 일이 기억되고 보존되어야 했다.

1. 아간이 형을 받은 그 자리에 돌무더기를 쌓았다. 아마도 모든 회중이 던진 돌이 무더기를 이루었을 것인데, 이것은 그 죄에 대한 미움의 증표였다.

2. 그 곳에 새 이름이 주어졌는데, 아골(혹은, 괴로움) 골짜기로 불리게 되었다. 이것은 아간의 이름에 영원한 오명(汚名)이 되었으며, 또한 모든 백성에게 하나님의 소유물을 침범하지 말 것을 가르치는 영원한 경고가 되었다. 아간에 대한 이러한 엄정한 심판을 통해 아직 유년기에 있었던 여호수아의 통치권은 더욱 굳건하게 되었다. 또한 이스라엘은 약속의 땅의 입구에서 그 땅을 허락하심에 있어서의 조건과 단서를 다시금 되새기게 되었다. 아골 골짜기는 소망의 문을 위해 주신 것으로 언급된다. 왜냐하면 우리가 저주받은 물건을 제거할 때 거기에 이스라엘의 소망이 시작되기 때문이다(호 2:15; 스 10:2).

제 — 8 — 장

개요

아간의 죄로 인한 제반 사태는 일단락 되었다. 이제 우리는 여기에서 이스라엘이 전쟁과 종교 양쪽에서 대단히 훌륭한 태도를 다시 갖게 된 것을 보게 된다. 본 장에서는 다음과 같은 이야기가 전개된다. I. 영광스럽게 진행되는 아이 함락. 1. 하나님께서 여호수아를 격려하시면서 성공의 확증과 함께 아이를 공격하도록 하심, 그리고 그에게 어떻게 공격할 것인지 지시하심(1, 2절). 2. 여호수아가 하나님의 지시대로 군사들에게 명령을 내림(3-8절). 3. 계획대로 전략이 진행되고 그대로 성공을 거둠(9-22절). 4. 여호수아가 아이의 정복자가 됨, 모든 주민을 칼로 치고 성읍을 불태우며 왕을 나무에 매닮, 그리고 노략물을 군사들에게 줌(23-29절). II. 모세가 여호와께로부터 받아 백성들에게 전해 준 율법에 따라, 그리심 산과 에발 산 위에 모여 모든 이스라엘 총회 앞에서 율법을 돌에 기록하고 또 낭독하는 장엄한 의식을 행함(30-35절). 이렇게 하여 이스라엘 백성들은 종교적인 일과 세속적인 일이 서로 합치되도록 그래서 보조를 맞추어 진행되도록 하였다.

**[1]여호와께서 여호수아에게 이르시되 두려워하지 말라 놀라지 말라 군사를 다 거느
리고 일어나 아이로 올라가라 보라 내가 아이 왕과 그의 백성과 그의 성읍과 그의
땅을 다 네 손에 넘겨 주었으니 [2]너는 여리고와 그 왕에게 행한 것 같이 아이와 그
왕에게 행하되 오직 거기서 탈취할 물건과 가축은 스스로 가지라 너는 아이 성 뒤
에 복병을 둘지니라 하시니**

여호수아 같은 지도자를 가진 이스라엘은 행복했다. 그러나 하나님 자신을 지도자로 가진 여호수아는 더 행복했다. 어떤 난관에 부닥칠 때 여호수아는 참모회의를 소집할 필요가 없었다. 왜냐하면 하나님께서 너무나 가까이 계시면서 그의 질문에 대답하실 뿐만 아니라 심지어 그의 질문을 예상하시기까지 하기 때문이다. 지금 여호수아는 대단히 곤란한 상황에 빠져 있는 것으로 보인다. 그는 아간으로 인해 야기된 심적 혼란에서 아직 회복되지 못했으며, 용

감무쌍하게 앞으로 전진할 수 있을지 확신할 수 없었다. 왜냐하면 이스라엘 가운데 또 다른 아간이 있을지 모르는 일이었기 때문이다. 그런데 하나님께서 그에게 말씀하셨다. 이상(異像, vision)이든지, 아니면 앞에서처럼(5:1-15) 판결의 흉패를 통해서였을 것이다. 우리가 우리와 하나님 사이를 분리시킨 죄(저주받은 물건)를 제거하면, 그 때 우리는 우리를 위로하시는 하나님의 음성을 들을 것을 기대할 수 있다. 그리고 하나님께서 우리의 사역과 영적 전투에서 어떻게 전진할 것을 가르쳐 주는 것은 우리가 그분과 화해했음을 보여주는 좋은 증거가 되는 것이다. 다음을 주목하라.

I. 하나님께서 여호수아에게 계속 전진하도록 격려하심. 두려워하지 말라 놀라지 말라(1절). 이것은 아간의 죄와 이로 인한 결과로 인해 여호수아가 너무나 낙담했고 또 그의 마음이 극히 나약해졌음을 암시한다. 교회 내부의 부패는 외부로부터의 반대보다도 더 인도자들의 손을 약하게 하고 영을 시들게 한다. 악한 가나안 족속보다도 타락한 이스라엘 사람이 더 두려운 법이다. 그러나 하나님은 여호수아에게 실망하지 말라고 말씀하신다. 이스라엘을 외부의 적들에 의해 멸망당하지 않도록 지켜주신 동일한 하나님이 내부의 적으로 인해 스스로 무너지는 것으로부터도 지켜주실 것이다.

1. 하나님은 여호수아에게 아이에 대한 승리를 확증하시면서 그것이 모두 네 것이라고 말씀하신다. 그러므로 여호수아는 하나님의 선물로서 아이를 취해야만 한다. 내가 그것을 다 네 손에 넘겨주었다. 이것은 여호수아에게 권리와 소유를 확증하는 것이었으며, 그로 하여금 그 두 가지에 대해 하나님께 영광을 돌리게 하였다(시 44:3).

2. 하나님은 백성들에게 노략물을 취하도록 허락하신다. 여기의 노략물은 여리고의 경우와는 달리 하나님께 성별되지 않았다. 따라서 여기에서는 노략물을 탈취하는 것이 아무런 문제가 되지 않았다. 금지된 노략물을 탈취한 아간은 그것과 함께 자기 생명과 모든 것을 다 잃었지만, 양심적으로 저주받은 물건(온전히 바친 물건)을 취하지 않은 나머지 백성들은 순종에 대한 보상을 즉시로 받았다. 하나님께서 우리에게 허락하신 위로를 받는 방법은 그분이 금지하신 것을 삼가는 것이다. 어떤 사람도 자기부인(自己否認, self-denial)에 의해 손해보지 않을 것이다. 먼저 하나님의 것을 하나님께 돌려라. 그러면 모든 것은 우리에게 정결하고 안전한 것이 될 것이다(왕상 17:13). 하나님이 이스라엘 백

성들을 '이 아름다운 도시 온갖 좋은 것으로 가득 찬 집' 에 들어오게 하신 것은 만지지는 말고 보기만 하라는 뜻으로 그렇게 하신 것은 결코 아니었다. 다만 여리고는 첫 열매로서 하나님께 드리고, 아이와 이어지는 모든 도시(성읍)들의 노략물은 이스라엘의 손에 들어오도록 하심이었다.

Ⅱ. 아이를 공격함에 있어 하나님이 주신 지시. 이번에는 여리고의 경우처럼 오랜 시간이 걸리는 것이 되어서는 안 된다. 이렇게 하는 것은 전쟁을 지나치게 오래 끌게 할 것이다. 여리고를 점령하기 위해 끈기 있게 7일을 기다린 자들은 아이의 경우에는 단 하루만에 점령하게 될 것이다. 또 여리고의 경우처럼 기적에 의해 그리고 순전히 하나님의 행동에 의해 취하여질 것이 아니고, 이제는 그들 자신의 행동과 용기로써 취해야 했다. 하나님이 자신들을 위해 일하신 것을 보았으니 이제 그들은 스스로 분발하고 노력해야 한다. 하나님은 여호수아에게 다음과 같이 지시하신다.

1. 모든 군사를 거느리고 갈 것. 그럼으로써 그들 모두가 목격자가 되고 또 노략물을 나눌 수 있도록 하기 위함이었다. 이렇게 함으로써 하나님은 앞에서 그토록 적은 수의 원정대를 보낸 것에 대해 무언의 책망을 하셨다(7:4).

2. 성읍 뒤에 복병(伏兵)을 배치할 것. 만일 하나님이 지시하지 않았다면 아마도 여호수아는 이와 같은 생각을 결코 하지 못했을 것이다. 비록 오늘날 우리가 여기와 같은 이를테면 이상이나 음성이나 신탁과 같은 특별한 하나님의 지시를 기대할 수 없다 할지라도, 특별한 권세를 위임받은 자들이 공공의 선을 위해 신중하게 어떤 조치를 취한다면 우리는 하나님이 그들의 마음 속에 그것을 넣어주셨다고 인정해야 한다. 농부에게조차 신중함과 지혜를 가르치는 분이 하물며 정치가나 장군에게 그렇게 하시지 않겠는가?

3이에 여호수아가 일어나서 군사와 함께 아이로 올라가려 하여 용사 삼만 명을 뽑
아 밤에 보내며 4그들에게 명령하여 이르되 너희는 성읍 뒤로 가서 성읍을 향하여
매복하되 그 성읍에서 너무 멀리 하지 말고 다 스스로 준비하라 5나와 나를 따르는
모든 백성은 다 성읍으로 가까이 가리니 그들이 처음과 같이 우리에게로 쳐 올라
올 것이라 그리 할 때에 우리가 그들 앞에서 도망하면 6그들이 나와서 우리를 추격
하며 이르기를 그들이 처음과 같이 우리 앞에서 도망한다 하고 우리의 유인을 받
아 그 성읍에서 멀리 떠날 것이라 우리가 그들 앞에서 도망하거든 7너희는 매복한

곳에서 일어나 그 성읍을 점령하라 너희 하나님 여호와께서 그 성읍을 너희 손에 주시리라 [8]너희가 그 성읍을 취하거든 그것을 불살라 여호와의 말씀대로 행하라 보라 내가 너희에게 명령하였느니라 하고 [9]그들을 보내매 그들이 매복할 곳으로 가서 아이 서쪽 벧엘과 아이 사이에 매복하였고 여호수아는 그 밤에 백성 가운데에서 잤더라 [10]여호수아가 아침에 일찍이 일어나 백성을 점호하고 이스라엘 장로들과 더불어 백성에 앞서 아이로 올라가매 [11]그와 함께 한 군사가 다 올라가서 그 성읍 앞에 가까이 이르러 아이 북쪽에 진 치니 그와 아이 사이에는 한 골짜기가 있더라 [12]그가 약 오천 명을 택하여 성읍 서쪽 벧엘과 아이 사이에 매복시키니 [13]이와 같이 성읍 북쪽에는 온 군대가 있고 성읍 서쪽에는 복병이 있었더라 여호수아가 그 밤에 골짜기 가운데로 들어가니 [14]아이 왕이 이를 보고 그 성읍 백성과 함께 일찍이 일어나 급히 나가 아라바 앞에 이르러 정한 때에 이스라엘과 싸우려 하나 성읍 뒤에 복병이 있는 줄은 알지 못하였더라 [15]여호수아와 온 이스라엘이 그들 앞에서 거짓으로 패한 척하여 광야 길로 도망하매 [16]그 성읍에 있는 모든 백성이 그들을 추격하려고 모여 여호수아를 추격하며 유인함을 받아 아이 성읍을 멀리 떠나니 [17]아이와 벧엘에 이스라엘을 따라가지 아니한 자가 하나도 없으며 성문을 열어 놓고 이스라엘을 추격하였더라 [18]여호와께서 여호수아에게 이르시되 네 손에 잡은 단창을 들어 아이를 가리키라 내가 이 성읍을 네 손에 넘겨 주리라 여호수아가 그의 손에 잡은 단창을 들어 그 성읍을 가리키니 [19]그의 손을 드는 순간에 복병이 그들의 자리에서 급히 일어나 성읍으로 달려 들어가서 점령하고 곧 성읍에 불을 놓았더라 [20]아이 사람이 뒤를 돌아본즉 그 성읍에 연기가 하늘에 닿은 것이 보이니 이 길로도 저 길로도 도망할 수 없이 되었고 광야로 도망하던 이스라엘 백성은 그 추격하던 자에게로 돌아섰더라 [21]여호수아와 온 이스라엘이 그 복병이 성읍을 점령함과 성읍에 연기가 오름을 보고 다시 돌이켜 아이 사람들을 쳐죽이고 [22]복병도 성읍에서 나와 그들을 치매 그들이 이스라엘 중간에 든지라 어떤 사람들은 이쪽에서 어떤 사람들은 저쪽에서 쳐죽여서 한 사람도 남거나 도망하지 못하게 하였고

우리는 여기에서 특별한 전략으로 아이를 함락시키는 이야기를 보게 된다. 여기에서 사용된 전략은 확신컨대 합법적이고 훌륭한 것이었다. 하나님 자신이 그렇게 명령하셨다. 그러므로 다른 전쟁에서도 이와 비슷한 전략이 사용된다면, 우리는 그것을 합법적이고 좋은 전략으로 받아들여야 한다. 여기에

어떤 이득을 얻기 위해 동맹을 파기하거나 평화조약을 깨뜨리는 따위의 행동은 없었다. 이것은 성결한 것으로서 결코 비방의 대상이 될 수 없는 것이었다. 어떤 일에 대해 맹세를 했다면 그것은 심지어 적에게까지도 갚아야 할 채무가 된다. 그러나 이 전략을 사용함에 있어 어떤 거짓을 말하지는 않았다. 자신들의 계획 외에는 어떤 것도 감추지 않았다. 또 퇴각하는 것 말고는 어떤 것도 허위로 꾸며지지 않았다. 이스라엘의 퇴각이 더 이상 공격을 계속할 수 없거나 혹은 공격을 재개할 계획이 없음을 알리는 필연적인 증거였던 것은 결코 아니었다. 적들은 수비대를 남겨두고 성을 지키도록 했어야 했다. 분별력이 조금만 있었더라도 그들은 자신들보다 수적으로 우세한 군대를 그것도 성읍을 무방비 상태로 남겨둔 채 추격하는 모험은 하지 않았을 것이다. 그러나 만일 가나안 사람들이 그렇게 쉽게 속아넘어가고 또 이스라엘을 추격하는 가운데 이렇게 분별력을 잃어버렸다면, 이러한 경솔함으로 인해 이스라엘이 이득을 얻는 것을 결코 비난해서는 안 된다 백성들이 속는다면 그냥 내버려 두라. 뿐만 아니라 이것은 하나님이 기뻐하시는 성격과도 결코 모순되지 않는다. 여기에서 우리는 다음의 사실들을 주목해야 한다.

I. 이 일에 동원된 군대의 숫자와 관련하여 약간의 난제(難題)가 있다. 3절에 용사 3만 명을 뽑아 밤에 보냈다는 언급이 나오는데, 이들에게는 성읍(도시)이 비워질 때 즉시로 기습하여 점령하라는 임무가 주어졌다(4, 7, 8절). 그런데 뒤에 보면 여호수아가 5천 명을 택하여 성읍 뒤에 매복하도록 했으며(12절), 이들이 성읍에 들어가 불을 질렀다고 언급되어 있다(19절).

1. 어떤 이들은 두 개의 부대(部隊)가 매복을 위해 보냄 받았다고 생각한다. 3만 명으로 이루어진 부대가 먼저 보냄을 받았고 후에 길을 지키고 또 먼저 보냄 받은 부대를 돕기 위해 5천 명의 부대가 보냄 받았으며, 여호수아는 이들 전체에게 공격명령을 내렸다는 것이다. 패트릭 주교(bishop Patrick) 역시 1절에 나오는 하나님의 명령 "모든 군사를 다 거느리고"란 언급에 근거하여 이렇게 주장한다.

2. 그러나 다른 사람들은 "모든 백성들은 단순히 성읍 앞에 진을 쳤을 뿐이며 그들 가운데 여호수아가 3만 명을 행동대원으로 뽑았고 그들 중 5천 명을 매복시켰다고" 생각한다. 이 정도 숫자라야 발각되지 않고 행군할 수 있었다는 것이다. 그리하여 여호수아는 매복하지 않은 2만 5천 명(마시우스가 주장하는 것

처럼) 혹은 3만 명(칼빈이 주장하는 것처럼)과 함께 총 공격을 감행했다는 것이다. 그러므로 성읍 뒤에 숨어 기다리라는 명령과 함께 밤에 보내어진 자들은 5천 명이었다고 그들은 생각한다(3절) — 비록 12절에 이르러서야 비로소 그 숫자가 명확하게 언급되고 있다 할지라도. 여러 가지 요소들을 고려할 때, 오직 5천 명으로 이루어진 단 하나의 매복 부대만이 있었을 뿐이라고 보는 것이 가장 가능성이 높다. 이 정도 숫자면 빈 성읍(도시)을 기습하여 점령하는 일을 수행하기에 충분했을 것이다.

Ⅱ. 그러나 이야기의 대체적인 줄거리는 명확하다. 매복 부대는 은밀하게 성읍(도시) 뒤로 행군해 갔고, 반대쪽에선 여호수아를 중심으로 주력부대가 성읍을 마주하고 있었다. 아이 성의 수비대는 이스라엘을 향해 용맹하게 돌격했고, 이에 이스라엘 군사들은 우왕좌왕하는 모습으로 광야 쪽을 향해 퇴각했다. 이를 보고 아이 사람들은 모든 병력을 총동원하여 이스라엘을 추격했다. 이로써 매복해 있던 이스라엘 군사들은 아이를 점령할 수 있는 절호의 기회를 얻게 되었다. 이들이 연기로 신호를 보내자 여호수아와 모든 이스라엘 병력은 추격하고 있던 아이 군사들을 향해 돌아섰다. 아이 군사들은 덫에 걸렸다는 사실을 깨달았으나 그 때는 이미 너무 늦었다. 결국 모든 자들이 멸망을 당하게 되었다. 우리는 이와 비슷한 전략이 사사기 20:30 등에 사용된 것을 보게 된다. 이 이야기 속에서 우리는 다음과 같은 사실들을 발견할 수 있다.

1. 여호수아는 대단히 용감한 지도자였다.

(1) 그의 사려 깊은 행동. 하나님은 여호수아에게 성읍 뒤에 복병을 두라는 간략한 지시를 내리면서(2절) 세세한 것들은 그에게 맡기셨는데, 여호수아는 이를 아주 훌륭하게 해냈다. 전도서 7:19의 말씀은 너무나 분명한 사실이다. 지혜가 지혜자를 성읍 가운데에 있는 열 명의 권력자들보다 더 능력이 있게 하느니라.

(2) 그의 부지런함과 철저한 관리감독(10절). 여호수아는 아침에 일찍 일어났는데, 이는 때를 놓치지 않기 위함이었다. 그리고 이것은 그의 마음이 자기 직무에 얼마나 집중되어 있었나 하는 것을 잘 보여준다. 영적 전쟁을 수행하는 자들은 안일을 사랑해서는 안 된다.

(3) 그의 용기와 결심. 앞에서 이스라엘 군대는 아이 앞에 여지없이 격퇴를 당했었다. 그러나 이번에는 여호수아 자신이 직접 그들을 이끌 것을 결심한다(5절). 여호수아 자신도 장로 가운데 한 사람이었지만 이번의 공격에는 자신과

함께 다른 장로들도 모두 동참시킨다(10절). 이것은 적과 싸우기 위해 가는 것이라기보다 마치 범죄자를 심판하기 위하여 가는 것 같았다.

(4) 그의 신중함(13절). 여호수아가 그 밤에 골짜기 가운데로 들어갔다. 이것은 그가 공격을 위하여 군사들을 적절하게 배치하고 또 모든 것이 제대로 진행되고 있는지 파악하기 위함이었다. 패트릭 주교는 여호수아가 혼자 골짜기에 들어간 것은 하나님의 축복을 구하며 기도하기 위함이었다고 생각하는데, 이것은 매우 경건한 추측이다.

(5) 그의 불굴의 인내. 여호수아가 아이 성을 향해 단창(短槍)을 들었을 때(18절, 단창은 이스라엘의 적들에게 마치 모세의 지팡이처럼 거의 치명적이고 두려운 것이었다), 그는 일이 끝날 때까지 결코 내리지 않았다. 여호수아의 전투하는 손은 모세의 중보기도 하는 손이 그랬던 것처럼 해가 질 때까지 내려오지 않았다. 영적 원수들을 향해 손을 든 사람들은 일이 끝날 때까지 그 손을 내려서는 안 된다.

마지막으로, 여호수아가 취한 전략을 우리 주 예수 그리스도께 적용해 볼 수 있다. 그는 예수 그리스도의 모형(예표)인 것이다. 여호수아는 패배함으로써, 다시 말해서 자신이 정복당하는 것처럼 해서 승리했다. 이와 같이 우리 주 예수께서도 머리를 숙이고 영이 떠나갈 때 마치 죽음이 그를 이긴 것처럼 보였으며 또한 그와 그의 모든 일들은 다 끝난 것처럼 보였다. 그러나 부활하심으로 그는 다시 일어서셨고 어둠의 권세들에게 완전한 패배를 안겨주었다. 그는 뱀으로부터 발꿈치를 물리는 고통을 당함으로써 뱀의 머리를 깨뜨리셨다. 이 얼마나 영광스러운 전략인가!

2. 이스라엘 백성들은 매우 순종적이었다. 여호수아가 하나님의 말씀을 따라 그들에게 명령한 것(8절)을 그들은 아무런 불평 없이 또 어떤 이의도 제기하지 않은 채 그대로 행했다. 벧엘과 아이(두 성읍은 이스라엘에 대항하여 서로 동맹을 맺고 있었다) 사이에 매복하도록 보냄 받은 자들은 매우 위험한 위치에 있었다. 만일 발각된다면 모두 죽임을 당할 것이었다. 그러나 그들은 기꺼이 모험을 감행했다. 또 주력부대가 도망치며 물러날 때 그것은 불명예스러운 일이기도 하려니와 위험한 일이기도 했다. 그러나 그들은 여호수아에게 순종하여 그대로 했다.

3. 아이의 왕은 너무나 어리석은 자였다.

(1) 그는 정찰병을 보내어 성읍 뒤에 매복해 있는 자들을 수색했어야 했다(14절). 여기에서 우리는 하나님이 종종 어떤 사람들로 하여금 마땅히 해야 할 일을 보지 못하게 만드는 경우를 보게 된다. **성읍 뒤에 복병이 있는 줄은 알지 못하였더라.** 자기가 지금 위험 속에 빠져 있다는 사실을 알지 못하는 자가 가장 위험하다.

(2) 이스라엘이 도망가는 것처럼 보였을 때 그는 모든 병력을 총동원하여 추격하게 하면서 성읍을 방어하고 또 자신들의 퇴로를 확보하기 위한 병력을 하나도 남겨두지 않았다(17절). 이와 같이 교회의 원수들은 종종 하나님의 이스라엘을 향한 분노와 광포로 인해 스스로 멸망을 향해 달려가곤 한다. 바로(Paraoh)는 이스라엘을 추격하는 열의에 사로잡혀 결국 스스로를 홍해에 던져 넣고 말았다.

(3) 이전 전투의 전과(戰果) 즉 3천 명과 대적하여 36명을 살해한 것으로부터, 그는 지금 직면하고 있는 큰 병력 역시도 쉽게 격파할 수 있다고 추론했다(6절): **그들이 처음과 같이 우리 앞에서 도망한다.** 어리석은 자의 승리가 어떻게 스스로를 멸망시키며 또 마음을 완악하게 하여 파멸에 이르게 하는지 눈 여겨 보라.

하나님은 아이 성의 군사들을 '저주받은(온전히 바친) 물건을 손 댄 것에 대하여 자기 백성 이스라엘을 벌주기 위한 채찍'으로 사용하셨다. 그리고 이것은 아이 성의 군사들로 하여금 자신들이 침략자들로부터 자기 나라를 구원한 영예를 차지해야 한다는 자만심으로 부풀게 했다. 그러나 그들은 곧 자신들의 실수를 깨닫게 되었다. 이스라엘이 하나님과 화해했을 때 그들은 이스라엘에 대항할 힘을 가질 수 없었다. 하나님은 단지 그들을 이스라엘을 책망하기 위한 도구로만 사용하셨을 뿐이다. 그리고 이러한 목적이 이루어졌을 때 도구로 쓰여졌던 막대기는 불에 던져지게 되었다. **그의 뜻은 이같지 아니하며 그의 마음의 생각도 이같지 아니하고 다만 그의 마음은 허다한 나라를 파괴하며 멸절하려 하는도다**(사 10:5-7).

4. 이스라엘은 하나님의 호의와 축복으로 아이에 대하여 완벽한 승리를 얻었다. 이스라엘 병력은 나누어진 대로 각각 자기 임무를 완수했다. 신호에 의해 상호 일치되었고, 모든 것이 계획대로 성공했다. 그럼으로써 아이의 군사들은 승리를 거의 확신하고 있었을 때 자신들이 포위되었음을 알게 되었다. 따라서

그들은 저항할 정신도 없었고, 도망갈 여지도 없었으며, 결국 항복할 수밖에 없었다. 여기에서 이스라엘 군사들의 승리의 환호와 아이 군사들의 비명소리 중 어느 것이 더 컸을지에 대해 말하기는 어렵지만, 그러나 아이 군사들이 자신들의 최고의 확신이 갑자기 가장 무거운 절망 속에 빠져 버렸을 때 얼마나 두려움과 혼란에 빠졌겠는지 상상하는 것은 어렵지 않다. 악한 자의 승리는 짧다는 사실을 기억하라(욥 20:5). 그들은 잠깐 동안 높아지게 되는데(욥 24:24), 이로써 그들의 파멸은 더욱 쓰라린 것이 된다. 얼마나 쉽게 그리고 얼마나 빨리 운명의 저울은 뒤바뀌고 마는가!

23아이 왕을 사로잡아 여호수아 앞으로 끌어 왔더라 24이스라엘이 자기들을 광야로
추격하던 모든 아이 주민을 들에서 죽이되 그들을 다 칼날에 엎드러지게 하여 진
멸하기를 마치고 온 이스라엘이 아이로 돌아와서 칼날로 죽이매 25그 날에 엎드러
진 아이 사람들은 남녀가 모두 만 이천 명이라 26아이 주민들을 진멸하여 바치기까
지 여호수아가 단창을 잡아 든 손을 거두지 아니하였고 27오직 그 성읍의 가축과 노
략한 것은 여호와께서 여호수아에게 명령하신 대로 이스라엘이 탈취하였더라 28이
에 여호수아가 아이를 불살라 그것으로 영원한 무더기를 만들었더니 오늘까지 황
폐하였으며 29그가 또 아이 왕을 저녁 때까지 나무에 달았다가 해 질 때에 명령하여
그의 시체를 나무에서 내려 그 성문 어귀에 던지고 그 위에 돌로 큰 무더기를 쌓았
더니 그것이 오늘까지 있더라

우리는 여기에서 이스라엘이 아이에 대해 거둔 승리에 대한 좀 더 상세한 설명을 보게 된다.

1. 이스라엘은 전장(戰場)에서 뿐만 아니라 성읍 안에서도 모든 것을 칼로 진멸했는데, 남자와 여자와 아이들까지 포함되었고 아무도 살아남지 못했다(24절). 의로우신 재판장이신 하나님은 이들의 악함에 대하여 심판을 내리셨다. 그러므로 이스라엘은 단지 하나님의 공의를 수행하며 심판을 집행하는 사역자에 불과했다. 여기에서 단 한 번 벧엘에 대한 언급이 나오는데, 이들은 아이 사람들과 동맹을 맺고 있었다(17절). 비록 벧엘 사람들에게 자신들의 왕이 있었고 아이 왕의 신민이 아니었다 할지라도(왜냐하면 벧엘의 왕은 여호수아가 멸망시킨 31명의 왕들 가운데 하나로 계수되고 있기 때문이다), 아이가 훨씬 더 강

력했기 때문에 그들은 자신들의 안전과 이웃나라에 힘을 보태주기 위해 이 일에 동참했고 그 결과 아이와 함께 모두 진멸을 당하게 되었다. 이와 같이 자신의 멸망을 피하고자 한 일이 도리어 멸망을 재촉하게 되었다. 살육당한 전체 숫자는 12,000명에 불과했는데, 이것으로 이스라엘의 대 병력을 막는 것은 역부족이었다. 하나님은 당신이 멸하고자 작정한 자들의 정신을 흐리게 하신다.

여기에서 여호수아는 살육이 완료될 때까지 단창을 잡아 든 손을 거두지 않았다고 언급된다(26, 18절). 어떤 이들은 여호수아가 든 단창은 그 끝에 어떤 깃발이나 기장(旗章)이 매여 있는 것으로서 적을 살육하기 위한 것이 아니라 자기 군사들에게 동력을 불어넣고 격려하기 위한 것이라고 하면서, 여기에서 여호수아의 자기 부인의 한 실례를 볼 수 있다고 생각한다. 즉 여호수아의 가슴에 지금 가득 차 있는 용기의 불이 그로 하여금 손에 칼을 잡고 앞으로 달려나가도록 할 수 있었음에도 불구하고, 그는 하나님께 순종하여 낮은 자리를 지키면서 일이 다 완료되기까지 그대로 있었다는 것이다. 높이 들린 단창으로 여호수아는 백성들에게 하나님으로부터 오는 도움을 기대하도록 이끌었으며 또 그분께 찬송을 돌리도록 하였다.

2. 이스라엘은 성읍을 노략하였으며 모든 노략물을 자신들이 취했다(27절). 이와 같이 죄인들의 재물은 의인들을 위해 쌓여진다. 이스라엘이 애굽에서 가지고 나온 노략물들은 상당 부분 광야에서 성막을 건축하는 데 쓰여졌다. 그리고 그들은 지금 그에 대해 이자까지 합산하여 돌려받고 있다. 여기에서 취한 노략물은 — 미디안 백성들에 대하여 그랬던 것처럼(민 31:26 등) — 여호수아에 의해 모두 공정하게 분배되었을 것이다. 어느 누구도 그것을 불법적으로나 혹은 폭력적으로 탈취하지 않았다. 왜냐하면 하나님은 질서와 공평의 하나님이시지 혼란의 하나님이 아니시기 때문이다.

3. 이스라엘은 아이 성을 잿더미로 만들고 그대로 두었다(28절). 이스라엘은 여전히 장막에 거해야 했다. 그러므로 아이도 여리고처럼 불태워져야 했다. 여리고의 경우와는 달리 아이 성을 재건하는 자에게는 저주가 선언되지 않았다. 그러나 만일 느헤미야 11:31에 나오는 '아야'가 아이 성을 의미하는 것이 아니라면, 이 성읍은 영영 재건되지 않은 것으로 보인다. 어떤 이들은 이스라엘이 먼저 한 번 패했기 때문에 그래서 그 패배의 기억이 폐허 속에 묻혀져야 했기 때문에 아이 성이 재건되지 않았다고 생각한다.

4. 아이의 왕은 포로가 되어 죽음을 당했는데, 군인으로서 전쟁의 칼에 의해서가 아니라 죄인으로서 공의의 칼에 의해서였다. 여호수아는 그를 매어 달도록 명령했고, 그 시체를 성문 어귀에 던지고 그 위에 돌무더기를 쌓도록 하였다(23, 29절). 아이 왕에 대한 이러한 가혹한 형벌에는 분명히 어떤 특별한 이유가 있었을 것이다. 어쩌면 그는 유명한 악인이었으며 이스라엘의 하나님을 훼방하는 자였을는지 모른다. 혹은 첫 번째 전투에서 이스라엘을 격퇴시킨 것 때문일 수도 있을 것이다. 그의 시체는 성문 어귀에 던져졌는데, 그 곳은 그가 종종 재판석에 앉아 있곤 했던 바로 그 자리였다. 그러므로 이 일로 그의 위엄에 더 큰 수치가 임하게 된 것이다. 또 바로 이 자리에서 만든 갖가지 불의한 법령들 때문에 그가 바로 여기에서 형벌을 받았을는지 모른다. 이와 같이 하나님은 당신이 행하시는 심판을 통해 자신을 나타내신다.

30그 때에 여호수아가 이스라엘의 하나님 여호와를 위하여 에발 산에 한 제단을 쌓
았으니 31이는 여호와의 종 모세가 이스라엘 자손에게 명령한 것과 모세의 율법책
에 기록된 대로 쇠 연장으로 다듬지 아니한 새 돌로 만든 제단이라 무리가 여호와
께 번제물과 화목제물을 그 위에 드렸으며 32여호수아가 거기서 모세가 기록한 율
법을 이스라엘 자손의 목전에서 그 돌에 기록하매 33온 이스라엘과 그 장로들과 관
리들과 재판장들과 본토인뿐 아니라 이방인까지 여호와의 언약궤를 멘 레위 사람
제사장들 앞에서 궤의 좌우에 서되 절반은 그리심 산 앞에, 절반은 에발 산 앞에
섰으니 이는 전에 여호와의 종 모세가 이스라엘 백성에게 축복하라고 명령한 대로
함이라 34그 후에 여호수아가 율법책에 기록된 모든 것 대로 축복과 저주하는 율법
의 모든 말씀을 낭독하였으니 35모세가 명령한 것은 여호수아가 이스라엘 온 회중
과 여자들과 아이와 그들 중에 동행하는 거류민들 앞에서 낭독하지 아니한 말이
하나도 없었더라

우리가 여기에서 보게 되는 장엄한 종교 의식은 가나안 정복 전쟁 역사의 한 중간에 펼쳐지고 있는데, 그것은 시간적으로 다소 의외의 때에 이루어지고 있는 것으로 보일 수 있다. 지금 이스라엘은 여리고와 아이를 점령했다. 그렇다면 우리는, 다음 소식은 이스라엘이 그 지역을 소유로 삼고, 나아가서 다른 성읍들로 승리를 계속 밀고 나가며 전쟁을 내지(內地)까지 확장시키는 것

이라고 기대할 것이다. 그러나 지금 여기에서 펼쳐지고 있는 장면은 전혀 다른 성격의 것이었다. 이스라엘 진(陣)은 벌판으로 나아가는데, 이는 적과 전쟁을 벌이기 위함이 아니었다. 다만 율법을 듣고, 읽으며, 축복과 저주에 대해 아멘 하기 위함이었다. 어떤 이들은 이것이 10장과 11장의 승리들을 얻은 연후에야 비로소 되어진 일이라고 생각한다. 지도상으로 볼 때 세겜은 아이에서 그다지 멀리 떨어져 있지 않다(세겜은 그리심 산과 에발 산 인근에 있었다). 그러므로 이스라엘은 아이를 취한 후 바로 그 두 산(그리심과 에발)으로 침투해 들어갈 수 있었을 것이다. 그러므로 나는 굳이 이야기의 순서를 바꿀 필요가 없다고 생각한다. 오히려 이 이야기가 바로 여기에 있기 때문에 그것은 다음과 같은 사실들에 대한 특별한 실례가 되는 것이다.

1. 하나님께 예배하며 영광을 돌림에 있어서의 이스라엘의 열심. 이스라엘에게 있어 전쟁을 계속하는 것이 한층 영예롭고 신나는 일이며 유익도 많고 또 그 땅에 정착하는 데 더 필요했을 것이다. 왜냐하면 그들은 심지어 여호수아조차 칼로 승리할 때까지는 자신들의 집과 땅을 가질 수 없었기 때문이다. 그들이 지정된 장소에 모여 이와 같은 의식(儀式)을 거행하는 동안에는 전쟁의 모든 일은 그대로 멈추어 있게 될 것이었다. 그러나 하나님은 이스라엘이 요단을 건널 때 이것을 행하도록 명령하셨고, 그래서 이스라엘은 연기할 만한 그럴듯한 핑계를 댈 수 있었음에도 불구하고 가능한 빨리 이 일을 행했다. 우리는 하나님과 약속한 것을 우리가 원하는 때까지 연기하려고 생각해서는 안 된다. 승리의 길은 하나님과 함께 시작하는 데 있다(마 6:33).

2. 신실한 종들과 예배자들에 대한 하나님의 돌보심. 비록 이스라엘이 적들의 땅에 있었다 할지라도, 하나님을 섬기고 있는 한 그들은 안전했다. 그것은 서원을 갚기 위해 벧엘로 올라가고 있었던 야곱의 경우와 마찬가지였다: 하나님이 그 사면 고을들로 크게 두려워하게 하셨으므로(창 35:5). 우리가 하나님께 대한 책임을 다하고 있을 때 하나님은 우리를 자신의 특별한 보호 아래 두신다. 모세는 두 번이나 이러한 의식을 행할 것을 분명하게 명령했다. 한 번은 신명기 11:29-30에서인데, 여기에서 모세는 그것이 거행될 장소를 분명하게 지정한다. 그리고 또 한 번은 신명기 27:2이었다. 그것은 범지파적인 계약이었다. 그 언약이 지금 약속의 땅을 소유하는 것과 관련하여 하나님과 이스라엘 사이에 갱신되고 있다. 그럼으로써 이스라엘은 그 땅을 정복하는 일에 격려를 받고 언

약의 조건을 알며 순종의 의무를 새롭게 할 수 있었다.

I. 언약의 증표로서 이스라엘은 제단을 세우고 하나님께 희생제물을 드렸다(30, 31절). 이것은 '이러한 희생제물을 성결케 하는 제단' 이신 중보자 안에서 그리고 그에 의해서 자신들을 산 제물로 하나님께 바치는 것에 대한 증표였다. 제단은 에발 산에 세워졌는데, 그 산은 저주가 선포된 산이었다(신 11:29). 그것은 율법에 의해 우리는 저주를 받을 수밖에 없다는 사실과 또 우리를 위한 그리스도의 희생제사와 중보를 통해 우리가 하나님과 화평케 된다는 사실을 보여준다. 그리스도는 우리를 위한 저주가 되심으로 율법의 저주에서 우리를 구속하셨다(갈 3:13). 저주에 의해 너희는 내 백성이 아니라 한 그 곳에서조차 제단이신 그리스도를 통해 너희는 살아계신 하나님의 자녀라고 일컬어지는 것이다(호 1:10). 에발 산에서 선포된 저주는 만일 희생제사에 의해 속죄가 이루어지지 않았다면 즉시 실행되었을 것이다. 이 제단 위에서 드려진 희생제물에 의해, 이스라엘은 출애굽기 17:15에서처럼 승리의 영광을 하나님께 드렸다.

지금 이스라엘은 아이 성의 탈취물로 인해 위로를 받았으며, 하나님은 찬송을 받으시기에 합당하셨다. 또한 이스라엘은 미래의 승리를 위한 하나님의 호의를 간청했으며, 감사와 간구를 위해 화목제를 드렸다. 손을 대는 모든 일에 승리하며 번성하는 방법은 우리가 하나님과 동행하는 것이며, 모든 길에 기도와 찬송과 신뢰로써 그를 인정하는 것이다. 이스라엘이 세운 제단은 율법에 따라 다듬지 않은 거친 돌로 만들었는데(출 20:25), 이것은 하나님이 가장 기뻐받으시는 예배는 꾸며지고 기교가 많이 들어간 예배가 아니라 가장 단순하고 자연스러운 예배임을 보여준다. 인간의 꾸밈은 하나님의 것에 어떠한 아름다움도 더하지 못한다.

II. 이스라엘은 하나님으로부터 율법을 받았다. 하나님으로부터 호의를 구하며 또 자신이 드린 예물이 열납되기를 원하는 자들은 이것을 해야만 한다. 왜냐하면 만일 우리가 귀를 돌려 율법을 듣기 싫어한다면 우리의 기도는 가증한 것이 될 것이기 때문이다. 하나님께서 이스라엘을 하나님의 언약 속에 집어넣으셨을 때 하나님은 그들에게 율법을 주셨고 그들은 그러한 언약에 대한 동의의 증표로서 율법에 순종했다.

1. 전체 율법의 요약으로서 십계명의 율법이 돌에 기록되었다(32절). 이것은 법궤 속에 보관되어 있었던 돌판처럼 돌에 새겨진 것은 아니었다. 법궤 속의

돌판은 하나님이 당신의 손가락으로 새긴 것이었다. 여기서는 돌에다가 석회를 바르고 그 위에 율법을 기록했다(신 27:4, 8). 그들이 동의하는 것을 모두가 볼 수 있도록 기록되었으며, 따라서 그것은 이스라엘에게 그토록 훌륭한 율법을 주신 하나님의 선하심을 후손들에게 보여주는 '서 있는 증거'(standing testimony)가 될 것이었다. 또한 그것은 만일 그들이 불순종하면 그들을 대적하는 증거가 될 것이었다. 어떤 사람이 기록된 하나님의 율법을 갖게 되는 것은 참으로 큰 은혜이다. 그리고 기록된 율법이 모든 사람 앞에 서 있음으로 그들로 보고 읽을 수 있게 된 것은 참으로 적절한 일이다.

2. 율법의 상벌(賞罰)로서 축복과 저주가 공적으로 낭독되고 백성들은 모세의 명령에 따라 아멘으로 화답했다(33, 34절).

(1) 청중들이 매우 많았다. [1] 아무리 지위가 높은 사람이라 할지라도 예외가 아니었다. 장로들과 관리들과 재판장들까지도 율법의 다스림 위에 있지 않았다. 그들이 율법에 순종하느냐 불순종하느냐에 따라 축복과 저주가 임할 것이다. 그러므로 그들은 언약에 동의하고 백성들 앞에 행하기 위해 그 자리에 있어야 했다. [2] 가장 불쌍한 이방인조차도 배제되지 않았다. 여기에서 우리는 이방인이 이스라엘 가운데 들어오는 것을 볼 수 있다. 비록 그들이 이방인으로 태어났다 할지라도 그들은 언약 속으로 받아들여졌다. 이것은 이방인에게 개종(改宗)을 격려하는 것이었으며, 마지막 때에 이방인들에게 하나님의 호의가 베풀어질 것을 미리 보여주는 것이었다.

(2) 모세가 지시한 대로 여섯 지파는 그리심 산을 향하고, 또 여섯 지파는 에발 산을 향하도록 배치되었다. 그리고 골짜기 한가운데 법궤가 있었는데, 이는 그것이 언약의 법궤(언약궤)였기 때문이었다. 그 안에 율법의 두루마리가 닫혀진 채 인봉되어 있었는데, 이것이 돌에 기록되어 모든 사람이 볼 수 있게 된 것이었다. 법궤를 뒤따르던 제사장들과 그들을 뒤따르던 일부 레위인들은 백성들이 자리를 잡고 조용해지자 모세가 명령한 대로 축복과 저주를 분명하게 선언했고 이에 모든 지파들은 아멘으로 화답했다. 여기에서 오직 백성들을 축복하라고만 되어 있는 것을 주목할 필요가 있다(33절). 하나님이 율법을 주심에 있어 먼저 그리고 주로 의도하시고 계획하신 것은 축복이었던 것이다. 만일 그들이 저주 아래 떨어진다면 그것은 그들 자신의 잘못 때문이었다. 이스라엘 백성들이 '생명과 죽음' 그리고 '선과 악'의 문제를 이토록 분명하게 가르침 받고

있는 것은 정말 큰 축복이다. 하나님은 다른 나라들에 대하여는 이와 같이 다루지 않으셨다.

3. 율법 자체가 교훈과 금지까지 포함하여 낭독되었다(35절). 여호수아는 여호와의 회중 가운데 낭독자는 자기 밑에 있는 사람이어서는 안 된다고 생각한 것 같다. 여기의 경우와 합치되게, 7년마다 한 번씩 하게 되어 있는 장엄한 율법 낭독(신 31:10, 11)은 왕이나 혹은 가장 중요한 지도자에 의해 행해졌다.

(1) 모든 말씀이 낭독되었다. 심지어 가장 사소한 교훈까지도 빠뜨려지지 않았으며, 가장 세세하고 긴 서술도 축약되지 않았다. 율법의 일점일획도 지나치지 않았으며, 낭독하는 가운데 어느 말씀도 시간을 절약한다는 핑계로 건너뛰지 않았다. 또 어느 부분도 불필요한 것으로 혹은 낭독하기에 적절치 않은 것으로 여겨지지 않았다. 모세가 그들에게 신명기 전체를 설교한 것이 그리 오래전의 일이 아니었다. 불과 수 주(週) 혹은 수 개월 전의 일이었다. 그러나 여호수아는 지금 그것 전체를 다시 낭독해야만 했다. 하나님이 한 번 말씀하신 것을 두 번 듣는 것은 좋은 일이다(시 62:11). 우리에게 전해진 것을 반복하는 것은 우리로 하여금 실족하지 않도록 해준다.

(2) 모든 이스라엘 백성들이, 심지어 여자들과 아이들까지도 자신들의 의무를 알고 행할 수 있도록 다 참석했다. 가장들은 종교적 예배를 위한 이 장엄한 집회에 아내와 자녀들을 데리고 와야 했다. 학습할 수 있는 모든 사람은 율법을 가르침 받기 위해 와야만 했다. 이스라엘 백성들과 함께 하는 거류민들도 또한 참석했다. 우리는 우리가 있는 바로 그 곳에서 하나님과 그분의 거룩한 뜻을 알리는 모든 기회를 이용해야 한다.

제 — 9 — 장

개요

본 장의 내용은 다음과 같다. I. 가나안의 왕들이 이스라엘에 대항하여 동맹을 맺음(1, 2절). II. 기브온 주민들이 이스라엘과 조약을 맺음. 1. 기브온 사람들이 먼 나라에서 온 것처럼 꾸미면서 치밀하게 계획하고 청원함(3-13절). 2. 여호수아와 이스라엘 백성들이 경솔하게 동의함, 그리고 나중에 거짓이 드러났을 때 이 일이 회중들의 거리낌이 됨(14-18절). 3. 기브온 사람들이 이스라엘과 언약했으므로 생명을 보존하는 대신 그 언약이 정직하게 세워지지 않았으므로 자유가 허용되지 않음, 그럼으로써 이 일이 모두에게 만족스럽게 조정됨(19-27절).

[1]이 일 후에 요단 서쪽 산지와 평지와 레바논 앞 대해 연안에 있는 헷 사람과 아모리 사람과 가나안 사람과 브리스 사람과 히위 사람과 여부스 사람의 모든 왕들이 이 일을 듣고 [2]모여서 일심으로 여호수아와 이스라엘에 맞서서 싸우려 하더라

지금까지 이스라엘 백성들이 여리고와 아이에 대해 공격적으로 침략해 들어간 반면 가나안 사람들은 방어적으로 행동했다. 그러나 여기에서 가나안의 왕들은 이스라엘을 공격할 것을 협의한다. 그들의 협의 내용은 서로 힘을 합쳐서 승승장구하고 있는 이스라엘 군대의 전진을 저지하는 것이었다.

1. 그들이 이와 같은 일을 좀 더 빨리 하지 않은 것이 이상스럽다. 그들은 이스라엘이 접근해 오는 것을 오래 전부터 알고 있었다. 가나안에 대한 이스라엘의 계획은 비밀스러운 것이 아니었다. 자신들의 안전을 위해서 그들은 이스라엘이 요단을 건너지 못하도록 어떤 조치를 취하든지, 아니면 이스라엘이 요단을 건너자마자 따뜻하게 영접하든지 했어야 했다. 그들은 여리고가 포위되었을 때 그것을 해제할 시도도 하지 않았고, 아이가 이스라엘을 격퇴했을 때 이 일에 참여하지도 않았다. 그렇게 하는 대신 그들은 추측으로 그랬든지 자포자기로 그랬든지 어찌할 바를 모르고 완전히 얼이 빠져 있었다. 사람들은 눈이

가려질 때 자신의 평화와 안전에 관한 일조차 깨닫지 못한다.

2. 그들이 지금 이와 같은 일을 하는 것은 더욱 이상스럽다. 여리고와 아이를 정복한 것은 하나님의 권능에 대한 분명한 증거를 보여주는 것이었다. 그러므로 그들은 이스라엘과 더불어 싸울 것이 아니라 최선의 조건으로 화친을 맺었어야 했다. 이렇게 하는 것이 지혜로운 일이었을 것이다(눅 14:32). 그러나 그들의 정신은 어두워져 있었고 마음은 멸망을 향해 굳어져 있었다.

(1) 무엇이 지금 그들을 동맹으로 이끌었나? 그들은 이에 대해 들었다(1절). 즉 여리고와 아이를 정복한 것뿐만 아니라 에발 산에서의 국가적 집회에 대해 들었으며, 또 여호수아가 — 마치 자기가 벌써 이 땅의 주인이 된 것처럼 — 모든 백성들을 한자리에 모아서 그들을 통치할 율법을 낭독하고 또 그들로 하여금 그 율법에 순종하겠다는 약속을 하게 한 것을 들었다. 따라서 그들은 이스라엘인들이 지금 사기가 충천한 상태에 있음을 알게 되었고, 그래서 지금이야말로 자신들이 분발하지 않으면 안 되는 매우 중요한 때라고 생각했다. 하나님의 백성들의 경건한 헌신은 종종 원수들을 자극하고 격분시킨다.

(2) 그들이 만장일치로 결의함. 그들은 헷 족속, 아모리 족속, 브리스 족속 등 여러 나라의 왕들이었다. 따라서 그들은 분명히 여러 가지 상이한 이해관계를 가지고 있었을 것이다. 그러나 그들은 이스라엘을 대항하여 연합하는 일에 만장일치, 즉 아무런 이의가 없었다. 오! 이스라엘이 가나안 족속들의 이와 같은 것을 배울 수만 있다면! 그래서 공적 복리를 위해 사적인 이해관계를 희생하고 모든 미움과 증오심을 버리며 하나님 나라의 원수들에 대항하여 전심으로 연합할 수만 있다면!

3기브온 주민들이 여호수아가 여리고와 아이에게 행한 일을 듣고 4꾀를 내어 사신
의 모양을 꾸미되 해어진 전대와 해어지고 찢어져서 기운 가죽 포도주 부대를 나
귀에 싣고 5그 발에는 낡아서 기운 신을 신고 낡은 옷을 입고 다 마르고 곰팡이가
난 떡을 준비하고 6그들이 길갈 진영으로 가서 여호수아에게 이르러 그와 이스라엘
사람들에게 이르되 우리는 먼 나라에서 왔나이다 이제 우리와 조약을 맺읍시다 하
니 7이스라엘 사람들이 히위 사람에게 이르되 너희가 우리 가운데에 거주하는 듯하
니 우리가 어떻게 너희와 조약을 맺을 수 있으랴 하나 8그들이 여호수아에게 이르
되 우리는 당신의 종들이니이다 하매 여호수아가 그들에게 묻되 너희는 누구며 어

디서 왔느냐 하니 [9]그들이 여호수아에게 대답하되 종들은 당신의 하나님 여호와의 이름으로 말미암아 심히 먼 나라에서 왔사오니 이는 우리가 그의 소문과 그가 애굽에서 행하신 모든 일을 들으며 [10]또 그가 요단 동쪽에 있는 아모리 사람의 두 왕들 곧 헤스본 왕 시혼과 아스다롯에 있는 바산 왕 옥에게 행하신 모든 일을 들었음이니이다 [11]그러므로 우리 장로들과 우리 나라의 모든 주민이 우리에게 말하여 이르되 너희는 여행할 양식을 손에 가지고 가서 그들을 만나서 그들에게 이르기를 우리는 당신들의 종들이니 이제 우리와 조약을 맺읍시다 하라 하였나이다 [12]우리의 이 떡은 우리가 당신들에게로 오려고 떠나던 날에 우리들의 집에서 아직도 뜨거운 것을 양식으로 가지고 왔으나 보소서 이제 말랐고 곰팡이가 났으며 [13]또 우리가 포도주를 담은 이 가죽 부대도 새 것이었으나 찢어지게 되었으며 우리의 이 옷과 신도 여행이 매우 길었으므로 낡아졌나이다 한지라 [14]무리가 그들의 양식을 취하고는 어떻게 할지를 여호와께 묻지 아니하고

Ⅰ. 기브온 사람들은 여리고가 멸망되었다는 소식에 놀라 이스라엘과 화친하기를 도모한다(3절). 다른 나라 사람들은 이러한 소식을 듣고 격동되어 이스라엘과 전쟁을 하려고 준비했지만, 기브온 사람들은 그것을 듣고 이스라엘과 화친하고자 했다. 이와 같이 복음 안에서 하나님의 영광과 은혜를 발견했을 때 어떤 사람에게는 사망으로부터 사망에 이르는 냄새가 되고, 또 어떤 사람에게는 생명으로부터 생명에 이르는 냄새(고후 2:16)가 된다. 동일한 태양이 밀랍은 부드럽게 하는 반면 진흙은 단단하게 만든다. 우리는 성경 어디에서도 기브온의 왕에 대하여 들어보지 못했다. 만일 기브온의 정치체제가 이 때 왕 한 사람에 의해 다스려지는 것이었다면, 아마도 그 왕의 마음은 너무 완악하여 이스라엘에게 결코 항복하지 않으려고 했을 것이고 반면 이스라엘에 대항하여 다른 왕들과 연합했을 것이다. 그러나 17절에 언급되고 있는 '네 곳의 도시 연합'은 장로 혹은 원로들에 의해 통치되었던 것으로 보인다(11절). 이들 장로 혹은 원로들은 개인적인 위엄보다는 공공의 안전을 먼저 고려했다. 기브온의 주민들은 스스로를 위하여 좋은 것을 선택했다.

Ⅱ. 기브온 사람들이 택한 방법. 그들은 가나안 땅의 모든 주민들이 진멸을 당하게 될 것을 알고 있었다. 아마도 그들은 율법이 낭독되었던 에발 산의 집회에 몇 명의 정탐꾼을 보냈을 것이다. 그 정탐꾼들은 이스라엘 백성들에게 내

려진 명령(신 7:1-3)을 듣고 자기 나라의 장로들에게 전달했을 것이다. 그 명령에 의하면 이스라엘은 가나안 족속들에 대해 자비를 보여서는 안 되며 모든 사람을 진멸해야 했는데, 이러한 사실로 인해 그들은 이스라엘과 싸우는 것을 두려워하게 되었을 것이다. 또 이스라엘은 가나안 족속들과 어떤 계약도 맺어서는 안 된다는 명령은 그들로 하여금 이스라엘과 조약을 맺는 일에 절망감을 느끼도록 만들었을 것이다. 그러므로 기브온 사람들로서는 이스라엘의 칼로부터 자신들의 생명을 구원함에 있어 자기 정체를 속이는 것 외에 다른 방법이 없었다. 그래서 그들은 자신들이, "이스라엘이 전쟁을 벌이도록 명령받지도 않았고 또 화친하는 일이 금지되지도 않았으며 특별히 평화를 선언하도록 명령받은" (신 20:10, 15) 아주 먼 나라에서 왔다고 거짓말을 한 것이다. 만일 그들의 계획이 무산되고 만다면 그들은 자신들에게 오직 한 가지 길 곧 여리고와 아이의 운명을 따르는 것밖에 없다는 사실을 잘 알고 있었다. 비록 이웃 나라의 방백들이 기브온의 모든 사람들이 다 강함을 알고 있었고(10:2) 또 그들 스스로도 그렇게 알고 있었다 할지라도, 그들은 전능하신 하나님이 함께 하고 계시는 이스라엘과 싸우려고 하지 않았다. 이런 생각 속에서 기브온 사람들은 연극을 해야만 했다.

1. 그들은 대단히 교묘하게 그리고 성공적으로 연극했다. 이보다 더 교묘하게 일을 꾸밀 수는 없을 것이다.

(1) 그들은 외국으로부터 온 사신(使臣)의 모양을 취했다. 그들은 생각하기를, 이렇게 함으로써 이스라엘의 방백들을 기쁘게 하고 먼 나라로부터 예방(禮訪) 받은 것에 대해 자부심을 갖게 할 것이었다. 우리는 히스기야가 먼 나라로부터 온 사신들로 인해 크게 기뻐한 것을 발견한다(사 39:3). 그들은 아직까지 이렇게 예방 받아 본 적이 없었다.

(2) 그들은 오랜 여행으로 인해 지치고 피곤한 모습으로 가장하면서 이러한 사실을 시각적(視覺的)으로 보여줄 수 있는 각종 소품들을 만들었다. 당시에 먼 여행길을 떠나는 사람들은 양식을 비롯한 각종 물품들을 가지고 다닐 수밖에 없었을 것이다. 당시에는 오늘날의 식료품점이나 잡화점 같은 것이 없었기 때문이다. 지금 그들은 집에서 출발할 때는 깨끗하고 새 것이었던 것들이 지금은 오래되고 마른 것으로 변질된 것처럼 꾸미고 있다. 그럼으로써 그들은 매우 먼 나라로부터 온 것처럼 보이고자 하였다. 여행가방은 다 낡았고, 포도주는 다

마시고 없었으며, 그것을 담았던 부대는 다 찢어졌고, 신과 옷은 이스라엘 백성이 40년 동안 사용했던 것들보다도 더 낡고 해어졌으며, 빵은 말라 곰팡이가 났다(4, 5, 12, 13절). 기브온 사람들의 이러한 연극으로 인해 이스라엘은 깨끗이 속아넘어가고 만다. 그러나 기브온 사람들의 책략에 속은 것은 그들이 하나님께 묻지 않았기 때문이었다고 언급된다. 이와 같이 자신을 가난과 궁핍으로 치장하면서도 실제는 부유하여 구제 받을 필요가 없는 사람들이 있는데(잠 13:7), 이로 인하여 자선행위가 정당한 곳으로 가지 못하고 잘못된 곳으로 가게 되는 경우가 종종 있다.

(3) 미심쩍은 눈길과 함께 **어디서 왔느냐**는 질문을 받았을 때, 그들은 조약을 맺을 때까지 어떻게 하든 자기 나라를 밝히는 것을 피하고자 하였다.

[1] 이스라엘 사람들은 혹시 거짓이 아닌가 미심쩍게 생각한다(7절). 혹시 당신들이 **우리 가운데 거주한다면**, 우리는 당신들과 동맹을 맺을 수도 없고 맺어서도 안 된다. 이것은 기브온 사람들을 크게 실망시켰을 것이다. 만일 화친이 되었다고 하더라도 나중에 자신들의 거짓말이 드러날 때 이스라엘 사람들이 화친의 조약을 지킬 의무가 없다고 생각할 수도 있지 않겠는가? 그러나 다른 희망이 없음을 알았기 때문에, 그들은 이스라엘에게 항복할 것을 선택했다. 이렇게라도 해서 조약을 맺으면 이스라엘 사람들이 우리를 살려줄지 누가 알겠는가? 그러나 지금 모든 것을 고백하면 죽을 것밖에 아무 소망이 없지 않겠는가?

[2] 여호수아가 다시 질문한다: **너희는 누구며 어디서 왔느냐?** 여호수아는 공개적인 전투에서 뿐만 아니라 은밀한 속임수에 대해서까지도 경계를 늦추지 않는다. 우리는 영적 전투에서 **마귀의 궤계를 경계해야** 한다. 우리는 마귀가 울부짖는 사자일 뿐만 아니라 교묘한 뱀이기도 하다는 사실을 잊어서는 안 된다. 우호관계나 혹은 각종 동맹을 맺음에 있어, 성급하게 맺은 약정으로 인해 후회하지 않기 위해서는 우리는 먼저 시험해 보고 그 다음에 신뢰해야 한다.

[3] 그들은 자기들이 어디에서 왔는지 말하려고 하지 않는다. 다만 같은 말만 반복한다: **우리는 심히 먼 나라에서 왔나이다**(9절). 당신들이 알지도 못하며 듣지도 못한 나라입니다. 그들은 지금 자기 나라를 밝히는 것이 현명한 일이 아니라고 생각한다.

(4) 그들은 이스라엘의 하나님께 대한 존경심을 고백하면서 여호수아의 환

심을 사려고 노력한다. 우리는 이들이 이것을 고백함에 있어 진실했다고 믿는다: **우리는 당신의 하나님 여호와의 이름으로 말미암아 왔나이다**(9절). 그 이름을 들었기에, 그 이름이 모든 이름 위에 뛰어난 이름임을 확신했기에, 그 이름을 갈망하고 또 그 이름을 기념하기를 소원하여, 우리가 그 이름의 보호 아래 즐거이 왔나이다.

(5) 그들은 애굽에 내린 열 가지 재앙이라든지 시혼과 옥의 멸망과 같은 모세의 통치 시대 때 이루어진 일들을 언급하면서 이러한 것들이 자신들을 이 곳으로 이끌었다고 이야기한다(9, 10절). 이러한 소식들은 먼 지역까지 전파되었을 것으로 쉽게 추측될 수 있는 것들이었다. 그러나 그들은 지혜롭게도 여리고와 아이의 멸망에 대해서는 아무것도 말하지 않았다(실제로는 이것이 그들을 이 곳으로 오게 한 진짜 이유였다, 3절). 왜냐하면 그들은 이러한 일이 일어나기 훨씬 이전에 이미 자기 나라를 떠난 것으로 꾸며야 했기 때문이었다. 우리가 이스라엘의 하나님께 항복해야 할 이유는 분명하다. 그분이 우리에게 필요한 모든 것을 채워 주실 것이다.

(6) 그들은 완전한 복종을 맹세하면서(**우리는 당신의 종들이니이다**), 전반적인 협정을 맺을 것을 겸손하게 간청한다(**우리와 조약을 맺읍시다**, 11절). 그들은 어떤 조건도 제시하지 않는다. 다만 어떤 조건으로든 화친하는 것으로 만족할 것이었다. 또 이 일이 연기된다든지 시간을 질질 끌어서는 안 되었다. 왜냐하면 그들의 거짓이 탄로날 것이기 때문이었다. 그들은 조약이 조속히 맺어지기를 원했다. 만일 여호수아가 그들과 조약을 맺는다면, 그들이 여기 온 목적은 다 이루어지는 것이었다.

2. 그러나 그들의 행동에는 선과 악이 섞여 있었다.

(1) 그들의 거짓말은 정당화될 수 없으며 전례가 되어서도 안 된다. 우리는 선을 위하여 악을 행해서는 안 된다. 만일 그들이 우상 숭배를 버리고 자기 땅의 소유를 이스라엘에게 양도하며 또 자신들을 이스라엘의 하나님께 드린다면, 우리는 여호수아가 하나님의 지시를 받아 그들의 생명을 살려주었을 것이고 그들은 이러한 연극을 할 필요가 없었을 것이라고 생각할 수 있다. 그들이 **우리는 먼 나라에서 왔나이다**(6절)라고 거짓으로 말했을 때 거짓말은 그것으로 끝나지 않았다. 그들은 똑같은 거짓말을 반복해야 했으며(9절), 빵과 포도주 부대와 옷에 대하여 계속 거짓말을 꾸며대야 했다(12, 13절). 거짓말은 다른 거짓

말을 낳으며 그것은 또 다른 거짓말을 낳는다. 죄의 길은 내리막길이다.

(2) 그러나 그들의 믿음과 신중함은 크게 칭찬할 만하다. 우리 주님께서도 불의한 청지기를 칭찬하셨는데, 그것은 그가 지혜롭게 행하며 자기를 위해 좋은 일을 했기 때문이었다(눅 16:8). 이스라엘에게 항복함으로써 그들은 이스라엘의 하나님께 항복한 것이었는데, 이것은 그들이 섬겼던 신을 버리고 참된 종교의 율법을 따르는 것을 의미하는 것이었다. 그들은 이스라엘의 하나님의 무한한 권능에 대해 들었다. 그리고 그것을 통해 그들은 하나님의 완전한 지혜와 선하심을 추론할 수 있었다. 우리가 무한한 지혜의 하나님께 무조건 항복하고 무한히 선하신 하나님의 자비에 자신을 던지는 것보다 더 훌륭한 일이 무엇이겠는가? 기브온 사람들의 이러한 항복은 다음과 같은 이유로 인해 더욱 칭찬할 만한 것이었다.

[1] 단독성. 이웃의 다른 나라들은 그들과 다른 길을 선택했는데, 그것은 서로 힘을 합쳐 이스라엘에 대항하는 것이었다.

[2] 신속성. 그들은 이스라엘이 자신들의 도시를 포위할 때까지 머뭇거리지 않았다. 만일 그랬다면 항복하기에는 너무 늦었을 것이었다. 그들은 이스라엘과 어느 정도 거리가 떨어져 있었을 때 화친을 결정했다. 심판을 피하는 길은 회개함으로써 그것에 직면하는 것이다. 우리는 이러한 기브온 사람들을 본받아 겸손의 누더기 옷을 입고 하나님과 화목(화친)해야 한다. 그러면 우리의 죄가 우리의 파멸이 되지 않게 될 것이다. 우리의 복된 여호수아이신 예수 그리스도의 종이 되자. 그리고 그분과 또 하나님의 이스라엘과 조약을 맺자. 그러면 우리는 살 것이다.

15여호수아가 곧 그들과 화친하여 그들을 살리리라는 조약을 맺고 회중 족장들이
그들에게 맹세하였더라 16그들과 조약을 맺은 후 사흘이 지나서야 그들이 이웃에서
자기들 중에 거주하는 자들이라 함을 들으니라 17이스라엘 자손이 행군하여 셋째
날에 그들의 여러 성읍들에 이르렀으니 그들의 성읍들은 기브온과 그비라와 브에
롯과 기럇여아림이라 18그러나 회중 족장들이 이스라엘의 하나님 여호와로 그들에
게 맹세했기 때문에 이스라엘 자손이 그들을 치지 못한지라 그러므로 회중이 다
족장들을 원망하니 19모든 족장이 온 회중에게 이르되 우리가 이스라엘의 하나님
여호와로 그들에게 맹세하였은즉 이제 그들을 건드리지 못하리라 20우리가 그들에

게 맹세한 맹약으로 말미암아 진노가 우리에게 임할까 하노니 이렇게 행하여 그들을 살리리라 하고 [21]무리에게 이르되 그들을 살리라 하니 족장들이 그들에게 이른 대로 그들이 온 회중을 위하여 나무를 패며 물을 긷는 자가 되었더라

I. 즉시로 기브온과의 조약이 맺어졌다(15절). 이 일은 복잡한 절차를 따라서가 아니라 간략하게 이루어졌다.

1. 이스라엘은 기브온 사람들을 살려주기로 동의(同意)했으며, 기브온 사람들은 그 외에 아무것도 요구하지 않았다. 일반적인 전쟁에서 이것은 그다지 대단한 일이 아닐 것이지만, 모든 것을 진멸하는 가나안 전쟁에서 이것은 그들에게 큰 호의였다. 가나안 사람들의 생명은 이스라엘 백성에게 노략물로 주어진 것이기 때문이다(렘 45:5).

2. 이 조약은 여호수아에 의해서만 맺어진 것이 아니라 그와 함께 회중 족장들도 참여하였다. 비록 여호수아에게 비상통치권이 부여되어 있었다 할지라도, 그는 이와 같은 일을 처리함에 있어 족장들의 협의와 동의 없이 행하지 않았다. 그럼으로써 족장들도 모든 것을 알고 여호수아의 통치에 동참자가 될 수 있었다.

3. 조약은 맹세에 의해 확증되었다. 그들은 가나안의 어떤 신들의 이름으로 맹세하지 않고 오직 이스라엘의 하나님의 이름으로 맹세했다(19절).

4. 이 모든 일에 책잡을 만한 것은 아무것도 없는 것처럼 보이지만, 그러나 이 일은 너무 경솔하게 이루어졌다. 이스라엘 사람들은 기브온 사람들이 가져온 음식을 보고 그들의 말을 믿어 버렸다. 실제로 그것은 오래되고 말라 있었다. 그러나 이스라엘 백성들은 이러한 사실이 그들이 그것을 집에서 새 것으로 가져온 것에 대한 증거는 되지 못한다는 사실을 생각하지 못했다. 그들은 감각만을 사용했을 뿐 이성(理性)은 사용하지 않았다. 본문 난외(欄外)에도 이스라엘 백성들은 그들의 음식 때문에 그들을 받아들였다라고 되어 있다. 이스라엘은 떡의 외양(外樣)만을 보고 그것이 지금은 오래되고 말랐지만 처음에는 매우 고급스럽고 훌륭한 것이었다고 생각했다. 그리고 이로부터 그들이 상당한 자격과 권세를 가진 사람들이고, 그래서 그들 나라와 화친하는 것은 매우 좋은 일이라고 추론했던 것이다. 그러나 그들은 어떻게 할지에 대해 여호와께 묻지 않았다(14절). 그들에게는 우림과 둠밈이 있었고, 어려운 문제가 생기면 그것을 통해 하

나님의 뜻을 알 수 있었다. 우림과 둠밈은 이스라엘 백성들에게 거짓을 말하지 않았을 것이며, 그들을 오류로 이끌지 않았을 것이다. 그러나 그들은 지나치게 자기 생각에 의존하였고, 그럼으로써 이 문제에 대해 하나님께 묻는 것을 불필요한 것으로 생각했다. 여기에서는 여호수아조차도 비난의 대상에서 제외되지 않는다. 어떤 경우에 우리는 말씀과 기도로 하나님과 상의하지 않고 너무 성급하게 행동할 때가 있다. 그런 경우 우리는 하나님의 입에 묻지 않음으로 그 일이 실패로 돌아감으로써 후회하게 될 것이다. 만일 우리의 모든 길에 그분을 인정하면, 우리의 길은 좀 더 안전하고 편안하며 성공적인 길이 될 것이다.

Ⅱ. 거짓은 곧 드러났다. 진실은 영원할 것이지만, 거짓 혀는 잠시 동안만 있을 뿐이다(잠 12:19). 불과 3일을 넘기지 못하고 이스라엘 백성들은 조약을 맺은 도시들이 길갈 진영으로부터 불과 하룻밤 동안 행군하면 갈 수 있을 정도로 아주 가까이 있다는 사실을 알고 매우 놀랐다(10:9). 아마도 정찰병이나 앞서 진격했던 부대나 혹은 적진에서 도망온 병사들이 이 일의 진실을 알려 주었을 것이다.

Ⅲ. 이 일에 대한 회중들의 원망. 이스라엘은 조약이 금지하는 것을 지켰다. 그들은 기브온 사람들의 성읍들을 치지 않았고, 사람들을 죽이지도 않았으며, 노략물을 취하지도 않았다. 그러나 그들은 이와 같이 손이 묶인 것에 대해 불만을 가졌고, 따라서 족장들에게 원망을 했다(18절). 그러나 이것이 하나님의 명령을 성취하기 위한 열심으로 말미암은 것인지, 혹 자기 이익을 위한 열심으로 말미암은 것이 아닌지 의심스럽다. 많은 이들이 자신들의 그와 같은 행동의 근원이 무엇인지 알지도 못한 채 족장들의 행동을 비난하고 규탄했다. 그들은 자기 나라와 지도자들에 대한 무익한 재판관들이었다. 그러므로 위정자들이 공공의 선을 목표로 일하며 또 백성의 복리를 진지하게 추구할 때, 우리는 그들이 하는 일을 잘 도와야 하며 또 함부로 비난하고 불평해서는 안 된다.

Ⅳ. 회중의 불평을 무마하고 이 문제를 원만하게 해결하기 위한 족장들의 신중한 노력. 여기에서 모든 족장들은 일치되게 행동했는데, 이로써 백성들은 따르지 않을 수 없었을 것이다.

1. 족장들은 자신들이 분명하게 맹세한 대로 기브온 사람들의 생명을 살려주기로 결정했다(15절).

(1) 맹세는 법정적인 것이었다. 그렇지 않다면 그것은 족장들을 속박하지 못

했을 것이다. 헤롯조차도 자신의 맹세로 인해 세례 요한의 머리를 벨 수밖에 없었다. 하나님께서 그들에게 모든 가나안 족속을 멸하라고 명령하신 것은 사실이다. 그러나 이러한 율법은 '어느 정도의 부드러움과 함께' 해석되어야 한다. 이것은 이스라엘에게 끝까지 대항하면서 그 땅을 넘겨주지 않으려고 하는 자들에게 해당되는 것이지, 이스라엘에 대항하지 않고 어떤 적대행위도 시도하지 않는 자들까지 살육하도록 강요하는 것은 아니다. **이스라엘 집의 왕들은 인자한 왕이라**(왕상 20:31). 또한 이스라엘의 하나님은 자비하신 하나님이시다. 뿐만 아니라 우리는 율법의 의도를 올바로 파악해야 한다. 그러한 율법이 의도한 것은 이스라엘 백성들로 하여금 가나안의 우상 숭배에 오염되는 것을 막는 것이었다(신 7:4). 그러나 만일 기브온 사람들이 우상 숭배를 버리고 하나님의 집의 친구와 종이 된다면 그와 같은 위험은 효과적으로 방지될 것이며 율법의 의도는 성취되는 것이다. 특별히 이와 같은 성격의 문제에 있어서는 더욱 그러하다. 죄인들은 회심함으로써 멸망을 당치 않게 될 것이다.

(2) 그 맹세가 법정적이었기 때문에 이스라엘의 족장들과 백성들은 그것에 속박을 당한다. 그들의 양심이 속박을 당하며, 또한 이스라엘의 하나님의 명예가 속박을 당한다. 그들은 이스라엘의 하나님의 이름으로 맹세했다. 그러므로 만일 그들이 그 맹세를 지키지 않는다면, 하나님의 이름이 가나안 사람들에게 더럽힘을 받게 될 것이다. 그들이 20절에서 **우리가 그들에게 맹세한 맹약으로 말미암아 진노가 우리에게 임할까 하노니 이렇게 행하여 그들을 살리리라**라고 말하고 있는데, 이것은 그들이 **맹세하기를 무서워하는 자**(전 9:2)였음을 보여준다. 맹세로써 어떤 약속을 확증하는 자는 만일 자신이 고의로 그 약속을 깨뜨릴 때 하나님의 형벌이 있기를 기원한다. 그는 자기 말에 하나님의 공의가 임할 것으로 기대하는 것이다. 하나님은 경홀히 여김을 받지 않으신다. 그러므로 맹세가 농담이나 장난으로 되어져서는 안 된다.

[1] 족장들은 비록 손해가 된다 할지라도 자신들의 말을 지켜야만 했다. 시온의 백성들은 **그의 마음에 서원한 것은 해로울지라도 변하지 아니한다**(시 15:4). 여호수아와 족장들은 이렇게 스스로를 결박한 것이 바로 자신들의 선입관 때문임을 알게 되었을 때, 하나님의 뜻을 알기 위해 엘르아살에게 문의하지 않았으며 더욱이 이방 가나안 족속들과 어떤 일도 없었던 것처럼 꾸미려고 하지도 않았다. 그들은 가장 신성한 의무를 회피하고 심지어 맹세를 지키지 않는 것을

정당화하기까지 하는 오늘날의 로마교회의 책략과는 거리가 먼 사람들이었다.

[2] 백성들이 이에 대해 불쾌하게 생각했고 또 그러한 불만으로 반란이 일어날 수도 있었지만, 족장들은 기브온 사람들과의 약속을 깨뜨리지 않았다. 우리는 왕이나 혹은 다수의 군중을 지나치게 두려워하여 결과적으로 악한 일을 하거나 우리 양심에 어긋나는 일을 해서는 안 된다.

[3] 여호수아와 족장들은 거짓과 계략에 의해 조약이 맺어졌으므로 그럴듯한 구실을 대어 조약이 무효라고 선언할 수 있었지만, 그렇게 하지 않았다. 또 족장들은 조약을 맺기는 했지만 그러나 그 조약에 이러한 성읍들은 포함되지 않았다고 항변할 수도 있었다. 그들은 구체적인 이름을 거명하지 않고 단지 매우 멀리 있는 어떤 성읍들을 살려주겠다고 약속했을 뿐이다. 그러나 이들 성읍들은 매우 가까이 있었다. 그러므로 그들은 이들 성읍들이 자신들이 계약한 성읍이 아니라고 주장할 수 있었던 것이다. 어떤 이들은, 그 조약이 기브온 사람들의 거짓에 의해 맺어졌기 때문에 여호수아와 족장들은 그 조약을 취소하는 것이 합법적이었지만, 자신들의 명성을 지키고 또 이스라엘에서 맹세의 중요성이 훼손되지 않도록 하기 위해 그냥 받아들였다고 생각한다. 그러나 그들이 그 약속을 반드시 지켜야 한다고 생각했음은 명백한 사실이다. 그들은 만일 약속을 지키지 않는다면 하나님의 진노가 자신들에게 임하지 않을까 두려워하였다. 비록 기꺼이 맹세를 지키고자 하는 그들의 신실함이 회중에게는 불만의 원인이 될 수 있었다 할지라도, 그것이 하나님께 받으심직한 것이었음은 명백한 사실이다. 왜냐하면 이스라엘이 이러한 조약에 근거하여 기브온 사람들을 보호하는 일을 시작했을 때, 하나님은 그들이 이제껏 경험해 본 적이 없는 가장 영광스러운 승리를 안겨 주셨기 때문이다(10장). 그리고 오랜 후 하나님은 사울에 대해 엄중하게 복수하셨는데, 그것은 그가 이러한 조약을 깨뜨리고 기브온 사람들에게 악을 행했기 때문이었다(삼하 21:1). 이러한 사실은 약속은 반드시 지켜져야 하며 맺은 조약은 반드시 이행되어야 한다는 사실을 우리 모두에게 가르쳐 준다. 일단 말한 것에 대해서 우리는 양심을 가지고 반드시 지켜야 한다. 만일 이와 같이 거짓과 속임으로 맺어진 계약조차도 깨어질 수 없다면, 하물며 성실하고 공정하게 맺어진 것에 대해서야 더 말해 무엇하겠는가? 만일 다른 사람들의 거짓이 우리의 거짓을 정당화하지 않는다면, 다른 사람들의 정직이 우리의 부정직을 더욱 심화시키고 정죄할 것은 너무나 분명한 사실이 아

니겠는가?

2. 이스라엘은 기브온 사람들의 목숨은 살려주었지만 그들의 자유는 박탈하고 온 회중을 위하여 나무를 패며 물을 긷는 자로 삼았다(21절). 이로써 회중들의 불만이 가라앉았는데, 그 이유는 다음과 같다. (1) 기브온 사람들을 살려주는 것에 분노한 자들은 그들이 일반적인 관점으로 볼 때 죽음보다 더 나쁜 영원한 예속(隸屬)의 형벌을 받은 것을 보고 만족했을 것이다. (2) 기브온 사람들이 약탈을 당하지 않은 것에 분노한 자들은 그들이 이스라엘 회중을 섬김으로써 공공의 이익이 더욱 극대화되는 것을 알고 만족했을 것이다. 간단히 말해서, 이스라엘 백성들은 기브온 사람들과의 화친에 의해 명예의 면에서나 이익의 면에서나 결코 손해를 보지 않은 것이다. 이러한 사실을 납득할 때 그들은 만족할 것이다.

[22]여호수아가 그들을 불러다가 말하여 이르되 너희가 우리 가운데에 거주하면서 어
찌하여 심히 먼 곳에서 왔다고 하여 우리를 속였느냐 [23]그러므로 너희가 저주를 받
나니 너희가 대를 이어 종이 되어 다 내 하나님의 집을 위하여 나무를 패며 물을
긷는 자가 되리라 하니 [24]그들이 여호수아에게 대답하여 이르되 당신의 하나님 여
호와께서 그의 종 모세에게 명령하사 이 땅을 다 당신들에게 주고 이 땅의 모든 주
민을 당신들 앞에서 멸하라 하신 것이 당신의 종들에게 분명히 들리므로 당신들로
말미암아 우리의 목숨을 잃을까 심히 두려워하여 이같이 하였나이다 [25]보소서 이제
우리가 당신의 손에 있으니 당신의 의향에 좋고 옳은 대로 우리에게 행하소서 한
지라 [26]여호수아가 곧 그대로 그들에게 행하여 그들을 이스라엘 자손의 손에서 건
져서 죽이지 못하게 하니라 [27]그 날에 여호수아가 그들을 여호와께서 택하신 곳에
서 회중을 위하며 여호와의 제단을 위하여 나무를 패며 물을 긷는 자들로 삼았더
니 오늘까지 이르니라

여기에서 여호수아와 기브온 사람들 간에 조약과 관련한 문제가 해결되고 조약의 구체적인 내용이 합의된다. 우리는 지금 처음에 보냄 받은 사자들이 아니라 기브온과 그 영향 아래 있는 성읍들의 장로들이 나와서 이 일을 매듭짓고 있는 것으로 생각할 수 있다. 그럼으로써 문제는 완전히 해결될 수 있었다.

Ⅰ. 여호수아는 그들의 기만을 꾸짖는다(22절). 그리고 그들은 최선을 다해 변명한다(24절).

1. 여호수아는 매우 부드럽게 꾸짖는다: **너희가 어찌하여 우리를 속였느냐.** 여호수아는 그들에게 오명(汚名)을 뒤집어씌우지 않으며 감정을 자극하는 언어를 사용하지도 않고 '비열한 거짓말쟁이'라고 부르지도 않는다. 다만 "**너희가 어찌하여 우리를 속였느냐?**"고만 물을 뿐이다. 큰 분노 속에서도 마음을 지키며 감정을 제어하는 것이 우리의 지혜이며 의무이다. 정당한 이유가 있다고 해서 화내도 괜찮은 것은 아니다. 화내는 것으로 나쁜 것이 좋은 것으로 바뀌지는 않는다.

2. 그들은 최선을 다해 변명한다(24절). 그들은 하나님의 말씀에 의해 자신들에게 사망선고가 내려졌음을 알게 되었으며(하나님의 명령은 가나안의 모든 주민들을 예외 없이 진멸하는 것이었다), 또한 이미 시작된 하나님의 일에 의해 이러한 선고를 막을 것이 없음을 알게 되었다. 그들은 하나님의 주권은 의문의 여지 없이 명백한 것이며, 그의 공의는 확고한 것이고, 그의 권능은 불가항력적이라고 생각했다. 그래서 그들은 하나님의 자비하심에 의지할 것을 결정했으며, 결국 그것이 헛되지 않았음을 알게 되었다. 그들은 자신들의 거짓말을 정당화하려고 하지 않는다. 다만 그것이 단지 자신들의 생명을 구하기 위함이었음을 말하면서 용서를 구한다. 인간의 생존 욕구가 얼마나 강한지를 아는 사람들은 특별히 이와 같은 경우, 즉 두려움이 사람에 의해서만이 아니라(단지 이것이 전부일 뿐이라면 하나님의 보호 속으로 피할 수 있을 것이다) 하나님 자신으로 말미암은 때에는 그 정상을 참작하고 관용하는 마음을 갖게 될 것이다.

Ⅱ. 여호수아는 기만에 대한 벌로서 그들에게 종이 될 것을 선고한다(23절). 그리고 그들은 이러한 선고를 받아들인다(25절). 그리고 양자(兩者)는 공히 만족한다.

1. 여호수아는 그들이 영원히 종이 될 것을 선언한다. 그들은 거짓말로 목숨을 샀다. 그러나 이것이 결코 좋은 일은 아니었기 때문에, 여호수아는 그들의 생명이 나무를 패며 물을 긷는 가장 미천하고 힘든 노동의 조건 위에 유지되도록 한 것이다. 이렇게 하여 그들의 거짓말은 벌을 받았다. 만일 그들이 좀 더 공정하고 솔직하게 이스라엘과 접촉했다면 아마도 그들은 좀 더 명예로운 조건

을 허락받았을 것이다. 그러나 그들이 누더기 옷과 기운 신으로 목숨을 얻었기 때문에, 그들은 종의 옷을 입는 벌을 받게 되었으며 그들의 운명 또한 그렇게 되었다. 그들의 생명의 속전(ransom)이 이렇게 지불되었다. 이스라엘은 그들의 생명을 보호해 줌으로써 그들에 대한 지배권을 얻게 되었다. 그들은 자기 생명을 빚진 자들에게 종으로서 섬김을 빚지게 되었다. 그들에게 어떤 심판이 내려졌는지 주목하라.

(1) 그들은 저주를 받아 종이 되었다. 이제 너희는 함의 아들 가나안에게 내려졌던 옛 저주와 함께 저주를 받을 것이다: **가나안은 저주를 받아 그의 형제의 종들의 종이 되기를 원하노라**(창 9: 25). 히위 사람들은 바로 가나안의 후손들이다. 거짓된 혀에 이것 외에 무엇이 있겠는가? 그것에는 오직 저주가 있을 뿐이다.

(2) 그러나 이 저주가 축복으로 바뀐다. 그들은 종이 될 것이다. 그러나 **내 하나님의 집을 위한** 종이 될 것이다(23절). 족장들은 그들이 온 회중을 위하여 종이 될 것이라고 했다(21절). 족장들이 그렇게 표현한 것은 불평하고 있었던 백성들을 무마하기 위한 것이었다. 그러나 여호수아는 하나님께 영광이 되고 또 기브온 사람들에게 이익이 되게 하기 위해 형벌을 완화시킨다. 모든 사람들이 하기 싫어하는 일을 시키는 것은 그들에게 너무 가혹한 일이 될 것이다. 만일 그들이 나무를 패며 물을 긷는 사람이 된다면, 특별히 왕도(王都)의 시민이며 모두가 용사(10:2)인 그들에게 이것은 더할 나위 없이 수치스러운 일이 될 것이다. 그러나 만일 그들이 **내 하나님의 집을 위해** 그와 같은 일을 하게 된다면, 이것보다 더 좋은 일도 없을 것이다. 다윗도 하나님의 집의 문지기가 되기를 원했었다. 비록 종의 일이라 할지라도 그것이 우리 하나님의 집을 위해 행해질 때엔 참으로 영예로운 것이 된다.

[1] 이로써 그들은 참 이스라엘 백성들이 갖는 자유와 특권으로부터 배제되었다. 그리고 이러한 구별의 표지는 모든 세대에 걸쳐 그 후손들에게 그대로 남게 되었다.

[2] 이로써 그들은 **여호와께서 택하신 곳에서 하나님의 제단에** 수종드는 일에 종사하게 되었다(27절). 이로 인해 그들은 하나님의 율법을 알게 되었고, 그 율법을 자신들이 개종한 거룩한 종교에 맞게 엄격히 지키게 되었으며, 조상들의 우상 숭배로 되돌아가려는 생각을 더 이상 품지 않게 되었을 것이다.

[3] 이것은 제사장과 레위인들에게 큰 유익이 되었을 것이다. 그들은 자신들의 일에 수종들며 성막의 모든 잡일을 하는 것을 임무로 하는 건장한 사람들을 많이 거느리게 되었다. 하나님의 집에 연료로 쓰기 위해, 예컨대 제단에 계속 불을 피운다든지 화목제의 고기를 끓인다든지 하기 위해 많은 양의 나무들을 패야 했다. 또 율법이 규정하는 대로 여러 가지 씻음을 위해 많은 양의 물을 길어야 했다. 뿐만 아니라 여러 가지 잡일들, 예컨대 그릇을 씻는 일이라든지 재를 치우는 일 혹은 성막의 뜰을 청소하는 일 등을 기브온 사람들이 맡아서 수행했는데, 만일 그들이 없었다면 레위인들이 이 모든 일을 감당했어야 했을 것이다.

[4] 그들은 또한 이스라엘 전체 회중의 종이었다. 하나님께 대한 예배를 돕는 행위는 국민 전체에 대한 참된 섬김이 된다. 하나님의 제단을 잘 수종드는 일은 모든 이스라엘 백성들의 중요한 관심사였다. 기브온 사람들로 인해 이스라엘 회중은 성막의 여러 가지 번잡한 종의 일들로부터 면제받게 되었다. 하나님은 모든 이스라엘 백성은 다른 형제 이스라엘인을 종으로 삼아서는 안 된다고 율법에 정하셨다. 만일 이스라엘 백성이 종을 갖게 된다면, 그 종은 반드시 주변의 이방인이어야만 했다(레 25:44). 이러한 율법에 합치되게, 하나님은 여러 가지 종의 일들을 이스라엘 백성이 아니라 기브온 사람들에게 주셨다. 이러한 기브온 사람들은 나중에 느디님이라 불렸는데, 이들은 하나님을 예배하는 일에 수종들도록 하기 위해 제사장들에게 레위인을 준 것처럼(민 3:9) 동일한 목적으로 레위인들에게 준 사람들이었다.

[5] 우리는 여기에서 이방인들이 하나님의 교회에 들어오는 것이 예표되어 있는 것을 발견한다. 지금 그들은 이스라엘에 항복해 들어옴으로써 아주 저급한 일을 맡았다. 그러나 하나님은 나중에 그들 가운데 택하여 제사장과 레위인을 삼을 것을 약속하신다(사 66:21).

2. 기브온 사람들은 이 모든 조건을 받아들인다(25절). 거짓을 꾸밈으로써 이스라엘을 속인 것을 인정하면서 그리고 가까스로 생명을 건진 것과 자신들을 살려준 이스라엘 백성들의 친절을 인식하면서, 그들은 여호수아의 말에 동의한다: **당신의 의향에 좋고 옳은 대로 우리에게 행하소서.** 죽는 것보다는 종의 신분으로라도 살아남는 것이(특별히 이와 같은 종의 신분이라면) 훨씬 낫다. **나무를 패며 물을 긷는 자**는 가장 미천하고 비루한 신분을 묘사하는 표현이다(신

29:11). 그러나 가죽으로 가죽을 바꾸고, 노동으로 자유를 바꾸며, 생명을 위해 자기가 가진 모든 것을 주는 것은 결코 나쁜 거래가 아니다. 따라서 이 일은 다음과 같이 결말지어졌다.

(1) 여호수아는 기브온 사람들을 이스라엘 자손의 손에서 건져서 죽이지 못하게 했다(26절). 만일 여호수아가 개입하지 않았다면 그들을 칼로 치려고 했던 사람들이 있었던 것 같다. 그러나 현명한 장군은 칼을 뽑을 때도 알아야 하지만 또한 그 칼을 다시 칼집에 넣어야 할 때도 알아야 한다.

(2) 그러고 나서 여호수아는 그들을 다시 이스라엘 백성들의 손에 종으로 넘겨줬다(27절). 기브온 사람들은 자기 성읍의 소유권을 가질 수 없었다. 나중에 보게 되겠지만, 그 가운데 세 성읍은 베냐민의 기업이 되고, 나머지 하나는 유다의 기업이 된다. 그들은 아무것도 스스로 할 수 없었다. 패트릭 주교가 생각하는 것처럼, 기브온 사람들은 제사장과 레위인들의 성읍으로 분산되었고 그들을 따라 제단에서 봉사하는 일을 하며 생계를 유지하게 되었다. 이와 같이 하여 그들은 이스라엘에 대하여는 종이 되었지만 반면 하나님께 대하여는 자유자가 되었다. 가장 미천한 직분 속에서의 섬김이 곧 그들의 자유였으며, 그들의 일 자체가 그 삯이었다. 기브온 사람들은 속히 항복함으로써 이것을 얻었다.

이와 같이 우리도 우리 주 예수 그리스도께 항복하자. 그리고 우리의 생명을 그에게 맡기고 이렇게 말하자: 보소서 이제 우리가 당신의 손에 있으니 당신의 의향에 좋고 옳은 대로 우리에게 행하소서. 오직 우리의 영혼을 구원해 주소서. 그리하면 우리가 결코 후회하지 않으리이다! 만일 그분이 우리에게 자기 십자가를 지라고 하신다면 또 그의 멍에를 메고 그의 제단에서 봉사하라고 하신다면, 이것은 결코 우리에게 부끄러운 일도 아니며 슬픈 일도 아닐 것이다. 하나님을 섬기는 일에 있어 가장 미천한 직분조차도 우리로 하여금 여호와의 집에 영원히 거할 수 있도록 이끌어줄 것이다.

제 10 장

개요

우리는 본 장에서 가나안 땅의 남부에 위치한 나라들을 정복하는 이야기를 보게 된다. 그리고 다음 장인 11장에서 우리는 북부에 위치한 나라들을 정복하는 것을 보게 되는데, 이로써 가나안 전쟁은 영광스러운 승리와 함께 마무리된다. 본 장의 내용은 다음과 같다. I. 가나안의 세력을 격퇴시키다. 1. 가나안이 기브온에 대항하여 동맹을 맺다(1-5절). 2. 기브온이 여호수아에게 도움을 요청하다(6절). 3. 여호수아가 기브온을 돕기 위해 하나님의 격려 아래 신속하게 행군하다(7-9절). 4. 동맹을 맺은 가나안 왕들의 군대를 격퇴시키다(10-11절). 5. 태양이 머무름으로써 낮이 기적적으로 연장되다(12-14절). II. 피신하여 숨은 가나안의 왕들을 처형하다(15-27절). III. 여러 성읍들을 취하고 성읍 안에 있는 모든 것을 진멸하다. 막게다(28절), 립나(29, 30절), 라기스(31, 32절), 게셀(33절), 에그론(34, 35절), 헤브론(36, 37절), 드빌(38, 39절). 그리고 그 모든 나라를 이스라엘의 손에 붙이다(40-42절). 그리고 마지막으로, 이스라엘 군대가 본영인 길갈 진영으로 돌아오다(43절).

[1]그 때에 여호수아가 아이를 빼앗아 진멸하되 여리고와 그 왕에게 행한 것 같이 아이와 그 왕에게 행한 것과 또 기브온 주민이 이스라엘과 화친하여 그 중에 있다 함을 예루살렘 왕 아도니세덱이 듣고 [2]크게 두려워하였으니 이는 기브온은 왕도와 같은 큰 성임이요 아이보다 크고 그 사람들은 다 강함이라 [3]예루살렘 왕 아도니세덱이 헤브론 왕 호함과 야르뭇 왕 비람과 라기스 왕 야비아와 에글론 왕 드빌에게 보내어 이르되 [4]내게로 올라와 나를 도우라 우리가 기브온을 치자 이는 기브온이 여호수아와 이스라엘 자손과 더불어 화친하였음이니라 하매 [5]아모리 족속의 다섯 왕들 곧 예루살렘 왕과 헤브론 왕과 야르뭇 왕과 라기스 왕과 에글론 왕이 함께 모여 자기들의 모든 군대를 거느리고 올라와 기브온에 대진하고 싸우니라 [6]기브온 사람들이 길갈 진영에 사람을 보내어 여호수아에게 전하되 당신의 종들 돕기를 더디게 하지 마시고 속히 우리에게 올라와 우리를 구하소서 산지에 거주하는 아모리 사람의 왕들이 다 모여 우리를 치나이다 하매

여호수아와 이스라엘 군대는 지금 가나안 땅에서 특별한 일 없이 잠깐 동안의 평온 가운데 있었다. 그들은 기적으로 여리고를 함락시켰고, 전략(戰略)으로 아이를 점령했으며, 기브온은 항복했다. 그러나 이것이 전부였다. 지금까지 이스라엘의 승리의 행진은 장엄한 가나안 입성이나 영광스러운 출발과는 어딘지 잘 어울리지 않는 것처럼 보였다. 이스라엘 가운데 이러한 지체에 대해 참지 못했던 자들은 아마도 여호수아의 지연정책에 대해 불평을 터뜨렸을 것이다. 그들은 적들이 세력을 다시 규합해서 대항하기 전에 왜 즉각 가나안의 심장부로 진입해 들어가지 않느냐고, 또 이스라엘 군대가 지금 이토록 승리의 확신에 가득 차 있는데 왜 여기에 이렇게 머물러 있어야 하느냐고 의문을 제기했을 것이다. 이와 같이 여호수아의 신중함은 아마도 느려터지고 비겁하며 사기가 떨어진 것으로 비난받았을 것이다. 그러나,

1. 가나안은 단번에 정복되어서는 안 되었다. 하나님은 가나안 족속을 조금씩 조금씩 쫓아내시겠다고 말씀하셨다(출 23:30). 믿는 자들은 서둘러서는 안 된다. 그리고 자기가 기대하는 만큼 속히 이루어지지 않는다고 해서 하나님의 약속이 결코 이루어지지 않을 것이라고 성급하게 결론지어서도 안 된다.

2. 여호수아는 가나안 사람들이 먼저 공격해 오기를 기다렸다. 그들로 먼저 이스라엘을 공격하도록 만들어라. 그러면 그들의 멸망은 좀 더 정당한 것이 될 것이다. 여호수아는 그들을 공격할 충분한 능력을 보유하고 있었다. 그러나 여호수아는 그들이 먼저 공격해 올 때까지 기다리는데, 그것은 하나님 앞에서 뿐 아니라 사람들 보기에도 정당한 근거를 부여받는 것이었다. 가나안 사람들은 이스라엘이 기브온에게 베풀어준 호의를 보았다. 그러므로 그들은 이스라엘에 대한 자신들의 적대행위에 대해 더욱 변명할 수 없게 되었다.

3. 이스라엘이 잠깐동안 가만히 있는 것은 바로 그들에게 유익한 것이었다. 왜냐하면 이와 같이 작은 나라의 왕들이 하나로 연합함으로써 그들을 일격에 쓰러뜨릴 수 있었기 때문이다. 하나님이 그들의 마음 속에 이스라엘을 대항하여 연합할 마음을 주셨을 때 이미 이것을 내다보고 계셨다. 그들은 동맹을 맺음으로써 자신들의 힘을 강화하고자 도모했지만, 하나님은 그들을 타작마당에 곡식단을 모으듯이 그렇게 모으신 것이다(미 4:12). 이보 전진을 위한 일보 후퇴의 경구(警句) 같이 역설처럼 보이지만 실상 위대한 지혜를 담고 있는 경우가 얼마나 많은가?

이스라엘이 이렇게 잠깐 머물러 적절한 기회를 기다리는 동안, 아주 좋은 기회가 찾아왔다.

1. 기브온에 대항하여 다섯 왕이 동맹을 맺는다. 예루살렘의 왕 아도니세덱이 이러한 동맹을 제창하고 주도했다. 그는 참 멋진 이름을 가지고 있었는데, 아도니세덱은 의의 주(lord of righteousness)를 의미한다. 아마도 그는 멜기세덱(의의 왕)의 자손이었을 것이다. 그러나 이런 멋진 이름과 훌륭한 가문에도 불구하고, 그는 악인이었으며 아브라함의 자손과 화해할 수 없는 원수였다. 그의 선조인 멜기세덱은 아브라함의 신실한 친구였음에도 말이다. 아도니세덱은 주변의 왕들에게 이스라엘에 대항하여 연합할 것을 촉구했다. 이것은 그가 인근에서 가장 강력한 힘을 가지고 주도권을 행사하는 위치에 있었기 때문이거나, 아니면 여리고와 아이의 함락, 그리고 기브온의 항복으로 인해 자신들이 처해 있는 위험에 대해 가장 빨리 인식했기 때문이었을 것이다. 아마도 기브온의 항복이 그를 경악시킨 가장 중요한 이유였을 것으로 보인다. 왜냐하면 기브온은 그 주변의 가장 강력한 세력들 가운데 하나였기 때문이었다. 그러므로 아도니세덱은 모든 세력을 규합하여 기브온을 때려눕혀야만 했다. **내게로 올라와 나를 도우라 우리가 기브온을 치자.** 그가 이렇게 결심한 데에는 다음과 같은 이유가 있었을 것이다. (1) 정략적인 이유. 그는 기브온을 장악하고 싶었다. 기브온은 강한 성읍이었다. 따라서 기브온이 누구의 손에 들어가느냐 여부가 상당히 중요한 결과를 초래할 것이었다. (2) 감정적인 이유. 그는 기브온이 자신들을 배신하고 여호수아와 화친함으로써 자신들의 공동의 적을 강화시킨 것에 대해 분개했다. 이와 같이 사탄과 그의 도구들은 하나님과 화평하는 자들에 대하여 전쟁을 일으킨다. **세상이 너희를 미워하여도 이상히 여기지 말라.**

2. 기브온 사람들은 자신들이 직면하고 있는 고난과 위험에 대해 여호수아에게 도움을 간청한다(6절). 그들은 지금 이스라엘과 맺은 동맹의 효력을 기대하고 있다. 동맹은 유효한 것이었다. 비록 그것이 기만(欺瞞)에 의해 맺어졌다 할지라도, 나중에 사실이 드러났을 때 다시금 재확인되었기 때문이다. 그들은 여호수아가 다음과 같은 근거 위에 자신들을 도울 의무가 있다고 생각한다. (1) 도리에 근거해서. 그들은 여호수아의 종이었기 때문이다. 이것은 첫 대면에서 **우리는 당신의 종들이니이다**(9:8)라고 한 것처럼 의례적인 말로서가 아니다. 이제 기브온 사람들은 실제로 이스라엘 회중의 종이 되었다. 자신의 종들이 부당

한 취급을 받으며 학대를 당할 때, 그들을 돌보고 지켜주는 것은 주인의 마땅한 의무이다. 충성을 바치는 자는 당연히 보호를 기대할 권리가 있다. 다윗도 이와 같이 하나님께 간구한다(시 119:94): 나는 주의 것이오니 나를 구원하소서. 마찬가지로 만일 우리가 그의 것이라면 우리도 이와 똑같이 기도할 수 있다. (2) 명예에 근거해서. 원수들이 기브온을 치는 이유는 기브온이 이스라엘에게 보여준 경의와 신뢰 때문이었다. 기브온이 공격을 당하는 것이 자신과 하나님의 이름에 대한 호의 때문임을 알았을 때, 어떻게 여호수아가 그들을 돕지 않을 수 있겠는가? 다윗도 이것이 하나님께 대한 좋은 호소거리가 된다고 생각한다(시 69:7): 내가 주를 위하여 비방을 받았사오니. 우리의 영적 원수들이 우리를 대항하여 진을 치고 삼키려고 위협할 때, 우리도 바울처럼 믿음과 기도로 우리의 여호수아이신 그리스도께 힘과 도우심을 구하자. 그러면 우리도 동일한 평안의 응답을 받게 될 것이다. 내 은혜가 네게 족하도다(고후 12:8, 9).

[7]여호수아가 모든 군사와 용사와 더불어 길갈에서 올라가니라 [8]그 때에 여호와께서
여호수아에게 이르시되 그들을 두려워하지 말라 내가 그들을 네 손에 넘겨 주었으
니 그들 중에서 한 사람도 너를 당할 자 없으리라 하신지라 [9]여호수아가 길갈에서
밤새도록 올라가 갑자기 그들에게 이르니 [10]여호와께서 그들을 이스라엘 앞에서 패
하게 하시므로 여호수아가 그들을 기브온에서 크게 살륙하고 벧호론에 올라가는
비탈에서 추격하여 아세가와 막게다까지 이르니라 [11]그들이 이스라엘 앞에서 도망
하여 벧호론의 비탈에서 내려갈 때에 여호와께서 하늘에서 큰 우박 덩이를 아세가
에 이르기까지 내리시매 그들이 죽었으니 이스라엘 자손의 칼에 죽은 자보다 우박
에 죽은 자가 더 많았더라 [12]여호와께서 아모리 사람을 이스라엘 자손에게 넘겨 주
시던 날에 여호수아가 여호와께 아뢰어 이스라엘의 목전에서 이르되 태양아 너는
기브온 위에 머무르라 달아 너도 아얄론 골짜기에서 그리할지어다 하매 [13]태양이
머물고 달이 멈추기를 백성이 그 대적에게 원수를 갚기까지 하였느니라 야살의 책
에 태양이 중천에 머물러서 거의 종일토록 속히 내려가지 아니하였다고 기록되지
아니하였느냐 [14]여호와께서 사람의 목소리를 들으신 이같은 날은 전에도 없었고 후
에도 없었나니 이는 여호와께서 이스라엘을 위하여 싸우셨음이니라

I. 여호수아는 기브온 사람들을 돕기로 결정하고, 하나님은 이러한 그의 결정

을 격려하신다.

1. 여호수아는 길갈로부터 올라왔다(7절). 그는 기브온을 구하기 위한 원정(遠征)을 계획했고 결정했으며 준비했다. 아마도 하나님께서 여호수아에게 격려의 말씀을 하신 것은 그가 첫 발자국을 떼어놓기 전이었을 것이다. 여호수아가 새로운 동맹자인 기브온을 돕는 것은 관대하고 정당한 것이었다. 아마도 예루살렘의 왕은 기브온을 공격할 때 여호수아가 그토록 신속하게 기브온을 도울 것이라고는 거의 생각하지 못했을 것이다. 오히려 그는 여호수아가 기브온을 버릴 것으로 기대했을 것이다. 왜냐하면 기브온 사람들은 거짓과 기만으로 이스라엘과 조약을 맺었기 때문이었다. 그랬기 때문에 예루살렘의 왕은 확신을 가지고 기브온을 치자고 말했던 것이다(4절). 그러나 기브온을 살려주기로 한 여호수아의 약속은 그 자신이 그들을 죽이지 않는 것뿐만 아니라 그들이 다른 사람들에 의해 죽임을 당하는 것을 가만히 보고만 있지 않을 것까지 포함되는 것이었다(잠 24:11, 12). 기브온 사람들이 이스라엘의 하나님께 대한 믿음과 섬김을 받아들였을 때, 이것은 그들이 하나님의 날개 그늘 아래 들어온 것을 의미하는 것이었다(룻 2:12). 여호수아는 그러한 사실을 잘 알고 있었고 따라서 그들을 보호할 의무가 있었다.

2. 하나님은 여호수아에게 용기를 북돋아 주셨다(8절). **두려워하지 말라.** 다시 말해서, (1) 네가 부름 받은 일이 선하고 정당한 것임을 의심하지 말라. 그 일이 기브온 사람들을 돕는 것이라 할지라도, 너는 마땅히 해야 할 일을 하는 것이요 진리의 하나님이 너와 함께 있을 것이다. (2) 적의 세력에 겁먹지 말라. 많은 왕들이 너를 대항하여 연합했고 기브온을 무너뜨리기 위해 필사의 노력을 할 것이며 또 격렬하게 싸우게 될 것이지만, 이 일로 낙심치 말라. **내가 그들을 네 손에 붙였노라.** 하나님이 멸망시키기로 작정한 자들은 저항하지도 못하고 도망가지도 못할 것이다.

Ⅱ. 여호수아는 자신의 결정을 실행하고, 하나님은 그를 도우신다. 여기에서 우리는 다음과 같은 사실들을 보게 된다.

1. 여호수아의 부지런함과 그와 함께 역사하는 하나님의 능력.

(1) 기브온을 구하기 위해 급히 움직이는 여호수아의 모습에서 우리는 그의 호의를 보게 된다(9절): **밤새도록 올라가 갑자기 그들에게 이르니.** 지금은 대단히 절박한 상황으로 꾸물거릴 시간이 없었다. 만일 이스라엘 가운데 어느 한 지파

가 위험에 처했다 하더라도, 여호수아가 지금 기브온을 구하기 위한 것보다 더 한 관심과 열성을 보일 수는 없었을 것이다. 여기에서 우리는 개종한 이방인들과 본래 이스라엘 가운데 태어난 자들 사이에 어떤 차별도 있어서는 안 된다는 사실을 발견한다. 동맹을 맺은 왕들이 군대를 몰고 와서 기브온을 포위하기 전에 여호수아가 그들 앞에 마주 섰다. 이로써 그들은 놀라 큰 혼란에 휩싸이게 되었다. 적들은 하나의 본대(本隊)만으로 구성되어 있었다. 따라서 여호수아에게 있어 신속한 이동은 매우 효과적인 것이었다. 여호수아는 적들이 이렇게 한 곳에 총집결되기를 기다렸던 것이다. 이제 때가 무르익었고 여호수아는 신속하게 움직였다. 어떤 사람도 이보다 더 신속하게 움직일 수는 없었을 것이다. 아무도 여호수아를 향해 그는 오늘 할 수 있는 일을 내일로 미룬다고 말할 수 없게 되었다.

여호수아는 적들에 대한 군사적인 이점을 상실하지 않고 또 기브온을 간과하는 것처럼 보이지 않기 위해 임무를 완수할 때까지 잠도 자지 않고 졸지도 않기로 굳게 결심하면서 밤새도록 행군했다. 여호수아가 데리고 간 군사들은 육체적으로 뿐만 아니라 정신적으로도 그리고 마음으로도 하나된 대단한 용사들이었을 것이다. 만일 그렇지 않았다면 그들은 이와 같은 강행군을 감당할 수도 없었고 감당하려고도 하지 않았을 것이다. 도리어 지도자에 대해 불평을 하며 이렇게 물었을 것이다. "이것이 우리가 가나안에서 약속 받은 안식이란 말인가?" 그러나 그들은 현재의 고난이 약속의 땅에 평안히 정착하기 위한 것임을 인식했고 그럼으로써 기꺼이 고통을 감수했다. 예수 그리스도의 좋은 군사들은 어린 양이 어디로 가든지 그를 뒤따르는 가운데 여기에서 고통을 인내하는 법을 배워야 한다. 그리고 때로 우리의 믿음으로 인해 밤잠을 자지 못한다 할지라도 낙망해서는 안 된다. 우리가 하늘나라에 갔을 때 안식하는 것으로 충분할 것이다.

그러나 여호수아와 군사들은 왜 그토록 조급하게 서둘러야만 했는가? 하나님께서 적들을 여호수아의 손에 붙이겠다고 약속하지 않으셨던가? 하나님이 그렇게 약속하신 것은 분명한 사실이다. 그러나 하나님의 약속이 노력을 하지 않게 하거나 혹은 하나님이 대신 해주는 것을 의미하는 것은 아니다. 도리어 그것은 우리의 노력을 자극하고 격려하기 위한 것이다. 믿는 자는 하나님의 섭리를 앞지르기 위해 서둘러서는 안 된다. 다만 하나님의 섭리를 수행하기 위해서 불신으로가 아니라 부지런함으로 서둘러야 한다.

(2) 하나님은 가나안의 동맹군을 격퇴시킴으로써 자신의 능력을 보여주셨다(10, 11절). 여호수아는 사기가 꺾인 적들을 격파하여 패퇴시키기에 충분할 정도의 강력한 군대를 가지고 있었다. 그러나 하나님 자신이 이 크고 결정적인 전투에 나타나셔서 가나안 군대에 대항하여 하늘의 포문(砲門)을 여셨는데, 이는 그들이 자기 칼로 땅을 얻어 차지함이 아니요 그들의 팔이 그들을 구원함도 아니라 오직 주의 오른손과 주의 팔과 주의 얼굴의 빛으로 하신 것임을 저희로 알게 하려 하심이었다(시 44:3). 여호와께서 그들을 이스라엘 앞에 패하여 도망하게 하셨다. 이스라엘은 자신들이 할 수 있는 일을 했다. 그러나 하나님이 모든 것을 하셨다.

[1] 하늘이 자신들에 대항하여 싸우고 있음을 알게 되었을 때, 적들은 얼마나 엄청난 공포와 혼란에 휩싸이게 되었겠는가? 누가 하늘의 권능과 다툴 수 있으며 또 그것으로부터 도망갈 수 있겠는가? 또 누가 하늘의 권능에 대항하여 담장을 치고 스스로를 보호할 수 있겠는가? 그들은 하늘의 군대(host of heaven, 혹 日月星辰)를 경배함으로써, 즉 창조주께만 돌려야 할 경배를 피조물에게 돌림으로써 참 하나님을 모독하고 그의 영광을 도둑질했다. 그러므로 이제 하늘의 군대가 그들에 대항하여 싸우고, 우상으로 섬겼던 피조물들이 그들과 전쟁을 벌인다(렘 8:2). 오직 하나님과 평화하고 그의 사랑 안에 거하는 것 외에, 어떤 피조물도 희생제사와 제물로서 우리에게 행운을 가져다 주지 못한다. 도리어 우상은 그들을 이스라엘의 손쉬운 먹잇감이 되게 만들 뿐이다. 그러나 이것이 전부는 아니었다.

[2] 그들을 덮친 것은 공포뿐이 아니었다. 또한 우박이 그들을 덮쳤는데, 이스라엘 백성의 칼에 죽은 자보다 우박에 의해 죽은 자가 더 많을 정도로 그것은 너무나 크고 강력한 것이었다. 하나님은 욥에게 전쟁의 날을 위해 예비해 둔 눈과 우박의 창고에 대해 말씀하신 적이 있다(욥 38:22, 23). 그리고 여기에서 그것들이 가나안 족속을 멸망시키는 데 사용되고 있는 것이다. 여기에 하나님의 대포(大砲)로부터 발사된 우박이 있다. 그것은 겨냥하는 자를 반드시 명중시킬 것이다(그러나 그들과 섞여 있는 이스라엘 군대는 결코 겨냥하지 않을 것이다). 그리고 그것에 맞는 자는 필경 죽음을 면치 못할 것이다. 여기에서 하나님을 적으로 삼고 있는 자들이 얼마나 비참한지, 그리고 얼마나 분명하게 멸망을 당

하는지 주목하라. 하나님의 손에 떨어지는 것은 두려운 일이다. 그것으로부터 도망칠 자가 없기 때문이다. 어떤 이들은 벧호론은 기브온 북쪽에 있었고, 아스가와 막게다는 기브온의 남쪽에 있었다고 본다. 그들이 어느 쪽으로 도망갔든지 간에 우박이 그들을 뒤따랐고 그들을 쳤다.

2. 여호수아의 위대한 믿음. 여호수아의 믿음은 하나님의 능력으로 태양이 멈춤으로써 승리의 낮 시간이 연장되고 적들이 완전히 패배한 것에서 절정에 이른다. 우박은 구름 아래에서 발생한다. 그러나 이스라엘의 도움이 구름 위로부터 오는 것을 보여주기 위해, 규칙적으로 움직이는 태양이 이스라엘을 돕기 위해 멈춤으로써 그들에게 호의를 베풀었던 것이다. 날아가는 주의 화살의 빛과 번쩍이는 주의 창의 광채로 말미암아 해와 달이 그 처소에 멈추었나이다(합 3:11).

(1) 여기에 태양이 멈추라는 여호수아의 기도가 있다. 나는 그것을 기도라고 부른다. 왜냐하면 그가 여호와께 말하되라고 언급되어 있기 때문이다(12절). 이는 엘리야의 경우와 같다. 열왕기상 17:1에서 우리는 단지 그가 가뭄에 대해 예언하는 것만을 볼 수 있을 뿐이지만, 야고보서 5장에서는 그가 기도한 것으로 언급하고 있다(17절). 다음을 주목하라.

[1] 하나님과 이스라엘을 위한 여호수아의 지칠 줄 모르는 열정. 여호수아는 밤새도록 행군했으며 또 하루 종일 싸웠다. 사람들은 그러한 그가 지금 원하는 것은 어느 정도의 휴식과 수면일 것이라고 생각할 것이다. 마치 삯꾼이 하루 종일 열심히 일한 후에 밤을 즐겁게 맞이하는 것처럼. 그러나 여호수아는 오직 낮이 연장되는 것 외에는 아무것도 바라지 않는다. 오직 여호와를 앙망하는 자는 새 힘을 얻으리니 독수리가 날개치며 올라감 같을 것이요 달음박질하여도 곤비하지 아니하겠고 걸어가도 피곤하지 아니하리로다(사 40:31).

[2] 하나님의 능력에 대한 여호수아의 위대한 믿음. 여호수아는 하나님의 힘이 자연의 힘을 초월하며 또한 자연의 통상적인 경로를 변경시킬 수도 있음을 믿었다. 틀림없이 여호수아는 하나님으로부터 온 것이라고 본인이 느끼는 어떤 특별한 충동이나 강한 느낌을 가지고 있었을 것이다. 그는 지금의 상황에서 그와 같은 기적이 일어날 것이란 열망으로 충만해 있었던 것이다. 만일 여호수아의 기도가 하나님의 은혜에 의해 지시된 것이 아니었다면, 그것은 하나님의 능력에 의해 허락되지 않았을 것이다. 하나님은 여호수아 안에서 이러한 믿음이 운동하도록 하셨다. 그리고 말씀하셨다. 네 믿음대로 될지어다.

그러므로 하나님께서 이와 같은 일을 여호수아의 마음 속에 두시지 않았는데 이것이 그에게 들어왔다는 것은 생각할 수 없는 일이다. 이와 같이 승리를 완결 짓는 상황에서 사람들은 무엇을 생각하는가? 사람들은 태양이 멈출 것을 생각하기 전에 먼저 수천 가지 생각을 하게 될 것이다. 이와 같이 구약의 성도들 가운데서도 성령께서는 하나님의 뜻을 따라 중보하셨다. 하나님은 당신이 주시고자 하시는 것을 먼저 기도하는 백성들의 마음 속에 구하고자 하는 마음을 갖게 하신다. 하나님은 자신이 하실 일을 먼저 기도하도록 하신다. **주 여호와께서 이같이 말씀하셨느니라 그래도 이스라엘 족속이 이같이 자기들에게 이루어 주기를 내게 구하여야 할지라**(겔 36:37).

첫째로, 여호수아가 **태양아 머무르라고** 말한 것은 얼마나 위대한 일인가? 그의 조상 요셉은 해와 달이 자신에게 절하는 꿈을 꾸었다. 그러나 이 꿈이 상징적으로 성취된 후에 그 후손 가운데 한 사람에게 문자적으로 다시 성취된 것을 과연 누가 생각이나 할 수 있었겠는가? 이와 같이 여호수아의 기도는 권세 있는 기도였다. 그것은 하나님의 일반적인 섭리와 약속에 의해 인도되고 뒷받침되는 평범한 기도가 아니라 이 시간 특별한 목적을 위해 신적으로 영감된 선지자의 기도였다. 또한 이것은 우리에게 하나님의 말씀에 따른 기도는 반드시 응답된다는 보편적인 교훈을 가르쳐주면서 동시에, **내 손으로 한 일에 관하여 내게 명령하려느냐**(사 45:11)는 말씀을 생각나게 해준다. 여호수아는 태양에게 지금 전투를 벌이고 있는 장소인 기브온 위에 머무르라고 명령하고 있는데, 이것은 전투에 있어서의 유리함을 고려한 것이었다. 아마도 지금 태양은 기울어져가고 있었을 것이다. 만일 태양이 지고 있지 않았다면 여호수아는 낮이 연장될 것을 요구하지 않았을 것이다. 여호수아는 만왕의 왕의 이름으로 달도 머무를 것을 명령한다. 천체의 다른 쪽 궤도도 역시 머무르는 것이 우주의 조화와 질서를 보존하는 데 필수적이었을 것이다. 또 태양이 비취고 있는 동안에는 달이 필요 없었다. 여호수아는 여기에서 기브온 근처에 있었던 아얄론 골짜기를 언급하고 있는데, 그것은 그가 이 때 거기 있었기 때문이었다.

둘째로, 이스라엘 앞에서 그와 같이 말하는 것은 참으로 대담한 것이었으며, 매우 강력한 믿음의 확신을 보여주는 것이었다. 만일 여호수아의 기도가 응답되지 않았다면, 그에게 이보다 더 큰 비방거리는 없을 것이었다. 이스라엘 백성들은 그가 미친 게 틀림없으며, 그렇지 않다면 그토록 터무니없는 말은 하지 않았을 것이라고 결론내릴 것이었다. 그러나 여호수아는 하나님께서 자신의 기도를 승인하시고 응답하실 것을 분명히 알고 있었다. 그랬기 때문에 여호수아는 모든 이스라엘 앞에서 두려움 없이 그렇게 말할 수 있었던 것이다. 여호수아는 모든 이스라엘 백성에게 태양이 머무르는 기사(奇事)를 보라고 초청하고 있는데, 이것은 그가 자신이 신뢰하는 그분을 확신했기 때문이었다. 여호수아는 하나님의 전능하신 능력을 믿었다. 그렇지 않았다면 그는 태양이 갑자기 멈추는 것을 기대할 수 없었을 것이다. 그는 자연의 세계에 대한 하나님의 주권을 믿었다. 그렇지 않았다면 여호수아는 자연의 법칙과 진행경로가 바뀌며 중단되는 것을 기대할 수 없었을 것이다. 또한 여호수아는 모든 열방 가운데 이스라엘에 대한 하나님의 특별한 호의(好意)를 믿었다. 그렇지 않았다면 그는 하나님께서 이스라엘에게 두 배의 낮으로 호의를 베풀고 반면 지구의 반대편에는 두 배의 밤으로 놀라게 하실 것을 기대할 수 없었을 것이다. **하나님이 해를 의로운 자와 불의한 자에게 고루 비취게 하신다는** 것은 분명한 사실이다. 그러나 이번은 특별한 경우였다. 의로운 이스라엘을 위해 태양이 멈추는 동안, 지구 반대편의 불의한 자들은 태양이 떠오르는 것을 보기 위하여 평상시보다 훨씬 더 긴 시간을 기다려야만 했다.

(2) 이러한 기도에 대한 놀라운 응답. 말이 떨어지기가 무섭게 그대로 이루어졌다(13절). **태양이 머물고 달이 멈추었다.** 지구와 태양 사이의 엄청난 거리에도 불구하고, 여호수아의 말에 태양이 즉각 멈추었다. 왜냐하면 위로 하늘을 다스리는 동일하신 하나님이 동시에 땅도 다스리시기 때문이다. 그리고 하나님이 기뻐하실 때 여기에서처럼 **하늘이라도 땅을 들을 것이다.** 이러한 놀라운 기적과 관련하여 다음과 같은 사실들이 언급된다.

[1] 이 일이 종일토록 계속되었다. 즉 태양이, "다른 때 같으면 졌다가 다시 지평선 위에 떠오를 만큼" 계속 떠 있었다. 이 일이 일어난 것은 대체로 한여름이었을 것으로 추측된다. 이 나라에서 이 시기에 태양이 떠서 질 때까지의 시간은 대략 열네 시간이다. 그렇다면 이 날은 낮이 대략 스물여덟 시간 동안 계속되었을 것이다. 반면 우리가 이 일이 일년 중 낮이 가장 짧은 때에 일어났다고 생각한다면, 여호수아가 낮이 연장될 것을 열망하고 기도해야만 했던 것은 한층 더 있음직한 일이 될 것이다.

[2] 이로써 이스라엘은 적들에게 복수와 함께 완전한 패배를 안겨 주기에 충

분한 시간을 갖게 되었다. 우리는 여러 전쟁사(戰爭史)에서 밤에는 전투가 중단되고 어둠을 틈타 패배한 군대가 퇴각하는 것을 종종 보게 된다. 적들이 이렇게 퇴각하는 것을 차단하기 위해 낮이 두 배로 길어졌으며, 그럼으로써 이스라엘의 손이 모든 적들을 찾아낼 수 있었다. 그러나 하나님의 눈과 손은 태양 빛의 도움이 없이도 그들을 찾아낼 수 있다. 왜냐하면 하나님께는 밤도 낮처럼 비추기 때문이다. 주에게서는 흑암이 숨기지 못하며 밤이 낮과 같이 비추이나니 주에게는 흑암과 빛이 같음이니이다(시 139:12). 때때로 하나님은 큰 구원을 아주 짧은 시간에 완성하심으로써 그것을 '한 날의 일'(one day's work)로 만드신다. 아마도 이 기적이 스가랴 14장 6절과 7절에 암시되어 있는 것으로 보이는데, 여기에서 하나님이 열방에 대항하여 싸우시는 날이 '한 날'(one day)로 언급되면서 어두워갈 때에 빛이 있을 것이라고(여기에서처럼) 말씀한다.

[3] 하나님이 믿음의 기도를 이토록 귀하게 여기시고 또 이스라엘을 이토록 존귀하게 하신 일은 이전에도 없었고 후에도 없었다. 하나님이 어떤 사람의 요청을 이토록 놀랍게 응답하신 적도 없었고 또 자기 백성들을 위해 이토록 놀랍게 싸우신 적도 없었다.

[4] 이것이 야살의 책에 기록되었다고 언급된다. 야살의 책은 '국가 시 모음집'(a collection of state-poems)인데, 이 때 기록된 시가 다른 여러 시들과 함께 담겨 있었다. 그것은 아마도 여호와의 전쟁기(민 21:14)와 동일한 책이었을 것이다. 그 책이 후에 야살에 의해 계속 기록됨으로 '야살의 책'이라 불려지게 되었을 것이다. 태양아 너는 기브온 위에 머무르라 달아 너도 아얄론 골짜기에서 그리할지어다는 매우 운율적인 문구인데, 야살의 책에 나타나는 대로 인용한 것으로 생각된다. 여호수아서의 신적 증거가 인간의 작품인 야살의 책에 의해 확증될 필요는 없다. 그러나 야살의 책을 가지고 있었던 사람들에게 기브온 사건의 역사를 그 책과 비교해 보는 것은 도움이 될 것이다. 그리고 이러한 사실은 학자들이 거룩한 역사의 진실성을 입증하기 위해 세속 역사를 사용하는 것을 정당화한다.

[5] 그러나 태양이 멈추는 이러한 엄청난 기적은 이스라엘에게 단순히 적들을 찾아내어 죽이기 위한 더 많은 시간을 주는 것 이상의 의미를 담고 있는 것이 분명하다. 그런 일은 태양이 멈추는 기적이 아니고도 다음 날 할 수 있는 일이었다.

첫째로, 하나님은 이 일로 여호수아를 존귀케 하셨다(3:7). 하나님은 그를 특별히 사랑하는 자로 또 하나님께서 존귀케 하시기를 기뻐하는 자로 그리고 하늘과 땅의 모든 권세를 가지시고 바람과 바다도 순종하는 자의 모형으로 삼으셨다.

둘째로, 하나님은 이 일로 여기 가나안에서 자기 백성 이스라엘을 위해 행하신 일을 모든 세상에 알리셨다. 세상의 눈인 태양은 — 이스라엘을 위해 행하시는 하나님의 큰 일을 지켜보았다가 나중에 이스라엘의 자녀들이 그 길을 보고 이 땅에서 행해진 이 놀라운 기사(奇事)에 대해 물을 때에 보증이나 하려는 듯이 — 기브온과 아얄론 골짜기 위에 몇 시간 동안 멈추어 서 있어야 했다(대하 32:31). 그리고 이 일이 모든 이웃 나라에 선포되었다. **와서 여호와의 행적을 볼지어다**(시 46:8). 그리고 말하기를, **우리 하나님 여호와께서 우리에게 가까이 하심과 같이 그 신이 가까이 함을 얻은 큰 나라가 어디 있느냐?**(신 4:7). 기브온 사람들이 매우 먼 나라에서 온 것처럼 꾸민 것 같이, 우리는 이 일로 진짜 사신(使臣)들이 이스라엘의 하나님 여호와의 이름 때문에 이스라엘과 우호관계를 맺기 위해 멀리서 오는 것을 상상해 볼 수 있을 것이다.

셋째로, 하나님은, 해와 달을 섬기며 그것들에게 신적 존영(神的 尊榮)을 돌리는 우상 숭배자들에게 해와 달이 이스라엘의 하나님의 명령에 복종하는 것과 따라서 하나님이 그것들 위에 계심을 보여주심으로써 혼동과 좌절에 빠지게 하셨다. 또한 하나님은 이미 자기 백성들이 우상 숭배에 빠질 것을 내다보고 계셨는데(신 4:19), 이 일로 그들이 우상 숭배의 유혹에 넘어지지 않도록 믿음을 강화시키셨다. 그러나 하나님의 이러한 배려에도 불구하고, 나중에 이스라엘은 우상 숭배의 타락 속에 빠지고 만다.

넷째로, 이 기적은 말일(末日)에 세상이 어둠으로 향할 때 우리의 여호수아이신 **의의 태양**이 떠올라(말 4:2) 다가오는 밤을 저지하심으로써 참 빛이 되실 것을 의미한다(이것은 피어슨 주교의 견해이다). 여기에 한 가지 덧붙여야 할 것은, 그리스도께서 십자가 위에서 우리의 영적 원수들을 정복하셨을 때 태양과 관련하여 일어난 기적은 이것과 정반대였다는 사실이다. 그 때는 마치 한낮에 해가 지듯이 날이 어두워졌다. 이는 그리스도께서 승리를 성취하기 위해 태양 빛을 필요로 하지 않으셨기 때문이다. 그 때 그리스도는 어둠을 태양 빛을 가리는 휘장으로 삼으셨다.

다섯째로, 이 전쟁의 날에 태양과 달이 멈춘 것은 여호와의 크고 두려운 날에 태양이 어둠으로, 달이 피로 변할 것을 예표한다.

15여호수아가 온 이스라엘과 더불어 길갈 진영으로 돌아왔더라 16그 다섯 왕들이 도
망하여 막게다의 굴에 숨었더니 17어떤 사람이 여호수아에게 고하여 이르되 막게다
의 굴에 그 다섯 왕들이 숨은 것을 발견하였나이다 하니 18여호수아가 이르되 굴 어
귀에 큰 돌을 굴려 막고 사람을 그 곁에 두어 그들을 지키게 하고 19너희는 지체하
지 말고 너희 대적의 뒤를 따라가 그 후군을 쳐서 그들이 자기들의 성읍에 들어가
지 못하게 하라 너희 하나님 여호와께서 그들을 너희 손에 넘겨 주셨느니라 하고 20
여호수아와 이스라엘 자손이 그들을 크게 살륙하여 거의 멸하였고 그 남은 몇 사
람은 견고한 성들로 들어간 고로 21모든 백성이 평안히 막게다 진영으로 돌아와 여
호수아에게 이르렀더니 혀를 놀려 이스라엘 자손을 대적하는 자가 없었더라 22그
때에 여호수아가 이르되 굴 어귀를 열고 그 굴에서 그 다섯 왕들을 내게로 끌어내
라 하매 23그들이 그대로 하여 그 다섯 왕들 곧 예루살렘 왕과 헤브론 왕과 야르뭇
왕과 라기스 왕과 에글론 왕을 굴에서 그에게로 끌어내니라 24그 왕들을 여호수아
에게로 끌어내매 여호수아가 이스라엘 모든 사람을 부르고 자기와 함께 갔던 지휘
관들에게 이르되 가까이 와서 이 왕들의 목을 발로 밟으라 하매 그들이 가까이 가
서 그들의 목을 밟으매 25여호수아가 그들에게 이르되 두려워하지 말며 놀라지 말
고 강하고 담대하라 너희가 맞서서 싸우는 모든 대적에게 여호와께서 다 이와 같
이 하시리라 하고 26그 후에 여호수아가 그 왕들을 쳐죽여 다섯 나무에 매달고 저녁
까지 나무에 달린 채로 두었다가 27해 질 때에 여호수아가 명령하매 그들의 시체를
나무에서 내려 그들이 숨었던 굴 안에 던지고 굴 어귀를 큰 돌로 막았더니 오늘까
지 그대로 있더라

가나안의 다섯 왕이 기브온을 치기 위해 전장(戰場)에 집결했을 때 그것은 참으로 대단한 위용이었을 것이다. 그러나 그들은 완전하게 패배를 당했다. 그들은 처음에 혼란에 빠져 버리고, 나중에 우박에 의해 멸망을 당하고 말았다. 여호수아는 상황이 종결되었고 따라서 군대와 함께 본영으로 돌아갈 수 있게 되었다고 생각했을 것이다. 따라서 지금 정복한 나라를 취하는 것과 관련한 하나님의 명령을 받기 위해 길갈 본영(本營)으로 돌아갈 것이 — 아마도 참

모회의에서 — 결정되었다(15절). 그러나 여호수아는 자신에게 더 많은 일이 맡겨져 있음을 발견한다. 승리는 계속되어야 했다. 따라서 여호수아는 자신에게 맡겨진 일을 계속 진행시킨다.

I. 패배하여 흩어진 군대를 추격하여 궤멸시켜야 했다. 가나안의 왕들이 숨어 있는 장소에 대한 정보를 입수했을 때, 여호수아는 보초병을 세워 일단 그들을 그 자리에 계속 지키도록 명령한다(18절). 악인은 재난의 날을 위하여 남겨둔 바 되었고 진노의 날을 향하여 끌려가느니라(욥 21:30). 그리고 여호수아는 자기 군사들에게 가나안의 흩어진 병사들이 자기 주둔지로 피하지 못하도록 즉각 추격할 것을 지시한다. 만일 그들이 주둔지로 피한다면 그들은 다시 전열을 정비하게 될 것이고 따라서 그들을 진압하는 것은 더 어려워질 것이다(19절). 여호수아는 참으로 빈틈없는 장군이었다. 그는 가장 필요한 일을 먼저 한다. 또 그는 정복을 완료할 때까지 개선장군이 되는 것을 연기한다. 또한 그는 포로로 잡은 왕들을 욕보이기 위해 서두르지 않고, 적의 흩어진 병력들이 다시 집결하는 것을 먼저 저지한다. 그 결과는 다음과 같았다.

1. 하나님과 이스라엘의 원수를 크게 살육했다.

2. 그들을 전장(戰場)에서 일소(一掃)하였다. 그럼으로써 성벽 안으로 들어간 병사들을 제외하고는 한 사람도 살아남지 못했다.

3. 누구도 혀를 놀려 이스라엘 자손을 대적하는 자가 없었다(21절). 이러한 표현이 나타내는 바는 다음과 같다. (1) 이스라엘의 완전한 안전과 평온. 어떤 이들은 (출 11:7로부터) 이 구절을 "이스라엘 자손에게는 개 한 마리도 그 혀를 움직이지 않았다"로 읽어야 한다고 생각한다. 이스라엘은 승리한 후 어떤 위험에도, 심지어 개가 짖는 만큼의 위험에도 처하여지지 않았다. 단 한 사람의 이스라엘인도(원문에 특별히 강조됨) 전쟁에서나 추격하는 동안에나 어떤 고통에도 빠지지 않았다. (2) 이스라엘의 영예와 명성. 아무도 이스라엘을 비난할 수 없었고 나쁜 말을 하지도 못했다. 하나님은 분격한 적들의 손을 묶으실 뿐만 아니라, 그들의 입도 막으심으로써 거짓말하는 입술을 잠잠케 하셨다. (3) 갈대아역은 이 구절을 "이스라엘 자녀에게 어떤 사람도 자기 영혼을 괴롭게 할 만한 고통이나 손실이 없었다"라고 의역(意譯)함으로써 이스라엘의 순전한 기쁨을 표현한다. 싸움이 끝나고 군대를 점검했을 때, 죽은 자도 없었고 부상당한 자도 없었으며 실종자도 없었다. 단 한 사람의 이스라엘인도 친구를 잃거나 팔다리를 잃

음으로써 슬퍼할 필요가 없었다. 이와 같이 승리는 너무나 여유 있고 영광스러운 것이었으며, 또한 큰 대가를 치르지 않고 얻은 것이었다.

Ⅱ. 숨어 있었던 왕들은 이제 이스라엘과 회계(會計)해야 했다. 그들은 하나님의 약속과 허락하심에 의해 이 땅의 소유권을 가지고 있는 이스라엘의 요구에 따라 그것을 넘겨주어야 했다. 다음을 보라.

1. 가나안의 왕들은 동굴 속에 감금을 당했다. 안전한 은신처로 믿고 도망쳐 들어간 동굴이 감옥이 되었다. 그들은 그 곳에서 여호수아가 재판석에 앉을 때까지 꼼짝달싹하지 못했다(18절). 그들은 모두 우박과 칼을 피한 것으로 보이는데, 하나님이 그렇게 하신 것은 그들에게 은혜를 베풀기 위해서가 아니라 더 엄중하고 두려운 형벌을 위해 남겨두신 것이었다. 이는 마치 하나님께서 자신의 권능을 보이기 위해 바로를 세운 것과 마찬가지였다(출 9:16). 그들은 모두 도망했고 동일한 장소에서 만났는데, 이는 하나님의 섭리로 말미암은 것이었다. 불과 얼마 전에 이스라엘을 대적하면서 의논을 했던 자들은 이제 스스로를 보호하기 위해 새로운 의논을 해야 했고, 그래서 그들은 동일한 동굴 속으로 피신하는 데 동의했다. 이와 같은 정보가 여호수아에게 전달된 것은 그 나라 안에 있는 동굴과 요새들을 잘 아는 자들이 있었음을 증명하는 것이며, 이것은 여호수아의 큰 관심사였다. 왕들이 동굴 속에 있었을 때 여호수아는 그들을 그곳에 그냥 감금해 버렸는데, 이것은 여호수아의 지모(智謀)와 침착함을 잘 보여준다. 또한 이것은 하나님으로부터 숨고자 생각하는 자들은 스스로를 속이는 것이며 자신을 멸망시킬 뿐이라는 사실을 잘 보여준다. 거짓된 은신처는 진정한 안전을 제공해 주지 않는다. 단지 인생들을 하나님의 심판대 앞에 묶어 놓을 뿐이다.

2. 가나안의 왕들의 머리가 밟혀졌다. 여호수아는 그들을 동굴에서 끌어낼 것을 명령했고, 그들은 마치 법정에서처럼 여호수아 앞에 놓여지고 이름이 호명되었다(22, 23절). 그들은 결박되어 땅에 꿇려졌든지 아니면 스스로 땅에 엎드려 목숨을 구걸했는데, 여호수아는 지휘관들을 불러 그들을 밟고 발을 목 위에 올려놓도록 명령했다. 이렇게 한 것은 유희나 재미를 위해서가 아니었다. 다만 하나님의 공의를 시행하는 자의 진지함과 엄숙함으로 한 것이었다. 여호수아와 이스라엘의 지휘관들은 자신들의 자만심을 만족시키기 위해서가 아니라, 이스라엘의 하나님께 영광을 돌리기 위해 그렇게 했다. 하나님은 가장 높은 자

보다도 더 높은 자이시며, 토기장이가 진흙을 밟음 같이 방백들을 밟으며(사 41:25) 세상의 왕들에게 두려움이 되시는(시 76:12) 분이시다. 불행 속에 빠진 사람들을 이렇게 모욕하는 것은 실로 야만스러운 일로 보인다. 그들은 가장 높은 존귀의 자리에서 이런 치욕의 자리로 갑자기 떨어져 버렸다. 왕관을 쓴 머리가 여호수아뿐만 아니라(차라리 이것은 견디기 쉬운 일이었을 것이다) 모든 지휘관들에 의해 밟혀지는 것은 정말로 가혹한 일이다. 분명히 이것은 하나의 관례(慣例)가 되어서는 안 된다. 왜냐하면 이것은 특별한 경우이기 때문이다. 우리는 여호수아가 이렇게 한 것이 신적 지시(指示)와 충동(impulse)에 의한 것으로 생각할 충분한 이유를 가지고 있다.

(1) 하나님은 이러한 왕들의 악함에 대해 형벌을 내리셨다. 이제 그들의 죄의 분량은 채워졌다. 가나안 족속의 괴수들에게 가해진 이러한 공적인 공의의 행동에 의해, 하나님은 자기 백성들의 마음 속에 하나님이 그들 앞에 쫓아낸 열방의 죄에 대해 큰 두려움과 혐오감을 갖게 하셨고 그럼으로써 그들로 하여금 가나안의 죄를 흉내내지 않도록 하셨다.

(2) 하나님은 여기에서 모세에게 주신 약속을 이루고 계셨다(신 33:29): 네가 그들의 높은 곳 즉 그들의 큰 자들을 밟으리로다. 이것은 우리가 기록으로 발견하는 모세의 마지막 말이기 때문에 좀 더 빨리 문자적으로 성취되어야 했다.

(3) 하나님은 여기에서 자기 백성 이스라엘 앞에 아직 남아 있는 전쟁과 관련하여 그들의 믿음과 소망을 격려하셨다. 그래서 여호수아는 이렇게 말한 것이다: 두려워하지 말며 놀라지 말라. [1] 이 왕들도 두려워하지 말며 그들의 어떤 군사들도 두려워하지 말라. 너희가 지금 이들을 모욕한 것으로 장차 이들에게 보복을 당하지 않을까 염려하여 두려워하지 말라. 사실 이러한 생각은 지금 자신들의 손 안에 있는 자들을 모욕하는 것을 주저하게 만든다. 왜냐하면 전쟁에 있어서의 승패의 수레바퀴가 언제 그들의 운명을 뒤바꾸어 놓을지 모르기 때문이다. 그러나 너희들은 어느 누가 일어나 이 일로 복수할 것에 대해 두려워할 필요가 없다. [2] 언제라도 너희를 대항하여 동맹을 맺을 가능성이 있는 다른 왕들을 두려워하지 말라. 너희가 그토록 두려워했던 이들이 이렇게 멸망하고 있는 것을 보고 있지 않느냐? 여호와께서 너희의 모든 원수들에게 이같이 행할 것이다. 이제 그들은 떨어지기 시작하고 있다. 그들은 너희가 그들의 목을 밟을 정도로 너무나 낮게 떨어졌다. 그들은 결코 다시 일어설 수 없을 것이요 분명히

너희 앞에 엎드러질 것이다(에 6:13).

(4) 우리는 여기에서 어둠의 권세에 대한 그리스도의 승리와 그분을 통한 신자들의 승리가 예표되어 있는 것을 보게 된다. 구속자의 모든 원수들은 그의 발판이 될 것이다(시 110:1). 또 시편 18:40을 보라: 또 주께서 내 원수들에게 등을 내게로 향하게 하시고 나를 미워하는 자들을 내가 끊어 버리게 하셨나이다. 세상의 왕들이 그를 대적하나(시 2:2), 조만간 우리는 만물이 그 발 아래 복종하는 것(히 2:8)과 통치자들과 권세들을 무력화하여 구경거리로 삼으시는 것(골 2:15)을 보게 될 것이다. 이러한 승리에서 우리는 정복자 이상이 될 것이다. 우리는 사자와 독사를 밟을 것(시 91:13)이며, 땅의 높은 곳에 오르게 될 것(사 58:14)이다. 또 우리는 평강의 하나님이 속히 사탄을 우리 발 아래에서 상하게 하실 것(롬 16:20)을 확신할 수 있다. 또한 시편 149:8, 9을 보라.

3. 가나안의 왕들은 죽음에 처하여졌다. 이스라엘의 지휘관들에게 밟히는 끔찍한 굴욕을 받고 나서, 아마도 그들은 아각처럼 이렇게 말할 준비가 되어 있었을 것이다: "진실로 사망의 괴로움이 지났도다. 많은 사람에 의해 가해진 형벌로 족하도다." 명예가 짓밟혀졌다고 해서 목숨이 보존되는 것은 아니다. 여호수아가 그들을 칼로 치고 시체를 저녁까지 나무에 매어 달았다. 그리고 해질 때에 시체를 내린 후 그들이 숨었던 동굴에 던졌다(26, 27절). 은신처라고 생각했던 처소가 처음에는 감옥이 되었고 나중에는 무덤이 되었다. 우리가 하나님으로부터 도망친 그 곳이 바로 우리를 실망시키는 곳이 될 것이다. 그러나 선한 사람들에게는 무덤조차도 은신처가 될 것이다(욥 14:13). 만일 이러한 다섯 왕이 전쟁을 벌이는 대신 겸손하게 화친(peace)을 구했다면 자신들의 목숨을 구할 수 있었을 것이다. 그러나 이제 운명의 주사위는 던져졌다. 그들에게는 회개의 여지도, 심판이 취소될 여지도 없었다. 그것을 기대하기에는 이미 너무 늦은 것이다.

28그 날에 여호수아가 막게다를 취하고 칼날로 그 성읍과 왕을 쳐서 그 성읍과 그
중에 있는 모든 사람을 진멸하여 바치고 한 사람도 남기지 아니하였으니 막게다
왕에게 행한 것이 여리고 왕에게 행한 것과 같았더라 29여호수아가 온 이스라엘과
더불어 막게다에서 립나로 나아가서 립나와 싸우매 30여호와께서 또 그 성읍과 그
왕을 이스라엘의 손에 붙이신지라 칼날로 그 성읍과 그 중의 모든 사람을 쳐서 멸

하여 한 사람도 남기지 아니하였으니 그 왕에게 행한 것이 여리고 왕에게 행한 것
과 같았더라 [31]여호수아가 또 온 이스라엘과 더불어 립나에서 라기스로 나아가서
대진하고 싸우더니 [32]여호와께서 라기스를 이스라엘의 손에 넘겨 주신지라 이튿날
에 그 성읍을 점령하고 칼날로 그것과 그 안의 모든 사람을 쳐서 멸하였으니 립나
에 행한 것과 같았더라 [33]그 때에 게셀 왕 호람이 라기스를 도우려고 올라오므로 여
호수아가 그와 그의 백성을 쳐서 한 사람도 남기지 아니하였더라 [34]여호수아가 온
이스라엘과 더불어 라기스에서 에글론으로 나아가서 대진하고 싸워 [35]그 날에 그
성읍을 취하고 칼날로 그것을 쳐서 그 중에 있는 모든 사람을 당일에 진멸하여 바
쳤으니 라기스에 행한 것과 같았더라 [36]여호수아가 또 온 이스라엘과 더불어 에글
론에서 헤브론으로 올라가서 싸워 [37]그 성읍을 점령하고 그것과 그 왕과 그 속한 성
읍들과 그 중의 모든 사람을 칼날로 쳐서 하나도 남기지 아니하였으니 그 성읍들
과 그 중의 모든 사람을 진멸하여 바친 것이 에글론에 행한 것과 같았더라 [38]여호수
아가 온 이스라엘과 더불어 돌아와서 드빌에 이르러 싸워 [39]그 성읍과 그 왕과 그
속한 성읍들을 점령하고 칼날로 그 성읍을 쳐서 그 안의 모든 사람을 진멸하여 바
치고 하나도 남기지 아니하였으니 드빌과 그 왕에게 행한 것이 헤브론에 행한 것
과 같았으며 립나와 그 왕에게 행한 것과 같았더라 [40]이와 같이 여호수아가 그 온
땅 곧 산지와 네겝과 평지와 경사지와 그 모든 왕을 쳐서 하나도 남기지 아니하고
호흡이 있는 모든 자는 다 진멸하여 바쳤으니 이스라엘의 하나님 여호와께서 명령
하신 것과 같았더라 [41]여호수아가 또 가데스 바네아에서 가사까지와 온 고센 땅을
기브온에 이르기까지 치매 [42]이스라엘의 하나님 여호와께서 이스라엘을 위하여 싸
우셨으므로 여호수아가 이 모든 왕들과 그들의 땅을 단번에 빼앗으니라 [43]여호수아
가 온 이스라엘과 더불어 길갈 진영으로 돌아왔더라

우리는 여기에서 어떻게 여호수아가 자신이 얻은 영광스러운 승리와 그것에 의해 얻어진 이점(利點)을 진척시켜 나갔나 하는 것을 보게 된다. 이것을 잘 하는 것은 장군에게 있어 칭송할 만한 일이다.

I. 여기에 여호수아가 점령한 몇몇 성읍들에 대한 특별한 이야기가 나타나 있다.

1. 여호수아는 자신이 정복한 왕들 가운데 세 왕의 성읍에 가서 그것들을 소유로 삼는다: 라기스(31, 32절), 에글론(34, 35절), 그리고 헤브론(36, 37절). 다른

두 성읍인 예루살렘과 야르뭇은 이 때 취하지 않았다. 그것은 아마도 여호수아의 군대가 너무 지쳐 있었기 때문이거나, 아니면 이미 얻은 것으로 만족하여 더 이상 공격할 마음이 없었기 때문이었을 것이다. 어쨌든 그들은 그 성읍들을 쉽게 함락시킬 수 있는 절호의 기회를 놓침으로써, 후에 그것들을 점령함에 있어 큰 어려움을 감수하지 않을 수 없었다(삿 1:8; 삼하 5:6).

2. 여호수아는 다른 세 성읍을 또 취했는데, 이 역시 왕도(王都, royal cities)들이었다. 첫째는 막게다였는데, 이 성읍은 다섯 왕이 피신한 곳에서 가까웠다. 그들의 피신은 여호수아와 이스라엘 군대를 그 쪽으로 오게 했고, 그럼으로써 막게다는 급작스럽게 멸망을 당했다(28절). 그리고 나머지 두 성읍은 립나(29, 30절)와 드빌(38, 39절)이었다.

3. 왕을 잃은 라기스를 구원하기 위해 군사를 이끌고 온 한 왕이 있었는데, 그는 자기 상처를 스스로 건드린 격이 되었다. 그는 게셀의 왕 호람이었다. 그가 그렇게 한 것은 이웃에 대한 우정 때문이었거나 아니면 자신의 안전을 위해서였을 것이다. 그는 여호수아의 군대가 전진해오는 것을 저지하고자 했으나, 결국 자신의 모든 군대와 함께 멸망을 당하고 말았다(33절). 이와 같이 악인은 종종 자기 꾀에 걸려 넘어진다. 그리고 하나님의 심판을 방해하다가 스스로 심판을 자초한다.

Ⅱ. 이스라엘의 손에 정복된 나라들에 대한 전체적인 이야기(40-42절). 이스라엘이 최초로 차지하게 된 이 지역은 예루살렘 남쪽에 위치한 지역인데, 나중에 대부분 유다 지파의 분깃이 되었다. 여기에서 다음을 주목하라.

1. 여호수아는 매우 빠른 속도로 이러한 성읍(도시)들을 점령해 나간다. 어떤 이들은 이것이 본문의 이야기 전개방식이 빠르고 간결하기 때문이라고 생각한다. 여호수아는 마치 번개처럼 이 곳에서 저 곳으로 날아다닌다. 비록 그들 모두가 마지막까지 저항하고 또 단 한 성읍도 스스로 성문을 열지 않았다 할지라도, 여호수아는 어떤 때는 단 하루만에(28절), 또 어떤 때는 이틀만에(32절) 그들 모두를 점령하고 항복을 요구했다. 그들은 지금 군대가 패배하고 왕들이 죽임을 당함으로써 두려움에 빠져 있었으며, 여호수아는 그러한 그들에게 계속해서 빈틈없는 공격을 가했다. 만일 우리가 부지런하고 또 기회를 잘 활용하기만 한다면, 짧은 시간에라도 아주 많은 일을 할 수 있다는 사실을 기억하라.

2. 여호수아는 정복한 백성들에 대해 매우 가혹하게 형벌을 내린다. 그는 남

녀노소를 불문하고 모든 사람을 칼로 진멸한다(28, 30, 32, 35절 등). 그는 호흡이 있는 모든 자를 진멸하고(40절) 한 사람도 남기지 않았다. 이것이 이스라엘의 하나님 여호와께서 명령하신 대로(40절) 행해진 일이라는 사실을 제외한다면, 이 일은 결코 정당화될 수 없을 것이다. 하나님께서 명령하셨다는 사실을 감안할 때, 이것을 '잔혹행위' 라고 비난하는 것은 결코 합당치 않다. 도리어 그것은 하나님의 명령에 따라 공의를 수행하는 것으로서, 정당화될 수 있는 일일 뿐만 아니라 거룩한 행위가 되는 것이다.

(1) 이것으로 하나님은 가나안 족속들이 저질러 온 우상 숭배와 다른 가증한 일들을 얼마나 미워하셨는가 하는 것을 분명히 보여주셨다. 또한 우리는 죄의 분량이 찼을 때 임한 엄청난 멸망을 통해, 그들이 얼마나 하나님을 진노케 했는가 하는 것을 알게 된다.

(2) 이것으로 하나님은 자기 백성 이스라엘에 대한 사랑을 보여주셨다. 내가 너를 사랑하였은즉 내가 네 대신 사람들을 내어 주며 백성들이 네 생명을 대신하리니(사 43:4). 이스라엘이라는 이름의 포도나무가 심겨지기 위해 이방인들이 쫓겨났다. 주께서 한 포도나무를 애굽에서 가져다가 민족들을 쫓아내시고 그것을 심으셨나이다(시 80:8). 이로써 이스라엘 백성들은 자신들을 위해 그토록 많은 생명을 희생시키신 하나님의 영광을 위해 살아야 할 의무를 가지고 있음을 깨달아야 한다.

(3) 여기에 끝까지 회개하지 않는 예수 그리스도의 모든 원수들의 마지막 멸망이 예표되어 있다. 그들은 그리스도의 은혜의 부요함을 멸시함으로 그의 진노를 받게 되고, 어떤 자비도 베풀어지지 않는 영원한 심판을 받게 될 것이다. 악인들이 스올로 돌아감이여 하나님을 잊어버린 모든 이방 나라들이 그리하리로다(시 9:17). 하나님의 무한하신 선하심에 대해 누가 비난할 것인가?

3. 여호수아는 정복전쟁에서 큰 성공을 거둔다. 성읍의 노략물은 군사들에게 나누어지고, 땅과 더불어 성읍 자체는 각 지파들에게 나누어졌다. 성공의 이유는 단순하다. 여호와께서 이스라엘을 위해 싸우셨기 때문이었다(42절). 만일 하나님이 함께 하지 않으셨다면 이스라엘은 결코 승리를 얻지 못했을 것이다. 하나님께서 우리를 위해 싸우시면 우리는 정복한다. 만일 그가 우리를 위하시면 누가 우리를 대적하리요?

제 11 장

개요

본 장에서 우리는 가나안 정복전쟁의 역사가 계속되고 결국 종결에 이르는 것을 보게 된다. 우리는 앞 장에서 남부 지역을 정복하는 이야기를 살펴봤다. 그 후 여호수아가 군사들에게 어느 정도의 숨 고르는 시간을 주었을 것으로 우리는 상상할 수 있다. 이제 우리는 본 장에서 북부 지역을 정복하는 이야기를 보게 되는데, 이 역시 완벽한 승리로 결말지어진다. I. 북부 지역의 왕들이 이스라엘에 대항하여 동맹을 맺음(1-5절). II. 하나님께서 여호수아를 격려하심(6절). III. 여호수아의 승리(7-9절). IV. 그들의 성읍을 점령함(10-15절). V. 아낙 자손을 멸망시킴(21, 22절). VI. 정복전쟁의 종결(16-20, 23절).

[1]하솔 왕 야빈이 이 소식을 듣고 마돈 왕 요밥과 시므론 왕과 악삽 왕과 [2]및 북쪽 산
지와 긴네롯 남쪽 아라바와 평지와 서쪽 돌의 높은 곳에 있는 왕들과 [3]동쪽과 서쪽
의 가나안 족속과 아모리 족속과 헷 족속과 브리스 족속과 산지의 여부스 족속과
미스바 땅 헤르몬 산 아래 히위 족속에게 사람을 보내매 [4]그들이 그 모든 군대를 거
느리고 나왔으니 백성이 많아 해변의 수많은 모래 같고 말과 병거도 심히 많았으
며 [5]이 왕들이 모두 모여 나아와서 이스라엘과 싸우려고 메롬 물 가에 함께 진 쳤더
라 [6]여호와께서 여호수아에게 이르시되 그들로 말미암아 두려워하지 말라 내일 이
맘때에 내가 그들을 이스라엘 앞에 넘겨 주어 몰살시키리니 너는 그들의 말 뒷발
의 힘줄을 끊고 그들의 병거를 불사르라 하시니라 [7]이에 여호수아가 모든 군사와
함께 메롬 물 가로 가서 갑자기 습격할 때에 [8]여호와께서 그들을 이스라엘의 손에
넘겨 주셨기 때문에 그들을 격파하고 큰 시돈과 미스르봇 마임까지 추격하고 동쪽
으로는 미스바 골짜기까지 추격하여 한 사람도 남기지 아니하고 쳐죽이고 [9]여호수
아가 여호와께서 자기에게 명령하신 대로 행하여 그들의 말 뒷발의 힘줄을 끊고
그들의 병거를 불로 살랐더라

우리는 여기에서 여호수아가 벌인 또 다른 전쟁 이야기 속으로 들어

간다. 이것은 비록 기적의 측면에서는 앞의 것과 비교하여 떨어지지만 영광에 있어서는 결코 못지않은 것이었다. 하나님이 자신들을 위해 행하신 기사(奇事)들로 인해 이스라엘은 더욱 분발하여 용기를 가지고 더욱 용맹하게 행동할 수 있었다. 이와 같이 사탄의 왕국에 대항하여 복음을 선포함으로써 수행되는 전쟁은 처음에는 기적에 의해 활발하게 진척된다. 그러나 그러한 기적들에 의해 그 전쟁이 하나님의 전쟁으로 충분히 드러난 연후에는, 이제 그 전쟁을 수행하는 자들은 '성령의 검을 사용하는 가운데 나타나는 신적 은혜의 통상적인 도우심' 아래 남겨지게 된다. 따라서 그들은 더 이상 우박이나 태양이 멈추는 것을 기대해서는 안 된다. 여기에서 우리는 다음의 이야기들을 보게 된다.

I. 가나안 사람들이 이스라엘에 대항하여 전쟁을 벌임. 먼저 공격을 시작한 것은 가나안 사람들이었다. 따라서 이스라엘이 그들을 진멸하는 것은 충분히 정당화될 수 있었다. 여호수아와 모든 이스라엘은 길갈 본영(本營)으로 돌아왔는데, 이들 가나안 왕들은 아마도 이스라엘이 이미 얻은 승리로 만족한 채 가만히 그 곳에 있을 것으로 판단한 듯하다. 그러나 이스라엘은 전쟁을 준비하고 있었다. 이와 같이 죄인들은 스스로 파멸을 자초한다. 지금 유다는 마치 먹이를 찾는 사자같이 웅크리고 있었다(창 49:9). 만일 북부 지역의 왕들이 그를 깨운다면 그로 인해 부딪히게 될 위험의 책임은 바로 그들에게 있는 것이다.

1. 몇몇 나라들이 이 동맹에 참여했는데, 일부는 산지에 있는 나라였고, 또 일부는 평지에 있는 나라였다(2절). 아모리 족속, 헷 족속, 브리스 족속 등 동서로부터 온 가나안 사람들이 — 비록 서로 다른 법과 상이한 이해관계를 가지고 있었음에도 불구하고 — 공동의 적인 이스라엘에 대항하여 서로 연합한다. 이와 같이 이 세상의 자녀들은 빛의 자녀들에 비해 더 잘 일치되며, 이 점에서 더 지혜롭다. 교회의 원수들의 하나됨은 교회의 지체들의 불화와 분열을 부끄럽게 만들며, 그럼으로써 종종 교회가 하나되게 하는 일에 동기를 부여하기도 한다.

2. 동맹의 우두머리는 하솔 왕 야빈이었다(1절). 10절에 보면 하솔이 그 모든 나라의 머리였다고 언급된다. 이들 나라들 가운데 어떤 종류의 갈등이나 다툼 같은 것들이 분명히 있었을 것이다. 그러나 지금은 이런 것들은 다 제쳐두고 모두 하나가 되었다(눅 23:12). 각 나라들에 할당된 병력을 하나로 집결시켰을 때, 그것은 앞의 경우(남부 지역의 동맹)보다 훨씬 더 강력한 군대가 되었다. 백성이 많아 해변의 수많은 모래 같았다(4절). 여기에다가 더 강력하고 가공할 만한

것은 그들이 말과 병거(兵車)를 많이 가지고 있었다는 사실인데, 이것은 우리가 남부 지역의 왕들에게서는 보지 못했던 것들이다. 이와 같이 그들은 이스라엘에 비해 큰 이점을 가지고 있었다. 왜냐하면 이스라엘 군대는 오직 보병으로만 구성되어 있었으며, 그들에게는 전장에 가지고 올 말과 병거가 없었기 때문이다. 요세푸스(Josephus)는 당시 가나안 군대가 30만의 보병과 일만 마리의 말, 그리고 2만 승의 병거로 구성되었다고 말한다. **하나님의 이스라엘에 대항하여 일어난 자가 많았더라.** 분명히 그들은 자신들의 숫자로 인해 승리를 확신했을 것이다. 그러나 '숫자의 많음' 은 결국 '살육당한 자의 많음' 으로 결말지어졌을 뿐이었다.

Ⅱ. 하나님이 여호수아를 격려하심(6절) **그들로 말미암아 두려워하지 말라.** 여호수아는 용기에 있어 특출난 사람이었다. 용기야말로 그의 받은 주된 은혜였다. 그러나 그러한 여호수아조차도 **두려워하지 말라**는 말씀을 반복적으로 들을 필요가 있었다. 새롭게 대두되는 위험과 난관으로 인해 우리에게 하나님의 말씀으로부터의 새로운 위로와 지지가 필요한데, 사실 그것은 필요할 때마다 언제든지 사용할 수 있도록 우리 옆에 항상 있는 것이다. 하나님을 자기편으로 삼고 있는 자들은 적의 숫자와 힘으로 인해 동요될 필요가 없다. **우리와 함께 하는 자가 우리를 대적하는 자보다 많음이라.** 만군의 여호와(Lord of hosts)를 갖고 있는 자는 자신을 위해 싸우는 여호와의 군대(hosts of the Lord)를 갖게 된다.

1. 여호수아를 격려하기 위해 하나님은 그에게 성공을 확증하면서 시간을 못박는다: **내일 이맘때에 내가 그들을 넘겨주어 몰살시키리니.** 분명히 그들은 이스라엘의 칼에 죽임을 당하게 될 것이다. 그러나 그것이 여기에서 하나님께서 하시는 일로 언급되고 있다. **내가 그들을 넘겨주어.**

2. 하나님은 여호수아에게 **말 뒷발의 힘줄을 끊어 절름발이로 만들고 병거들을 불태우라고** 명령하신다. 이렇게 하신 것은 이스라엘로 하여금 차후 이것들을 사용하지 못하도록 하실 뿐만 아니라, 그들을 더 이상 두려워하지 않게 하도록 하기 위함이었다. 이스라엘로 하여금 그들의 병거들을 단지 땔감으로나 쓸 썩은 나무로 보게 하라. 또한 그들의 군마(軍馬)들을 단지 짐마차가 겨우 끌 정도의 보잘것없는 짐승으로 보게 하라. 하나님께서 자신에게 주신 이러한 격려를 틀림없이 여호수아는 백성들에게 전달했을 것인데, 아마도 그들은 자신들을 위해 싸우시는 하나님의 능력을 체험했음에도 불구하고 이러한 거대한 군대로

인해 어느 정도 위협을 느끼고 있었을 것이다. 우리는 다음과 같은 것에서 하나님의 지혜와 선하심이 나타나는 것을 보게 된다.

(1) 적의 모략(謀略)을 어둡게 만드심. 가나안의 모든 왕들은 거리상 그렇게 멀리 떨어져 있지 않았다. 그러므로 그들은 모두 한 몸이 될 수 있었다. 그러나 그들은 처음부터 이스라엘에 대항하여 동맹을 맺지 않고 남부 지역과 북부 지역으로 나뉨으로써 좀 덜 위협적이 되었다.

(2) 자기 백성으로 하여금 좀 더 작은 세력을 깨뜨림으로써 큰 세력에 직면하도록 준비시키심. 처음에 이스라엘은 다섯 왕과 더불어 싸웠다. 그리고 지금은 더 많은 세력과 싸우고 있다. 하나님은 우리의 힘만큼 고난을 할당하시며, 또 우리의 고난만큼 힘을 할당하신다.

Ⅲ. 가나안의 동맹군에 대항한 여호수아의 군사행동(7절). 여호수아는 갑자기 그들에게 나아갔고, 그들을 혼비백산하게 했다. 여호수아가 이렇게 급습(急襲)한 것은,

1. 그들로 하여금 큰 혼란에 빠지게 하기 위함이었다. 그들은 이스라엘 군대가 급습하는 것은 생각지도 못하고 있다가 갑작스럽게 공격을 당함으로써 걷잡을 수 없는 공포에 빠지고 말았다.

2. "내일 이맘때에"라고 날짜를 못박은 하나님의 명예를 그르치지 않도록 하기 위함이었다. 우리가 하나님과 더불어 시간을 맞추는 것은 지극히 합당한 일이다.

Ⅳ. 여호수아의 성공(8절). 여호수아는 완벽한 승리를 얻었다. 여호수아는 가나안 군대를 완벽하게 격파하고, 몇 갈래로 도주하는 적들을 추격했다. 어떤 군사들은 시돈을 향해 북서쪽으로 도주했고, 다른 군사들은 미스바를 향해 동쪽으로 도주했다. 그러나 여호수아가 보낸 군대가 각각의 길로 그들을 추격했다. 이와 같이 여호와께서 그들을 이스라엘의 손에 넘겨주셨다(8절). 그들은 '개종자'와 '조공을 드리는 자'가 됨으로써 스스로를 이스라엘의 손에 넘겨주지 않았다. 다시 말해서 그들은 하나님의 은혜에 자신을 제물로 드리지 않았던 것이다(롬 15:16). 그러므로 하나님은 그들을 이스라엘의 손에 넘겨주심으로써 그들로 하여금 하나님의 공의의 제물이 되게 하셨다. 하나님은 우리에 의해(by us) 영광을 받으실 것이며, 또한 우리로 인해(upon us) 영광을 받으실 것이다.

Ⅴ. 말과 병거를 파괴하라는 명령에 대한 여호수아의 순종(9절). 이것은 다음

의 사실들을 보여주는 실례이다.

1. 하나님의 뜻에 대한 여호수아의 복종. 권위 아래 있는 자는 명령받은 대로 행해야 한다.

2. 여호수아의 자기 부인. 그는 하나님의 명령에 따라 자신의 뜻과 생각을 십자가에 못박는다.

3. 이스라엘을 위해 싸우시는 하나님의 능력에 대한 신뢰. 이러한 사실로 인해 이스라엘은 다른 사람들이 의지하며 신뢰하는 말과 병거를 대수롭지 않게 여길 수 있었다(시 20:7; 33:17).

4. 백성들로 하여금 동일한 신뢰를 갖게 하고자 힘쓰는 여호수아의 배려. 이스라엘 백성들은 말과 병거를 지나치게 신뢰하며 의지할 수 있었다. 따라서 여호수아는 그들로부터 이것을 취함으로써 오직 하나님만 의지하며 신뢰하도록 했다. 이것은 오른손을 잘라내는 것이었다.

10하솔은 본래 그 모든 나라의 머리였더니 그 때에 여호수아가 돌아와서 하솔을 취
하고 그 왕을 칼날로 쳐죽이고 11그 가운데 모든 사람을 칼날로 쳐서 진멸하여 호흡
이 있는 자는 하나도 남기지 아니하였고 또 하솔을 불로 살랐고 12여호수아가 그 왕
들의 모든 성읍과 그 모든 왕을 붙잡아 칼날로 쳐서 진멸하여 바쳤으니 여호와의
종 모세가 명령한 것과 같이 하였으되 13여호수아가 하솔만 불살랐고 산 위에 세운
성읍들은 이스라엘이 불사르지 아니하였으며 14이 성읍들의 모든 재물과 가축은 이
스라엘 자손들이 탈취하고 모든 사람은 칼날로 쳐서 멸하여 호흡이 있는 자는 하
나도 남기지 아니하였으니

우리는 여기에서 앞 장에서 이루어진 승리가 계속 진행되는 것을 본다.

1. 여기에서 하솔의 멸망이 특별하게 언급된다. 왜냐하면 그 성읍에서, 그리고 그 성읍의 왕으로 말미암아 이스라엘에 대항하는 음모가 꾸며졌기 때문이었다(10, 11절). 하솔의 왕은 전투에서 피신하여 겨우 목숨을 건진 것으로 보인다. 그가 자신의 성읍에 돌아왔을 때, 그리고 여호수아가 흩어진 군사들을 추격하기 위해 다른 길로 갔을 때, 그는 이제 안전하다고 생각했을 것이다. 일이 잘 풀렸다고 생각한 바로 그것이 그의 올가미가 되었다. 그는 마치 그물에 걸린

새처럼 되었다. 바로 그 곳에서 그는 죽임을 당했고, 그로 인해 그의 성읍이 불태워졌다. 그러나 우리는 나중에 하솔이 가나안 사람들에 의해 재건되었고, 동일한 이름을 가진 다른 왕에 의해 통치되었음을 사사기에서 보게 된다(4:2).

2. 나머지 성읍들은 일괄적으로 언급된다. 여호수아는 모든 성읍을 손에 넣었으나 하솔의 경우처럼 불태우지는 않았다. 왜냐하면 이스라엘은 그들이 짓지 않은 크고 아름다운 성읍에서 살 것이었기 때문이었다(신 6:10). 여기에서 우리는 이스라엘이 피는 흘리고 재물은 취한 것을 보게 된다.

(1) 적들의 피. 이스라엘은 모든 사람을 쳐서 진멸했으며(11절), 호흡이 있는 자는 하나도 남기지 아니하였다(14절). 그럼으로써 가나안의 가증한 것들로 그들을 오염시키고 또 그들로 하여금 그 땅을 취하는 것을 방해할 자가 아무도 없게 되었다. 아이들도 진멸되었는데, 그것은 장차 그들이 이 땅의 소유권을 주장하지 못하게 하기 위함이었다.

(2) 적들의 재물. 모든 재물과 가축은 이스라엘 자손들이 탈취했다(14절). 그들이 애굽에서 나올 때 압제자들의 재물로 풍부해졌던 것처럼(이것으로 광야생활의 모든 비용이 충당되었다), 지금은 적들로부터의 탈취물로 풍부해졌다(이것으로 가나안 땅에 정착하기 위한 비용이 충당될 것이다). 이와 같이 죄인의 재물은 의인을 위해 쌓여진다.

[15]여호와께서 그의 종 모세에게 명령하신 것을 모세는 여호수아에게 명령하였고 여
호수아는 그대로 행하여 여호와께서 모세에게 명하신 모든 것을 하나도 행하지 아
니한 것이 없었더라 [16]여호수아가 이같이 그 온 땅 곧 산지와 온 네겝과 고센 온 땅
과 평지와 아라바와 이스라엘 산지와 평지를 점령하였으니 [17]곧 세일로 올라가는
할락 산에서부터 헤르몬 산 아래 레바논 골짜기의 바알갓까지라 그들의 왕들을 모
두 잡아 쳐죽였으며 [18]여호수아가 그 모든 왕들과 싸운 지가 오랫동안이라 [19]기브온
주민 히위 족속 외에는 이스라엘 자손과 화친한 성읍이 하나도 없고 이스라엘 자
손이 싸워서 다 점령하였으니 [20]그들의 마음이 완악하여 이스라엘을 대적하여 싸우
러 온 것은 여호와께서 그리하게 하신 것이라 그들을 진멸하여 바치게 하여 은혜
를 입지 못하게 하시고 여호와께서 모세에게 명령하신 대로 그들을 멸하려 하심이
었더라 [21]그 때에 여호수아가 가서 산지와 헤브론과 드빌과 아납과 유다 온 산지와
이스라엘의 온 산지에서 아낙 사람들을 멸절하고 그가 또 그들의 성읍들을 진멸하

여 바쳤으므로 [22]이스라엘 자손의 땅에는 아낙 사람들이 하나도 남지 아니하였고 가사와 가드와 아스돗에만 남았더라 [23]이와 같이 여호수아가 여호와께서 모세에게 말씀하신 대로 그 온 땅을 점령하여 이스라엘 지파의 구분에 따라 기업으로 주매 그 땅에 전쟁이 그쳤더라

우리는 여기에서 정복전쟁의 결말을 보게 된다.

I. 여기에 네 가지 짤막한 이야기가 제시된다.

1. 이스라엘을 대적함에 있어서의 가나안 사람들의 완악함. 하나님께서 이스라엘을 위해 싸우는 것이 너무도 분명하게 드러났고 또 모든 전투에서 가나안 사람들은 최악의 결과를 자초했음에도 불구하고, 그들이 마지막까지 대항한 것은 참으로 이상한 일이었다. 기브온을 제외하고는 단 한 성읍도 이스라엘과 화친(peace)을 맺지 않았는데, 기브온은 평화(peace)에 있어 이웃나라들과 함께 하는 것보다 이스라엘과 함께 하는 것이 나음을 알고 있었다(19절). 다른 성읍들도 스스로 겸비하기만 했다면 — 누더기 옷과 기운 신이 아니더라도 — 좀 더 나은 결과를 얻을 수 있었을 것이다. 그러나 그들은 이스라엘과 화친하는 것을 결코 열망하지 않았다.

우리는 여기에서 이러한 어두운 마음이 도대체 어디에서 오는지에 대하여 듣게 된다: 그들의 마음을 완악하여진 것은 여호와께서 그리하게 하신 것이라(20절). 바로는 처음에는 '자신의 교만과 아집' 으로 마음을 완악하게 하였으나, 나중에는 '그의 멸망을 위한 하나님의 의로우신 심판' 으로 그렇게 되었다. 가나안 사람들로 마찬가지였다. 그들을 징벌하시기 위해 하나님은 그러한 상태로 그냥 내버려 두셨다. 그럼으로써 그들은 이스라엘을 자신의 친구로 만들 수 있었음에도 불구하고 결국 이스라엘의 원수가 되고 말았다. 그들을 파멸에 이르게 한 것은 바로 이것이었다. 그들은 이스라엘에 대항하여 전투에 나왔다. 그리고 먼저 공격을 시작했다. 그러므로 그들은 어떤 호의도 얻을 수 없었다. 하나님을 진노케 하는 자들은 자기들이 지금 무슨 일을 하고 있는지 알지 못한다. 우리가 하나님보다 강하냐? 여기에서 마음을 완악하게 하는 것이 바로 죄인들로 파멸에 이르게 하는 것이라는 사실을 주목하라. 어리석고 미련하여 하나님의 경고에 주의를 기울이지 않는 자들은 이미 멸망을 향해 달려가고 있는 것이다. 하나님이 이 백성의 마음으로 둔하게 하며(사 6:10)라고 말씀하시는 자들에게 무슨 소망이 있겠는가?

2. 전쟁을 수행함에 있어 이스라엘 백성들의 지속성(18절): **여호수아가 그 모든 왕들과 싸운 지가 오랫동안이라.** 가나안 땅을 정복함에 있어 어느 정도의 시간이 소요되었을까? 이와 관련하여 어떤 이들은 5년으로 보고, 또 어떤 이들은 7년으로 본다. 이렇게 오랫동안 하나님은 이스라엘을 전쟁으로 훈련시키셨다. 그리고 그들에게 새로운 승리를 주실 때마다 자신의 능력과 선하심의 증거를 계속해서 보여주셨다.

3. 마침내 아낙 자손을 정복함(21, 22절). 어떤 이들은 가나안 군대가 흩어져 도주할 때 이스라엘이 그들을 추격하는 과정에서 아낙 자손들을 만났고 이 때 그들을 정복하게 되었을 것이라고 생각한다. 그러나 아낙 자손들은 자신들의 요새에 숨어 있다가 이스라엘의 다른 적들이 다 멸망을 당한 연후에 정복된 것으로 보는 것이 좀 더 가능성이 높아 보인다. 유다와 이스라엘의 산지(山地)는 이들 산지 사람들의 거주지(居住地)였다. 그러나 높은 산지도, 난공불락의 동굴들도, 그리고 험준한 진입로조차도 그들을 여호수아의 칼로부터 지켜주지 못했다. 아낙 자손의 멸망이 특별하게 언급되는데, 그것은 이들이 40년 전의 정탐꾼들에게 특별한 두려움의 대상이었기 때문이다. 이들의 강한 힘과 큰 몸집은 정탐꾼들로 하여금 가나안을 정복하는 것을 불가능한 것으로 생각하게 만들었다(민 13:28, 33). 그러나 도저히 넘을 수 없을 것으로 여겼던 그러한 장애물조차도 결국 극복되었다. 아낙 자손으로 하여금 하나님의 이스라엘에게 두려움이 되지 못하게 하라. 이제 그들이 무너질 날이 가까이 왔음이라. 거인도 전능자 앞에서는 난쟁이에 불과하다. 그러나 이러한 아낙 자손과의 싸움은 정복전쟁의 끝 부분으로 유보되었다. 그 때가 되면 이스라엘은 전쟁에 있어 좀 더 전문가가 될 것이고, 또 하나님의 능력과 선하심에 대한 체험을 좀 더 많이 갖게 될 것이다. 종종 하나님은 가장 어려운 시험은 훗날로 유보하신다. 그러므로 **갑옷을 입는 자는 그것을 벗는 자처럼 자랑하지 말라.** 아낙의 무시무시한 자손인 죽음은 우리가 부딪히게 될 마지막 원수이다. 그러나 그것은 결국 멸망될 것이다(고전 15:26, **맨 나중에 멸망 받을 원수는 사망이니라**). 우리에게 승리를 주시는 하나님께 감사하리로다.

4. 이러한 긴 전쟁의 종결과 결과. 가나안 사람들은 뿌리가 뽑혔는데, '완전히' 그렇게 된 것이 아니라(우리가 나중에 사사기에서 보게 될 것처럼) '상당

부분' 그렇게 되었다. (1) 이제 그들은 이스라엘 백성들로 하여금 그 땅을 취하는 것을 방해할 수 없었다: **여호수아가 이같이 그 온 땅을 점령하였으니**(16, 17절). 우리는 이스라엘이 제비뽑기에 의해 기업을 분배받을 때까지, 자신들이 정복한 지역들로 — 최소한 길갈 본영(本營)에서 가까운 지역으로 — 퍼져나갔을 것으로 상상할 수 있다. (2) 그들은 또한 이스라엘에 대해 어떤 전쟁이나 적대 행위도 할 수 없었다(23절): **그 땅이 전쟁으로부터 안식을 얻었더라.** 전쟁은 가나안 사람들과 화친(peace)함으로써 종결되지 않았다(이것은 하나님께서 금하셨다). 다만 그들로부터 평화(peace)를 얻어냄으로써 종결되었다. 하나님의 백성을 위해 안식이 남아 있는데, 그것은 '전쟁으로부터의 안식'(rest from war)이다. 전쟁이 끝날 때 그들은 그 안식에 들어가게 될 것이다.

Ⅱ. 여기에서 '지금까지 되어진 일'이 '모세에게 말씀하신 것'과 비교된다. 하나님의 말씀(word)과 일(work)은 서로가 서로에 대해 설명해 주는 관계에 있다. 즉, 말씀은 일을 설명해 주고, 일은 말씀을 설명해 준다.

1. 가나안 정복과 관련하여 하나님이 모세에게 주신 모든 명령은 최소한 여호수아가 살아있는 동안에는 백성들에 의해 지켜졌다. 이것이 얼마나 장엄하게 언급되고 있는지 보라(15절). **여호와께서 그의 종 모세에게 명령하신 것을**(율법은 모세의 손에 의해 주어졌다) **모세는 여호수아에게 명령하였다**(모세는 자기를 부르신 자에게 충성된 종이었다). 모세는 자신의 역할을 다했고 그리고 죽었다. 그러면 모세가 무덤에 있을 때 그의 명령들은 지켜졌는가? 그렇다. 모든 명령들이 지켜졌다: **여호수아는 그대로 행하여.** 모세가 자기 위치에서 충성되었던 것처럼 여호수아도 마찬가지였다. **여호와께서 모세에게 명하신 모든 것을 하나도 행하지 아니한 것이 없었더라**(히브리 원문에는, **그는 아무것도 버리지 않았다**로 되어 있다). 하나님이 맡긴 일을 행하지 않는 자들은 하나님의 명령을 제거하고 무효화하는 일에 할 수 있는 모든 일을 다한다. 그러나 여호수아는 자신에게 주어진 명령을 수행함으로써 신명기 27:26에 표현된 것을 확증한다(**이 율법의 말씀을 실행하지 않는 자는 저주를 받을 것이라 할 것이요 모든 백성은 아멘 할지니라**). 여호수아 자신이 위대한 명령자였다. 그러나 그를 좀 더 칭송받을 만한 자로 만드는 것은 무엇보다도 그의 순종이었다. 다른 사람들을 자기 뜻대로 다스리는 자들은 먼저 스스로를 하나님의 뜻에 의해 다스려지게 해야 한다. 그럴 때 비로소 권력이 참된 가치를 갖게 되는 것이다. 다른 길은 없다. 여기에서 여

호수아의 위대한 순종으로 칭송되는 것은 특별히 가나안 사람들을 진멸하며, 그들의 제단을 헐고, 우상들을 불태우라는 명령과 관련된다(신 7:2-5; 출 23:24; 34:13). 여호수아는 만군의 여호와를 위한 열심(熱心)으로 각종 우상과 그것을 숭배하는 자들을 남기지 않았다. 아말렉 자손을 진멸하라는 하나님의 명령에 대한 사울의 불순종(혹은 부분적인 순종)은 그로 하여금 나라를 잃는 대가를 치르게 하였다. 여기에서 여호수아가 하나님의 명령을 참으로 주의 깊게 그리고 철저히 준수하고 있는 것으로 언급되고 있는데, 지금 이러한 이야기를 제시하고 있는 사람은 다름 아닌 여호수아 자신인 것으로 보인다. 정복전쟁을 수행하는 가운데 하나님의 명령을 순종한 것으로 인해 여호수아는 더 큰 기쁨과 만족을 느낄 수 있었다. 왜냐하면 그는 자신이 얻은 어떤 승리보다도 하나님의 명령에 순종했던 것에 더 큰 가치를 부여했기 때문이었다.

2. 가나안 정복과 관련하여 하나님이 모세에게 주신 모든 약속들이 성취되었다(23절). 여호수아는 여호와께서 모세에게 말씀하신 대로 그 온 땅을 점령했으며, 정복했고, 소유로 삼았다. 하나님은 그들 앞에서 나라들을 쫓아낼 것이며(출 33:2; 34:11) 또한 엎드러지게 할 것을(신 9:3) 약속하셨다. 이제 그 약속이 이루어졌다. 한 말씀도 땅에 떨어지지 않았다. 우리에게 이루어진 일이 하나님의 약속으로부터 말미암은 것임을 알게 될 때, 우리의 성공과 즐거움은 갑절로 달콤하고 풍성해진다. 그리고 만일 우리가 우리의 사명을 이루는 일에 최선을 다한다면, 하나님의 약속이 이루어지는 것을 의심할 필요가 없다.

제 12 장

개요

본 장은 이스라엘의 정복 역사 전체를 요약한 요약판이다. I. 요단 건너 동편에서 모세의 지도 하에 이루어진 정복. 우리는 이에 대한 이야기를 민수기 21:24 등에서 찾을 수 있다. 그리고 여기에 그 역사(歷史)가 요약되어 있다(1-6절). II. 요단 이쪽 서편에서 여호수아의 지도 하에 이루어진 정복. 1. 이스라엘이 정복한 지역(7, 8절). 2. 이스라엘이 정복한 총 31명의 왕들(9-24절). 본 장은 가나안 '정복 역사' (征服歷史)의 결말이면서 동시에 '분배 역사' (分配歷史)의 시작이다.

[1]이스라엘 자손이 요단 저편 해 돋는 쪽 곧 아르논 골짜기에서 헤르몬 산까지의 동
쪽 온 아라바를 차지하고 그 땅에서 쳐죽인 왕들은 이러하니라 [2]시혼은 헤스본에
거주하던 아모리 족속의 왕이라 그가 다스리던 땅은 아르논 골짜기 가에 있는 아
로엘에서부터 골짜기 가운데 성읍과 길르앗 절반 곧 암몬 자손의 경계 얍복 강까
지이며 [3]또 동방 아라바 긴네롯 바다까지이며 또 동방 아라바의 바다 곧 염해의 벧
여시못으로 통한 길까지와 남쪽으로 비스가 산기슭까지이며 [4]옥은 르바의 남은 족
속으로서 아스다롯과 에드레이에 거주하던 바산의 왕이라 [5]그가 다스리던 땅은 헤
르몬 산과 살르가와 온 바산과 및 그술 사람과 마아가 사람의 경계까지의 길르앗
절반이니 헤스본 왕 시혼의 경계에 접한 곳이라 [6]여호와의 종 모세와 이스라엘 자
손이 그들을 치고 여호와의 종 모세가 그 땅을 르우벤 사람과 갓 사람과 므낫세 반
지파에게 기업으로 주었더라

여호수아는 — 어떤 역사가라도 마찬가지겠지만 — 이스라엘이 이룩한 새로운 정복 역사를 요약하기에 앞서 먼저 모세 시대에 이루어진 이전의 정복 역사를 기록한다. 모세 휘하에서 이스라엘은 시혼과 옥의 크고 강력한 나라들을 정복했다. 새로운 은혜로 인해 옛 은혜를 잊어서는 안 된다. 또한 교회의 새로운 사역자의 영광으로 인해 이전 사역자의 영예가 소멸되거나 감소되어서도 안 된다. 그들 또한 그 시대의 축복이요 빛이었다. 여호수아의 섬김과 업적은 실로 위대한 것이었다. 그러나 이로 인해 모세의 섬김과 업적이 간과되거나 잊혀져서는 안 된다. 왜냐하면 하나님은 두 사람을 함께 사용하신 동일하신 하나님이시며, 또한 두 사람은 공히 하나님을 '이스라엘의 위대한 구원의 알파와 오메가' 로 선포하였기 때문이다.

1. 여기에 이스라엘이 정복한 지역의 범위와 경계가 총체적으로 기술되어 있다(1절): 남쪽의 아르논 강으로부터 북쪽의 헤르몬 산까지. 여기에 시혼의 나라(2, 3절)와 옥의 나라(4, 5절)가 특별히 언급된다. 모세 역시도 이들 나라를 매우 특별하게 기술했는데, 양자(兩者)의 기술은 정확하게 일치한다. 옥은 아스다롯과 에드레이(4절)에 거주하는 것으로 언급되는데, 이는 아마도 그것들이 그의 왕도(王都)였기 때문일 것이다. 옥은 양쪽에 왕궁을 가지고 있으면서, 어떤 때는 이쪽 왕궁에서 거주하고, 어떤 때는 저쪽 왕궁에서 거주했다. 아마도 하나는 여름궁전이고 또 하나는 겨울궁전이었을 것이다. 그러나 이스라엘이 두 왕궁을 모두 빼앗았다. 그리고 이스라엘은, 하나의 왕궁으로 만족할 수 없었던 그를 위해 하나의 무덤을 만들었다.

2. 그 지역의 분배. 모세는 요단 동편 지역을 두 지파와 반 지파의 요청에 따라 그들에게 할당하고 그 땅을 그들 가운데 나누어주었다(6절). 우리는 이에 대한 자세한 이야기를 민수기 32장에서 찾을 수 있다. '모세가 요단 동편의 땅을 나누어 준 것' 이 여기에서 여호수아에게 하나의 본보기로 언급되고 있다. 지금 여호수아는 자신이 정복한 요단 이쪽 편(서편)의 땅을 백성들에게 나누어 주어야 하는 상황에 처해 있었기 때문이다. 모세는 그의 시대에 이스라엘 일부에게 매우 풍요롭고 비옥한 땅을 주었다. 그러나 그것은 요단 바깥쪽이었다. 그러나 여호수아는 이스라엘 전체에게 요단 안쪽에 있는 거룩한 땅 곧 하나님의 성소의 산을 주었다. 이와 같이 율법은 하나님의 영적 이스라엘의 일부에게 외적이고 임시적인 축복을 주었는데, 그것은 장차 올 좋은 것의 그림자였다. 그러나 참 여호수아이신 우리 주 예수 그리스도는 모든 약속의 자녀들에게 영적 축복, 즉 성소와 하늘의 가나안에 들어가는 특권을 주었다. 율법의 승리는 영광스러웠다. 그러나 복음의 승리는 그보다 훨씬 더 영광스러운 것이었다.

[7]여호수아와 이스라엘 자손이 요단 이편 곧 서쪽 레바논 골짜기의 바알갓에서부터

세일로 올라가는 곳 할락 산까지 쳐서 멸한 그 땅의 왕들은 이러하니라 (그 땅을
여호수아가 이스라엘의 지파들에게 구분에 따라 소유로 주었으니 8곧 산지와 평지
와 아라바와 경사지와 광야와 네겝 곧 헷 족속과 아모리 족속과 가나안 족속과 브
리스 족속과 히위 족속과 여부스 족속의 땅이라) 9하나는 여리고 왕이요 하나는 벧
엘 곁의 아이 왕이요 10하나는 예루살렘 왕이요 하나는 헤브론 왕이요 하나는 야르
뭇 왕이요 11하나는 라기스 왕이요 12하나는 에글론 왕이요 하나는 게셀 왕이요 13하
나는 드빌 왕이요 하나는 게델 왕이요 14하나는 호르마 왕이요 하나는 아랏 왕이요
15하나는 립나 왕이요 하나는 아둘람 왕이요 16하나는 막게다 왕이요 하나는 벧엘
왕이요 17하나는 답부아 왕이요 하나는 헤벨 왕이요 18하나는 아벡 왕이요 하나는
랏사론 왕이요 19하나는 마돈 왕이요 하나는 하솔 왕이요 20하나는 시므론 므론 왕
이요 하나는 악삽 왕이요 21하나는 다아낙 왕이요 하나는 므깃도 왕이요 22하나는
게데스 왕이요 하나는 갈멜의 욕느암 왕이요 23하나는 돌의 높은 곳의 돌 왕이요 하
나는 길갈의 고임 왕이요 24하나는 디르사 왕이라 모두 서른한 왕이었더라

우리는 여기에서 여호수아가 정복한 것의 대략(大略)을 보게 된다.

I. 여호수아가 정복한 지역의 경계. 그것은 동쪽으로 요단에서 서쪽으로 지중해까지 이르렀으며, 북쪽으로 레바논 인근의 바알갓으로부터 남쪽으로 에돔 지역 인근의 할락까지 펼쳐졌다(7절). 여기에 묘사된 경계는 다소 과장되어 있다(민 34:23 등). 그러나 여기에 언급된 것은 하나님은 당신의 말씀에 충실하며 또 모세를 통해 약속하신 모든 것을 그들에게 소유로 주셨음을 보여주기에 충분하다.

II. 기쁨과 풍요를 주는 여러 종류의 땅(8절). 거기에는 산지(山地)가 있었는데, 바위가 많고 험준하며 경작을 할 수 없는 쓸모 없는 땅이 아니라 좋은 산물(신 33:15)을 내는 비옥한 구릉(丘陵)이었다. 그리고 골짜기가 있었는데, 이끼가 가득한 습지가 아니라 곡식으로 덮인(시 65:13) 아름다운 골짜기였다. 또 평지가 있었고 거기에 물을 대는 샘들이 있었다. 이러한 풍요로운 땅에 광야와 숲 지대도 있었는데, 이 역시 쓸모 없는 땅이 아니라 그 안에 마을과 집들이 있어 그 곳을 한층 아름답고 풍요로운 곳으로 꾸며주고 있었다.

III. 이 지역을 소유하고 있던 몇몇 나라 이를테면 헷 족속, 아모리 족속, 가나안 족속 등은 함의 저주받은 아들 가나안의 후손이었다(창 10:15-18). 신명기

7:1에 보면 일곱 족속으로 언급되어 있는데, 여기에서는 단지 여섯 족속만이 언급되어 있을 뿐이다. 여기에서 언급되지 않은 족속은 기르가스 족속이다. 그들은 창세기 10:16과 15:21에도 언급되고 있는데, 여기서는 소멸되었는지 제외되었는지 모르지만 언급되지 않았다. 어쩌면 그들은 다른 족속에 병합(倂合)되었을 수도 있다. 아니면 유대 전승이 보여주는 것처럼, 여호수아의 인도로 이스라엘이 접근해 오자 그들은 모두 자신의 땅을 이스라엘이 차지하도록 내버려 둔 채 아프리카로 내려갔고, 그럼으로써 여호수아가 정복한 나라들 가운데 거명되지 않았는지도 모른다.

Ⅳ. 이스라엘의 칼에 정복당한 왕들의 명단. 어떤 왕들은 전장(戰場)에서 또 어떤 왕들은 자신의 성읍에서 정복을 당했는데, 총 31명이었다. 이들은 낱낱이 거명되고 계수되는데, 대체로 정복당한 순서대로 기록된 것 같다. 왜냐하면 그 명단은 여리고와 아이의 왕으로부터 시작해서, 예루살렘의 왕과 그와 동맹을 맺은 남부 지역의 왕들이 거명되고, 이어서 북부 지역의 왕들이 거명되고 있기 때문이다.

1. 여기에서 우리는 당시의 가나안 땅이 얼마나 비옥하고 풍요로운 땅이었나 하는 것을 알게 된다. 그 땅은 그토록 많은 나라들을 부양할 수 있었다. 가나안의 많은 왕들은 아직 사람이 정착하지 않은 다른 지역으로 퍼져나가는 대신 그곳에 모여 있는 것을 선택했다. 그들은 자신들이 거주하고 있는 땅처럼 풍요롭고 즐거운 땅을 어디에서도 기대할 수 없었던 것이다. 바로 이 곳이 하나님께서 이스라엘을 위해 찾아내신 땅이었다. 그러나 오늘날 그 곳은 세상에서 가장 보잘것없는 황무한 불모지 가운데 하나이다. 그것은 이 땅의 소유자들이 그리스도와 복음을 배척했고 이로써 그들에게 모세가 예언한 저주가 임했기 때문이다(신 29:23).

2. 여기에서 우리는 당시 가나안 사람들의 야망이 얼마나 작고 협소했나 하는 것을 알게 된다. 이들 왕들은 각자의 성읍을 통치하는 것으로 만족했다. 어느 누구도 전체를 통치하는 군주가 되고자 하지 않았다. 다만 특별한 상황이 발생하면 그들 모두는 공동의 안전을 위해 연합했을 뿐이다. 그리고 자신의 영토 안에서 부족한 것은 권력을 절대화함으로써 보충하려고 했다. 따라서 그들의 백성들은 모두 소작인과 종이 되고 그들의 명령에 전적으로 종속되었다.

3. 여기에서 우리는 하나님이 이스라엘에 대해 얼마나 선을 베푸셨나 하는

것을 알게 된다. 하나님은 이스라엘에게 이 모든 왕들에 대하여 승리를 주셨으며 이 모든 나라들을 소유케 하셨다. 이로써 하나님은 이스라엘로 하여금 당신의 율례와 율법을 지키고 따르도록 하셨다(시 105:44, 45). 여기에 이스라엘의 아홉 지파와 반 지파 사이에 분배되어야 할 31곳의 나라들이 있다. 이 가운데 헤브론, 야르뭇, 라기스, 에글론, 드빌, 아랏, 립나, 아둘람 등 여덟 성읍과 예루살렘과 게델의 일부가 유다의 분깃이 된다. 베냐민은 여리고, 아이, 예루살렘, 막게다, 벧엘, 길갈 등 여섯 성읍을 차지한다. 시므온은 호르마와 게델의 일부를 차지한다. 에브라임은 게셀과 디르사를 차지한다. 므낫세 반 지파는 답부아, 헤벨, 다아낙, 므깃도를 차지한다. 아셀은 아벡과 악삽을 차지한다. 스불론은 랏사론, 시므론 므론, 욕느암을 차지한다. 납달리는 마돈, 하솔, 게데스를 차지한다. 그리고 잇사갈은 돌을 차지한다.

이들은 그 인자하심이 영원하사 하나님께서 치신 크고 유명한 왕들 가운데 일부였다. 그들의 땅을 기업으로 주신 이에게 감사하라 곧 그 종 이스라엘에게 기업으로 주신 이에게 감사하라 그 인자하심이 영원함이로다(시 137:17, 21, 22).

제 — 13 — 장

개요

본 장(章)으로부터 제비뽑기에 의해 이스라엘 각 지파 별로 가나안 땅을 분배하는 이야기가 시작된다. 이러한 이야기는 가나안 땅을 정복하는 이야기만큼 흥미진진하거나 교훈적이지는 않다. 그러나 이것이 여기 기록된 것은 조상들에게 주신 약속이 성취됨으로써 이 땅이 야곱의 씨에게 주어지는 것을 보여주기 위해 꼭 필요한 것이었다. 이렇게 분배받은 땅을 그대로 유지하는 것은 유대 나라에 있어 대단히 중요한 문제였다. 그들은 율법에 따라 처음에 분배받았던 기업을 계속 유지해야만 했으며, 그것을 이 지파에서 저 지파로 옮겨서는 안 되었다(민 36:9). 또한 이것은 우리가 다른 성경들을 설명함에 있어서도 꼭 필요하다. 어떤 나라에 대한 지리적 묘사는 그 나라의 역사를 이해하는 데 큰 빛을 비추어 준다. 그러므로 우리는 딱딱한 이름들로 가득 차 있는 이러한 장(章)들을 건너뛰거나 간과해서는 안 된다. 하나님이 말씀하시고 기록해 놓으셨다면, 마땅히 우리는 열린 마음으로 그것을 듣고 읽어야 한다. 하나님이 우리에게 지혜로운 마음을 주시길! 본 장의 내용은 다음과 같다. I. 하나님이 여호수아에게 아직 정복하지 않은 지역 가운데 이스라엘에게 주시고자 하는 지역이 어디인지 가르쳐 주심(1-6절). II. 그럼에도 불구하고 하나님이 여호수아에게 정복한 땅을 분배하도록 명령하심(7절). III. 모세가 요단 건너편의 땅을 분배한 것을 반복함; 전체적으로(8-14절), 개별적으로, 르우벤의 기업(15-23절), 갓의 기업(24-28절), 므낫세 반 지파의 기업(29-33절).

**1여호수아가 나이가 많아 늙으매 여호와께서 그에게 이르시되 너는 나이가 많아 늙
었고 얻을 땅이 매우 많이 남아 있도다 2이 남은 땅은 이러하니 블레셋 사람의 모든
지역과 그술 족속의 모든 지역 3곧 애굽 앞 시홀 시내에서부터 가나안 사람에게 속
한 북쪽 에그론 경계까지와 블레셋 사람의 다섯 통치자들의 땅 곧 가사 족속과 아
스돗 족속과 아스글론 족속과 가드 족속과 에그론 족속과 또 남쪽 아위 족속의 땅
과 4또 가나안 족속의 모든 땅과 시돈 사람에게 속한 므아라와 아모리 족속의 경계
아벡까지와 5또 그발 족속의 땅과 해 뜨는 곳의 온 레바논 곧 헤르몬 산 아래 바알**

갓에서부터 하맛에 들어가는 곳까지와 [6]또 레바논에서부터 미스르봇마임까지 산지의 모든 주민 곧 모든 시돈 사람의 땅이라 내가 그들을 이스라엘 자손 앞에서 쫓아내리니 너는 내가 명령한 대로 그 땅을 이스라엘에게 분배하여 기업이 되게 하되

I. 하나님은 여호수아에게 그의 나이를 상기시킨다(1절).

1. 여호수아가 나이 많아 늙었다고 언급된다. 이 때 여호수아와 갈렙만이 수많은 이스라엘 백성들 가운데 유일하게 나이 많은 사람이었다. 시내 산에서 계수된 사람들 가운데 오직 그 둘만이 아직 살아있었다. 여호수아는 젊은 시절부터 전쟁의 사람이었다(출 17:10). 그러나 지금 그는 노년의 약함이 나타나고 있었다. 아무리 강건한 사람이라 할지라도 그러한 것과 다투려고 하는 것은 헛된 일이다. 여호수아는 모세가 노년에 가졌던 만큼의 힘과 정력은 갖지 못했던 것 같다. 노년에 오는 것은 대체로 좋지 못한 것이 많다. 일반적으로 노년의 때는 힘들고 어려운 때이다. 그 때는 즐거움도 별로 없으며 봉사할 일도 별로 없다.

2. 하나님은 여호수아의 나이를 언급한다: 여호와께서 그에게 이르시되 너는 나이가 많아 늙었고. 나이가 많고 늙은 사람들이 그러한 사실을 기억하는 것은 좋은 일이다. 백발이 무성하면서도 그것을 알지 못하는 사람들도 있다(호 7:9). 그들은 그에 대해 생각하지 않으려고 한다. 그러므로 그러한 사람들에게 인생의 일을 속히 하고 곧 다가오는 죽음을 준비하도록 하기 위해 그러한 사실을 말해줄 필요가 있다. 지금 하나님이 여호수아의 나이와 노년의 약함을 언급하고 있는 이유는 다음과 같다.

(1) 전쟁을 추구하는 생각을 내려놓게 하심. 여호수아는 속히 전쟁을 마무리하고 싶었을 것이다. 그러나 그는 그 전쟁이 금방 끝날 것으로 기대해서는 안된다. 왜냐하면 이스라엘이 차지해야 할 땅이 아직도 많이 남아 있었기 때문이다. 이러한 나이에 그가 먼 지역까지 나아가 전쟁을 재개하는 노고를 하는 것은 적절한 일이 아니었다. 그에게 있어 가나안 땅의 주요 부분을 점령하는 것으로 충분했다. 여호수아로 하여금 그가 행한 선한 봉사로 인해 백성들의 감사를 받으며 명예롭게 쉬게 하라. 나머지 주변 지역을 점령하는 일은 다음 사람들에게 남겨두라. 여호수아가 모세의 일을 이어받았던 것처럼, 다른 사람들이 그의 일을 이어받도록 하라. 하나님이 자기 백성들의 체력을 고려하시며 그들

에게 힘에 지나도록 무거운 짐을 지우지 않음을 주목하라. 이와 같이 우리는 나이 많은 사람들이 과거에 하나님과 나라를 위해 일했던 것처럼 지금도 계속해서 그렇게 할 것을 기대해서는 안 된다.

(2) 그가 정복한 땅을 속히 분배하도록 하심. 이 일은 조속히 시행되어야 했다. 그리고 이 일을 시행함에 있어 여호수아가 통할하는 것이 필요했다. 그러나 지금 여호수아는 나이 많고 늙었으며 언제까지나 살아 있을 것도 아니었다. 그러므로 그는 이 일을 하나님과 이스라엘에 대한 자신의 마지막 봉사로 삼을 필요가 있었다. 모든 사람 특히 나이가 많은 사람들은 '꼭 해야 하는 일'을 죽음으로 인해 아무것도 할 수 없게 되기 전에(전 9:10) 속히 해야 한다.

Ⅱ. 하나님은 여호수아에게 '이스라엘에게 주시고자 계획하신 그러나 아직 정복되지 않은' 땅에 대해 말씀하신다. 이스라엘이 자기 문에 스스로 문빗장을 걸지만 않는다면 그 땅은 그들의 소유가 될 것이다. 여기에 여러 지역이 언급된다. 다섯 통치자에 의해 다스려졌던 블레셋 지역과 애굽 앞의 땅과 같이 일부는 남쪽에 있었으며(2, 3절), 시돈 사람에게 속한 지역 같이 일부는 서쪽에 있었다(4절). 또 온 레바논 같이 일부는 동쪽에 있었으며(5절), 하맛으로 들어가는 곳 같이 일부는 북쪽에 있었다(5절). 여호수아는 하나님께로부터 들은 것을 백성들에게 전달했는데, 그것은

1. 그들로 하여금 이 아름다운 땅을 주시는 하나님의 선하심을 깊이 깨닫고 그럼으로써 하나님을 더욱 사랑하고 섬기도록 하기 위함이었다. 만일 이것조차도 너무 적다면, 하나님은 그들에게 이것저것을 더 주셨을 것이다(삼하 12:8).

2. 그들로 하여금 이웃나라들과 어떤 동맹이나 혹은 위험한 관계를 맺음으로써 그들의 길을 따르는 유혹에 빠지지 않도록 하기 위함이었다. 이스라엘은 자신들의 권리를 지키며 또 그들과 싸워야 하는 정당한 이유를 가진 백성으로서 그들에 대하여 결코 방심해서는 안 되었다.

3. 그들로 하여금 아직 정복해야 할 땅이 남아 있는 한 전쟁의 마음가짐을 놓지 않고 갑옷을 벗지 않도록 하기 위함이었다. 우리도 영광의 나라에서 승리가 완성될 때까지 우리의 영적 갑옷을 벗지 말아야 하며 또 경계를 풀어서는 안 된다.

Ⅲ. 하나님은 이스라엘 백성들이 아직 정복되지 않은 이 모든 지역의 주인이 될 것을 분명하게 약속하신다. 비록 여호수아가 늙어 그 일을 할 수 없고, 또

그 일이 이루어지는 것을 보지 못한다고 할지라도 말이다. 우리에게 어떤 일이 일어나든 혹은 우리가 마치 깨진 그릇처럼 버려진다 할지라도, 하나님은 자신의 때에 자신의 일을 하실 것이다(6절): 내가 그들을 쫓아내리라. 원문(原文)은 강조적인 용법으로 되어 있다: "그 일을 할 자는 나다. 네가 죽고 없을 때라도 나는 그 일을 할 수 있고 또 이스라엘이 스스로 원치 않을지라도 내가 그것을 할 것이다." 갈대아역도 이렇게 되어 있다: "내 말씀, 영원한 말씀, 여호와의 군대 대장에 의해 내가 그 일을 하리라." 하나님이 이스라엘 자손 앞에서 그들을 쫓아내겠다는 이러한 약속은 이스라엘이 그들을 진멸하고자 시도해야 하며 또한 그들을 대항하여 올라가야 한다는 조건을 명백히 전제하는 것이다. 만일 나중에 이스라엘이 — 게으름에서든 두려움에서든 혹은 우상 숭배자들에 대한 연민에서든 — 조용히 앉아 그들을 그냥 내버려 둔다면, 그들이 쫓겨나지 않는 것에 대해 하나님을 비난할 것이 아니라 스스로를 비난해야만 한다. 우리는 우리의 구원을 이루어야 한다. 그러면 하나님이 우리 안에서 또 우리와 함께 일하실 것이다. 우리는 우리의 영적 원수들을 대적해야 한다. 그러면 하나님이 그들을 우리 발 아래 밟히게 하실 것이다. 우리는 그리스도인으로서 우리의 영적 사역과 전투에 나가야 한다. 그러면 하나님이 우리 앞에 나가실 것이다.

[7]너는 이 땅을 아홉 지파와 므낫세 반 지파에게 나누어 기업이 되게 하라 하셨더라
[8]므낫세 반 지파와 함께 르우벤 족속과 갓 족속은 요단 저편 동쪽에서 그들의 기업
을 모세에게 받았는데 여호와의 종 모세가 그들에게 준 것은 이러하니 [9]곧 아르논
골짜기 가에 있는 아로엘에서부터 골짜기 가운데에 있는 성읍과 디본까지 이르는
메드바 온 평지와 [10]헤스본에서 다스리던 아모리 족속의 왕 시혼의 모든 성읍 곧 암
몬 자손의 경계까지와 [11]길르앗과 및 그술 족속과 마아갓 족속의 지역과 온 헤르몬
산과 살르가까지 온 바산 [12]곧 르바의 남은 족속으로서 아스다롯과 에드레이에서
다스리던 바산 왕 옥의 온 나라라 모세가 이 땅의 사람들을 쳐서 쫓아냈어도 [13]그술
족속과 마아갓 족속은 이스라엘 자손이 쫓아내지 아니하였으므로 그술과 마아갓
이 오늘까지 이스라엘 가운데에서 거주하니라 [14]오직 레위 지파에게는 여호수아가
기업으로 준 것이 없었으니 이는 그에게 말씀하신 것과 같이 이스라엘의 하나님
여호와께 드리는 화제물이 그들의 기업이 되었음이더라 [15]모세가 르우벤 자손의 지
파에게 그들의 가족을 따라서 기업을 주었으니 [16]그들의 지역은 아르논 골짜기 가

에 있는 아로엘에서부터 골짜기 가운데 있는 성읍과 메드바 곁에 있는 온 평지와 17
헤스본과 그 평지에 있는 모든 성읍 곧 디본과 바못 바알과 벧 바알 므온과 18야하
스와 그데못과 메바앗과 19기랴다임과 십마와 골짜기의 언덕에 있는 세렛 사할과 20
벳브올과 비스가 산기슭과 벧여시못과 21평지 모든 성읍과 헤스본에서 다스리던 아
모리 족속의 왕 시혼의 온 나라라 모세가 시혼을 그 땅에 거주하는 시혼의 군주들
곧 미디안의 귀족 에위와 레겜과 술과 훌과 레바와 함께 죽였으며 22이스라엘 자손
이 그들을 살륙하는 중에 브올의 아들 점술가 발람도 칼날로 죽였더라 23르우벤 자
손의 서쪽 경계는 요단과 그 강 가라 이상은 르우벤 자손의 기업으로 그 가족대로
받은 성읍들과 주변 마을들이니라 24모세가 갓 지파 곧 갓 자손에게도 그들의 가족
을 따라서 기업을 주었으니 25그들의 지역은 야셀과 길르앗 모든 성읍과 암몬 자손
의 땅 절반 곧 랍바 앞의 아로엘까지와 26헤스본에서 라맛 미스베와 브도님까지와
마하나임에서 드빌 지역까지와 27골짜기에 있는 벧 하람과 벧니므라와 숙곳과 사본
곧 헤스본 왕 시혼의 나라의 남은 땅 요단과 그 강 가에서부터 요단 동쪽 긴네렛
바다의 끝까지라 28이는 갓 자손의 기업으로 그들의 가족대로 받은 성읍들과 주변
마을들이니라 29모세가 므낫세 반 지파에게 기업을 주었으되 므낫세 자손의 반 지
파에게 그들의 가족대로 주었으니 30그 지역은 마하나임에서부터 온 바산 곧 바산
왕 옥의 온 나라와 바산에 있는 야일의 모든 고을 육십 성읍과 31길르앗 절반과 바
산 왕 옥의 나라 성읍 아스다롯과 에드레이라 이는 므낫세의 아들 마길의 자손에
게 돌린 것이니 곧 마길 자손의 절반이 그들의 가족대로 받으니라 32요단 동쪽 여리
고 맞은편 모압 평지에서 모세가 분배한 기업이 이러하여도 33오직 레위 지파에게
는 모세가 기업을 주지 아니하였으니 이는 그들에게 말씀하신 것과 같이 이스라엘
의 하나님 여호와께서 그들의 기업이 되심이었더라

I. 아직 정복되지 않은 지역까지 포함하여 이 땅을 각 지파에게 나누어 주라는 명령이 여호수아에게 내려진다. 너는 이 땅을 나누어(7절). 여호수아는 모든 땅을 다 정복한 연후에야 비로소 나누어 주는 것으로 생각했다. 그러나 하나님은 말씀하셨다. "아니다. 지금 너희의 몫이 될 만큼은 정복되었다.이것을 나누어 주어라. 그리고 너는 이 일에 최선을 다하라. 그리고 아직 남아 있는 것에 대하여는 이후를 기다려라." 우리는 — 비록 아직 모든 것을 다 얻지는 못했다 할지라도 — 지금 우리에게 주어진 위로를 기꺼이 취해야 한다. 다음을 주목하

라.

1. 그 땅은 지파들 사이에 분배되어야 한다. 그리고 그들은 지금 그러한 것처럼 언제까지나 공동으로 생활해서는 안 된다. 어떤 방식으로든 정당한 소유를 얻게 되면, 모든 사람이 자신의 소유를 알고 다른 사람의 것을 침범하지 않는 것이 인생에게 땅을 주신 하나님의 뜻이다. 세상은 힘에 의해서가 아니라 권리에 의해서, 또 무력에 의해서가 아니라 공평에 의해서 통치되어야 한다.

2. 그 땅은 비록 그들이 정복에 의해 얻었다 할지라도 기업(유산, inheritance)으로 분배되어야 한다. (1) 그들이 약속을 받은 것은 조상들로부터의 기업으로 말미암은 것이었다. 약속의 땅은 약속의 자손과 관계되는 것이다. 그들은 자신들의 조상들로 인해 또 조상들에게 주신 언약으로 말미암아 이토록 큰 사랑과 은혜를 입은 것이었다. (2) 그 땅의 소유권은 기업으로서 자손대대로 전달될 것이었다. 대체로 무력으로 얻은 것은 곧 잃어버리게 마련이다. 그러나 이스라엘은 하나님의 허락하심에 의해 명백한 소유권을 갖고 있었다. 이 땅은 그들뿐만 아니라 후손에게 주는 기업으로서 대대로 안전할 것이었다. 그리고 하나님은 이러한 자비를 수천 대에 걸쳐 지키셨다.

3. 여호수아는 그 땅을 자신의 뜻대로 분배해서는 안 된다. 비록 그가 대단히 현명하고 공정하며 선한 사람이라 할지라도, 단지 그가 기뻐하는 대로 각 지파에게 땅을 분배할 수는 없었다. 여호수아는 이 일을 제비뽑기로 해야만 하는데, 이것은 그것을 전적으로 하나님의 결정에 맡기는 것을 의미했다. 왜냐하면 우리의 거주(居住)의 한계를 정하시는 분은 하나님이시기 때문이다. 그러나 여호수아가 이 일을 주관하여, 제비가 공명정대하게 시행되고 모든 지파가 이에 승복하는지 지켜보아야 했다. 제비는 실로 다툼을 그치게 한다(잠 18:18). 그러나 만일 이러한 제비뽑기에 어떤 분쟁이 발생하면, 여호수아가 지혜와 권위로써 이 일을 결정하고 어떤 불미스러운 결과가 발생하지 않도록 해야 했다. 땅을 분배하는 영예가 여호수아에게 주어져야 했던 이유는 다음과 같다.

(1) 그가 그 땅을 정복하는 모든 수고를 감당했기 때문이다. 이스라엘 각 지파가 여호수아의 손을 통해 자신의 분깃을 받을 때, 그들은 그에 대한 감사를 더 깊이 자각하게 될 것이다. 여호수아처럼 공적 정신을 가진 사람이 자기가 그토록 사랑한 백성들이 그 손의 열매를 먹는 것을 보는 것은 얼마나 큰 기쁨이었겠는가?

(2) 그가 우리 주 예수 그리스도의 모형이기 때문이다. 그리스도는 우리를 위해 지옥의 문을 정복하셨을 뿐만 아니라 또한 천국의 문을 여셨다. 그는 자신의 피값으로 산 '모든 신자들을 위한 영원한 기업(基業)'을 때가 되면 그들 모두에게 소유케 하실 것이다.

Ⅱ. 요단 건너편 땅을 르우벤 지파와 갓 지파와 므낫세 반지파에게 분배하는 이야기가 여기에 제시된다.

1. 이 이야기가 어떻게 제시되는지 주목하라.

(1) 그것은 요단 안쪽의 땅이 어째서 아홉 지파와 반 지파에게만 분배되어야 하는지에 대한 이유로서 제시된다. 다른 두 지파와 반 지파는 이미 자신의 기업을 분배받았기 때문이다.

(2) 그것은 여호수아에게 '지금 하려고 하는 일'에 대한 하나의 본보기로서 제시된다. 여호수아는 모세가 요단 건너편의 땅을 분배하는 것을 보았고, 그것은 요단 이쪽 땅을 분배함에 있어 좋은 모범이 되었다. 여호수아는 제비뽑기에 의해 땅을 분배했는데, 모세 역시도 자신이 받은 지혜를 따라 그와 같이 했던 것으로 보인다.

(3) 그것은 여호수아에게 이 땅을 분배하는 일을 서두르게 하는 하나의 자극제로서 제시된다. 아홉 지파와 반 지파는 더 이상 기업을 갖지 못한 상태로 남아 있어서는 안 되었다. 그들의 형제인 두 지파와 반 지파는 이미 자신의 기업에 정착했기 때문이었다. 또 그들 모두의 아버지이신 하나님은 형제들 가운데 어떤 차별도 하지 않으실 것이기 때문이다.

2. 이 이야기의 구체적인 내용.

(1) 여기에 두 지파와 반 지파가 받은 지역이 전체적으로 설명된다. 모세가 그들에게 주었고 모세가 그들에게 준 것이 이러하니(8절). 이러한 반복은 그것이 여호수아에 대해 재확인되고 승인되는 것을 의미한다. 이 문제를 결정한 것은 모세였다. 그리고 모세가 결정한 대로 그대로 될 것이다. 여호수아는 어떤 구실로도 그것을 변경시키지 않을 것이다. 그리고 여기에 그에 대한 이유가 암시되어 있는데, 그것은 모세가 여호와의 종이라는 사실이다. 모세는 충성된 종으로서 하나님의 은밀한 지시하심에 의해 이 일을 수행했다. 다음을 주목하라.

[1] 이 땅의 경계가 정해짐(9절 이하). 이로써 이스라엘은 이웃 나라들과 구분되었다. 이스라엘은 자신의 땅의 경계를 알고 그것을 지켜야 한다. 그리고 자

신들이 하나님의 특별한 백성이란 미명으로 이웃 나라의 땅을 함부로 침범함으로써 그들의 권리와 재산을 침해해서는 안 된다. 왜냐하면 그들도, 비록 이스라엘처럼 약속에 의한 권리는 아니라 할지라도, 일반섭리에 의해 정당하고 확고한 권리를 갖고 있기 때문이다.

[2] 이스라엘의 소유 가운데 한 곳의 예외지역이 있었는데, 그것은 그술 사람들과 마아갓 사람들의 지역이었다(13절). 이스라엘은 모세 시대에 모든 외딴 지역을 점령할 여유가 없었다. 그리고 나중에는 자신들이 가지고 있는 것에 만족하여 굳이 그렇게 할 마음이 없었다.

(2) 두 지파와 반 지파의 기업에 대한 매우 상세한 설명. 어떻게 그들은 서로 구분되는지, 또 어떤 성읍들과 도시들과 마을들이 각각의 지파에 속하는지가 상세히 설명된다. 이러한 것들이 매우 정확하고 상세하게 순서대로 제시되어 있으므로, 후손들은 이러한 역사를 읽는 가운데 하나님이 그들의 조상들에게 이렇게 아름답고 비옥한 땅과 크고 유명한 성읍들을 주심으로써 얼마나 선하심을 베푸셨는가 하는 것을 알게 되고 감동을 받게 될 것이다. 또한 각 지파의 경계가 이러한 권위 있는 기록으로 꼼꼼하게 제시되어 있음으로 해서 분쟁의 소지가 차단될 것이다. 통상적으로 발생하는 지파들간의 분쟁은 경계가 확정되지 않았거나 혹은 이러한 문제가 확실하지 않을 때 발생한다. 각 지파의 몫과 관련한 이러한 분명한 기록은 후세에 이스라엘에게 큰 유익이 되었을 것이다. 사람들은 내 것과 네 것을 결정함에 있어 바로 여기에 호소했을 것이고 또 항상 이것에 의해 조정되고 해결되었을 것이다.

[1] 야곱의 장자인 르우벤 지파의 기업(15-23절). 그는 비록 장자로서의 위엄과 권능은 잃었지만 첫 번째로 기업을 얻는 특권은 차지한 것으로 보인다. 아마도 르우벤 지파 사람들은 요단 동편에 정착하고자 했을 때 이러한 생각을 가졌을 것이다. 그들은 가장 좋은 기업을 얻는 특권을 기대할 수는 없었지만, 첫 번째 기업을 얻는 영예는 가질 수 있었기 때문이다. 첫째로, 르우벤 지파의 몫을 설명하는 가운데 살육에 대한 언급이 나오는데, 다음과 같다. ① 이 지역을 다스렸던 아모리 족속의 왕 시혼. 만일 그가 이스라엘에게 친절을 베풀고 자기 영토를 지나가도록 허락했다면 자신의 나라와 생명을 지킬 수 있었을는지 모른다. 그러나 이스라엘을 대적함으로써 파멸을 자초하고 말았다(민 21:21 등). ② 나중에 다른 전쟁에서 죽음을 당한 미디안의 귀족들(민 31:8). 본문에서 이

들은 시혼의 군주들(dukes)로 불리면서 그와 함께 죽음을 당한 것으로 언급되는데, 그것은 이들이 시혼에게 조공을 드리는 자였거나 아니면 시혼이 이스라엘을 대적하는 데 그와 함께 동맹을 맺었기 때문일 것이다. 그럼으로써 시혼의 멸망은 곧이어 그들의 멸망이 되고 말았다. ③ 브올의 아들 발람. 그는 할 수만 있다면 이스라엘을 저주하고자 했다. 그럼으로써 그는 자신의 행위의 악함을 따라 갚음을 받아(시 28:4), 자신을 교사했던 자들과 함께 멸망을 당했다. 이 사건은 앞에서도 기록되었다가(민 31:8) 여기에서 다시 반복되고 있는데, 그것은 이스라엘을 저주하고자 했던 발람의 계획이 좌절됨으로써 저주가 축복으로 변했기 때문이며, 또한 하나님의 능력과 선하심의 분명한 실례로서 영원히 기억될 만한 것이었기 때문이다. 미가 6:5을 보라. 둘째로, 르우벤 지파의 기업 안에 비스가 산이 있었다. 이 산 꼭대기에서 모세는 지상의 가나안을 바라보았고, 또 하늘의 가나안으로 올라갔다. 그리고 여기에서 멀지 않은 곳에서 엘리야가 불 병거를 타고 하늘로 올라갔다. 르우벤 지파는 요단 강을 경계로 다른 지파들과 구분되는데, 바로 이 곳 요단 강에서 드보라가 애곡했었다. 이스라엘이 공적인 문제보다 사적인 이해관계를 앞세웠기 때문에 드보라가 이것을 꾸짖었던 것이다(삿 5:15, 16). 또 르우벤 지파 안에 헤스본과 십마가 있었는데, 비옥한 들과 포도원으로 유명했다. 이사야 16:8-9과 예레미야 48:32을 보라. 르우벤 지파는 갓 지파와 함께 수리아 왕 하사엘에 의해 크게 공격을 당했으며(왕하 10:33), 후에 앗수르에 의해 북왕국 열 지파가 완전히 포로로 끌려가기 20년 전에 먼저 포로로 끌려갔다(대상 5:26).

[2] 갓 지파의 기업(24-28절). 갓 지파의 기업은 르우벤 지파의 기업의 북쪽에 위치했다. 갓의 기업 안에 길르앗 지역이 있었는데, 이 곳은 향유로 유명했다. 길르앗에 향유가 없다면 그것은 정말 이상한 것으로 생각될 정도였다. 또 우리는 종종 성경을 읽는 가운데 길르앗 야베스 라든가 길르앗 라못 같은 성읍을 보게 된다. 우리가 기드온의 이야기 속에서 보게 되는 숙곳과 브누엘 역시 갓 지파 안에 있었다. 또 그 곳에는 에브라임의 숲(입다가 암몬 족속을 크게 살육하고 이 곳을 에브라임의 소유로 만듦)이라 불리는 삼림지대가 있었는데, 그 곳에서 압살롬의 반란군이 패배를 당했다. 그 때 압살롬의 아버지 다윗은 마하나임에 있었는데, 그 역시 갓 지파의 변경 도시들 가운데 하나였다(26절). 장미로 유명했던 샤론도 갓 지파에 있었다. 그리고 갓 지파의 지경 안에 구주보다도 돼지

를 더 사랑했던 가다라 사람들이 살고 있었는데, 이들은 이스라엘 사람이라기보다는 기르가스 사람이라고 불리는 것이 더 적합할 것이다.

[3] 므낫세 반 지파의 기업(29-31절). 옥이 다스렸던 나라 바산이 이 곳에 있었다. 바산은 바산의 참나무로 일컬어지는 극상품 목재(木材)로 유명했다. 그리고 바산의 황소와 바산의 양으로 일컬어지는 최고 품종(品種)의 가축이 있었다. 므낫세 반 지파는 갓 지파의 북쪽에 위치하여 헤르몬 산까지 이르렀으며, 길르앗의 일부가 포함되었고, 미스바 또한 이 곳에 속했다. 이들이 자랑하는 인물 가운데 한 사람이 입다였으며, 엘리야가 또한 그랬다. 이 곳에 디셉이 있었는데, 엘리야는 디셉 사람으로 불리었다. 또한 야일이 있었다. 이 지파의 변경에 고라신이 있었는데, 그리스도의 이적을 보고도 회개치 아니함으로 그의 의로운 재앙으로 인해 멸망을 당하고 말았다.

[4] 본 장에서 레위 지파에게는 모세가 기업을 주지 않았다고 두 번 언급된다(14, 33절). 이는 하나님께서 그렇게 명령하셨기 때문이었다(민 18:20). 만일 이스라엘 스스로 기업을 나누었다면 모세는 레위 지파에게 제일 먼저 기업을 주었을 것이다. 그 자신이 속한 지파라서가 아니라, 하나님께 속한 지파였기 때문이다. 그러나 레위 지파는 다른 방식으로 공급되어야 했다. 그들의 거주지는 모든 지파들 속으로 분산되어야 했으며, 그들의 생계는 다른 지파들로부터 채워져야 했다. 하나님 자신이 그들의 기업이었으며 그들의 잔의 분깃이었다(신 10:9; 18:2).

제 14 장

개요

본 장의 내용은 다음과 같다. I. 땅을 분배함에 있어서의 일반적인 방법(1-5절). II. 갈렙이 약속에 근거하여 헤브론을 요구함(6-12절). III. 여호수아가 갈렙의 요구를 허락함(13-15절). 이 일은 길갈에서 이루어졌는데, 길갈은 아직까지 이스라엘의 본영(本營)이었다.

[1]이것은 이스라엘 자손이 가나안 땅에서 받은 기업 곧 제사장 엘르아살과 눈의 아
들 여호수아와 이스라엘 자손 지파의 족장들이 분배한 것이니라 [2]여호와께서 모세
에게 명령하신 대로 그들의 기업을 제비 뽑아 아홉 지파와 반 지파에게 주었으니 [3]
이는 두 지파와 반 지파의 기업은 모세가 요단 저쪽에서 주었음이요 레위 자손에
게는 그들 가운데에서 기업을 주지 아니하였으니 [4]이는 요셉의 자손이 므낫세와 에
브라임의 두 지파가 되었음이라 이 땅에서 레위 사람에게 아무 분깃도 주지 아니
하고 다만 거주할 성읍들과 가축과 재산을 위한 목초지만 주었으니 [5]이스라엘 자손
이 여호와께서 모세에게 명령하신 것과 같이 행하여 그 땅을 나누었더라

앞 장에서 요단 건너편 땅을 분배한 이야기를 제시한 후에, 역사가는 이제 이스라엘이 가나안 땅 안에 있는 지역을 분배하는 것에 대해 이야기한다. 가나안 땅은 광야처럼 방치함으로써 승냥이의 굴과 타조의 처소(사 34:13)가 되게 하기 위해 정복한 것이 아니었다. 지금까지 한 무리로 진(陣)을 치고 있었고 그래서 다른 종류의 삶의 방식에 대하여는 거의 알지 못했을 이스라엘 백성들은 이제 각각의 기업으로 분산되어 새로운 정복지를 가득 채워야 했다. 하나님은 땅을 헛되이 창조하지 않으셨다: 그가 땅을 지으시되 사람이 거주하게 그것을 지으셨으니(사 45:18). 만일 이스라엘 백성들이 가나안에 거주하지 않을 것이라면, 그 땅은 헛되이 정복한 것이 되었을 것이다. 그러나 모든 사람이 제각각 자기 좋은 곳으로 가서 정착할 것은 아니었다. 벨렉의 시대에 노아의 자손들 사

이에 거주지가 질서 있게 그리고 합법적으로 나누어진 것으로 보이는데(창 10:25, 32), 마치 이와 같이 이제 야곱의 자손들 사이에 가나안 땅이 분배되어야 했다. 하나님은 모세에게 땅 분배가 어떻게 이루어져야 하는지에 대하여 지시하셨다. 그리고 그러한 지시들은 여기에서 철저하게 지켜졌다. 민수기 26:53 이하를 보라.

Ⅰ. **땅을 분배하는 일을 맡은 자**는 최고 지도자인 여호수아와 대제사장 엘르아살, 그리고 각 지파를 대표하는 열 명의 족장들이었는데, 몇 해 전에 하나님 자신이 직접 지명하신 자들이었다(민 34:17 이하). 모든 지파는 자신의 대표가 이 일에 참여하였기 때문에 땅이 공정하게 분배되는 것으로 받아들이고 이에 만족할 수 있었을 것이다.

Ⅱ. 여기에서 분배에 참여한 지파는 아홉 지파와 반 지파였다.

1. 두 지파와 반 지파는 이미 요단 건너편에 정착했으므로 제외되었다(3절). 어쩌면 지금 이들 두 지파와 반 지파는 가나안이 너무나 좋은 땅이며 또 그 땅이 효과적으로 정복되는 것을 보면서, 자신들의 선택을 후회하고 요단 건너편의 기업을 포기하는 조건으로 형제들과 함께 제비뽑기에 참여하기를 원했을는지 모른다. 그러나 그것은 받아들여질 수 없었다. 그들의 선택은 취소할 수 없는 것이었으며, 그것으로 운명이 결정되는 것이었다. 그렇게 결정한 것은 그들 자신이었다. 그리고 그들은 자신의 선택과 그 결과를 받아들여야 했다.

2. 레위 지파도 제외되었다. 이들은 다른 방법으로 채워질 것이었다. 하나님은 이들을 다른 지파들과 구별하셨으며, 다른 지파들 위에 높이시고 존귀케 하셨다. 레위 지파는 지금 이 일에 동참하여 다른 지파들과 함께 제비를 뽑아서는 안 되었다. 만일 그렇게 한다면 그들은 세상의 일과 뒤엉키게 될 것이고, 이것은 그들의 거룩하고 성별된 기능과 양립되지 못할 것이었다.

3. 그러나 요셉 지파는 므낫세와 에브라임 두 지파가 되었다. 이것은 야곱이 요셉의 두 아들을 양자로 삼았기 때문이었다. 그럼으로써 이스라엘의 지파는 레위를 제외하고도 열둘을 유지하게 되었다(4절): 이는 요셉의 자손이 두 지파가 되었음이라 이 땅에서 레위 사람에게 아무 분깃도 주지 아니하고. 이스라엘은 레위를 제외하고 열둘이 되었다.

Ⅲ. **이스라엘이 사용한 방법은 제비뽑기였다**(2절). 제비는 사람이 뽑으나 모든 일을 작정하기는 여호와께 있느니라(잠 16:33). 제비뽑기는 다른 방법으로는

모두를 만족시킬 수 없는 중요한 문제를 해결할 때 사용되었다. 또한 그것은 엄숙한 종교적 방식으로 하나님께 호소할 때 모두의 동의를 얻어 사용되었다. 제비뽑기를 통해 땅을 분배함에 있어,

1. 그들은 스스로 결정하는 것보다 하나님의 결정에 맡기는 것이 더 낫다고 믿으면서 모든 일을 하나님께 그리고 그의 지혜와 주권에 맡겼다. 그가 우리를 위하여 기업을 택하시나니(시 47:4).

2. 그들은 그 결정을 기꺼이 승복하겠다고 공언했다. 모든 사람들은 제비뽑기의 결과로 얻은 분깃을 받아들여야 하며, 어떤 불평이나 이의도 제기해서는 안 된다. 에베소서 1:11에 우리는 그리스도 안에서 기업을 얻었다고 언급된다. 여기에 사용된 단어는 '에클레로테몬' 인데, 문자적으로 번역하면 '우리가 그것을 제비뽑기로 얻었다' 가 된다. 왜냐하면 우리는 그것을 '하나님의 지정' (divine designation)에 의해 얻었기 때문이다. 우리의 여호수아이신 그리스도는 자기에게 주신 모든 자들에게 영원한 생명을 주신다(요 17:2).

6그 때에 유다 자손이 길갈에 있는 여호수아에게 나아오고 그니스 사람 여분네의
아들 갈렙이 여호수아에게 말하되 여호와께서 가데스 바네아에서 나와 당신에게
대하여 하나님의 사람 모세에게 이르신 일을 당신이 아시는 바라 7내 나이 사십 세
에 여호와의 종 모세가 가데스 바네아에서 나를 보내어 이 땅을 정탐하게 하였으
므로 내가 성실한 마음으로 그에게 보고하였고 8나와 함께 올라갔던 내 형제들은
백성의 간담을 녹게 하였으나 나는 내 하나님 여호와께 충성하였으므로 9그 날에
모세가 맹세하여 이르되 네가 내 하나님 여호와께 충성하였은즉 네 발로 밟는 땅
은 영원히 너와 네 자손의 기업이 되리라 하였나이다 10이제 보소서 여호와께서 이
말씀을 모세에게 이르신 때로부터 이스라엘이 광야에서 방황한 이 사십오 년 동안
을 여호와께서 말씀하신 대로 나를 생존하게 하셨나이다 오늘 내가 팔십오 세로되
11모세가 나를 보내던 날과 같이 오늘도 내가 여전히 강건하니 내 힘이 그 때나 지
금이나 같아서 싸움에나 출입에 감당할 수 있으니 12그 날에 여호와께서 말씀하신
이 산지를 지금 내게 주소서 당신도 그 날에 들으셨거니와 그 곳에는 아낙 사람이
있고 그 성읍들은 크고 견고할지라도 여호와께서 나와 함께 하시면 내가 여호와께
서 말씀하신 대로 그들을 쫓아내리이다 하니 13여호수아가 여분네의 아들 갈렙을
위하여 축복하고 헤브론을 그에게 주어 기업을 삼게 하매 14헤브론이 그니스 사람

여분네의 아들 갈렙의 기업이 되어 오늘까지 이르렀으니 이는 그가 이스라엘의 하나님 여호와께 충성하였음이라 [15]헤브론의 옛 이름은 기럇 아르바라 아르바는 아낙 사람 가운데에서 가장 큰 사람이었더라 그리고 그 땅에 전쟁이 그쳤더라

각 지파의 기업을 결정하기 위해 제비를 던지기 전에, 갈렙에게 특별한 몫이 주어져야 했다. 갈렙은 여호수아를 제외하고는 모든 이스라엘에서 가장 연장자였을 뿐만 아니라 다른 사람들보다 적어도 20년은 위였다. 왜냐하면 그가 40세였을 때 20세 이상 된 모든 사람들이 광야에서 죽었기 때문이었다. 그러므로 땅을 분배함에 있어 이 불사조에게 특별한 영예의 표지를 부여하는 것은 지극히 마땅한 일이었다.

I. 갈렙의 청원. 갈렙은 헤브론을 자신에게 주어 소유로 삼게 하고(그는 그것을 '이 산'으로 부른다, 12절) 그것을 다른 지역과 함께 제비뽑기에 포함시키지 말아달라고 청원한다. 자신의 요구를 정당화하기 위해, 갈렙은 하나님께서 오래 전에 모세를 통해 '바로 그 산지'를 약속해 주신 것을 제시한다. 이 문제에 있어 하나님의 뜻은 이미 분명한 것이었다. 따라서 이러한 경우에 하나님의 뜻을 묻기 위해 또다시 제비를 던지는 것은 헛되고 불필요한 일이다. 우리가 제비뽑기를 통해 하나님께 호소하는 것은 — 갈렙의 경우처럼 이미 결정된 문제가 아니라 — 오직 다른 방법으로는 결정될 수 없는 문제에 해당된다. 여기에서 갈렙이 겐 사람으로 불려지는데, 어떤 사람들은 이것이 그가 겐 족속에 대하여 얻은 눈부신 승리로 말미암은 것이라고 생각한다. 이는 마치 로마인들이 아프리카누스, 게르마니쿠스 하는 식으로 위대한 장군들에게 그들이 정복한 지역의 이름을 칭호로 부여하는 것과 같다는 것이다. 다음을 주목하라.

1. 자신의 청원을 분명히 하기 위해,

(1) 갈렙은 유다 자손들 즉 유다 지파의 지도자들을 데려온다. 이들은 갈렙과 함께 함으로써 자기 지파의 자랑거리인 그에게 기꺼이 경의를 표하고 그가 마땅히 헤브론을 기업으로 받는데 동의함을 표명했다. 갈렙은 땅을 분배하는 일에 참여하도록 하나님이 유다 지파로부터 택한 사람이었다(민 34:19). 그러므로 이러한 권세를 자신의 개인적 이익과 만족을 위해 사용하는 것처럼 보이지 않기 위해, 그는 자기 형제들을 데리고 온 것이다.

(2) 갈렙은 자신의 주장의 진실성을 여호수아 자신에게 호소한다: **당신이 아**

시는 바라(6절).

(3) 갈렙은 모세에 대해 매우 존경하는 어투로 언급한다: **하나님의 사람**(6절), **여호와의 종**(7절). 이것이 또한 여호수아를 전혀 불쾌하게 만들지 않을 것임을 그는 잘 알고 있었다. 모세가 말한 것을 갈렙은 하나님 자신으로부터 말미암은 것으로 받아들였다. 왜냐하면 모세는 하나님의 입이요 그분의 대행자였기 때문이다. 그러므로 갈렙은 모세가 자신에게 약속한 것이 그대로 이루어질 줄로 갈망하고 기대할 충분한 이유를 가지고 있었다. 하나님의 호의에 대한 증표보다 더 진지하게 열망할 수 있는 것이 무엇이겠는가? 또한 하나님이 약속을 통해 허락하신 것보다 더 확실하게 기대할 것이 무엇이겠는가?

2. 갈렙은 자신의 요구를 말하는 가운데 다음과 같은 사실들을 언급한다.

(1) 이스라엘의 운명을 바꾸어 놓은 큰 일 즉 가나안 땅을 정탐하는 일을 수행함에 있어, 갈렙은 자신이 그 일을 얼마나 성실하게 감당했나 하는 것을 양심적으로 증거한다. 갈렙은 그러한 사명을 위해 보냄 받은 열둘 가운데 한 사람이었다(7절). 지금 갈렙은 그 일을 회상하며 언급하고 있는데, 그것은 교만에서가 아니라 자신의 요구를 청원함에 있어 필요했기 때문이었다.

[1] 갈렙은 자기 마음에 있는 그대로 보고했다. 그는 그 땅이 매우 아름다운 땅이며, 하나님의 능력으로 반드시 그 땅을 차지하게 될 것이라고 확신 있게 보고하면서, 반면 가나안 족속들의 저항에 대하여는 아주 하찮은 것으로 보고했다(민 13:30; 14:7-9). 갈렙이 이렇게 보고한 것은 단지 모세를 기쁘게 하거나 혹은 백성들을 잠잠케 하기 위한 것이 아니었다. 그것은 오직 자신이 말한 것이 진실이라는 확신과 하나님의 약속에 대한 확고한 믿음으로 말미암은 것이었다.

[2] 여기에서 갈렙은 **자기 하나님 여호와를 온전히 따랐다**. 즉 그는 자신의 임무에 충실했으며, 모든 일에 하나님의 영광을 목표로 삼았다. 그는 항상 하나님의 호의를 바라보면서 그분의 뜻을 따랐다. 그는 **하나님을 온전히 따랐다**는 증거를 하나님 자신으로부터 받았다(민 14:24). 그러므로 그가 그렇게 말한 것은 헛된 영광이 아니었다. 오히려 그것은 '증거하는 하나님의 영'을 가진 자들이 다른 사람들에게 자신들이 하나님의 자녀라고 겸손하게 그리고 감사함으로 말하는 것과 같은 것이었다. 젊었을 때 하나님을 온전히 따른 자들은 나이가 들었을 때 그로부터 영예와 즐거움을 얻게 될 것이며 또한 하늘의 가나안에서 영원한

상급을 받게 될 것이다.

[3] 갈렙은, 여호수아를 제외한 다른 모든 정탐꾼들이 다른 쪽으로 보고했을 때, 그와 같이 보고하지 않았다. 그들이 **백성의 간담을 녹게 하였나이다**(8절). 그 결과가 얼마나 끔찍한 것이었나 하는 것은 우리가 잘 아는 바와 같다. 다른 사람들이 하나님을 버리고 멀리할 때 우리가 그분을 더욱 가까이 한다면, 그것은 더욱 칭찬할 만한 일이 될 것이다. 갈렙은 이 일에 있어 여호수아의 행동을 특별히 언급할 필요가 없었다. 그것은 이미 모두가 알고 있는 일이었다. 도리어 그렇게 하는 것은 여호수아에게 아첨하는 것처럼 보일 수 있었다. 단지 이렇게 말하는 것으로 충분했다(6절): **나와 당신에게 대하여 하나님의 사람 모세에게 이르신 일을 당신이 아시는 바라.**

(2) 갈렙은 지금까지 자신에게 베풀어주신 하나님의 선하심을 이야기한다. 비록 갈렙이 다른 백성들과 함께 광야에서 방랑했으며 38년을 그들처럼 가나안 밖에 있었다 할지라도, 그는 이에 대해 불평하는 대신 두 가지 면에서 자기에게 베풀어주신 하나님의 자비하심을 언급한다.

[1] 광야에서 생명을 보존시켜 주심. 오랜 방랑으로 말미암는 위험과 고통에도 불구하고 또한 그 자신과 여호수아를 제외하고 20세 이상의 모든 이스라엘 백성들이 죽는 가운데에서도, 하나님은 그에게 생존의 은혜를 베풀어주셨다. 10절과 같은 고백 속에 하나님의 선하심에 대한 감사의 마음이 얼마나 진하게 담겨 있는지 생각해보라. **이제 보소서 여호와께서 이 사십오 년 동안을 나를 생존하게 하셨나이다.** 재앙이 끊이지 않았던 광야에서의 38년과 전쟁의 위험 속에 있었던 가나안에서의 7년!

첫째로, 우리가 살아있는 동안 우리를 생존케 하시는 분은 하나님이시다. 당신의 능력으로 그분은 우리를 죽음에서 보호하시며, 당신의 자비하심으로 그분은 매일같이 우리의 필요를 공급해주신다. **그는 우리 영혼을 살려 두시며**(시 66:9).

둘째로, 오래 살면 살수록 우리는 우리를 생존케 하시는 하나님의 선하심과 연약한 생명을 연장시켜 주시는 돌보심과 오래참으심을 더 깊이 깨달아야 한다. 그분이 나를 45년 동안 생존하도록 지켜주셨는가? 그러면 그것이 전부인가? 그 이상인가? 이하인가? **"우리가 소멸되지 않는 것은 주의 은혜로 말미암음이니이다"** 라고 우리는 말해야 한다. 우리는 하나님의 호의에 얼마나 많은 빚을 졌는가? 우리가 그것을 어떻게 갚을 것인가? 우리의 생명으로 하나님을 찬양하는데 드리자.

셋째로, 우리 주변의 많은 사람들의 죽음을 볼 때 우리는 우리를 남겨두시고 생존케 하시는 하나님께 더욱 감사해야 한다. 우리 좌우편에서 수많은 사람들이 죽어가는 가운데에도 하나님은 우리를 남겨두시고 생존케 하셨다. 이러한 특별한 호의로 인해 우리는 특별한 순종의 의무를 지지 않을 수 없게 되는 것이다.

[2] 강건케 지켜 주심. 갈렙은 아직도 자신의 사명을 감당할 수 있을 만큼 충분히 건강했다. 비록 그의 나이 85세가 되었지만, 40세 때와 같이 건강하고 활력적이었다(11절): **내 힘이 그 때나 지금이나 같아서.** 이것은 약속의 열매였으며, 약속하신 이상으로 주신 것이었다. 하나님은 당신이 약속하신 것을 주실 뿐만 아니라 그 이상으로 주신다. 생명을 약속하셨다면 생명뿐만 아니라 그 생명이 축복이 되도록 건강과 힘까지도 더하여 주신다. 모세는 자신의 기도에서(시 90:10) **우리의 연수가 팔십이라도 그 힘은 수고와 슬픔뿐이라고** 말했다. 이것이 대부분의 경우이다. 그러나 갈렙은 예외였다. 85세인 그의 힘은 수고와 슬픔이 아니라 평안과 기쁨이었다. 이것을 갈렙은 **온전히 여호와를 따름으로써** 얻었다. 갈렙은 가나안 주민들을 쫓아내고 그 땅을 빼앗아야 했다. 그것이 그의 몫이 될 것이었다. 그는 85세의 나이에도 불구하고 그렇게 할 수 있는 충분한 힘과 건강을 가지고 있었던 것이다. 여호수아는 갈렙에게 "**그대는 그대가 말하는 것을 알지 못하노라**" 라고 말해서는 안 된다. 갈렙은 지금 자신이 요구하는 땅을 소유로 취할 수 있을 것인가? 그는 대답한다. "물론입니다. 지금 나는 예전과 똑같이 전쟁을 하기에 충분할 정도로 건강합니다."

(3) 모세가 하나님의 이름으로 '**이 산**' 을 차지하도록 약속함(9절). 이 약속이 그의 청원의 근거였다. 우리는 민수기 14:24에서 다음과 같은 말씀을 볼 수 있다. **그가 갔던 땅으로 내가 그를 인도하여 들이리니 그의 자손이 그 땅을 차지하리라.** 여기에 여호수아가 알고 있었던 어떤 특별한 것이 있는 듯하다. 여호수아와 갈렙은 공히 '**이 산**' 이 무엇을 의미하는지 알고 있었다. 이 산은 정탐꾼들이 나중에 부정적인 보고를 하는데 결정적인 영향을 끼친 장소였다. 왜냐하면 그들은 여기에서 아낙 자손을 만났고(민 13:22), 그들을 보았을 때 그 같은 압도되는 인상을 받았기 때문이다(13절). 정탐꾼들은 거인들에 의해 요새화된 도시 헤브

론을 정복하는 것이 얼마나 어려운 일인가 하는 것을 보았고, 이로써 가나안 땅 전체를 정복하는 것은 불가능한 일이라고 추론했다. 우리는 갈렙이 그들의 이러한 부정적인 보고에 반대하고 또 자신이 생각하는 것을 백성들에게 설득하기 위해, 다른 정탐꾼들이 난공불락이라고 말한 성읍을 자신의 몫으로 하겠다고 나섰을 것으로 상상할 수 있다: "제가 그 성읍을 처리하겠습니다. 만일 제가 그 성읍을 제 기업으로 취하지 못한다면 저는 아무 기업도 갖지 않겠습니다." 이에 모세가 대답한다. "좋다. 그러면 그것은 네 것이 될 것이다. 싸워 이기고 그것을 취하라." 갈렙은 이토록 고귀한 영웅정신을 가지고 있었다. 그는 형제들에게 이와 같은 정신을 고취시키고자 했다. 그가 이 성읍을 선택한 것은 오로지 그것이 정복하기에 가장 어려운 곳이었기 때문이었다. 자신의 몸과 영혼이 쇠하지 않았음을 보이기 위해, 45년이 지난 지금 갈렙은 그 때와 똑같은 정신을 가지고 자신의 선택을 고수하고 있는 것이다.

(4) 아직 아낙 자손이 그 곳을 차지하고 있었지만 갈렙은 그들을 쫓아내고 주인이 될 것을 소망한다(12절): 여호와께서 나와 함께 하시면 내가 그들을 쫓아내리이다. 여호수아는 이미 헤브론을 점령했다(10:37). 그러나 헤브론에 속해 있으면서 아직 아낙 자손이 거주하고 있던 그 산은 지금까지 정복되지 않은 채 남아 있었다. 여호수아 11:21에 보면, 헤브론에서 아낙 자손들을 멸절시켰다는 언급이 나온다. 그러나 이것은 역사가가 일괄적인 군사행동을 언급한 것으로 보인다. 실상 그들은 이스라엘이 그 땅을 분배하기 시작할 때까지 완전히 정복되지 않았던 것으로 보인다. 갈렙이 아낙 자손을 쫓아낼 것을 확신하는 근거는 다름 아닌 하나님의 함께 하심이었다. 그는 자신의 개인적인 용맹에 의지하여 "나는 지금 40세 때처럼 건강하니 능히 그들을 쫓아낼 수 있을 것입니다"라고 말하지 않는다. 또한 지금 자신과 함께 있으며 또 틀림없이 자신을 도와줄 유다 지파를 의지하지도 않고, 또 여호수아의 도움을 기대하면서 "당신이 함께 하시면 내가 승리할 것입니다"라고 하지도 않는다. 단지 "여호와께서 나와 함께 하시면"이라고 말할 뿐이다.

[1] 여기에서 그는 하나님의 함께 하심에 대하여 다소의 의심과 함께 '확정되지 않은' 것으로 말하고 있는 것처럼 보인다. 그러나 이것은 하나님의 선하심과 신실하심에 대하여 불신을 품고 말하는 것이 아니다. 갈렙은 '이스라엘에 대한 하나님의 일반적인 함께 하심' 에 대하여는 일말의 주저함도 없이 말했다

(민 14:9): **여호와는 우리와 함께 하시느니라.** 그러나 자신에 대하여는 조금 달랐다. 그와 같은 하나님의 호의를 받기에 자신은 너무도 부족하다는 겸손한 마음으로 **"만일 여호와께서 나와 함께 하시면"** 이라는 표현을 선택한 것이다. 갈대아역은 그것을 이렇게 읽는다: **"만일 여호와의 말씀이 나의 돕는 자가 되신다면."** 본질상 하나님이시며 때가 차매 육신이 되신 그 말씀은 바로 우리 구원의 대장이신 예수 그리스도시다.

[2] 그러나 갈렙은 하나님이 함께 하시면 그들을 쫓아낼 수 있다는 확신을 분명하게 표명한다. **만일 하나님이 우리를 위하시면 누가 우리를 대적하리요?** 이것은 또한 만일 하나님이 함께 하지 않는다면 설령 이스라엘 군대 전체가 돕는다 할지라도 결코 그들을 쫓아낼 수 없을 것임을 의미한다. 우리가 무슨 일을 하든지 하나님의 은혜로운 함께 하심이 우리 성공의 요체이다. 그러므로 우리는 진지하게 이것을 구해야 하며, 또한 항상 하나님의 사랑 안에 거함으로써 그것이 유지되도록 주의를 기울여야 한다. 우리는 하나님의 함께 하심을 의지해야 하며, 또 어떤 난관에서도 그로부터 용기와 위로를 찾아야 한다.

3. 요컨대 갈렙의 요구는 **"이 산을 내게 주소서"** 하는 것이었다(12절).

(1) 그것은 하나님이 이미 약속한 것이었기 때문이며 또한 백성들로 하여금 자신이 그 약속을 얼마나 귀하게 여기는지 알게 하기 위함이었다. 비록 제비뽑기를 통해 더 좋은 기업을 얻을 수도 있었다 할지라도, **그 날에 여호와께서 말씀하신 이 산**을 요구하는 것은 가장 바람직한 것이었다. 믿음으로 사는 자들은 단지 일반적인 섭리에 의해 주어지는 것보다 약속에 의해 주어지는 것을 훨씬 더 귀하게 여긴다.

(2) 또 그것은 지금 그 산이 아낙 자손의 소유였기 때문이다. 갈렙은 이스라엘 백성들에게 자신이 원수들을 전혀 두려워하지 않음을 알게 하고, 그럼으로써 자신의 예를 통해 백성들을 정복사역에 더욱 매진하도록 활력을 불어넣고자 했다. 여기에서 갈렙은 자기 이름에 부합되게 행동했는데, 그 이름은 '온 마음' 을 의미한다.

Ⅱ. 여호수아는 갈렙의 청원을 허락한다(13절). 여호수아는 그를 축복하고, 그의 용기를 칭찬했으며, 그의 요청을 받아들여 '그 산' 을 그에게 주었다. 또한 여호수아는 그를 위해 그리고 그가 하고자 하는 일이 성공하기를 위해 기도했다. 여호수아는 지도자요 동시에 선지자였다. 이러한 두 가지 직분에 근거할

때 그가 갈렙에게 축복하는 것은 적절한 것이었다. 무릇 작은 자가 큰 자로부터 복 빎을 받는 법이기 때문이다.

결국 헤브론은 갈렙과 그의 자손들의 기업이 되는데(14절), 이는 그가 이스라엘의 하나님 여호와를 온전히 따랐기 때문이었다. 그분을 따르는 자는 복이 있나니! 특별한 충성은 특별한 호의(好意)로 관 씌워질 것이다.

1. 우리는 여기에서 헤브론이 아르바의 성읍이었음을 듣게 되는데, 아르바는 아낙 자손 가운데 가장 큰 자였다(15절). 우리는 또 그 곳이 사라가 죽은 장소로서 기럇 아르바로 불렸음을 발견한다(창 23:2). 이 부근에서 아브라함과 이삭과 야곱이 가나안에서의 대부분의 시간을 보냈고, 그들이 묻힌 막벨라 동굴도 이 근처에 있었다. 어쩌면 이러한 사실로 인해 갈렙은 이 땅을 정탐할 때 이 곳으로 왔고, 또 자신의 기업으로서 다른 지역보다 이 곳을 더 원했을는지 모른다.

2. 이후 헤브론은 어떻게 되었을까?

(1) 이 곳은 제사장에게 속한 성읍들 가운데 하나가 되었으며(수 21:13), 또 도피성이 되었다(수 20:7). 갈렙이 헤브론을 갖게 되었을 때, 그는 그 주변 지역으로 만족하고, 성읍은 자기 자녀가 아니라 하나님의 종인 제사장들에게 기쁘게 주었다. 그는 이렇게 사용하는 것보다 더 좋은 방법은 없다고 생각하면서 자기의 것으로 즐거이 하나님께 드렸다.

(2) 이 곳은 왕도(王都)가 되었으며, 다윗 통치가 시작될 때 유다 왕국의 수도가 되었다. 다윗은 이 곳에서 7년을 통치했다. 이와 같이 갈렙의 성읍은 매우 영예로운 곳이 되었다. 그의 가문에서 오랜 후에 나발과 같은 인물이 나온 것은 참으로 오점이요 유감스러운 일이었다(삼상 25:3): 그는 갈렙 족속이었더라. 그러나 아무리 훌륭한 사람도 그의 미덕을 상속시킬 수는 없다.

제 15 장

개요

가나안 땅은 완전히 정복되지 않았으며, 이스라엘은 (앞 장 말미에 언급된 것처럼) 아직까지 전쟁으로부터 안식을 얻지 못했다. 그러나 이스라엘의 모든 군대는 전장에서 물러나와 길갈에 집결하였고, 여기에서 그들은 땅을 분배하기 시작했다. 그리고 이 일은 나중에 실로에서 완료된다(수 18:1 이하). 본 장에서 우리는 유다 지파가 제비를 뽑는 것을 보게 되는데, 그들은 다른 데에서와 같이 여기에서도 다른 지파들에 대해 우선순위를 갖고 있었다. I. 유다의 기업의 경계(1-12절). II. 헤브론과 인근지역을 갈렙과 그의 가족에게 줌(13-19절). III. 유다의 제비에 떨어진 성읍들의 이름(20-63절).

1또 유다 자손의 지파가 그들의 가족대로 제비 뽑은 땅의 남쪽으로는 에돔 경계에
이르고 또 남쪽 끝은 신 광야까지라 2또 그들의 남쪽 경계는 염해의 끝 곧 남향한
해만에서부터 3아그랍빔 비탈 남쪽으로 지나 신에 이르고 가데스 바네아 남쪽으로
올라가서 헤스론을 지나며 아달로 올라가서 돌이켜 갈가에 이르고 4거기서 아스몬
에 이르러 애굽 시내로 나아가 바다에 이르러 경계의 끝이 되나니 이것이 너희 남
쪽 경계가 되리라 5그 동쪽 경계는 염해이니 요단 끝까지요 그 북쪽 경계는 요단 끝
에 있는 해만에서부터 6벧 호글라로 올라가서 벧 아라바 북쪽을 지나 르우벤 자손
보한의 돌에 이르고 7또 아골 골짜기에서부터 드빌을 지나 북쪽으로 올라가서 그
강 남쪽에 있는 아둠밈 비탈 맞은편 길갈을 향하고 나아가 엔 세메스 물들을 지나
엔로겔에 이르며 8또 힌놈의 아들의 골짜기로 올라가서 여부스 곧 예루살렘 남쪽
어깨에 이르며 또 힌놈의 골짜기 앞 서쪽에 있는 산 꼭대기로 올라가나니 이 곳은
르바임 골짜기 북쪽 끝이며 9또 이 산 꼭대기에서부터 넵도아 샘물까지 이르러 에
브론 산 성읍들로 나아가고 또 바알라 곧 기럇 여아림으로 접어들며 10또 바알라에
서부터 서쪽으로 돌이켜 세일 산에 이르러 여아림 산 곧 그살론 곁 북쪽에 이르고
또 벧 세메스로 내려가서 딤나를 지나고 11또 에그론 비탈 북쪽으로 나아가 식그론
으로 접어들어 바알라 산을 지나고 얍느엘에 이르나니 그 끝은 바다며 12서쪽 경계

는 대해와 그 해안이니 유다 자손이 그들의 가족대로 받은 사방 경계가 이러하니라

르우벤이 야곱의 장자권을 잃었을 때 그것은 다른 두 아들인 유다와 요셉에게 넘어갔다. 유다는 통치권을 갖게 되었고, 요셉은 두 배의 분깃을 갖게 되었다. 그러므로 이스라엘에서 이러한 두 지파가 머리의 자리를 차지했는데, 유다는 가나안 땅의 남부에서 그리고 요셉은 북부에서 그러했다. 그리고 나머지 일곱 지파는 이러한 두 지파에 대해 종속적인 위치에서 분깃을 받았다. 베냐민과 시므온과 단의 분깃은 유다에 종속되었으며, 잇사갈과 스불론과 납달리와 아셀의 분깃은 요셉에 종속되었다. 유다와 요셉 두 지파는, 우리가 나중에 보게 되는 바와 같이, 그 땅에 대한 정확한 조사가 있기 이전에 기업을 얻은 것으로 보인다(수 18:9).

북부와 남부의 가장 중요한 지역, 길갈 인근 지역, 그리고 백성들이 잘 알고 있었던 지역이 먼저 제비뽑기의 대상이 된 것 같다. 제비는 유다와 요셉 두 지파에 떨어졌는데, 한 지파는 여호수아가 속한 지파였고, 또 한 지파는 갈렙이 속한 지파였다. 그리고 제비뽑기에 의해 우리가 본 장에서 보고 있는 남부 지역은 유다에게 떨어지고, 다음 두 장에서 보게 될 북부 지역은 요셉에게 떨어졌다. 그러고 난 후, 나머지 일곱 지파들 사이에 좀 더 공평하게(양적으로든 질적으로든) 분배되었다. 우리는 여기에서 분배와 관련하여 민수기 33:54의 일반적인 규칙이 적용된 것을 보게 된다: **수가 많으면 많은 기업을 주고 적으면 적은 기업을 주되 각기 제비 뽑은 대로 그 소유가 될 것인즉.** 즉 "너희는 두 개의 큰 분깃은 수가 많은 유다와 요셉에게 주되 제비로 결정하고, 그러고 나서 나머지 작은 분깃들은 수가 적은 지파들 가운데 나누어지도록 하라." 전자(前者)는 길갈에서 행해지고, 후자(後者)는 실로에서 행해졌다.

여기에서 우리는 유다의 기업의 경계를 보게 되는데, 그것은 다른 지파들의 경우와 마찬가지로 "그들의 가족대로" 경계를 나눈 것으로 언급된다. 이것은 여호수아와 엘르아살과 각 지파의 대표자들이 제비뽑기를 통해 먼저 각 지파에게 기업을 분배한 후에, 각 종족별로 또 분깃을 나누어주고(이 또한 제비뽑기로 나누었을 것으로 보인다), 이어 가족별로 또 분깃을 나누어 주었음을 의미한다. 이렇게 '최고의 권위'에 의해 분배됨으로 이 일이 무리 없이 수행될 수 있었을 것이다. 만일 이 일이 각 지파별로 하급 관리자에 의해 수행되었다면, 좀 더 많은 반발과 갖가지 문제가 따랐을 것이다. 여기에서 유다 지파의 경계가 개략적으로 언급되어 있는데, 이것은 절대불변적인 것은 아니었다. 왜냐하면 이러한 경계 안에 속한 상당 부분의 지역이 나중에 시므온과 단의 기업으로 할당되었기 때문이다.

1. 동쪽 경계는 염해였다(5절). 모든 바다는 염분을 가지고 있다. 그러나 염해는 다른 바다와는 달리 훨씬 더 많은 염분을 포함하고 있어 어떤 생명체도 살지 못한다. 아브라함 시대에 소돔과 고모라를 멸망케 했던 불과 유황의 결과, 바로 이 바다 아래 그 도시들의 잔해가 잠자고 있다.

2. 남쪽 경계는 대체로 가나안 땅의 경계와 일치하는데, 여호수아 15:1-4과 민수기 34:3-5을 비교해 보면 잘 나타난다. 그럼으로써 유다 지파는 대대로 원수지간인(비록 두 나라의 조상은 서로 쌍둥이 형제지간이었다 할지라도) 에돔 족속 쪽의 국경지역을 방어하였다. 그러므로 유다에서 나온 우리 주님은 에서의 산을 심판할 것이다(옵 1:21).

3. 북쪽 경계는 베냐민의 기업과 맞닿아 있다. 여기에서 르우벤 자손 보한의 돌이 언급되는데(6절), 보한은 아마도 르우벤 군대의 위대한 장군이었을 것이다. 그는 요단을 건너와서 싸우다가, 길갈 진(陣)에서 죽었고, 그 곳에서 멀리 떨어지지 않은 이 돌 아래 묻혔을 것이다. 또 북쪽 경계 인근에 아골 골짜기가 있었는데(7절), 그것은 유다 지파의 남자들로 하여금 자기 지파 출신의 아간이 이스라엘 회중에게 가져다 준 고통을 일깨워줌으로써 교만하거나 혹은 너무 높아지지 않도록 하였다. 또 북쪽 경계선 상에 예루살렘이 매우 가까이 인접해 있었는데(8절), 예루살렘의 대부분의 지역이 베냐민의 기업에 속해 있는 가운데에서도 시온 산과 모리아 산은 유다 지파에 속할 정도였다.

4. 서쪽 경계는 처음에는 대해까지 이르렀으나(12절), 그 지역의 유다 기업의 상당 부분이 나중에는 단 지파의 기업으로 바뀌었다. 왜냐하면 여기에서 제비는 단지 유다와 요셉의 기업을 결정하기 위한 것이었기 때문이다(하나는 남부 지역을, 또 하나는 북부 지역을 차지하는 것으로). 유다의 기업의 경계는 이렇게 결정되었다. 비록 유다가 매우 강력한 지파였으며 다른 지파에 대해 상당한 영향력을 가지고 있었다 할지라도, 그들은 자기 마음대로 기업을 선택해서는 안 되었으며 또한 자기들 마음에 내키는 대로 기업을 확장해서는 안 되었다.

높은 자리에 위치한 자들은 땅 가운데 홀로 거할 것으로 생각해서는 안 된다.

[13]여호와께서 여호수아에게 명령하신 대로 여호수아가 기럇 아르바 곧 헤브론을 유
다 자손 중에서 분깃으로 여분네의 아들 갈렙에게 주었으니 아르바는 아낙의 아버
지였더라 [14]갈렙이 거기서 아낙의 소생 그 세 아들 곧 세새와 아히만과 달매를 쫓아
내었고 [15]거기서 올라가서 드빌 주민을 쳤는데 드빌의 본 이름은 기럇 세벨이라 [16]
갈렙이 말하기를 기럇 세벨을 쳐서 그것을 점령하는 자에게는 내가 내 딸 악사를
아내로 주리라 하였더니 [17]갈렙의 아우 그나스의 아들인 옷니엘이 그것을 점령함으
로 갈렙이 자기 딸 악사를 그에게 아내로 주었더라 [18]악사가 출가할 때에 그에게 청
하여 자기 아버지에게 밭을 구하자 하고 나귀에서 내리매 갈렙이 그에게 묻되 네
가 무엇을 원하느냐 하니 [19]이르되 내게 복을 주소서 아버지께서 나를 네겝 땅으로
보내시오니 샘물도 내게 주소서 하매 갈렙이 윗샘과 아랫샘을 그에게 주었더라

역사가(여호수아 기자)는 기회만 있으면 갈렙에 대해 언급하고 그를 존귀케 하기를 기뻐하는 것처럼 보인다. 이는 그가 하나님을 존귀히 여기며 그 분을 온전히 따랐기 때문이다. 다음을 주목하라.

I. 여호수아가 그에게 헤브론의 산지를 기업으로 준 것이 여기에서 다시 반복된다(13절).

1. 그것은 여호와께서 여호수아에게 명령하신 대로 주어진 것으로 언급된다. 비록 갈렙이 하나님의 약속으로 인한 정당한 자격을 가지고 있었다 할지라도, 하나님이 여호수아에게 제비뽑기에 의해 땅을 분배할 것을 명령하셨기 때문에, 여호수아는 이러한 특별한 경우에 하나님의 명령이 없었다면 옛 친구 갈렙의 청원을 들어주지 않았을 것이다. 아마도 여기에서 여호수아는 신탁을 통해 하나님께 물었을 것이다. 확실치 않은 경우, 하나님의 마음을 알고 우리가 나아갈 바를 분명히 하는 것은 매우 바람직한 일이다.

2. 그것은 유다 자손 중에 한 부분이 되었다고 언급된다. 비록 헤브론의 산지가 유다 지파가 기업을 받기 전에 갈렙에게 할당되었다 할지라도, 하나님은 그것이 유다 지파의 기업 속에 위치하도록 이끄셨다. 하나님은 갈렙에게 이렇게 은혜와 친절을 베푸셔서, 그로 하여금 같은 지파 형제들로부터 혼자 떨어져서 다른 지파 사람들에 둘러싸여 살도록 하지 않으셨다.

Ⅱ. 갈렙은 헤브론 산지를 기업으로 취한다.

1. 그는 헤브론을 정복하는 가운데 자신의 용맹을 나타낸다(14절): 갈렙이 거기서 아낙의 소생 그 세 아들을 쫓아내었고. 이것이 여기에 언급된 것은 하나님이 자신과 함께 하시면 능히 성공할 것(수 14:12)이라고 했던 그의 확신이 결코 헛되지 아니하고 그의 기대대로 되었음을 보이기 위함이었다. 갈렙이 이들 거인들을 죽였다고 언급되지 않고, 다만 거기서 쫓아냈다고 언급되어 있음을 주목하라. 이것은 갈렙이 접근해오자 그들이 그 앞에서 물러나 도주했음을 의미한다. 육체의 강력한 힘과 거대한 외모조차도 그들에게 용기를 북돋아줄 수 없었다. 그들은 외양(外樣)은 사자 같았지만, 심장은 겁 많은 토끼의 그것이었다. 이와 같이 하나님은 종종 고관들의 기를 꺾으시고(시 76:12), 만민의 우두머리들의 총명을 빼앗으시며(욥 12:24), 교만한 자를 부끄럽게 하신다. 이와 같이 만일 우리가 우는 사자와 같은 마귀를 대적하면, 그는 죽지는 않는다 할지라도 도망치고 말 것이다.

2. 갈렙은 드빌을 정복하기 위하여 자기와 함께 있는 자들의 용맹을 고취시킨다(15절 이하). 드빌은 전에 이미 여호수아에 의해 정복된 적이 있었다(수 10:39). 그러나 가나안 족속들이 이스라엘 군대가 없는 틈을 타 그 곳을 다시 소유로 취했다. 그럼으로써 갈렙은 드빌을 점령하는 일을 다시 한 번 시도해야만 했다. 갈렙이 자신과 자기 가족을 위해 헤브론을 점령하는 일을 마쳤을 때, 그는 '공적 이익' 을 위한 열정으로 정복사역을 드빌까지 확장시킨다. 그는 드빌을 완전히 점령할 때까지 자기 팔을 내리지 않을 것이다. 드빌은 헤브론에서 남쪽으로 약 16km 지점에 위치해 있었는데, 그 성읍을 점령하는 일이 갈렙 자신에게는 특별한 이해관계가 없었지만 그가 속한 유다 지파에게는 상당한 유익이 될 것이었다. 여기에서 우리는 우리 자신의 문제만을 추구하고 마음 쓸 것이 아니라, 우리가 속한 공동체의 복리에 관심을 기울여야 함을 배운다. 우리는 우리 자신만을 위해 태어나지 않았으며, 또 우리 자신만을 위해 살아서도 안 된다.

(1) 이 성읍의 이름을 주목해보자. 드빌은 기럇 세벨로 불렸는데, 그것은 책의 도시를 뜻한다. 또 기럇 산나라고도 불렸는데(49절), 어떤 이들은 그것을 학문의 도시로 번역한다(70인역은 'Polis grammaton' 으로 번역한다). 어떤 학자들은 마치 그리스의 아테네처럼 그 곳에 대학이 있었고, 많은 가나안 젊은이들이 그

곳에서 교육을 받았을 것으로 추측한다. 혹은 그들의 역대기나 각종 기록을 모은 책들이나 혹은 각종 고대 유물들이 그 곳에 있었을는지 모른다. 그리고 갈렙은 이스라엘이 드빌을 점령하여 그 주인이 되는 것을 그토록 열망했는데, 어쩌면 그것은 그들이 가나안의 고대 학문을 접할 수 있도록 하기 위함이었는지 모른다.

(2) 갈렙은 드빌을 함락시키는 자에게 자신의 딸과 함께 상당한 분깃을 줄 것을 약속한다(16절). 사울도 골리앗을 죽이는 자에게 딸을 약속했다(삼상 17:25). 이들이 자기 딸에게 사랑하지 않는 남자와 결혼할 것을 무조건 강요하고자 했던 것은 아니었다. 다만 자신들의 취향에 맞지 않는다 할지라도 딸들이 아버지의 뜻에 기꺼이 순종하고 받아들일 것으로 여기고 그렇게 한 것이었다. 갈렙의 가문은 존귀하고 부유할 뿐만 아니라 신앙적이기도 했다. 그 자신 여호와를 온전히 따랐을 뿐만 아니라 분명히 자녀들에게도 그렇게 가르쳤을 것이다. 그러므로 그의 딸은 모든 젊은이들이 열망할 만한 결혼상대였을 것이다. 갈렙은 다음과 같은 목적을 가지고 이러한 제안을 했다.

[1] 이 중요한 지역을 점령함으로써 자신의 나라에 봉사하고자 함.

[2] 딸을 잘 혼인시키고자 함. 드빌을 점령하는 사람은 '책의 도시'에 특별한 애정을 가지고 있는 학식 있는 사람이요, 자기 나라에 기꺼이 봉사하고 자기 세대에 가치 있는 일을 하는 용맹한 사람일 것이다. 갈렙은 자기 딸이 그런 사람과 결혼하기를 원했다. 그리고 그는 그렇게 될 때 자기 딸이 가장 잘 결혼하는 것으로 생각했다.

(3) 갈렙의 조카 옷니엘이 드빌을 점령함(17절). 갈렙이 드빌을 점령하는 자에게 딸을 약속했을 때 아마도 그는 내심 옷니엘을 생각했을는지 모른다. 젊은 시절 이 일로 유명해진 이 옷니엘은 먼 훗날 여호수아가 죽은 후 이스라엘을 다스리는 사사요 구원자로서 영예로운 이름이 된다. 젊은 시절 선하고 위대한 일로 세상에 이름을 드러내는 것은 참으로 좋은 일이다. 젊었을 때 뛰어난 섬김을 실천한 자들은 나이가 들었을 때 더욱 영예로운 이름이 될 것이다.

(4) 이렇게 하여 옷니엘은 갈렙의 딸이요 자신에게는 사촌뻘이 되는 악사와 결혼하게 되었다. 어쩌면 그는 전부터 악사에게 애정을 품고 있었고 따라서 그녀를 얻기 위해 드빌을 점령하는 일에 뛰어들었는지 모른다. 자기 나라에 대한 사랑, 명예에의 야망, 지도자의 호의를 얻고자 하는 열망 등이 그로 하여금 이

위대한 일에 뛰어들게 할 수 없었을지라도, 악사에 대한 애정은 그렇게 하게 했다. 옷니엘에게 있어 다른 어떤 사람이 그녀의 호의를 얻는 것은 참을 수 없는 일이었다. 이와 같이 사랑은 죽음처럼 강하며 질투는 무덤처럼 잔인하다.

(5) 지금 역사가(여호수아 기자)는 악사의 몫에 대해 이야기하는데, 그것은 하나님의 약속으로 인해 더욱 가치 있는 땅 가운데 있었다.

[1] 악사는 아버지 갈렙으로부터 약간의 땅을 선물로 얻었다. 이것은 마치 슬로브핫의 딸들의 경우처럼 악사가 자기 지파 내의 사람과 결혼함으로써 허락되었다. 갈렙은 **그녀에게 남쪽 땅을 주었는데**(19절), 그 땅은 건조하고 가뭄이 잘 드는 땅이었다.

[2] 악사는 자기가 요청한 것보다 더 많은 것을 얻었다. 그녀는 남편으로 하여금 밭을 요청하게 하려고 했다. 그것은 아마도 갈렙의 기업에 속해 있으면서 그가 결혼하는 딸에게 선물로 준 남쪽 땅에 인접해 있는 어떤 특별한 밭 혹은 평원이었을 것이다. 악사는 아버지 갈렙에게 가장 영향을 끼칠 수 있는 사람은 다름 아닌 남편 옷니엘일 것으로 생각했다. 갈렙은 의심의 여지 없이 옷니엘이 최근에 행한 영광스러운 일에 대해 크게 기뻐하고 있었을 것이다. 그러나 옷니엘은 이 일에 대해 악사가 요청하는 것이 좀 더 합당하고 또 그것이 더 효과가 있을 것으로 생각했다. 따라서 악사는 비록 자신의 생각과는 달랐지만 남편의 판단에 순복하여 자신이 이 일을 맡아 아버지에게 요청했다.

첫째로, 악사는 자기 아버지가 자신을 남편의 집으로 데려갈 때 즉 자기 딸을 잘 시집보내는 것에 만족하여 딸을 위해서는 어떤 것을 줄지라도 과하게 생각하지 않을 바로 그 때를 기회로 포착했다.

둘째로, 악사는 **나귀에서 내렸다**. 이러한 행동은 아버지에 대한 존경과 경의의 증표로서, 그녀는 결혼하기 이전과 마찬가지로 여전히 아버지를 존귀하게 여겼다. 70인역과 라틴 불가타역에 따르면 그녀는 **나귀에서 내리면서 울고 한숨지었다**. 그녀는 자신에게 어떤 슬픔과 걱정거리가 있음을 표현했고, 이로써 아버지로 하여금 원하는 것이 무엇인지를 묻도록 만들었다.

셋째로, 악사는 그것을 '복' 이라고 부른다(**내게 복을 주소서**). 왜냐하면 그녀가 결혼하여 삶이 정착됨에 있어 그것이 큰 역할을 할 것이기 때문이었다. 자신이 결혼하는 것은 아버지의 승낙에 의한 것일 뿐만 아니라 아버지의 명령에 따른 것이기도 하기 때문에, 악사는 아버지가 자신이 요청한 '복' 을 결코 거절하지 않을 것을 확신했다.

넷째로, 그녀는 오직 '물' 을 구한다. 물이 없다면 악사가 가진 땅은 경작지로도 목축지로도 거의 쓸모가 없을 것이었다. 그러나 그녀가 의미한 것은 물샘이 있는 밭이었다. 겸손하고 이치에 맞는 요청으로 인해 악사는 큰 유익을 얻게 되었다. 물 없는 땅은 수액 없는 나무와 같고, 피 없는 육체와 같다. 그러므로 하나님이 물을 한 곳으로 모으시는 가운데에도 은혜롭게도 그 물을 모든 장소에 조금씩 남겨두심으로써, 땅으로 하여금 사람을 섬기는 일에 부요하도록 하셨다(시 104:10 이하).

이렇게 하여 악사는 자신이 원하는 것을 얻었다. 갈렙은 윗 샘과 아랫 샘을 줌으로써 딸이 요청한 것을, 그리고 아마도 그 이상을 주었다. 윗 샘과 아랫 샘을 주었다는 것은 그러한 샘이 있는 밭 즉 윗 밭과 아랫 밭을 준 것으로 생각된다. 이것을 하나의 밭 즉 '하늘의 비와 땅 밑에서 솟아오르는 샘으로 물이 공급되는' 그러한 하나의 밭으로 이해하는 자들은 여기에서 재미있는 영적 교훈을 발견한다. 즉 윗 샘은 우리의 영혼과 관련되는 영적인 하늘의 축복을 상징하는 것으로, 그리고 아랫 샘은 우리의 육체와 관련되는 이 땅에서의 삶의 축복을 상징하는 것으로 생각한다.

이 이야기로부터 우리는 다음과 같은 교훈을 배울 수 있다. ① 정당하고 합법적인 방식으로 세상의 안위와 편의를 적절하게 열망하는 것은 열 번째 계명(탐내지 말지니라)을 깨뜨리지 않는다는 사실. ② 남편과 아내는 가족의 공동선(共同善)을 위해 서로 충고하며 의견을 합치해야 한다는 사실. 더욱이 그들은 하늘 아버지께 최고의 축복 즉 윗 샘의 축복을 구하는 일에 마음을 하나로 모아야 한다. ③ 부모가 자녀의 유익을 위해 무엇인가를 줄 때 결코 그것을 손실로 생각해서는 안 된다는 사실. 부모는 자녀를 부양할 때나 유산을 상속할 때 값없이 주어야 한다. 갈렙에게는 아들들이 있었다(대상 4:15). 그렇지만 그는 딸에게 이토록 후하게 주었다. 넉넉하게 나눌 수 있음에도 불구하고 자녀에게 주기를 싫어하는 부모는 부모와 자식 간의 관계를 잃어버린 자들이다.

[20]유다 자손의 지파가 그들의 가족대로 받은 기업은 이러하니라 [21]유다 자손의 지파의 남쪽 끝 에돔 경계에 접근한 성읍들은 갑스엘과 에델과 야굴과 [22]기나와 디모나와 아다다와 [23]게데스와 하솔과 잇난과 [24]십과 델렘과 브알롯과 [25]하솔 하닷다와 그

리욧 헤스론 곧 하솔과 [26]아맘과 세마와 몰라다와 [27]하살갓다와 헤스몬과 벧 벨렛과
[28]하살 수알과 브엘세바와 비스요다와 [29]바알라와 이임과 에셈과 [30]엘돌랏과 그실과
홀마와 [31]시글락과 맛만나와 산산나와 [32]르바옷과 실힘과 아인과 림몬이니 모두 스
물아홉 성읍과 그 마을들이었으며 [33]평지에는 에스다올과 소라와 아스나와 [34]사노
아와 엔간님과 답부아와 에남과 [35]야르뭇과 아둘람과 소고와 아세가와 [36]사아라임
과 아디다임과 그데라와 그데로다임이니 열네 성읍과 그 마을들이었으며 [37]스난과
하다사와 믹달갓과 [38]딜르안과 미스베와 욕드엘과 [39]라기스와 보스갓과 에글론과 [40]
갑본과 라맘과 기들리스와 [41]그데롯과 벧다곤과 나아마와 막게다이니 열여섯 성읍
과 그 마을들이었으며 [42]립나와 에델과 아산과 [43]입다와 아스나와 느십과 [44]그일라
와 악십과 마레사니 아홉 성읍과 그 마을들이었으며 [45]에그론과 그 촌락들과 그 마
을들과 [46]에그론에서부터 바다까지 아스돗 곁에 있는 모든 성읍과 그 마을들이었으
며 [47]아스돗과 그 촌락들과 그 마을들과 가사와 그 촌락들과 그 마을들이니 애굽 시
내와 대해의 경계에까지 이르렀으며 [48]산지는 사밀과 얏딜과 소고와 [49]단나와 기랏
산나 곧 드빌과 [50]아납과 에스드모와 아님과 [51]고센과 홀론과 길로이니 열한 성읍과
그 마을들이었으며 [52]아랍과 두마와 에산과 [53]야님과 벧 답부아와 아베가와 [54]훔다
와 기럇 아르바 곧 헤브론과 시올이니 아홉 성읍과 그 마을들이었으며 [55]마온과 갈
멜과 십과 윳다와 [56]이스르엘과 욕드암과 사노아와 [57]가인과 기브아와 딤나니 열 성
읍과 그 마을들이었으며 [58]할훌과 벧술과 그돌과 [59]마아랏과 벧 아놋과 엘드곤이니
여섯 성읍과 그 마을들이었으며 [60]기럇 바알 곧 기럇 여아림과 랍바이니 두 성읍과
그 마을들이었으며 [61]광야에는 벧 아라바와 밋딘과 스가가와 [62]닙산과 소금 성읍과
엔 게디니 여섯 성읍과 그 마을들이었더라 [63]예루살렘 주민 여부스 족속을 유다 자
손이 쫓아내지 못하였으므로 여부스 족속이 오늘까지 유다 자손과 함께 예루살렘
에 거주하니라

우리는 여기에서 유다 지파의 기업으로 제비 뽑힌 성읍들의 목록을 보게 되는데, 그것들의 이름이 직접적으로 열거되는 것은 그들이 자신들의 기업을 알고 지키며, 비겁함으로든 게으름으로든 자신들의 소유를 잃지 않도록 하기 위함이었다.

I. 여기에 성읍들이 몇 가지 범주로 구분되어 그 이름들이 열거되고 있다. 상세한 내역은 다음과 같다.

1. 에돔 경계에 접근한 성읍들(21-32절). 여기에 38개의 성읍들의 이름이 열거되어 있는데, 본문 중에는 29개라고 언급된다(32절). 그것은, 여호수아 19:2 이하에 나타나는 것처럼, 이들 가운데 9개의 성읍은 나중에 시므온의 기업으로 바뀌고 그럼으로써 그들의 소유로 간주되었기 때문이다. 그러므로 여기에서는 단지 유다의 소유로 남은 것들만 계수되었다(비록 나머지 성읍들도 이름이 열거되기는 했지만).

2. 평지에 있는 성읍들(33-36절). 여기에 15개의 성읍들의 이름이 열거되어 있는데, 본문 중에는 14개라고 언급된다(36절). 그것은 아마도 그데라와 그데라다임이 동일한 성읍에 대한 서로 다른 두 개의 이름이든지 아니면 서로 다른 두 구역이었기 때문일 것이다.

3. 이어서 어떤 특별한 구분의 명칭도 없이 16개의 성읍들이 열거되고 있으며(37-41절), 이어서 9개의 성읍이 열거된다(42-44절).

4. 이어서 에그론, 아스돗, 가사 등 3개의 블레셋 성읍이 열거된다(45-47절).

5. 산지에 있는 성읍들. 모두 11개의 성읍들의 이름이 열거되고(48-51절), 이어서 9개(52-54절), 10개(55-57절), 6개(58-59절), 그리고 2개의 성읍의 이름이 열거된다(60절).

6. 광야에 있는 성읍들(61-62절). 모두 6개의 성읍들의 이름이 열거되는데, 이곳은 거주민들이 그다지 많지 않은 지역이었다.

Ⅱ. 다음을 주목하라.

1. 우리는 여기에서 후에 다윗의 성읍이 되었으며 또한 우리 주 예수께서 탄생하신 베들레헴을 찾을 수 없다. 그러나 베들레헴은 유다 중에 지극히 작은 곳(미 5:2)이었기 때문에, 여기에 열거된 성읍들 가운데 거명되지 않았다. 그것은 아마도 본문에 이름이 언급되지 않은 여러 마을들 가운데 하나였을 것이다. 그리스도로 인해 그와 관련된 장소가 영예로운 이름이 된 것이지, 그 반대인 것은 결코 아니다.

2. 예루살렘은 유다 자손이 쫓아내지 못하였으므로 계속 여부스 족속의 손에 남아 있었던 것으로 언급된다(63절). 이는 그들의 게으름과 어리석음과 불신앙의 소치였다. 만일 유다 자손이 단호한 결의와 열심을 가지고 그들을 쫓아내려고 시도했다면, 하나님이 그들에게 성공을 주셨을 것이다. 그러나 그들은 그렇게 할 수 없었다. 왜냐하면 그렇게 하려고 하지 않았기 때문이었다. 예루살렘은

후에 거룩한 도성, 왕도(王都), 위대한 왕의 도시, 이스라엘의 모든 땅 가운데 가장 빛나는 보석이 될 것이었다. 하나님이 그렇게 계획하셨다. 그러므로 우리는 그들이 그토록 오랫동안 예루살렘을 장악하지 못한 것을 하나님이 주신 다른 성읍들을 정복하는 데 너무나 게을렀던 것에 대한 징계로 생각할 수 있다

3. 유다의 성읍들(모두 114개에 달하는) 가운데 립나가 있는데, 그 곳은 요람의 시대에 반란을 일으켜 아마도 독립적인 국가를 세웠던 것 같다(왕하 8:22). 그리고 아마샤 왕이 살해당한 라기스가 있는데(왕상 14:19), 그 성읍은 우상 숭배의 춤을 앞장서서 주도함으로써 시온의 딸의 죄의 근본이 된 곳이었다(미 1:13). 또 아히도벨의 성읍인 길로가 여기에 언급되고 있고, 선지자 아모스의 출신지역인 드고아가 있는데, 이 근처에서 여호사밧이 영광스러운 승리를 얻었다(대하 20:20 이하). 그리고 아사가 정복한 마레사가 있다.

유다 지파에 속한 많은 성읍들이 다윗의 고난 역사 가운데 등장한다. 여기에 언급되고 있는 아둘람, 십, 그일라, 마온, 엔게디, 시글락 등은 다윗이 많은 시간을 보낸 곳이었다. 종종 사울이 다윗을 여호와의 기업에서 쫓아냈지만, 다윗은 하나님의 기업의 땅에 할 수 있는 한 가깝게 있었다. 유다 광야는 다윗이 빈번하게 드나들던 지역이었으며, 또 그 곳에서 세례 요한이 천국 복음을 전파하기 시작했다(마 3:1). 유다 지파에 속한 이러한 지역의 부요는 분명히 그 옷을 포도주에 빨 것이라고 했던 야곱의 축복의 응답이었다(창 49:11). 야곱은 유다에 대해 총체적으로 이렇게 축복했다: 유다야 너는 네 형제의 찬송이 될지라.

제 16 장

개요

본 장과 다음 장은 굳이 분리될 필요가 없었을 것으로 여겨진다. 왜냐하면 두 장은 공히 요셉의 아들인 에브라임과 므낫세의 기업에 대해 이야기하고 있기 때문이다. 에브라임과 므낫세는 유다 다음으로 영예로운 위치에 있었다. 따라서 그들은 북쪽 지역에서 첫 번째로 그리고 가장 좋은 기업을 갖게 되었다 — 유다가 남쪽 지역에서 그랬던 것처럼. 본 장의 내용은 다음과 같다. I. 이러한 두 지파의 기업에 관한 일반적인 설명(1-4절). II. 에브라임의 기업의 경계(5-10절). 므낫세의 기업에 관한 이야기는 다음 장에 이어진다.

**[1]요셉 자손이 제비 뽑은 것은 여리고 샘 동쪽 곧 여리고 곁 요단으로부터 광야로 들
어가 여리고로부터 벧엘 산지로 올라가고 [2]벧엘에서부터 루스로 나아가 아렉 족속
의 경계를 지나 아다롯에 이르고 [3]서쪽으로 내려가서 야블렛 족속의 경계와 아래
벧호론과 게셀에까지 이르고 그 끝은 바다라 [4]요셉의 자손 므낫세와 에브라임이 그
들의 기업을 받았더라**

요셉은 야곱의 아들들 가운데 어린 축이었다. 그러나 그는 야곱에게 있어 가장 정당하고 또 가장 사랑하는 아내 라헬에게서 낳은 아들 중에서는 장자였다. 그 자신 또한 야곱이 가장 사랑하는 아들이었다. 요셉은 기근의 때에 가족을 죽음으로부터 건짐으로써 온 가족의 가장 큰 자랑거리요 버팀목이었으며, 나아가 이스라엘의 목자와 반석이었다. 그러므로 그의 자손은 기업을 나눔에 있어 매우 큰 호의를 얻게 되었다. 그들의 기업은 가나안 땅의 심장부에 위치하고 있었다. 그것은 동쪽으로 요단으로부터(1절) 서쪽으로 지중해에 이르기까지 펼쳐졌다. 그러므로 그들의 기업은 가로로 하여 가나안 땅의 이쪽 끝에서 저쪽 끝까지를 포괄하였다. 그리고 그 땅의 비옥함은 분명히 야곱과 모세의 축복의 응답이었다(창 49:25-26; 신 33:13 이하).

에브라임과 므낫세에게 할당된 기업은 다른 지파들의 경우와는 달리 매우

상세하게 기술되지 않는다. 우리는 단지 그들 기업의 대략적인 경계와 범위만을 볼 수 있을 뿐, 그 안에 있는 성읍들에 대한 언급은 찾을 수 없다. 이것은 앞 장에서 유다의 성읍들에 대해 상세하게 열거하는 것이나 나중에 다른 지파들에 대해 보게 될 것과는 다른 것이다. 이에 대한 이유로서 우리는 여호수아 자신이 요셉의 자손이었기 때문에 그들이 자신들의 기업 안에 위치한 성읍들을 분배하는 것을 그에게만 맡긴 때문으로 생각할 수 있다. 그러므로 그들은 성읍들의 이름을 이 일을 맡은 각 지파 대표들의 모임에 제출하지 않았고, 이것은 그 성읍들의 이름이 여기에 기록되지 않고 지나쳤음을 의미하는 것이다.

[5]에브라임 자손이 그들의 가족대로 받은 지역은 이러하니라 그들의 기업의 경계는
동쪽으로 아다롯 앗달에서 윗 벧호론에 이르고 [6]또 서쪽으로 나아가 북쪽 믹므다에
이르고 동쪽으로 돌아 다아낫 실로에 이르러 야노아 동쪽을 지나고 [7]야노아에서부
터 아다롯과 나아라로 내려가 여리고를 만나서 요단으로 나아가고 [8]또 답부아에서
부터 서쪽으로 지나서 가나 시내에 이르나니 그 끝은 바다라 에브라임 자손의 지
파가 그들의 가족대로 받은 기업이 이러하였고 [9]그 외에 므낫세 자손의 기업 중에
서 에브라임 자손을 위하여 구분한 모든 성읍과 그 마을들도 있었더라 [10]그들이 게
셀에 거주하는 가나안 족속을 쫓아내지 아니하였으므로 가나안 족속이 오늘까지
에브라임 가운데에 거주하며 노역하는 종이 되니라

1. 에브라임의 기업의 경계가 제시되고 있는데, 남쪽으로는 베냐민 및 단과 구분되고(이들 지파는 에브라임과 유다 사이에 있었다). 북쪽으로는 므낫세와 구분된다. 그리고 동쪽으로는 요단으로부터 서쪽으로는 대해까지 이른다. 여기에 언급된 바를 따라 정확한 경계선을 그리고자 하는 학자들은 본문에 설명되어 있는 것이 너무나 불충분하고 모호하여 매우 난처한 상황에 빠진다. 더구나 근래 이 지역을 여행한 사람들의 보고에 따르면 그러한 어려움은 더욱 가중된다. 왜냐하면 그 때의 상태와 지금의 상태가 너무나 많이 달라졌기 때문이다. 성읍들은 어떤 흔적도 심지어 발자국 하나도 남아 있지 않을 정도로 파괴되었고, 개천은 말라버렸으며, 강의 경로도 바뀌었고, 심지어 산도 무너져 없어지고 바위도 그 자리에서 옮겨졌다(욥 14:18).

오늘날 에브라임의 경계와 관련하여 이런저런 의문을 제기하는 것은 별 의

미가 없는 일로 생각된다. 왜냐하면 분명히 그 때에는 그것이 완벽하게 이해되었기 때문이다. 이것을 기록한 처음 의도, 즉 땅의 경계표를 분명히 함으로써 후손들로 하여금 그것을 옮기지 못하도록 하려는 목적은 효과적으로 이루어졌다.

2. 이러한 경계 안에 있지 않은 몇몇 외딴 성읍들이 언급되는데, 만일 경계선이 정확하게 그어진다면 므낫세의 기업 안에 놓여지게 될 그러한 성읍들이었다(9절): 그 외에 므낫세 자손의 기업 중에서 에브라임 자손을 위하여 구분한 모든 성읍과 그 마을들도 있었더라. 에브라임은 그 성읍들을 필요로 하였고, 므낫세는 그것들을 빌려줄 수 있었다. 이들 두 지파가 서로 섞여 살아가는데 특별한 문제가 발생하지는 않았을 것이다. 그들은 모두 요셉의 아들들이었으며, 따라서 마땅히 형제로서 서로 사랑했을 것이다.

모압 평지에서 지파별로 계수할 때, 므낫세가 숫자적으로 에브라임에 대해 기선을 제압했다. 왜냐하면 그 때 므낫세는 52,000명이었고 반면 에브라임은 32,000명에 불과했기 때문이다(민 26:34, 37). 그러나 가나안에 정착했을 때 좌수(左手)와 우수(右手)는 또다시 바뀌었고, 이로써 모세의 축복이 입증되었다(신 33:17). 에브라임의 자손은 만만이요 므낫세의 자손은 천천이리로다. 가정이나 나라나 하나님이 기뻐하시는 대로 흥했다 쇠하고, 또 쇠했다 흥한다.

3. 에브라임 사람들은 게셀에 거주하는 가나안 족속을 쫓아내지 않았다(10절). 이것은 무관심 때문이거나 아니면 겁이 많은 때문이었을 것이다. 혹은 열심히 노력하면 하나님께서 승리를 주실 것이라는 약속에 대한 믿음의 부족 때문일 수도 있고, 아니면 가나안 족속을 완전히 쫓아내고 그들과 화친하지 말라는 하나님의 명령에 대한 열정의 부족 때문일 수도 있을 것이다. 아마도 에브라임 사람들은 (칼빈이 생각하는 것처럼) 가나안 족속들로 하여금 조세를 바치게 하는 것으로 만족했을는지 모른다. 그러나 이것은 일을 더 악화시켰다. 에브라임 사람들은 가나안 사람들의 노동력을 이용하고 조세를 바치게 함으로써 이익을 얻고자 하는 욕심에서 그들을 남겨두었는데, 오히려 그들의 우상 숭배에 오염되는 위험에 빠지고 말았다. 그러나 어떤 이들은 그들이 가나안 사람들을 조세 바치는 위치에 놓았을 때, 그들로 하여금 우상을 버리고 '노아의 아들들의 일곱 가지 교훈' 을 지키는 의무를 부여했을 것으로 생각한다. 나 역시 그렇게 생각하지만, 그러나 우리는 계속되는 이야기 속에서 이스라엘 백성들이 다른 사

람들에게 우상 숭배를 금하는 것을 점점 느슨하게 하고 결국은 자신들도 우상 숭배에 빠지고 만 것을 보게 된다. 비록 여기에 언급되어 있지는 않지만, 에브라임 지파의 기업 안에는 유명한 장소들이 많이 있었다. 여기에 사무엘의 성읍인 라마가 있었으며(신약에서 '아리마대'로 불리는 곳으로서, 이 곳은 주님의 시신을 매장했던 요셉의 출신 지역이었다), 또한 최초로 성막이 세워졌던 실로가 있었다. 여로보암과 그의 후계자들의 왕도(王都)였던 디르사와 드보라의 종려나무(그녀는 이 나무 아래서 이스라엘을 재판했다)도 바로 이 지파의 기업 안에 있었다. 디르사의 왕궁이 불탄 후 오므리가 건설한 사마리아도 이 지파 안에 있었는데, 이 곳은 오랫동안 열 지파 왕국의 왕도였다. 여기에서 멀지 않은 곳에 세겜이 있었고, 또 에발 산과 그리심 산이 있었으며, 또한 야곱의 우물이 있었던 수가가 이 곳 가까이 있었는데 바로 이 곳에서 그리스도께서 사마리아 여인과 만나 이야기를 하셨다. 우리는 사사기에서 에브라임 산지에 대하여 많이 읽게 된다. 또한 사사기는 에브라임이라 불린 성읍에 대하여도 많이 언급하는데, 그리스도께서 잠시 계셨던 에브라임이라는 동네도 바로 이 곳이었다(요 11:54). 또한 열 지파 왕국 전체가 종종 선지서에서(특별히 호세아에서) 에브라임이라고 불려진다.

제 — 17 — 장

개요

므낫세 반 지파가 기업을 얻는 이야기가 이어진다. 본 장의 내용은 다음과 같다. I. 기업을 분배받는 므낫세 지파의 가족들(1-6절). II. 므낫세의 기업으로 떨어진 지역(7-13절). III. 에브라임과 므낫세 두 지파가 기업을 넓히기 위해 연합하여 정복함, 그리고 그러한 정복에 대한 여호수아의 응답(14-18절).

1 므낫세 지파를 위하여 제비 뽑은 것은 이러하니라 므낫세는 요셉의 장자였고 므낫
세의 장자 마길은 길르앗의 아버지라 그는 용사였기 때문에 길르앗과 바산을 받았
으므로 2 므낫세의 남은 자손을 위하여 그들의 가족대로 제비를 뽑았는데 그들은 곧
아비에셀의 자손과 헬렉의 자손과 아스리엘의 자손과 세겜의 자손과 헤벨의 자손
과 스미다의 자손이니 그들의 가족대로 요셉의 아들 므낫세의 남자 자손들이며 3 헤
벨의 아들 길르앗의 손자 마길의 증손 므낫세의 현손 슬로브핫은 아들이 없고 딸
뿐이요 그 딸들의 이름은 말라와 노아와 호글라와 밀가와 디르사라 4 그들이 제사장
엘르아살과 눈의 아들 여호수아와 지도자들 앞에 나아와서 말하기를 여호와께서
모세에게 명령하사 우리 형제 중에서 우리에게 기업을 주라 하셨다 하매 여호와의
명령을 따라 그들에게 그들의 아버지 형제들 중에서 기업을 주므로 5 요단 동쪽 길
르앗과 바산 외에 므낫세에게 열 분깃이 돌아갔으니 6 므낫세의 여자 자손들이 그의
남자 자손들 중에서 기업을 받은 까닭이었으며 길르앗 땅은 므낫세의 남은 자손들
에게 속하였더라

므낫세 지파 자체가 요셉 지파의 절반에 불과했다. 그런데 므낫세 지파는 또다시 절반씩 나누어졌다.

1. 므낫세는 두 부분으로 나누어졌는데, 한 부분은 마길의 자손들로서 이미 요단 건너편(동편)에 정착했다(1절). 이 마길은 애굽에서 므낫세에게서 태어났다. 거기에서 그는 용사로서 자신을 나타냈는데, 아마도 에브라임 자손들과 가

드 족속 사이의 싸움에서였을 것이다(대상 7:21). 그의 용사적인 기질은 자손들에게 그대로 이어졌는데, 그래서 모세는 그들에게 요단 동편의 길르앗과 바산을 주었다. 이에 대하여는 앞에서 언급된 바 있다(13:31).

여기에서 므낫세가 제비를 뽑게 되었다고 언급하고 있는데, 그것은 그가 요셉의 장자였기 때문이었다(1절). 패트릭 주교는 이 구절이 "그가 요셉의 장자였다 할지라도"라고 번역되어야 한다고 생각한다. 이렇게 하면 두 번째 제비뽑기가 므낫세를 위한 것이었다는 것의 의미가 분명해진다. 왜냐하면 비록 그가 장자였다 할지라도 야곱이 에브라임을 그보다 앞세웠기 때문이다. 요단 건너편에 정착한 가족들의 족장들의 이름을 보라.

2. 요단 이쪽 편(서편)에 정착한 므낫세 반 지파는 열 가족들로 나누어졌다(5절). 여기에 길르앗의 여섯 아들들의 이름이 거명되는데(2절), 그것은 민수기 26:30-32에 기록된 것과 동일하다. 다만 민수기에서 이에셀이라고 불려지는 사람이 여기에서 아비에셀로 불려지는 것만 다를 뿐이다. 이러한 아들들 가운데 다섯은 각자 자신의 기업을 얻었지만, 여섯째 헤벨은 그 남자 계보가 아들 슬로브핫에게서 끊어졌다. 슬로브핫은 다섯 명의 딸만을 두었는데, 이 딸들은 각자 자기 기업을 얻었다. 물론 그들은 헤벨의 기업을 잇는 것이었기 때문에 다섯 딸의 기업 모두를 합친 것이 길르앗의 다른 아들들 하나의 기업과 같았을 것이다. 혹은 만일 헤벨이 슬로브핫 외에 다른 아들들이 있었다면 그의 가족의 이름은 그 아들들에 의해 이어졌을 것이고, 그들의 아들들이 슬로브핫의 딸들과 결혼하여 그 기업을 할당받았을 것이다. 민수기 36:12을 보라.

(1) 슬로브핫의 딸들이 자신들의 기업을 주장하고 있는데, 그것은 하나님께서 그들과 관련하여 모세에게 명령하신 것에 근거한 것이었다(4절). 그들은 젊었을 때 모세 앞에서 자신들의 사정을 탄원했고, 그래서 형제들과 함께 기업을 허락받았다. 그러나 지금 여호수아에게 말하지 않는다면 어쩌면 그 기업을 잃을지도 몰랐다. 따라서 그들은 적절한 때에 자신들의 요구를 여호수아에게 제시했다.

(2) 슬로브핫의 딸들의 요구에 따라 기업을 할당해줌. 여호수아는 이 경우에 하나님이 명령하신 바를 잘 알고 있었다. 따라서 여호수아는 그들이 가나안 정복전쟁에 아무런 기여를 한 것이 없고 따라서 가나안의 기업을 분배받을 이유가 없다고 반대하지 않고, 기꺼이 그들에게 그들의 아버지 형제들 중에서 기업을

주었다. 지금 슬로브핫의 딸들은 자신들의 경건한 열심과 이 일에 대한 신중한 예측의 열매를 거두고 있다. 이와 같이 이 세상의 광야에서 빛의 자녀의 기업을 확실하게 붙잡고 있는 자들은 오는 세상에서 틀림없이 그 기업의 위로를 받을 것이다. 그러나 지금 기업을 붙잡는 일을 게을리하는 자들은 그것을 영원히 잃게 될 것이다.

7므낫세의 경계는 아셀에서부터 세겜 앞 믹므닷까지이며 그 오른쪽으로 가서 엔답
부아 주민의 경계에 이르나니 8답부아 땅은 므낫세에게 속하였으되 므낫세 경계에
있는 답부아는 에브라임 자손에게 속하였으며 9또 그 경계가 가나 시내로 내려가서
그 시내 남쪽에 이르나니 므낫세의 성읍 중에 이 성읍들은 에브라임에게 속하였으
며 므낫세의 경계는 그 시내 북쪽이요 그 끝은 바다이며 10남쪽으로는 에브라임에
속하였고 북쪽으로는 므낫세에 속하였고 바다가 그 경계가 되었으며 그들의 땅의
북쪽은 아셀에 이르고 동쪽은 잇사갈에 이르렀으며 11잇사갈과 아셀에도 므낫세의
소유가 있으니 곧 벧 스안과 그 마을들과 이블르암과 그 마을들과 돌의 주민과 그
마을들이요 또 엔돌 주민과 그 마을들과 다아낙 주민과 그 마을들과 므깃도 주민
과 그 마을들 세 언덕 지역이라 12그러나 므낫세 자손이 그 성읍들의 주민을 쫓아내
지 못하매 가나안 족속이 결심하고 그 땅에 거주하였더니 13이스라엘 자손이 강성
한 후에야 가나안 족속에게 노역을 시켰고 다 쫓아내지 아니하였더라

우리는 여기에서 므낫세 반 지파의 기업에 대한 간략한 설명을 보게 된다. 그들의 기업은 동쪽으로 요단에서부터 서쪽으로 대해까지 이르렀다. 또 남쪽으로는 에브라임과 접경하였으며, 북쪽으로는 아셀 및 잇사갈과 접경했다. 아셀은 북서쪽에, 그리고 잇사갈은 북동쪽에 위치했는데, 그들(즉 므낫세와 에브라임, 둘은 함께 요셉 지파를 이룬다)의 땅의 북쪽은 아셀에 이르고 동쪽은 잇사갈에 이르렀다는 언급의 의미가 바로 이것이었다(10절). 이러한 기업과 관련하여 특별히 주목할 것이 몇 가지 있다.

1. 므낫세와 에브라임은 서로 교류와 왕래가 빈번했다. 답부아 지역은 므낫세에게 속했으나, 그 경계에 있는 답부아 성은 에브라임에게 속했다(8절). 이와 같이 앞에서도 언급한 바와 같이(16:9) 므낫세의 경계 안에 있으면서도 에브라임에 속한 성읍들이 많이 있었다(9절).

2. 이와 비슷하게 므낫세도 잇사갈과 아셀 지파의 기업 안에 자신들의 성읍들을 가지고 있었다. 모든 지파는 각각 자기 고유의 기업을 가지고 있었지만, 그러나 이것이 서로 격리되는 것을 의미하는 것은 아니었다. 오히려 그들은 피차에 이와 같이 서로 섞여야 했다. 그래서 지파들 간에 서로 알고 교통하며 피차에 선한 직무를 행하도록 함으로써, 그들이 — 비록 서로 다른 지파라 할지라도 — 모두 한 이스라엘이 되며 또 형제로서 서로 사랑하도록 하셨다.

3. 또한 므낫세 반 지파는 하나님의 명령을 거슬러 가나안 사람들로 하여금 자신들과 함께 거주하도록 묵인하였는데, 그들을 조세 바치는 자로 삼음으로써 유익을 얻고자 함이었다(12, 13절). 에브라임 지파도 이와 똑같이 했다(16:10). 아마도 므낫세는 에브라임으로부터 배웠거나 혹은 적어도 그들을 핑계로 삼았을 것이다. 후에 므낫세 반 지파 출신의 가장 두드러진 인물은 기드온이었다. 기드온의 위대한 활동은 바로 이 기업 안에서 이루어졌는데, 그는 아비에셀 가족 출신이었다. 가이사랴가 이 기업 안에 있었으며, 훗날의 유대 나라에서 유명했던 안디바드리(Antipatris) 역시 이 기업에 속해 있었다.

[14]요셉 자손이 여호수아에게 말하여 이르되 여호와께서 지금까지 내게 복을 주시므로 내가 큰 민족이 되었거늘 당신이 나의 기업을 위하여 한 제비, 한 분깃으로만 내게 주심은 어찌함이니이까 하니 [15]여호수아가 그들에게 이르되 네가 큰 민족이 되므로 에브라임 산지가 네게 너무 좁을진대 브리스 족속과 르바임 족속의 땅 삼림에 올라가서 스스로 개척하라 하니라 [16]요셉 자손이 이르되 그 산지는 우리에게 넉넉하지도 못하고 골짜기 땅에 거주하는 모든 가나안 족속에게는 벧 스안과 그 마을들에 거주하는 자이든지 이스르엘 골짜기에 거주하는 자이든지 다 철 병거가 있나이다 하니 [17]여호수아가 다시 요셉의 족속 곧 에브라임과 므낫세에게 말하여 이르되 너는 큰 민족이요 큰 권능이 있은즉 한 분깃만 가질 것이 아니라 [18]그 산지도 네 것이 되리니 비록 삼림이라도 네가 개척하라 그 끝까지 네 것이 되리라 가나안 족속이 비록 철 병거를 가졌고 강할지라도 네가 능히 그를 쫓아내리라 하였더라

I. 요셉의 자손들이 기업에 대해 이의를 제기하다. 만일 그들의 이의제기가 정당한 것이었다면, 아마도 여호수아는 그들의 요구를 받아들여 기업을 더해

주든지 아니면 다른 것으로 바꾸어주든지 했을 것이다. 그러나 여호수아는 그렇게 하지 않았다. 여호수아 자신이 에브라임 지파였기 때문에, 그들은 자신들이 어떤 특별한 혜택을 받을 것으로, 그리고 다른 지파들처럼 제비뽑기에 의해 결정된 것에 국한되지 않을 것으로 생각했을 것이다. 그러나 여호수아는 공인(公人)으로서 자신의 직책을 수행함에 있어 자기 지파를 다른 지파들보다 우대하지 않고 공평하게 행했다. 여기에서 그는 공적인 일을 맡은 모든 사람에게 훌륭한 모범을 남겼다.

그들이 받은 기업은 삶을 이어가기에 충분할 만큼의 것이었다. 그러나 그들은 자신들 두 지파에 할당된 것이 고작 한 지파의 몫밖에 안되는 것처럼 경멸하는 태도로 그것을 '한 제비, 한 분깃' 이라고 부른다. 불평하는 자(유 1:16)라는 단어는 멤프시모이로이인데, 이것은 '자신의 제비를 비난하는 자' 를 의미한다.

1. 그들은 하나님의 축복으로 수가 많아졌다(14절): **여호와께서 지금까지 내게 복을 주시므로 내가 큰 민족이 되었거늘.** 입을 보낸 자는 고기도 보낼 것이다. "나는 큰 민족이라. 그러나 이렇게 작은 기업으로는 더 이상 번성할 수 없을 것입니다." 그들은 현재의 번성에 대하여는 감사함으로 말하고 있지만, 계속해서 그렇게 될 것에 대하여는 확신을 가지고 말하지 못한다. "여호와께서 지금까지 축복하셨습니다. 그러나 장차는 어떨지 알 수 없습니다." 미래에 대한 불확실성으로 인해 지금까지 베풀어주신 은혜와 친절에 대해 감사를 잃어버리면 안 된다.

2. 그들의 기업으로 떨어진 지역의 상당 부분은 아직 가나안 사람들의 수중에 있었다. 그들은 철 병거를 가진 가공할 만한 적(敵)이었다(16절). 그들의 철 병거에는 측면이나 혹은 바퀴 축에 큰 낫이 달려 있어 앞을 가로막는 자들을 마치 옥수수 베어내듯이 모조리 쓰러뜨려 버렸다. 비록 상당한 분량의 기업이라 할지라도 그것이 아직 원수들의 수중에 있었기 때문에, 그들은 그것을 소유로 삼을 수 없다고 주장한다. 그들은 좀 더 완전하게 정복하고 장악한 지역을 기업으로 갖기를 원했다.

Ⅱ. 여호수아는 그들이 자신의 기업에 만족하도록 노력한다. 그는 그들이 '큰 민족' 임과 두 지파로서 한 분깃 이상을 가져야 함을 인정한다(17절). 그러나 열심히 싸우며 일한다면, 그들에게 할당된 분깃이 두 지파에게 충분한 기업이 될 것이라고 말한다. 그들은 안락하고 사치스러운 생활을 충족시킬 만큼의

기업을 원했다. 이에 대해 여호수아는 대답한다. "아니다. 너희는 그런 것을 기대해서는 안 된다." 네 얼굴에 땀이 흘러야 식물을 먹으리라는 말씀은 가나안에서도 유효한 선언이다.

여호수아는 또한 자신들이 '큰 민족'이라는 그들의 주장을 반박한다. "만일 그렇다면 너희들은 스스로 먹을 것을 더 잘 마련할 수 있을 것이고, 또 다른 사람들의 도움을 덜 기대해도 될 것이다. 먹을 입이 많다면 노동할 손도 많은 것이다. 너희 손으로 벌어서 먹어라."

1. 여호수아는 그들에게 더 열심히 일하라고 명령한다(15절): "네 기업의 경계 안에 있는 삼림에 올라가라. 모든 손을 놀려 나무를 베고, 황무지를 개간하여, 그 땅으로 경작지를 만들어라." 많은 사람들이 자신이 가지고 있는 것을 경작하고 개간하지는 않으면서 좀 더 큰 기업을 원한다. 그들은 자신에게 맡겨진 달란트를 가지고 장사하지 않으면서 오로지 더 많은 달란트가 주어져야 한다고 생각한다. 대부분의 경우 가난은 게으름의 결과이다. 열심히 일하면 구걸할 필요가 없다.

2. 그들이 여호수아가 말하는 삼림에 갈 수 없다고 호소할 때(왜냐하면 그들과 삼림 사이에 골짜기가 있고 그곳에 가나안 사람들이 살고 있었기 때문에), 그는 그들에게 더 싸울 것을 명령한다(17, 18절). 그는 이렇게 말한다. "결코 두려워하지 말라. 하나님이 너희 편이시다. 너희가 성실히 감당하기만 하면 그들이 비록 철 병거를 가졌고 강할지라도 네가 능히 그들을 쫓아내리라." 우리는 어려움을 만날 때 그것을 실제보다 과장해서 인식함으로써 스스로를 더 괴롭히는 경향이 있다. 믿음과 거룩한 결단보다 더 위대한 것이 무엇이겠는가?

제 — 18 — 장

개요

본 장의 내용은 다음과 같다. I. 실로에 성막을 세움(1절). II. 여호수아가 아직 정착하지 못한 일곱 지파로 하여금 기업을 찾도록 촉구하면서 이를 위한 방법을 제시함(2-7절). III. 땅을 일곱 부분으로 그림(8-9절). IV. 제비뽑기로 이 일곱 부분을 일곱 지파에 할당함(10절). V. 베냐민 지파의 기업과 그 경계(11-20절). VI. 그 안에 있는 성읍들(21-28절). 우리는 다음 장에서 나머지 여섯 지파가 기업을 받는 것을 보게 된다.

1이스라엘 자손의 온 회중이 실로에 모여서 거기에 회막을 세웠으며 그 땅은 그들 앞에서 돌아와 정복되었더라

땅을 분배하는 이야기 한가운데 성막을 세우는 이야기가 나온다. 지금까지 성막은 이스라엘 진(陣) 한가운데 있었다. 그러나 이제 광야에서 성막을 둘러싸고 있었던 네 지대(支隊, 광야 여행 중 세 지파씩 네 지대가 성막을 동서남북으로 둘러싸고 있었음) 중 세 지대 즉 유다 지대, 에브라임 지대, 르우벤 지대가 거기에 속한 지파들이 각자의 기업으로 떠남으로써 허물어지거나 감소되었으며 오직 단 지대만이 온전히 남아 있었다. 그러므로 이제 성막 자체를 한 성읍으로 옮기는 것을 생각할 때가 되었다. 광야 여행을 하는 동안 제사장과 레위인들은 여러 번 자신들에게 주어진 지침대로 성막을 해체하고, 이동하며, 다시 세우곤 했었다(민 4:5 이하). 그러나 이제 그들은 한 번으로 영원히 이 일을 해야만 했다. 그럼으로써 그 말뚝이 영영히 뽑히지 않게 될 것이요 그 줄이 하나도 끊어지지 않게 될 것이다(사 33:20).

I. 성막이 세워질 장소. 그 곳은 에브라임의 기업 안에 있으면서 베냐민의 기업에 인접한 성읍인 실로였다. 분명히 하나님 자신이 어떤 방법으로든 이 장소를 지시하셨을 것이다. 왜냐하면 하나님이 "자기 이름을 두실 장소를 택하실 것"을 약속하셨기 때문이다(신 12:11). 하나님이 이 일에 있어 '우림의 판결

법' 으로 자신의 마음을 알리셨을 가능성이 가장 높다. 이 장소가 선택된 이유는 다음과 같다.

1. 이 곳은 나라의 중심부에 위치했다. 실로는 예루살렘보다도 더 중심부에 있었고, 그럼으로써 모든 이스라엘 백성들이 각 지역에서 이 곳으로 모이는 데 좀 더 편리했다. 성막은 광야에서 진(陣) 한가운데 있었다. 따라서 이제 그것은 이스라엘 나라 전체의 한가운데 있어야만 했다. 그로 인해 이스라엘 전체가 성별되었으며, 그것은 그들 가운데 있는 영광이었다. 시편 46:5을 보라.

2. 이 곳은 여호수아가 속한 지파의 기업 안에 있었다. 여호수아는 이스라엘의 가장 중요한 지도자였다. 성막이 세워지는 장소가 여호수아와 가까이 있는 것은 그 자신에게도 영예롭고 편리했을 뿐만 아니라 이스라엘에게도 유익한 것이었다. '이스라엘의 증거' 와 '심판의 보좌' 는 항상 함께 하는 것이다(시 122:4, 5).

3. 어떤 이들은 그 장소의 이름에 특별한 의미가 있다고 생각한다. 야곱의 예언 가운데 '실로' 는 메시야의 이름으로 등장하는데(창 49:10), 틀림없이 유대인들은 이것을 잘 알고 있었을 것이다. 성막을 실로에 세움으로써 그들은 야곱이 말한 실로에서 이러한 세상에 있는 성소의 모든 규례들이 더 위대하고 완전한 성막으로 완성될 것이란 암시를 받았을 것이다(히 9:1, 11절). 라이트푸트 박사(Dr. Lightfoot)는 성막이 세워진 장소가 이 때에 그 땅의 평화로움 때문에 실로로 불려지게 되었다고 생각한다. 후에 살렘에 하나님의 성전이 세워지는데, 이 역시 평화로움을 의미한다.

Ⅱ. 성막을 세움에 있어서의 장엄함. 온 회중이 실로에 모여 이 일에 동참하였고, 하나님의 임재의 증표인 법궤를 존귀케 하였으며, 성막이 정착되는 것을 환영하였다. 모든 이스라엘 백성들이 이 일에 관심을 가졌으며, 모든 이가 기뻐하고 만족하였다. 삼하 6:15을 보라.

성막이 실로로 이동될 때 아직 성막 곁에서 진을 치고 있었던 지파들은 길갈의 진을 거두고 실로로 옮겨 장막을 쳤을 것으로 여겨진다. 모든 참된 이스라엘 백성은 하나님의 성막이 있는 곳에 함께 있기를 원할 것이다. 여기에서 그들 앞에 정복된 땅이 언급되는데, 이것은 적어도 이 인근 지역이 완전히 정복되었음을 암시한다. 그들은 어떤 방해도 받지 않았으며, 어떤 위험도 의식하지 않았다. 다만 계속되는 성공으로 인해 하나님의 선하심에 대한 기쁨과 감사로 가득 차 있었다.

그들은 정착할 수 있는 안전한 장소를 얻자마자 즉시로 법궤가 정착하는 것에 관심을 가졌는데, 이것은 그들이 편안하게 가나안에 정착할 것을 보여주는 좋은 징조였다. 법궤는 여기에서 약 300년 동안 있었는데, 엘리 집의 죄로 인해 그것을 빼앗기고 실로가 파괴될 때까지 계속되었다. 그리고 실로의 파괴와 폐허는 오랜 후 예루살렘에 대한 경고로 사용되었다. 너희는 실로에 가서 내가 어떻게 행하였는지를 보라(렘 7:12; 시 78:60).

2그러나 이스라엘 자손 중에 그 기업의 분배를 받지 못한 자가 아직도 일곱 지파라
3여호수아가 이스라엘 자손에게 이르되 너희가 너희 조상의 하나님 여호와께서 너
희에게 주신 땅을 점령하러 가기를 어느 때까지 지체하겠느냐 4너희는 각 지파에
세 사람씩 선정하라 내가 그들을 보내리니 그들은 일어나서 그 땅에 두루 다니며
그들의 기업에 따라 그 땅을 그려 가지고 내게로 돌아올 것이라 5그들이 그 땅을 일
곱 부분으로 나누되 유다는 남쪽 자기 지역에 있고 요셉의 족속은 북쪽에 있는 그
들의 지역에 있으니 6그 땅을 일곱 부분으로 그려서 이 곳 내게로 가져오라 그러면
내가 여기서 너희를 위하여 우리 하나님 여호와 앞에서 제비를 뽑으리라 7레위 사
람은 너희 중에 분깃이 없나니 여호와의 제사장 직분이 그들의 기업이 됨이며 갓
과 르우벤과 므낫세 반 지파는 요단 저편 동쪽에서 이미 기업을 받았나니 이는 여
호와의 종 모세가 그들에게 준 것이니라 하더라 8그 사람들이 일어나 떠나니 여호
수아가 그 땅을 그리러 가는 사람들에게 명령하여 이르되 가서 그 땅으로 두루 다
니며 그것을 그려 가지고 내게로 돌아오라 내가 여기 실로의 여호와 앞에서 너희
를 위하여 제비를 뽑으리라 하니 9그 사람들이 가서 그 땅으로 두루 다니며 성읍들
을 따라서 일곱 부분으로 책에 그려서 실로 진영에 돌아와 여호수아에게 나아오니
10여호수아가 그들을 위하여 실로의 여호와 앞에서 제비를 뽑고 그가 거기서 이스
라엘 자손의 분파대로 그 땅을 분배하였더라

I. 여호수아는 아직 정착하지 못한 지파들을 향하여 하나님이 주신 땅에서 정주지(定住地)를 얻기 위해 분발하지 않는다고 꾸짖는다. 일곱 지파는 아직 기업을 받지 못했다. 기업을 받는 것은 확실한 것이었지만, 그것이 어디가 될지는 불확실했다. 그러나 그들은 기업을 받는 일에 그다지 큰 관심을 기울이지

않는 것 같았다(2절). 그들에게 여호수아는 이렇게 묻는다(3절): 어느 때까지 지체하겠느냐?

1. 그들은 현재 상태에 너무나 만족하여 한 무리로 함께 사는 것을 너무나 좋아했다. 많으면 많을수록 좋았다. 마치 바벨탑을 쌓은 자들처럼 그들은 각지로 흩어질 마음이 없었다. 정복한 성읍들로부터 얻은 탈취물들로 인해 그들은 지금 풍족함을 누릴 수 있었고, 다가올 때에 대한 생각 따위는 머릿속에서 지워버렸다. 아마도 이미 기업을 받은 유다 지파와 요셉 지파는 아직 기업을 받지 못한 형제들을 관대하게 대했을 것이다. 그러므로 그들은 이 집에서 저 집으로 다닐 수 있었다. 그들은 기업을 받는 것이 연기되는 것에 대해 안타까워하는 대신, 지금의 풍부에 만족하여 자기 집으로 가는 것에는 관심을 기울이지 않았다.

2. 그들은 게으르고 꾸물거렸다. 그들은 스스로 분발하여 일을 진행시켜 나가는 적극적인 정신을 갖는 대신 그냥 저절로 되기를 바랐던 것 같다. 그들은 잠언 26:15의 게으른 자처럼, 그 손을 그릇에 넣고도 입으로 올리기를 괴로워했다. 기업으로 분배받을 지역은 먼 거리에 있었으며, 그 중 일부는 아직 가나안 사람들의 수중에 있었다. 만일 그들이 소유로 취하기 위해 그 곳에 간다면, 그들은 성읍들을 재건하고 복구해야 한다. 그들은 양 떼와 소 떼를 몰고 먼 길을 가야 하며, 아내와 자식들을 낯선 곳으로 데려가야만 한다. 그리고 이 일은 상당한 수고와 고통 없이는 되지 않을 것이며, 많은 난관을 돌파해야 할 것이다. 이와 같이, 풍세를 살펴보는 자는 파종하지 못할 것이요 구름만 바라보는 자는 거두지 못할 것이다(전 11:4).

많은 사람들이 피상적인 난관들로 인해 참된 의무를 회피하며 실제적인 위로에 참여하지 못하는 것을 주목하라. 하나님은 은혜로 우리에게 아름다운 땅, 하늘의 가나안의 권리를 주셨으나 우리는 그것을 취하기를 지체한다. 믿음과 소망과 거룩한 기쁨으로 저 안식에 들어갈 수 있음에도 불구하고, 우리는 들어가지 않는다. '위의 것'을 사모하고 그것들과 지속적으로 대화함으로써 천국의 삶을 누릴 수 있음에도 불구하고, 우리는 그렇게 하지 않는다. 우리가 언제까지 이렇게 할 것인가? 언제까지 우리는 우리 자신의 빛에 서서 거짓된 허영을 위해 우리의 자비를 버릴 것인가?

여호수아는 이와 같이 기업을 취하는 일이 지연됨으로써 야기되는 문제점을 인식하고 있었다. 정복한 땅을 취하여 소유로 삼는 것을 게을리하는 동안, 가나안 사람들은 힘과 정신을 회복하고 있었으며 또 자신들의 수중에 있는 지역을 요새화하고 있었다. 그럼으로써 그들을 모두 쫓아내는 일은 더 어렵게 될 것이었다. 또한 그들에게 계속적인 타격을 가하지 않음으로써 이스라엘은 자신들의 이점(利點)을 상실할 것이었다. 그러므로 마치 독수리가 자기 둥지를 흩어버리는 것처럼 여호수아는 그들을 흩어 각기 자신의 기업을 취하도록 하였다.

Ⅱ. 여호수아는 그들로 하여금 각자의 기업에 정착하도록 일을 진행시킨다.

1. 남아 있는 땅을 조사해서, 각 성읍들과 그것이 속한 지역들에 대한 보고서를 작성해야 함(4절). 그리고 그것은 일곱 부분으로 균등하게 나누어져야 했는데, 단지 성읍의 숫자나 넓이가 아니라 그것들의 가치가 올바로 평가되어 그렇게 되어야 했다. 성막을 보호하기 위해, 유다는 실로 남쪽에 위치했고 요셉은 실로 북쪽에 위치했다(5절). 그러므로 유다와 요셉은 자신의 지역을 그릴 필요가 없었고, 오직 아직 분배되지 않은 지역들만 조사하여 그려야 했다. 여기에서 여호수아는 그것이 왜 일곱 부분으로 나누어져야 하는지에 대한 이유를 제시한다(7절). 첫째로, 레위인들은 (말하자면) '일시적인 세상의 땅' 이 아니라 오직 성직(聖職)만을 가져야 했기 때문이다. 그들에게 주어진 성직은 가족 안에서 후손에게 상속되는 것이었다: 여호와의 제사장 직분이 그들의 기업이 됨이며. 그것은 매우 영예롭고 풍요하며 즐거운 기업이었다. 둘째로, 갓과 르우벤과 므낫세 반 지파는 이미 정착했으므로 또 다른 기업이 주어질 필요가 없었기 때문이다.

(1) 일곱 지파 가운데 각 지파에서 세 사람씩 모두 21명의 조사담당자가 선택되었다(4절). 아직 남아 있는 땅을 조사하는 일은 아마도 굉장한 원정작업(遠程作業)이었을 것이다. 그들은 이미 너무 많은 시간을 지체했기 때문에, 각 지파에서 한 명씩 일곱 명이 한 팀이 되어 모두 세 팀이 분담하여 조사작업을 수행했다. 이 일은 이와 같이 모든 지파에게 균등하게 위임되었는데, 그것은 일곱 개의 기업으로 나누는데 어떤 편파성이나 의심의 그림자도 없게 하고 그럼으로써 모두가 만족할 수 있도록 하기 위함이었다.

(2) 이에 따라 조사가 이루어졌고 그 결과가 여호수아에게 보고되었다(8, 9절). 요세푸스(Josephus)는 이 일을 수행하는 데 7개월이 걸렸다고 말한다. 다음을 주목하라.

[1] 맡은 자들의 믿음과 용기. 많은 가나안 사람들이 이 땅에 남아 있었고, 그들은 마치 '새끼를 빼앗긴 곰' 처럼 격노하고 있었다. 이들 조사담당자들의 일은 곧 알려졌을 것이다. 그렇다면 이들이 생각할 수 있는 것은 격노한 자들이 길에 숨어 잠복하고 기다리다가 부지불식간에 급습하는 것 외에 무엇이었겠는가? 그러나 여호수아의 명령에 순종하여 그리고 하나님의 능력을 의지하여, 그들은 나라에 봉사하기 위해 자신들의 목숨을 돌보지 않고 맡은 일에 충성하였다.

[2] 그들을 죽음의 골짜기에서 보호하시고 모두 안전하게 실로로 돌아오게 하신 하나님의 은혜로운 섭리. 우리가 주어진 의무를 행할 때, 우리는 전능자의 특별한 보호 아래 있게 된다.

2. 남아 있는 땅을 조사해서 일곱 개의 분깃으로 나눈 후, 여호수아는 하나님께 묻고 또 지시를 받아 각각의 분깃이 어느 지파에 할당될지를 결정한다(6절): **내가 여기(성막)서 너희를 위하여 우리 하나님 여호와 앞에서 제비를 뽑으리라.** 모든 지파는 하나님께 눈을 돌려 각자 할당받은 기업에 대해 만족할 때는 감사를 드리고, 불만족할 때는 기꺼이 순복해야 한다. 우리가 세상에서 가진 것을 우리는 마땅히 하나님의 것으로 인정하고, 공의와 사랑으로 그리고 하나님의 뜻에 따라 그분 앞에 내어놓아야 한다. 하늘의 가나안이 '책' 곧 성경에 그려져 있는데, 거기에는 우리가 거할 처소뿐만 아니라 모든 영적 이스라엘을 위한 충분한 분깃들이 있다. 그리스도는 그것을 우리에게 분배해 주신 우리의 여호수아이시다. 우리는 그분을 섬기고 따라야 하며, 빛의 자녀들과 함께 우리의 유업을 그분께 의뢰해야 한다. 요한복음 17:2, 3을 보라.

11베냐민 자손 지파를 위하여 그들의 가족대로 제비를 뽑았으니 그 제비 뽑은 땅의
경계는 유다 자손과 요셉 자손의 중간이라 12그들의 북방 경계는 요단에서부터 여
리고 북쪽으로 올라가서 서쪽 산지를 넘어서 또 올라가서 벧아웬 황무지에 이르며
13또 그 경계가 거기서부터 루스로 나아가서 루스 남쪽에 이르나니 루스는 곧 벧엘
이며 또 그 경계가 아다롯 앗달로 내려가서 아래 벧호론 남쪽 산 곁으로 지나고 14
벧호론 앞 남쪽 산에서부터 서쪽으로 돌아 남쪽으로 향하여 유다 자손의 성읍 기
랏 바알 곧 기럇 여아림에 이르러 끝이 되나니 이는 서쪽 경계며 15남쪽 경계는 기
럇 여아림 끝에서부터 서쪽으로 나아가 넵도아 물 근원에 이르고 16르바임 골짜기

북쪽 힌놈의 아들 골짜기 앞에 있는 산 끝으로 내려가고 또 힌놈의 골짜기로 내려
가서 여부스 남쪽에 이르러 엔 로겔로 내려가고 17또 북쪽으로 접어들어 엔 세메스
로 나아가서 아둠밈 비탈 맞은편 글릴롯으로 나아가서 르우벤 자손 보한의 돌까지
내려가고 18북으로 아라바 맞은편을 지나 아라바로 내려가고 19또 북으로 벧 호글라
곁을 지나서 요단 남쪽 끝에 있는 염해의 북쪽 해만이 그 경계의 끝이 되나니 이는
남쪽 경계며 20동쪽 경계는 요단이니 이는 베냐민 자손이 그들의 가족대로 받은 기
업의 사방 경계였더라 21베냐민 자손의 지파가 그들의 가족대로 받은 성읍들은 여
리고와 벧 호글라와 에멕 그시스와 22벧 아라바와 스마라임과 벧엘과 23아윔과 바라
와 오브라와 24그발 암모니와 오브니와 게바이니 열두 성읍과 또 그 마을들이며 25
기브온과 라마와 브에롯과 26미스베와 그비라와 모사와 27레겜과 이르브엘과 다랄
라와 28셀라와 엘렙과 여부스 곧 예루살렘과 기부앗과 기럇이니 열네 성읍이요 또
그 마을들이라 이는 베냐민 자손이 그들의 가족대로 받은 기업이었더라

우리는 여기에서 베냐민 지파의 기업을 보게 된다. 하나님은 한편으로 그것이 요셉의 기업 옆에 위치하도록 섭리하셨는데, 그것은 베냐민이 요셉의 유일한 친동생이며 또한 큰 요셉의 보호를 받을 필요가 있는 '작은 베냐민'(시 68:27)이었기 때문이다 — 그러나 베냐민에게는 더 나은 보호자가 계셨다(여호와께서 그를 날이 마치도록 보호하시고, 신 33:12). 또한 베냐민은 다른 편으로 유다 곁에 위치했는데, 그들은 훗날 다윗의 보좌와 예루살렘 성전을 지지하여 유다와 연합했다.

1. 베냐민 지파의 정확한 경계와 범위. 베냐민은 남쪽으로는 유다와, 북쪽으로는 요셉과, 동쪽으로는 요단과, 그리고 서쪽으로는 단과 접경한다. 서쪽 경계는 남쪽 바다의 끝을 도는 것으로 언급되고 있는데(14절), 실상 베냐민의 기업은 어떤 부분도 대해(大海)와 접하지 않는다. 패트릭 주교는 이것을 베냐민의 경계가 대해와 상당한 거리를 두고 평행선을 이루고 있는 것으로 이해한다. 풀러 박사는 여기에서 대해(큰 바다, the great sea)라고 언급하지 않고 단지 바다(the sea)라고 언급하고 있는 점에 주목하면서, 그것이 종종 호수와 같은 것을 의미했다고 주장한다. 그렇다면 그것은 바다의 끝 혹은 한 부분으로 불려지기도 했던 기브온 연못을 의미하는 것일 수 있다. 기브온 연못은 예레미야 41:12에서 '기브온의 큰 물' 이라고 불려지는데, 그것이 베냐민 지파의 서쪽 경계를 에

워싸고 있었다.

2. 베냐민 지파에 속한 성읍들. 여기에 26곳의 성읍들의 이름이 나열된다. 그 중 여리고가 첫 번째로 언급된다. 비록 도시로서 성문과 성벽이 재건되는 것이 금지되었다 할지라도, 이 곳은 시골 마을로 다시 세워지고 주민들이 거주할 수 있었으며 따라서 이들에게 결코 쓸모없는 곳이 아니었다. 사울이 왕이 되었을 때 이스라엘이 처음 진을 친 곳인 길갈이 이 지파 안에 있었다(삼상 11:15). 후에 이 곳은 매우 악한 장소가 되었다. **그들의 모든 악이 길갈에 있으므로 내가 거기에서 그들을 미워하였노라**(호 9:15). 또한 벧엘이 이 지파 내에 위치했다. 베냐민이 다윗의 집을 따르는 가운데에도, 벧엘은 요셉 집의 소유였던 것으로 보인다(삿 1:23-25). 그리고 여기에서 여로보암은 자기 송아지들 중 하나를 세웠다. 또 이 지파 내에 기브온이 있었는데, 솔로몬 시대 초기에 이 곳에 제단이 있었다(대하 1:3). 레위인의 첩이 능욕을 당한 악명 높은 기브아가 또한 이 지파 내에 있었다. 미스바와 인근에 있는 사무엘의 성읍 에벤에셀과 예레미야의 성읍인 아나돗이 이 지파 내 예루살렘 북쪽 지역에 있었다. 베냐민 지파 출신 중에 바울이 있었다(롬 11:1; 빌 3:5). 그가 어느 성읍 출신인지 우리는 알지 못하지만, 한 가지 분명한 것은 그가 더 나은 나라를 찾고 있었다는 사실이다.

제 — 19 — 장

개요

유다와 베냐민의 기업을 묘사할 때에는 그것들을 둘러싼 경계와 그 안에 있는 성읍들이 언급되어 있는 것을 우리는 살펴보았다. 에브라임과 므낫세의 경우에는 그것들의 경계는 나와 있었지만, 성읍들은 언급되지 않았다. 본 장에서 시므온과 단은 성읍들만 나올 뿐 그것의 경계는 언급되지 않는데, 그것은 두 지파가 유다 안에 깊숙이 위치하고 있었기 때문이며 이것은 특별히 시므온의 경우 그러했다. 나머지 지파들은 그 경계가 언급되면서 성읍들이 거명되는데, 특별히 변경지역의 성읍들이 언급되고 있다. 본 장의 내용은 다음과 같다. I. 시므온의 기업(1-9절). II. 스불론의 기업(10-16절). III. 잇사갈의 기업(17-23절). IV. 아셀의 기업(24-31절). V. 납달리의 기업(32-39절). VI. 단의 기업(40-48절). VII. 여호수아 자신과 그의 가족에게 할당된 기업(49-51절).

1 둘째로 시므온 곧 시므온 자손의 지파를 위하여 그들의 가족대로 제비를 뽑았으니
그들의 기업은 유다 자손의 기업 중에서라 2 그들이 받은 기업은 브엘세바 곧 세바
와 몰라다와 3 하살 수알과 발라와 에셈과 4 엘돌랏과 브둘과 호르마와 5 시글락과 벧
말가봇과 하살수사와 6 벧 르바옷과 사루헨이니 열세 성읍이요 또 그 마을들이며 7
또 아인과 림몬과 에델과 아산이니 네 성읍이요 또 그 마을들이며 8 또 네겝의 라마
곧 바알랏 브엘까지 이 성읍들을 둘러 있는 모든 마을들이니 이는 시므온 자손의
지파가 그들의 가족대로 받은 기업이라 9 시므온 자손의 이 기업은 유다 자손의 기
업 중에서 취하였으니 이는 유다 자손의 분깃이 자기들에게 너무 많으므로 시므온
자손이 자기의 기업을 그들의 기업 중에서 받음이었더라

시므온의 제비는 유다와 요셉과 베냐민 다음에 뽑게 되었는데, 그것은 시므온이 야곱으로부터 그다지 큰 축복을 받지 못했기 때문이다. 그러나 시므온의 제비는 레아의 두 어린 아들(잇사갈, 스불론)과 시녀들로부터 낳은 세 아들(납달리, 갓, 아셀)의 제비보다는 앞선 것이다. 우리가 아는 바로는 시므온

지파에서 특별히 주목할 만한 인물은 사사든 선지자든 한 사람도 없다.

Ⅰ. 시므온의 기업은 유다의 기업 안에 위치했으며(1절), **또 그것으로부터 취했다**(9절). 처음 땅을 조사한 자들은 그 땅을 실제보다 더 크게 생각한 것 같다. 그래서 모든 지파들에게 유다에게 할당해 준 몫만큼의 비율로 기업을 나누어줄 수 있을 것으로 생각한 것으로 보인다. 그러나 좀 더 엄밀하게 조사한 결과 그렇지 못한 것으로 드러났다(9절): **유다 자손의 분깃이 자기들에게 너무 많으므로.** 유다의 분깃은 필요 이상으로 지나치게 많았으며, 나타난 바로는 그들의 몫으로 떨어진 것보다 더 많았다. 그러나 하나님은 제비뽑기에 의해 그것을 줄이지 않으시고, 그들로 하여금 스스로 잘못을 발견하고 고치도록 두셨다.

1. 유다 지파 사람들이 자기 몫 이상의 것을 가졌음을 알게 되었을 때, 그들은 첫 분배에 의해 자기 경내에 떨어진 성읍들을 줄이는 것을 반대하지 않았다. 이러한 경우 잘못된 것은 바로잡아야 하며, 기회가 있을 때 재조사가 이루어져야 한다. 엄밀히 말해서 그들의 분깃으로 떨어진 것은 그들의 권리이다. 그러나 그들은 다른 지파가 부족한 것으로 나타났을 때 자신의 권리만을 고집하지 않았다. 우리는 우리의 일만이 아니라 다른 사람들의 일도 돌아보아야 한다. 풍부한 자는 결핍한 자의 부족을 채워주어야 한다. 그럼으로써 어느 정도 공평이 이루어지게 될 것이다.

2. 이와 같이 하나님은 유다 지파로부터 떼어진 몫이 시므온 지파에게 돌려지도록 섭리하셨다. 이렇게 하여 시므온에 대한 야곱의 예언이 성취되었다. **내가 그들을 야곱 중에서 나누며 이스라엘 중에서 흩으리로다**(창 49:7). 시므온의 성읍들은 유다 중에서 흩어지게 되었고, 바다 쪽의 지역을 제외하고는 유다에 둘러싸이게 되었다. 이러한 사실로 인해 이들은 유다 지파와 동맹을 맺게 되었으며(삿 1:3), 훗날 여로보암을 중심으로 열 지파가 반란을 일으킬 때 이 지파의 많은 사람들이 다윗의 집과 함께 하는 결과가 되었다. 역대하 15:9, 시므온으로부터 많은 자들이 아사에게로 돌아왔더라.

Ⅱ. 여기에서 시므온의 기업 내에 있는 성읍의 이름들이 열거된다. 브엘세바 혹은 세바가 처음으로 언급되는데, 이것은 동일한 성읍을 지칭하는 것으로 보인다. 또 우리가 다윗의 이야기에서 보게 되는 시글락이 여기 등장한다. 어떤 경로로 그들이 자신들의 경계와 영역을 넓혀 나갔는지에 대해 우리는 역대상 4:39 이하에서 찾아볼 수 있다.

[10]셋째로 스불론 자손을 위하여 그들의 가족대로 제비를 뽑았으니 그들의 기업의
경계는 사릿까지이며 [11]서쪽으로 올라가서 마랄라에 이르러 답베셋을 만나 욕느암
앞 시내를 만나고 [12]사릿에서부터 동쪽으로 돌아 해 뜨는 쪽을 향하여 기슬롯 다볼
의 경계에 이르고 다브랏으로 나가서 야비아로 올라가고 [13]또 거기서부터 동쪽으로
가드 헤벨을 지나 엣 가신에 이르고 네아까지 연결된 림몬으로 나아가서 [14]북쪽으
로 돌아 한나돈에 이르고 입다엘 골짜기에 이르러 끝이 되며 [15]또 갓닷과 나할랄과
시므론과 이달라와 베들레헴이니 모두 열두 성읍과 그 마을들이라 [16]스불론 자손이
그들의 가족대로 받은 기업은 이 성읍들과 그 마을들이었더라

여기에 스불론의 기업이 제시된다. 그는 레아에게서 잇사갈 다음으로 태어났지만 야곱과 모세에 의해 잇사갈에 앞서서 축복을 받았다. 그럼으로써 스불론은 잇사갈보다 먼저 제비를 뽑게 되었다. 스불론의 기업은 잇사갈의 북쪽이며 아셀의 남쪽에 위치했다.

1. 스불론의 기업은 야곱의 예언과 같이 서쪽으로는 대해와 접하고 동쪽으로는 디베랴 바다와 접했다(창 49:13). 스불론은 해변에 거주하리니 그 곳은 배 매는 해변이라. 그곳은 대해(大海, 지중해)의 상선(商船)들과 갈릴리 바다의 어선(漁船)들이 정박하는 해변이 될 것이다.

2. 이 지파 안에 구약에서 유명해진 장소들이 몇 군데 있지만, 그 가운데 가장 두드러진 곳은 단연 갈멜 산일 것이다. 엘리야 시대에 이 곳에서 하나님과 바알 사이에 유명한 대결이 있었다. 그러나 스불론은 신약에서 더욱 뛰어난 이름이 되는데, 이 지파의 기업 안에 나사렛이 있었기 때문이다. 이 곳은 우리 구주께서 대부분의 기간을 보내신 곳으로서, 이 곳의 이름을 따서 그는 나사렛 예수라 불렸다. 그리고 우리 주님이 변화되신 다볼 산이 이 곳에 있었으며, 또한 수많은 설교와 기적을 행한 갈릴리 바다의 해변이 이 곳에 있었다.

[17]넷째로 잇사갈 곧 잇사갈 자손을 위하여 그들의 가족대로 제비를 뽑았으니 [18]그들
의 지역은 이스르엘과 그술롯과 수넴과 [19]하바라임과 시온과 아나하랏과 [20]랍빗과
기시온과 에베스와 [21]레멧과 엔 간님과 엔핫다와 벧 바세스이며 [22]그 경계는 다볼과
사하수마와 벧 세메스에 이르고 그 끝은 요단이니 모두 열여섯 성읍과 그 마을들
이라 [23]잇사갈 자손 지파가 그 가족대로 받은 기업은 이 성읍들과 그 마을들이었더라

잇사갈의 기업은 동쪽으로 요단으로부터 서쪽으로 대해까지 펼쳐졌으며, 남쪽으로 므낫세와 그리고 북쪽으로 스불론과 접경했다. 잇사갈은 숫자가 많은 지파였다(민 26:25). 사사 중 한 사람인 돌라가 이 지파 출신이었으며(삿 10:1), 또한 이스라엘의 왕들 가운데 한 사람인 바아사도 그러했다(왕상 15:27). 잇사갈 지파의 경내에 가장 두드러진 장소는 다음과 같다.

1. 이스르엘. 이 곳에 아합의 왕궁이 있었으며, 근처에 나봇의 포도원이 있었다.

2. 수넴. 이 곳에 엘리사를 성심껏 영접한 선한 수넴 여인이 살고 있었다.

3. 기손 강. 이 강 기슭에서 드보라와 바락이 시스라를 물리쳤다.

4. 길보아 산. 이 곳에서 사울과 요나단이 죽음을 당했으며, 이 곳에서 멀지 않은 엔돌에서 사울은 신접한 여인을 찾아가 물었다.

5. 므깃도 골짜기. 하다드림몬 근처에 있는 이 곳 므깃도 골짜기에서 요시야가 죽임을 당했다(왕하 23:29; 슥 12:11).

24다섯째로 아셀 자손의 지파를 위하여 그 가족대로 제비를 뽑았으니 25그들의 지역
은 헬갓과 할리와 베덴과 악삽과 26알람멜렉과 아맛과 미살이며 그 경계의 서쪽은
갈멜을 만나 시홀 림낫에 이르고 27해 뜨는 쪽으로 돌아 벧 다곤에 이르며 스불론을
만나고 북쪽으로 입다 엘 골짜기를 만나 벧에멕과 느이엘에 이르고 가불 왼쪽으로
나아가서 28에브론과 르홉과 함몬과 가나를 지나 큰 시돈까지 이르고 29돌아서 라마
와 견고한 성읍 두로에 이르고 돌아서 호사에 이르고 악십 지방 곁 바다가 끝이 되
며 30또 움마와 아벡과 르홉이니 모두 스물두 성읍과 그 마을들이라 31아셀 자손의
지파가 그 가족대로 받은 기업은 이 성읍들과 그 마을들이었더라

아셀의 기업은 대해(지중해)의 해변에 위치했다. 우리는 이 지파 출신 가운데 여선지자 안나 외에 특별히 유명한 사람을 찾을 수 없다. 그녀는 우리 구주께서 탄생하셨을 때 성전을 떠나지 않고 주야로 금식하며 기도하던 사람이었다(눅 2:36). 또한 이 지파 안에는 특별히 유명한 장소도 별로 없다. 30절에 언급되고 있는 아벡은 벤하닷이 아합에게 패배를 당한 곳이었다(왕상 20:30).

아셀과 인접한 곳에 유명한 항구도시인 두로와 시돈이 있었는데, 우리는 성경에서 이들 도시들을 너무나 자주 접하게 된다. 두로가 여기에서 견고한 성읍

으로 불려지는데(29절), 패트릭 주교는 이 곳이 우리가 나중에 보게 되는 두로와는 다른 지역이라고 생각한다. 왜냐하면 우리가 아는 훗날의 두로는 섬 위에 세워진 도시지만, 여기에서 견고한 성읍으로 불려지는 옛 두로는 육지에 세워진 도시이기 때문이다. 어떤 이들은 여호수아가 침범했을 때 많은 가나안 사람들이 이 두 요새, 두로와 시돈으로 도망가 은신처로 삼았을 것으로 추측한다.

32여섯째로 납달리 자손을 위하여 납달리 자손의 가족대로 제비를 뽑았으니 33그들
의 지역은 헬렙과 사아난님의 상수리나무에서부터 아다미 네겝과 얍느엘을 지나
락굼까지요 그 끝은 요단이며 34서쪽으로 돌아 아스놋 다볼에 이르고 그 곳에서부
터 훅곡으로 나아가 남쪽은 스불론에 이르고 서쪽은 아셀에 이르며 해 뜨는 쪽은
요단에서 유다에 이르고 35그 견고한 성읍들은 싯딤과 세르와 함맛과 락갓과 긴네
렛과 36아다마와 라마와 하솔과 37게데스와 에드레이와 엔 하솔과 38이론과 믹다렐
과 호렘과 벧 아낫과 벧 세메스니 모두 열아홉 성읍과 그 마을들이라 39납달리 자손
의 지파가 그 가족대로 받은 기업은 이 성읍들과 그 마을들이었더라

납달리는 레바논 산을 경계로 하여 모든 지파들 가운데 가장 북쪽에 위치했다. 레셈 혹은 라이스가 북쪽 끝에 위치했는데, 단 지파가 이 곳의 주인이 되었을 때 그들은 이 곳을 단이라 불렀다(수 19:47; 삿 18:29). 그럼으로써 가나안 땅을 북쪽에서 남쪽으로 언급할 때 단에서 브엘세바까지라고 일컫게 되었다. 남쪽으로는 스불론이 있었으며, 서쪽으로는 아셀이, 그리고 요단 쪽으로 유다가 있었다. 여기의 유다는 아마도 한 성읍을 일컫는 이름인 것으로 보이는데, 동쪽의 유다 지파와 구별되는 것이었다. 여호수아가 야빈을 참패시킨 메롬 물가가 바로 이 지파의 기업 안에 있었다(11:1 이하). 또한 이 곳의 디베랴 바다 북쪽 끝에 가버나움과 벳새다가 있었는데, 그리스도는 이 곳에서 수많은 이적들을 행하셨다. 그가 산상수훈의 말씀을 가르친 산 또한 이 곳에 있었을 것으로 추측된다(마 5:1).

40일곱째로 단 자손의 지파를 위하여 그들의 가족대로 제비를 뽑았으니 41그들의 기
업의 지역은 소라와 에스다올과 이르세메스와 42사알랍빈과 아얄론과 이들라와 43
엘론과 딤나와 에그론과 44엘드게와 깁브돈과 바알랏과 45여훗과 브네브락과 가드

림몬과 [46]메얄곤과 락곤과 욥바 맞은편 경계까지라 [47]그런데 단 자손의 경계는 더욱
확장되었으니 이는 단 자손이 올라가서 레셈과 싸워 그것을 점령하여 칼날로 치고
그것을 차지하여 거기 거주하였음이라 그들의 조상 단의 이름을 따라서 레셈을 단
이라 하였더라 [48]단 자손의 지파가 그에 딸린 가족대로 받은 기업은 이 성읍들과 그
들의 마을들이었더라

이스라엘 진은 광야를 여행하는 중에 세 지파씩 네 대(隊)로 나뉘어 진행했다. 단은 그러한 네 대(隊) 중 한 대를 이끌고 후진(後陣)을 형성했는데, 이러한 단 지파가 이제 마지막으로 제비를 뽑아 기업을 얻게 된다. 단이 뽑은 제비는 가나안 남부 지역에 떨어졌다. 그들의 기업은 동쪽으로 유다, 서쪽으로 블레셋 땅, 북쪽으로 에브라임, 그리고 남쪽으로 시므온 사이에 있었다. 하나님은 이러한 '수가 많고 강력한 지파'를 위험한 위치에 세우심으로써 성가신 이웃 나라 블레셋에 잘 대처하도록 섭리하셨다. 여기에 다음과 같은 이야기가 나온다.

1. 단 지파의 제비가 소라와 에스다올에 떨어졌는데, 단이 이 곳 근처에 진을 쳤다. 그리고 우리는 이러한 성읍들에 대하여 삼손의 이야기에서 다시 보게 된다. 그리고 가까운 곳에 에스골 골짜기가 있었는데, 여기에서 정탐꾼들이 그 유명한 포도송이를 가져왔다. 야보(Japho) 혹은 욥바(Joppa)가 이 지파의 기업 내에 있었다.

2. 단 지파는 자신들의 부지런함과 용맹함으로 기업을 확장시켰다. 이러한 사실이 47절에 언급되고 있지만, 좀 더 상세한 이야기는 사사기 18:7 이하에 나온다.

[49]이스라엘 자손이 그들의 경계를 따라서 기업의 땅 나누기를 마치고 자기들 중에
서 눈의 아들 여호수아에게 기업을 주었으니 [50]곧 여호와의 명령대로 여호수아가
요구한 성읍 에브라임 산지 딤낫 세라를 주매 여호수아가 그 성읍을 건설하고 거
기 거주하였더라 [51]제사장 엘르아살과 눈의 아들 여호수아와 이스라엘 자손의 지파
의 족장들이 실로에 있는 회막 문 여호와 앞에서 제비 뽑아 나눈 기업이 이러하니
라 이에 땅 나누는 일을 마쳤더라

땅을 나누는 이야기가 마지막 절에서 장엄하게 마무리되기에 앞서 — 이것은 이 일이 모두가 만족하도록 시행되었음을 의미한다 — 여기에서 특별히 여호수아에게 할당된 기업에 대한 이야기가 나온다.

1. 여호수아는 모든 이스라엘 가운데 가장 연장자요, 가장 위대한 자였으며, 가나안 정복을 이끈 자였다. 그는 가나안 땅에서 자신과 자신의 가족을 위하여 첫 번째 분깃을 요구할 수 있었다. 그러나 그는 마지막으로 분깃을 받는다. 그는 오직 공공의 선을 추구했을 뿐 자신의 사욕을 쫓지 않았다. 그는 모든 사람이 기업을 받아 정착할 때까지 자신은 그렇게 하지 않았고, 또 그렇게 하는 것으로 만족했다. 우리는 여기에서 공적인 자리에 있는 모든 사람들은 자신의 개인적인 만족보다 공공의 복리를 우선해야 한다는 사실을 발견한다. 사적인 것보다 공적인 것을 앞세우자.

2. 여호수아는 여호와의 말씀을 따라 자신의 기업을 받았다. 하나님이 모세를 통해 갈렙에게 기업을 취할 것을 말씀하셨을 때(14:9), 여호수아에게도 비슷한 약속을 주셨을 것이다. 따라서 그는 자신의 기업을 선택하는 일에 항상 주의를 기울였을 것이다. 이러한 사실로 인해 그는 갑절로 좋은 분깃을 가질 수 있었는데, 그것은 다른 사람들처럼 일반적인 섭리에 의해 기업을 얻은 것이 아니라 특별한 약속에 의해 기업을 얻었기 때문이다.

3. 여호수아는 자신의 기업을 에브라임 산지로 선택했다. 이 곳은 그의 지파에 속한 땅이었다. 그는 자신의 특권에 따라 다른 지파의 땅 예컨대 유다의 기업에서 자신의 기업을 선택하고, 그럼으로써 자신을 자기 지파의 다른 사람들과 구별되게 할 수도 있었다. 그러나 여호수아는 그렇게 하지 않고 자기 지파와 함께 했다. 누구도 자신의 특권과 명예로 인해 자기 가족이나 나라를 부끄럽게 여기고 그것으로부터 자신을 분리시켜서는 안 된다. 성막은 에브라임의 기업 안에 세워졌는데, 그렇게 함으로써 여호수아는 성막으로부터 멀리 떨어지지 않고 가까이 있고자 했다.

4. 이스라엘 자손이 여호수아에게 기업을 주었으니(49절)라고 언급되고 있는데, 이것은 여호수아의 겸손을 보여준다. 그는 백성들의 동의와 허락 없이는 아무것도 취하려고 하지 않았다. 이로써 그는 누구보다도 큰 자였지만 전체 회중 보다 작은 자임을 기꺼이 인정했다. 그럼으로써 그는 자기 가족의 재산조차도 하나님 안에서 백성들의 허락에 의해 취하고자 했다.

5. 여호수아가 선택한 성읍은 사람이 거주하기 전에 먼저 건축되고 수리되어야 했다. 다른 사람들은 자신이 건축하지 않은 집에 살게 된 반면, 여호수아는 화려함과 장엄함이 아니라 급히 지을 수 있는 건물들을 스스로 세워야 했다. 이와 같이 우리 주 예수 그리스도께서도 우리 가운데 오셔서 사셨는데, 화려함이 아니라 가난함으로 그렇게 하셨다. 그는 우리를 위해 안식을 주셨지만, 정작 자신은 머리 둘 곳도 없으셨다. 그리스도께서도 자신을 기쁘게 하지 않으셨느니라.

제 20 장

개요

본 장은 도피성에 관한 것인데, 이에 관해 우리는 모세 오경에서 여러 번 살펴본 바 있다. 본 장은 도피성에 관해 마지막으로 언급한다. 왜냐하면 이제 이 일이 완전하게 결말지어지기 때문이다. 본 장의 내용은 다음과 같다. I. 하나님이 도피성과 관련하여 주신 율법(1-6절). II. 도피성으로 사용하기 위해 사람들이 특별한 성읍들을 지정함(7-9절). 이러한 치유적 율법은 장차 올 좋은 일의 모형이었다.

[1]여호와께서 여호수아에게 말씀하여 이르시되 [2]이스라엘 자손에게 말하여 이르기를 내가 모세를 통하여 너희에게 말한 도피성들을 너희를 위해 정하여 [3]부지중에 실수로 사람을 죽인 자를 그리로 도망하게 하라 이는 너희를 위해 피의 보복자를 피할 곳이니라 [4]이 성읍들 중의 하나에 도피하는 자는 그 성읍에 들어가는 문 어귀에 서서 그 성읍의 장로들의 귀에 자기의 사건을 말할 것이요 그들은 그를 성읍에 받아들여 한 곳을 주어 자기들 중에 거주하게 하고 [5]피의 보복자가 그의 뒤를 따라 온다 할지라도 그들은 그 살인자를 그의 손에 내주지 말지니 이는 본래 미워함이 없이 부지중에 그의 이웃을 죽였음이라 [6]그 살인자는 회중 앞에 서서 재판을 받기까지 또는 그 당시 대제사장이 죽기까지 그 성읍에 거주하다가 그 후에 그 살인자는 그 성읍 곧 자기가 도망하여 나온 자기 성읍 자기 집으로 돌아갈지니라 하라 하시니라

모세는 율법을 통해 이스라엘이 가나안에 들어갈 때 행할 많은 일들을 명령했다. 이것도 그것들 가운데 하나로서, 우발적인 살인의 죄를 범한 자들을 보호하기 위한 성소(聖所)를 지정하는 일이었다. 이것은 모든 이스라엘에게 특권이 되는 일이었다. 왜냐하면 모든 사람이 언제라도 이런 경우에 해당될 수 있기 때문이다. 또한 이러한 율법은 이 땅의 유익을 위한 것이기도 했다. 오직 손에만 죄가 있을 뿐 마음에는 죄가 없는 무죄한 자의 피가 '피의 보복자' 에

의해 이 땅에 흘려져서는 안 되기 때문이다. 뿐만 아니라 이 율법은 이스라엘 백성들에게 매우 큰 유익이 되는 것이었는데, 그들로 하여금 하나님이 당신의 명예와 관련하여 주신 다른 율법들을 생각나게 할 것이었다.

1. 도피성을 지정할 것을 명령하심(2절). 지금은 이 땅을 새로이 조사한 때로서, 시기적으로 매우 적절한 때였다. 지금 그들은, 하나님이 지시하신 대로 도피성을 좀 더 편리한 위치에 지정하기 위하여(신 19:3), 이 땅을 세 부분으로 잘 나눌 수 있었다. 그러나 이 일은 다음 장에서 레위인들이 자신의 분깃을 할당받은 이후에 이루어졌을 것이다. 왜냐하면 도피성은 모두 레위인의 성읍이었기 때문이다. 하나님께서 레위인들에게 안식의 성읍을 주시자마자, 그들에게 도피성을 지정하도록 명령하셨다. 그들 중 누가 그리로 도망치게 될지는 아무도 알 수 없는 일이었다. 이와 같이 하나님은 그들이 언제나 평안함 가운데 거하는 것뿐만 아니라 또한 위험한 때에 안전을 위해서도 미리 준비하셨다. 우리는 세상에서 이러한 때를 예상하고 미리 준비해야 한다.

이것은 또한 하나님의 영적 이스라엘이 그리스도 안에서 스스로를 쉬게 하기 위한 안식뿐만 아니라 스스로를 안전케 하기 위한 피난처를 갖고 있고 또 갖게 될 것을 암시한다. 만일 이러한 도피성들이 겸손하게 회개하는 죄인들에게 주어지는 구원과 우리 주 예수 안에서 율법의 저주와 하나님의 진노로부터의 보호를 상징하는 것으로 계획되지 않았다면, 이러한 도피성들이 모세의 율법에서 그토록 자주 그리고 그토록 많이 언급되지는 않았을 것이다. 그러므로 우리는 도피성 안에서 우리 주 예수의 모습을 발견할 수 있는데, 신자들은 피난처로서 그에게 도망치며(히 6:18), 그 안에서 성소(聖所) 안에 있는 것으로 발견되며(빌 3:9), 그 곳에서 붙잡힘으로부터 면제되고, 결코 정죄함이 없게 된다(롬 8:1).

2. 도피성과 관련한 지침들. 우리는 앞의 민수기 35:10 이하에서 이 문제와 관련된 율법들을 살펴보았는데, 거기에 이에 관해 상세하게 기록되었다.

(1) 어떤 사람이 부지중에 살인을 저지르는 일이 상정된다(3절). 그 대상이, 본래 미워함이 없는(5절) 경우뿐만 아니라 참으로 사랑하는 자로서, 자기 자녀일 수도 있고 가장 친한 친구일 수도 있다. 이는 사람의 길이 그 자신에게 있지 않기 때문이다. 우연히 사람을 죽이게 된다든지 혹은 우연히 죽임을 당하는 일에서 우리를 지켜 주시는 하나님께 얼마나 많은 감사를 드려야 마땅한가! 이와

같은 경우에, 죽임을 당한 자의 친척들이 사람의 피를 흘린 자는 마땅히 사람에 의해 그 피가 흘려질 것이니라 라는 옛 율법에 근거하여 살인자의 생명을 요구하게 될 것을 우리는 상상할 수 있다.

(2) 만일 재판에 의해 살인이, 묵은 원한이나 갑작스런 격정에 의한 계획적이고 고의적인 것이 아니라, 단순히 우발적인 것으로 드러나면, 그 살인자는 '피의 보복자' 로부터 도피하여 이 성읍들 가운데 하나로 은신해야 했다(4-6절). 이러한 율법에 의해 그는 그 성읍에 거주할 수 있는 권리를 갖게 되며 그곳의 통치를 받게 되지만, 그러나 마치 '자유 죄수' (일정 지역에 제한되어 자유롭게 살아가는 죄수)처럼 그 성읍에 제한되게 된다. 만일 그가 대제사장이 죽을 때까지 생존한다면(오직 이 경우에만), 그는 자신의 본 성읍으로 돌아갈 수 있었다. 이와 관련하여 유대인들은 이렇게 말한다. "만일 그가 도피성에서 대제사장보다 먼저 죽어 거기 매장되면, 대제사장이 죽을 때 그의 뼈는 그의 조상들의 묘소로 이장되어야 한다."

[7]이에 그들이 납달리의 산지 갈릴리 게데스와 에브라임 산지의 세겜과 유다 산지의
기럇 아르바 곧 헤브론과 [8]여리고 동쪽 요단 저쪽 르우벤 지파 중에서 평지 광야의
베셀과 갓 지파 중에서 길르앗 라못과 므낫세 지파 중에서 바산 골란을 구별하였
으니 [9]이는 곧 이스라엘 모든 자손과 그들 중에 거류하는 거류민을 위하여 선정된
성읍들로서 누구든지 부지중에 살인한 자가 그리로 도망하여 그가 회중 앞에 설
때까지 피의 보복자의 손에 죽지 아니하게 하기 위함이라

우리는 여기에서 가나안 땅에 도피성들이 지정되는 것을 보게 되는데, 이 일은 여호수아와 족장들의 권위와 조언 아래 이루어졌다(19:7). 그리고 이 일이 언급되는 가운데, 요단 건너편에 있는 두 지파와 반 지파의 기업에서 지정된 세 성읍이 반복되고 있다. 이것은 모세에 의해 이루어졌으나(신 4:43), 그 성읍들은 이 때까지 도피성의 특권을 갖지 못했다(패트릭 주교도 이와 같이 생각한다).

1. 그들이 이러한 성읍들을 구별하였다고 언급하는데, 이것은 원어로 지정했다를 의미한다(19:7). 이러한 성읍들을 성별하는 어떤 의식이 있었던 것은 아니었다. 다만 그들이 하나의 공적인 '법정적 행동' 으로서 그것들이 도피성임을

엄숙하게 선언하고, 결백한 자들의 보호자가 되시는 하나님의 영광을 위해 성별된 곳으로 지정할 뿐이었다. 만일 그것들이 '성소'(sanctuary)였다면, 그것들이 성별되었다(sanctified)고 말하는 것이 더 적절할 것이다. 우리의 피난처 즉 도피성인 그리스도는 아버지에 의해 성별되셨다. 아니, 그는 우리를 위해 스스로를 성별하셨다(요 17:19).

2. 이러한 성읍들은 (요단 건너편에서도 마찬가지였지만) 그 땅의 세 부분에 나뉘어져 있었기 때문에 어느 지역에서든지 반나절이면 그들 중 어느 한 성읍에 닿을 수 있을 정도로 편리했다. 게데스는 가장 북쪽의 납달리 지파에 있었으며, 헤브론은 가장 남쪽의 유다 지파에 있었다. 또한 에브라임에 있었던 세겜은 중간에 위치하여 앞의 두 성읍으로부터 균등한 거리를 유지했다. 하나님은 바로 옆에 계신 도피성이시다.

3. 그것들은 모두 레위인의 성읍이었다. 이러한 사실은 하나님의 지파(레위 지파)를 더욱 영예롭게 하는 것이었다. 이로써 그들은, 하나님의 섭리가 그토록 밀접하게 관련된 사건을 맡은 재판장이요 또한 고통당하는 무죄자들의 보호자가 되었다. 이것은 또한 불쌍한 도피자들에 대한 친절이기도 했다. 그들이 여호와의 집에 올라가지도 못하고 그 마당을 밟지도 못할 때, 하나님의 집의 종들이 그들과 함께 있어 그들을 가르치며, 위하여 기도하고, 또 각종 규례의 필요를 채워주었다. 비록 거주지가 제한되기는 했지만, 그 곳은 바로 레위인의 성읍이었다. 그러므로 의지만 있다면, 그들은 그 곳에서 자신의 시간을 잘 활용할 수 있었을 것이다.

4. 이러한 성읍들은 멀리서도 잘 보이도록 언덕 위에 있었다. 언덕 위의 성읍은 감춰질 수 없다. 이러한 사실은 가련하고 지친 자들로 하여금 그들의 길을 지도하고 격려해 주었을 것이다. 비록 그들의 길이 마침내 오르막길이 되기는 하지만, 이것이 그들을 위로하여 그들은 곧 안전한 장소에 들어가게 되었다. 실상 그들이 도피성 인근 지역에 오기만 해도, 이미 충분히 안전한 장소에 와 있는 것이었다.

5. 어떤 이들은 이러한 성읍들의 이름을 우리의 피난처가 되시는 그리스도께 적용시킴으로써 어떤 의미를 찾고자 한다. 나는 이름을 가지고 재주 부리는 것을 좋아하지는 않지만, 기꺼이 이러한 것에 주목해 보고자 한다. '게데스'는 '거룩한'을 의미한다. 우리의 피난처는 거룩하신 예수시다. '세겜'은 '어깨'를

의미하는데, 그는 자신의 어깨에 정사를 메셨다. '헤브론' 은 '교제' 를 의미한다. 신자들은 우리 주 예수 그리스도의 교제 속으로 부름 받는다. '베셀' 은 '요새' 를 의미하는데, 그는 자신을 의지하는 모든 자에게 견고한 요새가 되신다. '라못' 은 '높은' 혹은 '높임' 을 의미하는데, 하나님은 그를 높이사 자신의 오른편에 앉히셨다. '골란' 은 '기쁨' 혹은 '환희' 를 의미하는데, 모든 성도들이 그 안에서 의롭다함을 받고 기뻐할 것이기 때문이다.

마지막으로, 이것들 외에도 제단의 뿔이 그것을 잡는 자들에게 피난처가 된다. 이것은 물론 그 죄가 성소가 인정할 수 있는 것일 때 그러했는데, 우리는 이것이 "고의적인 살인자는 하나님의 제단에서 끌어내 죽일 것을 명하는 율법" (출 21:14) 속에 또한 암시되어 있는 것을 발견한다. 제단이 이와 같이 피난처의 목적으로 사용된 예를 우리는 열왕기상 1:50과 2:28에서 찾을 수 있다. 그리스도는 우리의 제단으로서, 예물을 성별하실 뿐만 아니라 그것을 드리는 자를 보호하신다.

제 21 장

개요

레위 지파는 "형제들과 함께 기업을 받지 못할 것"이라고 반복적으로 언급되었다. 이것은 다른 지파들처럼 가나안 땅의 특정 부분을 할당받지 못할 것을 의미하는 것이었다. 그런 가운데도 실로와 그 주변 지역은 마치 '교회의 땅' 처럼 그들에게 돌려졌던 것으로 보인다. 그러나 비록 레위인들이 다른 지파들처럼 특정 부분의 기업을 할당받지는 못했다 할지라도, 그들은 결코 '아무것도 가지지 못한 자' 는 아니었다. 그들은 각 지역으로 분산되어, 다른 지파들로부터 자신들의 분깃을 할당받게 되었다. 본 장의 내용은 다음과 같다. I. 레위인들이 하나님의 명령에 따라 자신들에게 할당된 성읍들을 구함(1-2절). II. 각 지파들로부터 성읍들을 지정하고 그것을 레위 지파의 각 가족들에게 분배함(3-8절). III. 총 48개 성읍의 목록(9-42절). IV. 하나님이 자기 백성 이스라엘에게 약속하신 모든 것이 다 이루어졌음을 확증함(43-45절).

1그 때에 레위 사람의 족장들이 제사장 엘르아살과 눈의 아들 여호수아와 이스라엘
자손의 지파 족장들에게 나아와 2가나안 땅 실로에서 그들에게 말하여 이르되 여호
와께서 모세에게 명령하사 우리가 거주할 성읍들과 우리 가축을 위해 그 목초지들
을 우리에게 주라 하셨나이다 하매 3이스라엘 자손이 여호와의 명령을 따라 자기의
기업에서 이 성읍들과 그 목초지들을 레위 사람에게 주니라 4그핫 가족을 위하여
제비를 뽑았는데 레위 사람 중 제사장 아론의 자손들은 유다 지파와 시므온 지파
와 베냐민 지파 중에서 제비 뽑은 대로 열세 성읍을 받았고 5그핫 자손들 중에 남은
자는 에브라임 지파의 가족과 단 지파와 므낫세 반 지파 중에서 제비 뽑은 대로 열
성읍을 받았으며 6게르손 자손들은 잇사갈 지파의 가족들과 아셀 지파와 납달리 지
파와 바산에 있는 므낫세 반 지파 중에서 제비 뽑은 대로 열세 성읍을 받았더라 7므
라리 자손들은 그 가족대로 르우벤 지파와 갓 지파와 스불론 지파 중에서 열두 성
읍을 받았더라 8여호와께서 모세에게 명령하신 대로 이스라엘 자손이 제비 뽑아 레
위 사람에게 준 성읍들과 그 목초지들이 이러하니라

I. 레위인들이 실로에서 이스라엘의 지도자들에게 제시한 청원(1, 2절).

1. 레위인들은 이러한 요구를 할 때까지 자신의 기업을 할당받지 못했다. 모든 성도들 즉 왕 같은 제사장들을 위해 준비된 기업이 있었다. 그러나 그들은 그것을 구해야 한다. **구하라 그러면 주실 것이요.** 여호수아는 자신들의 요구를 제시하는 일에 머뭇거렸던 나머지 지파들을 재촉한 적이 있었다. 그러나 레위인들은 자신들의 의무와 이해관계를 다른 지파들보다 더 잘 알고 있었고, 그러므로 이 문제에 있어 자신들의 차례가 되었을 때 머뭇거리지 않았다. 그들은 매우 훌륭한 기초 위에 자신들의 요구사항을 제시한다. 즉, 그들은 자신들의 공로나 봉사가 아니라 하나님의 명령에 근거해서 그렇게 했다. **여호와께서 모세에게 명령하사 우리가 거주할 성읍들을 우리에게 주라 하셨나이다.** 그분이 당신에게 명하사 우리에게 성읍들을 주도록 하셨는데, 그것은 우리에게 성읍들을 요구하라는 명령을 의미하는 것입니다. 사역자의 생계가 순전히 백성들의 선한 의지 아래 놓여지는 — 만일 그들이 원한다면 사역자들을 굶도록 그냥 내버려 둘 수 있는 — 그런 임의적인 것이 결코 아니다. 이스라엘의 하나님이 레위인에게도 분깃이 주어져야 한다고 명령하신 것처럼, 기독교회의 왕이신 주 예수께서도 **복음 전하는 자들은 그 복음으로 말미암아 살리라**(고전 9:14)는 영원한 규례를 명하셨다.

2. 레위인들은 다른 지파들이 모두 기업을 받을 때까지 자신들의 요구를 제시하지 않았다. 다른 모든 지파들이 각자의 기업을 받은 연후에야 비로소 그들은 즉시로 자신들의 요구를 제시했다. 여기에는 이유가 있었다. 모든 지파들이 먼저 자신의 기업을 알아야만 했다. 그렇지 않다면 레위인에게 무엇을 주어야 할지 알지 못했을 것이다. 그렇다면 마땅히 되어져야 하는 합당한 봉사가 될 수 없었을 것이다. 또한 이것은 그들의 겸손과 겸양과 인내의 실례(實例)였다(레위인들은 이러한 덕행에 있어 본이 되어야 했다). 그들은 기꺼이 마지막으로 분깃을 받고자 했다. 그렇다고 해서 그들이 더 나쁜 몫을 받는 것은 결코 아니었다. 하나님의 사역자들은 어느 때든지 자신들이 사람의 배려와 돌봄에 있어 뒤에 놓여진다고 해서 불평을 해서는 안 된다. 도리어 하나님의 은혜와 그분으로부터 오는 영예를 확신해야 한다. 그렇게 하면 그들은 사람들로부터의 냉대나 무관심을 능히 감당할 수 있을 것이다.

II. 레위인들의 그와 같은 요청은 어떤 논란도 없이 즉각 받아들여졌다. 이스라엘의 족장들은 자신들이 이 일을 먼저 추진하지 않은 것에 대해 그리고 레위인들의 정착을 위해 아무런 행동도 취하지 않은 것에 대해 스스로 부끄럽게 여겼을는지 모른다.

1. 이스라엘 백성들은 레위인들을 위해 성읍들을 주어야 했다. 하나님은 레위인들에게 주어야 할 성읍을 48개로 지정하셨다. 여호수아와 족장들이 각 지파의 기업의 범위와 가치를 산정한 연후 각 지파 별로 몇 곳의 성읍을 줄 것인지를 결정했을 것이다. 그러고 난 후 각 지파의 장로들이 모여서 여호와께 드리는 예물로서 레위인에게 어느 성읍을 줄지를 의논하고 합의했을 것이다. 하나님은 민수기 35:8에서 이렇게 명령하셨다. **"많이 받은 자에게서는 많이 떼어서 주고 적게 받은 자에게서는 적게 떼어 줄 것이라 각기 받은 기업을 따라서 그 성읍들을 레위인에게 줄지니라."** 여기에서 하나님은 백성들의 관대함을 시험하셨는데, 이스라엘 백성들은 이 일에 있어 칭찬받을 만했다. 왜냐하면 이어지는 목록을 보건대, 백성들이 레위인에게 준 성읍들은 대체로 각 지파에서 가장 유력하고 좋은 것들이었기 때문이다. 그리고 백성들은 그러한 성읍들의 위치를 고려하여 그것들을 적당히 분산시킴으로써 그 나라의 어느 지역도 레위인의 성읍으로부터 너무 멀리 떨어지지 않도록 주의를 기울였을 것이다.

2. 백성들은 **여호와의 명령에 따라**, 즉 하나님의 명령에 유의하고 순종하여, 그들에게 성읍을 주었다. 백성들이 레위인에게 성읍을 준 행위는 바로 이런 사실로 말미암아 하나님께 성별되었다. 백성들은 하나님이 명령하신 숫자대로 주었다. 레위인들은 더 많은 것을 요구하지 않았으며, 백성들은 더 적게 주지 않았다. 그럼으로써 모든 일이 원만하게 해결되었다. 또한 백성들은 하나님이 명령하신 대로(민 35:4, 5) 각 성읍들에 속한 주변지역도 주었는데, 성벽으로부터 상당한 거리가 되는 꽤 넓은 지역이었다. 그들은 그것을 줄이려고 하지 않았다.

3. 48곳의 성읍은 네 개의 기업으로 나누어져 제비뽑기에 의해 레위 지파의 네 가족에게 각각 할당되었다. 이스라엘 백성들이 그 성읍들을 하나님의 손에 드렸을 때, 하나님은 친히 그것들을 자기 종들에게 나누어주셨다.

(1) 아론의 자손. 이들은 유일한 제사장 가족이었는데, 자신의 분깃으로서 유다와 시므온과 베냐민 지파가 준 13곳의 성읍을 갖게 되었다(4절). 우리는 여기에서 하나님의 지혜로운 인도하심을 발견한다. 예루살렘 자체는 아직 여부스족의 소유였기 때문에 이들 성읍들 가운데 하나는 아니었지만, 아론 가족에

게 주어진 성읍들은 대체로 예루살렘 주변에 있었다. 나중에 예루살렘은 거룩한 도성이 될 곳이었고, 아론 가족의 일은 주로 이 곳에서 이루어지게 될 것이었다.

(2) 그핫 자손. 이들 중에는 모세의 자손들이 있었다. 이들은 유다 옆에 있는 단의 기업과 에브라임의 기업과 베냐민 옆에 있는 므낫세 반 지파의 기업 안에 있는 성읍들을 갖게 되었다(5절). 그럼으로써 아론의 조상으로부터 내려온 자들은 아론의 아들들과 가깝게 있게 되었다.

(3) 게르손 자손. 게르손은 레위의 장자였다. 그러므로 동생인 그핫 자손의 집이 그보다 앞서기는 했지만, 그의 자손들은 므라리 자손보다 앞자리를 차지하게 되었다(6절).

(4) 므라리 자손. 므라리는 레위의 막내아들로서 마지막으로 기업을 받았다. 그리고 그들의 기업은 가장 멀리 떨어지게 되었다(7절). 야곱의 나머지 아들들은 각 지파별로 기업을 받았다. 그러나 하나님의 지파인 레위는 각 가족마다 기업을 받았다. 사역자들의 이동과 정착에는 하나님의 특별한 섭리가 따른다. 하나님은 세상의 빛이 되어야 할 자들이 어디에 있어야 할지를 지정하신다.

9유다 자손의 지파와 시므온 자손의 지파 중에서는 이 아래에 기명한 성읍들을 주
었는데 10레위 자손 중 그핫 가족들에 속한 아론 자손이 첫째로 제비 뽑혔으므로 11
아낙의 아버지 아르바의 성읍 유다 산지 기럇 아르바 곧 헤브론과 그 주위의 목초
지를 그들에게 주었고 12그 성읍의 밭과 그 촌락들은 여분네의 아들 갈렙에게 주어
소유가 되게 하였더라 13제사장 아론의 자손에게 준 것은 살인자의 도피성 헤브론
과 그 목초지이요 또 립나와 그 목초지와 14얏딜과 그 목초지와 에스드모아와 그 목
초지와 15홀론과 그 목초지와 드빌과 그 목초지와 16아인과 그 목초지와 윳다와 그
목초지와 벧 세메스와 그 목초지이니 이 두 지파에서 아홉 성읍을 냈고 17또 베냐민
지파 중에서는 기브온과 그 목초지와 게바와 그 목초지와 18아나돗과 그 목초지와
알몬과 그 목초지 곧 네 성읍을 냈으니 19제사장 아론 자손의 성읍은 모두 열세 성
읍과 그 목초지들이었더라 20레위 사람인 그핫 자손 중에 남은 자들의 가족들 곧 그
핫 자손에게는 제비 뽑아 에브라임 지파 중에서 그 성읍들을 주었으니 21곧 살인자
의 도피성 에브라임 산지 세겜과 그 목초지이요 또 게셀과 그 목초지와 22깁사임과
그 목초지와 벧호론과 그 목초지이니 네 성읍이요 23또 단 지파 중에서 준 것은 엘

드게와 그 목초지와 깁브돈과 그 목초지와 [24]아얄론과 그 목초지와 가드 림몬과 그
목초지이니 네 성읍이요 [25]또 므낫세 반 지파 중에서 준 것은 다아낙과 그 목초지와
가드 림몬과 그 목초지이니 두 성읍이라 [26]그핫 자손의 남은 가족들을 위한 성읍들
은 모두 열 성읍과 그 목초지들이었더라 [27]레위 가족의 게르손 자손에게는 므낫세
반 지파 중에서 살인자의 도피성 바산 골란과 그 목초지를 주었고 또 브에스드라
와 그 목초지를 주었으니 두 성읍이요 [28]잇사갈 지파 중에서는 기시온과 그 목초지
와 다브랏과 그 목초지와 [29]야르뭇과 그 목초지와 엔 간님과 그 목초지를 주었으니
네 성읍이요 [30]아셀 지파 중에서는 미살과 그 목초지와 압돈과 그 목초지와 [31]헬갓
과 그 목초지와 르홉과 그 목초지를 주었으니 네 성읍이요 [32]납달리 지파 중에서는
살인자의 도피성 갈릴리 게데스와 그 목초지를 주었고 또 함못 돌과 그 목초지와
가르단과 그 목초지를 주었으니 세 성읍이라 [33]게르손 사람이 그 가족대로 받은 성
읍은 모두 열세 성읍과 그 목초지들이었더라 [34]그 남은 레위 사람 므라리 자손의 가
족들에게 준 것은 스불론 지파 중에서 욕느암과 그 목초지와 가르다와 그 목초지
와 [35]딤나와 그 목초지와 나할랄과 그 목초지이니 네 성읍이요 [36]르우벤 지파 중에
서 준 것은 베셀과 그 목초지와 야하스와 그 목초지와 [37]그데못과 그 목초지와 므바
앗과 그 목초지이니 네 성읍이요 [38]갓 지파 중에서 준 것은 살인자의 도피성 길르앗
라못과 그 목초지이요 또 마하나임과 그 목초지와 [39]헤스본과 그 목초지와 야셀과
그 목초지이니 모두 네 성읍이라 [40]이는 레위 가족의 남은 자 곧 므라리 자손이 그
들의 가족대로 받은 성읍이니 그들이 제비 뽑아 얻은 성읍이 열두 성읍이었더라 [41]
레위 사람들이 이스라엘 자손의 기업 중에서 받은 성읍은 모두 마흔여덟 성읍이요
또 그 목초지들이라 [42]이 각 성읍의 주위에 목초지가 있었고 모든 성읍이 다 그러하
였더라

우리는 여기에서 레위 자손들이 각 지파들로부터 받은 성읍들에 대한 특별한 설명을 보게 된다. 단지 레위인들이 마치 각 지파의 소작인처럼 그들의 땅을 빌려 거주했던 것은 결코 아니었다. 그러한 성읍 안에서의 소득은 의존적이며 불확실한 것이 아니라, 그들이 주인으로서 취하고 소유했다. 레위인의 성읍 안에 있는 가옥은 오직 희년까지만 양도될 수 있다는 율법이 보여주는 바와 같이(레 25:32, 33), 그들은 다른 지파들이 자기 성읍과 땅에 대해 가졌던 것과 동일한 권리를 가지고 있었다. 레위인들은 오직 성읍과 그 주변지역만을 소유

했고 그것을 둘러싼 전체적인 지역은 각 지파들에게 속했기 때문에, 각 지파의 사람들은 자신들의 땅을 편리하게 경작하기 위해 통상적으로 레위인의 집을 빌려 살았을 것으로 생각할 수 있다. 민수기 35장에 이와 관련한 율법이 나타나 있는데, 우리는 그것 외에도 여기에서 몇 가지를 주목해 볼 수 있다.

I. 레위인들은 모든 지파들 가운데 흩어졌으며, 어느 한 지역에 모두 함께 모여 살 수 없었다. 이는 그들로 하여금 다른 사람들을 유익케 하는 일에 종사하도록 하기 위함이었다. 모든 백성들 가운데 사역자들은 게을러서도 안 되고, 자신을 위해 살아서도 안 되며, 단지 자기들끼리 살아서도 안 된다. 그리스도는 열두 제자를 한 몸으로 남겨두셨지만, 때가 되면 흩어져서 모든 백성에게 복음을 전파하도록 명령하셨다. 이와 같이 다른 지파들과 섞임으로써, 그들은 자신들의 거룩한 직분을 수행하는 일에 더욱 신중하게 될 것이며, 그것을 부끄럽게 만드는 모든 일을 더욱 힘써 피하게 될 것이다. 만일 모두 함께 모여 살았다면, 그들은 서로의 과실을 피차 눈감아주며 유야무야했을 것이다. 그러나 모든 지파들 가운데 흩어짐으로써, 그들은 모든 이스라엘 백성들의 주시와 주목의 대상이 될 수밖에 없었다. 그럼으로써 그들은 자신들의 사역이 흠 잡히지 않도록 그리고 잘못된 몸가짐으로 고결한 품격이 손상되지 않도록, 주의를 기울이지 않을 수 없었다.

II. 이스라엘의 모든 지파는 레위인들과 삶을 함께 함으로써 더욱 아름답게 빛나고 또 풍부하게 되었다. 그들은 모두 하나님의 백성이었다. 그러므로 그들 모두는 자신들 가운데 레위인을 두고 있었는데, 그것은

1. 하나님이 명령하신 것처럼 호의를 베풀기 위함이었다(신 12:19; 14:29). 레위인은 하나님의 관리인이었다. 백성들은 그들에게 하나님의 선하심에 대한 감사를 드릴 수 있었다.

2. 그들로부터 조언을 듣고 가르침을 받기 위함이었다. 이스라엘 백성들은 자신들에게 어떤 문제가 있을 때 성막에 올라가 제사장들의 가르침을 받을 수 있었다. 그러나 여러 가지 사정으로 그렇게 할 수 없을 때, 그들은 레위인의 성읍으로 가서 그들로부터 하나님의 선한 지식을 배울 수 있었다. 이와 같이 하나님은 모든 권속들에게 빛을 주시기 위해 자신의 집의 모든 방에 촛대를 세우셨다. 제단을 수종드는 자들이 하나님의 어떤 명령이 소홀히 여겨지지 않는지 살펴보는 책임을 가졌던 것처럼, 각 지역에 흩어진 레위인들 역시 우상 숭배와

미신의 습관이 들어오지 않도록 살피고 또 하나님의 백성들의 영혼을 지키는 책임을 가지고 있었다. 이와 같이 하나님은 자기 백성들이 신앙생활을 잘 지켜 가도록 은혜를 베푸셨고, 백성들은 자기 가까이에 말씀을 가질 수 있었다. 하나님을 송축하리로다! 복음 아래 있는 우리는 그것을 더 가까이 가지고 있다. 단지 모든 지역(country)에 레위인을 가지고 있는 것이 아니라, 이제는 모든 교구(敎區)에 레위인을 가지고 있다. 그들의 직무는 여전히 백성들에게 하나님의 지식을 가르치는 것이며 또한 모든 하나님의 일을 앞장서서 수행하는 것이다.

Ⅲ. 아론의 자손 제사장들을 위해 13곳의 성읍이 지정되었는데(19절), **이것들 가운데 몇몇은 가장 좋은 것들이었다.** 아론은 엘르아살과 이다말, 두 명의 아들만을 남겼다. 그러나 그의 가족은 이제 크게 번성했다. 그리고 시간이 지남에 따라 이 모든 성읍들을 가득 채울 정도로 숫자가 많아질 것이 예상되었다 — 비록 법궤와 제단이 있는 곳에 상당한 숫자가 필히 상주해야만 한다고 할지라도. 우리는 구약과 신약에서 매우 많은 수의 제사장들을 보게 되는데, 이스라엘 가운데 어떤 가족도 나중에 아론의 가족만큼 크게 번성한 가족은 없었다고 생각할 정도이다. 그리고 나중에 아론의 집에 대해 다음과 같은 약속이 주어졌다. 여호와께서 너희를 곧 너희와 너희의 자손을 더욱 번창하게 하시기를 원하노라(시 115:12, 14). 하나님은 자신을 섬길 씨를 일으키실 것이다.

Ⅳ. 레위인의 성읍 가운데 나중에 다른 일로 유명해진 성읍들이 몇몇 있었다. 헤브론은 다윗이 자신의 통치를 시작한 성읍이었고, 또 다른 레위인의 성읍인 마하나임(38절)은 그가 압살롬으로부터 도망쳤을 때 머물며 본부로 삼은 곳이었다. 이스라엘인으로서 처음으로 왕의 칭호를 사용한 사람은 기드온의 아들 아비멜렉인데, 그는 또 다른 레위인의 성읍인 세겜(21절)에서 통치했다.

Ⅴ. 레위인에게 주어진 성읍은 그 수에 있어 유다를 제외하고 대부분의 지파들보다 많았다. 레위 지파가 가장 작은 지파 가운데 하나임을 감안할 때, 이것은 하나님이 자기 사역자들에게 얼마나 후하신지를 보여줌과 동시에 하나님의 백성들이 또한 그들에게 마땅히 그러해야 함을 보여준다. 그러나 레위인들은 성읍과 그 주변지역만을 가졌던 반면 다른 지파들은 열거된 성읍 외에도 성벽이 없는 마을과 촌락들도 많이 가졌음을 감안하면, 그 불균형은 실상 그렇게 크지 않았다. 전체적으로 볼 때, 우리는 레위인들이 안락하고 편리하게 살도록 배려되었음을 발견한다. 사역자든 일반인이든 하나님의 은혜와 섭리 아래 있

는 자들은 선한 일을 행할 책임이 있음을 인식하고, 각자의 능력과 기회를 따라 자기 세대를 위해 봉사해야 한다.

[43]여호와께서 이스라엘의 조상들에게 맹세하사 주리라 하신 온 땅을 이와 같이 이
스라엘에게 다 주셨으므로 그들이 그것을 차지하여 거기에 거주하였으니 [44]여호와
께서 그들의 주위에 안식을 주셨으되 그 조상들에게 맹세하신 대로 하셨으므로 그
들의 모든 원수들 중에 그들과 맞선 자가 하나도 없었으니 이는 여호와께서 그들
의 모든 원수들을 그들의 손에 넘겨 주셨음이니라 [45]여호와께서 이스라엘 족속에게
말씀하신 선한 말씀이 하나도 남음이 없이 다 응하였더라

우리는 여기에서 이 일 전체에 대한 결말을 보게 된다. 지금까지 진행되어온 전체 역사가 한 마디로 요약되는데, 그것을 좀 더 분명히 드러내기 위해 처음의 약속과 비교한다. 하나님의 말씀(word)과 일(work)은 서로가 서로를 설명하여 준다. 이루어진 일은 그 약속이 매우 참된 것이었음을 입증해 주며, 약속은 그 일이 하나님의 호의로 말미암은 것임을 보여준다.

Ⅰ. **하나님은 아브라함의 씨에게 가나안 땅을 소유로 주실 것을 약속하셨다.** 그리고 마침내 지금 그 약속을 이루셨다. 그들이 그것을 차지하여 거기에 거주하였으니(43절). 비록 그들이 종종 그 약속의 은전(恩典, benefit)을 잃어버리기도 했고 또 하나님이 약속의 성취를 오래도록 연기하셨다 할지라도, 이제 마침내 모든 난관들이 극복되고 가나안은 그들의 것이 되었다. 하늘의 가나안에 대한 약속 역시 하나님의 모든 영적 이스라엘에게 너무나 분명하고 확실한 약속이다. 왜냐하면 그것은 결코 거짓말을 하실 수 없는 분의 약속이기 때문이다.

Ⅱ. **하나님은 그들에게 이 땅에서 안식을 주실 것을 약속하셨다.** 그리고 지금 그들은 안식을 얻었다. 그들은 광야 여행의 노고로부터 안식을 얻었으며, 가나안에서의 전쟁으로부터, 그리고 원수들이 처음에 가했던 모욕으로부터 안식을 얻었다. 이제 그들은 자기 소유의 집에 거주하게 되었을 뿐만 아니라, 평화롭고 평온한 집에서 살게 되었다. 비록 가나안 사람들이 아직 남아 있다 할지라도, 그들을 공격할 힘과 용기를 갖고 있고 따라서 그들을 두렵게 할 자는 아무도 없게 되었다. 이러한 안식은 그들이 스스로의 죄와 어리석음으로 자기 침대와 눈에 가시를 놓을 때까지 계속되었다.

Ⅲ. 하나님은 그들에게 전쟁에서의 승리와 성공을 약속했다. 그리고 이 약속 역시 이루어졌다: 그들과 맞선 자가 하나도 없었으니(44절). 그들은 전쟁을 할 때마다 점점 더 나은 것을 갖게 되었다. 군대를 어느 길로 움직이든 그들은 성공하고 승리했다. 지금 그 땅의 곳곳에 아직 가나안 사람들이 남아 있었던 것은 사실이다. 그리고 그들은 나중에 이스라엘 백성에게 대항하기도 했고, 매우 두려운 존재가 되기도 했다. 그러나,

1. 지금 가나안 사람들이 남아 있다는 사실이 하나님의 약속과 상충되는 것은 아니다. 하나님은 그들을 단번에 쫓아내지 않으시고 조금씩 조금씩 쫓아내시겠다고 말씀하셨다(출 23:30). 이제 이스라엘 백성들은 필요한 만큼 그리고 관리할 수 있는 만큼 충분한 소유를 갖게 되었다. 그리고 가나안 사람들은, 이스라엘이 번성하여 그 땅에 가득 찰 때까지, 들짐승이 번성하지 못하도록 경작되지 않은 지역을 잠시 동안 맡고 있을 뿐이었다.

2. 나중에 가나안 사람들이 강력하고 우세한 힘을 갖게 된 것은 순전히 이스라엘의 비겁함과 나태함의 결과였다. 또한 그것은 그들이 이방의 우상 숭배와 각종 가증한 행습을 좇는 것에 대한 하나님의 징계로 말미암은 것이었다. 하나님은 그들을 쫓아낼 것을 명령하셨지만, 이스라엘 백성들은 그렇게 하지 않고 그들과 어울리며 그들의 죄에 탐닉하고 말았다. 이와 같이 하나님 말씀의 기초와 토대는 결코 흔들리지 않는다. 이스라엘 백성들은 하나님의 신실하심을 경험했고, 그것을 여기에 기록했다. 이것은 그토록 종종 불신되어 왔던 하나님의 약속의 신실성을 옹호하는 것이며, 또한 세상 끝날까지 모든 신자들을 격려하는 것이다: 여호와께서 이스라엘 족속에게 말씀하신 선한 말씀이 하나도 남음이 없이 다 응하였더라(45절). 여기에서 여호수아가 모든 이스라엘의 이름으로 확증한 이와 같은 감사의 고백을 우리는 나중에 솔로몬에게서 다시 보게 된다. 그리고 그 때 솔로몬이 그와 같이 고백할 때 모든 백성들은 다 함께 한 마음으로 아멘으로 화답했다(왕상 8:56). 하나님의 약속의 진실성과 그것이 결국 이루어지고야 마는 것은 모든 성도들이 항상 증거하여 왔던 것이다. 그리고 만일 어떤 것이 성취되지 않은 것처럼 보일 때, 그들은 그에 대한 모든 비난을 하나님께 돌리지 않고 스스로 감당할 준비가 되어 있었다.

제 22 장

개요

우리는 '두 지파와 반 지파' 와 관련한 여러 가지 특별한 일들을 보아왔다. 그러나 요단 강을 제외하고는 그들을 다른 지파들과 분리시키는 것은 아무것도 없었다. 본 장은 전적으로 그들과 관련된 이야기이다. I. 여호수아가 가나안 정복전쟁 동안 지원군으로 봉사했던 '두 지파와 반 지파' 의 군대를 해산시키고 자기 지역으로 돌아가게 함(1-9절). II. 이스라엘 땅과 한 몸임을 증거하는 표로서 그들이 요단 경계지역에 제단을 세움(10절). III. 나머지 지파들이 이러한 행동을 범죄로 간주하고 이에 대해 힐문함(11-20절). IV. '두 지파와 반 지파' 가 이에 대해 해명함(21-29절). V. 그들의 해명이 다른 지파들을 만족시킴(30-34절). 여기에 심각한 분쟁과 다툼이 발생할 뻔 했음에도 불구하고, 양측 어디에도 잘못은 없었다. 아무도 비난 받아서는 안 된다. 모두가 칭찬받을 만했다.

[1]그 때에 여호수아가 르우벤 사람과 갓 사람과 므낫세 반 지파를 불러서 [2]그들에게
이르되 여호와의 종 모세가 너희에게 명령한 것을 너희가 다 지키며 또 내가 너희
에게 명령한 모든 일에 너희가 내 말을 순종하여 [3]오늘까지 날이 오래도록 너희가
너희 형제를 떠나지 아니하고 오직 너희의 하나님 여호와께서 명령하신 그 책임을
지키도다 [4]이제는 너희의 하나님 여호와께서 이미 말씀하신 대로 너희 형제에게 안
식을 주셨으니 그런즉 이제 너희는 여호와의 종 모세가 요단 저쪽에서 너희에게
준 소유지로 가서 너희의 장막으로 돌아가되 [5]오직 여호와의 종 모세가 너희에게
명령한 명령과 율법을 반드시 행하여 너희의 하나님 여호와를 사랑하고 그의 모든
길로 행하며 그의 계명을 지켜 그에게 친근히 하고 너희의 마음을 다하며 성품을
다하여 그를 섬길지니라 하고 [6]여호수아가 그들에게 축복하여 보내매 그들이 자기
장막으로 갔더라 [7]므낫세 반 지파에게는 모세가 바산에서 기업을 주었고 그 남은
반 지파에게는 여호수아가 요단 이쪽 서쪽에서 그들의 형제들과 함께 기업을 준지
라 여호수아가 그들을 그들의 장막으로 돌려보낼 때에 그들에게 축복하고 [8]말하여
이르되 너희는 많은 재산과 심히 많은 가축과 은과 금과 구리와 쇠와 심히 많은 의

복을 가지고 너희의 장막으로 돌아가서 너희의 원수들에게서 탈취한 것을 너희의 형제와 나눌지니라 하매 [9]르우벤 자손과 갓 자손과 므낫세 반 지파가 가나안 땅 실로에서 이스라엘 자손을 떠나 여호와께서 모세에게 명령하신 대로 받은 땅 곧 그들의 소유지 길르앗으로 가니라

전쟁이 영광스러운 승리로 끝나자 사려 깊은 장군인 여호수아는 군대를 해산시키고, 각자 자기 집으로 돌아가서 정복한 것을 향유하면서 칼을 쳐서 보습을 만들고 창을 쳐서 낫을 만들도록 한다. 이것은 특별히 '두 지파와 반 지파'의 군대에게 그러했는데, 그들은 다른 지파들이 가나안을 정복하는 것을 돕는 조건 하에 모세로부터 요단 건너편에 기업을 얻었다. 그들은 모세에게 그렇게 할 것을 약속했고(민 32:32), 정복전쟁이 시작될 때 여호수아 앞에 다시 한 번 확약했다(수 1:16).

이제 그들이 약속을 다 이행했으므로, 여호수아는 실로에서 그들의 의무가 다 끝났음을 공적으로 그리고 엄숙히 선언한다. 이 일이 어떤 이들이 생각하는 것처럼 땅이 분배된 후에 실행되었는지, 아니면 다른 사람들이 생각하는 것처럼(왜냐하면 땅을 분배할 때는 그들의 도움이 더 이상 필요 없었기 때문에 그리고 땅을 분배하는 일은 그들을 제외한 나머지 열 지파의 족장들이 맡았기 때문에, 민 34:18 이하) 전쟁이 끝나고 땅이 분배되기 전에 실행되었는지는 분명하지 않다. 그러나 본영(本營)이 길갈에서 실로로 옮겨진 후에 이 일이 실행된 것과(2절), 또 그들이 길갈에서 옮기기 전에 땅이 분배되기 시작한 것(수 14:6)은 분명하다.

모든 전쟁에서 선봉에 섰던 르우벤과 갓의 군대는 때때로, 예컨대 전쟁이 소강상태일 때나 나머지 군대가 겨울 병영(兵營)에 퇴거해 숙영(宿營)하고 있을 때, 적어도 그들 중 일부는 가족들을 만나고 개인적인 일을 보기 위해 요단을 건넜을 것이다. 혹은 집에 머무르며 자신들의 빈 자리를 대신하여 다른 사람을 보내기도 했을 것이다. 어쨌든 이들 '두 지파와 반 지파'가 분담하는 군대는 대략 4만 명 수준이었는데, 이들은 상황이 펼쳐질 때마다 각자의 위치에서 싸웠고 이제 전체가 다 의무를 완료하고 집으로 돌아가게 된 것이다. 가족에 대한 애정과 돌봐야 할 개인적인 일들로 인해, 그들은 몹시 집에 돌아가고 싶었을 것이다. 그러나 그들은 좋은 군사들처럼 장군으로부터 명령을 받을 때까지 결코 움직이지 않았다. 이와 같이 우리가 위에 있는 하늘 아버지의 집을 아무리 사모하고 갈망한다 할지라도, 우리는 우리의 전쟁이 완료될 때까지 땅에 머무르며 제대특명(除隊特命)을 기다리면서 우리의 떠날 때를 예기(豫期)하지 말아야 한다(이것은 홀 주교가 언급한 것이다).

I. 여호수아는 '두 지파와 반 지파' 로 하여금 그들의 소유의 땅으로 돌아가도록 허락한다(4절). 먼저 기업을 할당받은 자들이 그것을 향유하는 데에는 나중이 되었다. 그들은 형제들보다 먼저 소유권을 얻었지만, 그 소유를 충분히 누리는 것은 형제들보다 뒤졌다. 이와 같이, 나중 된 자가 먼저 되고 먼저 된 자가 나중 된다. 이렇게 하여 서로 균등케 되는 것이다.

II. 여호수아는 그들을 삯과 함께 돌아가게 한다. 누가 자비량으로 전쟁에 나갈 것인가? 너희는 많은 재산을 가지고 너희의 장막으로 돌아가서(8절). 그들이 정복전쟁에 동참하여 얻은 모든 땅은 다른 지파들에게 돌아갈 것이었다. 그러나 탈취물에 대한 그들의 분깃은 그들이 가져야만 한다. 그리고 그렇게 했다. 바로 이것이 그들이 기대할 수 있는 모든 삯이었다. 왜냐하면 가나안 전쟁은 급료가 지급되지 않고 각자 자신의 필요를 충당하면서 싸운 전쟁이었기 때문이다. 여호수아는 말한다. "너희의 장막 즉 너희의 집으로 돌아가라." 여호수아는 여기에서 장막이라고 말하는데, 그것은 그들이 광야에서 거의 대부분 장막을 사용했기 때문이다. 그리고 실제로 세상에서 가장 튼튼하고 장중한 집조차도 위에 있는 우리의 집과 비교할 때 장막처럼 보잘것없고 초라한 것이기 때문이다. 너희는 많은 재산과 심히 많은 가축과 은과 금과 구리와 쇠와 심히 많은 의복을 가지고 너희의 장막으로 돌아가서,

1. 네 형제들로 충분한 분깃을 갖게 하고, "너희는 우리 중에 분깃이 없느니라" 라고 말하지 말라.

2. 네 형제들로 하여금 탈취물의 분깃을 갖게 하라. 탈취한 것을 너희의 형제와 나눌지니라 — 마치 미디안과의 전쟁에서 탈취한 것을 나눈 것처럼(민 31:27). 이 모든 기간 동안 너희를 기다려 온 형제들로 하여금 너희가 집에 돌아올 때 너희로 인해 유익을 얻게 하라.

III. 여호수아는 그들을 칭찬하면서 명예롭게 돌아가도록 한다. 비록 그들의 봉사가 당연한 의무였고 또 약속을 이행하는 것이었다 할지라도, 여호수아는 그들을 높이 치하한다. 여호수아는 그들의 의무를 해제시켜 줄 뿐만 아니라 그

들의 훌륭한 봉사를 극구 칭찬한다. 물론 이스라엘이 이 땅을 소유하게 된 것은 하나님의 호의로 말미암은 것이었으며 따라서 그분이 모든 영광을 받으셔야 한다. 그러나 여호수아는 칼과 활을 들고 그들을 도운 그 형제들에게 마땅히 돌려져야 할 감사의 인사가 있어야 한다고 생각했다. 몰론 우리의 찬미와 감사는 하나님께 초점이 맞추어져야 한다. 그러나 그렇다고 하여 그분이 쓰시는 도구들이 간과되어서는 안 된다. 여기에서 여호수아가 그들을 칭찬하는 내용은 다음과 같다.

1. 지도자에게 기꺼이 순종함(2절). 모세가 죽었을 때 그들은 그의 모든 명령을 잊지 않고 준수했다. 그리고 군대의 장군으로서 여호수아가 내린 모든 명령들을 그들은 주의 깊게 순종했다. 그가 명령하는 대로 가라면 가고, 오라면 오며, 하라면 했다(마 8:9). 군사에게 있어 명령자의 말에 순종하는 것보다 더 칭찬할 만한 것이 무엇이겠는가?

2. 자기 형제들을 끝까지 사랑하며 함께 함. **오늘까지 날이 오래도록 너희가 너희 형제를 떠나지 아니하고**(3절). 여호수아는 그 기간이 얼마인지에 대해 말하지 않는다. 또 우리는 그에 대해 어디에서도 확실하게 언급하는 것을 보지 못한다. 칼비시우스(Calvisius)와 같은 최고의 연대기 학자들은 가나안 땅을 정복하고 분배하는 일은 대략 6년 내지 7년 정도 걸렸을 것으로 계산한다. 이와 같은 긴 기간을 이 '두 지파와 반 지파' 는 형제들과 함께 하며 할 수 있는 최선의 봉사를 했다. 자신의 사적인 이해관계를 제쳐두고 하나님의 이스라엘의 대의(大義)에 동참한 자들은 참으로 명예롭게 될 것이다. 그들은, 하나님이 형제들에게 안식을 주실 때까지 그리고 자신들이 형제들과 함께 안식하게 될 때까지, 떠나지 않고 함께 했다.

3. 하나님의 율법에 신실하게 순종함. 그들은 여호수아와 이스라엘에 대한 의무만을 이행했을 뿐만 아니라 하나님께 대한 의무도 세심하게 이행했다. **"너희는 그 책임을 지켰다."** 이것은 문자적으로 **"너희는 그 지킴을 지켰다"** 인데, 다시 말해서 **"너희는 너희 하나님 여호와의 계명을 신중하고 주의 깊게 지켰다"** 란 뜻이다. 그들은 전쟁이 끝날 때까지 형제들을 위해 봉사하는 특별한 경우뿐만 아니라 일반적으로 진(陣) 안에서의 모든 삶 가운데 그렇게 했다. 이것은 군사들에게 있어 참으로 드문 일이면서 동시에 너무나 훌륭한 일이 아닐 수 없다. 여호수아는 바로 이 점을 크게 치하한다.

Ⅳ. 여호수아는 훌륭한 권면과 함께 그들을 집으로 돌아가게 한다. 여호수아는 그들에게 땅을 경작하는 것이나 성읍을 더욱 견고하게 하는 것, 혹은 이제 그들이 전쟁하는 일에 익숙해졌으니 주변 나라를 침략해서 영토를 넓힐 것을 말하지 않는다. 다만 진지한 경건생활을 권면한다. 여호수아가 그들에게 말한 것은 정치적인 것이 아니라 신앙적인 것이었다(5절).

1. 일반적으로 말하면, **"명령과 율법을 주의 깊게 행하라"** 는 것이다. 명령을 받은 자가 만일 그 명령을 행하지 않는다면 그것을 헛되이 받은 것이다. 만일 우리가 부지런히 주의를 기울이지 않는다면 우리는 그 명령을 올바로 지키지 못할 것이다. 우리는 얼마나 곁길로 가기 쉬우며 또 우리의 영적 원수들은 얼마나 우리를 그렇게 만들려고 애쓰는가?

2. 특별하게 말하면, **"우리 하나님 여호와를 사랑하라"** 는 것이다. 그는 존재하는 것 가운데 최선의 존재이며, 우리의 친구들 가운데 최고의 친구이다. 이 원칙이 우리의 심장을 다스리고 있는 한, 그리고 우리의 심장이 고동치는 근원인 한, 우리의 모든 길에 하나님의 길로 행하는 끊임없는 관심과 진지한 열정이 있을 것이다. 비록 그 길이 좁고 험난한 길이라 할지라도, 사람들과 만나 대화할 때까지도 그의 명령을 지키고, 어떤 형편에서도 마음을 다해 그를 좇으며, 하나님의 영광을 위해 그리고 그 나라의 유익을 위해 마음과 뜻을 다해 봉사할 것이다. 여기에서 '두 지파와 반 지파' 에게 주어진 이와 같은 훌륭한 권면은 또한 우리 모두에게 주어진 것이다. 하나님께서 우리에게 은혜를 베푸시기를!

Ⅴ. 여호수아는 그들을 축복하고 집으로 돌아가게 한다(6절). 특별히 므낫세 반 지파에게 그렇게 하는데, 이것은 아마도 에브라임 지파인 여호수아가 그들에 대해 다른 두 지파에 비해 좀 더 혈통적으로 가까웠기 때문이었거나 아니면 그들이 자기 지파의 절반을 남겨두고 떠나는 것을 몹시 아쉬워했기 때문이었을 것이다. 그들은 여러 번 작별인사를 하면서도 자꾸 머뭇거렸는데, 여호수아는 그들에게 다시 한 번 집으로 돌아갈 것을 말하면서 축복한다(7절). 여호수아는 그들을 위해 친구로서 기도할 뿐만 아니라 아비로서 여호와의 이름으로 기도하면서, 그들과 그들의 가족과 그들의 일을 하나님의 은혜에 맡긴다. 어떤 이들은 여호수아가 그들에게 축복하는 것을 그들의 봉사에 대한 보상으로서 주는 선물로 이해한다. 그러나 한 사람의 선지자로서 여호수아는 그들에게 주는 권면 가운데(5절) 선지자의 상의 한 부분을 그들에게 주었다. 분명히 우리는 이

것을 그리고 심지어 그의 기도조차도 신적 권위를 가진 하나님의 대리자로서 하고 있는 것으로 이해해야 한다.

VI. 이와 같이 모든 의무를 면제받고 그들은 모두 함께 자신들의 소유의 땅으로 돌아왔다(9절). 요단을 건넘에 있어 그들을 위해 나룻배가 준비되었을 것이다. 이와 같이 때때로 가장들이 오랫동안 집을 떠나 있을 때가 있다. 그러나 그들은 밖에서의 모든 일이 끝날 때 자기 집을 기억해야 하며, 마치 둥지를 떠난 새처럼 방황해서는 안 된다.

10 르우벤 자손과 므낫세 반 지파가 가나안 땅 요단 언덕 가에 이르자 거기서 요단
가에 제단을 쌓았는데 보기에 큰 제단이었더라 11 이스라엘 자손이 들은즉 이르기를
르우벤 자손과 갓 자손과 므낫세 반 지파가 가나안 땅의 맨 앞쪽 요단 언덕 가 이
스라엘 자손에게 속한 쪽에 제단을 쌓았다 하는지라 12 이스라엘 자손이 이를 듣자
곧 이스라엘 자손의 온 회중이 실로에 모여서 그들과 싸우러 가려 하니라 13 이스라
엘 자손이 제사장 엘르아살의 아들 비느하스를 길르앗 땅으로 보내어 르우벤 자손
과 갓 자손과 므낫세 반 지파를 보게 하되 14 이스라엘 각 지파에서 한 지도자씩 열
지도자들을 그와 함께 하게 하니 그들은 각기 그들의 조상들의 가문의 수령으로서
이스라엘 중에서 천부장들이라 15 그들이 길르앗 땅에 이르러 르우벤 자손과 갓 자
손과 므낫세 반 지파에게 나아가서 그들에게 말하여 이르되 16 여호와의 온 회중이
말하기를 너희가 어찌하여 이스라엘 하나님께 범죄하여 오늘 여호와를 따르는 데
서 돌아서서 너희를 위하여 제단을 쌓아 너희가 오늘 여호와께 거역하고자 하느냐
17 브올의 죄악으로 말미암아 여호와의 회중에 재앙이 내렸으나 오늘까지 우리가 그
죄에서 정결함을 받지 못하였거늘 그 죄악이 우리에게 부족하여서 18 오늘 너희가
돌이켜 여호와를 따르지 아니하려고 하느냐 너희가 오늘 여호와를 배역하면 내일
은 그가 이스라엘 온 회중에게 진노하시리라 19 그런데 너희의 소유지가 만일 깨끗
하지 아니하거든 여호와의 성막이 있는 여호와의 소유지로 건너와 우리 중에서 소
유지를 나누어 가질 것이니라 오직 우리 하나님 여호와의 제단 외에 다른 제단을
쌓음으로 여호와를 거역하지 말며 우리에게도 거역하지 말라 20 세라의 아들 아간이
온전히 바친 물건에 대하여 범죄하므로 이스라엘 온 회중에 진노가 임하지 아니하
였느냐 그의 죄악으로 멸망한 자가 그 한 사람만이 아니었느니라 하니라

Ⅰ. 여기에 비록 가나안 땅을 떠나고 있다 할지라도 형제들의 종교를 계속 지키고자 했던 '두 지파와 반 지파' 의 신앙적인 관심이 나타난다. 그들은 하나님의 백성으로부터 완전히 분리된 이방인의 아들들이 되지 않으려고 했다(사 56:3). 이를 위해 그들은 요단 경계에 큰 제단을 세움으로써, 자신들이 이스라엘 백성이요 여호와의 제단에 참여하는 자(고전 10:18)임을 입증하는 증거로 삼았다. 요단에 이르렀을 때(10절), 그들은 기념비를 세움으로써 가나안 전쟁에 있어서의 자신들의 공적과 형제들에게 행한 봉사를 어떻게 잊지 않고 기념할 것인가 하는 것을 의논하지 않았다. 다만 그들이 간절한 마음으로 영원한 증거로 삼고자 원한 것은 자신들이 하나님의 교회의 한 지체로서 성도의 교제 안에 있는 것이었다. 그러므로 누군가에 의해 이 일이 처음 제안되었을 때, 지체없이 그들은 즉각 이 제단을 세웠다. 그리고 이 제단은 그들로 하여금 다른 지파들과 교제하도록 연결시켜주는 다리가 될 것이었다.

어떤 이들은 그들이 강을 바라보면서 실로에 있는 제단의 그림자라도 보고자 하는 마음으로 이 제단을 요단의 가나안 쪽, 즉 베냐민의 기업에 세운 것으로 생각한다. 그러나 그들이 요단 동편, 즉 자기 쪽에 그 제단을 세운 것으로 보는 것이 좀 더 타당해 보인다. 허락도 없이 남의 땅에 제단을 세울 이유가 어디 있겠는가? 본문 가운데에도 가나안 땅 건너편이라고 언급된다. 또한 만일 그들이 그 제단을 그들 기업 가운데 세우지 않았다면, 그것이 제사를 위한 것이라고 의심할 이유가 없었을 것이다.

이 제단은 매우 순수하고 정직하게 계획되고 고안된 것이었다. 그러나 그것이 악의 모양을 가지고 있었고 또 형제들에게 거리끼는 것이 될 수 있었기 때문에, 만일 그들이 그것을 세우기 전에 하나님께 물어보거나 혹은 적어도 형제들에게 그 목적을 미리 말해 주었다면 더 좋았을 것이다. 그들의 열정은 칭찬할 만한 것이었다. 그러나 그 열정과 함께 신중함이 있었어야 했다. 그와 같은 목적을 가진 제단을 세우는 일은 그렇게 서두를 필요가 없었다. 그들은 좀 더 숙고하고 또 다른 사람들의 충고를 받을 만한 시간을 가졌어야 했다. 그러나 그들의 순수함과 진지함이 드러났을 때, 누구도 그들의 성급함을 비난하지 않았다. 하나님은 정직한 열정 가운데 나타나는 연약함을 간과하신다. 그러므로 사람들도 마땅히 그렇게 해야 한다.

Ⅱ. 하나님의 영광과 실로의 제단을 위한 다른 지파들의 거룩한 질투. 이러한

제단이 세워졌다는 소식이 이스라엘의 족장들에게 즉각 전달되었다(11절). 그들은 모든 제물은 오직 하나님이 택하신 장소에서만 드려져야 하며 결코 다른 장소에서 드려져서는 안 된다고 하는 율법(신 12:5-7)이 얼마나 엄격하고 엄정한가 하는 것을 잘 알고 있었다. 따라서 그들은 다른 제단을 세우는 것이 하나님이 최근 자신의 이름을 두기 위한 장소를 선택한 것을 모독하는 것이며 그것은 곧 다른 신을 예배하는 쪽으로 흐를 것임을 인식했다.

1. 그들의 의심은 충분히 타당한 것이었다. 왜냐하면 그 제단은 첫눈에 악한 것으로 보일 수 있었으며, 또한 실로의 제단에 대한 경쟁물로서 의도된 것으로 보일 수 있었기 때문이다. 제단을 세우는 것으로부터 그 곳에 제물을 드리고자 하는 의도를 추론하고 또 그것이 우상 숭배를 가져오게 하고 그럼으로써 이스라엘의 하나님께 대한 신앙과 예배를 배반하게 만들 수 있다고 추론하는 것은 결코 지나친 비약이 아니다. 이 일은 이스라엘 전체를 불타게 할 만큼 엄청난 일이었다. 하나님은 자신의 규례를 위해 질투하신다. 그러므로 우리도 마땅히 그래야 한다. 따라서 우리는 우상 숭배로 보이거나 혹은 그것으로 이끌 수 있는 모든 것을 두려워해야 한다.

2. 이러한 의심과 관련한 그들의 열심은 매우 칭찬할 만한 것이었다(12절). 그들이 요단 강에 의해 자신들과 분리된 '두 지파와 반 지파' 가 스스로를 하나님으로부터 분리시키고 있는 것으로 생각했을 때, 그들은 이것을 자신들에게 가해질 수 있는 가장 큰 위해(危害)로 받아들였다. 그래서 그들은 필요하다면 하나님의 제단을 지키기 위해 이들의 생명을 취할 준비가 되어 있었으며, 이와 같은 반역을 진압하고 응징하기 위해 또 악한 전염병이 퍼지는 것을 막기 위해 무력을 사용할 준비가 되어 있었다. 온유한 방법으로 막을 수 없다면, 몸으로부터 썩은 지체를 잘라냄을 통해서라도 그렇게 하고자 했다. 그들은 모두 함께 모였다. 그들이 모인 장소는 다름 아닌 실로였는데, 이는 그들이 이 장소에 부여된 신적 특성을 지키고자 했기 때문이었다. 그들의 결의는 마치 하나님과 그분을 섬기는 일에 전적으로 헌신하여 자기 형제들을 인정하지 아니하며 심지어 자기 자녀들조차도 알고자 하지 않았던 제사장들과 같았다(신 33:9). 그들은 즉각 이들과 전쟁을 벌이기 위해 올라갔다 – 만일 이들이 하나님께 대해 반역을 행했거나 혹은 반역 가운데 있음이 드러난다면. 비록 이들이 '뼈 중의 뼈' 요 광야에서 함께 고생한 동료였고 또 가나안 전쟁에서 자신들을 위해 봉사했다

할지라도, 만일 이들이 돌이켜 다른 신들을 섬긴다면 그들은 이들을 이스라엘의 아들로서가 아니라 창기의 자녀로서 그리고 원수로서 대할 것이었다(신 13:12 이하). 그들은 불과 얼마 전에 칼을 칼집에 꽂았고, 전쟁의 위험과 노고에서 물러나 하나님이 주신 안식을 얻었다. 그러나 그들은 우상 숭배를 억제하고 저지하며 그에 대해 복수하는 의무를 게을리하기보다는 차라리 새로운 전쟁을 기꺼이 시작할 것이었다. 그것은 용감한 결의이며, 자신의 신앙에 대한 열심이고, 자신의 신앙을 신실하고 부지런히 실천하는 것이었다. 종교적인 타락은 — 점차 세력을 늘리고 그러다가 나중에 굳어져 하나의 관습이 되기 전에 — 초두에 빨리 처리해 버려야 한다.

3. 이러한 열정적인 결의를 실행함에 있어서의 그들의 신중함 역시 칭찬할 만하다. 하나님은 이러한 성격의 문제를 다룸에 있어 자세히 묻고 잘 살펴볼 것을 명령하셨다(신 13:14). 그렇게 함으로써 그들은 자신들의 종교를 바로잡는다는 구실로 형제를 부당하게 대하는 잘못을 범치 않게 될 것이다. 그리하여 그들은 전쟁을 위한 군대를 보내기에 앞서, 이 일의 전말을 묻기 위한 사신(使臣)들을 먼저 보내기로 결정한다. 이렇게 하여 각 지파에서 한 사람씩, 그리고 전체를 대표할 사람으로 비느하스가 사신으로 보냄 받게 되었다(13, 14절). 이와 같이 그들의 '하나님을 위한 열심' 은 지혜의 온유함에 의해 절제되고 인도되며 다스려졌다. 모든 것을 아시며 또 모든 악을 미워하시는 하나님조차도 가장 악한 죄인을 벌하기에 앞서 먼저 내려가 보셨다(창 18:21). 여러 가지 분쟁의 문제에 있어 먼저 공정하고도 호의적인 질문을 통해 우리는 많은 불행한 다툼들을 예방할 수 있다. 진실의 빛 속에서 잘못과 오해와 각종 곡해된 말과 행동을 바로잡는 것은 분쟁과 다툼을 조정하는 가장 효과적인 방법이다. 그리고 그것이 모두에게 만족스러운 결말을 가져다 준다.

4. 사신들이 이 문제를 해결하는 방식은 회중들의 생각과 정신에 충분히 부응했으며, 그들의 열심과 신중함을 동시에 드러냈다.

(1) 그들은 형제들에게 매우 강력하게 꾸짖는 말투로 경책하며 힐문한다. 이것은 하나님의 영광을 위한 그들의 열심으로 말미암은 것이었다. 그리고 실로에 있는 이스라엘 회중의 분노를 전달하고, 이들을 각성시켜 스스로를 정결케 하도록 하기 위함이었다. 그러나 그들은 이렇게 하는 대신 판단을 유보할 수 있었을 것이다. 그들이 제단을 세우는 것을 이스라엘의 하나님께 대한 범죄로서,

마치 군사들이 상관에게 반역하는 것이나(여호와를 따르는 데서 돌아서서) 혹은 신하들이 왕에게 모반하는 것(너희가 오늘 여호와께 거역하고자 하느냐) 같은 가증한 범죄로 간주하지 않음으로써 최소한 격앙된 마음을 누그러뜨리기라도 했더라면 더 좋았을 것이다(16절). 그들의 말은 너무 심한 것이었다. 그들이 자신들의 이러한 힐난과 고소를 입증할 수 없었던 것은 무척 다행스러운 일이었다. 결백한 자라 할지라도 때로 이와 같이 그 의도가 잘못 전달되고 힐난을 당하는 것은 결코 이상한 일이 아니다. 불의한 증인들이 일어나서 내가 알지 못하는 일로 내게 질문하며(시 35:11).

(2) 그들은 형제들의 죄가 얼마나 심각한 것인지를 이렇게 언급한다: 브올의 죄악이 우리에게 부족하여서(17절). 아마도 여기에서 이 말이 언급된 것은 사신들을 대표하는 존재였던 비느하스가 바로 이 사건으로 유명해졌기 때문이든지(민 25:7), 아니면 그들이 이 범죄가 행해진 장소인 요단 강 동편에 있었기 때문인 것으로 생각할 수 있다. 사람들의 불경건과 불의로 인해 하늘로부터 나타난 하나님의 진노의 실례(實例)를 회상하는 것은 좋은 일이다. 그는 그들에게 브올의 죄를 일깨워준다.

[1] 그것은 하나님을 격동케 하는 매우 큰 죄였다. 이 제단을 세운 것은 매우 작은 일처럼 보이지만 브올의 죄만큼이나 나쁜 죄로 전개될 수 있었고, 따라서 초두에 뿌리를 뽑아야만 했다. 예전에 행한 큰 죄를 기억함으로써 우리는 사소한 죄의 기회에 대해서까지도 스스로를 지킬 수 있게 된다. 죄의 길은 내리막길이기 때문이다.

[2] 그것은 전체 회중을 괴롭게 한 죄였다. "이 일로 여호와의 회중에 재앙이 내렸고, 하루에 24,000명 이상의 사람이 죽지 않았는가? 너희가 이 일을 알면서도 깨닫지 못한단 말인가? 이것이 우상 숭배에 대한 경고로서 충분치 못한가? 맙소사! 너희가 또 다른 재앙을 가져오려는가? 우상의 제단에 광분하여 하나님의 심판의 칼끝을 향해 달려가려는가? 이스라엘의 진이 그 죄와 그로 인한 형벌로부터 아직까지도 전율하고 있지 않은가? 오늘까지 우리가 그 죄에서 정결함을 받지 못하지 않았는가? 아직도 불씨가 남아 있지 않은가?

첫째로, "죄의 오염성과 관련하여 – 우리 중 어떤 사람들은 너무나도 우상 숭배의 성향이 강하여, 만일 너희가 다른 제단을 세우면 너희가 의도했건 의도하지 않았건 그들은 곧 다른 신을 예배하는 기회를 갖게 될 것이다."

둘째로, "그 죄로 인한 하나님의 진노와 관련하여 – 만일 우리가 다른 죄로 하나님을 격동시킨다면 금송아지의 경우에 경고하셨던 것처럼(출 32:34) 그분은 브올의 죄를 기억하실 것이다. 이 어찌 두렵지 않은가? 그런데 감히 너희가 하나님의 진노의 잠자는 사자를 깨운단 말인가?"

죄에 죄를 더하고 진노의 날에 진노를 쌓는 자들처럼 예전에 범한 죄를 아주 작은 것으로 여기는 것은 너무나도 어리석고 위험한 일임을 기억하자. 그러므로 우리는 이 모든 일들에 대하여 이렇게 말하자. **지나간 때로 족하도다**(벧전 4:3).

(3) 이 문제와 관련한 그들의 염려는 충분히 근거 있는 것이었다. 그들은 스스로를 방어하기 위해서나 혹은 자기보존의 법칙에 의해서나 그렇게 하지 않을 수 없었다: "너희가 오늘 하나님을 배반하면 아간의 경우처럼(20절) 내일 그의 심판이 온 회중에게 임할지 누가 알겠는가?(18절). 아간이 범죄하였으나 그로 인해 우리 모두가 고통을 받지 않았는가? 우리는 이로 인해 교훈을 받아야 한다. 그 때 하나님이 그렇게 행하셨으므로 지금도 그렇게 하실 수 있지 않겠는가? 그러므로 만일 우리가 너희의 죄에 대해 견책하고 징벌하지 않는다면 하나님이 우리를 징벌하시지 않을까 두려워하지 않을 수 없다." 공공의 안전을 보호할 책임을 맡은 자들은 각종 악습과 신성모독을 제지하고 억제하는 일에 자신의 권력을 사용해야 한다. 만일 그러한 것들이 그냥 묵과되고 묵인된다면 곧이어 나라 전체에 퍼질 것이고, 결국 공동체 전체에 하나님의 심판이 임하게 될 것이다. 우리의 이웃이 죄를 범할 때 우리는 반드시 그의 죄를 견책해야 한다. 그럼으로써 우리는 그의 죄를 담당하지 않게 될 것이다(레 19:17).

(4) 그들이 제시한 제안은 매우 적절하고 친절한 것이었다(19절). 만일 '두 지파와 반 지파' 가 자신들의 소유의 땅에 제단이 없음으로 인해 그 땅을 부정하게 생각하고 그럼으로써 마음에 거리낌이 된다면, 실로의 제단에 대항하는 또 하나의 제단을 세울 것이 아니라 여호와의 성막이 있는 땅으로 와서 함께 거주할 것을 그들은 제안했다. 그렇게 한다면 그들은 기꺼이 형제들이 거주할 곳을 마련해 줄 것이었다. 이로써 그들은 분열을 피하고자 하는 진실하고 참된 열정을 보여주었다. 비록 그들의 판단이 결과적으로 큰 오해에서 비롯된 것이기는 했지만, 형제들이 별도의 제단을 세우는 것보다 차라리 하나님이 주신 땅의 상당 부분을 나누어주고 함께 사는 것을 더 좋아했다. 진실로 이것이 이스

라엘 백성들의 정신이었다.

[21]르우벤 자손과 갓 자손과 므낫세 반 지파가 이스라엘 천천의 수령들에게 대답하
여 이르되 [22]전능하신 자 하나님 여호와, 전능하신 자 하나님 여호와께서 아시나니
이스라엘도 장차 알리라 이 일이 만일 여호와를 거역함이거나 범죄함이거든 주께
서는 오늘 우리를 구원하지 마시옵소서 [23]우리가 제단을 쌓은 것이 돌이켜 여호와
를 따르지 아니하려 함이거나 또는 그 위에 번제나 소제를 드리려 함이거나 또는
화목제물을 드리려 함이거든 여호와는 친히 벌하시옵소서 [24]우리가 목적이 있어서
주의하고 이같이 하였노라 곧 생각하기를 후일에 너희의 자손이 우리 자손에게 말
하여 이르기를 너희가 이스라엘 하나님 여호와와 무슨 상관이 있느냐 [25]너희 르우
벤 자손 갓 자손아 여호와께서 우리와 너희 사이에 요단으로 경계를 삼으셨나니
너희는 여호와께 받을 분깃이 없느니라 하여 너희의 자손이 우리 자손에게 여호와
경외하기를 그치게 할까 하여 [26]우리가 말하기를 우리가 이제 한 제단 쌓기를 준비
하자 하였노니 이는 번제를 위함도 아니요 다른 제사를 위함도 아니라 [27]우리가 여
호와 앞에서 우리의 번제와 우리의 다른 제사와 우리의 화목제로 섬기는 것을 우
리와 너희 사이와 우리의 후대 사이에 증거가 되게 할 뿐으로서 너희 자손들이 후
일에 우리 자손들에게 이르기를 너희는 여호와께 받을 분깃이 없다 하지 못하게
하려 함이라 [28]우리가 말하였거니와 만일 그들이 후일에 우리에게나 우리 후대에게
이같이 말하면 우리가 말하기를 우리 조상이 지은 여호와의 제단 모형을 보라 이
는 번제를 위한 것도 아니요 다른 제사를 위한 것도 아니라 오직 우리와 너희 사이
에 증거만 되게 할 뿐이라 [29]우리가 번제나 소제나 다른 제사를 위하여 우리 하나님
여호와의 성막 앞에 있는 제단 외에 제단을 쌓음으로 여호와를 거역하고 오늘 여
호와를 따르는 데에서 돌아서려는 것은 결단코 아니라 하리라

우리는 열 지파가 보낸 사신(使臣)들의 말을 듣기 위해 '두 지파와 반 지파' 의 족장들과 어른들로 이루어진 대표모임이 소집되었을 것으로 생각할 수 있다. 혹은 군대가 집에 돌아오기는 했지만 아직 해산하지 않은 채 진영(陣營)을 이루고 있었을는지도 모른다. 그러나 전자든 후자든 간에, 그들은 '두 지파와 반 지파' 를 대표하여 전체의 생각을 전달할 만한 위치에 있었다. 열 지파의 부드러운 항의에 대한 그들의 대답은 매우 온당하고 솔직했다. 그들은 열

지파 형제들의 비난에 반박하지 않는다. 또 그들의 경솔하고 성급한 견책에 대해 위협을 가하면서 비판하지도 않으며, 그들을 책망하지도 않는다. 다만 분노를 일으키는 과격한 말을 피하면서 부드럽게 대답한다. 그들의 판단에 항변하지 않고, 군대가 한 일에 대해 책임이 없다고 변론하지도 않으며, 남의 일에 상관하지 말라고 말하지도 않는다. 다만 자신들이 한 일에 대한 진정한 의도를 꾸밈없이 그리고 솔직하게 설명함으로써 오해를 풀고 형제들에 의해 덧씌워진 오명에서 벗어나고자 한다. 그들은 자신들이 꼭 말해야 할 필요가 있는 것을 말했고 이 문제를 참된 빛 안에서 대처했다.

I. 그들은 이 제단이 실로의 제단과 경쟁하는 또 하나의 제단으로서 희생이나 제물을 드리는 목적으로 세워진 것이 아니며, 또 자신들은 실로의 제단을 버리려는 생각이 추호도 없음을 엄숙하게 항변한다. 실제로 그것은 제단의 모양과 양식을 가지고 있었다. 그러나 그들은 그것을 종교적인 용도로 봉헌하지 않았으며 어떤 성별의 의식을 행하지도 않았다. 그러므로 그것이 그와 같은 용도를 위한 것이라고 정죄되어서는 안 된다. 이러한 항변이 신빙성 있는 것임을 입증하기 위해,

1. 그들은 먼저 하나님께 엄숙하게 호소한다(22절). 이와 같은 호소와 함께 스스로를 위한 변명을 시작하는데, 이렇게 함으로써 그들은 먼저 하나님께 영광을 돌리고 그러고 나서 형제들들 만족시키고자 한다.

(1) 여기에 하나님께 대한 깊은 경외심과 존경심이 표현된다: 전능하신 자 하나님 여호와, 전능하신 자 하나님 여호와께서 아시나니. 이 구절을 다음과 같이 읽을 때 좀 더 원문에 가깝게 된다: 신들의 신이신 여호와, 신들의 신이신 여호와 그가 아시나니. 이러한 표현은 그분의 자존성(self-existence)과 자충족성(self-sufficiency)을 나타낸다. 그는 여호와이시다. 그는 모든 존재와 권세들, 심지어 신이라 불리며 경배를 받는 것들까지도 주관하는 최고의 주권을 갖고 계시다. 이러한 짤막한 신앙고백은 그들이 이스라엘의 하나님을 버리고 다른 신들을 섬기려고 한다는 형제들의 의심을 풀어주는데 도움이 될 것이다. 어떻게 그들은 하나님이 모든 것을 지배한다는 이와 같은 사상을 품을 수 있었을까? 여기에서 우리는 하나님에 대해 말할 때 항상 존경심과 진지함을 가지고 말해야 하며, 또한 그의 이름을 언급할 때는 엄숙함으로 그렇게 해야 한다는 사실을 배울 수 있다. "하나님이 아신다"라고 가볍고 경솔하게 하늘에 호소하는 자들은

그분의 이름을 망령되게 하지 않았는지 스스로를 돌아봐야 한다. 그와 같은 가벼운 태도는 여기의 호소와는 전연 다른 것이다.

(2) 그들은 하나님께 대한 자신들의 호소가 결코 거짓이 아닌 정직한 것임을 확실하게 나타낸다. 그들은 그 논쟁을 오직 진실에 따라 판단하는 '신들의 신'(God of gods)께 돌리는데, 그분의 판단은 죄인에게는 두려움이 되고 정직한 자에게는 기쁨이 되는 것이다. "이 일이 만일 여호와를 거역함이거나 범죄함이거든, 다시 말해서 우리가 이 제단을 세운 것이 실로에 있는 여호와의 제단과 맞서기 위함이거나 혹 파당을 만들거나 혹 어떤 새로운 신이나 종교를 세우기 위함이라면" [1] "그가 아시나니(22절). 그는 마음의 생각과 계획을 완전히 아시며, 특별히 우상 숭배로 향하는 모든 마음을 온전히 알고 계시기 때문이다(시 44:20, 21). 어떤 의미로든 이것은 그분 앞에서의 문제이다. 우리는 그분이 이것을 아신다고 믿는다. 우리는 어떤 방법으로도 이것을 숨길 수 없다." [2] "여호와는 친히 벌하시옵소서. 그분이 그리 하실 것을 우리는 아나니, 그는 질투하는 하나님이시기 때문이라."

만일 어떤 반역이 있다면 하나님의 공의로써 복수해 달라는 이와 같은 기원은 오직 깨끗한 양심을 가진 사람만이 할 수 있다. 다음을 주목하라. **첫째로**, 하나님이 마음을 아신다는 사실을 기억할 때 우리는 모든 신앙생활 속에서 하나님께 대하여 정직할 수 있다. **둘째로**, 우리가 사람들의 비난의 대상이 될 때 우리의 진실성에 대하여 하나님께 겸손하게 호소할 수 있음은 우리에게 큰 위안이 된다. 고린도전서 4:3-4을 보라.

2. 이어서 그들은 형제들에게 침착하게 해명한다: **이스라엘도 장차 알리라.** 위로부터의 확증과 우리 가슴으로부터의 증거가 분명하다 할지라도, 우리의 진실성을 의심하는 형제들을 만족시켜야 할 책임이 또한 우리에게 있다. 그리고 우리는 온유함과 두려움으로 그렇게 해야 한다. 우리의 진실성이 하나님께 알려졌다면 마찬가지로 우리는 그것을 그 열매로서 다른 사람들도 알도록 해야 한다. 특별히 여기에서 열 지파가 그랬던 것처럼, 우리에게 대하여 오해하고 있지만 나름대로 하나님의 영광을 위한 열심을 가지고 있는 사람들에게 더욱 그러하다.

3. 제단을 세운 목적을 오해하고 의심하는 것에 대한 엄숙한 부인. 그들은 이와 같은 말로 해명을 끝마친다(29절): "하나님은 우리가 여호와께 대해 반역하

는 것을 금하신다. 만일 우리가 번제를 드리기 위해 이 제단을 세웠다면, 우리가 하나님께 반역을 행한 것임을 인정한다. 그러나 결코 아니다. 우리는 그러한 생각 자체를 혐오한다. 우리는 실로에 있는 여호와의 제단에 대해 다른 어떤 지파에도 못지않은 큰 경외심과 존경심을 가지고 있다. 그리고 그 제단을 굳게 지지하며, 영원히 그것과 함께 할 것이다. 당신들이 예배의 순수성과 교회의 일치성에 큰 관심을 가지고 있는 것과 똑같이 우리도 그에 대해 큰 관심을 갖고 있다. 만일 당신들이 우리가 하나님을 좇는 데서 떠난 것으로 생각한다면 그것은 사실과 너무나 먼 이야기가 될 것이다."

Ⅱ. 그들은 이 제단을 세운 참된 목적과 의도를 충분히 설명한다. 우리는 그들이 자신들의 목적과 의도를 진실되게 말했으며 나중에 그러한 목적과 의도를 수정하거나 완화시키지 않았다고 믿는다. 이들은 요단 동편에 자신들의 기업을 달라고 요청할 때에도 역시 정직한 목적을 가지고 있었다 — 비록 그 때 역시도 심지어 모세에게조차도 오해를 받기는 했지만. 그들의 해명에 의하면, 그들이 제단을 세운 것은 형제들과 분리되기 위한 것 즉 실로에 있는 여호와의 제단으로부터 분리되기 위한 것과는 너무나 거리가 멀었다. 반대로 그것은 형제들과 그리고 하나님의 제단과의 교제를 담보하고 좀 더 확고히 하기 위한 목적으로 세운 것이었다. 그리고 그것은 하나님 앞에서 그분을 영원히 섬기겠다는 결심의 증표였다(27절).

1. 그들은 자신들이 가지고 있는 두려움에 대해 설명했는데, 그것은 시간이 지남에 따라 그들의 자손들이 성막으로부터 너무나 멀리 떨어져 있음으로 해서 이스라엘 공동체로부터 이방인으로 간주되거나 혹은 그렇게 취급되지 않을까 하는 것이었다(24절). 제단을 세운 것은 이러한 두려움으로 말미암은 것이었다. 이와 같은 말 속에는 그들 안에 있었던 마음의 염려와 번민이 나타나 있는데, 이와 같은 염려와 번민은 제단을 세움으로써 마음의 안정을 얻을 때까지 계속되었다. 그들이 집으로 돌아오고 있었을 때(아마도 오래 전부터 이 일을 생각하지는 않았을 것으로 보인다. 만일 그랬다면 그들은 자신들의 염려와 번민을 여호수아에게 말했을 것이다), 어떤 사람들이 이 문제를 거론하기 시작했고 결국 모두가 이 문제의 심각성을 깨닫게 되었다. 그리고 훗날 벌어지게 될지도 모를 매우 우울한 전망, 즉 자신들의 자손들이 다른 지파들에 의해 하나님의 제단과 거기에서 드려지는 제물과 아무 상관이 없는 것으로 간주되는 것

에 대해 서로 이야기를 나누게 되었다. 지금 그들은 형제로 인정되고 있으며, 다른 어떤 지파들과 마찬가지로 성막에 가서 제물을 드릴 수 있다. 그러나 만일 훗날 그들의 자손들이 형제로서 인정되지 않으면 어떻게 할 것인가? 그들은 먼 거리로 인해 그리고 요단이 가로막음으로 인해 자주 왕래하기가 쉽지 않을 것이다. 따라서 다른 지파들처럼 일년에 세 번씩 계속해서 절기에 참석할 수 없을 것이고, 그러면 이스라엘 백성의 특권을 계속해서 주장할 수 없게 될 것이다. 그러므로 그들은 이스라엘 교회로부터 있으나마나한 존재로 간주되게 될 것이며, 점차로 지체에서 배제될 것이다: 너희 자손들이(이들은 거만함으로 제단의 특권을 독점할 것이다) 후일에 우리 자손들에게(어쩌면 이들은 그러한 특권을 대수롭지 않게 여길지 모른다) 이르기를 너희는 여호와께 받을 분깃이 없다 하지 못하게 하려 함이라. 다음을 주목하라.

(1) 공적 예배로부터 단절되는 자들은 모든 신앙을 잃게 될 것이며, 점차로 여호와 경외하는 것을 그만두게 될 것이다. 비록 많은 사람들이 신앙의 생명력과 능력이 없이도 신앙생활의 형식과 신앙고백을 지켜나가고 있기는 하지만, 그러나 신앙의 생명력과 능력은 그것의 형식과 신앙고백이 없이는 오래 유지되지 못할 것이다. 만일 당신이 은혜의 수단을 잃는다면, 은혜도 잃게 될 것이다.

(2) 예배로부터 위로와 유익을 찾는 자들은 자손들에게도 이런 신앙적 유산이 보존되고 영속되기를 갈망할 것이고, 따라서 자손들이 여호와를 따르는 것을 중단하지 않도록 가능한 모든 예방책을 사용할 것이다.

2. 이렇게 되는 것을 방지하기 위해 그들이 취한 방책(26-28절). "그러므로 우리의 자손에게 하나님의 제단과의 관계를 확고히 하고 그것에 대한 그들의 자격을 증거하기 위해, 우리가 말하기를 우리와 너희 사이에 증거가 되기 위하여 이제 한 제단 쌓기를 준비하자 하였노라." 이와 같이 우리의 보호 아래 모조 제단(模造祭壇)을 둠으로써, 이것은 우리 자손들이 원 제단(原祭壇)의 특권과 권리를 가지고 있음에 대한 분명한 증거가 될 것이다. 모든 사람들이, 이 제단이 제사와 제물을 위해 결코 사용되지 않는 것을 보고는, 그것의 목적이 무엇이냐고 물을 것이다. 이러한 질문에 대해 다음과 같은 대답, 즉 이 제단은 '다른 형제들과의 교제와 여호와의 제단에 함께 참여함의 증표'로서 분리된 지파들에 의해 세워졌다는 대답이 주어질 것이다. 그리스도는 모든 예물을 거룩하게 하는

큰 제단이다. 우리가 그와 관계되어 있다는 사실에 대한 가장 확실한 증거는 우리 마음 속에 있는 성령의 모범과 그에 대한 우리의 순종일 것이다. 우리가 그렇게 한다면, 그것은 우리가 하나님 안에 분깃을 가지고 있으며 또한 우리에게 성도의 견인(perseverance)의 보증이 주어져 있음에 대한 분명한 증거가 될 것이다.

30제사장 비느하스와 그와 함께 한 회중의 지도자들 곧 이스라엘 천천의 수령들이
르우벤 자손과 갓 자손과 므낫세 자손의 말을 듣고 좋게 여긴지라 31제사장 엘르아
살의 아들 비느하스가 르우벤 자손과 갓 자손과 므낫세 자손에게 이르되 우리가
오늘 여호와께서 우리 중에 계신 줄을 아노니 이는 너희가 이 죄를 여호와께 범하
지 아니하였음이니라 너희가 이제 이스라엘 자손을 여호와의 손에서 건져내었느
니라 하고 32제사장 엘르아살의 아들 비느하스와 지도자들이 르우벤 자손과 갓 자
손을 떠나 길르앗 땅에서 가나안 땅 이스라엘 자손에게 돌아와 그들에게 보고하매
33그 일이 이스라엘 자손을 즐겁게 한지라 이스라엘 자손이 하나님을 찬송하고 르
우벤 자손과 갓 자손이 거주하는 땅에 가서 싸워 그것을 멸하자 하는 말을 다시는
하지 아니하였더라 34르우벤 자손과 갓 자손이 그 제단을 엣이라 불렀으니 우리 사
이에 이 제단은 여호와께서 하나님이 되시는 증거라 함이었더라

우리는 여기에서 이 문제에 대한 선한 결말을 보게 된다. 만일 양편이 하나님께 대한 열심은 가지고 있으면서도 피차 화평을 추구하지 않았다면, 최악의 결과를 가져왔을는지도 모른다. 왜냐하면 종교와 관련한 싸움은 지혜와 사랑의 결핍으로 인해 종종 가장 맹렬해지기 쉽기 때문이다. 그리고 그것은 가장 해결하기 어려운 싸움이 되곤 한다. 그러나 여기의 제단과 관련한 문제에서, 양편은 피차의 설명과 대화를 통해 서로를 잘 이해하게 되었고 따라서 그 문제는 행복한 결말로 끝나게 되었다.

I. 열 지파가 보낸 사신들은 '분리된 지파' (두 지파와 반 지파)**가 제단을 세운 의도가 결백한 것이었음을 듣고는 무척 기뻤다.**

1. 사신들은 그들의 진실성을 의심하면서 이렇게 질문하지 않았다: "너희들은 그 제단이 제사나 제물을 드리기 위함이 아니라고 말한다. 그러나 어떻게 너희를 믿을 수 있겠는가? 그것이 결코 그와 같은 목적으로 사용되지 않을 것

임을 너희들은 어떻게 보증할 것인가?" 그들은 결코 그와 같이 묻지 않았다. **사랑은 모든 것을 믿으며 모든 것을 바라며.** 사랑은 최선의 것을 믿고 소망한다. 그리고 사랑은 거짓말하는 것을 매우 싫어한다.

2. 사신들은 다음과 같이 말함으로써 그들이 너무 성급하게 그리고 아무런 의논도 없이 그 일을 행했다고 비난하지 않는다: "만일 너희가 그렇게 좋은 목적으로 그와 같은 일을 행했다면, 여호수아와 엘르아살에게 미리 조언을 구하든지 아니면 적어도 그들에게 알리기라도 할 수 있지 않았었는가? 그랬다면 이렇게 사신을 파견하는 수고와 번거로움은 없었을 것이 아닌가?" 일을 하는 방식이 다소 서툴고 사려 깊지 못하다 할지라도 그 일의 목적과 의도가 합당하고 정직하다면, 우리는 기꺼이 그와 같은 부족함을 용서하고 간과해야 한다.

3. 사신들의 관심은, 비록 자신들이 제기했다고 해서 그 고소를 어떻게든 입증하려고, 더 많은 증거를 찾아내려는 것이 아니었다. 도리어 자신들의 잘못이 고쳐지는 것으로 즐거워했고, 그러한 잘못을 인정하는 것을 전혀 부끄러워하지 않았다. 형제에게 행한 어떤 견책이 결국 오해로 말미암은 잘못된 것이었음이 분명히 드러났을 때, 교만하고 완악한 영은 결코 그것을 철회하려고 하지 않고 계속해서 붙잡고 늘어지려고 한다. 이들 사신들은 결코 그와 같은 편견을 가진 사람들이 아니었다. 도리어 형제들의 변론과 해명을 기뻐했다(30절). 그들은 형제들의 결백을 하나님의 임재의 증표로 간주했다(31절). 특별히 제단을 세운 일이 하나님의 제단에 대한 냉랭한 태도와는 너무나 거리가 멀고 오히려 그것에 대한 열정적인 애정의 결과라는 것을 알았을 때 더욱 그러했다: "**너희가 이스라엘 자손을 여호와의 손에서 건져내었느니라.**" 다시 말해서 "너희는 우리가 두려워했던 것처럼 이스라엘 자손을 여호와의 손에 넘겨주지 않았다. 혹은 너희는 우리가 질투하는 죄를 범함으로 이스라엘 자손을 여호와의 심판 아래 떨어지게 하지 않았다."

Ⅱ. 이스라엘 회중들은 자신들이 보낸 사신들이 '두 지파와 반 지파' 형제들의 해명과 관련하여 보고하는 것을 듣고 크게 만족했다. 그들은 이 사건의 전말에 대하여 들을 때까지 최소한 대표들끼리라도 함께 모여 있었던 것 같다(32절). 그리고 이 일의 진상을 깨닫게 되었을 때, 그들은 크게 기뻐하면서 하나님을 찬송했다(33절). 우리의 형제들이 믿음을 지키며 경건의 능력에 대한 열심을 가지고 있고 또 믿음과 사랑 안에서 성령의 하나됨을 지킬 때, 우리는 이에

대해 크게 기뻐하며 감사해야 한다. 이러한 일들로 하나님은 영광을 받으시고, 우리는 위로와 기쁨을 얻자. 이와 같이 만족하게 되었을 때, 그들은 즉시 무기를 내려놓고 형제들에 대하여 벌이려고 했던 전쟁에 대한 모든 생각들을 멀리 내던져 버렸다. 그리고 생각건대 그들은 실로에서 형제들을 만나게 될 다음 절기를 열렬히 소망하며 기다렸을 것이다.

Ⅲ. 분리된 지파 즉 두 지파와 반 지파도 만족스러웠다. 왜냐하면 그들은 — 비록 그들이 상상했던 일들이 일어날 것 같지는 않지만 — 하나님의 제단에 대한 이와 같은 모형을 자신들 가운데 가지기를 원했기 때문이었다. 여호수아와 족장들은, 비록 시간이 지남에 따라 그것이 우상 숭배의 빌미가 될 가능성이 다분히 있었다 할지라도, 그들의 마음을 이해하고 그 제단을 헐 것을 명령하지 않았다. 이와 같이 강한 자는 약한 자의 약점을 담당해야 한다. 그들은 자신들이 세운 제단의 목적을 분명히 했다. 그것은 오직 '실로의 제단' 과의 교제를 위한 증거로만 사용될 것이었다. 이러한 목적은 분명하게 기록될 필요가 있었다. 그래서 그들은 당시의 통상적인 관례에 따라 그 제단에다가 그와 같은 의미를 담는 이름을 부여함으로써 그렇게 했다(34절). 그들은 그 제단을 '엣' 이라 불렀는데, 그것은 증거를 의미하는 것이었다. 그것은 그들이 하나님과 이스라엘에 대해 가지고 있는 관계를 증거하는 것이었으며, 또한 그들이 "여호와 그는 하나님이시며 다른 신은 없다" 는 신앙고백에 있어 다른 지파들과 일치함을 증거해 주었다. 그것은 또한 자손들에게 순전한 신앙을 물려주려는 관심을 증거하는 것이었고, 만일 그들이 하나님을 버리고 그를 좇는 데서 떠날 때 그들을 대적하는 증거가 될 것이다.

제 23 장

개요

본 장과 다음 장에서 우리는 여호수아가 죽기 얼마 전에 백성들에게 행한 두 개의 고별 설교를 보게 된다. 만일 그가 세속적인 문제에만 관심을 갖는 사람이었다면, 아마도 그는 새로운 정복지에 정착하는 방법, 농업, 제조업, 상업, 세금제도, 사법제도, 그리고 이제 유아기에 있는 나라의 헌법에 대해 말했을 것이다. 그러나 그가 이 책을 기록하면서 의도했던 것은 자손들에게 종교의 개념과 하나님에 대한 의무를 확고히 심어주는 것이었다. 그러므로 일반 역사의 통상적인 주제인 이와 같은 것들을 간과하면서, 그는 여기에서 이 책을 읽는 독자들에게 '이스라엘로 하여금 하나님과의 언약에 신실하도록 설득하기 위해 자신이 취했던 방법들'을 전달한다. 본 장의 내용은 다음과 같다. I. 국가적인 지도자 모임이 소집됨(1-2절). 아마도 그것은 몇 년간의 험난한 시절이 지난 후 그들 앞에 놓여진 공동의 문제에 대해 의논하기 위한 것이었을 것이다. II. 이 모임의 개회사로서 혹은 어쩌면 폐회사로서 행한 여호수아의 연설. 1. 여호수아가 그들에게 하나님이 그들을 위해 행하신 일(3, 4, 9, 14절)과 계속해서 행하실 일(5, 10절)을 일깨워줌. 2. 여호수아가 그들에게 하나님께 대한 의무를 다하도록 주의 깊게 그리고 단호하게 권고함(6, 8, 11절). III. 우상 숭배에 빠져있는 주변의 이방인들과 삶을 함께 하지 말 것을 경고함(7절). IV. 만일 하나님을 버리고 우상에게 돌이킬 때 어떤 치명적인 결과가 오는지 경고함(12, 13, 15, 16절). 이 모든 것에서 여호수아는 하나님께 대한 열심을 나타내면서, 이스라엘에 대하여 거룩한 질투로 질투한다.

1 여호와께서 주위의 모든 원수들로부터 이스라엘을 쉬게 하신 지 오랜 후에 여호수
아가 나이 많아 늙은지라 2 여호수아가 온 이스라엘 곧 그들의 장로들과 수령들과
재판장들과 관리들을 불러다가 그들에게 이르되 나는 나이가 많아 늙었도다 3 너희
의 하나님 여호와께서 너희를 위하여 이 모든 나라에 행하신 일을 너희가 다 보았
거니와 너희의 하나님 여호와 그는 너희를 위하여 싸우신 이시니라 4 보라 내가 요
단에서부터 해 지는 쪽 대해까지의 남아 있는 나라들과 이미 멸한 모든 나라를 내

가 너희를 위하여 제비 뽑아 너희의 지파에게 기업이 되게 하였느니라 [5]너희의 하
나님 여호와 그가 너희 앞에서 그들을 쫓아내사 너희 목전에서 그들을 떠나게 하
시리니 너희의 하나님 여호와께서 너희에게 말씀하신 대로 너희가 그 땅을 차지할
것이라 [6]그러므로 너희는 크게 힘써 모세의 율법 책에 기록된 것을 다 지켜 행하라
그것을 떠나 우로나 좌로나 치우치지 말라 [7]너희 중에 남아 있는 이 민족들 중에 들
어 가지 말라 그들의 신들의 이름을 부르지 말라 그것들을 가리켜 맹세하지 말라
또 그것을 섬겨서 그것들에게 절하지 말라 [8]오직 너희의 하나님 여호와께 가까이
하기를 오늘까지 행한 것 같이 하라 [9]이는 여호와께서 강대한 나라들을 너희의 앞
에서 쫓아내셨으므로 오늘까지 너희에게 맞선 자가 하나도 없었느니라 [10]너희 중
한 사람이 천 명을 쫓으리니 이는 너희의 하나님 여호와 그가 너희에게 말씀하신
것 같이 너희를 위하여 싸우심이라

여호수아의 이와 같은 명령이 내려진 때는 언제인가?

Ⅰ. 이러한 총회가 어디에서 열렸는지에 대하여 전혀 언급되지 않는다. 어떤 이들은 총회가 여호수아가 살았던 성읍인 '딤낫세라'에서 열렸다고 생각하는데, 이제 그는 늙어서 잘 움직일 수조차 없었기 때문이다. 그러나 여호수아가 그와 같은 굉장한 지위와 신분을 스스로에게 부여했을 것으로는 보이지 않는다. 그러므로 이 모임이 실로에서 열렸을 것으로 보는 것이 좀 더 합당할 것이다. 이 곳은 이스라엘의 모든 남자들이 여호와 앞에 예배드리기 위해 올라오는 곳이었다. 여호수아는 이러한 명령을 전달하는 기회로 삼기 위해 세 번의 큰 절기 가운데 한 절기를 택했을 것이다.

Ⅱ. 총회가 열린 때에 대하여는 단지 일반적인 언급만이 주어질 뿐이다. 그것은 여호와께서 주위의 모든 원수들로부터 이스라엘에게 안식을 주신 지 오랜 후였다(1절). 그러나 실제로 어느 정도의 오랜 기간인지는 언급되지 않는다.

1. 그것은 이스라엘이 가나안에서의 안식과 소유로 인해 평안을 느끼고 또 그 아름다운 땅의 유익들을 향유할 시간을 가질 만큼의 오랜 기간이었다.

2. 그것은 여호수아가 그들이 그 땅에 남아 있는 가나안 사람들과 가까이 함으로써 부패될 위험을 주목할 만큼의 오랜 기간이었다.

Ⅲ. 여호수아의 말을 들은 사람들 여호수아가 온 이스라엘 곧 그들의 장로들과 수령들과 재판장들과 관리들을 불러다가 그들에게 이르되(2절). 모든 이스라엘이

직접 들을 수 있는 자리에 다 들어올 수는 없었다. 그러므로 여호수아는 모든 장로들과(훗날 이들은 산헤드린을 구성하게 된다), 각 지파의 수령들 즉 각 지역의 귀인들과, 율법을 잘 앎으로써 범죄자를 재판하고 판결을 내리는 재판장들, 그리고 마지막으로 그러한 판결을 집행하는 일을 위임받은 관리들을 불러 모았다.

1. 여호수아는 이들을 불러 모아 말씀을 전함으로써, 그들로 하여금 들은 것을 각 지역에 있는 백성들에게 전달하도록, 그래서 이 명령이 전체 나라에 퍼지도록 했다.

2. 여호수아가 이들에게 말씀을 전한 것은 먼저 그들로 하여금 하나님을 섬기고 그분에게 붙어있도록 하고, 그럼으로써 그들의 영향력으로 인해 모든 백성이 하나님께 대해 신실하게 살아가도록 하기 위함이었다. 만일 윗사람들이 선하면, 그들은 많은 선을 이루는데 큰 도움이 될 것이다.

Ⅳ. 여호수아가 이러한 명령을 할 때의 상황 그가 나이 많아 늙은지라(1절). 여호수아는 110세까지 살았는데(24:29), 아마도 이 때는 그의 일생의 말년이었을 것이다. 담화(談話) 첫머리에 드러나고 있는 바와 같이 그는 자신이 늙었다는 사실을 잘 알고 있었다(2절). 몇 년 전 그가 늙기 시작했을 때, 하나님께서 그에게 그러한 사실을 일깨워 주셨다(13:1): 너는 나이가 많아 늙었고. 그러나 지금은 그 자신이 세월에 따른 노화를 절실히 느끼고 있었고, 따라서 스스로 이렇게 말할 준비가 되어 있었다: 내가 나이 많아 늙은지라.

1. 여호수아는 이 말을 '백성들에게 자신의 명령을 전달하는 논거' 로 사용한다. 이제 그는 늙었기 때문에 그들과 함께 있으면서 교훈하며 가르치는 것을 잠깐밖에는 할 수 없을 것이다. 그러므로 (벧후 1:13이 말씀하는 것처럼) 이 장막에 있는 동안 그는 백성들에게 그들이 마땅히 감당해야 할 의무를 기억하게 하고 되새기는 일에 더욱 힘쓸 것이다. 그는 나이가 더함에 따라 점점 더 쇠약해질 것이고, 조만간 이 장막을 벗을 것이다. 그러므로 그는 자신이 죽은 후에도 백성들이 지금처럼 선한 길을 걷기를 원했다. 죽음이 우리 앞에 가까이 다가오는 것을 볼 때, 우리는 더욱 힘을 다하여 생명의 사역을 감당해야 한다.

2. 또 여호수아는 이 말을 '백성들로 하여금 자신이 말하는 것에 주의를 기울이도록 하는 목적' 으로 사용한다. 그는 늙었고, 많은 경험을 했다. 그러므로 백성들은 그에게 주의를 기울여야 한다. 왜냐하면 세월이 많은 것을 말하기 때

문이다. 여호수아는 백성들을 위해 봉사하는 일로 평생을 보냈고, 백성들의 유익을 위해 헌신했다. 그러므로 백성들은 그를 더욱 존경해야 한다. 이제 그는 늙었고 죽어가고 있다. 백성들에게 설교할 기회가 그리 많지 않을 것이다. 그러므로 백성들은 그가 지금 말하는 것에 주의를 기울이고, 미래를 위해 잘 간직해야 한다.

V. 담화 그 자체. 담화의 목적은 그들과 그들의 자손들로 하여금 '이스라엘의 하나님께 대한 참된 믿음과 예배' 를 끝까지 지킬 것을 당부하는 것이다.

1. 여호수아는 자신의 시대에 그리고 자신이 다스리는 동안 '하나님이 이스라엘을 위해 행하신 큰 일' 들을 그들에게 일깨워준다. 이의 증거로서, 그는 백성들이 직접 보고 목격했음을 제시한다(3절): **너희의 하나님 여호와께서 너희를 위하여 이 모든 나라에 행하신 일을 너희가 다 보았거니와.** "이는 내가 한 것도 아니요 너희들이 한 것도 아니었다. 우리는 단지 하나님의 손 안에 있는 도구들일 뿐이었다. 오직 하나님께서 나와 너희들을 통해서 행하신 것이다."

(1) 많은 크고 강대한 나라들이 이스라엘에게 자리를 내어주기 위해 땅에서 쫓겨났는데, 이들 나라들은 당시의 어떤 나라 못지않은 훌륭한 나라들이었다. "**이 모든 나라에 행하신 일을 너희가 다 보았거니와.** 그들도 역시 하나님의 피조물이며, 그 손으로 만드신 작품이며, 하나님이 새 피조물로 만드사 그를 섬기기에 적합하게 하실 수 있는 자들이다. 그러나 하나님이 너희 때문에 그들을 멸망시키셨고(3절) **너희 앞에서 그들을 쫓아내셨음을 너희가 보았느니라**(9절). 너희에 비해 크고 강대함에도 불구하고, 마치 하나님께 전혀 중요치 않은 존재들인 것처럼."

(2) 그들은 쫓겨났을 뿐만 아니라(만일 이렇게 되었다면, 그들은 덜 풍요로운 다른 지역으로 가서 새로운 삶을 시작할 수 있었을 것이다. 만일 그 곳이 이스라엘이 오랫동안 방랑하던 광야라면 그들은 서로 자리를 바꾼 것이 될 것이다), 이스라엘 앞에 밟혀졌다. 그들이 이스라엘에 대항하여 완강하게 저항했지만, 결국 이스라엘 앞에 정복을 당하고 말았다. 그럼으로써 그들의 땅을 소유하는 것은 이스라엘에게 한층 영광스러운 것이 되었으며, 이스라엘의 하나님의 능력과 선하심을 좀 더 잘 보여주는 것이 되었다(3절): "**너희의 하나님 여호와께서 너희를** 인도하시고 먹이시고 지키셨을 뿐만 아니라, 용사(勇士)로서 **너희를 위해 싸우셨느니라.**" 용사라는 칭호는 그분이 이스라엘을 애굽에서 처음 건져

내셨을 때 이미 그들 가운데 알려져 있었던 것이었다(출 15:3). 그러므로 가나안 전쟁의 모든 과정에서 그들이 거둔 모든 승리는 너무도 분명하고 손쉬운 것이었다: **너희에게 맞선 자가 하나도 없었느니라**(9절). 다시 말해서, 어느 누구도 그들에게 대항하여 그들을 두렵게 하거나, 어떤 난관에 빠뜨리거나, 승리의 행진을 저지할 수 없었다. 모든 전투에서 그들은 승리를 쟁취했으며, 어떤 성이라도 반드시 함락시켰다. 아이 성의 실패는 특별한 경우로서, 그들이 어떤 조건 위에서 하나님의 호의를 입게 되는지를 보여주기 위한 것이었다. 이것을 제외하고는, 가나안 전쟁에서의 이스라엘 군대처럼 연전연승(連戰連勝)의 면류관을 쓴 군대는 결코 없었다.

(3) 이스라엘은 가나안을 정복했을 뿐만 아니라 그 땅을 완전히 소유하였다(4절): "**내가 이들 나라들, 즉 일부는 멸망을 당하고 일부는 남아 있는 나라들을 너희를 위하여 제비 뽑아 너희의 지파에게 기업이 되게 하였느니라.** 너희는 그들을 약탈하고 노략할 뿐만 아니라 그들의 땅에서 마음껏 살 수 있게 되었고, 또한 그들의 땅은 너희 지파들을 위한 확실하고도 영원한 기업이 되었느니라. 너희는 그 땅을 너희 발 아래 밟았을 뿐만 아니라, 너희 손 안에 붙잡았느니라."

2. 여호수아는 그들에게 하나님께서 적당한 때에 이 영광스러운 일을 이루시고 완성하실 것을 확증한다. 가나안 사람들 가운데 일부가 아직 남아 있으며 또한 어떤 지역에서는 아직도 매우 강하고 용맹한 것은 사실이다. 그러나 이것이 결코 그들을 실망시키는 것은 아니다. 이스라엘이 이 땅을 가득 채울 수 있을 만큼 번성할 때, 하나님은 가나안 사람을 마지막 한 사람까지 쫓아내실 것이다(그들이 계속해서 가나안 사람들에 대항하여 용맹하게 전쟁을 수행할 때): "**너희의 하나님 여호와 그가 너희 앞에서 그들을 쫓아내사 너희 목전에서 그들을 떠나게 하시리니,** 그럼으로써 이 땅에 가나안 사람이 한 사람도 남지 않게 될 것이며, 아직 그들 손에 남아 있는 지역까지도 너희의 소유가 될 것이다." 군사들이 각 지역으로 흩어지고 군대가 해산됨으로써 가나안의 남은 자들에 대하여 전쟁을 재개해야 할 경우에 그들을 다시 모으기가 어려울 것이라는 반론이 제기된다면, 이에 대해 하나님은 군대의 숫자에 대해 염려할 필요가 없다고 말씀하신다(10절): "요나단이 그랬던 것처럼 **너희 중 한 사람이 천 명을 쫓을 것이다**"(삼상 14:13). "너희는 숫자의 적음으로 인해 두려워하지 말고 자기 지파를 위해 그리고 자기 기업의 회복을 위해 위험을 무릅쓰고 모험을 감행하라. 너희의

하나님 여호와는 그의 모든 권능으로 사기를 높이기도 하시며 사기를 꺾기도 하시고 모든 피조물을 자기 뜻대로 움직이는 분이신데, 그가 너희를 위해 싸우실 것이다."

3. 여호수아는 여기에서 그들에게 그들의 의무에 더욱 충실하도록 당부한다. 그것은 그들이 시작한 여호와의 선한 길을 계속해서 지키며 걸어 나아가는 것이다. 여호수아는 그들에게,

(1) 더욱 용기를 낼 것을 당부한다(6절): "하나님이 너희를 위해 원수들과 싸우신다. 그러므로 너희도 하나님을 위해 용감하게 행동하라. 굳은 결심으로 율법책에 기록된 모든 것을 지켜 행하라." 여호수아는 그들에게 오직 그들이 이미 따르고 있었던 것을 계속하도록 촉구한다. "기록된 것을 진지하게 살펴 주의 깊게 지키고 부지런히 행하라."

(2) 더욱 주의하도록 당부한다: "좌로나 우로나 치우치지 않도록 조심하라. 왜냐하면 거기에는 양극단의 오류가 있기 때문이다. 하나님의 어떤 규례를 빠뜨리거나 혹은 네가 만들어낸 미신적인 생각으로 어떤 것을 덧붙이지 않도록 조심하라." 그들은 특별히 모든 종류의 우상 숭배를 조심해야 하는데, 그것은 그들이 처음으로 마음이 기울었던 그리고 가장 유혹적인 죄였다(7절).

[1] 그들은 우상 숭배자들과 친밀한 교제를 가져서도 안 되고, 그들을 방문하기 위해 그들 가운데 들어가서도 안 되며, 그들의 축제나 연회(宴會)에 참석해서는 안 된다. 왜냐하면 그러한 친밀한 접촉에는 반드시 우상 숭배에 전염되는 위험이 따르기 때문이다.

[2] 그들은 우상들에 대해 최소한의 경의조차도 보여서는 안 되며, 그들의 신들의 이름조차도 언급해서는 안 된다. 반대로 그것들을 영원한 망각 속에 묻음으로써 우상들에 대한 예배가 결코 되살아나지 못하도록 해야 한다. "우상들의 이름이 잊혀지게 하라. 그것들을 더럽고 혐오스러운 것으로 간주하라. 최고의 혐오감과 미움이 없이는 그것들의 이름을 부르지 말라." 유대인들은 자녀들이 돼지고기의 이름을 부르는 것조차 용납하지 않는다. 유대인들에게 돼지고기는 금지된 것이었는데, 혹시 그 이름을 부르는 것으로 인해 그 고기를 먹고 싶은 마음이 생길까 염려하는 마음 때문이었다. 만일 그들이 어떤 우상의 이름을 말해야 하는 상황이 생긴다면, 그들은 그것을 '그 이상한 것' (that strange thing)이라고 불러야 한다. 그리스도인들 사이에서 이방신들의 이름이 그토록 예사롭

게 불려지고 특별히 연극이나 시에서 매우 친밀하게 다루어지는 것은 참으로 안타까운 일이 아닐 수 없다. 하나님과 대립관계에 있는 그러한 이름들은 영원히 가증스럽게 여겨지고 또 잊혀져야 한다.

[3] 그들은 다른 사람들이 우상들에게 경의를 표할 때 그것을 묵인해서도 안 된다. 그들은 우상들로 맹세해서는 안 될 뿐만 아니라, 다른 사람들로 하여금 그렇게 하도록 해서도 안 된다. 그들은 우상 숭배자들과 어떤 언약도 맺어서는 안 되는데, 그것은 그들이 그 언약을 확증하는 가운데 그들의 우상들로 맹세하게 될 것이기 때문이다. 이스라엘 백성들은 결코 그러한 맹세를 수용해서는 안 된다.

[4] 그들은 이와 같은 우상 숭배의 모든 상황을 조심해야 한다. 그렇게 하지 않으면 그들은 점차로 그 속에 빠져 들어가게 될 것이다. 그럼으로써 거짓 신들을 섬기고 그것들에게 절하면서 결국 두 번째 계명을 범하게 될 것이다.

(3) 더욱 견고할 것을 당부한다(8절): **너희 하나님 여호와를 굳게 따르라**, 즉 "그를 기뻐하고 의지하며 그에게 헌신하기를 너희가 가나안에 들어온 이래로 **오늘까지 행한 것처럼** 끝까지 계속하라." 그들이 기꺼이 최선을 다하고자 했기 때문에, 여호수아는 브올의 죄까지 멀리 돌아보지 않는다. 그들 가운데 잘못된 일들도 많이 있었을 것이다. 그러나 그들은 그들의 하나님 여호와를 버리지 않았다. 여호수아는 다음과 같이 그들을 칭찬하면서, 좀 더 인내하며 굳게 나아갈 것을 권면한다. "계속해서 나아가라. 그러면 형통하리라. 너희가 여호와와 함께 할 때 그분도 너희와 함께 할 것임이라." 명령을 내리는 사람은 칭찬도 할 줄 알아야 한다. 백성들을 더 나아지게 만드는 방법은 그들로 하여금 최선을 다하도록 만드는 것이다. "너희는 오늘까지 여호와를 굳게 붙잡았다. 그러므로 계속해서 그렇게 하라. 만일 그렇게 하지 않는다면 너희가 수고한 것의 칭찬과 보상을 잃게 될 것이다. 너희가 의에서 돌아서면 너희의 의는 너희와 아무 상관이 없게 될 것이다."

[11]그러므로 스스로 조심하여 너희의 하나님 여호와를 사랑하라 [12]너희가 만일 돌아
서서 너희 중에 남아 있는 이 민족들을 가까이 하여 더불어 혼인하며 서로 왕래하
면 [13]확실히 알라 너희의 하나님 여호와께서 이 민족들을 너희 목전에서 다시는 쫓
아내지 아니하시리니 그들이 너희에게 올무가 되며 덫이 되며 너희의 옆구리에 채

찍이 되며 너희의 눈에 가시가 되어서 너희가 마침내 너희의 하나님 여호와께서
너희에게 주신 이 아름다운 땅에서 멸하리라 [14]보라 나는 오늘 온 세상이 가는 길로
가려니와 너희의 하나님 여호와께서 너희에게 대하여 말씀하신 모든 선한 말씀이
하나도 틀리지 아니하고 다 너희에게 응하여 그 중에 하나도 어김이 없음을 너희
모든 사람은 마음과 뜻으로 아는 바라 [15]너희의 하나님 여호와께서 너희에게 말씀
하신 모든 선한 말씀이 너희에게 임한 것 같이 여호와께서 모든 불길한 말씀도 너
희에게 임하게 하사 너희의 하나님 여호와께서 너희에게 주신 이 아름다운 땅에서
너희를 멸절하기까지 하실 것이라 [16]만일 너희가 너희의 하나님 여호와께서 너희에
게 명령하신 언약을 범하고 가서 다른 신들을 섬겨 그들에게 절하면 여호와의 진
노가 너희에게 미치리니 너희에게 주신 아름다운 땅에서 너희가 속히 멸망하리라
하니라

I. 여호수아는 여기에서 그들이 행할 바, 즉 신앙과 종교를 지키고 준행할 것을 지시한다(11절). 우리가 여호와를 굳게 붙잡고 버리지 않으려면,

1. 우리는 항상 경계해야 한다. 왜냐하면 많은 고귀한 인물들이 부주의함으로 인해 영혼을 잃어버리고 파멸을 당했기 때문이다: "그러므로 조심하라. 스스로 조심하라. 너희 영혼을 조심하라. 다시 말해서, 속사람을 죄의 오염으로부터 깨끗하게 지키고 또한 하나님을 섬기는 일에 더욱 작념하도록 하라." 하나님은 이러한 명령과 함께 우리에게 고귀한 마음을 주셨다. "마음을 지켜라. 무릇 지킬 만한 것보다 더욱 부지런히 마음을 지켜라."

2. 모든 신앙생활에 있어 우리는 사랑의 원칙으로부터 행해야 한다. 다시 말해서 강요나 하나님에 대한 노예적인 두려움으로부터가 아니라 스스로의 선택과 기쁨으로부터 행해야 하는 것이다. "너희 하나님 여호와를 사랑하라. 그리하면 너희는 그를 떠나지 않게 될 것이다."

II. 여호수아는 그들에게 왜 하나님께 신실해야 하는가에 대한 논거로서 그분의 성실하심을 강조한다(14절). 여호수아는 이렇게 말한다. "보라 나는 오늘 온 세상이 가는 길로 가려니와. 다시 말해서, 나는 늙어 죽어가고 있다." 죽는 것은 여행을 떠나는 것이다. 그것은 우리의 먼 본향으로의 여행이다. 그것은 온 세상이 가는 길이며, 모든 인간이 조만간 가야만 하는 길이다. 여호수아 역시도, 비록 그토록 위대하고 선한 사람이었다 할지라도, 이러한 보편적인 운명으

로부터 예외일 수 없었다. 여호수아는 여기에서 이러한 사실을 강조함으로써, 그들로 하여금 자신이 지금 하고 있는 말을 '유언' 처럼 받아들이도록 한다. 그의 말은 이와 같은 것이었다. "나는 이제 죽음으로 너희를 떠날 때가 가까웠다. 나는 항상 너희와 함께 있지 못할 것이나, 만일 너희가 여호와를 굳게 붙잡고 따른다면 그는 결코 너희를 떠나지 않을 것이다." 혹은 이와 같은 것이었다. "이제 나의 끝이 가까웠으므로 지나간 날들을 돌아보는 것이 좋으리라. 돌아보건대 나도 알았거니와, 너희도 굳은 확신과 분명한 증거 위에 온 마음과 영혼으로 알았으리라(단지 머릿속에만이 아니라 마음과 영혼에 뿌리박은 지식은 우리에게 큰 유익을 주며 또 영향을 끼친다). 여호와께서 너희에게 말씀하신 모든 선한 일들 가운데 단 한 가지도 성취되지 않은 것이 없음을 너희가 아느니라." 여호수아 21장 45절을 보라. 하나님은 그들에게 승리, 안식, 풍요, 그들 가운데 장막을 세우실 것 등을 약속하셨는데, 그가 약속한 모든 것 가운데 단 한 가지도 성취되지 않은 것이 없었다. 여호수아는 말한다. "자! 하나님이 너희에게 이같이 진실하지 않았느냐? 그러므로 너희도 하나님께 대하여 진실하도록 하라." 인내에 대해 교훈하면서 사도는 이렇게 말한다(히 10:23). 약속하신 이는 미쁘시니.

Ⅲ. 여호수아는 그들에게 배교의 치명적 결과에 대해 분명하게 경고한다(12, 13, 15, 16절). "만일 너희가 돌이킨다면, 그것이 너희의 파멸이 될 것임을 분명히 알라."

1. 여호수아가 배교를 어떻게 묘사하고 있는지 주목하라. 배교의 단계는 우상 숭배자들과 점점 더 친밀한 교제를 강화함으로써 높아지게 될 것이다(12절). 우상 숭배자들은 그들을 감언이설로 교묘하게 유혹할 것이다. 그리고 이제는 피차 잘 아는 사이가 되었음을 은연중 부각시키면서, 이제 그들이 이 땅의 주인이 되었으므로 자신들은 기꺼이 그들의 삶의 방식을 따를 것이라고 할 것이다. 다음 단계로 그들은 이스라엘 백성들에게 자신들의 자녀를 즐거이 주겠다고 할 것이고, 그럼으로써 피차 통혼(通婚)하게 될 것이다. 그리고 그 결과는 다른 신들을 섬기고 그것들에게 절하는 것이 될 것이다(16절). 이와 같이 죄의 길은 내리막길이며, 죄인들과 교제하는 자들은 죄와의 교제를 피할 수 없다. 여호수아는 이것을,

(1) 천박하고 수치스러운 배교라고 말한다. "이것은 너희가 그토록 훌륭하게 시작한 일로부터 돌이키는 것이다"(12절).

(2) 가장 불성실하게 약속을 파기하는 것이라고 말한다(16절). "이것은 너희 하나님 여호와의 언약, 즉 그가 너희에게 명령했고 또 너희 자신이 직접 서약한 언약을 어기는 것이다." 다른 죄들은 하나님께서 명령하신 율법을 어기는 것이지만, 이것은 그분이 명령하신 언약을 어기는 것이다. 그러므로 이것은 하나님과 그들 사이의 관계를 깨뜨리는 것이며, 또한 언약의 모든 효익(效益)을 잃게 만드는 것이다.

2. 여호수아가 그들에게 임할 멸망을 어떻게 묘사하고 있는지 주목하라. 여호수아는 그들에게 다음과 같이 말한다.

(1) 만일 그들이 가나안 족속의 남은 자들을 비호하고 그냥 내버려 두며 피차 통혼하여 인척관계를 맺게 되면, 가나안의 남은 자들은 그들에게 올무와 덫이 될 것이고 그럼으로써 그들로 하여금 죄(우상 숭배뿐만 아니라 모든 부도덕한 것들; 이러한 죄는 그들의 선한 덕행을 파괴할 뿐만 아니라 지혜와 생각과 정신과 명예까지 파괴할 것이다)에 빠지게 할 뿐만 아니라 어리석은 거래와 무익한 계획과 모든 종류의 잘못된 생활양식에 빠지게 할 것이다. 이와 같은 음험한 행습으로 그들을 잘못된 길로 유혹한 후에, 이들 가나안의 남은 자들은 좀 더 공공연하고 노골적으로 행동함으로써 그들에게 옆구리에 채찍이 되고 눈에 가시가 될 것이다. 결국 이들은 이스라엘 백성의 가축을 죽이거나 쫓아낼 것이요, 곡식을 불태우거나 훔치고, 집을 약탈할 것이며, 할 수 있는 모든 방법을 다 동원하여 그들을 괴롭게 할 것이다. 겉모습을 어떻게 꾸밀지라도, 가나안인들은 참 하나님께 대한 신앙과 예배로 개종하지 않는 한 어느 시대에나 이스라엘 백성이라는 이름을 미워하고 또한 그들이 눈에 띄는 것을 증오할 것이다. 죄에 대한 응답이 어떻게 징벌이 되는지, 아니 죄 자체가 어떻게 징벌이 되는지 잘 살펴보라.

(2) 여호와의 진노가 그들을 향해 불붙게 될 것이다. 가나안 사람들과 혼합되는 것은 우상 숭배자들에게 이스라엘을 괴롭게 하는 기회를 주고 가슴에 뱀을 품고 기르는 것이 될 뿐만 아니라, 하나님을 원수로 만듦으로써 그의 진노에 불을 붙이는 결과가 될 것이다.

(3) 마치 하나님의 모든 약속들이 그랬던 것처럼, 이 모든 경고와 위협이 이루어질 것이다. 왜냐하면 영원한 진리의 하나님은 양쪽에 대해 모두 진실하시기 때문이다(15절): "너희가 하나님을 가까이 할 때 모든 선한 일들이 약속대로

임한 것처럼, 너희가 그를 버리면 모든 악한 일들이 경고대로 임할 것이다." 모세는 그들 앞에 선과 악을 놓았다: 그들은 선을 경험했고 지금 그것을 즐기고 있지만, 만일 불순종하면 악이 확실하게 임할 것이다. 하나님의 약속이 '바보들의 낙원' 이 아닌 것처럼, 그의 경고와 위협이 '근거 없는 허깨비' 가 아니다.

(4) 그것은 결국 모세가 예언한 것처럼 그들의 교회와 나라가 완전한 파멸에까지 이르게 할 것이다. 여기에서 이 말이 세 번 반복된다. 너희의 원수들이 너희가 마침내 이 아름다운 땅에서 멸망을 당할 때까지 너희를 괴롭게 할 것이다(13절). 또, "하나님이 이 아름다운 땅에서 너희를 멸절하실 때까지 그가 너희를 괴롭게 하실 것이다"(15절). 16절에서 또다시 반복한다. "하늘과 땅이 합세하여 너희를 뽑을 것이요, 그럼으로써 너희가 이 아름다운 땅에서 멸망을 당하리라." 그 땅이 그들의 멸망을 가중시킬 것인데, 그들이 멸망을 당할 땅은 하나님이 그들에게 주신 좋은 땅으로서 그들이 스스로를 악에 던져버리지 않는 한 그가 영원히 견고케 하실 땅이었다. 이와 같이 하나님께서 값없이 그리고 확실한 선물로 주신 하늘의 가나안은 그 곳에 들어가지 못하고 멸망을 당할 자들에게는 도리어 괴로움이 더욱 가중되는 것이 될 것이다. 너무나 행복할 수 있었음을 알게 될 때 지금의 불행과 비참은 한층 더 두드러지게 되는 것이다. 이와 같이 여호수아는 그들 앞에 배교의 치명적인 결과를 제시하면서, 하나님의 두려우심을 깨달아 마음을 다하여 그를 붙잡을 것을 설득한다.

제 24 장

개요

우리는 여기에서 여호수아의 생애와 통치가 끝나는 것을 보게 된다. 본 장의 내용은 다음과 같다. I. 이스라엘 백성들로 하여금 하나님께 대한 참된 신앙과 예배 위에 굳게 서게 하고 그럼으로써 자신이 죽은 후에도 믿음을 지키고 인내하도록 하고자 애쓰는 여호수아의 고심과 노력. 이를 위해 여호수아가 이스라엘 회중의 지도자들을 또다시 불러 모음(1절). 1. 이야기로써; 하나님이 그들과 그들의 조상들을 위해 행하신 위대한 일들을 회상함(2-13절). 2. 명령으로써; 하나님을 섬기는 것과 관련하여(14절). 3. 협정으로써; 여호수아가 그들에게 (1) 신중하게 선택하도록 하고 그들이 신중하게 선택함(15-18절). (2) 결연한 마음으로 선택하게 하고 신앙을 굳게 따르도록 결심하게 함(19-24절). 4. 언약으로써; 그러한 협정의 토대 위에 언약을 세움(25-28절). II. 이러한 역사의 결말. 1. 여호수아의 죽음과 장사(29-30절), 엘르아살의 죽음과 장사(33절), 그리고 요셉의 뼈를 묻음(32절). 2. 이 때의 이스라엘의 상태에 대한 전체적인 언급(31절).

1여호수아가 이스라엘 모든 지파를 세겜에 모으고 이스라엘 장로들과 그들의 수령
들과 재판장들과 관리들을 부르매 그들이 하나님 앞에 나와 선지라 2여호수아가 모
든 백성에게 이르되 이스라엘의 하나님 여호와께서 이같이 말씀하시기를 옛적에
너희의 조상들 곧 아브라함의 아버지, 나홀의 아버지 데라가 강 저쪽에 거주하여
다른 신들을 섬겼으나 3내가 너희의 조상 아브라함을 강 저쪽에서 이끌어 내어 가
나안 온 땅에 두루 행하게 하고 그의 씨를 번성하게 하려고 그에게 이삭을 주었으
며 4이삭에게는 야곱과 에서를 주었고 에서에게는 세일 산을 소유로 주었으나 야곱
과 그의 자손들은 애굽으로 내려갔으므로 5내가 모세와 아론을 보내었고 또 애굽에
재앙을 내렸나니 곧 내가 그들 가운데 행한 것과 같고 그 후에 너희를 인도하여 내
었노라 6내가 너희의 조상들을 애굽에서 인도하여 내어 바다에 이르게 한즉 애굽
사람들이 병거와 마병을 거느리고 너희의 조상들을 홍해까지 쫓아오므로 7너희의
조상들이 나 여호와께 부르짖기로 내가 너희와 애굽 사람들 사이에 흑암을 두고

바다를 이끌어 그들을 덮었나니 내가 애굽에서 행한 일을 너희의 눈이 보았으며
또 너희가 많은 날을 광야에서 거주하였느니라 8내가 또 너희를 인도하여 요단 저
쪽에 거주하는 아모리 족속의 땅으로 들어가게 하매 그들이 너희와 싸우기로 내가
그들을 너희 손에 넘겨 주매 너희가 그 땅을 점령하였고 나는 그들을 너희 앞에서
멸절시켰으며 9또한 모압 왕 십볼의 아들 발락이 일어나 이스라엘과 싸우더니 사람
을 보내어 브올의 아들 발람을 불러다가 너희를 저주하게 하려 하였으나 10내가 발
람을 위해 듣기를 원하지 아니하였으므로 그가 오히려 너희를 축복하였고 나는 너
희를 그의 손에서 건져내었으며 11너희가 요단을 건너 여리고에 이른즉 여리고 주
민들 곧 아모리 족속과 브리스 족속과 가나안 족속과 헷 족속과 기르가스 족속과
히위 족속과 여부스 족속이 너희와 싸우기로 내가 그들을 너희의 손에 넘겨 주었
으며 12내가 왕벌을 너희 앞에 보내어 그 아모리 족속의 두 왕을 너희 앞에서 쫓아
내게 하였나니 너희의 칼이나 너희의 활로써 이같이 한 것이 아니며 13내가 또 너희
가 수고하지 아니한 땅과 너희가 건설하지 아니한 성읍들을 너희에게 주었더니 너
희가 그 가운데에 거주하며 너희는 또 너희가 심지 아니한 포도원과 감람원의 열
매를 먹는다 하셨느니라 14그러므로 이제는 여호와를 경외하며 온전함과 진실함으
로 그를 섬기라 너희의 조상들이 강 저쪽과 애굽에서 섬기던 신들을 치워 버리고
여호와만 섬기라

여호수아는, 앞 장에서의 엄숙한 명령 속에서 "나는 온 세상이 가는 길로 가려니와" 라고 말할 때, 이스라엘에게 마지막 작별인사를 한 것으로 생각했다. 그러나 하나님이 은혜롭게도 그의 생명을 기대했던 것보다 더 연장시켜 주시고 또 그의 힘을 새롭게 해주셨을 때, 그는 그것을 이스라엘을 위한 선한 일에 활용하기를 원했다. 여호수아는 "나는 이미 그들에게 작별을 고했다. 그것으로 그만이다" 라고 말하지 않았다. 반대로 좀 더 많은 시간이 주어졌을 때, 그는 그들로 하여금 하나님을 따라 행하도록 하기 위하여 할 수 있는 더 많은 일을 하기 위해 그들을 한데 불러 모았다. 우리는 생명이 다하는 그 순간까지 하나님을 위한 우리의 일이 다 끝났다고 결코 생각해서는 안 된다. 만일 하나님이 우리가 생각했던 것보다 우리의 날을 길게 하신다면, 우리는 그것을 '해야 할 일이 아직 남았기 때문' 이라고 생각해야 한다.

본 장의 모임의 구성원은 앞 장에서의 그것과 동일하다: 장로들과 수령들과 재

판장들과 관리들(1절). 그러나 여기의 모임은 앞 장의 그것보다 뭔가 엄숙한 분위기를 풍긴다.

I. 모임으로 지정된 장소는 세겜이었다. 그것은 여호수아에게 실로보다 세겜이 가까웠고, 따라서 그에게 좀 더 편리했기 때문이었을 것이다(지금 그는 노쇠하여 여행하기가 힘들었다). 뿐만 아니라 세겜은 하나님의 언약을 처음 받은 자인 아브라함이 가나안에 와서 정착한 곳이고, 이 곳에서 하나님이 그에게 나타나셨으며(창 12:6-7), 이 곳 근처에 이스라엘이 가나안에 처음 들어왔을 때 '하나님과의 언약' 을 갱신했던(수 8:30) 그리심 산과 에발 산이 있었기 때문이었을 것이다. 이 곳 세겜은 '하나님이 조상들과 맺은 약속' 과 '그들 자신이 그분과 맺은 약속' 을 생각나게 해줄 수 있는 장소였다.

II. 그들은 이 모임에서 스스로를 여호수아 앞에 뿐만 아니라 하나님 앞에 나타냈다. 즉 그들은, 마치 하나님의 특별한 임재 속으로 들어가는 것처럼 그리고 하나님이 여호수아를 통해 자신들에게 말씀하신다는 생각과 함께, 엄숙한 종교적 태도를 갖고 모였다. 아마도 그들은 이 모임을 기도와 함께 시작했을 것이다. 어떤 성경해석학자들은 이와 같이 큰 행사에서 여호수아가 제사장들에게 하나님의 법궤를 세겜으로 가져와 이 모임 장소에 놓으라고 명령했을 것으로 추측한다(그들은 세겜이 실로에서 대략 16km 정도 떨어졌을 것으로 생각한다). 그렇기 때문에 26절에서 세겜이 '여호와의 성소' 로 불렸다고 생각한다(당시에 법궤가 있는 장소를 그와 같이 불렀다). 이렇게 한 것은 그 모임을 빛내고, 또 거기 참석한 자들에게 경외심을 불러일으키기 위한 것이었다. 지금 우리는 신적 임재에 대한 어떤 감각적인 증표를 갖지 못한다. 그러나 법궤가 있는 곳에 하나님도 계셨던 것처럼, 우리는 두세 사람이 그리스도의 이름으로 함께 모인 곳에 그가 실제로 그 가운데 계심을 믿어야 한다. 이와 같이 그들은 하나님 앞에 자신들을 실제로 나타냈다.

III. 여호수아는 그들에게 하나님의 이름으로, 그리고 마치 그분으로부터 보냄 받은 자처럼 선지자의 언어로 말한다(2절). "여호와, 크신 하나님, 이스라엘의 하나님, 너희의 언약의 하나님, 그러므로 너희가 귀를 기울이고 주목해야 할 주께서 이같이 말씀하시기를." 하나님의 말씀은 그것을 전하는 자가 누구이든지 간에 그분의 말씀으로 받아들여져야 한다. 전하는 자의 위대함이 그것에 더할 수 없고, 그의 미천함이 그것을 감소시킬 수 없다. 여호수아의 설교는 교리와 적용으로 구성되어 있다.

1. 교리적인 부분은 하나님이 그들과 그들의 조상들을 위해 행하신 위대한 일들의 역사를 언급하는 부분이다. 하나님은 여호수아를 통해 예전에 행하신 놀라운 일들을 다시 열거하신다: "내가 이러이러한 일들을 행하였느니라." 그들은 그러한 일들이 행해졌다는 것뿐만 아니라 하나님께서 그러한 일들을 행하셨다는 사실을 알아야 한다. 여기에 기록된 것은 일련의 기사(奇事)들이다. 아마도 여호수아는 더 많은 일들을 언급했을 것이지만, 간략하게 기록하기 위해 여기에서 생략된 것으로 보인다. 하나님께서 행하신 일들을 보라.

(1) 하나님은 아브라함을 갈대아 우르로부터 데리고 나오셨다(2, 3절). 아브라함과 그의 조상들은 거기에서 다른 신들을 섬겼다. 그 곳은 비록 학문적으로 유명하기는 했지만 우상 숭배가 흥왕한 곳이었다. 거기서는 **세상이 자기 지혜로 하나님을 알지 못했다.** 비록 훗날 하나님의 친구가 되고 또 하늘의 큰 호의를 받기는 했지만, 아브라함은 우상 숭배 속에서 자랐고 하나님께서 마치 '불 가운데 꺼낸 막대기' 같이 은혜로 구해내실 때까지 오랜 세월 그 안에서 살았다. 그들은 자신들의 뿌리를 잊어서는 안 된다. 그리고 그들의 조상들이 값없이 주시는 은혜로 말미암아 구원받은 죄 속으로 다시 들어가서는 안 된다. 하나님은 말씀하신다. "내가 그를 취하였노라. 그리하지 아니하였다면 그는 결코 그와 같은 죄의 상태로부터 나오지 못했을 것이니라." 이와 같이 아브라함이 의롭다함을 받은 것은 바울 사도에 의해 하나님이 경건하지 않은 자를 의롭다 하시는 것의 실례(實例)로서 사용되었다(롬 4:5).

(2) 하나님은 아브라함을 가나안으로 데려오셔서 가정을 이루게 하셨다. 그리고 그를 지금 그들이 모여 있는 세겜으로 인도하셔서 이스마엘을 통해 씨를 번성케 하셨다가(이스마엘은 열두 방백을 낳았다) 마침내 약속의 아들 이삭을 주시고 그로 인해 그의 씨가 번성케 하셨다. 이삭이 두 아들 야곱과 에서를 가졌을 때, 하나님은 에서를 위해 다른 곳 세일 산을 기업으로 주셨고, 가나안 땅은 전적으로 야곱의 씨를 위해 남겨 주셨다. 그럼으로써 에서의 자손들은 그 기업을 나누어 가질 것을 주장할 수 없게 되었다.

(3) 하나님은 높은 손과 편 팔로 야곱의 씨를 애굽에서 건져 내셨고(5, 6절), 또 그들을 홍해에서 바로와 그의 군대의 손으로부터 구원하셨다(6, 7절). 동일한 물이 이스라엘 백성에게는 구원이 되었지만, 애굽인에게는 무덤이 되었다.

이것은 기도에 대한 응답이었다. 출애굽기의 이야기에서는 그들이 두려움 가운데 하나님께 불평하는 것으로 언급되지만(14:11-12), 여기에서는 그들이 하나님께 부르짖었다고 언급되고 있음을 주목할 필요가 있다. 하나님은 은혜 가운데 자신에게 기도하는 자들을 열납하셨고, 자신에 대해 불평하는 자들의 어리석음을 간과하셨다.

(4) 하나님은 그들을 광야에서 보호하셨다. 본문에서 그들은 광야에서 방랑한 것이 아니라 많은 날을 거주했다고 언급되고 있음을 주목하라(7절). 하나님은 그들의 모든 움직임을 지혜롭게 인도하셨고 또 그들을 안전하게 지켜주셨다. 그럼으로써 심지어 광야에서조차도 그들은 마치 성벽으로 둘러싸인 성읍처럼 안전한 거주지를 가지고 있었다.

(5) 하나님은 그들에게 요단 건너편에 있는 아모리인들의 땅을 주셨다(8절). 그리고 그 곳에서 그들을 대적하는 발락과 발람의 음모를 좌절시키셨다. 그럼으로써 발람은 자기가 원하는 대로 이스라엘을 저주할 수 없었고, 발락은 자기가 계획한 대로 이스라엘과 더불어 감히 싸울 수 없었다. 발락이 이스라엘로 더불어 싸울 계획을 가지고 있었기 때문에 여기에서 그가 이스라엘과 싸웠다고 언급된다. 발람이 이스라엘을 저주하려고 했을 때 거꾸로 축복하도록 그 혀를 바꾸어 놓은 것은 이스라엘에게 호의를 베푸시는 신적 권능에 대한 실례로서 종종 언급된다. 그렇게 하심으로써 하나님은 어둠의 권세와 사람의 영까지도 지배하는 그의 주권을 보여주셨다.

(6) 하나님은 그들을 안전하게 그리고 승리의 함성과 함께 가나안에 들어오게 하셨고, 또 가나안 사람들을 그들의 손에 넘겨주셨다(11절). 하나님은 이스라엘 백성들이 원수들과 싸울 때 그들 앞에 왕벌을 보내셨다. 왕벌들이 쏨으로써 그들을 괴롭게 하고 또 그것들의 소리가 그들을 두렵게 하였으며, 그럼으로써 그들은 이스라엘에게 아주 손쉬운 먹잇감이 되었다. 이 무시무시한 왕벌 떼는 아모리인의 두 왕 시혼와 옥과 더불어 싸울 때 처음 나타났고, 이후 다른 전투에서도 나타났다(12절). 하나님은 이스라엘을 위해 이 일을 행할 것을 이미 약속하셨었다(출 23:27-28). 그리고 여기에서 여호수아는 그 약속이 성취된 것으로 보고 있다. 출애굽기 23:27-28과 신명기 7:20을 보라. 이러한 왕벌들은 이스라엘의 어떤 무기보다도 원수들을 더 괴롭혔을 것이다. 따라서 여호수아는 너희의 칼이나 활로써 이같이 한 것이 아니라고 덧붙인다. 그것은 순전히 여호와께

서 하신 일이었다.

(7) 마지막으로, 지금 그들은 이 아름다운 땅을 평화롭게 소유하고 있으며, 다른 사람들의 수고의 열매 위에 그 땅에서 안락하게 거주하고 있다(13절).

2. 여호수아는 이러한 하나님의 자비의 역사를 적용하여 그들에게 하나님의 호의에 대한 감사로서 그분을 경외하며 섬기도록 훈계한다(14절). 그러므로 이제 이 모든 것을 고려하여,

(1) "여호와를 경외하라(호 3:5). 그와 같이 무한한 권능의 하나님을 존경하고, 그분을 거스르므로 그의 선하심을 빼앗기는 것을 두려워하라. 그의 위엄에 대한 경외심을 지키고, 그의 권위에 복종하며, 그가 기뻐하지 않으시는 것을 두려워하고, 너희의 모든 것을 보시는 그의 눈을 계속해서 주목하라."

(2) "너희의 행실을 이러한 원칙과 일치시켜 그분을 섬기되, 종교적인 예배의 모든 외적인 행동이나 모든 대화에서까지 순종의 증거를 나타냄으로써 그렇게 하라. 이 모든 일에 있어 성실과 진실로써 하되, 곁눈질하지 말고 곧은 마음을 가지라. 그럼으로써 내적 중심과 외적 표현이 서로 일치되도록 하라." 바로 이것이 하나님이 요구하시는 중심의 진실함이다(시 51:6). 중심을 살피시는 하나님을 속이는 것은 얼마나 위험한 일인가?

(3) 갈대아의 우상이든 애굽의 우상이든 그와 같이 낯설고 생소한 신들을 치워 버려라. 그러한 것들은 우리로 하여금 하나님을 반역케 하는 위험한 것들이기 때문이다. 이러한 명령이 23절에서 다시 반복되고 있는데, 이로 미루어 그들 가운데 이러한 추잡한 신들의 형상이나 그림을 골방에 은밀히 가지고 있었던 사람들이 있었을 것으로 보인다. 그러한 것들은, 비록 그들이 섬기지는 않는다 할지라도, 가보(家寶)로서 조상들로부터 전수된 것이었을 것이다. 여호수아는 그들에게 이러한 것들을 던져버릴 것을 진지하게 촉구한다: "그것들을 부수고 파괴하라. 그렇게 하지 않는다면 너희는 그것들을 섬기도록 유혹을 받을 것이다." 야곱도 바로 이 장소(세겜)에서 가족들에게 이와 같은 명령을 내렸다. 가족들이 그에게 자신들이 가진 작은 형상들을 주었을 때, 야곱은 그것들을 세겜 근처 상수리나무 아래 묻었다(창 35:2, 4). 아마도 26절에 언급된 상수리나무는 그와 동일한 상수리나무든지 아니면 동일한 장소에 있는 다른 상수리나무였을 것이다. 우상 숭배의 상수리나무가 있었던 것처럼, 이것은 개혁의 상수리나무로 불려질 수 있을 것이다.

15만일 여호와를 섬기는 것이 너희에게 좋지 않게 보이거든 너희 조상들이 강 저쪽
에서 섬기던 신들이든지 또는 너희가 거주하는 땅에 있는 아모리 족속의 신들이든
지 너희가 섬길 자를 오늘 택하라 오직 나와 내 집은 여호와를 섬기겠노라 하니 16
백성이 대답하여 이르되 우리가 결단코 여호와를 버리고 다른 신들을 섬기기를 하
지 아니하오리니 17이는 우리 하나님 여호와께서 친히 우리와 우리 조상들을 인도
하여 애굽 땅 종 되었던 집에서 올라오게 하시고 우리 목전에서 그 큰 이적들을 행
하시고 우리가 행한 모든 길과 우리가 지나온 모든 백성들 중에서 우리를 보호하
셨음이며 18여호와께서 또 모든 백성들과 이 땅에 거주하던 아모리 족속을 우리 앞
에서 쫓아내셨음이라 그러므로 우리도 여호와를 섬기리니 그는 우리 하나님이심
이니이다 하니라 19여호수아가 백성에게 이르되 너희가 여호와를 능히 섬기지 못할
것은 그는 거룩하신 하나님이시요 질투하시는 하나님이시니 너희의 잘못과 죄들
을 사하지 아니하실 것임이라 20만일 너희가 여호와를 버리고 이방 신들을 섬기면
너희에게 복을 내리신 후에라도 돌이켜 너희에게 재앙을 내리시고 너희를 멸하시
리라 하니 21백성이 여호수아에게 말하되 아니니이다 우리가 여호와를 섬기겠나이
다 하는지라 22여호수아가 백성에게 이르되 너희가 여호와를 택하고 그를 섬기리라
하였으니 스스로 증인이 되었느니라 하니 그들이 이르되 우리가 증인이 되었나이
다 하더라 23여호수아가 이르되 그러면 이제 너희 중에 있는 이방 신들을 치워 버리
고 너희의 마음을 이스라엘의 하나님 여호와께로 향하라 하니 24백성이 여호수아에
게 말하되 우리 하나님 여호와를 우리가 섬기고 그의 목소리를 우리가 청종하리이
다 하는지라 25그 날에 여호수아가 세겜에서 백성과 더불어 언약을 맺고 그들을 위
하여 율례와 법도를 제정하였더라 26여호수아가 이 모든 말씀을 하나님의 율법책에
기록하고 큰 돌을 가져다가 거기 여호와의 성소 곁에 있는 상수리나무 아래에 세
우고 27모든 백성에게 이르되 보라 이 돌이 우리에게 증거가 되리니 이는 여호와께
서 우리에게 하신 모든 말씀을 이 돌이 들었음이니라 그런즉 너희가 너희의 하나
님을 부인하지 못하도록 이 돌이 증거가 되리라 하고 28백성을 보내어 각기 기업으
로 돌아가게 하였더라

여호수아가 백성들에게 하나님을 섬길 것을 확약(確約)시킨 이것보다 더 훌륭한 협정은 이 세상 어디에도 없다. 그가 백성들을 다루는 태도는 백성들로 하여금 하나님을 굳게 붙잡는데 있어서의 모든 책임, 특별히 선택과 언약

의 책임을 강조하는데 매우 특별한 관심을 가지고 있었음을 보여준다.

I. 만일 그들이 하나님을 섬기는 것을 선택한다면, 그들에게 어떤 책임이 부과될 것인가 여기에서 여호수아는 하나님을 섬기는 것을 그들의 선택 아래 두었는데, 그것은 그들이 하나님을 섬기든 섬기지 않든 아무래도 상관 없다든가 혹은 그들이 하나님을 섬기는 것을 거절할 자유가 있다는 뜻이 아니었다. 다만 그렇게 한 것은, 만일 그들이 그것을 인간의 이성과 인간의 결심으로 받아들인다면, 그것이 그들의 신앙을 지키는데 큰 영향을 끼칠 것이기 때문이었다. 여기에서 여호수아는 그들에게 두 가지를 제시한다.

1. 여호수아는 그들에게 종교를 이성적으로(rationally) 그리고 지적으로(intelligently) 받아들이도록 제시한다. 왜냐하면 그것은 이성적인 섬김이기 때문이다. 인간의 의지는 그 본원적인 자유 안에서 기뻐하는 경향이 있으며, 강요된 것이 아니라 스스로 선택한 것에 대해서 즐거이 따르고자 하는 경향이 있다. 그러므로 이와 같은 섬김이 우연한 일이나 혹은 어떤 강요로 말미암은 것이 아니라 우리 스스로의 선택으로 말미암은 것이 되도록 하는 것이 하나님의 뜻이다.

(1) 따라서 여호수아는 이 문제를 그들의 선택에 맡긴다(15절).

[1] 여호수아는 선택을 위한 후보를 제시한다. 한 쪽에 여호와 하나님이 있으며, 다른 쪽에 그들의 조상들이 섬기던 신들 즉 조상들로부터 전승된 신들이나 혹은 이웃나라들의 신들 즉 그들이 거주하고 있는 땅에 있는 아모리인들의 신들이 있다.

[2] 여호수아는 이런저런 이유로 여호와를 섬기는 것이 좋지 않게 보이는 사람들이 있다고 생각한다. 세상과 육체를 좇으면서 종교에 대해 편견과 반감을 갖고 있는 사람들이 있는데, 이들은 상당한 세력을 갖고 있다. 이러한 사람들에게 자신을 부인하고, 육체를 죽이며, 자기 십자가를 지는 것 등은 매우 성가시고 불합리하며 따라서 좋지 않게 보일 것이다. 그러나 시험 기간 중에 있을 때는 어느 정도 난관이 있는 것이 적절하다. 만일 그렇지 않다면 시련이 없을 것이기 때문이다.

[3] 여호수아는 이 문제를 그들 스스로에게 맡긴다: "너희가 누구를 섬길 것인지 스스로 선택하라. 오늘 선택하라. 지금 이 문제가 너희 앞에 놓여 있다. 우물쭈물하지 말고 빨리 판단하라." 이로부터 오랜 후 엘리야는 여호와와 바알 사

이에 누구를 선택할 것인지를 백성들의 양심에 맡겼다(왕하 18:21). 여호수아가 이 문제를 스스로 선택하도록 한 데에서 우리는 두 가지를 생각할 수 있다.

첫째로, 우리 각자가 스스로 진지하고 신중하게 종교를 선택하는 것이 하나님의 뜻이라는 사실이다. 우리는 이 문제를 편견 없이 공평하게 판단하고, 수평저울에 달아보아야 한다. 그러고 나서 그것이 참되고 선한 것임을 알고 결정해야 한다. 우리는 진지하게 경건의 삶을 선택하고 결정해야 한다. 그것은 다른 길을 알지 못하기 때문이 아니라, 신중하게 탐구한 후 더 나은 길이 없음을 알게 되었기 때문이다.

둘째로, 종교는 너무도 자명한 이유와 근거를 가지고 있기 때문에, 그것을 선택할 것인지 거절할 것인지에 대해 각자의 자유로운 생각에 맡겨두어도 아무런 문제가 없다는 사실이다. 왜냐하면 그것의 가치와 장점이 너무도 명백하기 때문에 사려 깊은 사람이라면 반드시 그것을 선택할 것이기 때문이다. 어쩌면 여호수아는 그들에게 스스로 선택하도록 맡김으로써, 그들 가운데, 대답하기 전에 생각할 시간을 달라고 요구한다든지 친구와 의논할 시간이 필요하다고 말하는 등 하나님을 섬기는 것에 대해 냉담함과 무관심을 보이는 사람들이 없는지 시험하고자 했는지 모른다. 만일 그런 사람들이 나타난다면, 그들을 따로 세우고 나머지 사람들로 하여금 그들을 가까이 하지 못하도록 했을 것이다.

[4] 여호수아는 자신의 결단을 공개적으로 선언함으로써 이 일에 대한 그들의 선택을 올바른 방향으로 이끈다: "그러나 나와 내 집은, 너희가 어떻게 하든지 간에, 여호와를 섬기겠노라. 나는 너희 모두가 나와 같은 마음이기를 바라노라."

첫째로, 그는 자신을 위하여 결단한다: 나는 여호와를 섬기겠노라. 가장 위대하고 높은 사람이라 할지라도 하나님을 섬기는 일에서 제외되지 않는다. 종교적이 된다는 것, 다시 말해서 하나님을 섬기는 것은 방백들이나 높은 지위에 있는 사람들에게 명예가 손상되는 일이 아니라 도리어 가장 영예스러운 일이며 또한 빛나는 면류관을 씌워주는 것이다. 여호수아가 얼마나 적극적인지 주목하라: "나는 하나님을 섬기겠노라." 우리 자신을 하나님의 멍에에 매는 것은 결코 우리의 자유를 축소시키는 것이 아니다.

둘째로, 그는 자기 집, 다시 말해서 그의 직접적인 돌봄과 감시와 영향 아래 있는 그의 가족과 자녀들과 종들을 위하여 결단한다. 여호수아는 이스라엘의 통치자요 사사였다. 그러나 그는 공적인 일을 빙자하여 가족의 종교에 대해 무관심하지 않았다. 통치자나 교역자로서 많은 가족들을 책임지는 위치에 있는 사람들은 먼저 자신의 가족에 특별한 관심을 기울여야 한다(딤전 3:4, 5): "나와 내 집은 하나님을 섬기겠노라." ① 이것은 "나는 아니고 내 집만"이 아니었다. 여호수아는 자신은 손 하나 대지 않고 가족들만 그 일에 끌어들이지 않았다. 이것은 마치 자기 자녀들과 종들은 선하기를 원하면서 자신은 그렇게 되려고 하지 않는, 다시 말해서 가족들은 천국에 보내면서 자신들은 지옥에 가려고 하는 사람들과 같다. ② 이것은 "내 집은 아니고 나만"도 아니었다. 여호수아는 혹시 백성들은 하나님을 버릴는지 몰라도, 자기 집은 결코 그렇게 하지 않을 것이라고 상정한다. 그의 집에서는 그의 권위가 보다 크고 직접적이며, 또 그가 확실하게 다스리고 있기 때문이었다. 우리는 모든 사람을 하나님을 섬기는 데로 이끌 수는 없다. 그러나 우리는 할 수 있는 한 많은 사람들을 그와 같이 이끌어야 하고, 그렇게 하기 위해 최선의 노력을 경주해야 한다. 비록 우리가 나라 전체를 바로잡을 수 없다 할지라도, 우리는 우리 장막으로부터 죄와 불법을 멀리 치워버려야 한다. ③ 요컨대 "먼저는 나, 그리고 내 집도"였다. 다른 일들에 있어 많은 사람들을 이끌며 다스리는 사람들은 하나님 섬기는 일에도 첫째가 되어야 하며, 최선의 일들에 있어서도 앞장서야 한다.

셋째로, 그는 다른 사람들이 어떻게 하든지 간에 이와 같이 행할 것을 결단한다. 비록 이스라엘의 모든 가족들이 하나님을 배반하고 우상을 섬긴다 할지라도, 여호수아와 그의 가족들은 변치 않고 이스라엘의 하나님을 따를 것이다. 하나님을 섬기기로 결단한 사람들은 자신이 혼자라는 것으로 인해 걱정해서도 안 되며, 또한 무리가 하나님 섬기는 것을 버린다고 하여 낙심해서도 안 된다. 하늘에 매인 자들은 기꺼이 탁류를 헤치고 나아가야 하며, '다수의 길' 로 갈 것이 아니라 '최선의 길' 로 가야 한다.

(2) 이와 같이 그 문제가 그들의 선택 아래 놓여지게 되자, 그들은 자유롭고 이성적이며 지적인 결정에 의해 모든 경쟁자들을 물리치고 즉각 이스라엘의 하나님을 선택한다(16-18절).

[1] 그들은 자신들에게 그토록 큰 축복이 되어 온 여호수아에게 감화를 받아 그의 결정에 동의한다(18절): 우리도 역시 여호와를 섬기겠나이다. 어떤 위대한 인물이 종교에 열심일 때 아랫사람들에게 대한 영향력으로 인해 그가 얼마나

큰 선을 행할 수 있는지 주목하라.

[2] 그들은 하나님을 버린다는 생각에 경악한다(16절): 결코 그럴 수 없나이다; 이 말은 상상할 수 있는 가장 큰 두려움과 혐오를 암시한다. "우리나 우리 가족이 여호와를 버리고 다른 신들을 섬긴다는 것은 절대로 있을 수 없는 일입니다. 우리가 정의와 감사의 마음과 영예를 완전히 다 잃어버리지 않고야 어찌 그와 같은 생각을 조금이라도 품을 수 있겠습니까?" 이와 같이 우리는 하나님 섬기는 것을 버리게 하는 모든 유혹을 단호히 떨쳐 버려야 한다. 사탄아, 내 뒤로 물러가라!

[3] 그들은 이러한 자신들의 선택에 대해 매우 실제적인 이유를 제시하는데, 그것은 그들이 단지 여호수아를 따라 그러한 선택을 한 것이 아니라 그에 대한 정당성과 타당성을 충분히 확신하고 그렇게 했음을 보이기 위함이었다. 그들은 다음과 같은 사실을 고려하여 그와 같은 선택을 했다. 첫째로, 하나님이 그들을 애굽에서 나와, 광야를 지나, 가나안에 들어가게 하시기까지 그들을 위해 행하신 위대한 일들(17, 18절). 그들은 스스로 여호수아의 설교를 반복하면서, 그것에 성실하게 따르고 있음을 나타낸다. 둘째로, 그들이 하나님께 대하여 그리고 그분과 맺은 언약에 대하여 갖는 관계: "우리도 여호와를 섬기리니, 그는 우리 하나님이심이니이다(18절). 그는 은혜 가운데 우리와 약속을 맺으셨으며, 우리도 그에게 엄숙하게 맹세했나이다."

2. 여호수아는 그들을 이끌어 종교를 결연히 받아들이도록 하면서 동시에 여호와를 따르고자 하는 그러한 마음의 결심을 충분히 표현하도록 한다. 여호수아는 이제 그들이 선한 마음을 갖고 있음을 알았다. 그러자 그는 더 이상 움직이지 못하도록 단단히 못을 박아 고정시킨다. 단단하게 매 두면 잃을 걱정이 없다(fast bind, fast find).

(1) 이를 위해 여호수아는 그들 앞에 종교의 어려움을 제시하고 있는데, 그것은 그들을 낙담시키는 것으로 생각될 수 있는 것이었다(19, 20절): 너희는 여호와를 섬기지 못하리니 그는 거룩하신 하나님임이라. 히브리 성경에서는 그는 거룩하신 신들임이라라고 되어 있는데, 이러한 표현은 삼위일체의 신비를 암시한다: 거룩하시고 거룩하시고 거룩하신 성부와 성자와 성령. 그는 사하지 아니하실 것이다. 만일 너희가 그를 버리면, 그가 너희를 해할 것이다. 여호수아가 여기에서 이렇게 말한 것은 하나님을 섬기는 것이 실행불가능한 일이며 매우 위험한 일이

며 따라서 그들로 하여금 그것을 단념시키고자 한 것이 결코 아니었다.

[1] 아마도 여호수아는 여기에서 이스라엘을 하나님과 그분을 섬기는 것으로부터 떼어 놓으려고 하는 유혹자들의 교묘한 말을 언급하고 있는 것으로 보인다. 유혹자들은 다음과 같은 말, 즉 하나님은 엄한 주인이며, 그의 일은 도무지 행하기에 불가능하며, 그는 결코 기뻐하는 일이 없고, 화가 나면 무자비하게 복수하는 분이며, 오직 자신만을 공경하도록 강요하며, 자기 백성들이 다른 신들에 대해 최소한의 친절조차도 보이는 것을 허용치 않으며, 따라서 매우 관대하여 거룩하지도 않으며 질투하지도 않는 열방의 신들과 너무나 다르다는 등의 생각을 은밀히 주입시킨다. 아마도 이러한 것들은 당시 유대 종교에 대해 통상적으로 제시된 반감(反感)이었을 것이다. 사실 이것은 사탄이 하나님과 그분의 율법을 매우 엄하고 가혹한 것으로 왜곡시킴으로써 우리의 첫 조상들을 유혹한 이래 계속 사용해 온 술책이었다. 여호수아의 말투와 어조를 통해, 사람들은 그가 의도하는 바를 깨달을 수 있었다. 이와 같은 말을 통해 여호수아는 그들이 그와 같은 유혹자들에 대항하여 자신들의 믿음을 굳게 지키기를 원했던 것이다.

[2] 여호수아는 그들에 대한 자신의 경건한 질투심과 그들과 관련한 자신의 두려움을 표현한다. 하나님을 위한 열심(熱心)으로 말미암은 고백에도 불구하고, 그들은 나중에 뒤로 물러날지 모른다. 그리고 만일 그들이 그렇게 한다면, 여호수아는 그들이 이에 대해 복수하시는 하나님이 공의로우시며 질투하시는 분이심을 알게 되기를 원했다.

[3] 여호수아는 그들이 최악의 상황에 대해 알기를 원한다. 하나님과 함께 하고자 할 때 그들은 매우 엄격한 조건을 예상해야 하며, 앉아서 그 비용을 따져봐야 한다. "너희가 다른 모든 신들을 치워 버리지 않는다면, 너희는 여호와를 섬길 수 없다. 왜냐하면 그는 거룩하시며 질투하시는 하나님이기 때문이다. 그는 경쟁자를 결코 허용하지 않으실 것이다. 그러므로 너희는 크게 조심하고 주의를 게을리하지 말아야 한다. 만일 너희가 그를 섬기는 것을 버린다면 그것은 너희에게 매우 위험한 일이 될 것이다. 그렇게 되느니 차라리 애초에 하나님을 알지 못하는 것이 더 나았을 것이다." 우리 주님도 나의 멍에는 쉽다고 말씀하시면서도, 우리로 하여금 나태하고 부주의해지지 않도록 하기 위해, 또한 생명으로 인도하는 문은 좁고 길이 협착하다고 말씀하셨다. 그러므로 우리는 단지 찾

는 것으로 멈출 것이 아니라 그 곳에 들어가고자 노력해야 한다. "너희는 하나님과 맘몬을 겸하여 섬길 수 없느니라. 만일 너희가 하나님을 섬기기로 결정한다면, 너희는 모든 경쟁자들을 부인해야 한다. 너희는 자기 힘으로 하나님을 섬길 수 없으며 또한 하나님은 너희의 의로 인해 너희 죄를 사하지 않으실 것이다. 다만 모든 이스라엘의 씨는 그들의 의와 힘이 되시는 여호와로 인해 의롭다함을 받을 것이며, 오직 그분 한 분만을 자랑해야 한다"(사 45:24, 25). 그러므로 그들은 스스로 충족하다는 자기 확신에서 벗어나야 한다. 그렇게 하지 않으면 그들의 확신은 헛것이 되고 말 것이다.

[4] 여호수아는 그와 같은 '낙담케 만드는 것으로 보이는' 말을 함으로써, 그들의 결심을 한층 확고하게 하고 또한 하나님과 종교에 대해 더 분명하고 진지하게 약속하도록 이끈다. 그렇게 함으로써 여호수아는 그들로 하여금 더 성실하고 확고하게 신앙을 붙잡도록 이끌었다.

(2) 종교의 어려움에 대한 이러한 경고에도 불구하고, 그들은 변치 않고 그 안에 거하겠다는 확고한 결심을 선언한다(21절): "아니니이다 우리가 여호와를 섬기겠나이다. 우리는 그가 거룩하고 질투하는 하나님이라고 하여 그리고 자기 종들에게 오직 자신만을 예배하도록 제한한다고 하여 결코 그를 나쁜 쪽으로 생각하지 않을 것입니다. 마땅히 그는 자신을 버리는 자들을 소멸(消滅)시키실 것이나, 우리는 결코 그를 버리지 않을 것입니다. 우리는 그를 섬기고자 하는 선한 마음을 가지고 있을 뿐만 아니라, 그를 떠나며 그를 따르지 말고 돌아가라 강권하는 말을 참고 들을 수가 없습니다(룻 1:16). 주의 은혜 안에서 우리는 여호와를 섬길 것을 결단합니다."

그들은 24절에서 이러한 결심을 설명을 덧붙여 반복한다: "우리 하나님 여호와를 우리가 섬기고 그의 목소리를 우리가 청종하리이다. 우리는 그의 종이라 불려질 것이요, 그의 옷을 입을 것이고, 우리의 종교가 모든 일에 우리를 다스릴 것입니다." 만일 우리가 그가 말씀하신 것을 행하지 않는다면, 우리는 그를 주인과 주님으로 헛되이 부르는 것이다(눅 6:46). 그들은 여호수아의 명령(23절)에 대한 응답으로 이러한 마지막 약속을 하였는데, 그와 같은 약속을 지키기 위해 그들은,

[1] 다른 신들의 모든 형상과 상징물들을 치워버려야 한다. 그리고 창조주를 자신들의 남편으로 삼고자 결심한다면, 그러한 다른 연인(戀人)들의 어떠한 증

표도 지녀서는 안 된다. 이에 대해 그들은 그의 목소리에 청종할 것을 약속했다.

[2] 자신들의 마음을 **이스라엘의 하나님께로 향하게 해야** 한다. 그리고 자신들의 애정을 하나님께 바치고 그 안에 거하기 위해 그들은 마음을 다스리는 권세를 사용해야 한다. 여호수아가 이러한 조건들을 설명할 때, 그들은 이에 동의하면서 한 목소리로 이렇게 화답한다: **우리는 우리 하나님 여호와를 섬기겠나이다.**

Ⅱ. 이와 같이 그들이 하나님 섬길 것을 신중하게 선택하자, 여호수아는 그들과 더불어 엄숙한 언약을 체결한다(25절). 모세는 하나님과 이스라엘 사이의 이러한 언약을 두 번 공적으로 확증했는데, 한 번은 시내산에서였고(출 24장), 또 한 번은 모압 평지에서였다(신 29:1). 이와 비슷하게 여호수아도 앞에서 한 번 언약을 확증했고(8:31 이하), 그리고 지금 두 번째로 그렇게 하고 있다. 그것이 여기에서 **율례와 법도**로 불려지고 있는데, 그것은 이 언약이 부과하는 의무가 매우 강력하고 영속적이기 때문이며, 또한 이 언약의 구속력(拘束力)이 하나님의 명령의 구속력과 같은 것이었기 때문이다. 여호수아는 언약의 형식을 취하기 위하여,

1. 증인을 세우는데, 그것은 다름 아닌 그들 자신이었다(22절): **너희가 여호와를 택하고 그를 섬기리라 하였으니 스스로 증인이 되었느니라.** 여호수아는 그들에게 이 날의 언약을 결코 잊지 말 것을 당부하면서, 만일 오늘의 언약을 깨뜨린다면 오늘의 공언(公言)과 약속들이 그들에게 심판과 정죄가 될 것이라고 분명하게 선언한다. 이에 그들은 동의한다: "**우리가 증인이 되었나이다.** 만일 우리가 우리 하나님께 대해 그릇 행한다면, 우리의 입으로 인해 우리가 심판을 받을 것이니이다."

2. 그것을 기록하고, 정경에 끼워넣는다: **여호수아가 이 모든 말씀을 하나님의 율법책에 기록하고**(26절). 아마도 여호수아는 법궤 옆에 놓여 있는 원본에다가 기록하고, 그것을 몇 부 필사(筆寫)하여 각 지파들이 사용하도록 족장들에게 주었을 것이다. 이것이 기록됨으로써, 종교에 대한 그들의 의무가 '하나님의 명령'으로서 그리고 '그들 자신의 약속'으로서 함께 기록으로 남게 되었다.

3. 기념비를 세우는데, 그것은 아마도 이 기록을 접할 수 없는 사람들을 위한 것이었을 것이다(26, 27절). 여호수아는 언약의 기념비로서 **큰 돌을 가져다가 상수리나무 아래에 세우고**, 아마도 그 위에 그것의 목적을 알리는 비문(碑文)을 기

록했을 것이다. 여호와께서 우리에게 하신 모든 말씀을 이 돌이 들었음이니라라는 말을 통하여, 여호수아는 백성들의 마음의 완악함을 무언중에 꾸짖는다. 만일 그들이 지금 이루어진 일을 잊어버린다면, 이 돌이 그에 대한 모든 기억을 보존하여 그들의 어리석음과 경솔함을 꾸짖을 것이며, 그들을 대적하는 증인이 될 것이다.

이 일이 이와 같이 마무리되자, 여호수아는 이스라엘의 지도자들의 모임을 해산하고(28절), 그들에게 마지막 작별을 고한다. 그는 자신에게 맡겨진 모든 일을 깨끗이 완수했으며, 이로써 자기 영혼을 구원했다. 만일 그들이 멸망한다면, 그 피는 바로 그들 자신의 머리 위로 돌아갈 것이다.

[29]이 일 후에 여호와의 종 눈의 아들 여호수아가 백십 세에 죽으매 [30]그들이 그를 그
의 기업의 경내 딤낫 세라에 장사하였으니 딤낫 세라는 에브라임 산지 가아스 산
북쪽이었더라 [31]이스라엘이 여호수아가 사는 날 동안과 여호수아 뒤에 생존한 장로
들 곧 여호와께서 이스라엘을 위하여 행하신 모든 일을 아는 자들이 사는 날 동안
여호와를 섬겼더라 [32]또 이스라엘 자손이 애굽에서 가져 온 요셉의 뼈를 세겜에 장
사하였으니 이 곳은 야곱이 백 크시타를 주고 세겜의 아버지 하몰의 자손들에게서
산 밭이라 그것이 요셉 자손의 기업이 되었더라 [33]아론의 아들 엘르아살도 죽으매
그들이 그를 그의 아들 비느하스가 에브라임 산지에서 받은 산에 장사하였더라

여호수아서는 승리로 시작하였다가 사람의 모든 영광을 얼룩지게 만드는 장례식으로 끝난다. 여기의 내용은 다음과 같다.

1. 요셉의 장사(32절). 요셉은 대략 200년 전에 애굽에서 죽었다. 그러나 그는 자기 뼈와 관련하여 명령을 남겼는데, 그의 뼈는 이스라엘이 약속의 땅에서 안식을 얻을 때까지 무덤에서 안식하지 못할 것이었다. 따라서 이스라엘 자녀들은 애굽에서 나올 때 요셉의 뼈가 들어있는 관을 가지고 나왔고, 또 그것을 광야여행 내내 들고 다녔다(아마도 에브라임과 므낫세 두 지파가 그것을 특별히 맡았을 것이다). 그리고 가나안을 완전히 정복할 때까지 진(陣)에 두었다가, 마침내 지금 야곱이 요셉에게 준 세겜 인근의 땅에 묻었다(창 48:22). 어쩌면 여호수아가 모든 이스라엘을 세겜으로 소집한 것은(1절) 요셉의 관을 매장하는데 참석하도록 하는 것이었을는지 모른다. 만일 그렇다면 본 장의 설교는 자신

의 고별 설교이면서 동시에 요셉의 장례식 설교가 될 것이다. 만일 이 일이 — 일반적으로 추정되는 것처럼 — 여호수아 생애의 마지막 해에 있었다면, 그는 자신의 죽음이 임박했음을 충분히 느낄 수 있었을 것이다. 왜냐하면 지금 여호수아의 나이는 110세인데, 이 연수(年數)는 그의 빛나는 조상 요셉이 죽던 바로 그 나이이기 때문이다. 여호수아 24:29과 창세기 50:26을 비교해 보라.

2. 여호수아의 죽음과 장사(29, 30절). 그가 이스라엘이 가나안에 들어온 이후 얼마나 더 살았는지 우리는 알지 못한다. 라이트푸트 박사는 그 기간이 17년이었을 것이라고 생각한다. 반면 유대 연대학자(年代學者)들은 통상적으로 그 기간을 27년 내지 28년 정도로 본다. 여기에서 여호수아는 여호와의 종이라고 불려지는데, 그것은 모세에게 붙여진 것과 동일한 칭호였다(1:1). 비록 여호수아가 여러 가지 면에서 모세보다 못하기는 했다 할지라도, 자신에게 주어진 일과 관련한 면에서는 모세와 동등했다. 그는 참으로 부지런하고 충성스러운 하나님의 종이었다. 그는 두 달란트를 가지고 장사하여 다섯 달란트를 가진 사람과 동일한 칭찬을 받았다. 잘 하였도다 착하고 충성된 종이여!

여기에서 여호수아의 매장지는 가아스 산 혹은 진동하는 산의 북쪽이라고 언급된다. 유대인들은 그 장소가 그와 같은 이름으로 불려진 것은, 여호수아의 장례 때에 마땅히 슬퍼하며 애도해야 할 백성들이 그렇게 하지 않으므로 그들의 어리석음을 책망하기 위해 땅이 흔들렸기 때문이라고 말한다. 이와 같이 우리의 여호수아이신 그리스도께서 죽으실 때에도 땅이 흔들렸다. 패트릭 주교는 모세나 아론의 경우와는 달리 여호수아의 경우 애도 기간에 대한 언급이 전혀 없음을 주목한다. 이에 대해 그는 성 히에로니무스와 다른 교부들이 여기에 어떤 신비가 있다고 생각했음을 지적한다. 다시 말해서, 생명과 불멸성이 오늘날과 같이 분명한 빛 가운데 드러나지 않았던 율법 아래에서 사람들은 사랑하는 이의 죽음에 대해 애통하며 울 만한 충분한 이유를 가지고 있었다. 그러나 지금은 우리의 여호수아이신 예수께서 하늘나라를 여셨으므로, 우리는 오히려 기뻐할 수 있다.

3. 대제사장 엘르아살의 죽음과 장사. 마치 아론이 모세와 같은 해에 죽었던 것처럼, 엘르아살 역시 여호수아가 죽을 때와 거의 동시에 죽은 것으로 보인다(33절). 유대인들은 엘르아살이 죽기 직전에 장로들을 불러 모아 여호수아가 그랬던 것처럼 그들에게 명령을 내렸다고 말한다. 엘르아살은 아들 비느하스

에게 속한 산에 장사되었는데, 그 산은 상속에 의해 그에게 주어진 것이 아니었다. 그러기 위해서는 그 산이 먼저 그의 아버지에게 속했어야 하는데, 제사장들은 에브라임 산지에 어떤 성읍도 가지고 있지 않았다. 아마도 그 산은 유대인들이 추측하는 것처럼 결혼으로 말미암아 그에게 주어진 것이거나, 아니면 여기에서 받은 산이라고 언급되고 있는 점으로 미루어 어떤 경건한 이스라엘 백성이 그에게 값없이 기증한 것이었을 것이다. 거기에다가 비느하스는 사랑하는 아버지를 묻었다.

4. 당시 이스라엘의 일반적인 상태(31절). 여호수아가 사는 동안에는, 이스라엘 백성들은 그의 돌봄과 영향 하에서 종교를 잘 지켰다. 그러나 여호수아와 그의 동시대 사람들이 죽자마자 종교는 곧 부패하기 시작했다. 이와 같이 한 사람의 지도자의 영향력은 엄청난 것이다. 그렇다면 우리의 여호수아이신 그리스도께서 이제도 성령으로 함께 하시며 또 세상 끝날까지 항상 함께 하실 신약의 교회는 얼마나 축복된 것인가!

사 사 기

서론

본서(本書)는 히브리어로 '세페르 쇼프팀' (shepher Shophtim), 즉 '사사들의 책' (The Book of Judges)인데, 시리아 역본과 아라비아 역본은 이를 조금 늘여서 '이스라엘 자녀들의 사사들의 책' (The Book of the Judges of the Children of Israel)이라고 명명한다. 이스라엘의 재판은 매우 독특했으며, 따라서 이스라엘의 재판관(사사)들의 직책 역시 다른 나라들의 경우와 크게 달랐다. 70인역(Septuagint)은 이 책에다가 간략하게 '크리타이' (Kritai) 즉 '사사들' (Judges)이라고 이름을 붙인다.

이 책은 옷니엘로부터 엘리에 이르기까지 사사들의 통치기간 동안의 이스라엘 공동체의 역사를 다룬다. 이 책은 (라이트푸트 박사의 계산에 따를 때) 299년의 역사를 포함하는데, 유다의 옷니엘까지가 40년, 베냐민의 에훗까지가 80년, 납달리의 바락까지가 40년, 므낫세의 기드온까지가 40년, 그의 아들 아비멜렉까지가 3년, 잇사갈의 돌라까지가 23년, 므낫세의 야일까지가 22년, 므낫세의 입다까지가 6년, 유다의 입산까지가 7년, 스불론의 엘론까지가 10년, 에브라임의 압돈까지가 8년, 단의 삼손까지가 20년 해서 총 299년이 되는 것이다. 이스라엘이 이방나라에 의해 지배당하던 기간, 예컨대 에그론에 의해 18년 동안 압제당하고, 또 야빈에 의해 20년간 압제당하는 등의 기간은 사사들의 통치 기간 가운데 포함되는 것으로 계산되어야 한다. 여기에서 사사들은 여덟 지파에서 나온 것으로 나타난다. 이와 같이 사사가 배출되는 영예는 여러 지파에 분산되어 있었다가 마침내 유다 지파로 초점이 모아진다. 사사기에 포함되어 있지 않은 두 사사인 엘리와 사무엘은 레위 지파 출신이었다. 그리고 르우벤, 시므온, 갓, 아셀 지파에서는 사사가 나오지 않았다.

이러한 사사들의 역사가 순서대로 16장까지 기록된다. 그리고 이후의 다섯 장에는 마치 룻기의 이야기가 그러한 것처럼(사사들이 치리하던 때에, 1:1) 그 시대에 특별히 중요한 사건들을 이야기하고 있다. 그러나 전체적인 역사의 흐름이 끊어지지 않도록 하기 위해 그러한 사건들은 본서의 끝부분에 함께 배치되었다.

이 기간 동안의 이스라엘 공동체의 상태와 관련하여 우리는 다음과 같은 사실을 발견할 수 있다.

I. 그들은 그토록 훌륭한 율법에 의해 통치되고 또 위대한 약속들을 받았음에도 불구하고 그다지 위대하지도 선하지도 못한 모습으로 나타난다. 우리는 그들의 지독한 타락과 또 주변의 이웃나라들에 의해 비참하게 압제당하는 것을 보게 된다. 그리고 우리는 본서 어디에서도 영광스러운 가나안 입성과 비견할 만한 것을 찾아볼 수 없다. 우리는 이것을 어떻게 이해해야 할 것인가? 하나님은 이를 통해 우리에게 해 아래 있는 모든 인생들과 모든 것들의 연약함을 보여주셨다. 따라서 우리는 이 세상이 아니라 다른 세상에서의 완전한 거룩과 행복을 찾게 되는 것이다.

II. 그러나 본서의 역사가가 이스라엘 백성들의 연약함을 상술하는 가운데에도 우리는 그 땅에 신앙적인 국면이 남아 있었음을 보게 된다. 그들 가운데 우상 숭배에 빠진 자들이 있었지만 여전히 모세의 율법에 따라 성막 예배(tabernacle-service)가 지켜지고 있었으며 그것을 따르는 자들이 또한 많이 있었다. 역사가들은 대체로 일반적인 일들은 잘 기록하지 않고, 특별하게 일어난 전쟁이나 혼란 같은 것을 주로 기록한다. 그러므로 독자들은 전체적인 균형을 위해 다른 측면을 고려해야만 한다.

III. 이 기간 동안 각 지파들은 전체를 통할하는 어떤 본부나 회의기구가 없이 제각각 자체적인 통치기구를 가지고 따로따로 행동했다. 이것은 그들 가운데 많은 의견차이를 야기시켰으며, 어떤 중요한 일을 행하는데 큰 걸림돌이 되기도 했다.

IV. 사사들의 통치는 항구적인 것이 아니라 임시적인 것이었다. 에훗의 승리 이후 그 땅이 80년간 안식했다거나 바락의 승리 이후 40년간 그러했다고 언급될 때, 그들이 그토록 오래 살았는지는 확실치 않다. 그러나 성령께서 그들과 다른 사사들을 일으켜 그 때마다 특별한 봉사를 하도록 했다. 그것은 이스라엘의 적들에 대해 원수를 갚는 것과 이스라엘을 우상 숭배로부터 정결케 하는 것이었는데, 바로 이 두 가지가 사사들이 이스라엘을 통치함에 있어 주로 목적했던 일이었다. 그러나 드보라는 전쟁의 상황이 있기 전에 여선지자로서 모든 이스라엘을 재판하는 일을 감당했다(삿 4:4).

V. 사사들이 통치하는 동안, 좀 더 특별한 방식으로 하나님이 이스라엘의 왕이셨다. 그렇기 때문에 사무엘은 이스라엘 백성들이 이와 같은 통치형태를 버리려고 했을 때 바로 이것을 말했다(삼상 12:12, 너희의 하나님 여호와께서는 너희의 왕이 되심에도 불구하고 너희가 내게 이르기를 아니라 우리를 다스릴 왕이 있어야 하겠다 하였도다). 하나님은 자신의 율법과 규례가 올바로 지켜지는지 시험하셨는데, 결국 이스라엘에 왕이 없을 때 모든 사람들은 각자 자기 보기에 옳은 대로 행하고 말았다. 그러므로 하나님은 이 시대 말기에 이르러 사사들의 통치를 좀 더 항구적이고 보편적으로 만드셨다가, 마침내 그와 같은 통치권을 당신의 마음에 합한 왕인 다윗에게 주셨다. 그러고 나서야 비로소 이스라엘은 번영하기 시작했는데, 이는 우리로 하여금 통치자에 대해 감사하게 만들어준다. 왜냐하면 그들은 선을 위해 우리에게 주신 하나님의 사역자들이기 때문이다. 사사들 가운데 네 명이 히브리서 11장의 믿음의 영웅들 가운데 이름이 오른다: 기드온, 바락, 삼손, 입다(32절). 뛰어난 학자인 패트릭 주교는 선지자 사무엘이 본서를 기록한 것으로 생각한다.

제 1 장

개요

본 장은 이스라엘의 각 지파들이 여호수아가 죽은 후 가나안을 점령하는 가운데 이룩한 진보에 대하여 특별히 설명한다. 여호수아는 가나안 정복의 위대한 일에 전력을 다해 토대를 마련하였고, 그럼으로써 이스라엘은 적당한 때에 어렵지 않게 그 일을 완성할 수 있었다. 본 장에서 우리는 그들이 행한 것에 대하여 그리고 어느 부분에서 부족하였는지에 대하여 듣게 된다. I. 유다와 시므온의 연합 지파가 용맹하게 행하다. 1. 하나님이 유다를 지명하여 싸움을 시작하게 하심(1, 2절). 2. 유다가 함께 협력하여 행동할 지파로 시므온을 선택함(3절). 3. 그들이 베섹(4-7절), 예루살렘(8절), 헤브론과 드빌(9-15절), 호르마와 가사와 기타 장소들(17-19절)에서 승리를 거둠. 4. 그러나 철병거를 가진 백성들은 쫓아내지 못함(19절). 그리고 겐 사람들이 이스라엘 백성들 가운데 거주하게 된 것이 언급된다(16절). II. 이들 두 지파와 비교하여 다른 지파들은 소심하게 행동하다. 1. 베냐민이 실패함(21절). 2. 요셉의 집이 벧엘에 대항하여 잘 싸움(22-26절), 그러나 다른 곳에서는 므낫세도(27, 28절) 에브라임도(29절) 자신들의 이점을 활용하지 못함. 3. 스불론이 가나안 사람들을 남겨 둠(30절). 4. 아셀은 다른 지파들과 비교하여 가장 나쁜 성과를 냄(31, 32절). 5. 납달리는 몇몇 성읍들에 대해 충분한 소유를 누리지 못함(33절). 6. 아모리 사람들이 단을 산지에 몰아넣음(34절). 한편 잇사갈과 요단 동편의 두 지파와 반 지파에 대하여는 아무 언급도 없다.

[1]여호수아가 죽은 후에 이스라엘 자손이 여호와께 여쭈어 이르되 우리 가운데 누가
먼저 올라가서 가나안 족속과 싸우리이까 [2]여호와께서 이르시되 유다가 올라갈지
니라 보라 내가 이 땅을 그의 손에 넘겨 주었노라 하시니라 [3]유다가 그의 형제 시므
온에게 이르되 내가 제비 뽑아 얻은 땅에 나와 함께 올라가서 가나안 족속과 싸우
자 그리하면 나도 네가 제비 뽑아 얻은 땅에 함께 가리라 하니 이에 시므온이 그와
함께 가니라 [4]유다가 올라가매 여호와께서 가나안 족속과 브리스 족속을 그들의 손

에 넘겨 주시니 그들이 베섹에서 만 명을 죽이고 [5]또 베섹에서 아도니 베섹을 만나
그와 싸워서 가나안 족속과 브리스 족속을 죽이니 [6]아도니 베섹이 도망하는지라 그
를 쫓아가서 잡아 그의 엄지손가락과 엄지발가락을 자르매 [7]아도니 베섹이 이르되
옛적에 칠십 명의 왕들이 그들의 엄지손가락과 엄지발가락이 잘리고 내 상 아래에
서 먹을 것을 줍더니 하나님이 내가 행한 대로 내게 갚으심이로다 하니라 무리가
그를 끌고 예루살렘에 이르렀더니 그가 거기서 죽었더라 [8]유다 자손이 예루살렘을
쳐서 점령하여 칼날로 치고 그 성을 불살랐으며

Ⅰ. 이스라엘 자녀들은 어느 지파가 먼저 나서서 가나안 사람들과 싸우고 그럼으로써 다른 지파들에게 활력을 불어넣어야 할 것인지에 대한 지시를 받기 위해 하나님의 신탁(神託)에 물었다. 이 때는 여호수아가 죽은 후였다. 여호수아가 살아있는 동안에는 그가 백성들에게 지시를 내렸으며, 모든 지파들은 그에게 순종했다. 그러나 그는 자신이 가졌던 것과 동일한 권위를 가진 후계자를 세우지 않았다. 따라서 백성들은 판결의 흉패에 물을 수밖에 없었고 그 곳에서 명령의 말씀을 받아야 했는데, 그것은 하나님 자신이 마치 그들의 왕이셨던 것처럼 또한 이스라엘 군대의 주님이셨기 때문이었다.

그들의 질문은 "누가 먼저 올라가리이까?" 하는 것이었다(1절). 이 때 이스라엘은 점점 번성하여 지금 차지하고 있는 땅만으로는 너무 비좁게 느껴지기 시작한 것으로 여겨진다. 따라서 그들은 좀 더 많은 공간을 확보하기 위해 적들을 향해 밀고 나가야만 했다. 이제 그들은 어느 지파가 먼저 무기를 잡아야 할 것인지를 묻는다. 각 지파들이 앞장서는 영예를 차지하기 위해 서로 먼저 나서고자 열망했는지, 아니면 그렇게 하기를 두려워하여 뒤로 빠지고자 했는지는 분명치 않다. 다만 그들은 모두가 일치하여 이 문제를 결정하는데 가장 적합한 하나님 자신에게 이 문제를 맡겼다.

Ⅱ. 하나님은 유다가 먼저 올라갈 것을 명령하면서 그들에게 성공을 약속하셨다(2절). "내가 이 땅을 그의 손에 넘겨 주었노라. 그리하여 그의 소유가 될 것이라. 또한 원수를 그의 손에 넘겨주어 멸망케 할 것이라." 이 일에 왜 유다가 먼저 올라가야만 했나?

1. 유다는 가장 수도 많고 또 가장 강한 지파였다. 따라서 유다가 먼저 감당해야 했다. 하나님은 당신이 주신 능력에 따라 일을 명하신다. 가장 능력을 많

이 받은 자에게 가장 많은 일을 기대하신다.

2. 유다는 위엄에 있어서도 첫째였다. 따라서 의무에 있어서도 첫째여야 한다. 그는 형제들의 찬송이 될 자였다. 그러므로 그는 위험한 일에 있어서도 앞장서서 이끌어야 한다. 존귀와 영예에는 의무가 따르는 법이다.

3. 매사에 유다가 먼저 하는 혜택을 누렸다. 기업을 위해 제비를 뽑는 것도 유다가 먼저였다. 그러므로 싸우는 일에도 유다가 먼저여야 한다.

4. 유다는 우리 주님이 태어나신 지파였다. 그러므로 유다 안에서 유다 지파의 사자이신 그리스도가 백성들 앞에 나아가신 것이다. 그리스도께서 먼저 어둠의 권세들을 묶으시고 패배시킴으로써, 우리로 하여금 영적 싸움에 승리할 수 있도록 힘을 불어넣으셨다. 우리가 어둠의 영들을 정복하고 그 이상의 일을 할 수 있는 것은 오직 그 안에서이다.

일(노력)과 성공은 함께 가는 것을 주목하라: "유다가 올라갈지니라. 그는 자신의 역할을 수행해야만 한다. 그러고 나서 그는 내가 그 땅을 그의 손에 넘겨주었음을 알게 될 것이다." 만일 하나님이 성공을 주시지 않는다면, 그의 일(노력)은 쓸모없는 것이 될 것이다. 그러나 만일 그가 열심히 일에 전념하지 않는다면, 하나님은 성공을 주시지 않을 것이다.

Ⅲ. 이렇게 하여 유다는 올라갈 준비를 하면서, 자신의 형제요 이웃해 있는 시므온 지파(시므온의 기업은 유다의 기업 가운데 있었고, 그것으로부터 할당되었다)에게 힘을 합칠 것을 요청한다(3절). 다음을 주목하라.

1. 강한 자는 약한 자를 멸시할 것이 아니라 오히려 도움을 구해야 한다. 유다는 모든 지파 가운데 가장 중요한 지파였으며, 시므온은 가장 보잘것없는 지파였다. 그러나 유다는 시므온에게 호의를 구하면서 도움을 간청한다. 머리가 발에게 "너는 쓸데없다"라고 말할 수 없다. 왜냐하면 우리는 서로 지체이기 때문이다.

2. 도움을 요청하는 자는 또한 도움을 줄 준비가 되어 있어야 한다. 내가 제비 뽑아 얻은 땅에 나와 함께 올라가서 가나안 족속과 싸우자 그리하면 나도 네가 제비 뽑아 얻은 땅에 함께 가리라. 이렇게 하여 이스라엘 백성들은 가나안 사람들에 대항하여 서로 돕게 되었다. 이와 같이 모든 그리스도인들은 비록 서로 다른 종족이라 할지라도 사탄의 왕국에 대항하여 서로의 손을 강하게 해주어야 한다. 피차 사랑으로 돕는 자들은 하나님의 은혜로운 도우심을 기대할 충분한 자

격을 갖는다.

IV. 이렇게 하여 유다와 시므온 연합군이 출전(出戰)하게 된다. 유다가 올라갔고(4절) 시므온이 그와 함께 갔다(3절). 아마도 이 원정(遠征)의 최고사령관은 갈렙이었을 것이다. 노인의 머리와 젊은이의 손을 가졌으며 또 오랜 세월의 경험과 왕성한 체력을 가진 그보다 더 적합한 사람이 누구이겠는가(수14:10, 11)? 이어지는 말씀을 볼 때(10, 11절), 그는 자신에게 할당된 기업을 아직 소유로 삼지 못했던 것으로 보인다. 이스라엘 백성들이 이와 같이 순전한 마음을 가진 장군을 가지고 있었던 것은 그들에게 복이었다. 어떤 이들은, 이스라엘 백성들이 누가 올라가 싸울 것인가를 묻고 있을 때 이미 가나안 사람들은 상당한 규모의 세력으로 결집되어 있었으며 또한 그들이 여호수아의 죽음을 들었을 때 분기(奮起)하기 시작했다고 생각한다(그들에게 있어 여호수아의 이름은 너무나 두려운 것이었다). 그러나 만일 그렇다면 그들은 자신들의 상처를 스스로 만져서 덧나게 하는 꼴밖에 되지 않을 것이다.

V. 하나님이 이스라엘에게 큰 성공을 주셨다. 이스라엘이 먼저 공격을 했든지 혹은 적들이 먼저 경고를 발하였든지 간에, **주께서 그들을 이스라엘의 손에 넘겨주셨다**(4절). 비록 유다 군대가 강하고 담대했다 할지라도, 승리는 하나님께 돌려진다: **여호와께서 가나안 족속을 그들의 손에 넘겨주시니.** 하나님은 여기에서 그들에게 가나안 족속을 멸망시킬 능력을 주시면서, 그들이 자신의 명령 즉 가나안 족속을 완전히 멸하라는 명령에 순종하는지 여부를 시험하셨다. 이와 관련하여 패트릭 주교는 이교(異敎)의 작가들에게서는 전쟁의 승리와 관련하여 여기에 나타난 것과 같은 종교적인 표현이 나타나지 않음을 주목한다. 나는 하나님의 섭리에 대한 이와 같은 경건한 고백이 오늘날 그리스도인이라 불리는 많은 사람들 가운데에도 그대로 사용되기를 희망한다.

1. 이제 우리는 가나안 군대가 베섹에서 혹은 베섹 인근에서 어떻게 참패를 당하는지 보게 되는데, 그 곳은 나중에 사울이 백성들의 집결지로 삼았던 장소였다(삼상 11:8). 이스라엘은 10,000명을 살육했는데, 이로 인해 이미 약해져 있던 그들은 한층 더 약해질 수밖에 없었다.

2. 그들의 왕이 붙잡혀 모욕을 당한다. 그의 이름은 '베섹의 주'를 의미하는 아도니 베섹이었다. 자기들의 땅을 자신의 이름으로 부르는 사람들이 있지만(시 49:11), 여기에 나오는 아도니 베섹은 자기 땅의 이름으로 자신의 이름을 삼았

다. 싸움이 끝난 후 그는 붙잡혔다. 그리고 우리는 여기에서 유다 자손들이 그에게 어떻게 했는지 보게 된다. 그들은 그로 하여금 싸움을 하지 못하도록 엄지손가락을 잘랐으며, 또 도망가지 못하도록 엄지발가락을 잘랐다(6절). 그에 대한 형벌은 이처럼 가혹했다. 그는 저주받은 가나안 사람이었으며, 예전에 비슷한 방식으로 많은 사람들에게 형벌을 가한 사람이었다. 그리고 이스라엘 백성들은 아마도 이에 대해 들었을 것이다. 요세푸스는 유다 자손들이 단지 그의 엄지손가락과 엄지발가락만을 자른 것이 아니라 더 치명적으로 그의 손과 발을 잘랐다고 생각한다. 어쨌든 그들이 행한 이러한 모욕으로 인해 아도니 베섹은 하나님의 의를 고백하지 않을 수 없었다(7절). 여기에서 다음을 주목하라.

(1) 이 사람 아도니 베섹은 매우 큰 자였다. 그는 전쟁에서 큰 자였다. 전쟁터에서 수많은 군대들이 그를 보고 두려워하여 꽁무니를 뺐다. 그는 집에서도 큰 자였다. 심지어 왕들조차 그의 양 떼를 지키는 개 중에 둘 정도였다(욥 30:1). 그러나 이제 그 자신이 포로가 되었고, 극도의 비천함과 수치 가운데 떨어져 버리고 말았다. 이 세상은 얼마나 변하기 쉬우며, 또 세상의 높은 자리는 얼마나 미끄러지기 쉬운가! 가장 높은 자라도 교만하지 말며, 가장 강한 자라도 안심하지 말라. 죽기 전에 가장 낮은 자리로 떨어질지 누가 알겠는가?

(2) 아도니 베섹은 이웃나라들을 황폐화시켰다. 그는 70명의 왕들을 완전하게 굴복시켰고 그들을 포로로 삼았다. 한 도시의 우두머리를 당시에 왕이라고 불렀다. 그러나 그러한 호칭의 위대함은 단지 그들의 수치를 심화시키고 또 그들을 모욕한 아도니 베섹의 교만에 불을 붙였을 뿐이었다. 우리는 아도니 베섹이 이러한 소규모의 통치자들을 한 번에 노예로 삼았다고는 생각할 수 없다. 대체로 그가 통치하는 전 기간 동안 그와 같이 많은 왕들을 정복하고 모욕했을 것이다. 그리고 그가 그들을 이와 같이 다룬 것은 그 자신의 오만하고 잔인한 취향을 만족시키고, 또한 다른 사람들에게 공포심을 가져다 주기 위함이었을 것이다. 가나안 족속은 자기들끼리의 전쟁과 잔인한 사람들로 인해 약화(弱化)되었고, 따라서 이스라엘이 좀 더 쉽게 그들을 정복할 수 있게 되었다. 라이트푸트 박사는 "유다는 아도니 베섹을 정복함으로써 결과적으로 70명의 왕들을 정복했다" 고 말한다.

(3) 아도니 베섹은 다른 사람들에게 행한 대로 자신이 똑같은 것을 받았다. 이와 같이 의로우신 하나님은 종종 자신의 섭리 가운데 죄에 대한 응답으로 벌

을 내리시며 또 심판하심에 있어 공평을 따르신다. 노략하는 자는 노략을 당할 것이요, 속이는 자는 속임을 당할 것이다(사 33:1). **긍휼을 행하지 아니하는 자에게는 긍휼 없는 심판이 있으리라**(약 2:13). 요한계시록 13:10을 보라.

(4) 아도니 베섹은 정직하게 하나님의 의를 인정하고 고백한다: **하나님이 내가 행한 대로 내게 갚으심이로다.** 하나님이 심판을 통해 양심을 일깨울 때 어떻게 그 양심이 죄를 생각나게 하고 또 하나님의 공의에 대해 승복하게 만드는지 주목하라. 교만 가운데 하나님을 무시했던 그가 이제 그분께 항복하고, 왕들을 자기 상 아래 두고 그것을 즐기던 일로 인해 후회하는 마음을 갖는다. 아도니 베섹은 자신이 70인의 왕들에 대해 행했던 것보다는 나은 대접을 받고 있음을 인정하고 있는 것처럼 보인다. 비록 이스라엘인들이 그의 엄지손가락과 엄지발가락을 자르기는 했지만('눈에는 눈'이라는 복수의 율법에 따라 엄지손가락에는 엄지손가락), 그러나 그를 **상 아래** 두어 부스러기를 주워 먹게 하지는 않았다. 왜냐하면 그렇게 하는 것이 충분히 공의의 행위로 간주될 수 있었다 할지라도, 자칫 교만하고 오만한 행위로 비칠 수도 있었기 때문이다.

Ⅵ. 여기에서 예루살렘을 정복한 것이 특별하게 언급된다(8절). 흠정역(King James Version) 번역자들은 여기에 언급된 것이 이전에 여호수아 때에 행해진 것을 아도니 베섹의 죽음과 관련하여 단지 반복하고 있는 것으로 판단한다. 그래서 "그들이 예루살렘에 대항하여 싸웠었다"라고 읽으면서 이 구절을 삽입구 안에 놓는다. 그러나 원문(原文)은 이것을 지금 행해진 것으로 말하는데, 이렇게 보는 것이 가장 적합한 것으로 여겨진다. 왜냐하면 여기에서 그것이 모든 이스라엘에 의해(여호수아의 명령에 따라) 행해진 것이 아니라, 유다 자손들에 의해 특별하게 행해진 것으로 언급하고 있기 때문이다. 실제로 여호수아는 예루살렘의 왕 아도니 세덱을 정복하고 죽였다(수 10장). 그러나 거기에서 우리는 그가 예루살렘 도성을 취했다는 기록을 찾지 못한다. 아마도 여호수아가 다른 곳을 정복하고 있는 동안 이웃나라의 왕이었던 여기의 아도니 베섹이 예루살렘을 소유로 취했을 것이다. 그래서 지금 유다 자손이 그와 싸워 승리했고, 예루살렘은 유다의 손에 떨어지게 되었다. 유다 자손들은 예루살렘 주민들을 살육했다. 그러나 성 안으로 들어온 자들은 제외되었는데, 그들은 그 곳에서 다윗의 때까지 계속 있었다. 또한 그들은 우상 숭배를 혐오한다는 표시로서 그 도시를 불태웠으나(그곳은 우상 숭배로 깊이 오염되어 있었다), 아마도 완전히

다 태우지는 않고 그들이 소유하기 위해 필요한 만큼의 거주지를 남겨두었을 것이다.

9그 후에 유다 자손이 내려가서 산지와 남방과 평지에 거주하는 가나안 족속과 싸
웠고 10유다가 또 가서 헤브론에 거주하는 가나안 족속을 쳐서 세새와 아히만과 달
매를 죽였더라 헤브론의 본 이름은 기럇 아르바였더라 11거기서 나아가서 드빌의
주민들을 쳤으니 드빌의 본 이름은 기럇 세벨이라 12갈렙이 말하기를 기럇 세벨을
쳐서 그것을 점령하는 자에게는 내 딸 악사를 아내로 주리라 하였더니 13갈렙의 아
우 그나스의 아들인 옷니엘이 그것을 점령하였으므로 갈렙이 그의 딸 악사를 그에
게 아내로 주었더라 14악사가 출가할 때에 그에게 청하여 자기 아버지에게 밭을 구
하자 하고 나귀에서 내리매 갈렙이 묻되 네가 무엇을 원하느냐 하니 15이르되 내게
복을 주소서 아버지께서 나를 남방으로 보내시니 샘물도 내게 주소서 하매 갈렙이
윗샘과 아랫샘을 그에게 주었더라 16모세의 장인은 겐 사람이라 그의 자손이 유다
자손과 함께 종려나무 성읍에서 올라가서 아랏 남방의 유다 황무지에 이르러 그
백성 중에 거주하니라 17유다가 그의 형제 시므온과 함께 가서 스밧에 거주하는 가
나안 족속을 쳐서 그 곳을 진멸하였으므로 그 성읍의 이름을 호르마라 하니라 18유
다가 또 가사 및 그 지역과 아스글론 및 그 지역과 에그론 및 그 지역을 점령하였
고 19여호와께서 유다와 함께 계셨으므로 그가 산지 주민을 쫓아내었으나 골짜기의
주민들은 철 병거가 있으므로 그들을 쫓아내지 못하였으며 20그들이 모세가 명령한
대로 헤브론을 갈렙에게 주었더니 그가 거기서 아낙의 세 아들을 쫓아내었고

우리는 여기에서 유다와 시므온이 수행한 영광스럽고 성공적인 전쟁 이야기를 보게 된다.

1. 유다의 기업에서는 가나안 사람들이 거의 발을 붙이지 못했다. 그러나 완전히 쫓겨난 것은 아니었다. 산지에 거주하던(예루살렘 주위의 산지) 자들은 쫓겨났지만(9, 19절), 골짜기에 거주했던 자들은 여호수아 17:16에서 보았던 것처럼 철병거를 가지고 이스라엘에 대항함으로써 자신들의 땅을 지키고 있었다. 바로 여기에서 유다 자손들은 실패했고, 이로써 다른 지파들에게 줄 수 있었던 좋은 영향을 망쳐버리게 되었다. 다른 지파들은 다른 경우에서 종종 보여주었던 유다 자손들의 용기를 따르기보다는 여기에서의 나약함을 따랐던 것이다.

가나안 사람들은 철병거를 가지고 있었고, 그럼으로써 유다 자손들이 보기에 그들을 공격하는 것은 위험한 것으로 여겨졌다. 그러나 이스라엘은 하나님을 자기편으로 삼고 있지 않은가? 그의 병거는 천천이요 만만이지 않은가?(시 68:17) 그분 앞에 가나안의 철병거는 불 속에 던져지는 마른 나뭇가지에 불과하지 않은가? 하나님은 신탁을 통해(2절) 이 원정(遠征)에서 유다에게 승리를 주실 것을 분명하게 약속하지 않았던가? 철병거를 가진 자들이라고 해서 예외가 되겠는가? 그러나 유다 자손들은 믿음으로 나아가는 대신 두려움에 굴복하고 말았다. 그들은 불리한 상황 속에서 하나님을 믿고 의지할 수 없었고, 따라서 철병거와 직면하지 않았다. 한 번만 담대하게 공격했더라면 승리를 완성할 수 있었을 순간에 그만 그들은 초라하게 병력을 되돌렸고, 이것은 치명적인 결과를 가져왔다. 그들은 지금까지 잘 달려왔는데, 도대체 무엇이 그들을 가로막았는가?(갈 5:7)

2. 갈렙은 헤브론을 소유로 삼았다. 비록 여호수아가 10년 혹은 12년 전에(라이트푸트 박사의 계산에 따를 때) 헤브론을 갈렙에게 주었다 할지라도, 갈렙은 자신의 사적인 유익보다 각 지파들의 정착을 위한 공적인 일에 더 치중한 나머지 아직까지 그 땅의 주인이 되지 못했던 것으로 보인다. 이와 같이 갈렙은 자신의 일은 마지막으로 제쳐두고 다른 사람을 위해 봉사하는 것을 즐거워하였다. 대부분의 사람들이 먼저 자신의 유익을 구하기 때문에 이런 마음을 가진 사람은 극소수에 불과하다(빌 2:20, 21). 이제 유다 자손 모두가 갈렙을 도와 헤브론을 함락시키고(10절), 아낙 자손들을 살육하고 그에게 헤브론을 소유로 취하도록 하였다(20절). 그들은 헤브론을 갈렙에게 주었다. 이에 갈렙은 형제들의 친절에 보답하기 위해 드빌을 함락시켜 그것을 유다 자손들에게 주고자 갈망하게 되고, 드빌을 쳐서 함락시키는 자에게 딸을 줄 것을 약속한다(11, 12절). 옷니엘이 용감하게 이 일을 떠맡아, 결국 드빌을 함락시키고 갈렙의 딸을 얻게 된다(13절). 그리고 아내로 인해 자신과 자신의 가족을 위해 매우 좋은 기업을 얻게 된다(14, 15절). 우리는 이에 대해 이미 여호수아 15:16-19에서 본 바 있다.

3. 시므온은 자기 경계 내에 있는 가나안 사람들의 땅을 취했다(17, 18절). 시므온의 기업의 동쪽 부분에서 그들은 스밧의 가나안 사람들을 멸망시키고 여기에 얼마 전에 점령한 인근의 몇몇 저주받은 성읍들을 합하여 그 곳을 호르마(파괴)라 불렀는데, 그 곳은 그렇게 불릴 만한 충분한 이유가 있었다(민 21:2,

3). 아마도 이것은 그들이 한 맹세, 즉 남쪽에 있는 이러한 가나안 성읍들을 완전히 멸하겠다는 맹세를 완전하게 이행하기 위한 것이었을 것이다. 한편 서쪽 부분에서 그들은 블레셋 사람들의 성읍인 가사와 아스글론과 에그론을 취했다. 그들은 그 성읍들에 대한 현재적 소유권을 취했으나 그 주민들을 멸하지는 않았다. 따라서 블레셋 사람들은 시간이 지남에 따라 그 성읍들을 회복하였고, 이스라엘의 뿌리 깊은 원수가 되었다.

4. 겐 사람들은 유다 지파의 경내(境內)에 정착했는데, 그들이 그 곳을 선택한 것은 유다가 가장 강한 지파였고 따라서 그 곳에서 안전하고 조용하게 살고자 원했기 때문이었다(16절). 이들은 이드로의 자손이었다. 이들은 민수기 10:29에서 모세가 청했을 때 이스라엘과 함께 동행했거나, 아니면 38년 후 이스라엘이 광야 방랑을 끝마쳤을 때 그들과 같은 장소에서 만나 가나안에 함께 들어왔을 것이다. 모세는 그들도 이스라엘과 똑같은 대접을 받게 될 것이라고 약속했다(민 10:32). 그들은 처음에 종려나무 성읍에 정착했다. 이 곳은 재건되는 것이 금지된 성읍인 여리고였는데, 따라서 장막에 거주하는 자들에게는 아주 적합한 곳이었다. 그러나 후에 그들은 유다 광야로 옮겼다. 그것은 그 곳이 한적하고 외딴 곳이었기 때문이거나, 아니면 유다 지파에 대해 호감을 가졌기 때문이었을 것이다. 아마도 유다 지파는 그들에게 특별히 친절했던 것 같다. 우리는 이보다 훨씬 북쪽인 납달리의 기업에서 시스라가 은신처로 삼고자 했던 겐 사람 야엘의 장막을 보게 된다(4:17). 이스라엘은 이들 겐 사람들을 존중하여 그들이 원하는 곳에 정착하도록 허락했는데, 그것은 이들이 어디에 있든지 조용히 거하면서 작은 것으로 만족하는 사람들이었기 때문이었다. 아무도 괴롭히지 않는 사람은 아무에게도 괴롭힘을 받지 않는다. 온유한 자는 복이 있나니 그들이 땅을 기업으로 받을 것임이요.

[21]베냐민 자손은 예루살렘에 거주하는 여부스 족속을 쫓아내지 못하였으므로 여부
스 족속이 베냐민 자손과 함께 오늘까지 예루살렘에 거주하니라 [22]요셉 가문도 벧
엘을 치러 올라가니 여호와께서 그와 함께 하시니라 [23]요셉 가문이 벧엘을 정탐하
게 하였는데 그 성읍의 본 이름은 루스라 [24]정탐꾼들이 그 성읍에서 한 사람이 나오
는 것을 보고 그에게 이르되 청하노니 이 성읍의 입구를 우리에게 보이라 그리하
면 우리가 네게 선대하리라 하매 [25]그 사람이 성읍의 입구를 가리킨지라 이에 그들

이 칼날로 그 성읍을 쳤으되 오직 그 사람과 그의 가족을 놓아 보내매 [26]그 사람이
헷 사람들의 땅에 가서 성읍을 건축하고 그것의 이름을 루스라 하였더니 오늘까지
그 곳의 이름이 되니라 [27]므낫세가 벧스안과 그에 딸린 마을들의 주민과 다아낙과
그에 딸린 마을들의 주민과 돌과 그에 딸린 마을들의 주민과 이블르암과 그에 딸
린 마을들의 주민과 므깃도와 그에 딸린 마을들의 주민들을 쫓아내지 못하매 가나
안 족속이 결심하고 그 땅에 거주하였더니 [28]이스라엘이 강성한 후에야 가나안 족
속에게 노역을 시켰고 다 쫓아내지 아니하였더라 [29]에브라임이 게셀에 거주하는 가
나안 족속을 쫓아내지 못하매 가나안 족속이 게셀에서 그들 중에 거주하였더라 [30]
스불론은 기드론 주민과 나할롤 주민을 쫓아내지 못하였으므로 가나안 족속이 그
들 중에 거주하면서 노역을 하였더라 [31]아셀이 악고 주민과 시돈 주민과 알랍과 악
십과 헬바와 아빅과 르홉 주민을 쫓아내지 못하고 [32]아셀 족속이 그 땅의 주민 가나
안 족속 가운데 거주하였으니 이는 그들을 쫓아내지 못함이었더라 [33]납달리는 벧세
메스 주민과 벧아낫 주민을 쫓아내지 못하고 그 땅의 주민 가나안 족속 가운데 거
주하였으나 벧세메스와 벧아낫 주민들이 그들에게 노역을 하였더라 [34]아모리 족속
이 단 자손을 산지로 몰아넣고 골짜기에 내려오기를 용납하지 아니하였으며 [35]결심
하고 헤레스 산과 아얄론과 사알빔에 거주하였더니 요셉의 가문의 힘이 강성하매
아모리 족속이 마침내는 노역을 하였으며 [36]아모리 족속의 경계는 아그랍빔 비탈의
바위부터 위쪽이었더라

우리는 여기에서 나머지 지파들이 어떻게 남아 있는 가나안 사람들과 조화를 이루게 되었는지 보게 된다.

I. 베냐민은 자신의 기업으로 할당된 예루살렘으로부터 여부스 족속을 쫓아내지 않고 그대로 두었다(21절). 유다가 그들에게 좋은 모범을 보여주었고 그들에게 큰 유익을 가져다 주었으나(9절), 그들은 확고한 결의가 부족하여 계속적인 공격을 가하지 못했다.

II. 요셉 가문은,

1. 좀 더 분발하여 벧엘을 소유로 삼았다(22절). 여호수아 18:22에서 이 성읍은 베냐민 지파 안에 있는 것으로 언급되지만, 그러나 그 곳(수 18장) 13절에서는 베냐민 지파의 경계에 있는 것으로 언급된다. 따라서 경계선이 그 가운데로 통과함으로써 그 성읍의 절반은 베냐민에게 속하고 나머지 절반은 에브라임에

게 속한 것으로 보인다. 여기에 언급된 에브라임 자손들의 행동은 아마도 벧엘을 가나안 사람들로부터 회복하여 이 때부터 그들이 전 지역을 혹은 최소한 가장 큰 지역을 확보하게 된 것을 의미하는 것이었을 것이다. 왜냐하면 나중에 이 성읍은 북왕국 열 지파의 통치권 아래 들어가고(베냐민은 열 지파에 포함되지 않음) 여로보암은 송아지 우상 가운데 하나를 이 곳에 세웠기 때문이다. 에브라임 자손들이 벧엘을 정복하는 이야기에서 다음을 주목하라.

(1) 그들이 하나님의 호의(好意)를 얻음: **여호와께서 그와 함께 하시니라**. 다른 지파들도 열심히 자신의 능력을 발휘했다면 하나님께서 함께 하셨을 것이다. 갈대아 역본(譯本)은 그것을 **"여호와의 말씀이 그들의 돕는 자였다"** 라고 읽는다. 다시 말해서 여호와의 군대대장인 그리스도께서 그들이 전체로 행동할 때뿐만 아니라 개별적으로 행동할 때에도 함께 하시며 도와주셨다는 것이다.

(2) 그 성읍을 함락시키기 위해 그들이 취한 신중한 방책. 그들은 그 성읍에서 가장 취약한 부분이 어디인지, 혹은 어느 곳으로 공격할 때 최대의 효과를 얻을 수 있는지를 탐색하기 위해 정탐꾼들을 보냈다(23절). 정탐꾼들은 하나님의 섭리 가운데 만난 한 사람으로부터 매우 유익한 정보를 얻었다. 그는 정탐꾼들에게 시내로 들어가는 은밀한 길을 보여주었는데, 그 길은 일반적으로 알려지지 않은 길이었고, 따라서 특별한 위험이 있을 것으로 여겨지지 않음으로 수비병이 배치되지 않은 채 방치된 길이었다. 여기에서,

[1] 그가 정탐꾼들에게 이러한 정보를 제공한 것이 **여호와께서 그들과 함께 하심**을 확신하고 그분이 이 땅을 그들에게 주심으로 이 땅이 그들의 것이 되었음을 확신한 것으로부터 말미암았다면, 그의 행동은 결코 비난의 대상이 되어서는 안 된다. 이는 라합이 자기 나라의 원수들(그러나 하나님의 친구들)을 영접한 것과 마찬가지이다.

[2] 그를 **선대하여** 그와 그의 가족들의 생명을 살려줄 뿐만 아니라 그들이 원하는 곳에 가서 살도록 자유를 준 것 역시 비난받아서는 안 된다. 왜냐하면 선에 대하여는 선으로 보답해야 하기 때문이다. 아마도 그는 에브라임 자손들과 함께 하기를 원치 않았던 것으로 보인다. 그는 그들을 사랑하기보다는 두려워했던 것 같다. 그래서 그는 헷 사람의 땅으로 갔는데, 그 곳은 여호수아가 침입해 들어왔을 때 그들이 아라비아로 가서 정착한 곳이었던 것 같다. 이 사람은 헷 사람들과 함께 살 것을 선택했으며, 그들 가운데 한 작은 성읍을 세웠다. 그

리고 그는 그 성읍에다가 자신이 살던 성읍의 이름을 따서 루스(아몬드 나무)라 명명했는데, 그는 종교적인 의미가 담긴 새 이름 벧엘(하나님의 집)보다 옛 이름을 더 좋아했다.

(3) 그들의 성공. 정탐꾼들은 자신들이 얻은 정보를 본대(本隊)에 전달했다. 이로써 에브라임 자손들은 큰 유익을 얻게 되었고, 성읍을 기습하여 정복하였으며, 그들 모두를 칼로 쳤다(25절).

2. 그러나 요셉 자손들은 이것 외에는 특별히 주목할 만한 것이 아무것도 없었다.

(1) 므낫세는 자신의 기업 안에 있는 매우 중요한 몇몇 성읍들에서 가나안 사람들을 쫓아내는데 실패했으며, 그리고는 그렇게 하려는 어떤 시도조차 하지 않았다(27절). 그러자 가나안 사람들이 그 곳을 소유로 삼고 결코 포기하지 않을 것을 결심했다. 그들이 그 땅에 거주하자 므낫세는 그들을 쫓아낼 결심을 갖지 않았다. 마치 그들이 스스로 포기하지 않는 한 간섭하지 않겠다는 듯한 태도였는데, 그들이 스스로 포기한다는 것은 결코 생각할 수 없는 일이었다. 단지 이스라엘이 강해졌을 때 땅을 취하고, 공물을 바치게 하거나 개인적으로 종을 삼았을 뿐이었다(28, 35절).

(2) 이와 마찬가지로 에브라임도 비록 강력한 지파였음에도 불구하고 매우 중요한 성읍이었던 게셀을 방치하여 가나안 사람들로 하여금 그들 가운데 거주하도록 하였다(29절). 어떤 이들은, 이것이 에브라임이 그들에게 조용한 정착을 허락하고, 공물 바치는 자가 아니라 '정복되지 않은 백성' 의 특권을 부여했음을 암시한다고 생각한다.

Ⅲ. 스불론은 배들이 정박하는 항구가 될 것이란 예언으로 미루어 해상무역에 치중하였을 것인데, 이들은 기드론과 나할롤을 정복하는 것을 게을리하고(30절), 단지 그 주민들을 공물을 바치는 자로 삼았다.

Ⅳ. 아셀은 다른 어떤 지파보다도 상황이 더 나빴다(31, 32절). 그들은 더 많은 성읍들을 가나안 사람들의 손에 남겨 두었을 뿐만 아니라, 그들을 공물 바치는 자로 삼는 대신 도리어 그들에게 굴복하고 말았다. 아셀 족속이 가나안 사람들 가운데 거주하였다는 표현은 가나안 사람들이 더 숫자가 많고 강하며 여전히 그 땅의 주인이었고, 아셀 자손은 단지 그들 가운데 거주하도록 묵인되었음을 암시한다.

V. 납달리 역시 가나안 사람들을 자신들 가운데 거주하도록 허용했다(33절). 그들이 가나안 사람들로부터 공물을 요구하는 자리에 서게 된 것은 단지 점차적으로 그러했을 뿐이었다.

VI. 단은 아모리 사람들에 대하여 대항하지 못함으로 자신에게 주어진 기업을 계속해서 정복해 나아가지 못했다. 그들은 아모리 사람들에 의해 산지로 쫓겨 들어가 그 곳의 성읍들에 거주하면서, 철병거가 있었던 골짜기 지역을 정복하는 모험을 하지 못했다(34절). 뿐만 아니라 산지에 있는 몇몇 성읍들은 단에 대항하고 있었다(35절). 이리하여 그들은 소유지가 너무 비좁았고, 따라서 아주 멀리 떨어져 있었던 라이스까지 가서 넓은 땅을 구할 수밖에 없었다(18:1 이하). 야곱의 축복에서 유다는 사자에 비유되었고 단은 뱀에 비유되었다. 유다는 사자와 같은 용기를 가지고 번성하며, 가는 곳마다 승리를 거두었다. 그러나 단은 뱀 같은 교활함을 가지고 아무 땅도 얻을 수 없었다. 교활한 재주와 인위적인 술책이 항상 어떤 일을 이루는 것은 아니다. 단 지파가 하지 못한 것을 이웃 지파인 에브라임이 부분적으로 그들을 위해 했는데, 그것은 아모리 사람들을 공물 바치는 자로 삼는 것이었다(35절).

VII. 전반적으로 볼 때 이스라엘 백성들은 자신에게 주어진 일을 감당하는데 철저하지 못했다. 그들은 가나안 사람들을 쫓아내고 자신들의 기업을 확보하기 위해 마땅히 해야만 하는 일을 하지 않았다.

1. 그것은 그들의 게으름과 비겁함 때문이었다. 그들은 정복사역을 완성하기 위해 기꺼이 고통을 감수하려고 하지 않았다. 마치 길에 사자가 있다 거리에 사자가 있다고 했던 게으름뱅이처럼, 그들은 마음속으로 그것이 도저히 극복할 수 없는 어려운 문제라고 과장했다. 그것은 마치 바람과 구름을 두려워하여 씨를 뿌리고 추수하는 것을 하지 않은 것과 같은 것이었다.

2. 그것은 그들의 탐욕 때문이었다. 그들은 가나안 사람들의 피보다 그들의 노동력과 돈을 더 좋아하였다. 이스라엘 백성들은 가나안 사람들을 자신들 가운데 살도록 기꺼이 허락함으로써 그들을 자신들의 손으로 삼고자 하였다.

3. 그들은 우상 숭배에 대해 마땅히 가졌어야 할 두려움과 혐오감을 갖지 않았다. 이스라엘 백성들은 비록 가나안 사람들의 죄의 분량이 가득 찼다 할지라도 그들을 칼로 치는 것은 유감스러운 일이라고 생각했으며, 또한 그들을 자신

들 가운데 살도록 허락하는 것이 결코 해롭지 않을 것이며 또 자신들에게 어떤 위험도 되지 않을 것이라고 생각했다.

4. 그들의 조상들을 40년 동안 가나안에 들어가지 못하게 하고 또 그들로 하여금 지금 그 땅을 온전히 소유하지 못하게 하는 동일한 이유는 바로 불신앙이었다. 그들은 하나님의 능력과 약속에 대한 불신앙으로 말미암아 자신들의 이점을 상실했고 또 수많은 해악에 직면하게 되었다.

제 2 장

개요

본 장의 내용은 다음과 같다. I. 하나님이 사자를 통해 이스라엘에 보낸 특별한 메시지와 이에 대한 백성들의 반응(1-5절). II. 사사시대 이스라엘의 상태에 대한 전체적인 개념. 1. 여호수아와 장로들이 살아있을 동안에는 하나님을 잘 따름(6-10절). 2. 이후 우상 숭배에 빠짐(11-13절). 3. 하나님이 그들에게 진노하시고 이로 인해 심판이 임함(14-15절). 4. 하나님이 이스라엘을 불쌍히 여기시고 구원자를 일으키심(16-18절). 5. 심판이 지난 후 다시 우상 숭배에 빠짐(17-19절). 6. 하나님이 진노 가운데 이스라엘 앞에 장애물을 놓으심(20-23절). 이것은 본 장의 내용일 뿐만 아니라 사사기 전체의 내용이기도 하다.

1여호와의 사자가 길갈에서부터 보김으로 올라와 말하되 내가 너희를 애굽에서 올
라오게 하여 내가 너희의 조상들에게 맹세한 땅으로 들어가게 하였으며 또 내가
이르기를 내가 너희와 함께 한 언약을 영원히 어기지 아니하리니 2너희는 이 땅의
주민과 언약을 맺지 말며 그들의 제단들을 헐라 하였거늘 너희가 내 목소리를 듣
지 아니하였으니 어찌하여 그리하였느냐 3그러므로 내가 또 말하기를 내가 그들을
너희 앞에서 쫓아내지 아니하리니 그들이 너희 옆구리에 가시가 될 것이며 그들의
신들이 너희에게 올무가 되리라 하였노라 4여호와의 사자가 이스라엘 모든 자손에
게 이 말씀을 이르매 백성이 소리를 높여 운지라 5그러므로 그 곳을 이름하여 보김
이라 하고 그들이 거기서 여호와께 제사를 드렸더라

첫째로 이스라엘은 하늘로부터 '영단번적으로'(永單番, once for all) 율법을 받았는데, 그것은 그들을 행복의 길로 이끌고 또 유지시키기 위한 것이었다. 둘째로 그들은 때때로 하늘로부터 특별한 메시지들을 받았는데, 그것은 그들이 그러한 길로부터 벗어날 때마다 책망과 바르게 함과 의로 교육하기 위한 것이었다. 이와 같이 두 가지 방식으로 교훈과 인도함을 받는 것은 이스라

엘의 특권이었다. 지금 자신들 앞에 가지고 있고 또 읽을 수 있는 기록된 말씀 외에, 그들은 **때때로 '이것이 바른 길' 이라고 뒤에서 들려오는 말씀을 들었다**(사 30:21). 여기에서 하나님이 이스라엘 백성을 다루는 방식이 시작된다. 그들이 모세의 말을 듣지 않았을 때, 하나님은 선지자들을 통해 말씀하시고 그들이 듣는지 아니 듣는지 시험하셨다. 여기에서 우리는 이스라엘 백성이 신앙적으로 냉랭해지기 시작했을 때 그들에게 전파된 '매우 각성케 하는 말씀' 을 보게 된다.

I. 말씀을 전하는 자는 선지자도 아니고 유대인들이 생각하는 것처럼 비느하스도 아니고 '여호와의 사자' (angel of the Lord)**였다**(1절). 복음사역자들은 실제로 '**교회의 사자**' (angels of the churches)로 불려지지만, 그러나 구약의 선지자들은 결코 여호와의 사자로 불려지지 않는다. 의심의 여지 없이 여호와의 사자(使者)는 하늘로부터 온 사자(messenger, 전령)였다. 우리는 사사기에서 이러한 특별한 사자들이 기드온이나 삼손 같이 이스라엘을 구원하는 사사를 일으키는 일에 쓰임 받는 것을 보게 된다. 또한 여기에 등장하는 사자는 그러한 사자들의 또 다른 직임(職任)을 보여주는데, 그는 이스라엘이 죄와 고통 속으로 떨어지는 것을 막기 위해 보냄을 받았다. 이 특별한 사자는 오로지 눈에 보이는 것에만 관심을 갖는 백성들에게 자신의 메시지에 더욱 유의하고 또 마음을 새롭게 하도록 명령하기 위해 보냄을 받았다.

패트릭 주교는 여호와의 사자(angel of the Lord)가 피조된 천사(created angel)가 아니라 언약의 사자(the Angel of covenant), 즉 여호수아에게 하나님 자신이신 여호와의 군대 대장으로 나타났던 자와 동일한 존재라는 분명한 견해를 피력한다. 라이트푸트 박사는 그가 그리스도 자신이라고 말한다. **"내가 너희를 애굽에서 올라오게 하였다"** 라고 말할 수 있는 자가 하나님과 그리스도가 아니면 누구겠는가? 여호수아는 최근에 이스라엘에게 가나안 사람들과 혼합되지 말 것을 훈계했으나, 그들은 그 말에 주의하지 않았다. 따라서 여기에서 살아계신 하나님 자신, 즉 사자(천사, angel)로 나타난 하나님의 아들이 똑같은 경고를 발한다. 이스라엘 백성들이 하나님의 종들은 무시하였을지라도, 그의 아들의 말은 청종할 것이다.

여기의 여호와의 사자는 길갈에서부터 올라왔다고 언급되고 있는데, 아마도 땅 위로 걸어온 것이 아니라, 가브리엘 천사가 다니엘에게 올 때처럼 열린 궁창으로 빨리 날아왔을 것이다. 그러나 걸어왔든 날아왔든, 그는 특별한 목적을 위해 길갈에서부터 왔다. 길갈은 이스라엘이 가나안에 들어온 이후 오랫동안 본영(本營)이었던 곳이다. 그들은 이 곳에서 하나님으로부터 특별한 호의를 많이 받았으며, 할례의 언약이 갱신된 곳도 바로 이 곳이었다(미 6:5). 그러므로 여호와의 사자가 길갈에서부터 옴으로써 그들은 이 모든 것을 다시 기억하고 되새길 수 있게 되었다. 우리가 받은 것과 들은 것을 기억하고 되새김으로써 우리는 그것을 더욱 굳게 붙잡게 될 것이다(계 3:2, 3).

Ⅱ. 말씀을 받은 자들은 이스라엘 모든 자손이었다(4절). 위대한 말씀 전파자와 위대한 회중! 그들은 전쟁을 위해 모였거나 아니면 예배를 위해 모였을 것이다(아마도 후자가 더 가능성이 높아 보인다). 그렇다면 그들이 모인 장소는 틀림없이 성막이 있었던, 그래서 모든 이스라엘 백성들이 일년에 세 번 함께 모였던 실로였을 것이다. 우리가 어떤 규례를 따라 하나님 앞에 나올 때, 우리는 그분의 말씀을 듣고, 또 그분의 선물(은사, gifts)을 받기를 기대한다. 그 장소는 보김이라 불렸는데(1절), 그와 같은 이름은 이번 일로 인해 붙여졌다. 모든 이스라엘이 여기에서 주어진 책망과 경고를 필요로 했다. 따라서 그것은 그들 모두에게 말하여진 것이다.

Ⅲ. 말씀 자체는 짤막했지만 매우 단호했다. 하나님은 여기에서 백성들에게 분명하게 말씀하신다.

1. 하나님이 그들을 위해 행하신 일(1절). 하나님은 그들을 예속과 노역의 땅 애굽으로부터 안식과 자유와 풍요의 땅 가나안으로 데려가셨다. 그들의 고통은 애굽 사람들의 부요를 위한 것이었다. 하나님은 그들에게 은혜를 베푸사 그리고 조상들에게 맹세하신 약속에 진실하사 그와 같은 권능의 증거를 주셨다. 따라서 만일 그들이 하나님을 믿지 않는다면 그리고 하나님과의 약속을 버린다면 그것은 변명의 여지가 없는 일이 될 것이다.

2. 하나님이 그들에게 약속하신 것: 내가 이르기를 내가 너희와 함께 한 언약을 영원히 어기지 아니하리라. 하나님이 그들을 취하여 자신의 백성으로 삼았을 때, 거기에는 그들을 다시 버리거나 혹은 자기 마음대로 다른 백성과 바꾸려는 계획은 전혀 없었다. 그들이 하나님께 신실하다면 하나님 또한 그들에게 영원히 변치 않고 신실하실 것이다. 하나님은 그들에게 분명히 말씀하시기를, 그들과 맺은 언약은 — 그들이 깨뜨리지 않는 한 — 결코 깨어지지 않을 것이라고 하

셨다.

3. 그들에 대한 하나님의 정당하고 합리적인 기대(2절). 그들은 하나님과 언약을 맺었으므로 하나님과 그들의 원수인 가나안 사람들과 연합해서는 안 된다. 또한 그들은 하나님의 제단을 세웠으므로 가나안 사람들의 제단을 허물어뜨리고, 그럼으로써 그것이 이스라엘 백성들을 유혹하여 자기 신들을 섬기도록 하지 못하게 해야 한다. 이것보다 더 쉬운 요구가 어디 있는가?

4. 그러나 이러한 요구에 그들이 불순종함: **그러나 너희가 내 목소리를 듣지 아니하였으니.** 그들은 하나님과 맺은 언약과 그 언약 안에서 서로 연합한 것을 멸시했다. 그리고는 우상 숭배에 빠진 가나안 사람들과 연합하면서, 하나님의 제단에 대항하는 우상의 제단들을 묵인했다. **어찌하여 그리하였느냐?** 이런 패역에 대해 너희는 어떤 설명을 할 수 있느냐? 너희가 어떤 변명을 할 수 있으며 어떤 핑계를 댈 수 있느냐? 하나님과의 연합을 내팽개쳐 버리고 열매 없는 어둠의 일에 참예한 자들은 지금 자기들이 무슨 일을 하고 있는지 알지 못하며, 또 머지않아 다가올 결산의 날에 아무 말도 할 수 없게 될 것이다.

5. 이러한 어리석음으로 인해 그들이 받게 될 쓰라림(3절). 이스라엘이 가나안 사람들을 쫓아내지 않고 그대로 둔 것은,

(1) 자신들의 승리에 종지부를 찍는 것이었다. **너희가 그들을 쫓아내지 아니하므로 나도 그들을 쫓아내지 아니하리라.** 이와 같이 그들의 죄가 그들의 형벌이 되었다. 이처럼 정욕과 타락에 빠진 자들은 하나님의 은혜를 상실하게 된다. 만일 우리가 마귀를 대적하지 않는다면, 우리는 하나님이 그를 우리 발 아래 밟히게 하실 것을 기대할 수 없다.

(2) 자신들에게 계속적인 고통을 가져다 줄 것이다. "그들이 너희 옆구리에 가시가 되어 너희를 찌를 것이며, 너희가 어디로 향하든지 너희에게 해가 될 것이다." 하나님의 원수와 연합하면서 잘 되기를 바라는 것은 스스로 속이는 것이다.

(3) 자신들에게 계속적인 유혹이 됨으로써 스스로를 죄에 떨어지게 할 것이다(이것이 가장 나쁜 일이다). "그들의 신들이(그들의 가증한 것이 — 갈대아역) 너희에게 올무가 될 것이다. 너희는 그것들과 비참하게 뒤엉키게 될 것이며 이것이 너희의 멸망이 될 것이다." 죄를 가까이 하는 자들은 죄에 빠지게 되고 결국 그 속에서 멸망을 당하게 된다. 하나님은 종종 사람들의 죄가 바로 그들

의 형벌이 되게 하신다. 하나님을 대적하는 완악한 자의 길에는 가시와 올무가 있다.

IV. 이러한 말씀 선포의 효과는 매우 주목할 만한 것이었다. 백성이 소리 높여 운지라.

1. 여호와의 사자는 백성들의 죄에 대해 말했고, 이로 인해 백성들은 슬픔을 나타냈다. 그들은 죄를 고백하며 소리를 높였으며, 자신들의 어리석음과 배은망덕으로 인해 울었다. 또한 그들은 그토록 그릇된 행동으로 인해 스스로에 대하여 부끄러움과 분노로 눈물을 흘렸다.

2. 여호와의 사자는 백성들에게 하나님의 심판을 경고했고, 이에 대해 백성들은 두려움을 나타냈다. 그들은 하나님께 진노를 거두어 달라고 기도하면서 소리를 높였으며, 그분의 진노로 인한 두려움으로 울었다. 그들은 이러한 경고로 인해 마음이 녹았으며, 선포된 말씀으로 인해 두려워 떨었다. 그리고 그것은 까닭 없는 것이 아니었다. 이것은 좋은 일이었으며, 그들이 들은 말씀이 그들에게 강한 인상을 주었음을 보여주는 표적이었다. 죄인들이 회개의 눈물 없이 성경을 읽을 수 있다는 것은 놀라운 일이다. 그러나 이것으로 충분한 것은 아니었다. 그들은 울었다. 그러나 우리는, 그들이 돌이켜 모든 우상 숭배의 잔재들을 파괴하고 그들 가운데 우상 숭배자들을 쫓아냈다는 말을 듣지 못한다. 많은 사람들이 말씀을 듣고 마음이 녹지만, 새로운 사람으로 변화되기 전에 다시 마음이 완악해진다. 그러나 이러한 전체적인 울음으로 인해,

(1) 그 장소에 새로운 이름을 주어지게 되었다(5절): 그 곳을 이름하여 보김이라 하고. 백성들은 그 곳을 보김 즉 '우는 자들' 이라는 이름을 붙였는데, 그러한 이름은 이 모임에 적합한 좋은 이름이었다. 만일 그들이 하나님을 가까이하고 또 자신들이 마땅히 해야 할 일에 충실했다면, 이 모임에서 찬송의 노랫소리 외에는 아무 소리도 들리지 않았을 것이다. 그러나 죄와 어리석음으로 인해 지금 이 곳에서는 오직 울음소리만이 들려올 뿐이었다.

(2) 장엄한 제사가 드려지게 되었다: 그들은 (추측컨대) 하나님의 제단이 있는 실로에서 만나 거기서 여호와께 제사를 드렸다. 그들은 하나님의 진노를 돌이키고 그분의 호의를 얻고자 그리고 자신들을 하나님께 바치는 헌신의 증표로서 제물을 드렸다. 이와 같이 비록 병이 깊을지라도 좋은 약이 있다면 우리는 그 병이 치료되는 것을 기대할 수 있을 것이다. 그러나 계속되는 이야기로 미

루어 볼 때 그 병은 너무나 뿌리가 깊어 간단히 고쳐지지 못한 것으로 나타난다.

6전에 여호수아가 백성을 보내매 이스라엘 자손이 각기 그들의 기업으로 가서 땅을
차지하였고 7백성이 여호수아가 사는 날 동안과 여호수아 뒤에 생존한 장로들 곧
여호와께서 이스라엘을 위하여 행하신 모든 큰 일을 본 자들이 사는 날 동안에 여
호와를 섬겼더라 8여호와의 종 눈의 아들 여호수아가 백십 세에 죽으매 9무리가 그
의 기업의 경내 에브라임 산지 가아스 산 북쪽 딤낫 헤레스에 장사하였고 10그 세대
의 사람도 다 그 조상들에게로 돌아갔고 그 후에 일어난 다른 세대는 여호와를 알
지 못하며 여호와께서 이스라엘을 위하여 행하신 일도 알지 못하였더라 11이스라엘
자손이 여호와의 목전에 악을 행하여 바알들을 섬기며 12애굽 땅에서 그들을 인도
하여 내신 그들의 조상들의 하나님 여호와를 버리고 다른 신들 곧 그들의 주위에
있는 백성의 신들을 따라 그들에게 절하여 여호와를 진노하시게 하였으되 13곧 그
들이 여호와를 버리고 바알과 아스다롯을 섬겼으므로 14여호와께서 이스라엘에게
진노하사 노략하는 자의 손에 넘겨 주사 그들이 노략을 당하게 하시며 또 주위에
있는 모든 대적의 손에 팔아 넘기시매 그들이 다시는 대적을 당하지 못하였으며 15
그들이 어디로 가든지 여호와의 손이 그들에게 재앙을 내리시니 곧 여호와께서 말
씀하신 것과 같고 여호와께서 그들에게 맹세하신 것과 같아서 그들의 괴로움이 심
하였더라 16여호와께서 사사들을 세우사 노략자의 손에서 그들을 구원하게 하셨으
나 17그들이 그 사사들에게도 순종하지 아니하고 오히려 다른 신들을 따라가 음행
하며 그들에게 절하고 여호와의 명령을 순종하던 그들의 조상들이 행하던 길에서
속히 치우쳐 떠나서 그와 같이 행하지 아니하였더라 18여호와께서 그들을 위하여
사사들을 세우실 때에는 그 사사와 함께 하셨고 그 사사가 사는 날 동안에는 여호
와께서 그들을 대적의 손에서 구원하셨으니 이는 그들이 대적에게 압박과 괴롭게
함을 받아 슬피 부르짖으므로 여호와께서 뜻을 돌이키셨음이거늘 19그 사사가 죽은
후에는 그들이 돌이켜 그들의 조상들보다 더욱 타락하여 다른 신들을 따라 섬기며
그들에게 절하고 그들의 행위와 패역한 길을 그치지 아니하였으므로 20여호와께서
이스라엘에게 진노하여 이르시되 이 백성이 내가 그들의 조상들에게 명령한 언약
을 어기고 나의 목소리를 순종하지 아니하였은즉 21나도 여호수아가 죽을 때에 남
겨 둔 이방 민족들을 다시는 그들 앞에서 하나도 쫓아내지 아니하리니 22이는 이스

라엘이 그들의 조상들이 지킨 것 같이 나 여호와의 도를 지켜 행하나 아니하나 그들을 시험하려 함이라 하시니라 [23]여호와께서 그 이방 민족들을 머물러 두사 그들을 속히 쫓아내지 아니하셨으며 여호수아의 손에 넘겨 주지 아니하셨더라

본 단락은 여호수아가 통치하던 동안 백성들이 얼마나 훌륭한 상태에 있었는가 하는 것과 그의 죽음과 장사에 대하여 이전에 언급했던 이야기를 다시 반복하는 것으로 시작된다(수 24:29-31). 이것이 여기에서 다시금 반복되고 있는 것은 뒤이어 나오는 이스라엘 백성들의 타락과 배교의 이야기를 위하여 길을 예비하기 위한 것이다. 여호와의 사자는 가나안 사람들과 그들이 섬기던 우상들이 이스라엘에게 올무가 될 것이라고 예언했다. 이제 역사가(사사기 기자)는 과연 그와 같이 되었음을 보여주기 시작한다. 그리고 그것이 좀 더 분명하게 드러나게 하기 위해 그는 조금 이전으로 되돌아가서 다음을 주목한다.

1. 이스라엘 백성들의 즐거운 가나안 정착. 여호수아는 백성들 가운데 이 땅을 분배한 후에 그것을 평온하게 소유하도록 그들을 보냈다(6절): 여호수아가 백성들을 보내매. 여호수아는 지파 별로 보냈을 뿐만 아니라 모든 사람을 각자 자기 기업으로 가도록 보냈다.

2. 여호수아가 살아있는 동안 백성들은 계속해서 하나님의 거룩하신 이름을 믿고 경외함(7절). 그들이 선한 결심을 품고 자기 기업으로 갔을 때 얼마동안은 그러한 선한 결심을 잘 지켜나갔다. 즉, 그들에게 좋은 모범을 보여주고 위대한 교훈을 가르치며 슬그머니 들어오는 타락을 꾸짖으며 막아주는 훌륭한 통치자가 있는 동안, 그리고 하나님께서 자신들을 위해 행하신 위대한 일들을 잘 기억하고 있는 동안은 그러했다. 그와 같은 놀라운 기사(奇事)들을 목격한 자들은 자신들이 목격한 것을 믿을 만한 충분한 근거를 가지고 있었고 또 자신들을 위해 그토록 놀라운 영광을 보여주신 하나님을 섬길 충분한 이유를 가지고 있었다. 그러나 다음 세대는 보지 못했기 때문에 믿지 않았다.

3. 백성들의 신앙생활에 결정적인 타격을 가져다준 여호수아의 죽음과 장사(8, 9절). 백성들은 여호수아에 대해 너무나 큰 빚을 지고 있었기 때문에, 그의 죽음에 대해 큰 경의를 표하고 그를 딤낫 헤레스에 장사했다. 이 장소는 여호수아서에서처럼 딤낫 세라로 불리지 않고 여기에서 딤낫 헤레스라 불렀다. 헤레스는 태양을 의미하는데, 어떤 이들은 생각하기를, 그의 말에 태양이 멈춰선 것을

기념하여 그의 무덤 위에 이러한 글귀가 새겨졌고, 따라서 그 장소에 헤레스란 이름이 붙여졌다고 한다. 그러나 나는 그 때 여호수아를 기리는 가운데 태양의 형상이 사용되지 않았나 하는 의문을 갖는다. 특별히 인간들이 태양을 숭배하는 보편적인 성향이 있음을 생각할 때 그러한데, 이러한 것은 도리어 하나님의 영광을 모독하는 것으로 잘못 사용될 수 있었다.

4. 새로운 세대의 일어남(10절). 얼마의 시간이 지남과 함께 그 세대 사람들 모두가 죽었다. 그리고 그들의 선한 교훈과 모범들도 그들과 함께 죽어 장사되었다. 그와 함께 새로운 세대가 일어나게 되었는데, 그들은 참된 종교에 대해 거의 아무런 개념도 가지고 있지 않았고 그에 대해 거의 관심을 기울이지 않았다. 자신들이 받은 모든 유익한 교훈에도 불구하고, 그들은 여호와를 알지 못했다. 그분을 올바로 알지 못했으며, 계시된 그대로 알지 못했다. 만일 알았더라면 그분을 결코 버리지 않았을 것이다. 그들은 전적으로 세상에만 몰두했다. 세상일에만 열중하고 또 육체의 안일과 향락에만 지나치게 마음을 빼앗긴 나머지, 그들은 참 하나님과 거룩한 진리에 대해서는 거의 주의를 기울이지 않았고 그럼으로써 거짓 신들과 가증한 미신들에 쉽게 빠져버리고 말았다.

이렇게 하여 역사가(사사기 기자)는 사사시대 이스라엘 가운데 있었던 일련의 사건들에 대한 전반적인 개념을 우리에게 제시해 주게 되었다. 그리고 그것은 똑같은 일들이 똑같은 순서로 반복되는 것이었다.

I. 이스라엘 백성들은 자신들의 하나님을 버리고, 오직 그분께만 돌려져야 할 영광과 경배를 가나안 사람들의 더러운 신들에게 돌렸다. 하늘이여 놀랄지어다! 땅이여 기이히 여길지어다! 하나님이 그토록 잘 먹이시고 가르치신 나라가 어찌 능력이 무한하시고 아무런 흠도 없으시며 선함이 무궁하고 질투하시는 하나님을 버릴 수 있단 말인가!(렘 2:11, 12). 이것은 비할 바 없는 어리석음이요, 배은망덕이요, 배신이었다. 이것이 여기에서 어떻게 묘사되고 있는지 주목하라(11-13절). 전체적으로, 그들은 악을 행했다. 어떤 것도 이보다 더 악할 수는 없었다. 이것은 하나님을 진노하게 하는 것이었으며, 스스로를 불행하게 만드는 일이었다. 그리고 그들이 행한 악은 여호와 목전에 행한 것이었다. 모든 악은 하나님 앞에서 행하는 것이다. 그러나 하나님은 다른 신을 섬기는 것과 관련한 죄에 대하여는 특별히 주목하신다.

1. 그들은 여호와를 버렸다(12, 13). 이것은 그들이 행한 두 가지 큰 악 가운데

하나였다(렘 2:13, 내 백성이 두 가지 악을 행하였나니 곧 그들이 생수의 근원되는 나를 버린 것과 스스로 웅덩이를 판 것인데). 그들은 언약 안에서 여호와 하나님과 연합되었다. 그러나 이제 그들은 마치 아내가 남편을 배반하여 떠남과 같이 하나님을 버렸다. 갈대아 역본은 "그들이 여호와 예배하기를 버렸다"라고 읽는다. 하나님을 예배하는 것을 버리는 자들은 실제적으로 하나님 자신을 버리는 것이다. 여호와는 그들의 조상들의 하나님이시며 따라서 그들은 그의 집에서 태어났다는 사실은 이를 더욱 심화(深化)시킨다. 또한 여호와가 그들을 애굽으로부터 건져내심으로써 멍에를 풀어주셨다는 사실 또한 그들이 마땅히 그분을 섬겨야만 하는 이유가 된다.

2. 그들이 유일하신 참 하나님을 버린 것은 그들이 "하나님이 없다"고 말하는 어리석은 무신론자가 되었음을 의미하는 것은 아니라 다른 신들을 좇았음을 의미하는 것이었다. 그들에게 하나님을 인정하는 순수한 본성이 남아 있었던 반면, 다른 신들을 섬기는 부패한 본성 또한 많이 나타났다. 이스라엘은 특별한 백성이 되는 영예를 받았으며, 모든 나라 위에 뛰어난 나라가 되는 특권을 가졌다. 그렇기 때문에 그들이 주위에 있는 백성의 신들을 좋아한 것은 그들의 특권에 비추어 너무도 어리석은 일이었다. 그들은 바알과 아스다롯을 섬겼다. 바알림은 '주인들'(lords)을, 아스다롯은 '축복받은 자들'(blessed ones)을 의미하는데, 모두 복수형이다. 그들이 한 분이신 여호와를 버렸을 때, 역설적으로 많은 신들(gods)과 많은 주들(lords)을 갖게 되었다. 사람들의 풍부한 상상력이 많은 신들을 만들어낸 것이다. 그들이 무엇으로 자신의 신을 삼든지, 그들은 그것을 섬겼고 절했으며 존귀를 돌리며 은혜를 구했다.

Ⅱ. 이로 인해 이스라엘의 하나님은 진노하셨고 그들을 원수들의 손에 넘겨주셨다(14, 15절). 그가 진노하신 것은 그분이 질투하는 하나님이시기 때문이며 또 자기 이름의 영광에 진실하시기 때문이다. 하나님이 그들의 배교를 징벌하기 위해 취한 방법은 그들이 좇았던 우상 숭배자들을 세워 그들을 괴롭히는 자로 삼는 것이었다. 만일 그들이 하나님께 신실했다면 위대하고 행복한 나라가 되었을 것이지만, 하나님을 버림으로 인해 초라하고 비참하게 되고 말았다.

1. 이제 승리의 깃발이 내려지게 되었다. 그들이 하나님을 버린 후로는 손에 칼을 잡을 때마다 패배의 쓰라림을 맛보게 되었다. 전에는 대적들이 그들을 대항할 수 없었고, 그들이 어디로 가든 여호와의 손이 그들과 함께 했다. 그러나

그들이 하나님에 대해 냉랭해지기 시작했을 때, 하나님은 호의의 손길을 거두셨고 승리의 행진을 중단시키셨으며 더 이상 대적들을 쫓아내지 않으셨다(3절). 그리고 이제 그들이 우상 숭배에 빠져 하나님을 반역하자 그들을 대항하는 전쟁이 일어났고 그들이 다시는 대적을 당하지 못하게 되었다. 하나님은 당신을 알고 믿음을 시인했다가 나중에 버린 자들에게보다는 차라리 아예 알지도 못하고 믿음을 시인하지도 않은 자들에게 승리를 주셨다. 그들이 어디로 가든지 하나님 자신이 그들의 대적이 되셔서 그들을 대항하여 싸우셨다(사 63:10).

2. 그러자 힘의 균형이 그들 반대쪽으로 기울었다. 누구든지 그들을 압제하고 약탈할 수 있었다. 하나님이 그들을 대적들의 손에 파셨는데, 그것은 충분한 고려를 통해 그렇게 하신 것이었다. 즉 하나님은 자기 백성들일지라도 당신의 노를 격발시키면 그들조차도 아끼지 않으시는 질투하는 하나님이라는 사실을 보여주고자 하셨던 것이다. 마치 빚을 갚을 수 없는 채무자가 팔리듯이(마 18:25) 즉 배교로 인해 손상된 하나님의 영광에 대해 고통을 통해 배상하는 것처럼, 하나님은 그들을 파셨다. 여기에서 다음을 주목하라.

(1) 그들의 징벌은 그들이 행한 것에 대한 응답이었다. 그들은 주위에 있는 나라들의 신들을 — 심지어 가장 보잘것없는 신들을 — 섬겼다. 따라서 하나님이 주위에 있는 나라들의 왕들을 — 심지어 가장 보잘것없는 왕들을 — 섬기게 하셨다. 바보들과 함께 하는 자는 모든 사람들에 의해 바보로 여겨지는 법이다.

(2) 하나님이 말씀하신 것이 어떻게 응답되었나? 여호와께서 그들과 맺은 언약 가운데 축복과 생명뿐 아니라 저주와 죽음까지도 놓으실 것을 말씀하시고 맹세하신 대로(15절) 하늘의 손이 그들을 외면했다. 하나님이 당신의 약속에 진실하다는 사실을 발견한 자들은 또한 경고와 위협에도 마찬가지로 진실하다는 사실을 유추할 수 있을 것이다.

Ⅲ. 무한히 자비하신 하나님은 고통 가운데 있는 그들을 불쌍히 여기시고 그들을 위해 구원을 베푸셨다. — 비록 그러한 고통들이 그들 자신의 죄와 어리석음으로 말미암은 것이라 할지라도. 비록 그들이 당하는 괴로움이 그들의 죄에 대한 징벌이며 또한 하나님의 말씀이 성취된 것이라 할지라도, 그럼에도 불구하고 그들은 시간의 지남과 함께 그러한 괴로움으로부터 구원을 받았다(16-18절). 여기에서 다음을 주목하라.

1. 구원의 근거. 그것은 전적으로 하나님의 긍휼히 여기심으로부터 말미암은

것이었다. "그들이 죄로부터 돌이켰다"고 언급되지 않고(17절에 보면 그들 가운데 많은 사람들이 계속해서 죄를 범했다고 되어 있음을 주목하라), "그들이 슬피 부르짖음으로 여호와께서 뜻을 돌이키셨다"고 언급된다. 그들이 슬피 부르짖은 것은 죄로 인한 것이기보다는 고통으로 인한 것이었다. 그들이 하나님의 저주 아래 멸망당하는 것이 마땅한 것은 분명한 사실이다. 그러나 지금은 하나님이 인내하시고 시험하는 때이기 때문에 모든 진노를 다 쏟아 붓지는 않으신다. 공의에 의하여는 마땅히 그들을 버릴 수 있었지만, 긍휼로 인해 하나님은 그렇게 하실 수 없으셨다.

2. 구원의 도구. 하나님은 그들을 구원하기 위해 하늘로부터 천사들을 보내지도 않으시고, 다른 나라의 군대를 끌어들이지도 않으셨다. 다만 백성들 가운데 필요할 때마다 사사들을 세우셨다. 하나님은 사사들에게 특별한 권능을 주시면서 특별한 봉사의 일을 위해 부르셨는데, 그것은 이스라엘을 새롭게 하며 구원하는 일이었다. 그리고 하나님은 그러한 사사들에게 놀라운 성공의 면류관을 씌워주셨다: 여호와께서 그들을 위하여 사사들을 세우실 때에는 그 사사와 함께 하셨고. 그리하여 그들은 구원자가 되었다. 다음을 주목하라.

(1) 하나님의 교회가 큰 타락과 고통 속에 빠져 있을 때, 하나님은 그러한 문제들을 해결하고 바로잡을 사람들을 찾으신다. (2) 공적인 봉사의 일을 위해 이와 같이 유용한 사람들을 필요할 때마다 세우시는 분은 하나님이심을 우리는 인정해야 한다. 하나님은 사람들에게 지혜와 용기를 부어주시고, 또 행동하고 모험할 수 있는 마음을 주신다. 어떤 방식으로든 그들 나라에 축복이 되는 그러한 모든 사람들은 하나님의 선물로 간주되어야 한다. (3) 하나님은 당신이 부르신 자들을 굳게 붙잡으시고 또 함께 하실 것이다. (4) 사사(재판장, judge)는 또한 구원자이다.

Ⅳ. 타락한 이스라엘 백성들은 사사들에 의해 완전히 새로워지지 않았다(17-19절).

1. 심지어 사사들이 백성들과 함께 있으면서 그들을 새롭게 하는 일을 하고 있는 동안에도, 사사들에게 청종치 않고 다른 신들을 따라 음행하며 우상들에게 미쳐 또다시 타락의 길로 빠져 들어갔던 자들이 있었다. 그들은 하나님과 언약을 맺었지만, 혼인언약을 깨뜨리고 다른 신들을 좇아 음행에 빠졌다. 우상 숭배는 영적인 간음으로서 너무나 악하고 비열하며 패역한 것이다. 따라서 그것에 탐닉

한 자들이 완전히 새로워지는 것은 너무나 힘들었던 것이다.

2. 그러나 이와 같은 개혁의 시대에 악을 버리고 새로워지기 시작한 자들조차도 그 길을 속히 치우쳐 떠나 예전의 모습으로 되돌아갔다. 그들이 돌이켜 떠난 길은 그들의 경건한 조상들이 걸어갔던 길이었다. 그들은 경건한 부모를 가진 악한 자녀였다. 그러므로 그들의 책임은 더욱 무겁게 될 것이다.

더욱이 사사들이 죽은 후에는 마치 우상 숭배를 막고 있던 댐이 무너진 것처럼 그러한 죄가 더욱 맹렬하게 흘러넘쳤다. 그리고 다음 세대는 이전보다 더 악한 세대가 되었다(19절). 그들의 조상들보다 더욱 타락하여. 그들은 여러 이상한 신들을 섬기는데 있어, 그리고 불경스럽고 사악한 예배의식을 만들어냄에 있어 조상들을 능가하였다. 그들은 그와 같은 행동들을 그치지 않았으며, 가장 가증한 우상 숭배를 부끄러워하지도 않았고, 그토록 야만적인 자들에 대해 싫증을 내지 않았으며, 자신들의 완고하고 완악한 길을 한 걸음도 돌이키지 않았다. 이와 같이 하나님의 선한 길 — 한때 자신들이 알고 고백했던 — 을 버린 자들은 대체적으로 죄를 범하는데 있어 더 대담해지고 맹렬해지며, 스스로의 마음을 한층 더 완악하게 만들어 버린다.

V. 이렇게 하여 하나님의 채찍이 계속해서 그들 위에 머물게 되었다.

1. 그들의 죄는 가나안 사람들을 남겨둔 것이었다. 그리고 그것은 하나님과 맺은 언약과 그분이 주신 명령을 경멸하고 위반하는 것이었다(20절).

2. 그들의 형벌은 가나안 사람들로 말미암아 왔는데, 따라서 그들은 자기 채찍에 자기가 얻어맞은 꼴이 되고 말았다. 가나안 사람들 모두가 여호수아가 살아있는 동안 그의 손에 넘겨진 것은 아니었다(23절). 우리 주 예수께서도, 비록 정사와 권세를 깨뜨리기는 하셨다 할지라도, 단번에 자신의 승리를 다 완료하지는 않으셨다. 우리는 아직 만물이 그의 발 아래 놓여지는 것을 보지 못한다. 그 땅에 가나안 사람들이 남아 있었던 것처럼, 교회 안에 사탄과 관련된 것이 아직 남아 있다. 그러나 우리의 여호수아이신 예수는 영원히 살아계시며, 큰 날에 자신의 정복을 완성하실 것이다.

여호수아가 죽은 후에는 가나안 사람들을 쫓아내는 일이 오랫동안 거의 이루어지지 않았다. 이스라엘은 그들을 그냥 내버려 두었으며, 그들과 점점 더 가까워지게 되었고, 따라서 하나님은 더 이상 그들을 쫓아내지 않으셨다(21절). 만일 이스라엘이 이와 같은 동거인을 갖고자 한다면, 그렇게 하게 하라. 그리고 그로 인해 어떤 일이 생기게 될지 보라. 하나님은 그들에게 유혹을 택하여 주셨다(사 66:4). 그리하여 사람들은 자신들의 부패한 정욕을 극복하려고 하기보다는 그것에 탐닉하며 빠진다. 그러므로 하나님은 그들을 죄의 권세 아래 그냥 내버려 두시고, 이것이 그들의 파멸이 될 것이다. 결국 그들의 운명은 파멸에 이르게 되고, 그것은 그들 자신이 결정한 것이다. 이러한 가나안의 남은 자들은 이스라엘로 하여금 그들이 여호와의 길을 지키는지 지키지 않는지 시험하기 위해 남겨진 것이었다(22절). 그것은 하나님이 알기 위함이 아니라, 그들 스스로 알게 하도록 하기 위함이었다. 그것은 다음을 시험하기 위한 것이었다.

(1) 가나안 사람들이 그들 앞에 놓은 우상 숭배의 유혹을 이길 수 있는지 없는지. 하나님은 그들이 할 수 없을 것이라고 말씀하셨다(신 7:4). 그러나 그들은 할 수 있다고 생각했다. 그러자 하나님은 "좋다, 내가 너희들을 시험하리라" 라고 말씀하셨다. 그리고 시험의 결과 유혹자들의 마력은 너무나 크고 강력했음이 드러났다. 하나님은 우리의 마음이 얼마나 거짓과 악으로 가득 차 있는지를 말씀해 주셨다. 그러나 우리는 슬픈 경험을 통해 그것이 참이었음을 알게 되기까지는 그것을 결코 믿으려고 하지 않는다.

(2) 가나안의 남은 자들이 가져다주는 괴로움을 그들이 선용(善用)할 수 있는지 없는지. 가나안 백성들이 야기시키는 많은 고통들로 인해, 그들은 죄를 깨닫고 겸손히 돌이켜 하나님과 자신들의 본분으로 돌아와야 했다. 그리고 그들로부터의 계속적인 경고에 의해, 이스라엘은 계속해서 하나님을 경외하며 혹시 하나님을 진노케 하지 않을까 조심해야 했다.

제 3 장

개요

본 장의 내용은 다음과 같다. I. 이스라엘의 대적들에 대한, 그리고 그들이 이스라엘에게 행한 해악에 대한 전체적인 설명(1-7절). II. 처음 세 사사가 행한 용맹한 위업. 1. 메소보다미아의 압제로 인한 부르짖음과 옷니엘을 통한 구원(8-11절). 2. 에훗이 모압으로부터 이스라엘을 구원함(12-30절). 3. 블레셋과 맞서 대항한 삼갈(31절).

1여호와께서 가나안의 모든 전쟁들을 알지 못한 이스라엘을 시험하려 하시며 2이스
라엘 자손의 세대 중에 아직 전쟁을 알지 못하는 자들에게 그것을 가르쳐 알게 하
려 하사 남겨 두신 이방 민족들은 3블레셋의 다섯 군주들과 모든 가나안 족속과 시
돈 족속과 바알 헤르몬 산에서부터 하맛 입구까지 레바논 산에 거주하는 히위 족
속이라 4남겨 두신 이 이방 민족들로 이스라엘을 시험하사 여호와께서 모세를 통하
여 그들의 조상들에게 이르신 명령들을 순종하는지 알고자 하셨더라 5그러므로 이
스라엘 자손은 가나안 족속과 헷 족속과 아모리 족속과 브리스 족속과 히위 족속
과 여부스 족속 가운데에 거주하면서 6그들의 딸들을 맞아 아내로 삼으며 자기 딸
들을 그들의 아들들에게 주고 또 그들의 신들을 섬겼더라 7이스라엘 자손이 여호와
의 목전에 악을 행하여 자기들의 하나님 여호와를 잊어버리고 바알들과 아세라들
을 섬긴지라

여기에서 우리는 가나안의 옛 거주민들 가운데 남은 자들에 대하여 듣게 된다.

1. 그들 가운데 연합체를 유지하고 있던 자들이 있었다(3절): 블레셋의 다섯 군주들, 즉 아스돗, 가사, 아스글론, 갓, 그리고 에그론(삼상 6:17). 이들 성읍들 가운데 세 곳은 부분적으로 함락되었었다(삿 1:18). 그러나 블레셋 사람들이 그 소유를 다시 회복한 것으로 보인다(아마도 다른 두 성읍의 도움으로; 그리고

이로 인해 그들의 동맹관계는 더욱 공고하게 되었을 것이다). 이로 인해 이스라엘은 심대한 고통을 겪게 되었는데, 특히 사사시대 후기에 그러했다. 그리고 그들은 다윗의 시대까지 전혀 정복되지 못했다. 가나안 족속이라 불렸던 특별한 나라가 있었는데, 그들은 시돈 사람들과 함께 대해 해변에 있는 자신들의 땅을 지키고 있었다. 그리고 북쪽에서 히위 족속이 레바논 산의 상당 부분을 차지하고 있었는데, 그 곳은 외딴 오지(奧地)였기 때문에 아마도 그들은 이웃 나라들로부터 도움을 받았을 것이다.

2. 이 외에도 헷 족속, 아모리 족속 등과 같은 제반 족속들이 그 땅의 모든 지역에 흩어져 있었다(5절). 이스라엘은 어리석게도 이들을 그냥 방치한 채 내버려 두었고, 그럼으로써 이들은 수가 많아지고 태평하게 되었으며 결국 오만하게 되었다. 그래서 마치 그 땅에 대한 권리가 여전히 가나안 사람들에게 있는 양 그리고 이스라엘 백성들은 단지 소작인으로서 그들의 허락 아래 그 땅에 거주하는 양, 이스라엘 자손들이 그들 가운데 거주했다고 언급되게 된다. 가나안의 이러한 남은 자들과 관련하여 다음을 주목하라.

I. 그들을 남겨 두신 것은 하나님의 지혜였다. 2장 끝 부분에 하나님이 이스라엘을 징계하기 위해 그들을 남겨두신 것은 하나님의 공의의 행동으로 언급되었다. 그런데 여기에서 또 하나의 의미가 덧붙여지는데, 그것을 하나님의 지혜의 행동으로 보는 것이다. 즉 하나님이 그들을 남겨두신 것은 이스라엘의 실제적인 유익을 위한 것이었다. 그렇게 함으로써 하나님은 가나안의 모든 전쟁을 알지 못했던 자들로 하여금 전쟁을 알게 하고자 하셨다(1, 2절). 이스라엘 백성이 전쟁을 잘 알고 그것에 익숙해지는 것은 하나님의 뜻이었다.

1. 왜냐하면 그 땅은 극히 부요하고 풍부하며 온갖 종류의 진미들로 가득 차 있었기 때문이다. 따라서 만일 이스라엘 백성들이 때때로 고난을 겪지 않는다면, 그러한 것들로 인해 그들은 극도의 사치와 향락과 유약함에 빠져버릴 것이다. 그들은 항상 젖과 꿀 속에서만 있을 것이 아니라, 때때로 피에 젖은 길을 통과해야만 한다. 그렇게 하지 않는다면, 심지어 전사(戰士)들조차도 오랫동안 무기를 사용하지 않음으로 인해 온유하고 연약한 부녀 곧 온유하고 연약하여 자기 발바닥으로 땅을 밟아 보지도 아니한 자처럼 될 것이기 때문이다(신 28:56).

2. 왜냐하면 그 땅은 대적들 한가운데 놓여 있었기 때문이다. 이스라엘 백성들은 항상 그들이 해를 끼치는 것을 예상해야만 했다. 하나님의 기업은 마치 얼

룩무늬 있는 새와 같아서, 주위에 있는 새들이 그것을 에워싸고 있었다(렘 12:9). 그러므로 이스라엘 백성들은 잘 훈련되고 단련되어야만 했다. 그럼으로써 자신들의 땅이 침범을 당할 때 그것을 지키며, 또한 하나님이 약속하신 지경을 넓힐 수 있었다. 전쟁의 기술을 가장 잘 배울 수 있는 방법은 경험을 통한 것인데, 군사적 훈련을 통해서 뿐만 아니라 군인정신을 고취시킴을 통해서(이것이 더 중요하다) 그러하다. 마치 선원(船員)을 양성하는 것이 섬나라의 유익을 위한 것인 것처럼, 병사를 양성하는 것은 이스라엘의 유익을 위한 것이었다. 그러므로 하나님은 이스라엘 가운데 가나안 사람들을 남겨 두셨고, 그들과 부딪치는 가운데 야기되는 작은 난관과 고통을 통해 더 큰 난관과 고통에 직면해서도 능히 감당할 수 있도록 하셨다. 그것은 보행자와 함께 경주함으로써 장차 말과 경주할 수 있게 되는 것과 같은 것이었다(렘 12:5).

이스라엘은 '전투하는 교회'(church militant)의 모형이었다. 그리스도의 병사들은 고난을 받아야만 한다(딤후 2:3, 너는 그리스도 예수의 좋은 병사로 나와 함께 고난을 받으라). 그러므로 심지어 선한 그리스도인의 마음 속에도 부패한 속성이 남아 있어, 그들로 전쟁하는 것을 배우고, 하나님의 전신갑주를 입으며, 자신의 파수대 위에 계속해서 서 있도록 하는 것이다. 패트릭 주교는 2절의 "그것을 가르쳐 알게 하려 하사"에 대해 또 다른 개념을 제시한다: "그들은 그것이 자신들에게 남겨졌다는 것을 알게 될 것이다." 그들의 조상들(아버지들)은 하나님의 권능으로 싸웠다. 하나님은 그들의 손에게 전쟁하는 법을, 그리고 그들의 손가락에게 싸우는 법을 가르쳐주셨다. 그러나 지금 그들은 하나님의 호의를 잃어버렸고, 따라서 다른 사람들처럼 싸우는 방법을 배워야만 하였다.

Ⅱ. 이스라엘 백성들이 가나안의 남은 자들과 혼합된 것은 너무나 악한 일이었다. 하나님이 그들을 남겨두신 한 가지 의도는 이스라엘을 시험하기 위함이었다(4절). 하나님께 신실한 자들은 가나안 사람들의 우상 숭배 유혹을 이길 것이지만, 거짓되고 신실하지 않는 자들은 그러한 유혹에 넘어지게 될 것이다. 이와 같이 그리스도의 교회 안에도 이단들이 있어야만 하는데, 이를 통해 옳다 인정함을 받는 자들이 나타나게 되는 것이다(고전 11:19). 이스라엘은 시험을 통해 악한 것으로 드러났다.

1. 그들은 가나안 사람들과 결혼을 통해 결합되었다(6절) — 그렇게 함으로써 그들의 명예나 지위가 높아지는 것도 아니었음에도 불구하고. 그들은 그러한

결혼을 통해 자신들의 피(혈통)를 개선시키는 대신 망쳐 놓았으며, 자신들의 지위를 높이는 대신 떨어뜨렸다.

2. 이로써 그들은 가나안의 우상 숭배와 결합되게 되었다. 그들은 가나안의 신들을 섬겼으며(6절), 또 바알들과 숲들(KJV에는 Baalim and the groves라고 되어 있음 — 역주)을 섬겼다. 여기에서 숲이라고 되어 있는 것은 무성한 숲에서 숭배되었던 형상들(images)을 말하는데, 그러한 숲은 일종의 자연 신전(natural temple)이었다. 이러한 부적절한 결혼을 두려워해야 할 이유는 이를 통해 선이 악을 바로잡기보다는 악이 선을 오염시키기 때문이다. 이것은 썩은 사과 한 개와 온전한 사과 한 개가 함께 있을 때 나타나는 결과와 같은 것이다.

이스라엘 백성들이 다른 신들을 섬기는 데로 기울자, 그들은 그들의 하나님 여호와를 잊어버렸다. 새롭게 맺어진 인척관계로 인해 그들은 바알들과 숲들에 대해 아무것도 말하지 않게 되었고, 그리하여 점차로 참 하나님에 대한 기억을 잊어버렸다. 결국은 하나님의 존재 자체까지 잊어버리고, 또 자신들이 어떤 의무를 가지고 있는지에 대해서도 다 잊어버리고 말았다. 인간의 부패한 기억력보다 더 믿을 수 없는 것이 무엇이겠는가? 하나님은 너무나 쉽게 잊혀지는 경향이 있다. 보이지 않으면 마음에서도 멀어지기 때문이다. 그리고 세상의 모든 악은 바로 여기에서 시작된다. 그들은 자신들의 길을 벗어나고 말았다. 왜냐하면 그들의 하나님 여호와를 잊어버렸기 때문이었다.

[8]여호와께서 이스라엘에게 진노하사 그들을 메소보다미아 왕 구산 리사다임의 손
에 파셨으므로 이스라엘 자손이 구산 리사다임을 팔 년 동안 섬겼더니 [9]이스라엘
자손이 여호와께 부르짖으매 여호와께서 이스라엘 자손을 위하여 한 구원자를 세
워 그들을 구원하게 하시니 그는 곧 갈렙의 아우 그나스의 아들 옷니엘이라 [10]여호
와의 영이 그에게 임하셨으므로 그가 이스라엘의 사사가 되어 나가서 싸울 때에
여호와께서 메소보다미아 왕 구산 리사다임을 그의 손에 넘겨 주시매 옷니엘의 손
이 구산 리사다임을 이기니라 [11]그 땅이 평온한 지 사십 년에 그나스의 아들 옷니엘
이 죽었더라

우리는 이제 각각의 사사들의 통치에 대한 기록에 접하게 된다. 첫 번째 사사는 옷니엘인데, 그 안에서 사사기의 이야기는 여호수아서와 서로 연결

된다. 옷니엘은 이미 여호수아의 시대에 유명해지기 시작했다. 이로 미루어 이 사건은 이스라엘이 가나안에 정착한 직후, 즉 그들이 본격적으로 타락하기 시작하고 그 결과 평강이 깨지기 전에 일어난 것으로 보인다. 성경의 연대기를 연구하는 학자들은 단 지파의 우상 숭배 사건과 레위인의 첩으로 말미암아 벌어진 베냐민과의 전쟁 사건은 — 비록 사사기 끝 부분에 기록되어있다 할지라도 — 이 시대 즉 대략 옷니엘의 통치 전후에 일어났다고 보는 데 대체로 동의한다. 옷니엘은 비록 사사이기는 했지만 백성들로 하여금 자기 눈에 옳은 대로 행하는 것을 막을 만한 그러한 왕은 아니었다. 옷니엘의 통치에 대한 이러한 짤막한 이야기 속에서 우리는 다음과 같은 내용을 보게 된다.

Ⅰ. **이스라엘이 자신들의 죄로 말미암아 받게 된 고통**(8절). 이스라엘이 하나님의 백성으로서의 특권의 울타리를 걷어버리고 열방과 똑같이 되었을 때, 하나님은 이를 기뻐하지 아니하심으로 그들을 보호하시던 울타리를 걷어버리고 그들을 열방에 노출시키시며 마치 상품처럼 팔아버리고자 내놓으셨다. 이스라엘에게 처음 손을 댄 자는 수리아의 왕 구산 리사다임이었는데, 그의 나라는 두 개의 큰 강 티그리스와 유프라테스 사이에 놓여 있어 강들 사이에를 의미하는 메소보다미아라 불렸다. 이 사람은 전쟁을 좋아하는 왕으로서, 자신의 영토를 확장하기 위해 처음에는 자신과 인접해 있던 요단 건너편의 두 지파를 침략하고 이후 점진적으로 이스라엘의 심장부로 침입해 들어온 것으로 보인다. 그는 가는 곳마다 조세를 바치게 했고, 가혹한 착취를 가했으며, 아마도 군대를 주둔시킨 것 같다. 무거운 노역으로 야곱을 부려먹었던 라반이 바로 이 지역 출신이었다. 그러나 이 나라는 이스라엘의 고통이 이렇게 먼 나라로부터는 결코 올 수 없을 것이라고 생각될 만큼 너무나 멀리 떨어져 있었는데, 이러한 사실은 바로 여기에 하나님의 손이 개입되었음을 분명하게 보여준다.

Ⅱ. **이러한 고통 속에서 그들이 하나님께로 돌아옴**. 이스라엘은 하나님을 등한히 했었다. 그러나 하나님이 그들을 치셨을 때, 그들은 비로소 하나님을 찾게 되었다. 이스라엘 자손 거의 대다수가 여호와께 부르짖었다(9절). 처음에는 고통이 그렇게 심하지 않았다. 따라서 그들은 그렇게 먼 거리에 있는 왕의 멍에 따위는 쉽게 벗어버릴 수 있을 것으로 생각했다. 그러나 그러한 멍에가 8년 동안 계속되었을 때 그들은 극심한 고통을 느끼기 시작했고, 전에는 웃던 자들이 이제는 울게 되었다. 환락의 날에 바알과 아스다롯에게 부르짖던 자들이 이제 고통

속에서 자신들이 버렸던 여호와께 소리지르게 되었다. 하나님의 공의가 그들을 이러한 고통 속으로 이끌었고, 또한 그의 권능과 은혜만이 그들을 그로부터 나오도록 도울 수 있었다. 전에는 하나님께 아무런 말도 하지 않던 자들이 이제 고통으로 인해 그분께 소리치게 되었다.

Ⅲ. 하나님이 그들을 구원하시기 위해 돌아오심. 비록 이스라엘이 필요에 의해 하나님을 찾았다 할지라도, 하나님은 그들의 기도를 물리치지 않으시고 구원자(deliverer) 혹은 문자적으로 구주(saviour)를 세우셨다. 다음을 주목하라.

1. 구원자는 누구였나? 그는 갈렙의 딸과 결혼한 옷니엘이었다. 그는 여호와께서 행하신 일들을 목격한 이전 세대 가운데 한 사람이었으며, 의심할 바 없이 믿음의 신실함을 지키는 사람이었다. 그리고 그는 이스라엘 백성들의 배교를 은밀히 애통해하면서, 그들의 고통을 해결하기 위해 공적으로 나서라고 하는 하나님의 부르심을 기다렸을 것이다. 하나님이 그를 이러한 존귀한 위치에 세우셨을 때, 아마도 그의 나이는 매우 많았을 것으로 보인다. 그러나 하나님이 그에게 할 일을 맡기셨을 때, 나이의 많음은 아무런 장애도 될 수 없었다.

2. 그의 사명은 사람에게서 난 것도 아니요 사람으로 말미암은 것도 아니었다. 그것은 오직 여호와의 영이 그에게 임함으로 된 것이었다(10절). 지혜와 용기의 영이 그로 하여금 그 일을 감당할 수 있도록 하였고, 권능의 영이 그를 충동하였다. 그럼으로써 그와 다른 사람들로 하여금 그가 이 일을 감당하는 것이 하나님의 뜻임을 충분히 인식하게 하였다. 이에 대하여 갈대아 역본은 이렇게 읽는다: 예언의 영이 그 위에 머물렀다.

3. 그가 취한 방법. 그는 먼저 이스라엘을 판단(judge)하고 책망하며 그들의 죄를 돌아볼 것을 요청하고 그것을 고친 연후에, 전쟁을 하러 나갔다. 이것은 올바른 방법이었다. 가장 나쁜 원수(대적)인 집안에 있는 죄를 먼저 정복하라. 그러면 밖에 있는 원수들(대적들)은 손쉽게 처리될 것이다. 이와 같이 그리스도로 하여금 먼저 우리의 사사(재판관, Judge)와 율법수여자(Law-giver)가 되게 하라. 그러면 그는 우리를 구원할 것이다(사 33:22).

4. 그가 거둔 성공. 그는 압제의 멍에를 깨뜨렸다. 그리고 그는 압제자의 목을 꺾은 것으로 보인다. 왜냐하면 여호와께서 구산 리사다임을 그의 손에 넘겨주셨다고 언급하고 있기 때문이다. 유다는 먹이를 움키러 올라간 사자새끼로 언급되었는데(창 49:9), 과연 그는 유다 지파 출신다웠다.

5. 그의 사역의 결과. 그 땅은 개혁의 열매로서 40년간의 안식을 얻었다. 만일 그들이 계속해서 하나님을 가까이하고 자신들의 의무에 충실했다면, 그러한 은전(恩典, benefit)이 영원했을 것이다.

12 이스라엘 자손이 또 여호와의 목전에 악을 행하니라 이스라엘 자손이 여호와의
목전에 악을 행하므로 여호와께서 모압 왕 에글론을 강성하게 하사 그들을 대적하
게 하시매 13 에글론이 암몬과 아말렉 자손들을 모아 가지고 와서 이스라엘을 쳐서
종려나무 성읍을 점령한지라 14 이에 이스라엘 자손이 모압 왕 에글론을 열여덟 해
동안 섬기니라 15 이스라엘 자손이 여호와께 부르짖으매 여호와께서 그들을 위하여
한 구원자를 세우셨으니 그는 곧 베냐민 사람 게라의 아들 왼손잡이 에훗이라 이
스라엘 자손이 그를 통하여 모압 왕 에글론에게 공물을 바칠 때에 16 에훗이 길이가
한 규빗 되는 좌우에 날선 칼을 만들어 그의 오른쪽 허벅지 옷 속에 차고 17 공물을
모압 왕 에글론에게 바쳤는데 에글론은 매우 비둔한 자였더라 18 에훗이 공물 바치
기를 마친 후에 공물을 메고 온 자들을 보내고 19 자기는 길갈 근처 돌 뜨는 곳에서
부터 돌아와서 이르되 왕이여 내가 은밀한 일을 왕에게 아뢰려 하나이다 하니 왕
이 명령하여 조용히 하라 하매 모셔 선 자들이 다 물러간지라 20 에훗이 그에게로 들
어가니 왕은 서늘한 다락방에 홀로 앉아 있는 중이라 에훗이 이르되 내가 하나님
의 명령을 받들어 왕에게 아뢸 일이 있나이다 하매 왕이 그의 좌석에서 일어나니 21
에훗이 왼손을 뻗쳐 그의 오른쪽 허벅지 위에서 칼을 빼어 왕의 몸을 찌르매 22 칼자
루도 날을 따라 들어가서 그 끝이 등 뒤까지 나갔고 그가 칼을 그의 몸에서 빼내지
아니하였으므로 기름이 칼날에 엉겼더라 23 에훗이 현관에 나와서 다락문들을 뒤에
서 닫아 잠그니라 24 에훗이 나간 후에 왕의 신하들이 들어와서 다락문들이 잠겼음
을 보고 이르되 왕이 분명히 서늘한 방에서 그의 발을 가리우신다 하고 25 그들이 오
래 기다려도 왕이 다락문들을 열지 아니하는지라 열쇠를 가지고 열어 본즉 그들의
군주가 이미 땅에 엎드러져 죽었더라 26 그들이 기다리는 동안에 에훗이 피하여 돌
뜨는 곳을 지나 스이라로 도망하니라 27 그가 이르러 에브라임 산지에서 나팔을 불
매 이스라엘 자손이 산지에서 그를 따라 내려오니 에훗이 앞서 가며 28 그들에게 이
르되 나를 따르라 여호와께서 너희의 원수들인 모압을 너희의 손에 넘겨 주셨느니
라 하매 무리가 에훗을 따라 내려가 모압 맞은편 요단 강 나루를 장악하여 한 사람
도 건너지 못하게 하였고 29 그 때에 모압 사람 약 만 명을 죽였으니 모두 장사요 모

두 용사라 한 사람도 도망하지 못하였더라 [30]그 날에 모압이 이스라엘 수하에 굴복
하매 그 땅이 팔십 년 동안 평온하였더라

다음 사사는 에훗으로서, 본 단락은 그의 활동에 관하여 이야기한다.

I. 이스라엘이 또다시 죄를 범하자 하나님은 새로운 압제자를 세우신다(12-14절). 그들은 죄로 인해 그토록 오랫동안 고통을 겪었고, 또 하나님으로부터 너무나 큰 구원의 은혜를 받았다. 그런 연후에 또다시 악을 행한 것은 그들의 악함을 한층 더 심화시키는 것이었다. 이 모든 일을 겪은 후에 또다시 하나님의 명령을 어기다니! 그들의 병은 어떤 치료방법으로도 고칠 수 없는 불치병이었는가? 아마도 그런 것처럼 보인다. 아마도 그들은 옛 압제자(구산 리사다임)로부터 별다른 위험을 겪지 않았으므로 죄에 대해 좀 더 담대할 수 있다고 생각했을 것이다. 메소보다미아는 쇠약해지고 기울어졌다.

그러나 하나님은 이스라엘을 징계하기 위한 여러 가지 몽둥이들을 가지고 계셨다. 그리고 이러한 사실을 그들에게 알게 하셨는데, 그 방법은 모압 왕 에글론을 강성하게 하사 그들을 대적하게 하시는 것이었다. 이 압제자는 이전의 압제자에 비해 더 가깝게 위치해 있었고, 따라서 이스라엘에게 더 위협적이었다. 이와 같이 하나님의 심판은 그들에게 점차적으로 가깝게 다가왔는데, 그것은 그들로 회개케 하기 위함이었다. 이스라엘이 장막에 거하며 자신들의 믿음의 순전함을 지키고 있었을 때, 모압왕 발락은 이스라엘을 대적하여 스스로를 강성하게 했음에도 불구하고 좌절을 겪지 않을 수 없었다. 그러나 지금 이스라엘이 하나님을 버리고 주위에 있는 나라들의 신들을 섬김으로(아마도 이 가운데 모압의 신들도 있었을 것이다), 하나님이 이스라엘을 대적하여 모압의 또 다른 왕을 강성케 하시고 그의 손에 권능을 주심으로, 그로 하여금 — 비록 악한 자였음에도 불구하고 — 이스라엘을 징벌하는 채찍이 되게 하셨다. 그가 이스라엘을 치기 위해 자기 손에 잡고 있는 몽둥이는 하나님의 진노였다. 그의 뜻은 이 같지 아니하며 그의 마음의 생각도 이 같지 아니하고(사 10:6, 7).

이스라엘은 악을 행했다. 그러나 추측컨대 모압은 더 악했을 것이다. 그러나 하나님은 통상적으로 이 세상에서 자기 백성들의 죄를 벌하시는데, 그것은 육은 멸망을 당해도 영은 구원을 받게 하기 위함이다. 따라서 이스라엘은 약해졌고, 모압은 이스라엘을 대적하여 강성해졌다. 하나님은 이스라엘이 더 강했을

때 그들로 하여금 모압을 괴롭히도록 — 비록 우상 숭배자들이었다 할지라도 — 허락하지 않으셨다(신 2:9). 그러나 지금 하나님은 모압으로 하여금 이스라엘을 괴롭히도록 허락하시고, 또 그렇게 할 수 있도록 그들을 강성하게 하셨다. 오 하나님이여 주의 판단은 크고 깊으시나이다! 모압 왕은 암몬 족속과 아말렉 족속을 조력자로 삼았고(13절), 이로써 그는 더욱 강성하게 되었다. 이제 우리는 여기에서 그들이 어떻게 승리했는지에 대하여 보게 된다.

1. 그들이 이스라엘을 쳤다. 그들이 와서 이스라엘을 친지라(13절). 그들은 그들 인근에 있었던 요단 건너편의 지파들만 친 것이 아니었다. 이들은 제일 먼저 정착했음에도 불구하고 국경지역에 위치한 지파였기 때문에 가장 큰 고통을 받았다. 뿐만 아니라 그들은 요단 안쪽의 지파들도 쳤는데, 이는 그들이 종려나무 성읍의 주인이 되었다는 언급으로 미루어 나타난다. 아마도 종려나무 성읍은 여리고 인근에 세워진 요새였을 것이다(신명기 34:3에서 여리고가 그와 같은 이름으로 불려지고 있음을 유의하라). 모압 족속은 이 곳을 군사주둔지로 삼았는데, 그것은 이스라엘을 효과적으로 제어하고 또 본국과의 원활한 연락을 위해 요단을 통행하는 것을 확보하기 위함이었다. 이 곳 종려나무 성읍이 원수들의 손에 떨어지기 전에 겐 족속이 그 성읍을 떠난 것은 잘한 일이었다(1:16). 이스라엘 백성들이 하나님의 자비하신 이적들에 의해 얻은 것을 자신들의 죄로 인해 얼마나 빨리 잃어버리고 있는지 주목하라.

2. 그들은 이스라엘로 하여금 자신들을 섬기도록 하였다(14절). 그들은 이스라엘로부터 공물, 즉 그 땅에서 나는 각종 산물이나 혹은 그것 대신 돈을 강요했다. 이스라엘은 하나님 섬기는 것을 게을리하고, 마땅히 드려야 할 공물을 드리지 않았다. 그러므로 그들이 바알을 위해 예비했던 포도주와 기름과 은과 금을 하나님이 되찾으셨다(호 2:8). 하나님의 은혜에 따라 마땅히 드려져야 할 것이 드려지지 않을 때, 그것은 하나님의 공의에 따라 압류되고 빼앗긴다. 이전의 예속(隷屬)은 단지 8년에 불과했지만(8절), 이번에는 18년이었다. 작은 고통에 의해 고쳐지지 않을 때 하나님은 더 큰 고통을 보내신다.

Ⅱ. 이스라엘이 다시금 기도하자 하나님은 새로운 구원자를 세우셨는데, 그의 이름은 에훗이었다(15절).

1. 그는 베냐민 사람이었다. 종려나무 성읍은 베냐민의 기업 내에 있었다. 이러한 사실로 인해 아마도 그들이 가장 고통을 많이 받았을 것이고, 따라서 명

에를 벗어버리기 위해 그들이 가장 먼저 일어났다. 연대기 학자들은 기브아 사건으로 인해 이스라엘이 베냐민에 대항하여 벌인 전쟁(이 전쟁으로 인해 베냐민 지파의 남자는 600명으로 축소되었다)을 에훗 이전의 일로 추정한다. 그렇다면 우리는 지금 베냐민 지파가 모든 지파 가운데 가장 약한 상태에 있었다고 생각할 수 있다. 그러나 하나님은 바로 그 지파로부터 구원자를 세우셨는데, 그것은 하나님이 이스라엘과 완전히 화해하신다는 증표로서 부족한 지체에게 귀중함을 더하사(고전 12:24) 약한 것으로부터 강한 것을 세우심을 통해 자신의 권능을 나타내기 위함이었다.

2. 그는 왼손잡이였다. 베냐민 지파의 많은 사람들은 왼손잡이였던 것으로 보인다(20:16). 베냐민은 오른손의 아들을 의미하지만, 그들 가운데 상당수는 왼손잡이였다. 이와 같이 어떤 사람의 특성이 그의 이름의 의미와 항상 일치하는 것은 아니다. 70인역은 그가 두 손을 똑같이 자유자재로 쓰는 양손잡이였다고 말하는데, 만일 그렇다면 이것은 그가 부름 받은 일을 수행하는 데 큰 이점이 되었을 것이다. 그러나 히브리 어법은 그의 오른손이 막혀 있음을 의미하는 것으로서, 병으로든 혹은 쓰지 않음으로든, 그가 오른손은 거의 쓰지 못하고 단지 왼손만 쓸 수 있었음을 암시한다. 그러므로 그는 전쟁을 수행하는데 그리 적합지 않은 존재였다. 왜냐하면 그는 칼을 좀 어색한 모양으로 다룰 수밖에 없었기 때문이다. 그러나 하나님은 왼손잡이를 택하사 당신의 오른손으로 삼으시고 당신을 위하여 힘 있는 자로 만드셨다(시 80:17). 이스라엘에게 승리를 가져다준 것은 하나님이 쓰시는 도구들의 오른손이 아니라 하나님 자신의 오른손이었다(시 44:3).

3. 그는 모압 사람들의 손으로부터 이스라엘을 구원하기 위해 무슨 일을 했나? 압제자들의 죄가 차고 이스라엘에게 은혜의 때가 왔을 때, 에훗은 압제자들을 멸망시킴으로써 압제받는 자들을 구원했다.

(1) 그는 모압 왕 에글론을 죽음에 처했다. 나는 그가 에글론을 '죽음에 처했다'(put to death)라고 말했는데, 그것은 살해하거나 암살한 것이 아니라 심판자(judge, 사사)로서 혹은 하나님의 공의의 수행자로서 하나님과 이스라엘의 원수인 그에게 하나님의 심판을 집행한 것이다.

[1] 에훗은 에글론에게 다가갈 수 있는 좋은 기회를 얻었다. 에훗은 매우 지혜롭게 행동하는 사람이었고, 따라서 왕 앞에 서기에 적합한 사람이었다. 그러

므로 백성들은 모든 이스라엘의 이름으로 모압 왕에게 드릴 공물을 전달하기 위해(그의 호의를 얻기 위해) 그를 선택했다(15절). 공물은 히브리 원어로 미느하인데, 이것은 율법에서 하나님의 호의를 얻기 위해 드렸던 예물에 대하여 사용되었던 단어이다. 이스라엘 자녀들은 절기 때 자신들을 사랑하셨던 하나님께 예물을 드리지 않았다. 그러므로 이제 그에 대한 징벌로서 그들은 자신들을 미워했던 이교도 왕에게 예물을 드리지 않을 수 없게 되었다. 에훗은 자신의 임무를 수행하기 위해 에글론에게 나아갔고, 통상적인 관례에 따라 그리고 공손하게 경의를 표하며 예물을 드렸다. 그렇게 한 것은 그의 의도를 감추고 아무런 의심도 받지 않기 위함이었다.

[2] 에훗은 처음부터 에글론의 죽음을 계획했던 것으로 보인다. 하나님이 그것을 에훗의 마음속에 놓으셨고, 그로 하여금 그 모든 일이 하나님 자신으로부터 온 것임을 그에게 임한 성령으로 알게 하셨다. 그리고 그 일이 율법에 합한 일이며 또 반드시 성공할 것이라는 것에 대한 충분한 확신을 주셨다 — 이와 같은 두 가지 문제는 그가 의심할 수도 있었던 일이었다. 만일 하나님이 그 일을 하라고 명령하셨음을 그가 확신한다면, 그는 확신을 가지고 그 일을 할 수 있을 것이며 또 그렇게 할 것이다. 하나님으로부터의 명령은 우리로 하여금 — 그것이 우리의 양심과 또 세상의 일반적인 개념에 반하는 것이라 할지라도 — 어떤 일을 행하게도 하고 또 중단하게도 한다. 에훗이 모압 왕의 죽음을 계획했던 사실은 한 규빗(약 45cm) 정도의 단검을 준비한 것에서 잘 나타난다. 아무도 허리에 칼을 차고 왕 가까이 갈 수 없었기 때문에, 그는 그것을 자기 옷속에 숨겨야 했다(16절). 그는 오른쪽 허벅지 옷 속에 칼을 찼는데, 그것은 왼손으로 쉽게 뺄 수 있도록 하기 위한 것이면서 동시에 덜 의심받기 위함이었다.

[3] 에훗은 좀 더 쉽게 모압 왕에게 자신을 알게 하고 또 공물로서 환심을 사기 위해 그와 단 둘이 있을 방법을 고안했다. 그의 음모는 다음과 같았다.

첫째로, 그는 심지어 자기 수종자들에게까지도 자신의 계획을 숨기고, 자신이 마치 무엇을 잊어버린 것처럼 모압 왕의 궁궐로 돌아가는 동안 그들을 집으로 가도록 명했다(18절). 그 일을 수행하는 데는 오직 한 사람의 손만 필요했을 뿐이었다. 만일 더 많은 사람이 관여했다면, 안전하게 비밀을 유지할 수도 없었을 것이고 또 쉽게 도피할 수도 없었을 것이다.

둘째로, 그는 길갈 인근의 채석장(돌 뜨는 곳)으로부터, 혹은 새겨진 형상들(난외주에는 이렇게 되어 있음)로부터 돌아왔다. '새겨진 형상들' 은 여호수아가 그 곳에 세운 열두 돌과 함께 아마도 모압 사람들에 의해 그 곳에 놓여졌을 것이다. 어떤 이들은 에훗이 이러한 우상들의 광경을 보자 당장 자신의 계획을 실행할 정도로 모압 왕에 대한 분노가 치밀어 올랐을 것이라고 생각한다. 혹은 아마도 그가 멀리 이러한 형상들이 있는 장소까지 왔고 또 왕에게 자신이 되돌아온 장소를 말함으로써, 모압 왕은 그가 신으로부터 어떤 메시지를 받았을 것으로 좀 더 쉽게 믿을 수 있었을 것이다.

셋째로, 그는 은밀한 알현(謁見)을 요청했다. 그리고 그는 여기에서 **서늘한 다락방**(summer parlor, 여름 접견실)이라 불려진 접견실에서 그러한 기회를 얻었다. 에훗은 왕에게 은밀한 용무가 있다고 말했고, 이에 왕은 모든 시종들에게 물러갈 것을 명령했다(19절). 왕은 에훗으로부터 신탁(神託)을 통한 어떤 개인적인 지시를 받거나, 아니면 이스라엘의 현 상태에 관한 비밀 정보를 받을 것을 기대했을 것이다. 그러나 왕의 이러한 행동, 즉 적으로 의심될 수 있는 외인(外人)과 단 둘이 만나는 것은 매우 지혜롭지 못한 일이었다. 그러나 멸망에 이르기로 작정된 사람은 얼이 빠지는 법이다. 그리고 하나님이 분별력을 빼앗으시므로 그의 마음은 **명철**을 잃어버린다.

[4] 왕이 홀로 남았을 때, 에훗은 그를 재빨리 처치해버렸다. 그가 종종 안일과 사치에 탐닉하곤 했던 서늘한 다락방(여름 접견실)이 그의 사형 집행 장소가 되었다.

첫째로, 에훗은 하나님으로부터 받은 메시지가 있다고 말했는데(20절), 그 메시지는 칼이었다. 하나님은 우리에게 '입술의 심판' 뿐만 아니라 '손의 심판' 까지도 보내신다.

둘째로, 에글론은 하나님으로부터의 메시지에 경의를 표한다. 비록 그가 이교도 왕이며, 돈과 권력을 가지고 있고, 지금 하나님의 백성들을 압제하고 있으며, 비둔한 자로서 쉽게 일어나거나 오래 서 있지 못하는 사람이고, 또 시종들조차도 없는 상황이었다 할지라도, 하늘로부터의 명령을 받을 것이라고 기대했을 때 그는 자리에서 일어났다. 그가 앉았던 자리가 낮고 그래서 일어나기 쉬운 것이든 혹은 높고 장엄한 것이든, 하나님이 그에게 말씀하고자 했을 때 그는 그 자리에서 일어났고 그럼으로써 하나님이 자기보다 높다는 사실을 인정했다. 이것은 많은 그리스도인들의 불경(不敬)한 행동을 부끄럽게 만든다. 그들은 하나님의 메시지가 전달될 때 온갖 부주의한 몸짓과 함께 얼마나 그것을 소홀히 대하는가? 에훗은 하나님의 메시지를 말하면서 그것을 하나님의 명령으로 분명하게 확언(確言)한다. 그리고 에글론이 하나님을 향하여 자리에서 일어남으로써 그것이 하나님의 명령임이 분명하게 확증됨과 함께 그를 처치하는 일이 좀 더 용이하게 되었다.

셋째로, 메시지가 전달되었다. 그러나 그의 귀에 전달된 것이 아니라, 직접적으로 그리고 문자 그대로 그의 심장에 전달되었다. 치명적인 칼이 그의 몸을 찌르고 들어갔고, 그 곳에 그대로 남았다(21, 22절). 지나친 비둔함으로 인해 그는 저항할 수도 없었고 또 스스로 어떻게 손을 쓸 수도 없었다. 아마도 그의 비둔함은 사치스러운 생활과 절제 없는 생활의 결과였을 것이다. 칼날에 기름이 엉기는 것을 통해 하나님은 육체가 원하는 대로 먹고 마시는 자는 결국 자신의 불행을 준비하는 것일 뿐이라는 사실을 보여주신다.

또한 이것은 에글론이 육신의 안위만을 좇았던 분별없는 사람이었음을 보여주는 상징이었다. 그의 심장은 마치 기름덩어리처럼 지방질로 가득했으며, 그는 그 안에 갇힌 꼴이었다. 시편 119:70과 17:10을 보라. 에글론은 송아지를 의미한다. 그는 하나님의 공의에 따라 드려지는 희생제물로서 마치 살진 송아지처럼 칼에 쓰러졌다. 여기에서 오물(혹은 똥)이 나왔다는 언급을 주목하라(KJV에는 and the dirt came out이라는 구절이 있으나 한글성경에는 없음 — 역주). 이로 인해 교만한 압제자의 죽음은 더욱 수치스럽고 불명예스러운 것이 되었다. 자기 몸의 편안함과 안일함만을 지나치게 추구했던 이 사람은 이제 자신의 피와 배설물 속에서 뒹굴게 되었다. 이와 같이 하나님은 왕들에 대해서도 경멸의 잔을 부으신다.

에훗의 이와 같은 행위는 정당화될 수 있다. 왜냐하면 그는 하나님으로부터 그 일을 행하라고 하는 특별한 지시를 받았기 때문이다. 그리고 그것은 하나님께서 자기 백성들의 원수를 갚으시기 위해, 그리고 세상에 자신의 공의를 나타내기 위해 취하시는 통상적인 방법들과 합치되는 것이었다. 그러나 만일 지금 그와 비슷한 일을 행한다면 그것은 결코 정당화될 수 없을 것이다. 지금은 하나님께서 그와 같은 명령을 주시지 않을 뿐만 아니라, 하나님의 명령을 빙자하는 것은 그분을 모독하는 것이 되며, 또한 하나님을 악인의 옹호자로 만드는 것이 되기 때문이다. 예수 그리스도는 베드로에게 칼을 칼집에 꽂으라고 명령하셨다. 그리고 우리는 그가 그것을 다시 뽑으라고 명령한 것을 보지 못한다.

[5] 에훗이 하나님의 심판을 집행하자, 하나님은 그가 피할 수 있도록 놀라운 은혜를 베푸셨다.

첫째로, 폭군 에글론은 어떤 비명이나 절규도 없이 조용히 쓰러졌다. 따라서 다른 곳에 떨어져 있었던 그의 종들은 아무것도 들을 수 없었다. 얼마나 조용히 그는 구덩이에 내려와 그의 지방질과 함께 숨이 막혀 버리고 말았는가! 비록 그가 세상에서는 큰소리를 쳤다 할지라도 그리고 산 자의 땅에서 힘센 자들의 두려움이 되었다 할지라도, 죽을 때는 신음소리조차 내지 못했다.

둘째로, 하나님의 복수의 집행자인 에훗은 어떤 죄의식도 없었을 뿐만 아니라 하나님의 보호하심에 대한 강한 확신을 갖고 있었다. 그는 현관을 닫고, 문을 걸어 잠갔다. 그리고 마치 아무 일도 없었다는 듯, 그래서 그런 끔찍한 일이 벌어진 것에 대해 아무런 낌새도 채지 못할 정도로 담대하고 무사태평하게 왕궁수비 병사들을 지나왔다.

셋째로, 에훗이 간 후, 대기실에 있던 신하들은 접견실 문 앞에 와서 왕이 무사한가를 알아보고자 했다. 그 때 문은 잠겨 있었고 모든 것이 조용했으므로, 그들은 왕이 잠자기 위함이거나 아니면 자신이 받은 메시지를 곰곰이 생각해 보기 위해 침상 위에 발을 덮은 것으로 결론지었다(24절). 따라서 그들은 문을 열어보고자 하지 않았다. 이와 같이 왕이 잠자는 것을 방해하지 않으려는 배려로 인해 그들은 왕의 죽음에 대해 복수할 기회를 잃어버리고 말았다. 지나치게 위엄을 추구하고 그럼으로써 사람들과 거리를 유지하려고 할 때 어떤 일이 올 수 있는지 주목하라. 때때로 그들이 상상할 수 있는 것보다 훨씬 더 엄청난 일이 일어날 수 있음을 기억하자.

넷째로, 마침내 신하들은 문을 열었고, 그들의 왕이 영원한 잠에 들었음을 발견하게 되었다(25절). 이러한 비극적인 광경으로 인해 두려움과 당황에 사로잡힌 그들은 좀 더 일찍 문을 열고 즉시로 범인을 뒤쫓지 않은 자신들의 경솔함을 탓할 수밖에 없었다.

마지막으로, 에훗은 빽빽한 숲이란 의미를 가진 스이라로 도피했다(26절). 본 이야기에는 에글론이 거처했던 장소에 대해서는 아무런 언급도 나오지 않는다. 그러나 에훗이 요단을 건너갔다가 다시 건너왔다는 언급이 나오지 않는 것으로 미루어, 나는 에글론이 요단 건너편에 있었던 자기 나라 모압을 떠나 이 때에 가나안 땅 안에 있었던 종려나무 성읍 안에 자신의 주된 거처를 마련했을 것으로 생각하고 싶다. 그리고 바로 이 곳에서 그는 죽임을 당했고, 따라서 길갈 근처의 채석장(돌 뜨는 곳)은 그리 멀리 떨어져 있지 않았던 것이다. 그가 거처를 정한 장소, 그리고 그가 하나님의 백성들 위에 군림함에 있어 조금도 부족함이 없이 잘 요새화되어 있다고 생각한 장소에서 그는 죽임을 당했다. 이로써 그는 마치 도살(屠殺)을 위해 기르는 어린 양처럼 넓은 들에서 길리웠음이 드러나게 되었다.

(2) 모압 왕을 죽인 에훗은 계속해서 이스라엘 가운데 있는 모압 군대를 대파했고, 그렇게 함으로써 압제의 멍에를 완전히 벗겨냈다.

[1] 즉시로 그는 모압의 본영에서 어느 정도 떨어진 에브라임 산지에서 군대를 일으키고, 자신이 앞장섰다(27절). 그가 분 나팔은 실로 자유를 선포하는 희년의 나팔이었으며, 압제당하는 이스라엘에게 기쁨의 소리였다. 그들은 너무나 오랫동안 원수들의 나팔소리 외에 다른 나팔소리를 듣지 못했던 것이다.

[2] 경건한 사람으로서 그리고 이 모든 일을 믿음으로 행한 사람으로서, 그는 이스라엘 가운데 거하시는 하나님의 권능으로부터 스스로를 격려했으며 또 자신의 병사들을 격려했다(28절). **나를 따르라 여호와께서 너희의 원수들을 너희의 손에 넘겨 주셨느니라.** 하나님이 우리와 함께 하심을 우리는 확신한다. 그러므로 우리는 담대하게 나아갈 수 있다. 그리고 우리는 반드시 승리할 것이다.

[3] 사려깊은 장군처럼, 그는 먼저 요단 강의 여울들을 장악하고 모든 통행로에 강력한 수비대를 배치했다. 그렇게 한 것은 이스라엘 땅 안에 있었던 모압 사람들(에훗의 목표는 바로 이들이었다)과 요단 건너편에 있었던 모압 본국과의 연락을 끊기 위함이었다. 이렇게 함으로써 이스라엘은 만일 그들이 도주하기로 결정한다면 그 쪽(요단쪽)으로 도주하지 못하도록 하고, 반대로 그들이 싸우기로 결정한다면 그 쪽으로부터 도움을 받지 못하도록 할 수 있었다. 이와 같이 에훗은 그들을 가두어 버렸는데, 전에는 궁전과 낙원처럼 그들을 즐겁게 만들어 주던 곳이 이제는 그들의 감옥이 되었다.

[4] 그러고 난 후 에훗은 그들을 덮쳐 일만 명을 칼로 쳤다(29절). 아마도 이 숫자는 모압이 이스라엘을 속국으로 유지하기 위해 파송한 병력의 숫자였던 것으로 보인다: **그들 가운데 한 사람도 도망하지 못하였더라.** 이들은 모압 왕의 병사 가운데에서도 최고의 병사들이었다. 그들은 모두 원기왕성하고, 키와 몸

집이 크며, 잘 훈련된 몸뿐만 아니라 투철한 군인정신을 가진 용맹한 병사들이었다(29절). 그러나 그들의 힘과 용기조차도 하나님이 그들을 이스라엘의 손에 넘기자 그들에게 아무런 도움도 되지 못했다.

[5] 이러한 승리의 결과 이스라엘 땅에서 모압의 세력은 완전히 깨어지고 말았다. 이스라엘 나라는 이들 압제자들로부터 해방되었고, 그 땅은 80년의 안식을 얻게 되었다(30절). 우리는 이 기간 동안 에훗의 영향 하에 이스라엘에 우상 숭배가 억제되고 개혁이 이루어졌을 것으로 상상할 수 있다. 80년의 안식은 참으로 긴 기간이다. 그러나 하늘의 가나안에서의 성도들의 영원한 안식과 비교하면 그것이 뭐 그리 긴 기간이겠는가?

31에훗 후에는 아낫의 아들 삼갈이 있어 소 모는 막대기로 블레셋 사람 육백 명을 죽였고 그도 이스라엘을 구원하였더라

그 땅이 80년 동안 평온하였다고 언급될 때, 어떤 이들은 그것이 주로 모압 사람들에 의해 압제를 당했던 요단 강 동쪽 기슭 지역을 의미하는 것으로 생각한다. 그러나 본문에 따르면 요단 강 남서쪽에 위치한 다른 지역도 그 때에 블레셋 사람들에 의해 노략당하고 있었던 것으로 보인다. 이들에 대항했던 사람이 바로 삼갈이었다.

1. 그가 이스라엘을 구원하였더라라는 언급으로 미루어, 이스라엘은 구원을 필요로 했던 것으로 보인다. 훗날 드보라의 노래 속에 삼갈 시대의 고통이 잘 나타난다(5:6): 삼갈의 날에 대로가 비었고. 블레셋과 인접한 지역은 약탈자들로 인한 피해가 너무나 커서, 사람들이 안전하게 길을 다닐 수조차 없었다. 그들은 항상 공격과 약탈의 위험 가운데 있었다. 따라서 그들은 방비(防備)되지 않는 마을에서는 살 수 없었고, 오직 요새화된 성읍에서만 그나마 안전하게 거할 수 있었다.

2. 하나님은 그들을 구원하기 위해 삼갈을 세우셨다. 이 때는 에훗은 아직 살아있기는 했지만, 이미 늙어 노쇠한 때였을 것으로 보인다. 그 때 원수들은 숫자에 있어 그리 많지 않았기 때문에 600명을 죽이는 것으로 이스라엘을 구원할 수 있었다. 그는 '소 모는 막대기'로, 혹은 어떤 사람들이 생각하듯이 '쟁기의 날'로 그렇게 많은 사람을 죽였다. 블레셋 사람들이 그 땅을 약탈하기 위해

침입해 들어올 때, 아마도 그는 쟁기로 밭을 갈고 있었을 것이고, 그 때 하나님이 그들을 대항하고자 하는 마음을 그에게 넣어주셨을 것이다. 그러한 충동은 갑작스럽고 강한 것이었다. 그는 칼이나 창을 가지고 있지 않았다. 따라서 그는 가까이 있던 도구를 취하여 그것으로 수백 명을 죽였고, 자신은 아무런 부상도 당하지 않은 채 그 일을 성공시켰다. 여기에서 다음을 주목하라.

(1) 비록 혈통과 교육과 직업이 미천하고 보잘것없는 사람이라 할지라도, 하나님은 당신의 영광과 교회의 유익을 위해 그들을 특별하게 사용하실 수 있다. 하나님은 당신의 기쁘신 뜻을 따라 쟁기 잡은 사람을 사사와 장군으로 삼으시기도 하고, 또 어부를 사도로 삼으시기도 한다.

(2) 아무리 보잘것없는 무기라 할지라도 하나님이 이끄시고 강하게 하시면 그런 것은 아무런 문제도 되지 않는다. 소 모는 막대기라 할지라도 하나님이 기뻐하시면 골리앗의 칼보다 더 큰 일을 하게 될 것이다. 때때로 하나님은 능력의 탁월함이 하나님께 속한 것임을 나타내기 위해 그런 어울리지 않는 도구를 선택하신다.

제 — 4 — 장

개요

드보라와 바락(본 장의 영웅들)이 활동한 이력은 이전 사사들의 그것과 동일하다. 본 장의 내용은 다음과 같다. I. 이스라엘이 하나님께 반역함(1절). II. 이스라엘이 야빈에게 압제를 당함(2, 3절). III. 드보라가 사사가 되고 이스라엘을 재판함(4, 5절). IV. 이스라엘이 야빈의 손에서 구원을 받음. 1. 드보라와 바락이 이스라엘의 구원을 협의함(6, 9절). 2. 그들의 공동 행동으로 구원이 성취됨. 바락이 전장(戰場)에 나아감(10절). 야빈의 장군인 시스라가 바락과 마주함(12, 13절). 드보라가 바락을 격려함(14절). 하나님이 바락에게 완전한 승리를 주시고, 시스라의 군대는 참패를 당함(15, 16절). 시스라는 어쩔 수 없이 도주하게 됨(17절). 시스라는 은신처로 생각했던 장소에서 잠자는 동안 야엘에게 죽임을 당함(18-21절). 이로써 바락의 승리(22절)와 이스라엘의 구원(23, 24절)이 완전하게 이루어짐.

[1]에훗이 죽으니 이스라엘 자손이 또 여호와의 목전에 악을 행하매 [2]여호와께서 하솔에서 통치하는 가나안 왕 야빈의 손에 그들을 파셨으니 그의 군대 장관은 하로셋 학고임에 거주하는 시스라요 [3]야빈 왕은 철 병거 구백 대가 있어 이십 년 동안 이스라엘 자손을 심히 학대했으므로 이스라엘 자손이 여호와께 부르짖었더라

I. 또다시 타락의 길로 빠져 들어간 이스라엘. 그들은 또 여호와의 목전에 악을 행했으며, 하나님 섬기는 것을 버리고 우상들을 숭배했다. 바로 이것이 그들이 가장 쉽게 넘어지는 죄였다(1절). 여기에서 다음을 주목하라.

1. 타락의 이상한 힘. 사람들은 타락의 치명적인 결과를 종종 경험한다. 그럼에도 불구하고 타락은 사람들을 또 죄 속으로 끌고 들어간다. 타락의 성향은 제어하기가 매우 힘들다.

2. 오랜 평화가 통상적으로 야기하는 부정적인 효과. 그 땅은 80년 동안 평안을 누렸는데, 이로 인해 이스라엘 백성들은 자신들의 신앙을 더욱 공고히 했어

야 했을 것이다. 그러나 그러한 오랜 평화로 인해 오히려 그들은 방심과 안일에 빠지고 말았으며, 또한 거짓 신들을 숭배함으로써 희열과 만족을 얻을 수 있다는 생각에 탐닉했다. 이와 같이 어리석은 자의 번영은 스스로를 멸망시킨다(잠 1:32). 여수룬이 기름지매 발로 찼도다(신 32:15).

3. 위대한 통치자의 죽음이 백성들에게 끼치는 큰 손실. 그들이 악을 행한 것은 에훗이 죽었기 때문이었다. 우리는 본문을 이와 같은 의미로 읽을 수 있다. 에훗은 백성들을 엄중하게 감시하며, 우상 숭배로 향하는 모든 것을 억제하며 응징했다. 또 그는 계속해서 백성들로 하여금 하나님께 예배드리는 일을 가까이 하도록 했다. 그러나 에훗이 죽자 백성들은 하나님께 반역을 했는데, 그들은 하나님보다 그를 더 두려워했던 것이다.

Ⅱ. 원수들에 의해 압제를 당하는 이스라엘. 그들이 하나님을 버리자, 하나님도 그들을 버렸다. 그러자 그들은 모든 노략자들에게 손쉬운 먹잇감이 되었다. 그들은 마치 하나님이 자신들과 아무 상관이 없다는 듯이 그분을 멀리했다. 그러자 하나님은 마치 그들이 하나님과 아무 상관이 없다는 듯이 그들을 멀리했다. 하나님을 섬기는 것에서 떠나는 자들은 그분의 보호에서도 떠나는 것이다. 나의 사랑하는 자가 이와 같이 행음하더니 나의 집에서 무엇을 하려느냐?(렘 11:15)

하나님은 그들을 야빈의 손에 파셨다(2절). 여호수아 11장에 보면 여호수아가 하솔의 왕 야빈을 패퇴시키고 죽였으며 또 그의 성읍을 불태웠다고 언급되어 있다(1, 10절). 그렇다면 그와 동명이인(同名異人)인 여기의 야빈은 아마도 그의 자손이었을 것이다. 시간이 지남에 따라 그 성읍(하솔)은 재건되고, 파괴된 것은 복구되었으며, 권력기반은 다시 회복되었다. 점차로 하솔의 왕은, 죄로 인해 가나안 사람들에 대한 모든 우세(優勢)를 상실한 이스라엘을 압제할 수 있게 되었다. 이번의 속박은 이전의 것보다 길었으며 훨씬 더 가혹했다. 야빈과 그의 군장 시스라는 이스라엘을 혹독하게 압제했다. 그들의 압제가 더욱 가혹했던 이유로서 우리는 다음과 같은 사실들을 들 수 있다.

1. 이번 원수는 이전보다 더 가까운 위치에 있었다. 그들은 이스라엘의 변경지역에도 있었으며 중심지역에도 있었다. 이러한 사실로 인해 그들은 이스라엘에게 더 큰 해악과 고통을 가져다 줄 수 있었다.

2. 그들은 그 땅의 원주민이었다. 그들은 이스라엘에 대해 결코 화해할 수 없

는 적개심을 품고 있었다. 왜냐하면 이스라엘이 침입해 들어와 자신들의 소유를 빼앗았기 때문이었다. 따라서 그들이 이스라엘을 압제하게 되었을 때, 그들은 예전의 싸움에 대한 복수심으로 더 잔인하고 가혹하게 되었다.

3. 그들은 전에 이스라엘에게 패배와 정복을 당했었다. 그들에게는 이미 오래 전에 형제들의 종이 될 것이라는 선언이 있었다(창 9:25). 따라서 지금도 그들은 마땅히 이스라엘의 발 아래 있어야 하며, 이스라엘에게 어떤 고통도 가져다 줄 수 없어야 한다. 그러나 게으름과 비겁함과 불신앙으로 말미암아, 조상들이 정복했던 자들에 의해 그리고 어리석게도 스스로 남겨둔 자들에 의해 압제를 당하는 것은 참으로 비통한 일이 아닐 수 없다.

III. 하나님께로 돌아온 이스라엘. 그들은 — 고통으로 인해 그리고 다른 구원의 길이 없음을 알았을 때 — 여호와께 부르짖었다. 번영의 때에 하나님을 등한히 한 자들은 결국 고통으로 인해 그분을 찾게 될 날이 반드시 오는 것을 보게 될 것이다.

[4]그 때에 랍비돗의 아내 여선지자 드보라가 이스라엘의 사사가 되었는데 [5]그는 에
브라임 산지 라마와 벧엘 사이 드보라의 종려나무 아래에 거주하였고 이스라엘 자
손은 그에게 나아가 재판을 받더라 [6]드보라가 사람을 보내어 아비노암의 아들 바락
을 납달리 게데스에서 불러다가 그에게 이르되 이스라엘의 하나님 여호와께서 이
같이 명령하지 아니하셨느냐 너는 납달리 자손과 스불론 자손 만 명을 거느리고
다볼 산으로 가라 [7]내가 야빈의 군대 장관 시스라와 그의 병거들과 그의 무리를 기
손 강으로 이끌어 네게 이르게 하고 그를 네 손에 넘겨 주리라 하셨느니라 [8]바락이
그에게 이르되 만일 당신이 나와 함께 가면 내가 가려니와 만일 당신이 나와 함께
가지 아니하면 나도 가지 아니하겠노라 하니 [9]이르되 내가 반드시 너와 함께 가리
라 그러나 네가 이번에 가는 길에서는 영광을 얻지 못하리니 이는 여호와께서 시
스라를 여인의 손에 파실 것임이니라 하고 드보라가 일어나 바락과 함께 게데스로
가니라

마침내 구속의 날 곧 이스라엘이 야빈의 손에서 구원을 받고 다시금 자유를 회복할 때가 왔다. 우리는 압제자들과 가장 가까이 인접해 있음으로 고통을 가장 많이 받았던 북쪽 지파들이 특별히 하나님께 부르짖었을 것으로 추

측할 수 있다. 가난한 자의 압제와 궁핍한 자의 한숨으로 인해 이제 하나님께서 일어나실 것이다. 본 단락에서 우리는 다음과 같은 내용을 보게 된다.

I. 드보라의 선지자적 행동과 통치에 의하여 백성들의 구원을 준비함(4, 5절). 그녀의 이름은 벌(bee)을 의미한다. 그녀는 자신의 이름처럼 부지런하고, 총명하며, 백성들에게 꼭 필요한 인물이었다. 그녀는 친구들에게는 부드러웠지만, 원수들에게는 날카롭고 빈틈이 없었다. 그녀는 랍비돗의 아내라고 언급된다. 그러나 랍비돗이란 이름은 통상적으로 남자의 이름 가운데 발견되지 않는다. 따라서 어떤 이들은 이것을 지명(地名)으로 생각한다: 그녀는 랍비돗의 여자였다. 다른 학자들은 이 단어를 보통명사로 받아들이는데, 랍비돗은 등불(lamps)을 의미한다. 유대 율법학자들은 그녀가 성막의 등불의 심지를 만드는 일에 종사했다고 말한다. 하나님을 위하여 작고 보잘것없는 직분에 충성했던 그녀는 나중에 이와 같이 큰 일에 부름 받았다. 혹은, 그녀는 학식이 풍부하고 지혜로운 자로서 매우 명성이 높았던 빛 혹은 광채의 여인이었을 수도 있다. 드보라와 관련하여 우리는 여기에서 다음과 같은 내용을 보게 된다.

1. 그녀는 하나님과 매우 친밀한 관계를 맺고 있었다. 그녀는 성령의 직접적인 감동으로 신적 지식(divine knowledge)을 전달받는 여선지자였다. 또한 그녀는 지혜의 은사를 가지고 있었는데, 그녀의 지혜는 통상적인 방식으로 얻어지는 것이 아니었다. 그녀는 하나님의 말씀을 들었고 또 아마도 전능자의 이상(異像, visions)을 보았을 것이다.

2. 그녀는 이스라엘을 위한 봉사에 전적으로 헌신했다. 야빈이 이스라엘을 압제하던 때에 그녀는 이스라엘을 재판했다. 아마도 드보라가 여자였기 때문에 야빈은 그녀의 하는 일을 특별히 문제삼지 않고 그냥 내버려 두었을 것이다. 그녀는 공적 권한을 부여받은 군주로서 재판을 한 것이 아니라, 특별히 하나님께 드리는 예배와 관련하여 잘못된 것들을 고치고 바로잡는 선지자로서 그리고 하나님의 입으로서 재판을 했다. 이스라엘 백성들은 재판을 받기 위해 모든 지역으로부터 그녀에게 왔는데, 그것은 사람과 사람 사이의 분쟁을 조정하기 위한 것이라기보다는 하나님과 관련한 문제들 가운데 잘못된 것을 바로잡기 위한 것이었다. 전에는 이웃의 우상 숭배나 패역한 행동에 대해 은밀히 애통해 하면서도 그러한 것을 막기 위해 어디에 호소해야 할지 몰랐던 자들이 이제는 드보라에게 와서 호소하게 되었다. 그녀는 성령의 검으로 하나님의 판

결을 선포했고, 그럼으로써 많은 문제들을 해결하고 바로잡았으며, 또한 관리들을 격려하여 각자 맡은 지역에서 율법을 집행하도록 했다.

그녀는 종려나무 아래 거주했다고 언급된다(어떤 이들은 앉았다라고 읽는다). 그리고 이후로 그것은 드보라의 종려나무로 불려졌다. 그녀가 그 나무 밑에 자신의 집 즉 나무 아래 놓인 초라한 거처를 가지고 있었든지 혹은 그 나무 그늘 아래에 재판을 위한 자리를 두었든지 간에, 그녀가 재판을 하기 위해 거기 앉는 것은 공의의 상징이었다. 마치 종려나무가 곤궁 가운데에도 무성하게 자라는 것처럼 여러 어려움 가운데에도 공의는 든든하게 설 것이다. 요세푸스는 말하기를, 이스라엘 백성들이 드보라에게 와서 야빈의 손에서 구원받도록 하나님께 기도해 줄 것을 간청했다고 한다. 나중에 미스바에서 이스라엘을 재판하던, 즉 그들을 하나님께로 돌아오게 하던 사무엘에게도 이와 비슷한 경우가 있었다. 그 때 이스라엘 백성들은 비슷한 상황에서 비슷한 요청을 했다(삼상 7:6, 8).

Ⅱ. 이스라엘의 구원을 위한 계획. 이스라엘 백성들이 재판을 받기 위해 드보라에게 왔을 때, 그들은 그녀와 함께 구원을 발견했다. 이와 같이 은혜를 위해 하나님을 찾는 자들은 은혜와 평강, 은혜와 위로, 그리고 은혜와 영광을 얻을 것이다. 그녀는 여자였기 때문에 직접 군대를 지휘하는 것은 적합치 않았다. 따라서 그녀는 이 일에 적합한 사람인 납달리의 바락을 지명했는데, 아마도 그는 자기 주위에 있던(왜냐하면 하솔과 하로셋은 납달리 지파의 기업 안에 있었기 때문이다) 압제자의 세력과 몇 번 부딪침으로써 이미 이름을 떨치고 있었을 것이다. 이 용맹한 사람 바락은 멍에를 벗겨내기 위해 몇 차례 투쟁을 벌였으나, 드보라로부터 명령과 지시를 받을 때까지는 성과를 거둘 수 없었다. 바락은 드보라의 머리 없이는 아무것도 할 수 없었고, 드보라 역시 바락의 손 없이는 아무것도 할 수 없었다. 그러나 둘이 함께 함으로써 그들은 완전한 구원자가 되었으며 또한 완전한 구원을 이룰 수 있었다. 가장 위대하고 좋은 것은 '스스로 충족한 것' 이 아니라 '서로가 서로를 필요로 하는 것' (need one another)이다.

1. 하나님의 지시에 따라 드보라는 바락에게 군대를 일으켜 시스라가 지휘하는 야빈의 군대와 싸울 것을 명령한다(6, 7절). 아마도 바락은 원수에 대항하는 것에 대해 숙고하고 있었을 것이다. 그의 가슴속에서는 격렬한 불꽃이 작열하고 있었고, 그는 자신의 백성과 하나님의 성읍들을 위해 기꺼이 무엇인가를 하

고자 하였다. 그러나 두 가지 일로 인해 그는 주저하고 있었다.

(1) 그는 군대를 소집하는 명령을 원했다. 그러므로 드보라는 여기에서 하늘의 인침 아래 이것을 그에게 준다. 그녀는 여선지자로서 이 일에 인치는 권세를 갖고 있었다: 이스라엘의 하나님 여호와께서 이같이 명령하지 아니하셨느냐? "하나님이 분명히 말씀하셨다. 그러므로 나의 말을 들어라." 어떤 이들은 드보라가 바락의 마음에 호소하기 위한 의도로 이 말을 했다고 생각한다. "하나님이 너로 하여금 이스라엘을 구원하는 도구로 사용하고자 너에게 은밀한 속삭임으로 알리지 않으셨느냐? 네 영에 이런 종류의 어떤 충동을 느끼지 못했느냐?" 만일 그렇다면, 드보라 안에 있는 예언의 영이 바락 안에 있는 군사의 영을 추인하는 것이다: 다볼 산으로 가라.

[1] 드보라는 바락에게 어느 정도의 군대를 일으킬지에 대해 지시한다 — 그것은 일만 명이었다. 그리고 이 숫자가 너무 작을지라도 두려워하지 말라고 한다. 하나님이 말씀하셨으므로, 그는 이 숫자로 이스라엘을 구원하게 될 것이다.

[2] 어디에서 군대를 모집할 것인가? — 오직 '그 자신의 지파(납달리)' 와 '인접한 스불론 지파' 로부터 그렇게 해야 한다. 이들 두 지파로부터 모집된 군대로 충분할 것이다. 그는 더 많은 군대를 모으기 위해 지체할 필요가 없다.

[3] 드보라는 바락에게 어디를 집결지로 삼을 것인지에 대해 명령한다 — 집결지는 인근에 있는 다볼 산이었다.

(2) 군대를 일으켰을 때, 그는 어떻게 원수들과 싸워야 할지 알지 못했다. 어쩌면 적들은, 만일 이스라엘이 원수에 대항할 정도의 용기만 가지고 있다면 거의 실패하지 않는다는 사실을 듣고, 싸우는 것을 피할지도 모른다. 드보라는 하나님의 이름으로 말한다. 내가 시스라와 그의 군대를 네게 이르게 하고 그를 네 손에 넘겨주리라. 드보라는 바락에게 이 일은 오래 끌지 않고 오직 한 번의 전투로 결정될 것이라고 분명하게 확언한다.

[1] 담대하고 경험 많은 뛰어난 장군 시스라와 그의 철병거와 수많은 병사들을 언급함으로써, 드보라는 바락에게 마음을 굳게 함으로 스스로를 강하게 하도록 준비시킨다. 왜냐하면 그가 맞싸우게 될 원수는 결코 얕잡아볼 수 없는 강력한 존재였기 때문이다. 최악의 경우를 예상하는 것은 지혜로운 일이다. 그렇게 함으로써 미리 준비할 수 있기 때문이다.

[2] 시스라가 군대를 이끌고 어디로 올 것인지를 미리 말함으로써, 드보라는

바락에게 표적을 주었다. 그리고 그러한 표적으로 인해 바락은 적군과 부딪치게 될 때 믿음을 확고히 할 수 있었다. 그가 어디로 올 것인지는 불확실한 것이며, 전적으로 시스라의 의지에 달려 있는 것이었다. 그러나 나중에 모든 일이 드보라가 예언한 대로 펼쳐지는 것을 보게 될 때, 바락은 이후의 일들도 그와 같이 될 것이라고 추론할 수 있게 될 것이다. 그리고 이것은 그에게 큰 격려가 될 것이다.

[3] 드보라는 그에게 성공에 대한 분명한 약속을 주었다. **내가**(즉, 하나님이) **그들을 네 손에 넘겨주리라.** 그러므로 드보라의 말대로 시스라가 군대를 이끌고 오는 것을 볼 때, 바락은 그녀의 말대로 그들이 곧 자기 앞에서 패배를 당하게 될 것을 확신할 수 있었다. 하나님이 그들을 **바락에게로 이끄는** 것은 오직 그들을 **그의 손에 넘겨주시기** 위함임을 주목하라. 시스라가 군대를 이끌고 온 것은 이스라엘을 멸망시키기 위함이었다. 그러나 하나님은 그들 자신의 멸망을 위해 마치 **타작마당에 곡식단을 모음 같이** 그들을 모으셨다(미 4:11, 12). **스스로를 모으라. 그러나 산산이 부숴지리라**(사 8:9, 한글성경에는 '**함성을 질러 보아라 그러나 끝내 패망하리라**' 라고 되어 있음). 요한계시록 19:17, 18을 보라.

2. 바락의 요청에 드보라는 그와 함께 전장(戰場)에 나갈 것을 약속한다.

(1) 바락은 드보라가 함께 가줄 것을 간청했는데, 이것은 그에게 작전회의보다도 더 중요한 것이었다(8절). 만일 당신이 나에게 조언과 지시를 해주기 위해 그리고 모든 어려운 경우에 나로 하여금 하나님의 뜻을 알게 해주기 위해 나와 함께 간다면, 나도 철병거를 두려워하지 않고 전심으로 갈 것이다. 그러나 당신이 나와 함께 가지 않는다면 나도 가지 않을 것이다. 어떤 이들은 이것을 약한 믿음을 가진 자의 말이라고 생각한다. 이를테면 그녀의 약속이 성취되는 것에 대한 담보로서 그녀를 붙잡고 있지 않는 한 그녀의 말을 받아들일 수 없다고 보는 것이다. 그러나 그렇게 보는 것보다, 하나님의 함께 하심과 지속적인 지시의 필요성에 대한 확신으로부터 나온 말로 이해하는 것이 더 나을 것이다. 바락은 드보라가 옆에 있는 것을 그 약속에 대한 보증과 담보로 간주했고, 따라서 이 같은 간청을 한 것이다. "하나님이 나와 함께 가는 것에 대한 증표로서 당신이 나와 함께 간다면, 나는 기꺼이 갈 것이다." 그에게 있어 군사들에게 사기를 북돋아주고 또 모든 상황에서 신탁(神託)으로 자문해 줄 여선지자와 동행하는 것보다 더 중요한 것은 아무것도 없었다.

(2) 드보라는 그와 함께 갈 것을 약속했다(9절). 드보라는 자기 나라를 위해 봉사함에 있어 어떤 수고나 위험도 개의치 않았다. 그녀는 자신이 가고자 하지 않는 곳이라면 다른 사람도 보내지 않을 것이었다. 하나님의 이름으로 다른 사람에게 어떤 임무를 맡기는 자는 자신도 그 일에 힘써 도울 준비가 되어 있어야 한다. 드보라는 더 약한 그릇이었지만, 그러나 더 큰 믿음을 가지고 있었다. 그러나 비록 그녀가 바락과 함께 갈 것에 동의했다 할지라도, 그녀는 군인이 그러한 것을 계속 고집하지 않도록 할 만한 암시를 그에게 준다. **당신이 떠나게 되는 여행**(드보라는 성공에 대한 확신으로 가득 차서 전쟁에 나가는 것을 여행을 떠나는 것으로 부른다)**은 당신의 영광이 되지 않을 것이다.** 이 일로 인한 영광은 당신 스스로 갈 때 얻을 영광과는 같지 않을 것이다. 왜냐하면 **여호와께서 시스라를 여인의 손에 파실**(전에 이스라엘이 그랬던 것처럼 지금은 그의 차례이다, 2절) 것이기 때문이다. 다시 말해서, [1] 세상은 승리를 드보라의 손에 돌릴 것인데, 바락 스스로가 이것을 보게 될 것이다. [2] 하나님은 (바락의 연약함을 고쳐주시기 위해) 승리를 야엘의 손을 통해 완성하실 것인데, 이로 인해 그의 영광이 다소 가려질 것이다. 그러나 바락은 자신의 영광보다도 자기 마음의 만족과 그 일의 성공을 더 귀하게 여겼고, 그럼으로써 자신의 요청을 결코 철회하고자 하지 않았다. 그는 자신에게 지시를 주고 또 위하여 기도해 줄 드보라와 함께 하지 않는 한 결코 싸우려고 하지 않았다. 그러므로 그녀는 자신의 말을 지켰고, 이 당당한 여걸은 일어나 바락과 함께 갔다.

10바락이 스불론과 납달리를 게데스로 부르니 만 명이 그를 따라 올라가고 드보라
도 그와 함께 올라가니라 11모세의 장인 호밥의 자손 중 겐 사람 헤벨이 떠나 게데
스에 가까운 사아난님 상수리나무 곁에 이르러 장막을 쳤더라 12아비노암의 아들
바락이 다볼 산에 오른 것을 사람들이 시스라에게 알리매 13시스라가 모든 병거 곧
철 병거 구백 대와 자기와 함께 있는 모든 백성을 하로셋학고임에서부터 기손 강
으로 모은지라 14드보라가 바락에게 이르되 일어나라 이는 여호와께서 시스라를 네
손에 넘겨 주신 날이라 여호와께서 너에 앞서 나가지 아니하시느냐 하는지라 이에
바락이 만 명을 거느리고 다볼 산에서 내려가니 15여호와께서 바락 앞에서 시스라
와 그의 모든 병거와 그의 온 군대를 칼날로 혼란에 빠지게 하시매 시스라가 병거
에서 내려 걸어서 도망한지라 16바락이 그의 병거들과 군대를 추격하여 하로셋학고

임에 이르니 시스라의 온 군대가 다 칼에 엎드러졌고 한 사람도 남은 자가 없었더라

I. 바락은 지원병을 모집했고, 곧 할당된 인원이 채워졌다(10절). 드보라는 바락에게 일만 명의 군대를 일으킬 것을 지시했는데(6절), 그만한 인원이 그를 따르며 또 그의 명령에 복종하기 위해 지금 그의 발 앞에 모여 있다. 이사야 41:2에 하나님이 우리를 당신의 발 앞으로 부르고 계신 것으로 언급되는데, 이는 곧 '순종에의 부르심' 을 의미하는 것이다. 어떤 이들은 이것이 그들 모두가 보병(步兵)이었음을 암시하는 것으로 생각한다. 실제로 이스라엘 군대는 대부분 보병이었다. 이러한 사실은 이스라엘과 원수들(이들은 말과 병거를 가지고 있었다) 간의 힘의 불균형이 대단히 컸음을 보여주는 것으로서, 이스라엘의 승리를 한층 더 화려하게 해주는 것이다. 그러나 하나님과 그분의 여선지자가 함께 함으로써 그러한 불균형은 충분히 상쇄되고도 남음이 있었다. 바락은 자기 발 앞에 병사들을 가지고 있었는데, 이는 그가 어디로 가든지 그들이 즐거이 따를 준비가 되어 있음을 의미한다(계 14:4). 주로 스불론과 납달리 지파가 따랐으나, 드보라의 노래를 보면 다른 지파들(므낫세와 잇사갈)에서도 일부 참여한 것 같다. 그리고 르우벤과 단과 아셀에서는 오지 않은 것으로 보인다(5:14-17). 그러나 본 단락에서는 이러한 사실들이 생략되고, 단지 일만 명의 병사들로 하여금 효과적으로 싸우게 하기 위해 드보라가 그와 함께 올라갔다는 언급만이 제시된다.

11절은 겐 족속 가운데 한 가족인 헤벨 가족의 이주(移住)에 관해 언급하고 있는데, 이들은 오랫동안 정착해 살았던 남부의 유대 황무지(1:16)로부터 북부 지역으로 이주했다. 여기에서 이것이 언급되고 있는 것은 뒤에서 헤벨의 아내 야엘의 공적을 이야기하기 위함이다.

II. 바락의 움직임을 주목하고 있던 시스라는 매우 수다(數多)하며 또 강력한 군대를 이끌고 전장으로 출정한다(12, 13절). 사람들이 시스라에게 알리매, 즉 그 사실이 시스라에게 알려졌다. 어떤 이들은 여기의 '사람들' 이 바로 전에 언급한(11절) 겐 족속을 지칭하는 것으로 생각한다. 당시 야빈과 겐 족속 사이에 화평관계가 맺어져 있었기 때문에(17절), 그들이 시스라에게 바락의 군대가 집결한 것에 대해 알려주었다. 그들이 이렇게 한 것이 시스라에게 친절을 베풀기 위함이었든지 혹은 아니었든지 간에, 그것은 하나님께서 드보라를 통해 말씀

하신 것이 성취되는 결과를 가져오게 했다(7절): **내가 시스라를 이끌어 네게 오게 하리라.**

시스라의 자신감은 주로 그가 가진 철병거에 기인하는 것이었다. 그랬기 때문에 900대의 철병거가 특별하게 언급되고 있는데, 그 바퀴축에는 단단한 칼이 장착되어 있어 보병들 속으로 몰고 들어갈 때 엄청난 살육을 행할 수 있었다. 이처럼 인간들은 서로를 파멸시키기 위해 얼마나 정교한 무기들을 고안해 내는가!

Ⅲ. 드보라는 적과 싸울 것을 명령한다(14절). 요세푸스는 바락이 시스라의 군대가 정렬을 하고 산꼭대기에 진을 치고 있던 자신의 군대를 포위하려고 하는 것을 보았을 때 너무나 마음이 낙심되어 좀 더 안전한 장소로 퇴각하려고 했었다고 말한다. 그러나 드보라는 이 날이 시스라의 패배를 위해 작정된 날임을 바락에게 확신시켜 줌으로써 그로 하여금 산에서 내려와 시스라와 교전하도록 했다. "지금 그들은 매우 위협적으로 보이지만, 파멸의 때가 무르익었다. 앞으로 펼쳐질 상황은 지금까지 되어진 일만큼이나 확실할 것이다: **여호와께서 시스라를 네 손에 넘겨주셨느니라.**"

이 일이 드보라와 바락 사이에 어떻게 분담되고 있는지 주목하라: 드보라는 머리로서 말씀을 주고, 바락은 손으로서 일을 수행한다. 이와 같이 하나님은 자신의 은사를 다양하게 나누어주신다(고전 12:4). 통상적으로는 여자의 머리가 남자지만(고전 11:3), 때로 하나님은 손을 어긋맞겨 은사를 베푸시기를 기뻐하시고 머리의 권세를 여인의 어깨 위에 놓으시기도 하신다. 이렇게 하심은 세상의 약한 것을 택하사 강한 것을 부끄럽게 하시며, 그럼으로써 어떤 육체도 자랑치 못하게 하시기 위함이다. 바락에게 있어 드보라가 옆에 있는 것은 참으로 좋은 일이었다. 왜냐하면 그의 부족한 것을 그녀가 보충해 주었기 때문이다.

1. 드보라는 바락에게 오늘이 그 날이라고 확언함으로써 그의 결단력에 있어 부족한 부분을 보충해 주었다.

2. 또 하나님의 함께 하심을 확신시켜 줌으로써 그의 용기의 부족한 부분을 보충해 주었다: "**여호와께서 너에 앞서 나가지 아니하시느냐?** 하나님이 네 앞에 나가시는데 네가 따르지 않으려느냐?" 다음을 주목하라. (1) 우리의 의무를 수행하는 가운데 하나님이 우리를 지도하시고 또 우리 앞에 가시는 것은 참으로 좋은 일이다. (2) 만일 우리가 하나님이 우리 앞에 가시는 것을 바랄 만한 어떤

근거를 갖고 있다면, 우리는 용기를 갖고 그리고 즐거이 나아가야만 한다. 우리는 사탄을 대적하는 일에나 혹은 하나님을 섬기는 일로 말미암아 부딪히게 되는 난관들로 인해 낙심해서는 안 된다. 여호와께서 너에 앞서 나가지 아니하시느냐? 그러므로 그를 온전히 따르라.

Ⅳ. 하나님 자신이 적군을 패주시키셨다(15절). 바락은 드보라의 명령에 순종하여 골짜기로 내려갔다. 비록 평지에서 철병거가 더 큰 위력을 발휘함에도 불구하고, 바락은 하나님의 능력을 의지하여 산 위에 있는 요새를 떠났다. 작은 산들과 큰 산 위에서 떠드는 것은 참으로 헛된 일이라 이스라엘의 구원은 진실로 우리 하나님 여호와께 있나이다(렘 3:23).

그의 믿음은 헛되지 않았다: 여호와께서 시스라를 혼란에 빠지게 하시매. 바락이 시스라의 진영(陣營)을 낙담시키고 또 흩어버린 것은 그들의 기습 때문이었다기보다는 하나님의 두려움이 그들의 영을 사로잡고 그들을 설명할 수 없는 혼란에 빠뜨렸기 때문이었다. 별들이 하늘에서부터 싸우되 그들이 다니는 길에서 시스라와 싸웠도다(5:20). 요세푸스에 의하면, 맹렬한 우박이 그들의 얼굴에 쏟아졌고 이로써 그들은 무력화되고 퇴각할 수밖에 없었다고 한다. 이로 인해 그들은 이스라엘 군대에게 매우 손쉬운 먹잇감이 되고 말았고, 결국 드보라의 말은 그대로 이루어졌다: 여호와께서 그들을 네 손에 넘겨주시리라.

Ⅴ. 바락은 자신에게 유리한 전황(戰況)을 잘 활용했다. 그는 용맹하고 지칠 줄 모르는 공격으로 계속해서 타격을 가했으며, 지속적인 승리를 거두었고, 흩어진 적군들을 뒤쫓았다. 심지어 하로셋에 있는 적장의 본부까지 추격하여(16절) 하나님께서 멸망시키도록 자기 손에 넘겨주신 자들을 하나도 남기지 않았다: 한 사람도 남은 자가 없었더라. 우리의 영적 전투에 하나님이 우리 앞에 가실 때, 우리는 가일층 분발해야 한다. 그리고 그분이 은혜 가운데 우리 영혼의 원수에 대해 어떤 승리를 주실 때, 우리는 확고한 정신을 가지고 또 혹시 방심하지 않도록 주의하면서 승리를 지속시켜 나아가야 한다. 우리는 이와 같이 힘차게 거룩한 전쟁을 수행해야 한다.

17시스라가 걸어서 도망하여 겐 사람 헤벨의 아내 야엘의 장막에 이르렀으니 이는 하솔 왕 야빈과 겐 사람 헤벨의 집 사이에는 화평이 있음이라 18야엘이 나가 시스라를 영접하며 그에게 말하되 나의 주여 들어오소서 내게로 들어오시고 두려워하지

마소서 하매 그가 그 장막에 들어가니 야엘이 이불로 그를 덮으니라 [19]시스라가 그
에게 말하되 청하노니 내게 물을 조금 마시게 하라 내가 목이 마르다 하매 우유 부
대를 열어 그에게 마시게 하고 그를 덮으니 [20]그가 또 이르되 장막 문에 섰다가 만
일 사람이 와서 네게 묻기를 여기 어떤 사람이 있느냐 하거든 너는 없다 하라 하고
[21]그가 깊이 잠드니 헤벨의 아내 야엘이 장막 말뚝을 가지고 손에 방망이를 들고 그
에게로 가만히 가서 말뚝을 그의 관자놀이에 박으매 말뚝이 꿰뚫고 땅에 박히니
그가 기절하여 죽으니라 [22]바락이 시스라를 추격할 때에 야엘이 나가서 그를 맞아
그에게 이르되 오라 네가 찾는 그 사람을 내가 네게 보이리라 하매 바락이 그에게
들어가 보니 시스라가 엎드러져 죽었고 말뚝이 그의 관자놀이에 박혔더라 [23]이와
같이 이 날에 하나님이 가나안 왕 야빈을 이스라엘 자손 앞에 굴복하게 하신지라 [24]
이스라엘 자손의 손이 가나안 왕 야빈을 점점 더 눌러서 마침내 가나안 왕 야빈을
진멸하였더라

우리는 가나안의 군대가 완전히 패주한 것을 보았다. 시편 83:9, 10(이 구절은 가나안 군대의 패망을 이후 하나님이 동일한 일을 행하실 것에 대한 하나의 전례로서 언급한다)에서 그들이 땅에 거름(문자적으로 똥) 같이 되었다고 언급된다. 본 단락에서 우리는 다음과 같은 내용을 보게 된다.

I. 가나안의 장군이요 군대장관인 시스라의 멸망. 가나안의 왕 야빈은 그를 전적으로 신뢰하고 있었으므로 이 전쟁에 나오지 않은 것 같다. 그의 멸망의 과정을 추적해 보자.

1. 그는 자신의 병거를 버리고 걸어서 도주한다(15, 17절). 그가 거느린 병거들이 그의 자랑이요 믿음의 근거였다. 우리는 그가 살아계신 하나님의 군대를 경멸하고 무시했을 것이라고 추측할 수 있다. 왜냐하면 이스라엘 군대는 모두 보병(步兵)으로서, 병거와 말을 가지고 있지 않았기 때문이었다. 따라서 그는 이제 자신의 자만심을 부끄러워하지 않을 수 없게 되었다. 이제 그는 자신의 병거를 버리는 것이 더 안전한 길이 될 것이라고 생각한다 — 비록 그의 병거가 다른 어떤 것보다도 더 훌륭하게 제작된 것이라 할지라도.

이와 같이 피조물(만들어진 것)을 의지하는 자들은 실망하게 된다. 그것은 마치 부러진 갈대처럼 그들 앞에 꺾어질 것이요, 많은 슬픔으로 그들을 찌를 것이다. 우상은 속히 무거운 짐이 되고 만다(사 46:1). 그가 병거에서 내리는 모

습은 얼마나 비참했을 것인가! 그가 부끄러워 얼굴이 붉어졌을지 아니면 분노로 떨었을지 우리는 알 수 없다. 당신의 신뢰를 왕이나 방백에게 두지 말라. 그들은 곧 이와 같이 될 수 있기 때문이다. 지금까지 자신의 힘을 의지했던 시스라는 이제 (도망치기 위해) 자신의 발바닥을 의지할 수밖에 없는 처지가 되었다.

2. 그는 어떤 요새나 은거지도 없이 겐 족속의 장막으로 피신해 도망간다. 아마도 그는 예전에 겐 사람들의 초라하고 적막한 삶의 방식과 특별히 그들의 신앙을 경멸하고 비웃었을 것이다. 그러나 이제 그는 그들의 보호 아래 들어갈 수밖에 없었다. 그는 여인의 장막에 들어갔는데, 그것은 덜 의심받기 위해서거나 아니면 단순히 그가 처음 마주친 장막이었기 때문일 것이다(17절). 그리고 그가 그 쪽으로 간 것은 당시 그의 주인인 야빈과 헤벨의 집 사이에 화평이 있었기 때문이었다. 당시 양자 사이에 공동의 공격이나 방어를 위한 동맹이 있었던 것은 아니고, 단지 피차 적대행위를 하지 않는 정도였다. 야빈은 그들에게 어떤 해도 끼치지 않았으며, 이스라엘에게 행한 것과 같은 압제를 가하지도 않았다. 그들의 소박하고 조용하며 누구에게도 해를 끼치지 않는 삶의 방식은 어느 누구에게도 의심을 품게 하거나 두려움을 갖게 하지 않았다. 어쩌면 이러한 것은 그들이 꾸준히 참된 신앙을 지킨 것에 대하여 하나님이 보상으로 주신 것인지도 모른다. 시스라는 그들 가운데 숨음으로써 안전할 수 있을 것으로 생각했다. 비록 그들이 야빈에게 압제를 당하지는 않았다 할지라도 그들이 하나님의 이스라엘과 마음으로 공감(共感)하고 있음을 시스라는 미처 고려하지 않은 것이다.

3. 야엘은 그를 안으로 맞아들이고 환대한다. 아마도 그녀는 멀지 않은 곳에서 벌어진 전투에서 어느 쪽이 승리했는지에 대한 소식을 듣기 위해 장막문에서 있었을 것이다.

(1) 야엘은 시스라를 안으로 맞아들인다. 아마도 그녀는 부상당한 이스라엘 병사에게 친절을 베풀기 위해 서 있었을 것이다. 그러나 시스라가 숨을 헐떡이며 황급히 다가왔을 때, 그녀는 그를 안으로 맞아들이고 자기 장막에 눕게 했다. 언뜻 보면 그의 피로를 회복시키기 위한 것 같지만, 아마도 그녀의 실제 의도는 그의 도주를 지연시킴으로써 뒤에서 추격하고 있었던 바락의 손에 떨어지게 하기 위함이었을 것이다(18절). 그녀가 처음부터 그를 죽일 생각을 가지

고 있었는지 아니면 나중에 하나님이 그녀의 마음에 그와 같은 생각을 주셨는지는 분명치 않다.

(2) 야엘은 시스라를 자신의 손님으로서 최대한 주의를 기울여 편안하게 해 준다. 그가 지쳤는가? 그녀는 그가 편안하게 누울 수 있는 장소를 마련하고 그의 원기를 회복시켜 준다. 그가 목말랐는가? 맞다, 그럴 수 있었다. 그가 자신의 목을 축일 수 있는 약간의 물을 원했는가? 그녀의 장막에 있던 최상의 음료가 그에게 주어졌는데, 그것은 우유였다(19절). 우리는 그가 그 우유를 마음껏 들이키고, 어느 정도 원기가 회복되었으며, 이어 잠자리에 들었을 것으로 추측할 수 있다. 그는 추웠는가? 아니면 추격자들로부터 숨기를 원했는가? 만일 이스라엘 병사들이 장막을 수색한다면? 그녀는 담요로 그를 덮었다(18절). 이 모든 것은 시스라의 안전을 위한 야엘의 돌봄의 표현이었다. 다만 시스라가 야엘에게 자신이 그 곳에 없다고 거짓말을 해 줄 것을 요청했을 때, 그녀는 이에 대해 약속하는 것을 거절했다(20절). 우리는 하나님을 거슬러 죄를 범해서는 안 된다.

마지막으로, 우리는 야엘이 시스라가 속히 잠들 수 있도록 자신의 장막을 최대한 조용하게 유지했을 것으로 추측할 수 있다. 시스라는 지금 가장 안전하다고 여기고 있었지만, 실상 가장 위험한 가운데 있었다. 인간의 생명이란 것이 얼마나 불확실하고 믿을 수 없는 것인가! 믿었던 자에게도 이토록 쉽게 배신을 당할 수 있으며 또 보호해 줄 것으로 바랐던 자가 실상 파괴하는 자임이 드러날 때, 누가 우리의 생명을 보장해 줄 수 있단 말인가! 결국 하나님을 우리의 친구로 만드는 것이 가장 좋은 방법이다. 왜냐하면 그는 결코 우리를 속이지 않으실 것이기 때문이다.

4. 시스라가 잠에 떨어졌을 때, 야엘은 그의 관자놀이에 말뚝을 박는다. 그럼으로써 그의 머리는 땅에 박히고 그는 죽었다(21절). 이것으로도 충분했지만 그 일을 좀 더 분명히 하기 위해 (만일 우리가 삿 5:26을 올바로 번역한다면) 그녀는 그의 머리를 베고 그것을 말뚝이 박힌 채로 그냥 그 곳에 두었다. 그녀가 처음부터 이것을 계획했는지 아니면 그를 장막 안으로 맞이해 들일 때는 이런 생각을 갖지 않았는지는 분명치 않다. 어쩌면 시스라가 그녀에게 거짓말을 해 줄 것을 요청했을 때, 그와 같은 생각이 스치고 지나갔는지 모른다. 의심할 바 없이, 이러한 생각은 살인자요 파괴자인 사탄으로부터 나온 것이 아니라 의로우신 재판장이요 공의의 복수자이신 하나님으로부터 나온 것이다. 그녀는 이

일을 함에 있어 하늘의 빛과 밝음 가운데 하나님의 영광과 이스라엘의 구원만을 의식했을 뿐이다. 그것은 원한이나 증오심 혹은 개인적인 복수심으로 말미암은 것이 결코 아니었다.

(1) 그녀로 하여금 이 일을 할 수 있도록 하고 또 그녀에게 남자 이상의 용기를 불어넣어 준 것은 하나님의 권능이었다. 그녀의 손이 떨렸다면 그래서 말뚝이 빗나갔다면 어떻게 할 뻔 했나? 그녀가 이 일을 시도하는 도중 그가 깨어 일어났다면? 혹은 그의 부하들이 뒤따라와 그녀를 덮친다면? 그러나 하나님의 도우심으로 그녀는 이 일을 적절히 수행했다.

(2) 그녀의 행동을 정당화시켜 준 것은 하나님의 보증이었다. 그러나 오늘날 이와 같은 특별한 하나님의 명령은 주어지지 않으므로, 어떤 경우에도 이와 같은 일이 모방되어서는 안 된다. 이웃에게 호의와 친절을 베풀 것을 명령하는 율법들은 올바로 준수되어야 하며, 우리는 우리를 믿고 의지하는 사람을 결코 배신해서는 안 된다. 그러나 야엘의 이러한 행동과 관련하여(앞 장에서의 에훗의 행동도 마찬가지임), 우리는 그녀가 자신의 영에 이 일을 행하고자 하는 신적 충동을 의식했음을 인정해야 한다. 따라서 그것은 그녀를 충분히 만족시킬 만한 일이었으며(그러므로 그것은 우리까지도 만족시킨다), 올바로 행해진 일이었다.

하나님의 심판은 매우 깊고 심오하다. 하나님의 심판을 수행함에 있어 사용된 도구는 장막을 고정시켜 주는 말뚝이었다. 그들은 종종 장막을 옮겼으므로 그녀는 이러한 말뚝들을 뽑는데 익숙했을 것이고 따라서 이토록 큰 일을 수행함에 있어 빈틈없이 처리할 수 있었다. 자신의 철병거로 이스라엘을 파괴하려고 생각했던 시스라는 하나의 철말뚝으로 자신이 파괴되고 말았다. 이와 같이 세상의 약한 것들이 종종 강한 자(것)들을 깨뜨린다. 여기에서 야엘의 영광과 시스라의 수치를 주목하라.

[1] 이 위대한 장군은 피곤에 지켜 잠자는 가운데 죽었다. 그는 아무런 저항도 할 수 없었다. 그는 깊은 잠의 사슬에 묶여 있었기 때문에 손 하나 까딱할 수 없었다. 이와 같이, **마음이 강한 자도 가진 것을 빼앗기고 잠에 빠질 것이며 장사들도 모두 그들에게 도움을 줄 손을 만날 수 없도다 야곱의 하나님이여 주께서 꾸짖으시매 병거와 말이 다 깊이 잠들었나이다**(시 76:5, 6). 그러므로 강한 자는 자기의 강함을 자랑해서는 안 된다 잠에 떨어질 때 그의 강함은 어디에 있겠는가? 그

는 아무것도 할 수 없다. 그 때는 어린아이조차도 그를 모욕할 수 있으며, 그의 생명을 취할 수 있다. 설령 잠들지 않는다 할지라도, 그의 힘은 곧 소모되고 지쳐서 아무것도 할 수 없게 될 것이다. "그가 지쳤으므로" 라는 삽입구(KJV에는 21절의 그가 기절하여 죽으니라 앞에 for he was fast asleep and weary가 있음 — 역주)는 여러 고대 역본들에서 제각각 다르게 읽혀진다. 시리아 역본과 아라비아 역본은 그가 버둥거리다 죽었다라고 읽으며, 갈대아 역본은 그가 기절하여 죽었다라고 읽고, 70인역은 그가 혼미하여 죽었다라고 읽는다. 대중적 라틴어 역본 역시 잠과 죽음이 함께 연결되어, 그가 혼미하여 죽었다라고 읽는다.

[2] 그는 자기 머리가 땅에 박힌 채 죽었는데, 이것은 그가 땅의 것을 좇는 자임을 보여주는 상징이었다. 그의 귀는 (홀 주교는 말한다) 땅에 고정되어 있어, 마치 그의 몸이 자기 영혼에 무슨 일이 일어났는지를 듣고 있는 것처럼 보였다.

[3] 그는 여인의 손에 죽었다. 이러한 사실은 그의 죽음을 더욱 수치스럽게 하는 것이었다. 만일 그가 아비멜렉처럼(9:54) 이러한 사실을 알았다면, 그의 마음의 괴로움은 더 컸을 것이다.

Ⅱ. 이로 인한 이스라엘의 영광과 기쁨.

1. 바락은 자신의 원수가 죽은 것을 보았다(22절). 의심의 여지 없이 그는 자신의 일이 잘 이루어진 것을 발견하고 크게 기뻐하면서, 적들이 혼란에 빠진 것으로 인해 하나님께 영광을 돌렸을 것이다. 만일 그가 자신의 영광에 집착했다면, 그는 적장이 자신이 아닌 다른 사람에 의해 죽은 것을 자신의 모욕으로 여기며 분개했을 것이다. 그러나 지금 그는 드보라에게 함께 갈 것을 고집함으로써 자신에게 선언된 예언, 곧 여호와께서 시스라를 여인의 손에 파실 것이라는 말씀을 떠올리고 있었을 것이다. 아마도 그 때 바락은 그 예언이 이와 같이 이루어질 것이라고는 거의 생각지 못했을 것이다.

2. 이스라엘은 가나안 왕 야빈의 손에서 완전하게 구원을 받는다(23, 24절). 이스라엘은 이 날의 승리로 인해 야빈의 멍에를 벗어버렸을 뿐만 아니라, 그에 대항하여 전쟁을 벌여 결국 그를 멸망시키게 되었다. 결국 야빈과 그의 나라는 하나님의 명령에 따라 진멸을 당하고 말았다. 이스라엘 백성들은 예전에 어리석은 동정심으로 인해 그들을 진멸하지 않았다가 큰 고통을 겪었었다. 따라서 이스라엘은 지금 그들을 더 이상 용납하지 않고 완전히 진멸하기로 작정했다.

그들에게 자비를 베푸는 것은 이스라엘의 이익에 반할 뿐만 아니라 하나님의 명령에도 반하는 것이었기 때문이다. 마지막 두 절에서 원수의 이름이 세 번 거명되면서 **가나안 왕**으로 불려진 것은 아마도 그들에게 선고된 심판선언이 반영된 것일 것이다. 그는 멸망을 당했다. 그는 너무도 철저히 멸망을 당했기 때문에, 우리는 이후 더 이상 가나안 왕들에 대한 이야기를 듣지 못한다. 만일 이스라엘 백성들이 하나님께서 명령하시고 또 그렇게 할 수 있도록 하셨을 때 일찌감치 가나안 족속을 멸망시켰다면, 그들은 이토록 큰 고통을 미리 막을 수 있었을 것이다. 그러나 늦게라도 경험을 통해 지혜를 얻는 것이 전혀 그렇게 하지 않는 것보다 훨씬 낫다.

제 — 5 — 장

개요

본 장에는 이스라엘이 가나안 왕 야빈의 군대에 대해 거둔 영광스러운 승리와 그로 인한 복된 결과를 노래하는 '개선의 노래' 가 담겨 있다. 아마도 당시에 이러한 상황에서 시(詩)를 짓는 것은 오늘날과 마찬가지로 통상적인 일이었을 것이다. 그러나 사사시대에 지어진 모든 시들 가운데 오직 이 시만이 남았는데, 그것은 여선지자 드보라에 의해 구술(口述)되어 찬송시로서 이후 찬송의 모범이 되도록 의도되었기 때문이다. 그리고 이 시는 이 시대의 역사에 대하여 많은 빛을 던져준다. I. 하나님께 대한 찬송으로 시작함(2, 3절). II. 본 노래의 전체적인 내용은 이스라엘의 위대한 승리를 기념하고 전하는 것임. 1. 여기에서 하나님이 나타나신 것을 시내 산에서 나타나신 것과 비교함(4, 5절). 2. 그들이 빠져 있던 비참한 상태에서 구원하신 것을 찬미함(6-8절). 3. 승리의 열매를 함께 나눌 자들로 하여금 찬미에 동참할 것을 초청함(9-13절). 4. 이 싸움에 적극적으로 동참한 지파들에게 경의를 표하는 한편 그렇게 하지 않은 자들을 부끄럽게 함(14-19, 23절). 5. 하나님이 이스라엘을 위해 어떻게 싸우셨는지 이야기함(20-22절). 6. 특별히 시스라를 죽인 야엘의 업적을 칭송함(24-30절). 하나님께 대한 기도로 끝맺음(31절).

**1이 날에 드보라와 아비노암의 아들 바락이 노래하여 이르되 2이스라엘의 영솔자들
이 영솔하였고 백성이 즐거이 헌신하였으니 여호와를 찬송하라 3너희 왕들아 들으
라 통치자들아 귀를 기울이라 나 곧 내가 여호와를 노래할 것이요 이스라엘의 하
나님 여호와를 찬송하리로다 4여호와여 주께서 세일에서부터 나오시고 에돔 들에
서부터 진행하실 때에 땅이 진동하고 하늘이 물을 내리고 구름도 물을 내렸나이다
5산들이 여호와 앞에서 진동하니 저 시내 산도 이스라엘의 하나님 여호와 앞에서
진동하였도다**

앞 장에서 우리는 하나님이 이스라엘을 위해 행하신 위대한 일을 살

펴보았다. 이제 본 장에서 우리는 이스라엘이 하나님께 드리는 감사의 응답을 보게 된다. 이와 같이 모든 세대의 교회는 하나님께서 하신 일을 배우고, 그분을 찬송해야 한다.

I. 하나님은 노래로 찬송을 받으신다.

1. 노래는 매우 자연스러운 기쁨의 표현이다. **즐거워하는 자가 있느냐 그는 찬송할지니라**(약 5:13). 거룩한 기쁨은 찬송과 감사의 핵심이며 뿌리이다. 하나님은 자신과 자신의 기사(奇事)들로 인한 우리의 기쁨을 통해 영광 받으시기를 기뻐하신다. 종들의 기쁨은 바로 자신의 기쁨이며, 그들의 노래는 그분에게 드려지는 곡조이다.

2. 노래는 어떤 지식을 전파하고 또 위대한 사건들의 기억을 영구화하기 위한 매우 적절한 수단이다. 사람들은 서로 이 노래를 가르치고 배울 것이며, 또 자녀들은 부모들로부터 그렇게 할 것이다. 따라서 노래라는 수단을 통하여, 책을 가지고 있지 않은 사람들이나 혹은 읽을 수 없는 사람들까지도 이와 같은 하나님의 위대한 일을 잘 알 수 있게 될 것이었다. **대대로 주께서 행하시는 일을 크게 찬양하며 주의 능한 일을 선포하리로다**(시 145:4).

II. 7절에 나타난 바와 같이(나 드보라가 일어날 때까지)**, 이 노래를 지은 자는 드보라 자신이었다.** 이와 관련하여 1절은 이렇게 이해되어야 한다: 그 후에 그녀가 노래했다. 심지어 드보라가.

1. 드보라는 이 노래를 지음에 있어 여선지자로서의 은사를 사용했다. 전체적인 선율이 매우 뛰어나며, 이미지가 생생하게 살아 있다. 또한 표현방법이 매우 우아하며, 부드러움과 장엄함이 놀랍게 혼합되어 있다. 어떤 시도 이와 비교될 수 없을 것이다.

2. 우리는 그녀가 승리한 이스라엘 군대에게 이 노래를 가르쳐 부르도록 함으로써 지도자로서의 자신의 권세를 사용했다고 추측할 수 있다. 이 시를 통해 드보라가 기대한 것은 자신을 찬미하고 칭송하도록 하기 위함이 아니라 자신과 함께 하나님을 찬미하고 칭송하도록 하기 위함이었다. 그녀는 전쟁에 있어서도 첫째였으며, 지금 감사를 드림에 있어서도 역시 마찬가지였다.

III. 이 노래는 싸움이 벌어졌던 바로 그 날에 불려진 것은 아니었다. 이 일로 인한 '감사의 날' 에 불려진 것인데, 그 날은 싸움이 끝난 직후 최대한 조속히 지정되었다. 하나님의 은혜를 받았을 때, 우리는 그 은혜의 감동이 무뎌지기 전에 빨리 찬송의 보답을 드려야 한다. 그것은 즉시 갚아야 할 부채와 같은 것이다.

1. 드보라는 할렐루야로 시작한다: 너희는 여호와를 찬송(혹은, 송축)하라(2절). 이 노래의 목적은 하나님께 영광을 돌리는 것이다. 그러므로 이 어구(語句)가 제일 앞에 놓여지고 있는데, 그것은 마치 주기도문의 첫째 간구(이름이 거룩히 여김을 받으시오며)처럼 이어지는 모든 노래를 설명하고 또 이끈다. 여기에서 하나님이 두 가지 일로 인해 찬송되고 있다,

(1) 이스라엘의 원수들에 대해 행하신 복수. 하나님은 교만하고 잔인하게 이스라엘을 압제한 자들에게 원수를 갚으시고, 그들이 자신의 백성에게 행한 모든 상처와 고통을 갚아주셨다. 여호와는 의로우신 하나님이시며, 자신이 행하시는 심판으로 복수하시는 하나님이시다.

(2) 이스라엘의 친구들에게 베풀어 주신 은혜. 백성들이 이 전쟁에 즐거이 헌신했을 때, 하나님은 그들에게 은혜를 베푸셨다. 하나님은 어느 때든지 우리에게 행하신 모든 선한 일들로 인해 영광을 받으셔야 한다. 그리고 우리가 즐거이 헌신하면 할수록 하나님의 은혜는 더욱 분명하게 나타난다.

이러한 두 가지 일로 드보라는 이 노래를 기록하여 남길 것을 결심하는데, 그것은 영원하신 하나님을 존귀케 하기 위함이었다(3절): 나, 심지어 내가 여호와께 노래하리라. 그분은 절대적인 주권과 권능의 하나님이요, 교회의 유익을 위해 모든 것을 통치하시는 이스라엘의 하나님 여호와시다.

2. 드보라는 식탁의 상석에 앉는 세상의 높은 자들을 초청하여, 자신의 노래에 동참하고 또 그 노래의 내용에 주의(注意)를 기울이도록 한다: 너희 왕들아 들으라 통치자들아 귀를 기울이라!

(1) 드보라는 그들에게 그들보다 더 높으신 분이 계시며, 따라서 그분과 다투는 것은 어리석은 일이고 그에게 복종하는 것이 그들에게 유익이 되며 또 안전을 위해 말과 병거는 헛될 뿐이라는 사실을 가르친다.

(2) 드보라는 그들로 하여금 이스라엘의 하나님을 찬송하는 일에 자신과 동참하도록 하면서, 벨사살이 그랬던 것처럼 더 이상 거짓 신들을 찬양하지 않도록 한다(단 5:4, 그들이 술을 마시고는 그 금, 은, 구리, 쇠, 나무, 돌로 만든 신들을 찬양하니라). 또 그녀는 마치 시편 기자처럼 그들에게 말한다: 그런즉 군왕들아 너희는 지혜를 얻으며 세상의 재판관들아 너희는 교훈을 받을지어다 여호와를 경외함으로

섬기고 떨며 즐거워할지어다(시 2:10, 11),

(3) 드보라는 그들에게 시스라의 운명을 통해 경고를 받고, 감히 하나님의 백성들에게 어떤 위해(危害)도 가하지 말라고 경계한다. 그들의 탄원에 대해 하나님은 조만간 질투와 함께 신원하실 것이다.

3. 드보라는 하나님께서 예전에 나타나신 것을 돌아보고, 그것들을 이번의 경우와 비교함으로써, 이 큰 구원을 이루신 영광스러운 하나님을 더욱 존귀케 한다. 하나님이 과거에 행하신 일들을 통해 우리는 그분이 지금 행하고 계시는 일을 깨달아 알 수 있는데, 그것은 그분이 어제나 오늘이나 영원토록 동일하시기 때문이다(4절): 여호와여 주께서 세일에서부터 나오시고 에돔 들에서부터 진행하실 때에 땅이 진동하고 하늘이 물을 내리고 구름도 물을 내렸나이다. 이 구절은 아래와 같이 두 가지로 이해될 수 있다.

(1) 이스라엘의 원수들에게 하나님의 권능과 공의가 나타나는 것으로. 이 구절은 교회의 원수들의 멸망이 묘사되고 있는 하박국 3:3-4과 병행관계를 이룬다. 자기 백성 이스라엘을 에돔으로부터 인도하실 때, 하나님은 시혼과 옥을 이스라엘의 발 아래 밟히게 하시고 그들과 그들의 군대를 공포와 놀람으로 치셨다. 그들의 마음은 마치 모든 세상이 녹아버리는 것처럼 녹아버렸다. 또한 이 구절은 신적 위엄이 영광스럽게 표현된 것으로서, 땅을 진동하게 하고, 하늘을 눈(雪)처럼 떨어지게 하며, 산들을 녹게 하는 신적 권능을 나타낸다. 이것을 시편 18:7과 비교하라: 이에 땅이 진동하고 산들의 터도 요동하였으니 그의 진노로 말미암음이로다. 하나님의 계획은 어떤 피조물도 방해할 수 없다. 그러한 계획이 이루어지는 날이 올 때, 그것을 방해하는 것처럼 보였던 것들은 그 앞에 굴복하게 될 뿐만 아니라 도리어 그것이 이루어지도록 돕는 결과가 될 것이다. 이사야 64:1, 2을 보라.

(2) 하나님이 시내 산에서 율법을 주셨을 때 이스라엘에게 그분의 영광과 위엄이 나타난 것으로. 그 때는 땅이 진동하고 하늘이 떨어진 것이 문자적으로 사실이었다. 그것을 신명기 33:2 및 시편 68:7-8과 비교하라. 모든 왕들과 통치자들은 드보라가 찬송하고 있는 하나님이 바로 이런 분임을 알아야만 한다. 그분은 그들이 경의를 표했던 그런 천박하고 무능한 신들과는 다른 분이시다. 갈대아 역본은 이것을 율법을 수여하는 것에 적용시키면서, '산들이 녹았도다' 란 어구에 특이한 설명을 덧붙인다. 다볼과 헤르몬과 갈멜이 서로 다투었도다. 한 산

이 말하기를 하나님의 위엄으로 내 위에 머무르게 하라 하도다. 다른 산이 말하기를 그것이 내 위에 머무르게 하라 하도다. 그러나 하나님은 그것이 모든 산들 가운데 가장 미천하고 작은 시내 산에 머물게 하셨도다. 아마도 이것은 시내 산이 가장 무가치함을 뜻하는 것일 텐데, 그것은 그 산이 불모의 바위산이기 때문이다.

6아낫의 아들 삼갈의 날에 또는 야엘의 날에는 대로가 비었고 길의 행인들은 오솔
길로 다녔도다 7이스라엘에는 마을 사람들이 그쳤으니 나 드보라가 일어나 이스라
엘의 어머니가 되기까지 그쳤도다 8무리가 새 신들을 택하였으므로 그 때에 전쟁이
성문에 이르렀으나 이스라엘의 사만 명 중에 방패와 창이 보였던가 9내 마음이 이
스라엘의 방백을 사모함은 그들이 백성 중에서 즐거이 헌신하였음이니 여호와를
찬송하라 10흰 나귀를 탄 자들, 양탄자에 앉은 자들, 길에 행하는 자들아 전파할지어
다 11활 쏘는 자들의 소리로부터 멀리 떨어진 물 긷는 곳에서도 여호와의 공의로우
신 일을 전하라 이스라엘에서 마을 사람들을 위한 의로우신 일을 노래하라 그 때
에 여호와의 백성이 성문에 내려갔도다

I. 여기에서 드보라는 야빈의 폭정 아래 이스라엘이 겪었던 고통스러운 상태를 묘사하고 있다. 그들의 고통이 컸던 사실은 결과적으로 그들이 받은 구원을 더욱 은혜스럽게 하고 또 빛나게 만든다(6절). 이스라엘을 블레셋으로부터 구원하기 위해 힘썼던 삼갈의 날부터 오늘날 야엘의 날까지 이스라엘은 황폐한 상태였다.

1. 상거래(商去來)가 없었다. 상인들이 상거래를 함에 있어 적의 습격으로부터 보호해 줄 병사들이 없었고 또 백성들 가운데 도둑이나 강도를 막아주고 또 그들에게 징벌을 내릴 관원들이 없었기 때문에(모든 재산을 잃고 직업도 없이 절망에 빠진 사람들은 길에서 강도질을 할 수밖에 없었다), 모든 상거래는 중단되었으며 대로(大路)에는 사람들이 다니지 않았다. 그리고 예전처럼 대상(隊商)들의 행렬도 없었다.

2. 여행하는 사람들도 없었다. 정부가 있고 또 어느 정도 질서가 유지되었던 시절에는 여행자들은 대로에서 안전하게 여행할 수 있었고 반면 강도들은 으슥한 길에 숨어 있을 수밖에 없었지만, 그 때에는 정반대로 강도들이 대로에서 아무런 제재 없이 활보하고 다녔고 반면 여행자들은 두려움 가운데 샛길로 다

닐 수밖에 없었다.

3. 경작지도 없었다. 마을에 거주하던 농부들은 자신과 자신의 가족을 위해 집과 경작지를 떠나 안전한 성벽 안으로 들어갈 수밖에 없었다. 왜냐하면 그들의 집과 경작지는 수시로 강도들에 의해 약탈을 당하는 등 계속적인 위험 속에 있었기 때문이다. 그러므로 경작지는 버려진 채 황량하게 있게 되었다.

4. 공의를 집행하는 사법기관도 없었다. 법정(法庭) 역할을 했던 성문에서는 늘상 전쟁이 벌어졌다(8절). 따라서 드보라로 인해 구원이 이루어지고 난 후에야 비로소 여호와의 백성들이 성문에 내려가게 되었다(11절). 계속적인 적의 침략으로 인해 치리자들은 위엄을 상실했으며, 백성들은 정부(政府)를 잃어버리고 말았다.

5. 사람들이 편안하게 성문을 출입할 수 없었다. 적들이 수시로 성문에 출몰하여 노략질을 했다. 또 물 긷는 장소는 활 쏘는 자들로 인해 두려운 장소가 되었는데, 그들은 물 긷는 사람들을 공포에 떨게 만들었다.

6. 그들은 힘으로도 정신적으로도 스스로를 보호할 수 없었다. 이스라엘의 사만 명 중에 방패와 창이 보이지 않았다(8절). 그들이 압제자들로부터 무장해제를 당했든지 아니면 그들 자신이 싸우는 것을 포기했을 것이다. 설령 창과 방패를 가지고 있었다 할지라도, 그들은 그러한 무기들을 사용할 의지와 기술을 가지고 있지 않았다. 따라서 그것들은 창고에 던져진 채 녹이 슬어버렸을 것이다.

Ⅱ. 드보라는 이 모든 불행이 임한 이유를 한 마디로 요약한다. 그들이 새 신들을 택하였으므로(8절). 하나님을 진노케 하여 원수의 손에 넘겨주게 만든 것은 바로 그들의 우상 숭배 때문이었다. 그들의 하나님 여호와는 한 분이신 여호와시다. 그러나 이것은 그들을 만족시키지 못했다. 그들은 더, 좀 더, 더욱더 많은 신들을 가져야만 했다. 그들의 하나님은 '옛적부터 항상 계신 이' 이시며, '영원토록 동일하신 분' 이시다. 그런데 바로 이로 인해 그들은 점점 그분에 대해 싫증을 느끼게 되었고, 새로운 신들을 갖고자 했다. 그들은 마치 새 옷을 좋아하는 어린아이처럼 새로 만든 신들의 이름을 불렀다. 그들의 조상들은 여호와를 자신들의 하나님으로 선택했으나(수 24:21), 그들은 그러한 선택에 머물려고 하지 않고 자신들이 선택한 새로운 신들을 갖고자 하였다.

Ⅲ. 드보라는 백성들의 상황을 개선시킬 자들을 세워주신 하나님의 선하심에 주목한다. 누구보다도 그녀 자신이 첫째였다(7절): 나 드보라가 일어나기까

지. 공공의 안녕을 어지럽게 하는 자들을 억제하고 징벌하며, 사람들의 상거래를 보호하고, 나아가 모든 상황을 속히 개선시키기 위해 **나 드보라가 일어나기까지**. 먹이를 찾던 짐승들은 이러한 즐거운 빛이 비취자 물러갔으며, **사람들은 다시 나와서 일하며 저녁까지 수고했다**(시 104:22, 23). 이와 같이 드보라는 이스라엘의 어머니가 되어, 공공의 복리를 위해 고통을 담당하고 백성들을 애정으로 보살폈다. 드보라 밑에 이스라엘의 방백들이 있었는데(9절), 이들은 그녀처럼 백성들을 새롭게 하는 일에 방백으로서의 직책을 수행했다. 또한 그들은 자신들의 직책이 부여하는 특권으로 인해 전쟁에 면제될 것을 요구하지 않고 자원하여 전쟁에 동참하여 헌신했다. 의심의 여지 없이 이러한 방백들이 보인 본은 백성들을 감화시켜 그들도 동일하게 **즐거이 헌신하도록**(2절) 만들었을 것이다. 이들 방백들에 대해 드보라는 **내 마음이 그들을 사모한다**(9절)고 말하는데, 그 말은 "내가 진실로 그들을 사랑하고 존귀히 여긴다. 그들은 영원히 내 마음을 얻었으며 나는 결코 그들을 잊지 않을 것이다"라는 의미이다. 하나님과 교회를 섬기기 위해 자신의 특권과 위엄을 자발적으로 포기한 자들은 갑절의 영광과 존귀를 얻을 자격이 있음을 기억하라.

Ⅳ. 드보라는 이 위대한 구원의 혜택을 입은 자들에게 특별한 감사를 하나님께 드릴 것을 요구한다(10, 11절). 하나님께서 나라의 형편을 이같이 고통에서 즐거움으로 바꾸어주셨을 때, 백성들은 그러한 하나님의 선하심을 전파해야 한다.

1. **흰 나귀를 탄 자들**, 즉 귀족과 유지들. 이스라엘에서 말은 거의 사용되지 않았다. 그리고 그들은 아마도 지금 우리가 갖고 있는 것보다 훨씬 좋은 품종의 나귀를 가지고 있었을 것이다. 높은 신분의 사람들은 자신들이 타는 나귀의 색깔로 구별되었을 것으로 보인다. 흰색의 나귀는 비교적 드물었으므로, 더 가치 있는 것으로 여겨졌다. 이와 관련하여 우리는 압돈의 아들들과 손자들이 어린 나귀를 탄 사실을 주목할 필요가 있는데(12:14), 이것은 그들이 고귀한 신분을 가진 사람들이었음을 보여주는 것이었다. 이렇게 높은 신분의 사람들은 이 구원으로 인해 다른 이스라엘 백성들처럼 자유를 되찾았을 뿐만 아니라 또한 귀족으로서의 위엄까지도 되찾았으니 마땅히 하나님을 찬양해야 한다.

2. **양탄자에 앉은 자들**. KJV에는 "재판석에 앉은 자들"이라고 되어 있는데, 이들 역시 하나님이 베푸신 구원의 큰 은혜로 인해 감사해야 한다. 그들은 그 자

리에 안전하게 앉아 있을 수 있게 되었기 때문이다. 이제 공의의 칼이 더 이상 전쟁의 칼에 의해 부러지지 않게 되었다.

3. 길에 행하는 자들. 이들 역시 대로에서 자신들을 두렵게 하는 자들을 더 이상 만나지 않게 되었다. 그러므로 그들은 경건한 묵상으로 스스로에게 말할 뿐만 아니라, 신앙적인 대화로 동료 여행자들에게 그토록 오랫동안 노략질하던 강도들을 쫓아주신 하나님의 선하심을 말해야 한다.

4. 물 긷는 자들. 이들은 이제 우물을 더 이상 빼앗기지도 않게 되었고, 물 긷는 것이 중단되지도 않았으며, 물 긷는 동안 적에게 붙잡힐 위험도 없게 되었다. 예전보다 훨씬 더 안전하고 평안해진 그 곳에서 그들은 여호와의 행하신 일들을 전해야 한다. 그것은 드보라가 행한 일도 바락이 행한 일도 아닌, 오직 여호와께서 행하신 일이다. 그들의 경내(境內)에서 평안을 주시며 지켜 주시는 하나님의 손을 주목하라. 이것은 여호와께서 하신 일이다. 여기에서 다음을 유의하여 보라.

(1) 원수들에게 집행된 공의. 이 모든 것은 하나님의 의로운 행동이다. 공의를 집행하시며 보좌에 앉아 진리로 판결하시는 그를 보라. 그리고 그에게 '온 땅의 심판주' 로서의 영광을 돌려라.

(2) 두려워 떠는 자기 백성들, 즉 '마을에 거주했던 자들' (마을사람들 – 이것은 '성벽 내에 거주하는 자' 와 대비되는 개념임)에게 베풀어진 친절. 이들은 적에게 가장 많이 노출되어 있었으며, 가장 큰 고통을 받았고, 대부분 위험 가운데 있었다(겔 38:11). 이렇게 적에게 가장 많이 노출된 자들을 보호하고 또 가장 약한 자들을 지키는 것은 하나님의 영광이다. 특별히 '마을에 거주하는 자들' 이 누리는 공적 평안와 평온으로 인해 하나님께 감사하고 찬송하자.

[12]깰지어다 깰지어다 드보라여 깰지어다 깰지어다 너는 노래할지어다 일어날지어
다 바락이여 아비노암의 아들이여 네가 사로잡은 자를 끌고 갈지어다 [13]그 때에 남
은 귀인과 백성이 내려왔고 여호와께서 나를 위하여 용사를 치시려고 내려오셨도
다 [14]에브라임에게서 나온 자들은 아말렉에 뿌리 박힌 자들이요 베냐민은 백성들
중에서 너를 따르는 자들이요 마길에게서는 명령하는 자들이 내려왔고 스불론에
게서는 대장군의 지팡이를 잡은 자들이 내려왔도다 [15]잇사갈의 방백들이 드보라와
함께 하니 잇사갈과 같이 바락도 그의 뒤를 따라 골짜기로 달려 내려가니 르우벤

시냇가에서 큰 결심이 있었도다 [16]네가 양의 우리 가운데에 앉아서 목자의 피리 부
는 소리를 들음은 어찌 됨이냐 르우벤 시냇가에서 큰 결심이 있었도다 [17]길르앗은
요단 강 저쪽에 거주하며 단은 배에 머무름이 어찌 됨이냐 아셀은 해변에 앉으며
자기 항만에 거주하도다 [18]스불론은 죽음을 무릅쓰고 목숨을 아끼지 아니한 백성이
요 납달리도 들의 높은 곳에서 그러하도다 [19]왕들이 와서 싸울 때에 가나안 왕들이
므깃도 물 가 다아낙에서 싸웠으나 은을 탈취하지 못하였도다 [20]별들이 하늘에서부
터 싸우되 그들이 다니는 길에서 시스라와 싸웠도다 [21]기손 강은 그 무리를 표류시
켰으니 이 기손 강은 옛 강이라 내 영혼아 네가 힘 있는 자를 밟았도다 [22]그 때에 군
마가 빨리 달리니 말굽 소리가 땅을 울리도다 [23]여호와의 사자의 말씀에 메로스를
저주하라 너희가 거듭거듭 그 주민들을 저주할 것은 그들이 와서 여호와를 돕지
아니하며 여호와를 도와 용사를 치지 아니함이니라 하시도다

I. 드보라는 자신과 바락으로 하여금 이 승리를 최고의 장엄함으로 경축하도록 촉구한다(12절). 그것은 하나님의 영광과 이스라엘의 존귀를 위한 것으로서, 백성들을 격려하고 원수들을 더 큰 혼란에 빠뜨리기 위함이었다.

1. 드보라는 여선지자로서 자기 자신의 감정을 북돋우는 노래를 지어 부름으로써 그렇게 해야만 한다: 깰지어다 깰지어다, 그리고 또다시, 깰지어다 깰지어다. 이것은 드보라가 이 일을 얼마나 중요하게 여겼나 하는 것을 보여준다. 이 일을 수행하는 데에는 최고의 활력과 생기가 필요했으며 또한 그것은 그럴만한 가치가 있는 일이었다. 또 이 일에는 영혼의 모든 힘과 재능이 최고로 집중되어야만 한다. 그와 같은 반복적 표현을 통해 또한 드보라는 이 일을 수행함에 있어 쉽게 열정을 잃어버리는 자신의 연약함을 표현한다. 하나님을 찬양하며 송축하는 것은 우리가 스스로를 깨우고 또 깨워야 할 작업이다(시 108:2).

2. 바락은 장군으로서 '승리의 개선'(凱旋)으로 그 일을 해야만 한다: **네가 사로잡은 자를 끌고 갈지어다.** 비록 시스라의 군대가 전쟁터에서 어떤 자비도 받지 못한 채 도말당했다 할지라도, 우리는 적의 땅에서 전쟁을 함에 있어 무장하지 않은 많은 사람들이 체포되어 전쟁 포로가 되었을 것으로 추측할 수 있다. 바락이 자신의 성읍에 입성할 때 드보라는 그의 승리를 더욱 빛나게 하기 위해 포로들을 결박한 채 그의 뒤를 따르도록 했을 것이다. 이것은 물론 바락으로 하여금 동료 피조물들을 짓밟은 것을 기쁨으로 삼도록 하기 위함이 아니었다.

다만 이를 통해 하나님께 영광을 돌리며 또한 교만한 자들을 꺾으시는 그의 위대한 계획을 이루기 위함이었다.

Ⅱ. 드보라는 이러한 '찬미'와 '승리의 개선'에 대해 훌륭한 이유를 제시한다(13절). 이 영광스러운 승리는 이스라엘의 남은 자와 특별히 드보라를 매우 위대하게 보이게 했으며, 그들은 이 모든 것을 전적으로 하나님께 돌렸다.

1. 이스라엘 백성은 수도 적어지고 보잘것없게 되었지만, 하나님은 그들에게 높은 자들을 다스리는 권세를 주셨다. 많은 이스라엘 백성들이 원수들에 의해 죽임을 당했으며, 또 재난으로 죽었다. 또 아마도 일부는 자신의 가족과 재산을 다른 나라로 옮겼을 것이다. 그러나 소수의 남은 자들이 하나님의 도우심을 입어 한 번의 용맹한 행동으로 목에 걸려 있었던 압제의 멍에를 벗어버렸을 뿐만 아니라 압제자들을 지배하는 권세까지도 얻었다. 비록 소수라 할지라도 이스라엘 백성이 남아 있는 한(최악의 경우 단 한 명의 남은 자만 있을지라도), 희망은 있다. 비록 극소수의 남은 자라 할지라도(아니 단 한 사람이라 할지라도), 하나님은 그들을 통해 많은 무리의 교만하고 힘센 자들을 꺾으실 수 있기 때문이다.

2. 드보라는 에덴의 타락 이래 남자에게 복종하도록 규정된 '더 약한 성'(여성)이었지만, 가장 높은 자보다 더 높은 자이신 하나님이 그녀에게 이스라엘의 강한 남자들을 다스리는 권세를 주셨으며 또한 그녀로 하여금 가나안의 강한 남자들에게 승리를 거둘 수 있게 하셨다. 그들 가나안의 강한 남자들은 드보라가 명령하는 군대 앞에 여지없이 무너져 버렸다. 하나님은 놀랍게도 자기 여종의 비천함을 돌보셨다. "여호와는 나를 강한 남자들을 다스리는 여자로 만드셨도다." 멸시를 당한 돌이 모퉁이의 머릿돌이 되었다. 이는 실로 여호와의 하신 일이요 우리 눈에 기이하도다.

Ⅲ. 드보라는 이 위대한 일과 관련하여 여러 부류의 무리들에대해 각각 언급한다 - 그들을 대적하여 싸운 사람들, 그들의 편이 되어 싸운 사람들, 그리고 중립적인 위치에 있었던 사람들.

1. 그들을 대적하여 싸운 사람들. 적의 힘을 살핌으로써 우리는 이스라엘의 승리가 더 영광스러운 것이었음을 알게 될 것이다. 야빈과 시스라는 이미 언급되었으나, 여기서는 더욱 상세한 설명이 이어진다.

(1) 아말렉은 야빈과 동맹을 맺고 있었으며, 그에게 지원군을 보냈거나 혹은

그렇게 하려고 했다. 여기에서 에브라임이 아말렉에 대항하여 행동했다고 언급되고 있는데(14절), 아마도 시스라와 합류하기 위해 행군하고 있던 일부 아말렉 군대를 가로막고 승리를 거두었을 것이다. 아말렉은 전에 이스라엘을 압제하기 위해 모압을 도왔었는데(3:13), 지금은 야빈을 도왔다. 그들은 이스라엘 백성들에 대한 뿌리 깊은 원수였다 — 그들의 손은 항상 하나님의 보좌를 대적했고(출 17:16), 따라서 그들은 더 위험했다.

(2) 또 다른 이들은 가나안의 왕들이었다. 이들은 여호수아에게 패배를 당한 다음 어느 정도 회복기를 거친 후에 야빈과 연합함으로써 힘을 강화시켰다. 이들 역시 야빈처럼 이스라엘에 대해 화해할 수 없는 증오심을 갖고 있었다. 이 왕들이 와서 싸웠다(19절). 이스라엘에는 왕이 없었지만, 적에게는 많은 왕들이 있었다. 그 왕들은 서로 동맹을 맺음으로써 매우 강력한 힘과 세력을 갖게 되었다. 그러나 이스라엘이 이들 모두에게 그토록 강력했던 것은 여호와 하나님을 왕으로 모시고 있었기 때문이었다. 이 왕들이 "은을 탈취하지 못했다" (돈을 취하지 않았다 — KJV)라고 언급되는데, 이것은 그들이 돈을 목적으로 야빈에게 고용된 용병(傭兵)이 아니라 오직 이스라엘을 대적하기 위해 자원하여 합세한 지원병이었음을 의미하는 것이었다. 갈대아 역본이 서술하는 것처럼 그들은 은의 풍부를 원하지 않고, 단지 이스라엘을 파멸시키는 것을 돕는 것으로 만족했다. 이들은 이런 마음을 가지고 있었기 때문에 더욱 무서웠고, 더 잔인할 수밖에 없었다.

2. 그들의 편이 되어 싸운 사람들. 이 위대한 싸움에 동참했던 몇몇 지파들이 여기에서 영예롭게 언급되고 있다. 비록 모든 영광은 하나님께 돌려져야 한다 할지라도, 이 일에 쓰임 받은 도구들도 마땅히 칭송받아야만 한다. 그럼으로써 다른 사람들에게 자극이 될 수 있기 때문이다. 그러나 결국 승리를 가져다 준 것은 하늘이었다.

(1) 에브라임과 베냐민. 드보라 자신이 이 지파들 가운데 살았었는데, 이들은 드보라로부터 감화를 받고 분연히 일어나 용감하게 싸웠다. 드보라의 종려나무는 에브라임 지파 안에 있었고, 또 베냐민 지파와 아주 가까이 있었기 때문이다. 에브라임에게서 나온 자들은 아말렉에 뿌리박힌 자들이요(14절). 사사기 12:15에 언급되고 있는 바와 같이 에브라임에 아말렉 산이라 불려지는 산이 있었다. 이와 관련하여 어떤 이들은 이 구절을 아말렉에 뿌리가 있었다라고 읽는

다. 다시 말해서, 그 산(아말렉 산)에 압제자들에 대항하고자 굳게 결심한 백성들이 모여 있었고, 따라서 그것이 이 일의 뿌리였다는 것이다.

또한 베냐민은 백성들에게 훌륭한 모범이 되었다. "에브라임은 너 베냐민을 뒤따랐다"(개역개정판에는 베냐민은 백성들 중에서 너를 따르는 자들이요라고 되어 있음). 비록 베냐민이 특히 이 시기에 숫자로나 경제적으로나 에브라임에 비해 작고 열등한 지파였다 할지라도, 그들이 이끌었을 때 에브라임은 공동의 목표를 위해 기꺼이 뒤따랐다. 만일 우리가 앞장서서 이끌 만큼 담대하지 못하다면, 우리는 우리보다 낮은 자라고 해서 그들이 이끌 때 교만한 마음으로 뒤따르기를 거부해서는 안 된다. 에브라임은 전쟁터에서 멀리 떨어져 있었기 때문에 많은 병력을 보낼 수 없었다. 그러나 에브라임 지파에 속한 드보라는 그들 가운데 뿌리가 있어 진심으로 전쟁에 나가기를 원하고 있었음을 알고 있었다. 라이트푸트 박사는 이에 대해 매우 다른 개념을 제시한다. 에브라임의 여호수아가 아말렉에 대한 승리의 뿌리였고(출 17장), 나중에 베냐민의 에훗이 아말렉과 모압에 대한 승리의 뿌리였다는 것이다.

(2) 에브라임과 베냐민과 마길(요단 건너편의 므낫세 반 지파)과 스불론에 의해 거대한 얼음덩어리는 비로소 깨어지기 시작했고, 이것은 사람들에게 용기와 희망을 불어넣어 줌으로써 이 위대한 계획에 큰 밑거름이 되었다. 오랫동안 무기가 사용되지 않았으며 또 백성들의 사기는 땅에 떨어져 있었던 이런 불리한 상황 속에서 군대가 일으켜졌을 때, [1] 용기 있는 자들이 지휘관으로 충당된 것은 매우 중요한 일이었다. 이를테면 마길의 가족 같은 경우인데, 그들로부터 '명령하는 자들'이 내려왔다. 마길의 자손은 특별히 모세 시대에 용맹함으로 유명했다(민 32:39). 그리고 그러한 용맹은 계속 이어진 것으로 보이는데, 아마도 그들이 국경지역에 위치해 있었기 때문에 더욱 그러했을 것이다. [2] 또 참모로서 학식과 재주를 가진 자들이 채워진 것 역시 매우 중요한 일이었다. 이러한 자들은 스불론으로부터 충당되었다: 그들에게서 서기관의 붓을 잡은 자들이 왔다(개역개정판에는 스불론에게서는 대장군의 지팡이를 잡은 자들이 내려왔도다로 되어 있음). 이들은 서기(書記)로서 각종 명령들을 전달하고, 회람(回覽) 공문을 기록하며, 병적부를 관리하고, 회계와 재정을 담당하는 등의 일을 하였다. 이와 같이 모든 사람은 각각 은사를 받은 대로 공적인 선을 위해 봉사해야 한다(벧전 4:10). 몸 전체를 위하여 눈은 보고, 귀는 듣는다. 율법을 연구하고 해석

하는 일을 했던 스불론 지파의 학자들까지도 이와 같이 무기를 든 것은 참으로 놀라운 일이 아닐 수 없다. 리처드 블랙모어 경(Sir Richard Blackmore)도 그것을 이렇게 부연설명한다.

> 스불론의 서기관과 학자들은,
> 붓을 내려놓고 칼을 휘둘렀도다.

(3) 잇사갈 역시도 훌륭하게 동참했다. 비록 쉴 곳을 보고 좋게 여기고 그럼으로써 어깨를 내려 짐을 메는 것이 그들의 특성이라 할지라도(창 49:15), 그들은 야빈에게 바치는 공물의 멍에를 메는 것을 부끄럽게 여겼고 '전쟁의 수고'를 '노예의 안식'보다 낫게 여겼다. 비록 잇사갈로부터 일반 병사들이 많이 참전한 것으로는 보이지 않지만, 잇사갈의 방백들이 드보라와 바락과 함께 했다(15절). 아마도 이들은 여러 위급상황에 군사회의에 참석하여 조언해 주었을 것이다. 그리고 이들 잇사갈의 방백들은 바락을 따라 몸소 전쟁터로 갔을 것으로 보인다. 바락이 걸어서 갔는가? 방백들 역시도 자신들의 위엄이나 체면을 따지지 않고 그와 함께 그렇게 했다. 바락이 가장 위험한 골짜기로 들어갔는가? 그들 역시도 스스로를 노출시켰고, 그에게 조언하기 위해 그의 오른쪽에 있었다. 왜냐하면 잇사갈 사람들은 시세(時勢)를 알고 또 마땅히 행할 바를 아는 사람들이었기 때문이다(대상 12:32).

(4) 스불론과 납달리는 모든 지파들 가운데 가장 담대하고 적극적이었다. 그것은 그들이 바락과 같은 지역 출신이었으므로 그에 대해 특별한 애정을 가지고 있었기 때문이었을 뿐만 아니라 또한 그들이 야빈과 가장 가까운 위치에 있었으므로 압제의 멍에가 다른 지파들에 비해 더 무거웠기 때문이기도 했다. 그들은 속박 가운데 살기보다는 영예롭게 죽는 것을 더 좋아했다. 따라서 하나님과 자신의 나라를 위한 경건한 열정으로 그들은 들의 높은 곳에서 죽음을 무릅쓰고 목숨을 아끼지 않았다(18절). 이와 같은 영웅적인 용기를 가지고 그들은 위험을 무릅쓰고 철병거까지도 공격하였으며 위대한 목적을 위해 죽음까지도 불사했다.

(5) 하늘의 별들도 이스라엘의 편에 서서 움직였다(20절): 별들이 하늘에서부터 싸우되 그들이 다니는 길에서 시스라와 싸웠도다. 뭇별의 위대한 주인이신 그분

의 질서와 지시에 따라 별들이 시스라와 싸웠는데, 아마도 폭풍과 우박과 천둥을 일으켜 시스라의 군대를 패주시키는데 공헌했을 것이다. 갈대아 역본은 그것을 이렇게 읽는다. **하늘로부터 곧 별들이 나오는 장소로부터 시스라와 대항하는 전쟁이 벌어졌다.** 즉 하늘의 하나님의 권능이 시스라에 대항하여 행사되었으며 하늘의 사자들이 이를 도왔다. 어쨌든 천체(天體)가 시스라에 대항하여 싸웠다(여호수아의 말에 태양이 멈춘 것처럼 천체가 멈춘 것이 아니라 그 궤도를 돌면서). 모든 피조물은 하나님의 원수에 대항하여 싸운다. 별들은 또한 번개의 섬광을 통해 싸우기도 했는데, 아마도 이로 인해 말들이 놀라 날뛰다가 발굽이 부러지고(22절) 자기가 끌던 철병거를 전복시키며 주인을 발로 짓밟았을는지 모른다.

(6) 기손 강도 이스라엘의 원수에 대항하여 싸웠다. 기손 강은 그 강을 건너 도주하려고 했던 무리들을 쓸어버렸다(21절). 보통 때 그것은 얕은 강에 불과했고 또 그들의 나라 안에 있는 강이었기 때문에, 우리는 그들이 쉽게 건널 수 있는 얕은 위치를 잘 알고 있었을 것이라고 추측할 수 있다. 그러나 지금은 아마도 큰 비가 내려서 강물이 많이 불어났고 수심이 깊고 물살이 거세어졌으므로 그것을 건너려고 했던 자들이 너무나 기진하고 힘이 소진되어 빠져 죽었을 것이다. 그리고 그 때 22절 난외주(欄外註)에 나타난 바와 같이, 말들이 물 속으로 돌진해 들어가다가 말발굽들이 부러졌다. 기손 강은 **옛** 강이라고 불려지는데, 아마도 그것은 옛 역사가들이나 시인들에 의해 종종 언급되고 묘사되었기 때문이거나 아니면 (이것이 더 가능성이 높은 것 같다) 예전부터 하나님의 계획 속에서 이 때 시스라에 대항하도록 준비되었기 때문일 것이다. 이것은 하나님께서 특별한 목적을 위해 오래 전에 만드셨다고 언급되는 **옛** 못의 물과 같은 경우일 것이다(사 22:11).

(7) 드보라 자신의 영혼이 그들을 대항하여 싸웠다. 그녀는 거룩한 환희와 함께 이것을 노래한다: **내 영혼아 네가 힘 있는 자를 밟았도다.** 드보라는 전심을 다하여 다른 사람들을 격려하고 도움으로써 이 일을 감당했다. 또한 그녀는 기도를 통해 그렇게 했다: 모세가 손을 들어올림으로써 아말렉을 물리쳤던 것처럼, 드보라는 마음을 들어올림으로써 시스라를 물리쳤다. 우리의 거룩한 행동 속에 우리의 마음과 영혼이 부어질 때, 하나님의 은혜로 말미암아 우리의 영적 원수들은 우리 앞에 밟혀지고 허물어질 것이다.

3. 또한 드보라는 이 위대한 전쟁에서 마땅히 이스라엘 편에 서서 싸워야 함에도 불구하고 중립에 선 자들에 대해 언급한다. 이스라엘 백성으로 불려지는 많은 사람들이 비열하게도 이 영광스러운 대의(大義)를 저버리고 이 싸움을 회피한 것은 참으로 이상한 일이 아닐 수 없다. 유다와 시므온은 특별히 언급되지 않는데, 그것은 그들이 너무나 멀리 떨어진 위치에 있었기 때문에 참전할 기회를 가질 수 없었고 따라서 모두들 그렇게 받아들였기 때문이다. 그러나 가까운 위치에 있었으면서도 동참하지 않은 자들에게는 여기에서 씻을 수 없는 불명예의 낙인이 찍혀지게 되었다.

(1) 르우벤은 비열하게도 이 일을 기피했다(15, 16절). 그는 오래 전에 장자의 특권을 박탈당했으며, 아버지 야곱의 예언은 여전히 효력을 발휘하고 있다: **물의 끓음 같았은즉 너는 탁월하지 못하리니.** 그들은 두 가지 일로 싸움에 동참하지 않았다.

[1] 그들은 분리되어 있었다. 드보라는 그들을 부끄럽게 하기 위해 귀에 거슬리는 소리를 내는 현(絃)을 두 번 튕긴다: **르우벤의 분리로 인해 큰 생각들이 있었도다**(개역개정판에는 '**르우벤 시냇가에서 큰 결심이 있었도다**' 라고 되어 있음). 르우벤은 요단 강을 경계로 가나안과 분리되어 있었지만, 이것이 그 싸움에 참여하지 않은 핑계가 될 수는 없었다. 왜냐하면 길르앗은 요단 건너편에 있었으며, 길르앗의 마길에서 '명령하는 자들' 이 내려왔기 때문이다. 이 구절이 의미할 수 있는 또 한 가지는, 그들 사이에 '분리' 가 있었다는 것이다. 예컨대 그들은 누가 갈지 또 누가 지도자가 되어야 할지에 대해 의견이 합치되지 못했다. 또 위험한 자리는 서로 가지 않으려고 하면서 명예로운 자리만 원하였고, 불필요한 논쟁으로 인해 형제들과 하나로 연합될 수 없었다. 또 그들은 이 전쟁에 대한 견해에 있어 다른 지파들과 '분리' 되어 있었을는지 모른다. 이를테면 그들은 이 전쟁이 과연 정당한 것인지, 그리고 실제적인 것인지에 대해 다른 생각을 가졌고, 따라서 이 싸움에 동참하는 자들을 비난하면서 자신들은 뒤로 물러났다. 이로 인해 다른 지파들은 크게 염려하지 않을 수 없게 되었는데, 특별히 르우벤이 겉으로 뭐라고 꾸며대든 간에 그들이 뒤로 물러난 것이 형제들에 대한 사랑이 냉각되고 마음이 떠난 것으로 말미암은 것임을 생각할 때 더욱 그러했다. 이러한 사실은 모두의 마음속에 슬픈 생각을 갖게 했다. 우리가 의무를 다하는 것에 대해 형제들이 화를 내며, 또 도움을 절실히 필요로 할 때 형제들

이 이상한 눈으로 바라본다면, 우리는 슬프지 않을 수 없을 것이다.

[2] 그들은 세상일을 더 좋아했다: **내가 양의 무리 가운데 앉아서**. 그들은 병영(兵營)보다 더 포근하고 더 안전한 장소를 원했고, 그로 인해 자신들이 돌봐야 할 양의 무리를 쉽게 떠날 수 없다고 핑계를 댔다. 그들은 **짐승 떼의 울음소리**를 듣는 것을, 혹은 어떤 역본들이 채택하고 있는 바와 같이 무리의 **휘파람 소리** 즉 목자들이 갈대나 식물의 줄기로 만들어내는 음악이나 그들이 부르는 목가(牧歌)를 듣는 것을 좋아했다. 르우벤은 병영의 북소리나 나팔소리보다 이러한 것들을 더 좋아했다. 이와 같이 많은 사람들은 고통에 대한 두려움과 편안한 것을 좋아하는 것으로 인해, 그리고 세상적인 일과 세상적인 이익을 지나치게 사랑하는 나머지 자신들의 의무를 이행하지 않는다. 편협하고 이기적인 정신을 가진 사람들은 하나님의 교회에 유익이 되는 것을 구하지 아니하고 오로지 돈을 얻고 지키는 일만을 구한다. **그들이 다 자기 일을 구하고 그리스도 예수의 일을 구하지 아니하되**(빌 2:21).

(2) 단과 아셀도 똑같이 행했다(17절). 이들 두 지파는 해변가에 위치해 있었다.

[1] 단은 자신의 배를 떠날 수 없음을 핑계로 싸움에 나갈 수 없다고 하면서 **구하노니 청컨대 나를 용서하라** 하였다. 아마도 단 지파 사람들은 바다 일에 익숙한 자신들은 땅에서 싸우는 일에는 적합하지 않다고 변론하면서 그 일에 동참하지 않았을 것이다. 그러나 스불론 역시도 항구도시로서 뱃일을 주로 하는 지파였으나, 이 싸움에 기꺼이 나아가 적극적으로 싸웠다. 우리가 책임을 회피하기 위해 만드는 핑곗거리들은 다른 사람들에 의해 여지없이 깨어지고 만다. 그들의 용기와 결단이 우리를 대적하여 일어날 것이요, 우리를 부끄럽게 할 것이다.

[2] 아셀은 파도로 인해 만들어진 균열된 해안을 보수하고 침식된 곳을 복구하기 위해 집이나 혹은 해안가에 머물러야만 한다고 핑계를 대었다. 가장 필요한 일임에도 불구하고 위험과 어려움으로 인해 참여할 마음이 없는 자에게는 아주 사소한 것이라도 집에 머물기 위한 좋은 핑곗거리가 될 수 있다.

(3) 그러나 무엇보다도 저주를 받은 것은 메로스였는데, 그 거주민들에게 저주가 선언된 것은 **그들이 와서 여호와를 돕지 않았기** 때문이었다(23절). 아마도 메로스는 전쟁이 벌어졌던 장소에 인접해 있던 어떤 성읍일 것이다. 그러므로

그 성읍의 거주민들은 하나님께 대한 순종과 이스라엘을 위한 열심을 나타내며 또한 공동의 선을 위해 훌륭한 봉사를 할 수 있는 좋은 기회를 갖게 되었다. 그러나 그들은 야빈의 철병거에 대한 두려움 때문에 비열하게 뒤로 물러나 안일의 잠에 빠져버리고 말았다. 하나님은 그들의 도움을 필요로 하지 않으셨고, 그들 없이도 자신의 일을 하실 수 있음을 보여주셨다. 그러나 하나님은 그들의 태도를 달갑지 않게 여기셨다. 아마도 그들은 자신들의 도움이 없음으로 그 일이 실패할 것으로 여겼을는지 모른다. 그러므로 그들은 누가 여호와의 편에 설 것인가라는 물음이 선포되었을 때 여호와를 돕기 위해 오지 않았으므로 저주를 받게 되었다. 하나님과 어둠의 세력(어둠의 왕국의 통치자와 권세자들) 사이에는 어떤 중립지대도 존재하지 않는다. 하나님은 '자신과 함께 하지 않는 자'를 '자신을 대적하는 자'로 간주하신다.

이 저주는 여호와의 사자 곧 우리 주 예수 그리스도시요 여호와의 군대대장에 의해 선언된다(그가 저주하는 자들은 필경 저주를 받는다). 자신의 모든 좋은 군사들에게 풍성하게 상을 주실 자는 모든 비겁자와, 의무를 저버린 자들을 분명히 그리고 엄정하게 징벌할 것이다. 어떤 도움이 기대된 것으로 미루어, 메로스란 성읍은 이 때 매우 중요한 장소였던 것으로 보인다. 그러나 여호와의 사자가 이러한 저주를 선언한 이후 그 성읍은 마치 그리스도께서 저주한 무화과나무처럼 쇠하고 마르게 되었다. 그럼으로써 이후로 우리는 성경에서 이 곳에 대해 더 이상 아무것도 찾아볼 수 없게 되었다.

[24]겐 사람 헤벨의 아내 야엘은 다른 여인들보다 복을 받을 것이니 장막에 있는 여인
들보다 더욱 복을 받을 것이로다 [25]시스라가 물을 구하매 우유를 주되 곧 엉긴 우유
를 귀한 그릇에 담아 주었고 [26]손으로 장막 말뚝을 잡으며 오른손에 일꾼들의 방망
이를 들고 시스라를 쳐서 그의 머리를 뚫되 곧 그의 관자놀이를 꿰뚫었도다 [27]그가
그의 발 앞에 꾸부러지며 엎드러지고 쓰러졌고 그의 발 앞에 꾸부러져 엎드러져서
그 꾸부러진 곳에 엎드러져 죽었도다 [28]시스라의 어머니가 창문을 통하여 바라보며
창살을 통하여 부르짖기를 그의 병거가 어찌하여 더디 오는가 그의 병거들의 걸음
이 어찌하여 늦어지는가 하매 [29]그의 지혜로운 시녀들이 대답하였겠고 그도 스스로
대답하기를 [30]그들이 어찌 노략물을 얻지 못하였으랴 그것을 나누지 못하였으랴 사
람마다 한두 처녀를 얻었으리로다 시스라는 채색 옷을 노략하였으리니 그것은 수

놓은 채색 옷이리로다 곧 양쪽에 수 놓은 채색 옷이리니 노략한 자의 목에 꾸미리로다 하였으리라 [31]여호와여 주의 원수들은 다 이와 같이 망하게 하시고 주를 사랑하는 자들은 해가 힘 있게 돋음 같게 하시옵소서 하니라 그 땅이 사십 년 동안 평온하였더라

I. 드보라는 여기에서 또 한 사람의 여주인공인 야엘을 칭송하면서 자신의 승리의 노래를 끝맺는다. 그녀(야엘)의 용맹한 행동으로 인해 이스라엘의 승리가 완성됨과 함께 그 승리가 더욱 빛나게 되었다. 드보라는 앞에서 야엘에 대해 '만일 그녀에게 권력이 있다면 기꺼이 나라를 위해 봉사할 자' 로 언급했었다(6절). 이제 드보라는 그녀를 '훌륭하게 봉사한 자' 로 칭송하면서 갈채를 보낸다. 드보라의 시는 노래의 끝부분에서 가장 화려하고 아름다워진다. 드보라는 야엘에 대해 얼마나 영예롭게 말하고 있는가(24절)! 그녀는 가나안 왕과의 화평보다 이스라엘의 하나님과의 화평을 더 좋아했다. 비록 혈통적인 이스라엘 백성은 아니었다 할지라도 그녀는 이러한 위기상황에서 진심으로 이스라엘과 함께 했고, 마치 전장(戰場)의 고지(高地)에 서 있는 것처럼 자신의 생명을 돌보지 않았으며, 하나님과 한편인 백성들을 위해 용감하게 싸웠다. 야엘은 장막에 있는 여인들보다 더욱 복을 받을 것이로다. 매우 좁고 보잘것없는 활동영역인 장막에 거하는 자들이라 할지라도 자신들의 형편과 능력에 따라 하나님을 위해 봉사한다면 결코 상급을 잃지 않을 것이다. 장막 안에 있던 야엘은 전장(戰場)에 있던 바락만큼 풍성한 축복을 받았다. 우리를 가장 슬프게 하고, 수치스럽게 하며, 또 좌절케 하는 것은 바로 실망이다. 드보라는 여기에서 두 가지 큰 실망을 최고로 세련되게 표사하고 있는데, 여기에 묘사된 수치는 죄인들의 영원한 수치의 전형(典型)이다.

1. 시스라는 가장 우호적이고 믿을 수 있는 장소로 여겼던 곳에서 치명적인 원수를 만났다.

(1) 야엘은 시스라에게 친구로서의 친절을 베풀었는데, 아마도 하나님께서 그녀의 마음속에 어떤 즉각적인 충동을 주심으로 다른 방향으로 행동하도록 이끌기 전까지는 친절 외에 다른 생각을 하지 않았을 것이다(25절). 시스라는 단지 갈증을 풀기 위해 물을 요청했을 뿐이었다. 그러나 야엘은 그에게 우유를 주고 또 버터를 내어옴으로써(개역개정판은 그에게 우유를 주되 곧 엉긴 우유를 담

아주었고라고 되어 있음) 그에게 대한 자신의 존경심을 나타냈다. 여기의 버터에 대하여 어떤 이들은 우리가 '버터 우유' 라고 부르는 '버터를 뽑아낸 우유' 라고 생각한다. 또 어떤 사람들은 그것이 우리가 크림이라고 부르는 '버터를 포함하고 있는 우유' 였다고 생각한다. 그것이 정확히 어떤 것이었든지 간에 아마도 그것은 그녀의 집에 있는 것 가운데 최고의 것이었을 것이다. 그리고 그녀는 자신이 가지고 있는 것 가운데 가장 좋은 그릇인 귀한 그릇에 그것을 담아왔다. 이로 인해 시스라는 야엘의 호의를 굳게 확신했고, 따라서 안심한 상태에서 좀 더 빨리 잠들 수 있었다.

(2) 그러나 야엘은 시스라에게 죽음을 초래하는 타격을 가함으로써 그의 치명적인 원수임을 드러냈다(26, 27절).

[1] 야엘이 방망이를 잡고서 그토록 오랫동안 '용사의 두려움' 이 되었던 교만한 자를 치고 자기 죄악을 진 백골(겔 32:27)과 함께 구덩이에 던져 버린 것은 얼마나 위대한 일인가! 그녀가 마치 자기 장막의 널빤지나 막대기에 못을 박는 것처럼 아무런 두려움도 염려도 없이 이 일을 감당한 것은 하나님의 도우심과 보호하심을 확신했기 때문이었을 것이다. 26절에 그녀가 그의 머리를 쳐서 떨어뜨렸다(smote off : off는 '분리', '이탈' 의 뉘앙스를 갖고 있음)는 언급이 나오는데, (아마도 시스라의 칼로) 그의 머리가 말뚝으로 관통된 상태에서 그가 깨어날 것을 두려워한 야엘이 그의 허리에서 칼을 뽑아 그의 머리를 벤(cut off) 것을 말하는 것으로 보는 학자들도 있다. 그러나 그의 머리를 자를 이유도 없었을 뿐만 아니라 그렇게 언급되어 있지도 않기 때문에, 많은 학자들은 그녀가 그의 머리를 쳐서 뚫었다(struck through)로 읽어야 한다고 생각한다. 하나님과 이스라엘을 대적하면서 빳빳이 들려졌던 머리, 그리고 하나님의 백성을 멸망시키고자 잔인한 계획들을 세워왔던 그 머리는 결국 야엘의 말뚝에 의해 관통되고 말았다.

[2] 야엘의 발 앞에 쓰러진 시스라는 얼마나 초라한 모습인가!(27절) 시스라는 자신을 죽인 여인의 발 앞에 엎드러지고 쓰러졌다. 생존을 위한 모든 발버둥은 아무런 소용도 없었다. 야엘은 그가 쓰러져 죽을 때까지 계속 타격을 가했다. 교만한 자의 시체가 버려진 채 누워 있었는데, 그것은 영예로운 침상 위도 아니고, 또 전장(戰場)의 고지(高地) 위에서 번쩍이는 칼이나 활에 맞고 영광스러운 부상을 당한 채 누워 있는 것도 아니었다. 단지 장막의 한 모퉁이에

서 말뚝에 의해 머리가 관통되는 수치스러운 부상을 당한 채 여인의 발 앞에 누워 있을 뿐이었다. 이처럼 교만한 자의 최후는 수치이다. 그리고 이것은 악인의 형통은 곧 파멸에 이를 뿐임을 보여주는 매우 생생한 그림이다. 악인의 형통은 잠시 귀한 그릇에 담은 우유와 버터처럼 그들을 즐겁게 하지만(마치 그들을 안락하고 행복하게 만들어 줄 것처럼), 곧 그들의 머리와 마음을 세속적인 정신으로 땅에 고정시켜 버리고 결국 많은 슬픔으로 그들을 찌른다. 그것이 주는 위로는 치명적인 것이며, 그들을 파멸과 멸망에 빠지게 한다(딤전 6:9-10).

2. 시스라의 어머니는 아들의 영광스러운 승리의 귀환을 기대했지만 결국 아들의 멸망과 파멸의 소식을 들어야 했다(28-30절). 여기에서 우리는 다음과 같은 내용을 보게 된다.

(1) 아들 시스라가 승리 가운데 개선하는 것을 보고자 하는 어머니의 간절한 소망: **그의 병거가 어찌하여 더디 오는가?** 그녀가 이렇게 말하는 것은 아들의 안전에 대한 염려나 혹은 혹시 실패한 것이 아닌가 하는 두려움으로 인한 것이라기보다는(그녀는 자기 아들의 승리를 너무나 확신하고 있었기 때문에 그와 같은 두려움은 갖지 않았다), 아들의 영광을 간절히 열망함으로 인한 것이었다. 그녀는 아들의 영광스러운 귀환을 보고자 여성적인 연약함으로 조급해하면서 꾸물거리는 병거를 꾸짖는다. 그러나 그녀는 그들이 그토록 자랑했던 병거를 아들이 버릴 수밖에 없었던 것에 대해서는 상상도 하지 못했다. **그의 영광의 병거가 이제 그의 집의 수치가 되었다**(사 22:18). 일시적인 것, 특별히 헛된 영광에 대한 이러한 열망에 빠질까 조심하자. 여기에서 시스라의 어머니가 빠져 있었던 것도 바로 이런 것이었다. 우리의 정욕에 대한 열망과 조바심은 우리로 하여금 큰 편견에 사로잡히게 할 뿐만 아니라 우리로 하여금 그것을 십자가에 못 박지 못하게 한다. 그러나 예수 그리스도의 재림과 그 날의 영광에 대하여는 이와 같이 사모하는 마음으로 서서 기다려야 한다(**오소서 주 예수여 속히 오소서**). 그것은 결코 우리를 실망시키지 않을 것이다.

(2) 마침내 아들이 화려하게 돌아올 것이라는 그녀의 어리석은 소망과 확신. 그녀의 지혜로운 시녀들은 그녀에게 대답하면서, 자신들이 지연에 대해 훌륭한 설명을 해주었다고 생각했다. 또 그녀는 스스로 자신에게 대답한다. "**그들이 성공하지 못하였으랴?** 분명히 그들은 성공하였으리라. 그들이 지체되는 것은 **노략물을 나누고** 있기 때문이리라. 노략물을 나누는 것은 많은 시간이 걸리는 작

업이기 때문이리라." 그들이 언급하고 있는 노략물 가운데에는 다음과 같은 것들이 있었다.

[1] 처녀들. 이들은 얼마나 뻔뻔스럽고 치욕스러운가? 시녀들은 병사들이 희롱하게 될 많은 수의 처녀들을 노략물로 얻은 것에 대해 자랑스러워한다.

[2] 채색 옷. 이들은 시스라가 여러 가지 색깔로 꾸며진 휘황찬란한 옷을 가지고 올 것을 기대했는데, 이는 얼마나 유치하기 짝이 없는 생각인가? 이스라엘 여인의 옷장에서 약탈한 수 놓은 채색 옷은 얼마나 아름답게 보이는가! 여기에서 이것이 계속 반복되고 있는데(양쪽에 수 놓은 채색 옷), 아마도 이것이 다른 어떤 것보다도 그들의 상상력과 허영심을 만족시켜 주는 것처럼 보인다. 그들은 시스라가 그러한 옷들을 자기 어머니와 시녀들에게 선물해 줄 것으로 소망했다. 이와 같이 우리는 이 세상의 재물과 쾌락과 영광에 대한 큰 기대와 소망으로 스스로를 속이기 쉽다. 그러나 이러한 것들은 우리를 실망으로 말미암는 수치와 슬픔에 빠지게 한다. 이와 같이 종종 하나님은 당신의 원수들이 가장 고양(高揚)되어 있을 때 그들에게 파멸을 가져다주신다.

Ⅱ. 드보라는 하나님께 대한 기도와 함께 자신의 노래를 끝맺는다.

1. 하나님의 모든 원수들의 멸망을 위하여. "여호와여 주의 원수들은 다 이와 같이 수치스럽고 비참하게 망하게 하소서. 이스라엘에 대해 승리하고자 하는 모든 소망은 이같이 실망되게 하시고 무너지게 하소서. 시스라에게 행한 것같이 그들에게 행하소서"(시 83:9). 우리는 우리의 원수를 위해 기도해야 하지만, 하나님의 원수에 대하여는 그들의 멸망을 기도해야 한다. 하나님의 원수들의 세력의 일부가 현저히 꺾이기 시작하는 것을 볼 때, 우리는 더욱 힘을 내어 그들 모두의 완전한 멸망을 위해 기도해야 한다. 드보라는 여선지자였다. 그러므로 이 기도는 때가 되면 하나님의 모든 원수들이 망할 것에 대한 예언이었다(시 92:9). 하나님께 대하여 마음을 완악하게 하고도 형통하는 사람은 아무도 없다.

2. 하나님의 모든 친구들의 존귀와 위로를 위해. "그러나 하나님을 사랑하며 진심으로 주의 나라를 소망하는 자들은 해가 힘 있게 돋음 같게 하옵소서. 그들로 밝게 빛나게 하시고, 세상 앞에 영광스럽게 나타나게 하시며, 선한 영향력을 끼치게 하시고, 뜨겁게 내리쬐므로 돋는 해를 저주하는 원수들의 손이 닿지 않도록 보호하소서. 그들로 하여금 그의 길을 달리기 기뻐하는 장사같이 되게 하소서(시 19:5). 그들로 하여금 자기 자리에서 밝게 빛나는 빛이 되게 하시고, 어둠

의 장막을 거두는 자들이 되게 하시며, 한낮의 광채처럼 더욱 빛나게 하소서(잠 4:18)." 성실하게 하나님을 사랑하는 자들에게는 이와 같은 존귀와 기쁨이 있을 것이다. 그리고 그들은 궁창의 해처럼 영원히 비췰 것이다.

이스라엘의 승리는 이러한 노래로 송축되고 축하되었는데, 그러한 승리의 결과 이스라엘은 한 세대 동안 평온케 되었다: 그 땅이 사십 년 동안, 즉 그러한 승리로부터 기드온이 일어날 때까지 평온하였더라. 교회와 이스라엘이 평온할 때 계속해서 영적으로 자라가고 또 여호와를 경외하는 가운데 행한다면, 이러한 평온은 계속될 것이다.

제 6 장

개요

이스라엘에 있어 조용하고 평화로운 때에 일어난 일은 아무것도 기록되지 않았다. 야빈을 물리친 이후 펼쳐진 40년의 평온은 침묵 속에 지나갔다. 그리고 여기에서 새로운 고통의 이야기와 함께 넷째 사사 기드온에 의해 이루어진 새로운 구원의 이야기가 시작된다. 본 장의 내용은 다음과 같다. I. 미디안 사람들의 습격으로 인한 이스라엘의 비참한 상태(1-6절). II. 하나님께서 한 선지자를 통해 이스라엘에게 메시지를 주심, 그럼으로써 그들로 하여금 죄를 깨닫게 하고 구원을 위해 준비토록 하심(7-10절). III. 구원자로서 기드온을 세우심. 1. 하나님께서 사자를 통해 그에게 명령을 주심, 그리고 표적으로 확증을 주심(11-24절). 2. 그의 통치의 첫 열매로서 아버지의 집을 새롭게 함(25-32절). 3. 미디안 사람들과의 전쟁을 준비함, 그리고 하나님께서 표적을 통해 기드온에게 확신을 주심(33-40절).

[1]이스라엘 자손이 또 여호와의 목전에 악을 행하였으므로 여호와께서 칠 년 동안
그들을 미디안의 손에 넘겨 주시니 [2]미디안의 손이 이스라엘을 이긴지라 이스라엘
자손이 미디안으로 말미암아 산에서 웅덩이와 굴과 산성을 자기들을 위하여 만들
었으며 [3]이스라엘이 파종한 때면 미디안과 아말렉과 동방 사람들이 치러 올라와서
[4]진을 치고 가사에 이르도록 토지 소산을 멸하여 이스라엘 가운데에 먹을 것을 남
겨 두지 아니하며 양이나 소나 나귀도 남기지 아니하니 [5]이는 그들이 그들의 짐승
과 장막을 가지고 올라와 메뚜기 떼 같이 많이 들어오니 그 사람과 낙타가 무수함
이라 그들이 그 땅에 들어와 멸하려 하니 [6]이스라엘이 미디안으로 말미암아 궁핍함
이 심한지라 이에 이스라엘 자손이 여호와께 부르짖었더라

I. 이스라엘이 또다시 죄 가운데 빠짐. 이스라엘 자손이 또 여호와의 목전에 악을 행하였으므로(1절). 불에 덴 아이는 불을 두려워한다. 그러나 이 완악하고 생

각 없는 백성은 우상 숭배로 인해 그토록 쓰라린 아픔을 겪었으면서도 어느 정도 평온함이 계속되자 또 다시 예전의 죄로 돌아온다. **그러나 이 백성은 배반하며 반역하는 마음이 있어서**(렘 5:13), 하나님의 심판을 두려워하지도 않았으며 또한 그분이 자신들을 위해 행하신 위대한 일들로 인해 감사하면서 그의 사랑 안에 거하지도 않았다. 하나님이 주시는 재앙조차도 죄인들의 마음과 생활을 바꾸지는 못한다.

Ⅱ. 이스라엘의 고통이 반복됨. 이것은 당연한 결과였다. 모든 죄는 고통을 불러오며, 모든 어리석음은 불행을 불러온다. **완고한 자에게 하나님은 자신의 완고하심을 보이실 것이며**(시 18:26), 또한 그분은 자신을 거슬러 행하는 자들을 거슬러 행하실 것이다(레 26:21, 24). 이제 이스라엘이 직면하게 된 새로운 고통과 관련하여 다음을 주목하라.

1. 그것은 매우 보잘것없는 적으로부터 말미암았다. 하나님은 이스라엘을 미디안의 손에 넘겨주셨는데(1절), 이드로가 살았던 남쪽의 미디안이 아니라 모압과 동맹한 동쪽의 미디안으로서(민 22:4) 모든 사람들에 의해 무지하고 미개한 백성으로 경멸을 받던 자들이었다. 이와 관련하여 여기에서 우리는 그들이 왕이나 방백이나 혹은 장군을 가진 나라가 아니라, 단지 훈련되지 않은 오합지졸이었음을 보게 된다. 우리를 더욱 슬프게 하는 것은 그들이 예전에 이스라엘에 의해 정복당한, 어떤 의미로는 멸망을 당한 백성이었다는 사실이다(민 31:7을 보라). 그러나 지금 (거의 200년이 지난 후) 적은 수만 남았던 그들은 이스라엘에게 매우 가혹한 채찍이 될 정도로 큰 무리가 되고 강성해지게 되었다. 이와 같이 하나님은 **백성이 아닌 자로 그들에게 시기가 나게 하며 어리석은 민족으로 그들의 분노를 일으키셨다**(신 32:21). 가장 보잘것없는 피조물이라 할지라도 위대한 창조주를 적으로 만드는 자들을 징계하는 일에 사용될 수 있다. 우리에게 복종해야 할 자들이 우리에게 불순종하며 반역을 행할 때, 우리는 우리의 주권자에게 그렇게 하지 않았는지 자문(自問)해 보아야만 한다.

2. 그것은 매우 가공할 만한 정도까지 되었다(2절). **미디안의 손이 이스라엘을 이긴지라.** 미디안의 승리는 단지 무리의 많음으로 인한 것이었다. 하나님은 이스라엘을 바닷가의 모래처럼 많게 하실 것이라고 약속하셨다. 그러나 죄로 인하여 그러한 성장은 멈추고 도리어 감소되게 되었다. 반면 그들의 원수들은 비록 모든 면에서 그들보다 열등했다 할지라도 숫자에 있어서는 그들을 압도하

게 되었다. 그들은 메뚜기 떼처럼 올라왔는데(5절), 전쟁을 위한 정규군이 아니라 약탈을 위해 몰려 온 오합지졸이었다. 그들은 약탈을 위해 이리저리 돌아다니며 각종 약탈물로 자신을 꾸미는 자들로서, '떼도둑' 이상도 이하도 아니었다. 그리고 범죄한 이스라엘은 죄로 인해 하나님과 분리되어 있었기 때문에 그들에 대항할 정신을 갖지 못했다. 이들 미디안의 약탈자들로 인해 이스라엘은 비참하게 황폐화되었다.

(1) 이스라엘 백성들은 구덩이와 동굴에 들어가 몸을 숨겼다(2절). 그들이 싸우는 대신 피하여 도망한 것은 순전히 그들 자신의 소심함과 나약한 마음 때문이었다. 그것은 죄의식의 결과로서, 그들로 하여금 나뭇잎이 흔들리는 것에도 두려워 떨게 만들었다. 또 그것은 하나님을 배반한 것에 대한 정당한 징벌이었다. 하나님은 그와 같은 두려움으로 그들과 싸우셨는데, 만일 그들이 하나님을 배반하지 않았다면 하나님은 그들의 편이 되셔서 싸우셨을 것이다. 이것만 아니었다면 우리는 이스라엘이 먼저 미디안 사람들을 치러 일어났을 것이요 능히 그들을 물리칠 수 있었을 것이라고 생각할 수밖에 없다. 그러나 하나님으로부터 멀어진 자들은 선한 일이나 위대한 일을 감당할 수 있는 마음과 정신을 잃어버리고 만다. 죄는 사람들의 정신을 퇴락시키고, 구덩이와 동굴 속으로 숨어들어가게 만든다.

(2) 이스라엘 백성들은 큰 궁핍에 빠졌다(6절). 미디안 사람들과 그들과 연합한 동방사람들(이들은 노략질과 약탈물로 살아온 사람들이었는데, 욥을 약탈한 스바 사람들과 갈대아 사람들만큼이나 오래되었다)이 가나안 땅을 수시로 습격했다. 이 풍요로운 땅은 그들에게 큰 유혹거리였다. 이스라엘 백성들은 40년간의 평온으로 인해 게으름과 사치에 빠져 있었는데, 이로 인해 그들과 그들의 재산은 약탈자들의 손쉬운 먹잇감이 되었다. 그들은 이스라엘을 치러 올라왔고(3절), 이스라엘 가운데 진을 쳤으며(4절), 자신들의 가축들 특별히 무수한 낙타들을 가져왔다(5절). 그들은 재빨리 습격하고 사라지는 것이 아니라, 가나안의 중심부를 관통하여 서쪽 지역의 가사까지 자신들의 길을 강행했다(4절). 그들은 이스라엘 백성들이 씨 뿌리는 것은 그냥 내버려 두었다가, 추수 때에 와서 모든 것을 강탈해 갔다. 그들은 곡식이든 목초든 닥치는 대로 먹어치우고 파괴시켰으며, 갈 때는 양과 소까지 데리고 갔다. 그럼으로써 이스라엘 백성들에게는 먹고 살 것이 아무것도 남지 않게 되었다. 단지 구덩이와 동굴 속에 은

밀하게 숨겨 둔 것만이 남아 있을 뿐이었다. 우리는 여기에서 다음과 같은 사실을 알 수 있다.

[1] 이스라엘의 죄를 징벌하시는 하나님의 공의. 이스라엘 백성들은 십일조와 예물을 드림으로써 하나님을 영화롭게 하는 일을 게을리했다. 그리고 하나님께 드려야 할 것을 가지고 바알에게 바치고자 준비했다. 그리하여 이제 공의의 하나님은 그것이 익을 계절에 그것들을 빼앗아갈 원수를 보내신다(호 2:8, 9).

[2] 하나님이 떠나신 결과. 하나님이 떠나실 때, 모든 좋은 것은 떠나가고 모든 재난이 다가온다. 이스라엘이 하나님과 함께 있었을 때, 그들은 다른 사람들이 씨 뿌린 것을 거두었다(수 24:13; 시 105:44). 그러나 지금 하나님이 이스라엘을 떠나심으로써, 그들이 씨 뿌린 것을 다른 사람들이 거두고 있다. 우리는 이로부터 교훈을 받아 하나님께서 나라에 평화와 평온을 주사 우리 손이 수고한 대로 먹도록 기도하자.

Ⅲ. 마침내 이스라엘이 하나님의 도우시는 손길을 간구함. 7년 동안 미디안 사람들은 이스라엘 백성들을 습격했는데, 우리는 해가 거듭할수록 점점 더 심해진 것으로 추측할 수 있다(1절). 마침내 도울 자가 아무 데도 없음을 알게 되었을 때, 이스라엘은 여호와께 부르짖었다(6절). 왜냐하면 바알에게 부르짖는 것은 아무런 도움이 되지 않을 뿐만 아니라 도리어 멸망이 됨을 알았기 때문이었다. 하나님은 심판하실 때 반드시 이기실 것이다. 그리고 죄인들은 그분 앞에 굴복하거나 혹은 깨어질 것이다.

[7]이스라엘 자손이 미디안으로 말미암아 여호와께 부르짖었으므로 [8]여호와께서 이
스라엘 자손에게 한 선지자를 보내시니 그가 그들에게 이르되 여호와께서 이같이
말씀하시기를 이스라엘의 하나님 내가 너희를 애굽에서 인도하여 내며 너희를 그
종 되었던 집에서 나오게 하여 [9]애굽 사람의 손과 너희를 학대하는 모든 자의 손에
서 너희를 건져내고 그들을 너희 앞에서 쫓아내고 그 땅을 너희에게 주었으며 [10]내
가 또 너희에게 이르기를 나는 너희의 하나님 여호와이니 너희가 거주하는 아모리
사람의 땅의 신들을 두려워하지 말라 하였으나 너희가 내 목소리를 듣지 아니하였
느니라 하셨다 하니라

Ⅰ. 마침내 이스라엘이 하나님께 나아와 부르짖을 때 하나님이 들으심. 형통

할 때 그들은 하나님을 무시하고 우상들을 가까이 했다. 비록 그들이 막다른 골목에 이르러서야 비로소 하나님을 찾았다 할지라도, 하나님은 그들의 부르짖음과 기도를 들으시고 그들을 구원하실 것을 뜻하셨다. 이와 같이 하나님은 용서할 준비가 되어 있으시며, 속히 자비를 베푸실 것이요, 또 기도를 들으시기 위해 귀를 기울이고 계심을 보여주심으로써 죄인들로 하여금 격려를 받고 돌이켜 회개하도록 하셨다(시 130:4).

Ⅱ. 하나님께서 그들을 구원하기 위해 취한 방법.

1. 하나님은 구원자를 세우기 위해 당신의 사자를 보내기에 앞서 먼저 선지자를 보내셔서 백성들의 죄를 책망하고 회개하도록 하셨다(8절). 이 선지자의 이름은 알 수 없으나, 그는 2장 1절에 등장한 것과 같은 사자(천사, angel)가 아니라 한 사람으로서 선지자였다. 이 선지자가 이스라엘 백성들이 어떤 거룩한 절기나 혹은 다른 경우에 총회로 함께 모였을 때 이 메시지를 전파했는지 아니면 성읍들마다 지파들마다 돌아다니며 전파했는지는 분명치 않다. 다만 그의 사명은 백성들로 하여금 죄를 깨닫게 하고, 그럼으로써 백성들이 여호와께 부르짖을 때 단지 자신들의 고통만 하소연하는 것이 아니라 슬픔과 부끄러움으로 죄를 고백하도록 만드는 것이었다. 백성들은 하나님께 부르짖어 구원자를 구했다. 이에 하나님은 선지자를 보내시고, 백성들로 하여금 구원을 위해 준비하도록 이끄셨다. 다음을 주목하라.

(1) 하나님이 은혜 가운데 우리를 준비시키는 것은 이제 곧 하나님의 특별한 은혜가 베풀어질 것을 보여주는 분명한 징조가 된다. 만일 하나님이 병든 자에게 메신저 즉 해석자(interpreter)를 보내신다면, 이제 하나님은 **그 사람을 불쌍히 여기사 그를 건져서** 회복시키실 것이다(욥 33:23, 24).

(2) 백성들에게 선지자를 보내는 것, 그리고 이 땅을 충성된 사역자들로 채우는 것은 하나님의 선하심의 증표이며, 백성들을 위해 은혜를 준비하고 계심을 보여주는 증거이다. 이와 같이 하나님은 우리를 당신에게 돌이키게 하신 후에 당신의 얼굴의 광채를 비추신다(시 80:19).

2. 여기에서 우리는 이 선지자가 여호와의 이름으로 백성들에게 전달한 메시지의 요지를 보게 된다.

(1) 선지자는 백성들에게 하나님이 그들을 위해 행하셨던 위대한 일들을 제시한다(8, 9절). **이스라엘의 하나님 여호와께서 이같이 말씀하셨느니라.** 그들은, 마

치 자신들이 경배할 하나님이 없는 것처럼 그래서 자기 좋은 대로 신들을 선택할 수 있는 것처럼, 열방의 신들에게 절했다. 그러나 이제 그들은 자신들이 잊어버린 분, **이스라엘의 하나님**이란 칭호로 알려진 분에게로 돌아와야 한다. 그들은, 마치 그들의 하나님이 그들을 보호해 줄 수도 없고 그럴 뜻도 없다는 듯이, 다른 신들에게로 갔다. 그러므로 그들은 이제 하나님이 그들의 조상들을 위해 행하셨던 일들을 듣게 된다. 그들은 그 때 조상들의 허리에 있었고, 하나님이 행하신 일의 효력은 '이 감사할 줄 모르는 자손들'에게 여전히 남아 있기 때문이다.

[1] 하나님은 그들을 애굽에서 건져내셨다. 만일 그렇게 하지 않으셨다면 그들은 그 곳에서 영원히 가난과 예속 가운데 있었을 것이다.

[2] 하나님은 **그들을 학대하는 모든 자의 손에서 그들을 건져내셨다.** 이것은 그들이 미디안 사람들의 학대의 손에서 건짐 받지 못하는 이유가 하나님의 능력이 부족하거나 혹은 그럴 뜻을 갖고 계시지 않기 때문이 아니라 그들의 죄 때문임을 암시한다. 하나님은 그들이 회개함으로 돌이키기 전까지는 결코 그들을 구속하지 않으실 것이다.

[3] 하나님은 그들에게 이 좋은 땅을 평온하게 소유하도록 하셨다. 이것은 그들로 하여금 더 죄 가운데 빠지고 감사할 줄 모르게 만들기도 했지만, 반면 그들이 지금 겪고 있는 고통에 대하여 하나님을 비난하지 못하게 만들기도 했다. 그들은 하나님이 자신들을 사랑하지 않으셨다고 말할 수 없었다. 왜냐하면 하나님은 그들을 위해 선을 베푸셨고, 또한 그에 대한 모든 증거들을 주셨기 때문이다. 그럼에도 불구하고 그들에게 어떤 재난이 닥쳤다면, 그것은 자업자득일 뿐이다.

(2) 선지자는 하나님의 요구와 기대가 공평한 것이요 결코 어려운 것이 아님을 보인다(10절). "**나는 너희 하나님 여호와니라.** 너희는 내 앞에 최고의 의무를 갖고 있는데, 그것은 **아모리 사람의 신들을 두려워 말라,** 즉 그것들에게 절하지도 말고 어떤 경의도 표하지 말라는 것이다. 그것들이 너희에게 해를 끼칠까 두려워하여 그것들에게 절하지 말라. 내가 너희의 하나님인데 그것들이 너희에게 무슨 해를 끼칠 수 있겠느냐? 하나님을 두려워하라. 그러면 너희는 다른 신들을 두려워할 필요가 없게 될 것이다."

(3) 선지자는 그들이 하나님을 거역한 것을 꾸짖으면서 다음과 같은 하나님

의 책망을 덧붙인다: 너희가 내 목소리를 순종하지 아니하였느니라(개역개정판은 듣지 아니하였느니라로 되어 있음). 이러한 책망의 말씀은 짧지만 매우 포괄적이다. 바로 이것이 그들의 모든 죄의 근본이었는데, 그것은 '하나님께 대한 불순종' 이었다. 그들을 그와 같은 재앙으로 이끈 것은 바로 이것이었다. 여기에서 하나님은 그들을 회개에로 이끌고자 하신다. 죄의 근본이 바로 '하나님께 대한 불순종' 이라는 사실을 깨닫고 애통할 때 비로소 우리의 회개는 올바르며 진정한 것이 된다.

[11]여호와의 사자가 아비에셀 사람 요아스에게 속한 오브라에 이르러 상수리나무 아
래에 앉으니라 마침 요아스의 아들 기드온이 미디안 사람에게 알리지 아니하려 하
여 밀을 포도주 틀에서 타작하더니 [12]여호와의 사자가 기드온에게 나타나 이르되
큰 용사여 여호와께서 너와 함께 계시도다 하매 [13]기드온이 그에게 대답하되 오 나
의 주여 여호와께서 우리와 함께 계시면 어찌하여 이 모든 일이 우리에게 일어났
나이까 또 우리 조상들이 일찍이 우리에게 이르기를 여호와께서 우리를 애굽에서
올라오게 하신 것이 아니냐 한 그 모든 이적이 어디 있나이까 이제 여호와께서 우
리를 버리사 미디안의 손에 우리를 넘겨 주셨나이다 하니 [14]여호와께서 그를 향하
여 이르시되 너는 가서 이 너의 힘으로 이스라엘을 미디안의 손에서 구원하라 내
가 너를 보낸 것이 아니냐 하시니라 [15]그러나 기드온이 그에게 대답하되 오 주여 내
가 무엇으로 이스라엘을 구원하리이까 보소서 나의 집은 므낫세 중에 극히 약하고
나는 내 아버지 집에서 가장 작은 자니이다 하니 [16]여호와께서 그에게 이르시되 내
가 반드시 너와 함께 하리니 네가 미디안 사람 치기를 한 사람을 치듯 하리라 하시
니라 [17]기드온이 그에게 대답하되 만일 내가 주께 은혜를 얻었사오면 나와 말씀하
신 이가 주 되시는 표징을 내게 보이소서 [18]내가 예물을 가지고 다시 주께로 와서
그것을 주 앞에 드리기까지 이 곳을 떠나지 마시기를 원하나이다 하니 그가 이르
되 내가 너 돌아올 때까지 머무르리라 하니라 [19]기드온이 가서 염소 새끼 하나를 준
비하고 가루 한 에바로 무교병을 만들고 고기를 소쿠리에 담고 국을 양푼에 담아
상수리나무 아래 그에게로 가져다가 드리매 [20]하나님의 사자가 그에게 이르되 고기
와 무교병을 가져다가 이 바위 위에 놓고 국을 부으라 하니 기드온이 그대로 하니
라 [21]여호와의 사자가 손에 잡은 지팡이 끝을 내밀어 고기와 무교병에 대니 불이 바
위에서 나와 고기와 무교병을 살랐고 여호와의 사자는 떠나서 보이지 아니한지라

[22]기드온이 그가 여호와의 사자인 줄을 알고 이르되 슬프도소이다 주 여호와여 내
가 여호와의 사자를 대면하여 보았나이다 하니 [23]여호와께서 그에게 이르시되 너는
안심하라 두려워하지 말라 죽지 아니하리라 하시니라 [24]기드온이 여호와를 위하여
거기서 제단을 쌓고 그것을 여호와 살롬이라 하였더라 그것이 오늘까지 아비에셀
사람에게 속한 오브라에 있더라

선지자의 설교가 백성들에게 어떤 영향을 미쳤는가에 대해서는 아무 언급도 나오지 않는다. 그러나 우리는 그것이 좋은 영향을 끼쳐, 적어도 그들 가운데 일부는 회개하고 새롭게 되었을 것이라고 추측할 수 있다. 왜냐하면 그 일 직후에 하나님이 그들에게 구원의 여명을 비추기 시작했기 때문이다. 그리고 그것은 기드온을 불러 미디안 사람들과 싸우도록 명령하시는 것으로 시작되었다.

I. 이 일을 위해 세움 받은 사람은 요아스의 아들 기드온이었다(14절). 그의 아버지도 지금 살아 있지만, 이스라엘을 구원하는 영예는 아들에게 돌려진다. 그것은 그의 아버지가 자기 가정에서 바알을 섬겼기 때문이었는데(25절), 우리는 아들인 기드온이 할 수 있는 대로 이에 대항했을 것이라고 추측할 수 있다. 기드온은 가나안 내에 있는 므낫세 반 지파 출신으로서, 므낫세의 장자인 아비에셀 가문에 속했다(수 17:2). 지금까지 사사들은 압제로 인해 가장 큰 고통을 받던 지파에서 세워졌는데, 아마도 여기의 경우도 마찬가지일 것이다.

II. 기드온에게 사명을 맡긴 존재는 여호와의 사자(angel of the Lord)였다. 그는 피조된 천사가 아니라, 영원한 말씀이시며 만군의 여호와이신 하나님의 아들 자신으로 봐야 한다. 그는 때때로 사람의 모양으로 나타나셨는데, 그것은 때가 차매 우리의 본질을 취하실 것에 대한 전주곡(이는 패트릭 주교가 말한 것이다)이었다. 여기에서 이 천사가 여호와로 불려지고 있는데, 이는 오직 하나님께만 붙여지는 이름이다(14, 16절). 그는 이렇게 말한다. 내가 너와 함께 하리라.

1. 이 신적 존재가 여기에서 기드온에게 나타났다. 그가 어떻게 여호와의 사자를 만났는지 주목하라.

(1) 그는 한적한 곳에 홀로 있었다. 종종 하나님은 이 세상의 소음과 분주함에서 떨어져 있는 자들에게 자신을 나타내신다. 침묵과 고독은 우리로 하여금

하나님과 교제하는 것을 도와준다.

(2) 그는 막대기(혹은 지팡이)로 밀을 타작하고 있었다. 그것은 소회향과 대회향을 떠는 데 사용하는 것과 같은 것이었는데(사 28:27), 지금은 밀을 타작하는 데 사용되고 있다. 아마도 그것은 지금 그가 타작하는 밀이 아주 소량이므로, 그것을 밟을 소가 필요 없었기 때문이었을 것이다. 비록 기드온이 어느 정도 중요한 사람이었고 또 큰 용사였다 할지라도, 농사꾼의 일을 하는 것으로 그의 인격과 위엄이 손상되지는 않는다. 그에게는 많은 종들이 있었으나(27절), 그는 결코 게으름 가운데 살지 않았다. 우리는 성실하고 정직하게 일하는 가운데 신적 존재를 만나게 된다. 그리스도의 탄생을 알리는 소식이 목자들에게 전파되었을 때 그들은 자기 양 떼를 지키고 있었다. 기드온이 하고 있는 일은 — 마치 사도들의 고기 잡는 일이 그러했던 것처럼 — 지금 부름 받고 있는 위대한 일의 상징이었다. 마치 곡식을 타작하는 것처럼 이제 기드온은 미디안 사람들을 타작하게 될 것이다(사 41:15).

(3) 그는 비탄 가운데 있었다. 그는 밀을 타작하고 있었는데, 그 일을 하기에 적합한 타작마당이 아니라 포도주 틀에서였다. 그 곳은 다른 사람들의 눈을 피할 수 있는 은밀한 장소로서, 아마도 미디안 사람들을 두려워했기 때문이었을 것이다. 기드온은 백성들의 불행과 고통을 함께 공유했다. 여호와의 사자가 그에게 온 것은 그가 이렇게 미디안의 멍에의 무게를 절실히 느끼고 있을 때였다. 고통이 극에 달할 때, 바로 그 때가 하나님이 자기 백성들을 구원하기 위해 나타나는 때이다.

2. 이제 여호와의 사자(천사, angel)와 기드온 사이에 무슨 말이 오갔는지 살펴보자. 기드온은 그가 사라질 때까지 그가 천사(angel)라는 것을 분명하게 알지 못하고 단지 선지자라고 추측했다.

(1) 여호와의 사자는 기드온에게 정중하게 다가와서, 하나님이 그와 함께 계심을 확언한다(12절). 그는 기드온을 큰 용사라 불렀는데, 아마도 기드온이 모든 힘을 다해 곡식을 타작하는 것을 보았기 때문일 것이다. 자기 일에 부지런한 자를 보느냐? 그 일이 어떤 것이든지 그는 왕들 앞에 설 것이다. 작은 일에 충성된 자가 많은 것을 다스리는 자가 될 것이다. 기드온은 용맹하고 적극적인 정신을 가진 사람이었으나, 시대의 죄악으로 인해 세상에 알려지지 않은 채 묻혀 있었다. 그러나 이제 그에게 위대한 일이 맡겨지게 되고, 이와 함께 여호와께

서 너와 함께 계시도다라는 말씀으로, 혹은 갈대아 역본에 나와 있는 바와 같이 여호와의 말씀이 너의 도움이니라라는 말씀으로 격려를 받는다. 이 사자가 그와 함께 있을 때 하나님이 그와 함께 계셨다는 것은 너무나 분명한 사실이었다. 이 말씀으로,

[1] 그는 기드온에게 사명을 맡긴다. 만일 우리가 하나님의 함께 하심 가운데 있다면, 이 사실은 우리에게 어떤 사명이 부여되어 있음을 입증하는 것이 될 것이다.

[2] 그는 기드온에게 용기를 불어넣어 준다. 이제 기드온에게 사명을 감당함에 있어 필요한 모든 능력이 부어질 것이다. "여호와께서 너와 함께 하심으로 너를 인도하며 강하게 하실 것이요, 격려하고 도우실 것이다."

[3] 그는 기드온에게 성공을 확증한다. 하나님이 우리와 함께 하시면 누가 대적하리요? 하나님이 우리와 함께 하신다면, 우리에게 부족한 것은 아무것도 없게 될 것이다. 하나님이 우리와 함께 하신다면, 무엇을 하든지 우리는 반드시 형통하게 될 것이다. 기드온은 큰 용사였으나, 하나님이 함께 하시지 않는다면 아무것도 할 수 없었다. 하나님의 함께 하심은 누구라도 큰 용사로 만들기에 충분하며, 어느 때라도 그에게 용기를 준다.

(2) 이러한 즐거운 인사말에 대해 기드온은 우울하게 대답한다(13절). 오 나의 주여 여호와께서 우리와 함께 계시면(갈대아 역본은 여호와의 쉐키나가 우리의 도움이라면이라고 읽는다) 어찌하여 이 모든 일이 우리에게 일어났나이까? 미디안 사람들의 침입으로 인한 이 모든 고통과 괴로움, 이 모든 손실과 슬픔과 공포는 무엇입니까? 그들로 인해 이처럼 포도주 틀에서 밀을 타작할 수밖에 없나이다. 또 우리 조상들이 일찍이 우리에게 이르기를 여호와께서 우리를 애굽에서 올라오게 하신 것이 아니냐 한 그 모든 이적이 어디 있나이까?

기드온은 자신의 용맹을 칭찬하는 것이나 자신을 격려하는 말에는 별로 주의를 기울이지 않는다. 그의 손이 밀을 타작하느라 바쁜 가운데에도, 그의 머리와 마음은 이스라엘의 구원과 미디안의 멸망을 생각하고 있었다. 사람의 마음을 아시는 하나님은 그러한 생각을 보시고 그를 큰 용사라고 부르면서, 그러한 생각과 계획을 실행에 옮길 수 있는 길을 열어 주신다. 그러나 기드온은 마치 자신이 어떤 큰 일에 대해서는 생각하고 있지 않은 것처럼 오로지 하나님이 함께 하신다는 여호와의 사자의 확증만을 붙잡고 늘어진다. 여호와의 사자가 특

별히 기드온 한 사람을 지칭하여 말한 것을 주목하라: 여호와께서 너와 함께 계시도다. 그러나 기드온은 이스라엘 전체를 위해 간언(諫言)한다: 만일 여호와께서 우리와 함께 하신다면. 기드온은 하나님의 임재를 독점할 수 있는 좋은 기회를 가졌음에도 불구하고 그렇게 하려고 하지 않고 자신을 다른 이스라엘 백성들과 함께 묶는다. 공적인 정신을 가진 사람들은 개인의 유익을 앞세우지 않고 하나님의 교회의 공적 유익을 위해 봉사하는 것을 영예와 기쁨으로 여긴다. 기드온은 큰 용사였지만, 그러나 아직까지는 약한 믿음 가운데 있었다. 이러한 사실은 그로 하여금 자신에게 주어진 하나님 임재의 확증을 다음의 것들과 조화시키기 어렵게 만들었다.

[1] 이스라엘이 겪고 있는 고통. 어찌하여 이 모든 일이 우리에게 일어났나이까? 하나님의 임재와 호의를 고통의 섭리와 조화시키는 것은 때때로 어렵기는 하지만, 불가능하지는 않다.

[2] 이스라엘의 구원의 지연. "우리 조상들이 일찍이 우리에게 이르기를 여호와께서 우리를 애굽에서 올라오게 하신 것이 아니냐 한 그 모든 이적이 어디 있나이까? 우리 조상들을 애굽 사람들의 멍에에서 건져내신 그 권능으로 왜 우리를 미디안 사람들의 손에서 건져내지 않으시나이까?" 마치 하나님이 그들의 구원을 위해 즉시로 일하시지 않았기 때문이라는 듯이 — 비록 그들이 죄로 인하여 하나님의 호의와 도우심을 잃어버렸다 할지라도 — 과연 하나님이 지금도 조상들이 말해준 그러한 이적들을 행하시는지, 혹은 예전에 가지고 계셨던 지혜와 권능과 선한 의지를 지금도 가지고 계시는지 기드온은 묻지 않을 수 없었다. 바로 이것이 그의 약함이었다. 우리는 교회가 형성되고 있을 때에 일어났던, 그리고 어떤 위대한 진리가 분명하게 드러나는 과정에서 일어났던 이적들이, 교회가 정착되고 또 그러한 진리가 온전히 세워진 이후에도 계속해서 반복되어야만 한다고 기대해서는 안 된다. 특별히 우리가 타락과 불순종 가운데 있다면, 하나님을 잘 섬기며 따랐던 조상들에게 하나님께서 베푸신 은혜와 자비는 결코 되풀이되지 않을 것이다. 기드온은 다음과 같이 말하지 말았어야 했다. 첫째로, 이제 여호와께서 미디안의 손에 우리를 넘겨 주셨나이다. 왜냐하면 죄로 인하여 그들이 스스로를 팔아버린 것일 뿐이기 때문이다. 둘째로, 여호와께서 우리를 버리셨나이다. 왜냐하면 하나님께서 얼마 전에 한 선지자를 보내셨는데(8절), 그것은 하나님이 자기 백성을 버리지 않았음을 보여주는 확실한 증표이기 때

문이다.

(3) 여호와의 사자는 기드온에게 이스라엘을 미디안 사람들의 손으로부터 건져내라는 사명과 함께 성공에 대한 확증을 줌으로써 그의 항변에 대해 매우 효과적인 답변을 준다(14절). 여기에서 그 사자는 **여호와**로 불려지는데, 단지 보냄 받은 사자로서가 아니라 권세를 가진 자로서 말하고 있기 때문이다.

[1] 지금 그의 모습 속에는 무언가 특별한 것이 있었다. 그것은 은혜로 충만한 모습이었는데, 낙심 가운데 떨어진 기드온의 영혼에 새 힘을 주었으며 또한 그의 두려움을 일소해 주었다. 그것은 **정직한 자는 그의 얼굴을 뵈오리이다** 한 하나님의 얼굴이었다(시 11:7). 그는 기드온을 바라보면서, 그의 항변에 대해 미소를 지었다. 그는 기드온에게 직접적인 대답을 주지는 않았지만, 자신이 제기한 항변에 스스로 대답할 수 있는 능력을 옷 입혀 주면서 스스로를 부끄럽게 만들었다. 마치 예수 그리스도께서 베드로를 바라보셨던 것처럼(눅 22:61), 그것은 뭔가를 말하는 응시(바라봄)이며 또한 매우 권능 있는 응시였다. 그로 인해 기드온의 가슴에는 이상하게도 새로운 빛과 생명이 화살처럼 꽂히게 되었고, 예전에 느꼈던 것과는 전혀 다른 거룩한 열기가 그를 감쌌다.

[2] 그러나 그가 기드온에게 말한 것에는 훨씬 이상의 것이 있었다. **첫째로**, 그는 기드온에게 이스라엘의 구원자로서 나타나고 행동할 것을 명령한다. 이스라엘의 구원자, 그는 하나님이 예전에 하던 방식대로 이스라엘의 부르짖음에 응답하여 하나님께서 세우는 자이다. 이제 기드온은 듣게 된다: "네가 바로 그 사람이다. **이 너의 힘**(this thy might), 곧 네가 지금 밀을 타작하는 **이 너의 힘으로 가라**. 가서 그것을 더 고귀한 목적에 사용하라. **내가 너를 사람 타작하는 자가 되게 하리라**." 그보다도 "너는 지금 이 응시(바라봄)로 인해 이 힘을 옷 입게 될 것이다." 하나님은 기드온에게 사명을 주시면서, 또한 그 일을 수행함에 있어 필요한 모든 능력을 더불어 주셨다. 이것은 세상의 가장 강력한 군주나 유력자조차도 갖지 못한 것이다. 하나님께서 어떤 사람들에게 능력을 부어주시는 것은 그들을 부르신 것에 대한 확실한 증거가 된다. "가라. 그러나 네 자신의 용맹을 의지하지 말고, 또 네 자신으로부터 말미암은 네 힘으로 가지 말라. **다만 이 너의 힘**(this thy might), 곧 네가 지금 받은 이 힘, 곧 **여호와 하나님의 힘으로 가라**." **둘째로**, 그는 기드온에게 성공을 확증한다. 이것은 그에게 용기를 주기에 충분했다. 기드온은 자신이 받은 사명에 결코 실패하지 않을 것이라고

확신할 수 있었다. 그 일은 그 자신을 불명예에 빠뜨리거나 혹은 백성들에게 손실을 끼치지 않을 것이다. 도리어 그 자신에게는 영예로운 일이요, 백성들에게는 복이 될 것이다. 너는 이스라엘을 미디안의 손에서 구원하라. 그럼으로써 너는 조상들이 말해준 것과 같은 이적들을 직접 보게 될 뿐만 아니라, 그 이적들이 너를 통해 이루어지게 될 것이다. 우리는 기드온이 자신에게 주어진 이상하고도 놀라운 능력으로 인해 놀랐으며 또한 자기가 들은 것을 믿어야 할지 말아야 할지 의문을 품었을 것이라고 추측할 수 있다. 여호와의 사자는 자신의 권위에 의지하여 그러한 사명을 확증한다. 그러므로 더 필요한 것은 아무것도 없었다. "하늘과 땅의 모든 권세를 가진 나, 이스라엘의 왕으로서의 특별한 권세를 가진 나, 그리고 모세를 보낸 스스로 있는 자인 내가 네게 명령한 것이 아니냐?" (출 3:14)

(4) 기드온은 이러한 명령에 대해 매우 겸손하게 반론을 제기한다(15절): 오 주여 내가 무엇으로 이스라엘을 구원하리이까? 이 질문은 다음과 같은 사실들을 나타내 준다.

[1] 하나님과 그의 능력에 대한 의심. 비록 하나님이 나와 함께 하신다 할지라도, 내가 이스라엘을 구원하는 것은 불가능하지 않은가? 참된 믿음은 비록 약한 것이라 할지라도 거절되지 않을 것이다. 오히려 격려되고 강하여질 것이다.

[2] 기드온의 호기심. 그는 어떤 방법을 써야 할지를 알고자 했다. "여호와여 나는 지금 극도로 힘들고 어려운 상태에서 일하고 있나이다. 만일 내가 그 일을 해야만 한다면 어떻게 해야 할지 그 방법을 가르쳐 주소서." 하나님으로부터 사명을 받은 자들은 그의 지시와 가르침을 기대해야 하며 또 구해야 한다는 것을 기억하라.

[3] 기드온의 겸손과 머뭇거림과 자기부인. 여호와의 사자는 기드온에게 경의를 표하며 그를 영예롭게 한다. 그러나 기드온은 자기 자신에 대해 너무나 비천하게 말한다. "나의 가문은 므낫세 중에 가난하고 보잘것없습니다(그의 가문은 다른 가문들에게 비해 미디안에 의해 더 많이 탈취를 당하여 황폐화된 것 같다). 그리고 나는 내 아버지의 집에서 가장 작은 자입니다. 그런데 내가 무엇을 할 수 있겠습니까? 나는 그 일에 절대적으로 합당치 않으며, 그런 영예를 받을 자격도 없습니다." 하나님은 종종 작은 자(특별히 스스로를 작게 여기는 자)를 택하사 큰 일을 행하도록 하신다. 하나님은 겸손한 자를 높이 드시기를 기뻐하

신다.

(5) 이러한 항변에 대해 하나님이 그와 함께 계실 것이라는 약속이 다시 반복된다(16절). "네 미약함과 비천함으로 인해 항변하지 말라. 이런 것들이 종종 사람들로 하여금 큰 일을 하는데 방해가 되기는 하지만, 하나님이 함께 하시는 자에겐 아무것도 아니다. 하나님이 함께 하시면 부족한 모든 것들이 능히 채워지게 될 것이다. **내가 반드시 너와 함께 하여**, 너를 인도하고 강하게 하며 네 명성을 높이리라. 네 힘이 비록 미약하다 할지라도 너를 따르는 많은 군사들을 얻게 될 것이요, **네가 미디안 사람 치기를 한 사람을 치듯 하리라.** 네가 모든 미디안 사람들을 치는 것이 마치 한 사람의 목을 치는 것처럼 그렇게 치게 될 것이다."

(6) 기드온은 이러한 사명과 관련한 자신의 믿음이 확증되기를 원한다. 그는 지나치게 경솔하고 성급하게 받아들이려고 하지 않았다. 비록 그 일이 자신의 영예와 직결되어 있는 일이라 할지라도, 자신의 능력을 훨씬 뛰어넘는 일에 대해 모험하려고 하지 않았다. 다만 자신에게 그러한 권위를 주신 분에 대하여 분명히 알고자 하였다.

[1] 기드온은 이 신적 존재에게 표적을 달라고 겸손하게 요구한다(17절). 자신에게 주어진 사명이 하나님의 섭리로 말미암아 온 것이라면, 그는 그것이 일반적인 자연현상과 관련한 하나님의 어떤 행동에 의해 확증되어야만 한다고 생각했다. "당신이 나에게 말씀하신 것이 진실임을 확증할 수 있는 표적을 주십시오." 오늘날 성령 시대에 사는 우리들은 여기에서 기드온이 원했던 것과 같은 눈에 보이는 표적을 기대해서는 안 되지만, 진지하게 "**만일 우리가 은혜를 얻었다면** 우리 마음에 표적을 보여주옵소서" 라고 기도해야 한다. 그러면 성령의 능력에 의해 **믿음의 역사가 이루어지고**, 부족한 것이 채워질 것이다.

[2] 이에 대해 그는 기드온의 요구를 받아들이고, 그에게 좀 더 오랫동안 대화할 수 있는 기회를 허락한다(18절). 하나님과 교제하는 것이 무엇인지 아는 자들은 그러한 교제가 계속되기를 열망한다. 따라서 그것이 중단되는 것을 싫어하여 기드온과 같이 이렇게 기도한다: **이 곳을 떠나지 마시기를 원하나이다.** 기드온이 그에게 머물 것을 간청한 것은 이 낯선 분에게 약간의 음식을 대접하기 위함이었다. 기드온은 그를 집으로 데리고 들어가지 않았는데, 그것은 자기 아버지의 집이 그에게 적합하지 않았기 때문이거나, 혹은 이 낯선 분과 함께 다른 사람들의 눈에 띄지 않은 채 좀 더 오랫동안 대화를 나누고 싶었기 때문이

거나(그래서 기드온은 종을 불러 음식을 가져오게 하지 않고 자신이 가져온다), 혹은 부지중에 천사들을 맞이했던 아브라함처럼(창 18:8) 장막 안에서가 아니라 나무 아래서 맞이하고자 했기 때문이었을 것이다. 여호와의 사자가 기드온과 식사를 함께 하기 위해 머물 것을 약속하자, 그는 서둘러 염소새끼 한 마리를 준비했다. 아마도 그것은 기드온 자신의 저녁식사를 위해 미리 삶아 놓은 것일 것이다. 기드온은 고기를 소쿠리에 담고 국물은 양푼에 담아 그에게 드렸다(19절). 여기에서 기드온은, 첫째로, 이 낯선 이와 그를 보내신 하나님께 대해 감사와 경의를 표하고자 했다. 그는 장군(구원자)이 되는 것은 자기 집의 가난함(poverty, 개역개정판은 약함으로 되어 있음)을 이유로 피하려고 했지만(15절), 손님을 환대하는 것에 있어서는 그러지 않았다. 미디안 사람들의 탈취로 인해 남은 것이 거의 없었지만, 그는 즐거이 하늘로부터 온 사자를 환대했다. 둘째로, 이 특별한 분이 누구인지 시험하고자 했다. 여기에서 그가 가져온 것은 예물(선물, present)이라 불려지는데(18절), 그것은 소제(素祭)에 사용된 것과 동일한 단어이다. 이와 같이 이중적인 의미를 갖는 단어가 여기에서 사용된 것은 아마도 기드온이 이 신적 존재의 정체를 판단하기 위함이었을 것이다. 그것은 단순한 음식이 될 수도 있었고 소제가 될 수도 있었다. 만일 그가 그것을 통상적인 음식으로 간주하고 먹는다면, 기드온은 그가 단순히 한 사람으로서 선지자일 것이라고 추측할 것이었다. 반대의 경우라면 기드온은 그를 천사(사자, angel)로 여길 것이었는데, 결과는 후자의 경우로 드러났다.

(7) 여호와의 사자는 기드온이 자신을 접대하기 위해 친절하게 준비한 예물에다가 표징을 준다. 우리가 하나님께 대한 감사의 증표로서 그분의 영광을 위해 드리는 것은 그분의 은혜에 의해 우리 자신의 위로와 만족으로 되돌아올 것이다. 여호와의 사자는 소쿠리로부터 고기와 떡을 취하여 그것을 차고 딱딱한 바위 위에다 놓고 그 위에 국을 부으라고 명령했다. 만일 기드온이 뜨거운 국을 가져왔다면, 바위로 인해 곧 식었을 것이다. 기드온은 그대로 했는데(20절), 여호와의 사자의 명령이 자신의 호의를 경멸한 것이 아니라 표징을 주기 위함임을 믿었기 때문이었다. 따라서 기드온은 명령 받은 그대로 행하면서 매우 만족스러웠다.

[1] 여호와의 사자는 그 고기를 불에 사른 향기로운 제물로 바꾸었다. 여기에서 한 가지 사실이 분명하게 드러나는데, 그것은 그가 고기(음식)를 필요로 했던

한 사람에 불과한 것이 아니라, 희생제물에 의해 섬김을 받고 영광을 받으실, 그리고 때가 차매 그 자신이 희생제물이 되실 하나님의 아들이라는 사실이다.

[2] 그는 제물을 사르기 위해 바위로부터 불이 나오게 했다. 그는 우리가 부싯돌을 부딪쳐 불이 나오게 하는 것처럼 바위를 쳐서 불을 낸 것이 아니라, 지팡이 끝을 제물에다가 가볍게 댐으로써 그렇게 했다(21절). 이로써 기드온은 자신이 그분 앞에 은혜를 받은 것에 대한 분명한 표징을 갖게 되었다. 왜냐하면 하나님은 제물을 사름으로써 그것을 열납하셨음을 보여주셨기 때문이다. 모세와 엘리야의 경우처럼 공개적인 경우에는 하늘로부터 내려온 불로 사르셨고 여기처럼 은밀한 경우에는 땅에서 나온 불로 사르셨는데, 둘 다 효과는 동일한 것이다. 두 경우 모두 신적 권능의 결과였다. 그가 드린 제물을 열납하셨다는 것은 그 자신을 열납하셨음을 입증하는 것이었으며, 또한 그의 사명을 확증하는 것이었다. 그것은 또한 그 일을 수행함에 있어 반드시 성공할 것을 확증하는 것이기도 했다. 그와 그의 군대는 바위로부터 나온 불처럼 미디안 사람들에게 놀랄 만한 두려움과 사르는 불이 될 것이다.

[3] 그와 동시에 여호와의 사자는 떠나서 보이지 않게 되었다. 그는 사람으로서 걸어서 사라진 것이 아니라, 영으로서 갑자기 사라져 버렸다. 이로써 기드온은 자기가 원한 모든 표징을 갖게 되었다.

(8) 비록 기드온이 자신에게 나타난 그 신적 존재로 인해 믿음의 확증을 얻은 것은 분명한 사실이라 할지라도, 현재 상태에서 그는 그 일로 인해 큰 두려움에 빠져버렸다. 그리고 그러한 두려움은 하나님께서 은혜 가운데 그를 위로하시고 그의 두려움을 제거해 주실 때까지 계속되었다.

[1] 기드온은 두려움 가운데 자신이 지금 위험 가운데 있다고 생각한다(22절). 그가 여호와의 사자임을 알게 되었을 때(마치 여리고로 내려가던 두 제자가 예수와 함께 가고 있는 동안에는 그가 예수신줄 알지 못했던 것처럼, 기드온은 그가 떠나고 나서야 비로소 알게 되었다), 기드온은 부르짖는다. 슬프도소이다 주 여호와여, 내게 자비를 베푸소서, 나는 이제 망하게 되었나이다. 내가 천사(사자, angel)를 보았음이니이다. 그는 마치 하나님을 보았음에도 불구하고 자신의 생명이 보존된 것으로 인해 놀랐던 야곱과 같았다(창 32:30). 인간이 죄로 인해 하나님의 진노와 저주 아래 떨어진 이래로, 하늘로부터 온 사자는 두려움의 대상이었다. 왜냐하면 좋은 소식을 거의 기대할 수 없었기 때문이었다. 어쨌든,

보이는 감각적인 세상에서 잘 알지 못하는 영들의 세계와 감각적인 접촉을 갖는 것은 우리에게 있어 매우 두려운 일이 아닐 수 없다. 용기 있는 사람이었음에도 불구하고, 기드온 역시도 마찬가지였다.

[2] 하나님은 그에게 평강(개역개정판은 안심으로 되어 있음)을 말씀한다(23절). 그것은 기드온에게 치명적인 것일 수도 있었다. 그러나 하나님은 결코 그렇게 않다고 확언한다. 여호와는 떠나서 보이지 않았다(21절). 그러나 비록 눈에 보이지 않는다 할지라도 그는 여전히 믿음에 의해 살아 계신다. 믿음은 들음에서 오는데, 하나님은 들을 수 있는 목소리로 그에게 격려의 말씀을 하셨다: "너에게 평강이 있을지어다(개역개정판은 너는 안심하라로 되어 있음). 잘못될 것은 아무것도 없다. 이로써 너는 만족하리라. 두려워하지 말라. 너를 사용하고자 하는 자는 결코 너를 죽이지 아니하리라. 너는 죽지 아니하리라." 이와 같이 하나님은 자신의 말씀과 임재로 두려워 떠는 자들의 마음을 소생시켜 주시며, 또한 자신의 위엄 앞에 경외함으로 서 있는 자들에게 자비의 확증을 주신다.

3. 기드온은 이러한 이상(異像, vision)을 기억하고 잊지 않기 위해 제단의 형태로 기념비를 세웠다. 여호와의 사자가 기드온을 열납했음을 나타낸 것은 바위 위에 올려진 일종의 제물에 의한 것이었기 때문이다. 그 때는 제단이 필요치 않았지만(제단이 없이도 그의 지팡이만으로 그 예물을 성별하는 것이 충분했다), 이제는 그 이상(vision)의 기억을 보존할 필요가 있었다. 기드온은 이 기념비에 여호와 살롬 — 여호와는 평강이라 — 이라는 이름을 붙임으로써 그렇게 했다(24절).

(1) 이것은 그에게 말씀하신 하나님에 대한 호칭이었다. 창세기 16:13과 비교하라. 동일한 호칭이 우리의 의의 주님께 붙여졌다. 그는 우리의 화평(평강, 살롬)이신지라(엡 2:14).

(2) 또 이것은 하나님이 기드온에게 말한 내용이기도 했다: "여호와는 평강(개역개정판에는 안심)을 말씀하셨으며, 내가 두려움 가운데 빠져 있을 때에 안심할 것을 명하셨다."

(3) 또 이것은 하나님이 말씀하신 것에 근거한 기도였다. 여호와여 평강 — 즉 현재의 고통으로부터의 안식 — 을 주소서. 기드온의 마음 가장 깊은 곳에 있었던 것은 바로 이스라엘의 국가적인 평안이었다.

[25]그 날 밤에 여호와께서 기드온에게 이르시되 네 아버지에게 있는 수소 곧 칠 년
된 둘째 수소를 끌어 오고 네 아버지에게 있는 바알의 제단을 헐며 그 곁의 아세라
상을 찍고 [26]또 이 산성 꼭대기에 네 하나님 여호와를 위하여 규례대로 한 제단을
쌓고 그 둘째 수소를 잡아 네가 찍은 아세라 나무로 번제를 드릴지니라 하시니라 [27]
이에 기드온이 종 열 사람을 데리고 여호와께서 그에게 말씀하신 대로 행하되 그
의 아버지의 가문과 그 성읍 사람들을 두려워하므로 이 일을 감히 낮에 행하지 못
하고 밤에 행하니라 [28]그 성읍 사람들이 아침에 일찍이 일어나 본즉 바알의 제단이
파괴되었으며 그 곁의 아세라가 찍혔고 새로 쌓은 제단 위에 그 둘째 수소를 드렸
는지라 [29]서로 물어 이르되 이것이 누구의 소행인가 하고 그들이 캐어 물은 후에 이
르되 요아스의 아들 기드온이 이를 행하였도다 하고 [30]성읍 사람들이 요아스에게
이르되 네 아들을 끌어내라 그는 당연히 죽을지니 이는 바알의 제단을 파괴하고
그 곁의 아세라를 찍었음이니라 하니 [31]요아스가 자기를 둘러선 모든 자에게 이르
되 너희가 바알을 위하여 다투느냐 너희가 바알을 구원하겠느냐 그를 위하여 다투
는 자는 아침까지 죽임을 당하리라 바알이 과연 신일진대 그의 제단을 파괴하였은
즉 그가 자신을 위해 다툴 것이니라 하니라 [32]그 날에 기드온을 여룹바알이라 불렀
으니 이는 그가 바알의 제단을 파괴하였으므로 바알이 그와 더불어 다툴 것이라
함이었더라

I. 하나님은 기드온에게 아버지의 집의 우상의 제단을 헐라는 명령을 내리신다(25, 26절). 그는 이와 같이 아버지의 집을 개혁하는 것으로 그의 통치를 시작해야만 했다. 여호와의 사자로 인해 하나님과 기드온 사이에 형성된 의사소통은 다른 방식으로 계속되었다. 하나님을 보았던 바로 그 날 밤, 그가 이루어진 일에 관한 생각으로 가득 차 있었을 때(그는 아직 아무에게도 이 일을 이야기하지 않았을 것이다), 여호와께서 꿈 가운데 이러이러하게 하라고 말씀하셨다. 하나님의 찾아오심은 — 만일 감사함으로 영접한다면 — 은혜 가운데 반복될 것이라는 사실을 주목하라. 우리가 하나님을 환영할 때 그분은 다시 오실 것이다. 기드온에게 다음과 같은 명령이 내려진다.

1. 바알의 제단을 헐라. 그것은 그의 아버지가 갖고 있었던 — 그 자신의 집을 위해서든 혹은 성읍 전체를 위해서든 — 것으로 보인다. 하나님은 개혁자요 구원자를 우상 숭배의 장본인의 집으로부터 나오게 하셨는데, 이것은 참으로

놀라운 하나님의 은혜였다. 그러나 이제 기드온은 그 제단에 절하지 않는 것만으로는 충분치 않았다(우리는 그가 그렇게 하지 않았을 것으로 생각한다). 이제 그는 그 제단을 헐어버려야만 했다. 그 제단을 하나님께 성별하여 드리는 것이 아니라, 완전히 부숴버려야 했다(이것은 홀 주교가 주목한 것이다). 하나님은 먼저 미신의 기념비를 쓰러뜨릴 것을 명령하신다. 그러고 나서 그가 감당할 일을 명하신다. 또 그는 그 곁에 있는 나무숲(grove, 개역개정판에는 아세라 상으로 되어 있음)을 찍어버려야만 한다. 그것은 그 장소를 아름답게 꾸미기 위해 어린 나무들을 심어놓은 작은 숲이었다. 그 나무숲에 대하여 패트릭 주교는 그 숲 안에 있는 형상, 즉 그 제단 위에(혹은 곁에) 서 있는, 아마도 아스다롯의 형상을 의미하는 것으로 이해한다(나무숲을 의미하는 단어가 '아쉐레 Ashereh' 이기 때문이다).

2. 하나님께 제단을 쌓아라. 아마도 그는 그 제단 위에 기드온의 하나님 혹은 이스라엘의 하나님이라고 기록함으로써 그것이 하나님의 제단임이 드러나도록 했을 것이다. 만일 하나님이 기드온에게 제단을 세우라는 명령을 내리지 않으셨다면(하나님은 자신의 율법에 스스로 매이지 않으신다), 그가 제단을 세우는 것은 — 심지어 이스라엘의 하나님께 번제와 희생제물을 드리기 위한 것이라 할지라도 — 적절치 않은 일이었을 것이다. 왜냐하면 그렇게 하는 것은 실로의 제단을 경멸하는 것으로 추론될 수도 있었기 때문이다. 그러나 이제 제단을 세우는 것은 그의 의무요 영예였다. 하나님은 그 바위 꼭대기(개역개정판은 산성 꼭대기로 되어 있음)에다가 제단을 세울 것을 지시하신다. 아마도 이 곳은 여호와의 사자가 나타난 곳과 동일한 장소로서, 그가 이미 쌓은 '여호와 살롬이란 이름의 제단' 옆이었을 것이다. 그는 그 일을 급하게 해서는 안 된다. 다만, 특별한 경우 제단을 세울 때는 다듬은 돌이 아니라 흙으로 세워야 한다는 옛 율법에 따라 종교적인 행위로서 품위 있게(KJV의 난외주에 있는 것처럼 규례대로) 해야 한다. 여기에서 제단이 세워질 바위에 사용된 단어는 산성 혹은 요새를 의미하기도 하는데, 어떤 이들은 이것이 미디안 사람들의 습격을 피하기 위해 세워진 산성이나 요새를 가리킨다고 생각한다. 만일 그렇다면, 바알의 제단이 근처에 있는 동안에는 그 곳은 전혀 안전한 곳이 아니었지만, 여호와의 제단이 그 위에 세워진 이후엔 매우 효과적인 요새가 되었을 것이다. 왜냐하면 제단이야말로 우리의 영광을 보호하는 최고의 요새요 방어물이기 때문이다.

(1) 이 제단 위에다 기드온은 희생제물을 드려야 했다. 그는 두 마리의 수소를 드려야 한다. 아버지의 어린 수소와 칠 년 된 둘째 수소. 네 아버지에게 있는 수소 '곧' 칠 년 된 둘째 수소(개역개정판은 이와 같이 되어 있음)로 읽기보다는 위와 같이 읽는 것이 더 합당하다. 우리는 전자는 기드온 자신을 위해, 그리고 후자는 그가 구원해야 할 백성들의 죄를 위한 것이었다고 추측할 수 있다. 이와 같이 기드온은 미디안과 전쟁을 하기 전에 먼저 하나님과 화목(peace)하는 것이 필수 불가결했다. 왜냐하면 위대한 희생제물로 죄가 용서되기 전까지는, 우리는 어떤 선(善)도 기대할 수 없기 때문이다. 이러한 수소들은 추측컨대 바알의 제단에 희생제물로 쓰여지기 위한 것이었을 것이다. 그러나 이제 더 좋은 곳에 사용되게 되었다. 이와 같이 강한 자가 무장을 하고 자기 집을 지킬 때에는 그 소유가 안전했었지만, 더 강한 자가 와서 그를 굴복시킴으로써 바알을 위해 준비된 것을 빼앗았다(눅 11:21, 22). 마땅히 얻을 자가 이르면 그에게 주리라(겔 21:27).

(2) 바알의 숲이든 형상이든, 혹은 그것이 신적인 물건이든 아니면 단지 바알의 제단을 아름답게 장식하는 것일 뿐이든 간에, 그것은 불태워질 뿐만 아니라 하나님의 제단을 위한 연료로 사용되어야만 했다. 이로 인해 하나님을 거슬러 세워진 것은 무엇이든지 파괴될 것이라는 사실과 함께 그것이 파괴됨으로 인해 하나님의 공의가 빛나게 될 것이라는 사실이 분명하게 드러났다. 하나님이 기드온에게 이 일을 행하도록 명령한 것은, [1] 그의 '종교를 위한 열정'을 시험하기 위함이었다. 기드온은 전쟁터에 나가 자신의 용맹을 증명하기 전에 먼저 여기에서 믿음의 열정을 증명할 필요가 있었다. [2] 여기에서 이스라엘의 개혁(우상 숭배를 버리고 하나님께 돌아오는 것)을 향한 첫 발걸음을 내딛도록 하기 위함이었다. 이스라엘을 구원의 길로 이끄는 것은 바로 개혁(종교개혁, reformation)인 것이다. 먼저 '원인인 죄'가 치워져야 한다. 그렇게 하지 않고서 어떻게 '단지 결과에 불과한 고통'이 끝날 수 있겠는가? 머지않아 큰 인물로 부각되게 될 기드온의 이러한 행동은 다른 성읍들과 지파들 가운데 반복되고 확산될 수 있을 것이다. 지금은 단지 한 개의 바알의 제단이 허물어진 것에 불과하지만, 잇따라 많은 제단들이 허물어지게 될 것이다.

Ⅱ. 기드온은 그대로 순종한다(27절). 하나님의 이스라엘을 지휘하게 될 그는 이스라엘의 하나님께 온전히 복종해야 한다. 그리스도의 모형으로서 그는 먼저 자기 백성을 저희 죄에서 구원하고 그 후에 원수들에게서 구원해야 한다.

1. 기드온에게는 신뢰할 수 있는 종들이 있었다. 우리는 그들 역시도 기드온처럼 자신들의 순전함을 지키면서 바알에게 무릎 꿇어 절하지 않았을 것이라고 추측할 수 있다. 따라서 그들은 기드온을 도와 바알의 제단을 허무는 일에 앞장섰다.

2. 그는 아버지의 허락 없이 아버지의 수소를 취하여 하나님께 제물로 드리는 일을 주저하지 않았다. 왜냐하면 그렇게 하라고 명령하신 하나님이 아버지보다 더 우선적인 권리를 갖고 계시기 때문이며, 또한 그렇게 하는 것이 아버지에게 가장 큰 사랑을 베푸는 것이었기 때문이다(아버지가 범죄하는 것을 막는 것이므로).

3. 기드온은 이 일로 인해 아버지 가문의 분노와 이웃들의 악의가 야기될 것으로 예상했다. 그러나 기드온은, 레위가 하나님으로 인해 부모에 대해 **내가 그들을 보지 못했다**고 말함으로써(신 33:9) 큰 칭찬을 받은 것을 기억하고, 주저 없이 그 일을 행했다. 하나님의 호의를 확신하고 있는 동안에는 그는 사람들의 분노를 두려워하지 않았다. 그에게 그 일을 행하라고 명령하신 분이 그를 지지해 줄 것이었기 때문이다.

4. 그러나 비록 사람들의 분노는 두려워하지 않았다 할지라도 그들의 저항을 피하기 위해, 기드온은 밤에 그 일을 하기로 신중하게 선택한다. 그럼으로써 그는 이 일을 하는 데 아무런 방해도 받지 않을 수 있었다. 어떤 이들은 이 일을 행한 것이 하나님이 그에게 말씀하신 바로 그 날 밤이었다고 생각한다. 그렇다면 그는 명령을 받자마자 즉시로 그 일에 착수하였고, 아침이 오기 전에 끝낸 셈이 된다.

Ⅲ. 기드온은 이 일로 인해 생명의 위협을 받게 된다(28-30절).

1. 이 일은 즉시로 드러났다. 기드온은 그것을 감추려고 하지도 않았고, 또 감출 수도 없었다. 왜냐하면 성읍 사람들이 아침에 일찍 일어났기 때문이었다. 아마도 그들은 바알의 제단에서 아침기도를 하고, 자신들의 신과 함께 하루를 시작한 것으로 보인다.

2. 누가 이 일을 행했는지도 곧 밝혀졌다. 엄격한 조사가 이루어졌다. 기드온은 바알을 섬기는 것에 대해 반감을 품고 있는 것으로 이미 알려졌으므로 그에게 의심이 집중되었고 즉시로 분명한 증거가 드러났다: "틀림없이 기드온이 이 일을 행하였다."

3. 이 일을 저지른 기드온에 대해 이 타락한 이스라엘 백성들은 그가 반드시 죽어야만 한다고 결론을 내리고 그의 아버지에게(요아스 역시 우상 숭배의 후원자였기 때문에 그들은 그 또한 자신들의 뜻에 동의할 것으로 생각했다) 그를 넘겨줄 것을 요구했다: **네 아들을 끌어내라 그는 당연히 죽을지니.** 하늘이여 놀랄지어다 땅이여 떨지어다! 하나님의 율법에 따라 마땅히 죽어야 할 자는 바로 이들 우상 숭배자들이거늘, 이 악한 자들은 그 죗값을 이스라엘의 하나님을 섬기는 자에게 돌리고 있다. 어찌 그들은 이토록 우상에게 얼이 빠져 있단 말인가! 바알에게 수소를 바치는 것으로도 부족하여 이 성읍에서 가장 용맹한 젊은이를 쓰레기 신에게 희생제물로 던져야 한단 말인가? 우상 숭배자들이 얼마나 빨리 박해자로 돌변하는지 보라.

Ⅳ. 기드온은 아버지로 인해 박해자들의 손에서 벗어나게 되었다(31절).

1. 기드온을 대적한 자들이 있었다. 그들은 어떡하든 그를 죽이려고 했다. 그들은 이 때 우상 숭배로 인해 무거운 심판 아래 있었음에도 불구하고, 개혁(우상을 버리고 하나님께로 돌아오는 것)하기를 싫어했다. 또한 하나님이 그들을 대적하고 있는 동안에조차도 그들은 하나님을 대적하고 있었다.

2. 그러나 그 때 요아스가 기드온의 편을 들었다. 요아스는 성읍의 주요한 인물들 가운데 한 사람이었다. 권력을 가진 자는 정직한 자를 보호하기 위해 큰 역할을 감당할 수 있다. 그리고 자신들의 권력을 그와 같이 사용할 때 그들은 선을 위한 하나님의 사역자가 되는 것이다.

(1) 이 요아스는 바알 제단의 후원자였다. 그러나 지금 그것을 파괴한 자를 보호하고 있는데, 그것은

[1] 아들에 대한 혈육의 정으로 말미암은 것이었다. 또한 아마도 아들 기드온을 — 비록 바알을 섬기는 일에 동참하지 않았다 할지라도 — 덕이 있고, 용맹하며, 전도유망한 젊은이로 생각하고 있었기 때문이었을 것이다. 비록 자신의 순전함을 지킬 만큼의 용기는 갖고 있지 못하다 할지라도 그와 같은 용기를 갖고 실천하는 사람들을 사랑하고 존중할 만큼의 양심은 갖고 있는 사람들이 많이 있는데, 아마도 요아스는 그런 사람들 가운데 하나였을 것이다. 만일 요아스가 바알에게 어떤 애정을 가지고 있었다면, 아들에 대한 애정은 그것보다 훨씬 더 큰 것이었다.

[2] 공공의 평안을 위한 것이었다. 요아스는 무리가 폭도로 돌변할 것을 염려

했다. 따라서 어떤 이들이 추측하는 것처럼 그는 소요를 가라앉히려고 노력했다. "이 일을 재판관(사사, judge)에게 맡기자. 사람을 재판하고 형을 선고하는 것은 너희들의 일이 아니다." 여기에서 기드온은 우상 숭배자로서가 아니라, 공공질서를 교란시키는 자로서 또 소요를 일으킨 자로서 취급되고 있다. 에베소에서 바울이 열렬한 아데미(다이아나 여신) 숭배자들로부터 구원받은 것 역시 이와 비슷한 경우였다(행 19:40).

[3] 어쩌면 아들이 훌륭한 일을 했다고 인정했기 때문인지도 모른다. 어쩌면 아들 기드온이 그를 설득했는지도 모른다. 혹은 모든 사람의 마음을 주관하시는 하나님이 은밀하게 그의 마음속에 — 비록 공적으로는 바알 숭배에 동참했다 할지라도 — 바알 숭배를 싫어하는 마음을 주셨는지도 모른다. 우리를 지지해 주는 자가 극소수이거나 혹은 아무도 없다 할지라도 하나님으로부터 부름을 받았을 때 그분을 위해 당당히 나서는 것은 참으로 훌륭한 일이다. 왜냐하면 우리를 도울 것이라고 거의 기대할 수 없는 자들의 마음까지도 하나님은 우리를 지지하는 쪽으로 움직이실 수 있기 때문이다. 우리의 책임을 다하자. 그러고 나서 우리의 안전은 그분께 맡기자.

(2) 요아스는 두 가지를 역설한다.

[1] 바알을 위해 다투는(항변하는) 것은 어리석은 일이다. "살아계시며 참되신 유일하신 하나님을 섬기는 이스라엘 백성인 너희가 거짓 신인 바알을 위해 다투겠느냐? 너희가 이토록 바보 같으며 몰상식하단 말인가? 여호와와 언약을 맺고 그분 안에서 훈련받아온 너희들보다 조상 때부터 바알을 섬기며 그 이상은 아무것도 모르는 자들이 바알을 위해 다투는 것이 더 합당하지 않겠느냐? 바알을 섬김으로 해서 그토록 아픔을 겪었고 또 이 모든 재난과 재앙이 초래되었는데도 불구하고, 너희가 아직도 바알을 위해 다투겠느냐?" 죄를 범하는 것도 나쁜 일이지만, 그러나 그것을 위해 다투는 것은 특별히 바알을 위해 다투는 것은 더 나쁜 일이라는 사실을 주목하라. 하나님이 계셔야 할 자리를 대신 차지하고 있는 것, 그것이 무엇이든지 바로 그것이 우상이다.

[2] 바알을 위해 다투는 것은 쓸데없는 일이다. 만일 바알이 신이 아니라면 그들은 바알을 위해 아무것도 말할 것이 없었다. 만일 바알이 신이라면 그가 자신을 위해 다툴 수 있을 것이다 — 마치 이스라엘의 하나님이 자신을 경멸하는 자들에 대해 하늘에서 불을 내린다든지 혹은 다른 심판을 내림을 통해 때때로

그렇게 하시는 것처럼. 바알은 지금 선이든 악이든 행해야만 하는 심각한 도전에 직면해 있다. 그러나 결과는 바알 숭배자들로 하여금 자신들의 어리석음을 깨닫도록 만들었다. 결국 그들은 스스로를 위해 복수할 수 없는 헛된 신에게 기도하고 있었던 것이다. 이후 기드온은 놀랍도록 형통하고 승승장구했다. 이러한 사실은 바알이 자신을 위해 다투는 일에 얼마나 무능한지를 잘 보여주었다.

(3) 이 일로 인해 기드온의 아버지는 그에게 여룹바알이라는 새 이름을 주었다(32절). "바알로 다투게 하라. 만일 할 수 있다면 바알로 하여금 기드온에 대항하여 다투게 하라. 만일 바알이 자기를 파괴한 자에 대해 말할 것이 있다면 그로 말하게 하라." 이 이름은 바알에 대한 서슬퍼런 도전이었다: "이제 기드온이 바알을 섬기는 미디안 사람들에 대해 무기를 들었으니, 만일 할 수 있다면 바알로 하여금 자기를 섬기는 자들을 지키게 하라." 또한 그것은 기드온을 영예롭게 함과 동시에 그의 군사들로 하여금 하나님을 위해 싸우는 자 휘하에서 싸우도록 격려하는 것이었다. 산코니아돈(Sanchoniathon: 가장 오래된 이교도 작가 가운데 한 사람)이 야오(Jao, 여호와란 이름이 變異된 것) 신의 제사장이라고 말하는 여롬발루스(Jerombalus)가 이 여룹바알이라고 보는 것은 상당히 개연성 있는 추측이다. 그는 또한 여룹베셋으로 불려지는데(삼하 11:1), 이는 주를 의미하는 바알이 수치를 의미하는 베셋으로 바뀐 결과이다.

[33]그 때에 미디안과 아말렉과 동방 사람들이 다 함께 모여 요단 강을 건너와서 이스
르엘 골짜기에 진을 친지라 [34]여호와의 영이 기드온에게 임하시니 기드온이 나팔을
불매 아비에셀이 그의 뒤를 따라 부름을 받으니라 [35]기드온이 또 사자들을 온 므낫
세에 두루 보내매 그들도 모여서 그를 따르고 또 사자들을 아셀과 스불론과 납달
리에 보내매 그 무리도 올라와 그를 영접하더라 [36]기드온이 하나님께 여쭈되 주께
서 이미 말씀하심 같이 내 손으로 이스라엘을 구원하시려거든 [37]보소서 내가 양털
한 뭉치를 타작 마당에 두리니 만일 이슬이 양털에만 있고 주변 땅은 마르면 주께
서 이미 말씀하심 같이 내 손으로 이스라엘을 구원하실 줄을 내가 알겠나이다 하
였더니 [38]그대로 된지라 이튿날 기드온이 일찍이 일어나서 양털을 가져다가 그 양
털에서 이슬을 짜니 물이 그릇에 가득하더라 [39]기드온이 또 하나님께 여쭈되 주여
내게 노하지 마옵소서 내가 이번만 말하리이다 구하옵나니 내게 이번만 양털로 시

험하게 하소서 원하건대 양털만 마르고 그 주변 땅에는 다 이슬이 있게 하옵소서 하였더니 [40]그 밤에 하나님이 그대로 행하시니 곧 양털만 마르고 그 주변 땅에는 다 이슬이 있었더라

I. 이스라엘의 원수들이 진을 침(33절). 많은 수의 미디안 사람들과 아말렉 사람들, 그리고 아라비아 사람들이 함께 모여 요단 강을 건너 왔다. 그들은 므낫세 지파의 중심부에 있는 이스르엘 골짜기에 본영(本營)을 설치했는데, 그곳은 기드온의 성읍에서 멀지 않은 곳이었다. 어떤 이들은 기드온이 바알의 제단을 파괴한 것으로 인해 그들이 요단을 건너 왔을 것이라고 생각한다. 그래서 그들은 바알을 위해 다투기 위해서 왔으며, 또한 이를 이스라엘과 싸우기 위한 구실로 삼았다는 것이다. 그러나 지금은 추수 때로서 매년 이맘때 연례행사처럼 습격해 오던 대로 요단을 건너 온 것으로 보는 것이 더 적절하다(3절). 기드온이 포도주 틀에서 밀을 타작한 것도 이러한 상황을 예상하고 그렇게 한 것이다(11절). 하나님은 이러한 끔찍한 습격에 대비하여 기드온을 세우셨다. 그들은 매년 습격할 때마다 성공을 거두었다. 저항은 별로 받지 않은 채 많은 약탈물을 취하곤 했는데, 이러한 사실로 인해 그들은 지금 매우 자신만만한 상태에 있었다. 그러나 이제 그들의 죄의 분량이 찼고 보응의 날이 왔다. 이제 그들은 약탈에 종지부를 찍어야만 하며 도리어 약탈을 당해야만 한다. 지금 그들이 모인 것은 기드온으로 하여금 타작하도록 하기 위해 곡식단을 타작마당에 모으는 것 같은 것이었다(미 4:12, 13).

II. 기드온이 그들의 진을 공격할 준비를 함(34, 35절).

1. 하나님이 기드온에게 성령을 부으심: 여호와의 영이 기드온에게 옷을 입히시니(개역개정판은 임하시니로 되어 있음). 하나님은 기드온을 영예롭게 하기 위해 당신의 영을 예복처럼 입히셨고, 또 그를 지키기 위해 갑옷처럼 입히셨다. 갈대아 역본은 여호와로부터 나온 용기의 영이 기드온을 옷 입혔다 라고 적는다. 기드온은 큰 용사였다. 그러나 개인적인 힘과 용기를 아무리 용맹무쌍하게 휘두른다 할지라도 이 큰 일을 이루기에는 충분치 않았다. 그는 하나님의 전신갑주를 입어야만 하며 바로 이것이 그가 의지해야만 하는 것이다: 여호와의 영이 특별한 방식으로 그를 옷 입혔다. 하나님의 일에 부름 받은 자는 그 일을 할 수 있도록 필요한 것으로 구비되고 채워질 것이다.

2. 기드온이 나팔을 불자 하나님이 그와 함께 역사(役事)하심. 기드온은 지원병을 소집하기 위해 나팔을 불었다. 그러자 그가 기대한 것보다 더 많은 사람들이 모였다.

(1) 아비에셀 사람들. 이들은 얼마 전에 기드온이 바알의 제단을 허물어 버린 것으로 분격하여 죽이려고 했지만 이제 자신들의 잘못을 깨닫고 그를 돕기 위해 용감하게 나아왔으며 또한 그를 장군으로 따르며 복종했다: **아비에셀이 그의 뒤를 따라 모이니라**(34절, 개역개정판은 부름을 받으니라로 되어 있음). 이와 같이 하나님은 심지어 우상 숭배자나 박해자의 마음까지도 갑작스럽게 돌이킬 수 있으시다.

(2) 멀리 떨어져 있는 지파들. 가장 멀리 떨어져 있었던 아셀과 납달리까지도 비록 기드온을 잘 알지 못했을지라도 그의 부름에 순종하여 가장 우수한 군사들을 보내 주었다(35절). 그들은 위험으로부터 멀리 떨어진 위치에 있었지만, 지금 미디안 사람들에 의해 형제들이 허물어지면 다음 차례는 바로 자신들임을 생각하여, 공동의 적에 대항하여 기꺼이 협력했다.

Ⅲ. 기드온과 그를 따르는 자들의 믿음을 확고히 하기 위해 하나님이 주신 표적. 기드온이 표적을 원한 것은 아마도 그 자신을 위한 것이라기보다는 그를 따르는 자들을 위한 것이었을 것이다. 혹은 아마도 지금이 적들을 공격하여 정복할 때인지, 아니면 다른 기회를 기다려야 할 것인지를 분명하게 알기 위해서였을 것이다.

1. 표적을 구함(36, 37절). **"주께서 내 손으로 이스라엘을 구원할 것인지 이것으로 알게 하소서. 타작마당에 둔 양털 한 뭉치는 이슬에 젖게** 하시고 그 주위의 땅은 마르게 하소서." 이것의 요지는 **주여 내가 믿나이다 나의 믿음 없음을 도우소서** 하는 것이다. 기드온은 자신의 믿음이 약하며 또한 흔들리고 있음을 발견하고, 하나님께 이러한 표적으로 자신의 믿음의 부족한 것을 채워줄 것을 요청한 것이다. 우리는 하나님이 이러한 표적들을 주심으로써 당신의 권능과 선하심을 더욱 드러나게 하기 위해 그의 마음속에 이러한 요구를 넣어 주셨다고 추측할 수 있다. 그러나 기드온이 첫 번째 것과는 반대되는 두 번째 표적을 반복하여 요구할 때, 그는 혹시 하나님이 불쾌해하실까 염려하면서 너무나 죄송한 마음으로 그렇게 한다. 왜냐하면 그렇게 하는 것이 하나님께 대하여 너무나 변덕스럽게 투정이나 하는 불신앙적인 것으로, 그리고 이미 주신 많은 증거들로도

만족하지 않는 것으로 보일 수 있었기 때문이었다(39절). 내게 노하지 마옵소서. 그는 또 하나의 표적을 요구할 만큼 대담했지만, 두렵고 떨림으로 그렇게 했다. 왜냐하면 자신의 요구가 자칫 하나님의 영광과 선하심을 경멸하는 것이나 혹은 경홀히 여기는 것으로 여겨지지 않을까 하는 염려 때문이었다. 소돔의 의인들의 숫자와 관련하여 아브라함이 하나님께 말한 것이 기드온에게 좋은 모범이 되어 주었다(창 18:30, 32): 내 주여 노하지 마시옵고 말씀하게 하옵소서. 우리가 하나님의 호의를 구할 때는 반드시 황송한 마음과 경건한 두려움을 가지고 그렇게 해야 한다.

2. 하나님이 그의 요구를 들어주심. 하나님이 진실한 신자에 대해 — 비록 그들이 약할지라도 — 얼마나 부드럽게 대하시는지 보라. 하나님은 그들의 약함을 감싸주시기를 마치 상한 갈대를 꺾지 않으시고 꺼져가는 심지도 끄지 않으시는 것처럼 하신다. 기드온은 양털뭉치는 젖고 땅은 마르는 표적을 받았다. 그러나 어떤 사람이 "양털은 소량의 수분까지도 다 흡수하는 성질이 있으므로 이런 현상은 특별한 것이 아니라 자연적인 것"이라고 반박하지 못하도록 하기 위해, 기드온은 다음 날 땅은 젖고 양털뭉치는 마르게 해 달라고 요구한다. 그리고 하나님은 약속을 기업으로 받는 자들에게 큰 안위를 받게 하시려고 (히 6:17, 18) 그의 요구를 기꺼이 들어주셨다. 종종 하나님은 자기 백성들이 끈질기게 조를 때 져 주실 뿐만 아니라, 그들의 의심과 불만족에 대해서까지도 기꺼이 응해 주신다. 이러한 표적들은

(1) 분명한 이적이었으며, 따라서 그의 사명을 확증해 주기에 충분했다. 미가 5:7은 이슬에 대하여 이렇게 언급한다: 여호와께로부터 내려와 사람을 기다리지 아니하며 인생을 기다리지 아니하며. 그러나 하나님은 여기에서 사람의 목소리에 귀를 기울이셨다. 여호수아의 경우에는 태양의 진로(進路)를 이끄셨던 하나님이 지금 기드온의 경우에는 이슬의 진로를 이끄셨다. 기드온의 경우 이슬은 '우연히' 내린 것이 아니라 '섭리에 의해' 내린 것이다. 두 번째 표적은 첫 번째 표적을 뒤집은 것이며, 기드온을 만족시켜 주기 위해 반대로 행해진 것이었다. 풀러 박사(Dr. Fuller)는 이렇게 말한다. "하늘의 참된 이적은 뒤집어도 마찬가지로서, 안과 밖이 동일하다."

(2) 매우 의미 있는 것이었다. 기드온과 그의 군사들은 미디안 사람들과 전쟁을 벌이려고 하고 있었다. 하나님은 이스라엘의 작은 양털뭉치와 미디안의

넓은 타작마당을 구별하실 수 있는가? 그렇다. 이 표적으로 하나님은 당신이 그렇게 하실 수 있음을 보이셨다. 기드온은 하나님의 은혜의 이슬이 자신에게 특별하게 내려오는 것을 갈망하는데, 이슬에 젖은 양털뭉치를 보면서 그것을 확신한다. 또 그는 하나님이 모든 이스라엘에게 이슬처럼 내릴 것을 소원한다. 보라, 모든 땅이 젖었다.

어떤 이들은 이 양털뭉치가 유대나라를 상징한다고 생각한다. 세상의 다른 곳들이 말라 있는 동안 유대나라는 하나님의 말씀의 이슬에 젖어 있었다. 그러나 그리스도와 그의 복음을 배척한 이래로, 그 나라는 마치 광야의 노간주나무같이(렘 48:6) 마르게 되었고, 반면 주위의 열방은 물댄 동산같이 되었다.

제 — 7 — 장

개요

본 장에는 기드온이 전쟁터에서 이스라엘 군대를 지휘하고 미디안의 군대를 패퇴시키는 이야기가 제시된다. 이와 같은 위대한 공적(功績)을 위하여 그는 하나님과 만나 대화하고 또 바알 제단을 파괴하는 것을 통해 준비되었는데, 그에 대해 우리는 앞 장에서 살펴보았다. 여기에서 우리는 다음과 같은 이야기를 듣게 된다. I. 하나님이 기드온에게 군대를 300명으로 줄이도록 지시하심(1-8절). II. 하나님이 기드온을 은밀히 적진에 보내셔서 미디안 병사의 꿈 이야기를 듣게 하심으로 그를 격려하심(9-15절). III. 기드온이 적진을 공격한 방법, 그것은 적들과 싸운 것이 아니라 놀라게 한 것이었음(16-20절). IV. 이러한 공격이 성공하고, 적들은 완전히 패주하여 도망감(21-25절). 이것은 '여호와의 전쟁을 기록한 책' 속에서 매우 밝게 빛나는 이야기이다.

1여룹바알이라 하는 기드온과 그를 따르는 모든 백성이 일찍이 일어나 하롯 샘 곁
에 진을 쳤고 미디안의 진영은 그들의 북쪽이요 모레 산 앞 골짜기에 있었더라 2여
호와께서 기드온에게 이르시되 너를 따르는 백성이 너무 많은즉 내가 그들의 손에
미디안 사람을 넘겨 주지 아니하리니 이는 이스라엘이 나를 거슬러 스스로 자랑하
기를 내 손이 나를 구원하였다 할까 함이니라 3이제 너는 백성의 귀에 외쳐 이르기
를 누구든지 두려워 떠는 자는 길르앗 산을 떠나 돌아가라 하라 하시니 이에 돌아
간 백성이 이만 이천 명이요 남은 자가 만 명이었더라 4여호와께서 또 기드온에게
이르시되 백성이 아직도 많으니 그들을 인도하여 물 가로 내려가라 거기서 내가
너를 위하여 그들을 시험하리라 내가 누구를 가리켜 네게 이르기를 이 사람이 너
와 함께 가리라 하면 그는 너와 함께 갈 것이요 내가 누구를 가리켜 네게 이르기를
이 사람은 너와 함께 가지 말 것이니라 하면 그는 가지 말 것이니라 하신지라 5이에
백성을 인도하여 물 가에 내려가매 여호와께서 기드온에게 이르시되 누구든지 개
가 핥는 것 같이 혀로 물을 핥는 자들을 너는 따로 세우고 또 누구든지 무릎을 꿇

고 마시는 자들도 그와 같이 하라 하시더니 [6]손으로 움켜 입에 대고 핥는 자의 수는
삼백 명이요 그 외의 백성은 다 무릎을 꿇고 물을 마신지라 [7]여호와께서 기드온에
게 이르시되 내가 이 물을 핥아 먹은 삼백 명으로 너희를 구원하며 미디안을 네 손
에 넘겨 주리니 남은 백성은 각각 자기의 처소로 돌아갈 것이니라 하시니 [8]이에 백
성이 양식과 나팔을 손에 든지라 기드온이 이스라엘 모든 백성을 각각 그의 장막
으로 돌려보내고 그 삼백 명은 머물게 하니라 미디안 진영은 그 아래 골짜기 가운
데에 있었더라

Ⅰ. 기드온은 미디안에 대항하여 이스라엘 군대를 이끎에 있어 장군으로서의 맡은 바 소임에 부지런히 최선을 다한다(1절). 그의 마음은 자신의 소임에 집중되어 있었으며 때를 놓치지 않고자 했기 때문에, 그는 일찍이 일어났다. 그는 하나님이 자신과 함께 하는 것을 확신했기 때문에 일이 지지부진하게 지연되는 것을 참을 수 없었다. 그는 유명한 샘 인근에 진을 침으로써 자기 군대가 물이 부족함으로 인해 고통당하지 않도록 했다. 또한 그는 높은 지역을 선점함으로써 상당한 유익을 가질 수 있었으며, 미디안 사람들은 골짜기에서 기드온 밑에 위치했다. 하나님의 약속에 대한 믿음은 우리의 노력을 약화시키는 것이 아니라 도리어 강화시킨다. 하나님이 우리 앞에 가고 계심을 확신할 때, 우리는 더욱 분발하고 노력해야만 한다(삼하 5:24).

Ⅱ. 하나님은 이 일에 단지 300명의 용사만이 참여하도록 함으로써 승리에 대한 찬송이 오직 자신에게만 돌려지도록 하신다.

1. 이스라엘 군대는 32,000명으로 구성되었는데, 이것은 미디안 군대와 비교할 때 적은 숫자였다. 기드온이 그들의 숫자가 너무 적다고 생각할 수밖에 없었을 때, 하나님이 그에게 오셔서 그들이 너무 많다고 말씀하셨다(2절). 이 원정(遠征)에 자원하여 참여하는 것만으로는 충분치 않았다. 하나님은 자원하여 참여한 모든 사람들을 다 사용하고자 하지 않으셨다. 때때로 우리는 하나님이 소수의 사람들을 통해 큰 일을 이루시는 것을 발견하지만, 그러나 그것은 단지 하나님이 의도적으로 그렇게 하고자 하실 때에만 그런 것이었다. 얼마 전에 드보라는 여호와를 돕기 위해 오지 않은 자들을 비난했다. 그런데 여기에서는 그렇게 하기 위해 온 자들을 돌려보내야만 한단 말인가? 그렇다.

(1) 여기에서 하나님은, 자신의 일에 적합한 도구들을 불러 일을 맡기실 때,

그들을 필요로 하지 않으시며 또한 그들이 없이도 자신의 일을 하실 수 있음을 보이셨다. 그러므로 하나님이 당신의 일을 맡아준 사람들에게 빚을 지는 것이 아니라, 도리어 사람들이 일을 맡겨준 하나님에게 빚을 지는 것이다.

(2) 여기에서 하나님은 수의 적음으로 인해 미디안 사람들에게 고분고분 굴종하며 감히 대항하려 하지 않는 그들을 부끄럽게 만드셨다. 하나님의 호의를 확신하기만 한다면 한 사람이 천을 쫓을 수 있음을 이제 그들은 보게 될 것이다.

(3) 여기에서 하나님은 그들로 자랑치 못하게 하셨다. 바로 이것이 사람의 마음속에 있는 교만을 아시는 하나님이 제시하는 이유이다: **이는 이스라엘이 나를 거슬러 스스로 자랑할까 함이니라.** 그들은 승리의 영광을 부인해야만 한다. **"내 손이 나를 구원하였다"** 는 말은 구원받은 자의 입에서는 절대로 나와서는 안 되는 말이다. **자랑하는 자는 주 안에서 자랑해야** 하며, 모든 육체는 그 앞에서 잠잠해야 한다.

2. 하나님이 그들의 숫자를 줄이기 위해 택한 두 가지 방법.

(1) 하나님은 마음이 약하고 두려워 떠는 자들은 집으로 돌아갈 것을 명하셨다(3절). 지금 그들은 길르앗 산이라 불려지는, 적과 가까운 산에 진을 치고 있었다. 그 산의 이름은 므낫세에 속한 이들 종족들의 공통의 조상인 길르앗으로부터 나온 것인데, 그 산은 요단 이쪽 편에 위치해 있었다(민 26:30). 이 곳으로부터 그들은 엄청난 수의 적들을 보았을 것이다. 그러므로 그러한 광경으로 인해 낙담한 자들은 원한다면 돌아갈 수 있는 자유를 갖게 되었다. 이와 비슷한 율법이 신명기에 있다(20:8, **책임자들은 또 백성에게 말하여 이르기를 두려워서 마음이 허약한 자가 있느냐 그는 집으로 돌아갈지니 그의 형제들의 마음도 그의 마음과 같이 낙심될까 하노라 하고**). 그러나 아마도 기드온은 그와 같은 율법은 자신들의 기업을 확장하기 위한 전쟁에나 해당되는 것이지 지금의 경우와 같이 침략자에 대항하여 스스로를 지키는 전쟁에는 해당되지 않는다고 생각했을 것이다. 그러므로 만일 하나님께서 명령하지 않으셨다면, 기드온은 결코 그러한 율법을 선포하지 않았을 것이다. 겁쟁이들도 승리한 후에 다른 사람들과 똑같이 승리의 영광을 취할 것이다. 따라서 하나님은 그들로 이 일에 대해 영광을 취하지 못하게 하셨다.

사람들은 미디안 같은 적에 대항하여 기드온 같은 지도자 아래에서 이스라엘 가운데 두려워할 사람이 누가 있겠느냐고 생각할 것이다. 그러나 적의 강함과 자신들의 약함을 보았을 때, 3분의 2 이상의 사람들이 그와 같은 선포를 듣고 서둘러 집으로 돌아갔다. 그들은 자신들의 장군이 하나님으로부터 받은 분명한 약속, 곧 내가 너와 함께 하리라는 약속을 생각하지 않았던 것이다. 어떤 이들은 오랫동안 받아 온 압제로 인해 그들의 정신이 쇠락했다고 생각하며, 다른 이들은 — 아마도 이것이 개연성이 높아 보인다 — 그들이 죄의식으로 인해 용기를 잃어버렸다고 생각한다. 죄가 그들을 직시(直視)하고 있었으므로, 그들은 죽음을 직시할 수 없었다. 두려워 떨며 나약한 마음을 가진 자들은 하나님의 일을 수행하기에 적합하지 않음을 주목하라. 그리고 그리스도의 깃발 아래 모인 자들 가운데에, 그와 같은 자들이 우리가 생각하는 것보다 훨씬 많다는 사실을 기억하라.

(2) 하나님은 300명만 남고 나머지는 모두 돌아가게 하셨다: **백성이 아직도 많으니**(4절). 하나님의 생각과 일하는 방식이 우리의 그것과 얼마나 다른지 보라. 지금 기드온의 군대가 바락이 시스라와 맞설 때만큼은 되었다 할지라도(4:14), 아마도 기드온은 자신들의 숫자가 너무 적다고 생각했을 것이다. 만일 믿음이 없었다면, 그는 그토록 위험한 일을 피하여 후퇴하는 것을 최선으로 여겼을 것이다. 그러나 하나님은 **너무 많다**고 말씀하셨다. 또 숫자가 3분의 1로 줄었을 때에도 **아직도 너무 많다**고 말씀하셨다. 여기에서 우리는 때때로 교회의 힘을 약하게 만드시는 하나님의 섭리를 이해할 수 있다. 사람들이 너무 많고 강하며 지혜로워서 하나님은 그들을 통해 구원의 일을 행하실 수 없었다. 따라서 하나님은 그들을 약하게 만드심으로써 **자신의 능력으로 높임을 받고자** 하신다(시 21:13).

기드온은 군사들을 물 가(아마도 하롯 샘과 거기서부터 흘러 내려오는 시내, 1절)로 데리고 가서 그들이 어떻게 물을 마시는지 관찰하라는 명령을 받는다. 우리는 그들 모두가 목이 말랐으며, 몹시 물을 마시고 싶어했을 것이라고 추측할 수 있다. 아마도 기드온은 그들에게 곧바로 싸움에 돌입할 준비를 할 것과 따라서 지금 물을 충분히 마셔 두어야만 한다고 말했을 것이다. 이후로는 적들의 피 외에는 아무것도 마실 것이 없을 것이기 때문이다. 그러자 대부분의 병사들은 마치 말처럼 무릎을 꿇고 물에 입을 갖다 대고 마음껏 물을 마셨다. 반면 어떤 사람들은 마치 개가 혀로 물을 핥는 것처럼 마시지 않고, 급히 손으로 약간의 물을 떠서 입을 적셨다. 후자와 같이 빨리 물을 마신 자들은 불과 300명에 지나지 않았다. 그리고 하나님은 기드온에게 이들을 통해 미디안 사람들을 물리치게 될 것이라고 말씀하셨다(7절). 첫 번째 구분 방법(두려운 자들은 돌아갈 것)으로 오직 용맹하고 열정적인 사람들 곧 이스라엘의 자유를 되찾기 위해 최선을 다하고자 결심한 사람들이 남게 되었다. 그러나 두 번째 구분 방법을 통해서는 결국 다음과 같은 사람들만 쓰임 받았음이 드러났다.

[1] 인내할 줄 아는 사람. 이들은 목마름과 피곤함을 불평하지 않고 오랜 노고를 견딜 수 있는 자들이었으며, 또한 그 안에 어떤 나태함이나 사치의 찌꺼기도 없는 사람들이었다.

[2] 개인적인 안락함보다 하나님의 일을 더 좋아하여 적과 싸우기를 지체하지 않았던 자들. 하나님은 이들을 선택하셨고, 이들은 열정적으로 선한 일을 사모했다. 적은 수였음에도 불구하고 하나님은 이들을 통해 이스라엘을 구원하고자 하셨다.

하나님께서 기드온에게 이 300명 외에 남은 백성은 각각 자기 처소로 돌아갈 것을 명령하셨을 때, 이것은 그의 믿음과 용기에 대한 큰 시험이었다. 그러나 우리는 이들도 — 비록 지금 자기 처소로 돌아가도록 명령받았다 할지라도 — 열정적인 사람들이었기 때문에 멀리 가지 않고 300용사가 싸움에 돌입할 때 뒤따를 준비를 했을 것이라고 추측할 수 있다. 이와 같이 기드온의 군대는 큰 싸움을 앞에 두고 병력이 보충되는 대신 도리어 대폭 감축되었다.

3. 이 초라한 군대가 갖추고 있는 장비가 얼마나 보잘것없었는지 보자. 만일 이들 300명의 용사가 종들과 수종자를 거느렸거나 혹은 칼과 창으로 철저하게 무장했다면, 우리는 그들이 뭔가 일을 이룰 만하다고 생각할 수 있을 것이다. 그러나 그들이 갖춘 장비는 전쟁을 수행하기에 별로 적합한 것이 아니었다.

(1) 모든 군사들은 하루벌이 일꾼으로 바뀌었다. 그들은 양식을 손에 들었다(8절). 가방과 짐은 뒤에 남겨둔 채 모든 사람들이 자신의 양식을 손에 들었는데, 이것은 그들의 믿음에 대한 시험이었다. 하나님은 그들이 손에 든 것 이상의 양식이 없는 상태에서 과연 하나님을 신뢰할 수 있는지를 시험하셨다. 또 그것은 부지런함에 대한 시험이었는데, 하나님은 과연 그들이 필요한 만큼 들고 갈 것인지를 시험하셨다. 그야말로 이것은 하루 벌어 하루 사는 일꾼의 모습이었다.

(2) 모든 군사들은 나팔수로 바뀌었다. 자기 처소로 돌아가도록 명령받은 병사들은 남은 병사들이 사용하도록 나팔을 두고 갔다. 그리하여 300명의 용사들은 전쟁터가 아니라 경기장에 가는 것처럼 무기 대신 나팔을 들게 되었다.

[9]그 밤에 여호와께서 기드온에게 이르시되 일어나 진영으로 내려가라 내가 그것을
네 손에 넘겨 주었느니라 [10]만일 네가 내려가기를 두려워하거든 네 부하 부라와 함
께 그 진영으로 내려가서 [11]그들이 하는 말을 들으라 그 후에 네 손이 강하여져서
그 진영으로 내려가리라 하시니 기드온이 이에 그의 부하 부라와 함께 군대가 있
는 진영 근처로 내려간즉 [12]미디안과 아말렉과 동방의 모든 사람들이 골짜기에 누
웠는데 메뚜기의 많은 수와 같고 그들의 낙타의 수가 많아 해변의 모래가 많음 같
은지라 [13]기드온이 그 곳에 이른즉 어떤 사람이 그의 친구에게 꿈을 말하여 이르기
를 보라 내가 한 꿈을 꾸었는데 꿈에 보리떡 한 덩어리가 미디안 진영으로 굴러 들
어와 한 장막에 이르러 그것을 쳐서 무너뜨려 위쪽으로 엎으니 그 장막이 쓰러지
더라 [14]그의 친구가 대답하여 이르되 이는 다른 것이 아니라 이스라엘 사람 요아스
의 아들 기드온의 칼이라 하나님이 미디안과 그 모든 진영을 그의 손에 넘겨 주셨
느니라 하더라 [15]기드온이 그 꿈과 해몽하는 말을 듣고 경배하며 이스라엘 진영으
로 돌아와 이르되 일어나라 여호와께서 미디안과 그 모든 진영을 너희 손에 넘겨
주셨느니라 하고

앞에서 살펴본 바와 같이 기드온의 군대는 매우 작은 규모로 축소되었다. 따라서 그는 믿음으로 싸우든지 아니면 아무것도 하지 않든지 둘 중 하나였다. 그러므로 여기에서 하나님은 그의 병력을 보충시켜 주는 대신 그의 믿음을 보충시켜 주신다.

I. 하나님은 기드온에게 믿음을 세울 수 있는 훌륭한 기초를 마련해 주신다. 오직 하나님의 말씀만이 믿음의 디딤돌이 될 것인데, 결국 기드온은 충분하고도 분명한 디딤돌을 갖게 된다(9절).

1. 적군을 향한 행동을 정당화하는 명령의 말씀. 만일 다른 경우라면 이것은 경솔하고 분별없는 행동이며 또한 현명한 장군에게 결코 어울리지 않는 행동으로 보였을 것이다: 일어나 진영으로 내려가라.

2. 그에게 성공을 확증하는 약속의 말씀. 만일 다른 경우라면 이것은 불가능

한 일로 보였을 것이다: **내가 그것을 네 손에 넘겨주었느니라.** 그것은 모두 네 것이다. 이러한 여호와의 말씀은 그가 어떻게 해야 할지 크게 번민하며 근심에 싸여 있었던(우리는 그렇게 추측할 수 있다) 바로 그날 밤에 임했다. **내 속에 근심이 많을 때에 주의 위안이 내 영혼을 즐겁게 하시나이다**(시 94:19). 믿는 자에게 임하는 하나님의 위로는 강력하게 그리고 때에 맞게 주어진다.

Ⅱ. 하나님은 기드온에게 믿음을 지탱하는 좋은 버팀목을 마련해 주신다.

1. 하나님은 그에게 정탐꾼이 될 것을 명령한다. 기드온은 한밤중에 은밀히 미디안 진영에 내려가야만 하며, 그렇게 할 때 그는 어떤 특별한 정보를 얻게 될 것이다: "만일 네가 싸우기 위해 내려가기를 두려워하거든 먼저 네 부하와 단둘이 가라(10절). 그리고 그들이 하는 말을 들으라(11절)." 여기에 그가 자신의 믿음을 크게 강화(强化)시키게 될 어떤 특별한 말을 듣게 될 것이 암시된다. 하나님은 자기 백성들의 약함을 아시며, 또한 그들이 종종 어떤 사소한 일로부터 큰 격려를 얻을 수 있다는 사실도 잘 아신다. 그러므로 앞으로 일어날 일을 미리 아시는 하나님이 그가 내려갈 바로 그 장소에서 적군의 병사들이 말하는 것을 듣게 하시고, 그럼으로써 그로 하여금 하나님이 말씀하신 것을 좀 더 확고하게 믿을 수 있도록 하셨다. 기드온은 믿을 수 있는 부하 부라와 함께 가야만 하는데, 아마도 그는 기드온을 도와 바알 제단을 파괴한 열 명 가운데 한 사람이었을 것이다. 그가 한 사람의 부하를 데리고 가야만 하는 이유는 그로 하여금 기드온이 듣게 될 말에 대한 증인이 되도록 하기 위함이다. 그럼으로써 그 말이 이스라엘 병사들에게 전달될 때, 이 두 증인(기드온과 부라)의 입으로부터 그것의 진실성이 확고하게 세워지게 될 것이다. 자신의 부하를 데리고 가야만 하는 또 하나의 이유는 둘이 하나보다 나으며, 약간의 도움이 아무런 도움이 없는 것보다 낫기 때문이다.

2. 적진으로 내려가는 가운데 기드온은 절망적인 광경을 보게 된다. 달빛을 통해 엄청난 수의 적군을 바라보는 것은 그로 하여금 두려움을 갖게 하기에 충분했다(12절). 그들은 마치 메뚜기 떼처럼 수가 많았는데, 결국 그들의 힘과 용기는 고작 메뚜기 정도에 불과함이 드러나고 말았다. 또 거기에는 해변의 모래만큼이나 많은 낙타들이 있었다.

3. 하나님은 그에게 아주 좋은 징조가 되는 말을 듣게 하신다. 기드온은 그 말을 듣고는 곧바로 돌아온다. 왜냐하면 자신이 왜 그 곳에 보냄 받았는지에

대해 분명하게 알게 되었기 때문이다. 그는 아마도 잠들지 않은 채 침상에 누워 이야기하고 있었던 두 명의 적병(敵兵)으로부터 매우 특별한 말을 엿듣게 된다.

(1) 그들 가운데 한 사람이 자기의 꿈을 이야기한다. 우리가 꾸는 꿈이 대부분 그런 것처럼 그 꿈은 다시 말할 가치가 없는 하찮은 것이었다. 그는 꿈에 보리떡 한 덩어리가 미디안 진에 굴러 들어오는 것을 보았다. 그는 말한다: "이 떡 덩어리가 우리 장막 가운데 하나로(아마도 장군의 장막이었을 것이다) 굴러 들어와 덮치더니 일격에 말뚝을 쓰러뜨리고 줄을 끊어버렸으며 그럼으로써 장막이 쓰러져 안에 있던 사람들을 덮어버리더라"(13절). 솔로몬은 "많은 꿈 가운데에는 여러 가지 헛된 것들이 있다"(개역개정판은 "꿈이 많으면 헛된 일들이 많아진다"고 되어 있음)고 말한다(전 5:7). 종종 사람들은 꿈 속에서 기괴하고 앞뒤 맞지 않는 일들이 일어나는 것을 경험한다.

(2) 다른 병사가 — 아마도 그는 비몽사몽간이었을 것이다 — 이 꿈을 해석하기 시작하는데, 그 해석은 매우 부자연한(farfetched) 것이었다: 이는 다른 것이 아니라 기드온의 칼이라(14절). 사람들은 자기들 나름대로 이 꿈이 의미하는 것을 말할 수 있을 것이다: "가족을 위해 밀을 타작하고 친구(여호와의 사자)를 위해 떡을 만들었던(6:11-19) 기드온은 한 덩어리의 떡으로 적절히 표현되었다. 그럼으로써 그와 그의 군대는 약간의 가루로 만든 떡 한 덩어리처럼 보잘것없는 것이었으며, 불 위에서 급히 구운 보리떡처럼 하찮은 것이었고, 떡이 장막을 무너뜨리기에 적합하지 않은 것처럼 이 거대한 군대를 정복할 것이라고는 도무지 생각할 수 없는 그러한 존재였다."

그러나 해석은 하나님께 속한 것이다. 하나님은 한 사람의 머릿속에 꿈을 집어넣으셨고, 다른 사람의 입을 통해 그 의미를 말하게 하셨다. 만일 기드온이 단지 꿈에 대해서만 들었을 뿐이고 그것에 대한 해석은 그와 그의 부하에게 맡겨졌더라면, 그 꿈은 별 의미를 갖지 못했을 것이고 그에게 별 도움이 되지 못했을 것이다. 그러나 그 해석이 적의 입에서부터 나옴으로써, 그 꿈은 모든 사람의 마음과 입을 주관하는 하나님으로부터 나온 것이라는 사실이 분명히 드러났다. 뿐만 아니라 적들은 완전히 사기를 잃었으며 기드온의 이름은 이미 그들에게 너무도 두려운 이름이 되었음을 분명하게 보여주었다. 이와 같이 이미 순순히 굴복한 자들에게 승리를 거두는 것은 결코 어려운 일이 아니었다: 하나님이 미디안과 그 모든 진영을 그의 손에 넘겨 주셨느니라. 하나님이 자신들을 대항하여 싸우는 것을 본 자들이 어떻게 용감하게 싸울 수 있겠는가?

Ⅲ. 그러한 꿈과 그에 대한 해석을 들은 기드온은 큰 용기를 얻는다. 그는 군사들의 숫자가 크게 축소된 것으로 의기소침해 있었지만 하나님의 손가락이 자신을 바로 그 때, 바로 그 장소로 인도하셨음을 알게 된 것이다. 그는 자신이 그토록 큰 일을 이루는 보리떡에 비유된 것을 들었을 때 너무나 기뻤다. 이렇게 용기를 얻은 기드온은 다음과 같은 태도를 취한다(15절).

1. 하나님께 영광을 돌림. 그는 즉시로 머리를 숙여 경배하였거나 아니면 손과 눈을 들고 지금 확신하게 된 승리로 인해 그리고 승리를 확신할 수 있도록 격려해 주신 것으로 인해 하나님께 짤막한 감사를 드렸을 것이다. 어디에 있든지 우리는 하나님께 말할 수 있고, 경배할 수 있으며, 또한 하늘을 향해 열린 길을 찾을 수 있다. 우리의 믿음을 격려해 주신 것으로 인해 우리는 하나님께 영광을 돌려야 한다. 또 우리는 사소하고 우연하게 보이지만 결국 도움이 되며 격려가 되는 사건들 속에 하나님의 섭리가 있다는 사실을 인정해야만 한다.

2. 자신이 받은 격려를 동료들과 나눔. 일어나라. 지금 출전할 준비를 하라. 여호와께서 미디안과 그 모든 진영을 너희 손에 넘겨 주셨느니라.

16삼백 명을 세 대로 나누어 각 손에 나팔과 빈 항아리를 들리고 항아리 안에는 횃
불을 감추게 하고 17그들에게 이르되 너희는 나만 보고 내가 하는 대로 하되 내가
그 진영 근처에 이르러서 내가 하는 대로 너희도 그리하여 18나와 나를 따르는 자가
다 나팔을 불거든 너희도 모든 진영 주위에서 나팔을 불며 이르기를 여호와를 위
하라, 기드온을 위하라 하라 하니라 19기드온과 그와 함께 한 백 명이 이경 초에 진
영 근처에 이른즉 바로 파수꾼들을 교대한 때라 그들이 나팔을 불며 손에 가졌던
항아리를 부수니라 20세 대가 나팔을 불며 항아리를 부수고 왼손에 횃불을 들고 오
른손에 나팔을 들어 불며 외쳐 이르되 여호와와 기드온의 칼이다 하고 21각기 제자
리에 서서 그 진영을 에워싸매 그 온 진영의 군사들이 뛰고 부르짖으며 도망하였
는데 22삼백 명이 나팔을 불 때에 여호와께서 그 온 진영에서 친구끼리 칼로 치게
하시므로 적군이 도망하여 스레라의 벧 싯다에 이르고 또 답밧에 가까운 아벨므홀
라의 경계에 이르렀으며

I. 한밤중에 기드온이 미디안 군대를 공포에 빠뜨림. 그토록 오랜 세월 그들은 이스라엘에게 공포가 되었으므로, 이제 오직 공포에 의해 패퇴되고 파멸되어야만 했다.

1. 여기에서 행해진 공격은 아브라함이 롯을 사로잡은 군대에 대해 행했던 공격과 여러 가지 면에서 비슷했다. 군사들의 숫자가 비슷했는데, 아브라함의 군대는 318명이었고 기드온의 군대는 300명이었다. 양쪽 모두 병력을 나누었으며, 밤에 공격했고, 크게 불리한 상황에서 승리를 거두었다(창 14:14, 15). 또한 기드온은 아브라함의 자손이었을 뿐만 아니라(미디안이 그두라의 자손이었던 것처럼), 그의 믿음의 상속자이기도 했다.

(1) 기드온은 자신의 군대를 — 비록 작기는 했지만 — 세 대(隊)로 나누고(16절) 그 중 하나는 자신이 직접 지휘했다(19절). 왜냐하면 큰 군대도 통상적으로 본대, 우익군, 좌익군으로 삼분(三分)하기 때문이다.

(2) 그는 병사들에게 자신이 하는 대로 따라하라고 명령한다(17절). 그는 지금 병사들이 해야만 하는 것을 분명하게 말한다. 만일 그렇게 하지 않는다면 그 일은 너무나 기괴한 일이어서 갑작스럽게는 거의 하지 않을 것이었기 때문이다. 마치 지휘관이 명령을 발하거나 북을 침으로써 병사들을 움직이는 것처럼, 그는 어떤 일을 먼저 행함으로써 병사들로 하여금 그 일을 따라하도록 한다: **너희는 나만 보고 내가 하는 대로 하라.** 우리 구원의 대장이신 우리 주 예수께서 자신의 군사들에게 주신 명령의 말씀도 이와 같은 것이었다: **내가 행하는 것 같이 너희도 행할 것이라.**

(3) 그는 밤에 기습을 감행한다. 그 때 미디안 사람들은 편안히 잠들어 있었고 기습을 당하리라는 생각은 조금도 하지 못했다. 이로 인해 미디안은 기드온의 군대가 얼마 안 된다는 사실을 간파하지 못한 채 엄청난 혼란 속에 빠져버리게 되었다. 밤은 두려움을 가져다 준다. 특히 이번 경우와 같이 자정이 조금 지난 후 야간담당 파수꾼이 교대되고 갑작스런 기상경보로 인해 잠이 깼을 때는 더욱 그러하다. 우리는 성경에서 **밤에 찾아오는** 공포(시 91:5)와 **밤의 두려움**(아 3:8)이란 표현을 보게 되는데, 그것은 너무나 끔찍한 것이다.

(4) 기드온이 목표로 했던 것은 이 거대한 군대를 공포에 빠뜨림으로써 그들로 하여금 치명적일 뿐만 아니라 수치스러운 패배를 당하게 하는 것이었다. 그

는 모든 병사들에게 오른손에 나팔을 들게 하고 왼손에는 횃불이 들어있는 항아리를 들게 했다. 그리고 이와 같이 무장하고 적진으로 진군하는 것을 불명예스럽게 여기지 않았다. 미디안 군대를 정복하는 것이 마치 희롱거리 정도밖에 안 되는 양, 군대를 향해 나아가는 것이라기보다는 차라리 어린아이들을 향해 나아가는 것처럼 그들을 향해 나아갔다. 처녀 딸 시온이 너를 멸시하며 조소하였고(사 37:22). 병사들의 수가 적었던 것은 그의 작전에 매우 유리했다. 왜냐하면 그로 인해 그들은 적진에 매우 은밀하고 신속하게 다가갈 수 있었고, 그럼으로써 적진에 가까이 근접할 때까지 들키지 않을 수 있었다. 기드온은 파수꾼이 교대할 때(19절) 적들을 놀라게 할 계획을 세웠다. 그 때 파수꾼들은 이제 막 교대했으므로 깨어있는 상태였다. 따라서 모든 진영에 즉각 경보를 전달할 수 있었는데, 이것이 기드온의 계획과 정확하게 맞아떨어졌다. 기드온은 적군을 공포와 혼란 속에 빠뜨리기 위해 세 가지 방법을 계획했다.

[1] 거대한 소음. 기드온은 모든 병사들에게 각자가 할 수 있는 가장 소름끼치는 방식으로 나팔을 불게 했고, 그와 동시에 항아리를 산산조각으로 부수도록 했다. 아마도 그들은 서로의 항아리를 맞부딪혀 깨뜨렸을 것이다. 그것은 거대한 파열음을 낼 뿐만 아니라 적들로 하여금 공포의 효과를 가져다 주는 '하나의 형상' 이 되었을 것이고, 이로 인해 미디안 사람들은 자기들끼리 서로 죽이는 일이 벌어지게 되었다.

[2] 거대한 광채. 그들이 적진에 진입할 때까지 항아리 속에는 마치 말 아래 감추어진 등불처럼 불붙은 횃불이 들어있었다. 그리고 항아리가 깨어짐과 동시에 그것은 갑자기 드러나게 되었고, 광채를 발하였으며, 마치 번갯불처럼 진영 전체를 덮어버리고 말았다. 아마도 그들은 이러한 횃불로 적진의 바깥 부분에 있던 몇몇 장막들에 불을 놓았을 것이고, 이로 인해 적들은 훨씬 더 큰 혼란에 빠지게 되었을 것이다.

[3] 거대한 함성. 모든 병사들은 여호와를 위하라 기드온을 위하라(18절)라고 외쳐야 했다. KJV에는 18절에 칼(sword)이란 단어가 등장하지만, 원문에는 없다. 반면 20절에는 칼이란 단어가 등장하는데(여호와와 기드온의 칼이다), 이것은 미디안 병사가 동료의 꿈을 해석하는 가운데 한 말을 기드온이 그대로 따온 것이다(14절): 이는 기드온의 칼이라. 자신의 이름이 적들에게 두려움이 된다는 사실을 깨달은 기드온은 적들에 대해 자신의 이름을 사용한다. 그러나 여호와의

이름을 앞세우는데, 그것은 그분의 이름이 없이는 자신의 이름은 아무것도 아니라는 사실을 드러내는 것이다. 병사들은 자신들이 여호와와 기드온을 위해 싸우며 또 여호와와 기드온이 자신들을 위해 싸운다는 사실로 인해 큰 용기를 가질 수 있었다. 또한 그러한 함성은 적들을 두려움 가운데 빠뜨렸는데, 그것은 그들이 예전에 들었던 여호와의 위대한 이름과 최근에 들은 기드온의 이름이었다. 여호와의 칼이 기드온의 칼의 성공의 요체지만, 그러나 기드온의 칼이 빠져서는 안 된다. 도구로서의 사람과 주체로서의 하나님은 각각의 자리를 차지해야만 한다. 그러나 비록 아무리 위대하고 선하다 할지라도 사람은 하나님께 대하여 항상 종속적인 위치에 있다는 사실을 잊어서는 안 된다. 미디안 군대는 순전히 두려움 때문에 패배했는데, 이것은 특별히 여호와의 칼로 인한 것이었다. 기드온의 군대는 손에 칼을 들지 않았으면서도 단지 여호와와 기드온의 칼이다라고 외침으로써 승리를 얻었다. 이와 같이 교회의 원수들도 그 입에서 나오는 칼에 의해 패배를 당한다(계 19:21).

2. 여기에서 미디안을 물리치기 위해 취한 이러한 방법에 대해 우리는 다음과 같이 말할 수 있다.

(1) 나팔을 부는 것은 영원한 복음을 전파함으로 마귀의 왕국을 멸망시키는 것을 상징하며, 또한 빛을 감추고 있는 '흙으로 빚은 항아리' 는 복음사역자 속에 빛의 보화가 감추어져 있는 것을 상징한다(고후 4:6, 7). 이와 같이 하나님은 세상의 어리석은 것들을 택하사 지혜로운 자들을 부끄럽게 하시는 것처럼 미디안의 장막을 넘어뜨리기 위해 보리떡을 택하셨는데, 이는 심히 큰 능력이 사람에게 있지 아니하고 오직 하나님께 있음을 나타내기 위함이었다. 복음은 칼인데, 그것은 손에 있는 것이 아니라 입에 있는 것이다. 또 그것은 여호와와 기드온, 즉 보좌 위에 앉으신 하나님과 어린 양이신 예수 그리스도의 칼이다.

(2) 또한 그것은 마지막 큰 날의 두려움을 상징한다. 홀 주교(bishop Hall)는 그것을 다음과 같이 적용한다. "이러한 항아리와 나팔과 횃불이 미디안과 아말렉의 교만한 군대를 그토록 큰 두려움과 혼란에 빠뜨린 것처럼, 천사장이 나팔을 불 때 체질이 뜨거운 불에 풀어지고 큰 소리와 함께 하늘이 사라질 것이며 큰 함성과 함께 주께서 강림하실 것이다."

Ⅱ. 이러한 두려움으로 인한 놀라운 승리. 마치 여리고 성벽이 거대한 소리와 함께 무너진 것처럼, 미디안 병사들은 아우성을 치며 죽어갔다. 얼마 전에

기드온은 절망 가운데 여호와의 사자에게 "우리 조상들이 말해 준 이적들이 어디 있나이까?" 라고 물었다. 지금 그는 바로 그 이적을 보고 있다. 기드온의 병사들은 명령 받은 대로 각기 제자리에 서서 그 진영을 에워싸고(21절), 나팔을 불어 적들로 하여금 서로 싸우도록 충동하고 횃불을 들어 그들의 멸망을 비추게 했다. 그들은 피와 약탈물에 굶주린 자들처럼 미디안 병사들 속으로 돌진해 들어가지 않고, 다만 가만히 서서 여호와의 구원(순전히 하나님 자신이 이루시는 구원)을 바라볼 뿐이었다. 기드온의 계획이 얼마나 멋지게 들어맞았는지 주목하라.

1. 그들은 이스라엘 병사들을 두려워했다. 모든 군사들이 즉각적으로 공포 속에 빠져버렸다. 그러한 두려움과 공포가 마치 번개처럼 그들 진영 전체를 덮쳤고, 이로 인해 그들은 뛰고 부르짖으며 도망쳤다(21절). 이러한 두려움은 자연스러운 것이었다. 우리는 그들이 기드온의 군대가 크게 감소된 사실을 미처 알지 못했다고 추측할 수 있다. 도리어 그들은 이스라엘 군대가 점점 더 증강되었을 것이라고 생각했을 것이다. 그러므로 자신들이 그동안 이스라엘에게 가했던 고통을 생각할 때, 그리고 이스라엘이 그러한 멍에를 벗어버리기 위해 과감한 시도를 하고 있음을 생각할 때, 그들은 지금 이스라엘 군대가 매우 강력한 힘을 가지고 있다고 생각할 만한 충분한 이유를 갖고 있었다. 그러나 그들에게 이러한 두려움을 가져다 준 데에는 그 이상의 어떤 것이 있었는데, 그것은 바로 초자연적인 권능이었다. 하나님은 너희 중 하나가 천을 쫓으리라는 약속이 이루어지는 것을 보이고자 하셨다 — 비록 불순종에 의해 오랫동안 그러한 약속을 잃어버렸다 할지라도. 상상의 힘이 얼마나 큰지 생각해 보라. 어떤 경우에 그것은 엄청난 두려움이 되기도 하며, 또 다른 경우에는 큰 기쁨이 되기도 한다.

2. 그들은 자기들끼리 서로 뒤엉켜 칼로 쳤다: 여호와께서 그 온 진영에서 친구끼리 칼로 치게 하시므로(22절). 이러한 혼란 속에서 그들은 나팔 부는 자들과 횃불 든 자들이 자신들의 진 바깥에 서 있는 것을 보면서 이스라엘의 본대(本隊)가 이미 들어와 자신들 가운데 있다고 결론지었다. 따라서 미디안의 모든 병사들은 옆에 있는 자기 편 병사들을 향해 적으로 생각하고 덤벼들었으며, 이로 인해 자기들끼리 서로 죽고 죽이는 일이 순식간에 벌어졌다. 우리는 어떤 경우에도 두려워하지 말라는 명령을 한 순간도 잊어서는 안 된다. 왜냐하면 두려움이 가져다 주는 해악이 얼마나 크고 심각한지 우리는 상상조차 할 수 없기 때

문이다. 하나님은 종종 교회의 원수들로 하여금 서로 멸망케 하는 도구가 되게 하신다. 때로 교회에 속한 지체들이 이와 비슷하게 분별을 잃어버리는 경우가 있는데, 이는 실로 안타까운 일이 아닐 수 없다.

3. 그들은 살기 위해 도망쳤다. 아마도 날이 밝았을 때 그들은 자기들끼리 서로 싸운 실수를 알게 되었을 것이다. 그리고 이러한 치명적인 실수로 인해 전력에 큰 손실을 입음으로 이제 이스라엘을 대항하는 것이 불가능하게 되었다고 생각하면서 자기 나라로 도망하는 것이 최선이라고 결론지었을 것이다. 이와 같이 악인은 쫓아오는 자가 없어도 도망한다(잠 28:1). 무서운 것이 사방에서 그를 놀라게 하고 그 뒤를 쫓아갈 것이며(욥 18:11).

[23]이스라엘 사람들은 납달리와 아셀과 온 므낫세에서부터 부름을 받고 미디안을 추
격하였더라 [24]기드온이 사자들을 보내서 에브라임 온 산지로 두루 다니게 하여 이
르기를 내려와서 미디안을 치고 그들을 앞질러 벧 바라와 요단 강에 이르는 수로
를 점령하라 하매 이에 에브라임 사람들이 다 모여 벧 바라와 요단 강에 이르는 수
로를 점령하고 [25]또 미디안의 두 방백 오렙과 스엡을 사로잡아 오렙은 오렙 바위에
서 죽이고 스엡은 스엡 포도주 틀에서 죽이고 미디안을 추격하였고 오렙과 스엡의
머리를 요단 강 건너편에서 기드온에게 가져왔더라

우리는 여기에서 이 영광스러운 승리가 계속해서 어떻게 진행되는지를 보게 된다.

1. 자기 처소로 돌아가도록 명령받은 군사들은 아마도 뿔뿔이 흩어지기 시작했다가 적들이 도망하는 것을 알고 다시 모였을 것이다. 그리고 그들은 도주하는 미디안 군사들을 맹렬히 추격했다. 납달리와 아셀로부터 온 병사들이 이 일을 했는데(23절), 이들은 그토록 먼 지역에서 지금 온 병사들이 아니라 앞에서 군대에 들어왔다가 집으로 돌아가도록 명령받은 자들이었다(6:35). 싸우기를 두려워했던(3절) 자들이 다시금 마음을 새롭게 먹고, 전리품을 나누고자 도주하는 적병들을 공격하는 일에 가담했다. 이들은 마음은 있었으나 하나님에 의해 집으로 돌아가도록 명령을 받은 자들로서, 역대하 25장의 심히 노하여 돌아간 자들과는 같지 않았다(10, 13절). 이들은 비록 전선(戰線)에서 싸우는 영예는 얻지 못했지만 승리를 위해 봉사할 기회를 기다렸다.

2. 에브라임 사람들은 기드온의 명령에 따라 한 마음으로 나아와서, 적들이 자기 나라로 돌아가는 퇴로를 차단하기 위해 요단을 건너는 통로와 몇몇 여울들을 굳게 지켰다. 그럼으로써 그들은 또다시 이스라엘에게 해악을 끼칠 수 없도록 완전하게 멸망을 당하게 되었다. 지금 그들은 무너지기 시작했으며, 분명하게 엎드려졌다(에 6:13). 에브라임 사람들은 수로를 점령했다(24절). 즉 그들이 강변을 굳게 지킴으로써 추격자들로부터 도망쳐 온 미디안 사람들은 그들의 손에 떨어지게 되었다. 여기에는 두려움과 함정과 올무가 있었다(사 24:17).

3. 미디안 군대의 두 방백이 요단 이쪽 편에서 에브라임 사람들에게 붙잡혀 죽임을 당했다(25절). 오렙은 갈가마귀를 의미하고 스엡은 늑대를 의미하는데, 아마도 그들의 이름 속에 그들의 성격이 나타나는 것 같다. 이들은 도주하면서 한 사람은 바위에 숨고(사 2:21; 계 6:15), 또 한 사람은 포도주 틀에 숨었다 — 마치 기드온이 얼마 전에 미디안 사람들을 두려워하여 자신의 밀을 포도주 틀에 숨겨둔 것처럼(6:11). 그러나 그들이 숨은 장소는 그들이 살해당한 장소가 되었다. 그리고 이를 기억하고 기념하기 위해 그 장소에 그들의 이름이 붙여지게 되었는데, 이로써 그들의 이름은 영원히 수치스러운 이름이 되고 말았다: 미디안의 방백들이 이 곳에 쓰러지다.

제 8 장

개요

본 장에서 우리는 기드온이 미디안에 대해 승리를 거둔 이후의 계속되는 이야기와 함께 그의 생애와 통치에 대한 나머지 이야기를 보게 된다. I. 기드온이 에브라임 사람들의 비난을 신중하게 무마시킴(1-3절). II. 기드온이 도주하는 미디안 사람들을 용감하게 추격함(4, 10-12절). III. 기드온이 숙곳과 브누엘 사람들의 오만에 대해 정당하게 응징함(5-9, 13-17절). IV. 기드온이 미디안의 두 왕을 죽임(18-21절). V. 이 모든 일 후에 기드온이 이스라엘을 다스려 달라는 요청을 겸손히 거절함(22, 23절). VI. 이스라엘 백성들의 미신적인 기질을 만족시키기 위해 기드온이 에봇을 만들어 자기 성읍에 둠, 그것이 결국 큰 올무가 됨(24-27절). VII. 기드온이 40년 동안 이스라엘을 평온케 함(28절). VIII. 기드온이 영예롭게 죽음, 그리고 많은 자녀를 남김(29-32절). IX. 감사할 줄 모르는 이스라엘이 곧바로 기드온과 하나님을 잊음(33-35절).

1에브라임 사람들이 기드온에게 이르되 네가 미디안과 싸우러 갈 때에 우리를 부르
지 아니하였으니 우리를 이같이 대접함은 어찌 됨이냐 하고 그와 크게 다투는지라
2기드온이 그들에게 이르되 내가 이제 행한 일이 너희가 한 것에 비교되겠느냐 에
브라임의 끝물 포도가 아비에셀의 만물 포도보다 낫지 아니하냐 3하나님이 미디안
의 방백 오렙과 스엡을 너희 손에 넘겨 주셨으니 내가 한 일이 어찌 능히 너희가
한 것에 비교되겠느냐 하니라 기드온이 이 말을 하매 그 때에 그들의 노여움이 풀
리니라

공동의 적인 미디안이 항복하자마자, 이스라엘 백성들은 금방 자기들끼리 다투기 시작한다. 만일 기드온이 큰 지혜와 아량으로 즉시 끄지 않았다면, 그 불꽃은 치명적인 결과를 가져오는 엄청난 불로 번졌을 것이다. 에브라임 사람들이 오렙과 스엡의 머리를 기드온에게 가지고 왔을 때, 그들은 기드온의 성

공을 축하하고 자신들이 마땅히 했어야 할 위대한 일을 해준 그에게 감사하는 대신 크게 화를 내며 싸움을 걸었다.

I. 그들의 비난은 매우 비합리적인 것이었다. 네가 미디안과 싸우러 갈 때에 우리를 부르지 아니하였으니 우리를 이같이 대접함은 어찌 됨이냐(1절) 에브라임은 기드온이 속한 지파인 므낫세와 형제지간이었으며, 야곱과 모세로부터 특별한 축복을 받았다. 따라서 에브라엠은 혹시 므낫세가 자신들의 영예를 가리지 않을까 매우 조바심을 냈다. 이와 관련하여 우리는 성경에서 에브라임에 대항하는 므낫세와 므낫세에 대항하는 에브라임을 발견한다(사 9:21). 노엽게 한 형제와 화목하기가 견고한 성을 취하기보다 어려운즉 이러한 다툼은 산성 문빗장 같으니라(잠 18:19). 그러나 에브라임 사람들이 기드온에게 이러한 시비를 거는 것은 얼마나 부당한 일인가! 그들은 기드온이 자신들로 하여금 미디안을 공격하는 데 앞장서게 하지 않았다고 화를 냈다. 왜 그들이 앞장서도록 부름 받지 않았는가? 영예로운 자리는 반드시 자신들의 것이어야 한다고 그들은 생각했다. 그러나,

1. 기드온은 하나님으로부터 부르심을 받았다. 따라서 그는 하나님이 지시하는 대로 행해야만 한다. 그는 스스로 그 영예를 취하지도 않았고, 그것을 자기 마음대로 처리하려고 하지도 않았다. 다만 그 모든 것을 하나님께 맡겼을 뿐이었다. 그러므로 에브라임 사람들은 이러한 다툼 가운데 하나님을 비난한 것이다: 기드온이 누구이기에 너희가 그에게 대하여 원망하느냐?

2. 왜 에브라임 사람들은 기꺼이 이 일에 헌신하지 않았는가? 그들은 적이 자신들 나라에 있는 것을 알고 있었다. 그리고 적들에 대항하여 군대가 세워지고 있었던 것에 대해서도 들었다. 비록 공식적인 요청을 받지 않았다 할지라도, 그들 역시도 공동의 목표를 위해 마땅히 동참했어야 했다. 하나님보다 자기 자신을 먼저 구하는 자들은 하나님과 자기 세대를 위해 진정한 봉사는 하지 않고 영예로운 자리만을 좋아한다. 드보라의 시대에 에브라임의 뿌리가 있었다(5:14). 그런데 어째서 이것이 지금은 나타나지 않았는가? 상황 자체가 그들을 불렀다. 그들은 기드온으로부터의 부름을 기다릴 필요가 없었다.

3. 기드온은 그들을 부르지 않음으로써 그들의 체면을 지켜 주었다. 만일 기드온이 그들을 불렀다면, 의심의 여지 없이 그들 가운데 많은 사람들은 나약한 마음으로 스스로 돌아갔거나 아니면 게으르고 나태하며 참을성 없음으로 인해

집으로 돌아가도록 조처되었을 것이다. 그러므로 그들을 부르지 않음으로써 결과적으로 기드온은 그들이 수치를 당하는 것을 막아주었다. 겁쟁이들은 위험이 지나갔을 때는 매우 용맹한 것처럼 보인다. 그러나 정작 위험이 가까이 있을 때는 어디에서도 그러한 용기를 찾아볼 수 없다.

Ⅱ. 기드온의 대답은 매우 온화하고 온순했다. 그는 자신을 정당화하려고 하기보다는 그들을 기쁘게 하고 무마시키고자 했다(2, 3절).

1. 기드온은 매우 온유하고 침착하게 대답한다. 그는 에브라임 사람들의 무례함에 분개하지도 않았으며, 그들이 화내는 것에 대해 같이 화내지도 않았다. 다만 부드럽게 상황을 설명했다. 기드온이 이렇게 자신의 감정을 다스릴 줄 알았던 것은 미디안에 대해 승리를 거둔 것과 마찬가지로 진정 영예로운 것이었다. 노하기를 더디 하는 자는 용사보다 나으니라.

2. 기드온은 매우 겸손하고 겸비하게 대답한다. 그는 자신의 공로보다도 에브라임 사람들의 공로를 더 높이며 칭찬한다: 에브라임의 끝물 포도가 아비에셀의 맏물 포도보다 낫지 아니하냐. 즉 적의 패잔병들을 죽인 에브라임 사람들이 기드온이 행한 처음 공격보다 더 낫고 유익하며 더 영예로운 것이 아니냐는 것이다. 요한계시록 14장에서 교회의 원수들이 멸망당하는 것이 포도를 수확하는 것으로 비유된다(18절). 여기에서 기드온은 에브라임 사람들이 끝물로서 이삭줍기한 것이 자신이 수확한 것보다 낫다고 말하고 있다. 때때로 승리를 증진시키는 것이 승리를 얻는 것보다 더 영예롭고 더 큰 결과를 가져오기도 한다. 여기에서 그들은 자기 스스로를 드러내며 자신들의 용기와 행동을 나타내고 있었다. 만일 그렇게 하지 않았다면 하나님께서 그들을 칭찬하시고 존귀케 하셨을 것이다. 기드온은 그들의 공로를 칭찬하면서 기꺼이 자신의 공로는 감춘다. 그러나 그는 에브라임 사람들의 면류관을 장식하기 위해 하나님의 면류관에서 꽃을 뽑아내지는 않을 것이다: "하나님이 미디안의 방백들을 너희 손에 넘겨주셨고 너희 많은 무리가 적들을 크게 살육하였는데, 내가 300명으로 한 일이 너희의 용맹한 공적과 비교할 때 그것이 무엇이겠느냐?" 기드온은 여기에서 자기 부인의 위대한 모범을 보여준다. 여기에서 우리는 다음과 같은 교훈을 배울 수 있다.

(1) 겸손한 태도는 다른 사람들의 시기를 피하는 최선의 길이다. 종종 옳은 일을 하고도 시기의 대상이 되는 경우가 있다(전 4:4). 그러나 그러한 일을 행

한 자가 자랑하지 않을 때는 대체로 시기를 당하지 않게 된다. 겸손하여 스스로를 낮추는 사람을 끌어내리려는 사람은 정말로 악한 자이다. (2) 겸손한 태도는 또한 분쟁을 종결시키는 가장 확실한 방법이다. 왜냐하면 교만에서는 다툼만 일어날 뿐이기 때문이다(잠 13:10). (3) 위대한 공로를 이룬 사람의 겸손은 최고로 훌륭하고 칭찬할 만한 것이다. 기드온이 미디안을 정복한 것은 그의 겸손을 더욱 빛나게 해준다. (4) 자신보다 남을 더 낫게 여기고 존경하기를 서로 먼저 하는 것은 진정한 겸손의 행동이다.

그러면 이러한 말다툼의 결과는 무엇이었는가? 에브라임 사람들은 기드온과 크게 다투었다(1절). 그들은 자신들의 장군이요 하나님이 높이 세우신 자에게 합당한 경의를 표하는 것을 잊어버리고, 억지스럽고 방자한 말로 자신들의 분노를 터뜨렸다. 분노가 높이 날 때 이성은 낮게 달린다. 그러나 기드온의 유순한 대답은 에브라임 사람들의 분노를 쉬게 했다(잠 15:1). 이로 인해 그들의 노여움이 풀렸다(3절). 그들의 분노가 어느 정도 남아 있었지만, 기드온은 신중하게 대처하여 점차로 그러한 분노를 식게 만들었다. 가장 위대하고 선한 사람조차도 주변 사람들의 어리석음과 불친절로 인해 인내심이 시험당하게 된다는 사실을 기억해야 하며, 또 그것을 이상한 것으로 생각해서도 안 된다.

4기드온과 그와 함께 한 자 삼백 명이 요단 강에 이르러 건너고 비록 피곤하나 추격
하며 5그가 숙곳 사람들에게 이르되 나를 따르는 백성이 피곤하니 청하건대 그들에
게 떡덩이를 주라 나는 미디안의 왕들인 세바와 살문나의 뒤를 추격하고 있노라
하니 6숙곳의 방백들이 이르되 세바와 살문나의 손이 지금 네 손 안에 있다는거냐
어찌 우리가 네 군대에게 떡을 주겠느냐 하는지라 7기드온이 이르되 그러면 여호와
께서 세바와 살문나를 내 손에 넘겨 주신 후에 내가 들가시와 찔레로 너희 살을 찢
으리라 하고 8거기서 브누엘로 올라가서 그들에게도 그같이 구한즉 브누엘 사람들
의 대답도 숙곳 사람들의 대답과 같은지라 9기드온이 또 브누엘 사람들에게 말하여
이르되 내가 평안히 돌아올 때에 이 망대를 헐리라 하니라 10이 때에 세바와 살문나
가 갈골에 있는데 동방 사람의 모든 군대 중에 칼 든 자 십이만 명이 죽었고 그 남
은 만 오천 명 가량은 그들을 따라와서 거기에 있더라 11적군이 안심하고 있는 중에
기드온이 노바와 욕브하 동쪽 장막에 거주하는 자의 길로 올라가서 그 적진을 치
니 12세바와 살문나가 도망하는지라 기드온이 그들의 뒤를 추격하여 미디안의 두

왕 세바와 살문나를 사로잡고 그 온 진영을 격파하니라 [13]요아스의 아들 기드온이
헤레스 비탈 전장에서 돌아오다가 [14]숙곳 사람 중 한 소년을 잡아 그를 심문하매 그
가 숙곳의 방백들과 장로들 칠십칠 명을 그에게 적어 준지라 [15]기드온이 숙곳 사람
들에게 이르러 말하되 너희가 전에 나를 희롱하여 이르기를 세바와 살문나의 손이
지금 네 손 안에 있다는거냐 어찌 우리가 네 피곤한 사람들에게 떡을 주겠느냐 한
그 세바와 살문나를 보라 하고 [16]그 성읍의 장로들을 붙잡아 들가시와 찔레로 숙곳
사람들을 징벌하고 [17]브누엘 망대를 헐며 그 성읍 사람들을 죽이니라

I. 기드온은 용맹한 장군답게 미디안의 남은 병사들을 뒤쫓아 계속해서 타격을 가한다. 앞에서 엄청난 수의 적들이 죽었다: 칼 든 자 십이만 명이 죽었고(10절). 이러한 가공할 만한 살육은 자기들끼리 행한 것이었으며, 그들은 이스라엘에게 손쉬운 먹잇감이었다. 그러나 미디안의 두 왕은 15,000명의 군사들을 데리고 에브라임 사람들이 요단의 나루터를 장악하기 전에 먼저 그 강을 건너 자기 나라로 향하고 있었던 것으로 보인다. 기드온은 그들을 그대로 도망치게 내버려둔다면 이스라엘을 구원하는 자신의 사명을 충분히 감당하지 못한 것이라고 생각한다. 그는 그들을 이스라엘에서 쫓아내는 것으로 만족하지 않고 세상에서 쫓아내고자 한다(욥 18:18). 기드온은 이러한 결심을 굳게 믿고 나아가 마침내 큰 성공을 거둔다.

1. 그의 확고부동한 결심은 매우 칭찬할 만했다. 그는 가장 불리하고 열악한 상황에서 자신이 목표한 과업을 실행했다.

(1) 기드온에게는 300명의 군사가 전부였다. 이제 그들은 나팔과 횃불을 내려놓고 칼과 창을 잡았다. 하나님은 이들 300명으로 내가 너희를 구원하리라고 말씀하셨었다(7:7). 기드온은 그 약속을 굳게 믿고 오직 그들만 데리고 나아간다(4절). 그는 자신의 용맹을 의지하는 수천 명의 군사들보다 하나님의 약속을 의지하는 300명의 군사들을 더 신뢰했다.

(2) 그들은 피곤했지만 추격했다(4절). 그들은 지금까지 행한 것으로 매우 지쳐 있었지만, 이스라엘의 적들에게 더 많은 타격을 가하는 일에 결코 게으르지 않았다. 우리의 영적 전투는 이와 같이 우리의 힘을 다해 — 비록 작은 힘이라 할지라도 — 수행되어야 한다. 참된 그리스도인이라면 이와 같이 피곤할지라도 추격해야 한다.

(3) 자신의 백성들에 의해 지금 미디안을 추격하는 일은 결코 성공할 수 없을 것이라는 조소를 받음에도 불구하고, 기드온은 계속해서 밀고 나아간다. 우리의 사명을 수행하는 과정에서 우리를 도와주어야 할 자들이 도리어 장애물이 된다 할지라도, 우리는 결코 포기해서는 안 된다. 사람들의 비난과 경멸을 무시할 줄 아는 사람이야말로 하나님이 받으실 만한 사람이다.

(4) 기드온은 **장막에 거주하는 자들의 길을** 따라 매우 먼 길을 행군했다(11절). 아마도 그것은 장막에 거주하는 자들이 숙곳이나 브누엘 같이 성벽 안에 거주하는 자들보다 더 친절할 것으로 기대했기 때문이거나(일반적으로 도시보다는 시골이 더 인심이 후하고 잘 도와주는 경향이 있다) 아니면 그가 이 길로 추격해 오리라고는 거의 생각지 못함으로 그들을 더 놀라게 할 수 있을 것이었기 때문일 것이다. 이와 같이 기드온은 승리를 완성하기 위해 어떤 고통도 기꺼이 감내했다. 그에게 배고픔과 목마름과 수고를 견딜 수 있는 300명의 군사가 있었던 것은 얼마나 큰 축복이었던가! **적군이 안심하고 있는 중에**란 구절로 미루어, 기드온은 앞에서 그랬던 것처럼 밤에 적을 기습한 것으로 보인다. 죄인들이 **편안하다 안전하다**할 그 때가 바로 멸망의 때인 경우가 종종 있다. 그리고 가장 안심하고 있을 때의 위험이 가장 치명적이다.

2. 그의 성공은 선한 일을 사모하는 많은 사람들에게 좋은 귀감이 되었다. 그는 적군을 패퇴시켰으며(11절), 두 왕을 사로잡았다(12절). 악한 자들에게 두려움이 임하는 사실을 주목하라. 여호와와 기드온의 칼로부터 도망치려고 생각한 자들은 실상 그 칼 위에서 달리고 있었던 셈이다. 그가 철 병기를 피할 때에는 **놋 화살이 그를 쏘아 꿰뚫을 것이다**(욥 20:24). 왜냐하면 재앙이 죄인을 따르기 때문이다(잠 13:21).

Ⅱ. 여기에서 기드온은 공의로운 사사(재판장)로서 감사할 줄 모르는 숙곳 사람들과 브누엘 사람들의 무례함에 대해 징벌을 내린다. 그들은 요단 건너편의 갓 지파에 속한 자들이었다.

1. 그들의 죄는 매우 큰 것이었다. 기드온은 한 줌밖에 안 되는 굶주린 병사들과 함께 이스라엘의 구원을 완성하기 위해 공동의 적을 추격하고 있었다. 그들의 길은 먼저 숙곳을 지나 브두엘로 통해 있었다. 기드온은 성읍의 지도자들이 자신들을 정식으로 맞이하고, 승리를 축하해주며, 연회를 베풀어줄 것을 기대하지 않았다 — 물론 그렇게 할 만한 충분한 자격이 있었지만. 단지 기진맥

진해 있는 병사들을 위한 약간의 음식만을, 그것도 매우 겸손하고 절박하게 요청했을 뿐이었다: **나를 따르는 백성이 피곤하니 청하건대 그들에게 떡덩이를 주라**(5절). 가난한 행인이 이렇게 요청할지라도 들어주어야 하지 않겠는가? 하물며 이들은 **부르심을 받고 택하심을 받은 진실한 병사들이었다**(계 17:14). 그들은 하나님이 존귀케 하신 자들이며, 이스라엘은 지금 그들에게 큰 은혜를 입고 있었다. 그들은 이스라엘을 위해 위대한 일을 행했으며 지금도 그 일을 계속하고 있는 중이다. 그들은 정복자들이며 마땅히 공물을 요구할 권리를 가지고 있었다. 지금 그들은 하나님과 이스라엘의 전쟁을 수행하고 있다. 그렇다면 성읍이 제공할 수 있는 최고의 음식으로 그들을 대접함이 마땅하지 않은가? 그러나 숙곳의 방백들은 **하나님을 두려워하지도 않았고 사람을 존중하지도 않았다**.

(1) 그것은 하나님을 경멸하는 것이었다. 그들은 하나님이 자신들을 구원하기 위해 세우신 자의 정당한 요구를 거부했으며 모욕하며 조롱했다. 그리고 그가 거둔 승리를 얕잡아 보았으며, 그가 지금 하고 있는 일이 결코 성공하지 못할 것이라고 생각했다. 지금 전쟁을 수행하고 있는 자에게 이것보다 더 사기를 꺾는 것이 무엇이겠는가? 그리고 그들은 미디안의 남은 병력들이(그들은 이들이 자신들의 지역을 지나가는 것을 얼마 전에 보았다) 기드온의 군대보다 훨씬 강하다고 굳게 믿었다. **세바와 살문나의 손이 지금 네 손 안에 있다는거냐?** 결코 그렇지 않으며 이후에도 그럴 것이다. 그들은 단지 군사들의 숫자만을 보고 그렇게 판단했다.

(2) 그것은 형제들에 대해 불쌍히 여기는 마음을 닫아버린 것이다. 그들은 믿음만 없었던 것이 아니라 사랑도 없었다. 그들은 기진맥진해 쓰러질 지경인 사람들에게 떡 한 조각도 주려 하지 않았다. 정말 이들이 지도자인가? 정말 이들이 이스라엘 백성인가? 이들은 이러한 이름을 가질 자격이 없는 자들이었다. 비열하고 타락한 자들이여! 분명히 이들은 바알을 숭배하는 자들이거나, 아니면 미디안 편에 붙어살던 사람들이었을 것이다. 브누엘 사람들 또한 **여호와와 기드온의 칼**에 반항하면서 동일한 요청에 동일하게 응답했다(8절).

2. 그들의 죄에 대해 기드온이 징벌을 경고한 것은 매우 공정한 것이었다.

(1) 기드온은 즉각적으로 징벌하지 않았다. 그것은 도주하고 있는 적들을 추격하는 가운데 많은 시간을 지체할 수 없었기 때문이기도 했지만, 또한 그들을 징벌하는 것이 단순히 자신의 울분에 대한 화풀이가 되지 않고 그들의 수치가

되도록 하기 위함이었다. 불가능하다고 생각했던 일을 기드온이 완료할 때, 그들은 더욱 부끄럽고 수치스럽게 될 것이었다.

(2) 기드온은 그들을 어떻게 징벌할 것인지에 대해 말함으로써(7, 9절), 하나님의 능력으로 말미암는 승리에 대한 확신을 나타냈다. 만일 그들에게 최소한의 은혜와 분별력이 남아 있었다면, 그들은 자신들의 어리석음을 돌이키고 그에게 음식과 원조물자를 보냄으로써 자신들의 잘못을 바로잡을 수 있었을 것이다. 만일 그랬다면 분명히 기드온은 그들을 용서해 주었을 것이다. 하나님은 죄인들로 하여금 다가올 진노로부터 피할 수 있도록 하기 위해 위험을 경고하면서 회개할 기회를 주신다.

3. 그들은 경고를 무시함으로써 혹독한 징벌을 받게 되는데, 그 또한 매우 공정한 것이었다.

(1) 숙곳의 방백들이 먼저 본보기가 되었다. 기드온은 77명의 방백들의 이름과 주소에 대한 정보를 얻었다(14절). 그들은 기드온이 결코 미디안 사람들을 따라잡지 못할 것이라고 생각했으나, 놀랍게도 기드온은 정복자로서 돌아왔다. 이제 기드온의 300용사는 공의의 집행자가 되었다. 그들은 이 곳의 모든 방백들을 체포하여 기드온 앞에 끌고 왔고, 기드온은 그 방백들에게 포로로 끌고 온 세바와 살문나를 보여주었다. "내가 결코 이길 수 없으리라고 너희가 생각한 자들이 바로 이들이다"(15절). 기드온은 그들을 들가시와 찔레로 징벌하였다. 그러나 그들을 죽이지는 않은 것으로 보인다.

[1] 기드온은 그들의 몸을 괴롭게 했다. 아마도 그는 들가시와 찔레로 채찍질하거나 그 위에서 구르게 했을 것이다. 어떤 방식으로든 기드온은 그들의 살을 찢었다(7절). 자비를 베풀지 않은 자들은 자비 없는 심판을 받게 될 것이다. 아마도 그들은 기드온과 그의 군대의 거친 모습을 싫어했을 것이며, 기드온은 그들의 이러한 유약함을 주목했을 것이다. 따라서 기드온은 유약함과 나약함으로 인해 그들에게 이와 같이 고통을 가하며 단련시켰다.

[2] 기드온은 그들을 교훈하며 가르쳤다: 이로써 그는 숙곳사람들을 가르쳤고(KJV 16절, 개역개정판에는 숙곳사람들을 징벌했고라고 되어 있음). 기드온이 의도한 것은 그들을 멸망시키는 것이 아니라, 단련시키는 것이었다. 그럼으로써 그들을 좀 더 지혜롭게 만들고, 미래를 위해 좀 더 나은 자가 되게 하려는 것이었다. 문자대로 하면 그는 그들을 알게 했다(he made them know)가 된다. 기드온

은 그들로 하여금 자신들에 대해서, 자신들의 어리석음에 대해서, 하나님에 대해서, 그리고 자신들의 의무에 대해서 알게 했다. 또 그들로 하여금 기드온이 누구인지에 대해 알게 했다. 왜냐하면 그들은 하나님이 그에게 씌워주신 승리의 면류관을 통해서도 그가 누구인지 알지 못했기 때문이다. 많은 사람들이 고통의 가시와 찔레를 통해 다른 방식으로는 배우지 못했던 것을 배우게 된다는 사실을 주목하라. 하나님은 채찍과 꾸지람과 징계와 교훈으로 지혜를 주시며, 우리를 고치신 후 귀를 열어 교훈을 듣게 하신다(욥 36:10). 우리의 복된 구주께서도 비록 아들이심에도 불구하고 받으신 고난으로 순종함을 배우셨다(히 5:8). 모든 찌르는 가시(특별히 그것이 육체의 가시가 될 때)와 괴롭게 하는 찔레에 대해 우리는 이렇게 받아들여야 한다. "이것으로 하나님이 나를 가르치고자 하시니, 이로써 내가 어떤 선한 교훈을 배우게 될 것인가?"

(2) 다음으로 브누엘 사람들의 재앙이 이어지는데, 기드온은 그들을 더 가혹하게 징벌한다(17절).

[1] 기드온은 그들이 자랑하며 신뢰하던 망대를 헐었다. 아마도 그들은 기드온과 그의 병사들에게 미디안 사람들을 추격하기보다는 이 곳에서 안전하게 거할 것을 냉소적으로 권고했을 것이다. 사람들이 자랑하는 것이 종종 무참히 파괴됨으로 인해 그들의 수치가 되고 마는 경우가 얼마나 많은가?

[2] 기드온은 그 성읍 사람들을 죽였다. 성읍 사람 전부를 죽인 것도 아니고, 아마도 장로들이나 방백들을 죽인 것도 아니었을 것이다. 다만 기드온을 모욕한 자들만 죽였을 것이다. 그는 가장 오만하고 무례한 자들을 죽임으로써 나머지 사람들에게 두려움을 주었고 그렇게 함으로써 브누엘 사람들을 가르쳤다.

[18]이에 그가 세바와 살문나에게 말하되 너희가 다볼에서 죽인 자들은 어떠한 사람
들이더냐 하니 대답하되 그들이 너와 같아서 하나 같이 왕자들의 모습과 같더라
하니라 [19]그가 이르되 그들은 내 형제들이며 내 어머니의 아들들이니라 여호와께서
살아 계심을 두고 맹세하노니 너희가 만일 그들을 살렸더라면 나도 너희를 죽이지
아니하였으리라 하고 [20]그의 맏아들 여델에게 이르되 일어나 그들을 죽이라 하였으
나 그 소년이 그의 칼을 빼지 못하였으니 이는 아직 어려서 두려워함이었더라 [21]세
바와 살문나가 이르되 네가 일어나 우리를 치라 사람이 어떠하면 그의 힘도 그러
하니라 하니 기드온이 일어나 세바와 살문나를 죽이고 그들의 낙타 목에 있던 초

승달 장식들을 떼어서 가지니라

심판은 이스라엘 백성이었던 숙곳과 브누엘 사람들을 징벌함으로써 그들의 잘못을 바로잡는 것으로서, 즉 하나님의 집에서 시작되었지만, 그러나 그것으로 끝은 아니었다. 미디안의 왕들이 사로잡힌 것은 기드온의 승리를 드러내고 빛나게 하는 것이었는데, 이제 그들이 심판을 받아야만 했다.

1. 그들은 얼마 전에 다볼 산에서 기드온의 형제들을 죽였다. 이스라엘 자녀들이 미디안 사람들을 두려워하여 **산에 굴을 만들었을 때**(6:2) 이들 젊은이들은 그 산에 피신했던 것 같은데, 그 때 미디안의 두 왕이 이들을 찾아내어 가장 비열하고 야만스럽게 살해했다. 기드온이 미디안의 왕들에게 **"너희가 다볼에서 죽인 자들이 어떠한 사람들이더냐"** 라고 물었을 때(18절), 그것은 그가 이 일에 대해 확실하게 알지 못해서거나 혹은 증거를 얻기 위해서가 아니었다. 기드온이 형제들의 피에 대해 이제야 물어볼 정도로 무관심했던 것도 아니었고, 이 교만한 왕들이 그 일을 감추려고 한 것도 아니었다. 다만 그들로 하여금 자신들이 살해한 자들이 보통 이상의 특출한 사람들이었음을 인정하게 함으로써 그들의 죄가 더 가증스러운 것으로 드러나고 그럼으로써 그들을 처벌하는 것이 더욱 정당한 것으로 드러나도록 하기 위함이었다. 미디안의 왕들은 그들이 비록 초라하고 절망적인 상황 속에 있었을지라도 마치 지금의 기드온의 모습처럼 비범한 위엄과 당당함을 가지고 있었음을 인정할 수밖에 없었다: **어떤 위대한 일을 위해 태어난 왕자들의 모습과 같더라.**

2. 스스로의 자백에 의해 미디안의 두 왕의 죄책이 드러났다. 기드온은 이스라엘의 사사로서 마치 오렙과 스엡의 경우처럼(7:25) 이스라엘 백성에게 행한 총체적인 해악으로 인해 그들을 자신이 직접 죽일 수 있었다. 그러나 그렇게 하는 대신 그는 피의 복수자 즉 살해당한 자들과 가장 가까운 친족에게 그 일을 맡긴다: **그들은 내 형제들이라**(19절). 그들의 다른 죄들은 용서받을 수 있었을는지 모른다. 적어도 기드온 자신이 직접 그들을 죽이려고는 하지 않았다. 그러나 형제들의 핏소리(the voice of blood)가 복수하는 권세가 그의 손에 있다고 소리친다. 그러므로 다른 방법은 없었다. 오직 그에 의해 그들의 피가 흘려져야만 한다 — 비록 그들이 왕이었다 할지라도. 그들은 이러한 핏소리를 들으리라고는 생각조차 못했을 것이다. 그러나 이 세상에서라도 살인이 처벌되지 않고 그냥

지나가는 경우는 거의 없다.

3. 미디안의 왕들에 대한 처형은 기드온 자신의 손에 의해 이루어졌는데, 그것은 그가 피의 복수자(avenger of blood)였기 때문이다. 기드온은 자기 아들에게 그들을 죽일 것을 명령한다(20절). 왜냐하면 아들이 살해당한 자들의 가까운 친족이 됨으로써 아버지를 대신하여 그 일을 하기에 가장 적합했기 때문이었다. 또한 기드온은 그렇게 함으로써 공의의 행동과 담대함을 훈련시키고자 했다. 그러나,

(1) 소년은 그 일을 꺼렸다. 미디안의 왕들이 결박되어 있음으로 아무런 저항도 할 수 없었음에도 불구하고, 그는 두려워했다. 왜냐하면 그는 아직 어렸으므로 이와 같은 일에 익숙하지 않았기 때문이었다. 아버지가 용맹하다고 하여 반드시 아들 또한 그런 것은 아니다.

(2) 미디안의 왕들은 기드온의 손에 죽기를 원했다(21절). 만일 자신들이 죽어야만 한다면 기드온 자신의 손에 죽기를 청했는데, 그것이 그들에게 좀 더 영예로운 일이며 좀 더 쉽게 죽을 수 있을 것이기 때문이었다. 기드온의 강한 힘으로 그들은 속히 처리될 것이며 또한 고통 없이 죽을 수 있을 것이다. 사람이 어떠하면 그의 힘도 그러하니라. 이것은 그들 자신을 의미하는 것일 수도 있고(그들은 소년보다 더 나은 손을 요청할 정도의 강한 자들이었다), 기드온을 의미하는 것일 수도 있다(너는 강한 용사나 네 아들은 아직 그렇지 못하니 네가 죽여라). 큰 힘과 용기가 요구되는 일은 장성한 자의 몫이다. 기드온은 즉시로 그들을 처치하고, 그들의 낙타 목에 있던 초승달 장식들을 떼어서 취했다. 난외주(欄外註)에 나와 있는 것처럼 그것은 그들의 왕권을 나타내는 기장이거나 아니면 아마도 우상 숭배와 관련된 것일는지 모른다. 왜냐하면 바알이 태양으로 상징된 것처럼 아스다롯은 달로서 상징되었기 때문이다. 26절에 나타나는 것처럼 기드온은 그들의 다른 모든 장식들도 취했는데, 우리는 그것들이 좋은 용도로 사용되지 않은 것을 보게 된다. 이들 두 왕과 앞에서 언급된(7:25) 두 방백의 멸망은 나중에 교회의 다른 원수들의 파멸을 간구하는 기도 속에 하나의 전례로서 등장한다(시 83:11): 그들의 귀인들이 오렙과 스엡 같게 하시며 그들의 모든 고관들은 세바와 살문나와 같게 하소서.

22 그 때에 이스라엘 사람들이 기드온에게 이르되 당신이 우리를 미디안의 손에서

구원하셨으니 당신과 당신의 아들과 당신의 손자가 우리를 다스리소서 하는지라 [23]
기드온이 그들에게 이르되 내가 너희를 다스리지 아니하겠고 나의 아들도 너희를
다스리지 아니할 것이요 여호와께서 너희를 다스리시리라 하니라 [24]기드온이 또 그
들에게 이르되 내가 너희에게 요청할 일이 있으니 너희는 각기 탈취한 귀고리를
내게 줄지니라 하였으니 이는 그들이 이스마엘 사람들이므로 금 귀고리가 있었음
이라 [25]무리가 대답하되 우리가 즐거이 드리리이다 하고 겉옷을 펴고 각기 탈취한
귀고리를 그 가운데에 던지니 [26]기드온이 요청한 금 귀고리의 무게가 금 천칠백 세
겔이요 그 외에 또 초승달 장식들과 패물과 미디안 왕들이 입었던 자색 의복과 또
그 외에 그들의 낙타 목에 둘렀던 사슬이 있었더라 [27]기드온이 그 금으로 에봇 하나
를 만들어 자기의 성읍 오브라에 두었더니 온 이스라엘이 그것을 음란하게 위하므
로 그것이 기드온과 그의 집에 올무가 되니라 [28]미디안이 이스라엘 자손 앞에 복종
하여 다시는 그 머리를 들지 못하였으므로 기드온이 사는 사십 년 동안 그 땅이 평
온하였더라

I. 기드온의 위대한 승리 후 백성들이 그에게 자신들을 다스려 줄 것을 요청했을 때 그는 단호히 거절했는데, 그것은 참으로 칭찬할 만한 겸손이었다.

1. 백성들은 진심으로 그렇게 요청했다: 당신이 우리를 미디안의 손에서 구원하셨으니 당신이 우리를 다스리소서(22절). 그들은 자신들의 구원을 위해 수고와 위험을 감당한 자가 이후로 자신들을 다스리는 영예와 권세를 갖는 것이 지극히 당연하다고 생각했으며 또한 이와 같은 절체절명의 때에 하나님의 함께 하심에 대한 확실한 증표를 가진 자가 이후로 모든 일을 통할(統轄)하는 것이 극히 바람직하다고 생각했다. 이것을 우리 주 예수께 적용해 보자. 그는 우리의 원수들, 우리의 영적 원수들, 가장 사악하고 위험한 자들의 손에서 우리를 구원하셨으므로 우리를 다스리는 것이 합당하다. 하늘에서 그토록 큰 권세를 갖고 계시며 또 땅에서 그토록 위대한 사랑을 갖고 계신 자보다 더 합당한 통치자가 어디 있겠는가? 우리가 건지심을 받았으니, 이제 우리는 그를 두려움 없이 섬길 수 있게 되었다(눅 1:74, 75).

2. 기드온이 그러한 요청을 거절한 것은 참으로 영예로운 일이었다: 내가 너희를 다스리지 아니하겠고(23절). 그가 행한 것은 그들을 섬기고자 함이었지 다스리고자 함이 아니었으며, 또 그들을 안전하고 편안하며 행복하게 만드는 것이

었지 자신을 위대하고 영예롭게 만들기 위함이 아니었다. 자신이 왕이 되고자 하는 야심을 갖지 않은 것처럼 또한 그는 그것을 후손에게 물려줄 욕심도 갖지 않았다: "내가 살아있는 동안이든 혹은 죽은 다음이든 나의 아들도 너희를 다스리지 아니할 것이요, 여호와께서 너희를 다스리시리라. 지금까지 그래왔던 것처럼 여호와께서 당신의 영의 특별한 섭리를 따라 너희들 가운데 사사들을 세우실 것이다." 이것이 의미하는 바는 다음과 같다.

(1) 그의 겸손함. 그는 자신에 대해서 그리고 자신의 공적에 대해서 겸손한 마음을 가지고 있었다. 그는 선한 일을 행했다고 하는 사실이 자신의 모든 일에 대한 보상으로서 충분하며 따라서 통치권으로서 보상될 필요가 없다고 생각했다. 가장 위대한 분으로 하여금 너희를 다스리는 자가 되게 하라.

(2) 그의 경건함. 그는 하나님의 통치에 대해 대단히 큰 의미를 부여했다. 아마도 기드온은 백성들이 신정(神政) 즉 하나님의 통치를 싫어하고 열방처럼 왕을 세우고자 열망하여 그의 공적을 신정에서 왕정으로 바꾸는 그럴듯한 구실로 이용하고자 생각한 것을 분별했을 것이다. 그러나 기드온은 결코 그것을 허락하지 않았다. 선한 자는 마땅히 하나님께 돌려져야 할 영광을 스스로 취하지 않는다. 바울의 이름으로 너희가 세례를 받았느냐?(고전 1:13)

Ⅱ. 기드온은 탈취물 가운데 가장 좋은 것으로 에봇을 만들어 승리를 영원히 기념하고자 했다.

1. 그는 이스라엘 사람들에게 탈취한 귀고리들을 가져올 것을 요청했다. 왜냐하면 죽은 자들로부터 벗겨낸 그와 같은 장신구들이 많이 있었기 때문이었다. 기드온이 귀고리를 요구한 것은 그것이 가장 좋은 금이었으므로 종교적인 용도에 사용하기에 가장 적합했기 때문이거나 아니면 그들이 어떤 미신적인 의미를 부여하면서 그것을 지니고 있었기 때문일 것이다. 아론은 금송아지를 만들기 위해 귀고리를 요구했다(출 32:2). 기드온 또한 그것을 요구했다(24절). 기드온은 자신에게 왕이 되어줄 것을 요청한 자들이 결코 귀고리 주는 것을 거절하지 않을 것이라고 생각했고, 그들은 기꺼이 내어주었다(25절).

2. 기드온 자신도 미디안 왕들로부터 취한 탈취물을 내어놓았는데, 아마도 그것은 그의 몫으로 돌려진 것이었을 것이다(26절). 일반적으로 가장 빛나는 탈취물은 장군의 몫이었다: 시스라는 채색 옷을 노략하였으리니 그것은 수 놓은 채색 옷이리로다(5:30)

3. 이것으로 그는 에봇을 만들었다(27절). 그가 에봇을 만든 목적은 하나님이 승리를 주셨다는 사실을 영원히 기억하고 잊지 않기 위함이었을 것이다. 그러나 그것을 위해 신성한 옷인 에봇을 만든 것은 매우 경솔한 일이었다. 나는 기드온처럼 훌륭한 사람의 행동에 대해서는 가능한 한 좋은 의미를 부여하고 싶다. 그러나 통상적으로 그랬던 것처럼 이 에봇에 드라빔이 부착되어 있었을 것이다(호 3:4). 그리고 그에게는 이미 하나님의 명령에 의해 세워진 제단이 있었으므로(6:26), 그는 그 제단을 계속해서 희생제사를 드리는 일에 사용할 수 있을 것으로 잘못 생각하면서, 에봇을 여러 가지 의심스러운 상황 속에서 신탁을 구하는 일에 쓰려고 생각했을 것이다.

스펜서 박사(Dr. Spencer)도 이와 같이 추측한다. 당시 이스라엘은 범국가적인 통치조직이 없이 각 지파마다 자체적으로 통치되고 있었으므로, 그들은 자신들 안에서 자체적으로 종교생활을 할 수 있기를 간절히 열망했다. 우리는 사사기 전체를 통해 실로와 그 곳에 있었던 법궤에 대해 거의 듣지 못한다. 어떤 때는 하나님의 섭리에 의해 그러나 대부분의 경우는 인간들의 죄로 인해, 오직 한 곳의 제단(실로의 제단)에서만 예배해야 한다는 율법은 제대로 지켜지지 않은 것으로 보인다. 훗날 심지어 선한 왕들이 다스리던 때에조차도 산당들(high places)은 없어지지 않았는데, 이로부터 우리는 그러한 율법이 그리스도의 모형으로서 더 확장된 의미를 갖는다는 사실, 그리고 오직 그의 중보를 통해 우리의 모든 예배가 열납된다는 사실을 추론할 수 있다.

그러므로 기드온은 비록 좋은 의도에서였다 할지라도 무지와 경솔함으로 인해 에봇을 만드는 죄를 범하고 말았다. 실로가 멀리 떨어져 있지 않은 것은 사실이다. 그러나 그 곳은 에브라임 내에 있었고, 에브라임 사람들은 얼마 전에 그와 더불어 크게 다투었다(1절). 아마도 이런 일로 인해 기드온은 신탁을 물을 상황에서도 실로에 잘 가려 하지 않게 되었을 것이고, 따라서 자신의 집 가까운 곳에 그와 같은 장소를 또 하나 갖고자 했을 것이다. 그러나 아무리 정직한 의도에서였다 할지라도 그리고 처음에는 아무런 해가 되지 않았다 할지라도, 시간이 지남에 따라

(1) **이스라엘이 그것을 음란하게 위하게 되었다.** 즉 이스라엘 백성들은 하나님의 제단과 제사장직을 버리고 그것을 우상 숭배와 바꾸었다. 그리고 그들은 기드온 같이 위대한 사람이 만들었다는 핑계로 에봇을 공경했으며, 그러한 공경

이 점차로 미신적인 모습으로 변질되게 되었다. 훌륭한 사람의 잘못된 한 걸음으로 인해 많은 사람들이 그릇된 길로 빠져 들어가는 것을 주목하라. 특별히 우상 숭배와 같은 죄의 시작은 마치 둑에서 물이 새는 것과 같은데, 우리는 그러한 것을 로마교회의 치명적인 타락에서 볼 수 있다. 그러므로 물이 새지 않도록 첫걸음을 주의해야 한다.

(2) 그것은 기드온 자신에게 올무가 되었다. 기드온은 말년에 하나님의 집을 위한 열정이 약해졌는데, 그의 집은 한층 더 심했다. 기드온의 집 사람들은 그가 만든 에봇으로 인해 죄에 빠졌으며, 결국 그의 집 전체가 파멸에 이르고 말았다.

Ⅲ. 기드온이 활동하는 동안에는 이스라엘에 평온이 있었다(28절). 그토록 이스라엘을 괴롭게 했던 미디안 사람들은 더 이상 그렇게 할 수 없었다. 기드온은, 비록 왕의 영예와 권력은 취하지 않았다 할지라도, 사사로서 다스렸고 또 자기 백성들을 위해 할 수 있는 모든 선한 일들을 수행했다. 그럼으로써 그 땅은 40년 동안 평온하였다. 지금까지 이스라엘의 때(times)는 40년 단위로 계산되었다. 옷니엘이 40년을 사사로 있었으며, 에훗이 80년(40년씩 두 번), 바락이 40년, 그리고 지금 기드온이 40년을 다스렸다. 또 이스라엘이 광야에서 방랑한 기간도 40년이었다. 내가 사십 년 동안 그 세대로 말미암아 근심하였도다(시 95:10). 또 에스겔 4:6을 보라(너는 오른쪽으로 누워 유다 족속의 죄악을 담당하라 내가 네게 사십 일로 정하였나니 하루가 일 년이니라). 이후에도 엘리가 40년을 다스렸고(삼상 4:18), 사무엘과 사울이 40년을 다스렸으며(행 13:21), 다윗이 40년 그리고 솔로몬이 40년을 다스렸다. 40년은 대략 한 세대이다.

29 요아스의 아들 여룹바알이 돌아가서 자기 집에 거주하였는데 30 기드온이 아내가
많으므로 그의 몸에서 낳은 아들이 칠십 명이었고 31 세겜에 있는 그의 첩도 아들을
낳았으므로 그 이름을 아비멜렉이라 하였더라 32 요아스의 아들 기드온이 나이가 많
아 죽으매 아비에셀 사람의 오브라에 있는 그의 아버지 요아스의 묘실에 장사되었
더라 33 기드온이 이미 죽으매 이스라엘 자손이 돌아서서 바알들을 따라가 음행하였
으며 또 바알브릿을 자기들의 신으로 삼고 34 이스라엘 자손이 주위의 모든 원수들
의 손에서 자기들을 건져내신 여호와 자기들의 하나님을 기억하지 아니하며 35 또
여룹바알이라 하는 기드온이 이스라엘에 베푼 모든 은혜를 따라 그의 집을 후대하

지도 아니하였더라

여기에서 우리는 기드온 이야기의 결말을 보게 된다.

1. 그는 공적인 일을 마치고 보통의 삶으로 돌아갔다(29절). 그는 큰 영예로 인해 자만심에 빠지지도 않았으며, 왕궁이나 성을 탐내지도 않았고, 다만 예전에 살았던 집으로 돌아갔다. 그것은 마치 갑작스런 상황으로 인해 농사를 짓는 가운데 군대로 부름을 받았다가 상황이 끝난 후 다시 농사짓는 일로 돌아갔던 로마인들의 경우와 같은 것이었다.

2. 그의 가족은 크게 번성했다. 기드온은 여러 아내를 거느렸으며(이 점에서 그는 율법을 어겼다), 그들로부터 70명의 아들을 두었다(30절). 그러나 그에게는 첩이 하나 있었는데, 그로부터 아비멜렉이란 이름의 아들이 또 하나 있었다(31절). 그 이름은 '내 아버지는 왕이다' 란 뜻인데, 그는 나중에 온 가족을 멸망시키는 자가 되었다.

3. 그는 장수하다가 영예롭게 죽었다. 그는 살아있는 동안 하나님과 자신의 나라를 위해 열심히 봉사했다. 이보다 더 값진 삶이 어디에 있겠는가? 그리고 그는 자기 조상들의 묘실에 장사되었다.

4. 그가 죽자 백성들은 스스로 타락했고 모든 것은 허사가 되고 말았다. 백성들로 하여금 하나님을 섬기는 일에 착념하도록 이끌었던 기드온이 죽자마자, 그들을 억제하는 것은 아무것도 없게 되었고 따라서 그들은 바알들과 더불어 행음하게 되었다(33절). 그들은 먼저 에봇과 더불어 행음하였는데(27절), 이제는 다른 신과 더불어 행음하게 되었다. 잘못된 예배(false worships)는 잘못된 신들(falth deities)을 위한 길을 만든다. 그들은 지금 바알브릿(어떤 이들은 여신이라고 말한다)이라는 새로운 이름의 신을 선택했는데(5:8), 일부 학자들은 브릿(Berith)이 페니키아인들이 이 우상에게 예배했던 장소인 베리투스(Berytus)를 말하는 것이라고 생각하기도 한다. 어쨌든 바알브릿이란 이름은 '언약의 주' 를 의미한다. 아마도 그와 같은 이름이 붙여진 것은 그 신을 섬기는 자들이 언약으로 자신들을 그 신과 연결시켰기 때문일 것이다 — 하나님과 이스라엘의 언약을 모방하여. 이와 같이 마귀는 하나님을 흉내낸다. 이러한 우상 숭배의 반역으로 인해 이스라엘은,

(1) 하나님께 대한 큰 배은망덕을 나타냈다(34절). 그들은 우상 숭배에 대한

징벌로서 자신들을 적들의 손에 넘겨주었을 뿐만 아니라 다시 하나님을 섬기도록 하기 위해 자신들을 적들의 손으로부터 구원해 내신 여호와를 기억하지 않았다. 그들은 심판도 잊었고 은혜도 잊었다.

(2) 기드온에 대한 큰 배은망덕을 나타냈다(35절). 기드온은 이스라엘에게 큰 선을 베풀었다. 따라서 이스라엘은 기드온이 죽은 이후 그의 남은 가족에게 친절을 베풀어야만 했다. 왜냐하면 그렇게 하는 것이 우리가 은인들에 대해 감사를 표현하는 하나의 방법이며, 또한 그들이 죽었을 때 그들이 베푼 은혜와 친절을 갚는 것이 될 수 있기 때문이다. 그러나 이스라엘은 기드온의 가족에게 이러한 친절을 베풀지 않았다 — 우리는 이에 대해 다음 장에서 보게 될 것이다. 자신들의 하나님을 잊어버린 자들이 자신들의 은인을 잊어버리는 것은 결코 놀라운 일이 아니다.

제 9 장

개요

기드온이 죽은 후 이스라엘은 또다시 배교의 길로 빠져들어 갔다. 이로 인해 그들은 또 징벌을 받게 되는데, 이번에는 예전의 경우와 같이 이웃나라의 침략이나 혹은 압제에 의한 것이 아니라 내부의 싸움에 의한 것이다. 여기에서 우리는 이에 대한 이야기를 보게 되는데, 본 장은 기드온의 서자(庶子)인 아비멜렉의 권력찬탈과 폭정에 관한 이야기이다. 그는 아버지인 기드온과는 너무나 달랐다. 본 장의 내용은 다음과 같다. I. 아비멜렉이 잔혹과 간계에 의해 특별히 모든 형제들을 몰살시킴으로써 자신의 성읍인 세겜에서 왕으로 세워짐(1-6절). II. 기드온의 막내아들 요담이 비유로써 아비멜렉의 멸망을 예언함(7-21절). III. 세겜 사람들과 아비멜렉 간의 분쟁(22-41절). IV. 세겜 사람들(42-49절)과 아비멜렉(50-57절) 자신의 멸망. 아비멜렉은 이스라엘의 역병(疫病)이며 폭군이었다. 그는 여우처럼 등장하고, 사자처럼 통치하다가, 개처럼 죽었다.

1여룹바알의 아들 아비멜렉이 세겜에 가서 그의 어머니의 형제에게 이르러 그들과
그의 외조부의 집의 온 가족에게 말하여 이르되 2청하노니 너희는 세겜의 모든 사
람들의 귀에 말하라 여룹바알의 아들 칠십 명이 다 너희를 다스림과 한 사람이 너
희를 다스림이 어느 것이 너희에게 나으냐 또 나는 너희와 골육임을 기억하라 하
니 3그의 어머니의 형제들이 그를 위하여 이 모든 말을 세겜의 모든 사람들의 귀에
말하매 그들의 마음이 아비멜렉에게로 기울어서 이르기를 그는 우리 형제라 하고 4
바알브릿 신전에서 은 칠십 개를 내어 그에게 주매 아비멜렉이 그것으로 방탕하고
경박한 사람들을 사서 자기를 따르게 하고 5오브라에 있는 그의 아버지의 집으로
가서 여룹바알의 아들 곧 자기 형제 칠십 명을 한 바위 위에서 죽였으되 다만 여룹
바알의 막내 아들 요담은 스스로 숨었으므로 남으니라 6세겜의 모든 사람과 밀로
모든 족속이 모여서 세겜에 있는 상수리나무 기둥 곁에서 아비멜렉을 왕으로 삼으
니라

여기에서 우리는 아비멜렉이 권세를 얻어 스스로 큰 자가 되기 위해 어떤 계략을 사용했는지에 대해 듣게 된다. 아마도 그의 어머니가 그의 마음속에 큰 야심을 주입시켰을 것이고, 아버지가 지어준 이름(아비멜렉)이 이러한 야심의 불꽃을 폭발시키는데 도움이 되었을 것이다. 그의 마음은 온통 아버지를 이어 이스라엘을 다스리는 일에 집중되어 있었다. 그러나 이것은 그의 아버지의 뜻과 정반대되는 것이었다. 왜냐하면 기드온은 자신의 어떤 아들도 결코 이스라엘을 다스리지 않을 것이라고 선언했기 때문이다. 아비멜렉은 자기 아버지의 경우와는 달리 하나님으로부터의 특별한 부르심을 받지 못했으며, 또한 지금은 이스라엘을 구원하기 위해 사사가 세워져야 할 상황도 아니었다. 다만 그는 자신의 야심을 만족시키고자 했으며, 그의 목표는 자신의 야망을 이루는 것이 전부였다. 여기에서 다음을 주목하라.

I. 아비멜렉은 교활하게 어머니의 친척들을 자기편으로 끌어들였다. 세겜은 에브라임 지파에 속한 매우 중요한 성읍이었다. 여호수아가 마지막 총회를 개최한 곳도 바로 이 곳이었다. 만일 세겜이 자신의 편이 되어주기만 한다면, 아비멜렉은 자신의 계획을 이룰 수 있을 것이라고 생각했다. 그 성읍에는 그의 어머니의 친척들이 있었는데, 아비멜렉은 그 곳 사람들을 선동하는 일에 그들을 활용하고자 하였다. 어느 누구도 그를 뛰어난 인물로 보지 않았기 때문에, 그에게 호감을 갖고 왕으로 추대해 줄 사람은 아무도 없었다. 그러므로 그 일은 그 자신으로부터 시작될 수밖에 없었다. 만일 그 자신이 스스로 그 일을 시작하지 않았다면, 아무도 그와 같은 자가 왕이 될 것이라고는 꿈도 꾸지 못했을 것이다.

1. 아비멜렉은 거짓말로 사람들을 유혹한다(2, 3절). 그는 기드온의 70명의 아들들이 아버지가 가졌던 권력을 자기들이 움켜잡고 연합하여 이스라엘을 다스리려 한다고 야비하게 암시한다. 그는 말한다. "자, 여러 명의 사람들이 왕이 되는 것보다 한 사람이 왕이 되는 것이 낫지 않겠는가? 나라의 일은 한 사람에 의해 운영되어야 하지 않겠는가?" (2절). 우리는 기드온의 모든 혹은 일부 아들들이 이스라엘을 다스릴 의도를 가지고 있었다고 생각할 하등의 근거도 가지고 있지 않다(그들은 아버지와 같은 마음을 가지고 여호와께서 이스라엘을 다스려야 한다고 생각했을 것이며, 또한 하나님으로부터 부르심을 받지 않았다). 그러나 아비멜렉은 자기가 왕이 될 구실을 만들기 위해 이것을 넌지시 비추었다.

악한 일을 계획하는 자는 대체로 다른 사람도 악한 일을 계획할 것으로 의심하는 경향이 있다. 아비멜렉은 세겜 사람들에게 자신과 그들과의 관계를 부각시킨다: 나는 너희의 골육임을 기억하라 지혜로운 자에게는 한 마디 말로 충분하다. 계획은 완벽하게 들어맞았다. 세겜의 방백들은 자신들의 성읍이 왕도(王都, royal city)로서 이스라엘의 수도가 되는 것을 좋게 생각했고, 따라서 그들의 마음은 아비멜렉을 따르는 쪽으로 기울어졌다. 그들은 말한다: "그는 우리 형제라. 그가 왕이 되는 것이 우리에게 유익이 되지 않겠느냐?"

2. 세겜 사람들은 아비멜렉에게 자금을 제공한다(4절): 은 칠십 개를 내어 그에게 주매. 이것이 어느 정도의 가치가 되는지는 언급되지 않는다. 은 70세겔이라면 너무 적은 액수일 것이고 은 70달란트라면 너무 큰 액수일 것이다. 그러므로 우리는 세겔보다는 크고 달란트보다는 적은 것으로서, 은 한 개마다 대략 1파운드 정도 되었을 것이라고 추측할 수 있다(1파운드는 약 450g이다). 그들은 이 돈을 바알브릿 신전으로부터 내어주었다. 그 곳은 일종의 '공적인 금고'(public treasury)로서 그들은 자신들의 우상을 공경하여 그의 보호를 받고자 그의 신전에 모아둔 것에서, 아니면 그 우상에게 드려진 예물로부터 주었을 것이다. 우상 숭배를 억제하고 징벌하는 대신 애초부터 우상의 자금을 제공받은 그가 이스라엘의 통치자가 된다는 것은 얼마나 부적절한 일인가!

3. 아비멜렉은 그 돈으로 병사들을 모았다. 그는 방탕하고 경박한 자들, 건달과 불량자들을 고용했다. 오직 이런 자들만이 그를 따랐는데, 이들은 그의 목적을 이루는데 가장 적합한 자들이었다. 지도자나 추종자들이나 유유상종이었다.

Ⅱ. 아비멜렉은 자기 형제들을 잔인하게 몰살시켰다.

1. 그가 불량자들의 무리와 함께 행한 첫 번째 일은 자신의 모든 형제들을 단번에 몰살시키는 것이었다. 그리하여 70명의 형제들 가운데 오직 한 사람만 피하고 모두가 한 바위 위에서 몰살당했다. 이와 같은 피의 비극 속에서 우리는 다음과 같은 사실들을 볼 수 있다.

(1) 야심의 힘. 그것은 인간을 야수로 만들어 버린다. 그것은 인간의 천부적인 양심과 감정의 모든 끈을 파괴시켜 버린다. 그리고 가장 신성하며 고귀하고 가치 있는 것들을 그것의 목적을 위해 희생시켜 버린다. 인간의 마음이 이토록 야만적이 될 수 있다는 사실이 놀랍지 않은가!

(2) 좋은 가문의 위험성. 그들은 기드온 같은 위대한 인물의 아들들이었다.

이러한 사실은 아비멜렉 같은 사람으로 하여금 시기심을 품게 만들었다. 우리는 사마리아에서 살육당한 아합의 아들들의 숫자 역시 70명이었음을 발견한다(왕하 10:1, 7). 신분이 높은 자들은 자기 형제들이 살아있는 동안에는 스스로 안전하다고 거의 생각하지 않는다. 좋은 가문을 부러워하지 말며 자신의 미천한 혈통으로 인해 불평하지 말라. 신분이 낮을수록 더 안전하다.

2. 상황은 아비멜렉의 계획대로 진행되고, 세겜 사람들은 그를 왕으로 선택한다(6절). 그들은 왕을 세워도 되는지 그리고 누구를 왕으로 세워야 하는지에 대해 하나님께 묻지 않았다. 또 아비멜렉이 이스라엘 전체를 다스리는 문제에 대하여서도 제사장이나 혹은 다른 지파나 성읍의 형제들과도 상의하지 않았다(22절).

(1) 세겜 사람들은 마치 자신들이 이스라엘 백성 전체를 대표하는 듯이 그리고 모든 지혜가 자신들에게 있는 듯이 모든 일을 행했다. 그들은 기드온의 아들들을 죽이는 데 아비멜렉과 협력하고(24절), 그를 **왕으로 삼았다**. 세겜 사람들(즉 세겜의 주요 지도자들)과 밀로의 집(즉 성읍 의회, 語義대로 하면 **가득한 집 혹은 충만의 집**)은 공회(우리는 종종 밀로의 집 혹은 예루살렘 공회 혹은 다윗의 성에 대해 읽는다, 삼하 5:6; 왕하 12:20)에 모여 이와 같이 야만적인 살육을 저지른 아비멜렉에 대해 마땅히 징벌해야 했음에도 불구하고 도리어 **그를 왕으로 삼았다**. 그의 악은 **왕관으로 보답 받았도다**. 이와 같이 피로써 왕국의 기초를 세운 왕에게 무엇을 기대할 수 있겠는가?

(2) 나머지 이스라엘 백성들도 이 일을 묵인할 정도로 너무나 어리석었다. 그들은 이러한 악행을 저지하고 기드온의 아들들을 보호하는 일에, 혹은 그들의 죽음에 대해 복수하는 일에 관심을 기울이지 않았다. 마치 이성과 공의를 잃어버리고 또 감사를 잃어버렸으며 또한 자유와 명예의 관념을 잃어버린 사람들처럼, 피의 폭군에게 순순히 복종할 뿐이었다. 그들의 조상들은 레위인의 첩이 살해당했을 때 얼마나 용감하게 복수하였던가! 그러나 지금 그들은 기드온의 아들들의 죽음에 대해 복수를 시도조차 하지 못할 정도로 철저히 타락해 있었다. 그들이 배은망덕했다고 비난을 받는 것은 바로 이 때문이었다(8:35): **또 여룹바알이라 하는 기드온이 이스라엘에 베푼 모든 은혜를 따라 그의 집을 후대하지도 아니하였더라.**

7사람들이 요담에게 그 일을 알리매 요담이 그리심 산 꼭대기로 가서 서서 그의 목
소리를 높여 그들에게 외쳐 이르되 세겜 사람들아 내 말을 들으라 그리하여야 하
나님이 너희의 말을 들으시리라 8하루는 나무들이 나가서 기름을 부어 자신들 위에
왕으로 삼으려 하여 감람나무에게 이르되 너는 우리 위에 왕이 되라 하매 9감람나
무가 그들에게 이르되 내게 있는 나의 기름은 하나님과 사람을 영화롭게 하나니
내가 어찌 그것을 버리고 가서 나무들 위에 우쭐대리요 한지라 10나무들이 또 무화
과나무에게 이르되 너는 와서 우리 위에 왕이 되라 하매 11무화과나무가 그들에게
이르되 나의 단 것과 나의 아름다운 열매를 내가 어찌 버리고 가서 나무들 위에 우
쭐대리요 한지라 12나무들이 또 포도나무에게 이르되 너는 와서 우리 위에 왕이 되
라 하매 13포도나무가 그들에게 이르되 하나님과 사람을 기쁘게 하는 내 포도주를
내가 어찌 버리고 가서 나무들 위에 우쭐대리요 한지라 14이에 모든 나무가 가시나
무에게 이르되 너는 와서 우리 위에 왕이 되라 하매 15가시나무가 나무들에게 이르
되 만일 너희가 참으로 내게 기름을 부어 너희 위에 왕으로 삼겠거든 와서 내 그늘
에 피하라 그리하지 아니하면 불이 가시나무에서 나와서 레바논의 백향목을 사를
것이니라 하였느니라 16이제 너희가 아비멜렉을 세워 왕으로 삼았으니 너희가 행한
것이 과연 진실하고 의로우냐 이것이 여룹바알과 그의 집을 선대함이냐 이것이 그
의 손이 행한 대로 그에게 보답함이냐 17우리 아버지가 전에 죽음을 무릅쓰고 너희
를 위하여 싸워 미디안의 손에서 너희를 건져냈거늘 18너희가 오늘 일어나 우리 아
버지의 집을 쳐서 그의 아들 칠십 명을 한 바위 위에서 죽이고 그의 여종의 아들
아비멜렉이 너희 형제가 된다고 그를 세워 세겜 사람들 위에 왕으로 삼았도다 19만
일 너희가 오늘 여룹바알과 그의 집을 대접한 것이 진실하고 의로운 일이면 너희
가 아비멜렉으로 말미암아 기뻐할 것이요 아비멜렉도 너희로 말미암아 기뻐하려
니와 20그렇지 아니하면 아비멜렉에게서 불이 나와서 세겜 사람들과 밀로의 집을
사를 것이요 세겜 사람들과 밀로의 집에서도 불이 나와 아비멜렉을 사를 것이니라
하고 21요담이 그의 형제 아비멜렉 앞에서 도망하여 피해서 브엘로 가서 거기에 거
주하니라

여기에서 우리는 아비멜렉과 세겜 사람들의 사악한 연합에 대해 항의하는 것을 보게 된다. 어떤 선지자도 보냄받지 않았으며 또 어떤 특별한 심판이 임하지도 않은 사실은 하나님이 그들을 떠났음을 보여주는 표적이었다. 기

드온의 막내아들인 요담만이 특별한 섭리에 의해 모든 형제들이 살육을 당할 때 피할 수 있었는데(5절), 오직 그만이 세겜 사람들과 맞서서 대항했다. 여기에 기록된 그의 말을 보면 우리는 그가 매우 지혜롭고 현명한 사람이었음을 알 수 있다. 요담은 형제들의 죽음에 대해 복수하기 위해 군대를 일으키려고 이스라엘의 다른 성읍들로 가지 않았다. 하물며 자신을 아비멜렉과 맞서는 자리에 세우는 일은 더더욱 하지 않았다. 그러므로 기드온의 아들들이 왕이 되려는 계획을 가지고 있다는 아비멜렉의 암시는 아무런 근거도 없는 것이었다(2절). 다만 요담은 세겜 사람들을 정당하게 책망하고, 그들이 행한 일의 치명적인 결과에 대해 경고하는 것으로 만족한다. 그는 축복의 산인 그리심 산 꼭대기에서 그들에게 말할 기회를 얻었는데, 아마도 세겜 사람들이 그 산 밑에 모여 있었던 것으로 보인다(요세푸스는 그들이 축제를 거행하고 있었다고 말한다). 아마도 그들은 요담이 말하는 것을 귀 기울여 들으려는 마음을 가지고 있었던 것으로 보인다.

Ⅰ. 그의 서두(序頭)는 매우 진지했다. "세겜 사람들아 내 말을 들으라 그리하여야 하나님이 너희의 말을 들으시리라(7절). 너희가 하나님의 호의를 얻고자 하며 그분께 용납되고자 한다면, 모든 조급함과 편견을 버리고 내 말을 들으라." 하나님이 자신의 기도를 들어주시기를 기대하는 자는 먼저 억울한 자의 호소와 부르짖음 그리고 신실한 책망에 대해 마음을 열고 들을 준비가 되어 있어야 한다. 사람이 귀를 돌려 율법을 듣지 아니하면 그의 기도도 가증하니라(잠 28:9).

Ⅱ. 그의 비유는 매우 독창적이었다. 나무들이 왕을 뽑아야 했을 때, 그들은 감람나무와 무화과나무 그리고 포도나무에게 왕이 되어 달라고 요청했다. 그러나 그 나무들은 다스리기보다는 섬기는 것을 그리고 왕이 되는 것보다는 선을 행하는 것을 선택하면서 그러한 요청을 거절했다. 그러나 동일한 요청이 가시나무에게 주어졌을 때, 가시나무는 헛된 영광으로 기뻐하면서 그러한 요청을 받아들였다. 비유로써 교훈하는 방식은 매우 오래되고 또 유용한 방식인데, 특별히 책망을 할 때 그러하다.

1. 여기에서 요담은 기드온과 이전의 다른 사사들 그리고 아마도 기드온의 아들들의 고귀한 겸손을 칭찬한다. 이들은 왕의 지위와 권력을 가질 수 있었음에도 불구하고 그것을 거절했다. 또한 그는 높은 사람이 되기보다는 유용한 사람이 되는 것을 선택하는 것이 모든 지혜롭고 선한 사람들의 일반적인 특성이

라는 사실을 보여준다.

(1) 나무들에게 있어 왕을 뽑아야 할 이유는 전혀 없었다. 그것들은 모두 여호와께서 심으신 여호와의 나무들이며(시 104:16) 그러므로 그가 보호하실 것이기 때문이다. 마찬가지로 이스라엘에게 있어서도 왕을 세울 이유가 없었다. 왜냐하면 여호와께서 그들의 왕이시기 때문이다.

(2) 나무들이 왕을 뽑고자 했을 때, 그들은 위엄 있는 삼나무나 높이 치솟은 소나무에게 왕이 되어줄 것을 요청하지 않았다. 그것들은 관상용이거나 아니면 그늘을 만들어 주는 데만 소용될 뿐이다. 그렇지 않으면 베어낸 후에나 쓰여질 수 있을 것이다. 반면에 나무들은 포도나무나 감람나무 같이 열매 맺는 나무들에게 왕이 되어 줄 것을 요청했다. 지혜로운 자들은 공공의 선을 위해 열매를 맺는 자들을 존중하며 존경한다. 어떤 이들은 선하고 훌륭한 사람들 위해 기꺼이 죽으려고 하기도 한다.

(3) 왕이 되어 달라는 요청을 거절한 이유는 모든 열매 맺는 나무들에게 있어 동일했다. 감람나무는 이렇게 말한다(9절): "기름은 하나님의 제단과 사람의 식탁에 유용하게 쓰이는데 내 어찌 하나님과 사람을 섬기며 영화롭게 하는 기름을 버리고 떠날 수 있단 말인가?" 이와 같은 대답은 포도나무의 경우에도 똑같았다(13절). 또 무화과나무는 이렇게 대답한다: "나의 단 것과 나의 아름다운 열매를 내가 어찌 버리고 가서 나무들 위에 우쭐대리요(11절), 혹은 난외(欄外)에 나와 있는 것처럼, 나무들을 위해 오르락내리락 하리요." 이것이 의미하는 바는 다음과 같다.

[1] 통치자는 엄청난 수고와 노고를 감당해야 한다. 나무들의 왕이 되는 자는 그들을 위해 오르락내리락 해야 하며, 완전히 일에 몰두하는 자가 되어야 한다.

[2] 권력의 자리에 선택된 자는 공동체의 선을 위해 개인적인 문제들과 이해관계를 희생할 결심을 해야 한다. 무화과나무는, 만일 자신이 모든 나무들 위에 높아지고자 한다면, 반드시 자신의 '단 것' (달콤한 은거지, 달콤한 평안, 달콤한 교제, 달콤한 묵상)을 포기하고 끊임없는 수고와 노고를 담당해야만 한다.

[3] 영화와 위엄의 자리에 나아가는 자에게는 자신의 풍부한 결실과 비옥함을 잃을 위험이 따른다. 차라리 낮은 신분이었을 때는 하나님과 사람을 영화롭게 하던 사람이 왕이 됨으로써 교만과 게으름에 빠지게 되고 그럼으로써 자신의 유용함을 잃어버리게 되는 경우가 얼마나 많은가? 이와 같은 이유로 선을

행하기를 열망하는 사람들은 지나치게 높은 자리에 오르는 것을 두려워하는 경향이 있다.

2. 여기에서 요담은 아비멜렉을 가시나무 혹은 엉겅퀴로 비유함으로써 그의 격에 맞지 않는 야심을 폭로한다(14절). 요담은 나무들이 그에게 왕위를 제안하는 것으로 전제하는데(와서 우리 위에 왕이 되라), 그것은 아비멜렉을 왕으로 옹립하려는 움직임이 아비멜렉 자신으로부터 시작되었다는 사실을(2절) 그가 몰랐기 때문이 아니었다. 단지 그는 세겜 사람들이 아비멜렉에게 왕위를 제안하고 있는 것만을 생각하고 있었다. 어쨌든 그들의 행동은 비난 받아 마땅한 것이었다. 가시나무는 나무들의 수에 치지도 못할 정도로 쓸모없는 식물이다. 그것은 열매도 없고 아무 쓸모도 없으며 뿐만 아니라 해롭고 성가신 식물이다. 그것은 찌르고 할퀴며 여러 가지 해를 끼친다. 가시나무는 저주와 함께 시작했다가 불태워지는 것으로 끝난다. 가시나무와 아비멜렉은 비슷한 동류(同類)이다. 그러나 그 나무는 모든 나무들에 의해 왕으로 택하여졌다. 이러한 선택은 다른 어떤 경우보다도 더 일치단결하여 이루어진 것으로 보인다. 우매한 자가 크고 높은 지위를 얻는 것을 볼 때에(전 10:6) 또 비열함이 인생 중에 높임을 받는 것을 볼 때에(시 12:8) 또 사람들이 자신의 이익에 눈이 어두워져 지도자를 올바로 선택하지 못하는 것을 볼 때 이상한 일이라 생각하지 말라. 왕이 되어 달라는 요청을 받은 가시나무는 그것을 받아들여야 하는지 말아야 하는지 고려조차 해보지 않고 즉각적으로 마치 자신이 왕이 되기 위해 태어난 것처럼 위세를 부리며 받아들인다. 그가 얼마나 허탄한 자랑의 말을 토하고 있는지(15절), 그리고 자신의 충성된 신하들에게 어떤 약속을 하고 있는지 보라: 와서 내 그늘에 피하라. 이는 얼마나 쉬기 좋은 아름다운 그늘인가! 이 그늘은 선한 통치자를 지칭하는 곤비한 땅에 큰 바위 그늘(사 32:2)과 얼마나 다른가! 만일 그의 그늘 속으로 가기 위해 가까이 접근한다면, 유익을 얻기보다는 찔리고 상하기 쉬울 것이다. 이와 같이 사람들은 헛된 것을 자랑한다. 또한 가시나무는 이렇게 위협한다: 만일 너희가 내 말을 따르지 않는다면 불이 가시나무에서 나와서 레바논의 백향목을 사를 것이니라.

Ⅲ. 그의 적용은 매우 명확하고 치밀했다.

1. 요담은 자신의 아버지가 그들을 위해 행했던 많은 일들을 상기시킨다(17절). 기드온은 생명의 위험을 무릅쓰고 백성들을 구원하기 위해 수많은 싸움을

벌였다. 그들이 이것을 잊어버리고 있었다는 것은 참으로 수치스러운 일이 아닐 수 없었다.

2. 요담은 그들이 기드온의 가족을 선대하지 않은 것을 책망한다. 그들은 기드온의 손이 행한 대로 그에게 보답하지 않았다(16절). 위대한 공로에 대해 악으로 보답하는 일이 종종 있다. 특별히 그 위대한 공로자를 잊어버렸을 경우 그의 자손들에게 그러한데, 우리는 이에 대한 실례를 애굽 사람들에게 큰 은혜를 끼쳤던 요셉의 경우에서 볼 수 있다. 애굽 사람들은 요셉의 공로를 잊어버리고, 그의 자손인 이스라엘 백성들을 노예로 삼았다. 기드온은 자신과 자신의 가족의 영예인 많은 아들들을 남겼다. 그러나 그들은 이들을 잔인하게 죽였다. 또한 그들은 기드온이 자신과 자신의 가족의 오점으로 남긴 한 아들을(왜냐하면 그는 첩의 아들이었기 때문이다) 왕으로 삼았다. 이러한 두 가지 일로 그들은 기드온에 대해 최고의 경멸과 모욕을 가한 것이었다.

3. 요담은 그들이 행한 일이 선한 일인지 아닌지는 결과가 보여줄 것이라고 말한다. 그렇게 함으로써 그는 하나님의 섭리에 호소한다.

(1) 만일 그들이 이 일로 오랫동안 형통한다면 그들의 행동은 정당한 것으로 간주될 것이다(19절). "만일 기드온의 집에 대한 너희들의 행동이 공의와 명예와 양심의 법정에서 정당화될 수 있는 것이라면, 너희는 너희의 새 왕과 더불어 풍성한 선을 거둘 것이다."

(2) 그러나 만일 그들이 — 요담이 확신하고 있는 것처럼 — 이 일에 있어 비열하고 악하게 행했다면, 그들은 결코 형통하기를 기대할 수 없을 것이다(20절). 아비멜렉과 세겜 사람들은 이 악한 일을 행하는 데 서로 손을 잡았으므로 피차에 서로 재앙과 파멸이 될 것이다. 악을 행하고 잘 되기를 기대해서는 안 된다.

그들에게 이러한 경고를 남긴 후 요담은 재빨리 몸을 피했다(21절). 아마도 그들이 그를 뒤쫓을 수 없었기 때문이거나, 아니면 자신들의 성공을 너무나도 확신한 나머지 더 이상의 피를 흘림으로 죄를 더하려고 하지 않았기 때문일 것이다. 요담은 아비멜렉을 두려워하여 멀리 떨어진 외진 곳으로 가서 살았다. 좋은 가문에 교육을 많이 받은 사람들조차도 자신들이 어떤 난관과 궁핍 가운데 떨어질지 알지 못한다.

[22]아비멜렉이 이스라엘을 다스린 지 삼 년에 [23]하나님이 아비멜렉과 세겜 사람들 사
이에 악한 영을 보내시매 세겜 사람들이 아비멜렉을 배반하였으니 [24]이는 여룹바알
의 아들 칠십 명에게 저지른 포학한 일을 갚되 그들을 죽여 피 흘린 죄를 그들의
형제 아비멜렉과 아비멜렉의 손을 도와 그의 형제들을 죽이게 한 세겜 사람들에게
로 돌아가게 하심이라 [25]세겜 사람들이 산들의 꼭대기에 사람을 매복시켜 아비멜렉
을 엿보게 하고 그 길로 지나는 모든 자를 다 강탈하게 하니 어떤 사람이 그것을
아비멜렉에게 알리니라 [26]에벳의 아들 가알이 그의 형제와 더불어 세겜에 이르니
세겜 사람들이 그를 신뢰하니라 [27]그들이 밭에 가서 포도를 거두어다가 밟아 짜서
연회를 베풀고 그들의 신당에 들어가서 먹고 마시며 아비멜렉을 저주하니 [28]에벳의
아들 가알이 이르되 아비멜렉은 누구며 세겜은 누구기에 우리가 아비멜렉을 섬기
리요 그가 여룹바알의 아들이 아니냐 그의 신복은 스불이 아니냐 차라리 세겜의
아버지 하몰의 후손을 섬길 것이라 우리가 어찌 아비멜렉을 섬기리요 [29]이 백성이
내 수하에 있었더라면 내가 아비멜렉을 제거하였으리라 하고 아비멜렉에게 이르
되 네 군대를 증원해서 나오라 하니라 [30]그 성읍의 방백 스불이 에벳의 아들 가알의
말을 듣고 노하여 [31]사자들을 아비멜렉에게 가만히 보내어 이르되 보소서 에벳의
아들 가알과 그의 형제들이 세겜에 이르러 그 성읍이 당신을 대적하게 하니 [32]당신
은 당신과 함께 있는 백성과 더불어 밤에 일어나 밭에 매복하였다가 [33]아침 해 뜰
때에 당신이 일찍 일어나 이 성읍을 엄습하면 가알 및 그와 함께 있는 백성이 나와
서 당신을 대적하리니 당신은 기회를 보아 그에게 행하소서 하니 [34]아비멜렉과 그
와 함께 있는 모든 백성이 밤에 일어나 네 떼로 나누어 세겜에 맞서 매복하였더니
[35]에벳의 아들 가알이 나와서 성읍 문 입구에 설 때에 아비멜렉과 그와 함께 있는
백성이 매복하였던 곳에서 일어난지라 [36]가알이 그 백성을 보고 스불에게 이르되
보라 백성이 산 꼭대기에서부터 내려오는도다 하니 스불이 그에게 이르되 네가 산
그림자를 사람으로 보았느니라 하는지라 [37]가알이 다시 말하여 이르되 보라 백성이
밭 가운데를 따라 내려오고 또 한 떼는 므오느님 상수리나무 길을 따라 오는도다
하니 [38]스불이 그에게 이르되 네가 전에 말하기를 아비멜렉이 누구이기에 우리가
그를 섬기리요 하던 그 입이 이제 어디 있느냐 이들이 네가 업신여기던 그 백성이
아니냐 청하노니 이제 나가서 그들과 싸우라 하니 [39]가알이 세겜 사람들보다 앞에
서서 나가 아비멜렉과 싸우다가 [40]아비멜렉이 그를 추격하니 그 앞에서 도망하였고
부상하여 엎드러진 자가 많아 성문 입구까지 이르렀더라 [41]아비멜렉은 아루마에 거

주하고 스불은 가알과 그의 형제들을 쫓아내어 세겜에 거주하지 못하게 하더니 [42]
이튿날 백성이 밭으로 나오매 사람들이 그것을 아비멜렉에게 알리니라 [43]아비멜렉
이 자기 백성을 세 무리로 나누어 밭에 매복시켰더니 백성이 성에서 나오는 것을
보고 일어나 그들을 치되 [44]아비멜렉과 그 떼는 돌격하여 성문 입구에 서고 두 무리
는 밭에 있는 자들에게 돌격하여 그들을 죽이니 [45]아비멜렉이 그 날 종일토록 그 성
을 쳐서 마침내는 점령하고 거기 있는 백성을 죽이며 그 성을 헐고 소금을 뿌리니
라 [46]세겜 망대의 모든 사람들이 이를 듣고 엘브릿 신전의 보루로 들어갔더니 [47]세
겜 망대의 모든 사람들이 모인 것이 아비멜렉에게 알려지매 [48]아비멜렉 및 그와 함
께 있는 모든 백성이 살몬 산에 오르고 아비멜렉이 손에 도끼를 들고 나뭇가지를
찍어 그것을 들어올려 자기 어깨에 메고 그와 함께 있는 백성에게 이르되 너희는
내가 행하는 것을 보나니 빨리 나와 같이 행하라 하니 [49]모든 백성들도 각각 나뭇가
지를 찍어서 아비멜렉을 따라 보루 위에 놓고 그것들이 얹혀 있는 보루에 불을 놓
으매 세겜 망대에 있는 사람들이 다 죽었으니 남녀가 약 천 명이었더라

아비멜렉은 3년 동안 큰 동요 없이 그럭저럭 통치했다. 그가 이스라엘을 재판했다든지 혹은 나라를 위해 어떤 봉사를 했다고 전혀 언급되지 않는다. 다만 그는 왕의 칭호와 위엄을 그 기간 동안 향유했을 뿐이었다. 세겜 사람뿐만 아니라 다른 지역의 사람들도 그에게 경의를 표했다. 그들은 이스라엘에 왕이 있는 것을 좋아했음에 분명하다. 그랬기 때문에 이와 같은 사람이 왕이 되었음에도 그것을 기뻐할 수 있었다. 그러나 악인의 승리는 길지 못한 법이다. 품꾼의 정한 해와 같이 삼 년 내에 이 모든 영화가 능욕을 당할지라(사 16:14). 이러한 사악한 연합은 원수를 갚으시는 하나님의 의로운 손으로부터 깨어지게 되었다. 하나님이 아비멜렉과 세겜 사람들 사이에 악한 영을 보내시매(23절), 즉 그들은 피차에 서로 시기하며 악한 마음을 품게 되었다. 아비멜렉은 자신을 왕으로 세워준 자들을 무시했으며, 아마도 새롭게 자신의 이해관계 속으로 들어온 다른 성읍들을 환대했을 것이다. 따라서 세겜 사람들은 그의 통치에 대해 불안을 느끼기 시작했으며, 그의 행동을 비난했고, 그가 부과하는 세금에 불만을 품었다. 이 모든 것은 하나님으로부터 말미암은 것이었다. 하나님은 그들 사이에 불화의 씨를 뿌리기 위해 마귀 즉 '위대한 악의 창조자' (great mischief-maker)를 허락하셨다. 그는 악한 영으로서, 하나님이 억제하고 계실 뿐만 아니라 때때로

자신의 목적을 위해 사용하는 그런 존재이다. 그들 안에 있었던 정욕과 욕심이 악한 영들이었다. 그것들이 사람의 마음속에 있는 마귀들이다. 그것들로부터 온갖 다툼과 전쟁이 일어난다. 하나님이 그들에게 이러한 것들을 주셨으므로, 그들 사이에 악한 영을 보내셨다고 말할 수 있는 것이다. 비록 하나님이 죄의 창시자(author)는 아니라 할지라도, 인간의 죄가 곧 그들의 징벌이 될 때 그 징벌은 하나님으로부터 오는 것이다. 하나님이 아비멜렉과 세겜 사람 사이에 야기시킨 다툼은 그들이 기드온의 아들들을 몰살시킨 것 때문이었다(24절): 이는 여룹바알의 아들 칠십 명에게 저지른 포학한 일을 갚되 그들을 죽여 피 흘린 죄를 그들의 형제 아비멜렉과 아비멜렉의 손을 도와 그의 형제들을 죽이게 한 세겜 사람들에게로 돌아가게 하심이라. 다음을 주목하라.

1. 조만간 하나님은 무죄한 피에 대해 탐문(探問)하실 것이며, 그 피를 흘리게 한 자들의 머리 위로 그것을 되돌리실 것이다. 그리고 그들로 하여금 그 피를 마시게 할 것이다.

2. 죄에 있어 주범(主犯)뿐만 아니라 종범(從犯)까지도 처벌을 받게 된다. 세겜 사람들은 아비멜렉의 요청을 묵인하고, 그의 피의 계략에 동참하고 협력했으며, 그 일이 끝난 후 그를 왕으로 세움으로써 그 사실을 스스로 인정했다. 그러므로 그들은 아비멜렉과 함께, 아비멜렉에 의해, 그리고 아비멜렉보다 먼저 멸망을 당하게 될 것이다.

3. 악한 일을 위해 연합한 자들은 결국 서로 적대하면서 분열하게 된다. 어떤 경우에도 피는 결코 영구적인 접착제가 될 수 없다.

I. 세겜 사람들은 아비멜렉과 맞서기 시작했다. 아마도 그들 자신도 그 이유를 알지 못했을 것이지만, 어쨌든 상황은 변하고 있었다.

1. 세겜 사람들이 아비멜렉을 배반하였으니(23절). 그들이 그를 왕으로 세운 죄를 회개했다고 언급되지 않는다. 만일 그들이 회개함으로써 그와의 관계를 끊으려고 한 것이었다면, 그것은 칭찬할 만한 일이었을 것이다. 그러나 세겜 사람들이 그렇게 한 것은 교만과 시기심으로 인해 아비멜렉에 대해 어떤 불쾌한 감정을 갖게 된 것에 기인한 것이었다. 그를 왕으로 세운 자들이 그를 버리고 쫓아내는 일에 앞장서게 된 것이다. 기드온에 대해 감사할 줄 몰랐던 자들이 아비멜렉에게 충성스럽지 않았다는 것은 전혀 이상한 일이 아니다. 기드온이 이룩한 위대한 공적에 대해서조차 감사할 줄 몰랐던 자들이 도대체 무엇에 대해

감사하며 충성을 바칠 수 있단 말인가? 다른 사람들로 하여금 배신을 부추긴 자가 훗날 바로 그들로부터 배신을 당하게 되는 것은 너무나 정당하고 당연한 일이 아닌가!

2. 세겜 사람들은 아비멜렉이 그의 향촌 저택인 아루마에 있을 때(41절) 그를 덮칠 작정이었다. 그리하여 그가 마을에 올 것을 예상하면서, 그들은 **사람을 매복시켜 아비멜렉을 엿보게 했다**(25절). 이와 같이 얼마 전에 그를 왕으로 세운 자들이 이제 그를 포로로 잡고자 하였다. 그러나 그 곳에 매복한 자들은 아비멜렉이 나타나지 않자 행인들을 강탈했는데, 이 일로 인해 사람들은 그의 치하에서 더욱 불안해하며 불만을 갖게 되었다. 왜냐하면 사람들은 아비멜렉이 자신들을 강도들로부터 보호해 줄 수 없다는, 혹은 보호해 주지 않는다는 사실을 알게 되었기 때문이었다.

3. 세겜 사람들은 가알을 후대하고, 아비멜렉을 대항하는 일에 그를 머리로 삼았다(26절). 이 가알은 에벳의 아들이라고 언급되고 있는데, 그것은 종을 의미한다. 아마도 이것은 그의 미천한 혈통을 나타내는 것일 것이다. 아비멜렉이 어머니 쪽으로 종의 아들이었던 것처럼, 가알은 아버지 쪽으로 종의 아들이었다. 여기에 가시나무와 다투는 또 하나의 가시나무가 있었다. 우리는 이 가알이 본시 가나안 사람이 아닌가 의심하지 않을 수 없다. 왜냐하면 그가 세겜 사람들에게 야곱의 시대에 이 성읍의 주인이었던 하몰의 후손들을 섬길 것을 은연중 권유하고 있기 때문이다: **차라리 세겜의 아버지 하몰의 후손을 섬길 것이라 우리가 어찌 아비멜렉을 섬기리요**(28절). 가알은 대담한 야심가였다. 세겜 사람들이 아비멜렉과 다투게 되었을 때, 가알은 그들의 감정을 훌륭하게 부추겼다. 이와 같이 가알은 세겜 사람들의 악감정을 부채질했고, **세겜 사람들은 그를 신뢰했다**(26절).

4. 세겜 사람들은 아비멜렉의 이름에 대해 최대한의 모욕을 가했다(27절). 그들은 아비멜렉이 없는 자리에서, 마치 남편이 먼 길을 떠난 것으로 즐거워했던 음녀처럼, 웃고 떠들며 즐거워했다. 그들은 자신들을 이끌어 줄 또 한 사람을 갖게 되었으며, 그가 아비멜렉을 제거해 주기를 소망했다. 뿐만 아니라 그들은 소산을 거두는 축제를 행하기 위해 **그들의 신당에 들어가서 먹고 마시며 아비멜렉을 저주했다**(27절). 그들은 식탁의 대화에서 그리고 술에 취해 노래를 부르며 아비멜렉에 대해 할 수 있는 모든 악한 말을 다 쏟아냈을 뿐만 아니라, 그들의

우상에게 제물을 바치며 그를 멸망시켜 달라고 기원했다. 예전에 우렁찬 환호 소리와 함께 아비멜렉의 성공과 형통을 기원하며 축배를 들었던 것처럼, 지금은 그의 멸망을 기원하면서 저주의 잔을 들고 있다. 지금 그들은 아비멜렉을 왕으로 세우기 위해 돈을 꺼내어 주었던 바로 그 신당에 모여 그를 저주하며 그의 멸망을 획책하고 있다. 만일 그들이 자신들의 '형상 왕' (image-king)과 함께 '우상 신' (idol-god)까지도 버렸다면, 그들은 성공을 기대할 수도 있었을 것이다. 그러나 '우상 신' 을 붙잡고 있는 한, '형상 왕' 이 그들을 붙잡고 멸망으로 이끌 것이다. 어떻게 사탄이 사탄을 쫓아낼 수 있겠는가?

5. 세겜 사람들은 아비멜렉에 대한 가알의 허풍스러운 경멸의 소리를 들으면서 즐거워했다(28, 29절). 그들은 뻔뻔스러운 불한당 가알이 다음의 사람들에 대해 경멸적으로 말하는 것을 듣는 것을 좋아했다.

(1) 아비멜렉에 대하여. 가알은 아비멜렉을 경멸적으로 세겜 혹은 세겜인이라고 부름으로써 그들의 성읍을 헐뜯는다.

(2) 아비멜렉의 위대한 아버지 기드온에 대하여: 그가 여룹바알의 아들이 아니냐? 아비멜렉을 그와 같이 부름으로써, 가알은 여룹바알의 이름에 대하여 그리고 여룹바알이 바알 제단을 훼파한 것에 대하여 분개하면서 그의 위대한 업적을 비난으로 바꾼다.

(3) 세겜의 방백 스불에 대하여. "우리가 그들을 섬기는 것이 어찌 수치스러운 일이 아니랴? 우리는 그들을 반대하는 것에 대해 두려워할 필요가 없다." 이와 같이 불온한 야심을 가진 사람들은 통치권을 경멸하고 지도자들에 대해 악하게 말한다.

가알의 목적은 세겜 사람들의 자유를 회복시키는 것이 아니라, 단지 그들의 폭군을 바꾸는 것이었다: "이 백성이 내 수하에 있었더라면! 내가 무엇을 할꼬! 내가 아비멜렉에게 도전하여 왕관을 차지하리라." 그리고 가알은 아비멜렉에게 사람을 보내어 언제든지 그가 원할 때 자신은 그와 더불어 다툴 준비가 되어 있다고 말하고 싶어했던 것으로 보인다: "네 군대를 증원해서 나오라. 무슨 일이건 멋대로 해봐라. 칼로써 승부를 겨루자." 이 말은 세겜 사람들을 기쁘게 했는데, 그들은 이제 아비멜렉에 대해 염증을 느끼고 있었다. 양심조차도 없는 자들에게 무슨 지조를 바라겠는가?

Ⅱ. 아비멜렉은 자신의 모든 병력을 세겜으로 향하게 하고, 순식간에 그들을

완전히 파멸시켰다. 세겜 사람들의 파멸을 단계적으로 살펴보자.

1. 세겜 사람들의 계획은 스불에 의해 아비멜렉에게 보고되었다. 스불은 아비멜렉의 심복으로서 세겜의 방백이었는데, 계속해서 아비멜렉에게 마음이 기울어 있었던 자였다. 스불은 가알의 말을 듣고 노했다(30절). 그가 더욱 노했던 것은 가알이 자신을 하찮게 여기며 말했기 때문이었다. 만일 가알이 그에게 경의를 표하며 달랬다면, 이와 같이 요동치는 상황 속에서 어쩌면 가알은 그를 자기편으로 끌어들일 수 있었을는지도 몰랐다. 그러나 스불은 가알의 처사에 노하여 세겜의 모든 음모를 아비멜렉에게 통지했다(31절). 배신자들은 종종 자신들 사이의 어떤 사람에 의해 배신을 당하며, 왕에 대한 저주는 때때로 공중의 새에 의해 전달된다. 가알은 아비멜렉에게 때를 놓치지 말고 즉시로 세겜 성으로 올 것을 신중하게 충고한다(32, 33절). 스불은 아비멜렉이 병력을 이끌고 밤에 주변지역까지 행군해 왔다가 새벽에 성읍을 기습 공격함으로써 최대의 효과를 거둘 수 있을 것이라고 생각한다. 그들 성읍의 방백이 그들의 적의 편에 서 있는데, 어떻게 세겜 사람들은 자신들의 계획이 성공할 것으로 기대할 수 있었을까? 그들은 그것을 알고 있었다. 그러나 그에 대해 아무런 주의도 기울이지 않았다.

2. 세겜의 파당을 지도했던 가알은 아비멜렉의 심복인 스불에 의해 비밀이 누설됨으로써 최고의 도전을 받는다. 아비멜렉은 스불의 충고에 따라 밤에 모든 병력을 이끌고 세겜으로 내려왔다(34절). 한편 가알은 정세를 살피기 위해 그리고 무슨 소식이 있는지 탐문하기 위해 새벽에 성문으로 갔다(35절). 거기에서 가알은 세겜의 방백이며 자신의 친구인 스불을 만났다. 그 때 아비멜렉과 그의 병력들이 세겜을 향해 움직이기 시작하고 있었는데, 가알은 그들을 발견하고(36절) 그들이 접근하고 있는 것을 옆에 서 있던 스불에게 알린다. 그는 스불이 그들을 불러들였고 또 지금 그들을 기다리고 있다는 사실을 거의 눈치채지 못했다. 그 장소를 가리키며 가알은 말한다. "보라! 지금 내가 산에서 우리를 향해 내려오고 있는 일단의 무리를 보고 있지 않은가? 저기에 그들이 있도다." 이에 스불이 대답한다. "아니야! 네 눈이 너를 속이고 있는 것이야. 그것은 단지 산 그림자에 불과해." 이것으로써 스불이 의도한 것은 다음과 같다.

(1) 가알을 조롱하기 위함. 스불은 가알을 분별력도 없고 판단력도 없는 사람으로 여기며 조롱한다. 요컨대 여기에 등장하는 가알의 모습은 쉽게 속일 수

있고 또 어떤 일이든지 믿게 만들 수 있는 사람이며, 너무도 어리석고 겁이 많아서 아무도 없는 곳에서 위험을 인식하고 또 그림자와 더불어 싸우려고 하는 자이다. 그러므로 그는 자신이 꾸미고 있는 일에 가장 부적합한 자가 되고 마는 것이다.

(2) 가알을 붙잡아 지체시키고자 함. 아비멜렉의 군대가 다가와 승기를 잡을 때까지 스불은 가알과 이야기하며 그를 붙잡는다. 그러나 자신이 지금 보고 있는 것이 단지 산 그림자에 불과하다고 믿고 만족하고 있던 가알이 세겜을 향해 신속하게 행군해 들어오는 다른 두 무리를 발견하고 자신이 속았음을 깨달았을 때, 스불은 가알이 하루나 이틀 전에 아비멜렉을 경멸하면서 말했던 것을 비난하면서 또다시 그를 조롱한다(38절): **네가 전에 말하기를 아비멜렉이 누구이기에 우리가 그를 섬기리요 하던 그 입이 이제 어디 있느냐?** 교만하고 거만한 자들이 스스로 뱉은 말을 금방 바꾸고 자신들이 최고로 경멸하던 자들을 갑자기 두려워하게 되는 것을 주목하라. 가알은 허세를 부리며 아비멜렉에게 **"네 군대를 증원해서 나오라"** 고 도전했다. 그러나 이제 스불이 아비멜렉의 이름으로 가알에게 도전한다: **청하노니 이제 나가서 그들과 싸우라**(38절). 오만한 자가 이와 같이 조롱과 모욕을 당하는 것은 정당한 일이다.

3. 아비멜렉은 세겜으로부터 출동한 가알의 군대를 패주시켰다(39, 40절). 가알은 스불의 도전과 또한 자신의 세력이 생각했던 것보다 약하다는 사실을 인식했을 때 낙담하지 않을 수 없었을 것이다. 비록 그가 자신이 가진 소수의 병력을 가지고 아비멜렉에 대항하여 출동했다 할지라도, 곧 최악의 상황에 빠지고 부랴부랴 성읍으로 퇴각할 수밖에 없었다. 이로 인해 세겜의 손실은 엄청났다: **부상하여 엎드러진 자가 많아 성문 입구까지 이르렀더라.** 바로 이것이 대중적인 흥분과 폭동의 일반적인 결과이다. 이 가운데 사려 깊지 못한 군중들은 종종 영광스러운 승리를 약속하는 자들에 의해 치명적인 덫에 빠진다.

4. 그 날 밤 스불은 가알과 함께 그가 세겜으로 데리고 온 그의 형제들을 쫓아냈다(41절). 그리고 그를 그가 온 곳으로 돌려보냈다. 이어지는 이야기에 나오는 것처럼 대부분의 세겜 사람들은 여전히 아비멜렉을 싫어했지만, 그들은 기꺼이 가알과 헤어지고자 했으며 그의 추방을 반대하지 않았다. 왜냐하면 큰소리만 칠 줄 알았지 정작 상황이 벌어졌을 때 그는 싸우는 기술도 없었고 용기도 없었기 때문이었다. 대부분의 사람들은 어떤 사람이 어떤 일에 적합한지

여부를 그 일의 성공 여부로 판단한다. 그리고 일을 잘 성공시키지 못한 자는 적합하지 않은 자로 단정짓는다. 이제 세겜에서의 가알의 역할은 끝났다. 아비멜렉을 쫓아내겠다고 말한 자가 도리어 쫓겨났다. 이제 우리는 그에 대해 어디에서도 더 이상 듣지 못한다. 가알, 퇴장!

5. 다음 날 아비멜렉은 세겜을 덮쳐 완전히 멸망시켰다. 아마도 아비멜렉은 세겜 사람들이 가알을 쫓아낸 소식을 들었을 것이다. 세겜 사람들은 아비멜렉이 그것으로 만족할 것으로 생각했으나, 그들의 죄는 그것으로 덮어지기에는 너무나 큰 것이었다. 아비멜렉의 분노는 그와 같은 작은 항복으로 무마되기에는 너무나 컸으며, 더욱이 그 일은 세겜 사람들이 한 일이라기보다는 스불이 한 일이었다. 이 일로 세겜 사람들은 크게 약해지게 되었고, 아비멜렉은 그들의 배신을 응징하기 위해 계속 타격을 가하기로 작정했다.

(1) 아비멜렉은 세겜 백성들이 밭으로 나왔다는 정보를 전달받았다(42절). 어떤 이들은 그들이 쟁기질을 하고 씨를 뿌리기 위해(얼마 전에 수확을 했으므로), 혹은 포도 수확을 마무리하기 위해(왜냐하면 지금은 포도 수확을 끝내야 하는 때였으므로, 27절) 밭(field)에 나왔다고 생각한다. 그렇다면 이것은 그들이 안전했음을 암시한다. 아비멜렉이 물러갔기 때문에(41절) 그들은 이제 아무 위험도 없게 되었다고 생각했다. 그러므로 이 일은 "평안하다 안전하다" 하던 백성에게 멸망이 갑자기 임하는 것에 대한 하나의 생생한 예가 된다. 또 어떤 이들은 그들이 전쟁터로 나왔다고 생각한다(밭이나 전쟁터나 동일한 field임). 비록 가알이 쫓겨나기는 했지만 세겜 사람들은 여전히 무기를 놓지 않고 아비멜렉과 더불어 또 다른 일전을 치를 준비를 하고 있었다고 보는 것이다.

(2) 아비멜렉은 '한 무리' 와 함께 성문 입구에 서서 그들과 성읍 사이의 연결을 차단시켰다(44절). 그럼으로써 그들로 하여금 성읍으로 퇴각할 수도 없고, 성읍으로부터 어떤 도움도 받을 수 없게 만들었다. 그러고 난 후 자기 군사 '두 무리' 를 보냈고, 그럼으로써 그들 모두는 칼에 떨어지게 되었다: 밭에 있는 자들에게 돌격하여 그들을 죽이니(44절). 우리가 일하기 위해 밖에 나갔을 때, 우리는 다시 집으로 돌아올 것이라고 확신할 수 없다. 왜냐하면 성읍에도 밭에도 죽음이 있기 때문이다.

(3) 그러고 나서 아비멜렉은 세겜 성읍을 공격한다. 비록 자신의 고향이었다 할지라도, 그는 하늘 꼭대기까지 닿는 분노와 함께 성읍을 파멸시켰다. 그는 모

든 백성들을 살육했으며, 모든 건물들을 무너뜨렸다. 그리고 세겜이 영원한 폐허가 되기를 바라는 증표로 그래서 배반에 대한 응징의 영원한 기념비가 되게 하기 위해, 그 곳에 소금을 뿌렸다. 그러나 아비멜렉조차도 세겜을 영원한 폐허로 만들지는 못했다. 왜냐하면 그 곳은 훗날 재건되었으며, 모든 이스라엘이 이 곳에서 여로보암을 왕으로 세울 정도로 매우 중요한 지역이 되었기 때문이다(왕상 12:1). 또한 이 곳은 매우 불길한 징조가 되었다. 아비멜렉은 여기에서 자신을 배반한 자들을 응징하고자 의도했지만, 하나님은 그의 손을 통해 기드온의 아들들을 죽인 자들을 응징하고 계셨던 것이다. 이와 같이 하나님이 자신의 일을 하심에 있어 사람들의 손을 도구로 사용하실 때, 하나님이 의도하시는 것과 사람들이 생각하는 것이 서로 다른 경우가 얼마나 많은가?(사 10:6, 7) 사람은 자신의 영예를 추구하지만, 결국 드러나는 것은 하나님의 영광이다.

6. 자신들의 우상의 신전으로 몰려간 자들은 모두 그 곳에서 멸망을 당했다. 이들은 **세겜 망대의 사람들**이라 불려진다(46, 47절). 그 곳은 세겜 성읍에 속했지만 어느 정도 거리가 떨어진 곳에 위치해 있었다. 그들은 세겜의 멸망에 대해 듣고 신전의 보루(堡壘)로 들어가, 아마도 그 곳의 '견고함' 보다는 그 곳의 '신성함' 을 의지했을 것이다. 그들은 스스로를 자신들의 우상의 보호 아래 놓았다: **이와 같이 모든 사람들은 자기 신의 이름으로 행한다**. 따라서 우리는 우리가 사는 모든 날 동안 여호와의 집에 거하기를 선택해야 한다. 왜냐하면 **여호와께서 환난 날에 나를 그의 초막 속에 비밀히 지키시기 때문이다**(시 27:5). 또 **여호와의 이름은 견고한 망대이다**(잠 18:10). 그러나 안전한 곳으로 기대했던 장소는 그들에게 올무와 함정이 되었다. 그들은 피난처로 여기고 우상에게로 달려갔지만, 그 곳은 거짓 피난처였다. 그들 모두가 그 보루에 모여 있었을 때, 아비멜렉은 더 바랄 것이 없을 정도로 기뻤다. 잔인한 계획이 즉시로 그의 머릿속에 떠올랐는데, 그것은 그 보루에 불을 지르는 것이었다. 말하자면, 둥지 속에 있는 모든 새들을 불태워 죽이는 것이었다. 아비멜렉은 친히 모범을 보이면서 자신의 병사들을 재촉한다(48, 49절). 마치 자신의 아버지가 그랬던 것처럼(7:17), 그는 자기 병사들에게 자신이 행하는 대로 따라 하라고 명령한다: **너희는 내가 행하는 것을 보나니 빨리 나와 같이 행하라**. 이것은 "저리로 가라"가 아니라 "이리로 오라"는 것이다. 그리스도의 군대의 지휘관들도 이와 같이 모범으로 가르쳐야 한다(빌 4:9).

아비멜렉과 병사들은 멀지 않은 숲에서 나뭇가지들을 가져다가 망대 아래 모아놓았다. 아마도 망대는 나무로 만들어졌을 것으로 보이는데, 모아놓은 나뭇가지에 불을 붙이자 그 요새와 그 안에 있는 모든 것을 불태웠고, 사람들은 모두 불에 타서 죽거나 아니면 연기에 질식되어 죽었다. 사람들은 서로가 서로를 죽이기 위해 별의별 방법을 다 고안한다. 이러한 잔인한 싸움과 전쟁이 인간의 어리석은 욕심에서 나온 것이 아니면 무엇인가? 어떤 이들은 세겜 망대에 있던 사람들이 밀로의 집에 있던 자들과 동일한 사람들이었다고 생각한다. 그렇다면 요담의 저주는 문자 그대로 이루어진 것이다: **아비멜렉에게서 불이 나와서 세겜 사람들과 밀로의 집을 사를 것이요**(20절). 이러한 불로 인해 약 1,000명의 사람들이 죽었다. 아마도 이들 가운데 상당수는 아비멜렉과 세겜 사이의 싸움에 특별한 관련도 없고 또 어느 쪽에도 가담하지 않은 사람들이었을 것이다. 그러나 내란의 와중에서 많은 사람들이 이와 같은 비참한 종말을 맞이한다. 왜냐하면 파당과 소동의 영을 가진 사람들은 자신들의 죄에 동참한 사람들뿐만 아니라 다른 많은 사람들까지도 함께 끌고 들어가기 때문이다. 순진하게 그들을 따르면, 그들과 함께 동일한 재앙에 빠지게 된다.

[50]아비멜렉이 데베스에 가서 데베스에 맞서 진 치고 그것을 점령하였더니 [51]성읍 중
에 견고한 망대가 있으므로 그 성읍 백성의 남녀가 모두 그리로 도망하여 들어가
서 문을 잠그고 망대 꼭대기로 올라간지라 [52]아비멜렉이 망대 앞에 이르러 공격하
며 망대의 문에 가까이 나아가서 그것을 불사르려 하더니 [53]한 여인이 맷돌 위짝을
아비멜렉의 머리 위에 내려 던져 그의 두개골을 깨뜨리니 [54]아비멜렉이 자기의 무
기를 든 청년을 급히 불러 그에게 이르되 너는 칼을 빼어 나를 죽이라 사람들이 나
를 가리켜 이르기를 여자가 그를 죽였다 할까 하노라 하니 그 청년이 그를 찌르매
그가 죽은지라 [55]이스라엘 사람들이 아비멜렉이 죽은 것을 보고 각각 자기 처소로
떠나갔더라 [56]아비멜렉이 그의 형제 칠십 명을 죽여 자기 아버지에게 행한 악행을
하나님이 이같이 갚으셨고 [57]또 세겜 사람들의 모든 악행을 하나님이 그들의 머리
에 갚으셨으니 여룹바알의 아들 요담의 저주가 그들에게 응하니라

우리는 아비멜렉의 손에 의해 세겜 사람들이 완전히 파멸을 당하는 것을 보았다. 이제는 악행의 우두머리였던 그가 파멸을 당할 차례이다. 데베스

는 작은 성읍으로서, 아마도 세겜에서 멀지 않은 곳에 위치했던 것 같다. 그 성읍은 세겜에 의존하면서 동맹관계를 맺고 있었다.

Ⅰ. 아비멜렉은 데베스를 멸망시키고자 시도한다(50절). 그는 성읍의 모든 주민들을 성(城) 혹은 망대 안으로 몰아넣었다(51절). 아비멜렉은 얼마 전에 바알브릿 신전의 보루에서 행했던 것과 똑같이 이들도 능히 응징할 수 있음을 확신하고 추호도 의심하지 않았다. 그는 데베스의 망대가 다른 망대보다 하나님이 복수하시기에 적합하다는 사실을 미처 생각하지 못했다. 그는 이 망대에다가 불을 지르려고 했다. 최소한 그 문을 불태워 그 안으로 밀고 들어가려고 하였다(52절). 어떤 맹렬한 싸움에서 잘 승리한 자는 비슷한 싸움에서 이번에는 쉽게 성공할 수 있을 것이라고 성급하게 단정하는 경향이 있다. 이 일은 오랜 후에 '포위된 성에 가까이 접근하는 것' 이 얼마나 위험한지를 보여주기 위해 인용되었다(삼하 11:20 이하). 그러나 하나님은 파멸시킬 자의 마음을 어둡게 하신다.

Ⅱ. 아비멜렉은 이 일 중에 맷돌 위짝에 두개골이 깨어져 죽는다(53절). 진실로 이 사람은 살인한 자로다 세겜과의 전쟁의 위험에서는 구조를 받았으나 공의가 그를 살지 못하게 함이로다(행 28:4). 악이 죄인을 따르는 법이다. 때때로 죄인이 안전하고 승리를 구가할 때조차도 악은 그를 덮친다. 세겜과 비교할 때 데베스는 작고 보잘것없는 성읍이었던 것으로 추측된다. 더 큰 성읍을 정복한 아비멜렉이 더 작은 성읍을 정복하는 것은 의심할 여지가 없는 일이었다. 특별히 망대만을 처리해야 하는 경우에는 더욱 그러했다. 그러나 그는 그 곳에 자신의 뼈를 묻는다. 그리고 그의 모든 명예도 그 곳에 묻힌다. 이와 같이 세상의 강한 것들이 종종 가장 약하고 보잘것없는 것들에 의해 좌절을 당하고 만다. 우리는 여기에서 신적 섭리에 의해 악인들이 억제되고 좌절을 당하는 것을 발견한다. 아비멜렉이 세겜 사람들을 응징하는 데에는 나름대로 이유와 근거가 있었다. 그는 스불이라는 증인과 함께 그 일을 행했다. 그러나 그가 자신의 복수심을 데베스로 옮겨 그 성읍을 분노의 희생물로 삼으려고 했을 때, 그는 거기에서 좌절뿐만 아니라 파멸을 당하게 된다: 이는 진실로 세상을 심판하는 하나님이 계심이라. 아비멜렉의 죽음에서 다음의 세 가지를 살펴보자.

1. 한 개의 돌에 의해 죽임을 당함. 그는 자신의 모든 형제들을 한 개의 돌(한 바위, 5절) 위에서 죽였다.

2. 그의 두개골이 깨어짐. 억지로 강탈한 왕관을 쓴 그의 머리 위에 복수가 임했다.

3. 한 여자에 의해 그 돌이 던져짐(53절). 그는 돌이 떨어지는 것을 보았다. 그러므로 그가 그 돌을 피하지 않은 것은 이상한 일이었으나 그 돌이 누구의 손으로부터 떨어졌는지를 봄으로써 그는 더 큰 수치를 느끼게 되었다. 시스라 역시 한 여자의 손에 죽임을 당했으나, 그 사실을 알지 못했다. 그러나 아비멜렉은 여자의 손에 죽임을 당했을 뿐만 아니라, 그 사실을 알았다. 숨이 거의 끊어지게 된 그에게 있어 "한 여자가 그를 죽였다"라는 말보다 그를 더 고통스럽게 하는 것은 아무것도 없었다. 다음을 주목하라.

(1) 그의 어리석은 자존심. 그는 정작 중요한 문제는 생각조차 하지 않으면서, 하찮은 문제에 마음이 집중되어 있었다. 그는 자신의 소중한 영혼이 어떻게 될 것인지에 대해서는 아무런 주의도 기울이지 않았으며, 이 절박한 순간에 하나님의 자비를 간구하며 기도하지도 않았다. 다만 자신의 산산조각 난 위신을 가리기에 급급했다. "오, 제발 아비멜렉 같이 강한 자가 여자에 의해 죽임을 당했다고 말하여지지 않게 하라!" 그는 죽어가고 있었다. 그러나 그의 교만(자존심, pride)은 여전히 강하게 살아있었으며, 평생을 따라다녔던 '헛된 영광을 구하는 기질' 이 지금 마지막으로 나타나고 있었다. 그의 생애가 그러했던 것처럼 그의 죽음 또한 그러했다. 하나님이 두개골이 깨지는 죽음으로 그의 잔인함을 응징하신 것처럼, 또한 그 도구에 의해 그의 교만을 응징하셨다.

(2) 이와 같은 수치를 면하기 위한 그의 어리석은 계획. 이보다 더 어리석은 일은 아무것도 없을 것이다. 좀 더 빨리 고통을 벗어나기 위함이 아니라 사람들로 하여금 "여자가 그를 죽였다"라고 말하지 못하게 하기 위해, 그는 종에게 자신을 찌르도록 명령했다. 이렇게 한다고 여자가 죽였다는 사실이 감추어지는가? 결코 그렇지 않다. 도리어 수치를 더할 뿐이다. 왜냐하면 이로써 그는 자살한 것이 되었기 때문이다. "그의 명령에 따라 그의 종이 그를 죽였다"라고 말하여지는 것보다는 차라리 "여자가 그를 죽였다"라고 말하여지는 것이 나을 것이다. 그러나 이제 아비멜렉에 대해 두 가지가 모두 말하여지게 될 것이고, 이것이 그의 영원한 수치가 될 것이다. 아비멜렉에 관한 다른 어떤 이야기보다도 바로 이 이야기가 후손들에 의해 특별하게 기억되었다는 사실은 참으로 주목할 만한 일이 아닐 수 없다. 다윗이 왜 성벽에 그렇게 가까이 접근했느냐고 책

망할 것을 예상했을 때, 요압은 바로 이 일을 이야기했다(삼하 11:21). 수치는 죄로써 피하여지지 않는다. 도리어 영원히 기억되도록 만들 뿐이다.

Ⅲ. 결국 아비멜렉은 죽었다.

1. 이스라엘의 평화는 회복되었으며, 내전(內戰)은 끝났다. 아비멜렉을 따랐던 자들은 각각 자기 처소로 떠나갔다(55절).

2. 하나님의 공의가 빛나게 되었다(56, 57절). 이와 같이 하나님은 아비멜렉의 악행과 세겜 사람들의 악행을 징벌하셨으며, 요담의 저주가 이루어지게 하셨다. 왜냐하면 그것은 까닭 없는 저주가 아니었기 때문이다. 이와 같이 하나님은 자신의 통치의 영광을 지키시며, 모든 세대에게 피에 대해서는 피의 대가를 치른다는 사실을 경고하셨다. 악인은 스스로 함정에 빠지게 되는데, 이는 결국 하나님이 행하시는 심판 가운데 이루어지는 것이다. 그리고 하나님은 그 일을 통해 자신을 나타내신다. 악인은 잠시 형통할지라도, 영원히 형통하지는 못한다.

제 10 장

개요

본 장의 내용은 다음과 같다. I. 돌라와 야일 두 사사 아래 이스라엘이 향유한 평화로운 시대(1-5절). II. 이어지는 고통의 시대. 1. 죄로 인해 이스라엘이 고통에 빠짐(6절). 2. 이스라엘이 겪은 고통(7-9절). III. 죄에 대한 이스라엘의 회개와 기도와 개혁, 그리고 이로 인해 하나님께서 자비를 베푸심(10-16절). IV. 압제자의 손에서 구원하기 위한 준비(17, 18절).

[1]아비멜렉의 뒤를 이어서 잇사갈 사람 도도의 손자 부아의 아들 돌라가 일어나서
이스라엘을 구원하니라 그가 에브라임 산지 사밀에 거주하면서 [2]이스라엘의 사사
가 된 지 이십삼 년 만에 죽으매 사밀에 장사되었더라 [3]그 후에 길르앗 사람 야일이
일어나서 이십이 년 동안 이스라엘의 사사가 되니라 [4]그에게 아들 삼십 명이 있어
어린 나귀 삼십을 탔고 성읍 삼십을 가졌는데 그 성읍들은 길르앗 땅에 있고 오늘
까지 하봇야일이라 부르더라 [5]야일이 죽으매 가몬에 장사되었더라

조용하고 평화로운 시대는, 비록 살기에는 가장 좋은 때라 할지라도, 역사가에게 있어서는 독자들을 즐겁게 해 줄 쓸거리가 거의 없는 최악의 때이기도 하다. 돌라와 야일 두 사사의 시대가 이와 같았는데, 그들은 사사기에서 크게 두드러지지도 않고 많은 분량을 차지하지도 않는다. 그러나 분명히 그들은 사사의 자격으로 나라에 봉사하도록 하나님으로부터 세우심을 받았다. 그들은 아비멜렉처럼 주제넘게 왕의 위엄을 취하려고도 하지 않았으며, 또한 영광을 자신들이 취하지 않고 하나님께 돌렸다.

1. 아비멜렉에 이어 이스라엘을 지키기 위해 세워진 사람은 돌라였다(1절). 아비멜렉은 자신의 악함으로 이스라엘을 타락케 했으며, 끝없는 야심으로 백성들을 소용돌이 속에 빠뜨렸고, 그들에게 엄청난 재앙을 가져다 주었으며, 또

한 이스라엘을 열방의 적들에게 노출시켰다. 그가 죽은 후 하나님은 모든 폐해를 바로잡고, 우상 숭배를 버리게 하며, 모든 소동을 수습하고, 또 아비멜렉으로 인한 제반 상처를 치유하기 위해 돌라를 세우셨다. 이와 같이 돌라는 백성들에게 도움을 베풀었으며, 적들로부터 백성들을 지켜주었다. 그는 잇사갈 지파 출신이었는데, 그들은 어깨를 내려 짐을 메는 섬기는 지파였다(창 49:14, 15). 그러나 지금 그 지파 출신 가운데 한 사람이 통치자로서 세워진다. 우리는 여기에서 스스로 낮추는 자가 높아지는 것을 보게 된다. 그는 잇사갈 지파의 첫째 가족(family)의 조상의 이름을 취했다. 잇사갈의 아들들 가운데 첫째 아들의 이름이 돌라였다(창 46:13; 민 26:23). 그것은 벌레를 의미하지만, 그는 그것이 자신의 조상의 이름이었기 때문에 그 이름을 부끄러워하지 않았다. 잇사갈 출신이었지만 통치자로 세워졌을 때 그는 에브라임 산지에 와서 거했는데, 그 곳은 이스라엘 중심부에서 가까우므로 백성들이 재판을 받기 위해 그에게 좀 더 편리하게 올 수 있었다. 그는 이스라엘을 23년간 재판했는데(2절), 대체적으로 모든 일을 잘 처리했고, 그가 다스리던 기간 동안 특별한 일은 일어나지 않았다.

2. 야일은 길르앗 사람이었으며, 다음 사사인 입다 역시 마찬가지였다. 두 사람 모두 요단 건너편의 므낫세 반 지파 출신이었다. 그들이 다른 형제들과 분리되어 있는 것처럼 보였음에도 불구하고, 하나님은 통치권이 유다 지파로 고정되기 전에는 부족한 지체에게 귀중함을 더하사(고전 12:24) 멀리 떨어져 있는 지파도 통치권에 참여할 수 있도록 배려하셨다. 야일은 모세 시대에 열정적으로 가나안 지역을 함락시키는 데 앞장섰던 이 지파 출신의 매우 유명한 사람의 이름을 취했다(민 32:41; 수 13:30). 이 야일과 관련하여 가장 주목할 만한 점은 그의 가족이 크게 번성하고 존귀케 되었다는 사실이다: 그에게 아들 삼십이 있어(4절).

(1) 그들은 높은 직위를 가지고 있었다: 어린 나귀 삼십을 탔고. 그들은 이를테면 순회사사(巡廻士師)들이었다. 그들은 아버지를 대리하여 이 곳 저 곳을 순회하며 재판을 행했다. 우리는 나중에 사무엘이 자신의 아들들을 사사로 세운 것을 보게 된다 — 비록 훌륭한 사사들이 되지는 못했지만(삼상 8:1-3).

(2) 그들은 훌륭한 기업을 가지고 있었다. 각 아들마다 한 개의 성읍씩을 가지고 있었는데, 그 성읍들은 그들의 아버지와 같은 이름을 가졌던 조상의 이름

을 따라 하봇야일 — 야일의 마을들(the villages of Jair) — 이라 불렸다. 그런데 여기에서 그 마을들이 성읍(cities)으로 불려진다. 그것은 그 젊은이들(야일의 아들들)이 자신들에게 할당된 마을(village)을 확장시키고 성벽을 쌓음으로 성읍(city)으로 발전시켰기 때문이거나, 아니면 자신들에게 할당된 기업에 너무나 만족하여 마치 성읍처럼 그 곳에 성문과 빗장을 채워 단단하게 하였기 때문일 것이다. 자족하는 마음으로 볼 때는, 마을(village)도 성읍(city)이 되는 법이다.

6이스라엘 자손이 다시 여호와의 목전에 악을 행하여 바알들과 아스다롯과 아람의
신들과 시돈의 신들과 모압의 신들과 암몬 자손의 신들과 블레셋 사람들의 신들을
섬기고 여호와를 버리고 그를 섬기지 아니하므로 7여호와께서 이스라엘에게 진노
하사 블레셋 사람들의 손과 암몬 자손의 손에 그들을 파시매 8그 해에 그들이 요단
강 저쪽 길르앗에 있는 아모리 족속의 땅에 있는 모든 이스라엘 자손을 쳤으며 열
여덟 해 동안 억압하였더라 9암몬 자손이 또 요단을 건너서 유다와 베냐민과 에브
라임 족속과 싸우므로 이스라엘의 곤고가 심하였더라

돌라와 야일 두 사사가 이스라엘을 다스리던 동안에는 모든 일이 잘 되어갔다. 그러나 그 후,

I. 이스라엘은 그토록 자신들을 따라다녔던 우상 숭배의 죄로 다시 돌아갔다. 이스라엘 자손이 다시 여호와의 목전에 악을 행하여(6절). 마치 어리석고 무지한 백성들처럼, 그들은 하나님으로부터 미끄러져 떨어졌다.

1. 그들은 많은 신들을 섬겼다. 가나안 백성들이 숭배했던 바알들과 아스다롯뿐만 아니라, 마치 모든 열방에 자신들의 어리석음을 공표하기라도 하는 양 그들은 수리아와 시돈과 모압과 암몬과 블레셋의 신들을 섬겼다. 마치 이스라엘의 주된 교역(交易)이 모든 나라의 신들을 수입하는 것처럼 보일 정도였다. 이러한 일을 행하는 것은 매우 불경한 일일 뿐만 아니라 또한 매우 불리한 일이기도 했다. 이러한 이방나라의 신들을 가져옴으로써, 그들은 스스로를 천박하고 비열하게 만들었다. 왜냐하면 일말의 명예심이라도 가진 나라라면 자신들의 신을 바꾸지 않기 때문이다. 우리는 이스라엘의 많은 부(富)가 여러 나라의 신전들에 드려졌을 것이라고 추측할 수 있다. 왜냐하면 이스라엘에 세워진 각종 우상의 신전들은 본국에 있는 '모 신전' (母神殿, mother-temples)에 종속

되어 있었을 것이기 때문이다. 또한 그러한 신들이 올 때, 의심할 여지 없이 그들을 따라 그들의 제사장들과 헌신자들이 무리를 지어 이스라엘 땅에 함께 들어왔을 것이다. 그들은 이스라엘 땅에 뿌리를 내렸고, 호세아 7:9에 기록된 것처럼 **이방인들이 이스라엘의 힘을 삼키게 되었다.** 만일 이스라엘이 주변 나라들의 비위를 맞추며 환심을 사기 위해 그렇게 했다면, 그것은 분명한 오산(誤算)이었다. 왜냐하면 이스라엘은 악한 계교로써 주변 나라들을 친구로 삼으려 했지만, 하나님의 의로운 심판으로 그들은 이스라엘의 원수와 압제자가 되었기 때문이다. **사람이 범죄한 바로 그것이 그의 징벌이 될 것이다.**

2. 이스라엘은 자신들의 하나님을 이러한 열방의 많은 신들 가운데 하나만큼도 여기지 않고, 그분을 버렸다: **여호와를 버리고 그를 섬기지 아니하므로.** 하나님과 맘몬(재물)을 둘 다 섬기려고 생각하는 사람은 곧 하나님을 버리고 오직 맘몬만을 섬기게 될 것이다. 마음을 다해 하나님을 섬기지 않는다면, 결국 그분께 남아 있는 마음은 아무것도 없게 될 것이다.

Ⅱ. 하나님은 그들에게 다시 심판을 내리사, 그들을 압제자의 손에 붙이셨다. 만일 그들이 바로 **여호와의 손에 떨어졌다면**, 그들은 그분의 크신 자비하심을 발견할 수 있었을 것이다. 그러나 하나님은 그들을 **사람의 손에 떨어지게** 하셨는데, 그들의 자비는 곧 잔인함이었다. 하나님은 그들을 가나안 남서쪽에 위치하고 있었던 블레셋과, 북동쪽에 위치하고 있었던 암몬의 손에 파셨는데, 이 두 가지는 동시에 이루어졌다. 그러므로 이러한 두 개의 맷돌 사이에서 이스라엘은 원어(原語)의 표현 그대로 비참하게 **으깨어졌다**(8절). 만일 이스라엘의 어떤 성읍이 우상 숭배를 하며 반역을 행한다면, 하나님은 나머지 성읍들이 그들과 전쟁을 벌여 그들을 징벌할 것을 명령하셨다(신 13:12 이하). 요단 건너편의 두 지파와 반 지파가 제단을 쌓았을 때(수 22장), 이스라엘은 이 말씀을 실천하는 데 거의 극단적이라 할 수 있을 정도로 열심이었다. 그러나 지금 그들은 너무도 악하여져서 한 성읍이 우상 숭배에 오염되었을 때, 다른 성읍들은 그것을 응징하는 대신 도리어 그것을 흉내냈으며 심지어 더 심하게 숭배하기까지 했다. 이와 같이 악을 행한 자들을 징벌해야 할 자들이 도리어 그 악에 동참하고 헛되이 칼을 잡았기 때문에, 하나님은 주변 나라들을 부르셔서 이스라엘의 배교에 대해 응징하도록 하셨다. 롯의 자손인 암몬 족속의 압제는,

1. 매우 길었다. 암몬의 압제는 18년간 계속되었다. 어떤 이들은 이 기간을 야

일의 통치기간의 일부로 본다. 반면 또 어떤 이들은 이 기간이 야일의 죽음과 함께 시작되는 것으로 보는데, 이 견해가 좀 더 타당한 것으로 여겨진다. 왜냐하면 암몬 사람들에 의해 가장 고통을 많이 받은 지역이 바로 야일의 고향인 길르앗이었기 때문이다. 우리는 야일이 살아있는 동안 길르앗 지역이 그토록 많은 고통을 받았을 것이라고 생각할 수 없다. 최소한 그 지역은 우상 숭배의 죄에 오염되지 않았을 것이며, 주변의 어떤 나라로부터도 특별한 고통을 받지 않았을 것이다.

2. 매우 가혹했다. 그들은 이스라엘을 괴롭게 하며 압제했다. 암몬 자손들처럼 보잘것없는 백성에게 압제를 당하는 것은 참으로 고통스러운 일이 아닐 수 없었다. 그들은 요단 건너편의 자신들과 가까운 지역의 지파들부터 침입하며 압제를 가하기 시작했다. 그 지역은 아모리 족속의 땅이라 불렸는데(8절), 그것은 이스라엘 자손들이 너무나 타락하여 이방인처럼 그래서 어떤 면에서 완전한 아모리인처럼 되었기 때문이거나(겔 16:3), 아니면 죄로 인해 이 땅에 대한 자신들의 이름을 빼앗김으로써 다시금 그 땅이 아모리 족속의 땅으로 간주되었기 때문일 것이다. 암몬인들은 점차적으로 밀고 들어와서, 요단을 건너, 이스라엘의 가장 유명한 세 지파인 유다와 베냐민과 에브라임까지 침입해 들어왔다(9절). 이스라엘이 하나님을 버렸을 때, 그들은 이와 같이 모욕을 당했으며 침입자에게 대항할 수 없었다. 결국 이스라엘 백성들은 원수들 앞에서 살육을 당하였으며, 또한 그들과 맞설 힘이 없었다(레 26:17, 37). 이 모든 것은 그들이 스스로 초래한 것이었다. 그들은 비참하게 타락했으며, 그럼으로써 쓰라린 고통을 당하지 않을 수 없었다.

[10]이스라엘 자손이 여호와께 부르짖어 이르되 우리가 우리 하나님을 버리고 바알들을 섬김으로 주께 범죄하였나이다 하니 [11]여호와께서 이스라엘 자손에게 이르시되 내가 애굽 사람과 아모리 사람과 암몬 자손과 블레셋 사람에게서 너희를 구원하지 아니하였느냐 [12]또 시돈 사람과 아말렉 사람과 마온 사람이 너희를 압제할 때에 너희가 내게 부르짖으므로 내가 너희를 그들의 손에서 구원하였거늘 [13]너희가 나를 버리고 다른 신들을 섬기니 그러므로 내가 다시는 너희를 구원하지 아니하리라 [14]가서 너희가 택한 신들에게 부르짖어 너희의 환난 때에 그들이 너희를 구원하게 하라 하신지라 [15]이스라엘 자손이 여호와께 여쭈되 우리가 범죄하였사오니 주께서

보시기에 좋은 대로 우리에게 행하시려니와 오직 주께 구하옵나니 오늘 우리를 건
져내옵소서 하고 16자기 가운데에서 이방 신들을 제하여 버리고 여호와를 섬기매
여호와께서 이스라엘의 곤고로 말미암아 마음에 근심하시니라 17그 때에 암몬 자손
이 모여서 길르앗에 진을 쳤으므로 이스라엘 자손도 모여서 미스바에 진을 치고 18
길르앗 백성과 방백들이 서로 이르되 누가 먼저 나가서 암몬 자손과 싸움을 시작
하랴 그가 길르앗 모든 주민의 머리가 되리라 하니라

Ⅰ. 이스라엘이 고통 속에서 하나님께 겸손하게 죄를 자백함(10절). 이제 그들은 마치 고문대 위의 죄수처럼 자신들의 죄를 인정하며, 또한 회초리 앞의 어린아이처럼 잘못을 고칠 것을 약속한다. 그들은 고통을 호소할 뿐만 아니라 그것이 자신들의 죄 때문임을 인정한다. 그러므로 하나님은 의로우시며, 그들에게는 하등 불평할 이유가 없었다. 그들은 자신들이 행하지 않은 일을 자백하는데, 그들의 죄는 바로 그것으로부터 시작되었기 때문이다 — "우리가 우리 하나님을 버리고." 또 그들은 자신들의 죄를 고백한다 — "바알들을 섬겼으니 우리가 너무나 어리석고 악하게 행하였나이다."

Ⅱ. 이에 하나님이 이스라엘에게 메시지를 주심. 이것이 사자(혹은 천사, 2:1의 경우처럼)에 의해서 주신 것인지, 혹은 선지자(6:8의 경우처럼)에 의해서 주신 것인지는 확실하지 않다. 그들의 부르짖음에 대해 하나님이 귀를 막으시고 응답하지 않으시는 대신 귀를 기울이시는 것은 참으로 은혜가 아닐 수 없다. 또한 그들이 회개하기 시작했을 때 하나님이 그와 같은 메시지를 보내심으로 그들로 하여금 더욱 회개하게 하시고 그럼으로써 구원받을 만한 준비가 되도록 만드시는 것 역시 큰 은혜이다.

1. 여기에서 하나님은 그들에게 당신이 행하신 위대한 일들을 상기시킴으로써 그들을 책망한다. 하나님은 그들을 여러 원수들로부터 구원하셨다. 첫째는 애굽 사람들이었는데, 이스라엘 백성들은 그들의 땅으로부터 구원을 받았다. 또 하나님은 이스라엘로 하여금 아모리 사람들을 정복하게 하시고 그들의 땅으로 들어가게 하셨다. 또한 암몬 사람들이 모압 사람들과 연합하여 압제했을 때(3:13), 삼갈의 시대에 블레셋 사람들이 괴롭혔을 때, 그리고 이후에도 여러 원수들이 고통을 가져다 주었을 때, 하나님은 그들을 위해 큰 구원을 베푸셨다(11, 12절). 또 그들은 시돈 사람들과 마온 사람들에 의해서도 압제를 당했는데,

우리는 이에 대해 상세하게 알지 못한다. 하나님은 공의 가운데 그들을 징벌하셨으며, 은혜 가운데 그들을 구원하셨다. 따라서 그들은 두려움과 사랑을 가지고 하나님을 섬기는 일에 전심을 다해야 했다. 그러므로 13절의 말씀은 그들의 마음을 찔렀을 것이다 — "그러나 너희는 모든 고통으로부터 너희를 건져준 나를 버리고, 너희에게 모든 고통을 가져다 준 다른 신들을 섬겼느니라." 이와 같이 그들은 미망(迷妄) 가운데 하나님의 모든 은혜를 버렸다.

2. 하나님은 그들을 그들이 섬겼던 신들에게 내맡겨 둠으로써 그들을 파멸 가운데 그냥 내버려 두실 수 있음을 보이신다. 그들로 하여금 철저한 회개를 통해 모든 잘못을 바로잡게 하심으로써,

(1) 바알들을 섬기는 어리석음을 깨닫게 하셨다. 그들은 엄청난 비용을 지불하며 그러한 신들의 호의를 얻고자 하였으나, 정작 그들이 가장 도움을 필요로 할 때 그 신들은 아무런 도움도 될 수 없었다: "가서 너희가 택한 신들에게 부르짖어(14절), 지금 그것들이 너희를 위해 무엇을 할 수 있는지 시험해 보라. 너희는 그것들을 신으로 숭배했다 — 지금 그것들이 정말로 신적 권능이나 혹은 신적 선함을 가지고 있는지 시험해 보라. 너희는 그것들을 왕(kings)과 주(lords)로서 섬겼다 — 지금 그것들이 너희를 보호해 줄 것인지 시험해 보라. 그것들이 너희에게 곡식과 포도주와 기름을 준 것으로 생각하고 너희는 그것들의 제단에 찬미의 제사를 드렸다. 그러나 진정한 친구는 필요할 때 도와줄 수 있는 친구일 것이다. 지금 그것들이 너희에게 어떤 도움을 베풀 것인가?" 진정한 회개에는, 우리가 우상으로 삼고 우리 마음의 보좌 위에 하나님 대신 앉혀 놓은 것들이 우리에게 아무런 도움도 되지 못한다는 사실을 완전히 인식하는 것이 필요하다. 우리는 육체의 쾌락이 진정한 만족이 될 수 없으며, 세상의 재물이 참된 기업이 될 수 없고, 오직 하나님 안에서만 참된 행복과 평안이 있다는 사실을 확신해야만 한다.

(2) 하나님을 버림으로써 야기된 불행과 위험을 깨닫게 하셨다. "너희가 지금까지 걸어온 길을 돌아보라. 지금 내가 너희에게 할 수 있는 말은 오직 이것뿐이다. 내가 다시는 너희를 구원하지 아니하리라. 이제 너희는 어떻게 될 것인가?"(13절). 여기에서 하나님은, 만일 그들이 자신들이 행한 모든 잘못을 고백한다면 당신이 '장차 하실지 모르는 일' (what he might do)뿐만 아니라 '장차 하시고자 하는 일' (what he would do)까지 말씀하고 계셨던 것이다.

Ⅲ. 이에 이스라엘이 하나님의 공의를 겸손하게 인정하면서 그분의 은혜를 간청함(15절). 이스라엘 자손이 함께 모였는데, 그것은 아마도 회막 문 앞에서의 거룩한 집회로 모인 것이었을 것이다. 그들은 여기에서 하나님으로부터의 메시지를 받았다. 비록 그것이 매우 위협적인 것이었음에도 불구하고, 그들은 절망에 빠지지 않고 죽으면 죽으리라 하면서 하나님의 발 앞에 엎드렸다. 그들은 "우리가 범죄하였나이다" 라는 고백을 반복할 뿐만 아니라

1. 또한 하나님의 공의를 인정한다: 주께서 보시기에 좋은 대로 우리에게 행하시려니와. 여기에서 그들은 하나님께서 어떤 가혹한 형벌을 내리시더라도 자신들은 그것을 받아 마땅하다는 사실을 인정하면서, 또한 그분이 내리는 형벌은 자신들에게 결코 잘못된 것이 아님을 확신하고 있었다. 그들은 스스로를 하나님의 강하고 엄중한 손 아래 놓으면서 자신들의 죄악의 형벌을 기쁘게 받고자 했는데, 이것은 모세가 하나님의 은혜가 회복되는 조건으로서 언급한 것이었다(레 26:41). 진정한 회개자는, 자신의 죄가 너무나 악하며 또한 하나님의 징벌이 결코 지나치게 가혹하지 않음을 인정하면서, 스스로를 하나님의 손에 맡겨 그분이 원하시는 대로 고쳐지도록 만든다.

2. 또한 하나님의 은혜를 애원한다: 오직 주께 구하옵나니 오늘 우리를 건져내옵소서. 그들은 자신들이 징벌을 받아 마땅하다는 사실을 인정하면서, 그러나 자신들의 과오(過誤)대로 갚아주지 마실 것을 하나님께 간구한다. 우리는 하나님의 공의를 인정하면서 동시에 그분의 은혜를 소망해야 한다.

Ⅳ. 이에 죄를 버리고 새롭게 하는 일이 시작됨. 그들은 회개에 합당한 열매를 맺었다(16절): 그들이 자기 가운데에서 이방 신들 — 문자대로 하면, 이상한 신들, 즉 이스라엘 공동체와 약속의 언약을 알지 못하는 열방들이 섬겼던 신들 — 을 제하여 버리고 여호와를 섬기매. 고난이 그들을 하나님께로 이끌었다. 그들은 자신들이 섬겼던 신들에게 가는 것이 아무 효과도 없다는 사실을 알고, 자신들이 등한히 했던 하나님께로 돌아왔다. 이것이 참된 회개인데, 죄에 대한(for sin) 회개일 뿐만 아니라 동시에 죄로부터의(from sin) 회개인 것이다.

Ⅴ. 하나님의 은혜가 회복됨. 이것이 여기에서 매우 애정 어린 표현으로 언급됨(16절): 여호와께서 이스라엘의 곤고로 말미암아 마음에 근심하시니라. 하나님 안에는 어떤 근심(슬픔, grief)도 없으며(하나님은 자신 안에 무한한 기쁨과

행복을 갖고 계시며, 그것은 어떤 피조물의 죄나 불행으로 인해서도 결코 깨어질 수 없다), 또한 변함도 없으시다: 그는 뜻이 일정하시니 누가 능히 돌이키랴(욥 23:13). 그러나 하나님은 선하신 하나님이시며, 이것이 그의 영광이다. 하나님은 당신의 이름을 '선하신 하나님' 으로 선포하시며, 그것이 모든 이름 위에 뛰어난 이름이 되게 하신다. 그분은 언약 안에서 자기 백성들의 아버지가 되심을 기뻐하신 것처럼, 또한 자녀를 향한 아버지의 긍휼히 여김을 통해 그들에게 자신의 선하심을 나타내시기를 기뻐하신다. 왜냐하면 그는 '빛들의 아버지' (the Father of lights)인 것처럼 또한 '자비의 아버지' (the Father of mercies)이기도 하기 때문이다. 자녀들의 불순종과 불행이 아버지에게 근심(grief)이 되는 것처럼, 자기 백성들의 도전과 도발은 하나님께 근심이 된다(시 95:10). 또 하나님은 자기 백성들의 음란한 마음으로 인해 근심하시며(겔 6:9), 자기 백성들의 고통 또한 그분께 근심이 된다. 그리하여 마치 괘씸하게 여겼던 자녀들에 대해 다시금 어여삐 여기기 시작한 부모처럼, 하나님은 이제까지의 마음과 생각을 바꾸시고 백성들을 다시금 구원하시기를 기뻐하셨다. 바로 이것이 죄인들이 죽는 것을 기뻐하지 않으시는 우리 하나님의 자비이다.

Ⅵ. 이제 모든 일이 '암몬의 압제로부터의 구원' 을 향해 진행됨(17, 18절). 하나님은 "내가 더 이상 너희를 구원하지 않을 것" 이라고 말씀하셨었다. 그러나 이제 그들은 더 이상 예전의 그들이 아니다. 그들은 다른 사람이 되었다. 그들은 새 사람이다. 그러므로 이제 하나님은 그들을 구원할 것이다. "너희를 구원하지 않을 것" 이라는 위협의 말씀은 그들로 하여금 자신들의 죄를 깨닫고 겸비케 하기 위함이었다. 이제 그와 같은 결과가 발생했으므로, 백성들의 구원을 위해 그러한 위협의 말씀은 철회된다.

1. 암몬 자손들은 마음을 완악하게 하고 파멸을 향해 달려갔다. 그들은 함께 한 무리로 모였는데, 이로써 일격으로 파멸될 수 있게 되었다(계 16:16).

2. 이스라엘 백성들은 자신의 구원을 위해 일어났다. 그들도 마찬가지로 한데 모였다(17절). 18년간의 압제를 받는 동안(예전의 경우에도 마찬가지였음) 그들은 원수들에게 쫓겨 다녔는데, 그것은 그들이 연합하지 않았기 때문이었다. 각 가족과 성읍과 지파들은 제각각 독립적으로 행동했으므로, 압제자들에게 손쉬운 먹잇감이 될 수밖에 없었다. 이는 그들을 결합시키는 '공동의 이익' 에 대한 의식이 부족했기 때문이었다. 그러나 하나로 연합할 때 그들은 위대한

일을 이룰 수 있었고, 그것은 이번의 경우에도 마찬가지였다. 하나님의 이스라엘이 공동의 선을 구하며 또 공동의 적을 대적하기 위해 한 마음이 될 때, 어떤 난관이 그 앞을 가로막을 수 있겠는가? 길르앗의 방백과 백성들은 암몬에 대항하여 군대를 지휘할 장군에 대해 먼저 의논한다. 에훗, 바락, 기드온 등과 같이 지금까지 이스라엘을 구원한 대부분의 구원자들은 특별한 부르심을 받은 자들이었다. 그러나 이번의 경우에는 좀 더 일반적인 방식으로 부름받게 될 것이다. 사람들이 회합을 열어 군대를 지휘할 적합한 사람이 누구인지를 의논하고, 그 일을 훌륭하게 감당할 한 사람을 선택하는 것이다. 그리고 하나님은 그 위에 성령을 보내심으로(11:29) 그들의 선택을 인정하신다. 이 일은, 후대(後代)에 더 이상 하나님의 특별한 부르심을 기대할 수 없게 될 때, 매우 유용한 지침이 될 것이다. 우리는 공적 권력을 선택함에 있어 공정하게 해야 한다. 그러면 하나님은 그와 같이 선택된 자들을 은혜롭게 인정하실 것이다.

제 11 장

개요

본 장은 또 한 사람의 이스라엘의 사사인 입다의 역사를 제시한다. 그는 히브리서 11장에서 믿음으로 큰일을 행한 구약의 위대한 영웅들 가운데 한 사람으로 거명된다(32절) — 비록 그가 여기에 언급된 다른 사람들처럼 특별한 부르심을 받지는 않았다 할지라도. 본 장의 내용은 다음과 같다. I. 입다의 불명예스러운 태생(1-3절). II. 길르앗 사람들이 그를 암몬 군대와 맞서는 장관으로 삼음, 그리고 입다가 제시한 조건(4-11절). III. 양국의 권리에 관한 입다와 암몬 왕 사이의 교섭(12-28절). IV. 입다가 암몬과 더불어 전쟁을 벌임 — 엄숙한 서원과 함께 전쟁을 시작함(29-31절), 용맹하게 전쟁을 수행함(32절), 영광스러운 승리로 끝남(33절). V. 입다가 자신의 서원으로 인해 곤궁에 처함(34-40절).

1길르앗 사람 입다는 큰 용사였으나 기생이 길르앗에게서 낳은 아들이었고 2길르앗
의 아내도 그의 아들들을 낳았더라 그 아내의 아들들이 자라매 입다를 쫓아내며
그에게 이르되 너는 다른 여인의 자식이니 우리 아버지의 집에서 기업을 잇지 못
하리라 한지라 3이에 입다가 그의 형제들을 피하여 돕 땅에 거주하매 잡류가 그에
게로 모여 와서 그와 함께 출입하였더라

길르앗의 방백들과 백성들은 앞 장 끝 부분에서 장군을 선택하는 것과 관련하여 암몬 자손과 싸울 군대를 이끌 자가 길르앗 모든 주민의 머리가 될 것이라고 만장일치로 결의했다. 그것은 매우 어려운 일이었으므로 그 일을 맡을 자에게 그와 같이 큰 보답을 약속하는 것은 적절한 일이었다. 이제 모든 사람들은 길르앗 사람 입다가 큰 용사로서 이 일을 맡기에 가장 적합하다고 동의했다. 그보다 더 적합한 사람은 아무도 없었다. 그러나 그에게는 세 가지 불리한 점이 있었다.

1. 그는 기생(창기, harlot)의 아들이며(1절), 다른 여인 — 아내도 첩도 아닌

여자 — 의 자식(2절)이었다. 어떤 이들은 그의 어머니가 이방인이었다고 생각한다. 요세푸스가 그렇게 생각했는데, 그는 입다를 '어머니 쪽 혈통으로 외인' 이라고 부른다. 유대인들은 그의 어머니가 이스마엘 사람이었다고 말한다. 그의 어머니가 기생이었다면 그것은 그의 잘못이 아니었다. 그러나 그것은 그의 수치였다. 사람은 자신의 부모나 출생의 부적절함으로 인해 비난받아서는 안 된다 — 자신의 공적으로 그러한 비난을 덮고자 노력하는 한. 기생의 아들도 거듭나기만 한다면, 즉 위로부터 난다면 하나님께 받아들여질 것이요 하나님 자녀의 영광스러운 자유를 누리게 될 것이다. 입다는 율법을 통해 자신이 지금 싸우고자 하는 암몬 사람은 여호와의 총회에 들어올 수 없다는 것을 알았을 것이다. 그러나 바로 그 구절은 사생자 또한 비슷한 방식으로 배제되어야 한다고 언급한다(신 23:2, 3). 그러나 만일 그 율법이 간음이 아니라 오직 근친상간으로 태어난 사람을 의미하는 것일 뿐이라면(아마도 이럴 가능성이 크다), 그는 그 범주에 포함되지 않는다.

2. 그는 형제들에 의해 자기 나라로부터 쫓겨났다. 입다의 형제들은 율법을 엄격하게 적용하여 그로 하여금 자신들과 함께 기업을 받지 못하도록 했다(2절). 만일 그들이 입다의 불명예스러운 출생을 간과하고 형제의 위치를 인정해 주었다면, 그는 가족에 큰 힘이 되고 또 가족을 빛나게 하는 존재가 되었을 것이다. 누구도 이 버림받은 젊은이가 장차 이스라엘의 구원자요 사사가 될 것이라고는 생각조차 하지 못했다. 그러나 종종 하나님은 높이고자 계획하는 자를 낮추시고, 건축자들의 버린 돌로 모퉁이의 머릿돌을 삼으신다. 이스라엘의 목자 가운데 가장 뛰어난 3인인 요셉과 모세와 다윗도 하나님으로부터 부름받기 전에 사람들에 의해 모두 버림을 당하는 고난을 겪었다.

3. 그는 고향에서 쫓겨나 생활하는 가운데 잡류들의 우두머리가 되었다(3절). 형제들에 의해 쫓겨났음에도 불구하고, 위대한 영혼을 가진 그는 땅을 파거나 구걸하지 않고 칼에 의지해 생활했다. 그러자 곧 그와 같은 곤궁에 떨어진 자들이 그의 용맹함을 보고 감화를 받아 그에게 나아왔다. 여기에서 잡류(vain men)라고 불리는 사람들은 자신의 재산을 다 잃어버림으로써 생계를 위한 방편을 찾아야만 하는 자들이었다. 이들이 입다에게 나아왔고 함께 살게 되었다. 그들은 도둑질이나 약탈을 하지 않았다. 다만 들짐승을 사냥하거나 혹은 아마도 이스라엘에게 허락되었으나 아직 소유로 삼지 못한 땅을 습격하면서 살았

을 것이다. 바로 이 사람이 이스라엘을 구원할 자였다. 백성들은 우상 숭배로 인해 스스로를 음행의 자녀로 만들었으며, 하나님과 그분의 언약으로부터 외인(外人)이 되었다. 그러므로 비록 회개함으로 하나님이 그들을 구원할 것이라 할지라도, 그들의 죄를 일깨우기 위해 하나님은 그 일을 사생자요 쫓겨난 자를 통해 하시기로 선택하셨다.

[4]얼마 후에 암몬 자손이 이스라엘을 치려 하니라 [5]암몬 자손이 이스라엘을 치려 할
때에 길르앗 장로들이 입다를 데려오려고 돕 땅에 가서 [6]입다에게 이르되 우리가
암몬 자손과 싸우려 하니 당신은 와서 우리의 장관이 되라 하니 [7]입다가 길르앗 장
로들에게 이르되 너희가 전에 나를 미워하여 내 아버지 집에서 쫓아내지 아니하였
느냐 이제 너희가 환난을 당하였다고 어찌하여 내게 왔느냐 하니라 [8]그러므로 길르
앗 장로들이 입다에게 이르되 이제 우리가 당신을 찾아온 것은 우리와 함께 가서
암몬 자손과 싸우게 하려 함이니 그리하면 당신이 우리 길르앗 모든 주민의 머리
가 되리라 하매 [9]입다가 길르앗 장로들에게 이르되 너희가 나를 데리고 고향으로
돌아가서 암몬 자손과 싸우게 할 때에 만일 여호와께서 그들을 내게 넘겨 주시면
내가 과연 너희의 머리가 되겠느냐 하니 [10]길르앗 장로들이 입다에게 이르되 여호
와는 우리 사이의 증인이시니 당신의 말대로 우리가 그렇게 행하리이다 하니라 [11]
이에 입다가 길르앗 장로들과 함께 가니 백성이 그를 자기들의 머리와 장관을 삼
은지라 입다가 미스바에서 자기의 말을 다 여호와 앞에 아뢰니라

I. 암몬 자손들의 침략으로 인해 이스라엘 자녀들이 직면한 고통(4절). 아마도 이것은 10:17에 언급한 침략과 동일한 것이었을 것이다: 그 때에 암몬 자손이 모여서 길르앗에 진을 쳤으므로. 4절의 얼마 후에(in process of time)란 구절은 입다가 쫓겨나고 난 후 상당한 시간이 흘렀음을 암시한다. 이와 같이 수치 가운데 쫓겨나고 나서 많은 날이 지난 후, 그는 영예롭게 다시 돌아오게 되었다.

II. 길르앗의 장로들이 입다에게 와서 도움을 청함. 그들은 입다에게 편지를 쓰거나 혹은 사자를 보내지 않고, 그를 데려오기 위해 자신들이 직접 왔다. 그들은 어떻게 하든 입다의 동의를 얻고자 했으며, 상황의 긴급함으로 인해 조금도 지체할 수 없었다. 그들이 입다에게 전한 말은 "와서 우리의 장관(지도자, captain)이 되라"는 것이었다(6절). 그들은 이 큰 일을 맡을 수 있는 사람은 자신

들 가운데 아무도 없음을 알고 있었다. 결과적으로 그들은 자신들이 이 일에 적합하지 않음을 고백한 것이었다. 그들은 입다가 담대하며 칼에 익숙하므로 그 일을 맡기에 적합하다는 사실을 알고 있었다. 하나님은 당신이 쓰시고자 계획한 자를 준비시키시고, 모든 상황을 그와 같이 이끄신다. 만일 입다가 형제들로 인해 인생의 전환점을 갖지 못했다면, 그는 자신의 군사적 재능을 연마하고 발전시킬 기회를 갖지 못했을 것이고 그럼으로써 이와 같은 위기의 때에 자신을 드러낼 수 없었을 것이다. **먹는 자에게서 먹는 것이 나온다**(14:14). 이스라엘 자녀들은 모여 진을 쳤다(10:17). 그러나 장군이 없는 군대는 머리가 없는 몸과 같다. 그러므로 그들은 말한다. **우리가 싸울 수 있도록 와서 우리의 장관이 되라.** 여기에서 정부(통치기구)의 필요성을 주목하라. 비록 싸우고자 하는 의욕이 있다 할지라도, 그들은 자신들을 지휘할 장관(지도자)이 없이는 싸울 수 없다는 사실을 인정했다. 이와 같이 모든 공동체에는 다스리는 자와 다스림을 받는 자가 있는 법이다. 그러므로 우리는 저마다 다스리는 자가 되려고 하기보다는, 겸손하게 다스림 받기를 구해야 한다. 선한 정부(통치기구)로 인해 하나님을 송축할지어다!

Ⅲ. 장로들의 요청에 대한 입다의 반박. **너희가 전에 나를 미워하여 내 아버지 집에서 쫓아내지 아니하였느냐**(7절). 이들 장로들 가운데 입다의 형제들이 있었든지, 혹은 입다의 형제들이 입다를 학대할 때 이들 장로들은 가만히 있으면서 그의 억울한 형편을 바로잡아 주지 않았던 것 같다. 그들은 자신들이 마땅히 해야 할 일을 하지 않았던 것이다(왜냐하면 장로의 책무는 고아와 가난한 자를 보호하는 것이었기 때문이다, 시 82:3, 4). 결과적으로 그들은 입다를 쫓아낸 죄에 동참한 것이었으며, 이에 입다는 그 일을 정당하게 책망하고 있는 것이다. 통치자들은 상처받은 자들을 보호할 힘을 가지고 있다. 그러므로 만일 그들이 상처받은 자들의 억울함을 풀어주는 일을 게을리한다면, 결과적으로 그들에게 고통을 가하는 죄를 범하는 것이다. "너희는 나를 미워하여 쫓아냈다. 그런데 어떻게 내가 너희의 제안이 진실하다는 것을 믿을 수 있겠는가. 그리고 어떻게 너희는 내가 그 일을 맡을 것을 기대할 수 있는가?"

그러나 입다는 기꺼이 나라를 위해 봉사하려고 했을 뿐만 아니라, 그들이 자신에게 행한 예전의 불친절을 암시함으로써 그들로 하여금 죄를 회개하게 하고 미래에는 그들의 책무를 좀 더 민감하게 감당하도록 했다. 요셉도 이처럼 형제들에게 자신을 드러내기 전에 그들을 낮추었다. 길르앗 사람들과 입다 사이의 '특별한 상황' 은 당시 이스라엘과 하나님 사이의 '일반적인 상황' 과 상당히 유사하다. 당시 이스라엘 백성들은 우상 숭배로 인해 하나님을 버렸으나, 고통이 다가오자 그분의 도움을 간구했다. 하나님은 그들에게 마땅히 거절할 것을 말씀하셨지만, 은혜 가운데 그들을 구원하셨다. 입다도 이와 똑같았다. 많은 사람들은 고통 속에 빠지고 나서야 비로소 하나님과 선한 사람들을 찾는다. 그 때에야 비로소 그들은 하나님의 자비와 선한 사람들의 기도를 갈망한다.

Ⅳ. 장로들이 자신들의 제안을 받아줄 것을 입다에게 촉구함(8절). "우리가 전에 당신에게 잘못했으므로 그리고 우리가 그것을 회개하고 그 일에 대해 기꺼이 보상해 주려고 하고 있음을 보여주기 위해, 우리는 지금 당신을 찾아와 과거에 냉대한 것에 상응한 존귀를 주려 하노라." 여기에서 우리는 다음과 같은 교훈을 배우게 된다.

1. 아무리 비천한 자라 할지라도 우리는 그를 경멸하거나 짓밟아서는 안 되며 또한 그에게 해를 끼쳐서도 안 된다. 왜냐하면 우리가 지금 그에 대해 어떻게 생각하든지 간에, 우리가 그를 필요로 하며 또한 그의 은혜를 구해야 할 때가 올 수 있기 때문이다. 어떤 사람도 적으로 만들지 않는 것이 지혜이다. 어떤 문제들로 인해 그의 호의와 도움을 호소해야 할 때가 얼마나 빨리 오게 될는지 우리는 알지 못하기 때문이다.

2. 비록 냉대와 경멸을 당한다 할지라도 우리는 결코 낙심해서는 안 된다. 우리는 그것을 기꺼이 그리고 즐거운 마음으로 감당해야 한다. 그리고 모든 것이 밝히 드러날 때까지 그 일을 하나님께 맡겨야 한다. 풀러(Fuller)는 자신의 책 「비스가 산의 광경」(*Pisgah Sight*)에서 이에 대해 이렇게 말한다: "때때로 덕은 스스로 드러나는 법이다. 그것을 미워하던 자가 그것을 필요로 하게 될 때 사람들은 그것을 좋아하게 된다." 그러면 그의 존귀와 영예는 더 빛나게 될 것이다.

Ⅴ. 입다와 장로들 사이의 계약. 입다는 예전에 그들이 자신에게 가한 냉대와 상처를 언급했다. 그러나 그들이 회개했음을 인식했을 때, 입다는 너무도 크고 관대한 영혼을 가지고 있었으므로 그들에게 더 이상 아무 말도 하지 않았다. 하나님은 이스라엘이 자신에게 행한 냉대와 모독을 용서하셨다(10:16). 그러므로 입다도 그렇게 할 것이다. 단지 그는 미래를 위해 그들과 계약을 맺는

것이 사려 깊은 일이 될 것이라고 생각한다. 왜냐하면 그는 지금 불신할 수밖에 없는 이유를 갖고 있는 사람들과 상대하고 있기 때문이다.

1. 입다는 장로들에게 정당한 질문을 던진다(9절). 그는 자신의 성공을 과신(過信)하지 않는다. 왜냐하면 하나님이 이스라엘을 좀 더 징벌하기 위해 암몬을 계속 사용하실 수도 있다는 사실을 그는 알고 있었기 때문이다. 그래서 그는 '만일' 이라는 말로 시작한다: *만일* **여호와께서 그들을 내게 넘겨주시면.** 뿐만 아니라 입다는 자기 자신을 신뢰하지도 않는다. 만일 그가 성공한다면, 그들을 **그의 손에 넘겨준 자는** 여호와이시다. 이를 통해 입다는 그들로 하여금 모든 다툼을 조정하시며 승리를 가져다 주시는 하나님을 바라보도록 일깨워주고자 하였다. "만일 하나님의 축복으로 내가 승리하고 돌아온다면 정녕 **내가 너희의 머리가** 될 것인지 분명히 말하라. 만일 내가 하나님 아래에서 너희를 구원한다면 내가 그분 아래에서 너희를 고치며 바로잡겠느냐?" 그리스도로 말미암아 구원받기를 열망하는 자들에게도 이와 똑같은 질문이 주어진다. "만일 그가 너를 구원한다면 너는 기꺼이 그가 너를 다스리도록 맡길 것인가? 그는 오직 이 조건 위에서만 너를 구원하실 것이다. 만일 그가 너를 돕는 자가 된다면 그는 너의 머리가 될 것인가?"

2. 장로들은 즉각 긍정적인 답변을 준다(10절): **"당신의 말대로 우리가 그렇게 행하리이다.** 전쟁 때에 우리를 지도한다면 평화 때에도 우리를 지도하게 되리이다." 그들은 이 문제에 대해 즉각적으로 답변을 주었다. 사실 이것은 충분한 의논을 거칠 필요가 있는 문제였지만, 상황이 너무나 급박했으므로 지체할 여유가 없었다. 그들은 입다와 더불어 계약을 체결할 권세를 갖고 있었으므로, 다음과 같은 맹세와 함께 그것을 확정했다: **여호와께서 우리 사이에 증인이시라.** 그들은 자신들의 진심을 심판자로서의 하나님의 전지하심에 호소하면서, 자신들의 약속이 나중에 거짓으로 드러나면 하나님께서 복수해 주실 것을 탄원한다. 그들의 맹세는 문자적으로 **여호와께서 우리 사이에 듣는 자시라**이다. 우리는 무슨 말을 하든지 하나님이 듣는 자가 되신다는 사실을 기억하고, 그에 따라 말해야 한다. 이와 같이 입다와 길르앗 사람들 사이에 계약이 체결되었다. 그리고 **그가 이스라엘의 사사가 되었다**(12:7)란 말씀으로 미루어, 나중에 모든 이스라엘이 동의한 것으로 보인다. 그러고 나서 입다는 장로들과 함께 그들이 모두 모여 있는(10:17) 장소로 갔고(11절), 거기에서 그들은 만장일치로 그를 **머리**와 장

관으로 삼았다. 그들의 대표자들이 그와 더불어 계약을 체결했으므로, 이제 그는 장관(captain)이면서 동시에 그들의 머리(head)가 되었다. 이러한 작은 영예로 인해서도 입다는 백성들을 위해 기꺼이 자신의 목숨을 내어놓았다(12:3). 하물며 그리스도께서 이기는 자에게 생명의 면류관을 약속하셨는데, 영적 전쟁 가운데 만나게 되는 어떤 난관들로 인해 우리가 낙심하고 좌절해서야 되겠는가?

VI. 이 일로 인해 입다가 하나님께 감사함: 입다가 미스바에서 자기의 말을 다 여호와 앞에 아뢰니라(11절). 입다는 즉시로 이 모든 일과 관련하여 그와 같은 직책을 받아들일 것인지 그리고 어떻게 그러한 직책을 올바로 수행할 것인지에 대해 하나님 앞에 기도로 아뢰었다. 입다의 눈은 항상 하나님을 향해 열려 있었다. 그는 하나님 없이는 아무 일도 하려고 하지 않았으며, 자신의 명철이나 용기를 의지하지 않고 오직 하나님과 그분의 은혜만 의지하고자 하였다. 그는 이 일과 관련하여 자신의 모든 생각과 염려를 하나님 앞에 아뢰었다. 왜냐하면 그분과 함께 할 때 비로소 우리는 참된 자유를 얻기 때문이다.

1. "주여, 백성들이 나로 머리를 삼았나이다. 이러한 선택을 확증해 주시고, 또 당신 아래에서 그리고 당신을 위해서 나를 당신의 백성들의 머리로 인정해 주실 것이니이까?" 하나님이 이스라엘을 책망하신 것은 "그들이 왕들을 세웠으나 그것이 하나님께로 난 것이 아니었기" 때문이었다(호 8:4). 입다는 계속해서 기도한다: "주여, 나는 당신 없이는 머리가 되지 않을 것입니다. 당신의 허락이 없이는 어떤 통치권도 받아들이지 않을 것입니다." 만일 아비멜렉이 이와 같은 마음을 가졌다면 그는 형통했을 것이다.

2. "주여, 그들이 나를 암몬과 싸우는 일에 장관으로 삼았나이다. 주께서 내 앞에서 가실 것이니이까? 만일 그렇게 하지 않으시려거든 나를 여기에 세우지 마옵소서. 주여, 이 일의 정당성을 보이시고 내게 승리의 확신을 주소서." 위대한 인물이 이같이 겸손한 태도를 갖는 것은 결코 흔한 일이 아니다. 우리의 모든 길에서 하나님을 인정하고, 그의 은혜를 사모하며, 그 입의 교훈을 구하며, 그분과 동행하자. 그러면 우리의 모든 길이 형통할 것이다. 이와 같이 입다는 기도와 함께 출정(出征)의 문을 열었다. 그리고 믿음으로 시작된 일은 반드시 영광스럽게 끝나게 될 것임을 우리는 확신할 수 있다.

[12]입다가 암몬 자손의 왕에게 사자들을 보내 이르되 네가 나와 무슨 상관이 있기에
내 땅을 치러 내게 왔느냐 하니 [13]암몬 자손의 왕이 입다의 사자들에게 대답하되 이
스라엘이 애굽에서 올라올 때에 아르논에서부터 얍복과 요단까지 내 땅을 점령했
기 때문이니 이제 그것을 평화롭게 돌려 달라 하니라 [14]입다가 암몬 자손의 왕에게
다시 사자들을 보내 [15]그에게 이르되 입다가 이같이 말하노라 이스라엘이 모압 땅
과 암몬 자손의 땅을 점령하지 아니하였느니라 [16]이스라엘이 애굽에서 올라올 때에
광야로 행하여 홍해에 이르고 가데스에 이르러서는 [17]이스라엘이 사자들을 에돔 왕
에게 보내어 이르기를 청하건대 나를 네 땅 가운데로 지나게 하라 하였으나 에돔
왕이 이를 듣지 아니하였고 또 그와 같이 사람을 모압 왕에게도 보냈으나 그도 허
락하지 아니하므로 이스라엘이 가데스에 머물렀더니 [18]그 후에 광야를 지나 에돔
땅과 모압 땅을 돌아서 모압 땅의 해 뜨는 쪽으로 들어가 아르논 저쪽에 진 쳤고
아르논은 모압의 경계이므로 모압 지역 안에는 들어가지 아니하였으며 [19]이스라엘
이 헤스본 왕 곧 아모리 족속의 왕 시혼에게 사자들을 보내어 그에게 이르되 청하
건대 우리를 당신의 땅으로 지나 우리의 곳에 이르게 하라 하였으나 [20]시혼이 이스
라엘을 믿지 아니하여 그의 지역으로 지나지 못하게 할 뿐 아니라 그의 모든 백성
을 모아 야하스에 진 치고 이스라엘을 치므로 [21]이스라엘의 하나님 여호와께서 시
혼과 그의 모든 백성을 이스라엘의 손에 넘겨 주시매 이스라엘이 그들을 쳐서 그
땅 주민 아모리 족속의 온 땅을 점령하되 [22]아르논에서부터 얍복까지와 광야에서부
터 요단까지 아모리 족속의 온 지역을 점령하였느니라 [23]이스라엘의 하나님 여호와
께서 이같이 아모리 족속을 자기 백성 이스라엘 앞에서 쫓아내셨거늘 네가 그 땅
을 얻고자 하는 것이 옳으냐 [24]네 신 그모스가 네게 주어 차지하게 한 것을 네가 차
지하지 아니하겠느냐 우리 하나님 여호와께서 우리 앞에서 어떤 사람이든지 쫓아
내시면 그것을 우리가 차지하리라 [25]이제 네가 모압 왕 십볼의 아들 발락보다 더 나
은 것이 있느냐 그가 이스라엘과 더불어 다툰 일이 있었느냐 싸운 일이 있었느냐 [26]
이스라엘이 헤스본과 그 마을들과 아로엘과 그 마을들과 아르논 강 가에 있는 모
든 성읍에 거주한 지 삼백 년이거늘 그 동안에 너희가 어찌하여 도로 찾지 아니하
였느냐 [27]내가 네게 죄를 짓지 아니하였거늘 네가 나를 쳐서 내게 악을 행하고자 하
는도다 원하건대 심판하시는 여호와께서 오늘 이스라엘 자손과 암몬 자손 사이에
판결하시옵소서 하였으나 [28]암몬 자손의 왕이 입다가 사람을 보내어 말한 것을 듣
지 아니하였더라

우리는 여기에서 이스라엘의 사사가 된 입다와 암몬의 왕(그 이름은 밝혀지지 않는다) 사이에 대화가 오가는 것을 보게 되는데, 그것은 양국 간의 입장차가 가능하면 피 흘림이 없이 서로 조정될 수 있도록 하기 위함이었다.

I. 입다는 본 전쟁에서 침략국의 위치에 있는 암몬의 왕에게 사자를 보내 이스라엘 땅을 침략하는 이유를 묻는다. "네가 나와 무슨 상관이 있기에 내 땅을 치러 내게 왔느냐?(12절) 만일 내가 먼저 네 소유의 땅을 침략했다면, 너는 나와 더불어 싸울 충분한 이유를 가질 것이다. 무력에 대해 무력을 사용하는 것이 어찌 마땅치 않겠는가? 그러나 내가 먼저 너를 침략하지 않았거늘 어찌하여 너는 이와 같이 적대적인 태도로 이 땅을 치러 왔느냐?" 여기에서 우리는 다음과 같은 사실을 알 수 있다.

1. 입다는 전쟁하는 것을 좋아하지 않았다. 비록 강하고 용맹한 자였다 할지라도, 그는 평화적인 조정을 통해 전쟁을 피하고자 하였다. 만일 침략자들을 설득하여 돌아가도록 할 수 있었다면, 그는 칼로써 그들을 쫓아내지 않았을 것이다. 전쟁은 최후의 수단이어야 한다. 전쟁은 사태를 종식시킬 수 있는 다른 모든 방법이 아무 소용이 없음이 드러난 연후에야 비로소 사용되어야 한다. 이러한 원칙은 율법을 시행하는 데에도 똑같이 적용된다. 전쟁의 칼과 마찬가지로 공의의 칼도 다툼 가운데 있는 양측이 먼저 온유한 태도로 피차 이해하면서 여러 가지 방법으로 문제를 해결하려고 노력하고 난 다음에 비로소 사용되어야 한다(고전 6:1).

2. 입다는 공정한 것을 좋아했고, 오직 공의에 따르고자 했다. 만일 암몬 자손들이 입다에게 이스라엘이 그들에게 해악을 끼쳤음을 납득시킬 수 있었다면, 그는 그들의 권리를 회복시켜 줄 준비가 되어 있었다. 만일 그렇게 하지 못한다면 그들은 이스라엘에게 해악을 끼치고 있음이 명백하며, 따라서 그는 이스라엘의 권리를 지킬 것이었다. 우리는 모든 일을 행함에 있어 공의의 개념을 따라야만 한다.

II. 이에 암몬의 왕은 자신의 요구사항을 제시하는데, 이것은 이스라엘을 침략하기 전에 미리 제시했어야 하는 것이었다(13절). 그의 구실은 "이스라엘이 오래 전에 우리 땅을 빼앗았으므로 이제 그 땅을 돌려 달라"는 것이었다. 그들이 지금 이스라엘을 침략한 목적은, 예전에 에글론과 함께 침략했을 때에도 그랬던 것처럼(3:13), 단지 약탈을 통해 자신들의 배를 불리려는 것이었다고 우리는 생각할 수 있다. 그 때 이 문제가 더 생생했음에도 불구하고 이와 같은 요구사항은 제시되지 않았었다. 그러나 침략의 이유에 관한 질문에 대해 그들은 자신들의 진짜 목적과 의도는 인정하지 않고, 케케묵은 기록과 예전의 전승을 뒤져서 그것으로부터 침략의 정당성을 치장하는 화려한 명분을 끌어냈다. 가장 큰 악을 행하는 사람들조차도 자신들이 옳은 일을 하고 있다고 스스로 믿는 경우가 종종 있다. 이제 그 땅을 돌려 달라. 우리가 세상의 소유를 붙잡고 있는 것은 결코 영원하지 않고 단지 불확실한 기간 동안일 뿐임을 기억하라. 우리가 확실하게 붙잡고 있다고 생각한 것도 어느 날 우리를 속이고 우리 손에서 빠져나갈 수 있다.

Ⅲ. 입다는 이러한 요구사항에 대해 매우 충분하고도 만족스러운 답변을 준다. 입다는 암몬 자손들이 아르논 강과 얍복 강 사이의 지역 즉 지금 르우벤과 갓 지파가 소유하고 있는 땅에 대해 아무런 권리도 갖고 있지 않음을 보이면서, 그러한 요구사항이 매우 부당하며 비합리적임을 이야기한다. 자기 나라의 역사에 매우 정통해 있었던 입다의 논지는 다음과 같았다.

1. 이스라엘은 모압이나 암몬으로부터 어떤 땅도 빼앗지 않았다. 입다는 여기에서 모압과 암몬을 함께 놓고 있는데, 그것은 그들이 롯의 자손으로서 한 형제였으며, 가까이 인접해 있으므로 공동의 이해관계를 가지고 있었고, 동일한 신인 그모스를 섬기고 있었으며, 또한 아마도 때때로 같은 왕의 지배 아래 있었기 때문이었을 것이다. 지금 이스라엘이 차지하고 있는 문제의 땅은 모압이나 암몬 자손으로부터 취한 것이 아니라(하나님은 이스라엘에게 모압과 암몬과 더불어 다투지 말도록 명령하셨고 이스라엘은 그러한 명령에 순종했다, 신 2:9, 19), 아모리 왕 시혼이 차지하고 있었을 때 그로부터 정당하게 그리고 영예롭게 취한 것이었다. 만일 아모리 족속이 모압이나 암몬으로부터 이 땅을 취했다면(분명히 그랬을 것으로 보인다, 민 21:26; 수 13:25), 이스라엘은 이에 대해 책임을 추궁당할 필요도 없고 또 답변해야 할 의무도 없었다. 만일 암몬이 그 땅과 함께 그것에 대한 권리를 빼앗겼다면, 이스라엘 자손들이 그 땅을 그들에게 돌려줘야 할 의무는 없었다. 이스라엘이 그 땅을 정복한 것은 스스로를 위한 것이었지, 다른 백성들을 위한 것이 아니었기 때문이다. 이것이 입다의 첫 번째 항변이었는데, 그것은 "우리는 당신의 권리를 침해한 죄과가 없다"는 것이었다.

2. 이스라엘은 저주 받은 가나안의 자손(이 가운데 한 가지가 아모리였다, 창 10:16) 외에는 어떤 나라의 소유도 침범하지 않았다. 그들은 에서의 자손인 에돔 족속과 롯의 자손인 모압 족속의 지경도 가능한 한 통과하지 않으려고 했다. 광야를 여행하던 중 너무나 지쳐 있었을 때(16절), 이스라엘은 처음에는 에돔 왕에게 그리고 나중에는 모압 왕에게 그들의 땅을 지나가게 해 달라고 요청한 적이 있었다(17절). 그러나 그들이 그러한 요청을 거부했을 때조차도, 이스라엘은 그들에게 보복하려 하지 않고 매우 지쳐 있었음에도 불구하고 에돔과 모압의 경내로 들어가지 않고 그들의 땅을 우회하는 수고를 기꺼이 감당했다(18절). 여기에서 우리는 남에게 해를 끼치지 않은 자는 그로부터 스스로 위로를 받으며, 또한 불법을 행했다며 참소하는 자들에게 대해 자신을 변론하며 보호할 수 있음을 발견한다. 우리의 의가 장차 우리를 위한 대답이 될 것이며(창 30:33), 어리석은 사람들의 무식한 말을 잠잠케 할 것이다(벧전 2:15).

3. 이스라엘이 아모리 왕 시혼의 손으로부터 이 땅을 취하는 전쟁에 있어, 먼저 공격을 시작한 쪽은 이스라엘이 아니라 시혼이었다(19, 20절). 이스라엘은 시혼에게 그의 땅을 지나가게 해 달라고 겸손하게 요청했다. 우리를 당신의 땅으로 지나 우리의 곳으로 이르게 하라. 이스라엘이 '우리의 곳' 이라고 말한 장소는 가나안 땅이었다. 그들은 지금 그 곳을 향하고 있을 뿐 이 곳에 정착할 계획은 전혀 없었다. 그러나 시혼은 에돔과 모압이 그랬던 것처럼 이러한 정중한 요청을 거부했을 뿐만 아니라, 모든 군대를 동원하여 이스라엘에 대항했다(20절). 그는 이스라엘로 하여금 자신의 땅에 발을 들여놓지 못하게 했을 뿐만 아니라, 그들을 멸망시킴으로 지면에서 끊으려고 하였다(민 21:23, 24). 그러므로 이스라엘은 정당방위를 위해 그들과 맞설 수밖에 없었고, 결국 시혼의 군대를 격퇴하고 그의 나라를 노획물로 취했다. 이와 같이 이스라엘이 이 땅을 소유로 취하게 되었으니, 이 땅에 대한 권리가 이스라엘에게 있음은 지극히 당연한 일이었다. 그러므로 암몬 자손들이 이 땅에 대한 이스라엘의 권리에 대해 의문을 제기하는 것은 매우 비합리적인 일이 아닐 수 없었다. 왜냐하면 지금 이스라엘이 차지하고 있는 땅은 암몬이 아닌 아모리 족속이 거주하던 땅이었기 때문이다(삿 11:21, 22).

4. 이 땅은 이스라엘의 하나님 여호와께서 자기 백성 이스라엘에게 허락하신 것이다(23, 24절). 아모리 족속의 땅을 빼앗은 것은 이스라엘이 아니라(이스라

엘은 오랜 행군에 너무나 지쳐 있었으므로 그렇게 빨리 그 땅을 취할 수는 없었다), 이스라엘의 하나님 여호와셨다. 그분은 열방의 왕이시며, 땅과 거기 충만한 것이 다 그의 것이다. 하나님은 이스라엘에게 이 땅과 그와 관련한 모든 권리를 주시고, 그들로 하여금 세상에 대하여 선을 행하도록 하셨다. 신명기 2:24, **내가 시혼과 그의 땅을 네 손에 넘겼은즉.** 하나님은 이스라엘로 하여금 지금 이 땅을 소유하고 있는 자들에 대해 매우 열악한 상황에도 불구하고 완전한 승리를 거두게 하심으로써 이 땅을 자기 백성에게 주셨다. "하나님이 이 땅을 이와 같이 특별한 방법으로 우리에게 주셨는데 우리가 그것을 너희에게 다시 돌려주어야 한단 말이냐? 그럴 수 없느니라."

이러한 논지를 명확하게 하기 위해 입다는 그들의 신을 거명한다: **네 신 그모스가 네게 주어 차지하게 한 것을 네가 차지하지 아니하겠느냐?** 입다는 인간의 일반적인 종교심에 호소한다. 사람들은 통상적으로 자신들이 섬기는 신이 자신들에게 땅과 여타의 것들을 주었다고 믿는다. 입다가 그모스를 신으로 생각한 것은 결코 아니었다. 그는 그모스를 단지 '네 신'이라고 말했을 뿐이다. 그러나 선과 악을 행할 수 없는 쓰레기와 같은 신을 섬기는 자들은 자신들이 가진 모든 것이 자신이 섬기는 신이 준 것으로 생각한다(호 2:12, **이것은 나를 사랑하는 자들이 내게 준 값이라**; 또 삿 16:24을 보라). "너희가 그와 같이 생각하거늘 우리도 그렇지 않겠느냐?" 암몬 자손들은 그 땅에서 그들 앞서 살았던 자들을 쫓아냈다. 그들은 자신들의 신 그모스의 도움으로 그렇게 했다고 생각했지만, 그러나 실제로 그들을 위해 그 일을 행하신 분은 이스라엘의 하나님 여호와였다(신 2:19, 21). 입다는 말한다. "자! 너희가 너희 땅에 대해 그런 것처럼 우리는 우리 땅에 대한 권리를 갖는다." 여기에서 우리는 마땅히 하나님께 대해 영광과 경의를 돌려야만 하는 이유를 발견하게 된다. 우리는 그분으로부터 모든 것을 받아 소유하며, 그분을 위해 사용하며, 그분의 도움으로 지키며, 또 그분이 요구할 때 내어드리게 된다. 그분이 그것을 우리에게 주셔서 소유하게 하셨으나, 향유하게(즐기게) 하시지는 않으셨다. 우리가 향유할 대상은 오직 그분 한 분뿐이다.

5. 입다는 시효(時效) 개념을 제시한다.

(1) 이스라엘이 처음 이 땅에 들어온 이래 누구도 이스라엘의 권리를 문제삼지 않았다(25절). "아모리 족속에게 가장 많은 땅을 빼앗긴 사람은 당시 모

압의 왕 발락이었다. 그러므로 우리가 이 땅에 정착하는 것에 대해 가장 큰 이해관계를 갖고 반대할 수 있는 사람은 바로 발락이었다. 그러나 그는 가만히 앉아서 이스라엘과 더불어 싸우려고 하지 않았다." 발락은 자신의 땅을 아모리 족속에게 빼앗겼으므로 그것을 되돌려 달라고 할 수 없다는 사실을 잘 알고 있었다. 그러므로 그는 이스라엘이 아모리 족속에 대하여 정당하게 승리하고 그 땅을 얻었으며, 따라서 자신이 할 수 있는 일은 단지 남아 있는 땅을 올바로 돌보는 것일 뿐이라는 사실을 인정할 수밖에 없었다. 그는 결코 잃어버린 권리를 주장하려고 하지 않았다. 민수기 22:2, 3을 보라. "그 때 발락조차도 하나님이 열국의 경계를 정하는 것을 인정하고 받아들였는데, 지금 너희가 그것을 뒤집으려 하느냐?"

(2) 지금까지 이스라엘의 소유권은 아무런 침해도 받지 않았다(26절). 입다는 이스라엘이 이 땅을 지금까지 300년 동안 소유하고 있었으며, 그동안 암몬 사람들은 심지어 이스라엘을 압제하던 때에조차도(3:13, 14) 그것을 취하려는 어떤 시도도 하지 않았다는 사실을 제시한다. 그러므로 처음에는 이스라엘의 권리가 분명하게 인정되지 않았다 할지라도 그토록 오랜 세월 어떤 반론도 제기되지 않았으므로, 지금 암몬 자손의 침략은 결코 정당화될 수 없었다. 그토록 오랜 세월 문제시되지 않았던 권리는 의문의 여지가 없는 것으로 추정되어야 한다.

6. 이와 같은 논증으로 입다는 자신의 논지를 정당화하면서("나는 네게 대해 아무 권리도 없는 것을 붙잡고 있는 죄를 짓지 않았다. 만일 내가 그렇게 했다면 당장이라도 돌려줄 것이다"), 암몬 자손들을 책망한다: **네가 나를 쳐서 내게 악을 행하고자 하는도다**(27절). 우리는 여기에서 이스라엘 자손들이 강력한 힘을 갖고 융성하던 시대에조차도(사사시대에도 이런 때가 있었다) 모든 주변 나라들에 대해 포악하게 행하면서 그들을 못살게 굴거나 압제하지 않았다는 사실(복수를 하거나 혹은 종교를 전파한다는 미명하에)을 알 수 있다. 따라서 암몬의 왕은 이스라엘과 싸울 구실을 찾기 위해 300년 전으로 되돌아갈 수밖에 없었다. 이와 같이 하나님의 백성들은 책망받을 것이나 비난받을 것이 없었다.

7. 입다는 모든 논쟁을 결말짓기 위해 하나님과 그의 칼에 호소한다(27, 28절): **심판하시는 여호와께서 오늘 이스라엘 자손과 암몬 자손 사이에 판결하시옵소서.** 이와 같은 장엄한 말로 이 모든 일의 판단을 하늘과 땅의 재판장에게 호소

한 것은 암몬 자손들로 하여금 정당한 권리가 이스라엘에게 있음을 알게 하고 그럼으로써 전쟁을 포기하고 돌아가도록 하기 위함이었다. 또한 그럼에도 불구하고 전쟁을 고집할 때, 그들을 쳐부수는 것을 정당화하기 위한 목적도 있었다. 여기에서 전쟁은 만유의 재판장이신 하나님께 호소하는 것이라는 사실을 주목하라. 어떤 권리가 누구에게 속하는지에 대해 논란이 벌어졌을 때, 우리는 그것을 결정해 주실 것을 하나님께 요청해야 한다. 또 명백한 권리가 부인되거나 침해될 때, 우리는 정당한 자가 옹호되고 그릇된 자가 징벌을 당하도록 하나님께 요청해야 한다. '공의의 칼' 이 불법한 자와 복종하지 않는 자를 위해 있는 것처럼(딤전 1:9), 마찬가지로 '전쟁의 칼' 은 불법하고 복종하지 않는 왕과 나라들을 위해 있는 것이다. 그러므로 우리는 전쟁에 있어 우리의 눈을 항상 하나님께 두어야만 한다. 그리고 하나님이 불의를 옹호해 주실 것을 소망하며 기대하는 것은 참으로 위험한 일이란 사실을 잊지 말아야 한다.

입다의 변론과 호소에도 불구하고 암몬의 왕은 자신의 고집을 꺾지 않았다. 18년 동안 이스라엘을 압제하면서(10:8) 약탈의 단맛을 맛보았던 그들이 이제 이스라엘을 통째로 삼키려고 하고 있었다. 다시 말해서, 전에는 나무로부터 때때로 열매를 약탈하던 자들이 이제 나무 자체의 주인이 되려고 하고 있었다. 그는 입다의 말에 귀를 기울이지 않았다. 그의 마음은 멸망을 향해 굳어져 있었던 것이다.

29이에 여호와의 영이 입다에게 임하시니 입다가 길르앗과 므낫세를 지나서 길르앗
의 미스베에 이르고 길르앗의 미스베에서부터 암몬 자손에게로 나아갈 때에 30그가
여호와께 서원하여 이르되 주께서 과연 암몬 자손을 내 손에 넘겨 주시면 31내가 암
몬 자손에게서 평안히 돌아올 때에 누구든지 내 집 문에서 나와서 나를 영접하는
그는 여호와께 돌릴 것이니 내가 그를 번제물로 드리겠나이다 하니라 32이에 입다
가 암몬 자손에게 이르러 그들과 싸우더니 여호와께서 그들을 그의 손에 넘겨 주
시매 33아로엘에서부터 민닛에 이르기까지 이십 성읍을 치고 또 아벨 그라밈까지
매우 크게 무찌르니 이에 암몬 자손이 이스라엘 자손 앞에 항복하였더라 34입다가
미스바에 있는 자기 집에 이를 때에 보라 그의 딸이 소고를 잡고 춤추며 나와서 영
접하니 이는 그의 무남독녀라 35입다가 이를 보고 자기 옷을 찢으며 이르되 어찌할
꼬 내 딸이여 너는 나를 참담하게 하는 자요 너는 나를 괴롭게 하는 자 중의 하나

로다 내가 여호와를 향하여 입을 열었으니 능히 돌이키지 못하리로다 하니 36딸이
그에게 이르되 나의 아버지여 아버지께서 여호와를 향하여 입을 여셨으니 아버지
의 입에서 낸 말씀대로 내게 행하소서 이는 여호와께서 아버지를 위하여 아버지의
대적 암몬 자손에게 원수를 갚으셨음이니이다 하니라 37또 그의 아버지에게 이르되
이 일만 내게 허락하사 나를 두 달만 버려 두소서 내가 내 여자 친구들과 산에 가
서 나의 처녀로 죽음을 인하여 애곡하겠나이다 하니 38그가 이르되 가라 하고 두 달
을 기한하고 그를 보내니 그가 그 여자 친구들과 가서 산 위에서 처녀로 죽음을 인
하여 애곡하고 39두 달 만에 그의 아버지에게로 돌아온지라 그는 자기가 서원한 대
로 딸에게 행하니 딸이 남자를 알지 못하였더라 이것이 이스라엘에 관습이 되어 40
이스라엘의 딸들이 해마다 가서 길르앗 사람 입다의 딸을 위하여 나흘씩 애곡하더
라

우리는 여기에서 입다가 영광스러운 승리를 거두고 개선하는 것과 함께 경솔한 서원으로 번민과 고뇌에 빠지는 것을 보게 된다.

I. 입다는 확실한 승리를 거두었다. 그의 승리는 매우 밝게 빛났으며, 그것은 그 자신과 하나님께 영예로운 것이었다. 결국 하나님은 입다의 호소에 대해 그의 정당성을 인정해 주신 것이었다.

1. 하나님은 입다에게 특별한 영을 주셨다(29절). 백성들이 그를 만장일치로 지도자로 선택함으로써 그는 전쟁에 나가라고 하는 분명한 소명을 갖게 되었으며, 또한 암몬 왕이 자신의 논지에 대해 마음을 완악하게 하고 듣지 않음으로써 그는 전쟁을 벌이는 것에 대한 정당한 명분을 갖게 되었다. 그러자 여호와의 영이 그에게 임했다. 이로 인해 그는 위로부터 권능을 덧입게 되었고, 더욱 담대하고 지혜롭게 되었으며, 이스라엘의 원수에 대한 거룩한 열심으로 더욱 불타게 되었다. 하나님은 그의 사명을 확인시켜 주었으며, 성공을 확증해 주셨다. 이에 입다는 시간을 지체하지 않고 불굴의 결의와 함께 전장에 나아갔다. 여기에서 그가 적진을 향해 진행한 경로가 자세히 언급되고 있는데, 아마도 그러한 경로를 선택한 것은 여호와의 영이 그에게 가져다 준 특별한 판단력으로 말미암은 것이었기 때문일 것이다. 성령을 따라 행하는 자들은 올바른 길로 나아갈 것이 아니겠는가?

2. 하나님은 입다에게 놀라운 승리를 주셨다(32절): 여호와께서 암몬 자손을 그

의 손에 넘겨주시매. 이로써 하나님은 입다의 호소를 들으시고 그의 정당성을 인정해 주셨으며, '이성의 힘' (the force of reason)을 받아들이지 않는 자들에게 '전쟁의 힘' (the force of war)을 느끼도록 만드셨다: **주께서 보좌에 앉으사 의롭게 심판하셨나이다**(시 9:4). 입다는 자신에게 주어진 이점을 잘 활용하여 승리를 완성시켰다. 전쟁터에서 암몬의 군대를 격퇴시킨 후 입다는 그들을 성읍까지 추격하여 무기를 잡은 자들을 모두 칼로 쳤고 그럼으로써 더 이상 이스라엘을 괴롭힐 수 없도록 만들었다(33절). 그러나 입다는 그들을 — 여호수아가 저주받은 나라들을 멸망시킨 것처럼 — 그렇게 완전히 멸망시키지는 않은 것으로 보이며, 또한 그들로 하여금 자신을 주인으로 받아들이도록 요구하지도 않은 것으로 보인다. 그가 목표로 했던 것은 단지 그들을 실제적으로 굴복시키는 것뿐이었다. 다른 사람들이 우리에게 악을 행하려고 할 때 우리의 권리를 지키는 것은 정당한 일이다. 그러나 그것이 우리로 하여금 그들에게 악을 행하는 것을 정당화시켜 주지는 않는다.

Ⅱ. 입다는 신중치 못한 서원을 한다. 위험한 일을 수행하기 위해 집에서 나갈 때, 그는 하나님이 함께 하실 것을 간청하면서 하나님께 '은밀한 그러나 엄숙한' 서원 혹은 종교적인 약속을 한다. 그것은 만일 하나님이 은혜를 베푸사 그로 하여금 정복자로서 돌아오게 하신다면 자신의 집에서 그를 첫 번째로 맞이하는 '사람' (혹은 '것')을 하나님께 돌리고 번제로 드리겠다는 것이었다. 그런데 입다가 승리의 소식과 함께 집으로 돌아올 때 그를 맞이한 것은 그의 무남독녀 외딸이었다. 이로 인해 입다는 엄청난 혼란에 빠지지만, 다른 방도가 없었다. 자신의 불행을 애곡하기 위한 어느 정도의 시간을 가진 후, 딸은 아버지로 하여금 서원을 이행하도록 하기 위해 기쁘게 순복한다.

1. 이 이야기로부터 우리는 몇 가지 중요한 교훈을 배울 수 있다.

(1) 참된 믿음의 사람의 마음속에서조차도 때로 불신과 의심의 찌꺼기가 남아 있을 수 있다. 입다는 승리를 확신할 수 있는 충분한 이유를 가지고 있었다. 특별히 여호와의 영이 자신에게 임하는 것을 알게 되었을 때 더욱 그러했다. 그러나 막상 때가 되었을 때 그는 주저하는 것처럼 보인다(30절): **주께서 과연 암몬 자손을 내 손에 넘겨주시면** 내가 이렇게 이렇게 하리이다. 어쩌면 서원으로 인해 빠지게 된 덫은 그의 약한 믿음을 고쳐주기 위해 그리고 어떤 특별한 것을 드리지 않는다면 하나님이 승리를 주시지 않을지도 모른다는 식의 그의 분

별없는 생각을 고쳐주기 위해 의도된 것이었는지도 모른다.

(2) 우리가 하나님의 어떤 특별한 은혜를 구할 때, 우리가 원하는 것을 획득하기 위해서가 아니라 그분께 대한 감사의 표현으로서 그분이 열납하실 만한 어떤 것을 서원하는 것은 매우 귀한 일이다.

(3) 서원을 함에 있어 우리는 매우 신중하게 그리고 충분히 숙고한 후에 해야만 한다. 그렇게 하지 않으면 일시적인 감정(심지어 경건한 열정이라 할지라도)에 사로잡혀 우리 자신의 양심을 혼란 속에 빠뜨리게 되고 그럼으로써 마침내 천사 앞에서 내가 서원한 것이 실수라고 말하지 않을 수 없게 될 것이다(전 5:2-6). 우리가 할 수 있는 것과 할 수 없는 것에 대한 충분한 고려 없이 그리고 합당한 단서와 한계를 분명히 하지 않은 채 함부로 이 물건은 거룩하다 하여 서원하고 그 후에 살피면 그것이 그 사람에게 덫이 된다(잠 20:25). 우리는 여기에서 입다가 처한 곤경을 우리의 경고로 삼아야만 한다. 신명기 23:22을 보라.

(4) 우리가 하나님께 엄숙하게 서원한 것은, 만일 그것이 가능한 것이며 적법한 것이라면 그리고 비록 그것이 매우 어렵고 고통스러운 것이라 할지라도, 반드시 지켜져야만 한다. 입다는 자신의 서원에 대해 매우 강력한 의무감을 가지고 있었는데(35절), 우리 역시도 그러해야 한다: 내가 여호와를 향하여 입을 열었으니 능히 돌이키지 못하리로다. 다시 말해서 그는 이렇게 말한 것이다. "나는 스스로 서원을 취소할 수 없다. 너무 늦었다. 세상의 어떤 힘도 나의 서원을 면제시켜 주거나 풀어줄 수 없다." 그것이 내 것이었을 때는 내 마음대로 할 수 있었으나(행 5:4), 이제는 아니다. 너희는 여호와 너희 하나님께 서원하고 갚으라(시 76:11). 만일 우리가 하나님을 속일 수 있다고 생각한다면, 그것은 스스로를 속이는 것이다. 만일 우리가 이것을 세례식과 같은 성례전에서 행한 엄숙한 맹세나 혹은 그리스도 안에서 죄인들과 맺은 은혜의 언약에 적용한다면, 우리는 죄에 대해 더욱 강력하게 저항하게 될 것이고, 우리의 의무를 더욱 충실히 이행하게 될 것이며, 모든 유혹에 대해 이렇게 대답하게 될 것이다: 내가 여호와를 향하여 입을 열었으니 능히 돌이키지 못하리로다. "그러므로 나는 앞으로 나아가야만 한다. 나는 서원(맹세)했다. 그러므로 나는 그것을 이행해야만 하며 또 할 것이다. 나로 하여금 감히 하나님을 농락하지 못하게 하라."

(5) 자녀는 주 안에서 부모에게 기쁨으로 순복해야 한다. 특별히 하나님의 영광을 위해 그리고 가정의 신앙을 지키기 위해 비록 가혹하고 어려운 것이라

할지라도, 부모의 믿음의 결정에 기꺼이 따라야 한다. 그와 같은 태도는 자신들의 조상 요나답의 '포도주를 멀리하라는 명령'을 오랜 세대에 걸쳐 신실하게 지킨 레갑 족속의 태도와 같은 것이며, 또한 아버지의 양심을 만족시키기 위해 그리고 하나님의 영광을 위해 자신을 포기한 입다의 딸의 태도와 같은 것이다(36절): 아버지의 입에서 낸 말씀대로 내게 행하소서. "내가 아버지께 중요한 존재라는 것을 나는 아나이다. 그러나 하나님이 더 중요한 존재가 되셔야 하는 것으로 나는 만족하나이다." 아버지는 딸의 서원을 허락하지 않을 수 있지만(민 30:5), 딸은 아버지의 서원을 허락하지 않거나 취소시킬 수 없다. 여기에서 우리는 다섯째 계명을 더욱 밝게 비추는 것을 발견한다.

(6) 우리는 친구의 슬픔을 우리 자신의 슬픔으로 삼아야 한다. 입다의 딸이 자신의 가혹한 운명을 애곡하기 위해 간 곳에 친구들이 함께 동참했다(38절). 그녀와 동성(同性)이며 비슷한 연배인 친구들은 입다가 갑작스럽게 지도자가 되었을 때나 전쟁에 나가 승리하고 돌아왔을 때 그녀와 함께 춤을 추며 기뻐했을 것이다. 그리고 그녀와 함께 산에 부름 받았을 때 그들은 친구의 슬픔을 함께 나누었다. 우리와 함께 즐거워하기만 할 뿐 함께 울어주지 않는 자들은 친구라는 이름을 가질 자격이 없다.

(7) 하나님과 이스라엘의 영광을 위한 영웅적인 열정은, 비록 성급함과 경솔함의 티가 다소 섞여 있다 할지라도, 영원히 기념될 만한 가치를 갖는다. 이스라엘의 딸들은 입다의 딸을 기념하기 위해 매년 의식을 행했다. 그녀는 하나님께서 이스라엘의 원수들에게 복수하셨을 때 마치 위대한 여걸처럼 자신의 생명조차도 귀하게 여기지 않았다(36절). 자기 자신보다도 나라를 더 사랑했던 그녀의 이와 같은 희생은 결코 잊혀져서는 안 되었다. 여성은 전쟁에 나가는 것이 허락되지 않았으므로, 입다의 딸은 전쟁터에서 적과 싸우는 일에 목숨을 걸 수는 없었다. 대신 그녀는 아버지의 승리를 더욱 빛나게 하기 위해 목숨을 걸었다. 그녀는 자신의 생명을 기꺼이 승리에 대한 감사의 제물로 드리고자 했다. 그녀는 '백성들의 죄를 위한 속제의 희생제물'로서가 아니라(이 영광은 오직 그리스도께만 돌려져야 하는 것이다) '백성들에게 베푸신 자비에 대한 감사의 희생제물'로서 죽는 것을 영광으로 생각했다.

(8) 입다의 경우를 통해 우리는 이 세상에서의 승리의 날이 어떤 때는 슬픔의 날로 변할 수도 있다는 사실을 보게 된다. 그러므로 우리는 항상 두렵고 떨

림과 함께 기뻐해야 한다. 그러나 우리는 장차 올 영원한 승리의 날을 소망하는데, 그 날에는 어떤 두려움이나 떨림도 없이 온전히 기뻐하게 될 것이다.

2. 입다의 이야기 속에 몇 가지 난제(難題)가 있다. 이와 관련하여 풀(Poole)이 자신의 주해서(註解書)에서 상세하게 서술하고 있으므로, 나는 여기에서 간단하게만 언급하고자 한다.

(1) 입다가 자신의 서원을 이행하는 가운데 딸에게 행한 것은 실제로 어떤 일이었나 하는 문제이다.

[1] 어떤 이들은 입다가 딸을 마치 수녀처럼 처녀로서 하나님을 섬기도록 했을 뿐이라고 생각한다. 서원의 한 부분 즉 "내가 그를 번제물로 드리겠나이다"는 율법과 어긋나는 것이었기 때문에 다른 부분 즉 "그는 여호와께 돌릴 것이니"에 따라서, 입다는 딸을 결혼까지 포함하여 이생의 모든 일로부터 완전히 분리시키고 평생을 하나님께 전적으로 드려지도록 했다는 것이다. 이러한 견해를 뒷받침하는 것은 그녀가 자신의 처녀됨을 인하여 애곡했다는 구절(37, 38절)과 그녀가 남자를 알지 못하였더라는 구절(39절)이다(개역개정판에 있는 '죽음' 은 원어에는 없음). 그렇다면 입다의 딸은 자신의 죽음으로 인해 애곡한 것이 아니라, 자신이 아버지의 무남독녀라는 사실로 인해 야기되는 불행한 상황으로 인해 애곡한 것이 된다. 이것은 그녀에게 더욱 슬픈 일이 되었을 것이다. 왜냐하면 입다의 이름과 가정은 딸을 통해 이어질 것이었기 때문이다. 만일 딸이 결혼하지 않는다면 아버지의 영예와 재산을 상속받을 자손이 남지 않게 되는 것이다. 이와 같은 견해를 가진 사람들은 그녀가 무남독녀라는 사실을 특별히 주목한다(34절).

그러나 나는 입다가 자신의 서원을 이행하기 위해 이렇게 했을 것으로는 생각하지 않는다. 왜냐하면 구약 전체를 통틀어 어떤 율법이나 관습에서도 우리는 독신(獨身)을 장려하는 부분을 찾을 수 없기 때문이다. 어느 누구도 단지 결혼하지 않았다는 이유로 다른 사람들보다 더 거룩하다거나, 하나님께 더 헌신했다고 간주되지 않았다. 제사장이나 나실인의 경우에도 독신에 관한 율법은 존재하지 않았다. 여선지자인 드보라와 훌다의 경우에는 그녀들이 결혼했다고 특별하게 기록된다. 뿐만 아니라 만일 입다의 딸이 독신으로 살도록 제한되었다면, 단지 두 달이 아니라 전 생애를 애곡해야 했을 것이며, 자신의 친구들에게 이토록 슬픈 이별을 고할 필요도 없었을 것이다. 이와 같은 견해를 취하는 사람들은 40절에 언급된 것을 난외주(欄外註)처럼 "그들이 일 년에 나흘 그녀와 함께 말하기 위해 왔다"고 이해한다.

[2] 입다가 자신의 서원을 문자 그대로 이행하여 딸을 희생제물로 드렸다고 보는 것이 좀 더 개연성이 높아 보인다. 그는 이와 같은 경우 딸을 속량하기 위해 율법이 자신에게 부여해 준 권능을 잘 알지 못한 채, '하나님의 저주에 의해 바쳐진' 사람에 대해 말씀하는 율법을 '서원에 의해 바쳐진' 사람의 경우에도 동일하게 적용되어야 하는 것으로 잘못 생각했을 것이다(레 27:29, 온전히 바쳐진 그 사람은 다시 무르지 못하나니 반드시 죽일지니라). 어쩌면 입다는 아들 이삭을 제물로 바치려고 했던 아브라함을 생각했을는지 모른다. 그리고 만일 하나님이 자신이 서원한 이와 같은 희생제물을 받지 않으실 것이라면, 아브라함에게 그렇게 하셨던 것처럼 하나님이 천사를 보내셔서 자신의 손을 멈추도록 하실 것이라고 생각했을 것이다. 만일 딸이 스스로 희생제물이 되고자 나섰다면, 아마도 그것은 입다로 하여금 서원을 이행하는 일을 좀 더 용이하게 해 주었을 것이다. 당사자가 동의했다면 어떤 위해도 가해진 것이 아니다. 아마도 입다는 분노와 악의가 없다면 살인도 없을 것이며, 자신의 선한 의도가 이러한 나쁜 행동을 성별시켜 줄 것이라고 생각했을 것이다. 또한 딸이 자신을 맞이하러 나온 것도 결국 하나님의 섭리라고 생각하면서, 자신이 그와 같은 서원을 했기 때문에 서원을 깨뜨리는 것보다는 차라리 딸을 죽이는 것이 더 낫다고 생각했을 것이다.

(2) 그러나 만일 입다가 실제로 딸을 희생제물로 드렸다면, 문제는 그 일이 옳은 일인가 하는 것이다.

[1] 어떤 이들은 입다의 행동을 정당한 것으로 받아들인다. 그들은 입다를, 세상에서 자신에게 가장 소중한 것보다도 하나님의 영광을 더 사랑하여 그것을 앞세운 사람으로 생각한다. 그는 히브리서 11장에서 믿음으로 위대한 일을 행한 뛰어난 믿음의 영웅들 가운데 한 사람으로 언급된다(32절). 그리고 딸을 희생제물로 바친 일은 그가 행한 위대한 일들 가운데 하나였다. 그 일은 두 달 동안의 숙고와 의논을 통해 신중하게 이루어진 일이었다. 입다는 이 일로 인해 성령의 영감을 받은 어떤 성경 기자에 의해서도 비난을 받지 않는다. 그러나 비록 이 일이 아버지의 권위를 크게 높이는 것이라 할지라도, 그것이 비슷한 일을 행하는 어떤 사람도 정당화시켜 주지는 않는다. 그는 특별한 사람이었다.

여호와의 영이 그에게 임했다(29절). 우리가 알지 못하는 많은 상황들이 이 일을 특별하게 만들어 주며 또 정당화시켜 주는 것으로 보인다. 그러나 다른 경우까지 정당화시켜 주는 것은 결코 아니다. 어떤 학자들은 여기의 희생제물을 우리의 위대한 희생제물이신 예수 그리스도의 모형으로 생각한다. 입다의 딸이 순결한 처녀였던 것처럼, 그리스도는 흠도 없고 점도 없는 순전한 분이셨다. 그는 아버지에 의해 죽음에 내어줌을 당하셨으며, 우리를 위해 저주가 되셨다. 입다의 딸이 아버지의 뜻에 순복했던 것처럼, 그 또한 아버지의 뜻에 순복하셨다: 내 뜻대로 마옵시고 아버지의 뜻대로 하옵소서.

[2] 그러나 대부분의 사람들은 입다의 행동을 정당한 것으로 받아들이지 않는다. 그가 경솔하게 서원한 것은 잘못된 일이었다. 그러나 더 잘못된 것은 그것을 이행한 것이었다. 비록 그가 서원을 했다 할지라도 여섯 번째 계명이 금하는 것을 행해서는 안 되었다: 살인하지 말지니라. 하나님은 인신제물(人身祭物)을 금하셨다. 그것은 실제로 몰록에게 바치는 제물이었다. 성령의 영감을 받은 기자조차도 입다가 실제로 딸을 희생제물로 바쳤는지 아닌지에 대해 모호하게 남겨 둔 것으로 보인다. 어쨌든 이러한 이유로 해서 후대에 자녀를 제물로 바치는 일은 어떠한 경우에도 결코 정당성을 부여받지 못한다. 이 일과 관련하여 또 성경의 이와 비슷한 다른 구절들과 관련하여, 학자들조차도 잘 알지 못한 채 입장이 분분한 형편이다. 그러므로 우리는 이 문제와 관련하여 지나치게 혼란스러워 할 필요가 없다. 하나님께 감사할지니, 우리의 구원에 필요한 것은 충분히 명백하기 때문이다.

제 12 장

개요

본 장의 내용은 다음과 같다. I. 입다와 에브라임 사람들의 충돌과 이로 인한 피 흘림(1-6절), 그리고 입다의 생애와 통치의 결말(7절). II. 세 명의 사사들에 대한 짤막한 언급: 입산(8-10절), 엘론(11-12절), 압돈(13-15절).

[1]에브라임 사람들이 모여 북쪽으로 가서 입다에게 이르되 네가 암몬 자손과 싸우러
건너갈 때에 어찌하여 우리를 불러 너와 함께 가게 하지 아니하였느냐 우리가 반
드시 너와 네 집을 불사르리라 하니 [2]입다가 그들에게 이르되 나와 내 백성이 암몬
자손과 크게 싸울 때에 내가 너희를 부르되 너희가 나를 그들의 손에서 구원하지
아니한 고로 [3]나는 너희가 도와 주지 아니하는 것을 보고 내 목숨을 돌보지 아니하
고 건너가서 암몬 자손을 쳤더니 여호와께서 그들을 내 손에 넘겨 주셨거늘 너희
가 어찌하여 오늘 내게 올라와서 나와 더불어 싸우고자 하느냐 하니라 [4]입다가 길
르앗 사람을 다 모으고 에브라임과 싸웠으며 길르앗 사람들이 에브라임을 쳐서 무
찔렀으니 이는 에브라임의 말이 너희 길르앗 사람은 본래 에브라임에서 도망한 자
로서 에브라임과 므낫세 중에 있다 하였음이라 [5]길르앗 사람이 에브라임 사람보다
앞서 요단 강 나루턱을 장악하고 에브라임 사람의 도망하는 자가 말하기를 청하건
대 나를 건너가게 하라 하면 길르앗 사람이 그에게 묻기를 네가 에브라임 사람이
냐 하여 그가 만일 아니라 하면 [6]그에게 이르기를 쉽볼렛이라 발음하라 하여 에브
라임 사람이 그렇게 바로 말하지 못하고 십볼렛이라 발음하면 길르앗 사람이 곧
그를 잡아서 요단 강 나루턱에서 죽였더라 그 때에 에브라임 사람의 죽은 자가 사
만 이천 명이었더라 [7]입다가 이스라엘의 사사가 된 지 육 년이라 길르앗 사람 입다
가 죽으매 길르앗에 있는 그의 성읍에 장사되었더라

I. 입다에 대한 에브라임 사람들의 터무니없는 불만. 에브라임 사람들은 입

다가 암몬과 싸우러 나갈 때에 자신들을 부르지 않았다며 시비를 걸었다(1절). 이러한 다툼의 원인은 교만이었다. 오직 교만에 의해 다툼이 야기된다. 교만한 자들은 항상 자신의 영예를 빼앗겼다고 생각한다. 그런즉, 투기 앞에야 누가 서리요(잠 27:4). 에브라임 사람들은 기드온에게도 똑같은 시비를 걸었는데(8:1), 기드온이 요단 이쪽편의 므낫세 반 지파 출신이었던 것처럼 입다는 요단 건너편의 므낫세 반 지파 출신이었다. 에브라임과 므낫세는 요셉의 아들들로서 다른 지파들보다도 더 가까운 혈족이었다. 그러나 그들은 다른 지파들보다도 서로를 더 시기했다. 요셉의 장자 므낫세와 차자 에브라임에 대해 야곱은 손을 어긋 맞겨 축복함으로써 에브라임을 우위에 세웠다. 그 때 야곱은 에브라임이 주도하는 열 지파의 왕국을 내다보고 있었던 것이다. 그러나 에브라임 지파는 이러한 영예에 만족하지 못하고, 때때로 므낫세가 어떤 영예로운 일을 행할 때마다 시기하며 몹시 불쾌하게 여겼다. 서로 사랑하며 화목해야 할 형제들이 항상 다툼과 불화 속에 빠져 있는 것은 얼마나 안타까운 일인가? 노엽게 한 형제와 화목하기가 견고한 성을 취하기보다 어려운즉 이러한 다툼은 산성 문빗장 같으니라(잠 18:19). 입다에 대한 에브라임 사람들의 분노는,

1. 까닭 없는 것이요 부당한 것이었다. 네가 암몬 자손과 싸우러 건너갈 때에 어찌하여 우리를 불러 너와 함께 가게 하지 아니하였느냐? 입다가 그들을 부르지 않은 데에는 그럴만한 이유가 있었다. 왜냐하면 입다를 장관으로 세운 것은 에브라임 사람들이 아니라 길르앗 사람들이었고, 따라서 그는 에브라임 사람들을 부를 권세가 없었기 때문이었다. 만일 입다가 에브라임 사람들의 도움이 없음으로 해서 실패하고 말았다면, 그들은 그를 비난할 수도 있었을 것이다. 그러나 이스라엘이 암몬을 꺾고 승리함으로써 모든 상황이 훌륭하게 종료되었을 때, 에브라임의 도움이 없었음에도 불구하고 잘못된 것은 아무것도 없었다.

2. 잔인하고 포악한 것이었다. 그들은 격앙된 마음으로 요단을 건너 입다가 거주하고 있는 길르앗의 미스바까지 왔다. 그들은 입다와 그의 집을 불태우기 전까지는 결코 만족하지 않을 것이었다. 그 노여움이 혹독하니 저주를 받을 것이요 분기가 맹렬하니 저주를 받을 것이라(창 49:7). 대체적으로 볼 때 아무런 근거도 없는 분노가 가장 격렬한 경우가 많다. 지금 입다는 이스라엘의 공동의 적을 물리친 정복자였다. 따라서 에브라임 사람들은 마땅히 입다를 축하하기 위해 왔어야 했으며, 그가 행한 위대한 일에 대해 지파 전체의 감사를 전달했어

야 했다. 그러나 마땅히 감사해야 할 자들이 도리어 해악을 끼칠 때, 우리는 그것을 이상하게 생각해서는 안 된다. 더욱이 입다는 지금 딸과 관련한 가정의 불행으로 인해 비탄에 빠져 있었다. 따라서 그들은 마땅히 그에게 조의를 표하며 위로했어야 했다. 그러나 야만스러운 자들은 고통당하는 자에게 고통을 더함으로써 즐거움을 삼는다. 이 세상에서는 한 가지 고통이 끝남과 함께 또 다른 고통이 시작되는 경우가 종종 있다. 그러므로 우리는 **갑옷을 벗는 자처럼 자랑하지 말아야 한다**(왕상 20:11).

Ⅱ. 이에 대한 입다의 변론. 입다는 비슷한 상황에서 기드온이 취한 행동과는 반대로 그들을 진정시키려고 하지 않았다. 입다가 기드온처럼 온유하고 조용하게 다툼을 처리하려고 하지 않았기 때문에, 에브라임 사람들은 더욱 격앙되고 난폭해졌다. 그들이 진정되었든 아니 되었든, 입다는

1. 스스로를 정당화시키는데 주의를 기울인다(2, 3절). 입다는 그들이 자신과 더불어 다툴 아무런 이유도 없음을 분명히 한다.

(1) 그가 전쟁에 나간 것은 자신의 영광을 구하기 위함이 아니라 암몬으로부터 자기 나라를 지키기 위함이었다.

(2) 입다는 에브라임 사람들을 필요로 하지도 않았으며 또 그들을 고려해야만 했던 것도 아니었지만 그들로 하여금 와서 자신과 함께 해 줄 것을 요청했다. 그러나 에브라임 사람들은 그 일을 거절했다: **내가 너희를 부르되 너희가 나를 그들의 손에서 구원하지 아니한 고로.** 설령 에브라임 사람들의 말이 거짓이 아니라 할지라도, 그것이 다툼에 대한 정당한 근거가 되지는 않는다. 그러나 그들의 말은 거짓된 것으로 보인다. 사실상 이스라엘의 공동의 목적을 저버린 사람들은 에브라임 사람들이었고, 이에 대해 입다가 그들을 책망하는 것이 마땅했다. 이와 같이 정작 책망을 받아야 할 자들이 무죄한 자를 비난하며 소란을 피우는 것은 결코 새로운 일이 아니다.

(3) 입다가 한 일은 매우 위험한 일이었으므로 에브라임 사람들은 그에게 화를 내기보다는 미안한 마음을 갖는 것이 마땅했다: **내 목숨을 돌보지 아니하고,** 즉 "적은 군대만을 가지고 행하는 가운데 스스로 극도의 위험을 무릅쓰고." 그들이 시기하는 영예는 매우 비싼 값을 치르고 얻은 것이었다. 그러므로 그들은 결코 시기해서는 안 되었다. 왜냐하면 그들 가운데 누구도 그것을 위해 그토록 위험한 모험을 행하려고 하지 않았기 때문이다.

(4) 입다는 승리의 영광을 스스로 취하지 아니하고 하나님께 모두 돌렸다: 여호와께서 그들을 내 손에 넘겨 주셨거늘. "만일 하나님이 자신의 영광을 위해 나를 쓰시기를 기뻐하셨다면, 너희가 이에 대해 불쾌하게 여기는 것이 합당한가? 너희가 나와 더불어 싸울 이유가 있는가? 나는 단지 하나님의 손에 붙잡힌 무익한 도구에 불과하거늘, 너희가 그렇게 하는 것은 실상 하나님과 싸우는 것이 아닌가?"

2. 이와 같은 정당한 답변(비록 기드온처럼 부드럽지는 않았다 할지라도)에도 불구하고 그들이 분노를 돌이키지 않았을 때, 입다는 그들의 격분으로부터 스스로를 보호하면서 동시에 이스라엘의 사사로서의 권위에 근거하여 칼로써 그들의 오만에 대해 응징한다.

(1) 에브라임 사람들은 입다와 다투었을 뿐만 아니라, 그의 동료들과 형제들에 대하여서도 비열한 언어로 욕하며 비방했다(4절). 그들은 경멸적인 태도로 이렇게 말했다. "이 곳 요단 건너편에 살고 있는 너희 길르앗 사람들은 에브라임에서 도망한 자들로서 요셉 지파의 찌꺼기에 불과하지 않느냐? 너희는 본시 에브라임과 므낫세 중에 있지 않느냐? 누가 너희에게 관심을 갖겠느냐? 모든 사람들이 너희가 단지 도망자요 부랑자에 불과하며, 또 형제들과 분리되어 이 곳 구석까지 쫓겨 온 자들에 불과하다는 사실을 알지 않느냐?" 길르앗 사람들은 다른 사람들과 똑같이 참 이스라엘 백성이었다. 입다를 선택한 것에서나 혹은 암몬과의 전쟁에서 승리한 것을 통해 볼 때, 그들은 다른 어떤 이스라엘 가족(family)들과 비교하여 결코 뒤지지 않는 오히려 훨씬 더 뛰어난 모습을 보였다. 그러나 에브라임 사람들은 비열하게도 그들을 도망한 자라고 불렀다. 어떤 지역이나 여러 사람들을 한데 묶어 비난하는 것은 나쁜 일이다. 특히 외적으로 약점을 갖고 있는 사람들에 대해서는 더욱 그러하다. 그것은 종종 여기의 경우처럼 엄청난 비극을 야기하는 싸움을 불러일으킨다. 입술을 함부로 놀리면서 야비한 언어로 욕하는 것이 얼마나 큰 재앙을 가져오는지 보라. 혀는 곧 불이요 불의의 세계라 혀는 우리 지체 중에서 온 몸을 더럽히고 삶의 수레바퀴를 불사르나니 그 사르는 것이 지옥 불에서 나느니라(약 3:6). 이와 같이 많은 경우 자신의 혀로 인해 자신이 해를 당하게 되는데(시 64:8), 여기의 경우가 그러했다. 에브라임 사람들이 길르앗 사람들을 도망한 자라고만 부르지 않았어도 이토록 끔찍한 유혈사태(流血事態)는 피할 수 있었을 것이다. 이와 같이 악의적인 말이 분노를

일으키는 법이다. 작은 불씨가 이토록 큰 불을 낼 줄이야 누가 알았겠는가?

(2) 이러한 모욕으로 인해 길르앗 사람들은 머리에 피가 솟구쳐 올랐다. 자신들과 자신들의 지도자 입다에게 행해진 무례에 대해 그들은 복수해야만 했다.

[1] 길르앗 사람들은 에브라임 사람들을 전장(戰場)에서 격퇴시켰다(4절). 그들은 무례한 오합지졸에 불과한 에브라임을 쳐서 무찔렀고, 에브라임은 도주할 수밖에 없었다.

[2] 길르앗 사람들은 그들의 퇴로를 차단함으로써 완전하게 복수했다(5, 6절). 아마도 길르앗 사람들은 요단을 건너는 통로들에 대해 에브라임 사람들보다 훨씬 더 잘 알고 있었을 것이다. 그들은 강력한 수비대로 하여금 요단 나루턱을 장악하게 하고, 요단을 건너는 모든 에브라임 사람들을 죽이도록 명령했다. 여기에서 우리는 길르앗 사람들의 두 가지 모습을 주목할 수 있다.

첫째로, 에브라임 사람들을 죽임에 있어서의 잔혹함. 에브라임에 대한 징벌은 많은 사람들에 의해 벌이 가해지는 것으로 충분했다. 그들이 전장에서 격퇴되었을 때, 도주하는 자들까지 모두 죽일 필요는 없었다. 칼이 모든 것을 다 삼켜야 하는가? 이에 대해 입다를 칭찬해야 하는지 말아야 하는지, 나는 잘 모르겠다. 아마도 그는 이렇게 하는 것이 공의를 실현하는 것이라고 생각했을 것이다.

둘째로, 에브라임 사람들을 분별해 냄에 있어서의 주도면밀함. 다른 이스라엘 백성들과 동일한 언어를 사용하고 있었음에도 불구하고, 에브라임 사람들은 히브리어 문자 '쉰' 을 '사멕' 처럼 발음하는 습관을 가지고 있었다. 그들은 항상 그와 같이 발음했기 때문에, 심지어 자신들의 생명을 구하기 위해서도 달리 발음할 수 없었다. 우리는 모방을 통해 말을 배운다. 처음에 'sh' 를 's' 로 발음한 사람들은 계속 그렇게 발음하게 되고, 자녀들도 그와 같이 따라 배우게 된다. 에브라임 사람들이 바로 그러했다. 우리는 어떤 사람의 발음을 들을 때 그가 어느 지역 출신인지를 알 수 있다. **너도 진실로 갈릴리 사람이라 네 말소리가 너를 표명한다 하거늘**(마 26:73). 이로 인해 에브라임 사람들도 자신들을 숨길 수 없었고, 결국 다 드러날 수밖에 없었다. 에브라임 사람으로 의심되는 사람이 요단을 건너고자 할 때, 길르앗의 수비대 병사들은 그에게 **쉽볼렛**이라고 말할 것을 명령했다. 만일 그가 **십볼렛**이라고 발음하면 그것은 그가 에브라임 사람임을 보여주는 증거가 되었고 그는 즉시 죽음을 당했다. **쉽볼렛**은 강이나 하천

을 의미한다: "쉽볼렛 즉 강을 건너게 해 달라고 요청하라." 이와 같이 하여 죽은 사람들의 숫자가 42,000명이나 되었다(6절). 이로써 에브라임 지파의 난동은 끝나게 되었다.

3. 여기에서 에브라임 사람들이 징벌을 당하는 것으로부터 우리는 악을 행하는 자에게 그대로 갚으시는 하나님의 의를 발견한다.

(1) 에브라임 사람들은 자기 지파를 영예롭게 여기며 자랑했다. 그들은 자신들이 에브라임 사람임을 자랑스럽게 여겼다. 그러나 그들은 에브라임 사람이라고 말하는 것을 부끄럽게 혹은 두렵게 여길 수밖에 없게 되었다. **네가 에브라임 사람이냐?** 이러한 질문에 그들은 스스로를 숨기며 이렇게 대답할 수밖에 없었다. **아니라!**

(2) 그들은 입다의 집을 불사르겠다며 분노에 가득 차서 요단을 건너 왔다. 그러나 이제 겁에 질려 다시 요단을 건너려고 하고 있다. 그렇지만 결국 그들은 영원히 자기 집에 돌아가지 못하고 말았다.

(3) 그들은 길르앗의 그토록 먼 지역에 위치해 있는 약점을 비웃으며 욕설을 퍼부었지만, 이제 쉽볼렛이라고 발음하지 못하는 자신들의 약점으로 인해 고통을 겪게 되었다.

(4) 부당하게도 그들은 길르앗 사람들을 **도망한 자**라고 불렀다. 그러나 지금 그들 자신이 실제로 **도망한 자**가 되고 말았다. 도망하고 있던 에브라임 사람들에 대해 동일한 히브리 단어가 사용되었는데(5절), 그 단어는 그들이 길르앗 사람들을 비웃으며 사용했던 바로 그 말이었다. 다른 사람에게 부당하게 비난의 돌을 굴리는 자가 있는가? 결국 그 돌은 그 자신에게 되돌아오게 될 것이다.

Ⅲ. 이제 입다의 통치가 끝나게 된다. 그는 6년 동안 이스라엘의 사사로서 활동했고, 그러고 나서 죽었다(7절). 아마도 그는 딸의 죽음으로 인해 항상 무거운 마음을 가지고 있었을 것이며, 그로 인해 생명이 단축되고 슬퍼하면서 자기 무덤으로 들어갔을 것이다.

[8]그 뒤를 이어 베들레헴의 입산이 이스라엘의 사사가 되었더라 [9]그가 아들 삼십 명과 딸 삼십 명을 두었더니 그가 딸들을 밖으로 시집 보냈고 아들들을 위하여는 밖에서 여자 삼십 명을 데려왔더라 그가 이스라엘의 사사가 된 지 칠 년이라 [10]입산이 죽으매 베들레헴에 장사되었더라 [11]그 뒤를 이어 스불론 사람 엘론이 이스라엘의

사사가 되어 십 년 동안 이스라엘을 다스렸더라 [12]스불론 사람 엘론이 죽으매 스불
론 땅 아얄론에 장사되었더라 [13]그 뒤를 이어 비라돈 사람 힐렐의 아들 압돈이 이스
라엘의 사사가 되었더라 [14]그에게 아들 사십 명과 손자 삼십 명이 있어 어린 나귀
칠십 마리를 탔더라 압돈이 이스라엘의 사사가 된 지 팔 년이라 [15]비라돈 사람 힐렐
의 아들 압돈이 죽으매 에브라임 땅 아말렉 사람의 산지 비라돈에 장사되었더라

우리는 여기에서 짧은 기간 동안 다스렸던 세 명의 사사들에 관한 짤막한 이야기를 보게 된다. 첫째 사사는 7년 동안, 둘째 사사는 10년 동안, 그리고 셋째 사사는 8년 동안 다스렸다. 나라에 죄가 있으면 주관자가 많아지는 것처럼(잠 28:2), 짧은 기간에 여러 명의 사사들이 연이어 세워졌다. 그럼으로써 훌륭한 사람들이 자신의 직무를 본격적으로 수행하기도 전에 물러가게 되었다.

I. 베들레헴의 입산. 여기의 베들레헴은 여호수아서에 단 한 번 언급된 스불론의 베들레헴이 아니라(19:15), 다윗의 성읍인 유다의 베들레헴이 거의 분명하다. 그는 사사로서 단지 7년을 다스렸을 뿐이지만, 그러나 자녀들의 숫자와 그들을 결혼시킨 이야기로 미루어 상당히 장수한 것으로 보인다. 그의 개인적인 업적과 함께 가족이 크게 번성하고 또 여러 사람들과 혼인을 통한 인척관계로 연결됨으로써, 그는 입다의 경우처럼 백성들에 의해 사사로 선택되거나 혹은 기드온의 경우처럼 하나님에 의해 직접적으로 부르심을 받기에 적합한 위치가 된 것으로 보인다. 그와 관련하여 특별한 점은,

1. 모두 60명의 자녀를 두었다는 사실이다. 그는 화살로 가득 찬 화살통을 가지고 있었다. 이와 같이 옛 베들레헴은 번성함으로 유명한 곳이 되었다. 그 곳은 그의 영적인 씨가 하늘의 별처럼 많아지게 될 바로 그분이 태어날 성읍이었다.

2. 아들과 딸을 각각 30명씩 균등하게 두었다는 사실인데, 한 가정에서 이렇게 균등하게 자녀를 두는 것은 흔한 일은 아니다. 이와 같이 인류 전체의 거대한 가정에서 처음에 남자와 여자를 만드신 분은 당신의 지혜로운 섭리에 의해 세상에 인간들을 계속해서 생육하고 번성하도록 하기 위해 남자와 여자를 대체적으로 균등하게 유지되도록 하신다.

3. 그가 자녀 모두를 결혼시키는 일에 상당한 주의를 기울였다는 사실이다. 그는 딸들을 밖으로 보냈는데, 통속 라틴어 역본이 덧붙이고 있는 것처럼 그는

딸들을 위해 남편들을 마련해 주었다. 마찬가지로 그는 또한 자기 아들들을 위해 30명의 딸들을 밖에서 데려왔다. 유대인들은 이렇게 말한다. 모든 아버지는 아들에게 세 가지를 빚지고 있다: 율법 읽기를 가르치는 것과 직업을 마련해 주는 것과 아내를 마련해 주는 것. 입산의 가정과 바로 윗대인 입다의 가정 사이에는 얼마나 큰 차이가 있는가! 입산은 60명의 자녀를 두었으며 모두 결혼했다. 반면 입다는 무남독녀 외딸 하나만을 두었으며, 그마저도 죽거나 혹은 결혼하지 않고 살았다. 어떤 사람은 흥하고 어떤 사람은 쇠한다. 모두가 하나님께서 하시는 일이다.

Ⅱ. 스불론의 엘론. 공적인 일을 주재하고 공의를 수행하며 잘못된 것들을 바로잡기 위해 가나안 북부에 있는 스불론 출신의 엘론이 입산에 이어 사사로 세움을 받았다. 그는 10년 동안 이스라엘을 축복 가운데 이끌었고, 그러고 나서 죽었다(11, 12절). 라이트푸트 박사는 엘론의 시대 초기에 이미 블레셋의 40년 압제가 시작되었으며(13:1) 그즈음 삼손이 태어났을 것으로 계산한다. 그가 가나안 북쪽 지역에 거주하고 있기는 했지만, 아마도 가나안 남쪽 지역에 접경하고 있었던 블레셋은 때때로 그들을 침범했을 것이다.

Ⅲ. 에브라임의 압돈. 엘론에 이어 압돈이 사사가 되었다. 이로 인해 여호수아 이래로 특별히 주목할 만한 인물을 배출하지 못했던 에브라임 지파가 그 화려한 명성을 다시 회복하기 시작했다. 아비멜렉으로 인해 세겜은 에브라임에게 자랑스러운 존재라기보다는 수치스러운 존재였다. 이 압돈은 많은 후손으로 유명했다(14절). 그는 40명의 아들과 30명의 손자를 두었는데, 그는 이들 모두가 장성할 때까지 살았다. 그들은 사사나 관리로서 혹은 기품 있는 귀인들로서 70마리의 어린 나귀를 탔다. 이와 같이 자녀의 자녀를 보는 것은 그에게 있어 큰 복이 아닐 수 없었지만, 그러나 그가 이스라엘의 평화를 보지 못한 것은 그의 큰 근심거리였다. 왜냐하면 이즈음 블레셋이 침범해 들어오기 시작했기 때문이었다.

압돈을 포함한 세 명의 사사들에 대하여 성경이 기록하고 있는 것은 거의 없다. 다만 그들이 묻힌 장소만이 특별히 언급되고 있을 뿐인데(7, 10, 12, 15절), 어쩌면 이것은 그들의 묘비에 적혀 있는 비문이(이와 같은 것들이 예전에 종종 사용되었다. 왕하 23:17) 그들에 관한 더 많은 이야기와 정보들을 제공해 주었기 때문일는지 모른다. 베드로도 다윗에 대해 이야기하면서, "그 묘가 오늘까지 우리 중에 있도다"라고 말한다(행 2:29). 아마도 이러한 것들은 그들의 뼈가 묻힌 장소를 영예롭게 하기 위한 목적으로 만들었을 것이지만, 도리어 세상의 영광의 덧없음을 드러내는 결과가 되었다. 왜냐하면 죽음과 무덤은 인간의 자랑을 허망한 것으로 만들어 버리기 때문이다. 이러한 사사들은 이스라엘에게 있어 거의 신적인 존재였지만 다른 사람들과 똑같이 죽었고, 그들의 모든 영예는 먼지 속에 덮이고 말았다.

사사들의 모든 역사 가운데 어떤 대제사장이나 제사장 혹은 레위인에 관한 이야기가 — 비느하스(20:28)로부터 엘리에 이르는 대략 250년의 기간 동안 — 거의 언급되지 않은 것은 매우 이상한 일이다. 다만 이 시대의 대제사장들의 이름만이 남아 있을 뿐이다(대상 6:4-7; 스 7:3-5). 이렇게 오랜 기간 제사장직이 어둠 속에 빠져 있었던 것은 모세의 율법에서 그것이 보여주는 빛나는 광채와 어떻게 조화될 수 있단 말인가? 분명히 그것은 제사장직이 하나의 모형에 불과했음을 암시한다. 제사장직에 의해 약속된 위대한 유익은 그것의 원형, 즉 우리 주 예수 그리스도의 영원한 제사장직을 바라보게 하는 것이었다. 원형의 영광과 비교할 때 구약의 제사장직은 아무것도 아니었던 것이다(고후 3:10).

제 13 장

개요

본 장에서 우리는 사사기에 기록된 이스라엘의 사사들 가운데 마지막 사사인 삼손의 이야기가 시작되는 것을 보게 된다. 그와 관련한 이야기는 처음부터 끝까지 너무나 놀랍고 특이하다. 사사기에서 묘사되는 삼손의 특징은 매우 위대하지만 그러나 이전의 사사들과는 상당히 다른 모습이다. 여기에서 그는 재판장이나 군대를 지휘하는 장군의 모습으로 나타나지 않는다. 도리어 그는 자기 나라의 위대한 애국자요, 적들의 두통거리로 나타난다. 그는 위대한 믿음의 사람이었으며(히 11:32), 또한 자신의 군대와 더불어 구원을 이루시는 그분의 위대한 모형이었다. 다른 사사들의 경우에는 사사의 직분을 맡게 되는 것으로부터 그들의 이야기가 시작된다. 그러나 삼손의 이야기는 그의 탄생, 아니 그의 잉태로부터 시작된다. 마치 세례 요한과 예수 그리스도가 그랬던 것처럼, 하늘로부터 온 사자(angel)가 그의 탄생을 세상에 알리는 것과 함께 그의 이야기가 시작되는 것이다. 본 장은 이와 관련한 이야기이다. I. 삼손이 이스라엘의 구원자로 세워지게 되는 상황, 곧 이스라엘이 블레셋에게 압제를 당함(1절). II. 여호와의 사자가 삼손의 어머니에게 그의 탄생을 예고함(2-5절). III. 그녀가 이 일을 남편에게 말함(6-7절). IV. 그들이 여호와의 사자로부터 이 일을 다시 확인받음(8-14절), 그들은 그에게 경의를 표하고(15-18절), 그는 떠나면서 자신의 영광을 나타냄(19-23절). V. 삼손이 태어남(24-25절).

1이스라엘 자손이 다시 여호와의 목전에 악을 행하였으므로 여호와께서 그들을 사
십 년 동안 블레셋 사람의 손에 넘겨 주시니라 2소라 땅에 단 지파의 가족 중에 마
노아라 이름하는 자가 있더라 그의 아내가 임신하지 못하므로 출산하지 못하더니 3
여호와의 사자가 그 여인에게 나타나서 그에게 이르시되 보라 네가 본래 임신하지
못하므로 출산하지 못하였으나 이제 임신하여 아들을 낳으리니 4그러므로 너는 삼
가 포도주와 독주를 마시지 말며 어떤 부정한 것도 먹지 말지니라 5보라 네가 임신
하여 아들을 낳으리니 그의 머리 위에 삭도를 대지 말라 이 아이는 태에서 나옴으

로부터 하나님께 바쳐진 나실인이 됨이라 그가 블레셋 사람의 손에서 이스라엘을
구원하기 시작하리라 하시니 [6]이에 그 여인이 가서 그의 남편에게 말하여 이르되
하나님의 사람이 내게 오셨는데 그의 모습이 하나님의 사자의 용모 같아서 심히
두려우므로 어디서부터 왔는지를 내가 묻지 못하였고 그도 자기 이름을 내게 이르
지 아니하였으며 [7]그가 내게 이르기를 보라 네가 임신하여 아들을 낳으리니 이제
포도주와 독주를 마시지 말며 어떤 부정한 것도 먹지 말라 이 아이는 태에서부터
그가 죽는 날까지 하나님께 바쳐진 나실인이 됨이라 하더이다 하니라

1절에서 우리는 지금까지 우리가 너무나 자주 대했던 말씀이 다시 한 번 반복되는 것을 보게 된다. 그것은 이스라엘이 큰 고통 속에 빠졌다는 말씀인데, 바로 이것이 구원자가 세워지는 배경이 되는 것이다. 그들은 — 지금까지 그래왔던 것처럼 — 여호와의 목전에 악을 행했다. 그러자 하나님께서 — 지금까지 그래왔던 것처럼 — 그들을 원수의 손에 넘겨주셨다. 만일 죄가 없었다면 구원자도 필요 없었을 것이다. 그러나 죄가 더한 곳에 하나님의 은혜도 더욱 넘쳤다. 지금 하나님이 이스라엘을 넘겨주신 원수들은 바로 옆에 인접한 블레셋이었다. 이들은 멸망을 위해 준비된 첫 번째의 그리고 가장 주요한 나라였지만, 하나님께서 가나안의 모든 전쟁들을 알지 못한 자들을 시험하기 위해 그들을 남겨두셨다(3:1-3). 다섯 명의 군주들에 의해 통치되었던 블레셋은 이스라엘과 비교하여 볼 때 보잘것없는 나라였다. 그들에게 어느 정도 규모를 갖춘 성읍이라야 고작 다섯 곳만이 있었을 뿐이었다. 그러나 하나님이 그들을 막대기로 사용하셨을 때, 그들은 매우 포악하고 괴롭게 하는 존재가 되었다. 그리고 그들이 주는 고통은 이제까지 겪었던 다른 어떤 고통보다도 더 오래 지속되었다. 그 기간은 40년이었다. 이스라엘이 이러한 고통 속에 있을 때 삼손이 태어났다. 그리고 여기에서 우리는 여호와의 사자에 의해 그의 탄생이 예고되는 것을 보게 된다. 다음을 주목하라.

I. 그의 혈통. 그는 단 지파 출신이었다(2절). 단은 사사(judge) 혹은 심판(judgement)을 의미한다(창 30:6). 야곱이 임종하는 자리에서 "단은 그의 백성을 심판하리로다", 즉 비록 여종의 아들들 가운데 하나라 할지라도 이스라엘의 다른 지파들과 마찬가지로 "그는 그의 백성을 위해 사사를 배출하리로다"라고 예언한 것은 아마도 삼손을 내다보면서 그렇게 한 것이었을 것이다(창 49:16).

단 지파의 기업은 블레셋과 접해 있었으므로, 단 지파 가운데 한 사람이 그들과 맞서는 위치에 서는 것은 참으로 적절한 일이었다.

삼손의 부모는 오랫동안 자식이 없었다. 이삭, 요셉, 사무엘, 세례 요한과 같은 많은 뛰어난 인물들은 자녀의 축복 없이 오랫동안 지내왔던 어머니들로부터 태어났다. 그러므로 이들에게 자녀가 태어났을 때 그 은혜는 더욱 큰 기쁨을 주는 것이었다. **잉태하지 못하며 출산하지 못한 너는 노래할지어다 산고를 겪지 못한 너는 외쳐 노래할지어다**(사 54:1). 하나님의 은혜를 바라며 오래 참고 기다릴 때 결국 그 은혜의 전조(前兆)가 나타나게 되며, 결국 그토록 오랜 시간 기다릴 만한 가치가 있었음이 드러나게 된다. 그리고 이를 통해 다른 사람들도 격려를 받고, 계속해서 하나님의 은혜를 소망하게 된다.

II. 삼손의 어머니에게 좋은 소식이 전해졌는데, 그것은 아들을 갖게 될 것이라는 소식이었다. 그 소식을 전하는 자는 **여호와의 사자**(angel of the Lord)였다(3절). 그는 한 사람의 모습으로, 그리고 선지자 혹은 하나님의 사람의 외관과 복장을 하고 나타났다. 여기의 여호와의 사자는 (패트릭 주교가 13:18에서 추측하는 것처럼) 주님 자신 곧 메시야가 되실 주의 말씀이셨다. 왜냐하면 그의 이름이 **기묘자**로(18절) 그리고 **여호와**로(19절) 불려지고 있기 때문이다. 우리의 위대하신 영원한 구속자('원형 구속자' 즉 예수 그리스도)는 특별한 방식으로 자신을 이러한 '모형 구속자'와 관련시키셨다. 이러한 특별한 소식이 전하여진 것은 단 지파에 속한 무명의 사람들인 마노아와 그의 아내를 위한 것일 뿐만 아니라 이스라엘 전체를 위한 것이었으며 또한 메시야를 위한 것이기도 했다. 그(삼손)는 이스라엘의 구원자로서 메시야의 모형이 될 것이었다. 그러므로 메시야의 탄생과 마찬가지로, 그의 탄생 역시 천사(사자, angel)에 의해 예고되어야만 했다.

1. 여호와의 사자는 그녀의 고통에 주목한다: **보라 네가 본래 임신하지 못하므로 출산하지 못하였으나.** 그녀는 그가 선지자일 것이라고 추측한다. 왜냐하면 전에 한 번도 본 적이 없는 낯선 사람이었음에도 불구하고, 그가 자신의 슬픔에 대해 너무나 잘 알고 있었기 때문이었다. 여호와의 사자가 이렇게 말한 것은 그녀를 비난하기 위한 것이 아니었다. 그것은 아마도 이 때 그녀가 실제로 이러한 고통에 대해 생각하고 있었고 또 아이가 없음으로 인해 슬퍼하고 있었기 때문이었을 것이다. 종종 하나님은 자기 백성들을 매우 적절한 때 곧 그들이

가장 큰 고통을 느끼고 있을 때 위로하신다. "보라 지금까지 너는 임신하지 못했지만, 언제까지나 그렇지는 않을 것이다."

2. 여호와의 사자는 그녀가 임신하여 아들을 낳을 것을 확증하면서(3절) 그러한 확증을 다시 반복한다(5절). 역사상 가장 힘세고 강한 사람은 이와 같이 이삭처럼 약속의 자녀로 태어났는데, 그것은 신적 말씀의 능력을 보여주기 위함이었다(히 11:11; 갈 4:23). 많은 여자들이 오랫동안 아이를 낳지 못하다가 특별한 섭리에 의해 아들을 낳았다. 그러나 삼손은 약속에 의해 태어났는데, 그것은 그가 오랫동안 구약의 성도들이 믿음으로 기다려 온 약속의 씨의 한 모형이었기 때문이었다.

3. 여호와의 사자는 아이가 태어나면서부터 나실인이 될 것을 지시한다. 그러므로 어머니는 나실인의 율법에 따라(비록 나실인의 서원 아래 있지 않았다 할지라도) 아이가 어머니의 태에서나 젖에서 영양을 섭취하는 동안에는 포도주나 독주를 마셔서는 안 되었다(4, 5절). 이스라엘의 구원자는 가장 엄격한 방식으로 하나님께 헌신되어야 하며 또한 성결의 모범이 되어야 함을 주목하라. 아모스 선지자는 하나님이 청년들 가운데 나실인을 세우는 것은 백성에 대한 사랑 때문이라고 언급한다(암 2:11). 다른 사사들도 하나님께 대한 백성들의 배교와 타락을 바로잡았다. 그러나 삼손은 누구보다도 더 하나님께 성별될 자로서 나타나야만 했다. 그의 몇 가지 잘못들에도 불구하고, 우리는 그가 자신의 생활양식 전반을 통해 나실인으로서 여호와께 대한 구별의 의식(ceremony)뿐만 아니라 그것의 특성까지 잘 나타냈다고 생각할 만한 충분한 이유를 가지고 있다(민 6:2). 다른 사람들을 구원하고자 하는 사람은 비범한 경건으로 스스로를 구별시켜야만 한다. 블레셋으로부터 이스라엘을 구원하는 일을 수행했던 사무엘은 어머니의 서원에 의해 나실인이 되었다(삼상 1:11). 마찬가지로 삼손은 신적 지시에 의해 나실인이 되었다. 그러므로 이러한 구원자의 어머니는 자신을 부인하고 부정한 것을 먹지 말아야만 한다. 다른 시대에는 적법했던 것들이 여기에서는 금지되어야만 했다. 약속이 그녀의 믿음을 시험했던 것처럼, 이러한 금령(禁令)이 그녀의 순종을 시험했다. 왜냐하면 하나님은 당신의 은혜를 받을 자들에게 이 두 가지 곧 믿음과 순종을 요구하시기 때문이다. 아기를 가진 여자는 그 몸의 열매의 건강에 해가 되는 것으로 여겨질 수 있는 것은 무엇이든지 성실하게 피하여야 한다. 어쩌면 삼손의 어머니에게 포도주와 독주가 금지된

것은 아이가 나실인으로 구별된 것 때문만이 아니라 또한 어머니의 절제로 말미암아 큰 힘을 가진 자가 될 것이기 때문일는지도 모른다.

4. 여호와의 사자는 이 아이가 할 일에 대해 예고한다: **그가 블레셋 사람의 손에서 이스라엘을 구원하기 시작하리라.** 우리 아이들이 하나님께 온전히 헌신한 자가 될 뿐만 아니라 다른 사람들을 위한 선한 도구가 되는 것은 참으로 바람직한 일이다 — **말 아래 있는 등불이 아니라 등경 위에 있는 등불처럼.** 그가 이스라엘을 **구원하기 시작할** 것이라는 말씀을 주목하라. 이것은 블레셋 사람들의 압제가 오랫동안 계속될 것임을 암시한다. 왜냐하면 아직 태어나지 않은 이 아기가 이스라엘을 구원하는 일을 시작할 수 있을 정도로 장성할 때까지는 그 일이 결코 시작되지 못할 것이기 때문이다. 그러나 그는 구원을 완성해서는 안 된다. 그는 단지 이스라엘을 구원하기 **시작할** 것인데, 이는 이스라엘의 고통이 오래 지속될 것을 의미한다. 하나님은 자신의 일을 점진적으로 그리고 여러 사람의 손을 통해 이루기를 기뻐하신다. 어떤 이는 기초를 놓고, 다른 이가 쌓으며, 또 다른 이가 완성한다. 여기에서 삼손은 그리스도의 모형이었는데,

(1) 태에서부터 하나님께 드려진 나실인으로서 그러했다. 비록 우리 주 예수님이 나실인은 아니었다 할지라도, 그는 모든 죄로부터 완전히 성별된 자로서 또 죄 가운데 잉태되지 않았을 뿐만 아니라 아버지의 영광에 온전히 헌신된 자로서 나실인으로 상징되었다. 그리스도는 육체로는 유대 교회(Jewish church)로부터 오셨는데, 그것은 그들에게 하나님의 약속이 주어져 있었기 때문이었다(롬 9:4, 5). 그 약속으로 인해 그는 오랜 동안 자신을 잉태하고 있었던 유대 교회의 태중에 있었던 것이다. 그러므로 마치 삼손의 어머니처럼, 유대 교회는 그를 잉태하고 있는 동안 거룩한 나라와 특별한 백성이 되었고, 그럼으로써 때가 차매 오실 그분으로 인해 모든 부정한 것들을 만지는 것이 엄격하게 금지되었다.

(2) 이스라엘의 구원자로서 그러했다. 왜냐하면 자기 백성을 저희 죄에서 구원한 자는 구주이신 예수님이기 때문이다. 그러나 삼손과 예수님 사이에는 다음과 같은 차이가 있었다: 삼손은 단지 이스라엘을 구원하기 시작했을 뿐이지만(훗날 블레셋의 멸망을 완성시키기 위해 다윗이 세워졌다), 우리 주 예수님은 삼손과 다윗의 역할을 모두 맡으심으로 우리 믿음의 창시자(author)요 완성자(finisher)가 되셨다.

Ⅲ. 마노아의 아내는 이 놀라운 소식을 급히 남편에게 전해준다(6, 7절). 그녀는 홀로 있을 때 아마도 기도나 묵상에 깊이 몰두해 있을 때 이 기쁜 소식을 들었다. 그러나 그녀는 이 소식을 남편에게 숨길 수도 없었고 숨기려고 하지도 않았다. 그녀는 남편에게,

1. 소식을 전한 자(messenger)에 대해 설명한다. 그는 하나님의 사람이었다(6절). 그의 용모는 매우 두려웠다. 그는 엄위로운 모습을 하고 있었다. 눈은 불타고 얼굴에서는 빛이 났으며 위풍당당한 위엄을 가지고 있었다. 그녀는 그가 하나님의 사자의 용모를 갖고 있었다고 말한다. 그러나 그녀는 그의 이름에 대해서 그리고 그가 이스라엘의 어느 지파 혹은 어느 성읍에 속한 자인지에 대해서는 아무런 설명도 하지 못한다. 왜냐하면 그가 그녀에게 아무것도 말해주지 않았기 때문이었다. 한편 그녀는 그를 본 것만으로 큰 두려움에 사로잡혀 감히 그에 관해 묻지 못했다. 그녀는 그가 하나님의 종이라는 사실만으로 만족해야 했다. 그가 누구인가 하는 것은 그가 전하는 메시지 속에 담겨 있을 것으로 그녀는 생각했고, 그래서 더 이상 아무것도 묻지 않았다.

2. 소식(message)에 대해 설명한다. 그녀는 남편에게 자신이 받은 약속과 금령(禁令)에 대해 이야기함으로써(7절), 남편도 그 약속을 믿고 아내가 금령을 잘 지킬 수 있도록 모든 경우에 돕는 자가 되도록 했다. 이와 같이 멍에를 함께 멘 자들은 하나님과의 만남의 체험을 서로 나누고, 그분을 아는 지식에서 자라가며, 거룩이라 일컫는 길에서 서로 도와야 한다.

[8]마노아가 여호와께 기도하여 이르되 주여 구하옵나니 주께서 보내셨던 하나님의
사람을 우리에게 다시 오게 하사 우리가 그 낳을 아이에게 어떻게 행할지를 우리
에게 가르치게 하소서 하니 [9]하나님이 마노아의 목소리를 들으시니라 여인이 밭에
앉았을 때에 하나님의 사자가 다시 그에게 임하였으나 그의 남편 마노아는 함께
있지 아니한지라 [10]여인이 급히 달려가서 그의 남편에게 알리어 이르되 보소서 전
일에 내게 오셨던 그 사람이 내게 나타났나이다 하매 [11]마노아가 일어나 아내를 따
라가서 그 사람에게 이르러 그에게 묻되 당신이 이 여인에게 말씀하신 그 사람이
니이까 하니 이르되 내가 그로다 하니라 [12]마노아가 이르되 이제 당신의 말씀대로
되기를 원하나이다 이 아이를 어떻게 기르며 우리가 그에게 어떻게 행하리이까 [13]

여호와의 사자가 마노아에게 이르되 내가 여인에게 말한 것들을 그가 다 삼가서 14
포도나무의 소산을 먹지 말며 포도주와 독주를 마시지 말며 어떤 부정한 것도 먹
지 말고 내가 그에게 명령한 것은 다 지킬 것이니라 하니라

우리는 여기에서 여호와의 사자가 마노아와 그의 아내에게 두 번째 방문한 이야기를 보게 된다.

I. 마노아는 이를 위해 진지하게 기도했다(8절). 그는 아내가 말한 이야기를 의심하지 않았다. 그는 그녀가 현숙한 아내임을 알고 있었고, 따라서 그의 마음은 아내를 믿었다(잠 31:11). 그는 아내가 남편을 속이려고 하고 있지 않다는 것을 알고 있었다. 요세푸스는 아내가 낯선 사람과 대화한 것에 대해 마노아가 질투했다고 비약하여 상상했지만, 그는 결코 그렇게 하지 않았다.

1. 마노아는 이 약속의 아이가 때가 되면 태어날 것을 당연한 것으로 받아들이면서, 태어날 아이에 대하여 주저 없이 말한다. 제사장 스가랴에게서는 이와 같은 큰 믿음을 만나보지 못하였다. 스가랴 역시도 여호와의 제단에서 기다릴 때 여기의 진실한 단 사람 마노아처럼 천사(사자, angel)가 나타났다. 때때로 지혜롭고 분별 있는 사람들에게조차 감추어졌던 어떤 것들, 즉 그들이 하나님의 선물과 그분의 말씀을 어떻게 받아들이는가 하는 것이 아기의 탄생과 함께 드러나곤 한다. 여기의 마노아처럼 보지 못하고 믿는 자들이 복이 있도다.

2. 마노아의 모든 관심은 탄생할 아이에게 그와 그의 아내가 어떻게 해야 할지에 관한 것이었다. 선한 사람들은 자신들과 관련하여 무슨 일이 일어날 것인지에 관한 것보다 자신들이 해야 할 일이 무엇인지 알기를 더 갈망한다. 왜냐하면 무슨 일이 일어날 것인가 하는 것은 하나님께 속한 것이며, 반면 무엇을 해야 할 것인가 하는 것은 우리에게 속한 것이기 때문이다. 솔로몬은 선한 사람들이 해야 하는 것에 관하여 질문한다 — 그들이 가져야 할 선에 대해서가 아니라(전 2:3).

3. 그러므로 마노아는 혹시 아내가 여호와의 사자로부터 받은 약속으로 인해 너무나 기뻐한 나머지 나실인으로서 지켜야 할 금령(禁令)을 일부라도 잊어버리지 않았을까 염려하여 하나님께 그 사자를 다시 보내 달라고 기도한다. "주여 구하옵나니 주께서 보내셨던 하나님의 사람을 우리에게 다시 오게 하옵소서. 이는 우리가 그를 더 잘 알기 위함이니이다." 하늘로부터 말씀을 들은 자는 더

듣기를 원하게 되며 또한 하나님의 사람을 거듭 만나기를 원하게 된다. 마노아가 이 하나님의 사람을 찾기 위해 자신이 직접 밖으로 나가거나 혹은 종들을 내보내지 않고, 무릎을 꿇고 하나님께 그를 보내 주실 것을 기도함으로써 그를 다시 만나게 된 사실을 주목하라. 우리는 우리에게 마땅한 교훈을 전해줄 하나님의 사신(使臣, messenger), 복음사역자를 가지고 있는가? 그들을 보내사 우리를 가르치도록 하나님께 간구하라(롬 15:30, 32).

Ⅱ. 하나님은 은혜를 베푸사 그것을 허락하셨다. 하나님이 마노아의 목소리를 들으시니라(9절). 하나님은 자신이 해야 할 일을 알기를 진지하게 열망하면서 주의 가르침을 구하는 자들을 결코 물리치지 않으신다(시 25:8, 9).

1. 여호와의 사자가 두 번째로 마노아의 아내에게 나타났다. 그 때 그녀는 혼자 밭에 앉아 있었는데, 어쩌면 양 떼를 돌보고 있었거나 아니면 조용히 다른 일을 하고 있었을 것이다. 고독은 종종 하나님과 교제하는 좋은 기회가 된다. 선한 사람들은 홀로 있을 때에라도 하나님이 함께 계시면 결코 혼자가 아니라고 생각한다.

2. 그녀는 급히 가서 남편을 부른다. 그러면서 그녀는 틀림없이 그 사자에게 자신이 남편과 함께 돌아올 때까지 머물러 줄 것을 간청했을 것이다(10, 11절). 그녀는 여호와의 사자를 남편에게 데리고 가려고 하지 않고, 남편을 그에게로 데리고 왔다. 하나님을 만나고자 하는 자는 그분이 자신을 스스로 나타내기를 기뻐하시는 곳으로 와야 한다. 그녀는 기쁨에 넘쳐 말한다: "오 보소서 당신의 기도가 응답되었나이다. 전일에 왔던 그 하나님의 사람이 또다시 오셔서 저쪽에 있나이다." 어떤 이들은 '전일에' 대신 '오늘'이라고 읽는데, 그것은 원문에 '전'(다른, other)은 없기 때문이다. 두 번의 방문이 동일한 날 동일한 장소에서 이루어졌으며, 두 번째 방문 때는 그녀가 앉아서 그를 기다리고 있었다고 보는 것은 충분한 개연성을 가지고 있다. 하나님의 사람은 그녀가 자기 남편을 불러오는 것을 기꺼이 허락한다(요 4:16). 하나님의 일을 경험한 자들은 다른 사람들도 초청하여 그와 동일한 경험에 동참하도록 해야 한다(요 1:45, 46). 마노아는 이번의 두 번째 방문 때에 여호와의 사자가 자신에게 나타나지 않은 것에 대해 불쾌하게 여기지 않고, 기꺼이 아내를 따라 하나님의 사람에게로 갔다. (말하자면) 하와가 아담을 악으로 이끌고 아담 역시도 너무나 쉽게 그것을 따랐던 에덴의 치명적인 실수를 속죄하기 위해, 멍에를 함께 멘 자들은 피차 사

랑과 선행을 격려해야 한다. 그리고 만일 아내가 인도한다 할지라도 그것이 훌륭하고 칭송할 만한 일이라면 남편은 아내를 따르는 것을 불명예스러운 것으로 여겨서는 안 된다.

3. 여호와의 사자에게 온 마노아는 그가 아내에게 나타났던 동일한 존재임을 알고는 크게 기뻐했다.

(1) 마노아는 겸손하게 그 약속을 환영하며 받아들인다(12절): **이제 당신의 말씀대로 되기를 원하나이다.** 이것은 그의 열망을 나타내는 말일 뿐만 아니라 마리아처럼 그의 믿음을 나타내는 말이기도 했다(눅 1:38). "주의 말씀대로 이루어지이다. 주여, 당신이 말한 것을 믿고 의지하나이다. 그 **말씀대로 되기를 원하나이다.**"

(2) 마노아는 겸손하게 전에 말해 준 금령(禁令)을 다시 반복해 달라고 간구한다: **이 아이를 어떻게 기르며 우리가 그에게 어떻게 행하리이까?** 그와 관련한 지침들이 마노아의 아내에게 주어졌었다. 그러나 마노아는 아내가 명령에 따라 이 약속의 씨를 돌보며 기르는 일에 자신이 협력해야만 한다고 생각한다. 왜냐하면 부모 중 어느 한 편만의 최고의 돌봄과 노력조차도 아이를 하나님께 드려진 자로서 그리고 그분을 위해 양육하는데 결코 충분하지 않기 때문이다. 어느 한 편이 다른 한 편에게 그것을 떠넘기게 하지 말라. 양쪽 다 최선을 다하게 하라. 마노아의 질문으로부터 다음을 주목하라.

[1] 일반적으로 하나님이 우리에게 어떤 은혜를 베푸시기를 기뻐하셨을 때, 우리는 그것을 어떻게 잘 사용할 것인가 하는 것에 최대의 관심을 기울여야 한다. 왜냐하면 올바로 관리될 때에 비로소 그것은 진정한 은혜가 되기 때문이다. 하나님은 우리에게 몸과 영혼과 인생을 주셨다. 주신 자의 의도에 잘 부응하고 그럼으로써 나중에 잘 회계(會計)하기 위해, 우리는 그것들을 어떻게 관리해야 할 것인가?

[2] 특별히 하나님으로부터 자녀를 맡은 자들은 자녀를 어떻게 지도하며 그들에게 무엇을 해야 할 것인지에 최고의 주의를 기울여야 한다. 그럼으로써 자녀들로 하여금 마음을 묶는 어리석음을 쫓아내고 마땅히 행할 길로 가도록 해야 한다. 이 점에서 경건한 부모는 하나님의 도우심을 구할 것이다. "주여, 우리 자녀가 나실인 곧 거룩한 산 제물이 되게 하기 위해 우리가 어떻게 자녀를 지도할지를 가르치소서."

4. 여호와의 사자는 전에 준 지시들을 다시 반복한다(13, 14절): 내가 여인에게 말한 것들을 그가 다 삼가서 포도나무의 소산을 먹지 말며 포도주와 독주를 마시지 말며 어떤 부정한 것도 먹지 말고 내가 그에게 명령한 것은 다 지킬 것이니라 하니라. 우리 자신과 자녀를 올바로 지도하기 위해서는 많은 주의와 살핌이 필요하다. 주의하고 살펴라. 단지 포도주와 독주 마시는 것만을 주의하지 말고, 포도나무로부터 나오는 모든 소산을 먹는 것을 주의하라. 자신을 정결하게 지키고자 하는 자는 죄에 인접해 있는 것이나 혹은 죄로 이끄는 것으로부터 멀리 떨어져 있어야 한다. 나실인으로 바쳐진 아이를 갖고 있는 동안, 그녀는 어떤 부정한 것도 먹어서는 안 된다. 이와 마찬가지로 그 안에 그리스도가 계신 자들 또한 육과 영의 모든 더러운 것으로부터 스스로를 깨끗하게 해야 하며, 그와 같은 '새 사람' 을 손상시키는 어떤 일도 행해서는 안 된다.

[15]마노아가 여호와의 사자에게 말하되 구하옵나니 당신은 우리에게 머물러서 우리가 당신을 위하여 염소 새끼 하나를 준비하게 하소서 하니 [16]여호와의 사자가 마노아에게 이르되 네가 비록 나를 머물게 하나 내가 네 음식을 먹지 아니하리라 번제를 준비하려거든 마땅히 여호와께 드릴지니라 하니 이는 그가 여호와의 사자인 줄을 마노아가 알지 못함이었더라 [17]마노아가 또 여호와의 사자에게 말하되 당신의 이름이 무엇이니이까 당신의 말씀이 이루어질 때에 우리가 당신을 존귀히 여기리이다 하니 [18]여호와의 사자가 그에게 이르되 어찌하여 내 이름을 묻느냐 내 이름은 기묘자라 하니라 [19]이에 마노아가 염소 새끼와 소제물을 가져다가 바위 위에서 여호와께 드리매 이적이 일어난지라 마노아와 그의 아내가 본즉 [20]불꽃이 제단에서부터 하늘로 올라가는 동시에 여호와의 사자가 제단 불꽃에 휩싸여 올라간지라 마노아와 그의 아내가 그것을 보고 그들의 얼굴을 땅에 대고 엎드리니라 [21]여호와의 사자가 마노아와 그의 아내에게 다시 나타나지 아니하니 마노아가 그제야 그가 여호와의 사자인 줄 알고 [22]그의 아내에게 이르되 우리가 하나님을 보았으니 반드시 죽으리로다 하니 [23]그의 아내가 그에게 이르되 여호와께서 우리를 죽이려 하셨더라면 우리 손에서 번제와 소제를 받지 아니하셨을 것이요 이 모든 일을 보이지 아니하셨을 것이며 이제 이런 말씀도 우리에게 이르지 아니하셨으리이다 하였더라

I. 우리는 여기에서 마노아와 여호와의 사자 사이에 계속되는 대화를 보게

된다. 여호와의 사자가 마노아와 함께 있는 동안 자신이 사자(천사, angel)임을 감춘 것은 그의 친절로 말미암은 것이었다. 왜냐하면 만일 마노아가 그 사실을 알았다면 그는 두려움 가운데 감히 더불어 이야기할 수 없었을 것이기 때문이다(16절): 그가 여호와의 사자인 줄을 마노아가 알지 못함이었더라. 이와 같이 그리스도께서 세상에 계셨으되 세상이 그를 알지 못했다. 진실로 주는 스스로 숨어 계시는 하나님이시니이다(사 45:15). 신적 영광을 가리우지 않은 채 보는 것을 우리는 감당할 수 없다. 우리에게 말씀하실 때 하나님은 우리와 같은 사람을 통해 그렇게 하시기로 결정하셨다. 그러므로 선지자나 사역자를 통해 말씀하실 때뿐만 아니라, 심지어 천사나 혹은 아들을 통해 말씀하실 때에조차 사람의 모양을 취하게 하셨다.

1. 여호와의 사자는 마노아가 대접하고자 하는 것을 받기를 거절하고, 그것을 제물로 바꿀 것을 지시한다. 마노아는 이토록 기쁜 소식을 가져다 준 존귀한 나그네에게 경의와 감사의 증표를 보이기를 열망하여 기운을 돋울 약간의 음식을 함께 나눌 것을 간청한다(15절): 당신은 우리에게 머물러서 우리가 당신을 위하여 염소 새끼 하나를 준비하게 하소서. 기쁜 소식을 받은 자는 그들을 보낸 자를 대신하여 소식을 전한 사신(使臣, messenger)들에게 친절을 베풀어야 한다(딤전 5:13). 그러나 여호와의 사자는, 기드온의 경우에도 그러했던 것처럼(6:20, 21), 음식을 먹지 않고 다만 그것을 하나님께 제물로 드리도록 지시한다. 천사(사자, angel)는 먹을 것과 마실 것을 필요로 하지 않는다. 그들의 음식은 하나님을 영화롭게 하는 것이며, 이것은 그리스도의 경우에도 마찬가지였다(요 4:34). 비록 우리가 음식 없이는 살 수 없다 할지라도 만일 우리가 하나님의 영광을 위해 먹고 마신다면 그래서 우리의 일상적인 음식을 하나님께 드리는 제물로 바꾼다면, 우리도 어느 정도 천사들처럼 하나님의 뜻을 행하게 되는 것이다.

2. 여호와의 사자는 마노아에게 자신의 이름을 말하는 것을 거절하고, 그의 호기심을 만족시켜 주지 않았다. 마노아는 그의 이름이 무엇이며 어느 지파 출신인지를 알기를 열망했는데(17절), 그것은 그의 메시지의 진실성을 의심해서가 아니라 그의 방문에 대해 보답하고 또 그에 대해 더 잘 알기 위해서였다(선한 사람들과 선한 사역자들에 대해 우리가 더 잘 알게 되는 것은 좋은 일이다). 그리고 마노아에게는 또 다른 의도가 있었다: 당신의 말씀이 이루어질 때에 우리

가 당신을 존귀히 여기리이다. "우리는 당신을 참 선지자로 다른 사람들에게 알릴 것이요, 태어날 아이에게 당신의 이름을 따라 이름을 지음으로써 당신을 존귀케 하리이다. 그리고 하나님께서 존귀케 하신 자를 존귀케 하기 위해 당신께 예물을 드리리이다." 그러나 여호와의 사자는 마노아의 요청을 거절한다(18절): **어찌하여 내 이름을 묻느냐?** 야곱 역시도 자신과 밤새 씨름한 자의 이름을 알고자 했으나 그를 설득할 수 없었다(창 32:29, **야곱이 청하여 이르되 당신의 이름을 알려주소서 그 사람이 이르되 어찌하여 내 이름을 묻느냐 하고 거기서 야곱에게 축복한지라**). 마노아의 요청은 진지했으나 거절당했다. 모세에게는 하나님이 자신의 이름을 말씀해 주셨는데(출 3:13, 14), 그것은 그가 하나님의 이름을 알아야 할 특별한 이유가 있었기 때문이었다. 그러나 여기에서 마노아가 자신의 호기심을 만족시키기 위해 질문한 것은 거절당했는데, 그것은 그가 무슨 일을 해야 할지 물은 것에 대해 이미 답변을 받았기 때문이었다. 하나님은 당신의 말씀 가운데 우리가 해야 할 일에 관하여 충분한 지시를 주셨지만, 그러나 사변적인 모든 질문에 대해서까지 답변하고자 뜻하지는 않으셨다. 하나님의 사자는 마노아에게 거절의 이유를 말한다: 그것은 **비밀이니라**(한글 개역개정판에는 **내 이름은 기묘자라**라고 되어 있음). 천사들의 이름은 우상 숭배화 되는 것을 막기 위해 알려지지 않았다. 그러나 바벨론 포로 이후 천사들은 다니엘에게 자신들의 이름을 미가엘과 가브리엘이라고 알려주었다. 그리고 사가랴에게는, 묻지 않았음에도 불구하고 천사가 자신의 이름을 알려주었다(눅 1:19): **나는 가브리엘이라**. 그러나 여기에서 "그것은 **비밀**(secret)이라" 혹은 "그것은 **기묘자**(wonderful)니라"라고 언급된다. 그리스도의 이름 가운데 하나가 **기묘자**이다(사 9:6). 그의 이름은 오랫동안 비밀이었다. 그러나 복음으로 말미암아 그 이름은 빛으로 나아오게 되었다: **구주 예수**. 마노아는 묻지 말아야 한다. 왜냐하면 그는 알지 말아야 하기 때문이다. 여기에서 다음과 같은 사실들을 주목하라.

(1) 우리에게 속하지 않은 비밀한 일들이 있다는 사실. 그러므로 우리는 이 세상에 있는 동안 그러한 것들에 대해 잘 알지 못하는 것으로 만족해야 한다.

(2) 그러므로 우리는 이러한 일들과 관련하여 헛된 호기심에 빠져서는 안 된다는 사실(골 2:18). 우리의 위대하신 주님께서 가르쳐 주지 않은 일들에 대해 기꺼이 알려고 하지 않는 것은 지혜로운 일이다.

3. 여호와의 사자는 그들이 제물 드리는 것을 승인하고 돕는다. 그리고 떠나

면서 자신의 정체를 알게 한다. 그는 그들에게 번제를 여호와께 드리도록 지시했다(16절). 천사들(사자들, angels)에 대한 최고의 접대는 하나님께 영광과 찬미를 돌리는 것이다. 요한계시록 22:8, 9을 보라. **이것들을 보고 들은 자는 나 요한이니 내가 듣고 볼 때에 이 일을 내게 보이던 천사의 발 앞에 경배하려고 엎드렸더니 그가 내게 말하기를 나는 너와 네 형제 선지자들과 또 이 두루마리의 말을 지키는 자들과 함께 된 종이니 그리하지 말고 하나님께 경배하라 하더라.** 비록 제사장도 아니었으며 또 제단을 가지고 있지도 않았지만, 마노아는 음식을 제물로 바꾸어 그것을 **바위 위에서 여호와께 드렸다**(19절). 다시 말해서 그것을 가져다가 드려지도록 놓았다. "여호와여 여기 제물이 있사오니 주의 기쁘신 대로 하소서." 이와 같이 우리는 우리 마음을 거룩한 산 제물로 하나님께 드려야 하며, 또한 우리 마음을 성령께서 주장하시도록 순복시켜야 한다. 이제 모든 것이 다 준비되었다.

(1) 여호와의 사자는 그 이름이 **기묘자**(Wonderful)로서 기묘한 일을 행한다. 아마도 그가 행한 기사(奇事, wonder)는 예전에 기드온에게 행했던 것과 동일한 것이었을 것이다. 그는 제물을 사르기 위해 하늘로부터 불을 내려오게 했거나 아니면 바위로부터 불이 올라오도록 했을 것이다.

(2) 여호와의 사자는 **제단 불꽃에 휩싸여** 하늘로 올라간다(20절). 이로써 그는 그들이 생각했던 것처럼 단순히 한 사람에 불과한 것이 아니라 하늘에서 직접 내려온 사신(使臣, messenger)임이 분명하게 드러나게 되었다. 그가 하늘로 올라간 것으로 미루어, 그는 분명히 그 곳에서 내려왔을 것이다(요 3:13; 6:62). 이것은 하나님이 제물을 받으셨음을 의미한다. 또 우리는 여기에서 우리의 모든 제물이 열납되기 위해서는 **성도들의 기도와 합하여 보좌 앞에 드리기 위해 많은 향을 받은** 다른 천사의 도움이 필요하다는 사실을 알 수 있다(계 8:3, **또 다른 천사가 와서 제단 곁에 서서 금 향로를 가지고 많은 향을 받았으니 이는 모든 성도의 기도와 합하여 보좌 앞 금 제단에 드리고자 함이라**). 기도는 영혼이 하나님께로 올라가는 것이다. 그러나 기도를 향기로운 제물로 바꾸는 것은 우리 마음속에 계신 그리스도이다. 그리스도 없는 예배는 역겨운 연기에 불과하다. 오직 그 안에서 예배는 하나님이 받으실 만한 불꽃이 되는 것이다. 우리는 이것을 그리스도께서 친히 우리를 위해 희생제물이 되신 것에 적용할 수 있다. 그리스도는 자신이 친히 제물이 되시고 그 제물의 불꽃에 휩싸여 하늘로 승천하셨다. 히브리서

9:12을 보라. 오직 자기의 피로 영원한 속죄를 이루사 단번에 성소에 들어가셨느니라.

여호와의 사자가 이 일을 하는 동안 마노아와 그의 아내가 그것을 보았다는 말이 두 번 언급된다(19, 20절). 이것이 그 이적의 증거이다. 그것은 참이었다. 왜냐하면 눈으로 목격한 두 증인의 입으로부터 그 일이 확정되기 때문이다. 제물과 관련한 모든 일은 여호와의 사자가 행했다. 그들은 단지 보기만 했을 뿐이었다. 그러나 여호와의 사자가 하늘로 올라갔을 때, 그들의 마음 역시 하늘로부터 온 약속과 그것의 성취 역시 하늘로부터 올 것을 기대하면서 감사에 넘쳐 그와 함께 하늘로 올라갔을 것이다. 그러나 그 사자가 하늘로 올라갔을 때, 그들은 그리스도의 승천을 목격한 자들이 그랬던 것처럼 감히 서서 하늘을 바라보지 못하고 거룩한 두려움과 엄위함 가운데 얼굴을 땅에 대고 엎드렸다.

[1] 이제 그들은 그가 여호와의 사자인 것을 알게 되었다(21절). 그들이 본 것은 사람의 몸이 아님이 분명했다. 왜냐하면 그것은 땅에 매여 있지도 않았으며, 또한 불에 타지도 않은 채 불꽃에 휩싸여 하늘로 올라갔기 때문이다. 그러므로 그들이 그가 사자(천사, angel)라고 결론지은 것은 충분한 근거가 있는 것이었다. 그는 그의 천사들을 바람으로, 그의 사역자들을 불꽃으로 삼으시느니라(히 1:7).

[2] 그러나 여호와의 사자는 더 이상 그들에게 나타나지 않았다. 선지자들과는 달리, 사자들(천사들, angels)의 경우 오랫동안 사람들과 함께 있으면서 교통하도록 보냄받지 않은 것은 특별한 이유가 있기 때문이었다. 그들은 사자(천사)가 말한 것을 기억하고 지켜야 할 뿐, 더 이상 들으려고 기대해서는 안 된다.

Ⅱ. 우리는 여기에서 이러한 이상(異像)이 마노아와 그의 아내에게 어떤 인상을 가져다 주었는지 보게 된다. 여호와의 사자가 기이한 일을 행하고 있는 동안, 그들은 그것을 바라보면서 아무 말도 하지 않았다(이와 같이 우리도 하나님의 기이한 일들을 주의 깊게 볼 때에는 아무 말도 하지 않는 것이 합당하다). 그러나 여호와의 사자가 모든 일을 끝내고 사라졌을 때, 그들은 이 모든 일을 곰곰이 되돌아볼 시간을 갖게 되었다.

1. 마노아는 지금까지 벌어진 일을 돌아보는 가운데 큰 두려움에 사로잡힌다(22절). 마노아는 자신들이 곧 한 아들의 부모가 될 것을 큰 확신과 함께 말했었다(8, 12절). 그러나 지금 그는 자신의 믿음을 격려하고 강화시켜 준 바로 그 일로 인해 혼란에 빠진 채, 자신들이 곧 죽게 될 것이라고 생각한다: 우리가 반

드시 죽으리로다. 고대의 유대인들은 하나님이나 혹은 천사를 보면 곧 죽게 된다고 일반적으로 생각했다. 그리고 이와 같은 관념이 기드온의 경우에도 그랬던 것처럼 지금 마노아의 생각을 사로잡고 있었다(6:22).

2. 반면 그의 아내에게는 큰 믿음이 있었다(23절). 여기에 더 약한 그릇이지만 그러나 더 강한 믿음의 사람이 있었다. 아마도 여호와의 사자가 두 번 모두 그녀에게 나타난 이유가 바로 여기에 있었을 것이다. 마노아의 마음은 낙심하며 무너지기 시작했으나, 그녀는 돕는 배필로서 남편을 격려했다. **두 사람이 한 사람보다 나음은 그들이 수고함으로 좋은 상을 얻을 것임이라 혹시 그들이 넘어지면 하나가 그 동무를 붙들어 일으키려니와 홀로 있어 넘어지고 붙들어 일으킬 자가 없는 자에게는 화가 있으리라**(전 4:9, 10). 멍에를 함께 멘 자들은 항상 피차의 믿음을 돌아보며, 함께 기쁨을 나누어야 한다. 마노아의 아내가 여기에서 행한 논증보다 더 명쾌하고 훌륭한 논증은 어디에도 없을 것이다. 그의 남편은 **"우리가 반드시 죽으리로다"**라고 말했다. 이에 그녀는 말한다: "아닙니다. 우리는 두려워할 필요가 없습니다. 우리를 위한 것을 우리를 대적하는 것으로 바꾸지 맙시다. 하나님이 우리를 죽이시기를 기뻐하지 않는 한 우리는 죽지 않을 것입니다. 우리의 죽음은 그의 손으로부터, 그리고 그가 그렇게 하기를 기뻐하실 때에만 올 수 있습니다. 우리에게 주신 하나님의 은혜의 증거들이 우리로 하여금 하나님이 우리를 죽이려고 계획하고 계신다고 결코 생각할 수 없게 만듭니다. 만일 하나님이 우리를 죽이시려고 생각하셨다면,

(1) 그는 우리의 제물을 받지 않으셨을 것이며, 또한 그것을 재로 바꾸심으로써 제물을 받으셨다는 증표를 보여주지 않으셨을 것입니다(시 20:3의 난외주를 보라). 제물은 우리 생명의 속전(ransom)이었으며, 또한 제물에 붙은 불은 그분이 우리에게 진노를 거두셨다는 명백한 증표였습니다. 악인의 제물은 가증스러운 것이나 우리가 드린 제물은 그렇지 않았음을 당신도 보지 않았습니까?

(2) 그는 우리에게 이 모든 일과 기이한 광경을 보여주지 않았을 것이며(왜냐하면 이 시대는 異像이 흔히 보이지 않던 시기였기 때문에, 삼상 3:1), 또한 나실인과 이스라엘의 구원자가 될 아들에 관한 위대한 약속도 주시지 않았을 것입니다. 만일 우리를 죽이기를 기뻐하셨다면, 하나님은 결코 이와 같은 일들을 말씀하지 않으셨을 것입니다. 아직 가지도 나지 않았는데 미리부터 뿌리가

썩는 것을 두려워할 필요는 없습니다."

여기에서 그리스도께서 죄인들의 구원을 위해 드리신 위대한 희생제물을 하나님이 받으신 것은 그들을 죽게 하기 위해서가 아니라 회개를 통해 당신의 호의를 얻게 하기 위함임을 주목하라. 만일 죄인들을 죽이기를 기뻐하셨다면, 하나님은 그와 같은 일을 결코 행하지 않으셨을 것이다. 그러므로 말씀과 기도 가운데 하나님과 교제를 나누는 선한 그리스도인들은 먹구름이 끼고 어두운 날에도 위로와 격려 가운데 담대하게 살아갈 수 있다. "만일 나를 버리실 계획이었다면, 하나님은 그와 같은 일 곧 내 영혼을 구원하기 위해 행하셨던 그 위대한 일을 결코 행하지 않으셨을 것입니다. 그리고 결국 멸망하도록 내버려 두셨을 것입니다. 왜냐하면 그의 일은 완전하며, 결코 자기 백성들을 조롱하지 않으시기 때문입니다." 마노아의 아내처럼 추론하는 법을 배우자. "만일 하나님이 나를 진노 가운데 멸망당하도록 하실 계획이었다면, 그분은 나에게 그 놀라운 은혜의 증표들을 결코 주시지 않으셨을 것입니다." 여자여 네 믿음이 크도다!

[24]그 여인이 아들을 낳으매 그의 이름을 삼손이라 하니라 그 아이가 자라매 여호와께서 그에게 복을 주시더니 [25]소라와 에스다올 사이 마하네단에서 여호와의 영이 그를 움직이기 시작하셨더라

1. 삼손의 탄생. 오랫동안 임신하지 못했던 여자가 약속을 따라 아들을 낳았다. 하나님의 말씀은 하나도 땅에 떨어지지 않는다. 그가 말씀하셨다면 이루시지 않겠는가?

2. 대체로 그의 이름 삼손은 태양을 의미하는 쉐메쉬(Shemesh)에다가 지소형 어미(指小形 語尾, diminutive)를 붙여 만들어진 것으로서 작은 태양을 의미하는 것으로 추측된다. 아마도 이것은 그가 모세처럼 구원자로 태어남으로써 그 얼굴이 공의로 인해 작은 태양처럼 빛날 것을 그의 부모들이 생각했기 때문일 것이다. 어쩌면 삼손의 부모가 자신들에게 아들을 낳을 것을 알려준 그 하나님의 사람의 빛나는 용모를 기억하여 그와 같은 이름을 지었을는지도 모른다. 비록 그 하나님의 사람의 이름을 알지 못한다 할지라도 지금 그의 말이 다 이루어졌으므로, 마노아와 그의 아내는 아들에게 그와 같은 이름을 지어줌으로써 그를 존귀케 하고 있는 것이다. 그는 나실인으로서 작은 태양이었다. 왜냐하면 나실

인은 홍옥과 청옥 같기 때문이다(애 4:7). 또 그는 큰 힘을 가졌기 때문에 작은 태양이었다. 태양은 장사(강한 자, strong man)로 비유된다(시 19:5). 그가 자신의 힘으로 달려갈 때, 이 강한 자가 왜 태양으로 비유될 수 없겠는가? 또한 그는 의의 태양이신 그리스도의 모형으로서 그리고 그의 백성 이스라엘의 영광이요 빛으로서 작은 태양이었다.

3. 삼손의 어린 시절. 그는 힘과 체구에 있어 다른 아이들보다 훨씬 더 크고 강하게 자랐다. 하나님은 이 뿐만 아니라 모든 면에서 그를 축복하셨고 또 몸과 마음에 크고 특별한 권능을 부어주셨다. 약속의 자녀들에게는 특별한 축복이 따르는 법이다.

4. 삼손의 젊은 시절. 그가 어느 정도 장성했을 때 여호와의 영이 그를 움직이기 시작했다(25절). 이것이 여호와께서 그를 축복하셨다는 증거였다. 하나님은 당신이 축복하시는 곳에 그 축복이 합당하도록 하기 위해 당신의 영을 주신다. 은혜의 영이 어린 시절에 일찌감치 역사하기 시작한 자는 진실로 복된 자이다. 만일 성령이 우리 자손 위에 부어지면, 그들은 풀 가운데에서 솟아나기를 시냇가의 버들 같이 할 것이다(사 44:3, 4). 하나님의 영이 단의 진영, 곧 단 지파에서 훈련된 무리들이 집결해 있었던 장소에서 삼손을 움직이셨다. 아마도 단 지파는 블레셋의 침입을 막기 위해 삼손이 살았던 장소 인근의 소라와 에스다올 사이에 진을 형성하고 있었던 것 같다. 아직 소년이었음에도 불구하고 삼손은 그곳에 그들과 함께 있었다. 아마도 그는 어떤 매우 용맹한 행동들로 인해 일찌감치 특별한 존재가 되었으며, 혹독한 훈련이나 힘을 겨루는 시합에서 모든 사람을 능가했을 것이다. 또한 아마도 그는 자기 나라의 원수들을 대적하는데 더 큰 열정을 가지고 있었으며, 보통의 소년에게 기대할 수 있는 것보다 훨씬 더 굳센 공적 정신(public spirit)을 가지고 있었을 것이다. 하나님의 영은 마치 바람이 부는 것처럼 때때로(항상 그랬던 것이 아니라) 그를 움직이셨다. 만일 그분이 하시고자 하신다면 — 삼손이 하는 일이 그 자신으로부터 나오는 것이 아님을 보이기 위해 — 언제든지 그렇게 하실 수 있으셨을 것이다. 힘센 용사들은 포도주를 통해 더 큰 힘을 낼 수 있다고 스스로 생각하지만(시 78:65), 삼손은 포도주를 마시지 않았다. 그러나 그는 힘과 용기와 담대함에 있어 모든 사람을 능가했다. 이는 하나님의 영이 그를 움직이셨기 때문이었다. 그러므로 포도주에 취하지 말고 성령의 충만을 받으라.

제 14 장

개요

본 장이 보여주는 삼손의 모습은 하늘의 특별한 계획에 의해 하나님 앞에 나실인이요 이스라엘의 구원자로 세워진 자에 대해 우리가 통상적으로 기대하는 모습과는 사뭇 다르다. 그럼에도 불구하고 그는 실제로 하나님 앞에 나실인이요 이스라엘의 구원자였다. 본 장의 내용은 다음과 같다. I. 삼손이 블레셋 여자에게 구혼함, 그리고 결혼함(1-5, 7, 8절). II. 삼손이 사자를 죽임, 그리고 그 시체에서 꿀을 얻음(5, 6, 8, 9절). III. 삼손이 친구들에게 수수께끼를 냄(10-14절), 그리고 그들이 삼손의 아내를 협박하여 수수께끼를 풂음(15-18절). IV. 이것이 삼손으로 하여금 블레셋 사람 30명을 죽이고(19절) 결혼관계를 파기하는 근거를 제공해 줌(20절).

[1]삼손이 딤나에 내려가서 거기서 블레셋 사람의 딸들 중에서 한 여자를 보고 [2]올라
와서 자기 부모에게 말하여 이르되 내가 딤나에서 블레셋 사람의 딸들 중에서 한
여자를 보았사오니 이제 그를 맞이하여 내 아내로 삼게 하소서 하매 [3]그의 부모가
그에게 이르되 네 형제들의 딸들 중에나 내 백성 중에 어찌 여자가 없어서 네가 할
례 받지 아니한 블레셋 사람에게 가서 아내를 맞으려 하느냐 하니 삼손이 그의 아
버지에게 이르되 내가 그 여자를 좋아하오니 나를 위하여 그 여자를 데려오소서
하니라 [4]그 때에 블레셋 사람이 이스라엘을 다스린 까닭에 삼손이 틈을 타서 블레
셋 사람을 치려 함이었으나 그의 부모는 이 일이 여호와께로부터 나온 것인 줄은
알지 못하였더라 [5]삼손이 그의 부모와 함께 딤나에 내려가 딤나의 포도원에 이른즉
젊은 사자가 그를 보고 소리 지르는지라 [6]여호와의 영이 삼손에게 강하게 임하니
그가 손에 아무것도 없이 그 사자를 염소 새끼를 찢는 것 같이 찢었으나 그는 자기
가 행한 일을 부모에게 알리지 아니하였더라 [7]그가 내려가서 그 여자와 말하니 그
여자가 삼손의 눈에 들었더라 [8]얼마 후에 삼손이 그 여자를 맞이하려고 다시 가다
가 돌이켜 그 사자의 주검을 본즉 사자의 몸에 벌 떼와 꿀이 있는지라 [9]손으로 그

꿀을 떠서 걸어가며 먹고 그의 부모에게 이르러 그들에게 그것을 드려서 먹게 하였으나 그 꿀을 사자의 몸에서 떠왔다고는 알리지 아니하였더라

I. 삼손은 하나님의 특별한 섭리 아래 블레셋 사람들과 더불어 결혼을 통한 인척관계를 맺는 매우 이상한 방법으로 그들과 다툴 기회를 찾는다. 그러나 실상은 삼손 자신이 하나의 수수께끼와 같은 역설적인(paradox) 사람이었다. 그는 겉으로는 악하고 문제가 있는 것처럼 보이지만 실제로는 선하고 위대한 일을 행했다. 왜냐하면 그는 우리에게 하나의 모범(pattern)으로 의도된 것이 아니라, 죄를 알지도 못하나 우리를 위해 죄가 되신 그리고 육신에 죄를 정죄하고 멸하기 위해 죄 있는 육신의 모양으로(롬 8:3) 나타나신 그분의 한 모형(type)으로 의도되었기 때문이다.

1. 우리는 삼손의 결혼과 관련하여 다음과 같은 사실들을 주목할 수 있다.

(1) 그가 블레셋 사람의 딸을 좋아하여 결혼하고자 한 것은 매우 어리석고 부적절한 일로 보여졌다. 이스라엘 백성일 뿐만 아니라 하나님께 바쳐진 나실인이 다곤 신을 숭배하는 여자와 한 몸이 될 것인가? 자신의 나라를 구할 자가 불구대천의 원수들 가운데 한 사람과 결혼할 것인가? 삼손은 이 여자를 보았고(1절), 그녀를 좋아하게 되었다(3절). 삼손이 그녀가 지혜롭고 현숙하며 모든 면에서 자신의 돕는 배필이 될 만하다고는 생각하지 않은 것 같다. 다만 그녀의 얼굴에서 자기가 좋아하는 어떤 것을 보았고, 그녀가 자기 아내가 되는 것에 모든 마음이 쏟아졌다. 아내를 택함에 있어 오로지 눈에 보이는 것과 호감(好感)만을 따른다면, 결국 우리는 우리 품 안에 블레셋 사람이 있는 것을 발견하게 될 것이다.

(2) 그러나 그녀에게 말하고 일을 추진하기 전에 먼저 부모에게 알린 것은 지혜롭고 훌륭한 일이었다. 삼손은 부모에게 그녀를 맞이하여 아내로 삼게 해 달라고 간청했다(2절). 여기에서 그는 모든 자녀들의 본보기가 된다. 다섯째 계명에 따를 때, 자녀들은 부모의 조언과 동의 없이 결혼하거나 혹은 결혼을 추진해서는 안 된다. 그렇게 하는 자들은 (홀 주교가 여기에서 표현한 것처럼) 고의로 자신을 망치며, 천부적인 사랑을 폭력으로 바꾸는 것이다. 부모는 자신들의 일부로서 자녀들에 대해 권리(property)를 갖는다. 그리고 이러한 권리는 결혼을 통해 이전된다. 남자가 부모를 떠나 그의 아내와 합하여 둘이 한 몸을 이룰지로다.

그러므로 부모의 동의 없이 이러한 권리를 양도하는 것은 배은망덕한 일일 뿐만 아니라 매우 부당한 일이기도 하다. 이와 같이 부모의 물건을 도둑질하고서도 죄가 아니라 하는 자는 멸망 받게 하는 자의 동류이다(잠 28:24).

(3) 삼손의 부모는 아들로 하여금 믿지 않는 자와 멍에를 함께 하지 말도록 설득하여 단념시키고자 했다. 믿음의 백성이 하나님을 경외하지도 않고 섬기지도 않는 불신자와 결혼하려고 할 때, 그는 마땅히 다음과 같은 삼손의 부모의 훈계를 듣고 그것을 자신에게 적용시켜야 한다: 네 형제들의 딸들 중에나 내 백성 중에 어찌 여자가 없어서 네가 할례 받지 아니한 블레셋 사람에게 가서 아내를 맞으려 하느냐? 아주 오래 전에 하나님의 아들들이 사람의 딸들과 결혼함으로써 자신과 자신의 가족, 그리고 고대 교회를 타락시키고 파멸시켰었다(창 6:2). 하나님은 이스라엘 백성들이 저주받은 나라의 백성들과 더불어 결혼하는 것을 금지하셨는데, 블레셋이 그러한 나라들 가운데 하나였다(신 7:3).

(4) 만일 여기에 특별한 이유가 없었다면, 삼손이 자신의 선택을 끝까지 고집하고 또 부모들이 결국 동의한 것은 분명히 부적절한 일이었을 것이다. 여기에서 삼손의 부모가 아들의 요청을 승낙한 것을 통해 우리는 자녀들의 선택에 대해 — 특별히 때에 맞게 그리고 공손하게 요청하는 자녀들에게 — 합당한 이유 없이 불합리하게 반대해서는 안 된다는 사실을 배울 수 있다. 자녀들이 주 안에서 부모에게 순종해야 하는 것처럼, 부모 역시 자녀를 노엽게 하고 낙담케 해서는 안 된다. 부모에게 복종하여 동의를 구하며 부모가 동의할 때까지 일을 진행시키지 않았던 나실인(Nazarite) 삼손은 모든 자녀들의 본보기일 뿐만 아니라 또한 부모와 함께 나사렛에 내려가(이 때부터 그는 나사렛 사람[Nazarene]이라 불렸다) 순종하셨던 거룩한 소년 예수의 한 모형이기도 했다(눅 2:51).

2. 그러나 이 일은 여호와께로부터 나온 것이었다(4절). 나중에 하나님은 삼손으로 하여금 블레셋 사람들을 대적하도록 하기 위해 결혼관계를 무효화하도록 하셨다. 뿐만 아니라 하나님은 삼손의 마음속에 그와 같은 마음을 두셨는데, 그것은 그로 하여금 블레셋 사람들을 칠 기회를 얻도록 하기 위함이었다. 삼손에게 있어 블레셋 사람과 결혼하는 것은 그 자체로 악한 일은 아니었다. 그것이 금지된 것은 우상 숭배자들로 인해 해악을 받게 되는 위험 때문이었다. 삼손의 경우에는 이러한 종류의 위험은 전혀 없었고, 도리어 블레셋 사람들에게 타격을 가함으로써 이스라엘에게 유익한 결과가 되고 그럼으로써 율법이 잘 시행

되도록 할 수 있는 기회가 될 것이었다. 사사기 13:25은 그 때에 여호와의 영이 그를 움직이기 시작하셨다고 언급한다. 따라서 우리는 삼손이 이 때 즉 결혼과 관련한 선택을 할 때 성령이 자신을 움직이시는 것을 인식했다고 생각할 수 있다. 만일 그렇지 않았다면, 그는 부모의 설득으로 인해 포기했거나 아니면 부모는 끝까지 그 일을 승낙하지 않았을 것이다.

결혼을 통해 삼손은 블레셋 사람들과 인척관계가 되고 가깝게 교제하는 사이가 되었다. 이 일로 인해 삼손은 그들에게 고통을 가할 기회를 가질 수 있었는데, 그러한 기회는 다른 방법으로는 얻을 수 없는 것이었다. 블레셋 사람들이 이스라엘을 압제했던 방식은 큰 군대에 의한 것이 아니라, 소규모의 약탈자들이 은밀하게 습격하는 방식이었던 것으로 보인다. 그러므로 삼손도 동일한 방식으로 그들을 다루어야만 하였다. 그로 하여금 이러한 결혼으로 그들 가운데 있게 하라. 그러면 그는 그들의 옆구리를 찌르는 가시가 될 것이다. 예수 그리스도는 이 악한 세상에서 우리를 구원하시고 또 세상의 왕을 쫓아내기 위해 친히 타락과 불화로 가득한 이 세상에 오셨다. 그리고 사람의 몸을 입으심으로써 어떤 의미에서 우리와 인척관계가 되셨는데, 이는 우리의 영적 원수를 멸하고 자신의 팔로 친히 구원을 이루시기 위함이었다.

Ⅱ. 삼손은 특별한 섭리에 의해 블레셋 사람들을 공격하는 일에 착수한다. 하나님은 당신이 계획하신 일을 위해 삼손을 부르셨는데, 그 일을 위해 그를 두 가지 일로 준비시키셨다.

1. 딤나에서 사자를 죽이는 권능을 부어주심(5, 6절). 많은 사람들이 자신의 힘을 알지 못함으로 인해 자신들이 능히 할 수 있는 일을 하지 못하는 경우가 많다. 하나님은 삼손으로 하여금 그가 여호와의 영의 능력 안에서 무슨 일을 할 수 있는지를 알게 하시고, 그럼으로써 거대한 난관 앞에서도 결코 두려워하지 않도록 하셨다. 이스라엘을 블레셋으로부터 구원하는 일을 완성하게 될 다윗은 먼저 사자와 곰에게 자신의 손을 시험해 보아야만 하였다. 그러고 나서 그는 골리앗 역시도 그것들 가운데 하나처럼 될 것을 유추(類推)할 수 있었다(삼상 17:36) — 우리는 삼손도 여기에서 그렇게 했을 것이라고 추측할 수 있다.

(1) 삼손은 갑작스럽게 사자와 마주쳤다. 그 앞에 마주 선 것은 가장 사나운 종(種)의 젊은 사자였다. 사자는 먹이를 노려보며 포효했다: 그를 보고 소리 지르는지라. 그는 홀로 포도원에 있었는데, 아마도 포도를 따먹기 위해 부모와 떨어

져 혼자 어슬렁거리고 있었을 것이다. 아이들이 제멋대로 하고 싶은 마음에 부모의 눈과 보호로부터 떠나 마음대로 길을 행할 때, 그들은 삼킬 것을 찾아다니는 우는 사자와 마주칠 수 있다는 사실을 고려하지 않는다. 또한 어린아이들은 풀숲에 기어 다니는 뱀만큼이나 위험한 사자가 포도원에 웅크리고 있다는 사실을 생각하지 않는다. 만일 삼손이 대로(大路)에서 이 사자를 만났다면, 하나님과 사람의 도움을 훨씬 더 많이 기대할 수 있었을 것이다. 그러나 여기에는 하나님의 특별한 섭리가 있었다.

(2) 사자와의 마주침이 위험할수록 삼손의 승리는 더욱 빛났다. 그는 사자를 아무 어려움 없이 쉽게 처치했다. 그는 칼이나 활뿐만 아니라 심지어 막대기 같은 어떤 도구도 사용하지 않고 마치 염소새끼를 죽이는 것처럼 사자를 죽이고 그 목구멍을 찢었다. 그는 손에 아무것도 가지고 있지 않았다. 그리스도는 공생애를 시작할 때 우는 사자와 싸워 승리하셨다(마 4:1 이하). 그러고 나서 자신 안에서(in himself, 어떤 이들이 읽는 것처럼 어떤 도구도 사용하지 않고) 정사와 권세들을 이기시고 그들을 노략하셨다. 그는 자신의 능력으로 높임을 받으셨다(시 21:13). 삼손은 사자를 죽이는 큰 승리를 거두었음에도 불구하고 그것을 자랑하지 않았는데, 이로써 그의 승리가 더욱 빛나게 되었다. 다른 사람들 같으면 온 나라에 자랑하며 드러낼 만한 일이었지만, 그는 심지어 부모에게조차 그것을 알리지 않았다. 겸손과 겸양은 최고로 빛나는 면류관이다.

2. 사자의 시체에서 꿀을 공급해 주심(8, 9절). 삼손이 결혼식을 위해 또다시 부모와 함께 딤나로 내려갈 때, 그는 호기심을 가지고 전에 사자를 죽였던 그 포도원으로 갔다. 아마도 그는 그 장소를 바라보면서 하나님의 구원의 은혜를 생각하며 진심으로 감사를 드렸을 것이다. 이와 같이 하나님께서 전에 베풀어 주셨던 은혜를 되돌아보는 것은 참으로 좋은 일이다. 거기에서 그는 사자의 시체를 발견했다. 아마도 사자의 살은 새와 들짐승들이 뜯어먹었을 것이다. 남은 뼈에는 벌들이 부지런히 꿀을 만들어 놓았는데, 그러한 꿀은 가나안의 주요한 산물 가운데 하나였다. 가나안에서는 이렇게 많은 꿀이 생산됨으로써 그 곳이 젖과 꿀이 흐르는 땅이라고 불리게 된 것이다. 삼손은 그 꿀에 대해 정당한 권리를 갖고 있었으므로 그것을 자신의 손으로 취했다. 아마도 여기에서 삼손은 또 벌 떼와 마주쳤을 것이다. 그러나 사자의 발톱을 두려워하지 않았던 그가 벌이 쏘는 것을 두려워할 이유는 없었다. 사자를 죽이고 승리를 거둠으로써 삼손은

블레셋의 거인들과 담대하게 직면할 수 있는 용기를 얻게 되었다. 마찬가지로 벌 떼를 쫓아냄으로써 그는 많은 블레셋 사람들의 무리를 두려워할 필요가 없다는 사실을 배우게 되었다. 그들이 벌들처럼 그를 에워쌀지라도 그는 여호와의 이름으로 그들을 끊을 것이다(시 118:12). 여기에서 발견한 꿀을,

(1) 그는 양심을 위하여 묻지 않고 먹었다. 왜냐하면 부정한 짐승의 죽은 뼈가 그 안에 있는 꿀을 부정하게 하지는 않기 때문이다. 신약의 나실인인 세례 요한은 야생 꿀을 먹고 살았다.

(2) 그는 부모에게 드렸고 그들은 그것을 먹었다. 삼손이 다 먹은 것은 아니었다. 너는 꿀을 보거든 족하리만큼 먹으라 과식함으로 토할까 두려우니라(잠 25:16). 삼손은 그것을 부모와 함께 나누었다. 자녀는 수고의 열매로서 부모에게 감사를 표해야 하며, 이로써 집에서 경건을 보여야 한다(딤전 5:4). 하나님의 은혜로 신앙의 '단 것' (sweetness)을 발견한 자들은 자신들의 경험을 친구와 친척들과 더불어 나누어야 한다. 삼손은 부모에게 꿀을 어디에서 얻었는지 알리지 않았는데, 그것은 그들로 하여금 그것을 먹는 것을 꺼리지 않도록 하기 위함이었다. 홀 주교(Bishop Hall)는 여기에서 다음과 같이 말한다: 하나님의 선물이 나쁜 그릇에 담겨 있기 때문에 그것을 사용하기를 거절하는 자들은 삼손보다 덜 지혜로운 자들이다. 비록 죽은 사자 안에 있었다 할지라도 꿀은 여전히 꿀이다. 우리 주 예수께서 우는 사자인 사탄을 멸망시킴으로, 신자들은 그 시체에서 자신과 모든 친구들을 위한 충분한 꿀, 곧 풍성한 힘과 만족을 발견한다.

[10]삼손의 아버지가 여자에게로 내려가매 삼손이 거기서 잔치를 베풀었으니 청년들
은 이렇게 행하는 풍속이 있음이더라 [11]무리가 삼손을 보고 삼십 명을 데려와서 친
구를 삼아 그와 함께 하게 한지라 [12]삼손이 그들에게 이르되 이제 내가 너희에게 수
수께끼를 내리니 잔치하는 이레 동안에 너희가 그것을 풀어 내게 말하면 내가 베
옷 삼십 벌과 겉옷 삼십 벌을 너희에게 주리라 [13]그러나 그것을 능히 내게 말하지
못하면 너희가 내게 베옷 삼십 벌과 겉옷 삼십 벌을 줄지니라 하니 그들이 이르되
네가 수수께끼를 내면 우리가 그것을 들으리라 하매 [14]삼손이 그들에게 이르되 먹
는 자에게서 먹는 것이 나오고 강한 자에게서 단 것이 나왔느니라 하니라 그들이
사흘이 되도록 수수께끼를 풀지 못하였더라 [15]일곱째 날에 이르러 그들이 삼손의
아내에게 이르되 너는 네 남편을 꾀어 그 수수께끼를 우리에게 알려 달라 하라 그

렇지 아니하면 너와 네 아버지의 집을 불사르리라 너희가 우리의 소유를 빼앗고자
하여 우리를 청한 것이 아니냐 그렇지 아니하냐 하니 16삼손의 아내가 그의 앞에서
울며 이르되 당신이 나를 미워할 뿐이요 사랑하지 아니하는도다 우리 민족에게 수
수께끼를 말하고 그 뜻을 내게 알려 주지 아니하도다 하는지라 삼손이 그에게 이
르되 보라 내가 그것을 나의 부모에게도 알려 주지 아니하였거든 어찌 그대에게
알게 하리요 하였으나 17칠 일 동안 그들이 잔치할 때 그의 아내가 그 앞에서 울며
그에게 강요함으로 일곱째 날에는 그가 그의 아내에게 수수께끼를 알려 주매 그의
아내가 그것을 자기 백성들에게 알려 주었더라 18일곱째 날 해 지기 전에 성읍 사람
들이 삼손에게 이르되 무엇이 꿀보다 달겠으며 무엇이 사자보다 강하겠느냐 한지
라 삼손이 그들에게 이르되 너희가 내 암송아지로 밭 갈지 아니하였더라면 내 수
수께끼를 능히 풀지 못하였으리라 하니라 19여호와의 영이 삼손에게 갑자기 임하시
매 삼손이 아스글론에 내려가서 그 곳 사람 삼십 명을 쳐죽이고 노략하여 수수께
끼 푼 자들에게 옷을 주고 심히 노하여 그의 아버지의 집으로 올라갔고 20삼손의 아
내는 삼손의 친구였던 그의 친구에게 준 바 되었더라

우리는 여기에서 삼손의 혼인잔치 이야기를 보게 되는데, 그것은 그로 하여금 블레셋 사람들과 충돌하게 되는 계기가 되었다.

Ⅰ. 삼손은 그 지방의 풍속을 따라 7일 동안 혼인잔치를 베풀었다(10절). 비록 나실인이기는 했지만, 삼손은 이와 같이 자연적인 일에 있어서는 독자적으로 행동하지 않고 이 같은 경우 청년들이 통상적으로 행하는 풍속에 따라 행했다. 우리가 살고 있는 지역에서 통상적으로 행해지는 무해(無害)한 관습과 반대되는 길로 행하는 것이 곧 믿음은 아니다. 신앙을 고백하는 자들이 다른 사람들에 의해 까다롭고 야비하며 탐욕스러운 자라고 일컬어지는 것은 명예롭지 못한 일이다. 선한 사람은 다른 사람들에게 좋은 친구가 되어주려고 노력해야 한다.

Ⅱ. 신부의 친척들은 삼손에게 관례적인 인사를 하면서, 30명의 청년들을 데려와 혼인잔치 기간 동안 함께 있으면서 신랑의 들러리로 수종들도록 했다(11절). 그들이 삼손을 보았을 때, 즉 그가 얼마나 잘 생겼는지 또 얼마나 품위 있는 용모를 가졌는지 보았을 때, 그들은 삼손을 존귀케 하기 위해 그리고 그가 자신들 가운데 머무는 동안 그와 교제하는 것을 돕기 위해 이들 30명의 청년들

을 그에게 데려왔다. 어쩌면, 삼손이 힘세고 용맹한 사람인 것을 보고 피상적으로는 친구였지만 실제로는 그를 주목하고 관찰하기 위한 감시자로서 이들을 보냈는지도 모른다. 그들은 이미 삼손을 주목하며 그에 대해 몹시 마음을 쓰고 있었다. 만일 그가 사자를 죽인 사실을 알았다면 그들은 더욱 그러했을 것이고, 따라서 삼손은 그 사실을 숨겼다. 블레셋 사람들의 호의는 종종 그 안에 해악을 가지고 있거나 혹은 다른 음모를 가지고 있는 경우가 많다.

Ⅲ. 삼손은 무리를 즐겁게 하기 위해 수수께끼를 내면서, 7일 안에 푸는 것을 조건으로 내기를 건다(12-14절). 이와 같은 경우 이렇게 수수께끼를 내는 것, 즉 친구들이 모여 즐길 때 — 패트릭 주교(bishop Patick)가 표현하는 대로 — 모든 시간을 지루하게 먹고 마시는 일에만 쓰거나 혹은 음악이나 춤이나 연극을 관람하는 등의 감각적인 희열을 만족시키는 대신 사람들의 학식이나 재치를 시험하고 향상시키기 위해 문제를 내는 것은 매우 오랜 관습이었던 것으로 보인다. 이것으로 사람들은 더욱 지혜로워지기도 하며, 자신들의 지성을 스스로 판단하기도 한다. 그러나 타락한 오늘날의 연회(宴會)는 이와는 너무도 다르게 이성과 지혜가 마비될 때까지 오로지 술잔과 축배만을 돌릴 뿐이다.

1. 삼손의 수수께끼는 그 자신이 행한 일과 관련한 것으로서 그 스스로 창작한 것이었다: **먹는 자에게서 먹는 것이 나오고 강한 자에게서 단 것이 나왔느니라. 나의 수수께끼를 잘 들어라. 이것이 무엇이냐?** 먹이를 움킨 짐승은 사람을 위해 결코 그 먹이를 양보하지 않는다. 그러나 **먹는 자에게서 먹는 것이 나왔다.** 또한 강한 짐승은 살아 있을 때에는 보통 독하고 강렬한 냄새가 나고, 죽으면 악취가 나는 법이다. 그러나 **강한 자에게서** — 혹은 시리아 역본과 아라비아 역본이 읽는 것처럼, 쓴 자에게서 — **단 것이 나왔다.** 만일 그들에게 어느 '먹는 자' 가 가장 강하며 또 어느 '먹는 것' 이 가장 단 가를 생각할 만큼의 충분한 지혜가 있었다면, 그들은 그 수수께끼를 풀 수 있었을 것이다. 사자나 꿀이나 그 지역에서는 결코 생소한 것이 아니었다. 또 그 수수께끼를 푸는 것을 통해 그들은 삼손으로부터 그것이 만들어지게 된 재미있는 이야기를 들을 기회를 갖게 될 것이었다.

우리는 이 수수께끼를 하나님의 섭리와 은혜가 다양한 방법으로 나타나는 것에 적용할 수 있다. 하나님께서 교회와 자기 백성들을 위해 악으로부터 선을 끌어내실 때, 그들을 멸망시키고자 위협했던 것이 유익으로 바뀔 때, 그들의 원수들이 결과적으로 돕는 자가 될 때, 사람들의 분노가 하나님을 찬송하는 것으로 바뀔 때, 바로 그 때 먹는 자에게서 먹는 것이 나오고 강한 자에게서 단 것이 나온다. 빌립보 1:12을 보라: 형제들아 내가 당한 일이 도리어 복음 전파에 진전이 된 줄을 너희가 알기를 원하노라.

2. 삼손의 부담이 그들보다 훨씬 컸다. 왜냐하면 삼손은 혼자였고, 그들은 30명이었기 때문이다. 그것은 하나님의 섭리나 혹은 주사위나 카드처럼 우연에 의해 결정되는 내기가 아니라, 그들의 지혜에 의해 결정되는 내기였다. 또한 그들에게 있어 결과는 고작해야 지혜로운 자로서 영예로워지는 것이거나 아니면 우둔한 자로서 부끄러움을 받는 것일 뿐이었다.

Ⅳ. 수수께끼를 풀 수 없게 되자 그들은 삼손의 아내에게 답을 알아오도록 강요했다(15절). 그들이 실제로 우둔했는지 혹은 이 때 다른 일에 정신이 팔려 있었는지 모르지만, 30명 가운데 누구도 "무엇이 꿀보다 달겠으며 무엇이 사자보다 강하겠느냐?" 와 같이 너무나 명백한 것을 생각해 내지 못했다는 것은 참으로 이상한 일이었다. 그들은 행실에 있어서 뿐만 아니라 지혜에 있어서도 야만적이었다. 실제로 그들은 너무도 야만적이어서, 만일 신부가 신랑으로부터 그 수수께끼의 답을 알아오지 못한다면 그녀와 그녀 아버지의 집을 불사르겠다고 위협했다. 이보다 더 잔인하고 야만적인 일이 어디에 있겠는가? 그들은 희롱거리를 중대한 일로 바꿀 만큼 너무도 야비했다. 자신들이 수수께끼의 답을 알지 못함을 솔직하게 고백하고 약속한 대로 베옷과 겉옷 한 벌을 주는 대신, 그들은 그토록 포악하게 돌변해 버렸다. 그들은 정말로 교제할 만한 가치가 없는 자들이었다. 설령 그와 같은 방식으로 수수께끼의 답을 말한다 할지라도 자신들의 위신을 세우는 것도 전혀 아니었다. 더욱 야비한 것은 그들이 신부로 하여금 신랑을 배반하도록 강요했다는 점이다. 지금 그녀는 결혼했다. 그러므로 그녀는 자신의 백성을 잊어야만 한다. 그러나 가장 비인간적인 것은 만일 그녀가 답을 알아내지 못한다면 그녀와 그녀의 친척 모두를 불태우겠다고 협박한 일이다 — 고작 베옷과 겉옷 한 벌 잃는 것 때문에: 너희가 우리의 소유를 빼앗고자 하여 우리를 청한 것이 아니냐? 깨끗하게 손실을 감수할 준비가 되어 있지 않은 자는 내기를 걸어서는 안 된다.

Ⅴ. 신부는 끈덕지게 조르고 애걸하여 삼손으로부터 수수께끼의 답을 알아냈다. 그 날은 일곱째 날, 즉 한 주간의 일곱 번째 날이었다(라이트푸트 박사가

추측하는 것처럼). 그러나 그들은 잔치의 넷째 날에 신부로 하여금 신랑을 꾀도록 강요했고(15절),

1. 그녀는 기교와 눈물을 동원하여 그렇게 했다(16절). 그녀는 만일 그가 이 일을 들어주지 않으면 그가 자신을 사랑하는 것을 결코 믿지 않겠노라고 했다. 삼손은 자신의 사랑이 의심받는 것을 결코 참을 수 없었으며, 그녀는 그것을 잘 알고 있었다. 그러므로 그를 움직이게 할 수 있는 말이 있다면 그것은 다음과 같은 말일 것이었다: "만일 당신이 나의 간청을 거절한다면, **당신은 나를 미워할 뿐이요 사랑하지 아니하는 것이로다.**" 그러나 사실은 삼손이 이렇게 말해야 할 것이었다: "만일 당신이 계속 졸라댄다면, **당신은 나를 미워할 뿐이요 사랑하지 아니하는 것이로다.**" 실상 그녀는 이것으로 남편의 사랑을 시험할 수는 없었다. 왜냐하면 삼손은 가장 믿고 신뢰하는 부모에게조차 그것을 말하지 않았기 때문이었다. 이러한 방법으로도 효과를 거두지 못하자 그녀는 눈물의 위력을 사용하였다: **잔치의 남은 날에 그의 아내가 그 앞에서 울매.** 그녀는 자신의 목적을 이루지 못하느니 차라리 신부의 눈물로써 잔치의 즐거운 분위기를 깨뜨리는 것을 택할 판이었다(17절).

2. 그녀는 큰 승리를 거두었다. 신부의 끈질긴 재촉에 지친 삼손은 마침내 그 수수께끼의 의미를 말해 주었다. 우리는 그녀가 비밀을 지킬 것을, 즉 삼손이 그 수수께끼의 의미를 말해준다 할지라도 그녀는 그것을 아무에게도 말하지 않겠다고 약속했을 것이라고 추측할 수 있다. 그러나 그녀는 즉시로 그것을 자기 백성들에게 말했다. 삼손은 그녀에게 더 이상 무엇을 기대할 수 있었겠는가? 미가 7:5,6을 보라. **너희는 이웃을 믿지 말며 친구를 의지하지 말며 네 품에 누운 여인에게라도 네 입의 문을 지킬지어다 아들이 아버지를 멸시하며 딸이 어머니를 대적하며 며느리가 시어머니를 대적하리니 사람의 원수가 곧 자기의 집안 사람이리로다.** 마침내 삼손의 수수께끼는 풀렸다(18절). **무엇이 꿀보다 달겠으며**(혹은 무엇이 더 나은 '먹는 것' 이겠으며, 잠 24:13) **무엇이 사자보다 강하겠느냐**(혹은 무엇이 더 강한 '먹는 자' 이겠느냐)? 삼손은 반론을 제기할 만한 충분한 이유가 있었다. 왜냐하면 그들 스스로가 수수께끼를 풀지 않았기 때문이었다. 그럼에도 불구하고 삼손은 기꺼이 그들이 내기에서 이겼음을 인정하면서, 그러나 다음과 같이 말한다: **너희가 내 암송아지로 밭 갈지 아니하였더라면 내 수수께끼를 능히 풀지 못하였으리라.** 사탄이 우리를 유혹할 때 만일 우리의 타락한 본성의 암송아

지로 밭 갈지 않는다면 어떤 해악도 끼칠 수 없다.

VI. 삼손은 다른 블레셋 사람들로부터 취한 노략물로 수수께끼를 푼 30명의 블레셋 사람들에게 내기의 값을 지불한다(19절). 삼손은 이 일을 블레셋 사람들과 다투는 기회로 만들었다. 그는 블레셋의 성읍 가운데 하나인 아스글론으로 내려갔는데, 아마도 그는 그 때 그 곳에서 어떤 큰 축제가 벌어지고 있는 것을 알았을 것이다. 삼손은 그 곳 사람 30명을 쳐 죽이고, 그들의 옷을 취하여 수수께끼를 푼 자들에게 주었다. 결국 득실을 따져보면 블레셋 사람들이 진 것이었다. 왜냐하면 그들이 잃은 목숨 가운데 하나가 그들이 얻은 옷 전부보다 더 가치 있는 것이기 때문이다. 몸이 옷보다 더 귀하지 아니하냐? 여호와의 영이 임하심으로 그는 이 일을 할 권세를 부여받았을 뿐만 아니라 또한 이 일을 할 수 있는 능력도 함께 받았다.

VII. 이 일로 삼손은 새로운 블레셋인 인척들과 단절되게 되었다. 삼손은 블레셋 친구들이 자신을 기만한 것과 아내가 자신을 배신한 것을 알고는 심히 노했다(19절). 블레셋 사람들과 더불어 사랑에 빠지는 것보다 차라리 그들에 대해 분노하는 것이 훨씬 더 낫다. 왜냐하면 그들과 연합할 때 우리는 대부분 그들로 인해 올무에 빠지게 되기 때문이다. 블레셋 사람들의 악함을 경험하고 나서 삼손은 자기 아버지의 집으로 올라갔다. 세상에서 기만과 배신을 당해 낙망될 때, 믿음과 기도로 하늘 아버지의 집으로 돌아가 그 곳에서 안식하는 것은 얼마나 멋진 일인가! 인생길을 걸어가는 가운데 부딪히는 수많은 문제들로 인해 우리는 우리의 집을 더욱 사랑하고 또 그 곳에 머물기를 사모하게 된다. 삼손이 아버지의 집으로 올라가자마자, 그의 아내는 곧바로 다른 사람에게 가고 만다(20절). 삼손이 불쾌함 가운데 잠시 동안 아버지의 집에 물러가 있는 것으로 자신의 분노를 정당하게 나타냈을 때, 그녀는 그에게 행한 잘못을 사과하고 용서를 구하는 대신 신랑의 친구와 결혼한다. 아마도 그녀는 그를 사랑하고 있었고, 그래서 삼손에게 수수께끼의 의미를 알려 달라고 그토록 끈질기게 졸랐던 것으로 보인다. 사람이란 얼마나 신뢰할 수 없는 존재인가! 특별히 친구였던 자들이 적으로 돌아설 때 더욱 그러하다.

제 15 장

개요

삼손이 블레셋 여자와 결혼하고자 했을 때, 그것은 그들을 칠 기회를 엿보기 위함이었다(14:4). 이제 여기에서 우리는 삼손이 자신의 원수가 아니라 이스라엘의 원수인 블레셋에게 복수하며 그들을 쳐부수는 이야기를 보게 된다. 여기에 기록된 모든 이야기는 참으로 불가사의한 일들이다. 만일 어떤 것이 불가능하며 믿을 수 없는 일로 생각된다면, 우리는 하나님께는 능치 못할 일이 없다는 사실을 기억해야만 한다. 또한 우리는 그가 이와 같은 일로 이끌려지고 또 이 일을 할 수 있도록 강한 힘을 부여받은 것은 오직 여호와의 영이 그에게 임하심으로 말미암은 것이라는 사실을 기억해야 한다. I. 아내와 장인의 배신으로 인해 그가 그들의 곡식을 불태울 기회를 얻음(1-5절). II. 아내와 장인에게 대한 블레셋 사람들의 야만적인 행위로 인해 그가 그들을 크게 살육할 기회를 얻음(6-8절). III. 동족들이 그를 배신하여 결박하고 블레셋 사람들에게 넘겨줌, 이로 인해 그가 나귀 턱뼈로 1,000명을 죽일 기회를 얻음(9-17절). IV. 삼손이 물이 없음으로 고통함, 이로 인해 하나님이 시의적절한 공급으로 그에게 호의를 베푸실 기회를 얻으심(18-20절).

1얼마 후 밀 거둘 때에 삼손이 염소 새끼를 가지고 그의 아내에게로 찾아 가서 이르
되 내가 방에 들어가 내 아내를 보고자 하노라 하니 장인이 들어오지 못하게 하고 2
이르되 네가 그를 심히 미워하는 줄 알고 그를 네 친구에게 주었노라 그의 동생이
그보다 더 아름답지 아니하냐 청하노니 너는 그를 대신하여 동생을 아내로 맞이하
라 하니 3삼손이 그들에게 이르되 이번은 내가 블레셋 사람들을 해할지라도 그들에
게 대하여 내게 허물이 없을 것이니라 하고 4삼손이 가서 여우 삼백 마리를 붙들어
서 그 꼬리와 꼬리를 매고 홰를 가지고 그 두 꼬리 사이에 한 홰를 달고 5홰에 불을
붙이고 그것을 블레셋 사람들의 곡식 밭으로 몰아 들여서 곡식 단과 아직 베지 아
니한 곡식과 포도원과 감람나무들을 사른지라 6블레셋 사람들이 이르되 누가 이 일
을 행하였느냐 하니 사람들이 대답하되 딤나 사람의 사위 삼손이니 장인이 삼손의
아내를 빼앗아 그의 친구에게 준 까닭이라 하였더라 블레셋 사람들이 올라가서 그

여인과 그의 아버지를 불사르니라 [7]삼손이 그들에게 이르되 너희가 이같이 행하였은즉 내가 너희에게 원수를 갚고야 말리라 하고 [8]블레셋 사람들의 정강이와 넓적다리를 크게 쳐서 죽이고 내려가서 에담 바위 틈에 머물렀더라

Ⅰ. 삼손이 아내에게 돌아옴. 그는 앞에서 불쾌함 가운데 그녀를 남겨 두고 아버지 집으로 올라갔었다. 아마도 그녀가 다른 사람에게 준 바 된 것을 알지 못한 채 시간이 지남과 함께 자신의 분노가 어느 정도 가라앉았을 때, 삼손은 돌아와 염소 새끼를 가지고 그녀를 찾았다(1절). 그 선물의 가치는 대단치 않은 것이었으나, 그것은 화해의 증표였다. 아마도 당시에 사람들이 서로 불화했다가 다시 화해할 때 이와 같이 행하는 풍습이 있었던 것으로 보인다. 이렇게 함으로 그는 그녀의 집에서 그녀와 함께 먹고 그녀 또한 그와 함께 먹음으로써 다시 친밀한 사이가 될 수 있었다. 배신을 당한 쪽은 삼손이었고 따라서 그녀가 먼저 화해를 요청하는 행동을 하는 것이 마땅했지만, 관대하게도 삼손이 먼저 그 일을 행했다. 가까운 사이에 불화가 생겼을 때 먼저 용서하고 잊어버리면서 화해를 위해 기꺼이 자신을 낮추며 양보하는 자가 가장 지혜롭고 훌륭한 자이다.

Ⅱ. 삼손이 장인으로부터 거절당함. 장인은 삼손으로 하여금 아내에게 가까이 오는 것을 허락하지 않았다. 왜냐하면 딸을 다른 사람과 결혼시켰기 때문이었다(2절).

1. 장인은 자신의 잘못을 변명하려고 애쓴다: 네가 그를 심히 미워하는 줄 알고. 그는 나실인 삼손에 대해 잘 알지 못한 채 고작 블레셋 사람들의 일반적인 기질 정도로 판단했다. 그럼으로써 그는 삼손에 대해 매우 저급한 생각을 갖고 있었다. 삼손이 아내에 대해 정당하게 화를 낸 것을 가지고 심히 미워하는 것으로 생각하고, 또 잠깐 자기 아버지 집으로 올라간 것을 가지고 아내를 영원히 버린 것으로 생각한 것보다 더 어리석고 저급한 생각이 어디 있겠는가? 그러나 이것이 장인이 사위에게 행한 악행을 변명하는 말의 전부였다. 이와 같이 삼손의 장인은 자신의 악행을 변명하기 위해 사위를 가장 비열하고 저급한 사람으로 만들었다. 그러나 "우리는 다른 사람이 악한 일을 꾸민 것으로 생각했다"라는 말로 우리의 악행을 얼버무리려고 해서는 결코 안 된다.

2. 장인은 사위에게 작은 딸을 주겠다고 하면서 그를 진정시키려고 애쓴다.

그는 자신의 작은 딸이 더 아름답기 때문에 사위가 기꺼이 받아들일 것이라고 생각하면서, 그것이 자신의 잘못에 대한 충분한 보상이 될 것이라고 생각한다. 하나님의 율법을 알지 못하며 또 그분을 경외할 줄도 모르는 자들이 당황한 가운데 갈팡질팡하는 모습을 보라. 자기 딸을 이번 주에 이 사람에게 시집보냈다가 다음 주에 저 사람에게 시집보내며, 어떤 남자에게 이번 주에 첫째 딸을 주었다가 다음 주에 둘째 딸을 준다. 삼손은 장인의 제안을 경멸했다. 그는 아내의 자매를 취하는 것보다 더 나은 일을 알고 있었다(레 18:18).

Ⅲ. 삼손의 복수. 만일 삼손이 이 일을 자신의 개인적인 문제로만 여겼다면, 그는 오직 아내의 새 남편과 장인만을 응징했을 것이다. 그러나 삼손은 자신을 공적 존재(public person)로 간주했다. 따라서 자신에게 가해진 모욕과 경멸을 이스라엘 전체에 대한 것으로 여겼다. 아마도 그들이 삼손을 깔보며 모욕적인 행위를 한 것은 그가 이스라엘 백성이었기 때문이었을 것이다. 그들은 이스라엘 백성들에 대해 종종 이와 같은 경멸과 모욕을 가하는 것을 서슴지 않았다. 그러므로 삼손은 블레셋 사람들에게 고통을 가할 것을 결심하면서, 그들로부터 당한 이와 같은 부당한 취급으로 인해 자신의 행동이 정당화될 수 있다고 믿어 의심치 않았다(3절): 이번은 내가 블레셋 사람들을 해할지라도 그들에게 대하여 내게 허물이 없을 것이니라. 삼손은 아내와 화해하기 위해 자신이 해야 할 일을 다했지만, 그들은 그것을 쓸모없는 것으로 만들어 버렸다. 그러므로 이제 그가 자신의 정당한 분노를 표출한다 할지라도 그들은 결코 그를 비난할 수 없게 되었다. 어떤 불화가 생겼을 때 우리는 그것을 해결하기 위해 우리의 모든 책임을 다해야 한다. 그렇게 하면 그것으로부터 어떤 나쁜 결과가 야기될지라도 우리는 비난받을 것이 없게 될 것이다. 삼손이 그들에게 복수한 방법은 그들의 곡식밭에 불을 지르는 것이었는데, 이것은 그들 나라에 큰 타격을 가하는 것이었다(4, 5절).

1. 삼손의 복수 방법은 매우 생소하고 이상했다. 그는 300마리의 여우를 두 마리씩 서로 꼬리를 묶어 곡식밭으로 보냈다. 각 쌍의 여우들은 꼬리 사이에 불붙인 홰를 달고 있었는데, 놀라 이리저리 뛰면서 불을 놓았다. 이와 같이 하여 여러 곳에서 동시에 불이 붙었고 따라서 그들은 불을 끌 수 없었다(아마도 이 일은 밤에 행해졌을 것으로 보이는데, 그렇다면 더욱 그러했을 것이다). 삼손은 다른 사람들과 함께 이와 같은 일을 행할 수도 있었겠지만, 아마도 이런

일을 행할 만한 용기를 가진 이스라엘 백성들을 찾을 수 없었을 것이다. 그러므로 그는 동시에 여러 장소에서 이와 같은 일을 할 수 없었으며, 이로 인해 자신의 목적을 충분히 달성할 수 없었다. 우리는 어디에서도 삼손이 사람을 — 하인이든 병사든 — 사용한 것을 보지 못한다. 여기에서도 곡식밭에 불을 지르는 일을 위해 사용하고자 선택한 것은 사람이 아니라 여우였다. 블레셋 사람들은 교활함과 악의로 삼손에게 고통을 가져다 주었다. 이제 삼손은 교활한 여우와 악의적인 횃불로 그들에게 고통을 되돌려준다. 자신이 사용한 동물의 비천함과 약함을 통해 삼손은 그들에게 수치와 경멸을 안겨 주었다. 또한 우리는 이와 같이 불붙은 횃불을 가진 여우들로 인해 곡식밭이 불타는 모습을 통해 교회의 원수들이 하나님의 교회를 황폐케 하기 위해 분열의 불을 붙이는 모습을 상상해 볼 수 있다.

2. 블레셋 사람들의 손실은 매우 컸다. 그 때는 밀을 거둘 때였으므로(1절) 모든 식물이 말라 있었다. 따라서 곡식 단과 아직 베지 않은 곡식과 포도원과 감람나무들에 곧바로 불이 붙었다. 이것은 좋은 양식이 낭비되는 것이었으나, 다른 적대행위들이 정당화 되는 곳에서는 양식을 파괴하는 것 또한 정당한 것으로 간주된다. 만일 그가 블레셋 사람들의 생명을 멸할 수 있었다면, 그들의 양식 또한 멸할 수 있는 것이다. 또한 여기에는 하나님의 의가 나타났다. 블레셋 사람들이 다곤에게 소제물(素祭物)로 바치기 위해 준비한 곡식과 포도주와 기름이 이와 같이 하나님의 공의에 대한 번제물(燔祭物)이 되었다.

Ⅳ. 삼손의 아내와 장인에 대한 블레셋 사람들의 잔인무도한 악행. 삼손의 아내와 장인이 삼손을 격노케 함으로써 이와 같은 손실을 입게 된 사실을 알게 된 블레셋 사람들은 그들을 불살라 죽였다(6절) — 아마도 그들의 집을 불살랐을 것이다. 블레셋 사람들은 감히 삼손은 공격하지 못하고, 그로 하여금 분노하도록 원인을 제공한 자들에게 잔인하게 보복했다. 삼손이 결혼을 통해 맺게 된 관계를 존중하여 자기 손으로 복수하려고 하지 않았을 때, 그들이 삼손에게 복수하는 대신 결과적으로 삼손을 위해 복수해 준 격이 되었다. 복수하는 일은 하나님께 속한 것인데, 여기에서 그분의 손이 어떻게 역사하고 있는지 주목하라. 배반하는 자는 배반을 당할 것이다. 하나님은 자신이 행하시는 심판으로 스스로를 드러내시는데, 특별히 여기에서처럼 자기 백성의 다툼에 대해 복수하는 도구로서 자기 백성의 원수들을 사용하는 경우 더욱 그러하다. 잔인무도한 블레셋 사

람들이 배반한 자를 불사를 때, 의인이 악인의 보복 당함을 보고 기뻐하게 된다(시 58:10, 11). 이와 같이 사람의 노여움은 주를 찬송하게 될 것이다(시 76:10). 블레셋 사람들은 삼손의 아내에게 만일 삼손으로부터 수수께끼의 의미를 알아오지 않으면 그녀와 그녀 아버지의 집을 불사르겠다고 위협했었다(14:15). 삼손의 아내는 자신을 구원하기 위해 그리고 동족에게 호의를 베풀기 위해 남편을 배반했다. 그런데 그 결과가 무엇인가? 그녀가 두려워했던 바로 그 일이, 남편을 배반하면서까지 피하려고 했던 바로 그 일이 그녀에게 일어나고 말았다. 그녀와 그녀의 아버지의 집이 불사름을 당했으며, 남편을 배반하면서까지 호의를 베풀었던 동족이 그녀에게 그토록 잔인무도한 악행을 가했다. 우리가 불법적인 행동까지도 사용하여 피하려고 했던 바로 그 불행이 바로 우리 머리 위에 떨어지는 경우가 얼마나 흔한가? 이와 같이 자기 목숨을 구하고자 하는 자는 잃어버리게 된다.

V. 이에 삼손이 블레셋 사람들의 뼈와 살을 치는 더 큰 고통을 가져다 줌(7, 8절). "비록 너희가 그들에게 이 일을 행했다 할지라도 또 이것으로 너희가 내게 행하고자 하는 것을 보였다 할지라도, 이것이 나로 하여금 너희에게 더 큰 고통을 가하는 것을 막지는 못할 것이다." 혹은 "비록 너희가 이 일을 행함으로써 내가 너희들 가운데서 받은 모욕과 경멸의 값을 치렀다고 생각할지라도, 나는 공적인 사람(public person)으로서 이스라엘 전체의 문제를 해결하는 일이 남아 있다. 너희가 이스라엘에게 행한 잘못들에 대해 나는 너희에게 복수할 것이다. 그러고 나서 너희가 너희의 잘못된 행위들을 그친다면 나도 그칠 것이다." 이렇게 하여 삼손은 문자 그대로 그들의 정강이와 넓적다리를 크게 쳤다. 우리는 삼손이 그들을 친 상처가 매우 치명적이었을 것이라고 추측한다. 따라서 본문은 그가 크게 쳐서 죽였다고 번역한다. 어떤 이들은 삼손이 단지 그들을 절름발이로 만들어 불구자가 되게 했을 뿐이라고 생각한다 — 마치 발목 힘줄이 끊어진 말처럼. 어쨌든 그것은 치명적인 상처를 표현하는 데 사용되는 어구(語句)인 것으로 보인다. 삼손은 그들을 무참하게 쳐서 죽였거나 아니면 전력을 기울여 그들을 참패시켰다. 또 우리는 이것을 삼손이 자신의 정강이와 넓적다리로 그들을 쳤다는 뜻으로 읽을 수도 있는데, 이것은 그가 자신이 가진 모든 힘을 다해 단지 주먹과 팔로써가 아니라 정강이와 넓적다리로 그들을 차고 짓밟았음을 의미한다. 내가 노함으로 말미암아 무리를 밟았고 분함으로 말미암아

짓밟았으므로 그들의 선혈이 내 옷에 튀어 내 의복을 다 더럽혔음이니(사 63:3). 그 후 삼손은 에담 바위 정상에 있는 천연 요새로 물러가, 자신이 가한 타격으로 인해 블레셋 사람들의 기세가 꺾였는지 여부를 지켜보았다.

[9]이에 블레셋 사람들이 올라와 유다에 진을 치고 레히에 가득한지라 [10]유다 사람들
이 이르되 너희가 어찌하여 올라와서 우리를 치느냐 그들이 대답하되 우리가 올라
온 것은 삼손을 결박하여 그가 우리에게 행한 대로 그에게 행하려 함이로라 하는
지라 [11]유다 사람 삼천 명이 에담 바위 틈에 내려가서 삼손에게 이르되 너는 블레셋
사람이 우리를 다스리는 줄을 알지 못하느냐 네가 어찌하여 우리에게 이같이 행하
였느냐 하니 삼손이 그들에게 이르되 그들이 내게 행한 대로 나도 그들에게 행하
였노라 하니라 [12]그들이 삼손에게 이르되 우리가 너를 결박하여 블레셋 사람의 손
에 넘겨 주려고 내려왔노라 하니 삼손이 그들에게 이르되 너희가 나를 치지 아니
하겠다고 내게 맹세하라 하매 [13]그들이 삼손에게 말하여 이르되 아니라 우리가 다
만 너를 단단히 결박하여 그들의 손에 넘겨 줄 뿐이요 우리가 결단코 너를 죽이지
아니하리라 하고 새 밧줄 둘로 결박하고 바위 틈에서 그를 끌어내니라 [14]삼손이 레
히에 이르매 블레셋 사람들이 그에게로 마주 나가며 소리 지를 때 여호와의 영이
삼손에게 갑자기 임하시매 그의 팔 위의 밧줄이 불탄 삼과 같이 그의 결박되었던
손에서 떨어진지라 [15]삼손이 나귀의 새 턱뼈를 보고 손을 내밀어 집어들고 그것으
로 천 명을 죽이고 [16]이르되 나귀의 턱뼈로 한 더미, 두 더미를 쌓았음이여 나귀의
턱뼈로 내가 천 명을 죽였도다 하니라 [17]그가 말을 마치고 턱뼈를 자기 손에서 내던
지고 그 곳을 라맛 레히라 이름하였더라

I. 블레셋 사람들이 삼손을 맹렬히 추격함. 블레셋 사람들은 예전보다 훨씬 강력한 힘으로 한 덩어리가 되어 올라왔다. 그들은 유다에 진을 치고 삼손을 찾았는데, 그가 이쪽으로 왔음을 들었기 때문이었다(9절). 블레셋의 멍에를 순순히 받아들이고 있었던 유다 사람들이 자신들은 세금을 꼬박꼬박 냈으며 어떤 잘못도 범한 것이 없는데 왜 우리를 치느냐고 묻자, 그들은 단지 삼손을 잡기 위한 것일 뿐 다른 목적은 없노라고 말한다(10절). 그들은 작은 자나 큰 자나 더불어 싸우고자 함이 아니라 다만 이스라엘의 사사와 더불어 싸울 것이요, 그럼으로써 그가 자신들에게 행한 대로 그에게 행할 것이라고, 다시 말해서 그가 자

신들에게 그랬던 것처럼 그의 정강이와 넓적다리를 칠 것이라고 하였다 — 눈에는 눈 이에는 이. 여기에 한 사람을 잡기 위해 보냄 받은 군대가 있었다. 왜냐하면 실상 그 자신이 군대였기 때문이었다. 이와 같이 우리의 삼손이신 예수 그리스도를 잡기 위해서도 한 무리의 사람들이 왔었다. 그 때는 자신의 때가 왔으므로 그들 가운데 10분의 1만으로도 충분히 그 일을 할 수 있었을 것이다. 그러나 만일 우리 주께서 순순히 응하지 않으셨다면 설령 열 배의 군대가 몰려왔다 할지라도 아무 일도 할 수 없었을 것이다.

Ⅱ. 유다 사람들이 삼손을 넘겨줌(11절). 정말 이들이 유다 지파에 속한 자들인가? 그들은 용맹한 지파에서 나온 썩은 가지들이었다. 지금 이들의 모습은 유다 지파의 사자라는 그들의 깃발과 얼마나 어울리지 않는가? 어쩌면 그들은 삼손이 자신들의 지파 출신이 아니었기 때문에 그에게 호감을 갖지 않았을는지 모른다. 어리석은 우월의식으로 말미암아 그들은 단 지파 사람에 의해 구원받기보다는 차라리 블레셋 사람들에 의해 압제당하는 것을 더 좋아했다. 이와 같은 어리석은 시기심과 왜곡된 명예욕으로 인해 교회의 구원이 종종 방해를 받아오곤 했다. 그러나 그보다 더 큰 이유는 유다 사람들이 블레셋 사람들을 두려워했으며 어떻게 하든 그들을 자신들의 지역에 들어오지 못하게 하려고 했기 때문이었다. 만일 유다 사람들의 정신이 죄와 고통으로 인해 완전히 부서지고 망가져 깊은 잠에 빠져 있지 않았다면, 그들은 이와 같은 기회를 통해 블레셋의 멍에를 벗어버릴 수 있었을 것이다. 만일 그들에게 최소한의 용기만이라도 남아 있었더라면, 그들은 삼손과 함께 자유를 되찾기 위한 싸움에 돌입할 수 있었을 것이다. 그러나 쓰레기 같은 신들을 숭배하는 가운데 스스로를 음부까지 타락시킨(사 57:9) 자들이 자신들을 모욕하는 압제자들에게 굴종하는 가운데 스스로를 땅끝까지 타락시킨다고 하여 놀랄 것은 아무것도 없다. 죄는 사람들의 정신을 꺾어버린다. 아니, 얼빠지게 만들어 자신들을 평화로 이끄는 일에 대해서조차 눈을 어둡게 만들어 버린다. 어쩌면 삼손은 모세가 그랬던 것처럼 그의 형제들이 하나님께서 자기의 손을 통하여 구원해 주시는 것을 깨달으리라고 생각하여 그 곳으로 갔을는지도 모른다(행 7:25). 그러나 그들은 삼손을 배척하였다.

1. 유다 사람들은 삼손이 블레셋 사람들에게 행한 일로 인해 마치 그가 자신들에게 큰 위해(危害)라도 가한 것처럼 그를 비난했다. 자기 나라를 위해 최선

을 다해 봉사한 사람들이 이와 같이 배은망덕한 보답을 받는 경우가 종종 있다. 우리 주 예수께서도 선한 일을 많이 행하셨지만, 결국 사람들에 의해 배척을 당하고 돌 던짐을 당하셨다.

2. 유다 사람들은 그를 결박하여 블레셋 사람들에게 넘겨 주겠다고 했다. 비겁하고 배은망덕하며 가엾은 자들이여! 속박을 좋아하며 노예의 멍에를 사랑하는 자들이여! 이와 같이 유대인들도 로마 사람들이 와서 자신들의 집과 나라를 빼앗을까 두려워하여 우리 구주를 그들에게 넘겨 주었다. 더럽고 야비한 노예근성으로 그들은 **"너는 블레셋 사람이 우리를 다스리는 줄을 알지 못하느냐?"** 고 반문한다. 도대체 그것은 누구의 잘못이었는가? 유다 사람들은 블레셋 사람들이 자신들을 다스릴 권리가 없다는 것을 알지 못했으며, 또한 자신들이 악을 행함으로 먼저 스스로를 팔아버리지 않았다면 결코 그들의 손에 팔리지 않았을 것이라는 사실도 알지 못했다.

Ⅲ. 삼손이 동족들의 결박에 순순히 응함, 그리고 원수들의 손에 넘겨짐(12, 13절). 삼손이 에담 바위 꼭대기에서 이들 3,000명을 대적하여 치는 일은 얼마나 쉬운 일이었겠는가? 만일 삼손이 이들과 대적하여 싸웠다면 이들 가운데 어느 누구도 감히 그에게 손을 댈 수 없었을 것이다. 그러나 삼손은 순순히 응했고, 그럼으로써

1. 엄청난 힘과 용기와 더불어 위대한 온유함의 모범을 보여주게 되었다. 자신의 마음을 다스렸던 자로서 그는 싸워 승리하는 것뿐만 아니라 항복할 줄도 알았다.

2. 블레셋 사람들을 살육할 기회를 얻을 수 있게 되었다.

3. 그리스도의 모형이 될 수 있었다. 그리스도께서는 자기를 잡으러 온 자들을 능히 물리칠 수 있었음에도 불구하고, 마치 도살장으로 가는 어린 양처럼 결박을 당하여 끌려갔다.

삼손은 자신이 블레셋 사람들에게 행한 일에 대하여 다음과 같이 스스로를 정당화한다: "**그들이 내게 행한 대로 나도 그들에게 행하였노라**. 그것은 일종의 '필요적 공의' (necessary justice)였다. 그 일로 그들이 내게 보복해서는 안 된다. 왜냐하면 그들이 먼저 시작했기 때문이다." 삼손은 유다 사람들에게 자신을 결박하더라도 자신을 치지 않겠다고 맹세하도록 한다. 왜냐하면 그렇게 될 경우 삼손이 유다 사람들을 치고자 하는 유혹에 빠지게 될 것이며, 그것은 그에

게 있어 가장 꺼리는 일이었기 때문이다. 유다 사람들은 삼손에게 그렇게 하겠노라고 약속했고(13절), 그러고 난 후 삼손은 자신을 내어주었다. 그러나 삼손을 배반한 유다 사람들은 실제적으로 그를 죽인 살인자였다. 그들은 자신들이 삼손을 죽이려고는 하지 않았다. 그러나 그들은 그를 할례 받지 않은 블레셋 사람들의 손에 넘겨줌으로써 더 나쁜 일을 행했다. 왜냐하면 유다 사람들은 블레셋 사람들이 삼손에게 차라리 죽이는 것보다 더 못된 짓을 할 것이라는 것을, 즉 곧바로 죽이는 대신에 오랫동안 고문하고 학대하다가 결국 죽게 할 것이라는 것을 알고 있었기 때문이다. 어쩌면 가룟 유다가 예수 그리스도를 배반할 때 그랬던 것처럼, 여기의 유다 사람들은 삼손이 큰 힘으로 블레셋 사람들의 손에서 스스로 구원할 것이라고 생각했는지도 모른다. 그가 스스로를 구원했다 할지라도 그들에게 감사할 것은 아무것도 없다. 만일 그들이 그와 같이 생각했다면, 차라리 다시 생각하여 자신들이 그의 지도 아래 그와 함께 했더라면 그가 자신들을 구원할 수 있으며 또 그렇게 할 것이라고 생각했어야 했다. 이와 같이 유다 사람들은 최악의 원수들에게는 호의를 베풀면서 최고의 친구는 배반했다. 그러한 자들의 고통과 불행이 오랫동안 지속된 것은 지극히 당연한 일이었다. 우리의 영광의 주님을 이와 같이 대접한 자들을 제외하고 이처럼 얼빠진 사람들은 어디에도 없을 것이다.

Ⅳ. 삼손이 블레셋 사람들을 물리침. 삼손은 새 밧줄 둘로 단단히 결박되어 블레셋 사람들의 손에 넘겨졌다. 삼손이 자신들 가운데 오게 되었을 때 블레셋 사람들은 자신들의 승리에 의기양양하여 그에게로 마주 나가며 소리 지르면서(14절) 그를 모욕했다. 만일 유다 사람들이 삼손의 손을 결박하는 것보다 더 단단하게 하나님이 블레셋 사람들의 손을 결박하지 않았다면, 그들은 삼손을 보며 소리 지르는 가운데 그로 하여금 스스로를 도울 시간을 주는 대신에 그에게 활을 쏘아 즉시 죽였을 것이다(블레셋의 활 쏘는 자가 사울에게 그랬던 것처럼). 그러나 그들의 기쁨과 안심은 멸망의 전조(前兆)였다. 그들이 포로로 끌려 온 삼손을 향해 소리 지를 때, 여호와의 영이 그에게 강하게 임했고 그럼으로써 예전보다 훨씬 더 강한 힘이 그에게 부어졌다. 그리하여,

1. 삼손은 즉시로 결박을 풀어버렸다. 두 개의 새 밧줄은 삼손이 한 번 손을 비틀자 끊어지고 녹아버렸다(原語 그대로). 이로 인해 그를 바라보며 소리 지르던 자들은 의심의 여지 없이 엄청난 놀람과 두려움에 사로잡혔을 것이며, 결국

그들의 환성 소리는 비명으로 바뀌고 말았다. 여호와의 영이 그에게 임했을 때 그를 결박하고 있었던 밧줄들이 풀어졌다. 주의 영이 계신 곳에 자유함이 있느니라. 또한 이렇게 자유를 얻은 자들은 진정으로 자유하다. 이것은 거룩의 영의 권능으로 일어나신 그리스도의 부활을 상징하는 것이었다. 부활로 말미암아 그리스도는 사망의 결박을 푸셨으며, 그를 묶고 있던 밧줄인 세마포 수의는 풀려짐이 없이 그의 손에서 떨어졌다. 왜냐하면 권능의 구주께서 그러한 것들에 묶여 있는 것은 불가능했기 때문이다. 이와 같이 예수 그리스도는 자신을 향해 소리지르던 어둠의 권세들에 대해 승리를 거두셨다.

2. 삼손은 자신을 희롱하기 위해 모인 블레셋 사람들을 크게 살육했다(15절). 삼손이 사용한 무기는 얼마나 초라한 것이었나! 그는 고작 나귀의 턱뼈만을 가지고 있었을 뿐이지만, 그것으로 얼마나 큰 성과를 거두었는가! 그는 그 곳에 1,000명의 블레셋 사람들의 시체가 쌓일 때까지 자신의 손을 결코 놓지 않았다. 이같이 하여 너희 중 한 사람이 천 명을 쫓을 것이라는 약속이 이루어졌다(수 23:10). 나귀의 턱뼈는 손으로 잡기에 불편하며, 휘두르는 가운데 쉽게 놓칠 수 있는 것이었다. 뿐만 아니라 몇 번의 가격(加擊)만으로도 쉽게 부러질 수 있었다. 그러나 그것은 마지막까지 온전한 상태로 남아 있었다. 만일 그것이 사자의 턱뼈였다면 — 특별히 그가 전에 죽였던 사자의 턱뼈였다면 — 그로 하여금 더욱 의기양양하여 스스로 굉장한 존재라고 생각하기 쉬웠을는지 모른다. 그러나 보잘것없는 짐승의 턱뼈 곧 세상의 미련한 것을 통해 큰 승리를 거두었는데, 이는 능력의 심히 큰 것이 하나님께 있고 사람에게 있지 아니함을 드러내는 것이었다(고후 4:7). 다윗의 용사 가운데 한 사람은 한꺼번에 300명의 블레셋 사람들을 죽였는데, 단지 창으로 그렇게 했을 뿐이었다(대상 11:11). 또 한 사람의 용사는 손이 피곤하여 손이 칼에 붙기까지 블레셋 사람들을 쳤다(삼하 23:10). 그러나 그들 중 누구도 삼손에는 미치지 못했다. 여호와의 영이 강하게 임한 그가 감당할 수 없는 일이 무엇이겠는가? 하나님이 함께 하실 때 우리는 용맹하게 싸울 수 있다. 이 때 유다 사람들이 삼손을 돕기 위해 오지 않은 것은 참으로 이상한 일이었다. 아무리 겁쟁이라 할지라도 무너지는 적을 칠 수는 있는 법이다. 그러나 삼손은 홀로 포도주 틀을 밟는 자의 모형이 될 것이었다.

V. 삼손이 자신의 승리를 기념함. 유다 사람들이 그를 위해 축하해 주지 않으므로, 그는 홀로 자신의 승리를 축하하며 기념한다. 그는 짤막한 노래를 짓

고, 그것을 홀로 부른다. 왜냐하면 — 나중에 사울에게 그랬던 것처럼 — 이스라엘의 딸들이 그를 영접하며 삼손이 천천을 죽였도다라고 노래해 주지 않았기 때문이었다. 그가 지은 노래의 요지는 "나귀의 턱뼈로 한 더미, 두 더미를 쌓았음이여 나귀의 턱뼈로 내가 천 명을 죽였도다" 였다(16절). 여기에서 나귀와 더미에 대해 동일한 히브리어 단어 하모르(chamor)가 사용되었다. 따라서 이것은 아름다운 운율을 가진 노래로서, 블레셋 사람들의 파멸을 나귀처럼 유순한 것으로 표현한 것이었다. 삼손은 또한 그 장소에다가 라맛 레히(턱뼈를 들어 올림)란 이름을 붙였는데, 그것은 블레셋의 수치를 영원히 드러내는 것이었다(17절). 그러나 삼손은 헛된 영광으로 자신을 과시하기 위해 나귀의 턱뼈를 가져가지 않고, 일이 다 끝나자 그것을 던져 버렸다. 그는 그것을 아무 가치 없는 것으로 생각했던 것이다.

[18]삼손이 심히 목이 말라 여호와께 부르짖어 이르되 주께서 종의 손을 통하여 이 큰
구원을 베푸셨사오나 내가 이제 목말라 죽어서 할례 받지 못한 자들의 손에 떨어
지겠나이다 하니 [19]하나님이 레히에서 한 우묵한 곳을 터뜨리시니 거기서 물이 솟
아나오는지라 삼손이 그것을 마시고 정신이 회복되어 소생하니 그러므로 그 샘 이
름을 엔학고레라 불렀으며 그 샘이 오늘까지 레히에 있더라 [20]블레셋 사람의 때에
삼손이 이스라엘의 사사로 이십 년 동안 지냈더라

I. 삼손이 위대한 일을 행한 후 고통에 빠짐. 삼손이 심히 목이 말라(18절). 그가 목마른 것은 큰 싸움을 하느라 힘쓰고 애쓴 것으로 인한 자연스런 결과였다. 그의 열정이 그를 살랐고 또 삼켰으며, 그로 하여금 자신을 잊게 만들었다. 싸움이 끝나고 어느 정도 자신을 돌아볼 여유가 생겼을 때 비로소 그는 자신이 극도로 목이 말라 정신이 희미해질 지경에 이르렀다는 사실을 알게 되었다. 아마도 여기에는 하나님의 특별한 뜻이 있었을 것이다. 여기에서 하나님은 삼손으로 하여금 자신의 힘과 자신이 이룬 위대한 업적에 대해 교만해지지 않도록 지켜주셨으며, 그로 하여금 자신은 단지 한 사람의 인간에 불과하며 모든 사람이 겪는 통상적인 비운(悲運)에 쉽게 빠질 수 있는 연약한 존재라는 사실을 알게 하셨다. 요세푸스는 이에 대해 다음과 같이 이야기한다: "이것은 삼손이 자신이 얻은 승리를 기념함에 있어 하나님과 그분의 손을 언급하지 않고 다만 내

가 천명을 죽였도다라고 하면서 자신을 칭송한 것을 응징하기 위한 것이었다." 어쨌든 지금 삼손은 목말라 죽을 지경이 된 가운데, 하나님의 오른손과 팔이 없었다면 자신은 결코 블레셋 사람들의 손에서 벗어날 수 없었을 것이라는 사실을 확신하게 되었다. 삼손은 블레셋 사람들의 피를 흠뻑 마셨으나, 피가 사람의 갈증을 풀어주지는 못하는 법이다. 그 근처에는 물이 없었으며, 그는 너무나 지쳐서 물 있는 곳까지 갈 수가 없었다. 유다 사람들은 전에 그에게 행한 악행을 속죄하기 위해 이제는 승리자가 된 그를 — 멜기세덱이 아브라함에게 그렇게 했던 것처럼 — 떡과 포도주를 가지고 맞이하러 나왔어야 했다. 그러나 그들은 자신들의 구원자가 한 모금의 물이 없음으로 거의 죽을 지경이 되었다는 사실에 별로 주의를 기울이지 않았다. 이와 같이 가장 위대한 일을 행한 자가 사람들에 의해 최소한의 보살핌도 받지 못한 채 등한히 여김을 받는 것은 종종 있는 일이다. 그리스도께서도 십자가 위에서 이렇게 말하셨다: **내가 목마르다.**

Ⅱ. 삼손이 고통 속에서 하나님께 기도함. 자신을 칭송하는 가운데 하나님의 도우심을 잊어버린 자들은 결국 그분의 도우심을 간구할 수밖에 없는 상황 속에 빠지게 될 것이다. 하나님의 백성이 감사할 줄 모를 때 종종 고통의 상황과 마주치게 된다. 지금 삼손은 하나님께 두 가지를 기도한다.

1. 이번 승리를 통해 하나님의 능력과 선하심을 경험함: **주께서 종의 손을 통하여 이 큰 구원을 베푸셨나이다.** 삼손은 자신이 하는 모든 일에 있어 자신은 단지 하나님의 종에 불과함을 인정한다: "주여, 주의 일을 하는 당신의 미천한 종을 돌보지 않으시려나이까? **나는 주의 것이오니 나를 구원하소서.**" 그는 자신의 승리를 구원, 큰 구원이라고 부른다. 왜냐하면 만일 하나님이 돕지 않으셨다면, 그는 블레셋 사람들을 이기지도 못했을 뿐만 아니라 그들에 의해 삼키워졌을 것이기 때문이다. 그는 자신이 얻은 승리가 하나님으로부터 온 것임을 인정하면서, 승리의 원인을 자신에게 돌렸던 이전의 잘못을 바로잡는다. 삼손은 고통 속에서 바로 이것을 기도하고 있었다. 하나님의 능력과 선하심에 대한 과거의 경험들은 새로운 은혜와 자비를 간구함에 있어 훌륭한 근거가 된다. "주여, 지금까지 여러 번 건지셨사오니 이제 또 건지시지 않겠나이까?(고후 1:10) 주께서 시작하셨으니 끝낼 것이 아니니이까? 주께서 더 큰 일도 행하셨으니 더 작은 일도 행하지 않겠나이까?" (시 56:13)

2. 자신이 지금 원수들 앞에 노출되어 있음: "**나로 할례 받지 못한 자들의 손에**

떨어지지 않게 하소서. 만일 그렇게 된다면 그들이 승리하게 될 것이요, 그것을 가드에서 말하며 아스글론의 거리에서 말할 것입니다. 하나님의 용사가 할례 받지 못한 자들의 손쉬운 먹잇감이 된다면 그것이 하나님의 수치로 돌아가지 않겠나이까?" 최고의 기도는 하나님의 영광에 호소하는 것이다.

Ⅲ. 삼손에게 하나님의 은혜가 임함. 하나님은 그의 기도를 들으시고, 그 턱뼈로부터 혹은 땅에서 물을 그 턱뼈에 담아 주셨다(19절, KJV에는 턱이 있던 우묵한 곳을 터뜨려 물을 주셨다고 되어 있음). 삼손이 하나님의 일을 하기 위해 사용했던 도구를 이제 하나님은 그에게 보답하기 위해 그의 필요를 채워주기 위한 도구로 바꾸셨다. 그러나 나는 난외주에서처럼 "하나님이 레히에 있는 한 우묵한 곳을 터뜨리셨다"라고 읽는 것이 더 낫다고 생각한다(한글개역개정판도 이와 같이 되어 있음). 이 일이 벌어진 장소는 삼손이 사용한 턱뼈로 인해 레히라고 불렸다. 심지어 그 일이 벌어지기 전에도 우리는 그 곳이 그와 같은 이름으로 불린 것을 발견한다(9, 14절). 그리고 그와 같은 이름으로 불린 그 곳에서 — 밭이든 언덕이든 평지든 어디든 — 하나님은 갑자기 그리고 때에 맞춰 물이 터져 나와 풍부하게 솟아나게 하셨으며, 이후로 계속해서 물이 나오므로 샘이 되게 하셨다. 삼손은 이 물을 마시고 정신이 소생되었다. 우리는 풍부한 물을 주신 하나님의 자비에 대해 더욱 감사해야 한다. 그것을 당연한 것으로 여긴 채 감사를 잊어버리고 마는 경우가 얼마나 많은가? 이와 같이 하나님은 당신이 기뻐하실 때 높은 곳에서도 강을 여실 수 있으시다. 이사야 47:17, 18을 보라. 가련하고 가난한 자가 물을 구하되 물이 없어서 갈증으로 그들의 혀가 마를 때에 나 여호와가 그들에게 응답하겠고 나 이스라엘의 하나님이 그들을 버리지 아니할 것이라 내가 헐벗은 산에 강을 내며 골짜기 가운데에 샘이 나게 하며 광야가 못이 되게 하며 마른 땅이 샘 근원이 되게 할 것이며. 이런 사실을 기억할 때 그리고 삼손이 목마름에서 구원받은 것을 기억할 때, 우리는 하나님을 더욱 의지하고 찾을 수 있게 될 것이다.

Ⅳ. 이를 잊지 않기 위해 그 샘에다가 엔학고레란 이름을 붙임. 그것은 부르짖은 자의 샘이란 뜻인데, 이를 통해 삼손은 자신을 부르짖게 만든 목마름의 고통과 그러한 부르짖음에 응답하신 하나님의 은혜를 기억하고자 했다. 엔학고레라고 불러도 좋을 많은 위로의 샘들을, 하나님은 자기 백성들에게 여신다. 이는 부르짖은 자의 샘이로다. 삼손은 그 장소에다가 자신의 큰 힘과 승리를 나타

내는 라맛 레히(턱뼈를 들어 올림)란 이름을 붙였었다. 그러나 그는 여기에서 또 하나의 이름을 붙이고 있는데, 그것은 자신의 곤궁함과 의존성(하나님께 대한)을 나타내는 이름이었다.

V. 이 일 후 사사로서 20년을 다스림(20절). 삼손을 배반했던 이스라엘은 마침내 그에게 복종하게 되었다. 하나님이 그와 함께 하시는가 하는 것은 이제 과거의 논쟁이 되었다. 이제 그들 모두는 삼손을 자신들의 사사로 인정하고, 그의 지시에 따르게 되었다. 건축자들의 버린 돌이 모퉁이의 머릿돌이 되었다. 삼손이 사사로서 다스렸던 기간이 블레셋 사람의 때와 관련하여 언급되고 있는 것은 그 때 이스라엘이 얼마나 비참한 상태에 있었나 하는 것을 보여준다. 그러나 비록 그들이 이방의 원수에 의해 압제당하고 있었다 할지라도, 그들에게 질서를 유지하고 다툼을 해결해 주는 사사가 있었던 것은 이스라엘에게 주신 하나님의 은혜였다. 사사들이 통상적으로 다스렸던 방식대로, 삼손의 통치는 20년간 계속되었다. 그러나 본 장에 기록된 그의 통치 초기와 다음 장에 언급되는 통치 말기를 제외하고는, 우리는 그에 대한 상세한 설명을 어디에서도 듣지 못한다.

제 — 16 — 장

개요

삼손의 이름은 앞에서 살펴본 것처럼 '작은 태양' 을 의미한다. 우리는 이 태양이 매우 찬란하게 떠오르는 것을 보았다. 그의 아침빛은 강렬하고 청아했다. 또 그가 사사로서 이스라엘을 다스렸던 20년 동안, 다시 말해서 그의 한낮 역시 찬란하게 빛났을 것으로 추측된다. 그러나 본 장의 우울한 이야기를 통해 우리는 그의 저녁이 매우 암울했음을 보게 된다. 어두운 먹구름이 '작은 태양' 을 뒤덮었다. 그러나 마지막 지는 순간 한 줄기 강렬하고 영광스러운 빛이 비추었는데, 이 또한 그로 하여금 죽음으로 승리하신 예수 그리스도의 모형이 되게 하는 것이었다. 본 장의 내용은 다음과 같다. I. 삼손이 가사의 한 기생을 가까이 함으로 큰 위험에 빠짐(1-3절). II. 삼손이 다른 기생 들릴라를 가까이 함으로 파멸의 구덩이로 떨어짐. 1. 삼손이 정욕으로 인해 들릴라를 가까이 함(4절). 2. 삼손이 들릴라에게 배신을 당해 철천지원수인 블레셋 사람들의 손에 떨어짐. (1) 그들이 들릴라를 통해 삼손의 큰 힘이 어디에서 나오는지 알아냄(5-17절). (2) 그들이 삼손의 머리털을 취함으로 그의 힘을 빼앗음(18-20절). (3) 그러고 나서 삼손을 붙잡고 눈을 빼고 옥에 가두고 학대함, 그리고 그들의 종교적 축제 때에 재주를 부리게 함(21-25절). (4) 그러나 삼손은 그 집을 무너뜨림으로써 복수하고, 그들과 함께 죽음(26-31절).

[1]삼손이 가사에 가서 거기서 한 기생을 보고 그에게로 들어갔더니 [2]가사 사람들에게 삼손이 왔다고 알려지매 그들이 곧 그를 에워싸고 밤새도록 성문에 매복하고 밤새도록 조용히 하며 이르기를 새벽이 되거든 그를 죽이리라 하였더라 [3]삼손이 밤중까지 누워 있다가 그 밤중에 일어나 성 문짝들과 두 문설주와 문빗장을 빼어 가지고 그것을 모두 어깨에 메고 헤브론 앞산 꼭대기로 가니라

1. 삼손의 죄(1절). 삼손이 사역 초기에 블레셋 여자를 아내로 삼은 것은 어느 정도 이해할 수 있을 만한 것이었다. 그러나 우연히 본 블레셋의 기생과 함께 연합한 것은 이스라엘 백성이요 더구나 나실인으로서의 영예를 더럽히는 것이

아닐 수 없었다. 그러므로 우리는 이것을 읽는 가운데 얼굴을 붉히지 않을 수 없게 된다. 그것을 가드에 말하지 말라. 이와 같은 혐오스러운 부정(不淨)으로 인해 나실인 삼손의 우아한 용모는 숯보다 더 검어졌다(애 4:7, 8). 우리는 삼손이 가사에 무슨 용무로 갔었는지 알지 못한다. 만일 삼손이 그 곳에 기생을 찾아간 것이었다면, 우리는 그 때 이스라엘의 딸들 가운데에는 창기가 없었다고 희망 섞인 추측을 할 수 있다. 어떤 이들은 삼손이 그 곳에 간 것은 블레셋 사람들의 정세를 살피기 위함이었을 것이라고 생각한다. 만일 그렇다면 그는 자신의 임무를 잊어버리고 소홀히 했으며 결국 그들의 함정에 빠진 것이다. 그의 죄는 눈에서 시작되었는데, 그는 자신의 눈과 언약을 맺었어야 했다. 그는 거기에서 기생의 차림새를 한 한 여자를 보았고, 욕심(정욕)이 잉태하여 죄를 낳았다. 그는 그녀에게로 들어갔다.

2. 삼손의 위험. 삼손이 가사에 있다는 정보가 — 아마도 그 기생에 의해 — 그 곳 관리들에게 전달되었다(2절). 아마도 그는 변장을 하거나 혹은 어두워져 가는 저녁의 어스름 가운데 그 곳에 가서, 그 기생이 경영하는 여관이나 혹은 선술집에 들어갔을 것이다. 그들은 삼손이 전혀 눈치채지 못하도록 조용히 성문을 닫고 경계병을 세웠다. 이제 그들은 삼손을 잡은 것이나 다름없다고 생각하면서, 내일 아침이면 그가 죽을 것을 믿어 의심치 않았다. 이와 같이 우리의 영적 원수들은 술과 부정함과 온갖 육체적 욕망 가운데 빠져 있는 자들을 파멸시키기 위해 은밀히 포위하고 매복한다. 더 빨리 잠들수록 그리고 더 안심할수록 그들의 위험은 그만큼 더 커진다.

3. 삼손의 피신(3절). 그는 한밤중에 일어났다. 아마도 꿈 속에서 그를 지키는 천사가, 아니 그보다도 그 자신의 양심의 소리가 그를 깨웠을 것이다. 삼손은 지금 자신이 빠져 있는 죄와 자신에 대한 혐오감, 그리고 다시 그 곳으로 돌아가지 않겠다는 결심과 함께 일어났다(우리는 그랬기를 바란다). 또 그는 자신이 마치 돛대 꼭대기에서 잠자고 있는 사람처럼 엄청난 위험 속에 빠져 있는 사실을 인식하는 가운데 일어났으며, 또한 다음과 같은 생각을 하며 일어났다: '이것이 나실인이 자기에 합당한 침상인가? 살아계신 하나님의 성전이 이렇게 더럽혀져야 할 것인가? 내가 이런 죄를 짓고도 무사할 것인가?' 그가 이와 같은 양심의 소리를 듣지 못한 채 누워 있었던 것은 나쁜 일이었다. 그러나 만일 그가 계속해서 그 가운데 누워 있었다면 그것은 더욱 나쁜 일이었을 것이다.

그러나 삼손은 즉시로 일어나 성문으로 갔다. 아마도 그는 경계병들이 잠자고 있는 것을 발견하고, 그들이 깨지 않도록 하기 위해 성문을 부수지 않고 문설주를 뽑았을 것이다. 그는 크고 튼튼하며 무거운 성 문짝과 문설주와 문빗장을 어깨에 메고, 이따위 것들로 자신을 가두려고 했던 자들을 비웃으며 상당한 거리를 걸어 헤브론 앞산 꼭대기로 갔다. 이로써 삼손은 블레셋 사람들에게는 두려움을, 그리고 이스라엘 백성들에게는 희망을 가져다 주는 존재임이 더욱 분명하게 드러났다. 뿐만 아니라 이 일로 인해 그는 하나님으로부터 큰 힘을 받았으며, 또한 죽음과 무덤을 이기고 승리하신 그리스도의 모형임이 분명하게 나타났다. 예수 그리스도는 음부의 문으로부터 돌을 굴려내고 스스로 나오셨을 뿐만 아니라, 무덤의 문과 빗장과 모든 것을 치워 버리시고 자기에게 속한 모든 자들을 위해 그것을 '열린 감옥' 으로 만들어 버리셨다. 영원히 그것은 그들을 붙잡고 있지도 않을 것이며, 그렇게 할 수도 없게 되었다. 사망아 너의 쏘는 것이 어디 있느냐? 너의 문이 어디 있느냐? 그 자신 승리하셨을 뿐만 아니라 우리에게 승리를 주신 그분에게 감사할지로다.

4이 후에 삼손이 소렉 골짜기의 들릴라라 이름하는 여인을 사랑하매 5블레셋 사람
의 방백들이 그 여인에게로 올라가서 그에게 이르되 삼손을 꾀어서 무엇으로 말미
암아 그 큰 힘이 생기는지 그리고 우리가 어떻게 하면 능히 그를 결박하여 굴복하
게 할 수 있을는지 알아보라 그리하면 우리가 각각 은 천백 개씩을 네게 주리라 하
니 6들릴라가 삼손에게 말하되 청하건대 당신의 큰 힘이 무엇으로 말미암아 생기며
어떻게 하면 능히 당신을 결박하여 굴복하게 할 수 있을는지 내게 말하라 하니 7삼
손이 그에게 이르되 만일 마르지 아니한 새 활줄 일곱으로 나를 결박하면 내가 약
해져서 다른 사람과 같으리라 8블레셋 사람의 방백들이 마르지 아니한 새 활줄 일
곱을 여인에게로 가져오매 그가 그것으로 삼손을 결박하고 9이미 사람을 방 안에
매복시켰으므로 삼손에게 말하되 삼손이여 블레셋 사람들이 당신에게 들이닥쳤느
니라 하니 삼손이 그 줄들을 끊기를 불탄 삼실을 끊음 같이 하였고 그의 힘의 근원
은 알아내지 못하니라 10들릴라가 삼손에게 이르되 보라 당신이 나를 희롱하여 내
게 거짓말을 하였도다 청하건대 무엇으로 당신을 결박할 수 있을는지 이제는 내게
말하라 하니 11삼손이 그에게 이르되 만일 쓰지 아니한 새 밧줄들로 나를 결박하면
내가 약해져서 다른 사람과 같으리라 하니라 12들릴라가 새 밧줄들을 가져다가 그

것들로 그를 결박하고 그에게 이르되 삼손이여 블레셋 사람이 당신에게 들이닥쳤
느니라 하니 삼손이 팔 위의 줄 끊기를 실을 끊음 같이 하였고 그 때에도 사람이
방 안에 매복하였더라 13들릴라가 삼손에게 이르되 당신이 이 때까지 나를 희롱하
여 내게 거짓말을 하였도다 내가 무엇으로 당신을 결박할 수 있을는지 내게 말하
라 하니 삼손이 그에게 이르되 그대가 만일 나의 머리털 일곱 가닥을 베틀의 날실
에 섞어 짜면 되리라 하는지라 14들릴라가 바디로 그 머리털을 단단히 짜고 그에게
이르되 삼손이여 블레셋 사람들이 당신에게 들이닥쳤느니라 하니 삼손이 잠을 깨
어 베틀의 바디와 날실을 다 빼내니라 15들릴라가 삼손에게 이르되 당신의 마음이
내게 있지 아니하면서 당신이 어찌 나를 사랑한다 하느냐 당신이 이로써 세 번이
나 나를 희롱하고 당신의 큰 힘이 무엇으로 말미암아 생기는지를 내게 말하지 아
니하였도다 하며 16날마다 그 말로 그를 재촉하여 조르매 삼손의 마음이 번뇌하여
죽을 지경이라 17삼손이 진심을 드러내어 그에게 이르되 내 머리 위에는 삭도를 대
지 아니하였나니 이는 내가 모태에서부터 하나님의 나실인이 되었음이라 만일 내
머리가 밀리면 내 힘이 내게서 떠나고 나는 약해져서 다른 사람과 같으리라 하니
라

불에 덴 경험이 있는 어린아이는 불을 무서워하게 된다. 그러나 엄청난 힘을 갖고 있었던 삼손은 이 문제에 있어서는 어린아이만큼의 지혜도 없었다. 여자에 대한 욕망으로 인해 한 번 이상 큰 위해(危害)와 위험 속에 빠져 들어갔었음에도 불구하고, 그는 교훈을 배우지 못하고 여기에서 또다시 동일한 함정 속에 빠져 들어간다. 그리고 이번 세 번째의 경우에는 모든 것을 다 잃어버리고 만다. 솔로몬이 음녀에 대해 경고하면서 그가 많은 사람을 상하여 엎드러지게 하였나니 그에게 죽은 자가 허다하니라(잠 7:26)라고 말하고 또 음란한 여인은 귀한 생명을 사냥함이니라(잠 6:26)라고 말한 것은 특별히 여기에 나오는 삼손의 이야기를 언급하고 있는 것으로 보인다. 삼손을 파멸로 이끈 이 악한 여인의 이름은 들릴라였는데, 그 이름은 거짓과 아첨으로 그리고 사랑을 가장하여 결국 파멸을 가져다 주는 사람에게 붙여지는 수치스러운 이름이다. 여기에서 다음을 보라.

I. 삼손이 들릴라에 대해 가졌던 연정. 삼손이 들릴라라 이름하는 여인을 사랑하매(4절). 어떤 이들은 들릴라가 삼손의 아내였으므로 삼손이 들릴라의 집을

자기 집처럼 사용했을 것이라고 생각한다. 또 어떤 사람들은 삼손이 들릴라를 아내로 삼고자 청혼했다고 생각한다. 그러나 우리는 삼손이 들릴라에 대해 가졌던 연정은 죄에 속한 것으로서 잘못된 것이었으며 그들의 관계는 부정(不淨)한 것이었다고 의심할 만한 충분한 이유를 가지고 있다. 들릴라가 이스라엘 사람이었는지 혹은 블레셋 사람이었는지는 확실하지 않다. 그러나 설령 들릴라가 이스라엘 사람이었다 할지라도 — 거의 가능성 없는 이야기이기는 하지만 — 그녀는 블레셋 사람의 마음을 가지고 있었다.

Ⅱ. 블레셋의 방백들과 들릴라 사이의 거래(5절).

1. 그들은 들릴라에게 자신들의 목적은 단지 삼손의 콧대를 꺾고 어느 정도 괴롭게 하는 것일 뿐이라고 말한다. 그들은 삼손을 결코 해치지 않겠다고 약속하면서, 단지 그로 하여금 자신들을 해치지 못하게 하기 위한 것이라고 하였다. 아마도 그들은 삼손이 자신들의 수중에 있을 때라도 심지어 그의 머리를 자른 삭도로 손쉽게 그의 목을 벨 수 있을 때에조차도 결코 그를 죽이지 않겠다고 약속했을 것이다.

2. 그들이 원하는 것은 삼손의 큰 힘이 어디에서 나오며 또 어떻게 그를 결박할 수 있는지를 아는 것이었다. 아마도 그들은 삼손이 어떤 특별한 마법(魔法)이나 마력(魔力)을 가지고 있을 것이며 또 그러한 힘을 덧입어 이러한 엄청난 일들을 행했을 것이라고 상상했을 것이다. 따라서 만일 그의 힘의 비밀을 알아낼 수만 있다면 그를 마음대로 다룰 수 있을 것으로 믿어 의심치 않았다. 그러므로 전에도 그랬던 것처럼 그의 암송아지로 밭을 갊으로써 또다시 그의 수수께끼를 풀고자 했다. 그들은 들릴라에게 삼손의 힘의 비밀을 알아낼 것을 요구하면서, 그것이 자신들에게 얼마나 큰 유익이 되는지를 말함과 동시에 그로 인해 그녀 자신이나 삼손에게 어떠한 불이익도 생기지 않게 될 것을 아마도 확언했을 것이다.

3. 이를 위해 그들은 각각 은 1,100개씩 도합 5,500개를 줄 것을 약속한다(블레셋은 다섯 곳의 도시가 연합한 연맹국가였다). 이것은 순은(純銀) 1,000리터에 달하는 엄청난 액수였다. 이것으로 들릴라는 자신을 사랑하는 남자를 배신하는 일에 매수되었다. 이처럼 돈을 사랑하는 것이 얼마나 무서운 악의 뿌리가 되는지 주목하라. 우리 구주께서도 이와 같이 더러운 이익을 위해 친구로 불린 자에 의해 그리고 입맞춤과 함께 배신을 당하셨다. 들릴라와 같이 행실이 정숙

하지 않은 사람이 불의를 행하는 것은 결코 놀라운 일이 아니다. 한 번 신의를 저버린 사람은 또다시 그렇게 한다.

Ⅲ. 삼손이 이렇게 저렇게 둘러대는 말로 들릴라의 질문을 회피함. 들릴라는 삼손에게 그의 큰 힘이 어디로부터 오는지 그리고 어떻게 그를 결박하여 괴롭게 할 수 있는지 물었다(6절). 아마도 들릴라는 자신은 단지 호기심 때문에 묻고 있는 것이며 또한 자신의 요염함 외에는 어떤 것으로도 그를 결박할 수 없을 것이라고 애교를 부리며 말했을 것이다.

1. 들릴라가 집요하게 졸라대자 삼손은 다음과 같이 말했다.

(1) 일곱 개의 활줄로 나를 결박할 수 있다(7절). 들릴라는 그대로 시행해 보았으나 그 말은 거짓임이 판명되었다(8절): **삼손이 그 줄들을 끊기를 불탄 삼실을 끊음 같이 하였고**(9절).

(2) 새 밧줄 두 개로 나를 결박하면 내가 약해져서 다른 사람들과 같이 될 것이다(11절). 들릴라는 다시 한 번 시행해 보았으나 역시 실패했다: **삼손이 팔 위의 줄 끊기를 실을 끊음 같이 하였고**(12절).

(3) 나의 머리털 일곱 가닥을 베틀의 날실에 섞어 짜면 나를 결박할 수 있다(13절). 이것은 지금까지 말한 다른 것들보다 좀 더 진실에 가까운 것이었지만, 이것으로도 되지 않았다: **삼손이 잠을 깨어 베틀의 바디와 날실을 다 빼내니라**(14절).

2. 이와 같은 몇 번의 시도에도 불구하고, 그의 약함과 들릴라의 악의(惡意)가 좀 더 분명하게 드러났다고는 아직 말하기 어렵다.

(1) 그러나 그의 힘의 비밀이 드러나게 되면 그의 생명이 위험 속에 빠지게 될 것을 뻔히 알면서도 그 비밀을 말해 달라고 끈질기게 졸라대는 것보다 더 악한 일이 어디 있겠는가? 사랑하는 남자의 머리를 자신의 무릎에 베게 하면서 동시에 그를 배신하여 그를 극도로 미워하는 원수들에게 팔아 넘기려고 계획하는 것보다 더 야비하고 표리부동하며 거짓된 일이 어디에 있겠는가?

(2) 또한 자신을 재앙에 빠뜨릴 계략을 품고 있는 것을 분명하게 알면서도 그러한 자와 계속해서 이야기하는 것보다 더 약하고 우둔한 일이 어디에 있겠는가? 재앙에 빠질 것을 뻔히 알면서도 뻔뻔스럽게 계속 졸라대는 소리에 계속 귀를 기울이는 것보다 더 어리석은 일이 어디에 있겠는가? 방 안에 사람들이 매복해 있는 것을 알면서도, 그리고 그들이 할 수만 있으면 자신을 결박하려고

하고 있는 것을 알면서도 즉시로 일어나 다시는 돌아오지 않겠다고 결심하면서 그 곳을 떠나지 않은 것은 얼마나 미련한 일인가? 삼손이여 블레셋 사람들이 당신에게 들이닥쳤느니라라는 경고와 함께 수 차례 깨어 일어났음에도 불구하고 다시 또 그 무릎을 베고 눕는 것보다 더 나약한 일이 어디에 있겠는가? 지금의 삼손처럼 이렇게 완벽하게 얼이 빠지고 분별이 없는 사람이 어디 있겠는가? 그러나 매춘은 마음을 빼앗는 일들 가운데 하나이다. 삼손이 들릴라로 하여금 자신의 힘을 약하게 만드는 일을 시행해 보도록 내버려둔 의도가 무엇이었는지 우리는 알기 어렵다. 어떤 이들은 삼손 자신이 자신의 힘의 근원을 분명하게 알지 못했다고 생각한다. 그러나 우리는 그가 자신의 힘의 근원을 분명하게 알았다고 생각한다. 왜냐하면 삼손이 자신의 힘이 떠나는 것에 대하여 말할 때 그가 진심을 드러내어 그녀에게 말했다고 언급되어 있기 때문이다(17절). 삼손은 이 일을 희롱거리로 삼아 들릴라를 희롱하고, 또 매복한 자들을 헛수고하게 하여 바보로 만들려고 생각했던 것으로 보인다. 그러나 자신을 죽이기 위해 파놓은 함정을 뻔히 보면서도 그 자리를 떠나지 않은 것은 그에게 있어 너무도 어리석은 일이 아닐 수 없었다.

Ⅳ. 마침내 삼손이 비밀을 실토함. 자신을 파멸시키려고 혈안이 되어 있는 사람에게 비밀을 지킬 능력이 없는 자는 이 일로 인해 치명적인 결과가 온다 할지라도 스스로 감수해야 한다. 새가 보는 데서 그물을 치면 헛일이겠거늘(잠 1:17). 그러나 삼손은 자신을 잡기 위해 그물을 치는 것을 뻔히 보면서도 그 그물에 걸려들고 말았다. 블레셋 사람들이 그의 눈을 뽑기 전에 이미 그의 눈은 멀어 있었다. 만일 그렇지 않았더라면, 그는 자신이 배신당하는 것을 볼 수 있었을 것이다. 들릴라는 소멸시키는 자란 뜻인데, 특별히 삼손에게 이름 그대로 그러했다.

1. 들릴라는 만일 삼손이 힘의 비밀을 알려주지 않으면 자신을 사랑하는 것을 결코 믿지 않겠노라고 말하면서 얼마나 그를 괴롭혔는가(15절): 당신의 마음이 내게 있지 아니하면서 — 다시 말해서, 당신이 나를 믿을 수 없어 그 비밀을 알려주지 않으면서 — 당신이 어찌 나를 사랑한다 하느냐? 열렬한 사랑에 빠진 사람은 자신의 사랑이 의심받는 것을 결코 견디지 못한다. 그는 자신의 진실성이 의심받지 않기 위해서라면 무슨 일이든지 기꺼이 한다. 그러므로 여기에서 들릴라는 이 '사랑에 눈먼 얼간이' (내가 삼손을 이렇게 부르는 것을 용서하라)

를 마음껏 쥐고 흔들었다. 참된 사랑은 달콤한 말에 있는 것이 아니라 마음에 있다는 경구(警句)는 정말로 진리에 근거한 것이다. 마음은 없으면서 입으로 사랑한다고 말하는 것은 거짓이요 아첨하는 말에 불과하다. 우리의 마음이 함께 하지 않으면서 어떻게 우리가 보이는 형제를 혹은 보이지 않는 하나님을 사랑한다고 말할 수 있는가? 들릴라는 여러 날을 끈덕지게 조르면서 삼손을 괴롭혔고, 그럼으로써 그는 죽을 지경이 되었다(16절). 그런데 왜 그는 들릴라를 떠나지 않았는가? 그것은 그가 사랑의 포로로서 들릴라에게 사로잡혀 있었기 때문이었다. 그러나 이것은 잘못된 표현이다. 제대로 표현하면, 그는 정욕의 포로가 되어 있었던 것이다.

2. 결국 들릴라는 삼손을 이겼다(17절): 삼손이 진심을 드러내어 그에게 이르되. 하나님은 육체의 정욕에 빠져 있는 삼손을 징벌하기 위해 그로 하여금 이 어리석은 일을 행하도록 내버려두셨다. 삼손의 탄생을 예고했던 사자(angel)는 그의 큰 힘에 대해서는 아무 말도 하지 않고, 다만 그는 나실인이 될 것이요 특별히 그의 머리에 삭도를 대지 말 것을 명령했다(13:5). 삼손은 그의 힘으로 하나님께 성별되었다. 왜냐하면 그는 그 안에서 힘 있게 역사하신 성령의 영광스러운 힘에 의해 강해졌기 때문이었다. 다시 말해서 그의 힘은 자연적인 것이 아니라 약속에 의한 것으로서, 믿는 자들의 영적 힘의 모형이 될 수 있는 것이었다(골 1:11, 29). 그러므로 그의 성별의 표지는 바로 그의 힘이었던 것이다. 그러므로 만일 그가 전자(성별)를 잃는다면 후자(힘) 역시도 잃게 될 것이고, 삼손은 이것을 알고 있었던 것이다. "만일 내 머리가 밀리면 나는 더 이상 나실인이 아니게 될 것이요 모든 힘을 잃어버리게 될 것이다." 그의 육체의 힘이 자연적인 것이 아니라 머리에 의존하도록 하신 것을 통해 우리는 하나님을 찬미하며 그분의 은혜를 더욱 사모하게 된다. 하나님은 우리로 하여금 오직 말씀과 성례와 기도와 같은 은혜의 수단들을 사용하여 자신에게 나아오도록 정하셨다. 이러한 질그릇들 속에 하늘의 보화가 담겨 있는 것이다.

[18]들릴라가 삼손이 진심을 다 알려 주므로 사람을 보내어 블레셋 사람들의 방백들을 불러 이르되 삼손이 내게 진심을 알려 주었으니 이제 한 번만 올라오라 하니 블레셋 방백들이 손에 은을 가지고 그 여인에게로 올라오니라 [19]들릴라가 삼손에게 자기 무릎을 베고 자게 하고 사람을 불러 그의 머리털 일곱 가닥을 밀고 괴롭게 하

여 본즉 그의 힘이 없어졌더라 [20]들릴라가 이르되 삼손이여 블레셋 사람이 당신에게 들이닥쳤느니라 하니 삼손이 잠을 깨며 이르기를 내가 전과 같이 나가서 몸을 떨치리라 하였으나 여호와께서 이미 자기를 떠나신 줄을 깨닫지 못하였더라 [21]블레셋 사람들이 그를 붙잡아 그의 눈을 빼고 끌고 가사에 내려가 놋 줄로 매고 그에게 옥에서 맷돌을 돌리게 하였더라

우리는 여기에서 삼손이 자신의 힘을 배신하는 어리석음을 범한 것의 치명적인 결과를 보게 된다. 그는 즉시로 그에 대한 비싼 대가를 지불하게 되었다. 대저 음녀는 깊은 구덩이요(잠 23:27). 여호와의 노를 당한 자는 거기 빠지리라(잠 22:14). 바로 그 구덩이에 삼손이 빠지고 말았다.

1. 들릴라는 돈을 받기 위해 혈안이 된다. 들릴라는 삼손의 말하는 투로 보아 그가 진심을 드러내어 말했음을 인식하고, 이토록 비열한 일에 자신을 매수한 블레셋의 방백들을 부르면서, 그러나 반드시 그들의 손에 돈을 가져오도록 했다(18절). 이와 같이 삼손이 알지 못하는 가운데 불의의 삯이 지불되었다. 당대에 가장 용맹한 자 가운데 한 사람이 마치 도살장에 끌려가는 어린 양처럼 이렇게 팔려가는 것을 보는 것은 참으로 비통한 일이 아닐 수 없다. 이로 볼 때 인간의 모든 영광은 얼마나 덧없는 것이며, 또 강한 자가 자신의 힘을 자랑하는 것은 얼마나 부질없는 것인가!

2. 들릴라는 방백들과 약속한 거래에 따라 그들에게 삼손을 넘겨준다. 세상에서는 이와 같은 일이 종종 일어난다 — 여기 들릴라의 경우는 빙산의 일각에 불과하다. 너희는 이웃을 믿지 말며 친구를 의지하지 말며 네 품에 누운 여인에게라도 네 입의 문을 지킬지어다(미 7:5). 들릴라가 얼마나 야비하게 행하고 있는지 주목하라(19절): 들릴라가 삼손에게 자기 무릎을 베고 자게 하고. 요세푸스는 들릴라가 삼손에게 몹시 취하게 하는 어떤 특별한 술을 먹여 잠자게 했을 것이라고 말한다. 그녀가 삼손의 잔에 어떤 마취제를 넣었는지 우리는 알지 못한다. 그러나 우리는 삼손이 알면서도 포도주나 독주를 마셨을 것이라고 추측할 수 없다. 왜냐하면 그렇게 하는 것은 머리를 자르는 것만큼이나 나실인의 자격을 잃는 것이 되었을 것이기 때문이다. 들릴라는 이와 같이 가장 야비한 배신을 행하는 한가운데에서도 사랑으로 위장하며 거짓으로 꾸민다. 만일 들릴라가 삼손을 잠들게 하지 않았다면 그녀는 자신의 목적을 달성할 수 없었을 것이다. 여기에

서 방심(放心)의 치명적인 결과를 주목하라. 사탄은 사람들을 얼러 잠들게 하고 스스로 안전하다고 여기도록 속살거림으로써 그들을 파멸로 이끈다. 그러고 나서 사탄은 그들의 힘과 영예를 빼앗고 그들을 포로로 만든다. 우리가 잠잘 때에도 우리의 영적 원수들은 잠자지 않는다. 삼손이 잠자고 있을 때 들릴라에게는 이미 그의 머리털을 밀 자가 준비되어 있었고, 그 자는 삼손이 깨지 않도록 조용히 그리고 재빨리 그의 머리털을 밀었다. 삼손이 잠들어 있을 때 그의 영혼까지도 잠자고 있었다. 그가 누구를 비난하고, 누구를 원망할 것인가? 그를 이렇게 이끈 것은 그 자신의 악함이었다. 그것은 그의 죄악이었다. 만일 그렇지 않았다면 그에게 이토록 큰 불행이 닥치지는 않았을 것이다.

3. 삼손은 자기에게 무슨 일이 일어났는지 거의 깨닫지 못하고 있었다(20절). 그는 일어나자마자 자신의 머리가 잘렸음을 깨닫지 않을 수 없었으나, 이렇게 말했다: "내가 전과 같이 나가서 몸을 떨치리라" 혹은 "블레셋 사람들이 내게 왔던 다른 때처럼 내가 능히 그들을 물리치리라." 어쩌면 삼손은 자신의 죄의 무게가 머리털의 무게보다 훨씬 더 무겁다는 사실을 거의 생각하지 못한 채 머리털이 잘렸으므로 머리가 더 가벼워졌다고 느끼면서 자기 몸을 더 쉽게 떨칠 수 있을 것이라고 생각했을는지 모른다. 그는 즉시로 자신의 몸에 어떤 변화가 일어났음을 발견했으나, 여호와께서 이미 자기를 떠나신 줄은 미처 깨닫지 못했다. 삼손은 바로 이것이 자기 몸에 일어난 변화의 이유라는 사실을 아직 생각하지 못하고 있었다. 많은 사람들이 하나님의 임재를 상실하면서도 그것을 깨닫지 못한다는 사실을 주목하라. 그들은 하나님으로 하여금 자신들을 떠나가도록 만들면서도 그에 대해 인식하지 못하고 한탄할 줄도 모른다. 그들의 영혼은 기운을 잃고 쇠약해지며, 은사는 말라버리고, 모든 것은 잘못된 방향으로 나아간다. 그러면서도 그들은 올바른 원인을 알지 못한다. 그들은 하나님께서 자신들을 떠나신 줄을 깨닫지 못하고 있으며, 또한 하나님의 은혜를 회복하기 위해 그분과 더불어 화해하려고도 하지 않는다. 하나님이 떠나시면 우리는 전과 같이 행할 수 없게 된다.

4. 블레셋 사람들은 즉시로 이 기회를 활용한다(21절). 하나님께서 삼손을 떠나시자 블레셋 사람들은 즉시로 그를 붙잡았다. 하나님의 보호로부터 떨어진 자는 원수들에게 손쉬운 먹잇감이 된다. 만일 우리가 정욕의 무릎을 베고 잠든다면, 분명히 우리는 블레셋 사람들의 손 안에서 깨게 될 것이다. 아마도 그들

은 들릴라에게 삼손을 죽이지 않고 다만 자신들을 대적할 수 없게 만들 것이라고 약속했을 것이다. 삼손을 수중에 넣고 마음대로 할 수 있게 되었을 때 그들이 첫 번째로 한 일은 ― 아라비아 역본이 말하는 것처럼 ― 불로써 그의 눈을 빼는 것이었다. 그들은 혹시 그의 머리는 다시 자랄지라도 그의 눈은 영원히 회복되지 못할 것이며 아무리 강한 힘을 가진 팔이라 할지라도 눈이 없이는 아무 일도 할 수 없게 될 것이라고 생각했다. 삼손에게 있어 죄가 들어온 입구는 바로 그의 눈이었다. 그는 가사에서 한 기생을 보았고 그녀에게로 들어갔다(1절). 그리고 지금 그의 징벌도 바로 그 눈으로부터 시작되었다. 지금 블레셋 사람들이 그의 눈을 멀게 했으므로 그는 자신의 정욕이 얼마나 자신을 눈멀게 했는지를 돌아볼 수 있는 시간을 갖게 되었다. 눈을 지키는 최선의 방법은 헛된 것을 보는 것으로부터 스스로를 돌이키는 것이다. 블레셋 사람들은 그를 끌고 가사로 내려갔다. 가사는 얼마 전에 삼손이 엄청난 힘을 드러낸 곳이었지만(3절), 이제 바로 이 곳에서 그는 약함을 드러내게 될 것이다. 또 그는 전에는 두려움이었지만 이제는 희롱거리가 될 것이다. 블레셋 사람들은 죄의 줄에 묶여 있던 그를 놋줄로 매고 옥에서 맷돌을 돌리게 했다 ― 자신들의 이익을 위해서든 혹은 그를 징벌하기 위해서든. 이와 같이 마귀는 믿지 않는 자들의 마음을 혼미케 하여(눈멀게 하여) 노예로 삼고 자기의 이익을 위해 가둔다. 가엾은 삼손이여, 어찌 그리 떨어졌는고! 그대의 영예가 티끌이 되었도다! 이스라엘의 영광이요 수호자가 블레셋의 환희요 노예가 되었도다! 그의 머리에서 면류관이 떨어졌으니 오호라 그의 범죄 때문이로다(애 5:16 참조). 우리는 삼손의 떨어짐을 통해 경고를 받고, 우리의 순전함을 지키며 육체의 정욕을 경계하는 일에 착념해야 한다. 왜냐하면 영적인 나실인으로서 하나님께 대한 성별의 언약을 더럽힐 때, 우리의 모든 영광은 사라지고 우리를 지켜주던 것은 떠나갈 것이기 때문이다.

22그의 머리털이 밀린 후에 다시 자라기 시작하니라 23블레셋 사람의 방백들이 이르
되 우리의 신이 우리 원수 삼손을 우리 손에 넘겨 주었다 하고 다 모여 그들의 신
다곤에게 큰 제사를 드리고 즐거워하고 24백성들도 삼손을 보았으므로 이르되 우리
의 땅을 망쳐 놓고 우리의 많은 사람을 죽인 원수를 우리의 신이 우리 손에 넘겨
주었다 하고 자기들의 신을 찬양하며 25그들의 마음이 즐거울 때에 이르되 삼손을
불러다가 우리를 위하여 재주를 부리게 하자 하고 옥에서 삼손을 불러내매 삼손이

그들을 위하여 재주를 부리니라 그들이 삼손을 두 기둥 사이에 세웠더니 [26]삼손이
자기 손을 붙든 소년에게 이르되 나에게 이 집을 버틴 기둥을 찾아 그것을 의지하
게 하라 하니라 [27]그 집에는 남녀가 가득하니 블레셋 모든 방백들도 거기에 있고 지
붕에 있는 남녀도 삼천 명 가량이라 다 삼손이 재주 부리는 것을 보더라 [28]삼손이
여호와께 부르짖어 이르되 주 여호와여 구하옵나니 나를 생각하옵소서 하나님이
여 구하옵나니 이번만 나를 강하게 하사 나의 두 눈을 뺀 블레셋 사람에게 원수를
단번에 갚게 하옵소서 하고 [29]삼손이 집을 버틴 두 기둥 가운데 하나는 왼손으로 하
나는 오른손으로 껴 의지하고 [30]삼손이 이르되 블레셋 사람과 함께 죽기를 원하노
라 하고 힘을 다하여 몸을 굽히매 그 집이 곧 무너져 그 안에 있는 모든 방백들과
온 백성에게 덮이니 삼손이 죽을 때에 죽인 자가 살았을 때에 죽인 자보다 더욱 많
았더라 [31]그의 형제와 아버지의 온 집이 다 내려가서 그의 시체를 가지고 올라가서
소라와 에스다올 사이 그의 아버지 마노아의 장지에 장사하니라 삼손이 이스라엘
의 사사로 이십 년 동안 지냈더라

삼손의 생애의 마지막 무대는 영광스럽지 못한 것이었다. 그러나 그의 죽음에 대한 여기의 이야기를 통해 우리는 그의 수치와 불명예가 완전히 지워지지는 못한다 할지라도 상당히 경감(輕減)되는 것을 보게 된다. 왜냐하면 그의 죽음에는 영예로운 측면이 있었기 때문이다. 분명히 그는 자신의 죄에 대해 크게 회개하면서, 죄로 인해 갖게 된 불명예와, 하나님께서 부여하신 영예를 잃어버린 것에 대해 뉘우쳤다. 왜냐하면 하나님이 그와 화해하셨다는 사실이 다음과 같은 사실들을 통해 분명히 드러났기 때문이다.

1. 나실인의 표지가 회복됨을 통해(22절): **그의 머리털이 밀린 후에 다시 자라기 시작하니라**. 다시 말해서 그의 머리털이 다시 예전처럼 길어지고 빽빽해지기 시작했다. 다곤에게 큰 제사를 드리는 것과 관련하여 그의 머리가 다시 자라기 시작했음이 특별히 언명되고 있는데, 이것은 그가 회개함으로 인해 하나님의 은혜가 다시 회복된 것을 분명하게 보여주기 위한 것으로 여겨진다. 그의 머리가 자란 것은 그의 힘이 다시 돌아온 것의 원인도 아니고 표적도 아니었다. 그것은 다만 성별의 표지로서 하나님이 다시 그를 나실인으로 받으셨음을 나타내는 것이었다. 그는 범과(犯過)한 나실인이 다시 회복되기 위해 행해야 하는 특별한 의식(儀式)을 통하지 않고 — 그는 지금 그렇게 할 수 있는 위치에 있지

않다 — 나실인의 은혜를 회복한 것이다(민 6:9). 블레셋 사람들이 삼손의 머리가 다시 자라는 것을 주목하여 또다시 잘라버리지 않은 것은 이상한 일이다. 어쩌면 그들은 삼손의 큰 힘이 다시 돌아오기를 기대했는지도 모른다. 왜냐하면 그렇게 될 때 그에게 더 많은 일을 시킬 수 있을 뿐만 아니라, 지금 그는 눈이 멀었으므로 자신들에게 아무런 위해도 끼칠 수 없을 것으로 확신했기 때문이었다.

2. 하나님이 자기 백성들의 원수를 멸망시키는 일에 그를 사용하심을 통해. 이로 인해 즉각 이스라엘의 구원이 이루어지지는 않았지만, 이 일은 그에게 하나님의 영예가 회복되었음을 보여주는 큰 증거가 되었다.

I. 블레셋 사람들은 방약무도하게 이스라엘의 하나님을 모독한다.

1. 그들은 하나님의 대적 다곤에게 제사를 드렸다. 이 다곤을 그들은 우리의 신이라고 부르는데, 그것은 그들이 만든 신으로서 상체는 사람의 형상으로 그리고 하체는 물고기의 형상으로 표현된 순전한 상상의 산물이었다. 그들은 참되시고 살아계신 하나님 대신 이런 우상을 만들어 섬겼던 것이다. 그들은 자신들의 승리를 이따위 거짓 신에게 돌렸다(23, 24절): **우리의 신이 우리의 땅을 망쳐놓고 우리의 많은 사람을 죽인 원수를 우리 손에 넘겨주었도다.** 그것은 선도 악도 행할 수 없는 헛된 신임에도 불구하고 그들은 이와 같이 생각했다. 그들은 들릴라가 삼손을 배신하였음을 알고 있었고 따라서 그에 대해 그녀에게 약속된 돈을 지불했다. 그럼에도 불구하고 그들은 그것을 자신들의 신에게 돌렸고, 이로써 그 신이 자신들을 보호해 주는 능력을 가지고 있다는 믿음을 더욱 확신하게 되었다. 이와 같이 모든 사람들은 자기 신의 이름으로 행한다. 그들은 자신들이 이룩한 성공이나 승리로 인해 자신들의 신을 찬미한다. 그렇다면 우리는 얼마나 더 만유를 다스리는 우리 하나님께 찬미를 돌려야 할 것인가? 그들이 삼손을 자신들의 손에 넣기 위해 사용한 악한 계교들을 볼 때, 그들의 신 다곤은 악을 옹호하는 쓰레기 신이라고 하지 않을 수 없다. 모든 백성이 전체적으로 감사를 드리는 날에, 그들은 고작 한 사람에 대하여 얻은 이와 같은 승리로 인해 제사를 드리며 찬미의 노래를 불렀다. 거기에는 다곤에게 돌려지는 큰 기쁨의 표현들이 있었다. 그렇다면 우리는 우리의 모든 승리들에 대해 얼마나 더 하나님께 감사하며 찬미해야 마땅하겠는가? **항상 우리를 그리스도 안에서 이기게 하시는 하나님께 감사하노라**(고후 2:14).

2. 그들은 하나님의 전사 삼손을 희롱거리로 삼음으로써 하나님을 모독했다. 포도주를 마시고 마음이 즐거워지자 그들은 자신들의 즐거움을 더하기 위해 삼손을 데려다가 자신들을 위해 재주를 부리도록 했다(25, 27절). 자신들의 신에게 제사를 드리고 그 제물 위에서 먹고 마신 후 그들은 우상 숭배자들의 행습에 따라 유희를 벌였고(고전 10:7), 그 유희에서 삼손은 어릿광대가 되어야만 했다. 그들은 눈을 잃은 삼손이 비틀거리며 어정거리는 것을 보면서 박장대소하며 웃었다. 그것은 마치 **이스라엘의 재판자의 뺨을 치고는**(미 5:1) **누가 너를 쳤는지 예언하라고** 말하는 것과 같았다. 이와 같이 고통 속에 빠진 사람을 짓밟는 것은 그들의 야만성을 보여주는 생생한 실례였다. 그들이 **"지금 네 하나님이 어디 있느냐?"** 고 말할 때, 삼손은 고통의 깊음 속에 떨어졌으며 그들이 가하는 치욕은 마치 칼이 뼛속을 찌르는 것 같았다. 그토록 위대한 영혼에게 이보다 더 비통한 일이 어디에 있겠는가? 그러나 삼손은 회개하면서 이 모든 슬픔을 참아내었고, 모든 모욕과 수치를 자신의 죄에 대한 징벌로 받아들였다. 블레셋 사람들이 어떤 모욕을 가한다 할지라도, 그는 하나님이 의로우시다는 사실을 인정하지 않을 수 없었다. 블레셋 사람들이 삼손을 희롱거리로 삼아 조롱하고 있을 때, 그는 스스로 속은 자신을 조롱하고 있었다. 부정(不淨)한 것은 사람을 더럽게 만드는 죄로서 결국 수치와 경멸로 이끈다. 그 마음이 여자로 인해 속임을 당한 자는 **상함과 능욕을 받게 될 것이며, 그의 수치는 지워지지 않을 것이다.** 영원한 수치와 경멸은 정욕에 사로잡혀 눈이 먼 자들의 분깃이다. 그들을 속인 마귀는 또한 그들을 모욕하며 능멸할 것이다.

Ⅱ. 이스라엘의 하나님은 삼손의 손을 통해 그들에게 갑작스런 멸망을 가져다 주신다. 수천 명의 블레셋 사람들이 자신들의 방백을 수행하여 제사를 드리고, 이 날을 즐기며, 이러한 희극을 구경하기 위해 한자리에 모였다. 그러나 그것은 그들에게 치명적인 비극이 되었다. 왜냐하면 그 집이 무너지면서 그들 모두가 깔려 죽임을 당했기 때문이었다. 그 집이 신전인지 극장인지 혹은 이러한 모임을 위해 만들어진 조그만 건물인지는 확실하지 않다. 다음을 관찰하라.

1. 누가 죽임을 당했나? 블레셋의 모든 방백들(27절), 즉 돈으로 들릴라를 매수하여 삼손을 배신하도록 했던 자들이 죽임을 당했다. 죄인들에게는 악이 따르는 법이다. 그들과 함께 3,000명에 이르는 많은 사람들이 죽임을 당했는데, 그들 가운데에는 여자들도 많이 있었고 그 중에 아마도 1절에 언급된 가사의

기생도 끼여 있었을 것으로 보인다. 삼손은 블레셋 여자들에 의해 죄에 떨어졌다. 이제 그들 가운데 큰 살육이 있게 되는데, 그것은 모세의 명령에 의해 미디안 여인들 가운데 있었던 살육과 같은 것이었다. 왜냐하면 이스라엘 자손을 브올의 사건에서 여호와 앞에 범죄하게 한 것이 바로 그들이었기 때문이다(민 31:16).

2. 그들은 언제 죽임을 당했나?

(1) 그들은 즐겁고 유쾌하며 또 어떤 위험도 없다고 생각하며 안심하고 있을 때 갑작스럽게 죽임을 당했다. 삼손이 기둥을 잡는 것을 보았을 때, 그들은 그 또한 희롱거리로 생각했다: 이 미약한 유다 사람이 하는 일이 무엇인가? 죄인들은 얼마나 삽시간에 멸망을 당하고 마는가! 그들은 오만과 환락 가운데 들떠 있었다. 그러므로 그들의 멸망은 더욱 두려운 것이었다. 악인의 환락을 부러워하지 말고, 여기의 블레셋 사람들이 당한 일을 통해 악인의 승리는 짧고 그들의 기쁨은 순간일 뿐임을 기억하자.

(2) 그들은 자기들의 신 다곤을 찬미하며 오직 하나님께만 합당한 영광을 그에게 돌릴 때 죽임을 당했다. 그것은 만왕의 왕에 대하여, 그리고 그분의 면류관과 위엄에 대하여 반역을 행하는 것 외에 아무것도 아니었다. 그러므로 그들의 희생제물 속에 이들 반역자들의 피가 섞이게 된 것은 너무도 당연한 일이었다. 벨사살 역시도 사람이 만든 신들을 찬양하다가 죽임을 당했다(단 5:4).

(3) 그들은 나실인인 한 이스라엘 백성을 희롱하며 모욕하며 학대하다가 죽임을 당했다. 개인이든 나라든 하나님의 종을 모욕하며 학대하는 것보다 더 죄의 분량을 채우는 것은 아무것도 없다 — 비록 그 자신의 어리석음으로 인해 그토록 비참한 자리에 떨어진 것이라 할지라도. 선한 사람을 희롱하고 있는 자들은 지금 자신들이 무엇을 하고 있으며, 또 자신들이 누구를 모욕하고 있는지 알지 못한다.

3. 그들은 어떻게 죽임을 당했나? 삼손은 집을 넘어뜨려 그들 위에 덮치게 했다. 의심의 여지 없이 하나님께서 공적 인물(public person)로서 삼손의 마음속에 그와 같은 생각을 집어넣으셨을 것이며, 그럼으로써 블레셋에 대한 하나님과 이스라엘과 삼손 자신의 다툼에 대해 복수하도록 하셨다.

(1) 삼손은 기도로써 그 일을 할 힘을 얻었다(28절). 그는 죄로 인해 그 힘을 잃어버렸었지만, 이제 진실되게 회개한 자로서 기도를 통해 그 힘을 회복했다. 삼손의 기도는 은혜의 영을 거두지 말아 달라고 간청했던 다윗의 기도와 동일

한 것이었다(시 51:12): 나를 주 앞에서 쫓아내지 마시며 주의 성령을 내게서 거두지 마소서. 우리는 이 기도가 단지 마음으로 한 기도였으며 아무도 듣지 못했을 것이라고 추측할 수 있다(왜냐하면 그 기도는 떠들썩하고 어수선한 블레셋 군중들 속에서 드려졌기 때문이다). 그러나 비록 그의 목소리가 사람들의 귀에는 들리지 않았다 할지라도, 그의 기도는 하나님께 들려졌고 은혜롭게 응답되었다. 그리고 비록 삼손이 — 느헤미야의 경우와 같이 — 살아서 자신의 기도에 대해 설명하지는 못했다 할지라도, 하나님은 그 기도를 하늘에서 받으셨을 뿐만 아니라 영감 받은 성경기자에게 계시하심으로써 그것을 기록하게 하여 교회에 남겨주셨다. 삼손은 하나님께 자신을 기억하사 이번 한 번만 큰 힘을 달라고 기도했다. 그럼으로써 그는 자신의 힘이 하나님으로부터 온 것을 인정한 것이었다. 그리고 한 번만 더 그 힘을 허락하셔서 블레셋 사람들에게 최후의 일격을 가하게 해 달라고 간절히 구했다. 이러한 기도는 개인적인 분노와 복수심으로 말미암은 것이 아니라 하나님과 이스라엘의 영광을 위한 거룩한 열정으로 말미암은 것이었는데, 우리는 그러한 사실을 하나님께서 그 기도를 받으시고 응답하셨음을 통해 알 수 있다. 우리의 복된 구주께서 그러셨던 것처럼, 삼손 역시도 기도하면서 죽었다. 그러나 삼손은 복수를 위해 기도한 반면 예수 그리스도는 용서를 위해 기도하셨다.

(2) 삼손은 그 집을 떠받치고 있는 두 개의 기둥에 기댐으로써 그 일을 할 기회를 얻었다(26, 29절). 두 개의 기둥은 삼손이 동시에 붙잡은 것으로 보아 매우 가깝게 있었던 것으로 보인다. 기둥을 붙잡고 그는 모든 힘을 다하여 몸을 굽히면서 크게 소리쳤다: 블레셋 사람과 함께 죽기를 원하노라(30절). 그는 타격을 가하면서 죽었다. 지붕 위에서 삼손이 재주 부리는 것을 내려다보며 구경하던 무리들이 수천 명이나 있었는데, 이로 인해 그 장소가 좀 더 쉽게 무너질 수 있었을 것이라고 우리는 추측할 수 있다. 두 개의 기둥은 그 집의 엄청난 무게를 떠받치고 있었는데, 기둥이 허물어질 때 그 집은 자체의 무게에 의해 스스로 무너질 수밖에 없었으며 그 안에 있는 사람들은 치명적인 타격을 피할 수 없었다. 실제로 깔리고 짓눌려 죽임을 당하는 것에서 피한 사람이 거의 없을 정도였다. 이것은 삼손의 자연적인 힘에 의한 것이 아니라 하나님의 전능하신 능력에 의해 이루어진 것이었다. 이것은 놀랄 만한 일일 뿐만 아니라 기적 그 자체였다.

[1] 이로써 블레셋은 엄청난 재앙을 당하게 되었다. 블레셋의 모든 방백과 귀인(貴人), 그리고 수다한 백성들이 승리에 도취되어 있는 가운데 갑작스럽게 죽임을 당했다. 또한 다곤의 신전이 무너지면서 다곤 역시도 그 안에 묻혀버리게 되었다(많은 학자들은 이 집이 바로 다곤의 신전이었을 것이라고 생각한다). 이 일로 인해 블레셋은 이스라엘을 압제하는 힘을 상당 부분 상실할 수밖에 없었다. 그리고 만일 이스라엘이 이러한 유리한 상황을 이용할 만큼의 의식과 정신만이라도 가지고 있었다면, 그들은 지금 블레셋의 멍에를 던져버릴 수 있었을 것이다.

[2] 삼손의 행동은 지극히 정당한 것이었다. 그는 자신의 죽음에 대해서나 블레셋 사람들의 죽음에 대해 어떤 죄책도 질 필요가 없다. 삼손은 공적 인물로서 블레셋의 원수이며 표적이었다. 그러므로 그는 블레셋 사람들에 대항하여 모든 이점들을 활용할 수 있었다. 그들은 지금 가장 야만적인 방법으로 그와 더불어 전쟁을 하고 있었다. 그들은 모두 연합하여 삼손을 대적하고 있었으며, 따라서 그가 그들을 대적한 것은 지극히 정당한 일이었다. 뿐만 아니라 삼손은 자살한 것도 아니었다. 왜냐하면 그가 목표로 했던 것은 자신의 생명이 아니라 — 비록 자신의 생명을 포기할 만한 절망적인 상황이었다 할지라도 — 이스라엘의 원수들의 생명이었기 때문이었다. 그가 자신의 생명을 용감하게 포기하기에 이른 것은 자기 생명조차 조금도 귀한 것으로 여기지 아니하고 자기의 달려갈 길을 영예롭게 끝마치려 함이었기 때문이었다(행 20:24을 보라).

[3] 하나님은 삼손의 큰 죄를 용서하심으로써 크게 영광을 받으셨는데, 바로 이것이 그 증거였다. 왕이 죄인에게 어떤 사명을 맡겼다면 그것은 그를 용서했다는 증거가 되는 것이다. 그러나 그들을 용서하신 하나님이시라 할지라도 그는 그들의 행한 대로 갚으셨다(시 99:8). 그리고 하나님은 자신의 전사(戰士)가 결박된 채 고통 가운데 죽도록 허락하심으로써 모든 사람들로 하여금 영혼을 대적하여 싸우는 정욕들을 주의하도록 경고하셨다. 그러나 비록 블레셋 사람들과 함께 죽었다 할지라도, 우리는 삼손이 그들과 더불어 영원한 운명을 함께 공유하는 것은 결코 아니라고 믿을 수 있는 충분한 이유를 가지고 있다. 주님은 자신에게 속한 자들을 아신다.

[4] 삼손은 그리스도의 모형이었다. 삼손이 다곤의 신전을 허물어뜨린 것처럼 그리스도는 마귀의 왕국을 무너뜨리셨다. 그리고 그리스도께서는 자신의

죽으심을 통해 어둠의 권세에 대해 가장 영광스러운 승리를 얻으셨다. 그리고 삼손이 두 기둥을 향해 손을 뻗친 것처럼 그리스도의 팔이 십자가 위에서 뻗쳐졌을 때 지옥의 문은 치명적으로 흔들렸다. **죽음을 통하여 그는 죽음의 세력을 잡은 자 곧 마귀를 멸하셨다**(히 2:14, 15). 그리고 여기에서 주님은 삼손보다 더 뛰어나셨는데, 그는 블레셋 사람들과 함께 죽으셨을 뿐만 아니라 다시 살아나셔서 그들에게 승리를 거두셨다.

마지막으로, 삼손의 이야기는 다음과 같은 두 가지와 함께 종결된다.

1. 그의 장사에 관한 이야기. 삼손의 친척들은 그의 영광스러운 죽음에 감동을 받아, 이 곳에 와서 죽은 자들 가운데 그의 시체를 발견하여 고향으로 옮긴 후 그의 아버지의 장지에 장사했다. 블레셋 사람들은 두려움에 사로잡혀 그들이 이렇게 하는 것을 감히 막으려고 하지 않았다.

2. 앞에서 언급한 그의 통치기간에 관한 이야기를 다시 반복함: **삼손이 이스라엘의 사사로 이십 년 동안 지냈더라.** 이스라엘 사람들이 그토록 나약하고 비겁하게만 행동하지 않았더라도 그들은 삼손과 더불어 블레셋의 멍에를 벗어버릴 수 있었을 것이다. 또 하나님과 사사들로 하여금 자신들을 위해 일하도록 그냥 내버려 두기만 했더라도, 그들은 편안하고 안전하며 행복할 수 있었을 것이다.

제 17 장

개요

본 장부터 사사기 끝까지의 이야기가 성경의 순서대로 삼손 이후에 일어난 것이 아니라 오래 전 다시 말해서 엘르아살의 아들 비느하스의 때에(20:28) 여호수아가 죽은 직후에 일어난 이야기라는 데에 모든 사람이 동의한다. 그러나 이것(17장부터 21장까지)은 사사들의 역사(歷史)를 가로막지 않도록 하기 위해 사사기의 끝 부분에 배치되었다. 또한 우리는 이를 통해 사사들이 다스릴 때에는 이스라엘이 행복했지만 반면 사사가 없을 때에는 매우 불행했었음을 보게 된다. I. 우상 숭배가 미가의 가정에서 시작됨(17장). II. 우상 숭배가 단 지파 속으로 퍼짐(18장). III. 악이 베냐민의 기브아에서 행해짐(19장). IV. 베냐민 지파가 그 악을 비호함으로써 멸망을 당하게 됨(20장). V. 베냐민 지파가 소멸되지 않도록 하기 위해 편법이 사용됨(21장). 본 장은 에브라임 사람 미가를 중심으로 펼쳐진다. 1. 신상이 미가의 집에 들어옴(1-6절). 2. 한 레위인 청년이 미가의 제사장이 됨(7-13절).

[1]에브라임 산지에 미가라 이름하는 사람이 있더니 [2]그의 어머니에게 이르되 어머니
께서 은 천백을 잃어버리셨으므로 저주하시고 내 귀에도 말씀하셨더니 보소서 그
은이 내게 있나이다 내가 그것을 가졌나이다 하니 그의 어머니가 이르되 내 아들
이 여호와께 복 받기를 원하노라 하니라 [3]미가가 은 천백을 그의 어머니에게 도로
주매 그의 어머니가 이르되 내가 내 아들을 위하여 한 신상을 새기며 한 신상을 부
어 만들기 위해 내 손에서 이 은을 여호와께 거룩히 드리노라 그러므로 내가 이제
이 은을 네게 도로 주리라 [4]미가가 그 은을 그의 어머니에게 도로 주었으므로 어머
니가 그 은 이백을 가져다 은장색에게 주어 한 신상을 새기고 한 신상을 부어 만들
었더니 그 신상이 미가의 집에 있더라 [5]그 사람 미가에게 신당이 있으므로 그가 에
봇과 드라빔을 만들고 한 아들을 세워 그의 제사장으로 삼았더라 [6]그 때에는 이스
라엘에 왕이 없었으므로 사람마다 자기 소견에 옳은 대로 행하였더라

Ⅰ. 미가와 어머니 사이의 불화.

1. 아들이 어머니의 돈을 훔쳤다. 어머니는 오랜 세월 아끼고 절약하여 은 1,100이라는 큰돈을 모았다. 아마도 어머니는 자신이 죽으면 그 돈을 아들에게 남겨줄 생각이었을 것이다. 그리고 어머니는 그 돈을 바라보며 세어보는 것으로 큰 기쁨을 삼았을 것이다. 한편 미가는 장성한 자녀들을 둔 가정을 가지고 있었는데, 그 가운데 한 아들은 제사장이 될 만한 나이였다(5절). 미가는 그 돈이 어머니에게보다 자신에게 더 필요하다고 생각했고, 어머니가 죽을 때까지 기다릴 수가 없었다. 그러므로 그는 자기가 쓰기 위해 그 돈을 몰래 훔쳤다. 자녀에게 필요한 것을 주지 않음으로써 자녀로 하여금 부모가 빨리 죽기를 바라는 시험에 떨어지게 만들었다면, 거기에 부모의 잘못이 없다고 말할 수 없을 것이다. 그럼에도 불구하고 미가의 경우와 같이 자녀가 부모의 돈을 훔치면서 부모의 것은 정당하지 않은 방법을 통해서라도 자신이 취할 수 있다고 생각하는 것은 악한 일로서 결코 정당화될 수 없다.

2. 미가의 어머니는 아들을, 혹은 누구든지 그 돈을 훔친 사람을 저주했다. 분명히 그녀는 아들을 의심한 것으로 보인다. 왜냐하면 그녀는 저주할 때 아들이 있는 자리에서 그의 귀가 멍해질 정도로 매우 크고 격분에 찬 목소리로 소리를 질렀기 때문이다. 돈을 사랑하는 것이 어떤 불행을 가져오는지, 그리고 모든 관계를 어떻게 파괴하는지 주목하라. 미가로 하여금 어머니의 돈을 훔칠 정도로 불효자로 만들고, 또 그의 어머니로 하여금 아들에 대한 사랑을 망각하고 저주할 정도로 매정하게 만든 것은 다름 아닌 돈에 대한 사랑이었다. 물질적 손실을 입었을 때, 선한 사람은 기도하게 되지만 악한 사람은 저주하게 된다. 미가의 어머니에게 있어 은(銀, 돈)은 그것이 우상을 만드는 데 쓰이기 이전에도 이미 그녀의 신(神)이었다. 만일 그렇지 않았다면 그것을 잃어버렸다고 하여 모든 품위와 경건을 망각할 정도로 그렇게 큰 분노와 격한 감정에 휩싸이지는 않았을 것이다. 마치 횃불을 던지며 화살을 쏘아서 사람을 죽이는 미친 사람처럼(잠 26:18) 무턱대고 저주를 퍼붓는 것은 너무나 어리석은 일이다. 왜냐하면 이렇게 퍼부어진 저주가 가장 사랑하는 사람에게 떨어질 수도 있기 때문이다.

Ⅱ. 미가와 어머니의 화해.

1. 아들은 어머니의 저주에 대해 큰 두려움을 느껴 그 돈을 돌려주었다. 그는 어머니의 돈을 훔칠 정도로 도덕관념이 희박하기는 했지만, 어머니의 저주를

듣고도 계속 그 돈을 가지고 있을 정도로 완악하지는 않았다. 그는 어머니의 저주로 인해 그 돈이 자신에게 어떤 특별한 유익을 가져다 주지 못할 것이라고 생각했다. 그리고 이와 같은 상황 속에서 그는 자신이 도둑이라는 사실을 부인할 수 없었으며, 따라서 계속 그 돈을 갖고 있으려고 하지 않았다. 악을 행하지 않는 것이 최선이다. 그러나 이미 악을 행했다면, 회개와 고백과 배상을 통해 원상태로 되돌리는 것이 차선이다. 자녀들은 부모의 기도를 두려워할 줄 알아야 한다. 물론 까닭 없는 저주는 임하지 않는 법이지만 정당한 저주는 마땅히 두려워해야만 한다 — 비록 그것이 격렬한 감정 가운데 분별없이 내뱉은 것이라 할지라도.

2. 미가의 어머니는 아들의 회개에 대해 크게 기뻐하면서, 자신의 저주를 철회하고 그것을 축복의 기도로 바꾸었다: **내 아들이 여호와께 복 받기를 원하노라**. 잘못을 범한 자가 스스로 솔직하게 고백할 때, 우리는 그의 잘못을 계속해서 정죄하고 비난하기보다는 기꺼이 용서해 주어야 한다.

Ⅲ. 미가와 어머니가 그 돈으로 신상을 만들기로 합의함. 이렇게 하여 그 가정에 우상 숭배가 들어오게 되었다. 그리고 이것이 여호수아와 장로들의 죽음 이후 이스라엘 백성이 하나님에 대해 그리고 그분이 세우신 예배에 대해 반역한 첫 번째 실례(實例)가 된 것으로 보인다. 비록 참된 하나님을 형상화하여 신상을 만든 것이라 할지라도, 그것은 두 번째 계명을 범한 것이었다. 그리고 이로 인해 바알과 아세라 같은 다른 신들을 숭배하는 문이 열리게 되었는데, 그것은 가장 크고 첫째 되는 계명을 범하는 것이었다.

1. 이 일은 미가의 어머니로부터 말미암았다. 잃어버렸던 은을 돌려받았을 때, 미가의 어머니는 마치 그것을 이미 여호와께 봉헌한 것처럼 말한다(3절). 만일 그녀가 그 돈을 잃어버리기 전에 이미 봉헌한 것이었다면, 그 돈은 봉헌된 그러므로 '바쳐진 것' (accursed thing)이기 때문에 그녀는 그토록 슬퍼하며 그것을 훔친 자에게 저주를 퍼부었던 것이다. 그리고 만일 그것을 잃어버리고 난 후에 봉헌한 것이었다면 다시 말해서 만일 그 돈을 되찾는다면 그것을 하나님께 봉헌하겠다고 서원했다면, 결과적으로 서원으로 인해 잃어버린 돈을 되찾는 은혜를 받은 셈이었다. 어머니는 아들에게 말한다. "그래 아들아! 그 돈은 내 것이지만 네가 그것을 마음에 두었다. 그러니 내 것도 네 것도 되지 말게 하고 그것으로 한 신상을 만들어 종교적인 용도로 쓰도록 하자." 만일 미가의 어

머니가 정말로 그 돈을 하나님의 영광을 위해 사용되도록 했다면, 이것은 그들 모자(母子) 사이의 문제를 해결하는 좋은 방법이 되었을 것이다. 그러나 그 계획은 악한 것이었다. 어쩌면 미가의 어머니는 애굽에서 나온 사람들 가운데 한 사람으로서 그 곳에서 보았던 것과 똑같이 만들어진 형상(신상)들을 가지고 있었을는지도 모른다. 이제 그녀는 늙어 사리분별이 어두워진 가운데 어린 시절 행해졌던 어리석은 일들을 회상하면서, 아마도 아들에게 예전에는 이와 같이 형상(신상)을 만들어 하나님을 섬기는 것이 통상적인 방식이었다고 말했을는지 모른다.

2. 이에 아들이 순응한다. 어머니가 처음 이 일을 제안했을 때 미가는 둘째 계명을 알고 있었기 때문에 주저한 것으로 보인다. 왜냐하면 그녀가 신상을 만들고자 했던 것은 아들을 위한 것이었음에도 불구하고(3절), 미가는 신상을 만드는 일에 동참하는 것을 꺼리면서 그 돈을 어머니에게 되돌려 주었고 이에 어머니는 — 아마도 주저하는 아들을 비난하면서 — 그것을 은장색에게 주어 신상을 만들게 했기 때문이다(4절). 그러나 신상이 만들어지자 미가는 어머니의 설득에 의해 그것을 받아들였을 뿐만 아니라 크게 기뻐하면서 그것을 가까이 했다. 너무나 이상하게도 우상 숭배는 사람의 마음을 빼앗는 힘을 가지고 있으며, 조상들로부터 받은 전통에 의해 크게 강화되는 특징이 있다(벧전 1:18; 렘 44:17). 또한 여기에 나타나는 미가의 어머니의 탐심을 주목하라. 그녀는 신상을 만드는 일에 은 1,100 전체를 온전히 봉헌했었다(3절). 그러나 실제로 일이 시작될 때 그녀는 5분지 1도 채 안 되는 은 200만으로 그것을 만들도록 했다(4절). 그녀는 그것이면 충분하리라고 생각했다. 실제로 그것은 거짓의 스승인 신상에게 주기에는 지나치게 큰돈이었다. 만일 그 돈이 참으로 하나님의 영광을 위해 봉헌되었다면, 하나님은 이와 같이 일부의 가격으로 떠넘겨지는 것에 대해 진노하시면서 마치 아나니아와 삽비라에게 그렇게 하셨던 것처럼 자신의 거룩한 분노를 나타내셨을 것이다.

(1) 이로써 잘못된 우상 숭배의 문이 열리게 되었다(5절). 미가는 **신당**(신들의 집, a house of gods) 혹은 70인역에서 읽는 것처럼 **하나님의 집**(a house of God)을 가지고 있었다. 그는 자신의 신당이 실로에 있는 것만큼이나 좋은 것이라고 생각했다. 아니, 그보다도 더 나은 것이라고 생각했다. 왜냐하면 자신의 것이요 자신이 만든 것이며 또 자기 마음대로 처분할 수 있는 것이었기 때문이

다. 이와 같이 사람들은 자기 마음대로 움직일 수 있는 종교를 갖고, 그것을 자기가 원하는 대로 조종하기를 좋아한다. 갈대아 역본은 '오류의 집' (a house of error)이라고 읽는데, 그것은 실제로 그와 같은 것으로서 진리의 길에서 벗어난 것이요 모든 거짓의 문이었다. 우상 숭배는 거대한 사기이며, 최악의 오류들 가운데 하나이다. 미가는 자신의 우상 숭배를 진행시켜 나가는 가운데 — 처음부터 의도했든 의도하지 않았든 — 하나님의 신탁과 규례를 교묘하게 흉내내며 모방했다.

[1] 신탁. 미가는 드라빔을 만들었다. 그것은 작은 형상들이었는데, 특별한 일이 있을 때마다 그것에게 물음으로써 정보와 지시와 예언을 받기 위한 것이었다. 우림과 둠밈이 지도자와 백성을 위한 것이었다면, 이 드라빔은 그의 가정을 위한 것이었다. 그러나 미가는 참 하나님이 그것들을 지배하고 계신다는 사실을 혹은 그것들을 통해 응답하신다는 사실을 생각하지 못하고, 마치 이교도들이 그것들을 숭배함으로써 그로부터 어떤 도움을 얻으려고 했던 것처럼 그것에 의존했다. 이와 같이 그것이 여호와의 영광을 위한 것처럼 꾸며졌지만(3절), 그러나 그로 인해 이스라엘 백성들은 불가피하게 우상 숭배와 귀신 숭배로 빠져 들어가게 되었다.

[2] 규례. 미가는 자기 집 가운데 일부를 성전 혹은 하나님의 집으로 지정했다. 그리고 하나님의 성막에서 사용된 것을 모방하여 제사장이 직무를 수행할 때 입는 에봇 혹은 거룩한 예복을 준비하고, 자기 아들들 가운데 하나를 — 아마도 그의 맏아들이었을 것이다 — 제사장으로 성별하였다. 자기가 예배하는 대상을 표현하는 신상을 세워놓은 사람이 또 자기 마음대로 제사장을 세워 그 일에 종사하도록 한 것은 전혀 놀랄 일이 아니다. 여기에 은으로 만든 신을 영화롭게 하기 위한 제단이나 희생제물이나 향 등에 관해서는 아무런 언급도 나오지 않는다. 그러나 제사장까지 세운 것을 감안할 때 이러한 것들도 있었을 것으로 보인다 — 우리가 그의 신들이 예배를 위한 것이 아니라 라반의 드라빔처럼 단지 신탁을 묻기 위한 의도로 만들어졌다고 추측하지 않는 한. 그러나 우상 숭배의 시작 역시 다른 죄와 마찬가지로 둑에서 물이 새는 것과 같다(잠 17:14). 결국 둑이 터지고 큰 홍수가 나게 되는 것이다. 이렇게 우상 숭배가 시작되었고, 그것은 마치 나병처럼 온 몸으로 퍼져나갔다. 라이트푸트 박사(Dr. Lightfoot)는 삼손을 파멸시키기 위해 블레셋의 방백들이 각각 은 1,100을 준 것

처럼 여기에서 은 1,100이 특별히 삼손의 지파였던 단 지파의 신앙을 파멸시키기 위해 우상을 만드는 일에 바쳐진 것을 주목한다.

(2) 이러한 타락의 원인은 무엇인가? **그 때에는 이스라엘에 왕이 없었으므로 사람마다 자기 소견에 옳은 대로 행하였더라**(6절). 그 때 이스라엘에 이러한 신상을 세우는 것을 감독하고 파괴해 버리도록 명령할 왕도, 사사도, 특별한 통치자도 없었다. 따라서 미가로 하여금 이와 같은 일이 잘못된 것임을 깨닫게 해주고, 그것을 제지하며 징벌하여 이러한 전염병이 온 나라에 퍼지는 것을 막아줄 사람이 아무도 없었다. 그러므로 모든 사람이 자기 보기에 옳은 대로 행하였다. 그러자 그들은 곧 하나님 보시기에 악한 것을 행하게 되었다. 그들 가운데 선한 질서를 유지시켜 줄 왕이 없었을 때, 그들은 곧 하나님의 집을 버렸고 하나님의 제사장들을 무시했으며 모든 것이 파멸을 향해 치닫게 되었다. 통치기관이 있다는 것은 얼마나 감사한 일인가! **임금들과 높은 지위에 있는 모든 사람을 위하여 간구와 기도와 도고뿐만 아니라 감사를 해야** 하는 이유가 무엇인지 생각해 보라(딤전 2:1, 2). 이와 같이 세상에서 참된 종교를 지키고 유지함에 있어 두 가지 큰 규례 곧 통치(magistracy, 왕의 역할)와 사역(ministry, 제사장의 역할)보다 더 크게 기여하는 것은 아무것도 없는 것이다.

7유다 가족에 속한 유다 베들레헴에 한 청년이 있었으니 그는 레위인으로서 거기서
거류하였더라 8그 사람이 거주할 곳을 찾고자 하여 그 성읍 유다 베들레헴을 떠나
가다가 에브라임 산지로 가서 미가의 집에 이르매 9미가가 그에게 묻되 너는 어디
서부터 오느냐 하니 그가 이르되 나는 유다 베들레헴의 레위인으로서 거류할 곳을
찾으러 가노라 하는지라 10미가가 그에게 이르되 네가 나와 함께 거주하며 나를 위
하여 아버지와 제사장이 되라 내가 해마다 은 열과 의복 한 벌과 먹을 것을 주리라
하므로 그 레위인이 들어갔더라 11그 레위인이 그 사람과 함께 거주하기를 만족하
게 생각했으니 이는 그 청년이 미가의 아들 중 하나 같이 됨이라 12미가가 그 레위
인을 거룩하게 구별하매 그 청년이 미가의 제사장이 되어 그 집에 있었더라 13이에
미가가 이르되 레위인이 내 제사장이 되었으니 이제 여호와께서 내게 복 주실 줄
을 아노라 하니라

우리는 여기에서 미가가 한 레위인을 자기 집의 제사장으로 삼은 이

야기를 보게 된다. 자기 아들은 자신의 재산을 상속받을 자이므로 제사장의 일을 하기에는 아깝다고 생각했든지, 아니면 하나님의 지파가 아니므로 제사장의 직무를 맡기에 적절치 않다고 생각한 것 같다(아마도 후자가 좀 더 가능성이 높은 듯하다).

I. 이 레위인은 어떻게 해서 미가에게 오게 되었나. 그는 어머니 쪽으로 유다 가족 출신으로서 어머니의 친척들과 함께 베들레헴에서 살고 있었든지(왜냐하면 그 곳은 레위인의 성읍이 아니었기 때문이다) 아니면 어떤 연유로 인해 타지인(他地人)으로서 그 곳에 거류하고 있었다(7절). 그러다가 그는 거주할 곳을 찾고자 하여 길을 떠났고, 여행하는 가운데 에브라임 산지에 있는 미가의 집에 오게 되었다(8절).

1. 어떤 이들은 그가 베들레헴을 떠나게 된 것은 그의 불행 때문이었을 것이라고 생각한다 — 그 곳에서 학대와 핍박을 받았기 때문이든 혹은 사람들이 돌보지 않음으로 먹을 것이 없었기 때문이든. 하나님은 레위인의 모든 필요가 충족되도록 모든 조치를 취하셨다. 그러나 백성들은 레위인에게 마땅히 주어야 할 것을 주지 않았고, 그들에게 할당된 성읍들을 소유하도록 돕지 않았다. 따라서 그들은 궁핍 가운데 떨어질 수밖에 없었고, 백성들은 도움의 손길을 외면했다. 이스라엘이 하나님을 버리는 것은 레위인을 버리는 것으로부터 시작되었는데, 이것은 이미 여러 차례 경고된 것이었다(신 12:19, **너는 삼가 네 땅에 거주하는 동안에 레위인을 저버리지 말지니라**). 선한 사역자들이 소홀히 여김을 당하면서 생계에 위협을 느끼는 것은 신앙이 쇠퇴하고 있는 표지이다.

2. 그러나 그가 방랑하는 것을 좋아하여 살던 곳과 친지들을 등지고 단순히 행운을 찾아 온 것일 가능성이 더 높아 보인다. 우리는 지금 레위인이 그토록 극심한 궁핍에 빠질 정도의 상황까지는 이르지 않았다고 생각한다. 그렇게 본다면 그가 이렇게 된 것은 순전히 그의 잘못이요 그의 어리석음으로 말미암은 것이었다. 자신의 자리에 정착해 있고자 하나 그럴 수 없는 자는 불쌍히 여김을 받아야 하지만, 정착해 있을 수 있음에도 불구하고 그렇게 하지 않는 자는 마땅히 징계를 받을 만하다. 정착하지 못하면 계속해서 불안한 법이다. 그런데 어떤 이스라엘 백성이, 특별히 어떤 레위인이 그렇게 떠돌아다니는 것을 좋아했다는 것은 참으로 이상한 일이 아닐 수 없다.

II. 미가는 레위인 청년과 무슨 계약을 맺었나. 미가가 자기 아들을 제사장으로 세운 것에 대해 만족하지 못했다면, 그는 레위인을 구하기 위해 멀리까지 자신이 가거나 혹은 다른 사람을 보냈을 것이다. 그러나 지금 그는 단지 우연히 만나게 된 사람을 잡으려고 할 뿐 이 문제에 큰 열심을 가지고 있었던 것으로는 보이지 않는다. 어쩌면 이 레위인 방랑자는 미가의 신당과 신상에 대해 들었을는지 모른다. 만일 그에게 레위인의 정신이 살아있었다면 우상 숭배로 인해 미가를 책망하고 그것이 하나님의 율법에 얼마나 직접적으로 어긋나는지 그리고 어떻게 그에게 하나님의 심판이 임할 것인지를 말했을 것이다. 그러나 그렇게 하는 대신 그는 거룩한 지파에서 나온 썩은 가지처럼 자신의 일자리를 요청하기에 이른다: **나는 레위인으로서 거류할 곳을 찾으려 가노라.** "지금 나에게는 일거리가 없는데 혹시 당신에게 레위인의 일거리가 있습니까?" 그가 추구한 모든 것은 단지 빵을 얻는 것이었을 뿐 선한 일을 행하는 것이 아니었다(9절). 미가는 다음과 같은 것을 약속하면서 그를 자신의 제사장으로 데려온다(10절).

1. 좋은 지위. **나를 위하여 아버지와 제사장이 되라.** 그는 아직 젊은 사람이었으며 또 집 앞에서 우연히 만난 사람일 뿐이었다. 그러나 미가는 만일 그가 자신의 제사장이 되어준다면 그를 아버지 같이 공경할 것이라고 말한다. 미가는 그에게 레위인으로서의 증거를 요구하지도 않고, 또 그가 전에 어떻게 생활하며 행동했는지에 대해서도 묻지 않는다. 또한 미가는 그가 레위인임에도 불구하고 혹시 가족의 재앙과 수치가 될 정도로 악한 사람이 아닌가 숙고하지도 않고, 다만 마치 여로보암이 **보통 백성**들로부터 제사장을 세운 것처럼 다만 제사장으로서 신상을 섬기는 것만을 생각한다(왕상 12:31). 아무 것으로나 신을 만들 수 있는 자가 아무 사람이나 데려다가 제사장으로 세울 수 없겠는가?

2. 어지간한 보수. 미가는 레위인 청년에게 먹을 것과 마실 것과 의복 두 벌(난외에 있는 대로; 하나는 더 좋은 것이었으며 다른 하나는 덜 좋은 것으로서, 하나는 평상복이었고 또 하나는 聖日을 위한 것이었다)과 일 년 쓸 돈으로서 은 열을 줄 것을 약속했다. 이것은 하나님이 올바로 사역하는 레위인에게 공급하시는 것과 비교하면 초라한 보수였다. 그러나 하나님의 일을 버린 자는 더 나은 것을 기대할 수 없을 뿐만 아니라 더 좋은 주인을 만날 수도 없다. 하나님께서 맡기신 사역은 최고의 소명(calling)이지만, 그러나 세상에서는 최악의 직업(trade)이다.

Ⅲ. 레위인 청년이 미가의 집에 정착함. 그 레위인이 그 사람과 함께 거주하기를 만족하게 생각했으니(11절). 비록 일은 미신적이며 또 보수는 보잘것없었음에도 불구하고, 그 레위인 청년은 아무런 이의도 제기하지 않고 그렇게 좋은 집에 정착하게 된 것을 만족스럽게 생각했다. 미가는 스스로를 누구보다도 더 거룩한 자로 생각하면서 어떤 주저함도 없이 이 레위인 청년을 거룩하게 구별했다(12절). 마치 신당과 그 안에 있는 신상을 비롯한 각종 기구들이 그로 하여금 그 곳에서 직무를 수행할 자를 임명하는 권세를 부여하는 것이라도 되는 양 그는 행동했다. 미가는 레위인 청년에게 아버지에게 하듯 공경을 나타내고 또 아들에게 하듯 부드럽게 대했는데, 이것으로써 그에게 약속한 적은 보수를 기꺼이 벌충하고자 했다.

Ⅳ. 이 모든 일에 미가가 만족히 여김. 레위인이 내 제사장이 되었으니 이제 여호와께서 내게 복 주실 줄을 아노라(13절). 그는 이 모든 일로 인해 이웃들 가운데 명성을 얻게 될 것이고, 그럼으로써 자기가 만든 제단을 통해 이익을 얻게 될 것을 기대한 것으로 보인다. 혹은 하나님께 좋은 일을 했으므로 이제부터 자신이 손대는 모든 일에 하나님이 축복하시고 은혜를 베푸실 것으로 그는 기대했을 것이다.

1. 미가는 하나님이 적절한 때에 레위인을 자신에게 보내주신 것은 그분이 자신과 자신이 만든 신상에게 호의를 보이신 증거라고 생각했다. 이와 같이 자기 망상에 빠져 스스로 즐거워하는 자들은 어떤 일이 예기치 않게 좋은 방향으로 펼쳐질 때 하나님이 자신들을 기뻐하고 계시는 증거로 추론하며 받아들인다.

2. 미가는 제사장직에 있어 문제가 있었는데, 이제 그 문제가 레위인으로 인해 완전히 해결되었다고 생각했다 — 그에게 아직 신상이 그대로 남아 있었음에도 불구하고. 많은 사람들은 단지 일부분만을 바로잡는 것으로 모든 것이 다 잘 되었다고 생각하면서 스스로 속는다 — 마치 잘못된 것 한 가지를 바로잡음으로써 모든 것이 온전케 되었다고 여기는 양.

3. 미가는 레위인을 제사장으로 세운 것이 매우 훌륭한 행동이라고 생각했으나, 실상 그것은 하나님의 권세를 찬탈하는 주제넘은 행동으로서 그분의 진노를 불러일으키는 일이었다. 인간은 교만과 무지와 자만으로 인해 하나님의 특권을 침해하며 가장 가증한 불경건을 행하고서도 그것을 정당화할 뿐만 아니

라 한 걸음 더 나아가 그것을 자랑하기까지 한다. 미가는 마땅히 이렇게 말했어야 했다. "내가 하나님의 지파(레위 지파)에 속한 자 가운데 한 사람을 타락케 하여 새긴 신상을 예배하는 일에 빠뜨렸으니, 하나님이 나를 저주하실까 두렵도다." 그런데 그는 거꾸로 이 일로 인해 하나님이 자신에게 복을 주실 것으로 기대했다.

4. 미가는 레위인을 자기 집에 두었으므로 이제 마땅히 자신은 하나님의 호의를 받을 자격이 있다고 생각했다. 육신적인 생각을 가진 사람들은 자신들의 외적인 특권을 지나치게 내세우는 경향이 있다. 경건한 부모에게 태어났으며 기도하는 가정에서 자랐고 훌륭한 사람들과 친밀한 교분을 가지고 있으므로 하나님께서 자신들에게 복을 주실 것이라고 쉽사리 결론짓는 것이다. 그러나 이러한 모든 것들은 단지 레위인을 자신의 제사장으로 삼은 것과 같을 뿐이다. 그러므로 그들 스스로 선한 사람이 되고 그러한 이점들을 올바로 선용하지 않는 한, 그와 같은 것들은 하나님의 복과 관련하여 아무것도 보장해 주지 않는다.

제 — 18 — 장

개요

우리는 앞 장에서 우상 숭배가 어떻게 미가의 가정에 들어오게 되었나 하는 것을 보았다. 이제 우리는 본 장에서 어떻게 그것이 단 지파로 옮겨졌으며 또 그것이 어떻게 한 중요한 도시에 뿌리를 내리게 되었나 하는 것을 보게 된다. 작은 불씨가 얼마나 큰 불을 일으키는가! 단 지파는 모든 지파들 가운데 마지막으로 기업을 할당받았다. 그런데 할당받은 기업이 너무 비좁았으므로 그들은 가나안 북쪽 끝 모퉁이에 있는 한 중요한 성읍을 취하게 되었다. "그들로 그 성읍을 얻어 취하게 하라." 그 성읍은 라이스 혹은 레셈이라 불렸다(수 19:47). 이제 우리는 여기에서 다음과 같은 이야기를 보게 된다. I. 단 지파 사람들이 정탐꾼들을 보냄, 그리고 그들이 미가의 제사장을 만남(1-6절). II. 정탐꾼들의 고무적인 보고(7-10절). III. 라이스를 정복하기 위해 병력을 보냄(11-13절). IV. 그들이 미가와 그의 신들을 약탈함(14-26절). V. 그들이 쉽게 라이스를 정복함(27-29절), 그리고 새긴 신상을 세움(30, 31절).

1그 때에 이스라엘에 왕이 없었고 단 지파는 그 때에 거주할 기업의 땅을 구하는 중
이었으니 이는 그들이 이스라엘 지파 중에서 그 때까지 기업을 분배 받지 못하였
음이라 2단 자손이 소라와 에스다올에서부터 그들의 가족 가운데 용맹스런 다섯 사
람을 보내어 땅을 정탐하고 살피게 하며 그들에게 이르되 너희는 가서 땅을 살펴
보라 하매 그들이 에브라임 산지에 가서 미가의 집에 이르러 거기서 유숙하니라 3
그들이 미가의 집에 있을 때에 그 레위 청년의 음성을 알아듣고 그리로 돌아가서
그에게 이르되 누가 너를 이리로 인도하였으며 네가 여기서 무엇을 하며 여기서
무엇을 얻었느냐 하니 4그가 그들에게 이르되 미가가 이러이러하게 나를 대접하고
나를 고용하여 나를 자기의 제사장으로 삼았느니라 하니라 5그들이 그에게 이르되
청하건대 우리를 위하여 하나님께 물어 보아서 우리가 가는 길이 형통할는지 우리
에게 알게 하라 하니 6그 제사장이 그들에게 이르되 평안히 가라 너희가 가는 길은
여호와 앞에 있느니라 하니라

1. 이들 단 사람들의 눈이 라이스로 향함. 그들은 단 지파 전체가 아니라 단 지파에 속한 한 가족으로서 그 성읍을 기업으로 분배받은 자들이었다. 지금까지 이 가족은 유다와 블레셋 사이의 지역을 기업으로 취한 형제들 가운데 거류(居留)하고 있었다. 그들은 자신들에게 분배된 성읍으로 가려고 하지 않았는데, 그것은 **그 때에 이스라엘에 그들을 다스릴 왕이 없었기** 때문이었다(1절). 그들의 기업은 다른 형제들의 기업과 멀리 떨어져 있었다. 그 땅은 전적으로 적들의 수중에 있었으므로, 그들은 스스로 독립하기 위해 멀리 가기보다는 형제들 가운데 더부살이하고자 하였다. 그러나 마침내 더 이상 그렇게 할 수 없는 때가 오게 되었고, 따라서 그들은 자신들이 거주할 기업에 대해 생각하기 시작했다. 남에게 의존하는 것보다는 작을지라도 자신의 것을 갖는 것이 나은 법이다.

2. 이들 단 사람들이 라이스를 정탐함: 그들이 **용맹스런 다섯 사람을 보내어 땅을 정탐하고 살피게 하며**(2절). 그들은 그 땅을 정탐함으로써 그 곳이 과연 그렇게 멀리 갈 만한 가치가 있는 땅인지, 그 곳에 살고 있는 사람들과 관련하여 과연 그들을 정복하는 것이 가능한지, 그 일을 위해서는 어느 정도의 병력이 필요한지, 그들을 공격하기 위한 최선의 방법은 어떤 것인지 등에 대해 알고자 했다. 그들이 보낸 자들은 용맹스런 자들로서, 혹시 적의 수중에 떨어질지라도 그 위험에 직면하여 대처할 수 있는 자들이었다. 뛰기 전에 먼저 살피는 것은 참으로 분별 있는 처사이다. 단은 **바산에서 뛰어나오는 사자의 새끼**의 용기뿐만 아니라(신 33:22), **길섶의 뱀**의 치밀함을 가지고 있었다(창 49:17).

3. 정탐꾼들이 미가의 제사장을 만남. 정탐꾼들은 이 레위인을 전부터 알고 있었던 것으로 보인다. 비록 그의 모습이 다소 달라져 있었다 할지라도, 정탐꾼들은 그의 음성을 듣고 그를 알아보았다(3절). 정탐꾼들은 그가 이토록 먼 지역까지 온 것에 놀라면서, 도대체 어떻게 해서 여기까지 오게 되었는지를 묻는다. 이에 그는 이 곳에서 어떤 일을 하고 있으며 어떤 대우를 받고 있는지 등에 대해 말한다(4절). 그러자 정탐꾼들은 그가 이 곳에서 신탁(神託)과 관련한 일을 맡고 있음을 알고는 자신들이 지금 하고자 하는 일이 형통할는지 여부를 묻는다(5절). 그들이 하나님에 대해 그리고 하나님의 섭리에 대해 얼마나 경솔하며 부주의한지 보라. 만일 이 레위인으로부터 그가 가지고 있는 드라빔에 대해 아무런 이야기도 듣지 않았다면, 그들은 하나님께 아무것도 물으려고 하지 않았을 것이다. 많은 사람들은 마치 지나가는 손님처럼 어떤 절박한 문제가 생겼을

때에야 비로소 신앙에 대해 생각한다. 그들은 하나님의 율법에 대해 너무도 무지했다. 그들은 새긴 형상을 만들지 말 것을 명하신 하나님이 그러나 자신들이 형상(신상)에게 묻는 것은 인정하시고 평안의 응답을 줄 것으로 생각했다.**인자야 이 사람들이 자기 우상을 마음에 들이며 죄악의 걸림돌을 자기 앞에 두었으니 그들이 내게 묻기를 내가 조금인들 용납하랴?**(겔 14:3) 그들은 하나님의 우림보다 미가의 드라빔을 더 크게 생각한 것으로 보인다. 왜냐하면 그들은 실로를 지나가면서 그 곳에 있는 하나님의 대제사장에게는 아무것도 묻지 않은 채 이 곳에서 보잘것없는 레위인에게 신탁을 물었기 때문이다. 미가의 제사장은 평상시에 하던 대로 자신이 가지고 있는 드라빔에게 묻는 모습을 취한다. 스스로 믿든 믿지 않든, 그는 하나님께서 그들로 하여금 승리를 약속하면서 계속해서 나아가도록 격려하신 것으로 믿게 하면서 그들의 비위를 맞춘다(6절): "평안히 가라. 너희는 안전할 것이며 안심해도 좋다. 왜냐하면 너희가 가는 길이 여호와 앞에 있기 때문이다." 다시 말해서 "하나님이 너희의 일을 승인하셨다(마치 하나님이 의인의 길을 아시며 받으신다고 언급되는 것처럼). 그러므로 그가 너희를 형통케 하실 것이요 그의 눈이 너희를 지킬 것이며 그가 너희의 길을 인도하여 너희의 나가고 들어옴을 보호할 것이다." 우리는 우리의 길이 과연 하나님께서 승인하시는 길인지 잘 살펴보아야 한다. 그리고 과연 그러하다면, 우리는 평안히 가게 될 것이다. 만일 하나님이 우리를 돌보시며 우리 앞에 가시면, 우리의 모든 염려를 그분께 맡기고 우리가 결코 패배하지 않을 것임을 인해 감사하며 앞으로 전진하자.

7이에 다섯 사람이 떠나 라이스에 이르러 거기 있는 백성을 본즉 염려 없이 거주하
며 시돈 사람들이 사는 것처럼 평온하며 안전하니 그 땅에는 부족한 것이 없으며
부를 누리며 시돈 사람들과 거리가 멀고 어떤 사람과도 상종하지 아니함이라 8그들
이 소라와 에스다올에 돌아가서 그들의 형제들에게 이르매 형제들이 그들에게 묻
되 너희가 보기에 어떠하더냐 하니 9이르되 일어나 그들을 치러 올라가자 우리가
그 땅을 본즉 매우 좋더라 너희는 가만히 있느냐 나아가서 그 땅 얻기를 게을리 하
지 말라 10너희가 가면 평화로운 백성을 만날 것이요 그 땅은 넓고 그 곳에는 세상
에 있는 것이 하나도 부족함이 없느니라 하나님이 그 땅을 너희 손에 넘겨 주셨느
니라 하는지라 11단 지파의 가족 중 육백 명이 무기를 지니고 소라와 에스다올에서

출발하여 [12]올라가서 유다에 있는 기럇여아림에 진 치니 그러므로 그 곳 이름이 오
늘까지 마하네 단이며 그 곳은 기럇여아림 뒤에 있더라 [13]무리가 거기서 떠나 에브
라임 산지 미가의 집에 이르니라

I. 정탐꾼들이 라이스 성읍과 그 곳 주민들의 형편을 탐지함(7절). 그 곳처럼 통치체계가 취약하고 방비가 허술한 지역은 어디에도 없을 것이었다. 그러므로 그 곳은 침입자에게 아주 손쉬운 먹잇감이 될 만한 곳이었다.

1. 그 곳은 저마다 스스로 원하는 만큼 악해질 수 있을 정도로 통치체계가 너무나 취약했다. 그 곳에는 잘못을 범한 자에 대해 사형을 집행하기는 고사하고 수치스럽게 만들 통치자 즉 억제의 상속자(문자 그대로)가 없었다. 따라서 온갖 부도덕하고 부끄러운 일들로 인해 그들은 하나님의 진노를 불러일으켰으며, 모든 종류의 해악을 서로 끼치면서 함께 약해졌다.

(1) 통치자의 직무는 무엇인가? 그들은 억제의 상속자(heirs of restraint), 즉 악을 억제하기 위해 마치 유산을 상속받은 자처럼 권력을 위임받은 자들이다. 또 그들은 억제의 소유자(possessors of restraint)로서, 그들에게 부여된 권세는 바로 이러한 목적을 위한 것이다. 따라서 그들은 모든 악을 억제하고 억압하며 악을 행하는 자에게 두려움이 되어야 한다. 인간의 부패한 마음을 새롭게 바꿀 수 있는 것은 오직 하나님의 은혜뿐이다. 그러나 통치자의 권력은 인간의 악한 행습을 억제하고 그들의 손을 묶을 수 있으며 그럼으로써 악인들이 행하는 악으로 인해 사회가 오염되고 부패되는 것을 어느 정도 막을 수 있다. 비록 공의의 칼이 악의 쓴 뿌리를 잘라낼 수는 없다 할지라도, 가지를 자름으로써 그것이 자라고 퍼지는 것을 막을 수는 있다. 악은 억제 장치 없이 그대로 내버려 두어서는 안 된다. 만일 그대로 내버려 둔다면 나중에는 손조차 쓸 수 없게 될 것이요, 결국 공동체 전체가 그 죄책(guilt)을 담당하게 될 것이다.

(2) 악을 억제하기 위해 어떤 방법이 사용되어야 하나? 죄인은 수치를 받아야만 한다. 그럼으로써 하나님과 자신의 양심 앞에서 죄의 수치로 인해 억제되지 않는 자들이 사람 앞에서의 형벌의 수치로 인해 억제될 수 있을 것이다. 죄를 억제하기 위한 모든 방법을 사용하고 또 덕행을 장려함으로써, 사람들로 하여금 게으름, 술 취함, 사기, 거짓말 등의 죄에 대해 수치스럽게 만들어야 한다.

(3) 통치자 즉 칼의 권세를 가진 자가 없는 곳이 얼마나 비참하며 파멸에 가

까운지 보라. 그 곳에 악인들이 곳곳에서 날뛰는도다(시 12:8). 선한 법(율법, law)과 선한 정부(통치체계, government) 안에 있을 때 우리는 얼마나 행복한가!

2. 그 곳의 방비 역시 매우 허술했다. 라이스의 백성들은 성문도 열어놓고 성벽도 수리하지 않은 채 무방비 상태로 너무나 태평하게 있었다. 그 성읍의 악이 너무나 커서 매일같이 하나님의 진노를 두려워해야 할 이유가 충분했음에도 불구하고, 그들은 어떤 위험도 인식하지 못하고 있었던 것이다. 그것은 지금 이스라엘이 가나안 사람들에게 더 이상 두려움이 아니었다는 것을 보여주는 증거였다. 만일 그렇지 않았다면, 라이스 성읍이 그토록 태평스럽게 있지는 않았을 것이다 — 아마도 라이스 사람들은 자신들의 성읍이 그들에게 기업으로 분배된 사실을 알고 있었을 것이다. 그 곳이 멀리 떨어져 있는 무방비 상태의 성읍이었음에도 불구하고, 그들은 시돈 사람들처럼 안전하게 살고 있었다(시돈은 바다로 둘러싸여 있어 외적의 침입으로부터 스스로를 잘 보호할 수 있었다). 그러나 그들은 시돈으로부터 멀리 떨어져 있었다. 따라서 시돈 사람들이 그들을 돕기 위해 올 수도 없었고, 타락으로 인해 다가오는 위험으로부터 그들을 지켜줄 수도 없었다. 또한 그들은 어떤 사람과도 상종하지 않았는데, 이것은 그들이 나태함을 좋아하는 자들이든지(교역도 하지 않고 나태함과 안일만을 좋아하여 결국 스스로를 지킬 수 없게 되었든지), 아니면 외톨이로 있는 것을 좋아하는 자들이었음을 보여주는 것이었다. 그들은 이웃나라와 동맹을 맺는다든지 혹은 피보호국가가 되는 것을 경멸했기 때문에 누구의 도움과 보호도 받을 수가 없었다. 그들은 아무도 돌보지 않았고 따라서 아무도 그들을 돌보지 않았다. 바로 이것이 라이스 사람들의 모습이었다.

Ⅱ. 정탐꾼들의 고무적인 보고(8-10절). 아마도 단 사람들은 이 일의 어려움을 극도로 과장하여 자신들이 라이스의 주인이 되는 것은 불가능한 일이라고 생각했었을 것이다. 따라서 그들은 불신앙 가운데 그 곳은 위험을 무릅쓰고 그토록 멀리 갈 만한 가치가 없는 곳이라고 생각하면서 그 곳을 소유하는 것을 지금까지 주저하고 있었을 것이다. 우리는 정탐꾼들의 보고 속에서 단 사람들의 주저함을 꾸짖는 일면을 발견할 수 있다(이런 면에서 그들은 악한 정탐꾼이 아니었다).

1. 정탐꾼들은 그 곳을 아름다운 땅으로 묘사한다: "너희가 우리의 판단을 믿을 것이라. 우리가 그 땅을 본즉 우리 모두는 그 땅이 비좁은 이 산지보다 훨씬

좋은 땅이라는 데 다 함께 동의했다(9절). 너희는 그 곳에서 편히 사는 것에 대해 의심할 필요가 없다. 왜냐하면 그 곳은 어떤 것도 부족함이 없는 땅이기 때문이다(10절)." 그 땅의 가장 북쪽 모퉁이에 위치한 이 성읍도 이렇게 풍성하다면, 가나안 땅은 얼마나 아름다운 땅이었는지 생각해 보라.

2. 정탐꾼들은 그 땅을 능히 취할 수 있다고 말한다. 그들은 하나님의 축복 가운데 그 땅을 곧 취할 수 있을 것이라는 데 일말의 의심도 갖지 않는다. 왜냐하면 그 곳의 백성들은 안심하고 있기 때문이다(10절). 더 많이 안심할수록 더 적게 안전한 법이다. "하나님이 그 땅을 너희 손에 넘겨주셨으므로 너희가 취할 수 있을 것이다." 정탐꾼들은 백성들에게 즉시로 그 일에 착수할 것을 촉구한다. "일어나 그들을 치러 올라가자. 속히 그리고 결연히 그 일을 시작하자." 정탐꾼들은 그들이 머뭇거리는 것을 꾸짖으며, 움직이지 않으려는 것을 책망한다: 너희는 가만히 있느냐 나아가서 그 땅 얻기를 게을리 하지 말라. 사람들은 자신에게 유익이 되는 일에 대해서조차 머뭇거릴 때가 있으며, 따라서 이와 같이 촉구하고 격려할 필요가 있다. 하늘나라는 매우 좋은 땅이요, 거기에는 어떤 부족한 것도 없다. 우리 하나님은 약속으로서 그것을 우리 손에 주셨다. 그러므로 그것을 확고히 하며 영생을 붙잡는데 게으르지 말고, 그 곳에 들어가기를 힘쓰자.

Ⅲ. 단 사람들의 라이스 원정. 단 지파 가운데 이 특정한 가족, 즉 라이스를 기업으로 분배받은 자들이 마침내 그 성읍을 향해 나아가기 시작한다(11-13절). 병력은 모두 600명이었는데, 이것은 단 지파 전체의 100분의 1도 채 안 되는 숫자였다. 왜냐하면 이스라엘이 가나안 땅에 들어올 때 단 지파는 64,000명이 넘었기 때문이었다(민 26:43). 다른 지파에서는 고사하고 그들 지파 가운데에서조차 어느 누구도 그들을 돕기 위해 오지 않았다는 것은 참으로 이상한 일이다. 그러나 이스라엘 가운데 어떤 공적 정신이나 혹은 공동의 이해에 관한 개념이 싹튼 것은 그들이 가나안에 들어오고 난 오랜 후의 일이었다. 그들이 공동의 통치자 안에서 함께 연합한 적이 거의 없는 것도 바로 이런 이유 때문이었는데, 이로 인해 그들은 강력한 힘을 가질 수 없었다. 21절을 통해 볼 때, 이들 600명이 그 곳에 정착한 전부였던 것으로 보인다. 왜냐하면 그들은 가족을 거느리고 그리고 모든 재산을 다 가지고 성공에 대한 확신에 가득 차서 그 곳으로 떠났기 때문이다(어린 아이들과 가축과 값진 물건들을 앞세우고 길을 떠나더니). 다른 지파 사람들은 그들이 자신들의 땅을 지나가는 동안 자유롭게 지나

가도록 해 주었다. 첫날의 행군을 통해 그들은 기럇여아림에 도착했는데(12절), 이렇게 군사적인 진(陣)을 치는 것은 이제 이스라엘에서 드문 일이 되었고 따라서 그들이 그 날 밤 야영한 장소는 마하네 단 즉 '단의 진' (the camp of Dan)이라 불리게 되었다. 13장 25절에 소라와 에스다올 사이 마하네 단에서 여호와의 영이 삼손을 움직이기 시작했다고 했는데, 그 곳이 바로 이 곳이었다. 둘째 날의 행군을 통해 그들은 미가의 집이 있는 에브라임 산지에 도착하게 되는데(13절), 여기에서 우리의 이야기는 새로운 국면을 맞이하게 된다.

[14]전에 라이스 땅을 정탐하러 갔던 다섯 사람이 그 형제들에게 말하여 이르되 이 집
에 에봇과 드라빔과 새긴 신상과 부어 만든 신상이 있는 줄을 너희가 아느냐 그런
즉 이제 너희는 마땅히 행할 것을 생각하라 하고 [15]다섯 사람이 그 쪽으로 향하여
그 청년 레위 사람의 집 곧 미가의 집에 이르러 그에게 문안하고 [16]단 자손 육백 명
은 무기를 지니고 문 입구에 서니라 [17]그 땅을 정탐하러 갔던 다섯 사람이 그리로
들어가서 새긴 신상과 에봇과 드라빔과 부어 만든 신상을 가져갈 때에 그 제사장
은 무기를 지닌 육백 명과 함께 문 입구에 섰더니 [18]그 다섯 사람이 미가의 집에 들
어가서 그 새긴 신상과 에봇과 드라빔과 부어 만든 신상을 가지고 나오매 그 제사
장이 그들에게 묻되 너희가 무엇을 하느냐 하니 [19]그들이 그에게 이르되 잠잠하라
네 손을 입에 대라 우리와 함께 가서 우리의 아버지와 제사장이 되라 네가 한 사람
의 집의 제사장이 되는 것과 이스라엘의 한 지파 한 족속의 제사장이 되는 것 중에
서 어느 것이 낫겠느냐 하는지라 [20]그 제사장이 마음에 기뻐하여 에봇과 드라빔과
새긴 우상을 받아 가지고 그 백성 가운데로 들어가니라 [21]그들이 돌이켜서 어린 아
이들과 가축과 값진 물건들을 앞세우고 길을 떠나더니 [22]그들이 미가의 집을 멀리
떠난 때에 미가의 이웃집 사람들이 모여서 단 자손을 따라 붙어서 [23]단 자손을 부르
는지라 그들이 얼굴을 돌려 미가에게 이르되 네가 무슨 일로 이같이 모아 가지고
왔느냐 하니 [24]미가가 이르되 내가 만든 신들과 제사장을 빼앗아 갔으니 이제 내게
오히려 남은 것이 무엇이냐 너희가 어찌하여 나더러 무슨 일이냐고 하느냐 하는지
라 [25]단 자손이 그에게 이르되 네 목소리를 우리에게 들리게 하지 말라 노한 자들이
너희를 쳐서 네 생명과 네 가족의 생명을 잃게 할까 하노라 하고 [26]단 자손이 자기
길을 간지라 미가가 단 자손이 자기보다 강한 것을 보고 돌이켜 집으로 돌아갔더라

단 사람들은 거주할 지역을 탐지하기 위해 정탐꾼들을 보냈었고, 그

들은 맡은 일을 신속히 수행했다. 이제 그들이 에브라임 산지에 도착했을 때, 정탐꾼들은 이 곳에서 알게 된 새로운 이야기를 형제들에게 하게 된다(지금까지 그들은 이에 대해 아무 말도 하지 않은 것으로 보인다): "이 집에 에봇과 드라빔과 기타 종교적인 진귀한 물건들이 많이 있는데 우리에게는 없는 것들이라. 그런즉 이제 너희는 마땅히 행할 것을 생각하라(14절). 우리는 그것들에게 물었었고 그것들로부터 고무적인 응답을 받았었다. 그것들은 가질 만한 가치가, 아니 훔칠 만한(가장 나쁜 용어를 사용할 때) 가치가 있는 것들이다. 만일 이것들을 갖게 된다면, 우리는 더욱 형통할 것이요 라이스의 주인이 될 것이다."

올바른 자리에 서 있는 동안에는 그들은 하나님의 임재를 기대할 수 있었다. 그러나 그들이 이러한 신상들을 하나님의 임재의 증표로 취한 것은 치명적인 실수였다(그러한 신상들은 예배를 위한 것이기보다는 꼭두각시놀음에서나 사용될 만한 것들이었다). 그들은 신상들과 함께 함으로써 위급할 때마다 물을 수 있을 것이고 그럼으로써 항상 신탁(神託)을 받을 수 있게 될 것이라고 생각했다. 또 자신들이 정착하려고 하는 지역이 실로로부터 너무나 멀리 떨어져 있으므로, 그들은 실로에서 가까운 곳에 살고 있는 미가보다도 자신들에게 그 신들의 집이 더 필요하다고 생각했다. 그들은 자신들의 목적에 어느 정도 부합되는 에봇과 드라빔을(미가의 집에 있는 것과 같은) 스스로 만들 수도 있었을 것이다. 그러나 이 신들의 집이 가지고 있었던 명성으로 인해, 그들은 그것에 대해 묘한 종교적 숭앙심(崇仰心)을 갖고 있었다. 만일 그것들이 어떻게 만들어지게 되었는지를 조사할 만한 의식을 가지고 과연 그것들에게 어떤 신적인 면이 있는지 여부를 면밀히 살펴보았다면, 그들은 즉시로 그것들을 내팽개쳐 버렸을 것이다. 이제 우리는 여기에서 어떻게 그들이 신상들을 훔쳤는지, 또 어떻게 제사장을 유혹했는지, 그리고 그것을 되찾으려는 미가를 어떻게 협박했는지 하는 것에 대해 보게 된다.

I. 미가의 집과 이 곳의 지리, 그리고 특별히 신당에 대해 잘 알고 있었던 다섯 명의 정탐꾼이 들어가 에봇과 드라빔과 신상들과 기타 기물(器物)을 가지고 나오는 동안, 600명의 단 사람들은 문 입구에 서서 그 제사장을 지키고 있었다 (16-18절). 이 한심한 제사장이 자기 신들에 대해 얼마나 무관심한지 보라. 그가 문 앞에서 서성거리며 낯선 사람들을 바라보고 있는 동안, 그의 보물들은 사라지고 있었다. 또 이 한심한 신들이 얼마나 무력하기 짝이 없는지 보라. 그

것들은 도둑질당하는 것으로부터 스스로를 보호할 수 없었다. 이사야는 우상에 대해 조롱하면서 자기들도 잡혀 갔다고 언급한다(사 46:2). 오, 바보 같은 단 사람들이여! 스스로를 지킬 수 없는 신들이 어떻게 자신들을 보호해 줄 것이라고 생각한단 말인가? 그러나 그들은 마치 보이지 않는 하나님의 임재만으로는 충분치 않다는 듯이, 그리고 하나님의 임재의 보이는 증표인 성막만으로는 충분치 않다는 듯이 자신들 앞에 나아가는 신들을 — 그것도 스스로 만든 것이 아니라 도둑질한 신들을 — 필요로 하였다. 그들의 우상 숭배는 마치 오페라의 서막처럼 도둑질로 시작되었다. 둘째 계명을 깨뜨리기 위해 그들은 먼저 여덟 번째 계명을 깨뜨리면서, 이웃의 물건을 도둑질하여 그것으로 자기의 신(神)을 삼았다. 거룩하신 하나님은 번제를 위해 도둑질하는 것을 미워하시나, 마귀는 그렇게 하는 것을 좋아한다. 만일 이 단 사람들이 이 신상들을 취하여 부숴버리고 그 제사장을 징벌하였다면, 그들은 진정한 이스라엘 백성답게 행동한 것이 되었을 것이며 또한 조상들이 그랬던 것처럼 하나님을 위한 질투를 나타낸 것이 되었을 것이다(수 22:16). 그러나 신상들을 취하여 자신들의 목적에 사용함으로써 그들은 복합적인 죄를 범한 결과가 되었다. 그들은 하나님을 두려워하지도 않았고, 사람을 존중하지도 않았으며, 경건과 정절을 완전히 잃어버리고 말았다.

Ⅱ. 단 사람들은 제사장에게 듣기 좋은 말로 유혹하면서, 신들을 가게 내버려 둘 뿐만 아니라 그도 자신들과 함께 가자고 부추겼다. 왜냐하면 그들은 신들을 어떻게 사용해야 하는지 잘 알지 못했기 때문이었다.

1. 단 사람들은 어떻게 제사장을 유혹했나? 단 사람들은 그가 지금 받고 있는 대우보다 더 좋은 대우를 해 주겠다고 약속했다. 한 가정의 제사장이 되는 것보다 큰 무리의 제사장이 되는 것이 더 영예롭고 이익이 되는 일일 것이다. 만일 단 사람들을 따라간다면, 그는 더 많은 하인들을 거느리게 될 것이며 그에 제단에는 더 많은 희생제물이 드려지게 될 것이고 드라빔에 묻는 대가로 더 많은 보수를 받게 될 것이다.

2. 단 사람들은 어떻게 제사장을 설득했나? 단지 몇 마디로 충분했다: 그 제사장이 마음에 기뻐하여. 단 사람들의 제안은 한 곳에 오래 머물지 못하는 그의 방랑자적 기질과 잘 맞아떨어졌으며, 그의 탐욕과 야망을 만족시켜 주었다. 그에게는 이 곳을 떠나야 할 특별한 이유가 없었다: 미가는 그를 속이지도 않았으며

품삯을 변개(變改)하지도 않았다. 그럼에도 불구하고 그는 아무런 양심의 가책도 없이 새긴 신상과 함께 단 사람들을 따라갔다. 그가 만일 레위인의 직무를 따라 여호와의 제사장들에게 봉사하기 위해 실로로 떠났다면, 그는 그 곳에서 환대를 받았을 것이며(신 18:6) 또한 그의 떠남은 칭찬할 만한 것이 되었을 것이다. 그러나 그렇게 하는 대신 그는 신상(神像)을 가지고 단 사람들을 따라감으로써 우상 숭배의 전염병을 성읍 전체에 퍼뜨렸다. 그가 단지 미가를 떠나는 것만으로도 배은망덕하며 부당한 일이 되기에 충분했다. 그러나 그는 그것도 부족하여 미가가 그토록 아끼고 마음을 쏟았던 신상들을 가지고 떠났다. 이토록 야비한 레위인에게 무엇을 더 기대할 수 있단 말인가? 하나님의 집을 버린 자가 무슨 집인들 버리지 못하겠는가? 자기 하나님에 대해 거짓을 행한 자가 누구에게 진실을 행할 수 있겠는가? 그는 강압에 의해 어쩔 수 없이 오게 되었노라고 핑계할 수도 없었다. 왜냐하면 단 사람들과 함께 가는 것을 마음으로 기뻐하였기 때문이다. 홀 주교(bishop Hall)가 말한 것처럼, 은 열로 그를 얻을 수 있었다면 은 열 하나로 빼앗기게 될 것이다. 선한 양심이 파선(破船)된 자를 무엇으로 잡을 수 있겠는가? 삯꾼은 달아나나니 달아나는 것은 그가 삯꾼인 까닭이라(요 10:12, 13). 제사장과 그의 신들이 그 백성 가운데로 들어왔다. 단 사람들은 제사장을 자기들 한가운데 위치하도록 했는데, 그것은 그가 마음이 변하여 돌아가거나 혹은 미가가 좇아와서 붙잡아 가지 못하도록 하기 위함이었다. 혹은 어쩌면 이스라엘이 광야를 여행하는 동안 법궤와 제사장들이 진(陣) 한가운데 위치했던 것을 흉내낸 것이었을는지도 모른다.

Ⅲ. 미가가 자신의 신들을 되찾기 위해 따라왔을 때, 단 사람들은 그를 협박하여 쫓아보냈다. 자신의 신당이 약탈당하고 제사장이 도망간 것을 알자마자, 미가는 가능한 모든 사람들을 모아 약탈자들을 뒤쫓았다(22절). 미가의 신당에 와서 종교적 의식에 함께 참여하곤 했던 이웃집 사람들이 그를 돕기 위해 나아왔다. 그들은 함께 모여 약탈자들을 뒤쫓았다. 한편 단 사람들은 자녀들과 가축을 데리고 있었으므로(21절) 빨리 갈 수 없었고 따라서 곧 따라잡히게 되었다. 미가는 도둑맞은 것들을 힘으로 되찾으려고 했으나, 그들의 숫자가 너무 많았으므로 힘으로는 도저히 그렇게 할 수 없었다. 따라서 그는 대화를 통해 되찾고자 생각하면서 단 사람들을 불렀다. 이에 후미(後尾)에 있던 자들이(아마도 그들은 뒤쪽이 공격을 당할 것을 예상하여 가장 힘세고 강한 자들을 후미

에 배치했을 것이다) 얼굴을 돌려 "무엇이 너를 괴롭게 했느냐?" 고 말하면서 뒤따라온 이유를 물었다(23절). 미가는 자신의 정당한 권리를 내세우면서 그들과 더불어 쟁론한다. 그러나 그에 대한 응답으로 그들은 자신들의 힘을 내세운다. 힘(might)이 권리(right)를 이기는 것은 흔히 있는 일이다.

1. 미가는 그들이 자신에게 잘못을 저질렀다고 주장한다(24절): "너희가 나의 신들(하나님의 형상들)을 빼앗아갔다. 그것은 논란의 여지 없이 나의 것이다. 왜냐하면 내가 그것을 만들었기 때문이다. 그것은 내게 너무나 소중한 것이므로 만일 그것을 잃어버리면 나에게는 아무것도 남지 않게 될 것이다. 그것을 잃어버릴진대 더 이상 내게 유익한 것이 무엇이겠는가?"

(1) 여기에서 우리는 우상 숭배자들의 어리석음과 그들을 덮고 있는 사탄의 권세를 보게 된다. 우리를 만드신 분이 하나님으로서 예배를 받으셔야 할진대, 미가에게 있어 자기가 만든 것을 자기의 신이라고 부르는 것은 얼마나 어리석기 짝이 없는 일인가! 너무나 어리석게도 그는 이와 같이 무익한 물건에다가 마음을 쏟았으며, 그것을 잃었을 때 자신에게 아무것도 남지 않았다고 생각했다.

(2) 여기에서 우리는 우리의 영적 우상 숭배를 볼 수 있다. 어떤 피조물이든지 그 안에 우리의 행복이 있는 줄로 여기며 그것을 과도하게 사랑하고 우리의 마음이 결코 그것으로부터 떨어지지 못하며 그것에 대해 "더 이상 내게 유익한 것이 무엇인가?" 라고 말할 때, 우리는 그것을 우상으로 만들고 있는 것이다. 생명과 위로와 소망과 행복과 우리의 모든 것이 달려 있다고 생각하는 바로 그것이 우리에게 있어 하나님의 자리를 차지하고 있는 것이요 하나님의 자리를 찬탈하고 있는 것이다.

(3) 그러나 만일 모든 사람들이 이와 같이 자기 신의 이름으로 행한다면, 더욱 우리는 우리의 참 하나님을 따라 행해야 하지 않겠는가? 하나님을 알며 그분과 교제하는 것을 가장 큰 부요로 여기며 하나님을 잃는 것을 가장 쓰라린 손실로 여기자. 만일 하나님이 떠나시면 우리에게 화가 있도다! 우리에게 남은 것이 무엇이겠는가? 주님을 뒤따르며 애통하는 황폐한 영혼들은 지금 미가의 경우처럼 "무엇이 너를 괴롭게 했느냐?" 란 질문에 의아해하게 될 것이다. 하나님의 호의의 증표들이 사라지고 그의 위로가 없어졌을 때, 우리에게 남은 것이 무엇인가?

2. 그들은 만일 미가가 계속해서 자신의 주장을 고집한다면 필경 해악을 받게 될 것이라고 협박한다. 그들은 정당한 이유에 귀를 기울이려고 하지 않았으며, 공의를 행하려고 하지도 않았다. 또한 그가 신상을 만들 때 들어간 원가(原價)를 지불하겠다고 제의하지도 않았으며, 자신들의 정복사업을 마치고 똑같은 것을 복제하게 되면 돌려 주겠노라고 약속하지도 않았다. 뿐만 아니라 그들은 미가가 그것을 잃고 쓰라리게 애통하는 것에 대해 일말의 동정심도 갖지 않았다. 그들은 좋은 말로 대답하기는 고사하고, 즉시로 요구를 철회하지 않는다면 죽이겠다는 위협으로 자신들의 도둑질을 정당화하고자 했다(25절). "노한 자들이 너희를 쳐서 네 생명과 네 가족의 생명을 잃게 하지 않도록 주의하라. 이것은 신들을 잃는 것보다 더 나쁜 일이 아니겠느냐?" 악하고 비이성적인 사람들은 공의를 행하라는 요구를 큰 도전으로 받아들이면서, 정당한 권리와 이성(理性)에 대해 힘으로 맞선다. 미가의 죄라면 자기의 것을 돌려 달라고 요구한 것 밖에 없었다. 그러나 이로 인해 그는 자기와 자기 가족의 생명을 잃는 위험에 빠지게 되었다. 미가에게는 목숨을 걸고 자기의 신들을 되찾기 위해 싸울 만한 용기도 없었으며 또한 그 신들이 자신을 지켜줄 것이란 믿음도 거의 없었으므로, 그는 순순히 그것들을 포기하고 만다(26절): 미가가 단 자손이 자기보다 강한 것을 보고 돌이켜 집으로 돌아갔더라. 만일 그가 우상을 잃어버린 것으로 인해 그것들이 아무것도 아니며 아무런 힘도 없는 것이란 사실을 깨달았다면 그리고 그런 것에 마음을 두었던 어리석음을 깨닫고 참 하나님께로 돌아왔다면, 그것을 잃어버린 자가 힘으로 빼앗은 자들보다 훨씬 큰 이익을 얻은 것이 되었을 것이다. 만일 우리가 우리의 우상을 잃어버림으로써 그것에 대한 집착을 치유받고 "우리가 우상과 더 이상 무슨 상관이 있으리요?"라고 말할 수 있다면, 우상을 잃어버린 것은 말할 수 없이 큰 소득이 될 것이다. 이사야 2:20과 30:22을 보라.

[27]단 자손이 미가가 만든 것과 그 제사장을 취하여 라이스에 이르러 한가하고 걱정
없이 사는 백성을 만나 칼날로 그들을 치며 그 성읍을 불사르되 [28]그들을 구원할 자
가 없었으니 그 성읍이 베드르홉 가까운 골짜기에 있어서 시돈과 거리가 멀고 상
종하는 사람도 없음이었더라 단 자손이 성읍을 세우고 거기 거주하면서 [29]이스라엘
에게서 태어난 그들의 조상 단의 이름을 따라 그 성읍을 단이라 하니라 그 성읍의

본 이름은 라이스였더라 [30]단 자손이 자기들을 위하여 그 새긴 신상을 세웠고 모세
의 손자요 게르솜의 아들인 요나단과 그의 자손은 단 지파의 제사장이 되어 그 땅
백성이 사로잡히는 날까지 이르렀더라 [31]하나님의 집이 실로에 있을 동안에 미가가
만든 바 새긴 신상이 단 자손에게 있었더라

I. 단 사람들이 라이스를 정복함. 그들은 계속해서 행군해 나갔고 또 큰 실패에 부닥치지도 않았기 때문에, 아마도 미가에게 도둑질한 것이 결코 잘못이 아니라고 결론지었을 것이다. 많은 사람들은 형통한 것으로 자신들의 불경건한 행위를 정당화한다.

1. 라이스의 백성들은 어떤 상태였나? 그들은 한가하고 걱정이 없이 살고 있었으며, 자신들의 땅을 탐지하기 위해 온 다섯 명의 정탐꾼들을 특별히 경계하지도 않았다(27절). 또 그들은 적이 자신들을 손쉬운 먹잇감으로 만들고자 다가오고 있다는 사실을 알지 못하고 있었다. 많은 사람들이 안심하고 있다가 멸망으로 떨어지는 사실을 주목하라. 사탄은 우리가 주의와 경계를 게을리할 때 우리를 공격한다. 그러므로 항상 경계하는 자가 복 있는 자이다.

2. 단 사람들은 그들에 대해 완전한 승리를 거두었다. 단 사람들은 모든 백성을 칼날로 치고 성읍을 불살랐다 — 나중에 재건해야 할 정도로(27, 28절). 그리고 그렇게 하는 과정에서 그들은 어떤 저항에도 부딪히지 않았는데, 그것은 가나안 사람들의 죄의 분량이 찼기 때문이었다. 반면 단 사람들의 죄의 분량은 이제 채워지기 시작하고 있었다.

3. 단 사람들은 어떻게 그 곳에 정착하게 되었는가? 그들은 성읍을 다시 세우고 그것을 단이라 이름 지었는데, 그것은 자신들이 형제들로부터 매우 멀리 떨어져 있음에도 불구하고 혈통적으로 단 지파 사람들임을 증거하기 위함이었다(28, 29절). 우리는 하나님의 이스라엘이라는 우리의 특권을 잃지 않도록 항상 주의를 기울여야 하며, 또한 우리 자손들도 그것을 기억하도록 하기 위해 필요한 근거들을 마련해 놓아야만 한다.

II. 그 곳에 곧바로 우상 숭배가 세워짐. 하나님은 당신의 약속을 성취하사 그들로 하여금 기업으로 분배받은 땅을 소유하도록 하셨고, 그럼으로써 하나님이 그들에게 신실하셨던 것처럼 그들도 하나님께 대해 신실하도록 하셨다. 여러 나라의 땅을 그들에게 주시며 민족들이 수고한 것을 소유로 가지게 하셨으니 이

는 그들이 그의 율례를 지키고 그의 율법을 따르게 하려 하심이로다(시 105:44, 45). 그러나 그들이 정착한 이후 행한 첫 번째 일은 하나님의 율례를 깨뜨리는 것이었다. 그 곳에 정착하기 시작하자마자 그들은 그 새긴 신상을 세우고(30절) 패역하게도 자신들의 승리를 그 우상에게 돌렸는데, 만일 하나님이 오래 참으시지 않으셨다면 그것은 그들의 멸망이 될 것이었다. 이와 같이 형통하는 우상 숭배자는 자기들의 힘을 자기들의 신으로 삼으면서 계속해서 죄를 범한다(합 1:11). 단 사람들을 따라가 그들의 제사장인 된 레위인의 이름이 마침내 여기에서 밝혀진다 — 므낫세의 손자요 게르솜의 아들인 요나단. 원문에 므낫세라고 되어있는 단어에는 '눈' (נ)이 윗부분에 붙어 있는데, 이것은 본래는 없는 것으로서 마땅히 탈락되어야만 할 철자임을 암시하는 것이라고 어떤 유대 랍비들은 말한다. 그렇다면 므낫세는 모세가 될 것이며, 따라서 여기의 레위인은 출애굽의 위대한 영웅 모세의 손자였다고 그들은 말한다. 실제로 모세에게는 게르솜이라는 이름을 가진 아들이 있었다. 그들은 계속해서 말하기를, 그러나 사사기를 기록한 역사가가 모세의 이름을 욕되게 하지 않기 위해 그 철자(눈)를 그의 이름 위에 삽입하여 그것을 므낫세로 바꾸었다고 한다. 통속 라틴어 역본은 그것을 모세로 읽는다. 정말로 모세에게 그와 같이 방탕한 손자가 있어 우상 숭배가 세워지는 도구로 사용되었다 할지라도, 이것이 위대하고 선한 사람에게 타락한 후손이 나오는 유일한 사례는 아닌 것이다. 그러나 패트릭 주교는 이것을 랍비들의 쓸데없는 상상으로 여기면서, 이 요나단이 레위 지파의 다른 어느 가족 가운데 한 사람일 뿐이라고 추측한다. 우리는 본 장 끝 부분에서 이러한 타락이 얼마나 오랫동안 계속되었는지 듣게 된다.

1. 이 요나단의 자손들은 포로로 끌려갈 때까지 라이스에 정착한 이 단 사람들의 제사장으로 계속해서 활동했다(30절). 신상이 제거된 이후에도 그들은 제사장의 신분을 보유하며 그 성읍에서 존경을 받았다. 또한 여로보암이 자기가 만든 금송아지 우상 가운데 하나를 이 곳에 두었을 때 미가의 신상을 염두에 두었다고 보는 것은 상당한 개연성을 가지고 있다(여로보암은 금송아지 둘을 만들어 하나는 벧엘에, 그리고 또 하나는 이 곳 단에 두었다). 그리고 아마도 요나단의 자손들은 그 곳에서 제사장의 직무를 수행했을 것이다.

2. 미가의 신상들은 사무엘의 시대까지, 그러니까 하나님의 법궤가 실로에 있는 동안 계속 있었다. 아마도 사무엘의 시대에는 이러한 우상 숭배를 억제하고

폐지하기 위한 실제적인 조치들이 시행되었을 것이다. 우리는 여기에서 우상 숭배의 전염병이 얼마나 위험하며 오래가는지 볼 수 있다. 영적인 전염병은 일단 걸리고 나면 그것을 고치는 것이 여간 어렵지 않다.

제 19 장

개요

본 장에서부터 마지막 장에 이르기까지 우리는 기브아 사람들의 악행과 관련한 가장 비극적인 이야기를 보게 될 것이다. 특별히 베냐민 지파가 이들을 비호했는데, 이로 인해 베냐민 지파는 다른 지파들로부터 혹심한 응징을 당하여 거의 끊어질 정도가 되었다. 이 사건은 여호수아의 죽음 직후에 일어난 것으로 보인다. 왜냐하면 그 때 이스라엘에 왕도 없었고(19:1), 사사도 없었으며(21:25), 또한 비느하스가 대제사장이었기 때문이다(20:28). 이와 같은 특정한 두 사건 곧 단 사람들의 우상 숭배와 베냐민의 악행으로 인해 이스라엘이 전반적인 타락의 길로 들어가게 되었다(3:7). 본 장에서 우리는 특별히 레위인의 첩과 관련한 악행에 대해 보게 된다. I. 레위인의 첩의 행음과 가출(1, 2절). II. 레위인이 그녀를 다시 데려오기 위해 장인의 집에 감(3절). III. 장인의 환대(4-9절). IV. 기브아의 만행. 1. 기브아 사람들은 그를 영접하지 않음(10-15절), 그러나 그들 가운데 거류하던 한 에브라임 사람이 그를 영접함(16-21절). 2. 기브아의 불량배들이 마치 소돔 사람들이 롯의 손님들에게 그랬던 것처럼 그에게 들이닥침(22-24절). 3. 그들의 악행으로 인해 레위인의 첩이 죽음(25-28절). V. 레위인이 이 일을 이스라엘 모든 지파에게 통지함(29, 30절).

1이스라엘에 왕이 없을 그 때에 에브라임 산지 구석에 거류하는 어떤 레위 사람이
유다 베들레헴에서 첩을 맞이하였더니 2그 첩이 행음하고 남편을 떠나 유다 베들레
헴 그의 아버지의 집에 돌아가서 거기서 넉 달 동안을 지내매 3그의 남편이 그 여자
에게 다정하게 말하고 그를 데려오고자 하여 하인 한 사람과 나귀 두 마리를 데리
고 그에게로 가매 여자가 그를 인도하여 아버지의 집에 들어가니 그 여자의 아버
지가 그를 보고 기뻐하니라 4그의 장인 곧 그 여자의 아버지가 그를 머물게 하매 그
가 삼 일 동안 그와 함께 머물며 먹고 마시며 거기서 유숙하다가 5넷째 날 아침에
일찍이 일어나 떠나고자 하매 그 여자의 아버지가 그의 사위에게 이르되 떡을 조
금 먹고 그대의 기력을 돋운 후에 그대의 길을 가라 하니라 6두 사람이 앉아서 함께

먹고 마시매 그 여자의 아버지가 그 사람에게 이르되 청하노니 이 밤을 여기서 유
숙하여 그대의 마음을 즐겁게 하라 하니 7그 사람이 일어나서 가고자 하되 그의 장
인의 간청으로 거기서 다시 유숙하더니 8다섯째 날 아침에 일찍이 일어나 떠나고자
하매 그 여자의 아버지가 이르되 청하노니 그대의 기력을 돋우고 해가 기울도록
머물라 하므로 두 사람이 함께 먹고 9그 사람이 첩과 하인과 더불어 일어나 떠나고
자 하매 그의 장인 곧 그 여자의 아버지가 그에게 이르되 보라 이제 날이 저물어
가니 청하건대 이 밤도 유숙하라 보라 해가 기울었느니라 그대는 여기서 유숙하여
그대의 마음을 즐겁게 하고 내일 일찍이 그대의 길을 가서 그대의 집으로 돌아가
라 하니 10그 사람이 다시 밤을 지내고자 하지 아니하여 일어나서 떠나 여부스 맞은
편에 이르렀으니 여부스는 곧 예루살렘이라 안장 지운 나귀 두 마리와 첩이 그와
함께 하였더라 11그들이 여부스에 가까이 갔을 때에 해가 지려 하는지라 종이 주인
에게 이르되 청하건대 우리가 돌이켜 여부스 사람의 이 성읍에 들어가서 유숙하십
시다 하니 12주인이 그에게 이르되 우리가 돌이켜 이스라엘 자손에게 속하지 아니
한 이방 사람의 성읍으로 들어갈 것이 아니니 기브아로 나아가리라 하고 13또 그 종
에게 이르되 우리가 기브아나 라마 중 한 곳에 가서 거기서 유숙하자 하고 14모두
앞으로 나아가더니 베냐민에 속한 기브아에 가까이 이르러 해가 진지라 15기브아에
가서 유숙하려고 그리로 돌아 들어가서 성읍 넓은 거리에 앉아 있으나 그를 집으
로 영접하여 유숙하게 하는 자가 없었더라

본문은 이 레위 사람의 가정 문제에 대해 상세하게 다루지 않는다. 다만 그에게 가해진 잔혹한 폭행을 이야기하기 위해 — 그리고 이로 인해 온 나라가 큰 혼란을 겪게 되었다 — 먼저 그의 가정 문제가 언급되고 있을 뿐이다. 홀 주교는 이 이야기에 대해 다음과 같이 논평한다: "그 때에는 이러한 사건에 대해 재판을 청구하고 소(訴)를 제기할 어떤 공적 기관(오늘날의 검찰과 같은)이 없었으므로, 이 레위인이 피해 당사자이면서 동시에 기소자(起訴者)의 역할을 하였다." 우리가 앞에서 살펴보았던 미가의 우상 숭배 사건에서는 한 레위인이 매우 능동적이며 주도적인 역할을 담당했었다. 한편 여기의 기브아 만행사건에서 또 한 사람의 레위인이 등장하는데, 그는 수동적인 피해자의 위치에 있었다. 그러므로 레위 지파보다 더 통치기구의 필요성을 절감한 지파는 없었다. 그리고 사사기 전체를 통하여 이 두 사건을 제외하고는 레위 지파에 대해 더 이상 아무런 언

급도 나오지 않는다.

이 레위인은 에브라임 산지 출신이었다(1절). 그는 유다 베들레헴 출신의 한 여자와 결혼했다. 여기에서 그녀는 첩으로 불리는데, 그것은 그녀가 남편으로부터 아무런 재산권도 부여받지 못했기 때문이었다. 그것은 어쩌면 그 레위인이 주민이 아닌 거류자로서 그녀에게 줄 것이 아무것도 없었기 때문이었을는지 모른다. 어쨌든 그에게 다른 아내가 있었는지 여부는 나타나지 않으며, 흠정역(KJV)의 난외(欄外)에서는 그녀를 아내 곧 첩이라고 부른다(1절). 그녀는 미가의 레위인과 같은 성읍 출신이었는데, 이로 인해 유다 베들레헴이 에브라임 산지에 대해 두 번의 빚을 진 꼴이 되었다. 왜냐하면 그녀는 레위인의 아내로서 너무나 악했으며, 또 한 사람은 레위인으로서 너무나 악했기 때문이었다.

I. 레위인의 첩이 행음하고 남편으로부터 도망침(2절). 갈대아 역본은 본문을 이렇게 읽는다: **그녀가 남편에게 거만하게 행하여 — 혹은 남편을 경멸하여 — 그로부터 떠났다**. 아버지가 이러한 딸을 받아들이고 환대한 것은 옳지 못한 일이었다. 만일 사위가 자신의 딸을 부당하게 내쫓았다면, 아버지로서 딸의 고통을 불쌍히 여기는 것이 마땅할 것이다. 그러나 딸이 다른 남자의 품에 안기기 위해 남편을 배반하고 도망친 것이었다면, 아버지는 딸의 죄를 결코 묵인해서는 안 된다. 만일 그녀가 자신을 따뜻하게 맞아 줄 곳을 알지 못했다면, 어쩌면 그녀는 남편에게 이와 같은 악을 행하지 않았을는지 모른다. 이와 같이 부모의 지나친 관용으로 인해 자녀들이 파멸의 길로 가는 경우가 허다하다.

II. 그 레위인이 첩으로 하여금 돌아오도록 설득하기 위해 장인의 집으로 감. 이것은 그 때 이스라엘에 왕도 없었고 사사도 없었던 사실을 증명해 주는 것이었다. 만일 왕이나 사사가 있었다면 그녀는 음행한 여자로서 기소(起訴)되고 죽음에 처하여졌을 것이다. 그러나 그렇게 하는 대신 그는 자신의 첩과 화해하기 위하여 긴 여행의 수고를 기꺼이 감당한다(3절). 만일 그가 그녀를 내쫓은 것이었다면 다시 그녀에게 돌아가는 것은 잘못된 일이 될 것이다(렘 3:1). 그러나 그녀가 떠난 것이었으므로 그가 잘못을 용서하고 먼저 화해의 행동을 취한 것은 덕스러운 일이었다. 이와 같은 온유함과 관대함은 '위로부터 난 지혜' 가 갖는 특성 가운데 하나이다. 그는 그녀에게 **다정하게 말했다**. 혹은 **위로의 말을 했다**(**마음에다 말했다**는 히브리어 구문은 보통 이것을 의미한다). 이것은 그녀가 자신이 행한 잘못을 회개하며 슬픔 가운데 있었음을 암시하는데, 아마도 그는 그녀를 다시 데려가기 위해 오고 있는 동안 이에 대해 들었을 것이다. 하나님도 음행한 이스라엘에게 이와 같이 약속하셨다(호 2:14). 내가 그를 타일러 거친 들로 데리고 가서 말로 위로하리라(위로의 말을 하리라).

Ⅲ. 장인이 그를 반갑게 맞이함. 장인은 사위에게 특별한 친절을 베풂으로써 도망친 딸의 잘못을 묵인한 것을 속죄하고, 사위로 하여금 자기 딸과 화해하려는 마음이 변하지 않도록 하고자 하였다.

1. 장인은 그를 보고 기뻐하여 친절하게 환대하면서(3절), 사흘 동안 푸짐하게 대접한다(4절). 레위인은 장인의 환대를 기꺼이 받음으로써 그녀와 더불어 완전히 화해했음을 나타냈다. 그리고 우리는 그가 첩과 장인의 잘못을 비난한 것을 발견하지 못한다. 오히려 그는 처음 혼인잔치 할 때만큼이나 편안하고 즐거웠다. 우리는 이를 통해 모든 사람은 ― 특별히 레위인들은 ― 하나님이 용서하신 것처럼 용서해야 한다는 사실을 배운다. 이제 그들 모두는 미래에 대해 희망적인 전망을 가질 수 있게 되었다. 그러나 불과 하루 이틀 후에 그들에게 어떤 일이 벌어질지 상상이나 할 수 있었겠는가? 어떻게 이러한 즐거움이 비탄과 애곡으로 바뀔 수 있단 말인가? 우리 가정의 모든 일이 최고의 상태일 때, 우리는 떨림과 함께 기뻐해야 한다. 왜냐하면 우리는 내일 일을 알지 못하며, 하루 만에 어떤 끔찍한 일이 일어날지 알지 못하기 때문이다. 우리는 어떤 악한 일이 우리 곁에 있는지 알지 못하므로 혹시 일어날지 모르는 일에 대해서도 마음을 써야 하며, 마치 내일도 오늘처럼 크게 넘칠 것으로 여기면서 방심해서는 안 된다(사 56:12, 오라 내가 포도주를 가져오리라 우리가 독주를 잔뜩 마시자 내일도 오늘 같이 크게 넘치리라 하느니라).

2. 장인은 사위가 좀 더 머물기를 진심으로 바란다. 그는 사위에 대해 따뜻한 애정을 가지고 있었으며, 사위와 더불어 즐거운 교제를 나누었다.

(1) 장인은 그를 자신의 사위로서 그리고 자기 집에 접붙여진 가지로서 존중했다. 우리는 혈통적인 가족에 대해서 뿐만 아니라 결혼을 통해 맺어진 가족에 대해서도 마땅히 사랑과 책임을 다해야 한다. 또한 이 레위인처럼 사랑과 친절을 베푼 자는 마찬가지로 사랑과 친절을 기대할 수 있음을 주목하라.

(2) 장인은 그를 하나님의 집의 종인 레위인으로서 존경심을 가지고 대했다. 만일 그가 참된 레위인이었다면(그렇지 않았다고 볼 만한 특별한 이유를 우리는 갖고 있지 않다), 그와 대화하는 것을 참으로 큰 유익으로 여기고 그로부터

하나님에 대한 올바른 지식을 배울 기회를 가지며 또 여호와께서 레위인 사위로 인해 선을 행하시고 복을 주실 것을 소망하면서 그로 하여금 좀 더 머물러 주기를 간청한 것은 참으로 칭찬할 만한 일이 아닐 수 없었다.

[1] 장인은 넷째 날에도 머물러 줄 것을 간청했는데, 이것은 진심 어린 친절로 말미암은 것이었다. 언제 다시 만날지 알 수 없었으므로, 그는 사위가 가능한 오래 머물러 줄 것을 간절히 원했다. 그러나 레위인 사위는 빨리 돌아가야만 했다. 선한 사람의 마음은 자신의 일이 있는 곳에 있는 법이다. 고향을 떠나 유리하는 사람은 보금자리를 떠나 떠도는 새와 같으니라(잠 27:8). 특별한 일이 없는 곳에서 오랫동안 즐겁게 지낼 수 있는 사람은 자기 위치에서 아무런 할 일이 없는 사람이거나 아니면 자신의 일에 별로 마음이 없는 사람이다. 특별히 레위인이 자신의 양 떼를 돌보기 위해 속히 집으로 돌아가려고 하는 것은 참으로 선한 일이다. 그러나 이 레위인 사위는 간곡한 권유와 친절한 설득에 의해 자신의 계획보다 좀 더 오래 머물게 되었다(5-7절). 우리는 한편으로 너무 쉽게 설득을 당하여 우리의 책임을 소홀히 하는 것과 다른 한편 친구들의 애정 어린 호의를 무시함으로써 지나치게 까다롭고 고집불통이 되는 양극단을 피해야 한다. 우리의 구주께서도 부활하신 후 제자들의 간청으로 인해 더 가려던 계획을 변경하고 그들과 함께 엠마오에 머무셨다(눅 24:27, 28).

[2] 장인은 다섯째 날 오후까지 머물러 줄 것을 간청했는데, 이것은 나중에 증명되었듯이 참으로 적절치 못한 일이었다(8, 9절). 그는 일찌감치 저녁식사를 하고 떠나면 되지 않겠느냐고 말했는데, 그것은 하룻밤 더 붙잡고자 하는 마음으로 그렇게 한 것이었다. 그러나 레위인 사위는 실로에 있는 여호와의 집으로 갈 계획이었고(18절), 따라서 더 이상 머물 수가 없었다. 만일 일찍 출발했다면, 그들은 지금 머물 수밖에 없게 된 지역보다 더 나은 지역에 도착할 수 있었을 것이다. 아니, 어쩌면 그들은 실로에 도착할 수 있었을는지도 모른다. 여기의 경우와 같이, 친구의 따뜻한 친절이 재앙을 초래하는 경우가 종종 있다. 우리에게 사랑과 친절을 베풀고자 한 행동이 결과적으로 올가미가 되고 만 것이다. 헛된 생명의 모든 날을 그림자 같이 보내는 일평생에 사람에게 무엇이 낙(좋은 것)인지를 누가 알리요?(전 6:12) 레위인 사위가 그렇게 늦은 시간에 출발한 것은 현명치 못한 일이었다. 만일 하룻밤 더 머물렀다면 그는 집에 잘 도착했을는지 모른다.

Ⅳ. 집으로 돌아가는 노중에 그들은 기브아에 유숙하지 않을 수 없게 되었다. 기브아는 베냐민 지파에 속한 성읍으로서 나중에 사울의 기브아로 불렸는데, 실로와 에브라임 산지로 가는 중간에 위치해 있었다. 밤이 가까워지면서 저녁의 어스름이 깔려오자 그들은 어디에서 유숙할 것인지를 생각하기 시작했다(우리도 인생의 밤이 가까워올 때 이와 같은 생각을 할 필요가 있다). 밤이 가까웠을 때 그들은 여행을 계속할 수 없었다. 어둠에 행하는 자는 갈 곳을 알지 못하나니. 그들은 안식처를 찾지 않을 수 없었다. 왜냐하면 낮에는 일하고 밤에는 쉬어야 하기 때문이다.

1. 종은 여부스에서 유숙하자고 제안한다. 여부스는 훗날 예루살렘이 되는 곳인데, 아직은 여부스 사람들이 소유하고 있었다. 종은 말한다. "청하건대 우리가 돌이켜 여부스 사람의 이 성읍에 들어가서 유숙하십시다(11절)." 종의 말대로 했다면 아마도 그들은 베냐민의 기브아에서보다 훨씬 더 나은 환대를 받았을 것이다. 타락하고 방탕한 이스라엘 백성들은 가나안 사람들보다 더 악하고 훨씬 더 위험했다. 그러나 주인은 레위인으로서 단 하루도 이방인의 성읍에서 유숙하지 않으려고 했다(12절). 그것은 이방인 가운데서 혹시 안전을 위협받을까 의심해서가 아니라 가능하면 그들과 더불어 친밀한 교제를 나누지 않고 또한 그들에게 지나친 신세를 지지 않으려고 했기 때문이었다. 이 곳을 피함으로써 그는 저주받은 가나안 백성들과 더불어 가능한 가까이하지 않으려고 했다. 이스라엘 백성들은 — 특별히 레위인들은 — 이스라엘 백성들과 가까이하고 이방인의 아들들과는 멀리해야 한다.

2. 베들레헴으로부터 8~9km 정도 떨어진 여부스를 지났으나 라마까지는 갈 수가 없었으므로, 그들은 기브아에서 멈추었다(13-15절). 거기에서 그들은 거리에 앉아 있었으나, 아무도 유숙할 것을 제안하는 자가 없었다. 당시 이 지역에는 여행자가 돈을 지불하고 이용할 수 있는 여관이나 여인숙이 없었으므로, 여행에 필요한 물품은 가지고 다닐 수밖에 없었으며(19절) 유숙하는 것은 주민의 호의와 환대에 의존할 수밖에 없었다. 이렇게 볼 때 오늘날 우리가 여행을 할 때 여관이 있어 언제든지 유숙할 수 있고 또 필요한 물품을 공급받을 수 있는 것은 얼마나 감사한 일인가? 집보다 더 편안하게 머물 수 있는 곳은 이 세상 어디에도 없으며, 자신의 나라보다 더 안락하게 살 수 있는 외국은 결코 존재하지 않는다. 이 여행자는 비록 레위인이었음에도 불구하고 (하나님은 자기 백성

들에게 특별히 레위인들을 잘 대접할 것을 명령하셨다) 기브아에서 너무나 싸늘한 냉대를 받았다: 그를 집으로 영접하여 유숙하게 하는 자가 없었더라. 만일 그가 레위인이라는 사실을 알았다면, 아마도 이들은 그를 더 기피했을 것이다. 큰 날에 다음과 같은 책망의 말씀을 들을 자들이 있을 것이다: 내가 나그네 되었을 때에 너희가 영접하지 아니하였느니라(마 25:43).

[16]저녁 때에 한 노인이 밭에서 일하다가 돌아오니 그 사람은 본래 에브라임 산지 사
람으로서 기브아에 거류하는 자요 그 곳 사람들은 베냐민 자손이더라 [17]노인이 눈
을 들어 성읍 넓은 거리에 나그네가 있는 것을 본지라 노인이 묻되 그대는 어디로
가며 어디서 왔느냐 하니 [18]그가 그에게 이르되 우리는 유다 베들레헴에서 에브라
임 산지 구석으로 가나이다 나는 그 곳 사람으로서 유다 베들레헴에 갔다가 이제
여호와의 집으로 가는 중인데 나를 자기 집으로 영접하는 사람이 없나이다 [19]우리
에게는 나귀들에게 먹일 짚과 여물이 있고 나와 당신의 여종과 당신의 종인 우리
들과 함께 한 청년에게 먹을 양식과 포도주가 있어 무엇이든지 부족함이 없나이다
하는지라 [20]그 노인이 이르되 그대는 안심하라 그대의 쓸 것은 모두 내가 담당할 것
이니 거리에서는 유숙하지 말라 하고 [21]그를 데리고 자기 집에 들어가서 나귀에게
먹이니 그들이 발을 씻고 먹고 마시니라

곤란한 상황에 처한 이 레위인에게 호의를 베푼 사람이 한 사람 있었는데, 그는 기브아 출신이 아니면서 기브아에서 살고 있는 사람이었다. 악한 기브아 사람들 가운데 어느 누구도 그들에게 친절을 베푸는 척 가장하면서 악행을 가하기 위해 자기 집으로 초대하지 않은 것은 참으로 이상한 일이었다. 만일 그랬다면 그들은 좀 더 용이하게 악행을 가할 기회를 가질 수 있었을 것이다. 어쩌면 그들은 그와 같은 음모를 꾸밀 만한 기지(機智)가 없었든지, 아니면 그렇게 할 정도로 악하지는 않았기 때문이었는지 모른다. 혹은 어느 누구도 개별적으로 그와 같은 악행을 가할 것을 생각하지는 않고, 다만 캄캄한 밤이 되자 그와 같은 악행을 공모했을는지도 모른다. 악한 자들은 서로 연합함으로써 각자가 악을 행하는 것보다 훨씬 더 큰 악을 행하게 된다. 레위인과 그의 아내와 종이 거리에서 밤을 보내야만 하는 상황을 염려하기 시작하고 있었을 때, 마침내 그들은 어떤 집에 초대받게 되었다.

I. 그들을 초대한 친절한 사람은 누구였나?

1. 그는 에브라임 산지 사람으로서 기브아에 거류하고 있는 사람이었다(16절). 이스라엘의 모든 지파들 가운데 베냐민 사람들이야말로 가련한 여행자에게 친절을 베풀어야 할 가장 큰 이유를 가진 자들이었다. 왜냐하면 그들의 조상 베냐민이 그의 어머니가 여행하고 있던 중 길에서 낳은 아들이었기 때문이다 — 그 장소는 이 지역에서 아주 가까운 곳에 있었다(창 35:16, 17). 그러나 그들은 곤란한 상황에 처한 여행자에게 냉담했다. 한편 이 진실한 에브라임 사람은 그 여행자와 대화하며, 그가 에브라임 산지 출신의 동향인(同鄕人)임을 알게 되었고, 그를 동정하여 좀 더 친절을 베풀어 주었다. 그러나 정작 그에게 동정을 베푼 사람은 기브아 사람이 아니라 그 곳에 거류하는 사람이었는데, 그것은 그가 나그네의 심정을 잘 알고 있었기 때문이었다(출 23:9; 신 10:19). 선한 사람들은 스스로를 이 세상에서 나그네(stranger)요 거류하는 자(sojourner)로 여기기 때문에 서로 부드럽게 친절하게 대하게 된다. 왜냐하면 그들은 모두 이 땅의 본향보다 더 나은 하늘의 본향에 속했기 때문이다.

2. 그는 노인으로서 덕을 가진 사람이었다. 당시 이스라엘 백성들 가운데에는 그러한 덕이 점차 소멸되어 가고 있었으며, 새로운 세대는 완전히 타락해 가고 있었다. 만일 이스라엘 백성들 가운데 어떤 선한 것이 남아 있었다면, 그것은 노인에게나 혹은 죽어가고 있는 사람들에게나 있을 뿐이었다.

3. 그는 밭에서 일하다가 저녁 무렵 집으로 돌아오고 있는 중이었다. 저녁은 일꾼들로 하여금 집으로 돌아오도록 부른다(시 104:23). 그러나 기브아에서 이 날 저녁이 집으로 돌아오도록 부른 유일한 일꾼은 바로 이 노인 한 사람뿐이었던 것으로 보인다. 나머지 사람들은 게으름과 향락에 빠져 있었다. 그러므로 소돔에서처럼 그들 가운데 게으름이 가득했을 때, 소돔에서처럼 그들 가운데 부정(不淨)한 것이 가득했던 것은 결코 놀라운 일이 아니다(겔 16:49, 네 아우 소돔의 죄악은 이러하니 그와 그의 딸들에게 교만함과 음식물의 풍족함과 태평함이 있음이며). 그러나 그 노인은 하루 종일 부지런히 일하고, 밤에는 가련한 나그네에게 관대한 친절을 베풀었다. 사람으로 하여금 일하게 하라. 그러면 그는 남에게 줄 것이 있게 될 것이다(엡 4:28, 도둑질하는 자는 다시 도둑질하지 말고 돌이켜 가난한 자에게 구제할 수 있도록 자기 손으로 수고하여 선한 일을 하라). 21절로 미루

어 볼 때, 그는 어느 정도 재산이 있는 사람이었던 것으로 보인다. 그럼에도 불구하고 그는 밭에서 일했다. 재산이 있다고 하여 게으름이 정당화되는 것은 결코 아니다.

Ⅱ. 노인은 나그네들에게 너무나 관대하고 값없이 호의를 베풀었다. 노인은 그들이 하룻밤 유숙하게 해 달라고 간청할 때까지 기다리지 않았다. 나그네들을 보았을 때(17절), 노인은 자신의 도움이 필요할 것으로 예상하면서 그들의 상황을 물어보았다. 이와 같이 우리의 좋으신 하나님은 우리가 부르기 전에 응답하신다. 자비로운 사람은 상대방이 간청할 때까지 기다리지 않고 도리어 자신이 먼저 도울 기회를 찾으며, 상대가 찾을 때까지 기다리지 않고 자신이 '보고' 도움의 손길을 내민다. 바로 이런 사람이 선한 눈을 가진 자다. 선한 눈을 가진 자는 복을 받으리니 이는 양식을 가난한 자에게 줌이니라(잠 22:9). 기브아가 소돔과 같았다면, 이 노인은 소돔에서 성문에 앉았다가 나그네를 영접했던 롯과 같았다(창 19:1). 이와 같이 욥도 나그네가 거리에서 자지 아니하도록 행인에게 내 문을 열어 주었다(욥 31:32).

1. 레위인의 대답을 듣고 그것의 진실성을 의심할 이유가 없음을 알았을 때, 노인은 그를 전적으로 신뢰했다. 사랑은 모든 것을 믿으며 모든 것을 바란다(고전 13:7). 또한 사랑은 나발이 다윗에게 베풀기를 거절했을 때 사용했던 핑계를 결코 사용하지 않는다: 요즈음에 각기 주인에게서 억지로 떠나는 종이 많도다(삼상 25:10). 레위인은 자신의 상황을 이야기하는 가운데, 자신은 지금 여호와의 집으로 가는 중이라고 말한다(18절). 그는 자신의 집에 가기 전에 먼저 그 곳에서 자기 가족의 죄를 위해 속죄제를 드리거나 혹은 하나님의 자비를 위해 화목제를 — 혹은 둘 다 — 드릴 계획이었다. 만일 기브아 사람들이 그의 계획을 알았다면, 아마도 그들은 그를 영접하기를 더욱 꺼렸을 것이다. 사마리아인들이 예수님을 영접하지 않은 것은 그가 예루살렘을 향해 가고 계셨기 때문이었다(눅 9:53). 그러나 바로 그 이유 때문에, 다시 말해서 그가 레위인이었으며 지금 여호와의 집으로 가는 중이었기 때문에, 이 선한 노인은 그에게 더욱 큰 호의를 베풀었다. 이와 같이 노인은 제자의 이름으로 제자들을, 또 자신의 주인을 위해 하나님의 종을 영접했다.

2. 노인은 값없이 환대를 베풀었다. 레위인은 필요한 것들을 스스로 가지고 있었고(19절) 따라서 단지 유숙하는 것만을 원했지만, 관대한 노인은 그에게

필요한 모든 것을 자신이 기꺼이 담당하고자 했다(20, 21절): 그대의 쓸 것은 모두 내가 담당할 것이니 거리에서는 유숙하지 말라 하고 그를 데리고 자기 집에 들어가서. 이와 같이 하나님은 심지어 절망적인 상황처럼 보일 때에조차도 자기 백성들과 사역자들을 위해 여러 가지 방법으로 돕는 자를 세우신다.

[22]그들이 마음을 즐겁게 할 때에 그 성읍의 불량배들이 그 집을 에워싸고 문을 두들
기며 집 주인 노인에게 말하여 이르되 네 집에 들어온 사람을 끌어내라 우리가 그
와 관계하리라 하니 [23]집 주인 그 사람이 그들에게로 나와서 이르되 아니라 내 형제
들아 청하노니 이같은 악행을 저지르지 말라 이 사람이 내 집에 들어왔으니 이런
망령된 일을 행하지 말라 [24]보라 여기 내 처녀 딸과 이 사람의 첩이 있은즉 내가 그
들을 끌어내리니 너희가 그들을 욕보이든지 너희 눈에 좋은 대로 행하되 오직 이
사람에게는 이런 망령된 일을 행하지 말라 하나 [25]무리가 듣지 아니하므로 그 사람
이 자기 첩을 붙잡아 그들에게 밖으로 끌어내매 그들이 그 여자와 관계하였고 밤
새도록 그 여자를 능욕하다가 새벽 미명에 놓은지라 [26]동틀 때에 여인이 자기의 주
인이 있는 그 사람의 집 문에 이르러 엎드러져 밝기까지 거기 엎드러져 있더라 [27]그
의 주인이 일찍이 일어나 집 문을 열고 떠나고자 하더니 그 여인이 집 문에 엎드러
져 있고 그의 두 손이 문지방에 있는 것을 보고 [28]그에게 이르되 일어나라 우리가
떠나가자 하나 아무 대답이 없는지라 이에 그의 시체를 나귀에 싣고 행하여 자기
곳에 돌아가서 [29]그 집에 이르러서는 칼을 가지고 자기 첩의 시체를 거두어 그 마디
를 찍어 열두 덩이에 나누고 그것을 이스라엘 사방에 두루 보내매 [30]그것을 보는 자
가 다 이르되 이스라엘 자손이 애굽 땅에서 올라온 날부터 오늘까지 이런 일은 일
어나지도 아니하였고 보지도 못하였도다 이 일을 생각하고 상의한 후에 말하자 하
니라

I. 기브아 사람들의 엄청난 악행. 이성을 가진 인간이, 그것도 하나님의 계시를 가지고 있었던 이스라엘 백성들이 이토록 악해질 수 있다는 사실을 누가 상상이나 할 수 있겠는가? "여호와여 사람이 무엇이니이까?" 이에 다윗은 말한다. "사람은 얼마나 미천한 피조물인지요!" "여호와여 사람이 무엇이니이까?" 우리는 본 장의 이야기를 읽고 나서 이렇게 이야기할 수 있을 것이다. "인간은 얼마나 악한 피조물인지요! — 그 마음의 정욕대로 내버려 둘 때." 여

기에 등장하는 불량배들은 벨리알의 아들들(sons of Belial, KJV)이라고 불리는데, 그들은 어떤 멍에도 메지 않으려고 하는 방종한 사람들로서 마귀의 자식이요(왜냐하면 벨리알이 곧 마귀이기 때문이다), 그를 닮아 하나님과 그의 통치에 대항하여 반역하는 일에 연합한 자들이다. 모세는 베냐민에 대해 여호와의 사랑을 입은 자는 그 곁에 안전히 살리로다라고 말했다(신 33:12). 그러나 그의 자손들은, 정직한 자가 결코 그들 가운데 유숙할 수 없는, 벨리알의 아들들이 되었다. 그 날의 피해자는 레위인과 그의 아내 그리고 그들을 환대한 친절한 노인이었다. 우리는 이 땅에서 나그네로서, 이 땅에서 벌어지는 괴이한 일들을 예상해야만 한다. 그들에게 참으로 괴이한 일이 다가오고 있었던 것은 그들이 자신들의 마음을 즐겁게 하고 있었을 때였다(22절). 만일 우리의 즐거움이 깨끗하고 무죄한 것이라면, 그 때 우리는 우리의 모든 안락과 즐거움이 언제까지나 계속되는 것이 아니며 매우 불확실한 것이라는 사실을 기억해야만 한다. 우리가 친구들과 더불어 마음을 즐겁게 하고 있을 때, 우리는 원수들이 얼마나 가까이 있는지를 알지 못한다. 또한 지금 이 순간 모든 것이 좋은 상태에 있다고 하여 다음 순간에도 계속 그러할지 어떻게 확신할 수 있겠는가? 반면 우리의 즐거움이 과도한 것이며 죄가 될 수 있는 것이라면, 그것이 절제되지 않음으로 인해 추악한 것이 되지 않도록 스스로 조심하며 경계해야 한다. 왜냐하면 즐거움의 끝은 근심이기 때문이다(잠 14:13). 하나님은 웃음을 애통으로 그리고 즐거움을 근심으로 바꾸실 수 있다. 이제 이 베냐민 사람들이 무슨 악행을 저질렀는지 살펴보도록 하자.

1. 그들은 한밤중에 무죄한 자의 주거지에 오만하고 무례하게 침입해 들어왔다. 그는 그들 가운데 조용히 살고 있었을 뿐만 아니라, 그들 성읍의 축복이요 빛이 되는 사람이었다. 그들은 그의 집을 에워싸고 가능한 힘껏 문을 두들김으로써, 그 안에 있는 사람들을 두려움 속에 몰아넣었다(22절). 우리의 집은 우리의 성(城)이다. 그 곳에서 우리는 안전하고 평온하게 있을 수 있어야 한다. 더욱이 법이 있는 곳에서는 집은 특별한 보호를 받는다. 그러나 당시 이스라엘에는 무죄한 자를 폭력의 아들들로부터 평온하고 안전하게 지켜 줄 왕이 없었다.

2. 그들은 단지 하룻밤 유숙할 곳을 찾아 자기들의 성문 안에 들어온 나그네들을 해코지하고자 하였다. 그렇게 하는 것은 문명화된 나라라면 어디에서나 당연하고 신성한 것으로 여겨지는 '환대(歡待)의 율법' 에 반하는 것이었다. 더

군다나 그 집 주인이 간청하기까지 했음에도 그들은 그렇게 하였다(23절): 이 사람이 내 집에 들어왔으니 이런 망령된 일을 행하지 말라. 의지할 데 없는 사람을 짓밟고 나그네라 하여 악행을 가하는 것은 정말로 비열하고 야비하기 짝이 없는 행동이 아닐 수 없다.

3. 그들은 가장 불결하고 혐오스러운 방식으로 레위인을 욕보이고자 계획했다. 아마도 그들은 그가 젊고 잘생긴 것을 눈여겨보았을 것이다: 네 집에 들어온 사람을 끌어내라 우리가 그와 관계[know]하리라(22절). 우리는 그들이 단지 그가 어디에서 왔으며 그의 정체가 무엇인지에 대해 탐문하려고 했을 뿐일 것이라고 속단할 수 있다(관계하리라는 알리라, know로 번역될 수 있다). 그러나 그들의 의도를 너무나 잘 알고 있었던 노인의 대답을 통해 우리는 그들이 가장 변태적이며 야만적인 정욕보다 더 악한 성적 희열을 계획하고 있었음을 알 수 있다. 그것은 모세의 율법에서 엄격하게 금지된 것으로서 가증한 일로 불리는 것이었다(레 18:22, 너는 여자와 동침함 같이 남자와 동침하지 말라 이는 가증한 일이니라). 신약성경은 이런 죄를 저지르는 자들을 극악한 죄인들의 목록 가운데 열거하고 있으며(딤전 1:10), 또한 하나님의 나라를 유업으로 받지 못할 것이라고 엄중하게 경고한다(고전 6:9).

(1) 이것은 소돔의 죄였으므로 소도미(Sodomy, 남색)라 불린다. 소돔에 대한 하나님의 심판의 살아있는 기념비가 바로 사해(死海)인데, 그것은 가나안의 한 쪽 경계를 이루고 있는 곳으로서 이 곳 기브아에서 그리 멀지 않은 곳에 있다. 우리는 기브아 사람들이 왕래하는 가운데 사해를 많이 보았을 것이라고 추측할 수 있다. 그러나 그들은 그것으로부터 경고를 받지 못하고, 도리어 소돔보다 더 악하게 행하면서(겔16:48), 그들의 악행을 흉내내어 죄를 지었다. 홀 주교(bishop Hall)의 말처럼, 야곱의 허리에서 이처럼 극악한 '가증한 일'이 나올 줄이야 누가 생각이나 했겠는가? 가장 악한 이교도조차도 그들에 비하면 성자였다. 실로에 하나님의 법궤를 가지고 있다고 자랑하면서 실제로 거리는 소돔으로 화해 있다면 그것이 무슨 소용이 있겠는가? 하나님의 율법은 가장자리로 밀려나고 마귀가 중심을 차지한 꼴이 아니고 무엇인가? 오직 지옥만이 타락한 이스라엘 백성보다 더 악한 인생을 만들어낼 수 있을 뿐이다.

(2) 이것은 그들이 빠져 있었던 우상 숭배의 결과였다. 그들이 그 마음에 하나님 두기를 싫어했으므로 하나님은 그들로 하여금 이처럼 극악한 마음 가운

데 내버려 두셨고, 그럼으로써 우상 숭배를 통해 하나님의 이름을 더럽히고 그분의 영광을 욕된 것으로 바꾼 것처럼 그들은 스스로를 더럽히고 말았다(롬 1:24, 28). 여기에서 하나님의 오래참으심을 주목하라. 왜 이 벨리알의 아들들을 소돔사람들처럼 눈멀게 만들지 않으셨는가? 왜 하늘로부터 불과 유황이 그들의 성읍에 쏟아지지 않았는가? 그것은 첫째로 이스라엘로 하여금 칼로 그들을 응징하도록 남겨 두신 것이었기 때문이며, 둘째로 장차 다른 육체를 따라 가는 자들을 영원한 불의 형벌을 받게 하는 하나님 자신의 응징을 위해 유보해 두신 것이었기 때문이다(유 1:7).

4. 그들은 노인의 책망과 간청에 귀를 기울이지 않았다. 아마도 노인은 롯과 소돔 사람들의 이야기를 잘 알고 있었을 것이며, 여기에서 그는 롯의 전례를 따라 자기 집에 들어온 손님들을 보호하려고 하였다(23, 24절). 이것을 창세기 19:6-8과 비교해 보라. 노인은 롯이 그랬던 것처럼 그들에게 나갔고, 정중하게 말했으며, 그들을 형제라고 불렀고, 그들의 행동을 중단할 것을 간청했으며, 자기 집에 들어온 손님들을 보호하려고 했고, 그들의 행동을 악행이라고 표현했다: 이 같은 악행을 저지르지 말라. 또한 노인은 그것을 어리석은 일이요 망령된 일이라고 부른다. 그러나 노인은 한 가지 일에 있어 지나치리 만큼 롯의 행동을 똑같이 따랐는데(우리가 어떤 선한 사람을 모방할 때에는 심지어 그의 잘못된 행동까지도 따라하려고 하는 경향이 있다), 그것은 그들이 원하는 대로 하도록 자기 딸을 내어주겠다고 제안하는 것이었다. 그에게는 딸에게 이렇게 하도록 요구할 권리가 없었을 뿐만 아니라, 설령 목적이 선하다 하여 이 같은 악을 행해서도 안 되었다. 그러나 이 같은 노인의 잘못된 제안은 큰 두려움과 공포, 자기에게 온 손님을 보호하려는 정성, 비슷한 상황에서 롯의 전례를 따르려고 했던 것 등을 종합적으로 고려할 때 부분적으로 변명의 여지가 있다고 여겨진다. 어쩌면 노인은 이와 같이 좀 더 자연적인 욕구 충족의 방법을 언급함으로써 그들로 하여금 일상적으로 어울려 다니는 창기들에게로 돌아가도록 하려고 의도했는지도 모른다. 그러나 그들은 노인의 말을 듣지 않았다(25절). 제어할 수 없는 정욕은 사람으로 하여금 귀를 멀게 함으로써 아무것도 듣지 못하게 하며, 나아가 양심을 마비시켜 무감각하게 만들어 버린다.

5. 그들은 레위인의 아내를 취하여 능욕하고 죽게 했다(25절). 그들은 자기 딸을 내어 주겠다는 노인의 제안을 무시했는데, 그것은 그녀가 아름답지 않았

기 때문이거나 아니면 그녀가 너무나 정숙하고 고결한 여자임을 전부터 잘 알고 있었기 때문이었을 것이다. 그러나 레위인이 자기 첩을 끌고 왔을 때, 그들은 욕보이기에 적합한 장소로 그녀를 데려갔다. 요세푸스는 이 사건을 설명하는 가운데 그들이 노인의 집을 에워쌌을 때 목표로 했던 것은 바로 이 여자였다고 말한다. 그들이 성읍에 들어왔을 때, 기브아의 불량배들은 그녀를 보았고 그녀의 미모에 매혹되고 말았다(라고 요세푸스는 말한다). 비록 남편과 화해했다 할지라도, 아마도 그녀의 외모는 그다지 정숙한 분위기를 풍기지 않았을 것이다. 많은 사람들이 이와 같이 흐트러진 몸가짐과 행동거지로 인해 재앙에 빠지곤 한다. 작은 불씨가 큰 불을 일으키는 법이다. 사람들은 그 레위인이 마땅히 그들을 좇아가 자기 아내에게 무슨 일이 벌어지는지 살폈어야만 했다고 생각할 것이다. 그러나 그는 그들이 자신에게도 위해(危害)를 가할 것을 두려워하여 감히 그렇게 하지 못한 것으로 보인다.

이 여자의 비극적인 종말을 통해, 우리는 남편을 떠나 행음한 죄를 징벌하시는 하나님의 의로운 손을 볼 수 있다(2절). 비록 아버지가 묵인해 주고 남편이 용서해 줌으로써 모든 허물이 잊혀진 듯 했지만, 그러나 하나님은 그것을 기억하셨고 따라서 기브아의 불량배들이 그토록 야비하게 능욕하는 것을 내버려 두셨다. 불량배들이 그녀를 그토록 야비하게 다룬 것은 너무나 불의한 일이었지만, 그것을 내버려 두신 하나님은 의로우셨다. 그녀가 받은 징벌은 그녀의 죄의 결과였다. 정욕이 그녀의 죄였으며 또한 징벌이었다. 모세의 율법에 의하면 그녀는 간음으로 인해 죽음에 처해져야 했다. 그녀는 사람으로부터의 징벌은 피했지만, 복수가 그녀를 뒤쫓았다. 왜냐하면 비록 당시 이스라엘에 왕이 없었다 할지라도 그 곳에 온 세상을 심판하시는 하나님이 계셨기 때문이었다. 우리는 우리가 잘못한 사람들과 더불어 화평을 이루는 것으로 충분하다고 생각해서는 안 된다. 우리는 회개와 믿음을 통해 하나님과 더불어 화평을 이루어야만 하는데, 하나님은 사람들이 보는 것처럼 보지 않으시고 또 사람들이 종종 그러는 것처럼 죄를 가볍게 여기지 않으신다. 또한 하나님의 공의는 기브아의 불량배들의 큰 악을 결코 간과하지 않으신다. 이들이 행한 악보다 더 야만적이고 비인간적인 것은 이 세상 어디에도 없을 것이다.

Ⅱ. 이러한 악행의 소식이 이스라엘 모든 지파에게 보내졌다. 여명이 밝아옴과 함께 '벨리알의 아들들' 이 그녀로 하여금 돌아가는 것을 허락하자(어둠의

일은 빛을 미워하고 두려워한다), 끔찍한 능욕을 당한 이 가련한 여인은 남편이 유숙하는 곳을 향해 몸을 돌이켰다(25절). 문에 엎드려 두 손을 문지방에 올려놓은 채 마치 예전의 죄에 대해 용서를 비는 듯이 그리고 입을 흙에 댄 채 회개하는 자의 자세로, 그녀는 숨을 거두고 말았다(26, 27절). 그 곳에서 레위인은 그녀를 발견했는데, 그녀가 잠들어 있거나 아니면 지난 밤 벌어진 일로 인한 수치와 혼란 속에 여전히 빠져 있는 것으로 생각했으나, 곧 죽은 것을 알게 되었다(28절). 우리는 그녀의 시체에 온갖 종류의 폭행과 능욕의 흔적들이 있었을 것이라고 추측할 수 있다. 이 끔찍한 상황으로 인해, 그는 실로로 가고자 했던 계획을 바꾸어 곧장 집으로 갔다. 기쁨으로 돌아올 희망에 젖어 집을 떠났던 그는 슬픔과 괴로움을 안고 다시 집으로 돌아왔다. 그는 가만히 앉아 생각한다. '이 일이 정말로 그냥 지나치고 말 일인가?' 그는 소돔에 들어갔던 천사들이 그랬던 것처럼 기브아 사람들을 소멸시키기 위해 하늘로부터 불이 내려오게 할 수도 없었다. 또 이스라엘에는 공의를 시행해 줄 것을 호소할 왕도 없었고, 산헤드린(공회) 같은 것도 없었다. 비느하스가 대제사장이었지만, 그는 성소(聖所)의 직무만으로도 너무나 과중했으므로 재판장이나 조정자의 역할까지 감당할 수는 없었다.

그러므로 그는 백성들에게 호소하는 것 외에 다른 방법이 없었다 — 공동체로 하여금 재판하게 하라. 비록 모든 지파가 전체적으로 모이는 정기적인 회합은 없었다 할지라도, 각 지파의 지도자들이 자체적으로 모이는 것은 충분히 가능했을 것이다. 그는 각 지파에게 사자(使者)를 보내 자신이 당한 끔찍한 악행을 탄원했다. 그리고 그와 함께 아내의 시체 조각들을 보냈는데(29절), 그렇게 함으로써 그는 사건의 진실성을 확실하게 입증하고 자신의 원통한 심정을 더욱 강렬하게 호소하고자 하였다. 그는 아내의 시체를 **뼈를 따라**, 다시 말해서 관절을 따라 열두 덩이로 나누고(한글개역개정판에는 '**마디를 찍어**' 로 되어 있음), 각 지파마다 한 덩이씩 보냈다. 그는 베냐민 지파에게도 역시 보냈는데, 그것은 그들까지도 이 큰 악을 징벌하는데 동참하도록 하기 위함이었다 — 그들은 자기 지파에 속한 자들이 이러한 악행을 범했으므로 더욱 엄중하게 징벌했어야 했다. 시체를 이와 같이 토막 내는 것은 정말로 잔인하고 야만적인 일이 아닐 수 없다. 그러나 이렇게 함으로써 그는 기브아의 불량배들이 자기 아내에게 행한 야만적인 만행을 나타낼 뿐만 아니라, 또한 자신의 억울하고 분통한 심정을 표현하고 그럼으로써 모든 사람들로 하여금 자신과 똑같은 마음을 갖게 하고자 하였다. 효과는 즉시로 나타났다. 시체 조각을 보고 사건의 경위를 듣게 된 모든 사람들은 똑같이 다음과 같은 마음을 갖게 되었다.

1. 이와 같은 일은 이스라엘에서 듣도 보도 못한 일로서, 기브아 사람들은 이와 같은 극악한 악행에 대해 죄책을 져야 한다(30절). 그것은 복합적인 죄로서, 모든 사람들을 분노케 할 만한 것이었다. 그들은 이 죄를 가볍게 여기고 이 이야기를 농담으로 여길 만큼 바보가 아니었다.

2. 이러한 악행에 대해 어떻게 징벌할 것인지를 논의하기 위해 이스라엘 전체가 모이는 총회가 소집되어야 한다. 그럼으로써 이와 같은 악행이 범람하는 것을 막고 또 하나님의 진노가 이스라엘 전체에 부어지지 않도록 할 수 있을 것이었다. 이러한 일은 통상적으로 일어나는 사건이 아니었으므로 그들은 함께 모여 의논해보자고 뜻을 모았다: 이 일을 생각하고 상의한 후에 말하자. 여기에서 우리는 까다로운 문제를 해결하기 위한 회의에 참석하는 자는 다음과 같은 세 가지 원칙을 가져야 함을 알 수 있다.

(1) 어떤 문제에 대해 말하기 전에 먼저 우리는 그 문제를 편벽되지 않게 그리고 충분히 생각하고 또 어떤 편견도 없이 신중하고 침착하게 살펴야 한다.

(2) 우리는 그 문제에 대해 자유롭게 말함과 함께 다른 사람들의 충고를 듣고 그들의 의견과 논리를 잘 살펴야 한다.

(3) 모든 사람들로 하여금 각자의 생각을 말하게 하고, 또 각자의 양심에 따라 자신의 의견을 자유롭게 개진하도록 해야 한다. 이와 같이 여러 사람이 모여 의논하면 안전한 법이다.

제 20 장

개요

여호와의 전쟁에 관한 이야기 가운데 본 장의 이야기보다 더 슬프고 고통스러운 이야기는 아무것도 없을 것이다. 왜냐하면 본 장에서 조금이라도 밝은 면이 있다면, 기브아 사람들의 악행에 대한 이스라엘의 경건한 열심만이 유일하게 있을 뿐 그 외에는 아무것도 없기 때문이다. 이것은 베냐민을 제외한 나머지 이스라엘 편에서 볼 때는 그 싸움을 정당하고 거룩한 전쟁이 되게 만들어주지만, 반대편에서 볼 때에는 범죄자들을 비호하는 베냐민 사람들의 완악함 외에 아무것도 아닌 것이다. 전쟁을 수행하는 가운데 입은 엄청난 손실과 베냐민 지파가 거의 소멸할 지경까지 간 사실은 처음부터 끝까지 우리의 마음을 우울하게 만든다 — 의로운 편이 결국 승리하였음에도 불구하고. 이 사건은 이스라엘이 약속의 땅에 영광스럽게 정착한 직후에 그러니까 이제 모든 것이 형통하고 평온할 것으로 기대되던 바로 그 때에 벌어진 일이었다. 본 장에서 우리는 다음과 같은 내용을 보게 된다. I. 이스라엘의 모든 지파가 레위인의 소명(疎明)을 들음(1-7절). II. 기브아 사람들을 징벌할 것을 만장일치로 결의함(8-11절). III. 베냐민 사람들이 범죄자들을 비호함(12-17절). IV. 첫 번째와 두 번째 전투에서 이스라엘이 패배함(18-25절). V. 이스라엘이 하나님 앞에 스스로 겸비케 함(26-28절). VI. 세 번째 전투에서 베냐민 사람들이 완전한 참패를 당함, 그리고 이로 인해 600명만 남고 모두 죽음(29-48절). 이 모든 일은 한 사람의 레위인과 그의 아내에게 행한 악행의 결과였다. 작은 불씨 하나가 얼마나 큰 불을 일으키고 말았는지 보라.

1이에 모든 이스라엘 자손이 단에서부터 브엘세바까지와 길르앗 땅에서 나와서 그
회중이 일제히 미스바에서 여호와 앞에 모였으니 2온 백성의 어른 곧 이스라엘 모
든 지파의 어른들은 하나님 백성의 총회에 섰고 칼을 빼는 보병은 사십만 명이었
으며 3이스라엘 자손이 미스바에 올라간 것을 베냐민 자손이 들었더라 이스라엘 자
손이 이르되 이 악한 일이 어떻게 일어났는지 우리에게 말하라 하니 4레위 사람 곧

죽임을 당한 여인의 남편이 대답하여 이르되 내가 내 첩과 더불어 베냐민에 속한 기브아에 유숙하러 갔더니 [5]기브아 사람들이 나를 치러 일어나서 밤에 내가 묵고 있던 집을 에워싸고 나를 죽이려 하고 내 첩을 욕보여 그를 죽게 한지라 [6]내가 내 첩의 시체를 거두어 쪼개서 이스라엘 기업의 온 땅에 보냈나니 이는 그들이 이스라엘 중에서 음행과 망령된 일을 행하였기 때문이라 [7]이스라엘 자손들아 너희가 다 여기 있은즉 너희의 의견과 방책을 낼지니라 하니라 [8]모든 백성이 일제히 일어나 이르되 우리가 한 사람도 자기 장막으로 돌아가지 말며 한 사람도 자기 집으로 들어가지 말고 [9]우리가 이제 기브아 사람에게 이렇게 행하리니 곧 제비를 뽑아서 그들을 치되 [10]우리가 이스라엘 모든 지파 중에서 백 명에 열 명, 천 명에 백 명, 만 명에 천 명을 뽑아 그 백성을 위하여 양식을 준비하고 그들에게 베냐민의 기브아에 가서 그 무리가 이스라엘 중에서 망령된 일을 행한 대로 징계하게 하리라 하니라 [11]이와 같이 이스라엘 모든 사람이 하나 같이 합심하여 그 성읍을 치려고 모였더라

I. 레위인의 첩과 관련한 사건을 검토하고 의논하기 위해 이스라엘 모든 회중이 총회로 모임(1, 2절). 그들이 모인 것은 전체 지파를 통할하는 어떤 한 사람의 지도자에 의해 소집된 것이 아니라 하나님과 이스라엘의 영광을 위한 거룩한 열심에 불타 한 마음으로 공감하고 동의하여 모인 것으로 보인다.

1. 모인 장소는 미스바였다. 미스바는 성막이 있었던 실로와 매우 가까운 위치에 있었으므로 결국 그들은 여호와 앞에 모인 것이었다. 우리는 이스라엘의 진(陣)이 미스바에서 실로까지 이르렀을 것이라고 추측할 수 있다. 실로는 작은 마을이었으므로 이스라엘 백성이 하나님 앞에 총회로 모일 때는 인접해 있는 중요한 성읍인 미스바를 본부로 삼는 것이 상례였다. 아마도 그것은 매우 많은 사람들이 모임으로 인해 실로에서 성막에 수종 드는 제사장들에게 폐를 끼치지 않기 위함이었을 것이다.

2. 모인 사람들은 모든 이스라엘이었다. 북쪽으로 단(이 곳은 최근에 그와 같은 이름이 붙여진 성읍이었다. 18:29)에서부터 남쪽으로 브엘세바에 이르기까지 그리고 요단 건너 길르앗 땅(즉 요단 건너편에 있는 지파들)에 이르기까지, 모든 이스라엘이 마치 한 사람처럼 공동의 선(public good)을 위해 모였다. 이것은 레위인과 제사장들의 이를테면 성직자 회의가 아니라, 하나님의 백성들의 총회였다 — 비록 이 일에 레위인이 직접적으로 관련되어 있었다 할지라도.

그 레위인은 백성들의 총회에다가 직접 호소한 것이었다 — **내가 백성에게 호소하노라. 하나님의 백성은 칼을 빼는 보병이 사십만 명이었다.** 그들은 잘 훈련된 군대로서 전쟁을 수행할 만한 자들이었다. 아마도 그들 가운데 일부는 **가나안의 전쟁들을 아는 자들이었을 것이다**(3:1). 이러한 모든 이스라엘의 총회 가운데에는 백성의 우두머리(혹은 모퉁이, 통치자는 백성을 지키는 모퉁잇돌이기 때문이다)들이 있었는데, 이들이 각각의 무리를 대표하였다. 그들은 각각의 위치에서 1,000명, 100명, 50명, 10명 등을 주관하였다. 전체를 통할하는 최고 사령관은 없었다 할지라도, 이들이 최소한의 지휘와 통치행위를 한 것으로 추측된다. 그러므로 첫째로, 백성 전체가 모이는 총회가 있었다. 여기에서 백성의 우두머리들이 각각의 무리를 지도하고 이끌었다. 둘째로, 전쟁을 위한 병사들의 모임이 있었다. 이들은 모두 칼을 빼는 전사(戰士)들로서(17절), 강압에 의해서나 혹은 보수를 받고 복무하는 것이 아니라 자유인으로서 각자의 비용을 스스로 부담하는 자들이었다. 이스라엘이 가나안 땅에 들어올 때 그 숫자는 60만 명 남짓이었다. 우리는 지금 그들의 숫자가 줄어들었기보다는 늘어났을 것이라고 추측할 만한 충분한 이유를 가지고 있다. 그러나 그 때는 20세부터 60세까지의 모든 사람이 전쟁을 수행하는 병사였지만, 지금은 절반 이상의 사람들이 농사를 짓기 위해 무기를 드는 것이 면제되었을 것이라고 추측할 수 있다. 그러므로 여기에 언급된 40만 명은 잘 훈련된 전사들을 말하는 것이었다. 두 지파와 반 지파의 군대는 4만 명이었지만(수 4:13), 그들의 전체 숫자는 그보다 훨씬 더 많았다.

Ⅱ. 베냐민 지파에게 이 모임이 통지됨. **이스라엘 자손이 미스바에 올라간 것을 베냐민 자손이 들었더라**(3절). 아마도 그들은 모든 일을 정당하게 처리하고 그럼으로써 어떤 불행한 일이 생기는 것을 미연에 방지하기 위해 합법적으로 베냐민 지파도 총회에 참여하도록 불렀을 것이다. 그러나 베냐민 지파 사람들은 모임에 관한 통지를 받고 자신들의 평안과 영예에 관한 일을 생각하기보다는 도리어 마음을 완악하게 함으로 형제들을 더욱 분노하게 만들었다.

Ⅲ. 기브아 사람들의 죄에 대해 엄정한 조사가 이루어짐. 레위인은 매우 끔찍한 방법으로 자신의 원통한 사정을 호소했지만, 이러한 일은 사실 이상으로 과장되는 일이 종종 있으므로 좀 더 면밀하게 조사하고 검토할 필요가 있었다. 따라서 증인들을 조사하고 사건의 전모를 보고하기 위한 위원회가 구성되었

다. 본문에 기록된 것은 오직 레위인 한 사람의 증언뿐이지만, 아마도 그의 종과 노인도 조사를 받고 증언을 했을 것이다. 왜냐하면 3절 원문(原文)에는 복수(複數)의 사람이 조사를 받은 것으로 나타나기 때문이다: 너희는 우리에게 말하라. 율법은 어느 누구도 한 사람의 증인에 의해 사형에 처하여져서는 안 된다고 가르친다. 하물며 수많은 사람이 관련된 경우에야 더욱 그러하지 않겠는가? 레위인은 사건의 전말을 진술한다.

그는 단지 여행자로서 기브아에 유숙하기 위해 들어갔다(4절). 그는 기브아 사람들을 해치려고 하는 어떤 의도도 갖고 있지 않았으며, 또 그들이 그렇게 의심할 만한 어떤 행동도 하지 않았다. 그런데 기브아 사람들은 성문 안에 들어온 나그네를 보호해 주어야 함에도 불구하고 도리어 그가 유숙하고 있는 집을 에워싸고 그를 죽이려고 생각했다. 그는 그들이 요구하는 수치스러운 일을 차마 들어줄 수 없었다(22절). 그들은 소돔의 죄를 공공연히 요구했다. 그러나 그는 정결한 사람이었으므로 그들의 말을 결코 따를 수 없었다. 그들이 그를 죽이려고 했다고 말하는 것이 결코 과장이 아니다. 왜냐하면 그는 그들의 악행에 굴복하느니 차라리 죽임을 당할 것이었기 때문이다. 만일 그들이 그를 수중에 넣었다면 틀림없이 그를 능욕하고 죽게 했을 것이다. 그들이 그의 첩에게 행한 일이 증거가 된다: 내 첩을 욕보여 그를 죽게 한지라(5절). 그래서 그는 형제들의 의분(義憤)을 일으키기 위해 토막 낸 시체 조각을 각 지파에게 보냈다. 그것은 그들이 이스라엘 중에서 행한 음행과 망령된 일(6절)의 증거로 삼기 위한 것이었다. 모든 음행은 망령된 일(folly, 어리석은 일)이며, 특별히 이스라엘에게는 더욱 그러하다. 그들은 영광스러운 언약의 인을 가지고 있는 육체를 더럽혔으며 하나님의 심판에 대해 도전하였으니, 그들의 이름은 나발이요 그들과 함께 하는 것은 오직 어리석음(망령됨)일 따름이다.

레위인은 법정의 판결(심판, judgement)을 호소하면서 진술을 마친다(7절): 너희는 모두 이스라엘 자손이라 그러므로 율법과 판결을 아느니라(에 1:13). "너희는 거룩한 하나님의 백성으로서 하나님의 영광을 욕되게 하고 이 땅을 더럽히는 모든 것에 대해 두려워한다. 너희는 동일한 공동체이며 한 몸의 지체이므로 이 일로부터 동일한 괴로움을 느낄 것이다. 너희는 하나님의 자녀로서 하나님의 지파인 레위인을 특별히 배려해야만 한다. 그러므로 이 일에 대한 너희의 의견과 방책을 낼지니라."

Ⅳ. 이스라엘의 단호한 결의. 그들은 이 악한 성읍이 응징되는 것을 볼 때까지 결코 흩어지지 않을 것을 결의했다. 그것은 이스라엘의 치욕이며 수치스런 일이었다. 다음을 주목하라.

1. 음행의 죄를 대적하는 뜨거운 열심. 그들은 집에 돌아가서 해야 할 일이 많이 있었음에도 불구하고 하나님과 이스라엘의 영예가 회복될 때까지는 결코 돌아가지 않으려고 했다(8절). 이와 같이 개인적인 일보다 공적인 일을 우선함으로써 그들은 참된 이스라엘의 자녀임을 나타냈다.

2. 양식을 가져오기 위해 일부 병력을 보내는 신중함(9, 10절). 그들은 열 명에 한 명씩 뽑아 총 4만 명으로 하여금 각자의 지역으로 돌아가 전체 군대가 쓸 양식과 기타 필요한 물품들을 가져오도록 했다. 왜냐하면 집에서 출발할 때 그들은 미스바에 오는데 필요한 물품만을 가져왔을 뿐, 기브아 앞에 진을 치는데 필요한 물품은 가져오지 않았기 때문이다. 이것은 모든 전사들이 각자 자신의 필요한 물품을 조달하기 위해 흩어지는 것을 막기 위한 것이었다. 만일 그렇게 하면, 그들 모두가 처음과 같은 선한 마음을 가지고 다시 모이는 것은 매우 어려울 것이다. 백성들 가운데 선한 일을 위한 경건한 열심이 있을 때, 지체하지 말고 바로 일을 진행시키는 것이 최선이다. 쇠는 달구어졌을 때 바로 쳐야 하는 법이다. 그와 같은 열심은 일이 지체되면 금방 식어버리기 쉽기 때문이다. 오늘 할 수 있는 일을 내일로 미루어서는 결코 안 된다.

3. 행악자들을 징벌할 것을 만장일치로 합의함. 이것은 어떤 반대의 목소리도 없이 결정되었다(8절). 모든 사람이 한 마음이었으며 만장일치였다. 그리고 실제로 징벌하는 일을 진행하게 되었을 때에도 그들은 모든 사람이 한 사람 같이 합심하였다(11절). 이와 같이 공동의 선과 관련한 문제에 있어 이스라엘의 모든 지파가 한 마음을 품은 것은 그들의 영광이요 힘이었다.

12 이스라엘 지파들이 베냐민 온 지파에 사람들을 보내어 두루 다니며 이르기를 너
희 중에서 생긴 이 악행이 어찌 됨이냐 13 그런즉 이제 기브아 사람들 곧 그 불량배
들을 우리에게 넘겨 주어서 우리가 그들을 죽여 이스라엘 중에서 악을 제거하여
버리게 하라 하나 베냐민 자손이 그들의 형제 이스라엘 자손의 말을 듣지 아니하
고 14 도리어 성읍들로부터 기브아에 모이고 나가서 이스라엘 자손과 싸우고자 하니
라 15 그 때에 그 성읍들로부터 나온 베냐민 자손의 수는 칼을 빼는 자가 모두 이만

육천 명이요 그 외에 기브아 주민 중 택한 자가 칠백 명인데 [16]이 모든 백성 중에서 택한 칠백 명은 다 왼손잡이라 물매로 돌을 던지면 조금도 틀림이 없는 자들이더라 [17]베냐민 자손 외에 이스라엘 사람으로서 칼을 빼는 자의 수는 사십만 명이니 다 전사라

I. 이스라엘 지파들의 공정하고 정당한 요구. 이스라엘 백성들은 베냐민 지파에게 기브아의 행악자들을 넘겨줄 것을 요구했다(12, 13절). 만일 베냐민 지파가 총회에 참석하여 그와 같은 결정에 동의했다면(마땅히 그랬어야 했다), 오직 기브아 사람들만 문제될 뿐 베냐민 지파는 이 문제와 아무 관련 없는 것으로 여겨졌을 것이다. 그러나 그들은 총회에 참석하지 않음으로써 범죄자들의 편을 드는 꼴이 되었고, 그럼으로써 베냐민 지파 전체에게 이와 같은 요구가 제시된 것이었다. 이스라엘 백성들은 저질러진 악에 대해서는 몹시 분노했지만 그러나 결코 신중함을 잃지 않았다. 베냐민 지파가 범죄자들을 내어주는 것을 거절하고 공의에 반하여 그들을 보호하면서 스스로 사후종범(事後從犯)으로 자처하지 않는 한, 그들은 베냐민 지파 전체에게 책임을 물으려고 하지 않았다. 그들은 베냐민 지파 사람들도 그 일이 얼마나 큰 악인가 하는 것과 그 일이 그들 가운데서 벌어졌다는 사실을 깨닫기를 원했다(12절). 그러므로 베냐민 지파 사람들은 모세의 율법에 따라 자신들의 손으로 행악자들을 징벌하든지 아니면 총회에 넘겨주어 좀 더 엄중하고 공개적으로 징벌함으로써, 이스라엘에서 악이 치워지고 국가적 죄책이 제거되며 썩은 부위를 잘라냄으로써 악이 퍼지는 것을 방지하고 국가적 심판을 예방하도록 했어야만 했다. 왜냐하면 그 죄는 소돔의 죄와 너무나 흡사하므로 만일 그 죄를 징벌하고 치워버리지 않는다면 하나님이 하늘로부터 재앙을 쏟아 부을 것을 그들이 두려워한 것은 극히 정당한 것이었기 때문이다 — 하나님이 소돔을 심판하실 때 소돔뿐만 아니라 인근 성읍들에도 재앙이 임한 것처럼. 이와 같이 이스라엘 백성들의 요구는 지극히 정당하고 합리적인 것이었다. 그럼에도 불구하고 베냐민 지파가 마음을 완악하게 하고 듣지 않는다면 더 큰 재앙이 임할 수밖에 없었다. 그러나 전쟁이나 법에 호소하기 전에 먼저 우리는 조정(調整)을 위해 최선을 다하며, 이를 위해 필요한 모든 방법을 사용해야만 한다. 베냐민 지파에 대한 이스라엘 백성들의 요구는 요압이 아벨에서 한 것과 비슷한 것이었다(삼하 20:20, 21).

"오직 반역자 세바만 넘겨 달라. 그러면 우리는 무기를 내려놓을 것이다." 이러한 조건 위에서, 즉 우리가 죄와 떨어지고 우리의 정욕을 십자가에 못 박을 때, 하나님은 우리와 더불어 평화할 것이며 진노를 거두실 것이다.

Ⅱ. 베냐민 사람들의 비뚤어진 완악함. 베냐민 사람들은 나머지 지파들이 징벌하기로 결정한 범죄자들을 비호하는데 다같이 한 마음을 품은 것으로 보인다. 그것은 그들의 영예를 더럽히고 의무를 저버릴 뿐만 아니라 그들의 이익에도 반하는 행동이었다.

1. 그들은 너무나 파렴치하게도 악을 비호하였다(13절): **베냐민 자손이 그들의 형제 이스라엘 자손의 말을 듣지 아니하고.** 이것은 이 때 베냐민 사람들이 다른 지파보다 더 악하고 타락했으므로 자신들과 같은 부류의 사람들을 징벌하려고 하지 않았기 때문이거나(베냐민 지파가 차지한 기업은 가나안 중에서도 가장 비옥한 땅이었다. 그들의 땅은 마치 소돔 땅처럼 **여호와의 동산** 같았는데 이러한 사실로 인해 그 곳의 거주민들은 마치 소돔 사람들이 그랬던 것처럼 **악하며 여호와 앞에 큰 죄인이** 되기 쉬웠는지도 모른다. 창 13:10, 13), 아니면 (패트릭 주교가 말하는 것처럼) 다른 지파들이 자신들 일에 참견하는 것으로 여겨 못마땅하게 생각했기 때문일 것이다. 베냐민 사람들은 자신들이 마땅히 해야만 하는 일임을 알면서도 하려고 하지 않았다. 그것은 형제들이 주제넘게 나선다고 생각하며 그들에 의해 가르침받고 지시받는 것을 못마땅하게 여겼기 때문이었다. 그들 가운데에는 마땅히 형제들의 요구에 따라야 한다고 생각했던 지혜로운 자들도 있었을 것이다. 그러나 그들은 다수에 의해 압도되었고, 결국 기브아 사람들의 죄를 함께 짊어지게 되었다. 이와 같이 우리가 다른 사람의 죄를 비호하고 옹호함으로써 그들의 죄와 연합한다면, 우리는 **열매 없는 어둠의 일에** 참여하는 것이 된다. 악을 행한 자를 옹호하고 비호하는 것 역시 똑같이 악을 행하는 것이다. **실족하게 하는 그 사람에게 화가 있도다!** 공의를 시행하는 것을 방해하면서 **악인이여! 네가 결코 죽지 아니하리라** 하며 악인의 손을 강하게 하는 자들은 반드시 그에 대해 책임을 져야 할 날이 오게 될 것이다.

2. 그들은 전체 이스라엘에 대항할 만큼 너무나 오만하고 뻔뻔스러웠다. 베냐민 사람들이 이스라엘에 대항하여 무기를 들었을 때 그들보다 더 얼빠지고 어리석은 자들은 세상 어디에도 없을 것이었다.

(1) 그들은 정당하고 올바른 대의(大義)에 대항한 것이었다. 공의에 대항하

여 싸우면서, 그러므로 결과적으로 공의의 하나님 자신과 대항하여 싸우면서 어떻게 형통하기를 바랄 수 있단 말인가? 또 대제사장과 거룩한 신탁을 자기편으로 삼고 있는 자들과 대항하여 싸우면서, 그러므로 결과적으로 이스라엘의 거룩한 최상의 권위에 반역하면서 어떻게 형통하기를 바랄 수 있는가?

(2) 그들은 큰 군대에 대항한 것이었다. 양측 군대의 숫자상의 불균형은 누가복음 14:31-32에 등장하는 두 임금의 경우보다 훨씬 더 큰 것이었다. 그 곳에 보면 일만의 군대를 가진 임금은 이만의 군대를 가진 임금과 감히 싸우려고 하지 않고 화친을 청하고자 하였다. 그 곳에서는 적의 숫자가 단지 두 배에 불과했으나, 여기에서는 열다섯 배 이상이었다. 그럼에도 불구하고 베냐민 사람들은 화친하기를 경멸하였다. 그들이 동원할 수 있는 모든 병력은 고작 26,000명에 불과했고, 그 외에 700명의 기브아 사람들이 더 있을 뿐이었다(15절). 겨우 이 정도 병력을 가지고 베냐민 사람들은 감히 이스라엘의 40만 대군과 맞서려고 하였다(17절). 이와 같이 죄인들은 얼이 빠져 스스로 파멸의 길을 재촉하며, 자기보다 무한히 강하신 자의 진노를 불러일으킨다(고전 10:22, 그러면 우리가 주를 노여워하시게 하겠느냐 우리가 주보다 강한 자냐). 그러나 그들은 숫자상의 불균형을 개개 병사들의 능력으로 충분히 상쇄할 수 있다고 믿은 것 같다. 특별히 그들은 물매로 돌을 던지면 조금도 틀림이 없을 정도로 뛰어난 700명의 왼손잡이 병사들을 굳게 믿은 것으로 보인다. 그러나 이들 700명의 병사들이 그들에게 승리를 가져다 줄 수는 없었다. 베냐민은 오른손의 아들이란 뜻이지만, 우리는 여기에서 그의 자손들 가운데 이와 같이 왼손잡이들도 있었음을 보게 된다.

[18]이스라엘 자손이 일어나 벧엘에 올라가서 하나님께 여쭈어 이르되 우리 중에 누가 먼저 올라가서 베냐민 자손과 싸우리이까 하니 여호와께서 말씀하시되 유다가 먼저 갈지니라 하시니라 [19]이스라엘 자손이 아침에 일어나 기브아를 대하여 진을 치니라 [20]이스라엘 사람이 나가 베냐민과 싸우려고 전열을 갖추고 기브아에서 그들과 싸우고자 하매 [21]베냐민 자손이 기브아에서 나와서 당일에 이스라엘 사람 이만 이천 명을 땅에 엎드러뜨렸으나 [22]이스라엘 사람들이 스스로 용기를 내어 첫날 전열을 갖추었던 곳에서 다시 전열을 갖추니라 [23]이스라엘 자손이 올라가 여호와 앞에서 저물도록 울며 여호와께 여쭈어 이르되 내가 다시 나아가서 내 형제 베냐민

자손과 싸우리이까 하니 여호와께서 말씀하시되 올라가서 치라 하시니라 [24]그 이튿
날에 이스라엘 자손이 베냐민 자손을 치러 나아가매 [25]베냐민도 그 이튿날에 기브
아에서 그들을 치러 나와서 다시 이스라엘 자손 만 팔천 명을 땅에 엎드러뜨렸으
니 다 칼을 빼는 자였더라

우리는 여기에서 이스라엘 군대와 베냐민 군대 간의 두 번의 전투를 보게 되는데, 이스라엘 군대는 두 번 다 패하고 말았다.

I. 첫 번째 전투에 앞서 이스라엘 군대는 누가 먼저 올라갈 것인가에 대하여 하나님께 물었으나, 쓰라린 패배를 당하고 말았다. 그들은 하나님께 베냐민과 싸우러 올라갈 것인가 말 것인가를 묻지 않고(이 문제는 너무나 명확했다. 기브아 사람들은 악으로 인해 징벌을 당해야만 했으며 그 일은 이스라엘이 담당해야만 했다), 다만 "누가 먼저 올라갈 것인가?"를 물었다(18절). 이것은 "누가 우리 군대의 장군이 될 것인가?" 하는 문제였다. 왜냐하면 어느 지파가 먼저 올라가도록 명령을 받든지 간에, 그 지파의 지도자가 전체 군대의 총사령관으로 간주되어야만 하기 때문이었다. 단지 이것이 행군의 순서에 대해 묻는 것일 뿐이었다면, "다음엔 누가 올라갈 것입니까?" "그리고 또 다음엔?"이라고 계속해서 물었어야 했을 것이다. 그러나 유다가 먼저 올라가도록 명령받았을 때, 그들은 모두 그 지파의 지도자의 명령에 복종해야 한다는 사실을 알고 있었다. 이러한 영예는 유다에게 돌아갔는데, 그것은 우리 주 예수께서 유다 지파로부터 오실 것이었기 때문이며, 또한 그 지파가 모든 면에 있어 가장 뛰어났기 때문이다. 첫 번째로 올라가는 지파는 가장 영예로운 위치와 함께 가장 위험한 위치에 놓이게 되며, 아마도 전투를 통해 가장 큰 손실을 입게 될 것이었다. 위험이 뻔히 보이는 앞자리를 누가 맡을 것인가? 그러나 강하고 용맹한 유다 지파가 먼저 올라가고 나머지 다른 지파들이 뒤따랐음에도 불구하고, 작은 베냐민(베냐민은 이와 같이 불린다. 시 68:27)은 결코 만만치 않았다. 이스라엘 전군이 기브아를 포위했다. 이에 베냐민 군대가 앞으로 나아오자, 이스라엘 군대는 그들을 맞이할 준비를 갖추었다(20절). 그러나 믿을 수 없는 용맹으로 전면(前面)을 공격해 들어오는 베냐민 사람들과 후미(後尾)를 치고 들어오는 기브아 사람들 사이에서, 이스라엘 군대는 혼란에 빠지면서 22,000명의 병사를 잃고 말았다(21절). 여기에 포로 같은 것은 없었다. 인정사정없이 모두를 칼로 쳤기

때문이었다.

Ⅱ. 두 번째 전투에 앞서 이스라엘 군대는 다시 하나님께 물었는데, 이번에는 앞에서보다 더 비장하게 그렇게 했다. 이스라엘 자손이 올라가 여호와 앞에서 저물도록 울며(23절). 그들은 많은 용사를 잃은 것으로 인해 울었다. 특별히 그들의 패배는 하나님이 그들을 기뻐하시지 않는 것에 대한 증표가 아닌가? 이번에는 "누가 먼저 올라가리이까?" 라고 묻지 않고 "다시 나아가서 내 형제 베냐민 자손과 싸우리이까?" 라고 물었다. 우리는 여기에서 이스라엘 사람들이 주저하고 있는 모습을 얼핏 발견할 수 있다. 왜냐하면 베냐민은 그들의 형제였기 때문이다. 만일 하나님이 싸우지 말 것을 명령하신다면, 그들은 즉시로 무기를 내려놓을 준비가 되어 있었다. 그러나 하나님은 싸우러 올라갈 것을 명령하셨다. 하나님은 전쟁을 허용하셨다. 비록 베냐민이 그들의 형제라 할지라도, 그들은 썩은 지체가 되었으므로 잘라내야만 했기 때문이었다. 이렇게 하여 그들은 다시금 스스로 용기를 내어, 첫 번째 싸움이 벌어졌던 바로 그 장소에서 다시 전열을 갖추고(22절), 반역자들의 군대와 더불어 두 번째 전투에 임하게 되었다. 그들은 패배한 바로 그 장소에서 땅에 떨어진 위신을 만회하고자 했다. 마치 그 장소에 불운한 어떤 것이 있는 양, 그들은 미신적인 마음으로 장소를 바꾸려고 하지 않았다. 그러나 그들은 두 번째 전투에서도 18,000명의 병사를 잃으면서 무참하게 격퇴를 당하고 말았다(25절). 첫 번째와 두 번째 전투에서 잃은 병력은 무려 40,000명에 달했는데, 이러한 숫자는 군대 전체의 10분의 1에 해당하는 숫자였으며 또한 양식을 가져오기 위해 뽑힌 자들과 동일한 숫자였다(10절). 양식을 가져오기 위해 뽑힌 자가 10분의 1이었고, 또 지금 살육을 당한 자가 10분의 1이었다. 우리는 이에 대해 무슨 말을 해야 할 것인가? 정당하고 영예로운 편이 어떻게 이처럼 두 번이나 최악의 결과를 맞이할 수 있단 말인가? 그들은 하나님의 전쟁을 수행하며 죄와 더불어 싸우지 않았던가? 그들은 하나님의 위임을 받지 않았던가? 그런데 이 같은 실패는 도대체 무엇이란 말인가?

1. 하나님의 판단(judgment)은 깊은 심연이며 그의 길은 바다 속에 있다. 구름과 흑암이 그를 두르고 있으며(시 97:2) 의(판단, judgment)와 공의가 주의 보좌의 기초이다(시 89:14). 왜 하나님이 그와 같이 일하시는지 그 이유를 알 수 없을 때조차도, 우리는 하나님의 의로우심을 확신할 수 있다.

2. 여기에서 하나님은 그들에게 그리고 오늘날 우리들에게 빠른 경주자들이라고 선착하는 것이 아니며 용사들이라고 전쟁에 승리하는 것이 아니라는 사실을 보여주고자 하셨다(전 9:11). 그러므로 우리는 숫자를 의지해서는 안 된다. 아마도 지금 이스라엘 군대는 베냐민과 더불어 싸우면서 자신들의 숫자를 지나치게 의지했던 것 같다. 우리가 의지할 것은 육체의 힘이 아니라 만세반석(Rock of ages)이다.

3. 여기에서 하나님은 이스라엘로 하여금 먼저 자신들의 죄를 바로잡도록 뜻하셨다. 그들이 기브아의 악을 바로잡고자 그토록 뜨거운 열심을 보인 것은 참으로 좋은 일이었다. 그러나 그들에게는 그들의 하나님 여호와께 죄가 없었던가? 우리는 다른 사람들의 죄를 정죄하기에 앞서 먼저 우리 자신의 죄를 살펴야 한다. 어쩌면 이것은 이스라엘 백성들이 미가와 단 사람들의 우상 숭배를 단호히 견책하지 않은 것에 대한 하나님의 책망이었을는지 모른다. 일찍이 하나님은 우상 숭배자들과 더불어 전쟁을 벌일 것을 분명하게 명령하시지 않았던가(신 13:12 이하). 기브아와 베냐민 사람들의 음행으로 인해 공적 평안이 허물어졌다면, 미가와 단 사람들의 우상 숭배로 인해서는 신앙과 종교가 타락하게 되었다. 그러므로 이스라엘은 마땅히 미가와 단 사람들을 견책하고 그들의 죄를 바로잡았어야 했다.

4. 여기에서 하나님은 정당하고 의로운 편이 잠시 패배를 당한다고 하여 이상하게 생각해서는 안 된다는 것을 우리에게 가르치고자 하셨다. 참된 종교와 은혜가 때로는 큰 손실을 입을 수도 있고, 격퇴를 당할 수도 있으며, 어떤 때는 허물어지는 것처럼 보일 때도 있다. 그러나 결국은 승리하게 될 것이다. 우리는 전투에서 격퇴당할 수 있지만, 전쟁에서는 결코 그렇지 않다. 정의(正義)는 잠시 넘어질 수 있지만 반드시 다시 일어날 것이다.

26이에 온 이스라엘 자손 모든 백성이 올라가 벧엘에 이르러 울며 거기서 여호와 앞
에 앉아서 그 날이 저물도록 금식하고 번제와 화목제를 여호와 앞에 드리고 27이스
라엘 자손이 여호와께 물으니라 그 때에는 하나님의 언약궤가 거기 있고 28아론의
손자인 엘르아살의 아들 비느하스가 그 앞에 모시고 섰더라 이스라엘 자손들이 여
쭈기를 우리가 다시 나아가 내 형제 베냐민 자손과 싸우리이까 말리이까 하니 여
호와께서 이르시되 올라가라 내일은 내가 그를 네 손에 넘겨 주리라 하시는지라 29

이스라엘이 기브아 주위에 군사를 매복하니라 [30]이스라엘 자손이 셋째 날에 베냐민
자손을 치러 올라가서 전과 같이 기브아에 맞서 전열을 갖추매 [31]베냐민 자손이 나
와서 백성을 맞더니 꾀임에 빠져 성읍을 떠났더라 그들이 큰 길 곧 한쪽은 벧엘로
올라가는 길이요 한쪽은 기브아의 들로 가는 길에서 백성을 쳐서 전과 같이 이스
라엘 사람 삼십 명 가량을 죽이기 시작하며 [32]베냐민 자손이 스스로 이르기를 이들
이 처음과 같이 우리 앞에서 패한다 하나 이스라엘 자손은 이르기를 우리가 도망
하여 그들을 성읍에서 큰 길로 꾀어내자 하고 [33]이스라엘 사람이 모두 그들의 처소
에서 일어나서 바알다말에서 전열을 갖추었고 이스라엘의 복병은 그 장소 곧 기브
아 초장에서 쏟아져 나왔더라 [34]온 이스라엘 사람 중에서 택한 사람 만 명이 기브아
에 이르러 치매 싸움이 치열하나 베냐민 사람은 화가 자기에게 미친 줄을 알지 못
하였더라 [35]여호와께서 이스라엘 앞에서 베냐민을 치시매 당일에 이스라엘 자손이
베냐민 사람 이만 오천백 명을 죽였으니 다 칼을 빼는 자였더라 [36]이에 베냐민 자손
이 자기가 패한 것을 깨달았으니 이는 이스라엘 사람이 기브아에 매복한 군사를
믿고 잠깐 베냐민 사람 앞을 피하매 [37]복병이 급히 나와 기브아로 돌격하고 나아가
며 칼날로 온 성읍을 쳤음이더라 [38]처음에 이스라엘 사람과 복병 사이에 약속하기
를 성읍에서 큰 연기가 치솟는 것으로 군호를 삼자 하고 [39]이스라엘 사람은 싸우다
가 물러가고 베냐민 사람은 이스라엘 사람 삼십 명 가량을 쳐죽이기를 시작하며
이르기를 이들이 틀림없이 처음 싸움 같이 우리에게 패한다 하다가 [40]연기 구름이
기둥 같이 성읍 가운데에서 치솟을 때에 베냐민 사람이 뒤를 돌아보매 온 성읍에
연기가 하늘에 닿았고 [41]이스라엘 사람은 돌아서는지라 베냐민 사람들이 화가 자기
들에게 미친 것을 보고 심히 놀라 [42]이스라엘 사람 앞에서 몸을 돌려 광야 길로 향
하였으나 군사가 급히 추격하며 각 성읍에서 나온 자를 그 가운데에서 진멸하니라
[43]그들이 베냐민 사람을 에워싸고 기브아 앞 동쪽까지 추격하며 그 쉬는 곳에서 짓
밟으매 [44]베냐민 중에서 엎드러진 자가 만 팔천 명이니 다 용사더라 [45]그들이 몸을
돌려 광야로 도망하였으나 림몬 바위에 이르는 큰 길에서 이스라엘이 또 오천 명
을 이삭 줍듯 하고 또 급히 그 뒤를 따라 기돔에 이르러 또 이천 명을 죽였으니 [46]이
날에 베냐민 사람으로서 칼을 빼는 자가 엎드러진 것이 모두 이만 오천 명이니 다
용사였더라 [47]베냐민 사람 육백 명이 돌이켜 광야로 도망하여 림몬 바위에 이르러
거기에서 넉 달 동안을 지냈더라 [48]이스라엘 사람이 베냐민 자손에게로 돌아와서
온 성읍과 가축과 만나는 자를 다 칼날로 치고 닥치는 성읍은 모두 다 불살랐더라

우리는 여기에서 이스라엘 사람들이 베냐민과의 세 번째 전투에서 완전한 승리를 거두는 것을 보게 된다. 어긋난 것을 바로잡았을 때, 마침내 그들은 승리를 거두게 되었다. 선한 목적에도 불구하고 어려움을 겪는다면 거기에는 어떤 문제가 내재되어 있는 것이다. 그러면 그들이 어떻게 승리를 얻게 되었는지 살펴보자.

I. 그들은 어떻게 승리를 얻게 되었나. 이전의 전투에서 그들은 다음과 같은 두 가지를 지나치게 의지하고 신뢰했다 — 자신들의 정당성과 수적 우세함. 정당성과 힘의 우위가 그들 편에 있었던 것은 틀림없는 사실이며, 이것은 분명 큰 이점이었다. 그러나 그들은 그것을 지나치게 의지하면서 자신들의 마땅한 책무를 소홀히 했다. 이제 세 번째 전투에서 그들은 이러한 잘못을 깨닫고 바로잡게 되었다.

1. 그들은 자신들의 정당성을 너무나 과신한 나머지 하나님의 축복과 함께하심을 요청할 필요가 없다고 생각했다. 그들은 하나님이 자신들을 축복하는 것을 너무나 당연한 것으로 받아들였다. 아니, 어쩌면 그들은 자신들이 무기를 든 것은 올바른 도덕을 수호하기 위한 것이므로, 하나님은 자신들에게 호의를 베풀어야 할 의무(빚)가 있으며 절대로 거절할 수 없다고 여겼는지도 모른다. 그러나 하나님은 어떤 의무 아래에도 있지 않으며 또 그들을 필요로 하지도 않고 그들에게 속박되지도 않는다는 사실을 보여주신다. 또한 자신이 그들에게 '봉사의 빚' 을 지고 계시기보다는 도리어 그들이 하나님께 '공의를 수행하는 영광의 빚' 을 지고 있음을 보이심으로써, 하나님은 그들로 하여금 겸손하게 승리를 간구하도록 하셨다. 전에는, 하나님께 신탁을 물을 때 "누가 먼저 올라가서 싸우리이까?" 혹은 "우리가 나아가서 싸우리이까?" 라고 물었었다. 그러나 이제는, 하나님의 은혜를 간구하며, 금식하고 기도하면서, 번제와 화목제를 드렸다(26절). 그것은 자신들의 죄를 속죄하고, 오직 하나님만 의지할 것을 고백하며, 또한 하나님을 향한 열망을 표현하기 위한 것이었다. 우리가 이와 같이 하나님이 정하신 길을 따르지 않는다면, 우리는 하나님의 함께 하심을 기대할 수 없다. 이와 같이 이스라엘 백성들이 잘못된 방향에서 돌이켜 올바른 길로 나아왔을 때, 하나님은 그들에게 베냐민과 더불어 세 번째로 싸울 것을 명령하셨을 뿐만 아니라 승리를 약속해 주셨다: 내일은 내가 그를 네 손에 넘겨 주리라(28절).

2. 그들은 자신들의 힘을 너무나 과신한 나머지 매복을 세운다든지 혹은 어떤 책략을 쓴다든지 하는 것을 불필요한 것으로 생각했다. 오로지 힘의 우위만 가지고도 베냐민 사람들을 충분히 격퇴시킬 수 있음을 그들은 조금도 의심치 않았다. 그러나 이제 그들은 전략을 사용하는 것이 필수적이라는 사실을 알게 되었다. 따라서 그들은 선조들이 아이 성에서 했던 것처럼(수 8장) 군사를 매복시키는(29절) 전략을 사용하였다. 이스라엘 사람들이 앞의 전투에서의 패배를 이용하여 또다시 도주하는 것처럼 가장했을 때 의기양양해진 베냐민 사람들은 그들의 책략에 완전하게 속고 말았고, 이로 인해 그들은 결정적인 승기를 잡게 되었다. 우리는 여기에서 이와 같은 책략이 매우 상세히 언급되어 있는 것을 보게 된다. 하나님의 승리의 약속은 그들로 하여금 아무 일도 하지 않으면서 가만히 있도록 만들지 않았다. 도리어 그들은 하나님이 약속하신 것을 이루기 위해 모든 머리와 손을 다 활용하였던 것이다.

(1) 이스라엘 사람들의 작전을 살펴보자. 이스라엘 본대(本隊)가 전과 같이 기브아 성문을 향해 나아와 대치하자(30절), 그 곳에서 숙영(宿營)하고 있었던 베냐민 군대는 그들을 향해 용맹하게 공격을 가했다. 성을 에워싸고 있던 이스라엘 군대는 베냐민 군대에 대해 두려움에 사로잡힌 것처럼 가장하고 뒤로 물러났다. 이에 베냐민 군대는 이전의 승리로 인해 그들이 자신들을 두려워하게 되었다고 생각하면서, 조금의 의심도 품지 않았다. 이스라엘 군대는 이러한 위장 퇴각으로 말미암아 후미(後尾)에 있던 30명 가량의 병사가 죽임을 당하는 손실을 입었다(31, 39절). 그러나 베냐민 군대가 모두 성읍에서 나왔을 때 복병들이 그 성읍을 장악하였고(37절), 이스라엘 본대에 군호를 보내자(38, 40절) 즉시로 돌이켜 반격을 가하기 시작했다(41절). 그리고 또 다른 주력부대가 바알다말에 진을 치고 있었던 것으로 보이는데, 그들이 동시에 반격을 가했다(33절). 이렇게 하여 베냐민 군대는 완전히 포위되었고, 이로 인해 그들은 극도의 혼란 속에 빠지게 되었다. 이제 죄 의식이 그들을 낙담케 만들었고, 승리의 기쁨이 컸던 만큼 혼란과 낙담의 고통은 더욱 가혹했다. 처음에는 싸움이 치열했고(34절) 베냐민 사람들은 격렬하게 싸웠다. 그러나 자신들이 함정에 빠졌음을 알게 되었을 때 그들은 일단 도주하는 것이 상책이라고 생각하여 광야 길로 향하였으나 이미 때는 늦었다(42절). 싸움이 그들을 덮쳤고, 전투의 결과를 지켜보며 기다리고 있던 이스라엘의 각 성읍에서 온 자들이 추격자들과 합류하여 베냐

민 사람들을 진멸하는 것을 도왔다. 모든 사람들의 손이 그들을 대적하고 있었다.

(2) 이 이야기에서 다음을 주목하라.

[1] 베냐민 사람들은 전투가 시작될 때만 해도 승리를 확신하고 있었다: **베냐민 자손이 스스로 이르기를 이들이 처음과 같이 우리 앞에서 패한다 하고**(32, 39절). 때로 하나님은 악인들로 하여금 승리와 희망으로 들뜨도록 내버려 두신다. 그러나 그로 인해 그들의 멸망은 더욱 쓰라리게 될 뿐이다. 그들의 기쁨이 얼마나 짧은지, 그리고 그들의 승리가 얼마나 순간적인 것인지 보라. **갑옷을 입는 자는 결코 자랑해서는 안 된다** — 하나님 안에서 자랑할 이유를 가지고 있지 않는 한.

[2] 화가 그들 가까이 있었으나 그들은 그것을 알지 못했다(34절). 그러나 알게 되었을 때는, 이미 그것을 막기에 너무 늦었고 결국 **화가 그들을 덮치고 말았다**(41절). 화가 언제 우리 곁에 다가오게 될지 알 수 없으므로 우리는 항상 깨어 경계해야 한다. 악인은 화가 가까이 있음을 알지 못하다가 그것이 갑자기 다가올 때 피하지 못하게 될 것이다(살전 5:3, **그들이 평안하다. 안전하다 할 그 때에 임신한 여자에게 해산의 고통이 이름과 같이 멸망이 갑자기 그들에게 이르리니 결코 피하지 못하리라**).

[3] 비록 이스라엘 사람들이 이 싸움에서 자신들의 역할을 훌륭하게 감당했다 할지라도, 그들은 승리를 하나님께 돌렸다(35절): **여호와께서 이스라엘 앞에서 베냐민을 치시매.** 전쟁은 하나님께 속한 것이다. 그리고 승리 또한 마찬가지이다.

[4] 그들은 **쉬고 있는 베냐민 사람들을 짓밟았다**(43절). 그것은 하나님께서 그들과 더불어 싸우셨기 때문이었다. 하나님을 적으로 만든 자들을 짓밟는 것은 아주 쉬운 일이다. 말라기 4:3을 보라(**또 너희가 악인을 밟을 것이니 그들이 내가 정한 날에 너희 발바닥 밑에 재와 같으리라**).

Ⅱ. 이스라엘의 승리에 이어 어떤 군사적 살육이 이루어졌나.

1. 음행의 온상이었던 기브아가 제일 먼저 파괴되었다. 성읍에 불시에 들이닥친 복병들은 그 곳을 파괴하기 위해 여러 지역으로 흩어졌다. 기브아의 모든 전사(戰士)들은 이스라엘 사람들을 뒤쫓아 출격하였으므로 그 곳은 완전히 무방비 상태로 남아 있었던 것이다. 그리하여 그들은 모든 사람 심지어 여자들과

아이들까지도 칼날로 치고(37절), 성읍에 불을 질렀다(40절). 이와 같이 죄는 성읍 전체를 파멸로 이끈다.

2. 전쟁터에 있었던 군대는 완전한 패주를 당하고 진멸되었다: 18,000명의 용사가 그 자리에서 엎드러졌다(44절).

3. 전쟁터에서 도망친 자들을 추격하여 7,000명을 죽였다(45절). 하나님의 징벌을 피해 도망치려고 생각하는 것은 쓸데없는 일이다. 화(禍)가 죄인을 뒤쫓아 덮칠 것이다.

4. 심지어 집에 있던 자들까지도 멸망을 당했다. 그들은 이것이 나중에 쓴 뿌리가 될 것을 생각하지 않고, 칼날로 모든 것을 집어삼켰다. 오랜 후 베냐민 군대의 우두머리였던 아브넬은 "칼이 영원히 사람을 상하겠느냐 마침내 참혹한 일이 생길 줄을 알지 못하느냐?" 라고 요압에게 외쳤는데, 아마도 그는 이 사건을 생각하면서 그렇게 말했을는지 모른다(삼하 2:25, 26). 그들은 모든 숨 쉬는 것을 칼로 치고 모든 성읍들에 불을 질렀다(48절). 이렇게 하여 베냐민 사람들 가운데 살아남은 자는 림몬 바위에 은거하여 넉 달 동안 지낸 600명 외에는 아무도 없었던 것으로 보인다(47절).

(1) 이스라엘의 이와 같은 잔혹행위를 정당화시키기는 어렵다. 모든 베냐민 사람들에게 과실이 있었다. 그러나 그렇다고 그들이 저주 받은 가나안 족속들처럼 취급당해야만 한단 말인가? 이것이 전쟁의 흥분상태에서 행해졌다고 말하는 것, 그리고 이것이 앞의 두 전투에서 살육당한 동료들을 생각하며 극도로 격앙된 상태에서 벌어졌다고 말하는 것은 그와 같은 잔혹행위에 대한 궁색한 변명에 불과할 것이다. 그들이 미스바에 올라오지 않은 자는 누구든지 반드시 죽일 것이라고 맹세했던 것은 분명한 사실이다(21:5). 그러나 설령 그것이 정당한 맹세라 할지라도, 그것은 단지 전사들에게만 한정되어야 할 것이었다. 나머지 사람들은 처음부터 그 곳에 올라올 것으로 기대되지 않았다.

(2) 그러나 하나님의 징벌의 손을 정당화시키기는 쉽다. 결과적으로 베냐민은 하나님을 대적했다. 하나님은 만일 이스라엘이 하나님을 잊어버리면 그들 역시 자신들 앞에 멸망당한 민족들처럼 멸망을 당하게 될 것이라고 경고하셨다(신 8:20). 이스라엘 앞에 멸망을 당한 민족들이 바로 이와 같은 모습으로 진멸을 당하지 않았던가?

(3) 죄가 시작될 때 즉시로 경고하고 바로잡는 것은 비교적 쉽다. 죄는 마치

물이 새는 것과 같으므로 둑이 터지기 전에 막아야 한다. 우리는 그 끝이 어떻게 될지 알지 못하기 때문이다. 모든 영혼의 영원한 멸망은 이와 같이 한 지파가 전부 멸망을 당하는 것보다 훨씬 더 두렵고 나쁜 일이 될 것이다. 이러한 기브아 사건은 이스라엘의 타락의 효시로서, 그리고 이어지는 모든 타락의 원형으로서 호세아 선지자에 의해 두 번 언급된다. 그들은 기브아의 시대와 같이 심히 부패한지라(호 9:9). 이스라엘아 네가 기브아 시대로부터 범죄하더니 지금까지 죄를 짓는구나 그러니 범죄한 자손들에 대한 전쟁이 어찌 기브아에서 일어나지 않겠느냐 (호 10:9).

제 21 장

개요

우리는 앞 장에서 베냐민 지파가 멸망을 당하는 것을 살펴보았다. 이어 본 장의 내용은 다음과 같다. I. 베냐민의 멸망으로 인해 이스라엘이 애곡함(1-4, 6, 15절). II. 베냐민 지파를 복구하기 위해 피신한 600명에게 아내를 조달해 줌. 1. 총회에 군대를 보내지 않은 것으로 인해 야베스 길르앗을 공격하면서 그 곳의 처녀들을 아내로 조달함(5, 7-14절). 2. 실로의 딸들을 조달함(16-25절). 이렇게 하여 이 우울한 이야기는 끝이 난다.

[1]이스라엘 사람들이 미스바에서 맹세하여 이르기를 우리 중에 누구든지 딸을 베
냐민 사람에게 아내로 주지 아니하리라 하였더라 [2]백성이 벧엘에 이르러 거기서 저
녁까지 하나님 앞에 앉아서 큰 소리로 울며 [3]이르되 이스라엘의 하나님 여호와여
어찌하여 이스라엘에 이런 일이 생겨서 오늘 이스라엘 중에 한 지파가 없어지게
하시나이까 하더니 [4]이튿날에 백성이 일찍이 일어나 거기에 한 제단을 쌓고 번제와
화목제를 드렸더라 [5]이스라엘 자손이 이르되 이스라엘 온 지파 중에 총회와 함께
하여 여호와 앞에 올라오지 아니한 자가 누구냐 하니 이는 그들이 크게 맹세하기
를 미스바에 와서 여호와 앞에 이르지 아니하는 자는 반드시 죽일 것이라 하였음
이라 [6]이스라엘 자손이 그들의 형제 베냐민을 위하여 뉘우쳐 이르되 오늘 이스라엘
중에 한 지파가 끊어졌도다 [7]그 남은 자들에게 우리가 어떻게 하면 아내를 얻게 하
리요 우리가 전에 여호와로 맹세하여 우리의 딸을 그들의 아내로 주지 아니하리라
하였도다 [8]또 이르되 이스라엘 지파 중 미스바에 올라와서 여호와께 이르지 아니
한 자가 누구냐 하고 본즉 야베스 길르앗에서는 한 사람도 진영에 이르러 총회에
참여하지 아니하였으니 [9]백성을 계수할 때에 야베스 길르앗 주민이 하나도 거기 없
음을 보았음이라 [10]회중이 큰 용사 만 이천 명을 그리로 보내며 그들에게 명령하여
이르되 가서 야베스 길르앗 주민과 부녀와 어린 아이를 칼날로 치라 [11]너희가 행할
일은 모든 남자 및 남자와 잔 여자를 진멸하여 바칠 것이니라 하였더라 [12]그들이 야

베스 길르앗 주민 중에서 젊은 처녀 사백 명을 얻었으니 이는 아직 남자와 동침한
일이 없어 남자를 알지 못하는 자라 그들을 실로 진영으로 데려오니 이 곳은 가나
안 땅이더라 [13]온 회중이 림몬 바위에 있는 베냐민 자손에게 사람을 보내어 평화를
공포하게 하였더니 [14]그 때에 베냐민이 돌아온지라 이에 이스라엘 사람이 야베스
길르앗 여자들 중에서 살려 둔 여자들을 그들에게 주었으나 아직도 부족하므로 [15]
백성들이 베냐민을 위하여 뉘우쳤으니 이는 여호와께서 이스라엘 지파들 중에 한
지파가 빠지게 하셨음이었더라

우리는 여기에서 다음과 같은 내용을 살펴볼 수 있다.

I. 이스라엘이 기브아 사람들의 악에 대해 나타낸 격렬한 열심. 여기에서 그들의 특출한 열심을 증거하기 위해 두 가지 실례가 언급되고 있는데, 이것은 우리가 앞에서 보지 못한 것들이다.

1. 총회로 모이고 있는 동안 그들은 케룸(Cherum)이라고 불리는 큰 저주로 스스로를 묶었는데, 그것은 대표와 할당받은 군대를 보내지 않은 성읍을 전부 멸망시키거나 혹은 오기를 거절한 자들에게 저주를 선언하는 것이었다(5절). 왜냐하면 그들은, 총회에 오기를 거절하는 것을 기브아에서 저질러진 악행에 대해 아무런 의분(義憤)도 갖고 있지 않으며, 공의를 시행함으로써 하나님의 심판으로부터 온 나라를 구하는데 관심도 없고, 나아가 총회가 결의한 것의 권위를 무시하는 것으로 간주하였기 때문이다.

2. 미스바에 모여 기브아 사건의 경위를 들었을 때 그들은 또 하나의 엄숙한 맹세를 하였는데, 그것은 그 곳에 참석한 자들과 그들이 대표하는 자들은 **베냐민 사람들에게 딸을 주지 않기로** 하는 것이었다(1절). 그들이 이렇게 맹세한 것은 베냐민 지파를 멸절시키기 위한 목적에서가 아니라 그와 같은 악을 행하거나 비호한 자들을 모든 면에서 저주받은 가나안 민족들처럼 취급하고자 한 것 때문이었다. 이스라엘은 가나안 민족들을 멸망시켜야 할 뿐만 아니라 그들과 더불어 혼인해서도 안 되었다. 또 그들이 그와 같이 맹세한 것은 그토록 야만적이며 패역한 베냐민 사람들은 이스라엘의 딸과 혼인할 자격이 없다고 판단했기 때문이었다. 우리는 그 레위인이 아내의 토막난 시신을 각 지파에 보냄으로써 모든 사람으로 하여금 이토록 큰 분노를 불러일으켰을 것이라고 추측할 수 있다. 아무리 말로 잘 설명을 한다 하더라도 직접 보는 것보다 더 큰 영향을 끼

칠 수는 없는 법이다.

Ⅱ. 이스라엘이 베냐민 지파의 멸망에 대해 나타낸 깊은 근심.

1. 전에는 베냐민의 죄에 대한 분노가 솟아올랐지만 이제는 그들의 멸망으로 인한 슬픔이 솟아올랐다: **이스라엘 자손이 그들의 형제 베냐민을 위하여 뉘우쳐**(6, 15절). 그들이 죄를 대적한 열심에 대해 뉘우친 것은 아니었다. 거기에는 죄에 대한 거룩한 분노와 경건한 슬픔의 열매가 있었으며, 그것은 **후회할 것이 없는 구원에 이르게 하는 것**이었다(고후 7:10, 11). 그러나 그들은 그 일을 정당하고 필요한 정도 이상으로 끌고 감으로써 야기된 슬픈 결과에 대해 뉘우치지 않을 수 없었다. 무기를 든 자들만을 죽이는 것으로 충분했다. 농부와 목자와 여자와 아이들까지 죽일 필요는 없었다. 다음을 주목하라.

(1) 잘한 일(well-doing) 가운데 지나친 일(over-doing)이 있을 수 있다는 사실. 우리는 우리의 열심을 잘 통제할 수 있어야 한다. 그러지 못할 때 자칫 예기치 않은 결과가 발생할 수 있기 때문이다. 인간성을 삼키는 것은 결코 올바른 신앙적 태도가 아니다. 전쟁에 있어 좋게 시작했다가 나쁘게 끝나는 경우가 얼마나 많은가?

(2) 꼭 필요한 공의라 할지라도 불쌍히 여기는 마음과 함께 시행되어야 한다는 사실. 하나님은 징계하는 것을 즐거워하지 않으신다. 그러므로 사람도 그래야 한다.

(3) 지나치게 강한 열정은 도리어 후회할 일을 만들 수 있다는 사실. 우리가 흥분한 상태에서 말하고 행동한 것을 고요한 마음으로 되돌아볼 때, 거기에 다시 되돌리고 싶은 것이 얼마나 많은가?

(4) 동족끼리 싸우는 전쟁에서 승리자라고 하여 기뻐하고 환호할 것이 없다는 사실. 어느 쪽이 승리하든 전체 공동체는 패배할 뿐이기 때문이다. 여기에서는 이스라엘 가운데 한 지파가 끊어지게 되었다. 몸에 있어 한 지체가 다른 지체를 파괴하는 것이 무엇이 유익하겠는가?

2. 그들은 자신들의 근심을 어떻게 표현했나?

(1) 한 지파가 소멸되는 것에 대한 슬픔으로. 그들은 모든 근심과 슬픔을 가지고 그리고 이 모든 일에 대해 묻고 의논하기 위해 하나님의 집으로 왔다. 그곳에 기쁨과 찬미의 소리가 아니라 애곡과 비탄과 비통의 소리가 가득했다: **백성이 벧엘에 이르러 거기서 저녁까지 하나님 앞에 앉아서 큰 소리로 울며**(2절). 그들

이 그렇게 운 것은 4만 명의 병사를 잃은 것 때문이 아니라(열한 지파에서 이 정도 숫자는 사실 그렇게 많은 숫자는 아니었다) 한 지파가 완전히 멸망을 당한 것 때문이었다. 그들이 하나님 앞에 애통하며 물은 것도 바로 이것이었다: **어찌하여 이스라엘에 이런 일이 생겨서 오늘 이스라엘 중에 한 지파가 없어지게 하시나이까**(3절). 하나님은 모든 지파를 사랑하며 돌보셨다. 그 숫자는 그들이 아는 대로 열둘이었다. 모든 지파는 이스라엘 진영에서 각자의 지정된 위치를 가지고 있었으며 또한 대제사장의 흉패에서 각자의 돌(보석)을 가지고 있었다. 모든 지파는 야곱과 모세로부터 받은 각자의 축복을 가지고 있었다. 그러므로 만일 열두 지파 가운데 어느 한 지파라도 잃어버린다면 그것은 너무나도 불명예스럽고 치욕스러운 일이 아닐 수 없었다. 특별히 막내아들 베냐민은 그들 모두의 조상인 야곱으로부터 특별한 사랑을 받은 아들로서 나머지 형제들이 특별하게 돌봐야 할 자였다. 이제 베냐민은 없게 되었다. 그렇다면 야곱은 어떻게 될 것인가? 베냐민은 오른손의 아들에서 슬픔의 아들인 베노니가 되었다! 이러한 고통 속에서 그들은 제단을 쌓았다. 그 제단은 모든 희생제물을 놓을 만큼 충분히 크지 않은 것으로서, 실로의 성막 문 앞에 있는 지정된 제단과 함께 하는 — 즉, 경쟁관계가 아닌 — 제단이었다. 거기에서 그들은 전쟁에서 승리한 것을 감사하기 위해, 그러나 이후의 과정 속에서 범한 어리석음을 속죄하고 이로 인해 야기된 고통스러운 상황에서 하나님의 은혜를 간구하기 위해, 번제와 화목제를 드렸다. 우리를 슬프게 하는 어떤 것이 있을 때 우리는 그것을 하나님께 가지고 나아가야 한다.

(2) 림몬 바위에 숨어 있는 가련한 도피자들에게 평화를 공포함으로써. 이제 이스라엘은 더 이상 그들을 적으로 대하지 않고 형제로 받아들일 것을 확약했다(13절). 형제간의 사랑과 신뢰는 이와 같이 다시 회복되어야 한다. 비록 범죄한 자들이라 할지라도 마침내 회개하면 우리는 용서하고 위로해 주어야만 한다(고후 2:7).

(3) 그들에게 아내를 마련해 줌으로써. 그렇게 함으로써 베냐민 지파는 다시 회복되고 복구될 수 있을 것이었다. 만일 이스라엘 사람들이 자신들의 유익만 생각했다면 아마도 베냐민 지파가 소멸되는 것을 은근히 좋아했을 것이다. 왜냐하면 그렇게 될 때 베냐민에게 할당된 땅은 상속자가 없음으로 인해 나머지 지파들에게 귀속될 것이고, 또한 실점유자가 없어짐으로 인해 쉽게 취할 수 있

을 것이었기 때문이다. 그러나 이스라엘은 형제의 멸망을 통해 유익을 얻으려는 정신을 가지고 있지 않았다. 그들은 이런 종류의 생각은 전혀 품지 않고, 다만 멸망의 위기에 처한 지파를 재건하기 위한 방법을 찾는데 모든 생각이 집중되었다. 베냐민의 모든 여자와 아이들이 죽었다. 또 그들은 자기 딸을 베냐민 사람들에게 주지 않을 것을 맹세했다. 만일 베냐민 사람들을 가나안 여자들과 결혼하도록 한다면 그것은 하나님의 율법을 어기는 것이었다. 그렇게 하는 것은 사실상 그들로 하여금 **다른 신들에게 가서 그 신들을 섬기도록** 명령하는 것이나 다름없었다. 그렇다면 어떻게 그들에게 아내를 마련해 주어야 할 것인가? 림몬 바위에 숨어 있던 가련한 베냐민 사람들이 형제들에게 발각되어 죽임을 당하지 않을까 염려하며 두려워 떨고 있는 동안, 이스라엘은 그들을 다시 회복시킬 방법을 궁리하고 있었다. 그것은 다음과 같았다.

[1] 요단 건너편 갓 지파에 속한 야베스 길르앗 성읍에 공의의 처벌이 가해지게 되었다. 이미 이스라엘 사람들은 총회에 참여하지 않은 성읍은 어떤 성읍이든지 총회의 권위를 무시한 것으로 간주하고 저주의 징벌을 가할 것을 결의하였었다. 그런데 총회에 참여한 자들을 계수하는 가운데 야베스 길르앗 성읍에서 한 사람도 참여하지 않은 것이 발견되었다(8, 9절). 따라서 야베스 길르앗에게 그와 같은 저주의 판결이 내려지게 되었고 결코 면제될 수 없었다. 이스라엘은 하나님이 친히 멸망의 저주를 내린 가나안 사람들에 대해서는 여러 곳에서 살려두었었다. 그러나 자신들이 저주한 형제들에 대해서는 추호도 살려줄 마음을 갖고 있지 않았다. 왜 그들은 지금 예루살렘으로부터 여부스 사람들을 쫓아내기 위해 병사들을 보내지 않았는가? 그 가련한 레위인 일행은 이방인의 성읍이었던 여부스를 피해 기브아로 가야만 했지 않은가?(19:11, 12) 사람들은 통상적으로 하나님의 권위보다 자신들의 권위를 세우기에 더 열심이다. 그리하여 그들은 야베스 길르앗에 대한 저주의 판결을 집행하기 위해 12,000명의 병력을 보냈다. 기브아를 징벌하기 위해서는 군대 전체가 갔지만, 이번 원정에는 오직 적은 수의 인원만을 보냈다(10절). 그들의 임무는 레위기 27:29의 **온전히 바쳐진 그 사람은 다시 무르지 못하나니 반드시 죽일지니라**란 율법에 따라 남자와 여자와 어린아이까지 모두 칼날로 치는 것이었다(11절).

[2] 이렇게 하여 베냐민 사람들에게 아내를 마련해주는 길이 마련되었다. 모세가 미디안에게 원수를 갚기 위해 똑같은 숫자의 병사(12,000명)를 보낼 때

여기에서와 똑같은 명령 즉 결혼한 여자는 남편과 함께 죽이되 처녀들은 살려 두라는 명령이 내려졌었다(민 31:17, 18). 이러한 전례(前例)는 지금 처녀와 결혼한 여자를 구별하는 것에 대한 충분한 근거가 될 수 있었다. 이렇게 하여 야베스 길르앗에서 400명의 처녀가 발견되었고, 이들은 그만한 숫자의 생존한 베냐민 사람들에게 아내로 주어지게 되었다(14절). 이들의 아버지는 베냐민 사람들에게 딸을 주지 않겠다는 맹세에 참여하지 않았으므로, 그와 같은 의무 아래 있지 않았다. 더욱이 그들은 전쟁에서 얻은 노획물이었으므로 정복자들이 마음대로 할 수 있었다. 훗날 사울이 태어난 것도 이와 같이 베냐민과 야베스 길르앗의 맺어짐으로 인한 것이었을 것이다. 사울은 베냐민 지파로서 야베스 길르앗 지역에 특별한 관심을 가지고 있었다(삼상 11:4).

[16]회중의 장로들이 이르되 베냐민의 여인이 다 멸절되었으니 이제 그 남은 자들에
게 어떻게 하여야 아내를 얻게 할까 하고 [17]또 이르되 베냐민 중 도망하여 살아 남
은 자에게 마땅히 기업이 있어야 하리니 그리하면 이스라엘 중에 한 지파가 사라
짐이 없으리라 [18]그러나 우리가 우리의 딸을 그들의 아내로 주지 못하리니 이는 이
스라엘 자손이 맹세하여 이르기를 딸을 베냐민에게 아내로 주는 자는 저주를 받으
리라 하였음이로다 하니라 [19]또 이르되 보라 벧엘 북쪽 르보나 남쪽 벧엘에서 세겜
으로 올라가는 큰 길 동쪽 실로에 매년 여호와의 명절이 있도다 하고 [20]베냐민 자손
에게 명령하여 이르되 가서 포도원에 숨어 [21]보다가 실로의 여자들이 춤을 추러 나
오거든 너희는 포도원에서 나와서 실로의 딸 중에서 각각 하나를 붙들어 가지고
자기의 아내로 삼아 베냐민 땅으로 돌아가라 [22]만일 그의 아버지나 형제가 와서 우
리에게 시비하면 우리가 그에게 말하기를 청하건대 너희는 우리에게 은혜를 베풀
어 그들을 우리에게 줄지니라 이는 우리가 전쟁할 때에 각 사람을 위하여 그의 아
내를 얻어 주지 못하였고 너희가 자의로 그들에게 준 것이 아니니 너희에게 죄가
없을 것임이니라 하겠노라 하매 [23]베냐민 자손이 그같이 행하여 춤추는 여자들 중
에서 자기들의 숫자대로 붙들어 아내로 삼아 자기 기업에 돌아가서 성읍들을 건축
하고 거기에 거주하였더라 [24]그 때에 이스라엘 자손이 그 곳에서 각기 자기의 지파,
자기의 가족에게로 돌아갔으니 곧 각기 그 곳에서 나와서 자기의 기업으로 돌아갔
더라 [25]그 때에 이스라엘에 왕이 없으므로 사람이 각기 자기의 소견에 옳은 대로 행
하였더라

우리는 여기에서 아직 아내를 얻지 못한 나머지 200명의 베냐민 사람들에게 아내를 마련해 주는 이야기를 보게 된다. 비록 베냐민 지파가 아주 적은 숫자로 줄어들었다 할지라도, 그들은 빨리 번성시킬 구실로 여러 아내를 마련해 주지 않고 한 사람 당 오직 한 사람의 아내만을 마련해 주었다. 그들은 자신들의 딸들을 줄 수는 없었다. 그러나 자신들의 맹세를 깨뜨리지 않으면서 그들에게 아내를 마련해 주는 방법이 있었다. 그것은 베냐민 사람들로 하여금 불시에 여자들을 취하도록 하고 사후(事後)에 부모의 승낙을 받게 하는 것이었다. 깊은 사려 없이 맹세를 하게 되면 이와 같이 너무나 많은 번거로운 문제들이 따르게 되는 법이다.

I. 그들은 실로에서 열리는 공개적인 무도회(舞蹈會)를 이용해 베냐민 사람들에게 아내를 마련해 주고자 했다. 실로와 인근 지역의 처녀들이 여호와의 절기를 기념하기 위해 춤추러 모일 것이었다(19절). 아마도 이것은 장막절이었을 것이다. 왜냐하면 (패트릭 주교가 말하기를) 유대인 처녀들로 하여금 춤추도록 허락된 유일한 절기가 바로 장막절이었기 때문이다. 그러므로 이것은 자신들의 유희를 위한 것이었다기보다는 마치 다윗이 법궤 앞에서 춤출 때 그랬던 것처럼 거룩한 기쁨을 표현하기 위한 것이었다. 그렇지 않다면 지금의 우울한 분위기에 비추어 그와 같은 무도회는 이사야 22:12-13의 경우와 같이 너무나 어울리지 않는 것이었을 것이다(그 날에 주 만군의 여호와께서 명령하사 통곡하며 애곡하며 머리 털을 뜯으며 굵은 베를 띠라 하셨거늘 너희가 기뻐하며 즐거워하여 소를 죽이고 양을 잡아 고기를 먹고 포도주를 마시면서 내일 죽으리니 먹고 마시자 하는도다). 그녀들의 춤은 소박하고 경건한 것이었다. 그것은 남녀가 뒤섞여 추는 난잡한 춤이 아니었다. 여기에 남자들도 없었고 결혼한 여자들도 없었다. 그러나 이 같은 공개적인 춤으로 인해 그녀들은 특별한 목적을 가지고 있었던 자들에게 손쉬운 먹잇감이 되고 말았다. 홀 주교는 이와 관련하여 "사람들이 흥겹게 춤추고 있을 때 악한 영들은 은밀히 숨어 있다가 많은 영혼들을 황폐하게 만든다"라고 말한다.

II. 이스라엘의 장로들은 베냐민 사람들로 하여금 포도원에 숨어 있다가 처녀들이 춤추고 있을 때 한 사람씩 붙잡아 속히 자신들의 땅으로 가도록 명령했다(20, 21절). 이들 처녀들의 부모는 자신의 딸을 베냐민 사람들에게 준 것이 아니었다. 왜냐하면 그들은 이 일에 대해 아무것도 알지 못했기 때문이었다. 궁색한 방법이나마 이렇게라도 하여 맹세를 깨뜨리지 않을 수 있었다. 좀 더 사려 깊게 맹세했더라면 훨씬 더 좋았을 것이다. 그랬다면 지금처럼 천사 앞에서 실수였다고 말하는 이 같은 상황은 펼쳐지지 않았을 것이다. 이와 같은 결혼은 순서가 뒤바뀐 것이었다. 남녀간의 사랑과 부모의 동의가 결혼에 선행해야 함에도 불구하고 거꾸로 되었기 때문이다. 그러나 이것은 특별한 경우로서, 나중에라도 하나의 전례(前例)로서 사용되어서는 결코 안 된다. 지나치게 성급한 결혼은 대체로 두고두고 후회하는 결과를 만들게 된다. 이와 같이 억지 혹은 위계(僞計)에 의한 결혼으로부터 무슨 위안과 행복을 기대할 수 있겠는가? 야베스 길르앗의 처녀들은 피와 살육으로부터 취하여졌지만, 이들 실로의 처녀들은 기쁨과 즐거움 가운데 그렇게 되었다. 전자의 처녀들은 살육 가운데 생명을 보존하였으므로 감사할 이유가 있었다. 후자의 처녀들 또한 불평할 이유는 없었다. 왜냐하면 잠시 후 그녀들은 자신들의 남편이 그렇게 형편없고 아무 희망 없는 남자들이 아니라 — 지금은 동굴에서 바로 나왔으므로 그렇게 보일런지 모르지만 — 이스라엘에서 가장 크고 좋은 기업을 가진 남자들이라는 사실을 알게 될 것이기 때문이다. 45,600명에 달했던(민 26:41) 베냐민 지파 전체의 기업은 이제 살아남은 이들 600명에게 재분배될 것이기 때문이다.

Ⅲ. 장로들이 이들 처녀들의 아버지를 설득하는 일을 떠맡았다. 아버지의 권위가 침해당한 것에 대하여, 그들은 자신들의 딸이 큰 기업을 소유한 남자와 결혼했으며 또 그녀들이 이스라엘의 한 지파를 다시 일으킬 것을 생각할 때 쉽게 용서할 수 있었을 것이다. 그러나 연약한 양심을 가진 어떤 사람들에게 여전히 양심의 거리낌이 남아 있었을는지 모른다 — 자신들의 딸을 결코 베냐민 사람들에게 주지 않겠다는 맹세로 인해. 그러나 다음과 같은 사실들이 그들의 양심을 만족시켜 줄 수 있었다.

1. 상황이 너무나 절박했다(22절): 우리가 각 사람을 위하여 그의 아내를 얻어 주지(남겨 놓지, reserve) 못하였고. 그들은 지금 모든 여자를 죽인 것이 잘못된 일이었음을 인정하고 있는 것이다. 따라서 그들은 베냐민 사람들에게 딸을 주지 않겠다는 맹세를 최대한 융통성 있게 해석함으로써 자신들의 지나친 가혹행위를 속죄하고 싶었다. "그러므로 우리를 생각해서 그들로 하여금 당신들의 딸을 아내로 취하게 허락하라."

2. 엄밀히 말해 이것은 맹세를 깨뜨리는 것이 아니었다. 그들은 베냐민 사람

들에게 딸을 주지 않겠다고 맹세했다. 그러나 그들이 자신들의 딸을 강제로 데려갔을 때 필히 되찾아오겠다고 맹세하지는 않았다. 그러므로 이 일에 어떤 잘못이 있다면, 그 책임은 그녀들의 부모에게 있는 것이 아니라 장로들에게 있는 것이었다. 그것은 벌어지지 않았어야 할 일이었지만 이미 벌어졌으므로 어쩔 수 없이 유효한 일이었다. 그 일은 벌어졌다. 그러므로 민수기 30:4의 경우처럼 아버지의 묵인에 의해 유효하게 될 수 있는 것이다(그의 아버지가 그의 서원이나 그가 결심한 서약을 듣고도 그에게 아무 말이 없으면 그의 모든 서원을 행할 것이요 그가 결심한 서약을 지킬 것이니라).

마지막으로, 본서의 끝 부분에서 우리는 다음과 같은 내용을 보게 된다.

1. 베냐민 지파가 다시 자기 기업으로 돌아가 정착함. 소수의 남은 백성들이 자기 지파의 기업으로 돌아갔다(23절). 그리고 얼마 후 그들로부터 이스라엘의 두 번째 사사인 에훗이 나왔다(3:15).

2. 이스라엘 군대가 해산되고 각자 자기 집으로 돌아감(24절). 그들은 상비군(常備軍)이 아니었으며, 세력을 규합하여 정부를 세운다든지 혹은 통치체제를 바꾼다든지 하려고 하지 않았다. 다만 모든 상황이 끝나자 그들은 하나님의 평강 가운데 조용히 해산했고 모두 자기 집으로 돌아갔다. 공적인 일로 인해 사적인 일을 간과한다든지 혹은 자기 가정을 돌보는 일을 소홀히 해서는 안 된다.

3. 이러한 혼란의 원인이 무엇인지 반복하여 설명함(25절). 하나님이 왕이셨음에도 불구하고, 마치 왕이 없는 것처럼 모든 사람이 저마다 자신의 주인이 되고자 했다. 국가를 주신 하나님께 찬양할지어다!

룻기

서론

특정한 한 가정에서 벌어진 일을 다루는 이 짤막한 이야기가 사사기와 사무엘 사이에 배치된 것은 참으로 적절한 일이 아닐 수 없다. 왜냐하면 이 이야기는 사사시대에 있었던 일로서, 그 끝 부분이 다윗으로 연결되기 때문이다. 그러나 유대인들은 성경을 분류하는 가운데 본서를 떼어내어 '다섯 두루마리 책'(five Megilloth) 가운데 하나에 포함시킨다: 아가, 룻기, 예레미야 애가, 전도서, 에스더. 본서의 저자는 아마도 사무엘일 가능성이 높다. 본서에서는 이적이나 율법, 전쟁, 승리, 혁명으로 인한 정권의 바뀜 등은 다루어지지 않는다. 다만 본서는 나오미와 룻이라는 두 여인의 이야기를 다루는데, 나오미는 처음에는 고통 가운데 있다가 나중에 위로를 받으며, 룻은 처음에 회심하고 나중에 존귀하게 된다. 아마도 이와 비슷한 일이 그 당시에 많이 있었을 것이다. 그러나 하나님은 이 이야기를 기록으로 남겨 우리에게 전해 주시기를 기뻐하셨다. 일반적인 역사가조차도 어떤 사건을 기록할 것인가에 대해 스스로 선택할 자유가 있다고 생각한다. 본서의 목표는 다음과 같다.

I. 우리에게 하나님의 섭리를 보여줌. 본서는 우리의 개인적인 일들 가운데 하나님의 섭리가 얼마나 깊이 관련되어 있는지를 보여준다. 그럼으로써 우리로 하여금 그러한 섭리를 볼 수 있는 눈을 갖도록 가르쳐주며, 우리의 모든 인생길에서 그리고 우리가 관련된 모든 사건들 가운데 하나님을 인정하도록 이끌어 준다. 사무엘상 2:7-8과 시편 113:7-9을 보라.

II. 우리를 그리스도께로 인도함. 그리스도는 룻의 후손이다. 본서의 끝 부분은 그리스도의 족보 가운데 일부로서, 마태복음 1장에서 다시 언급된다. 모압 여인인 룻의 회심에서 그리고 그녀가 메시야의 혈통 속으로 들어오는 것에서, 우리는 때가 차매 이방인들이 우리 주 예수 그리스도의 교제에로 부름받는 것의 모형을 볼 수 있다. 본서의 개략적인 내용은 다음과 같다. 나오미와 룻의 고통(1장). 그들의 근면과 겸손(2장). 그들이 보아스와 한 가족이 됨(3장). 이로 인한 행복한 정착(4장). 우리는 본서의 배경이 우리 구주께서 탄생하신 베들레헴임을 기억할 필요가 있다.

제 1 장

개요

본 장에서 우리는 나오미의 고통을 보게 된다. I. 곤궁에 처한 가정주부로서: 흉년으로 인해 모압 땅으로 이주하게 됨(1, 2절). II. 애곡하는 과부와 어머니로서: 남편과 두 아들의 죽음을 애통함(3-5절). III. 세심한 시어머니로서: 고향으로 돌아가는 자리에 두 며느리를 배려하여 각각 친정으로 돌아갈 것을 권면함(6-13절). 오르바는 슬픔 가운데 떠나감(14절). 룻은 시어머니를 따름(15-18절). IV. 고향에 돌아온 가련한 여인으로서: 며느리와 함께 고향에 돌아와 옛 친구들을 다시 만남(19-22절). 나오미에게 모든 일들은 너무나 우울한 것이었고 자신에게 등을 돌리는 것처럼 보였으나, 사실은 모든 것이 선(good)을 위해 움직이고 있었다.

[1]사사들이 치리하던 때에 그 땅에 흉년이 드니라 유다 베들레헴에 한 사람이 그의
아내와 두 아들을 데리고 모압 지방에 가서 거류하였는데 [2]그 사람의 이름은 엘리
멜렉이요 그의 아내의 이름은 나오미요 그의 두 아들의 이름은 말론과 기룐이니
유다 베들레헴 에브랏 사람들이더라 그들이 모압 지방에 들어가서 거기 살더니 [3]나
오미의 남편 엘리멜렉이 죽고 나오미와 그의 두 아들이 남았으며 [4]그들은 모압 여
자 중에서 그들의 아내를 맞이하였는데 하나의 이름은 오르바요 하나의 이름은 룻
이더라 그들이 거기에 거주한 지 십 년쯤에 [5]말론과 기룐 두 사람이 다 죽고 그 여
인은 두 아들과 남편의 뒤에 남았더라

첫 번째 구절을 통해 우리는 룻기의 개략적인 연대를 알 수 있다. 그 때는 이스라엘에 왕이 없었던 무질서한 시대가 아니라 사사들이 치리하던 때였다(1절). 그러나 구체적으로 어느 사사 때의 일인지에 대해서는 언급되어 있지 않으며, 학자들의 추측 또한 매우 불확실하다. 그러나 그 때가 사사시대 초기인 것만은 분명하다. 왜냐하면 룻과 결혼한 보아스가 여호수아 시대에 정탐꾼들을 영접했던 라합의 아들이었기 때문이다. 어떤 학자는 그 때가 에훗의 시대라

고 말하기도 하고, 또 어떤 학자는 드보라의 시대라고 말하기도 한다. 뛰어난 학자인 패트릭 주교는 그 때가 기드온의 시대일 것이라고 생각하는데, 왜냐하면 우리가 사사기에서 기근에 대해 듣게 되는 것은 오직 미디안 사람들이 침입했던 기드온 시대뿐이기 때문이다(삿 6:3, 4). 사사들이 이런저런 성읍을 치리하고 있었을 때 하나님은 특별히 베들레헴을 주목하면서 메시야인 왕을 바라보고 계셨는데, 그는 두 명의 이방인 어머니인 라합과 룻으로부터 말미암을 것이었다. 여기의 내용은 다음과 같다.

Ⅰ. 그 땅 곧 젖과 꿀이 흐르는 가나안 땅에 흉년이 듦. 이것은 하나님께서 이스라엘의 죄에 대해 경고하신 심판들 가운데 하나였다(레 26:19, 20). 하나님의 전통 속에는 많은 화살들이 들어 있다. 사사시대에 이스라엘 백성들은 주변의 적들에 의해 압제를 당했다. 이러한 심판에 의해 고쳐지지 않으면, 하나님은 심판(judge)하실 때 이기기 위해 바로 이것(흉년)을 사용하셨다. 땅이 쉼을 얻을 때에는 풍부함이 끊어지게 된다. 심지어 '떡집' (the house of bread)을 의미하는 베들레헴에서조차 기근이 심하게 되었다. 옥토가 변하여 염전이 되었는데(시 107:34), 그것은 거기에 거주하는 자들의 사치와 방종을 억제하고 바로잡기 위함이었다.

Ⅱ. 흉년으로 인해 고통당하는 한 가족의 이야기. 그것은 엘리멜렉의 가정이었다. 그의 이름은 '나의 하나님은 왕이시다' 를 뜻하는데, 그것은 사사들이 치리하던 때의 이스라엘의 상태와 잘 어울린다. 왜냐하면 하나님은 그들의 하나님이요 영원히 다스리는 분으로서 그들의 왕이 되사 그와 그의 가족에게 고통 속에서 위로를 주셨기 때문이다. 그의 아내는 나오미였는데, 그것은 나의 사랑하는 혹은 즐거운 자란 뜻이다. 그러나 두 아들의 이름은 말론과 기룐, 즉 질병과 소멸인데, 어쩌면 허약한 아이들로서 오래 살 것 같지 않았기 때문에 그와 같은 이름을 지어 주었을는지 모른다. 우리를 즐겁게 하는 것들이 만들어 내는 것은 결국 허약하고 미약한 것이요, 쇠하여지고 죽어가는 것이다.

Ⅲ. 이 가족이 흉년으로 인해 베들레헴에서 요단 건너편 모압 땅으로 이주함 (1, 2절). 이스라엘 땅에 먹을 것이 궁핍했을 때 모압 지역은 풍성했던 것으로 보인다. 때때로 일반은총으로 인해 하나님을 알고 예배하는 자들에게보다 이방인에게 더 풍성한 것이 주어지기도 한다. 모압은 젊은 시절부터 평안하고 포로도 되지 아니하였으므로 마치 술이 그 찌끼 위에 있고 이 그릇에서 저 그릇으로 옮기

지 않음 같아서 그 맛이 남아 있고 냄새가 변하지 아니하였도다(렘 48:11). 반면 이스라엘은 이 그릇에서 저 그릇으로 옮겨짐으로 비워지게 되었다. 이것은 하나님이 모압을 더 사랑하셨기 때문이 아니라, 그들이 이생의 분깃을 가지고 있기 때문이었다. 엘리멜렉이 그 곳으로 간 것은 영원히 정착하기 위함이 아니라 기근 동안 잠시 거류하기 위함이었는데, 그것은 비슷한 상황에서 아브라함이 애굽으로 내려가고 이삭이 블레셋 땅으로 간 것과 같은 것이었다.

1. 엘리멜렉이 가족을 부양하고자 애쓴 것은 분명히 칭찬할 만한 일이었다. 누구든지 자기 친족 특히 자기 가족을 돌보지 아니하면 믿음을 배반한 자요 불신자보다 더 악한 자니라(딤전 5:8). 흉년으로 인해 곤궁한 상태에 처하게 되었을 때, 엘리멜렉은 처자식들로 하여금 스스로 생계를 책임지도록 내버려둔 채 집을 버리고 일확천금을 찾아 떠나지 않았다. 도리어 그는, 욥기 39장의 타조처럼 하지 않고, 자상한 남편이요 아버지로서 자신이 가는 곳에 아내와 자식들을 데리고 갔다(욥 39:16, 타조는 그 새끼에게 모질게 대함이 제 새끼가 아닌 것처럼 하며 그 고생한 것이 헛되게 될지라도 두려워하지 아니하나니).

2. 그러나 이러한 상황에서 엘리멜렉이 모압으로 이주한 것은 결코 정당화될 수 없다. 아브라함과 이삭의 경우, 그들은 가나안 땅에서 단지 거류자(sojourner)에 불과했다. 그러므로 그들의 경우 다른 지역으로 이동한 것은 동의할 수 있는 것이었다. 그러나 지금 이스라엘 자녀들은 가나안 땅에 정착했고, 따라서 이교도들의 땅으로 이주해서는 안 되었다. 이웃들은 그대로 약속의 땅에 남아 있는데, 왜 그만 가야만 했나? 그에게는 이웃들과는 다른 어떤 특별한 이유가 따로 있었는가? 만일 그가 자신의 기업을 잘못 관리하여 잃어버렸거나 혹은 그것을 팔아버리거나 저당잡혔다면(4:3, 4에 나타나는 것처럼) 그래서 다른 사람들보다 더 곤궁한 상태에 빠진 것이었다면, 하나님의 율법에 따라 이웃들이 그를 도울 것이었다(레 25:35). 그러나 엘리멜렉은 이런 경우가 아니었다. 왜냐하면 그가 모압으로 갈 때 풍족한 상태였기 때문이다(21절). 고향에 그대로 머물러 있던 자들이 있었음을 감안할 때, 흉년이 극단적으로 심하지는 않았고 어느 정도 기본적인 생계를 유지할 수 있을 만큼은 되었던 것으로 보인다. 뿐만 아니라 그가 부양해야 할 가족도 고작해야 두 아들뿐으로 그리 큰 부담이 아니었다. 그러나 만일 그가 이웃들이 베풀어 주는 작은 도움으로 만족할 수 없었다면, 또 기근 동안 예전처럼 풍성한 식탁을 즐길 수 없음으로 인해 만족

할 수 없었다면, 또 조금만 참고 기다리면 풍성한 날이 올 것이란 소망 가운데 인내하며 살 수 없었다면, 그것은 그의 잘못이요, 하나님과 그분이 주신 아름다운 땅을 모독하는 것이며, 형제들의 손을 약하게 만드는 것이며, 다른 사람들에게 나쁜 선례를 남기는 것이 아닐 수 없었다. 엘리멜렉은 형제들과 함께 자신의 기업을 지켰어야 했다. 만일 모든 사람이 엘리멜렉처럼 행동했다면, 가나안 땅에는 아무도 남지 않게 되었을 것이다. 하나님이 우리에게 주신 땅을 따분하게 여기며 그 곳에서 다소간의 어려움이나 불편함이 생길 때마다 즉시로 떠나가는 것은 우리의 영혼이 만족할 줄 모르고 불신앙적이며 견고하지 못한 것을 입증하는 것이다. 우리가 감당해야 할 십자가가 우리의 길을 가로막는다고 하여 그것을 벗어버리려고 하는 것은 어리석은 생각이다. 지금 있는 장소에서 최선을 다하는 것이 지혜이다. 왜냐하면 장소를 바꾼다고 하여 달라지는 것은 아무것도 없기 때문이다. 뿐만 아니라 그가 정말로 이주해야만 했다면 왜 하필 모압 땅이란 말인가? 어디로 이주할 것인지 진지하게 찾아보았다면, 아마도 그는 이스라엘의 기업 내에서 예컨대 요단 건너편에 있는 모압과 인접한 경계지역에서 풍부함을 찾을 수 있었을 것이다. 만일 그가 하나님과 예배에 대해 좀 더 분명한 열심을 갖고 있었다면, 그리고 함께 이스라엘 백성이 된 형제들을 좀 더 사랑했다면, 그렇게 쉽게 고향을 떠나 모압 사람들 가운데 거류하지는 않았을 것이다.

Ⅳ. 엘리멜렉이 죽은 후 두 아들이 모압 여자와 결혼함(4절). 이것이 잘못된 일이라는 사실을 부인할 사람은 아무도 없을 것이다. 갈대아 역본은 이렇게 기록한다. 그들은 이방인 아내를 취함으로써 여호와의 말씀의 규례를 어겼다. 그들은 이스라엘 땅으로 돌아갈 때까지 결혼하지 않은 채 있든지, 그렇게 할 수 없는 상황이었다면 그 곳에서 이스라엘까지는 그다지 먼 거리가 아니었으므로 마땅히 이스라엘에서 아내를 데려왔어야 했다. 엘리멜렉이 고향을 떠나 모압으로 갔을 때, 아마도 그는 이와 같이 자기 아들들이 모압 사람들과 인척관계를 맺게 될 줄은 거의 생각하지 못했을 것이다. 그러나 젊은이들을 올바른 규례에서 떠나 잘못된 환경으로 데려가는 자들은 자신이 하는 일을 알지 못하며 또한 그 결과가 어떻게 될지도 알지 못한다. 두 아들과 결혼한 모압 여자들은 유대 종교로 개종한 것으로 보이지 않는다. 왜냐하면 오르바는 자기 신들에게로 돌아갔다고 언급되어 있기 때문이다(15절). 그녀는 여전히 모압의 신들을 섬기고 있

었다. 룻이 모압 왕 에글론의 딸이었다는 것은 유대인들의 근거 없는 전승에 불과하지만, 갈대아 역본의 주석가는 그러한 내용을 끼워놓았다. 그러나 이것은 그가 끼워놓은 다른 전승 즉 룻과 결혼한 보아스가 입산과 동일한 인물이라는 전승과 서로 부합하지 않는다 — 왜냐하면 입산은 에글론이 죽은 지 200년 후에 이스라엘을 다스렸기 때문이다(삿 12:8-10).

V. 남편과 두 아들의 죽음으로 인해 나오미가 슬픔에 잠기게 됨. 남편이 죽고(3절), 두 아들도 결혼하고 나서 얼마 후 죽었다(5절). 갈대아 역본은 그들의 날이 단축되었다고 기록하는데, 그것은 그들이 이방인 여자들과 결혼함으로써 하나님의 율법을 어겼기 때문이었다.

1. 어디로 가든지 우리는 죽음을 피할 수 없다. 죽음의 화살은 어느 곳에서나 날아다닌다.

2. 마땅히 가야 할 길에서 벗어날 때 우리는 형통할 것을 기대할 수 없다. 그릇된 길을 감으로써 자기 목숨을 구하고자 하는 자는 잃을 것이다.

3. 한 가정 속에서 가족들이 연이어 죽는 경우가 종종 있다. 한 사람이 죽고 곧이어 다른 사람이 따르는 것이다. 남편을 잃자 나오미는 두 아들에게 더 많은 애착을 갖게 되었다. 두 아들의 그늘 아래 나오미는 이방인들 가운데 살 것을 생각하면서도 아들들로 인해 큰 위로를 받았다. 그러나 두 아들은 이내 시들어 버렸다. 아침에 푸르고 무성했던 것이 밤이 되기 전에 잘리고 말았다. 결혼하자마자 자식도 낳지 못한 채 장례를 치르게 되었다. 이와 같이 이 땅에서의 우리의 모든 즐거움은 너무나 불확실하고 덧없는 것이다. 그러므로 죽음조차도 빼앗아갈 수 없는 확실한 위로를 굳게 붙잡는 것이 우리의 지혜이다. 그러나 두 아들과 남편 뒤에 남은 나오미의 영혼은 얼마나 쓸쓸하고 슬픔에 가득 찼었겠는가? 한 날에 갑자기 자녀를 잃으며 과부가 되는 이 두 가지 일이 네게 임할 것이라 이 두 가지 일이 네게 닥쳤으니 누가 너를 위로하랴(사 47:9; 51:19). 이와 같이 넘어진 자를 위로하실 분은 오직 하나님 한 분뿐이시다.

[6]그 여인이 모압 지방에서 여호와께서 자기 백성을 돌보시사 그들에게 양식을 주셨다 함을 듣고 이에 두 며느리와 함께 일어나 모압 지방에서 돌아오려 하여 [7]있던 곳에서 나오고 두 며느리도 그와 함께 하여 유다 땅으로 돌아오려고 길을 가다가 [8]나오미가 두 며느리에게 이르되 너희는 각기 너희 어머니의 집으로 돌아가라 너희가

죽은 자들과 나를 선대한 것 같이 여호와께서 너희를 선대하시기를 원하며 9여호와
께서 너희에게 허락하사 각기 남편의 집에서 위로를 받게 하시기를 원하노라 하고
그들에게 입 맞추매 그들이 소리를 높여 울며 10나오미에게 이르되 아니니이다 우
리는 어머니와 함께 어머니의 백성에게로 돌아가겠나이다 하는지라 11나오미가 이
르되 내 딸들아 돌아가라 너희가 어찌 나와 함께 가려느냐 내 태중에 너희의 남편
될 아들들이 아직 있느냐 12내 딸들아 되돌아 가라 나는 늙었으니 남편을 두지 못할
지라 가령 내가 소망이 있다고 말한다든지 오늘 밤에 남편을 두어 아들들을 낳는
다 하더라도 13너희가 어찌 그들이 자라기를 기다리겠으며 어찌 남편 없이 지내겠
다고 결심하겠느냐 내 딸들아 그렇지 아니하니라 여호와의 손이 나를 치셨으므로
나는 너희로 말미암아 더욱 마음이 아프도다 하매 14그들이 소리를 높여 다시 울더
니 오르바는 그의 시어머니에게 입 맞추되 룻은 그를 붙좇았더라 15나오미가 또 이
르되 보라 네 동서는 그의 백성과 그의 신들에게로 돌아가나니 너도 너의 동서를
따라 돌아가라 하니 16룻이 이르되 내게 어머니를 떠나며 어머니를 따르지 말고 돌
아가라 강권하지 마옵소서 어머니께서 가시는 곳에 나도 가고 어머니께서 머무시
는 곳에서 나도 머물겠나이다 어머니의 백성이 나의 백성이 되고 어머니의 하나님
이 나의 하나님이 되시리니 17어머니께서 죽으시는 곳에서 나도 죽어 거기 묻힐 것
이라 만일 내가 죽는 일 외에 어머니를 떠나면 여호와께서 내게 벌을 내리시고 더
내리시기를 원하나이다 하는지라 18나오미가 룻이 자기와 함께 가기로 굳게 결심함
을 보고 그에게 말하기를 그치니라

I. 나오미가 이스라엘 땅으로 돌아오고자 함(6절). 기근이 계속되는 동안에는 잠시 동안 약속의 땅을 떠날 수밖에 없었지만, 기근이 그쳤을 때 나오미는 더 이상 외지에 있으려고 하지 않고 속히 돌아가고자 했다. 비록 모압 땅이 피난처가 되어 곤궁한 때에 생계를 해결해 주었다 할지라도, 그녀는 그 땅을 영원한 안식처로 생각하지는 않았다. 우리의 영원한 안식처는 하나님의 성소가 있는 거룩한 땅 외에 어디도 될 수 없다. 그 땅에 대해 하나님은 "이것이 나의 영원한 안식이라" 고 말씀하셨다.

1. 마침내 하나님은 자기 백성에게 자비를 베푸셨다. 하나님이 자기 백성과 오랫동안 다투실 수는 있지만, 그러나 영원히 다투시지는 않는다. 사사시대 이스라엘 백성에게 임한 '압제의 심판' 이 얼마 후 하나님이 구원자를 세우심으

로써 끝났던 것처럼, 지금의 '기근의 심판' 또한 마찬가지였다. 마침내 하나님은 은혜 가운데 자기 백성을 돌보시사(방문하시사, visited) 그들에게 양식을 주셨다. 풍부함은 하나님의 선물이다. 그것은 양식(bread) 곧 생명의 지팡이로 우리의 영혼을 붙잡는 하나님의 방문이다. 이와 같은 하나님의 자비는 기근 뒤에 옴으로써 더욱 강렬했을 것이다. 그러나 기근이 무엇인지 알지 못할 정도로 계속해서 하나님의 자비 가운데 있을 때에라도, 우리가 그와 같은 자비를 대수롭지 않은 것으로 생각해서는 결코 안 된다.

2. 나오미는 자기 동족을 생각하며 고향으로 돌아왔다. 그녀는 종종 동족들의 형편을 알아보았다. 추수는 어떻게 되었으며 시장은 어떻게 돌아가는지를 알아보았지만, 여전히 들려오는 소식은 우울한 것이었다. 그러나 일곱 번이나 살펴보았어도 비가 올 징조를 보지 못하다가 마침내 손바닥만한 구름조각을 발견했던 엘리야의 종처럼, 드디어 나오미는 하나님이 베들레헴에 풍부함을 주셨다는 좋은 소식을 듣게 되었다. 이에 그녀는 고향으로 돌아가는 것 외에는 어떤 생각도 할 수 없게 되었다. 모압의 새로운 친척들에도 불구하고 나오미는 이스라엘의 친척들을 잊을 수가 없었다. 그녀가 잘못된 장소에 있게 된 데에는 그럴 만한 이유가 있었을는지 모른다. 그러나 그 이유가 소멸되었을 때에는 결코 그 장소에 계속 머물러 있어서는 안 된다. 어쩔 수 없이 하나님의 규례에 참석할 수 없고 또 어쩔 수 없이 악인들과 함께 하게 되는 것은 큰 고통이 아닐 수 없다. 그러나 어쩔 수 없는 상황이 끝났음에도 불구하고 계속해서 그러한 상태로 남아 있기를 선택하는 것은 큰 죄가 될 것이다. 아마도 나오미는 두 아들의 죽음으로 인해 즉시 돌아갈 것을 생각하기 시작한 것으로 보인다.

(1) 그것은 그와 같은 고통을 자기 가정에 내린 하나님의 심판으로 간주했기 때문이었다. 나오미는 이 모든 것을 하나님의 회초리로 생각하면서 순종하며 돌아온다. 만일 남편이 죽었을 때 바로 돌아왔다면, 어쩌면 두 아들은 잃지 않았을는지 모른다. 그러나 하나님이 심판하실 때 그는 이기실 것이다. 하나의 고통을 통해 죄와 의무를 깨닫지 못한다면 다른 고통이 임하게 될 것이다. 우리의 가정에 죽음이 들어올 때, 우리는 그것을 우리 가정에 잘못된 것을 바로잡는 기회로 활용해야만 한다. 가까운 친지가 우리 곁을 떠나갈 때, 우리는 마땅히 있어야 할 길에서 벗어나지 않았는지 스스로에게 물어야 한다. 사르밧 과부는 아들이 죽었을 때 그것을 죄를 생각나게 하는 것과 연결시켰다(왕상 17:18). 만

일 하나님이 가시로 우리의 길을 가로막는다면 그것은 우리로 하여금 다음과 같이 말하게 하려 하심이다: 우리가 본 남편에게로 돌아가리라(호 2:7) — 마치 여기에서 나오미가 고향으로 돌아가는 것처럼.

(2) 그것은 이제 모압 땅이 슬픈 곳이 되었기 때문이었다. 남편과 두 아들이 죽은 하늘에서 숨 쉬는 것과 그들이 묻힌 땅 위를 걸어 다니는 것은 너무나 슬픈 일이었다. 그러므로 이제 그녀는 다시 가나안 땅으로 돌아가고자 한다. 이와 같이 하나님은 우리가 잠시 거류하는 땅에서 지나치게 위로와 안락으로 삼는 것을 빼앗아 가심으로써 하늘의 본향에 대해 더 많이 생각하고 사모하도록 하신다. 땅에서 쓰라린 일을 겪을 때 우리는 더욱 하늘을 소망하게 된다.

Ⅱ. 두 며느리는 시어머니에 대해 선한 애정을 품고 있었으며, 나오미 또한 며느리들에게 따뜻하게 대했다.

1. 나오미가 유다 땅으로 돌아올 때 며느리들은 얼마간 함께 동행할 만큼 선한 마음을 품고 있었다. 시어머니가 고향으로 돌아갈 결심을 했을 때, 며느리들은 시어머니에게 모압 땅에서 계속 살 것을 설득하려고 하지 않았다. 도리어 이별에 즈음하여 더욱 공손하게 그리고 존경심을 가지고 시어머니를 대했다. 한 가지 예로서 그들은 시어머니와 함께 하여 길을 가면서 시어머니를 도와 갈 수 있는 데까지 짐을 들어주었는데, 그것은 시어머니를 시중드는 종이 없었기 때문이었던 것으로 보인다(7절). 여기에서 우리는 나오미가 이스라엘 백성으로서 매우 친절하고 자상했을 뿐만 아니라 며느리들의 사랑을 받았던 사실을 볼 수 있다. 이러한 면에서 나오미는 모든 시어머니의 모범이 된다. 또한 오르바와 룻은 시어머니의 따뜻한 마음을 잘 알고 있었는데, 그녀들이 그렇게 먼 길을 시어머니와 함께 동행한 사실에서 우리는 그것을 알 수 있다. 이것은 그들이 함께 화목하게 살았다는 사실을 보여주는 증거이다 — 비록 그들을 한 가족으로 묶어준 말론과 기룐이 죽었다 할지라도. 며느리들이 계속해서 모압 신들에 대한 믿음을 가지고 있었음에도 불구하고(15절), 여전히 나오미는 이스라엘의 하나님에 대하여 신실했다. 그렇지만 이것이 양자 간의 사랑과 화목과 모든 선한 일에 장애가 되지는 않았다. 시어머니와 며느리가 서로 불화 가운데 있는 것은 너무나 흔한 일이다(마 10:35). 그러므로 그들이 서로 사랑하며 화목하게 살았던 것은 더욱 칭찬할 만한 일이 아닐 수 없었다. 고부관계(姑婦關係)에 있는 모든 사람들은 마땅히 이들을 본받아야만 한다.

2. 며느리들이 따뜻한 마음으로 얼마만큼 자신을 따라왔을 때, 나오미는 며느리들에게 돌아갈 것을 촉구한다(8, 9절): 너희는 각기 너희 어머니의 집으로 돌아가라. 슬픈 운명에 의해 며느리들이 자신들의 남편과 함께 살던 집을 떠나게 되었을 때, 그들에게 부모님이 살아계심으로 돌아갈 집이 있었던 것은 참으로 다행스런 일이 아닐 수 없었다. 부모들은 남편을 잃은 딸을 따뜻하게 맞이할 것이고, 며느리들은 바깥세상으로 나가지 않고 편안하게 친정에서 살 수 있을 것이었다. 나오미는 며느리들에게 시어머니보다 친정어머니가 함께 살기에 훨씬 나을 것이라는 사실을 제시한다. 특별히 친정어머니들은 기거할 집이라도 있었지만, 시어머니인 자신은 머리 둘 곳이나마 있을는지 확신할 수 없었다.

(1) 나오미는 칭찬과 함께 며느리들을 보낸다. 며느리들은 가족들에게 잘 대해주었으므로 칭찬받는 것이 마땅했다: 너희가 죽은 자들과 나를 선대하였도다. 즉 "너희는 남편들에게 좋은 아내였고 내게는 좋은 며느리였으며 아내와 며느리로서 부족함이 없었다." 우리가 죽음이나 혹은 다른 일로 친지와 헤어질 때, 마땅히 행하여야 할 바를 다했다는 그들과 우리 자신의 양심의 증거를 들을 수 있다면 그것은 참으로 복된 일이다. 그것은 이별의 쓰라림을 가라앉게 해 줄 것이다. 그러므로 우리는 함께 있는 동안 장차 후회할 일을 행하지 않도록 노력해야 한다.

(2) 나오미는 기도와 함께 며느리들을 보낸다. 이별하는 자리에서 서로 기도하며 헤어지는 것은 너무나 아름다운 일이다. 나오미는 축복과 함께 며느리들을 친정으로 돌려보내는데, 시어머니의 축복은 결코 간과되어서는 안 된다. 이러한 축복에서 나오미는 이스라엘의 하나님이요 홀로 참되신 하나님이신 여호와의 이름을 두 번 언급함으로써 며느리들로 하여금 그분을 모든 축복의 유일한 근원으로 바라보도록 했다. 며느리들이 자신과 자신의 두 아들에게 선대한 모든 것에 대해 하나님이 갚아주실 것을 나오미는 일반적으로 기도한다. 우리는 친지에게 선대한 사람을 하나님께서 선대할 것이라고 기대할 수 있고 또 그렇게 기도할 수 있다. 남을 윤택하게 하는 자는 자기도 윤택하여지리라(잠 11:25). 그리고 특별하게, 나오미는 며느리들이 다시 결혼해서 행복하게 살기를 기원한다: 여호와께서 너희에게 허락하사 각기 남편의 집에서 위로를 받게 하시기를 원하노라. 다음을 주목하라.

[1] 사도 바울의 가르침을 통해 볼 때(딤전 5:14), 젊은 여자가 — 여기에서 바

울은 젊은 과부에게 말하고 있다 — 시집가서 아이를 낳고 집을 다스리는 것은 지극히 합당한 일이다. 남편을 잃은 좋은 아내가 — 특별히 여기의 경우처럼 자녀가 없는 과부들이 — 좋은 새 남편과 함께 다시 축복된 삶을 누리지 못하는 것은 참으로 안타까운 일이 아닐 수 없다.

[2] 여자가 결혼하여 남편과 함께 하는 것이 곧 안식 가운데 있는 것이다. 남편의 집에서 누리는 안식이 친정어머니나 혹은 시어머니의 집에서 얻는 안식보다 훨씬 더 나은 것이다.

[3] 이러한 안식은 하나님의 선물이다. 우리가 외부에서 어떤 만족을 찾는다면, 우리는 그로 인해 하나님께 감사해야 한다. 남편의 집에서조차 아무런 안식을 얻지 못하는 불공평한 멍에를 멘 여자들도 있다. 그들의 고통을 생각할 때, 행복한 관계를 맺고 있는 아내들은 더욱 감사해야 한다. 그러나 오직 하나님만이 우리 영혼의 진정한 안식이 되시며 이 땅에 완전한 안식은 없다는 사실을 우리는 인식해야 한다.

(3) 나오미는 따뜻한 사랑과 함께 며느리들을 보낸다: 그들에게 입맞추매. 나오미는 며느리들에게 좀 더 좋은 것을 주고 싶었지만, 가진 것이 아무것도 없었다. 그러나 이러한 이별의 입맞춤은 영원히 잊을 수 없는 참된 사랑의 인(印)이 될 것이다(비록 며느리들을 다시는 보지 못하게 된다 할지라도). 가족들이 헤어져야만 한다면 이와 같이 사랑 가운데 헤어져야 한다. 그럼으로써 영원한 사랑의 세상에서 다시 만나게 될 것이다(이 세상에서 다시 만나지 못한다면).

3. 며느리들은 이토록 좋은 시어머니와 헤어지는 것을 도저히 생각할 수 없었다. 그들은 헤어지기 싫어 소리를 높여 울었을 뿐만 아니라 시어머니를 따라가겠다고 고백하기까지 했다(10절): 우리는 어머니와 함께 어머니의 백성에게로 돌아가서 어머니와 함께 기업을 취하겠나이다. 시어머니에 대해 이처럼 좋은 감정을 갖는 것은 결코 흔한 일이 아니다. 또한 이것은 이방인 며느리들이 시어머니로 인해 이스라엘 백성에 대해 좋은 마음을 품은 증거이다. 나중에 자기 신들에게로 돌아간 오르바조차도 지금은 시어머니와 함께 가겠다고 결심한 것으로 보인다. 오르바는 이별의 슬픔과 흐르는 눈물 가운데 이렇게 시어머니와 함께 가겠다고 말했지만, 그러나 계속 그렇게 하지는 못했다. 확고한 판단이 없는 감정은 결코 굳은 결심을 만들어내지 못한다.

4. 나오미는 며느리들에게 자신과 함께 가는 것을 단념하도록 설득한다(11-

13절).

(1) 나오미는 자신의 괴로운 상황을 토로한다. 만일 나오미에게 가나안에 아들이나 혹은 가까운 친족이 있다면 그래서 며느리들과 결혼하게 하여 죽은 자들의 씨를 일으키고 저당 잡힌 땅을 무를 수 있다면, 함께 베들레헴에 가서 편안하게 정착할 약간의 희망이라도 있었을 것이다. 그러나 나오미에게는 아들도 없었고, 친족의 의무를 이행할 만한 가까운 친족도 생각할 수 없었다. 뿐만 아니라 이제 아들을 낳아 며느리들의 남편으로 줄 것도 기대할 수 없었다. 왜냐하면 남편을 갖기에는 너무 나이가 많았기 때문이었다. 지금 나오미는 결혼해서 새로운 삶을 다시 시작할 것을 생각할 나이가 아니라, 죽음과 다른 세상으로 가는 것을 생각할 나이였다. 설령 남편을 얻는다고 할지라도 아이를 낳을 것을 기대할 수 없었으며, 만에 하나 아이를 낳는다 할지라도 그 아이들이 장성하여 결혼할 수 있을 때까지 젊은 며느리들이 기다릴 것을 어떻게 생각할 수 있겠는가? 그러나 이것이 다가 아니었다. 나오미는 생계의 문제에 대해서도 아무런 대책이 없었다. 그녀가 처한 곤궁한 상황으로 인한 가장 큰 슬픔은 자신이 며느리들을 위해 할 수 있는 능력이 아무것도 없다는 사실이었다: 여호와의 손이 나를 치셨으므로 나는 – 나 자신으로 인한 것보다 — 너희로 말미암아 더욱 마음이 아프도다. 다음을 주목하라.

[1] 나오미는 고통 속에서 스스로를 심판한다: "여호와의 손이 나를 치셨도다. 나는 죄인이로다. 여호와께서 나와 더불어 논쟁하시며 다투시니, 내가 스스로 받으리로다." 고통 가운데 있을 때 우리는 이와 같은 마음을 가져야 한다. 비록 다른 사람들이 그 문제에 함께 책임을 공유한다 할지라도, 우리는 그 회초리를 다른 사람이 아닌 바로 우리 자신에게 내려지는 것으로 받아들여야만 한다.

[2] 나오미는 며느리들까지 동일한 고통에 빠진 것으로 인해 애통해한다. 죄인은 자신인데 고통은 며느리들이 받는다: 나는 너희로 말미암아 더욱 마음이 아프도다. 인자한 마음을 가진 사람은 자신이 당하는 고통보다 자신으로 인해 다른 사람들이 당하는 고통을 더 가슴 아프게 생각한다. 나오미는 자신의 고통은 쉽게 참을 수 있었지만, 며느리들의 고통은 차마 볼 수가 없었다. "그러니 돌아가거라, 내 딸들아! 아, 내가 너희에게 해 줄 것이 아무것도 없구나."

(2) 그러나 만일 나오미가 며느리들을 데리고 함께 베들레헴으로 간다면,

며느리들을 모압의 우상 숭배로부터 구원하고 그들을 이스라엘의 하나님에 대한 믿음과 예배로 인도할 수 있지 않겠는가? 나오미는 분명히 그렇게 하고 싶었을 것이다. 그러나,

[1] 설령 함께 간다 할지라도 나오미는 며느리들이 시어머니를 위해 그렇게 하는 것은 원치 않았다. 단지 가족에 대한 사랑이나 친구간의 우정으로 신앙을 갖게 될 때, 그러한 신앙은 굳건한 신앙이 되지 못할 뿐만 아니라 오래가지도 못할 것이다.

[2] 설령 함께 간다 할지라도 나오미는 며느리들로 하여금 먼저 앉아서 비용을 계산해 보고 신앙을 받아들일지 여부를 신중하게 선택하도록 하고자 했다. 이러한 경우 우리는 미리 최악의 상황을 듣는 것이 좋다. 우리 구주께서도 뜨거운 열심으로 담대하게 주여 주께서 어디로 가시든지 나는 주를 좇으리이다라고 말하는 사람에게 "오라 너는 내가 지불하는 값을 지불할 수 있느냐? 인자는 머리 둘 곳도 없느니라. 이것을 알고도 인자와 운명을 함께 할 것인지 잘 생각하라" 고 말씀하셨다(마 8:19, 20). 지금 나오미도 며느리들에게 이와 같이 말하고 있었던 것이다. 신중하게 따져보고 익은 생각은 항상 마음속에 남아 있지만, 어설프게 익은 생각은 오래가지 못하고 썩어버리는 법이다.

5. 오르바는 쉽게 설득을 당하여 자신의 나라와 친척과 아버지의 집으로 돌아갔다. 두 며느리는 모두 시어머니의 애틋한 말에 감동되어 소리를 높여 다시 울었다(14절). 그러나 결과는 서로 달랐다. 오르바에게 그것은 죽음으로 죽음에 이르게 하는 향기였다. 시어머니와 함께 가나안 땅에 갈 때 부딪히게 될 많은 어려움으로 인해 오르바는 모압으로 돌아갈 것을 결정하면서, 그것을 배교(背教)의 구실로 삼았다. 그러나 룻의 경우는 정반대였다. 시어머니의 말로 인해 룻의 결심을 더욱 확고하게 되었으며, 시어머니에 대한 사랑 또한 그러했다. 룻에게 있어 지금처럼 시어머니의 지혜와 사랑에 감동을 받은 적은 일찍이 없었다. 이와 같이 룻에게 그것은 생명에 이르는 생명의 향기였다.

(1) 오르바는 시어머니에게 입 맞추었다. 마치 아버지를 장사지낸 후에 혹은 가족들에게 작별인사를 한 다음에 그리스도를 따르겠다고 말한 자처럼, 오르바는 차후에 시어머니를 따르겠다는 어떤 계획도 없이 영원한 작별인사를 하면서 다정하게 떠났다. 오르바의 입맞춤은 그녀가 시어머니를 사랑했고 또 시어머니와 헤어지기 싫어했음을 보여주었지만, 그러나 시어머니 때문에 자기 나

라를 떠날 만큼 그렇게 시어머니를 사랑하지는 않았다. 이와 같이 많은 사람들이 그리스도를 사랑하고 귀하게 여기지만, 그분을 위해 다른 것들을 버릴 만큼 사랑하지는 않음으로 인해 구원에까지 이르지 못한다. 그들은 그리스도를 사랑하지만 떠난다. 왜냐하면 그것이 충분한 사랑이 되지 못하기 때문이다. 그들은 다른 것들을 더 사랑하는 것이다. 마태복음 19장에 등장하는 그리스도를 떠난 청년도 이와 같이 근심하며(슬퍼하며) 떠났다(22절).

(2) 그러나 룻은 **나오미를 붙좇았다.** 룻이 시어머니를 따라가겠다고 결심한 것이 집에서 출발할 때부터였는지 아닌지는 확실하게 나타나지 않는다. 어쩌면 룻은 시어머니의 가르침으로 인해 이스라엘의 하나님과 그분의 율법에 대해 진지한 애정을 갖게 되었고, 그럼으로써 진작부터 그와 같이 결심하고 있었는지도 모른다.

6. 나오미는 룻으로 하여금 동서처럼 자기 나라로 돌아갈 것을 권유한다(15절): **네 동서는 그의 백성과 그의 신들에게로 돌아가나니.** 모압 백성에게 돌아가는 것은 곧 모압의 신들에게로 돌아가는 것과 별반 다르지 않은 일이었다. 왜냐하면 시어머니와 함께 사는 동안에는 어떠했든지 간에, 이제 그모스를 숭배하는 자들 가운데 살게 되면 이스라엘의 하나님을 경외하는 것은 거의 불가능한 일이 될 것이기 때문이다. 성도의 교제를 버리고 모압 백성에게로 돌아간 자들은 필경 하나님과의 교제가 끊어지고 모압의 우상들을 신봉하게 될 것이다. **이제 너도 너의 동서를 따라 돌아가라.** "돌아가려거든, 지금 돌아가라. 이것이 너의 지조(志操)에 대한 가장 큰 시험이다. 이 시험을 이기면 너는 영원히 나의 것이다." 이러한 시험으로 인해 오르바처럼 넘어지는 자도 있을 것이고, 룻처럼 온전함과 진지함이 분명하게 드러나는 자도 있을 것이다.

7. 룻은 시어머니를 떠나지 않을 것과 또 자기 나라와 옛 친지들에게로 다시 돌아가지도 않겠다는 확고한 결심을 장엄하게 선언함으로써 모든 논쟁에 종지부를 찍는다(16, 17절).

(1) 이것보다 더 훌륭하고 멋진 말이 또 어디에 있겠는가? 그녀는 마치 또 하나의 입술을 갖고 있는 것처럼 보인다. 우리는 여기에서 한 영혼이 하나님의 은혜로 인해 '더 나은 것' 을 결연하게 선택하고 있는 것을 발견한다. 이와 같이 **나를 이끄소서 그러면 우리가 당신을 따라 달려 가리이다**(아 1:4 참조). 시어머니의 만류로 인해 며느리 룻의 마음은 더욱 확고해졌다. 마치 여호수아가 백성

들에게 "너희가 여호와를 섬기지 못할 것이라" 고 말했을 때, 백성들이 더욱 격렬하게 "아니이이다 우리가 여호와를 섬기겠나이다" 라고 말한 것과 같은 것이었다.

[1] 룻은 시어머니에게 더 이상 돌아가라고 말하지 말 것을 간청한다: **내게 어머니를 떠나며 어머니를 따르지 말고 돌아가라 강권하지 마옵소서.** "어머니의 어떤 강권도 제 결심을 흔들지 못하나이다. 그러므로 저로 하여금 더 이상 그와 같은 강권하는 말을 듣지 않게 하옵소서." 이미 하나님과 올바른 신앙을 따르기로 결심한 자들에게 그러한 결심을 바꾸도록 권유하고 유혹하는 것은 쓸데없는 일이다. 그렇게 할 생각이 없는 자들은 결코 그러한 권유의 말을 듣지 않을 것이다. **나를 강권하지 마옵소서.** 난외(欄外)에는 이렇게 기록되어 있다: **나를 대적하지 마옵소서.** 우리는 우리를 대적하는 자, 하늘의 가나안을 향한 우리의 길을 방해하는 진정한 원수가 누구인지 생각해야 한다. 그들이 우리의 친척이라 할지라도, 하나님을 섬기며 믿음의 일을 감당하는 것을 가로막는다면 그들은 우리의 친구가 될 수 없다.

[2] 시어머니를 붙좇으며 결코 떠나지 않겠다는 룻의 결심은 매우 특별한 것이었다. 그녀는 하나님과 천국을 위해 결심한 자의 언어를 사용하고 있다. 그녀가 사랑한 것은 시어머니의 아름다움이나 부함이나 화려함이 아니라(이러한 것들은 마르고 사라지는 것들이다), 지혜와 덕과 우아함이었다. 룻은 지금과 같이 가난하고 절망적인 상황 속에서도 시어머니를 붙좇을 것을 결심했다.

첫째로, 룻은 시어머니와 함께 움직일 것이다: **어머니께서 가시는 곳에 나도 가고.** 비록 그 곳이 내가 한 번도 가보지 못한 나라이며 살기에 힘들고 곤궁한 나라라 할지라도, 또 나의 고국으로부터 아주 멀리 떨어져 있는 나라라 할지라도, 어머니와 함께 가는 길이라면 즐겁게 가겠나이다.

둘째로, 룻은 시어머니와 함께 살 것이다: **어머니께서 머무시는 곳에서 나도 머물겠나이다.** 비록 그 곳이 초막이라 할지라도, 아니 그 곳이 야곱이 돌을 베고 잔 곳보다도 못한 곳이라 할지라도, 어머니와 함께 머물겠나이다. 어머니께서 장막의 기둥을 세우시는 곳에 그 곳이 어디든 그 곳에 나의 기둥도 세우겠나이다.

셋째로, 룻은 시어머니와 운명을 함께할 것이다: **어머니의 백성이 나의 백성이 되고.** 시어머니의 성품으로 미루어 룻은 이스라엘 백성들은 분명히 지혜롭고 이해심이 많은 백성일 것이라고 결론짓는다. 룻은 시어머니를 통해 이스라엘 백성 전체를 판단한다. 그러므로 자신 역시도 그 백성 가운데 한 사람으로 간주되는 것을 행복하게 생각할 것이었다. 이제부터 저와 어머니의 백성은 함께 연합하고 일치되며 하나가 될 것입니다.

넷째로, 룻은 시어머니의 신앙을 따를 것이다: 어머니의 하나님이 나의 하나님이 되시리니. 룻은 거짓되고 헛된 모압의 모든 신들을 떠날 것이다. 저는 오직 이스라엘의 하나님, 홀로 살아계시고 참되신 하나님 한 분만을 경배하고 의지하며 따르겠나이다. 이것은 여호와를 자신의 하나님으로 받아들이는 것이었다.

다섯째로, 룻은 시어머니와 함께 죽을 것이다: 어머니께서 죽으시는 곳에서 나도 죽어. 룻은 자신들이 모두 죽을 것이라는 사실을 당연한 것으로 받아들이면서, 어머니가 먼저 죽을지라도 자신은 계속 그 집에 머물 것을 작정한다. 또한 그녀는 시어머니와 동일한 장소에서 죽기를 바라는데, 그것은 시어머니와 동일한 모습으로 죽는 것을 의미하는 것이었다. 나도 의로우신 어머니처럼 죽겠나이다. 나의 마지막이 어머니처럼 되기를 원하나이다.

여섯째로, 룻은 시어머니와 같은 무덤에 장사되기를 소망한다: 거기 묻힐 것이라. 그녀는 자신의 시신이 모압 땅으로 다시 돌아가기를 원하지 않는데, 그것은 그 곳에 아무런 미련도 남아 있지 않음을 보여주는 것이었다. 시어머니와 영혼으로 연합된 룻은 시어머니와 함께 부활하여 영원히 함께 할 것을 바라보면서 시어머니와 함께 한 덩어리의 흙이 될 것을 소망한다.

[3] 룻은 시어머니를 붙좇겠다는 자신의 결심을 다음과 같은 엄숙한 맹세로 뒷받침한다: 만일 내가 죽는 일 외에 어머니를 떠나면 여호와께서 내게 벌을 내리시고 더 내리시기를 원하나이다(이것은 고대의 전형적인 저주양식이었다). 이와 같은 '확정의 맹세'로 인해 모든 논쟁은 끝났으며, 이제 선한 길을 따르겠다는 자신의 선택에 대한 영원한 의무만이 남았을 뿐이었다.

첫째로, 이것은 죽음이 잠시 그들을 떼어놓을 것을 함축한다. 룻은 동일한 장소에서 죽고 장사될 것을 약속할 수 있었지만, 그러나 동일한 시간에 그렇게 할 것을 약속할 수는 없었다. 어쩌면 자신이 먼저 죽을는지도 모르며, 이렇게 하여 헤어지게 될는지도 모른다. 어떤 것도 헤어지게 하지 못하는 자들을 죽음은 헤어지게 한다. 죽음의 시간이 곧 이별의 시간이다. 그러므로 우리는 이 사실을 기억하며 그것을 준비해야 한다.

둘째로, 룻은 죽음 외에 어떤 것도 자신들을 떼어놓지 못할 것이라고 다짐한다. 모압과 친정 가족들이 베풀어 주는 사랑도, 그 곳에서의 소망과 즐거움도, 이스라엘에서 어떤 험악한 일을 당할지라도, 가난과 수치의 두려움도 그들을 떼어놓지 못할 것이다. 아닙니다, 저는 어머니를 떠나지 않겠나이다.

(2) 이것은 하나님과 신앙에로의 단호한 회심의 전형(典型)이다. 우리는 이와 같이 확고하게 결단해야만 한다.

[1] 우리는 여호와를 우리 하나님으로 받아들여야 한다. "이 하나님은 영원무궁토록 나의 하나님이십니다. 나는 그분을 나의 하나님으로 고백했습니다."

[2] 하나님을 우리의 하나님으로 받아들일 때 우리는 외적 조건과 상관없이 하나님의 백성을 우리의 백성으로 받아들여야 한다. 비록 가난하고 경멸당하는 백성들이라 할지라도 하나님의 백성이라면, 그들은 우리의 백성이 되어야만 한다.

[3] 우리는 우리의 제비(lot)를 하나님의 백성들 가운데 던졌으므로 기꺼이 그들과 함께 우리의 기업을 취해야 하며 그들이 살아가는 것처럼 우리도 살아가야만 한다. 우리는 같은 멍에를 감수해야 하며 그것을 신실하게 감당해야 한다. 또 우리는 같은 십자가를 지고 즐겁게 동행해야 한다. 비록 그 곳이 유배지라 할지라도 하나님께서 가라고 하시는 곳으로 우리는 가야만 하며, 비록 감옥이라 할지라도 하나님이 머무시는 곳에 우리도 머물러야 한다. 하나님이 우리를 죽게 하시는 곳에서 우리는 죽어야 하며, 우리의 뼈를 평안과 안식으로 들어간 의인들의 무덤에 묻어야 한다.

[4] 우리는 인내하며 계속해서 그리스도를 따를 것을 결단해야 한다. 여기에서 룻이 나오미를 붙좇는 것보다 우리가 그리스도를 붙좇는 것이 더 확고해야 한다. 룻은 죽음 외에는 어떤 것도 자신과 시어머니 사이를 떼어놓을 수 없다고 결단했다. 그러나 우리는 죽음조차도 우리를 그리스도에 대한 의무로부터 떼어놓을 수 없다고 결단해야 한다. 그럴 때 우리는 죽음조차도 우리를 그리스도 안에 있는 행복으로부터 떼어놓을 수 없음을 확신하게 된다.

[5] 우리는 이러한 경건한 결심을 깨뜨리지 않기 위해 우리의 영혼을 단단한 끈으로 묶어야만 하며, 주님을 결코 떠나지 않고 붙좇겠다고 맹세해야 한다.

8. 이에 나오미는 입을 닫는다(18절): 나오미가 룻이 자기와 함께 가기로 굳게 결심함을 보고(바로 이것이 나오미가 목표로 한 것으로서 며느리로 하여금 견고한 마음으로 자신과 함께 가도록 하고자 했다), 나오미는 자신의 목표가 이루

어진 것을 보고 매우 만족하면서, 그에게 말하기를 그치니라. 나오미는 지금 며느리가 엄숙하게 선언한 것 외에는 아무것도 바라지 않았다. 결단이 얼마나 큰 힘을 가지고 있는지 주목하라. 그것은 유혹으로 하여금 잠잠하게 만든다. 결단하지 않은 채 확고한 마음 없이 믿음의 길을 가는 사람들은 마치 도둑을 불러들이는 반쯤 열린 문처럼 '유혹하는 자'를 불러들인다. 그러나 결단은 문을 닫고 걸어 잠글 뿐만 아니라, 마귀를 대적하고 도망치도록 만든다.

갈대아 역본은 나오미와 룻의 대화를 다음과 같이 풀어 쓴다. 룻이 말했다: 나를 떠나라 강권하지 마옵소서, 저는 이스라엘 종교로 개종할 것이니이다. 나오미가 말했다: 우리는 안식일과 성일들을 지킬 것을 명령받았는데, 안식일에는 2,000규빗(약 900m – 안식일 하루의 여행거리) 이상의 거리를 여행해서는 안 되느니라. 룻이 말했다: 예, 어머니가 가시는 곳으로 저도 가겠나이다. 나오미가 말했다: 우리는 이방인과 함께 밤을 지내지 말도록 명령받았느니라. 룻이 말했다: 예, 어머니가 머무시는 곳에서 저도 머물겠나이다. 나오미가 말했다: 우리는 613가지의 계율을 지키도록 명령받았느니라. 룻이 말했다: 예, 어머니의 백성이 지키는 것은 저도 지키겠나이다. 어머니의 백성이 곧 저의 백성이기 때문입니다. 나오미가 말했다: 우리는 이방 신을 섬기는 것이 금지되었느니라. 룻이 말했다: 예, 어머니의 하나님이 저의 하나님이 되실 것이니이다. 나오미가 말했다: 우리에겐 악인을 위한 네 가지 사형법이 있는데, 돌로 쳐 죽이는 것과 불태워 죽이는 것과 목 졸라 죽이는 것과 칼로 치는 것이니라. 룻이 말했다: 예, 어머니께서 죽으시는 곳에서 저도 죽을 것이니이다. 나오미가 말했다: 우리에겐 매장지가 있느니라. 룻이 말했다: 저도 거기에 묻히겠나이다.

[19]이에 그 두 사람이 베들레헴까지 갔더라 베들레헴에 이를 때에 온 성읍이 그들로
말미암아 떠들며 이르기를 이이가 나오미냐 하는지라 [20]나오미가 그들에게 이르되
나를 나오미라 부르지 말고 나를 마라라 부르라 이는 전능자가 나를 심히 괴롭게
하셨음이니라 [21]내가 풍족하게 나갔더니 여호와께서 내게 비어 돌아오게 하셨느니
라 여호와께서 나를 징벌하셨고 전능자가 나를 괴롭게 하셨거늘 너희가 어찌 나를
나오미라 부르느냐 하니라 [22]나오미가 모압 지방에서 그의 며느리 모압 여인 룻과
함께 돌아왔는데 그들이 보리 추수 시작할 때에 베들레헴에 이르렀더라

나오미와 룻은 피곤하고 지친 발걸음으로(아마도 여행의 피로는 나오미가 며느리에게 가르쳐준 선한 교훈들과 둘이 나눈 아름다운 대화로 인해 상당히 경감되었을 것으로 우리는 추측할 수 있다) 마침내 베들레헴에 도착했다. 그들은 매우 적절한 때 즉 **보리 추수 시작할 때** 도착했는데, 이 때는 첫 추수의 때로서 뒤이어 밀을 추수할 때가 이르게 될 것이었다. 이제 나오미는 모압 땅에서 들었던 이야기 즉 **여호와께서 자기 백성을 돌보시사 그들에게 양식을 주셨다**는 이야기가 사실인지 여부를 눈으로 확인할 수 있었으며, 또한 룻은 이 아름다운 땅을 최고의 상태로 볼 수 있었다. 이제 그들은 겨울을 위해 양식을 준비할 기회를 갖게 되었다. 우리의 때는 하나님의 손 안에 있다. 모든 일들이 그러하고, 또 그 일들이 일어나는 시간 또한 그러하다. 여기에서 다음을 주목하라.

I. 이들의 옴으로 인해 이웃사람들이 소동함. 온 성읍이 그들로 말미암아 떠들며(19절). 나오미의 옛 지인(知人)들은 그녀의 형편과 관련하여 이것저것 묻고 또 베들레헴에 다시 돌아온 것에 대해 환영을 표하기 위해 그녀 주위에 모여들었다. 어쩌면 그들은 나오미가 그야말로 맨손으로 돌아왔으므로 성읍의 짐이 되지 않을까 하여 떠들썩했는지도 모른다. 이로 볼 때 우리는 나오미가 예전에 상당한 위치에 있었음을 알 수 있다. 그렇지 않았다면 그녀가 다시 돌아온 것이 이렇게 큰 주의(注意)를 끌지는 않았을 것이다. 높은 지위를 갖고 부유하게 살던 사람이 가난이나 불명예 속으로 떨어지게 될 때, 그들의 몰락은 더욱 두드러지는 법이다.

그들은 놀라며 말한다: **이가 나오미냐?** 이렇게 말한 사람들은 성읍의 여인들이었다. 왜냐하면 여기에 사용된 단어가 여성형이기 때문이다. 예전에 나오미와 가까웠던 사람들은 그녀가 이러한 상태에 빠진 것을 보고 놀랐다. 그녀가 고통으로 인해 너무나 망가지고 바뀌어 있었으므로, 그들은 자신들의 눈을 거의 믿을 수 없었다. 이 사람이 그들이 예전에 알았던 그토록 건강하고 아름다우며 명랑했던 사람과 동일한 사람이라고 그들은 도저히 생각할 수 없었다. **이가 나오미냐?** 장미가 만발했을 때와 시들었을 때의 모습은 너무도 다르다. 형통하던 시절의 모습과 비교할 때 지금의 나오미의 모습은 얼마나 초라하기 그지없는가! 만일 어떤 사람이 나오미의 불행을 비난하면서 경멸 가운데 다음과 같이 말한다면("이 사람이 조금 어려운 상황을 견디지 못하고 이방 나라를 떠돌아야만 했던 바로 그 사람인가? 그로 인해 얻은 것을 보라지!"), 그는 참으로 야비하고 치졸하기 짝이 없는 자일 것이다. 넘어진 자를 보고 쾌재를 부르는 것보다 더 야만적인 것은 없다. 그러나 여기에서 우리는 대부분의 사람들이 동정심과 불쌍히 여기는 마음을 가지고 묻고 있었다고 추측할 수 있다. "이 사람이 그토록 좋은 집에서 풍족하게 살며 가난한 사람들에게 자비를 베풀던 바로 그 사람이냐? 어떻게 금이 이렇게 빛을 잃었단 말인가!" 첫 번째 성전의 장엄함을 보았던 자들이 두 번째 성전의 초라함을 보았을 때 울었던 것처럼, 여기에서도 그러했다. 고통이 잠깐 사이에 큰 변화를 일으키는 사실을 주목하라. 세월의 흐름과 병으로 인해 사람들의 용모와 모양이 바뀌는 것을 볼 때, 우리는 베들레헴 사람들이 말한 것을 떠올릴 수 있다: "이가 나오미냐? 둘이 같은 사람이라고 어느 누가 상상할 수 있겠는가?" 하나님은 은혜 가운데 우리로 하여금 그와 같은 모든 변화들에 적합하게 하신다 — 특별히 '그 위대한 변화' 에!

Ⅱ. 나오미의 영혼의 평온. 어떤 사람이 자신의 곤궁함을 비웃는다 할지라도, 나오미는 가난할 때나 부유할 때나 늘 그랬던 것처럼 그들에 대해 마음이 격동되지 않을 것이었다. 도리어 경건한 인내심으로 자신의 고통으로 말미암는 모든 우울한 결과들을 기꺼이 짊어질 것이었다(20, 21절): 나를 나오미라 부르지 말고 나를 마라라 부르라. "나오미는 '즐거운' 혹은 '상냥한' 을 의미한다. 그러나 나의 모든 즐거운 것들은 다 사라졌다. 나를 '쓴' 혹은 '쓴 것' 을 의미하는 마라라 부르라. 지금 나는 슬픈 영혼을 가진 여자가 되었기 때문이니라." 이와 같이 나오미는 자신의 처지를 그대로 받아들였는데, 우리 역시도 우울한 처지에 빠졌을 때 이와 같이 해야 한다.

1. 자신의 '처지의 변화' 에 대해 나오미가 어떻게 묘사하고 있는지 주목하라. 그녀는 격렬하게 불평을 늘어놓는 대신 경건한 마음으로 하나님의 섭리를 이야기한다.

(1) 그것은 매우 슬프고 우울한 변화였다. 그녀는 풍족하게 나갔다. 나오미는 자신에게 남편과 두 아들이 있었을 때의 처지를 그와 같이 묘사했다. 이 세상에서 우리의 풍족함의 많은 부분은 행복한 가정으로부터 온다. 그러나 지금 나오미는 남편과 두 아들을 잃은 채 비어 돌아왔다. 아마도 그녀는 자신의 모든 물건들을 팔아버리고 단지 옷가지들만 둘러멘 채 고향에 돌아왔을 것이다. 우리가 세상에서 '풍족함' 이라고 부르는 모든 것들은 얼마나 불확실한가!(삼상 2:5, 풍족하던 자들은 양식을 위하여 품을 팔고 주리던 자들은 다시 주리지 아니하도

다 전에 임신하지 못하던 자는 일곱을 낳았고 많은 자녀를 둔 자는 쇠약하도다). 풍족함 속에 있을 때조차도 우리는 궁핍할 수 있다. 그러나 우리에게 결코 비어질 수 없는 풍족함이 있으니 그것은 영적이며 거룩한 풍족함이다. 이것은 '더 나은 것' 으로서 결코 빼앗기지 않을 것이다.

(2) 나오미는 자신의 고통 속에 하나님의 전능하신 손이 있었음을 인정한다. "나로 하여금 비어 돌아오게 하신 분은 여호와시다. 나를 괴롭게 하신 자는 전능자시다." 고통 속에 빠져 있을 때 그 안에서 하나님의 손을 발견하는 것보다 더 우리의 영혼을 위로해 주는 것은 아무것도 없다. 이는 여호와시로다(삼상 3:18; 욥 1:21). 특별히 우리를 괴롭게 하신 자가 샤다이 즉 전능자이심을 생각할 때, 우리는 그분과 더불어 다투는 것이 얼마나 어리석은 일인가 하는 것과 그분께 복종하는 것이 우리의 의무이며 유익이라는 사실을 깨닫지 않을 수 없다. 하나님이 자기 백성들과 더불어 언약을 맺으실 때 사용하신 이름이 바로 이 이름이었다: 나는 전능한 하나님이라(창 17:1). 그는 언약의 하나님으로서 우리를 괴롭게 하시지만, 그의 '완전한 풍족함' 이 모든 고통 가운데 우리를 채워 주신다. 우리를 비게 만드시는 분은 또한 어떻게 우리를 자신으로 채울 것인가를 아신다.

(3) 나오미는 고통이 자신에게 가져다준 느낌을 매우 감정적으로 표현한다: 그가 나를 심히 괴롭게(쓰게, bitterly) 하셨거늘. 고통의 잔은 쓴 잔이다. 설령 나중에 의와 평강의 열매를 맺는다 할지라도, 지금 그것은 즐거운 것이 아니라 슬픈 것이다(히 12:11). 욥은 이렇게 불평한다: 주께서 나를 대적하사 괴로운 일들을 기록하시나이다(욥 13:26).

(4) 나오미는 하나님이 자신과 다투심으로 그 고통이 왔음을 인정한다: 여호와께서 나를 징벌하셨고. 우리를 고치고자 하실 때 하나님은 마치 우리를 기뻐하지 않으시는 것처럼 우리를 징벌하시고 우리와 더불어 다투신다(욥 10:17). 모든 회초리에는 '증언의 목소리' (voice of witness)가 담겨 있다.

2. 나오미는 자신의 처지에 대한 그와 같은 변화에 기꺼이 순응한다. "나를 나오미라 부르지 말지니, 나 자신에게나 친구들에게나 내가 더 이상 즐거운 자가 아니기 때문이라. 대신에 지금의 처지에 좀 더 부합하는 이름인 마라라 부르라." 많은 사람들이 가난과 비천 가운데 떨어졌음에도 불구하고 여전히 예전에 즐겨 사용했던 헛된 경칭(敬稱)을 계속해서 사용하곤 한다. 그러나 나오미는 그

렇게 하지 않았다. 그녀는 이처럼 슬픈 처지에서 영광스러운 이름이 사용되는 것을 감당할 수 없었는데, 그것은 겸손으로 말미암은 것이었다. 만일 하나님이 자신을 '쓰게' (bitterly) 다루셨다면, 그녀는 이러한 섭리에 순응하여 기꺼이 마라(bitter)라 불릴 것이다. 우리를 겸손케 하시는 하나님의 섭리 아래에서는, 우리는 마땅히 우리의 마음을 겸손케 해야만 한다. 우리의 처지가 낮아졌을 때에는, 우리의 영혼 또한 그와 함께 낮아져야만 한다. 이와 같이 우리에게 임한 고통에 순응할 때, 그와 같은 고통은 우리에게 '거룩한 고통' 이 된다. 우리를 유익하게 하는 것은 고통 그 자체가 아니다. 우리가 고통을 올바르게 감당할 때 비로소 그것이 우리에게 유익이 되는 것이다. 고통을 감당하는 방법을 배우지 못했다면, 이제까지 겪은 수많은 고통들은 아무 쓸모없는 것이 되고 만다. 다만 이뿐 아니라 우리가 환난 중에도 즐거워하나니 이는 환난은 인내를, 인내는 연단을, 연단은 소망을 이루는 줄 앎이로다(롬 5:3, 4).

제 2 장

개요

성경 전체를 통하여 보잘것없는 한 사람(가난한 모압 과부인 룻과 같은)에 대하여 그리고 이삭을 줍는 것과 같은 보잘것없는 한 행동에 대하여 여기처럼 상세하게 묘사하고 있는 곳은 어디에도 없을 것이다. 그러나 이 모든 것은 룻이라는 한 이방 여인으로 하여금 그리스도의 혈통에 접붙임으로써 그의 조상들 가운데 들어가도록 하기 위한 것이었다. 이렇게 함으로써 그녀는 이방인 교회가 그리스도와 접붙여지는 것의 모형이 될 수 있었다(사 54:1). 이렇게 볼 때 본 장의 이야기는 대단히 주목할 만한 이야기가 아닐 수 없다. 또한 우리는 본 장의 많은 구절들이 대단히 교훈적이라는 사실을 발견하게 된다. 본 장의 내용은 다음과 같다. I. 룻의 겸손과 근면, 그리고 그녀를 보아스의 밭으로 이끌어 가는 하나님의 섭리(1-3절). II. 보아스가 룻에게 베풀어 준 큰 호의(4-16절). III. 룻이 시어머니에게 돌아옴(18-23절).

[1]나오미의 남편 엘리멜렉의 친족으로 유력한 자가 있으니 그의 이름은 보아스더라
[2]모압 여인 룻이 나오미에게 이르되 원하건대 내가 밭으로 가서 내가 누구에게 은
혜를 입으면 그를 따라서 이삭을 줍겠나이다 하니 나오미가 그에게 이르되 내 딸
아 갈지어다 하매 [3]룻이 가서 베는 자를 따라 밭에서 이삭을 줍는데 우연히 엘리멜
렉의 친족 보아스에게 속한 밭에 이르렀더라

이제 나오미는 베들레헴에서 옛 친구들 가운데 정착하게 된다. 우리는 여기에서 다음과 같은 이야기들을 보게 된다.

I. 유력한 자로서 부유한 친족인 보아스(1절). 유력한 자(mighty man of wealth)를 갈대아 역본은 율법에서 강한 자(mighty in the law)라고 읽는다. 만일 그가 재물과 율법에서 공히 유력했다면, 이것은 매우 드물지만 그러나 정말로 훌륭한 결합이 아닐 수 없다. 이런 사람이 진짜 유력한 사람이다. 보아스는 광

야시절 유다 지파의 한 방백이었던 나손의 손자였으며, 여리고의 기생이었던 라합의 (아마도 둘째) 아들인 살몬의 아들이었다. 그의 이름 속에는 힘이 들어 있었다 — 보아스는 그 안에 힘이 있다는 뜻이다. 또한 그는 지금은 상당히 약화된 엘리멜렉 가정에 속해 있었다. 다음을 관찰하라.

1. 부유하며 유력한 사람이었음에도 불구하고 보아스에게는 가난한 친족들이 있었다. 모든 나뭇가지가 다 굵고 튼튼할 수는 없다. 세상에서 유력한 자라고 하여 미천한 친족들을 부끄럽게 여기며 경멸해서는 안 된다. 만일 그렇게 한다면 그들은 교만하며 몰인정한 사람으로 드러나게 될 것이다.

2. 가난하고 하찮은 과부였음에도 불구하고 나오미에게는 부유한 친족들이 있었다. 그러나 그녀는 그것을 자랑하지도 않았으며 그들에게 짐이 되려고 하지도 않았다. 뿐만 아니라 고통 가운데 베들레헴으로 돌아오면서 그들에게 특별한 기대를 갖지도 않았다. 부유한 친족을 가진 자들은 서로 다르게 하시는 것이 하나님의 지혜로운 섭리라는 사실을 인정해야 한다. 그리고 그러한 친족들을 자랑하며 뽐내는 것은 큰 죄이며, 그들을 의지하는 것은 큰 어리석음이라는 사실을 알아야 한다.

Ⅱ. 나오미의 며느리 룻.

1. 룻의 처지는 너무나 비천하고 가난했는데, 이것은 젊은 개종자의 믿음과 정절에 큰 시험이었다. 만일 베들레헴 사람들이 나오미와 룻을 집집마다 번갈아가며 초대하였다면 얼마나 좋은 일이었겠는가? 그것은 나이 든 과부에게 큰 힘이 되고 새로운 개종자에게 큰 격려가 될 것이었다. 그러나 가나안의 진미(珍味)를 맛보는 대신 그들은 필요한 양식을 얻기 위해 이삭을 주울 수밖에 없었다. 그렇게라도 하지 않는다면 굶주림을 해결할 방도가 없었다. 하나님이 세상의 가난한 자들을 택하셨다는 사실을 기억하자. 그러나 하나님이 택하셨다 할지라도 사람들이 통상적으로 외면하기 때문에, 그들은 계속해서 가난하게 되는 경향이 있다.

2. 이러한 처지에서도 룻의 성품은 매우 착했다(2절). 룻은 나오미에게 "이제 나로 하여금 다시 모압으로 가게 하소서. 그 곳은 이 곳과 다름이니이다. 여기엔 모든 것이 부족하나 내 아버지의 집에는 풍족한 양식이 있나이다" 라고 말하지 않았다. 룻은 자신이 나온 고국에 대해 전혀 마음을 두지 않았다. 만일 그렇지 않았다면 지금이야말로 돌아가기에 적합한 기회가 되었을 것이다. 이스라엘의

하나님이 자신의 하나님이 되실 것이며, 설령 하나님이 자신을 죽이신다 할지라도 그녀는 하나님을 믿고 결코 떠나지 않을 것이었다. 룻이 시어머니에게 요청한 것은 "밭으로 가서 이삭을 줍도록 허락해 주소서" 하는 것이었다. 좋은 환경에서 태어나 자란 사람들일지라도 어떤 곤궁한 형편에 떨어질는지 또 먹고 살기 위해 어떤 일을 하게 될는지 알지 못한다(애 4:5, 맛있는 음식을 먹던 자들이 외롭게 거리 거리에 있으며 이전에는 붉은 옷을 입고 자라난 자들이 이제는 거름더미를 안았도다). 만일 이와 같은 처지에 떨어지게 된다면 룻을 기억하자. 그녀는 우리에게 다음과 같은 훌륭한 모범을 보여주었다.

(1) 겸손. 가난하게 되었을 때 그녀는 "이삭을 줍는 것은 사실상 구걸하는 것이나 마찬가지니 부끄럽나이다" 라고 말하지 않고 기꺼이 자신의 미천한 상황을 받아들이면서 새로운 상황에 적응했다. 높은 위치에 있던 사람들은 굶는 것보다 굽히는 것이 더 어렵다. 그러나 룻은 그렇지 않았다. 그녀는 시어머니에게 자신은 이삭 따위나 주워 먹고 자라지 않았노라고 말하지 않는다. 비록 그렇게 자라지 않았다 할지라도 그녀는 기꺼이 낮아졌고, 그렇게 하는 것을 거북하게 여기지 않았다. 시어머니의 강요에 의해서가 아니라 스스로 그렇게 받아들인 것이다. 겸손은 가장 빛나는 보석 가운데 하나이며, 또 가장 좋은 징조 가운데 하나이다. 보아스를 만나 존귀한 사람이 되기 전에 그녀에게 이와 같은 겸손이 있었다. 룻이 이삭을 주우러 가기 전에 얼마나 겸손하게 말하고 있는지 주목하라. 내가 누구에게 은혜를 입으면 그를 따라서 이삭을 줍겠나이다. 그녀는 "내가 가서 이삭을 주우리니 아무도 이러한 권리를 부인하지 못할 것이니이다" 라고 말하지 않고 "누군가 이삭을 줍도록 허락해 줄 것을 소망하면서 내가 가서 줍겠나이다" 라고 말했다. 가난한 사람은 마치 빚을 독촉하듯이 다른 사람들에게 친절을 요구해서는 안 된다. 다만 겸손하게 간청하고, 비록 작은 것일지라도 호의로 여기면서 받아야 한다.

(2) 부지런함. 룻은 시어머니에게 "성읍의 여인네들을 만나러 가거나 혹은 들에 바람을 쐬러 가도록 허락해 주옵소서. 어머니와 함께 하루 종일 땀 흘리며 쪼그려 앉아 있을 수 없나이다" 라고 말하지 않았다. 룻의 마음은 오락에 있지 않고 일에 있었다: "나로 가서 이삭을 줍게 하소서. 그렇게 함으로써 어느 정도 양식을 얻을 수 있으리이다." 룻은 현숙한 여자로서, 게으름의 떡을 먹는 것을 좋아하지 아니하고 기꺼이 수고하며 노동하는 것을 좋아하였다. 이것은 젊은

이들에게 훌륭한 본보기가 된다. 젊은이들은 일찌감치 일하는 법을 배워야 하며, 그 손이 일을 얻는 대로 힘을 다하여 해야 한다(전 9:10). 부지런함은 이 세상뿐만 아니라 다른 세상에서도 좋은 징조가 된다. 잠자는 것과 노는 것과 빈둥거리는 것을 좋아하지 말고, 일하는 것을 좋아하라. 이것은 또한 가난한 사람들로 하여금 생계를 위하여 스스로 일할 것과 또 자신이 얻을 수 있는 것을 남에게 구걸하지 말 것을 가르친다. 비록 비천한 일일지라도 정직하게 일하는 것을 우리는 결코 부끄러워해서는 안 된다. 어떤 노동도 수치스러운 것이 아니다. 우리는 죄를 부끄러워해야 하지만, 그러나 하나님이 우리를 불러 맡기신 일을 — 그것이 어떤 것이든 — 부끄러워해서는 안 된다.

(3) 시어머니에 대한 공경. 단지 시어머니일 뿐이며 더구나 남편이 죽었으므로 며느리의 의무에서 벗어났다고 생각할 수 있었음에도 불구하고, 룻은 나오미를 성실하게 보살폈다. 룻은 시어머니에게 허락을 구함이 없이는 외출조차도 하지 않을 것이었다. 이와 같은 공경심을 젊은이들은 부모와 통치자에게 표해야 한다. 룻은 "어머니가 함께 가시면 저도 이삭을 주우러 가겠나이다"라고 말하지 않고 "어머니는 집에 앉아 쉬소서. 제가 가서 수고하겠나이다"라고 말했다. 젊은이는 일해야 한다. 젊은이는 노인의 충고를 받아야 하며, 노인에게 힘든 일을 시켜서는 안 된다.

(4) 하나님의 섭리에 대한 신뢰. 우리는 이것을 내가 누구에게 은혜를 입으면 그를 따라서 이삭을 줍겠나이다란 말 속에서 발견할 수 있다. 룻은 어디로 가야할지 누구에게 물어야 할지 알지 못했지만, 그러나 하나님께서 섭리 가운데 자신에게 친절을 베풀 사람들을 만나게 해 줄 것이라고 믿었다. 이와 같이 우리는 항상 하나님의 섭리가 우리를 이끌어줄 것이라고 생각해야 하며, 또한 우리가 선한 일을 한다면 그것이 우리에게 선이 될 것임을 믿어야 한다. 룻의 경우가 바로 이와 같았다. 아무런 인도자나 동행자도 없이 혼자 이삭을 주우러 나갔을 때, 그녀는 우연히 보아스에게 속한 밭에 이르게 되었다(3절). 그녀에게 이것은 우연으로 보였다. 그녀는 이 밭이 누구의 밭인지 알지 못했으며, 그 밭에 들어간 데에 이삭을 줍는 것 외에 다른 목적이 있는 것도 아니었다. 그러므로 이것은 '우연' 이라고 말할 수 있는 것이었다. 그러나 그녀의 발걸음을 이 밭으로 이끈 것은 하나님의 섭리였다. 하나님께서 지혜 가운데 작은 일들까지 세세하게 이끄시는 것을 주목하라. 우연한 일처럼 보이는 것들까지도 하나님의 영광과 그

분의 백성의 유익을 위해 움직인다. 사소한 계기로 인해 큰 사건이 일어나는 경우가 종종 있다. 그러한 사소한 계기는 우리에게는 우연한 것으로 보이지만, 그러나 그 속에 하나님의 섭리와 계획이 담겨 있는 것이다.

4마침 보아스가 베들레헴에서부터 와서 베는 자들에게 이르되 여호와께서 너희와
함께 하시기를 원하노라 하니 그들이 대답하되 여호와께서 당신에게 복 주시기를
원하나이다 하니라 5보아스가 베는 자들을 거느린 사환에게 이르되 이는 누구의 소
녀냐 하니 6베는 자를 거느린 사환이 대답하여 이르되 이는 나오미와 함께 모압 지
방에서 돌아온 모압 소녀인데 7그의 말이 나로 베는 자를 따라 단 사이에서 이삭을
줍게 하소서 하였고 아침부터 와서는 잠시 집에서 쉰 외에 지금까지 계속하는 중
이니이다 8보아스가 룻에게 이르되 내 딸아 들으라 이삭을 주우러 다른 밭으로 가
지 말며 여기서 떠나지 말고 나의 소녀들과 함께 있으라 9그들이 베는 밭을 보고 그
들을 따르라 내가 그 소년들에게 명령하여 너를 건드리지 말라 하였느니라 목이
마르거든 그릇에 가서 소년들이 길어 온 것을 마실지니라 하는지라 10룻이 엎드려
얼굴을 땅에 대고 절하며 그에게 이르되 나는 이방 여인이거늘 당신이 어찌하여
내게 은혜를 베푸시며 나를 돌보시나이까 하니 11보아스가 그에게 대답하여 이르되
네 남편이 죽은 후로 네가 시어머니에게 행한 모든 것과 네 부모와 고국을 떠나 전
에 알지 못하던 백성에게로 온 일이 내게 분명히 알려졌느니라 12여호와께서 네가
행한 일에 보답하시기를 원하며 이스라엘의 하나님 여호와께서 그의 날개 아래에
보호를 받으러 온 네게 온전한 상 주시기를 원하노라 하는지라 13룻이 이르되 내 주
여 내가 당신께 은혜 입기를 원하나이다 나는 당신의 하녀 중의 하나와도 같지 못
하오나 당신이 이 하녀를 위로하시고 마음을 기쁘게 하는 말씀을 하셨나이다 하니
라 14식사할 때에 보아스가 룻에게 이르되 이리로 와서 떡을 먹으며 네 떡 조각을
초에 찍으라 하므로 룻이 곡식 베는 자 곁에 앉으니 그가 볶은 곡식을 주매 룻이
배불리 먹고 남았더라 15룻이 이삭을 주우러 일어날 때에 보아스가 자기 소년들에
게 명령하여 이르되 그에게 곡식 단 사이에서 줍게 하고 책망하지 말며 16또 그를
위하여 곡식 다발에서 조금씩 뽑아 버려서 그에게 줍게 하고 꾸짖지 말라 하니라

이제 보아스가 등장하는데, 자신의 종들과 가련한 이방 여인을 대하는 모습을 통해 우리는 그가 매우 고결한 인품을 가진 자임을 알 수 있다.

I. 보아스의 종들과 추수하는 일에 고용된 사람들. 추수 때는 매우 바쁜 때로서, 일꾼이 많이 필요한 때이다. 부자요 유력한 자인 보아스에게는 할 일이 많이 있었고, 따라서 많은 사람들이 그 아래서 일하며 생활했다. 재산이 많아지면 먹는 자들도 많아지나니 그 소유주들은 눈으로 보는 것 외에 무엇이 유익하랴(전 5:11). 여기에서 보아스는 선한 주인의 본보기로 나타난다.

1. 보아스에게는 베는 자들을 거느린 사환이 있었다(6절). 큰 집에는 다른 종들을 감독하면서 그들에게 할 일을 정해 주고 품삯을 나눠줄 사람이 필수적이다. 사역자는 하나님의 집의 그러한 사환이다. 사역자는 지혜롭고 충성스러워야 하며, 여기의 사환이 그랬던 것처럼 주님께 모든 것을 고해야 한다(6절).

2. 그렇지만 보아스는 일이 얼마나 진행되었는지를 살피기 위해 자신이 직접 베는 자들에게 왔다. 적절치 않은 일이 있으면 바로잡고, 필요한 것이 있으면 그에 맞는 지시를 내리기 위함이었다. 보아스가 온 것은 이와 같은 목적뿐만 아니라(자신의 일을 전적으로 다른 사람들에게 맡긴 채 무관심하게 있는 자는 결국 절반의 성과밖에는 얻지 못할 것이다. 주인의 눈이 말을 살찌게 만드는 법이다), 종들을 격려하기 위함이기도 했다(주인이 자신들을 방문할 정도로 호의를 보일 때 종들은 더 열심히 일하게 될 것이다). 집에서 편하게 있는 주인들은 이와 같이 자신들을 위해 수고하며 한낮의 뜨거움과 노역을 감당하는 자들을 부드럽게 대해 주어야 한다.

3. 보아스와 베는 자들 사이에 따뜻하고 경건한 인사가 교환된다.

(1) 보아스가 베는 자들에게 여호와께서 너희와 함께 하시기를 원하노라라고 말하자 베는 자들은 여호와께서 당신에게 복 주시기를 원하나이다라고 대답한다(4절).

[1] 그들은 서로 경의를 표했다. 보아스는 베는 자들을 선한 종으로 대했으며, 베는 자들은 보아스를 선한 주인으로 대했다. 그가 베는 자들에게 왔을 때, 마치 그들의 허물을 들추어내고 자신의 권위를 드러내기 위해 온 것처럼 큰 소리로 꾸짖지 않았다. 도리어 보아스는 그들을 위해 기도했다: "여호와께서 너희와 함께 하시며, 형통케 하시고, 건강과 힘을 주시며, 사고당하지 않도록 지켜주시기를 원하노라." 이에 그들은 주인을 미워하는 악한 종들처럼 그를 저주하지 않고 그의 정중한 인사에 화답했다: "여호와께서 당신에게 복 주시고, 우리의 수고로 당신이 더욱 풍성해지기를 원하나이다." 이와 같이 주인과 종 사이에 좋

은 유대관계를 가지고 있는 집은 모든 일이 형통하게 될 것이다.

[2] 그들은 함께 하나님의 섭리를 신뢰했다. 그들은 피차 기도해 줌으로써 서로의 사랑과 친절을 표현한다. 그들이 나타낸 것은 정중함만이 아니었다. 그들은 모든 선한 것이 하나님의 임재와 축복으로부터 온다는 것을 인정함으로써 경건을 나타냈다 — 그러므로 우리는 우리 자신을 위해서나 다른 사람들을 위해서나 다른 어떤 것보다도 바로 이것(하나님의 임재와 축복)을 열망하며 구해야만 한다.

(2) 여기에서 다음과 같은 것을 사용하는 법을 배우자. [1] 진실한 호의의 표현으로서의 정중한 인사. [2] 하나님의 호의를 위해 우리의 마음을 그분께 올려 드리는 경건한 기도. 우리는 이것이 형식주의로 변질되어 우리 하나님 여호와의 이름을 헛되이 부르는 오류에 빠지지 않도록 조심해야 한다. 그러나 진지하게 구한다면, 우리는 그로 인해 하나님과 교통할 수 있으며 그분의 자비와 은혜를 얻게 될 것이다. 이와 같이 베는 자들을 축복하는 것은 고대에 일반적인 관습이었던 것으로 보인다(시 129:7, 8).

4. 사환으로부터 한 낯선 여자에 관한 이야기를 들었을 때, 보아스는 종들에게 그녀를 건드리지도 말고(9절) 책망하지도 말 것을(15절) 지시했다. 주인은 자신의 종들을 괴롭게 하지 않도록 주의해야 할 뿐만 아니라 또한 종들이 그 밑에 있는 사람들을 해하지 못하도록 주의를 기울여야 한다. 또한 보아스는 종들로 하여금 그녀에게 따뜻하고 친절하게 대하도록 지시하면서, 그녀를 위하여 곡식 다발에서 조금씩 뽑아 버려서 그녀로 하여금 줍도록 했다(16절). 주인에게 있어 종들이 허비하는 것을 금지하고 책망하는 것이 마땅할 것이다. 그러나 보아스는 종들로 하여금 자비를 베푸는 것을 금하지 않고, 도리어 그렇게 하도록 세심하게 지시했다.

Ⅱ. 보아스는 룻에게 큰 친절과 호의를 베풀었다. 그것은 그녀에 대한 설명을 듣고 유심히 눈여겨봄으로 말미암은 것이었는데, 하나님 또한 그의 마음을 그와 같이 이끄셨다. 보아스가 베는 자들 가운데 왔을 때, 그는 이 낯선 여인을 보았고 사환으로부터 그녀가 누구인지 들었다. 여기에 그녀와 관련하여 벌어진 이야기가 매우 상세하게 기록되어 있다.

1. 사환은 보아스에게 룻에 관하여 매우 호의적으로 이야기했다(6, 7절). 사환의 설명은 대략 다음과 같았다.

(1) 그녀는 이방인이다: 그녀는 모압 지방에서 돌아온 모압 소녀인데, 그러므로 그녀는 하나님의 율법에 따라 추수 때에 이삭을 주울 자 가운데 하나이다(레 19:9).

(2) 그녀는 주인(보아스)의 집안과 관련된 사람이다. 그녀는 보아스의 친족인 엘리멜렉의 아내 나오미와 함께 돌아왔다.

(3) 그녀는 개종자이다. 왜냐하면 이스라엘 땅에 정착하기 위해 모압 땅에서 나왔기 때문이다.

(4) 그녀는 정숙한 여자다. 허락을 받기 전까지는 결코 이삭을 주우려고 하지 않았다.

(5) 그녀는 매우 부지런한 여자다. 아침부터 지금까지 계속해서 일했다.

가난하지만 부지런하여 열심히 수고하는 사람은 칭찬을 받는 것이 마땅하다. 한낮의 뜨거움 속에서 그녀는 밭에 세워놓은 집 혹은 오두막에서 잠시 쉬기 위해 머물렀다가(어떤 이들은 아마도 그녀가 잠시 기도하기 위해 그렇게 했을 것이라고 추측하기도 한다), 금방 일하기 위해 돌아왔다. 따라서 그녀는 늘 하던 일이 아니었음에도 불구하고 잠깐 동안의 휴식을 제외하고는 하루 종일 계속해서 일을 한 것이었다. 종들은 주인에게 보고할 때 정확하게 해야 하며, 어떤 사람에 대해 잘못 말하지 않도록 주의해야 한다. 그렇게 하지 않을 때 자칫 주인의 호의를 아무 이유 없이 가로막게 될 수 있기 때문이다.

2. 이렇게 하여 보아스는 룻에게 여러 가지로 큰 호의를 베풀게 되었다.

(1) 그는 룻에게 자신의 밭에서 베는 자들을 따라 이삭을 주우라고 말하면서 이삭을 줍기 위해 다른 밭으로 가지 말 것을 당부한다(8절). 나의 소녀들과 함께 있으라. 룻에게 있어 자신과 동성(同性)의 친구들과 함께 있는 것이 가장 안전하고 좋을 것이었다.

(2) 그는 모든 종들로 하여금 룻에게 부드럽고 공손하게 대하도록 명령한다. 의심의 여지 없이 그들은 그녀에 대해 주인의 명령에 따라 그와 같이 대했을 것이다. 룻은 이방인이었으므로, 아마도 그녀의 언어와 옷차림새와 태도는 그들과 많이 달랐을 것이다. 그러나 보아스는 그들에게 그녀를 흉보거나 모욕하지 못하도록 명령했다.

(3) 그는 자신의 종들을 위해 준비한 것을 룻으로 하여금 마음껏 먹고 마시도록 허락한다. 보아스는 그녀에게 종들을 위해 길어 놓은 물을 마시도록 허락

했을 뿐만 아니라(어쩌면 이것은 다윗이 그토록 마시고 싶어했던 베들레헴 성문 옆에 있는 그 유명한 우물에서 길어 온 물인지도 모른다, 삼하 23:15), 또한 식사할 때에 와서 떡을 먹으라고 부르기도 했다(14절). 또한 그녀는 음식을 더 맛있게 먹도록 배려되기까지 했다: 이리로 와서 네 떡 조각을 초에 찍으라. 하나님은 양식을 주심에 있어 영양뿐만 아니라 맛까지도 허락하신다. 그러므로 음식은 영양을 공급받기 위한 것일 뿐만 아니라 즐거움을 위한 것이기도 하다. 베는 자들이 식사하기 위해 앉았을 때, 보아스는 룻을 격려하기 위해 볶은 곡식을 그녀에게 주어 먹도록 했다. 궁핍한 자에게 손을 내미는 것은 결코 상대방을 불명예스럽게 하는 것이 아니다(잠 31:20). 보아스는 베는 자들에게 양식을 주는 일에 조금도 인색하지 않았다. 도리어 그들뿐만 아니라 한 사람의 이방 여인까지도 넉넉하게 먹고 남을 만큼 넘치도록 공급했다. 흩어 구제하여도 더욱 부하게 되는 일이 있나니 과도히 아껴도 가난하게 될 뿐이니라(잠 11:24).

(4) 그는 시어머니를 성심껏 공경한 것으로 인해 룻을 칭찬한다(11절): 네가 시어머니에게 행한 모든 것이 내게 분명히 알려졌느니라. 옳은 일을 행한 자는 결국 칭찬을 받는 법이다. 그러나 보아스가 특별히 칭찬한 것은 그녀가 자기 나라를 떠나 유대 종교로 개종했다는 점이었다. 갈대아 역본도 이와 같은 의미로 다음과 같이 기록한다: 네가 개종하여 알지 못하던 백성들 가운데 살기 위해 왔도다. 참된 종교와 신앙을 얻기 위해 모든 것을 버린 자는 갑절의 영예를 받을 자격이 있다.

(5) 그는 룻을 위해 기도한다(12절): 여호와께서 네가 행한 일에 보답하시기를 원하며. 혈통으로 이방인임에도 불구하고 이스라엘에 대한 그녀의 강렬한 애정은 하나님의 은혜로 말미암은 것으로서 하나님으로부터 상급과 면류관을 받을 만한 것이었다. 이스라엘의 하나님 여호와께서 그의 날개 아래에 보호를 받으러 온 네게 온전한 상 주시기를 원하노라. 믿음으로 하나님의 은혜의 날개 아래 들어와 그 은혜 안에 거하는 자들은 풍성한 상을 받게 될 것이다. 이러한 표현으로부터 유대인들은 개종자를 신적 위엄의 날개 아래 모인 자라고 묘사한다.

(6) 그는 룻으로 하여금 계속해서 이삭을 줍도록 격려한다. 우리가 가난한 친족에게 베풀 수 있는 가장 큰 친절은 그들이 부지런히 일할 수 있도록 돕고 격려하는 것이다. 보아스는 종들에게 그녀로 하여금 곡식단 사이에서 이삭을 줍도록 하고 다른 사람들은 그 곳에 오지 못하도록 할 것을 명령한다. 그리고

그녀가 예상한 것보다 많이 주웠다고 하여 그녀를 책망하거나 혹은 곡식을 도둑질한 것으로 의심하지 말도록 하였다(15절). 그가 베푼 이 모든 호의들을 통해 우리는 보아스가 관대한 정신을 가진 사람이며, 율법에 따라 이방인의 마음을 헤아릴 줄 알았던 사람이라는 것을 알 수 있다.

3. 룻은 큰 겸손과 감사로 보아스의 호의를 받아들인다. 그녀는 마치 자기가 갑자기 이 밭의 여주인이나 된 것처럼 생각하며 거들먹거리지 않고 매우 예의 바르게 행동한다.

(1) 그녀는 이 곳의 풍습을 따라 보아스에게 최대한의 경의와 존귀를 표한다(10절): 룻이 엎드려 얼굴을 땅에 대고 절하며. 선한 예의범절은 신앙과 종교를 더욱 빛나게 한다. 그리고 우리는 존경을 받을 만한 자에게 마땅히 존경을 표해야 한다.

(2) 그녀는 자신이 그의 호의를 받을 자격이 없음을 인정한다: "나는 이방 여인이요(10절), 당신의 하녀 중의 하나와도 같지 못하오며(13절), 제대로 옷 입지도 못하고, 제대로 배우지도 못했으며, 손재주가 좋지도 못하나이다." 우리는 자신에 대해 낮고 겸손하게 생각해야 한다. 다른 사람을 나보다 낫게 여기면서, 우리 안에 어떤 허물과 연약한 것이 있지 않은가 늘 살펴야 한다.

(3) 그녀는 자신에게 베풀어준 보아스의 호의에 대해 감사를 표한다. 비록 그것이 그에게 큰 부담이 아니었고 또 하나님의 율법의 요구에 의해 그렇게 한 것이었다 할지라도, 룻은 그의 호의에 대해 감복하며 감사한다: 당신이 어찌하여 내게 은혜를 베푸시며 나를 돌보시나이까(10절).

(4) 그녀는 보아스에게 계속해서 호의를 베풀어 줄 것을 간청한다: 내가 당신께 은혜 입기를 원하나이다(13절). 또한 그녀는 그의 말로 인해 자신이 큰 힘을 얻었음을 고백한다: 당신이 이 하녀를 위로하시고 마음을 기쁘게 하는 말씀을 하셨나이다. 높은 위치에 있는 자들은 아랫사람들에게 친절을 베풀거나 따뜻하게 말해줄 때 그것이 그들에게 얼마나 큰 힘과 위로가 되는지 잘 모른다. 자비를 베풀어야 할 때 비록 그것이 사소한 것이라 할지라도 우리는 그렇게 하는 일에 결코 인색해서는 안 된다.

(5) 보아스가 룻으로 하여금 베는 자들과 함께 식탁에 앉게 했을 때, 그녀는 먹을 만큼 먹고는 남은 음식은 그대로 둔 채 바로 이삭을 줍기 위해 일어났다(14, 15절). 그녀는 배고픔을 핑계로 지나치게 많이 먹음으로써 오후에 일하기

힘든 상태로 자신을 만들지 않았다. 절제는 부지런함의 친구이다. 우리는 힘내어 일할 수 있을 만큼 먹고 마셔야지, 지나치게 많이 먹음으로써 제대로 일할 수 없는 상태가 되어서는 안 된다.

17룻이 밭에서 저녁까지 줍고 그 주운 것을 떠니 보리가 한 에바쯤 되는지라 18그것
을 가지고 성읍에 들어가서 시어머니에게 그 주운 것을 보이고 그가 배불리 먹고
남긴 것을 내어 시어머니에게 드리매 19시어머니가 그에게 이르되 오늘 어디서 주
웠느냐 어디서 일을 하였느냐 너를 돌본 자에게 복이 있기를 원하노라 하니 룻이
누구에게서 일했는지를 시어머니에게 알게 하여 이르되 오늘 일하게 한 사람의 이
름은 보아스니이다 하는지라 20나오미가 자기 며느리에게 이르되 그가 여호와로부
터 복 받기를 원하노라 그가 살아 있는 자와 죽은 자에게 은혜 베풀기를 그치지 아
니하도다 하고 나오미가 또 그에게 이르되 그 사람은 우리와 가까우니 우리 기업
을 무를 자 중의 하나이니라 하니라 21모압 여인 룻이 이르되 그가 내게 또 이르기
를 내 추수를 다 마치기까지 너는 내 소년들에게 가까이 있으라 하더이다 하니 22나
오미가 며느리 룻에게 이르되 내 딸아 너는 그의 소녀들과 함께 나가고 다른 밭에
서 사람을 만나지 아니하는 것이 좋으니라 하는지라 23이에 룻이 보아스의 소녀들
에게 가까이 있어서 보리 추수와 밀 추수를 마치기까지 이삭을 주우며 그의 시어
머니와 함께 거주하니라

I. 룻은 하루의 일을 끝마친다(17절).

1. 룻은 시간을 허비하지 않으려고 애쓰면서 저녁까지 이삭을 주웠다. 우리는 선한 일을 하는 것을 게을리해서는 안 된다. 왜냐하면 적당한 때에 거둘 것이기 때문이다. 룻은 저녁이 될 때까지 그냥 앉아 있거나 혹은 집으로 돌아갈 핑계를 만들지 않았다. 아직 낮일 동안 우리를 보내신 자의 일을 하자. 룻은 보아스의 친절을 헛되게 하지 않았다. 비록 보아스가 종들에게 룻을 위해 한 줌씩 떨어뜨리도록 명령했다 할지라도, 그녀는 여기저기 흩어져 있는 이삭들을 계속해서 주웠다.

2. 룻은 모은 이삭들을 잃어버리지 않도록 주의하면서, 좀 더 쉽게 집으로 가져가서 양식으로 쓰기 위해 스스로 타작했다. 게으른 자는 그 잡을 것도 사냥하지 아니하나니 사람의 부귀는 부지런한 것이니라(잠 12:27). 룻은 고작해야 이삭들을

한 알씩 한 알씩 주웠을 뿐이지만 그것을 모두 모았을 때에는 보리 한 에바 즉 네 되 정도 되었다. 티끌 모아 태산이 되는 법이다. 모든 수고와 노동 — 심지어 이삭을 줍는 일까지도 — 에는 이익이 있다는 사실은 부지런한 자에게 큰 격려가 되지만, 그러나 입술의 말은 궁핍을 이룰 뿐이다(잠 14:23). 스스로 가져갈 수 있을 만큼 곡식을 모았을 때, 그녀는 자신의 힘으로 그것을 들고 성읍으로 가져갔다 — 보아스의 종들에게 부탁하면 틀림없이 그들의 도움을 받을 수 있었음에도 불구하고. 우리는 우리에게 친절을 베푸는 자들에게 가능한 폐를 적게 끼치도록 노력해야 한다. 룻은 자기 힘으로 곡식을 성읍까지 운반하는 일을 너무 힘든 일이라거나 혹은 창피한 일이라고 생각하지 않고, 도리어 자신의 노력으로 얻은 것으로 인해 크게 기뻐하며 잘 간수했다. 우리도 이와 같이 우리가 일한 것을 잃어버리지 않도록 주의하자(요이 1:8).

Ⅱ. 룻은 시어머니로 인해 곧바로 집으로 돌아온다. 그녀는 보아스의 종들과 잡담하기 위해 시간을 허비하지 않고, 곧바로 집으로 돌아와 시어머니에게 주운 것을 보였고, 이로써 나오미는 며느리가 게으름을 부리지 않고 열심히 일했음을 알 수 있었다.

1. 룻은 보아스가 준 좋은 음식 가운데 남은 것을 시어머니에게 드렸다(18절). 배불리 먹고 남긴 것이라 함은 14절에 언급된 것을 말하는 것이다. 만일 룻에게 더 좋은 것이 있었다면 그것도 틀림없이 시어머니와 함께 나누었을 것이다. 이와 같이 룻은 밖에서는 부지런했고 집에서는 효성이 지극했다. 자녀는 마땅히 부모를 봉양해야 한다(딤전 5:4, 만일 어떤 과부에게 자녀나 손자들이 있거든 그들로 먼저 자기 집에서 효를 행하여 부모에게 보답하기를 배우게 하라 이것이 하나님 앞에 받으실 만한 것이니라). 바로 이것이 다섯째 계명이 가르치는 부모공경의 한 부분이다(마 15:6).

2. 룻은 하루 동안 일어난 일들을 시어머니에게 이야기하면서, 하나님이 섭리 가운데 자신을 편안하게 인도하셨음을 증거한다. 한 사람의 의인이 이삭줍기로 주운 것이 많은 악인들이 추수한 것보다 나은 법이다(시 37:16, 의인의 적은 소유가 악인의 풍부함보다 낫도다).

(1) 나오미는 룻이 오늘 어디에서 일했는지 묻는다: 오늘 어디서 주웠느냐? 부모는 자녀들이 누구와 어디에서 어떻게 시간을 보냈는지 묻는 일을 게을리해서는 안 된다. 이렇게 함으로써, 만일 그대로 내버려 두었다면 빠졌을지 모를

많은 방종으로부터 자녀들을 지킬 수 있게 된다. 우리가 혹 형제를 지키는 자는 아닐는지 모르나, 그러나 우리가 자녀를 지키는 자임은 너무나 분명한 사실이다. 다윗은 자신의 아들 아도니야에게 한 번도 책망을 하지 않았는데, 이것은 결코 칭찬할 만한 일이 아니었다. 부모는 자녀를 잘 살피되, 너무 무섭게 하거나 노엽게 함으로써 그들로 하여금 집을 싫어하고 거짓말을 하도록 만들어서는 안 된다. 대신에 잘했을 때는 칭찬하고, 잘하지 못했을 때에는 부드럽게 책망하면서 주의를 줘야 한다. 우리가 하루를 마무리하면서 다음과 같이 스스로에게 질문하는 것은 참으로 유익한 일이다: "오늘 내가 어디에서 이삭을 주웠는가? 오늘 나의 지식과 장점을 얼마나 증진시켰는가? 오늘 행하고 얻은 것은 어떤 좋은 결과를 가져올 것인가?"

(2) 룻은 보아스로부터 받은 호의와(19절) 그가 자신에게 추수하는 동안 자기 종들과 함께 있으라고 말한 것을(21절) 시어머니에게 자세히 이야기한다. 자녀는 여러 가지 일어난 일들에 대해 부모나 위에 있는 자들에게 보고할 의무가 있으며, 그와 같이 보살핌과 감독을 받는 것을 창피스러운 일로 여겨서는 안 된다. 자녀로 하여금 선한 일을 하게 하도록 하라. 그러면 그들은 그 일로 인해 칭찬을 받게 될 것이다. 룻은 시어머니에게 보아스가 베풀어 준 친절에 대해서는 말했지만, 그러나 보아스가 자신을 칭찬한 것에 대해서는 말하지 않았다(11절). 겸손한 사람은 스스로 자신을 칭찬하지 않을 뿐만 아니라 다른 사람의 입을 통해서도 그렇게 하지 않는다.

(3) 이어서 우리는 그에 대해 나오미가 말한 것을 듣게 된다.

[1] 나오미는 며느리에게 호의를 베푼 자를 위해 — 그가 누구인지 아직 알지 못했을 때 — 진심으로 기도한다(19절). 그녀는, 너를 돌본 자에게(그가 누구든지 간에) 복이 있기를 원하노라 하면서 즉시로 기도의 화살을 쏘았다. 그러나 그가 누구인지 들었을 때 나오미는 좀 더 구체적으로 기도했다(20절): 그가 여호와로부터 복 받기를 원하노라. 가난한 사람들은 자신들에게 친절과 호의를 베풀어 준 자들에게 다른 방법으로 보답할 수 없을 때 이와 같이 기도함으로써 보답해야 한다. 가난한 자들로 하여금 자신을 따뜻하게 돌봐준 사람들을 축복하게 하라(욥 29:31; 31:20). 가난한 자들이 압제자들로 인해 부르짖는 소리를 들으시는 분은(출 22:27) 그들이 호의를 베푼 자들을 위해 기도하는 소리 또한 들으실 것이다. 그녀는 보아스가 자신의 남편과 두 아들에게 베풀어 주었던 예전

의 호의들을 기억하면서, 그것을 지금의 호의와 연결시킨다: **그가 살아 있는 자와 죽은 자에게 은혜 베풀기를 그치지 아니하도다.** 만일 예전에 베풀어 주었던 호의들을 잊어버린 것처럼 보이는 자들에게까지도 우리가 관대한 마음으로 계속해서 호의를 베푼다면, 그로 인해 이미 망각 속에 묻힌 것들까지도 새롭게 생각나게 될 것이다.

[2] 나오미는 보아스와 자기 가족 간의 관계를 며느리에게 알려준다: **그 사람은 우리와 가까운 친족이니라.** 나오미는 오랫동안 모압 땅에 있었으므로 이스라엘 땅에 가까운 친족이 있다는 사실을 잊고 있었던 것으로 보인다. 최근까지도 나오미는 며느리에게 그 사실을 말해주지 않았었다(그것이 젊은 개종자에게 어느 정도 격려가 될 수 있었음에도 불구하고). 나오미의 이러한 겸손한 모습과는 달리, 자신은 완전히 몰락했음에도 불구하고 계속해서 높은 위치에 있는 친척들을 자랑하며 떠벌리고 다니는 사람들도 많이 있다. 여기에서 생각의 사슬이 이어지고 있는 것을 주목하라. 그리고 그 안에서 룻과 관련하여 계획된 것이 이루어져 가고 있는 섭리의 사슬을 주목하라. 룻은 자신에게 호의를 베풀어 준 사람이 보아스라고 말했다. 그러자 나오미는 즉시로 그가 누구인지 생각해냈다: "**그 사람은 우리와 가까운 친족이니라.** 지금 그의 이름을 들으니 분명하게 생각나는구나." 이러한 생각은 또 다른 생각을 만들어냈다. "그는 우리의 기업을 무를 자(고엘, goel) 중 하나로서 저당 잡힌 우리의 땅을 무를 권리를 가지고 있느니라. 그러므로 우리는 계속해서 그의 호의를 기대할 수 있으리라. 그는 모든 베들레헴 사람들 가운데 우리 가정을 다시 세울 수 있는 가장 가능성 높은 사람이니라." 이와 같이 하나님은 때로 갑작스럽게 우리 마음에 어떤 생각이 떠오르게 하시기도 한다.

[3] 나오미는 며느리에게 계속해서 보아스의 밭에서 일하는 것이 좋겠다고 권면한다(22절): "**내 딸아 너는 다른 밭에서 사람을 만나지 아니하는 것이 좋으니라.** 왜냐하면 그렇게 함으로써 자칫 그의 호의를 무시하는 것으로 오해 받을 수 있기 때문이니라." 우리의 복된 구주께서는 우리의 잃어버린 기업을 무를 권리를 가지신 우리의 고엘(goel)이 되신다. 우리가 그의 은혜를 받고자 한다면, 우리는 그와 그의 밭과 그의 집에 더 가까이 있어야 한다. 오직 그와 함께 하기를 힘쓸 것이요, 그를 멀리하면서 세상과 세상의 밭으로 나가지 말자. 주께서 우리에게 넘치는 은혜와 호의를 베풀어 주시지 않았는가? 다른 밭으로 가지 말고,

세상에서 행복과 만족을 찾지 말자. 만일 어떤 사람이 책을 사기 위해 자신의 서점에 왔다가 다른 서점으로 가버린다면, 서점 주인은 그것을 매우 못마땅하게 여길 것이다. 만일 우리가 하나님의 호의를 가볍게 여긴다면, 우리는 그것을 잃어버리게 될 것이다. 룻은 보아스가 자신에게 추수가 끝날 때까지 그의 소년들과 함께 있으라고 말한 것을 시어머니에게 말했었다(21절). 이에 대해 어떤 이들은 나오미가 며느리에게 무언의 책망을 하고 있다고 생각한다. "아니니라. 내 딸아 너는 그의 소녀들과 함께 나가는 것이 좋으니라. 소년들과 함께 하는 것보다 소녀들과 함께 하는 것이 합당하니라." 룻이 소년들에 대해 말한 것은 그들이 주된 일꾼들이었고 따라서 보아스가 자신과 관련한 지시를 그들에게 내렸기 때문이었다. 반면 나오미는 며느리가 소년들과 함께 있는 것보다 소녀들과 함께 일하는 것을 당연하게 생각했다. 이에 룻은 공손하게 시어머니의 지시를 따랐다. 그녀는 보리를 추수할 때뿐만 아니라 곧이어 밀을 추수할 때에도 계속해서 이삭을 주웠고, 그럼으로써 겨울을 위한 양식을 준비할 수 있었다(잠 6:6-8). 그녀는 또한 보아스의 소녀들과 가까이 있으면서 그들과 친교를 나누게 되었다(23절). 또 그녀는 현숙한 여자로서 적당한 시간에 집에 돌아왔다. 그녀는 낮에 일하는 것에 마음을 두었을 뿐 밤을 즐기는 것에는 마음을 두지 않았다. 그리고 추수가 끝나면 (패트릭 주교가 이야기한 것처럼) 룻은 밖에서 어슬렁거리며 돌아다니지 않고 늙은 시어머니와 함께 집에 있었다. 야곱의 딸 디나는 세겜 땅의 여자들을 보기 위해 나갔다가 수치스러운 일을 당하고 말았다. 룻은 항상 집에 있으면서 시어머니를 부양하며 보살폈다. 그리고 양식을 마련하는 일 외에 다른 일로는 밖에 나가지 않았다. 이제 우리는 이러한 겸손함과 부지런함으로 인해 그녀가 얼마나 존귀한 위치에 서게 되었는지를 보게 될 것이다. 네가 자기 일에 부지런한 자를 보느냐? 그 앞에 존귀가 있느니라.

제 3 장

개요

우리는 앞 장에서 룻의 아름다운 행실을 보면서 아낌없이 박수갈채를 보냈다. 그러나 본 장에서 우리가 그녀의 행동이 추잡한 것이 아님을 입증하기 위해서는 상당한 고심을 기울이지 않을 수 없게 된다. 본 장에 기록된 행동은 오늘날에는 악한 일이요 이와 같이 행동하는 것이 결코 정당화될 수 없지만, 그러나 그 시대에는 선(善)이었으며 결코 악한 행동이 아니었다. 본 장의 내용은 다음과 같다. I. 나오미가 며느리로 하여금 보아스에게 남편의 도리를 요구할 것을 지시함(1-5절). II. 룻이 이러한 지시를 그대로 따름(6-7절). III. 보아스가 룻을 친절하고 명예롭게 대우함(8-15절). IV. 룻이 시어머니에게 돌아옴(16-18절).

1룻의 시어머니 나오미가 그에게 이르되 내 딸아 내가 너를 위하여 안식할 곳을 구
하여 너를 복되게 하여야 하지 않겠느냐 2네가 함께 하던 하녀들을 둔 보아스는 우
리의 친족이 아니냐 보라 그가 오늘 밤에 타작 마당에서 보리를 까불리라 3그런즉
너는 목욕하고 기름을 바르고 의복을 입고 타작 마당에 내려가서 그 사람이 먹고
마시기를 다 하기까지는 그에게 보이지 말고 4그가 누울 때에 너는 그가 눕는 곳을
알았다가 들어가서 그의 발치 이불을 들고 거기 누우라 그가 네 할 일을 네게 알게
하리라 하니 5룻이 시어머니에게 이르되 어머니의 말씀대로 내가 다 행하리이다 하
니라

I. 며느리를 위로하기 위한 나오미의 배려는 분명 칭찬할 만한 것으로서, 후세를 위한 본보기로서 여기에 기록되었다. 나오미 자신은 결혼할 생각을 조금도 갖고 있지 않았다(1:12). 그러나 늙은 자신은 계속해서 과부로 남아 있을지라도, 젊은 며느리까지 그렇게 구속할 생각은 추호도 없었다. 도리어 나오미는 어떻게 며느리를 잘 결혼시킬 수 있을지 하는 생각으로 가득 차 있었다. 그

리하여 나오미는 며느리를 결혼시키기 위한 계획을 세웠는데, 그것은 정숙한 며느리로서는 결코 스스로 생각할 수 없는 계획이었다(1절). 나오미가 이 일을 계획한 것은,

1. 죽은 자들의 후손을 잇고 그럼으로써 대가 끊어지지 않도록 하기 위함이었다.

2. 자신을 성심껏 보살피며 공경하는 며느리에게 고마운 마음을 나타냄과 함께 호의를 베풀기 위한 것이었다. "**내 딸아**(그녀는 며느리를 친딸처럼 부른다) **내가 너를 위하여 안식할 곳을 구하여**(다시 말해서, 좋은 남편과 결혼하여 정착하도록 함으로써) **너를 복되게 하여야 하지 않겠느냐**(다시 말해서, 풍성하고 행복하게 살도록, 그리고 평생을 지금처럼 비천하고 우울하게 살지 않도록 하여야 하지 않겠느냐)." 다음을 주목하라.

(1) 젊은이에게 있어 결혼하는 것은 안식 가운데 들어가는 것이며 또 마땅히 그래야 한다. 결혼으로 인해 젊은이의 방황은 끝나고 마음이 안정된다. 그것은 남편의 집에서 그리고 그의 가슴에서 안식하는 것이다(9절). 결혼을 통해서도 안정을 얻지 못하는 자는 정말로 허랑방탕한 자이다.

(2) 결혼하려고 하는 자들은 결혼이 복된 것임을 알아야 하며, 또 자신의 결혼이 그와 같이 복된 것이 되도록 열망하며 노력해야 한다. 그렇게 하지 않으면 안식과 복이 되기는커녕 가장 큰 고통이 된다. 자녀를 결혼시키려고 하는 부모들은 이것이 그들을 복되게 하는 것이라는 사실을 분명히 알고 있어야 한다. 그리고 우리 영혼에 최선인 것이 우리에게 최선이라는 사실을 항상 기억하자.

(3) 부모는 자녀를 위해 이러한 안식을 찾아주고 이를 위해 필요한 일들을 적당한 때에 행할 의무를 가지고 있다. 그리고 더욱 책임감 있고 공경할 만한 부모일수록 그와 같은 일을 잘 수행하며 기쁘게 감당한다.

Ⅱ. 나오미가 며느리를 보아스에게 보낸 과정은 너무도 특이하고 괴이했다. 만일 여기에 부적절한 어떤 것이 있다면, 그 잘못은 며느리로 하여금 그렇게 하도록 지시하고, 또 이스라엘의 율법과 풍습에 대해 며느리보다 더 잘 알고 있었던 시어머니 나오미에게 돌려져야 한다.

1. 보아스가 엘리멜렉 가정의 가까운 친족으로서 그리고 (나오미가 알고 있는 대로) 지금 살아있는 사람들 가운데 가장 가까운 친족으로서 율법에 따라 엘리멜렉의 맏아들로 후손이 없이 죽은 말론의 아내와 결혼할 의무가 있었던

것은 사실이었다(2절): "보아스는 우리의 친족으로서 우리의 일을 보살필 의무를 가진 사람이 아니냐?" 이것은 우리로 하여금 믿음으로 우리 자신을 우리의 가까운 친족이 되시는 그리스도의 발 앞에 놓도록 격려해 준다. 그분은 우리의 본성(nature)을 취하사 우리의 뼈 중의 뼈요 살 중의 살이 되셨다.

2. 지금은 보아스에게 이 사실을 일깨워 줄 적절한 때였다. 이제 보아스는 룻에 대해 잘 알게 되었다. 왜냐하면 추수하는 기간 내내 룻이 보아스의 종들과 함께 있으면서 이삭을 주웠기 때문이었다. 보아스는 사소한 일들로도 룻에게 친절을 베풀었는데, 이를 통해 나오미는 그가 이 큰 일에 있어 친절하지 않게 행하거나 더욱이 부당하게 행하지는 않을 것이라고 소망할 수 있었다. 또한 나오미는 보아스가 타작마당에서 보리를 까불리고 나서 추수의 즐거움 가운데 일꾼들에게 주인으로서 호의를 베풀 때가 그에게 접근할 좋은 기회라고 생각했다(2절): 그가 오늘 밤에 타작 마당에서 보리를 까불리라. 그는 오늘 밤 잔치를 벌일 것이다. 나발과 압살롬이 양털을 깎을 때 잔치를 벌였던 것처럼, 보아스는 곡식을 까불릴 때 그렇게 했던 것이다.

3. 나오미는 룻이 그 일을 하기에 가장 적합한 사람이라고 생각했다. 아마도 이스라엘에서 이러한 경우 여자가 요구하는 것이 통상적인 풍습이었던 것 같은데, 우리는 율법에서 이에 대한 암시를 발견할 수 있다(신 25:7-9). 그리하여 나오미는 며느리에게 몸을 깨끗하고 단정하게 하라고 지시했다(3절). "너는 목욕하고 기름을 바르고 (그러나 이세벨과 같이 화장하지는 말고) 네 의복을 입고 (그러나 창기의 옷차림을 하지는 말고) 타작마당으로 내려가라." 그 곳에서 아마도 그녀는 저녁만찬에 초대되었을 것이다. 그러나 무리가 집으로 돌아가고 보아스가 홀로 쉴 때까지 그녀는 자신의 계획을 알게 해서는 안 되었다(룻 자신은 이미 보아스의 일꾼들 사이에서 잘 알려져 있었다). 어쨌든 그가 집에 있을 때보다는 이와 같이 홀로 타작마당에 있을 때 룻은 그에게 좀 더 쉽게 그리고 은밀하게 접근할 수 있었다. 여기까지는 특별한 문제가 없다고 볼 수 있다.

4. 그러나 그가 잠자기 위해 누웠을 때 그의 발치 이불을 들고 눕는 것은 악의 모양을 가지고 있으며 악을 향해 나아가는 것이며 악한 행동일 수 있는 것으로서, 우리는 이것을 어떻게 정당화할 수 있을지 잘 알지 못한다. 많은 주석가들은 이것을 결코 정당화될 수 없는 것으로 생각한다 — 특별히 탁월한 주석가 풀(Poole)이 그러하다. 우리는 선한 일을 도모하기 위해 악을 행해서는 안

된다. 불씨와 불쏘시개를 함께 가져가는 것은 위험하다. 작은 불씨가 얼마나 큰 불을 일으키는가! 모든 주석가들은 이 일이 하나의 전례(前例)가 되어서는 안 된다는데 다 함께 동의한다. 당시의 시대와 오늘날의 시대가 같지 않으며, 또 당시의 율법과 오늘날의 규범이 같지 않기 때문이다. 그러나 나는 이것을 가능한 한 좋은 방향으로 보고자 한다. 만일 보아스가 가장 가까운 친족이라면(나오미와 룻이 추측하고 있는 것처럼) 룻은 하나님 앞에서 그의 아내였으며(말하자면), 그들의 결혼을 이루기 위해서는 가장 최소한의 의식만이 필요할 뿐이었다. 나오미가 룻으로 하여금 보아스에게 접근하도록 한 것은 그녀로 하여금 그의 아내가 되게 하는 것 외에 다른 아무 의도도 없었다. 나오미는 보아스가 나이가 많은 사람일 뿐만 아니라(며느리를 그와 같이 보내는데 있어 나오미가 이것만 믿지는 않았을 것이다) 진지하고 침착하며 덕이 있고 신앙적이며 하나님을 경외하는 사람이라는 것을 알고 있었다. 또한 나오미는 룻이 정숙하며 순전하며 가정을 지키는 자임을 알고 있었다(딛 2:5). 이스라엘 백성들이 실제로 모압의 딸들과 행음한 적이 있었지만(민 25:1), 그러나 룻은 그러한 여자들과는 달랐다. 나오미 자신도 순전하고 명예로운 것 외에는 어떤 것도 계획하지 않았으며, 보아스나 룻이 그와 같이 순전하고 명예로운 행동 외에 어떤 행동도 하지 않을 것을 조금도 의심치 않았다. 만일 나오미가 룻에게 지시한 것이 당시에도 정숙치 못하고 추악한 것이었다면, 우리는 나오미를 결코 덕 있는 여자로 생각할 수 없을 것이며 또한 자신의 며느리를 그와 같이 위험한 자리에 세울 정도로 어리석은 여자로밖에는 생각할 수 없을 것이다. 왜냐하면 이와 같은 일은 자칫 결혼을 망쳐 버릴 수 있으며, 또한 보아스와 같이 진지하고 선한 사람으로 하여금 자신의 며느리를 외면하도록 만들 수 있기 때문이다. 그러므로 우리는 이 일이 지금과는 달리 그 당시에는 그렇게 악한 일로 보이지 않았을 것이라고 생각해야 한다. 나오미는 며느리에게 보아스가 어떤 지시를 해줄 것이라고 말한다. 다시 말해서 룻이 보아스에게 율법에 따른 자신의 요구를 제기할 때, 율법을 잘 아는 보아스는 그녀가 해야만 하는 일을 말해 줄 것이었다. 이와 같이 우리는 우리가 무엇을 해야 할 것인지에 대한 지시를 받기 위해 우리 구속자의 발 앞에 엎드려야 한다. 주여 내가 무엇을 하기를 원하시나이까?(행 9:6) 우리는 룻이 시어머니가 자신에게 지시한 것 가운데 어떤 악한 것이 있음을 인식하지 못했다고 확신할 수 있다. 그랬기 때문에 그녀는 다음과 같이 약속할 수 있었다(5절): 어머니의 말씀대로 내가 다 행하리이다. 이와 같이 젊은이들은 노인에게 순복하며 그들의 진지하고 사려 깊은 충고에 귀를 기울여야 한다.

[6]그가 타작 마당으로 내려가서 시어머니의 명령대로 다 하니라 [7]보아스가 먹고 마
시고 마음이 즐거워 가서 곡식 단 더미의 끝에 눕는지라 룻이 가만히 가서 그의 발
치 이불을 들고 거기 누웠더라 [8]밤중에 그가 놀라 몸을 돌이켜 본즉 한 여인이 자기
발치에 누워 있는지라 [9]이르되 네가 누구냐 하니 대답하되 나는 당신의 여종 룻이
오니 당신의 옷자락을 펴 당신의 여종을 덮으소서 이는 당신이 기업을 무를 자가
됨이니이다 하니 [10]그가 이르되 내 딸아 여호와께서 네게 복 주시기를 원하노라 네
가 가난하건 부하건 젊은 자를 따르지 아니하였으니 네가 베푼 인애가 처음보다
나중이 더하도다 [11]그리고 이제 내 딸아 두려워하지 말라 내가 네 말대로 네게 다
행하리라 네가 현숙한 여자인 줄을 나의 성읍 백성이 다 아느니라 [12]참으로 나는 기
업을 무를 자이나 기업 무를 자로서 나보다 더 가까운 사람이 있으니 [13]이 밤에 여
기서 머무르라 아침에 그가 기업 무를 자의 책임을 네게 이행하려 하면 좋으니 그
가 그 기업 무를 자의 책임을 행할 것이니라 만일 그가 기업 무를 자의 책임을 네
게 이행하기를 기뻐하지 아니하면 여호와께서 살아 계심을 두고 맹세하노니 내가
기업 무를 자의 책임을 네게 이행하리라 아침까지 누워 있을지니라 하는지라

I. 보아스가 자신의 일을 잘 경영함.

1. 종들이 곡식을 까불릴 때 보아스는 그들 곁에 있으면서 그것을 지켜보았다. 아마도 이것은 그들이 곡식을 훔치는 것을 막기 위함이 아니라(보아스로서는 이것을 염려할 이유가 없었다), 곡식을 까불리는 가운데 부주의함으로 인해 허비되는 것을 막기 위함이었을 것이다. 주인은 부주의한 종들로 인해 큰 손실을 입을 수 있다. 바로 이것이 자기 양 떼의 형편을 부지런히 살펴야 하는 이유이기도 하다.

2. 추수 때처럼 해야 할 일이 많을 때에는 종들을 위해 특별한 연회를 마련하고 그들을 격려하기 위해 함께 먹고 마셨다. 부유하고 높은 사람이 아랫사람들을 관대하고 친밀하게 대하는 것은 참으로 좋은 일이다.

3. 일꾼들과 함께 식사하고 잠시 즐거운 시간을 가진 후 그는 곧바로 잠자러 갔다. 그는 일찌감치 잠이 들었고(8절), 그럼으로써 다음 날 아침 일하기에 적

합한 상태로 일어날 수 있을 것이었다. 선한 남편이요 아버지라면 시간을 잘 지키면서, 자신과 가족들을 아무 때나 웃고 떠들고 하도록 내버려 두지는 않을 것이다. 갈대아 역본은 7절을 다음과 같이 풀어 쓴다. "보아스는 먹고 마시고 마음이 즐거워 (여기까지는 히브리어 원문과 동일함), 자신의 기도를 들으사 이스라엘 땅으로부터 기근을 거두어 주신 여호와의 이름을 송축하니라." 이와 같이 보아스는 과식이나 술 취함에 빠지지 않은 채 즐거운 마음과 맑은 정신으로 잠자러 갔다. 그리고 그는 잠 자기 전에 반드시 기도했다. 지금 그는 즐겁게 먹고 만족한 상태에서 여호와를 송축하면서 그분이 보호하시는 안식 속으로 빠져 들어가고 있었다. 이렇게 한 것은 참으로 잘한 일이 아닐 수 없었다. 왜냐하면 지금 그 앞에는 여느 때와는 다른 유혹이 놓여 있었기 때문이다.

4. 그는 곡식 단 더미의 끝에 누웠다. 그렇게 한 것은 그의 마음이 그 곳에 있었기 때문이 아니었다. 다만 도둑으로부터 안전하게 지키기 위함이었으며 또한 성읍에 있는 집에 가기에는 너무 늦었기 때문이었다. 그는 다음 날 아침 좀 더 쉽게 일할 수 있도록 하기 위해 이 곳에서 밤을 지냈다. 이로 볼 때 우리는 그가 잠자리를 지나치게 가리는 까다로운 사람이 아니었음을 알 수 있다. 그는 편안함만을 추구하기보다는, 소박했던 그의 조상 야곱처럼 때에 따라서는 건초더미 따위를 쌓아 둔 헛간에서도 잘 수 있고 필요할 때는 지푸라기 속에서도 편안하게 잘 수 있는 사람이었다.

Ⅱ. 룻이 침착하게 자신의 일을 진행함. 룻은 시어머니가 지시한 대로 보아스의 발치 끝에(옆이 아니라) 옷을 입은 채 누워, 자신의 용무를 말할 기회를 기다리며 깨어 있었다. 그가 밤중에 깨어 발치에 누군가가 있음을 인식하고 누구냐고 물었을 때, 룻은 자신의 이름을 말하고 나서 이어 자신의 용건, 즉 하나님의 율법에 의해 자신의 보호자로 지정된 그의 보호 아래 들어온 것이라고 이야기했다(9절). "당신이 한 가족의 기업을 멸망으로부터 무를 자가 됨이니이다. 그러므로 이 멸망으로 하여금 당신의 손 아래에 있게 하소서. 그리고 나를 아내로 삼아 당신의 옷자락을 펴 당신의 여종을 덮으소서." 이와 같이 우리는 우리의 가까운 친족으로서 우리를 구속할 수 있는(기업을 무를 수 있는, redeem) 예수 그리스도의 날개 아래 믿음으로 들어와(마 23:37) "당신의 옷자락을 펴 우리를 덮으소서"라고 간구해야 한다.

Ⅲ. 보아스가 룻의 행동을 기꺼이 받아들임. 룻의 행동으로 인해 어떤 면으

로도 나쁜 결과는 발생하지 않았다. 그러므로 나오미가 가까운 친족인 보아스에 대해 가졌던 생각은 결코 잘못되지 않았다. 보아스는 룻의 요구가 정당하며 명예로운 것임을 알고 있었고, 따라서 그녀를 그와 같이 대우하면서, 자신의 누이를 창기처럼 취급하지 않았다(창 34:31).

1. 보아스는, 비록 그렇게 할 수 있는 기회가 있었다 할지라도, 룻의 순결을 더럽히려고 하지 않았다. 갈대아 역본은 이것을 다음과 같이 상세하게 풀어 쓴다. 보아스는 정욕을 억제하고 그녀에게 접근하지 않았다. 그는 애굽의 여주인을 가까이 하지 않았던 의인 요셉처럼 행동했으며, 또한 사울이 다윗의 아내인 미갈을 자신에게 주었을 때(삼상 25:44) 그녀를 건드리지 않기 위해 자신과 그녀 사이에 칼을 놓았던 경건한 발디처럼 행동했다. 보아스는 룻을 더 가까운 친족에게로 데려가는 것이 합당하다고 생각했고, 그렇게 함으로써 그는 자신의 명예를 지키면서 동시에 그녀의 명예도 함께 지켜주었다.

2. 보아스는 룻의 행동을 악한 것으로 간주하면서, 염치없는 여자라고 그리고 정상적인 사람이 아내로 삼기에 적합하지 않은 여자라고 비난하지 않았다. 룻은 밭에서 성실하게 일했으며, 모든 면에서 정숙하고 예의바르게 행동했다. 이로 인해 보아스는 그녀의 인격에 최소한의 의심도 갖지 않았다. 도리어 고통 가운데 있는 이러한 과부들을 위해 친족의 의무를 다하여 그와 같은 고통에서 구해 주지 못한 것으로 인해 스스로를 책망하면서, 마치 유다가 자기 며느리에 대해 말한 것처럼 "그녀는 나보다 의롭도다"라고 말할 준비가 되어 있었을 것이다.

(1) 도리어 보아스는 룻을 칭찬했고, 딸이라고 친절하게 불러 주었으며, 현숙한 여자임을 기꺼이 인정해 주었다. 이 일로 그녀는 시어머니와 가족에게 더 큰 사랑을 보여준 것이었다. 그녀가 자신의 나라를 떠나 시어머니와 함께 이스라엘 땅에 와서 시어머니와 함께 살며 부양한 것은 참으로 큰 사랑이었다. 이로 인해 보아스는 룻을 축복했었다(2:12). 그러나 보아스는 지금 그녀가 자신의 헛된 욕심을 좇지 않고 다시 결혼함으로써 남편의 가정을 세우려는 것으로 인해 네가 베푼 인애가 처음보다 나중이 더하도다(10절)라고 말한다. 또 그녀는 가난하건 부하건 젊은 자들의 구애(求愛)를 받아들이지 않고(자신이 좇지 않은 것은 말할 것도 없고) 비록 나이 든 사람일지라도 하나님의 율법의 가르침에 따라 기꺼이 결혼하고자 하였으니, 이는 자신이 결혼한 가정의 명예와 유익을 위한

것이며 그녀의 큰 인애(仁愛)로 말미암은 것이었다. 젊은이들은 스스로를 처신함에 있어 자신의 눈을 기쁘게 하기보다는 하나님과 부모를 기쁘게 하는 것을 목표로 해야 한다.

(2) 보아스는 그녀에게 결혼을 약속했다(11절). "내가 너를 경멸하고 세상의 웃음거리가 되게 할까 두려워하지 말라. 내가 네 말대로 네게 다 행하리라. 그것은 율법이 요구하는 것과 같은 것이니라. 나는 그것을 거절할 이유가 없으니 이는 네가 현숙한(덕 있는) 여자인 줄을 나의 성읍 백성이 다 알기 때문이니라" (11절). 다음을 주목하라.

[1] 훌륭한 덕은 그에 합당한 칭찬을 받아야 하며(빌 4:8), 사람들로 하여금 최선(最善)의 사람으로 평가받도록 이끌어 준다. 룻은 가난한 여자였으며, 그러한 가난은 때때로 그녀의 빛나는 덕을 가렸을 것이다. 그러나 룻의 덕은, 심지어 비천한 상태에서조차도, 사람들의 눈에 띄었고 가려질 수 없었다. 도리어 가난의 불명예조차도 그녀의 덕으로 인해 발붙일 자리가 없었다. 비록 가난할지라도 선한 사람이라면 그는 하나님과 사람으로부터 존귀를 받게 될 것이다. 룻은 참으로 훌륭한 겸손을 가지고 있었는데, 바로 이 겸손이 그녀에게 있어 존귀의 앞잡이가 된 것이었다. 그녀가 자신의 선(善)을 감추면 감출수록 그러한 선은 이웃들에게 더 많이 드러나게 되었다.

[2] 배우자를 선택함에 있어 우리는 특별히 그가 얼마나 덕 있는 사람인가 하는 것을 고려해야만 한다. 배우자를 결정함에 있어 최우선적인 자리에 놓여야 하는 것은 바로 신앙과 종교다. 그럴 때 우리는 최선의 선택을 하게 된다. 지혜가 금보다 나은 법이다. 그리고 지혜는 유산과 함께 아름답다(전 7:11)는 말씀은 지혜가 없이는 유산은 아무 가치도 없음을 의미하는 것이다.

(3) 그는 자신의 약속을 조건부로 하였다. 다른 방법으로 할 수 없었던 것은 자신보다 기업을 무를 권리를 가지고 있는 더 가까운 친족이 있었기 때문이었다(12절). 보아스는 그 사람을 알고 있었지만, 나오미는 그에 대해 알지 못했다고 우리는 합리적으로 추측할 수 있다(나오미는 오랫동안 타국에 있었으므로 남편의 家系를 정확하게 알 수 없었을 것이다). 만일 알았다면 자신의 며느리를 보아스에게 보내 그와 같은 요구를 하게 하도록 지시하지는 않았을 것이다. 그러나 보아스는 룻으로 하여금 그 다른 친족에게 가도록 지시하지 않는다. 그렇게 하는 것은 그녀에게 너무나 무거운 짐을 지우는 것이었을 것이다. 대신에

보아스는 다음과 같이 약속한다.

[1] 자신이 그 다른 친족에게 이 일을 제안하고 그의 마음을 알아보겠다. 과부를 뜻하는 히브리 단어는 말을 못하는 자를 의미한다. 그러므로 보아스는 말 못하는 자를 위하여 입을 열 것이며(잠 31:8), 스스로 어떻게 말해야 할지를 알지 못하는 이 과부를 위해 말할 것이다.

[2] 만일 그 다른 친족이 친족의 책임을 이행하기를 거절한다면, 자신이 그 일을 감당하여 그녀와 결혼하고 기업을 물러 주며 그 가정을 다시 일으켜 세우겠다. 보아스는 엄숙한 맹세로 이 약속을 뒷받침한다. 왜냐하면 그것은 조건부 결혼약정이었기 때문이다(13절): **여호와께서 살아 계심을 두고 맹세하노니.** 이와 같이 이 일을 미결상태로 남겨 놓은 채 보아스는 룻에게 내일 아침까지 머무르라고 말한다. 홀 주교는 이 일을 묵상하면서 다음과 같이 요약한다. "보아스는 바람둥이로서 그녀를 건드리는 대신, 아버지로서 축복하고 친구로서 격려하며 친족으로서 약속하고 보호자로서 상을 베풀면서, 왔을 때보다 더 큰 행복과 희망과 선물을 들려 돌려보냈다. 오, 참으로 훌륭한 절제로다! 그 입술과 마음에 간교한 것이 없는 자의 조상이라 불리기에 합당하도다."

14 룻이 새벽까지 그의 발치에 누웠다가 사람이 서로 알아보기 어려울 때에 일어났으니 보아스가 말하기를 여인이 타작 마당에 들어온 것을 사람이 알지 못하여야 할 것이라 하였음이라
15 보아스가 이르되 네 겉옷을 가져다가 그것을 펴서 잡으라 하매 그것을 펴서 잡으니 보리를 여섯 번 되어 룻에게 지워 주고 성읍으로 들어가니라
16 룻이 시어머니에게 가니 그가 이르되 내 딸아 어떻게 되었느냐 하니 룻이 그 사람이 자기에게 행한 것을 다 알리고
17 이르되 그가 내게 이 보리를 여섯 번 되어 주며 이르기를 빈 손으로 네 시어머니에게 가지 말라 하더이다 하니라
18 이에 시어머니가 이르되 내 딸아 이 사건이 어떻게 될지 알기까지 앉아 있으라 그 사람이 오늘 이 일을 성취하기 전에는 쉬지 아니하리라 하니라

본 단락의 내용은 다음과 같다.

I. 보아스가 룻을 집으로 돌려보냄. 룻이 한밤중에 집으로 돌아가는 것은 매우 위험한 일이었을 것이다. 따라서 룻은 새벽까지 그의 발치에 (그의 옆이 아니라) 누워 있었다. 그러나 동이 터오자 룻은 사람들이 서로 알아보기 어려울 때에

일어났다. 그럼으로써 설령 사람들의 눈에 띈다 할지라도 그것이 그녀임을 아무도 알 수 없을 것이었다. 그녀는 가난하다는 사실과 밭에서 이삭 줍는 것을 부끄럽게 여기지 않았다. 그러나 '밤에 배회하는 여자' (night-walker)로 여겨지는 것은 결코 원치 않았다. 왜냐하면 현숙함이야말로 그녀의 가장 큰 영예였고, 그녀 자신도 가장 가치 있게 생각하는 것이었기 때문이다.

1. 보아스는 이 일이 알려지지 않도록 하면서 룻을 집으로 돌려보낸다(14절). **여인이 타작마당에 들어와 자신과 함께 밤새 있었던 것을 사람이 알지 못하여야 할 것이라.** 그들이 피차 양심에 거리낌이 없는 동안에는 사람들이 말하는 것에 지나치게 신경 쓸 필요가 없을 것이다. 그러나 그들처럼 그렇게 불에 가까이 있으면서도 데지 않는 사람은 거의 없기 때문에 만일 이 일이 알려지면 많은 사람들이 의심의 눈초리를 던지며 비난할 것이었다. 그럼으로써 선한 사람들이 고통을 당하고 악한 자들이 의기양양해 할 것이므로, **사람들이 알지 못하도록** 해야만 했다. 우리는 우리의 선한 양심을 지키기 위해서 뿐만 아니라 선한 이름(명예)를 지키기 위해서도 주의를 기울여야 한다. 비록 악하지 않은 일이라 할지라도 오해받을 수 있는 일은 하지 말아야 하며, 만일 부득이하게 행했다면 그 일이 알려지지 않도록 해야 한다. 우리는 죄뿐만 아니라 추문(醜聞, scandal)도 피해야 한다. 여기에서 이 일을 감추고자 한 데에는 또 다른 특별한 이유가 있었다. 만일 이 일이 소문나게 되면 다른 친족의 선택에 상당한 영향이 미쳐질 수 있었다. 어쩌면 그는 보아스와 룻이 함께 있었던 이 일을 친족의 의무를 거부하는 이유로 삼을는지도 모를 것이었다.

2. 보아스는 룻을 집으로 돌려보내면서 빈손으로 보내지 않고 곡식을 넉넉히 주어 보낸다. 이것은 집에 있는 가난한 시어머니에게 매우 받음직한 선물이었을 것이다. 뿐만 아니라 이것은 룻이 싫어서 돌려보낸 것이 아님을 보여주는 증거이기도 했다. 만일 룻이 빈손으로 돌아왔다면 어쩌면 나오미는 그렇게 의심할 수도 있었을 것이다. 보아스는 룻의 덮개나 앞치마나 혹은 겉옷에 곡식을 담아 주었는데, 신중한 주인답게 그는 자신이 되어 주는 것을 잘 세었다. 그는 여섯 번 되어 주었는데, 추측컨대 여섯 오멜이었을 것으로 여겨진다(한 오멜은 십분의 일 에바이다). 그 분량이 어느 정도였든지 간에 아마도 그것은 룻이 잘 가지고 갈 수 있을 만큼의 분량이었을 것이다(15절). 갈대아 역본은 다음과 같이 말한다. **여호와께서 그녀에게 그것을 들고 갈 수 있는 힘을 주셨다. 그리고 그 때**

그녀는 예언의 영에 의해 자신으로부터 이 세대 최고의 의인들 가운데 여섯 명, 즉 다윗과 다니엘과 그의 세 친구 그리고 왕이신 메시야가 태어날 것이라는 말씀을 들었다.

Ⅱ. 나오미가 룻을 맞이함. 나오미가 룻에게 물었다. "내 딸아, 너는 누구인가? 너는 신부인가 아닌가? 내가 네게 기쁨을 주어야만 하는가?" 이에 룻이 그 일이 어떻게 되었는지 말하자(17절), 시어머니는

1. 일어난 일에 대해 만족할 것을 충고한다. 내 딸아 이 사건이 어떻게 될지 알기까지 앉아 있으라(18절). 이 사건이 어떻게 될지란 구절은 갈대아 역본에서 이 일이 하늘에서 어떻게 결정될지로 읽혀지는데, 그것은 결혼이 결정되는 곳이 하늘이라고 생각했기 때문이다. 룻은 자신이 해야 할 일을 다 했으므로 이제 조용히 결과를 기다려야만 하며, 이 일로 인해 초조해해서는 안 된다. 여기에서 우리는 모든 염려를 하나님의 섭리에 맡기고 결과가 어떻게 되든 기꺼이 받아들이고자 다짐하면서 하나님의 인도하심을 기다리는 태도를 배워야만 한다. 우리가 가만히 있는 것이 최선의 결과를 가져오는 경우가 종종 있다. "그러므로 가만히 앉아 그 일이 어떻게 되는 것을 보아라. 그리고 이렇게 말하라. 결과가 어떻게 되든 나는 받아들일 준비가 되어 있노라."

2. 이 일을 시작한 보아스가 신실하게 마무리지을 것을 확언한다: 그 사람이 오늘 이 일을 성취하기 전에는 쉬지 아니하리라. 비록 밭과 타작마당에 할 일이 많이 쌓여 있다 할지라도, 보아스는 이 일을 시작했으므로 결코 소홀히 하지 않을 것이다. 나오미는 룻이 보아스의 마음에 들었다고 믿었다. 그러므로 그녀가 자신의 아내가 될지 되지 않을지 결정될 때까지 보아스는 결코 쉴 수 없을 것이다. 바로 이것이 며느리에게 초조해하지 말고 가만히 앉아 있으라고 말한 이유였다. 즉 보아스가 그 일을 시작했으므로 그 일을 잘 처리할 것이라는 것이었다. 그리스도인들에게는 아무것도 염려하지 말고 모든 염려를 주께 맡겨야 하는 더 중요한 이유가 있는데, 그것은 그분이 모든 염려를 권고(돌봄)하겠다고 약속하셨기 때문이다. 만일 그분이 그렇게 하신다면 우리가 염려할 필요가 어디에 있겠는가? 이 사건이 어떻게 될지 알기까지 앉아 있으라. 이는 주께서 너와 관련된 일을 완성하실 것이요 그것이 네게 유익하게 되도록 만드실 것이기 때문이라(시 37:4, 5; 138:8). 가만히 앉아 있는 것이 너의 힘이니라(사 30:15, KJV).

제 4 장

개요

본 장에서 우리는 보아스와 룻 사이에 결혼이 이루어지는 것을 보게 된다. 이것은 형제의 아내와 결혼하는 것과 관련한 율법(신 25:5 이하)의 토대 위에서 이루어지는 일이지만, 그러나 우리는 여기에 복음이 또한 나타나 있음을 놓쳐서는 안 된다. 보아스와 룻의 결혼으로 말미암아 장차 다윗이 태어나고 또 다윗의 아들이 태어나게 되는데, 그(다윗의 아들)가 이방인 교회와 결혼하는 것이 여기에 상징되어 있다. 본 장의 내용은 다음과 같다. I. 다른 친족이 기업 무를 자의 책임을 포기함(1-8절). II. 보아스와 룻의 결혼이 이웃들의 축복과 함께 공식적으로 이루어짐(9-12절). III. 이들의 결혼으로 인해 다윗의 할아버지인 오벳이 태어남(13-17절). IV. 다윗의 계보(18-22절).

[1]보아스가 성문으로 올라가서 거기 앉아 있더니 마침 보아스가 말하던 기업 무를
자가 지나가는지라 보아스가 그에게 이르되 아무개여 이리로 와서 앉으라 하니 그
가 와서 앉으매 [2]보아스가 그 성읍 장로 열 명을 청하여 이르되 당신들은 여기 앉으
라 하니 그들이 앉으매 [3]보아스가 그 기업 무를 자에게 이르되 모압 지방에서 돌아
온 나오미가 우리 형제 엘리멜렉의 소유지를 팔려 하므로 [4]내가 여기 앉은 이들과
내 백성의 장로들 앞에서 그것을 사라고 네게 말하여 알게 하려 하였노라 만일 네
가 무르려면 무르려니와 만일 네가 무르지 아니하려거든 내게 고하여 알게 하라
네 다음은 나요 그 외에는 무를 자가 없느니라 하니 그가 이르되 내가 무르리라 하
는지라 [5]보아스가 이르되 네가 나오미의 손에서 그 밭을 사는 날에 곧 죽은 자의 아
내 모압 여인 룻에게서 사서 그 죽은 자의 기업을 그의 이름으로 세워야 할지니라
하니 [6]그 기업 무를 자가 이르되 나는 내 기업에 손해가 있을까 하여 나를 위하여
무르지 못하노니 내가 무를 것을 네가 무르라 나는 무르지 못하겠노라 하는지라 [7]
옛적 이스라엘 중에는 모든 것을 무르거나 교환하는 일을 확정하기 위하여 사람이
그의 신을 벗어 그의 이웃에게 주더니 이것이 이스라엘 중에 증명하는 전례가 된
지라 [8]이에 그 기업 무를 자가 보아스에게 이르되 네가 너를 위하여 사라 하고 그의

신을 벗는지라

1. 보아스는 즉각 법정(court)을 소집한다. 그는 재산이 많은 유력한 자였다. 그러므로 아마도 그 자신이 성읍의 장로들 가운데 하나였을 것이다. 뿐만 아니라 아마도 그는 성읍의 원로로서 윗자리에 앉았을 것이다. 왜냐하면 여기에서 그는 평범한 사람으로서가 아니라 마치 욥이 그랬던 것처럼(욥 29:7 이하) 권위를 가진 자로서 성문 위에 올라간 것으로 나타나고 있기 때문이다. 우리는 유다 지파의 방백이었던 나손의 손자인 그가 성읍에서 일반 재판관보다 낮은 자리에 있었다고 생각하기 어렵다. 그가 전날 밤에 타작마당의 곡식더미 끝에 누워 잤다고 하여 그것이 성문에서 재판자리에 앉는 것과 조화를 이루지 못하는 것은 결코 아니다. 그런데 어째서 보아스는 룻에 대해 그토록 좋은 감정을 품고 이렇게 조급하게 서둘렀을까? 룻은 부자는 고사하고 겨우 이삭이나 주우며 사는 사람이었다. 그녀는 가난한 이방인으로서 존귀한 위치에 있지 못했다. 또 우리는 어디에서도 그녀가 아름답다는 말을 듣지 못한다. 정말로 그녀가 아름답지 않았다면, 우리는 그녀의 백합과 장미가 슬픔과 먼 여행과 이삭을 줍는 일 등으로 인해 시들었기 때문이라고 추측할 수 있다. 다만 보아스로 하여금 룻을 사랑하도록 만들고 또 이 일을 속히 처리하고자 하는 마음으로 가득 차게 만든 것은 모든 이웃들이 동의하는 것처럼 그녀가 현숙한 여자였기 때문이었다. 바로 이것이 그녀의 값을 보아스로 하여금 진주보다 더 하게 여기도록 만들었던 것이다(잠 31:10). 그러므로 보아스는 그녀와 결혼하는 것이 그녀에게 큰 은혜를 베푸는 것일 뿐만 아니라 그것이 또한 자신에게도 그러하다고 생각했다. 그러므로 그는 이 일을 즉시 결말짓고자 했다. 그 날은 법정이 열리는 날이 아니었지만, 그는 성읍의 장로 열 명을 청하여 성문 위에 있는 공회에서 만났다(2절). 성읍의 관례대로 아마도 많은 사람들이 법정을 가득 채웠을 것으로 보인다. 보아스는 그 자신이 한 사람의 재판관이었음에도 불구하고 자신의 문제를 스스로 재판하고자 하지 않고 다른 장로들의 동의를 얻기를 원했다. 정직한 의도를 가진 사람은 자신의 일이 대중에게 알려지는 것을 결코 두려워하지 않는다.

2. 보아스는 기업 무를 자를 불러 가까이 오도록 하고 이 문제를 이야기한다(1절): **아무개여 이리로 와서 앉으라.** 틀림없이 보아스는 그의 이름을 불렀을 것

이다. 그러나 룻기를 기록한 역사가는 그 이름을 기록하는 것이 적절치 않다고 생각했다. 왜냐하면 그는 죽은 자들의 이름을 다시 세우는 것을 거절했으므로 여기에 기록되어 영원히 그 이름이 보존될 자격이 없었기 때문이었다. 거룩한 섭리는 이 친족이 이와 같이 적절한 때, 즉 이 일이 그에게 제안될 준비가 다 되었을 때 나타나게 함으로써 보아스에게 호의를 베풀었다. 때때로 큰 일이 사소한 사건에 의해 급속도로 진전되기도 하는데, 그러한 사소한 사건이 그와 같은 큰 일을 손쉽게 하고 촉진시키는 것이다.

3. 보아스는 그 친족에게 나오미의 땅을 되찾아 줄 것을 제안한다(3절). 아마도 그 땅은 이스라엘에 흉년이 있었을 때 양식을 구입하기 위한 돈을 얻기 위해 저당 잡혔을 것이다. 나오미가 소유지(한 덩이의 땅, a parcel of land)를 팔려고 하므로. 여기에서 나오미가 팔려고 했던 소유지(한 덩이의 땅)는 저당권자에게 돈을 치르고 남은 지분(즉 땅의 전체 가격에서 무르기 위해 치른 가격을 뺀 나머지)을 말하는 것이거나, 아니면 어떤 이들이 생각하는 것처럼 과부급여(jointure, 남편 사후 아내에게 주도록 지정된 땅)를 말하는 것일 것이다. 보아스는 이것을 우선권을 가지고 있는 그 친족에게 정식으로 통지한다(4절). 누가 그것을 갖든 그것에 대해 값을 치러야 하는데, 보아스는 다음과 같이 말할 수 있었다. "나는 당신 못지않게 넉넉한 돈을 가지고 있다. 만일 내가 그것을 은밀하게 살 마음을 가지고 있었다면 왜 내가 당신에게는 아무 말도 하지 않은 채 그렇게 할 수 없었겠는가?" 그러나 보아스는 그렇게 하지 않았다. 비록 그렇게 하기를 원했다 할지라도, 그는 자신보다 더 가까운 친척을 무시하고 자기가 나서는 그와 같은 야비한 일을 결코 하려고 하지 않았다. 이를 통해 우리는 모든 일에 있어 정당하고 정직해야 할 뿐만 아니라 공정하고 명예로워야 한다는 것과 매사에 마음에 거리끼지 않도록 공명정대하게 행동해야 한다는 것을 배울 수 있다.

4. 그 친족은 처음에는 그 땅을 무를 마음을 가지고 있었던 것으로 보인다. 그러나 그렇게 하고자 하면 반드시 죽은 자의 아내와 결혼해야 한다는 말을 들었을 때, 그는 그 일을 피해 버리고 말았다. 그는 그 땅을 좋아하여 탐욕스럽게 움키려고 하였는데, 그것은 그가 가난한 과부의 절박한 사정을 이용하여 헐값으로 살 것으로 기대했기 때문이었다. 그는 자신의 기업이 늘어날 것으로 생각하면서 "진심으로 내가 무르리라" 라고 말했다(4절). 그러나 보아스는 이 일에

한 젊은 과부가 관련되어 있는데 만일 그 땅을 산다면 그녀도 함께 취해야만 한다고 말했다. 그 땅은 이러한 조건과 함께 양도된다. 하나님의 율법과 이스라엘의 풍습이 그렇게 요구할 뿐만 아니라, 나오미 또한 이와 같은 조건 하에서가 아니면 그 땅을 팔지 않을 것이라고 고집했다(5절). 어떤 이들은 이 일이 '형제의 아내와 결혼하는 율법' 과 관련되는 것이 아니라(왜냐하면 만일 관습에 의해 이것이 나중에 가까운 친족으로까지 확장된 것이 아니라면 이것은 오직 친형제 사이에서만 요구되었던 것으로 보이기 때문이다, 신 25:5) '기업을 무르는 율법' 과 관련되는 것이라고 생각한다(레 25:24, 25). 왜냐하면 여기에 제안을 받고 있는 사람은 '기업을 무르는 자' (redeemer, 구속자) 고엘(Goel)이기 때문이다. 만일 그렇다면 기업을 무르는 자가 젊은 과부 룻과 결혼해야만 했던 것은 율법에 의한 것이 아니라 나오미 자신의 요구에 의한 것이 될 것이다. 그러나 어떤 것에 의해서든 간에 이 친족은 그와 같은 조건을 들었을 때 기업 무르는 것을 거절했다(6절). "나는 나를 위하여 무르지 못하겠노라. 나는 나의 기업에 손해가 있을까 염려하여 그와 같은 조건으로는 이 일에 끼어들지 않겠노라." 그는 자신의 기업을 늘리는 데 있어 땅은 좋지만, 여자까지 함께 취하는 것은 원하지 않았다. 그렇게 하는 것은 그의 기업에 손해를 끼칠 것이었다. 아마도 그는 이방 나라로부터 와서 이삭을 주우며 겨우 먹고 사는 가난한 과부와 결혼하는 것은 자신에게 수치스러운 일이 될 것이라고 생각했을 것이다. 또 그것은 자기 가족의 오점이 될 것이며, 혈통을 더럽힘으로써 후손을 불명예스럽게 만드는 것이 될 것으로 생각했을 것이다. 룻의 덕과 현숙함은 그가 보기에 그다지 중요하지 않았던 것이다. 갈대아 역본은 그가 거절한 이유가 그에게 다른 아내가 있었기 때문이며, 그러므로 만일 그가 룻을 취한다면 그의 가정에 분쟁과 다툼이 일어나게 될 것이고 그로 인해 그의 기업의 안위가 훼손될 것이었기 때문이라고 말한다. 혹은 룻이 많은 자녀를 낳게 되면 제각각 자신의 몫을 기대하게 될 것이고 그럼으로써 그의 기업이 많은 자녀들에 의해 나누어지게 될 것이고 따라서 그의 가족이 위축되고 가난해질 것이라고 생각했는지도 모른다. 많은 사람들이 바로 이와 같은 이유로 인해 위대한 구속(기업을 무름, redemption)을 외면하고 참된 신앙으로 나아오지 못한다. 그들은 이미 신앙에 대해 충분히 들었고 또 아무런 반대 의견도 갖고 있지 않다. 그들은 신앙에 대해 좋게 생각하지만 동시에 세상에 대해서도 역시 그러하다. 결국 그들은 세상의 재물에 손해가 있을까 염려하여 신앙을 멀리하고 그 앞으로 나아오지 않는다. 그들은 하늘을 즐거워할 수 있지만, 그러나 결코 거룩함(holiness)을 따르지는 않는다. 거룩함은 그들이 이미 짝하고 있는 세상의 정욕과 결코 조화되지 않는 것이다. 하늘(천국, heaven)을 사기에 그 대가(代價)가 그들에게 있어 너무 비싼 것이다.

5. 이렇게 하여 기업을 무를 권리가 정당하게 보아스에게 양도되었다. 이 무명의 친족이 좋은 거래 즉 좋은 땅과 훌륭한 아내를 얻을 기회를 잃었을 때, 그는 그것을 그다지 좋게 여기지 않았기 때문에 스스로 다행이라고 생각했다. 그러나 보아스는 그것을 다른 어떤 것보다도 더 귀한 것으로 여기며 열망했기 때문에, 자신에게 돌아온 권리로 인해 너무나 기쁘고 감사했을 것이다. 당시에는 땅을 양도함에 있어 후대처럼(렘 32:10 이하) 증서를 써 주지 않고, 어떤 표적 혹은 의식을 사용했다(오늘날 열쇠를 주는 것이 점유권을 양도하는 것을 의미하는 것과 마찬가지로). 여기에서 사용된 의식(ceremony)은 포기하는 자가 자신의 신을 벗어(갈대아 역본은 그것이 오른손 장갑이었다고 말한다) 상대방에게 주는 것이었다. 그렇게 함으로써 땅을 밟는 권리를 상대방에게 양도하는 것을 의미했는데, 이것이 이스라엘 중에 증명하는 전례가 되었다(7절). 그리고 여기에서도 그와 같이 하였다(8절). 만일 이 무명의 친족이 율법에 따라 룻과 결혼할 의무가 있고 또 그러한 의무를 거절하는 것이 율법을 무시하고 모욕하는 것이었다면, 룻은 그의 신을 벗기고 그의 얼굴에 침을 뱉어야만 한다(신 25:9). 그러나 그에게 어느 정도 이와 같은 의무가 있었다 할지라도, 극히 가까운 친족이 아니었기 때문에 그와 같은 벌칙으로부터 면제될 수 있었을 것으로 보인다. 또 그가 거절하는 것이 룻이 바라던 바였으므로 룻은 기꺼이 그와 같은 벌칙을 가하지 않았을 것이다. 그러나 패트릭 주교를 비롯한 몇몇 최고의 주석가들은 이것이 그 율법과 아무 상관 없는 것이며, 여기에서 신을 벗는 것은 그 율법에서와 같이 수치를 의미하는 것이 아니라 단지 양도를 확증하면서 동시에 그것이 불법이나 사기에 의해 얻어진 것이 아니라는 증거가 되는 것일 뿐이라고 생각한다. 모든 종류의 계약과 거래에 있어 공정하고 투명하게 처리하는 것이야말로 '간사함이 없는 참 이스라엘 사람' 을 나타내는 표적이 된다는 사실을 우리는 기억해야 한다. 만일 보아스가 아무도 모르게 친족의 권리를 훼손하고 그에게 알리지 않은 채 나오미와 더불어 은밀히 거래를 했다면, 그것은 얼마나 정

직하지 못하며 명예롭지 못한 일이었겠는가? 무슨 일에든 최선의 방법은 바로 정직이다.

[9]보아스가 장로들과 모든 백성에게 이르되 내가 엘리멜렉과 기룐과 말론에게 있던
모든 것을 나오미의 손에서 산 일에 너희가 오늘 증인이 되었고 [10]또 말론의 아내
모압 여인 룻을 사서 나의 아내로 맞이하고 그 죽은 자의 기업을 그의 이름으로 세
워 그의 이름이 그의 형제 중과 그 곳 성문에서 끊어지지 아니하게 함에 너희가 오
늘 증인이 되었느니라 하니 [11]성문에 있는 모든 백성과 장로들이 이르되 우리가 증
인이 되나니 여호와께서 네 집에 들어가는 여인으로 이스라엘의 집을 세운 라헬과
레아 두 사람과 같게 하시고 네가 에브랏에서 유력하고 베들레헴에서 유명하게 하
시기를 원하며 [12]여호와께서 이 젊은 여자로 말미암아 네게 상속자를 주사 네 집이
다말이 유다에게 낳아준 베레스의 집과 같게 하시기를 원하노라 하니라

지금 보아스는 자신이 해야 할 일을 분명히 알고 있으므로 룻에게 약속한 것, 곧 자신이 친족의 의무를 감당하겠다는 약속을 지체하지 않고 이행한다. 그는 성문에서 장로들과 모든 백성들 앞에 자신과 모압 여인 룻의 결혼과 그와 함께 엘리멜렉 가정의 모든 땅을 살 것을 발표한다. 만일 그가 유력한 자가 아니었다면(2:1), 그는 이와 같이 기업을 무르는 일을 감당하지 못했을 뿐만 아니라 친족의 가정에 대해 이와 같은 도움을 베풀지 못했을 것이다. 자기 세대를 위해 특별히 자기 가족을 위해 선한 일에 사용할 수 없다면 큰 재산이 무슨 소용이 있겠는가? 보아스와 룻의 결혼을 통해 우리는 다음과 같은 것을 살펴볼 수 있다.

I. 그들의 결혼은 많은 증인들 앞에서 거행되었거나 최소한 발표되었다(9, 10절).

1. "너희는 내가 그 땅을 산 것에 대해 증인이라. 그 땅을 저당 잡은 사람은 누구든지 내게 오도록 하라. 내가 그 땅의 가치를 따라 값을 치르리라." 땅값은 희년까지 남은 연수에 따라 값이 정해졌고(레 25:15), 희년이 되면 물론 그 땅은 엘리멜렉 가정의 소유로 다시 돌아갈 것이었다. 땅을 거래함에 있어 공개적으로 할수록 사기를 당할 위험이 적어진다.

2. "너희는 내가 그 과부를 나의 아내로 산 것에 대해 증인이라." 보아스는

룻의 몫에 대하여는 아무런 권리도 가지고 있지 않았다. 과부급여(jointure, 남편 사후 아내의 소유가 되도록 정해진 땅)와 관련하여, 보아스는 그에 상응하는 값을 치르지 않고는 그것을 가질 수 없었다. 그러므로 그가 룻을 샀다고 말할 수 있는 것이었다(10절). 그러나 그녀가 덕 있는 여자였기 때문에 보아스는 좋은 거래를 했다고 생각했다. 집과 재산은 조상으로부터 물려받거니와, 그것보다 훨씬 더 가치 있는 현숙한 아내는 특별한 선물로서 여호와로 말미암는다. 보아스는 룻과 결혼함으로써 죽은 자들의 기억을 영원히 보존하고자 했다. 따라서 비록 아들을 남기지 못했다 할지라도 말론의 이름은 끊어지지 않고 영원히 보존될 수 있었다. '보아스가 엘리멜렉의 아들 말론의 과부 룻과 결혼한' 것이 공적 기록부에 기록될 것인데, 바로 여기에 그(말론)의 이름이 들어가게 되는 것이다. 그러므로 보아스와 룻의 자손들은 이 기록부를 열람할 때마다 이러한 사실을 특별히 주목하게 될 것이었다. 그들의 결혼과 그로 인해 태어나게 될 자손들로 인해 말론의 이름이 영속(永續)되는 것은 참으로 놀랍고 효과적인 방법이 아닐 수 없었다. 이와 같이 보아스는 살아 있는 자들에게 친절을 베풀었을 뿐만 아니라 죽은 자들에게까지도 덕을 베풀었다. 그럼으로써 하나님께서 그를 영화롭게 하여 그의 이름이 메시야의 족보에 들어가도록 은혜를 베푸셨고, 이로써 그의 가족은 이스라엘의 모든 가족들 가운데 뛰어난 가족이 되었다. 반면 룻과 결혼함으로써 자신의 기업이 손해가 될 것을 두려워했던 무명의 친족은 자신의 이름과 가족과 기업을 영원한 망각과 부끄러움 속에 묻어버리고 말았다. 죽은 자의 명예를 위한 따뜻한 관심과 가난한 과부와 나그네에게 베푼 위로는, 비록 그들로부터 직접 보답을 받지는 못한다 할지라도(눅 14:14), 하나님이 기뻐하시고 반드시 갚아 주실 것이다. 우리 주 예수는 우리의 고엘, 즉 우리의 영원한 구속자이시다. 마치 보아스처럼 그는 타락한 인간의 비참한 상태를 긍휼의 마음으로 바라보셨다. 그는 엄청난 값을 치르시고 우리를 위해 하늘의 기업을 무르셨는데(redeem, 되찾아 주셨는데), 우리는 죄로 인해 그것을 저당 잡혔었고 신적 공의의 손에 빼앗겼었으며 우리가 스스로 무르지 못했었다. 또한 마찬가지로 우리 주 예수께서는 한 특정한 백성을 사셨다. 비록 이방인이요 나그네이며 룻처럼 가난하고 멸시당하던 백성이었지만, 그는 그들과 더불어 결혼하셨으며, 그로 인해 죽어 매장된 종족의 이름이 영원히 끊어지지 않을 수 있게 되었다. 이를 위해 그는 자신의 기업이 손해를 당하는 것을 기꺼이 감수하셨다. 왜냐하면 그는 부요하셨으나 우리를 위해 가난해지셨기 때문이다. 그러나 이에 대해 아버지께서 풍성하게 갚아주셨다. 그가 자신을 겸손케 하셨을 때, 아버지께서는 그를 지극히 높이사 모든 이름 위에 뛰어난 이름을 주신 것이다. 그러므로 그에 대한 우리의 의무를 인정하고 그와의 언약을 더욱 확고히 하자. 그리고 어떻게 그를 영화롭게 할 것인지 매일같이 연구하자. 보아스는 자신의 결혼과 기업의 매입을 공적으로 선언함으로써 자신의 권리를 확고히 했다. 뿐만 아니라 그렇게 함으로써 자신은 결코 그녀와 그녀의 혈통과 그녀의 가난을 부끄러워하지 않음을 보여주면서 자신의 결혼이 은밀한 결혼이 아니라는 증거를 남겼다. 이 모든 것은 룻을 참으로 영예롭게 만들어 주는 것이 아닐 수 없었다. 빛을 미워하여 빛으로 나아오지 않는 것은 오직 악한 것뿐이다. 보아스는 자기가 행하는 것에 대해 증인들을 세웠는데, 그것은 그 일이 정당하며 합법적인 것이었기 때문이었다. 그는 장로들만을 증인으로 세우지 않고 성문에서 왕래하고 있던 백성들까지 증인으로 세웠다(9절). 그리고 모든 백성과 장로들이 이에 대해 들었을 때 그들은 말했다: 우리가 증인이 되나니(11절).

Ⅱ. 그들의 결혼을 많은 사람들이 기도하며 축복해 주었다. 장로들과 모든 백성들이 그들의 결혼의 증인이 되었고, 그 결혼을 축복했다(11, 12절). 지금 룻은 이미 보아스의 집에 와 있는 것으로 보인다. 왜냐하면 장로와 백성들이 그녀에 대해 말할 때 '지금 이 자리에 있는' 것으로 말하고 있기 때문이다(12절): 이 젊은 여자. 보아스는 룻을 아내로 맞이하였고, 그들은 룻이 이미 보아스의 집에 들어와 있는 것을 보고 있었던 것이다. 그리고 그들은 매우 따뜻하게 새로운 부부를 위해 기도한다.

1. 가장 높은 위치에 있는 장로가 대표로 기도하고, 나머지 장로들과 백성들이 이에 동참한 것으로 보인다. 그러므로 그들 모두가 그와 같이 축복하며 기도한 것으로 언급되고 있다. 대중기도에 있어 비록 한 사람이 대표로 기도할지라도 모두가 기도하는 것이다. 다음을 주목하라.

(1) 결혼에는 축복과 기도가 따라야 한다. 결혼은 우리를 복되게 하기 위해 하나님께서 만드신 제도이다. 그러므로 결혼하는 사람들에게 행복을 빌어주는 것은 참으로 좋은 일이다. 그리고 어떤 선(善)을 구하든지 우리는 모든 선의 근원이신 하나님께 구해야 한다. 말씀과 기도에 전무하는 사역자는 권면하는 일에 가장 적합한 사람인 것처럼 또한 결혼하는 사람들을 위해 기도하며 축복하

는 일에도 가장 적합한 사람이다.

(2) 우리는 서로 상대방이 잘 되고 형통하기를 바라면서 기도해 주어야 한다. 다른 사람이 잘 되고 형통하는 것을 시기하거나 불평해서는 결코 안 된다.

2. 여기에서 다음을 주목하라.

(1) 그들은 룻을 위해 기도했다. 여호와께서 네 집에 들어가는 여인으로 이스라엘의 집을 세운 라헬과 레아 두 사람과 같게 하시고. 다시 말해서, "하나님께서 그녀로 하여금 좋은 아내와 열매를 많이 맺는 어머니가 되게 하시기를!" 한 것이다. 룻은 현숙한 여자였지만, 하나님의 은혜로 들어가는 집의 축복이 되게 해 달라는 친구들의 기도가 필요했다. 그들은 그녀가 사라와 리브가처럼 되기보다는 라헬과 레아처럼 되게 해 달라고 기도했다. 사라는 단지 한 아들만을, 그리고 리브가는 두 아들(그나마도 그 중 하나는 언약에서 배제되었다)을 낳았을 뿐이지만, 라헬과 레아는 이스라엘 집을 세웠기 때문이었다. 더구나 라헬과 레아가 낳은 자녀 모두는 언약 안에 있는 백성이 되고 그 자손이 무수하게 되었다. "그녀가 당신 집 옆에 있는 무성하고 열매를 많이 맺는 신실한 포도나무처럼 되기를 원하나이다."

(2) 그들은 보아스를 위해 기도했다. "당신이 계속해서 성읍에서 좋은 일을 하며 성읍의 자랑거리가 되고 더욱 유명해지기를 원하나이다." 아내는 사적인 가정의 일에 축복이 되고 남편은 공적인 성읍의 일에 축복이 되기를, 그들은 열망하며 기원했다. 다시 말해서 아내는 아내의 자리에서 그리고 남편은 남편의 자리에서 각각 지혜와 덕과 형통이 있기를 기원한 것이다. 유명해지는 길은 좋은 일을 행하는 것이라는 사실을 기억하라. 높은 명성은 그가 행한 여러 가지 공로들에 의해 얻어지는 것이다. 나쁜 일을 행하지 않는 것, 그리고 다른 사람에게 해를 끼치지 않거나 악행을 가하지 않는 것만으로는 충분하지 않다. 우리는 좋은 일을 행해야만 하며, 우리 세대에 대해 유용하고 도움이 되는 사람이 되어야 한다. 진실로 뛰어난 자는 자신의 자리에서 별처럼 빛날 것이다.

(3) 그들은 그 집을 위해 기도했다. 네 집이 베레스의 집과 같게 되기를 원하노라. 다시 말해서, "당신의 집이 마치 베레스의 집처럼 크게 번성하고 많아지기를 원하나이다!" 한 것이다. 베들레헴 사람들이 바로 베레스의 집 사람들이었으며, 그들은 베레스의 집이 얼마나 번성했는지 잘 알고 있었다. 이스라엘 각 지파에게 땅을 분배할 때 야곱의 그 손자(즉 베레스)는 므낫세와 에브라임 외

에는 아무도 갖지 못한 영예를 갖게 되었다. 즉 그의 자손이 두 개의 별개의 종족 헤스론과 하물로 다시 나누어졌기 때문이다(민 26:21, 또 베레스 자손은 이러하니 헤스론에게서 난 헤스론 종족과 하물에게서 난 하물 종족이라). 지금 그들은 나무기둥의 한 가지에 불과한 보아스의 집이 시간이 지남에 따라 나무기둥 자체만큼 크고 번성하게 되기를 기도하고 있는 것이다.

13이에 보아스가 룻을 맞이하여 아내로 삼고 그에게 들어갔더니 여호와께서 그에게
임신하게 하시므로 그가 아들을 낳은지라 14여인들이 나오미에게 이르되 찬송할지
로다 여호와께서 오늘 네게 기업 무를 자가 없게 하지 아니하셨도다 이 아이의 이
름이 이스라엘 중에 유명하게 되기를 원하노라 15이는 네 생명의 회복자이며 네 노
년의 봉양자라 곧 너를 사랑하며 일곱 아들보다 귀한 네 며느리가 낳은 자로다 하
니라 16나오미가 아기를 받아 품에 품고 그의 양육자가 되니 17그의 이웃 여인들이
그에게 이름을 지어 주되 나오미에게 아들이 태어났다 하여 그의 이름을 오벳이라
하였는데 그는 다윗의 아버지인 이새의 아버지였더라 18베레스의 계보는 이러하니
라 베레스는 헤스론을 낳고 19헤스론은 람을 낳았고 람은 암미나답을 낳았고 20암미
나답은 나손을 낳았고 나손은 살몬을 낳았고 21살몬은 보아스를 낳았고 보아스는
오벳을 낳았고 22오벳은 이새를 낳고 이새는 다윗을 낳았더라

I. 아내로서의 룻. 보아스는 통상적인 절차를 따라 룻을 자신의 집으로 맞아들여 아내로 삼았다(13절). 모든 성읍이 이 현숙한 여자가 자신의 덕으로 인해 존귀케 된 것을 축하해 주었음은 불문가지(不問可知)이다. 시어머니를 떠나 자기 백성과 그들의 신들에게로 돌아갔던 오르바는 룻의 절반만큼도 존귀케 되지 못했을 것이다. 그리스도를 위해 모든 것을 버린 자들은 그와 함께 모든 것을 얻게 될 것이며, 현세에서 백배로 보상받게 될 것이다. 오르바 역시도 처음에는 나오미와 함께 가기를 원했다. 그러나 기업 무르기를 거절한 친족처럼, 오르바는 결국 자신의 길로 가 버리고 말았다. 보아스는, 하나님의 날개 아래로 보호를 받으러 온 경건한 개종자가 믿음의 용기와 지조로 인해 이스라엘의 하나님으로부터 풍성한 상을 받기를 기도했었다(2:12). 그리고 지금 그 자신이 그러한 축복의 도구가 되었으며, 이것이 자신의 기도에 대한 응답이었다. 이제 룻은 이삭을 주울 때 함께 했던 종들에게 명령을 내리는 위치에 서게 되었다. 이와

같이 때때로 하나님은 가난한 자를 먼지 더미에서 일으키사 지도자들과 함께 세우신다(시 113:7, 8).

Ⅱ. 어머니로서의 룻. 여호와께서 그에게 임신하게 하시므로. 태의 열매는 하나님의 상급이다(시 127:3). 사람이 임신하는 것의 열쇠는 하나님의 손 안에 있다. 종종 하나님은 오랫동안 임신하지 못하던 여자로 하여금 자녀들로 인해 즐거워하는 어머니로 만드신다(시 113:9. 사 54:1).

Ⅲ. 며느리로서의 룻. 결혼한 후에도 룻은 여전히 나오미에게 며느리였고 조금도 달라진 것이 없었다. 나오미는 결코 잊혀지지 않았으며, 이 큰 기쁨에 동참하며 누구보다도 더 크게 즐거워했다. 아이가 태어났을 때 돌봐주었던 여인들은 보아스나 룻보다도 나오미에게 축하인사를 했는데, 그것은 나오미가 이 결혼을 성사시킨 사람이었기 때문이며, 또한 이 아이의 탄생으로 인해 세워지는 것은 나오미의 남편 엘리멜렉의 가정이었기 때문이다. 여기에서 (앞에서도 마찬가지였지만) 이스라엘 백성들이 통상적으로 인사를 교환하는 표현 속에 나타난 그들의 경건의 분위기를 살펴보라. 아이가 태어나자 곧바로 하나님께 대한 기도가 뒤따랐다. 이러한 경건한 언어가 그리스도인들 사이에서 사라져 버리거나 혹은 형식주의로 퇴화되어 버리는 것은 얼마나 안타까운 일인가! "당신에게 손자를 주신 여호와를 찬송할지로다"(14, 15절).

1. 이 아이는 나오미의 가정의 이름을 보존할 자였다. 또 여인들은 이 아이가 유명하게 되기를 기원했는데, 그의 아버지가 그러했기 때문이었다.

2. 또 여인들은 이 아이가 나오미를 공경하며 봉양할 것을 기원했는데, 그의 어머니가 역시 그러했기 때문이었다. 이 아이가 자기 어머니를 닮는다면, 그는 늙은 할머니의 위로자가 되며 생명의 회복자가 되고, 또 때가 되면 노년의 봉양자가 될 것이다. 노인에게 있어 자손이 하나님의 축복 가운데 장성하여 자신에게 기둥과 버팀줄이 되는 것을 보는 것은 큰 위로요 복이다. 여인들이 룻에 대하여 시어머니를 사랑하며 일곱 아들보다 귀한 며느리라고 말한 것을 주목하라. 때때로 하나님께서 자신의 섭리 가운데 '우리가 가장 많이 기대한 자들'로부터 잃은 것을 '우리가 가장 적게 기대한 자'로부터 다시 채우시는 것을 보라. 사랑의 끈은 혈연의 끈보다 강하다. 어떤 친구는 형제보다 친밀하니라(잠 18:24). 이와 마찬가지로 여기에 친자식보다 더 나은 며느리가 있었는데, 그것은 그녀의 지혜와 덕으로 말미암은 것이었다.

(1) 아이의 이름은 이웃 여인들이 지어주었다(17절). 그들은 아이에게 종이라는 뜻의 오벳이란 이름을 지어주었는데, 이는 어머니의 가난과 비천을 기억하도록 하기 위해서였든지, 아니면 할머니를 잘 보살피며 돕는 종이 될 것을 기대하면서 그렇게 했을 것이다. 좋은 가문에서 태어난 자가 하나님께 대해, 그리고 그 세대와 이웃들에 대해 종이 되는 것은 결코 수치스러운 일이 아니다. 웨일스의 왕들의 표어는 나는 섬기노라였다.

(2) 아이는 할머니에 의해 양육되었다(16절). 다시 말해서, 아이가 어머니로부터 젖을 뗀 후, 할머니가 보모(保姆)가 된 것이다. 나오미는 아이를 자신의 품에 품었는데, 그것은 아이에 대한 따뜻한 애정과 돌봄의 증표였다. 이와 같이 아이를 따뜻한 사랑으로 키우는데 할머니만큼 적합한 존재는 없을 것이다.

Ⅳ. 이렇게 하여 룻은 다윗과 그리스도의 조상 중 한 사람이 되었다. 이것이야말로 가장 큰 영예요 존귀였다. 여기에서 계보는 베레스로부터 시작되어 보아스와 오벳을 거쳐 다윗까지 이르고 결국 메시야까지 이어지게 된다. 그러므로 그것은 별 의미 없이 그냥 되풀이되고 이어지는 그런 계보가 결코 아닌 것이다.

독자 여러분들께 알립니다!

'CH북스'는 기존 **'크리스천다이제스트'**의 영문명 앞 2글자와
도서를 의미하는 **'북스'**를 결합한 출판사의 새로운 이름입니다.

매튜헨리주석전집 04

여호수아 사사기 룻기

1판 1쇄 발행 2009년 2월 10일
1판 중쇄 발행 2022년 7월 28일

발행인 박명곤 **CEO** 박지성 **CFO** 김영은
기획편집 채대광, 김준원, 박일귀, 이승미, 이은빈, 강민형, 이지은, 성도원
디자인 구경표, 구혜민, 임지선
마케팅 임우열, 김은지, 이호, 최고은
펴낸곳 CH북스
출판등록 제406-1999-000038호
전화 070-4917-2074 **팩스** 0303-3444-2136
주소 서울시 강서구 마곡중앙6로 40, 장흥빌딩 10층
홈페이지 www.hdjisung.com **이메일** main@hdjisung.com
제작처 영신사

※ 잘못 만들어진 책은 구입하신 서점에서 교환해드립니다.
※ CH북스는 (주)현대지성의 기독교 출판 브랜드입니다.

매튜헨리주석 여호수아+사사기+룻기

저자 매튜 헨리 Matthew Henry 1662-1714

성경 주석가. 영국 국교회의 복음주의 목사의 아들인 그는 통일령으로 아버지가 성직에서 쫓겨난 직후에 태어났다. 학문을 좋아하는 소년이었으며 1672년에 회심하였다. 옥스퍼드와 케임브리지의 학문성이 차츰 떨어지므로 1680년 런던 이슬링턴 대학에서 신학 교육을 받았다. 그 대학은 신앙을 저버린 시대에 높은 학문을 유지해왔다. 그 대학의 학장은 케임브리지에서 온 토머스 두리틀이었고, 부학장은 옥스퍼드에서 온 토머스 빈센트였다. 그 후에는 그레이 법학원에서 법률을 공부하였다. 그는 국교회 목사가 되려고 생각하였지만, 비국교도가 되기로 결심하였고, 개인적으로 장로교 목사 안수를 받았다. 첫 목회지는 체스터(1687-1712)였으며 그 뒤에 런던의 해크니(1712-1714)로 옮겼다. 청교도들에게서 크게 영향을 받은 그는 성경 해설을 목회의 중심으로 삼았다. 날마다 4시 또는 5시에 일을 시작하였던 그는 시간을 최대한 사용하는 것을 목적으로 삼았다. 1704년에 「성경 주석」을 집필하기 시작하였는데, 그는 사도행전까지 탈고하였으며, 그의 사후 목회 동역자들이 그의 노트와 저서들을 참고하여 신약성경 주석을 완성하였다. 그 주석은 성경에 대한 자세하고 종종 대단히 영적인 해설 양식을 취하였는데, 그 양식은 그 이후의 복음주의적 목회의 형태를 결정하였다. 스펄전은 자신이 매튜 헨리에게 큰 도움을 받았다는 사실을 인정하였다.

역자 정충하

역자는 성균관대학교 경영학과와 합동신학원을 졸업했으며, 기독지혜사에서 편집부장을 역임했다. 지금은 경기도 가평에 소재한 새소망교회에서 목회하면서, 전문번역가로 활동하고 있다. 주요 역서로는 「신약신학」(요아킴 예레미아스), 「선지자연구」(에드워드 J. 영), 「신약의 초석」(랄프 P. 마틴), 「모세오경」(존 H. 세일해머), 「요한계시록의 신학」(도날드 거스리), 「복음서의 난해구절 해석」(로버트 H. 스타인) 등이 있다.